SCHÄFFER
POESCHEL

Günter Müller-Stewens
Christoph Lechner

Strategisches Management

Wie strategische Initiativen zum Wandel führen

Der Strategic Management Navigator

5., überarbeitete Auflage

2016
Schäffer-Poeschel Verlag Stuttgart

Verfasser:
Prof. Dr. Günter Müller-Stewens, Institut für Betriebswirtschaft, Universität St. Gallen
Prof. Dr. Christoph Lechner, Institut für Betriebswirtschaft, Universität St. Gallen

Bibliografische Information Der Deutschen Bibliothek
Die Deutsche Bibliothek verzeichnet diese Publikation in der Deutschen Nationalbibliografie; detaillierte bibliografische Daten sind im Internet unter <http://dnb.ddb.de> abrufbar.

Print ISBN 978-3-7910-3439-3   Bestell-Nr. 20385-0002
EPDF ISBN 978-3-7992-6982-7   Bestell-Nr. 20385-0151

Gedruckt auf chlorfrei gebleichtem, säurefreiem und alterungsbeständigem Papier

Dieses Werk einschließlich aller seiner Teile ist urheberrechtlich geschützt. Jede Verwertung außerhalb der engen Grenzen des Urheberrechtsgesetzes ist ohne Zustimmung des Verlages unzulässig und strafbar. Das gilt insbesondere für Vervielfältigungen, Übersetzungen, Mikroverfilmungen und die Einspeicherung und Verarbeitung in elektronischen Systemen.

© 2016 Schäffer-Poeschel Verlag für Wirtschaft · Steuern · Recht GmbH
www.schaeffer-poeschel.de
service@schaeffer-poeschel.de

Umschlagentwurf: Goldener Westen, Berlin
Umschlaggestaltung: Kienle gestaltet, Stuttgart
Satz: Dörr + Schiller GmbH, Stuttgart
Druck und Bindung: C. H. Beck, Nördlingen

Printed in Germany
März 2016

Schäffer-Poeschel Verlag Stuttgart
Ein Tochterunternehmen der Haufe Gruppe

Vorwort zur 5. Auflage

Aus Unternehmen hört man, dass das Umfeld in den sich schnell verändernden Märkten wieder zunehmend »VUCA« geworden sei – zunehmend volatiler, unsicherer, komplexer und mehrdeutiger (»ambiguous«). Dies bleibt natürlich nicht ohne Auswirkungen auf die strategische Unternehmensführung und auf die Arbeit derer, die in diesem Kontext Entscheidungen zu fällen haben. Wir denken, dass dies ein guter Moment ist, um unser Lehrbuch zum Strategischen Management zu überarbeiten und an die neuen Rahmenbedingungen anzupassen.

Neben einer Aktualisierung des gesamten Textes haben wir verschiedene Aspekte in dieser Auflage verstärkt oder neu aufgegriffen: Insbesondere der Aspekt eines nachhaltigen und verantwortlichen Strategischen Managements wurde durch den ganzen Bezugsrahmen hindurch vertieft. Weiter sind wir umfassender auf Verschiebungen hinsichtlich der Relevanz einzelner Anspruchsgruppen eingegangen. So haben wir z. B. der Rolle des Regulators mehr Platz eingeräumt. Zudem haben wir dem Einfluss wichtiger Megatrends – wie demographischer Wandel, Klimawandel oder Digitalisierung – mehr Raum gegeben. Weiter wurde an verschiedenen Stellen auf die erhöhte Bedeutung der Schwellenmärkte eingegangen. Konzeptionell war es uns auch ein Anliegen noch intensiver die Perspektive des einzelnen strategischen Akteurs und seiner zur Anwendung gelangenden Praktiken einzunehmen.

Letztendlich wird unseren treuen Lesern aufgefallen sein, dass aus unserem »General Management Navigator« der »Strategic Management Navigator« geworden ist. Dies deshalb, weil die zunehmende Ausdifferenzierung des Strategischen Managements inzwischen nahezu alle strategischen Aspekte eines General Managements umfasst, so dass eine solche Umbenennung nahe lag.

Neu ist verbunden mit dieser Auflage die das Buch begleitende Homepage **www.strategicmanagementnavigator.org**. Dort findet man z. B. alle Abbildungen dieses Buches im Powerpoint-Präsentationsformat zum Herunterladen, aber auch passend zum Buch erstellte eigene Fallstudien (mit Teaching Notes für Dozenten), Lernkontrollfragen für Studierende, Workshop-Konzepte für Anwender, etc.

Unser aufrichtiger Dank gilt unseren Lesern und Anwendern, die uns immer wieder mit wertvollen Hinweisen und Verbesserungsvorschlägen versorgen. Dann sind wir auch unseren Mitarbeitern Herrn Joachim Stonig und Frau Marisa Waldburger für ihre engagierte Unterstützung bei dieser Auflage zu großem Dank verpflichtet. Unser Dank richtet sich aber auch Frau Marita Rollnik-Mollenhauer und ihrem Team bei Schäffer-Poeschel, die auch die Erstellung dieser Neuauflage konstruktiv begleitet haben.

St. Gallen, im Januar 2016

Günter Müller-Stewens
Christoph Lechner

Vorwort zur 1. Auflage

Ein neues Buch ist immer ein Stück von einem selbst. Wir haben den hier vorgestellten Ansatz des General Management Navigator (GMN) über viele Jahre mit viel »Herzblut« entwickelt. In unzähligen Diskussionen haben wir nach besseren Lösungen gerungen. Stimuliert wurden diese Arbeitsschleifen häufig aus dem konstruktiven Feed-back von Führungskräften und Studierenden, die in Seminaren, Vorlesungen oder Beratungsprojekten mit diesem Ansatz konfrontiert wurden. Diesen aufmerksamen Zuhörern sind wir zu großem Dank verpflichtet.

Bei diesen Diskussionen hatten wir immer ein klares Ziel vor Augen: Wir wollten einen Ansatz schaffen, der sich an typischen Arbeitsprozessen von Führungskräften orientiert, die selbst strategische Initiativen gestartet haben und verantworten oder in solche Prozesse involviert sind. Daraus erwuchs auch die Forderung nach einem integrativen Ansatz, bei dem die einzelnen Prozessmodule möglichst weitgehend ineinander greifen, und dies von der Genese einer Strategie, über deren Umsetzung in die Leistungsprozesse der Organisation bis hin zu ihrem operativen Wirksamwerden in den dazugehörigen organisatorischen Veränderungsprozessen.

Das Buch soll mit dem GMN aber auch einen Bezugsrahmen bieten, der ein Navigieren in der immer komplexer werdenden Welt des Strategischen Managements ermöglicht. Wir haben versucht, einer nahezu unüberschaubaren Anzahl an Methoden und Konzepten, sowie auch theoretischen Sichtweisen und Erkenntnissen ein Ordnungsraster zu geben. Dies soll helfen, die Fähigkeit des strategischen Denkens und Handelns systematisch zu entwickeln und auszubauen – eine Fähigkeit, ohne die man sich einen General Manager in einem professionell geführten Unternehmen heute nicht mehr vorstellen kann. Um für Führungskräfte, Studierende und Dozierende die Arbeit mit dem GMN zu erleichtern und anzureichern, bieten wir neben diesem Buch unter der Internet-Adresse http://www.strategylab.ch noch weitere Dienstleistungen an.

Wenn wir unserem Ziel nahe kommen wollten, war uns klar, dass wir die Struktur der »klassischen« Lehrbücher zum Strategischen Management in weiten Teilen verlassen mussten. Ob sich mit dieser ersten Fassung des GMN unser bisheriger Weg zu diesem Ziel gelohnt hat, bleibt nun natürlich Ihrem Urteil überlassen, auf das wir sehr gespannt sind.

Ursprünglich ging die Initiative zu diesem Buch von Prof. Dr. Knut Bleicher aus, da in seiner Reihe zum St. Galler Management-Konzept noch der Band zu den Strategischen Programmen fehlte. In den Feldern »Positionierung« und »Wertschöpfung« des GMN haben wir nun stark verspätet auch einen Vorschlag zu den Dimensionen Strategischer Programme unterbreitet. Der gesamte Ansatz hat jedoch in den vergangenen Jahren auch seinen eigenen Weg genommen. Wir danken Herrn Bleicher für seine Initiative, seine wertvollen Anregungen, aber auch sein Verständnis. Unser Dank gilt darüber hinaus Frau Rollnik-Mollenhauer und ihrem Team vom Verlag Schäffer-Poeschel, wo wir mit unseren Vorstellungen und Wünschen auf viel Verständnis und gute Ideen gestossen sind. Mit viel Sorgfalt und Sachverstand ist uns Herr Dipl.-Kfm. Torsten Schmid bei der Erstellung des Gesamtmanuskripts zur Seite gestanden, wofür wir ihm auch danken wollen.

Ein neues Buch ist aber auch deshalb ein Stück von einem selbst, weil es nicht nur die Autoren absorbiert, sondern auch deren Umfeld stark beansprucht. Von dort haben wir immer grenzenlose Unterstützung und aktive Zusprache erfahren, aber auch Verständnis für entgangene gemeinsame Stunden. Deshalb wollen wir – verbunden mit einem großen Dankeschön – dieses Buch Isabelle mit Benedikt, Bernadette und Ferdinand sowie Anja widmen.

Februar 2001

Günter Müller-Stewens
Christoph Lechner

Inhaltsverzeichnis

Vorworte V

Kapitel 1: Einführung in das Strategische Management 1

1.1 Wie kann man dieses Buch verwenden? 5
1.2 Entwicklung des Strategischen Managements 7
    1.2.1 Historische Skizze 8
    1.2.2 Charakteristika des Strategischen Managements 14
        (1) Grundlegende Fragestellungen und Forschungsströmungen 14
        (2) Was ist das Strategische Management? 17
        (3) Herausforderungen und Konsequenzen 19
1.3 Der Strategic Management Navigator 22
    1.3.1 Einleitendes zum Unternehmen/Umwelt-Verhältnis 22
    1.3.2 Aufbau und Felder des SMN 24
        (1) Initiierung: Strategieprozesse lancieren 25
        (2) Positionierung: Das Verhältnis zu den Anspruchsgruppen bestimmen 26
        (3) Wertschöpfung: Das Geschäftsmodell gestalten 26
        (4) Veränderung: Das Unternehmen erneuern 27
        (5) Performance-Messung: Fortschrittsbeobachtung und Feed-back 28
        (6) Die zentralen Fragestellungen des SMN 28
    1.3.3 Die SMN-Achsen und ihre Bedeutung 29
        (1) Genese versus Wirksamkeit 30
        (2) Prozess versus Inhalt 30
    1.3.4 Funktionen und Besonderheiten des SMN 31
        (1) Gestaltungsebenen und Ebenenvorteile 33
        (2) Pfade durch den SMN 35
    Anmerkungen 40

Kapitel 2: Initiierung 41

2.1 Reflexion 47
    2.1.1 Erklärungsansätze für Strategieprozesse 47
        (1) Strategiebildung als Formulierung/Implementierung 47
        (2) Strategiebildung als Prozess der Ressourcenallokation 49
        (3) Strategiebildung zwischen induziertem und autonomem Verhalten 51
        (4) Strategiebildung zwischen emergenten und beabsichtigten Strategien 52
        (5) Strategiebildung als logischer Inkrementalismus 54
        (6) Strategiebildung als erklärungsbedürftiges Phänomen..... 55
    2.1.2 Denkschulen zur Strategiebildung 56
2.2 Dimensionen von Strategieprozessen 59
    2.2.1 Optionen zum »Ort« 61

	(1) Kontext	61
	(2) Richtung	63
2.2.2	Optionen zu den Beteiligten (Wer?)	63
	(1) Beteiligungsgrad	66
	(2) Diversität	69
2.2.3	Optionen zum Timing (Wann?)	71
	(1) Geschwindigkeit	71
	(2) Auslöser	73
2.2.4	Optionen zu den Ressourcen (Womit?)	75
	(1) Mitteleinsatz	75
	(2) Methoden	76
2.2.5	Optionen zu den Praktiken (Wie?)	79
	(1) Arbeitsweise	80
	(2) Konsens	83
	(3) Entscheidungsform	84
	(4) Transparenz	85

2.3 Idealtypen von Strategieprozessen ... 86
    2.3.1 Kommandoansatz ... 86
    2.3.2 Strategische Planung ... 87
    2.3.3 Gelenkte Evolution ... 90
    2.3.4 Symbolischer Ansatz ... 91
    2.3.5 Selbstorganisation ... 92
    2.3.6 Überlegungen zur Anwendung ... 93

2.4 Corporate Governance ... 95
    2.4.1 Wissenschaftliche Grundlagen ... 97
    2.4.2 Corporate-Governance-Mechanismen ... 101
        (1) Konzentration des Eigentums ... 102
        (2) Zusammensetzung des Führungs- und Kontrollgremiums ... 103
        (3) Entlohnung der Führungskräfte ... 104
        (4) Divisionale Aufbauorganisation ... 106
        (5) Der Markt für Unternehmenskontrolle ... 107
    2.4.3 Nationale Unterschiede ... 109
        (1) Modelle der Führung und Überwachung ... 109
        (2) Reformbestrebungen ... 113
    Anmerkungen ... 117

Kapitel 3: Positionierung ... 119

3.1 Reflexion: Theoretische Ansätze des Strategischen ... 126
    3.1.1 Industrieökonomik ... 127
    3.1.2 Institutionenökonomik ... 131
    3.1.3 Evolutionstheorie ... 135
    3.1.4 Vergleichende Betrachtung ... 138

3.2 Strategische Analyse ... 139
    3.2.1 Ausgangssituation ... 140
        (1) Die Umwelt als Kombination von strategischen
            Geschäftsfeldern ... 141

		(2) Das Unternehmen als Kombination von strategischen Geschäftseinheiten	146
	3.2.2	Einflusskräfte der Umwelt.	150
		(1) Das Unternehmen als System von Stakeholdern	150
		(2) Zu Beginn: Prioritäten setzen	156
		(3) Kunden und Absatzmärkte.	165
		(4) Wettbewerber und Branche.	169
		(5) Weitere Anspruchsgruppen.	181
		(6) Allgemeine Umwelt	186
		(7) Frühaufklärung: Antizipation der Einflusskräfte der Umwelt	187
	3.2.3	Einflusskräfte des Unternehmens	194
		(1) Ressourcen.	195
		(2) Fähigkeiten und Aktivitäten	197
		(3) Kernkompetenzen	202
	3.2.4	Integrierte Betrachtung der Einflusskräfte	207
3.3	Der normative Rahmen		216
	3.3.1	Instrumente des normativen Rahmens	217
		(1) Vision.	221
		(2) Mission	224
		(3) Werte	230
		(4) Ziele.	234
	3.3.2	Skizze der Zieldiskussion	236
		(1) Zur Zielausrichtung von Unternehmen	236
		(2) Unternehmensethik als Regulativ	238
		(3) Zur Eigenständigkeit des Sozialen	242
3.4	Strategien von Geschäftseinheiten.		245
	3.4.1	Marktstrategien.	246
		(1) Variation	247
		(2) Substanz.	248
		(3) Feld	250
		(4) Stil	255
	3.4.2	Wettbewerbsstrategien	255
		(1) Schwerpunkt	256
		(2) Ort	261
		(3) Taktiken.	263
		(4) Regeln	266
3.5	Strategien des Gesamtunternehmens.		269
	3.5.1	Aktivitäten zur Wertschaffung auf der Unternehmensebene . . .	269
	3.5.2	Strategien gegenüber den Geschäftseinheiten.	271
		(1) Das strategische Konzept	271
		(2) Konfiguration und aktives Portfoliomanagement	276
		(3) Koordination und Synergiemanagement	277
	3.5.3	Konfiguration I: Portfoliomanagement.	281
		(1) Vergleich der Geschäfte: Portfolioansatz	281
		(2) Weiterentwicklung des Portfolios	287
	3.5.4	Konfiguration II: Diversifikations- und Rückzugsstrategien . . .	289
		(1) Diversifikationsstrategien und -mechanismen	290
		(2) Rückzugsstrategien und -mechanismen	306

3.5.5 Strategien gegenüber weiteren Anspruchsgruppen 309
3.6 Evaluation 313
    3.6.1 Auswahlprinzipien. 314
        (1) Allgemeine Prinzipien 314
        (2) Das PIMS-Projekt 315
    3.6.2 Bewertungskriterien und -verfahren 318
        (1) Angemessenheit. 318
        (2) Zielerreichung 320
        (3) Durchführbarkeit 324
        (4) Konsistenz 325
    Anmerkungen 326

Kapitel 4: Wertschöpfung 337

4.1 Reflexion 341
    4.1.1 Resource-based View. 342
    4.1.2 Capability-based View. 344
    4.1.3 Knowledge-based View 347
    4.1.4 Vergleichende Betrachtung 349
4.2 Wertschöpfung: Begriff und Einordnung 350
    4.2.1 Zum Begriff der Wertschöpfung 350
    4.2.2 Verbindung von Positionierung und Wertschöpfung 353
    4.2.3 Wertschöpfung gegenüber Anspruchsgruppen 355
4.3 Wertketten und ihre Anwendung 356
    4.3.1 Der Ansatz der Wertkette 356
    4.3.2 Anwendung der Wertkette auf Branchenebene 357
    4.3.3 Anwendung der Wertkette auf Unternehmensebene 359
    4.3.4 Benchmarking 362
    4.3.5 Wertkettenarchitekturen und ihre Veränderungen. 365
4.4 Geschäftsmodelle 371
    4.4.1 Dimension »Nutzenversprechen« 372
    4.4.2 Dimension »Design der Aktivitäten« 375
        (1) Konzeption: Einfacher versus komplexer Aufbau 376
        (2) Wertschöpfungstiefe: Autarkie versus Verbund 379
    4.4.3 Dimension »Steuerung der Aktivitäten« 383
        (1) Auslöser: Push versus Pull 383
        (2) Vernetzungsgrad: Isoliert versus Vernetzt. 384
    4.4.4 Dimension »Ressourcen« 385
        (1) Physische Ressourcen 386
        (2) Humanressourcen und Wissen 387
        (3) Organisationale Ressourcen (Managementsysteme) 391
    4.4.5 Dimension »Ertragsmechanik« 395
    4.4.6 Innovative Geschäftsmodelle. 398
        (1) Wege zur Revolution von Industrien 400
        (2) Innovative Wertkurven 401
        (3) Migration von Wert. 404
        (4) Das Innovator's Dilemma 405

4.5	Funktionalstrategien	408
	4.5.1 Ausgewählte Strategien der Primärfunktionen	410
	(1) Forschungs- und Entwicklungsstrategie	411
	(2) Beschaffungsstrategie	412
	(3) Produktionsstrategie	413
	(4) Marketingstrategie	413
	4.5.2 Aufgaben von Funktionalstrategien	414
	(1) Konkretisierungsaufgabe	414
	(2) Integrationsaufgabe	415
	(3) Koordinationsaufgabe	416
	(4) Kooperationsaufgabe	418
	(5) Selektionsaufgabe	420
	Anmerkungen	422

Kapitel 5: Veränderung 425

5.1	Reflexion	430
	5.1.1 Strategieimplementierung und strategischer Wandel	432
	(1) Implementierung als Forschungsgegenstand	432
	(2) Prozesstheorien zum strategischen Wandel	433
	5.1.2 Kontingenztheorie	435
	(1) Strategie und strukturelles Subsystem	436
	(2) Strategie und politisches Subsystem	437
	(3) Strategie und kulturelles Subsystem	437
	5.1.3 Population Ecology und Evolutionstheorie	438
	5.1.4 Selbstorganisations- und Komplexitätstheorie	440
	(1) Eigendynamik und Selbstreproduktion	441
	(2) Nichtlineares Denken: Kleine Ursache, große Wirkung	443
5.2	Gestaltung	447
	5.2.1 Wandel als Gestaltungsaufgabe	450
	(1) Unternehmensentwicklung als Sequenz von Epochen	450
	(2) Führen und Lernen im fundamentalen Wandel	456
	(3) Change-Management-Ansätze	468
	(4) Ein Bezugsrahmen zur Veränderungsarbeit	474
	(5) Schlussfolgerungen	481
	5.2.2 Optionen zur Entwicklungslogik: Das Timing	482
	(1) Umgang mit dem Faktor Zeit	482
	(2) Dimensionen beim Timing	484
	(3) Übergänge als Zyklen	488
	(4) Wandelereignisse als Auslöser von Emotionen	489
	(5) Konzeptionelle Klammer und Kernprozesse	493
	(6) Phasen im Zyklus	494
	(7) Handlungsoptionen	518
	5.2.3 Optionen zu den Entwicklungsthemen: Die Akzente	519
	(1) Dimensionen bei den Akzenten	519
	(2) Sequenzen von Akzenten	521
	(3) Handlungsoptionen	523

5.2.4 Optionen zur Entwicklungsdynamik: Die Akteure 524
    (1) Dimensionen bei den Akteuren 524
    (2) Zentrale Rollen 525
    (3) Einrichtung einer Wandelorganisation 529
    (4) Zur Kohärenz interdependenter Wandelkollektive 531
    (5) Handlungsoptionen 534
5.2.5 Optionen zu den Entwicklungsobjekten: Die Räume 535
    (1) Dimensionen bei den Gestaltungsräumen 535
    (2) Handlungsoptionen 549
5.2.6 Evaluation 558
5.2.7 Verfahren zur Entwicklung eines Drehbuchs 559
Anmerkungen 561

Kapitel 6: Performance-Messung 569

6.1 Reflexion: Theoretische Grundlagen 575
  6.1.1 Kontrolltheorie 575
  6.1.2 Prinzipal-Agent-Theorie 578
  6.1.3 Verhaltenstheorie 578
  6.1.4 Stakeholder-Theorie 579
6.2 Ziele, Funktionen und Herausforderungen 581
  6.2.1 Ziele der Performance-Messung 581
    (1) Wertorientiertes Management 582
    (2) Weitere Ziele als Ergänzung der Wertorientierung 582
  6.2.2 Funktionen der Performance-Messung 584
  6.2.3 Herausforderungen der Performance-Messung 586
6.3 Strategische Performance-Measurement-Systeme 588
  6.3.1 Evolution zu strategischen Performance-Measurement-
       Systemen 588
    (1) Fokussierung auf Strategieimplementierung 588
    (2) Gesteigerte Informationsanforderungen
        externer Anspruchsgruppen 589
    (3) Erweiterung des Umfangs von Measurement-Systemen ... 589
  6.3.2 Ausgewählte Ansätze von strategischen Performance-
       Measurement-Systemen 590
    (1) Balanced Scorecard 590
    (2) Performance-Pyramide 593
    (3) Performance-Prisma 594
    (4) Das EFQM-Modell 595
    (5) Intellectual Capital 596
    (6) Performance-Messung im SMN 598
6.4 Wichtige Kennzahlen 602
  6.4.1 Finanzielle Kennzahlen 602
    (1) Rechnungslegungsorientierte Finanzkennzahlen 603
    (2) Wertorientierte Kennzahlen 606
    (3) Realoptionen 614

      6.4.2 Nichtfinanzielle Performance-Kennzahlen 617
            (1) Markt und Kunden 617
            (2) Prozesse 620
            (3) Mitarbeiter und Fähigkeiten........................ 621
    Anmerkungen 623

Anhang.. 625

Definitionen 627
Literaturverzeichnis 631
Abbildungsverzeichnis 655
Firmenverzeichnis 659
Personenverzeichnis 663
Stichwortverzeichnis 671

Kapitel 1
Einführung in das Strategische Management

Kapitel 1
Einführung in das Strategische Management

Ob Trendsetter APPLE oder Fussballklub FC BARCELONA, ob Automobilkonzern DAIMLER oder soziales Netzwerk FACEBOOK – sie alle sind Unternehmen, die sich in der Auseinandersetzung mit ihrer Umwelt zu bewähren haben. Doch wovon hängt es ab, ob sie erfolgreich sind oder untergehen? Wie unterscheiden sie sich von ihren Konkurrenten und welche Konsequenzen haben diese Unterschiede? Warum sind einige Unternehmen in der Lage besser mit Krisen umzugehen und sich rascher anzupassen als andere? Mit derartigen Fragen beschäftigt sich eine Disziplin, die als Strategisches Management bezeichnet wird. Im Laufe ihrer relativ jungen Geschichte hat sie eine reichhaltige Ökologie des Wissens zu solchen Themen produziert. Sie offeriert sowohl wichtige Konstrukte, Theorien, Methoden und wissenschaftliche Erkenntnisse, als auch praktische Instrumente und Gestaltungsempfehlungen. Teilweise präsentiert sie sich geordnet und übersichtlich, an ihren Rändern jedoch finden spannende Diskussionen statt, die sich aus heterogenen Meinungen und ambivalenten Erkenntnissen speisen. Wer sich auf die dort behandelten Fragestellungen und Ansätze einlässt, dem wird sich eine faszinierende Welt eröffnen, in der es viel Interessantes zu erkunden gibt.

Übersicht Kapitel 1

- Zur Verwendung des Buches
- Darlegung der historischen Entwicklungslinien des Strategischen Managements
- Definition des Strategischen Managements
- Herausforderungen des Strategischen Managements
- Erklärung des zentralen Bezugsrahmen dieses Buchs (Strategic Management Navigator SMN)
- Gestaltungsebenen eines Strategischen Managements

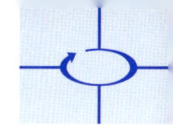

1.1 Wie kann man dieses Buch verwenden?

Das vorliegende Buch versteht sich als Reiseführer auf einer Expedition in die Welt des Strategischen Managements. Als solcher strukturiert es das Terrain, zeigt unterschiedliche Ansätze, prüft kritisch bestehendes Wissen, und wirft offene Fragestellungen auf. Das Buch bewegt sich ganz bewusst an der Schnittstelle zwischen Wissenschaft und unternehmerischer Praxis. Dort will es einerseits theoretisches Gedankengut, andererseits praktisch anwendbare Konzepte vermitteln. Der Schwierigkeiten, die sich dabei stellen, sind wir uns bewusst. Während sich die Wissenschaft primär um das Beschreiben, Verstehen oder Erklären von Phänomenen bemüht, die sie in der unternehmerischen Praxis beobachtet, ist die unternehmerische Praxis – verkürzt formuliert – primär an gut fundierten Gestaltungsvorschlägen interessiert. Folgt die unternehmerische Praxis professionellen Ansprüchen, dann greift sie auf das angebotene Reflexionspotenzial an Deskriptionen und Theorien der Wissenschaft zurück, »transformiert« es in ihren spezifischen Kontext und wendet es dort an, wo es passend ist. Die Übergänge zwischen den beiden Bereichen sind weder trivial noch komplikationslos. Gleichwohl gilt es immer wieder, die Brücke zwischen ihnen zu schlagen und die durch ihre jeweilige Eigenlogik verursachten Spannungsfelder produktiv zu nutzen. Ob uns dies im Rahmen dieses Buches gelungen ist, möge der Leser beurteilen.

Bezugsrahmen: Um die Fülle an Material zu ordnen, werden wir uns an einem übergreifenden Bezugsrahmen orientieren, den wir *Strategic Management Navigator (SMN)* nennen. Er besteht aus fünf Feldern und strukturiert mit diesen die Disziplin des Strategischen Managements in einer logischen Form, die man auch für die praktische Anwendung einsetzen kann. Größtenteils greifen wir dabei auf die bereits bestehende »Ökologie des Wissens« zurück, doch dort, wo Lücken bestehen, setzen wir eigene Ansätze ein. In jedem Feld werden sowohl wissenschaftliche Reflexionen als auch Gestaltungsansätze offeriert.

Aufbau des Buches: In Kapitel 1 wird zuerst die historische Entwicklung des Strategischen Managements beschrieben und der zentrale Bezugsrahmen des Buches, der Strategic Management Navigator, in seinen Grundzügen vorgestellt. Kapitel 2 wendet sich den Fragen der *Initiierung* von Strategien bzw. der Thematik der Strategischen Prozesse zu. Kapitel 3 untersucht die *Positionierung* von Unternehmen in Bezug zu ihrem Umfeld, während Kapitel 4 sich mit Fragen des Geschäftsmodells und der *Wertschöpfung* auseinandersetzt. Kapitel 5 beschäftigt sich mit Herausforderungen und Ansätzen im Rahmen der *Veränderung* und des strategischen Wandels und Kapitel 6 schließt mit Ausführungen zur *Performance-Messung* ab. Um den Überblick innerhalb dieser Kapitel zu erleichtern, sind die Kapitel zu den Feldern des SMN nach einem einheitlichen Schema aufgebaut. Dies soll dem Leser nicht nur die Orientierung erleichtern, sondern ihm eine einheitliche Darstellung von Themen und Aufgaben des Strategischen Managements bieten, die er auch für eine weiterführende Beschäftigung mit dieser Disziplin verwenden kann.

Wege durch das Buch: Je nach Zielsetzung und Interesse können mehrere Lesepfade eingeschlagen werden. Sie eröffnen unterschiedliche Zugänge zum Strategischen Management:

- *Der eilige Leser:* Will man möglichst rasch Logik und Aufbau des Strategic Management Navigator verstehen, dann bietet es sich an, mit Kapitel 1.2 zu beginnen. Hier wird der Bezugsrahmen kurz vorgestellt. Anschließend kann man sich auf diejenigen Kapitel stürzen, die einen besonders interessieren.
- *Der wissenschaftliche Leser:* Will man eher die wissenschaftlichen Grundlagen der einzelnen Felder verstehen, so sind vor allem die Kapitel mit der Überschrift »Reflexion« von Relevanz.[1] Hier werden primär Theorien und Modelle vorgestellt, die Einblick in die Besonderheiten des jeweiligen Teilbereiches verschaffen. Ergänzend kann man sich in Kapitel 1 über die historische Entwicklung des Strategischen Managements informieren. Wir haben uns bemüht, diese Kapitel so zu schreiben, dass sie auch für den wirtschaftswissenschaftlich weniger Bewanderten nachvollziehbar und hilfreich sind.
- *Der fokussierte Leser:* Hat man eine konkrete Frage oder will sich gezielt über ein Gebiet informieren, dann empfiehlt es sich direkt auf das jeweilige Kapitel zu springen. Jedes Kapitel ist so geschrieben, dass es für sich alleine gelesen werden kann.
- *Der umfassend interessierte Leser:* Sehr freuen wir uns über den gründlichen Leser, der sich von der ersten bis zur letzten Seite aufmerksam durch das Buch bewegt und den die Ausführungen sowohl inspirieren als auch zu kritischen Reflexionen anregen. Ihm wird sich das ganze Spektrum des Buches erschließen.
- *Der nachschlagende Leser:* Mit Hilfe der detaillierten Verzeichnisse (Personen, Stichworte, Firmen, Literatur) kann das Buch auch als effizientes Nachschlagewerk verwendet werden.

> **Symbole und ihre Verwendung**
> Neben der Kapitelgliederung verfügt das Buch über eine zweite Gliederungsform, die durch Symbole gekennzeichnet ist. Diese durchziehen alle Kapitel und bieten vertiefende Ausführungen an. Sie können bei Bedarf übersprungen werden, ohne dass der Gang der Argumentation verloren geht. Insgesamt kommen im Buch die folgenden 5 Symbole vor.

> **Exkurs:** Im Rahmen von Exkursen werden interessante Themen vertieft. Der Leser kann sich dadurch stärker mit einer Thematik auseinandersetzen.

> **Fallbeispiel:** Zur Illustration von Themen werden eine Reihe von kurzen Fallstudien eingesetzt. Sie greifen Ereignisse in real existierenden Unternehmen auf und dienen der Diskussion und Reflexion. Sie stellen jedoch keine Urteile darüber dar, ob ein Unternehmen eine Herausforderung angemessen bewältigt hat oder nicht. Bei manchen dieser Fallbeispiele ist dann noch unter dem Symbol der Vermerk »vertiefende Fallstudie« zu finden. Hier wird auf eine eigene Fallstudie mit Teaching Notes verwiesen, die auf der Fallstudienplattform des The Case Centre veröffentlicht wurde und dort auch abgerufen werden kann (www.thecasecentre.org).

Standpunkt: Ein Standpunkt soll die eigene Meinungsbildung anregen. Er greift eine prägnante Position zu einem Thema auf oder zitiert eine pointierte Aussage.

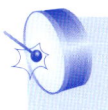

Ressourcen: Dieses Symbol verweist auf wichtige Akteure, Quellen und Internet-Ressourcen im Gebiet des Strategischen Managements.

Mittels der parallel zum Buch aufgeschalteten Homepage www.strategicmanagementnavigator.org werden Zusatzmaterialien angeboten wie etwa Lernkontrollfragen zu den einzelnen Kapiteln; vertiefende Fallstudien oder Workshop-Formate zeigen konkrete Vorgehensweisen auf, wie man ein wichtiges Thema in der Organisation behandeln kann.

1.2 Entwicklung des Strategischen Managements

Die Themen des Strategischen Managements sind direkt in der unternehmerischen Praxis verankert. Sie betreffen die Entwicklung und das Überleben von Unternehmen und manifestieren sich u. a. in der Auswahl der Produkte und Dienstleistungen, der Positionierung gegenüber Wettbewerbern, der Ausgestaltung von Geschäftsmodellen, der Organisation betrieblicher Strukturen und Prozesse etc. Die Disziplin des Strategischen Managements existiert schlichtweg deshalb, da solche Themen für Unternehmen im Speziellen und für kapitalistisch geprägte Gesellschaften im Allgemeinen äußerst wichtig sind. Im Folgenden werden wir zunächst die historische Entwicklung der Disziplin skizzieren und anschließend Charakteristika eines Strategischen Managements besprechen.

Lernziele

- Vermittlung der begrifflichen Ursprünge des Strategischen Managements (SM)
- Darlegung der Entstehung des SM als eigenständige Disziplin
- Definition des SM und seiner Bestandteile
- Charakterisierung strategischer Problemstellungen
- Darlegung verschiedener Strategieverständnisse
- Strukturierung des Feldes SM
- Hinweise auf wichtige Ressourcen für die Arbeit im SM

1.2.1 Historische Skizze

Die **begrifflichen Ursprünge** des Strategischen Managements reichen relativ weit zurück. Während der Managementbegriff erstmalig in England im 19. Jahrhundert auftaucht und dort teilweise funktional, teilweise rollenbezogen verwendet wird, lässt sich der Strategiebegriff etymologisch auf das Griechische zurückführen. Dort bezeichnet er die Kunst der Heerführung (stratos = Heer, agos = Führer). Angesicht der zahlreichen Konflikte, die die griechischen Stadtstaaten gegeneinander oder gemeinsam gegen starke Gegner wie die Perser austragen, ist diese Kunst dort bereits hoch angesehen. Für den Philosophen Sun Tzu (400–300 v. Chr.), der in China wegweisende Überlegungen zur Kriegskunst anstellt, ist Strategie ebenfalls entscheidend. Er bezeichnet sie als »… *the great work of the organization. In situations of life or death, it is the Tao of survival or extinction. Its study cannot be neglected.*« Im 19. Jahrhundert stechen dann die Ausführungen zur Militärwissenschaft von Carl v. Clausewitz hervor, der Strategie als »Gebrauch des Gefechts zum Zwecke des Krieges« bezeichnet. Er zieht Parallelen zwischen Militär und Wirtschaft und öffnet damit der Übertragung militärischen Gedankenguts in die Ökonomie die Tür – eine Tendenz, die bis heute anhält. In die gleiche Richtung führen ab 1947 die Überlegungen von Oskar Morgenstern und John von Neumann, die aus einem mathematisch-spieltheoretischen Kontext den Strategiebegriff in die Wirtschaftstheorie einführen.

Als **eigenständige Disziplin** formiert sich das Strategische Management seit Ende der 1960er Jahre, schwerpunktmäßig zunächst in den USA. Damit ist es deutlich jünger als die unternehmerische Praxis, mit der es sich auseinandersetzt. Stehen anfangs noch Begriffe wie »Business Policy« oder »Long Range Planning« im Vordergrund der Diskussion, so werden diese sukzessive durch den Begriff des »Strategic Management« verdrängt. Ausgangspunkt der disziplinären Entwicklung sind die *Business Schools* der US-amerikanischen Universitäten. Deren Lehrplan ist zuerst nach einzelnen, betriebswirtschaftlichen Funktionen (wie Marketing, Finanzen etc.) aufgebaut. Diese werden mehr oder weniger unverbunden nebeneinander gelehrt. Als dann der Wunsch nach einer Integration der einzelnen Elemente aufkommt, wird ein neuer Kurs als konzeptionelle Klammer geschaffen. Erstmals geschieht dies an der Harvard Business School, wo bereits im Jahre 1911 ein Kurs mit dem Titel »Business Policy« im Senior Management Training auftaucht. Im Gegensatz zum militärischen Strategieverständnis geht es dabei nicht mehr nur um die Wahl der Mittel zur Erreichung vorgegebener Ziele, sondern auch um deren Festlegung und die Ausrichtung der Unternehmenspolitik. Auf Grundlage der in Harvard gepflegten Fallstudienmethodik behandelt der Kurs ausgewählte betriebswirtschaftliche Probleme hochrangiger Manager, meist aus einer multifunktionalen Perspektive. Ein festgelegter Inhalt besteht zunächst nicht; auf eine theoretische Unterlegung wird weitgehend verzichtet. Alles, was einen Beitrag zur Bewältigung der aufgeworfenen Themen verspricht, wird herangezogen, unabhängig davon, aus welchem Bereich der Beitrag stammt. Der Lehrkörper setzt sich aus erfahrenen Professoren und ehemaligen Managern zusammen. Einen eigenen Karrierepfad, wie ihn die anderen betriebswirtschaftlichen Funktionen aufweisen, bietet das Feld noch nicht. Folglich wird die Theorieentwicklung kaum vorangetrieben und eine eigentliche wissenschaftliche Forschung findet nicht statt. Man beschränkt sich auf reichhaltige Beschreibungen aktueller Praxisfälle und eine Problemlösung »from case to case«.

Marginalien:
- Strategie als Kunst der Heerführung
- Strategie als eigenständige Disziplin

1.2.1 Historische Skizze

Strategie als Wissenschaft

Zur *wissenschaftlichen Disziplin* entwickelt sich das Feld dann ab Ende der 1960er-Jahre. Wissenschaftler werden nun an mehreren Universitäten explizit mit der Erforschung des Feldes beauftragt. Ein speziell auf »Business Policy« zugeschnittener Karrierepfad wird eingerichtet, der durch alle akademischen Stufen bis hin zum Professor mit dauerhafter Anstellung führt. Damit folgt man institutionell den Karrieremöglichkeiten in den anderen Funktionen nach. In der Folge entsteht eine lebhafte Forschungsbewegung und die Akkumulation von Wissen setzt ein. Wissenschaftliche Gremien und Konferenzen konstituieren sich, Forschungsergebnisse werden präsentiert, Konstrukte, Theorien und Methoden im wissenschaftlichen Diskurs ausgetauscht und diskutiert. Erste Artikel finden Eingang in allgemeine Managementjournale wie die Harvard Business Review, die Sloan Management Review oder die California Management Review, die meist eng mit einer der reputierten US-Business-Schools verbunden sind. Danach werden stärker akademisch ausgerichtete Zeitschriften wie Management Science oder Academy of Management Journal gegründet. Ebenso entstehen spezifisch ausgerichtete Journale, in deren Titel sich die anfängliche Fokussierung der Disziplin auf das Thema der strategischen Planung niederschlägt, wie etwa Long Range Planning. 1985 wird dann das Strategic Management Journal gegründet, welches sich rasch als führende Fachzeitschrift durchsetzt, und im 21. Jahrhundert kommen Journals wie Strategic Organisation, Strategy & Management, Strategic Entrepreneurship Journal oder das Global Strategy Journal hinzu.

Ressourcen: Wichtige internationale Zeitschriften
Besuchen Sie einmal die Homepages dieser Zeitschriften, um sich einen Eindruck von der derzeit aktuellen Diskussion zu verschaffen. Bei den meisten dieser Homepages kann man auch mittels einer Suchfunktion die Archive dieser Zeitschriften durchforsten:

Wissenschaftliche Zeitschriften	Zeitschriften für die Praxis
Academy of Management Journal	Academy of Management Perspectives
Academy of Management Review	
Global Strategy Journal	California Management Review
Journal of Management	Harvard Business Review
Journal of Management Studies	Harvard Business Manager
Long Range Planning	MIT Sloan Management Review
Management Science	
Organization Science	
Strategic Management Journal	
Strategic Entrepreneurship Journal	
Strategic Organization	

Die **theoretische Entwicklung** der Disziplin ist zwar zeitlich kurz, inhaltlich jedoch umfangreich und kann daher an dieser Stelle nur skizziert werden. In einem engeren Sinne ist ihr Beginn mit vier Arbeiten verbunden, die in den 1960er-Jahren erschienen sind. In ihnen finden sich bereits viele der wichtigsten Ideen, die die Entwicklung des Feldes bis heute prägen:

Einzigartigkeit durch Qualität der Ressourcen

- *Edith Penrose* formuliert in ihrer »Theory of the Growth of the Firm« (1959) den Gedanken, dass die Einzigartigkeit eines Unternehmens durch die Qualität der Ressourcen, über die es verfügt, zu erklären sei. »It is the heterogeneity, and not the homogeneity, of the productive services available or potentially available from its resources that gives each firm its unique character«[2]. Damit wendet sie sich gegen die in der Neoklassik vorherrschende Sichtweise der Homogenität von Ressourcen und letztendlich von Unternehmen.

Structure follows Strategy

- Der Managementhistoriker *Alfred Chandler*[3] untersucht in seinem Werk »Strategy and Structure« (1962) den Wachstumsprozess von vier Unternehmen (SEARS, GENERAL MOTORS, DuPONT und STANDARD OIL) und fasst seine Erkenntnisse in der These »Structure follows Strategy« zusammen. Neue organisationale Formen lassen sich für ihn durch neue Wachstums- und Diversifikationsstrategien in der Entwicklung des Unternehmens erklären: »The thesis that different organizational forms result from different types of growth can be stated more precisely if the planning and carrying out of such growth is considered a strategy, and the organization devised to administer these enlarged activities and resources, a structure.« Wechselt die Strategie, so passt sich ihr – zur Unterstützung ihrer Umsetzung – die Organisationsstruktur an. Als Strategie definiert er »… the determination of the basic long-term goals and objectives of an enterprise, and the adoption of courses of action and the allocation of resources necessary for carrying out these goals«. Es geht also primär um Kursbestimmung, Maßnahmenanpassung und Ressourcenallokation.

Formulierung und Implementierung

- *Kenneth Andrews* fasst seine Erkenntnisse in dem Buch »The Concept of Corporate Strategy« (1971) zusammen. Chandler folgend ist für ihn eine Strategie ein »… pattern of objectives, purposes, or goals and major policies and plans for achieving these goals, stated in such a way as to define what business the company is in or is to be in and the kind of company it is or is to be«. Er erweitert den Ansatz erstens um die in dem Werk »Business Policy«, das er bereits 1965 zusammen mit anderen Professoren der Harvard Business School verfasst hat, eingeführte Unterscheidung von Strategieprozessen in eine Phase *der Formulierung* einer Strategie und in die ihrer anschließenden *Implementierung*. Diese Unterscheidung ist wegweisend für nachfolgende Forschungsarbeiten. Zweitens erfolgt noch die Unterteilung strategischer Betrachtungen *in einen Umwelt- und einen internen Fähigkeitsaspekt:* »Corporate strategy has two equally important aspects, interrelated in life but separated to the extent practicable here in our study of the concept. The first of these is formulation; the second is implementation. Deciding what strategy should be is, at least ideally, a rational undertaking. Its principal subactivities include identifying opportunities and threats in the company's environment and attaching some estimate of risk to the discernible alternatives. Before a choice can be made, the company's strengths and weaknesses must be appraised. Its actual or potential capacity to take advantage of perceived market needs or to cope with attendant risks must be estimated as objectively as possible. The strategic alternative which results from a matching of opportunity and corporate capability at an acceptable level of risk is what we may call an economic strategy.«[4] Andrews betont auch, dass jedes Unternehmen eine Strategie hat. Ist sie nur *implizit* vorhanden, so kann sie aus seiner Sicht aus dem Handeln der Mitarbeiter rekonstruiert werden, da er unterstellt, dass jedes Handeln zweckgerichtet ist.

1.2.1 Historische Skizze

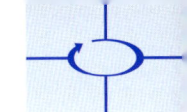

- *Igor Ansoff* behandelt in seinem Werk »Corporate Strategy«[5] (1965) ausführlich die Grundzüge eines Strategischen Managements. Er rückt es etwas aus dem Mystischen, der reinen Topmanagement-Angelegenheit, heraus und lässt es zur Technik werden, die es zu beherrschen gilt. Er argumentiert, dass es primär darum ginge, das strategische Problem zu erkennen und es wirkungsvoll zu lösen. Zur Analyse und Optionengenerierung entwickelt er erste einfache Konzepte: Die *Forderung nach dem Unternehmens-Umwelt-Gleichgewicht* bildet er z. B. über die SWOT-Analyse ab; die Produkt-Markt-Matrix führt er zur konzeptionellen Unterlegung von Wachstumsüberlegungen ein. Weiter formalisiert er Strategieprozesse in ausgefeilte Phasenmodelle und wird damit zum Wegbereiter der strategischen Planung. Er weist aber auch schon früh auf ihre Grenzen hin und untersucht den Veränderungsprozess, den solche Managementsysteme bei ansteigender Umweltkomplexität erfahren. Daneben entwickelt er wichtige Konzepte wie z. B. den Ansatz der *»schwachen Signale«*.

SM als Technik: Erste Konzepte

> **Ressourcen: Zentrale Theorien im Strategischen Management**
> Wichtige Theorien, die in der Strategieforschung zur Anwendung kommen, sind: Agency Theorie, Transaktionskostentheorie, Industrieökonomik (»Industrial Economics«), Spieltheorie, der ressourcenbasierte Ansatz (Resource-based View), der wissensbasierte Ansatz (Knowledge-based View), die verhaltensorientierte Theorie (Behavioral Theory), die Netzwerktheorie, die Evolutionstheorie/Organisations- oder Populationsökologie, die Institutionentheorie oder -ökonomie (»Institutional Theory«) oder die Kontingenztheorie. Die wichtigsten Theorien werden am Anfang der nachfolgenden Kapitel 2 bis 6 vertieft vorgestellt.

Nicht zu unterschätzen sind in dieser Zeit auch die Impulse, die von *Beratungsgesellschaften* wie THE BOSTON CONSULTING GROUP oder MCKINSEY ausgehen. Durch Konzepte wie die Erfahrungskurve, die Wachstums-Marktanteils-Matrix oder die Geschäftsfeldsegmentierung beeinflussen sie nachhaltig die Diskussion. Sie weisen den Weg für die Generierung anwendungsbezogener Konzepte, die Probleme der Unternehmenspraxis strukturieren und diese – wenn möglich – mit Lösungsvorschlägen versorgen. Gleichzeitig wirken die Beratungsgesellschaften mit ihren Konzepten auch auf die Wissenschaft ein, da diese die »hinter« den jeweiligen Konzepten stehenden Theorieannahmen aufgreift und einer kritischen Prüfung unterzieht. Ebenso beobachten sie, was die Wissenschaft hervorbringt und »importieren« deren Erkenntnisse in ihre beratende Praxis.

Einfluss der Beratungsunternehmen

> **Ressourcen: Strategieberatungsunternehmen**
> Die Homepages mancher Strategieberatungsunternehmen bieten neben Informationen zu sich selbst auch sonstige interessante Ressourcen zum Strategischen Management. Besuchenswert sind z. B. die Homepages von BAIN & COMPANY, THE BOSTON CONSULTING GROUP, MCKINSEY & COMPANY, OLIVER WYMAN oder ROLAND BERGER.

Die Entwicklung des Strategischen Managements und seiner jeweiligen thematischen Schwerpunkte lässt sich insbesondere über die immer neuen Herausforderungen erklären, denen sich das Management in der Ausgestaltung der Beziehungen des Unternehmens zu seinem Umfeld gegenüber sah.

In den 1960er-Jahren konzentriert sich die Disziplin auf die Langfristplanung bzw. die strategische Planung. Doch schon bald zeigen sich deren Grenzen: Pla-

Strategische Planung

nungsprozeduren verkommen zu bürokratischen Zielfestschreibungen, Probleme in der Umsetzung häufen sich und darüber hinaus gelingt es ihr nicht, anstehende Umweltveränderungen zu antizipieren. Forschungsarbeiten, die die Formierung von Strategien empirisch deskriptiv – und nicht normativ – untersuchen, kommen zudem zu Prozessverläufen, die sich von denen der strategischen Planung weitgehend unterscheiden. Nicht Rationalität und ein beabsichtigtes, explizites Formulieren und Implementieren von Strategien scheinen in der Unternehmenspraxis vorzuherrschen, vielmehr prägen inkrementelle, nichtlineare, von Zufall und Ex-post-Rationalisierungen geprägte Prozesse das Bild.

In den *1970er-Jahren* beginnt die Verwissenschaftlichung der Disziplin. Der Trend, normative (und oft subjektiv gefärbte) Aussagen in den Hintergrund zu rücken und stattdessen eine auf Beschreibung und Erklärung ausgerichtete Wissenschaft zu etablieren, gewinnt an Bedeutung. Es entstehen deduktiv und induktiv angelegte Forschungsansätze, die Theorien und Modelle einer strengen, empirischen Überprüfung und Begründung unterziehen. Gleichzeitig beginnt sich das Feld in zwei Forschungsstränge aufzuteilen: Während der erste sich der eben angeführten Thematik der Strategieformierung zuwendet und untersucht, wie sich Strategien in Unternehmen tatsächlich bilden *(Prozessforschung)*, thematisiert der zweite den Zusammenhang zwischen verschiedenen Strategien und ihren Performance-Implikationen *(Inhaltsforschung)*. Hier wird u. a. erforscht, wie sich Diversifikationsstrategien auf den Unternehmenserfolg auswirken oder wie Unterschiede zwischen Firmen innerhalb der gleichen Branche zu erklären sind. Besondere Bedeutung erlangen in diesem Forschungsstrang die Arbeiten von *Michael Porter* in den 1980er-Jahren zum sogenannten »Market-based View«. Er überträgt eine Reihe von Konstrukten der Industrieökonomie in die Strategielehre und erklärt damit in differenzierter Form, worin Wettbewerbsvorteile und – in letzter Konsequenz – Erfolgsunterschiede zwischen Unternehmen begründet sind. Zusätzlich entwickelt er mehrere strukturierende Bezugsrahmen, die in der Praxis eine weite Verbreitung erfahren.

In den *1980er-Jahren* differenziert die Strategieforschung ihr Theorienspektrum stark aus. In der Inhaltsforschung bedient man sich theoretischer Ansätze, wie z. B. der Transaktionskostentheorie, und wendet sie auf Fragen der Integration und des Umfangs von Unternehmen an, untersucht spieltheoretisch das Verhalten von Firmen in kompetitiven und kooperativen Situationen, arbeitet komplexitäts- oder systemtheoretisch an ihren Entwicklungsverläufen oder studiert populationsökologisch die Entstehung und das Scheitern von Unternehmensgruppierungen. Besonders interessante Arbeiten werden auch unter den Begriffen »Strategic Change« und »Strategic Renewal« vorgelegt. Im Kern geht es dabei um die Frage, wie sich Unternehmen im Zeitablauf verändern und ob und inwieweit sich eine solche Transformation willentlich herbeiführen lässt.

Anfang der *1990er-Jahre* entwickelt sich, die Gedanken von Penrose aufgreifend, der sogenannte »Resource-based View«. Das Forschungsinteresse verlagert sich nun gewissermaßen in das Unternehmen hinein und man versucht von dort aus die Quellen nachhaltiger Wettbewerbsvorteile zu ergründen. Eine Reihe von Arbeiten beleuchtet diese Aspekte und bemüht sich um quantitativ gestützte Erkenntnisse. Weiterhin hohe Bedeutung haben Arbeiten zu Top Management Teams, Akquisitionen oder Diversifizierung.

Im ersten *Jahrzehnt des 21. Jahrhunderts* rückt u. a. der sogenannte »Dynamic Capability View« in den Vordergrund. Vereinfacht formuliert geht es hier um organisationale Fähigkeiten zur Veränderung des Ressourcenbestandes von Unternehmen. Nicht die Ressourcen und Fähigkeiten per se, sondern wie sie miteinander verbunden, umgruppiert oder aufgebaut werden, prägt nun die Forschung. Ebenso werden strategische Initiativen und Prozesse, Steuerung globaler Unternehmen sowie Allianzen und Netzwerke verstärkt untersucht – wie so oft kommt es auch hier zu einer Wechselbeziehung zwischen Wissenschaft und den aktuellen Herausforderungen der Praxis in dieser Zeit. Bedeutung erlangt auch die tendenziell in der Prozessforschung anzusiedelnde »*Strategy as Practice Community*«. Sie plädiert für einen »practice turn« in der Strategieforschung, in dem sie Strategie als etwas betrachtet, was Leute tun. Es wird dazu die Akteursperspektive der strategischen Praktiker eingenommen. Was interessiert, sind deren Praktiken in ihrer alltäglichen Strategiearbeit.

Strategy as Practice

Zuletzt entwickelt sich viel Forschung um den Begriff des »Geschäftsmodells«. Ausgelöst durch Internet und Digitalisierung wird die Thematik von Aktivitäten und ihrem neuartigen Zusammenspiel behandelt.

> **Ressourcen: Wissenschaftliche Konferenzen und Verbände**
> Die Vielzahl an Konferenzen, die weltweit angeboten werden, ist kaum noch zu überschauen. Drei Konferenzen stechen jedoch besonders hervor.
> - Dies ist zum einen die jährlich stattfindende Konferenz der *Strategic Management Society*, einer internationalen Vereinigung von Wissenschaftlern, Managern und Beratern. Die Homepage der Strategic Management Society (www.strategicmanagement.net) ist insofern interessant, als man sich zur jeweiligen Jahreskonferenz die »Conference Track Themes« ansehen kann und so einen Eindruck von der Innendifferenzierung des Feldes erhält. Ebenso führt diese Gesellschaft eine Reihe von Special Conferences durch, die sich gezielt einer spezifischen Thematik widmen.
> - Zweitens ist die *Academy of Management (AOM)* zu nennen. Ursprünglich in den USA gegründet, gibt es heute Schwesterorganisationen in Europa (www.euram-online.org), Südamerika und Asien, die ebenfalls Konferenzen durchführen. Bedenkt man, dass das Gebiet des Strategischen Managements in der Forschung Anfang der 60er-Jahre im Prinzip noch gar nicht existent war, so ist es doch erstaunlich, dass die »Business Policy & Strategy Division« in der AOM heute die Abteilung mit den meisten Forschern darstellt. Besuchen Sie einmal diese sehr ergiebige Seite (http://www.bpsdiv.org) und verschaffen Sie sich dadurch einen Eindruck von der Reichhaltigkeit und Dynamik des Feldes.
> - Drittens finden neben diesen beiden Konferenzen in Europa Strategiethemen zunehmend Eingang auf den EGOS-Konferenzen. *EGOS (European Group of Organization Studies)* (www.egosnet.org) wurde 1973 informell und 1997 formell als paneuropäisches Netzwerk von Forschern auf dem Gebiet der Organisationstheorie geschaffen.

Insgesamt kann die Entwicklung des Strategischen Managements über die letzten Jahrzehnte positiv beurteilt werden. In der Wissenschaft hat sich das Feld als eigenständige Disziplin fest etabliert, was z. B. an der hohen Anzahl von Konferenzen, Publikationen in Fachzeitschriften oder Wissenschaftlern, die auf diesem Gebiet forschen, abzulesen ist. Die regionalen Unterschiede sind geringer geworden, und die Dominanz amerikanischer Schulen ist einer größeren, internationalen Vielfalt gewichen. Die Forschungsintensität hat erheblich zugenommen und in ihrer Folge auch die Konkurrenz um neue wissenschaftliche Erkenntnisse, die in den führenden Fachzeitschriften veröffentlicht werden. In der Praxis ist strategisches Gedankengut mittlerweile weit verbreitet und wohl jede Führungskraft sollte auch als Teil ihres General Management Knowhow über eine gewisse Grundkompetenz im Strategischen Management verfügen. Dazu beigetragen hat sicher auch, dass sich in Lehre und Weiterbildung kaum noch eine Universität findet, die nicht Kurse zum Strategischen Management anbietet. Der Trend zu einer evidenzbasierten Lehre, die sich basierend auf empirischen Daten am neuesten Stand der Forschung orientiert, hat sich erfreulicherweise verstärkt. Die Bedeutung der Weiterbildung für Führungskräfte schwankt dabei nach Universität und Land. Während einige Universitäten eine breite Palette von Kursen anbieten (z. B. Wharton, Insead, Harvard, Bocconi, HEC Paris, IESE oder HSG St. Gallen), beschränken sich andere auf die Grundlagen.

Herausforderungen

Allerdings ist das Feld auch mit einer Reihe von *Herausforderungen* konfrontiert. Seitens der Praxis ist gelegentlich der Vorwurf der Praxisferne zu vernehmen, der auch in der wissenschaftlichen Gemeinschaft selbstkritisch bemerkt wird. Inwieweit eine wissenschaftliche Disziplin jedoch darauf reagieren kann, ohne sich ihrer Eigenlogik zu entledigen und wissenschaftliche Standards zu vernachlässigen, ist eine offene Frage. Vieles hängt von den gewählten Forschungsfragen ab bzw. der Frage, ob diese relevante Themen aufgreifen oder sich primär um sich selbst drehen. Dies bringt auch Probleme für die Lehre mit sich, nämlich insbesondere die Frage, ob man vorrangig Theorien vermitteln will und sich an dem Dreiklang »Beschreiben, Erklären und Gestalten« orientiert oder auch Instrumente, Heuristiken oder Checklisten integriert, die oft nicht theoretisch »unterfüttert«, gleichwohl für die Praxis nützlich sein können. Wissenschaftlich ist zuletzt die Frage nach der Zersplitterung des Feldes von Relevanz. Benötigt man ein einheitliches Paradigma, das verschiedene Theorieansätze integriert, oder arbeitet man, wie bisher, multiparadigmatisch an einzelnen Themenstellungen? Wenn Letzteres sich weiter durchsetzen sollte, dann stellen sich Folgefragen, wie z. B. die nach der Integration der einzelnen »Puzzleteile«.

1.2.2 Charakteristika des Strategischen Managements

Wenden wir unsere Aufmerksamkeit nun den Charakteristika eines Strategischen Managements zu. Nach den bisherigen Ausführungen sollte klar sein, dass es sich dabei nur um eine Momentaufnahme handelt. Die Disziplin entwickelt sich evolutionär weiter und verändert dabei neben Themen und Schwerpunkten auch ihre Identität.

(1) Grundlegende Fragestellungen und Forschungsströmungen

Vier zentrale Fragestellungen

Ein erster Zugang zur Disziplin liegt in zentralen Fragestellungen, mit denen sich das Strategische Management seit seiner Entstehung auseinandersetzt und die die Disziplin bis heute prägen:

- *Wie verhalten sich Unternehmen?* Benehmen sie sich tatsächlich wie rationale Akteure, deren Entscheidungen sich aus den Axiomen der Nutzenoptimierung ableiten lassen? So argumentiert zumindest die neoklassische Theorie der Unternehmung. Doch wie empirische Studien zeigen, ist dies nicht immer der Fall. Verzerrungen und irrationales Verhalten sind häufiger anzutreffen, als

1.2.2 Charakteristika des Strategischen Managements

man gemeinhin denkt. Doch wie erklärt sich dies? Und welche Annahmen und Modelle sind hierfür hilfreich?

- *Warum unterscheiden sich Unternehmen voneinander?* Was führt dazu, dass sie ihre Heterogenität hinsichtlich Ressourcen und Erfolg trotz Wettbewerb und Imitationsanstrengungen ihrer Konkurrenten bewahren? Geht man von industrieökonomischen Gleichgewichtsmodellen aus, so sollten Unterschiede zwischen Unternehmen durch Wettbewerb und Imitation sich ausgleichen. Wie sich jedoch zeigt, gibt es zwischen Unternehmen der gleichen Branchen signifikante Abweichungen, die sich hartnäckig über die Jahre halten. Was sind die Ursachen dafür?
- *Was bestimmt Erfolg oder Scheitern im internationalen Wettbewerb?* Was sind die Ursachen für unternehmerischen Erfolg und wie manifestieren sie sich im internationalen Wettbewerbsumfeld? Warum gelingt es einigen Firmen hier überdurchschnittliche Ergebnisse zu erzielen? Und warum sind einige Firmen in der Lage, sich dadurch grundlegend zu erneuern, während andere auf der Strecke bleiben? Diese Frage ist gerade heutzutage wichtig, angesichts der aufstrebenden »emerging markets« als Absatz- und Produktionsstandorte sowie des Eintritts von Unternehmen aus diesen Märkten in die reifen Märkte Europas und der USA.
- *Was legitimiert eine diversifizierte Unternehmensgruppe? Was ist der Mehrwert, den eine Zentrale (Corporate Center) in einer solchen Unternehmensgruppe generieren kann? Was begrenzt ihren Umfang und ihre Größe?* Und was hält Unternehmen, die aus mehreren Geschäftseinheiten bestehen, überhaupt zusammen? Wenn einzelne Geschäftseinheiten eigenständig am Markt agieren könnten, stellt sich die Frage nach der Notwendigkeit einer übergeordneten Zentrale, die ja Kosten verursacht und die die unternehmerische Freiheit der Geschäftseinheiten mehr oder weniger beschneidet.

Die Antworten auf diese Grundfragen können sich dabei über die Zeit verändert haben. Oder manchmal kehrt die Diskussion auch zu ihren Ursprüngen zurück, da es bislang noch an überzeugenden Antworten fehlt.

> **Ressourcen: Handbücher**
> Will man sich einen Überblick über eines der Unterthemen des Strategischen Managements verschaffen, so kann die Verwendung von Handbüchern ganz zweckmäßig sein. Sie strukturieren nicht nur das Thema, sondern geben auch Hinweise auf die wichtigsten Literaturquellen. Direkt zum Strategischen Management kann auf folgende Handbücher hingewiesen werden:
>
> - Faulkner, D.O./Campbell, A. (Hrsg.) (2006): The Oxford Handbook of Strategy, Oxford.
> - Hitt, M.A./Harrison, J.S./Freeman, R.E. (Hrsg.) (2001): The Blackwell Handbook of Strategic Management, Oxford.
> - Pettigrew, A./Thomas, H./Whittington, R. (Hrsg.) (2006): Handbook of Strategy and Management, London.
> - Hungenberg, H./Meffert, J. (Hrsg.) (2005): Handbuch Strategisches Management, 2. Aufl., Wiesbaden.

Basierend auf diesen Grundfragen ist das Themenspektrum, mit dem sich das Strategische Management beschäftigt, äußerst umfangreich und an seinen Rändern, zu anderen Disziplinen hin, nicht immer eindeutig abzugrenzen. Zieht man die thematische Struktur heran, wie sie Konferenzen, z. B. der *Strategic Management Society*, zu Grunde liegt, so lassen sich eine Reihe von *Forschungsströmen* identifizieren, innerhalb derer intensiv nach neuen Erkenntnissen gesucht wird. Teils weisen diese eine längere Tradition auf, teils greifen sie aktuelle Entwicklungen und Herausforderungen der Wirtschaft auf.

Forschungsströme

- *Industriestruktur:* Branchen wie z. B. Handel, Energie oder Banken sind unterschiedlich strukturiert. Als Industriestruktur werden diejenigen Faktoren bezeichnet, die das Verhalten der darin tätigen Unternehmen direkt oder indirekt beeinflussen. Dazu zählen z. B. regulatorische Vorschriften, Barrieren beim Markteintritt und Austritt, Innovationen, Rohstoffintensität etc.
- *Geschäftsstrategie (Business Strategy):* Sie fokussiert auf eine einzelne Einheit eines Unternehmens, die in einer bestimmten Industrie im Wettbewerb mit anderen Einheiten steht. Fragen wie Wettbewerb geführt wird, welche Taktiken angewendet werden und welche Dynamiken sich daraus ergeben, stehen im Mittelpunkt.
- *Unternehmensstrategie (Konzern-Gruppenstrategie):* Sind Unternehmen aus mehreren Einheiten aufgebaut, kommt die Unternehmensstrategie (Corporate Strategy) zum Tragen. Sie zeigt, wie das Gesamtgebilde geführt wird und ob dadurch ein Mehrwert generiert wird, der über den Beitrag der einzelnen Einheiten hinausgeht.
- *Kooperative Strategien (Joint Ventures, strategische Allianzen, Netzwerke):* Kooperative Strategien, in denen sich zwei oder mehr Unternehmen miteinander verbinden, um unternehmerische Ziele zu erreichen, haben in den letzten Jahren markant an Bedeutung gewonnen. Themen wie Führungsstruktur, Wissenstransfer, Vertrauensbildung, Stabilität und Auflösung werden dort untersucht.
- *Corporate Governance:* Hier geht es um die Ausgestaltung der obersten Führungsstrukturen eines Unternehmens. Die Zusammensetzung dieser Gremien, ihre notwendigen Fähigkeiten und die Interaktion mit nachgelagerten Führungsebenen bilden den thematischen Schwerpunkt. Aber auch Fragen der Entwicklung und Einhaltung von Organisationsrichtlinien (Compliance) gehören dazu.
- *Organisation:* Unternehmen sind immer auch Organisationen. Als solche weisen sie Strukturen und Prozesse auf, um die Umsetzung der Strategie sicherzustellen und um ihre Leistungen zu erbringen. Besonders anspruchsvoll erweist sich ihre Veränderung und Erneuerung, da individuelle und soziale Faktoren dies beeinflussen.
- *Internationalisierung:* Die Auswirkungen der Globalisierung sind in den meisten Unternehmen sichtbar. Sie umfassen den Eintritt in neue Märkte, die internationale Optimierung von Wertschöpfungsketten, die Berücksichtigung kultureller Unterschiede etc.
- *Wissensmanagement:* Das Management von Wissen (Generierung, Speicherung, Transfer und Anwendung) ist in vielen Branchen zu einem entscheidenden Faktor geworden. Neben klassischen Innovationen, die zu neuen Produkten und Dienstleistungen führen, treibt es die Optimierung von Geschäftsprozessen sowie die Entstehung neuer Geschäftsmodelle voran.

1.2.2 Charakteristika des Strategischen Managements

- *Strategisches Denken:* Strategische Prozesse manifestieren sich in unternehmerischen Einsichten, Entscheidungen und Handlungen. Die Qualität dieser Elemente wirkt sich unmittelbar auf den Erfolg von Unternehmen aus.
- *Unternehmertum (Entrepreneurship):* Hier standen lange Neugründungen und das Wachstum kleiner Unternehmen im Vordergrund. Dieser Fokus hat sich erweitert und umfasst heutzutage auch Herausforderungen im Aufbau und in der Erneuerung von Geschäften innerhalb von bestehenden Unternehmen.
- *Stakeholder Management:* Nicht zuletzt durch die Finanzkrise 2008/2009 sind die Interdependenzen zwischen Unternehmen und den sogenannten »Non-Market Forces« für jedermann sichtbar geworden. In vielen Branchen trifft man ein immer engeres Zusammenspiel zwischen Regulatoren, Staatsunternehmen, gesellschaftlichen Gruppierungen und Unternehmen an, welches über eine reine Wettbewerbsinteraktion hinausgeht.

> **Ressourcen: Wirtschaftszeitungen und -zeitschriften**
> Exemplarisch sind folgende Quellen aufgeführt, die regelmäßig über Strategien von Unternehmen berichten. Zudem verfügen sie über eine Website, die eine Suche in der jeweiligen Publikation erlaubt. Teilweise ist der Zugang jedoch nur als Abonnent oder gegen eine Gebühr möglich.
>
> Tageszeitungen mit größerem Wirtschaftsteil:
> - Frankfurter Allgemeine Zeitung
> - NZZ
>
> Magazine mit größerem Wirtschaftsteil:
> - Economist
> - Spiegel
>
> Wirtschaftstageszeitungen:
> - Financial Times
> - Handelsblatt
> - Handelszeitung
> - Wall Street Journal
>
> Wirtschaftsmagazine:
> - Bilanz
> - Business Week
> - Manager Magazin

(2) Was ist das Strategische Management?

Was ist nun kennzeichnend für das heutige Verständnis eines Strategischen Managements und was grenzt es auch gegen andere Disziplinen der Betriebswirtschaftslehre ab? Dies soll im Folgenden an ausgewählten Merkmalen aus verschiedenen Perspektiven beschrieben werden, bevor daraus die dem hier vertretenen Ansatz zu Grunde liegende Definition abgeleitet wird.

Perspektiven eines Strategischen Managements

- *Strategie als Position:* Erstens geht es um das Anstreben einer bestimmten *Position* in den für das Unternehmen bedeutsamen Märkten (Absatzmarkt, Kapitalmarkt, Arbeitsmarkt etc.). Dazu wählt sich das Unternehmen eine aus ihrer Sicht attraktive Umwelt aus, in der es agieren möchte, und positioniert sich dort gegenüber den relevanten Anspruchsgruppen und unter Beachtung der

Entwicklungen in der allgemeinen Umwelt (Megatrends). D. h., dass die spezifische *Umwelt*, in die das Unternehmen eingebettet ist und in der es sich zu bewähren hat bzw. sein Überleben sichern muss, teilweise wähl- und beeinflussbar ist, teilweise jedoch nicht.

- *Strategie als Performance-orientiertes Handeln:* Zweitens ist mit dieser angestrebten Position auch das Anstreben einer bestimmten Leistung des Unternehmens verbunden, seine *Performance*. Der Performance-Begriff kann dabei eng oder breit ausgelegt werden. In seiner engen Fassung geht es primär um finanziell messbare Größen, während breitere Ansätze z. B. auch die Bedeutung sozialer und ökologischer Ergebnisse betonen (die sogenannte »Triple-Bottom-Line«).

- *Strategie als Streben nach Einzigartigkeit:* Drittens sucht man im Strategischen Management nach den Faktoren, die kausal mit der Performance verbunden sind. Oder präziser gesagt, es interessieren die Einflusskräfte, die eine überdurchschnittliche Performance zu erklären vermögen. Sie sollen dem Unternehmen als *Alleinstellungsmerkmale* zu *nachhaltigen Wettbewerbsvorteilen* im Einklang mit Gesellschaft und Umwelt verhelfen, woraus sich dann auch die angestrebte Performance ergeben sollte.

- *Strategie als Anpassungsprozess:* Viertens ist eine einmal eingenommene strategische Position nichts Statisches. Die Umwelt als auch das Unternehmen mit seinen Ressourcen und Fähigkeiten sind Gegenstand von Veränderung. Beide gilt es durch entsprechende strategische Initiativen in Balance zu halten, was auch in eine Änderung der angestrebten Positionierung münden kann.

- *Strategie als Management von Initiativen:* Fünftens geht es im Strategischen Management um *strategische Initiativen* (oft auch *strategische Programme* genannt), die seitens der Mitglieder ergriffen und verfolgt werden. Darunter versteht man wichtige, koordinierte Vorhaben innerhalb eines Unternehmens, die seine Entwicklung signifikant beeinflussen. Sie umfassen ein breites Spektrum an Themen, wie z. B. eine Wachstums-, Qualitäts- oder Serviceinitiative. Einerseits können dies planerisch *intendierte* Initiativen zum Erlangen der angestrebten Positionierung sein; andererseits sind dies aber auch *emergente* Initiativen, die ungeplant, oft auch unternehmerisch motiviert aus der Organisation erwachsen, und teilweise rückkoppelnde Effekte auf die verfolgte Strategie haben können.

- *Strategie als Allokation von Ressourcen:* Sechstens geht es im Strategischen Management immer auch um den *Einsatz von Ressourcen*, die die *Entscheidungsträger im Auftrag der Eigentümer* zur Entwicklung und Umsetzung der Strategien anweisen. Dabei ist der Ressourcenbegriff breit angelegt. Er umfasst nicht nur physische Ressourcen wie Maschinen oder Land, sondern auch immaterielle Ressourcen wie Patente, Marken, Produktionsverfahren etc. Die Kombination dieser Ressourcen und die Fähigkeit, bestehende Ressourcenkombinationen wieder neu zu konfigurieren, werden als entscheidend erachtet. Dass dabei die Interessen zwischen Managern und Eigentümern nicht deckungsgleich sein müssen und oft auch nicht sind, war und ist Gegenstand intensiver Auseinandersetzungen.

1.2.2 Charakteristika des Strategischen Managements

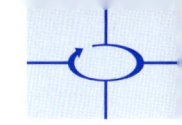

Im *Strategischen Management* geht es somit *um (1) die Realisierung einer angestrebten Leistung für die (2) Anspruchsgruppen eines Unternehmens; dies kann erreicht werden durch (3) geplante und emergente Initiativen sowie (4) den Einsatz von Ressourcen, die zu einer (5) einzigartigen Positionierung und (6) möglichst dauerhaften Wettbewerbsvorteilen verhelfen.*

Strategisches Management – eine Definition

Anwendungsfeld eines Strategischen Managements sind *primär gewinnorientierte Unternehmen*. Jedoch ist nochmals darauf hinzuweisen, dass die Grenzen fließender geworden sind: So werden Teile des Gedankenguts eines Strategischen Managements inzwischen auch in staatlichen Behörden zur Anwendung gebracht. Unternehmen, die teils in Staatsbesitz stehen bzw. durch den Staat kontrolliert werden (z. B. Deutsche Bahn, chinesische Banken), arbeiten mit diesen Ansätzen, wobei dann aber häufig andere Zielsysteme und Performancekriterien zur Anwendung gelangen.

(3) Herausforderungen und Konsequenzen

Ein Grund, warum das Strategische Management so interessant ist, liegt darin, dass es mit einer Reihe von äußerst anspruchsvollen Herausforderungen konfrontiert ist, die das Schicksal von Unternehmen direkt betreffen. Die Antworten auf diese Herausforderungen sind alles andere als trivial und lassen sich meist nicht leicht finden. Was sind die Gründe dafür?

Herausforderungen

Unsicherheit und Dynamik: Veränderungen durch neue Technologien, Kundenwünsche, Aktionen von Konkurrenten oder staatliche Eingriffe sind kaum prognostizierbar. Noch viel weniger ist dies der Fall, wenn sie in Kombination auftreten. Wer weiß beispielsweise, wie sich die Entzifferung von Genen auf Lebensversicherungen, Reiseanbieter oder das Gesundheitsweisen auswirken wird? Je weiter man in die Zukunft blickt, auf desto unsichererem Boden steht man. Aussagen darüber, wie sich all dies auf das eigene Unternehmen auswirkt, erscheinen oft nur als Spekulation oder Wette auf die Zukunft. Gleichwohl müssen Entscheidungen getroffen werden. Für viele Situationen ist es nicht einmal möglich, plausible Risikograde zu ermitteln. Oft herrscht eine prinzipielle Unprognostizierbarkeit über die Entwicklung von Markt-, Kunden-, und Wettbewerbsstrukturen vor. Pointiert formulierte dies Robert Allen, ein ehemaliger CEO des Telekommunikationsunternehmens AT & T: »Wenn jemand behauptet, er wisse, wie dieses Geschäft in fünf Jahren aussieht, stellt sich für mich nur eine Frage: Was hat der als Letztes geraucht?«

Komplexität: Die Vielfalt der Ereignisse in der Gegenwart ist dermaßen groß, dass es keiner Führungskraft gelingt, über all das, was sich im Unternehmen und seiner Umwelt abspielt und was dessen Wechselwirkungen sind, den Überblick zu behalten. Produkte und Leistungen werden fortlaufend modifiziert, Konflikte und Abstimmungsprobleme zwischen Abteilungen und Mitarbeitern treten auf, Kunden- und Lieferantenkontakte bringen neue Anforderungen mit sich, unkoordinierte Entscheidungen werden an vielen Stellen getroffen, schrittweise oder ruckartig verändern sich die organisatorischen Prozesse und Strukturen. Die Vielfalt der Ereignisse und die Komplexität ihres Zusammenwirkens sind nicht nur in globalen Konzernen zu einer zentralen Herausforderung geworden. Aber wie kann Wichtiges von Unwichtigem unterschieden werden? Während Führungsprobleme früher tendenziell überschaubar waren, fällt es heute oft schwer, alle relevanten Aspekte auch nur annähernd einzufangen. Und die, die man zu erfassen vermag, lassen sich oft kaum in eine logische Ordnung bringen; nicht selten sind sie sogar widersprüchlich. Auch lassen sich derartige Führungsprobleme nicht mehr sauber in ihre einzelnen Teilaspekte dekomponieren, um sie dann sequenziell in kleinen, überschaubaren »Portionen« abzuarbeiten. Das Faktum der mangelnden Zerlegbarkeit komplexer Probleme wird ebenfalls zum Problem; Kettenreaktionen mit unbeabsichtigten Nebenwirkungen bilden die Regel. Deshalb ist eine möglichst weitgehend simultane und vernetzte Arbeit am Problem erforderlich. Die tagtäglichen Ereignisse sind wie Mosaiksteine, die oft erst in ihrer Zusammensetzung ein verständliches Bild vermitteln, isoliert betrachtet jedoch wenig aussagen.

Mehrdeutigkeiten und Eigeninteressen: Drittens werden die gleichen Ereignisse von Menschen unterschiedlich wahrgenommen und interpretiert. Koordinationsprobleme beispielsweise sind für den einen auf veraltete Ablaufprozesse zurückzuführen und verlangen nach einer weitreichenden Restrukturierung, während ein anderer die Ursache in politischen Spannungen sieht, zu deren Verbesserung Aktionen der Teamentwicklung gestartet werden sollten. Was hier deutlich wird, ist das Phänomen der Mehrdeutigkeit, durch das sich Führungsprobleme auszeichnen. Es bestehen unterschiedliche Sichtweisen für eine auftretende Problematik, die zu unterschiedlichen Lösungsstrategien führen. Dies ist selbstverständlich auch mit unterschiedlichen Interessen verbunden, die die Beteiligten haben. Eigeninteressen sind eine der Ursachen für die Mehrdeutigkeit von Ereignissen.

Konsequenzen

Für ein Strategisches Management haben diese Herausforderungen Konsequenzen. So stellt sich die Frage, ob Unternehmen überhaupt bewusst gestaltet werden können. Hierzu lassen sich drei Sichtweisen unterscheiden: Erstens kann man argumentieren, dass – den Annahmen einer synoptischen Totalplanung folgend – die Entwicklung von Unternehmen vollumfänglich gesteuert werden kann. Man setzt sich Ziele, legt fest, wie man sie zu erreichen gedenkt, und stellt die dafür erforderlichen »Stellhebel« passend ein. Zweitens kann man die Gegenposition vertreten und die Entwicklung von Unternehmen als prinzipiell unsteuerbar erachten. Was dann übrig bleibt, ist das Vertrauen auf ein »Muddling Through«. Da einerseits die synoptische Totalplanung als gescheitert zu betrachten ist, andererseits jedoch auch ein reines »Durchwursteln« wenig befriedigend erscheint und auch nicht empirisch bestätigt werden kann, schlägt *Werner Kirsch* (1997) drittens den Gedanken einer *geplanten Evolution* vor. Die Grundidee dabei ist, zunächst von einer vergleichsweise grobrastigen konzeptionellen Gesamtsicht der Unternehmensentwicklung auszugehen, die der Steuerung der Einzelschritte auf tiefer gelegenen Abstraktionsebenen dient. Jeder konkrete Schritt, den ein Unternehmen in der Folge dann geht, hat nun wiederum Auswirkungen auf die konzeptionelle Gesamtsicht und führt zu deren Modifikation und Konkretisierung.

Muddling Through

Geplante Evolution

Die geplante Evolution wird damit zu einem bewusst herbei geführten Spannungsfeld zwischen deduktiv abgeleiteten Ideen und induktiv gewonnenen Erfahrungen. Ein so verstandenes Strategisches Management ist ein evolutionärer Prozess, in dem zwar versucht wird, die Entwicklung von Unternehmen zu gestalten, man sich jedoch bewusst unrealistischer »Allmachtsvorstellungen« enthält. Wohin die Entwicklung letztlich genau führt, bleibt offen.

1.2.2 Charakteristika des Strategischen Managements

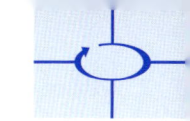

Was sich in diesen Ausführungen bereits andeutet, ist die Vorstellung, ein Strategisches Management als eine *spezifische Denkhaltung* dessen zu verstehen, wie man sich mit der Entwicklung von Unternehmen auseinandersetzt. Je mehr man sich in einem Unternehmen der angebotenen Ökologie des Wissens bedient bzw. dazu selbst einen Beitrag leistet, desto stärker entfaltet sich hier ein Strategisches Management. Ein Strategisches Management ist also keine »Methodenbatterie«, in der ein Konzept wahllos neben das andere gereiht wird, sondern eine spezifische Form, über die Entwicklung von Unternehmen zu denken und dementsprechend zu handeln. Je mehr man solche Theorien, Praktiken oder Konzepte, die in einschlägigen Führungs- und Managementlehren empfohlen werden, verwendet und je intensiver die angebotene Ökologie des Wissen nachhaltig und operativ wirksam verwendet wird, als desto professioneller kann man die Arbeit an der Gestaltung eines Unternehmens (kurz: das Management) bezeichnen.

Ein Strategisches Management wird damit zu einem *fortlaufenden, kollektiven Lernprozess*, in dem Ideen generiert, geprüft, durch Erfahrungen revidiert etc. werden. Arie de Geus, früherer Chefplaner bei Shell, bringt dies wie folgt zum Ausdruck: »Jeder normale Entscheidungsvorgang in einem Unternehmen ist in Wirklichkeit ein Lernprozess, da die Beteiligten im wechselseitigen Austausch ihre eigenen Vorstellungen verändern und eine neue, gemeinsame Vorstellung entwickeln. Problematisch ist allerdings das Tempo dieses Vorgangs. Er kann zu langsam sein für eine Welt, in der die Fähigkeit, schneller zu lernen als die Konkurrenz, unter Umständen den einzigen dauerhaften Wettbewerbsvorteil bildet.« Viel spricht also dafür, in Unternehmen solche Lernprozesse aktiv in Gang zu setzen.

Spezifische Denkhaltung

Strategisches Management als kollektiver Lernprozess

Zusammenfassung

- Ausgangspunkt der disziplinären Entwicklung des Strategischen Managements sind die US-amerikanischen Business Schools zu Anfang des 20. Jahrhunderts. Zur wissenschaftlichen Disziplin entwickelt sich das Feld allerdings erst zum Ende der 60er-Jahre. Dabei stehen am Anfang noch Fragen der Langfristplanung und der strategischen Planung im Mittelpunkt. Wichtige Impulse zur Entwicklung der Disziplin gehen anfangs von Edith Penrose, Alfred Chandler, Kenneth Andrews und Igor Ansoff aus.
- Bezogen auf die Kürze seiner Existenz ist das Strategische Management bereits zu einer bedeutsamen Bewegung in der Managementlehre geworden. In der Wissenschaft trifft man eine weitgehend stark ausdifferenzierte Diskussion an. Dabei haben sich ca. ein Dutzend grundlegender Fragestellungen und Themenbereiche herausgeschält. Auch in der Praxis arbeitet heute die Mehrzahl der Unternehmen mit Konzepten eines Strategischen Managements.
- Im Strategischen Management geht es um (1) die Realisierung einer angestrebten Leistung für die (2) Anspruchsgruppen eines Unternehmens; dies kann erreicht werden durch (3) geplante und emergente Initiativen sowie (4) den Einsatz von Ressourcen, die zu einer (5) einzigartigen Positionierung und (6) nachhaltigen Wettbewerbsvorteilen verhelfen.
- Das Strategische Management beschäftigt sich mit den größeren intendierten und emergenten Initiativen, die – verantwortet von Managern in Vertretung

- der Eigentümer – Ressourcen einsetzen, um die Leistung von Unternehmen in ihren externen Umwelten zu verbessern.
- Ein Strategisches Management verkörpert eine spezifische Denkweise, sich mit der Entwicklung von Unternehmen auseinanderzusetzen. Sie basiert auf der Vorstellung der geplanten Evolution, beschäftigt sich in diesem Kontext mit Theorien und theoriegeprägten Praktiken, öffnet sich dadurch der Rationalisierung, vollzieht sich in Form eines kollektiven Lernprozesses und greift all die Themen auf, die es hinsichtlich der Entwicklung von Unternehmen als wichtig erachtet.
- Die Handhabung strategischer Führungsprobleme wird durch die weitgehende Unprognostizierbarkeit wichtiger Entscheidungsparameter, die unüberschaubare Vielfalt, Mehrdeutigkeit und teilweise Widersprüchlichkeit der Ereignisse sowie die mangelnde Zerlegbarkeit des komplexen Phänomens charakterisiert.

1.3 Der Strategic Management Navigator

Mit dem Strategic Management Navigator (SMN) schlagen wir im Folgenden einen umfassenden Bezugsrahmen für die Disziplin des Strategischen Managements vor. In Kapitel 1.3.2 wird sein Aufbau, in Kapitel 1.3.3 die ihm zu Grunde liegenden Leitdifferenzen und in Kapitel 1.3.4 seine Verwendungsmöglichkeiten dargestellt. Vorab soll jedoch eine kurze Einleitung über die Beziehung zwischen Unternehmen und ihrer Umwelt erfolgen.

1.3.1 Einleitendes zum Unternehmen/Umwelt-Verhältnis

Unternehmen stehen in ständiger Interaktion mit ihrer Umwelt. Sie decken ihren Ressourcenbedarf durch die Leistungen ihrer Zulieferer, wetteifern mit ihren Konkurrenten um Kunden, verkaufen an diese Produkte und Dienstleistungen, entwickeln oder adaptieren neue Technologien und bezahlen Steuern und Abgaben, stellen Mitarbeiter zum Aufbau neuer Kompetenzfelder ein etc. Es gibt nun für ein Unternehmen verschiedene Möglichkeiten, seine Umwelt zu betrachten. Eine analytische Einteilung, die häufig verwendet wird, differenziert nach einer *generellen Umwelt*, die aus einer soziokulturellen, technologischen, politischen und ökonomischen Dimension besteht, und einer enger gefassten *Aufgabenumwelt*, die sich aus Kunden, Konkurrenten, Mitarbeitern, Zulieferer etc. zusammensetzt. Nicht alle diese Bezugsgruppen sind jedoch für Unternehmen gleichermaßen von Bedeutung. Die, die Ansprüche an das Unternehmen stellen bzw. deren Interessen mit dem Unternehmen verbunden sind, werden als *Anspruchsgruppen (Stakeholder)* bezeichnet. Sie prägen die relevante Außenwelt eines Unternehmens. Dabei werden auch Anspruchsgruppen wie die Mitarbeiter als Teil dieser Außenwelt betrachtet, da sie gewissermaßen »von außen« Erwartungen an das Unternehmen haben, zu denen das Unternehmen Stellung zu beziehen hat. Welche der Stakeholder vom Unternehmen als relevant betrachtet werden, hängt vom Einzelfall ab.

Anspruchsgruppen/ Stakeholder

1.3.1 Einleitendes zum Unternehmen/Umwelt-Verhältnis

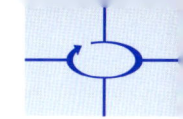

Natürlich bestehen zwischen der generellen Umwelt und der Aufgabenumwelt enge Wechselbeziehungen. Z.B. beeinflussen Megatrends wie der demographische Wandel oder der Klimawandel einzelne Aufgabenumwelten. Umgekehrt sind die Anspruchsgruppen auch wesentliche Akteure hinsichtlich der Entwicklung der generellen Umwelt.

> **Exkurs: Die »Konstruktion« des relevanten Umfeldes**
> Warum diese Differenzierung? Unternehmen wählen aus ihrer Umwelt z.B. diejenigen Anspruchsgruppen aus, die sie als wichtig erachten. Auf diese konzentrieren sie ihre Aufmerksamkeit. Wie sie diese wahrnehmen und mit welcher Einstellung sie ihnen gegenübertreten (verhandeln, koalieren, negieren, bekämpfen etc.), hängt vom Einzelfall ab und ist von Unternehmen zu Unternehmen verschieden. Immer wieder jedoch gibt es Anspruchsgruppen, die von Unternehmen zuerst ausgeblendet und unterschätzt werden. Dies kann im Weiteren zu großen Problemen führen, wie z.B. der Erdölkonzern SHELL hinsichtlich Greenpeace, Google hinsichtlich besorgter Bürger wegen der umfassenden Aufnahme von Straßen und Häusern, oder US-Investmentbanken im Nachgang zur Finanzkrise 2008/2009 hinsichtlich der amerikanischen Regierung erfahren mussten. Die »Konstruktion« des Umfeldes ist also nicht als willkürlicher oder einmaliger Vorgang zu verstehen. Vielmehr sind Unternehmen ständig auf der Suche nach Weltsichten, die es ihnen ermöglichen, erfolgreich zu agieren, und die für sie nützlich sind. Je nachdem, wie sie Handlungen und Ereignisse ihrer Umwelt interpretieren, verändern oder behalten sie ihre konzeptionellen Raster bei. Die Preissenkung eines Konkurrenzproduktes kann so z.B. als ungefährlicher, periodisch auftretender Vorgang oder als Einstieg in einen Preiskampf mit den entsprechenden Konsequenzen beurteilt werden.

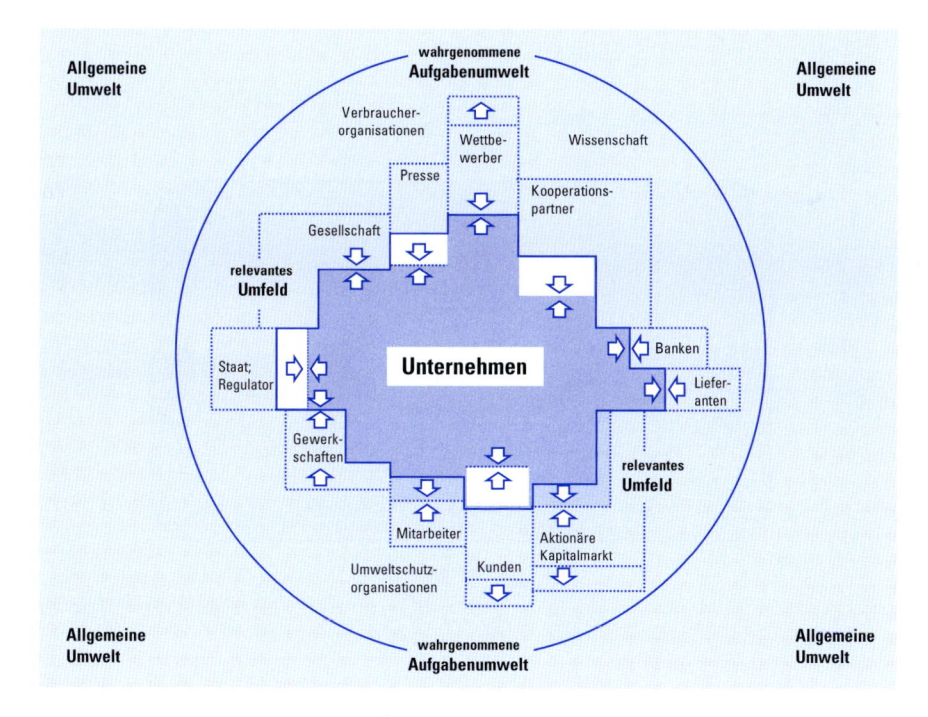

Abb. 1-1: Das Unternehmen-Umwelt-Verhältnis

Betrachtet ein Unternehmen nun sich selbst und sein relevantes Umfeld (siehe Abbildung 1-1), so stellen sich ihm Fragen wie: Wie verhalten wir uns gegenüber unseren Kunden? Was erwarten sie von uns? Was wollen wir ihnen anbieten? Welche Erwartungen haben die Mitarbeiter an das Unternehmen? Wie gehen wir damit um? Wie gestalten wir unsere Interaktionen gegenüber dem Staat? Wie verhält sich der Staat gegenüber uns? etc.

Es ist nicht davon auszugehen, dass sich die Möglichkeiten des Unternehmens gegenüber allen Bezugsgruppen gleichermaßen erweitern lassen. Hier sind Trade-Off-Überlegungen anzustellen, die um Fragen kreisen wie: Auf wessen Interessen lassen wir uns mehr und auf wessen weniger ein? An welchen Vorgaben müssen wir uns ausrichten? Streben wir nach einer Harmonisierung der Zielsetzungen oder lassen wir ausgewählte Interessen dominieren? Fragen, die meist nicht nur taktischer, sondern auch normativer Natur sind. Letzteres ist z. B. dann der Fall, wenn Wert auf ein *nachhaltiges Strategisches Management* gelegt wird, das neben der Bedienung der Eigentümerinteressen insbesondere auch danach strebt, langfristig im Einklang mit Gesellschaft und Umwelt zu stehen.

1.3.2 Aufbau und Felder des SMN

Der Strategic Management Navigator (SMN) besteht aus den in Abbildung 1-2 dargestellten vier plus eins **Arbeitsfeldern**. Sie tragen die Namen *Initiierung, Positionierung, Wertschöpfung, Veränderung und Performance-Messung*. Mit diesen Feldern wird das Strategische Management nicht nur statisch erfasst, sondern die Felder sind auch so angeordnet, dass sie – ausgehend von der Initiierung – eine prozessuale Betrachtung ermöglichen.

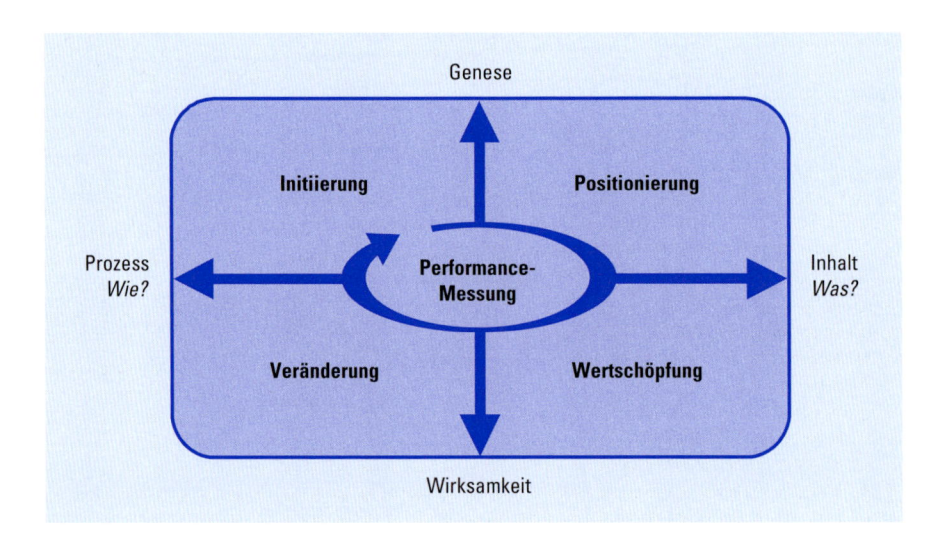

Abb. 1-2: Der Strategic Management Navigator (SMN)

(1) Initiierung: Strategieprozesse lancieren

Ausgangspunkt der Überlegung sind *strategische Initiativen*, die in einem Unternehmen in Rahmen von Strategieprozessen entstehen. Wie bereits erwähnt, sind strategische Initiativen *wichtige, koordinierte Vorhaben innerhalb eines Unternehmens, die seine Entwicklung signifikant beeinflussen*. Zu denken ist z. B. an Initiativen, die sich ganz grundsätzlich auf die Re-Positionierung einer Geschäftseinheit in ihrem Umfeld beziehen, oder eine Initiative zum Eintritt in eine neue Marktregion, zur Entwicklung eines spezifischen Geschäftsmodells oder zur Erschließung einer neuen Technologie für das Unternehmen. Solche Vorhaben können prinzipiell überall im Unternehmen entstehen und sind nicht an eine bestimmte Hierarchieebene gebunden. Sie können ihren Ursprung also nicht nur auf Ebene des Topmanagements haben, wie dies oft angenommen wird, sondern ebenso auf den mittleren und unteren Managementebenen. Auslöser von Initiativen können dazu formell ermächtigte Gremien sein, aber auch informelle Netzwerke von Mitarbeitern quer über die Hierarchieebenen.

Strategische Initiativen

> **Fallbeispiel: Die strategische Führung der HELVETIA Gruppe**
> Die in St. Gallen ansässige Schweizer Versicherungsgruppe HELVETIA ist im Leben-, Schaden- und Rückversicherungsgeschäft aktiv und erbringt mit rund 7.000 Mitarbeitenden Dienstleistungen für mehr als 4.7 Mio. Kunden. Bei einem Geschäftsvolumen von CHF 7.76 Mia. erzielte HELVETIA im Geschäftsjahr 2014 ein Ergebnis aus der Geschäftstätigkeit von CHF 421.7 Mio. Darüber hinaus engagiert sich HELVETIA auf vielfältige Weise für Umwelt und Gesellschaft. Die Namensaktien der HELVETIA Holding werden an der Schweizer Börse gehandelt. Strategieprozesse erfolgen bei der HELVETIA auf mehreren Ebenen, die miteinander verzahnt sind.
> Im Rahmen der »Strategie Helvetia 2015+« wurden im Jahr 2000 das »Leitbild«, die »Mission (strategische Ambition)«, die »Werte« sowie die »Gruppenstrategie« definiert. Dazu gehörte auch die Festlegung der strategischen Gruppenziele »Marktpositionen verstärkt ausbauen«, »Profitabilität nachhaltig steigern« und »Kundennutzen bedürfnisgerecht erhöhen«. Zur Erreichung dieser Gruppenziele wurde ein Portfolio von Gruppeninitiativen definiert und weitgehend umgesetzt. So gab es z. B. zum Ziel »Marktpositionen verstärkt ausbauen« die drei Initiativen »Ausbau des Multi-Channeling-Ansatzes in allen Ländermärkten«, »Schrittweise Etablierung einer »Europäischen« Leben-Produkteentwicklung«, sowie »Verfolgung einer aktiven M & A-Strategie«. Mit dem Auslaufen der »Strategie Helvetia 2015+« machte man sich auf Basis einer Betrachtung der erreichten und nicht erreichten Ziele im Jahr 2015 an die Erarbeitung der neuen Strategie »helvetia 20.20«. Diese wurde auch notwendig vor dem Hintergrund der bedeutsamen Akquisition der Nationale Suisse in 2014.
> Der Strategieprozess wird vom Verwaltungsrat und der Geschäftsleitung verantwortet und erstellt und um die Inputs von internen und externen Spezialisten ergänzt. Eine kleine interne Strategieabteilung. mit einem Chief Strategy Officer an der Spitze, koordiniert den Prozess. Im Sinne von top-down und bottom-up werden die wichtigsten Themen mit den Ländergesellschaften (Business Units) abgestimmt und verabschiedet. Auf Business-Unit-Ebene finden ebenfalls Strategieprozesse in den jeweiligen Ländern statt. Hier geht es um Themen wie Kundensegmente, Vertriebskanäle, Produkte und Wettbewerbsdifferenzierung. Bei der HELVETIA bemüht man sich um die Balance zwischen einer langfristiger Planung und kurz- und mittelfristigen Initiativen, die flexibel angepasst werden können.

(2) Positionierung: Das Verhältnis zu den Anspruchsgruppen bestimmen

Außenverhältnis

Strategische Initiativen richten sich bei der Positionierung auf das Außenverhältnis eines Unternehmens. D. h., die Entscheidungsträger positionieren das Unternehmen bzw. seine zu steuernden Einheiten einerseits in der generellen Umwelt, andererseits aber auch gegenüber den im Handlungssystem als relevant erachteten Anspruchsgruppen. Hier wird, was »außen« ist, in Form der Stakeholder »personifiziert«, die wiederum selbst unter dem Einfluss der Trends aus der generellen Umwelt stehen. Diese Außenwelt umfasst folglich insbesondere alle Gruppierungen, die einen Einfluss auf die Aktivitäten des Unternehmens ausüben können oder im Gegenzug von diesem beeinflusst werden. Zwischen ihnen und dem Unternehmen finden dabei rekursive Austauschbeziehungen statt, die sich nicht nur auf den Transfer von Geld und Gütern beziehen, sondern auch durch politische und kulturelle Interaktionsprozesse geprägt sind. Insgesamt geht es bei der Positionierung um die Bestimmung des Verhältnisses zwischen einem Unternehmen und den Anspruchsgruppen seiner Umwelt. Wie positionieren wir uns z. B. in unserem Absatzmarkt gegenüber unseren Kunden (Sortiment etc.)?

> **Fallbeispiel: Die Positionierung der Geschäfte der HELVETIA Gruppe**
> Die HELVETIA positioniert sich als Unternehmensgruppe in drei Markt- und Geschäftsgebieten: (1) »Schweiz«, (2) »Europa« (Deutschland, Italien, Österreich und Spanien), jeweils mit den beiden Geschäftsbereichen Leben und Nichtleben (Kfz, Hausrat, Haftpflicht etc.), sowie (3) »Specialty Markets«. In den Marktgebieten Schweiz und Europa bietet sie Privatpersonen sowie kleinen und mittleren Unternehmungen Versicherungs- und Vorsorgelösungen an. Die Länder werden dabei als Geschäftseinheiten geführt und positionieren sich eigenständig am Markt. Sie agieren mit relativ hoher Autonomie und decken jeweils die wichtigsten Aktivitäten einer Versicherung ab. So betreiben sie Produktentwicklung, Risikozeichnung (Underwriting), Betrieb, Marketing & Verkauf, Schadensabwicklung und Kapitalanlage in ihren Märkten. Der Ländermarkt »Schweiz« beispielsweise forciert die Themen »Einfachheit« (im Sinne von unkompliziert, schnell und unbürokratisch) und »Swissness« (im Sinne von Tradition und Verlässlichkeit). Im Geschäftsgebiet »Specialty Markets« positioniert man sich in europäischen Ländern als Spezialist und Nischenanbieter z. B. für Kunst-, Transport- und Marineversicherungen, aber auch als Rückversicherer. Auf der Gruppen-Ebene werden übergreifende Themen bearbeitet, ohne zu sehr die Autonomie der operativen Einheiten einzuschränken. Die Kapitalbewirtschaftung der Gruppe fällt ebenso darunter wie regulatorische Aufgaben, Compliance und Risk Management. Zudem kümmert sich das Corporate Center um Themen wie Synergien im Branding, in der Marktforschung und in der IT, Entwicklung von Führungskräften sowie Spezialprojekte wie Mergers & Acquisitions.

(3) Wertschöpfung: Das Geschäftsmodell gestalten

Geschäftsmodell: Innenverhältnis

Die Position eines Unternehmens steht in enger Verbindung mit seinem Geschäftsmodell, d. h. der Art und Weise, wie es seine Wertschöpfung organisiert. Hier geht es um die Ausgestaltung des Innenverhältnisses, d. h. um die Festlegung der Aktivitäten und Ressourcen, um dadurch die Positionierungsstrategie möglichst stark wirksam werden zu lassen.

Je nachdem, über welche Fähigkeiten ein Unternehmen dabei verfügt, hat dies unmittelbare Auswirkungen auf seine Handlungsmöglichkeiten gegenüber der

1.3.2 Aufbau und Felder des SMN

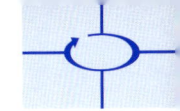

Umwelt. D. h., die verfügbaren Ressourcen definieren und limitieren auch die für eine Positionierung wählbaren Optionen. Wenn z. B. eine Supermarktkette durch ihr ausgefeiltes, satellitengestütztes Informationssystem in der Lage ist, über ihre Filialen in »real time« aktuelle Markttrends zu identifizieren und sie ihren Kunden anschließend in kürzester Zeit zu offerieren, dann weist sie eine Fähigkeit auf, die ihr eine herausragende Stellung am Markt und gegenüber ihren Konkurrenten ermöglicht. Die Verfügbarkeit dieser Fähigkeit ermöglicht es den Geschäften, andere Positionierungsoptionen zu ergreifen, als wenn diese Fähigkeit nicht nutzbar wäre.

> **Fallbeispiel: Digitalisierungs-Initiative bei der HELVETIA Gruppe**
> Die neuen digitalen Technologien veranlassen auch die HELVETIA Gruppe ihre Wertketten zu durchleuchten, um den Einfluss dieses technologischen Wandels zu untersuchen und entsprechende Maßnahmen zu ergreifen. Dadurch werden z. B. Kundendaten zu einer strategisch zunehmend wichtigen Ressource im Geschäftsmodell der HELVETIA. Mithilfe von neu eingerichteten »Big Data Analytics« und einem gruppenweiten, online-basierten Customer Relations Managementsystem will man diese Chancen gezielt, und auch zum Vorteil der operativen Einheiten nutzen. Die Digitalisierung hat aber auch Einfluss auf die Vertriebskanäle (Multikanal) oder die Werbung (Social Media).

(4) Veränderung: Das Unternehmen erneuern

Nachdem es bei der Positionierung und Wertschöpfung um den Inhalt von strategischen Initiativen ging, behandelt das vierte Feld, ob und wie sie operative Wirksamkeit erlangen und in der Lage sind, das Unternehmen zu verändern. Genauer gesagt geht es um die Auswirkungen strategischer Initiativen auf den organisatorischen Basisprozess, womit sich der Kreis zur Initiierung wieder schließt. Auch hier ist zu berücksichtigen, dass Unternehmen nicht nur technische Systeme zur Herstellung von Gütern und Dienstleistungen, sondern auch soziale Systeme sind, in denen verhaltenswissenschaftliche Phänomene eine besondere Rolle spielen. Strategische Initiativen können sich hier entfalten und an Momentum gewinnen oder untergraben und in ihrer Wirksamkeit behindert werden.

Organisatorischer Wandel

> **Fallbeispiel: Wandel zu einem einheitlicheren Auftritt der HELVETIA Gruppe**
> Die Vereinheitlichung des Markenauftritts für die Ansprache aller Anspruchsgruppen über alle Markt- und Geschäftseinheiten hinweg ist eine besonders wichtige Herausforderung für die HELVETIA Gruppe – dies auch angesichts eines relativ geringen Bekanntheitsgrades in manchen Ländermärkten. Ziel war ein flexibles Werbekonzept, das eine lokal adaptierbare und bedürfnisgerechte Marktbearbeitung erlaubt. Der Fokus auf eine zentrale Marke erwies sich als notwendig, bedingt durch intensiven Wettbewerb in den Märkten und neu entstandene Herausforderungen nach der Finanzkrise und Konsolidierungen in der Versicherungslandschaft. Dazu wurde eine strategische Veränderungsinitiative mit einem die Gruppe repräsentierenden Projektteam aufgesetzt, über die das Markenprofil international geschärft und die Unternehmenskultur dynamisch darauf ausgerichtet werden sollte. Zu den Umsetzungsmaßnahmen zählten das Engagement im Skisport, die Ergänzung der Online-Aktivitäten mit länderspezifischen Helvetia-Blogs oder die intensive Weiterbildung der Mitarbeiter. Zudem wurde immer wieder in spielerischer oder formaler Form auf die drei zentralen Werte der HELVETIA verwiesen (Vertrauen, Dynamik, Begeisterung). Zur kontinuierlichen Steuerung der Markenstrategie wurden klare Verantwortlichkeiten auf Corporate- und

> Business-Ebene definiert, ein inter-funktionales Brand Management Council eingerichtet, ein Brand Monitor konzipiert sowie ein Brand Management-Jahreszyklus installiert. Nachdem diese einmalig anfallenden Aufgaben abgeschlossen waren, wurde in 2014 die Initiativenorganisation aufgelöst und die Aufgabe des Brand Managements als dauerhafte Zentralfunktion etabliert.

(5) Performance-Messung: Fortschrittsbeobachtung und Feed-back

Das fünfte und letzte Feld des SMN behandelt die Performance-Messung. Unter diesem Begriff lassen sich prinzipiell alle Arten von Ansätzen zusammenfassen, die den Verlauf von strategischen Initiativen von der Genese bis zu ihrem Wirksamwerden beobachten und messen.

Wenn man z.B. in das Feld Initiierung geht, und dort vielleicht eine Verbesserung des Commitments zur Strategieumsetzung durch einen höheren Beteiligungsgrad anstrebt, dann misst die Performance-Messung nicht nur, ob es zu dieser Erhöhung des Beteiligungsgrads kam, sondern auch, ob der erwünschte Effekt, also die Erhöhung des Commitments, tatsächlich eingetreten ist.

Performance-Messung

Während traditionell der Fokus der Performance-Messung auf der finanzwirtschaftlichen Messung lag, hat in den letzten Jahren hier eine Bewegung hin zu umfassenden, *mehrperspektivischen* und schon *frühzeitig Feed-back* gebenden Ansätzen stattgefunden. So geht es z.B. im Feld der Positionierung nicht nur um die Frage, ob nur Wert für Aktionäre geschaffen wurde, sondern auch für andere als relevant erachtete Stakeholder wie Kunden, Mitarbeiter, Gesellschaft und Umwelt. Ihnen gegenüber gibt man z.B. ein Nutzenversprechen ab; die Performance-Messung fasst dann nach und fragt, ob es eingelöst wurde.

> **Fallbeispiel: Multi-dimensionale Performance-Messung bei der Helvetia Gruppe**
> Die Helvetia versteht ihre Performance-Messung multi-dimensional: Als börsenquotiertes Unternehmen ist sie den Aktionären verpflichtet und hat hier finanzielle Ergebnisse zu erbringen. Sie verwendet dazu Messgrößen wie Return on Equity, Prämienwachstum, Schadensquote, Kostenquote etc. Die erzielten finanziellen Ergebnisse werden dann mit den über die Gruppenstrategie kommunizierten Zielgrößen verglichen. Als Versicherungsgruppe dient die Helvetia ihren Kunden und misst auch regelmäßig Kundenzufriedenheit anhand mehrerer Faktoren wie z.B. Wiederempfehlungsrate, Schnelligkeit der Betreuung oder Qualität der Leistung. Als Arbeitgeber von ca. 7.000 Arbeitsplätzen erfasst sie ihre Leistung mithilfe von Indikatoren wie Gehaltsstrukturen, Mitarbeiterzufriedenheit oder Investitionen in Ausbildung und Weiterbildung. Auch erfasst die Helvetia ihre Leistung als »Corporate Citizen« in Form von Steuerzahlungen, kulturellem und sozialem Sponsoring sowie Aktivitäten, die dem Gemeinwohl und der Umwelt dienen. So werden z.B. der Strom-, Energie- und Verkehrsmix der Gruppe erhoben und kommuniziert.

(6) Die zentralen Fragestellungen des SMN

Der Strategic Management Navigator, der hier überblicksartig skizziert wurde, ist damit ein Bezugsrahmen, über den das Arbeitsfeld des Strategischen Managements im Rahmen von vier plus eins Feldern strukturiert und prozessual aufbereitet wurde. Zusammenfassend und auch als Gesamtüberblick zeigt Abbildung 1-3 noch einmal die einzelnen Arbeitsfelder mit den mit ihnen verbundenen Schlüsselfragestellungen, jeweils aus der Sicht von Reflexion und Gestaltung. Die

1.3.3 Die SMN-Achsen und ihre Bedeutung

Reflexion soll Anregungen geben, das, was im Unternehmen geschieht, genauer zu beobachten und nach Erklärungsmustern dafür zu suchen. Sie soll dabei auch den Stand der Theorie zum jeweiligen Arbeitsfeld grob vermitteln. Bei der *Gestaltung* werden Vorschläge und Optionen zum Umgang mit den aufgeworfenen Aufgabenstellungen angeboten.

Abb. 1-3: Die zentralen Fragestellungen des SMN

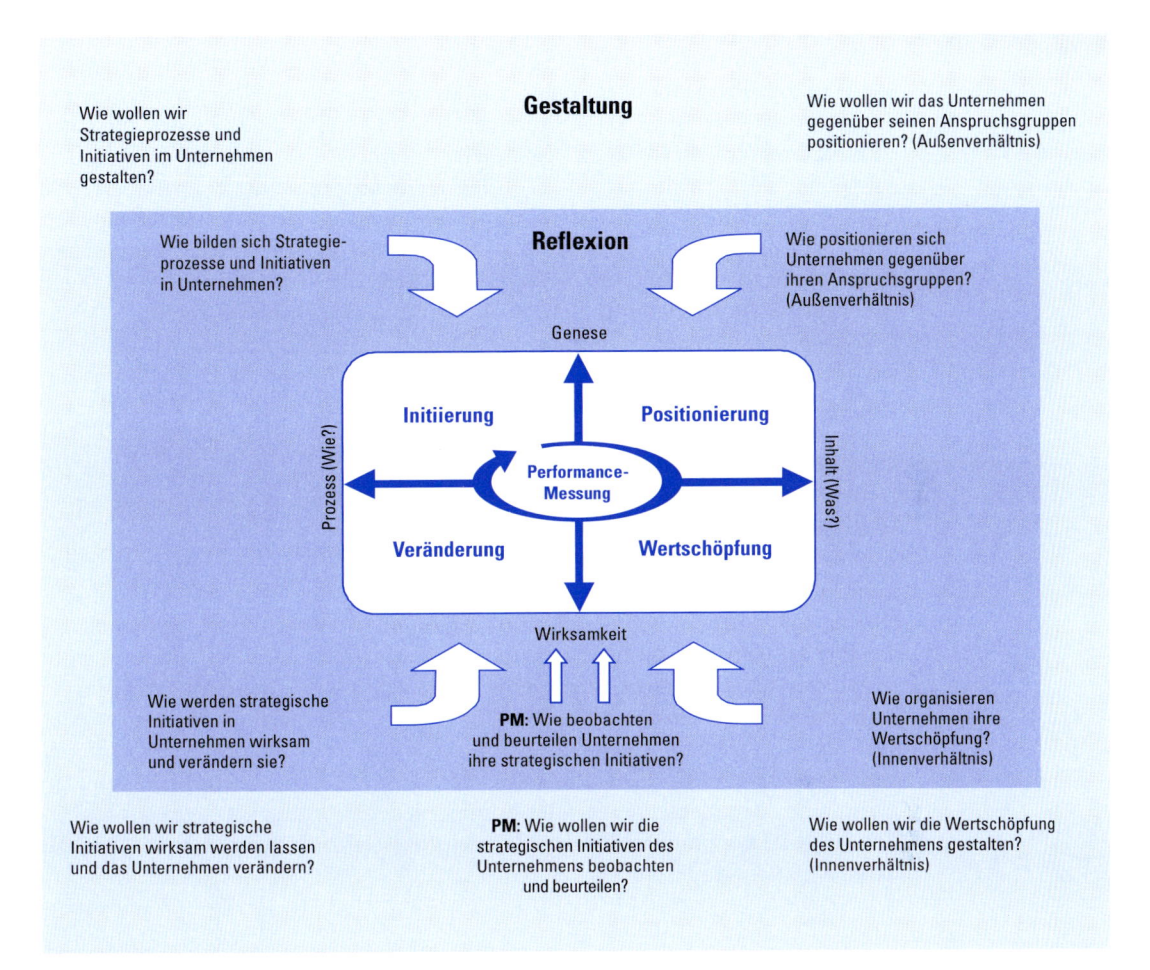

1.3.3 Die SMN-Achsen und ihre Bedeutung

Wurden bislang die Felder des SMN vorgestellt, so geht es nun um die beiden Achsen, die dem SMN zu Grunde liegen. Sie greifen zwei Leitdifferenzen des Strategischen Managements auf, die dessen Entwicklung maßgeblich beeinflusst haben.

(1) Genese versus Wirksamkeit

Der vertikal verlaufenden Achse des SMN liegt das Sprachspiel der Genese und operativen Wirksamkeit von Strategien zu Grunde. Mit diesen Begriffen wird die – weit verbreitete – Vorstellung der Formulierung und anschließenden Umsetzung von Strategien an zwei Stellen entscheidend verändert. Erstens wird sie um all die Prozessverläufe erweitert, die nicht diesem Schema folgen, gleichwohl jedoch empirisch und theoretisch von Relevanz sind. Zu denken ist hier beispielsweise an die emergente Formierung von Strategien, wie sie *Henry Mintzberg* beschrieben hat.[6] Er zeigt, dass Strategien oft auch sukzessive aus den täglichen Aktivitäten von Unternehmen »emergieren«, ohne vorherige, klare Absicht. Die Annahme, dass Strategien in der Unternehmenspraxis zuerst formuliert und dann implementiert werden, wird mit dem Sprachspiel der Genese/Wirksamkeit aber nicht aufgehoben, sondern relativiert – als *ein* Prozessmuster neben einer Reihe alternativer oder konkurrierender Sichtweisen. Entscheidend ist folglich eine begriffliche Konzeption, die eine möglichst große Offenheit zulässt.

> Möglichst große Offenheit bzgl. Strategieformierung

Zweitens, und darauf wurde bereits hingewiesen, konzentrieren wir uns nicht auf Strategien, sondern auf strategische Initiativen. Warum dies? Wir gehen davon aus, dass eine Strategie eines Unternehmens (zu verstehen als »Pattern«) per definitionem immer schon formiert ist, d. h., in einer spezifischen Ausprägung zumindest implizit bereits vorliegt. Sie manifestiert sich in den Produkten, die ein Unternehmen herstellt, den Märkten, die es bedient, seinem Verhalten gegenüber Wettbewerbern oder den wertschöpfenden Aktivitäten, die es ausübt. Ausgehend vom organisatorischen Basisprozess kann nun die Genese und operative Wirksamkeit von strategischen Initiativen und deren operative Wirksamkeit beobachtet und untersucht werden. Auch hier ist zunächst konzeptionell Offenheit gegenüber all dem anzustreben, was unter eine strategische Initiative fällt. Sowohl intendierte als auch nicht intendierte Initiativen gilt es zu berücksichtigen. So kann sie die (Re-)Positionierung des gesamten Unternehmens betreffen oder auch nur ein strategisch bedeutsames Großprojekt in einem der Geschäftsbereiche. Damit kommt der Gestaltung der Veränderung deutlich mehr Bedeutung zu, als nur der »Implementierer« der verabschiedeten Strategien zu sein. Zudem können Rückkopplungen aus den Wandelprozessen zu neuen Initiativen oder zu deren Anpassung führen.

(2) Prozess versus Inhalt

Die zweite, horizontal verlaufende Achse basiert auf der im Strategischen Management ebenfalls weit verbreiteten Unterscheidung in eine prozessuale (Strategy Process) und eine inhaltliche (Strategy Content) Dimension, auf die im Rahmen der historischen Entwicklung der Disziplin bereits hingewiesen wurde. Die strategische *Inhaltsforschung* konzentriert sich dabei auf die Frage, welche Optionen möglicher strategischer Positionierungen je nach externem Kontext zu einer optimalen Performance führen. Die strategische *Prozessforschung* hingegen untersucht, welcher Prozesse es bedarf, um diese erfolgreichen Wettbewerbspositionen überhaupt zu erreichen. Sie erforscht, wie sich Strategien im Zeitablauf formieren und wirksam werden und arbeitet die Faktoren heraus, die dabei eine Rolle spielen. Beide Forschungsstränge verbindet ihr Interesse an Erklärungen für den Erfolg von Unternehmen.

> Strategische Prozessforschung

Der Bezugsrahmen des SMN versucht nun über seine horizontale Achse beide Bereiche zu verbinden, ohne sie ihrer Eigenständigkeit zu »berauben«. Dies wird möglich, indem der Fokus auf strategische Initiativen gelegt wird. Sie sind die zentrale Analyseeinheit, über die die »Brücke« zwischen Prozess- und Inhaltsforschung geschlagen wird. Eine jede Initiative hat nämlich neben einem prozessualen auch einen inhaltlichen Bezug. Stehen bei der Initiierung und Veränderung Themen der Prozessforschung im Vordergrund, so geht es bei der Positionierung und Wertschöpfung um Themen der Inhaltsforschung. So kann z. B. untersucht werden, wie eine Initiative im Unternehmen entsteht (Initiierung), was ihr inhaltlicher Fokus im Außenverhältnis (Positionierung) und Innenverhältnis (Wertschöpfung) ist und wie und ob sie operativ wirksam wird und sich im Unternehmen ausbreitet und verfestigt (Veränderung).

1.3.4 Funktionen und Besonderheiten des SMN

Mit dem SMN wollen wir eine grundsätzliche Arbeitsstruktur anbieten, die möglichst universal bzgl. der Einsatzfelder und -formen ist. Um diesem Anspruch möglichst nahe zu kommen, wurde der Ansatz an verschiedenen zu erfüllenden Funktionen ausgerichtet.

(a) Gleiche Arbeitsstruktur auf allen Gestaltungsebenen: Strategische Initiativen können auf verschiedenen Gestaltungsebenen betrieben werden, je nach dem Gestaltungsobjekt. Klassisch ist die Unterteilung in die Unternehmens- und Geschäftsebene. Der SMN ist so aufgebaut, dass seine Grundstruktur mit den vier plus eins Arbeitsfeldern auf allen Gestaltungsebenen anwendbar ist: vom Unternehmensnetzwerk, über das Unternehmen, die Geschäftseinheiten, die Funktionsbereiche, die strategischen Projekte bis hin zum Individuum. Diese Ausdifferenzierung der Gestaltungsobjekte wird in Abschnitt (1) vertieft.

(b) Unterstützung unterschiedlicher Prozesstypen: Strategische Initiativen finden in sehr unterschiedlichen Kontexten statt. Der strategische Arbeitsprozess sollte in seinem Ablauf möglichst gut dem jeweiligen Kontext entsprechen. Durch die Modularisierung des SMN in seine Arbeitsfelder konnten generische Prozesstypen abgeleitet werden, denen unterschiedliche Prozesspfade durch den SMN zuordenbar sind. In Abschnitt (2) wird dies vertieft.

(c) Gleiche Arbeitsstruktur unabhängig von der Unternehmensgröße: Anspruch des Ansatzes ist es auch, dass ein kleines Start-up-Unternehmen oder ein mittelständischer Betrieb oder ein großer internationaler Konzern nach der gleichen Grundstruktur ihren strategischen Arbeitsprozess ausgestalten kann. Dies kann z. B. Schnittstellenprobleme zwischen einem Großunternehmen und einer kleinen Tochtergesellschaft vereinfachen. Natürlich müssen dann die Tiefe und die Methodik der Arbeitsweise in den einzelnen Arbeitsfeldern dem Komplexitätsgrad des Gestaltungsobjektes angepasst sein. Doch die grundsätzliche Logik der Strategie- und Wandelarbeit bleibt die gleiche.

(d) Orientierungskompass: Sowohl seitens der Wissenschaft als auch der unternehmerischen Praxis hat sich zum Strategischen Management eine derart reichhaltige Ökologie des Wissens entwickelt, dass sie kaum mehr zu überschauen ist. Der SMN ist ein Versuch, diese Vielfalt sinnvoll zu ordnen und strukturiert aufzubereiten. In jedem Feld kann man sich vertieft in die jeweilige

Materie einarbeiten, ohne den Gesamtzusammenhang aus den Augen zu verlieren.

(e) Theorienspeicher und Werkzeugkiste: In jedem Feld des SMN kann Wissen zum Strategischen Management in Form von Theorien oder Werkzeugen hinterlegt werden. So können einerseits die im Laufe der Zeit entwickelten Beschreibungen, Hypothesen und Theorien zum Strategischen Management gespeichert und bei Bedarf abgerufen werden. Der SMN wird dann zu einem »Theorienspeicher«. Andererseits bietet er auch Raum für die auf die Lösung strategischer Probleme entwickelten Heuristiken und Instrumente und wird in dieser Funktion zur »Werkzeugkiste«.

(f) Kommunikationsplattform: Gerade wenn es um strategische Fragen geht, wird oft in verschiedenen »Sprachen« gesprochen. Ein Wechsel der Abstraktionsebenen ist dabei ebenso oft zu beobachten, wie die sich teils überschneidende, teils widersprüchliche Verwendung von Begriffen. Über ein gemeinsames Denkraster, wie es der SMN darstellt, kann ein Verständigungsprozess unterstützt werden. Dies soll nicht nur Studierenden und wissenschaftlich Interessierten von Nutzen sein, sondern auch Führungskräften die Möglichkeit bieten, eine gemeinsame Sprache in ihren strategischen Diskursen zu finden.

(g) Heuristik zur Ideengenerierung: Das Strategische Management kann als eine sich evolutionär fortentwickelnde Disziplin betrachtet werden. Neues wird geschaffen, selektiert und im Wissensschatz verankert. Der SMN kann auch dazu verwendet werden, neue Ideen zu generieren und damit die Variation im Feld zu erhöhen. Auch dies gilt gleichermaßen für Wissenschaft wie unternehmerische Praxis. Dahinter steht die Annahme, dass Unternehmen lernen können, mit den Anforderungen ihrer Zukunft »besser« umzugehen, je größer und umfangreicher ihr Reflexions-, Problemlösungs- und Handlungspotenzial ist.

(h) Problemraster: Analog zur Verwendung als Heuristik kann der SMN auch für die Identifikation und gezielte Bearbeitung von konkreten Problemen (»*strategic issues*«) eingesetzt werden. Dabei zwingt die Vernetzung der Felder dazu, eine Problemstellung nicht nur isoliert, sondern in Zusammenhang mit den anderen Feldern zu betrachten.

Workshop: SMN-Coaching auf Individualebene

Der SMN kann auch auf Teams und Individuen angewandt werden. Dadurch kann eine zeitnahe Brücke zwischen den kollektiven Beschlüssen und persönlichen Konsequenzen geschlossen werden. Jeder Arbeitsschritt im SMN hat auch Auswirkungen auf die am Prozess Beteiligten und vom Prozess Betroffenen. Ein Coaching muss dort ansetzen, wo aus den kollektiven Fragestellungen individuelle Problemstellungen und Herausforderungen werden, da sonst die Veränderungsinitiativen an ausbleibenden Verhaltensänderungen scheitern könnten. Die Instrumente eines Coaching können den einzelnen Arbeitsfeldern zugeordnet werden. Dabei treten z. B. folgende Themen auf:

- *Initiierung:* Wie kann ich die mir zugedachte Rolle (im Führungsteam) ausüben? Möchte ich die Rolle in der gegebenen Form akzeptieren? Wo treten Rollenkonflikte auf (Familie, Partnerunternehmen usw.)? Wie kann ich diese austragen? Wo sollte ich an mir arbeiten, um in meiner neuen Rolle erfolgreich zu sein? etc.
- *Positionierung:* Was bedeuten die Positionierungsentscheidungen für mich? Gibt es persönlich zu ergänzende Stakeholder (Verhältnis zum Vorgesetzten usw.)? Wie stark fühle ich mich zu Vision, Mission, Werten, Zielen und Strategien verpflichtet? Welchen Einfluss habe ich auf den Erfolg? Wie will ich mich selbst in die Verhandlungen um unsere Positionierung gegenüber den Stakeholdern einbringen? etc.

1.3.4 Funktionen und Besonderheiten des SMN

- *Wertschöpfung:* Welche Art des Handelns wird von mir zur Umsetzung der Strategien erwartet? Welche Fähigkeiten werden von mir gefordert sein, um entsprechend handeln zu können? Über welche dieser Fähigkeiten verfüge ich bereits? Bin ich in der Lage, die fehlenden Fähigkeiten rechtzeitig aufzubauen? Welche Unterstützung benötige ich hierfür? etc.
- *Veränderung:* Fühle ich mich durch das Design des Wandels angesprochen? Fühle ich mich in der Lage, mich auf den Wandel einzulassen? Was ist meine Aufgabe in der Umsetzung des Wandels? Welche Hindernisse erwarte ich bei meiner Wandelarbeit? Denke ich, ausreichend Kompetenzen und Unterstützung zu haben, um mit diesen Hindernissen umzugehen? Wofür sollte ich um Unterstützung anfragen? etc.
- *Performance Messung:* Wie kann ich beobachten, wo ich in meinem eigenen Veränderungsprozess stehe? Gibt es Vorlaufindikatoren dazu, ob ich mich in die richtige Richtung verändere? Wie liege ich im Verhältnis zur Gruppe? etc.

Ein Schulungskonzept zum SMN kann z. B. so angelegt sein, dass in zeitlich auseinanderliegenden Blöcken schrittweise die einzelnen Arbeitsfelder »on the job« durchlaufen werden und man dabei parallel sowohl mit dem Führungsteam, dem zu transformierenden System als Ganzem als auch mit den Einzelpersonen arbeitet.

(1) Gestaltungsebenen und Ebenenvorteile

Strategien haben immer ein Bezugsobjekt, das sie zu gestalten beabsichtigen. Je nach Komplexität des Unternehmens trifft man mehrere Gestaltungsebenen, für die ein Strategisches Management relevant sein kann, an.

Geschäftsstrategien (»**Business Strategy**«) richten sich auf die Ebene einer einzelnen unternehmerischen Einheit, der sogenannten strategischen Geschäftseinheit. Diese ist mehr oder weniger eigenständig für ihr Wettbewerbsverhalten und dessen Ergebnisse verantwortlich. So geht es bei einer Geschäftseinheit »Kfz-Versicherung« nicht mehr nur um deren Vertriebsfragen, sondern um die Festlegung der gesamten strategischen Ausrichtung dieser Einheit im Verhältnis zu ihrem Wettbewerb. Setzt man z. B. eher auf Kostenführerschaft oder auf Differenzierung? Will man die Schadensabwicklung noch eigenständig durchführen oder lässt man diese von externen Dienstleistern ausüben?

Unternehmensstrategien (»**Corporate Strategy**«, **Gruppenstrategie**) kommen erst dann in Betracht, wenn ein Unternehmen in mehrere Geschäfte diversifiziert ist oder sein will. Auf dieser Ebene trifft das Unternehmen seine Entscheidung, was der Zweck des Gesamtunternehmens sein soll, in welchen Geschäften es dabei tätig sein will, wie es die Ressourcen in diesen Geschäften verteilt und welche Verbundvorteile realisiert werden sollen. So kann eine Versicherung z. B. sowohl im Lebens- als auch im Nichtlebensgeschäft (Hausrat, Kfz etc.), sowie in der Rückversicherung tätig sein und diese Geschäfte durch eine Konzernzentrale steuern. Synergien könnten z. B. über eine gemeinsame Produktentwicklung oder Außendienstorganisation angestrebt werden.

Netzwerkstrategien sind ein relativ neues Phänomen. Hier agieren Unternehmen nicht mehr allein am Markt, sondern schließen sich kooperativ zusammen, um Vorteile zu erzielen, die sie allein nicht erzielen könnten. Eine typische Frage auf dieser Ebene ist, welche Aktivitäten man zur Ausschöpfung von Synergien gemeinsam betreiben will und welche lieber nicht?

Ein klassisches Beispiel ist das Netzwerk der in der Star Alliance zusammengeschlossenen Luftfahrtgesellschaften, wo man z. B. über gemeinsame Lounges oder gemeinsame Streckenrechte nach Synergieeffekten sucht. Oder ein fokales Unternehmen wie z. B. Ebay orchestriert ein Netzwerk von Partnerunternehmen, um das Kundenbedürfnis umfassender aus einer Hand bedienen zu können (z. B. Hermes oder DHL für Logistikdienstleistungen). Man findet derartige Netzwerke insbesondere aber auch im mittelständischen Bereich, wo man sich über Netzwerke bestimmte Vorteile von Großunternehmen ebenfalls erschließen möchte.

> **Fallbeispiel: »Hand-in-Hand-Werker«**
> Es handelt sich um ein freiwilliges Netzwerk von selbständigen Handwerksbetrieben primär in Deutschland und Österreich. Ihr Angebot ist die Abwicklung von Bauaufträgen aus einer Hand. Eine Dachorganisation nimmt die strategischen Aufgaben für die Führung des Netzwerks wahr. Dazu gehören Aufgaben wie die Wahl der lokalen Partnerbetriebe, das Marketing des Netzwerks, die Entwicklung und Überwachung der Kooperationsregeln oder die Weiterentwicklung und Umsetzung seiner regionalen Wachstumsstrategie. Das operative Netzwerkmanagement liegt in den Händen regionaler Organisationen. Jede von ihnen hat zwei Geschäftsführer. Einer davon stammt aus dem Kreis der dortigen Partnerunternehmen. Er kümmert sich um Fragen der Budgetierung, Bilanzierung, Konfliktlösung etc. Ansprechpartner für die Kunden ist ein zweiter Geschäftsführer, der von außerhalb des Unternehmens kommt.

Funktionalstrategien beziehen sich auf die direkten, leistungswirtschaftlichen Aktivitäten einer unternehmerischen Einheit, wie etwa die Produktions- oder die Marketingstrategie, oder auf unterstützende Aktivitäten, wie z. B. die Personal- oder Finanzierungsstrategie. Betrachten wir z. B. wieder ein Unternehmen der Versicherungsindustrie, so geht es bei der Vertriebsstrategie einer Einheit um die Frage, welche eigenen Produkte man mit welchen Vertriebskanälen am besten in welchen Regionen an welche Zielgruppen verkaufen kann. In großen diversifizierten Unternehmen werden die unterstützenden Funktionalstrategien wie IT, HR oder Finanzen meist über Zentralabteilungen unternehmensweit koordiniert und geführt. Ziel kann z. B. eine länderübergreifende Harmonisierung des Recruiting sein.

Auch wenn man diese vier Ebenen analytisch gut trennen kann, darf nicht übersehen werden, dass *Interdependenzen zwischen den Ebenen* bestehen. So kann eine Entscheidung auf der Corporate-Ebene eine Rahmenbedingung setzen, innerhalb derer eine Geschäftseinheit zu operieren hat (z. B. Vorgaben für eine Neuproduktpositionierung in einer Gruppe mit konkurrierenden Marken). Wie aus Abbildung 1-4 ersichtlich ist, stehen alle Strategien zu den unterschiedlichen Gestaltungsebenen zueinander in (Wechsel-)Beziehung. D. h., Manöver, bezogen auf eine der Ebenen, haben normalerweise Rückkopplungen auf die anderen Ebenen.

Ebenso ist zu beachten, dass viele Unternehmen aufgrund ihrer hohen Komplexität *Zwischenebenen* eingeführt haben, um ihren Anforderungen entsprechen zu können. Die Dezentralisierung unternehmerischer Verantwortung und die Etablierung von ergebnisverantwortlichen Profitcentern führten zu einem hohen Zuwachs an strategischen Gestaltungsebenen und -objekten. Dies kann sich einerseits in einer Reihe von Zwischeneben zeigen, die dann Namen wie Divisio-

1.3.4 Funktionen und Besonderheiten des SMN

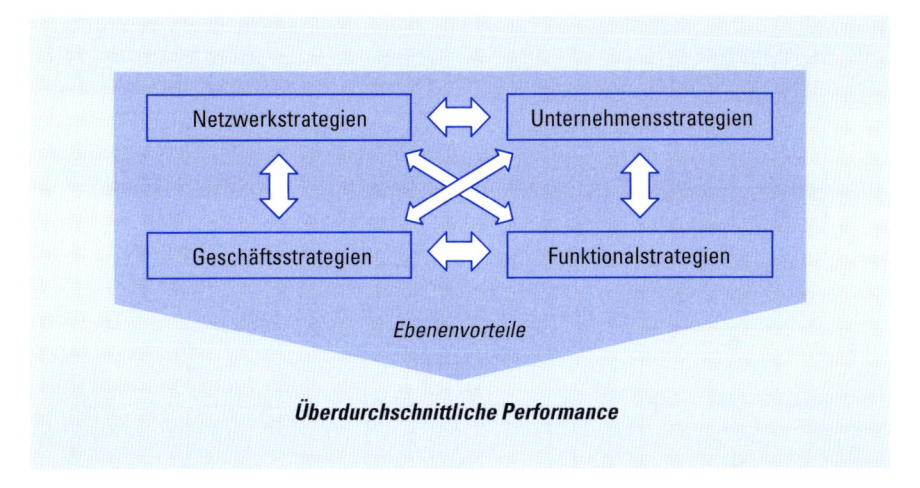

```
┌─────────────────────────────────────────────┐
│   Netzwerkstrategien  ⇔  Unternehmensstrategien │
│           ⇕          ⤬           ⇕          │
│   Geschäftsstrategien  ⇔  Funktionalstrategien │
│                                             │
│              Ebenenvorteile                 │
└─────────────────────────────────────────────┘

         Überdurchschnittliche Performance
```

Abb. 1-4: Wichtige Gestaltungsebenen eines Strategischen Managements

nen, Bereiche, Segmente etc. erhalten. Oder international operierende Unternehmen bündeln Einheiten in Regionen, um das Portfolio der in dieser Region vertretenen Geschäftseinheiten besser mit den lokalen Gegebenheiten der Region in Einklang zu bringen. Oder es können Kundenplattformen sein, über die man zu relativ homogenen Kundengruppen, die Leistungen aus mehreren Geschäften des Unternehmens beziehen, eine integrierende Ebene schafft. Der Vereinfachung halber vertiefen wir derartige Spezialfälle hier allerdings nicht.

Unternehmerische Vorteile auf jeder Ebene speisen sich aus unterschiedlichen Quellen. Jede Gestaltungsebene ist Ansatzpunkt für das Erzielen überdurchschnittlicher Leistungen. Gelingt es z.B. einer Unternehmensgruppe auf Gruppen-Ebene nicht, einen Mehrwert durch die Nutzung von Synergien zu erzielen, der größer ist als die Kosten dieser Ebene (z.B. die Kosten einer Holding-Organisation), dann wird es am Kapitalmarkt mit einem »*conglomerate discount*« bestraft. Ein Investor könnte sich sagen, dass er lieber direkt in die Einzelgeschäfte investiert, da er dann die anteiligen Kosten der Gruppen-Ebene nicht mitzutragen hat und besser selbst sein Anlagenportfolio optimiert. Auf Netzwerkebene wird durch die Gruppe der teilnehmenden Unternehmen darüber entschieden, in welchen Geschäften und bei welchen Aktivitäten man gemeinsam agieren möchte. Überdurchschnittliche Unternehmensrenditen im Verhältnis zu den Wettbewerbern (aus konkurrierenden Netzwerken) könnten z.B. aus der gemeinsamen Nutzung von Ressourcen oder einer erhöhten Marktmacht gegenüber Lieferanten bestehen.

Conglomerate Discount

(2) Pfade durch den SMN

Mit dem SMN lässt sich ein Prozess zur Genese und Verwirklichung strategischer Initiativen strukturieren. Wie in der Abbildung 1-5 jedoch typologisch veranschaulicht wird, sind verschiedene Abläufe denkbar, wobei jedoch jeder Pfad bei der Initiierung beginnt.

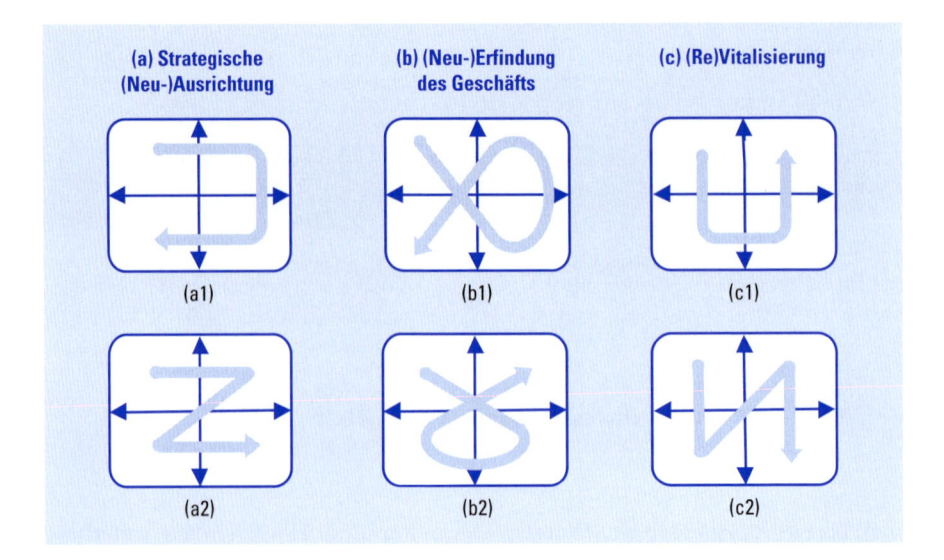

Abb. 1-5:
Pfade durch den SMN

(a) Strategische (Neu-)Ausrichtung — (a1), (a2)
(b) (Neu-)Erfindung des Geschäfts — (b1), (b2)
(c) (Re)Vitalisierung — (c1), (c2)

(a) Im Fall der **strategischen (Neu-)Ausrichtung** werden – nach der Initiierung – zuerst die Positionierungsprogramme entwickelt, d. h., die relevante Einheit wird gegenüber ihrem Umfeld ausgerichtet. Die Variante (a1) zeigt den idealtypischen Ablauf im SMN: Die beiden folgenden Arbeitsmodule haben dann die Aufgabe, strategiegerecht das Geschäftsmodell auszugestalten und die Organisation nachzuführen (Anpassung der Strukturen, Systeme, Werte etc.). In der Variante (a2) wird in der Positionierung zwar die Vision schon formuliert und die Strategien auch grob skizziert, doch danach stößt man zuerst die notwendigen organisatorischen Veränderungsprozesse an, bevor dann die Wertschöpfungssysteme und die damit verbundene Ressourcenausstattung mit Strukturen, Systemen, Fähigkeiten etc. festgelegt werden.

Fallbeispiel: Strategische Neuausrichtung bei PUMA
Eine strategische Neuausrichtung durchlief der Sportartikelhersteller PUMA nach Jahren roter Zahlen. Mit einer veralteten Produktpalette und einem riesigen Schuldenberg stand PUMA Anfang der 90er-Jahre kurz vor dem Aus. 1993 wurde Jochen Zeitz im jungen Alter von nur 30 Jahren als neuer CEO ernannt. Nur ein Jahr später schrieb PUMA erstmalig seit 1986 wieder schwarze Zahlen, mit einem Gewinn von 25 Mio. DM. Die Vision von Jochen Zeitz war es, PUMA neu zu positionieren, weg von reinen athletischen Sportartikeln hin zu sportiver Mode und jungem Lifestyle. Daraufhin verschlankte er unternehmensweit die Mitarbeiterstruktur, beispielsweise durch den Abbau einer ganzen Ebene an Direktoren und Regionalmanagern. Zudem verlagerte PUMA die Produktion an Vertragspartner in China, Vietnam und Taiwan. Um der Vision junger Lifestyle-orientierter Mode gerecht zu werden, brachte Jochen Zeitz Mode Designer wie Jil Sander und das Model Christy Turlington ins Unternehmen, um neue höherpreisige Kollektionen zu entwerfen. Die Marke PUMA hat seitdem durch weitere Produkte und Marktsegmente ihr Image nachhaltig gestärkt. So sind z. B. eine Kooperation mit PORSCHE und SPARCO zu nennen, um feuerfestes Schuhwerk zu entwickeln, Parfüm und Aftershaves unter dem PUMA Label sowie Produkte und Sponsoring in Trendsportarten wie Motorsport und Golf.
Durch diese strategische Neuausrichtung wurde François-Henri Pinault auf Puma aufmerksam. Er war gerade im Begriff, das vom Vater 2005 übernommene Firmen-

1.3.4 Funktionen und Besonderheiten des SMN

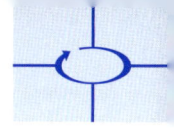

> konglomerat auf Luxusgüter zu restrukturieren. Seine Familienholding hält die Mehrheit der Stimmrechte an Kering (bis 2003: PPR). Im Jahr 2007 hat dann Kering die Mehrheit an Puma übernommen, um sich damit neben dem Luxussegment auch im dabei neu geschaffenen Geschäftsbereich Sport & Lifestyle zu positionieren. Doch bis heute hat Puma unter der neuen Eigentümerschaft – trotz mehrerer Veränderungsprojekte – noch nicht zu einer erfolgreichen Positionierung zurückgefunden.

(b) Im Fall der (**Neu-**)**Erfindung** des Geschäfts entstehen Strategien aus organisatorischen Lernprozessen zur Logik eines Geschäfts. Aus neuem Wissen emergieren im Fall (b1) in kreativer Art und Weise neue Geschäftsideen.

> **Fallbeispiel: Der Einstieg von EBAY ins Immobiliengeschäft**
> Bei der Auktionsplattform EBAY verbringt man sehr viel Zeit damit, den Kunden in ihrem Transaktionsgebaren zuzusehen. Millionen von Transaktionsdaten werden dazu analysiert. Neue Geschäftsideen kommen dann oft aus der Beobachtung der Häufung neuer Auktionsobjekte und -formen. So hat man z. B. gesehen, dass Kunden auf einmal begannen, Wohnungen und Häuser anzubieten bzw. danach zu fragen, woraus man eine neue Geschäftseinheit für Immobilienauktionen ableitete. Der Hebel zum Erfolg lag hier in einem die etablierte Form des Wettbewerbs verändernden Geschäftsmodell.

Man kann sich hier ein etabliertes Unternehmen vorstellen, das erkannt hat, dass sein bestehendes Geschäftsmodell bedroht ist, z. B. durch Anbieter mit Billigprodukten. Wenn es gelingt einen neuen Ansatz zu entwickeln (z. B. durch den Aufbau von Services), wird die Positionierungsstrategie angepasst. Danach wird der Veränderungsprozess in Gang gebracht, der erforderlich ist, um die neuen Strategieinhalte im Verhalten der Organisationsmitglieder zum Leben zu bringen. Diesem Muster folgten Ende der 1990er-Jahre Unternehmen, die befürchteten, dass das Internet (z. B. in Form neuer elektronischer Vertriebswege oder Beschaffungssysteme) ihr Geschäftsmodell verändern würde. Daraufhin wurden E-Business-Initiativen gestartet, die einzelnen Geschäftssysteme auf die Konsequenzen daraus durchleuchtet und ggf. redefiniert (z. B. Einrichtung neuer E-Vertriebskanäle), E-Business-Strategien wurden formuliert und ein Projekt zur E-Transformation aller Mitarbeiter (als kultureller Wandel) gestartet. Damit näherte man sich der Variante (2b). Sie kann den Fall eines Start-up-Unternehmens repräsentieren: Die Gruppe, die sich zur Gründung und zum Aufbau des neuen Start-up zusammengefunden hat, tastet sich über viele Iterationen an ein hoffentlich funktionsfähiges Geschäftsmodell heran. Recht bald muss dann an die Gestaltung des notwendigen Veränderungsprozesses gedacht werden, der die Organisation aus der Gründersituation heraus in einen laufenden und wohl organisierten Betrieb überführt. Langsam erhält man auch eine Vorstellung davon, wie die dazugehörigen Märkte aussehen könnten und mit welchen Wettbewerbern man es dort zu tun hat. Nun kann begonnen werden, die dazugehörigen Positionierungsstrategien zu definieren.

Vertiefende Fallstudie

> **Fallbeispiel: Neuerfindung bei der A**LLIANZ[7]
> Obgleich Wettbewerber schon 1999 bedeutsame E-Business-Projekte gestartet hatten, betrachtete man bei dem deutschen Finanzdienstleister ALLIANZ für geraume Zeit das Internet weitgehend noch als eine vorübergehende Erscheinung. Teilweise war dies auch eine Wunschvorstellung, da z. B. die klassische Versicherungsaußendienstorganisation die Sorge hatte, dass das Internet sie kannibalisieren werde. Doch als sich dann auch die kritischen Stimmen aus dem Kapitalmarkt mehrten und man negative Effekte auf den Aktienkurs befürchten musste, wurde um den IT-Vorstand herum eine Arbeitsgruppe eingesetzt, welche die Situation auszuloten hatte. Das Ergebnis ihrer Vorstandspräsentation war, dass auf Corporate-Ebene zwei direkt miteinander konkurrierende Projektteams gebildet wurden. Deren Aufgabe war es, Ideen für neue, webbasierte Geschäftsmodelle im Unternehmen ausfindig zu machen und konzeptionell aufzubereiten. Vom Vorstand wurden gleich zu Anfang Kriterien vorgegeben, nach denen man die in einer ersten Runde zusammengetragenen Ideen bewerten und auswählen werde. Über einen mehrstufigen Selektionsprozess wurden dann aus etwa 150 Ideen insgesamt sieben ausgewählt und zur Umsetzung freigegeben und mit Budgets ausgestattet. Für jedes der sieben Geschäftsmodelle wurde ein Team gebildet, das die Ideen in den Markt zu bringen hatte. Im unabhängigen Forrester-Brief konnte man später anerkennend lesen: »There is no doubt now that Allianz Group has the concepts ready to lead the market with innovations in the age of internet as well.«

(c) Bei der (**Re-**)**Vitalisierung** geht es darum, zuerst einmal eine verkrustete Organisation aufzubrechen und zu mobilisieren, um dann darauf aufbauend nach neuen strategischen Optionen zu suchen. Ohne die Verankerung neuer Werte sieht man hier kaum eine Chance, das Unternehmen nachhaltig strategisch neu zu gestalten. Ist der kulturelle Wandel genügend weit fortgeschritten, dann werden im Fall (c1) die Wertschöpfungsprozesse und die organisatorischen Strukturen, in denen sie stattfinden, unter die Lupe genommen. Es wird z. B. gefragt, ob bislang die Strategien mit der gegebenen Organisationsstruktur den richtigen Bezugspunkt hatten oder ob es einer Reorganisation bedarf. Erst wenn die Frage geklärt ist, welche organisatorischen Einheiten überhaupt positioniert werden sollen, macht es Sinn, die Positionierungsaufgabe anzugehen. Es kann nun davon ausgegangen werden, dass auf der Basis veränderter Werte und innerhalb veränderter struktureller Rahmenbedingungen inhaltlich andere Strategien entstehen, als wenn man z. B. den klassischen Pfad (a1) gewählt hätte. Im Fall (c2) sieht man dagegen nach der kulturellen Mobilisierung keinen Reorganisationsbedarf und geht deshalb direkt in die Positionierung und passt erst danach die Strukturen an.

Der Pfad (c) ist oft mühsam. Meist dauert er viele Jahre, da eine Kulturveränderung ein langwieriger und kaum zielorientiert-steuerbarer Prozess ist. Nicht selten ist es sogar so, dass es einer Führungsmannschaft nur gelingt, eines der Arbeitsfelder abzuarbeiten, und der nächste Arbeitsschritt unter neuer Führung stattfindet. Derartige Fälle einer Revitalisierung hat man häufig dort gesehen, wo ganze Branchen liberalisiert und dereguliert wurden (z. B. Telekommunikationsindustrie), wo es sich für die betroffenen Wettbewerber um fundamentalen Wandel handelt, der nahezu alles im und am Unternehmen verändert.

1.3.4 Funktionen und Besonderheiten des SMN

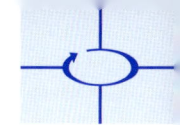

> **Fallbeispiel: Revitalisierung bei IBM**
> IBM durchlief in ihrer Geschichte bereits mehrere strategische Transformationen. Seit dem Ende der 1990er-Jahre bis heute entwickelte sich IBM von einer Hardware-Computer-Firma zu einem Service- und Software-Anbieter. Dieser strategische Wandel vollzog sich ursprünglich aufgrund der Notwendigkeit, dem Trend des immer mehr zum Massenprodukt werdenden klassischen Hardware-Geschäfts und dessen abnehmender Profitabilität entgegenzuwirken. Die Kerngeschäfte der IBM, wie beispielsweise der Verkauf von Großrechnern, verloren zunehmend an Umsatz und Profitabilität. Bereits 2000 kündigte Louis Gerstner (damaliger CEO) an, IBM müsse einmal gründlich durchgeschüttelt werden, um ihr Wachstum anzukurbeln und um ihrem Ziel gerecht zu werden, der führende Anbieter von Technologie und Services der Internetökonomie zu sein. Daher kündigte Gerstner grundlegende Veränderungen im Management an, wodurch vor allem Vertreter der jüngeren Generationen nach oben rückten. Zwei Jahre später bekam die strategische Vision erhebliches Momentum, als IBM, nun unter der Führung von Samuel Palmisano, die Business-Consulting Division von PRICEWATERHOUSECOOPERS übernahm. Durch diesen Kauf konnte IBM sein Angebot im Servicebereich rasant ausbauen und wurde zum größten Anbieter in diesem Bereich.
>
> Einen weiteren Höhepunkt erlangte IBMs strategische Neuausrichtung mit dem Verkauf ihrer Personal Computer Division an den chinesischen Computerhersteller Lenovo. Damit besiegelte IBM ihren Ausstieg aus dem produzierenden Gewerbe; die Zukunft sah man nun im Bereich Technologieservice, Consulting und Software – alles Bereiche, die sich als deutlich profitabler gezeigt haben, als die Personal-Computer-Sparte. IBMs Produkt- und Serviceangebot hat sich aufgrund der strategischen Revitalisierung stark verändert. Zwischen 2000 und 2009 wurden 108 strategische Akquisitionen unternommen, die zu einer starken Verschiebung der Segmenterträge führten. Von 2000 bis 2009 hat sich der Vorsteuerertrag der Hardwaresparte von 2,7 Mrd. USD auf 1,4 Mrd. USD fast halbiert. Die Servicesparte konnte ihr Ergebnis hingegen von 4,5 Mrd. USD auf 8,1 Mrd. USD fast verdoppeln und die Softwaresparte von 2,5 Mrd. USD auf 8,1 Mrd. USD sogar mehr als verdreifachen. Mit dieser Transformation vom Industrie- zum Dienstleistungsunternehmen ging natürlich auch ein erheblicher kultureller Wandel einher, den es zu bewältigen galt.

Es gibt aber auch Unternehmen, die sich genau diesen Pfadtyp auch bei kleinen Veränderungen zu ihrem kontinuierlichen Grundmuster gemacht haben. Sie gehen davon aus, dass, bei einer permanente Pflege und Weiterentwicklung der zentralen Werte des Unternehmens, die Strukturen sich so anzupassen haben, dass die Werte sich optimal entfalten können und dann auch erfolgreiche Strategien daraus emergieren werden: »structure follows culture« und »strategy follows structure«.

Damit ist die Einführung in den generellen Bezugsrahmen dieses Buches, den »Strategic Management Navigator«, abgeschlossen. In der Zusammenfassung wollen wir nochmals die Besonderheiten dieses Bezugsrahmens hervorheben, da er dem gesamten Buch zu Grunde liegt. Mit diesem Bezugsrahmen des SMN verlassen wir die klassische Strukturierung der Disziplin in »Strategieentwicklung – Strategieimplementierung«. Generelles Anliegen des SMN ist eine integrierte Strategiearbeit in Unternehmen.

Zusammenfassung

- Jede Strategiebildung basiert auf einer spezifischen Betrachtung der Umwelt durch ein Unternehmen (bzw. deren Akteure). Dabei kommt es zu einer Selektion der Anspruchsgruppen (Stakeholder) am Unternehmen in Relation zu ihrer wahrgenommenen Bedeutung.
- Der Strategic Management Navigator (SMN) stellt einen Bezugsrahmen zur Strukturierung des Strategischen Managements in *vier plus eins modulartigen Arbeitsfeldern* dar: Initiierung, Positionierung, Wertschöpfung, Veränderung plus Performance-Messung.
- Der SMN verbindet die *Inhalts- und Prozessforschung*, indem er sowohl die inhaltlichen als auch prozessualen Aspekte von strategischen Initiativen thematisiert. Ebenso differenziert er in Fragen der Genese (Entstehung) und der tatsächlichen Wirksamkeit von Strategien.
- Der SMN bietet eine *zusammenhängende Betrachtung des Strategischen Managements* über seine vier plus eins Felder, ohne dabei durch eine bestimmte Prozessvorstellung die Betrachtung vorschnell zu verengen. So können seine modulartigen Arbeitsfelder – je nach Gestaltungskontext – in unterschiedlichen Abfolgen zu alternativen Arbeitsprozessen (SMN-Pfadtypen) aneinandergereiht werden.
- Die Arbeitsstruktur des SMN ist weitgehend universal bzgl. der Einsatzfelder und -formen. Er weist eine *rekursive Grundlogik* auf, d. h., seine Struktur der vier plus eins Felder ist auf verschiedene Ebenen unternehmerischer Einheiten anwendbar, wie z. B. Netzwerke, Gesamtunternehmen, Geschäftseinheiten oder einzelne Abteilungen.
- Die einzelnen Gestaltungsebenen bieten dabei unterschiedliche Ansatzpunkte zur Realisierung von Vorteilen als Grundlage zur Erzielung einer überdurchschnittlichen Performance.
- Der SMN bewegt sich im Spannungsfeld von *grundlagen- und anwendungsorientierter Forschung* und nutzt daher sowohl wissenschaftliche Theorien als auch auf praktische Anwendung zielende Instrumente.

Anmerkungen

1 Vgl. zu einer Übersicht über die verschiedenen theoretischen Perspektiven eines Strategischen Managements Jenkins/Ambrosini/Collier 2016.
2 Vgl. Penrose 1959, S. 75 f.
3 Vgl. Chandler 1962.
4 Vgl. Andrews 1971, S. 36.
5 Vgl. Ansoff 1965.
6 Vgl. Mintzberg/Waters 1985.
7 Man vergleiche dazu unsere vertiefende Fallstudie Lechner/Marx/Müller-Stewens (2006).

Kapitel 2
Initiierung

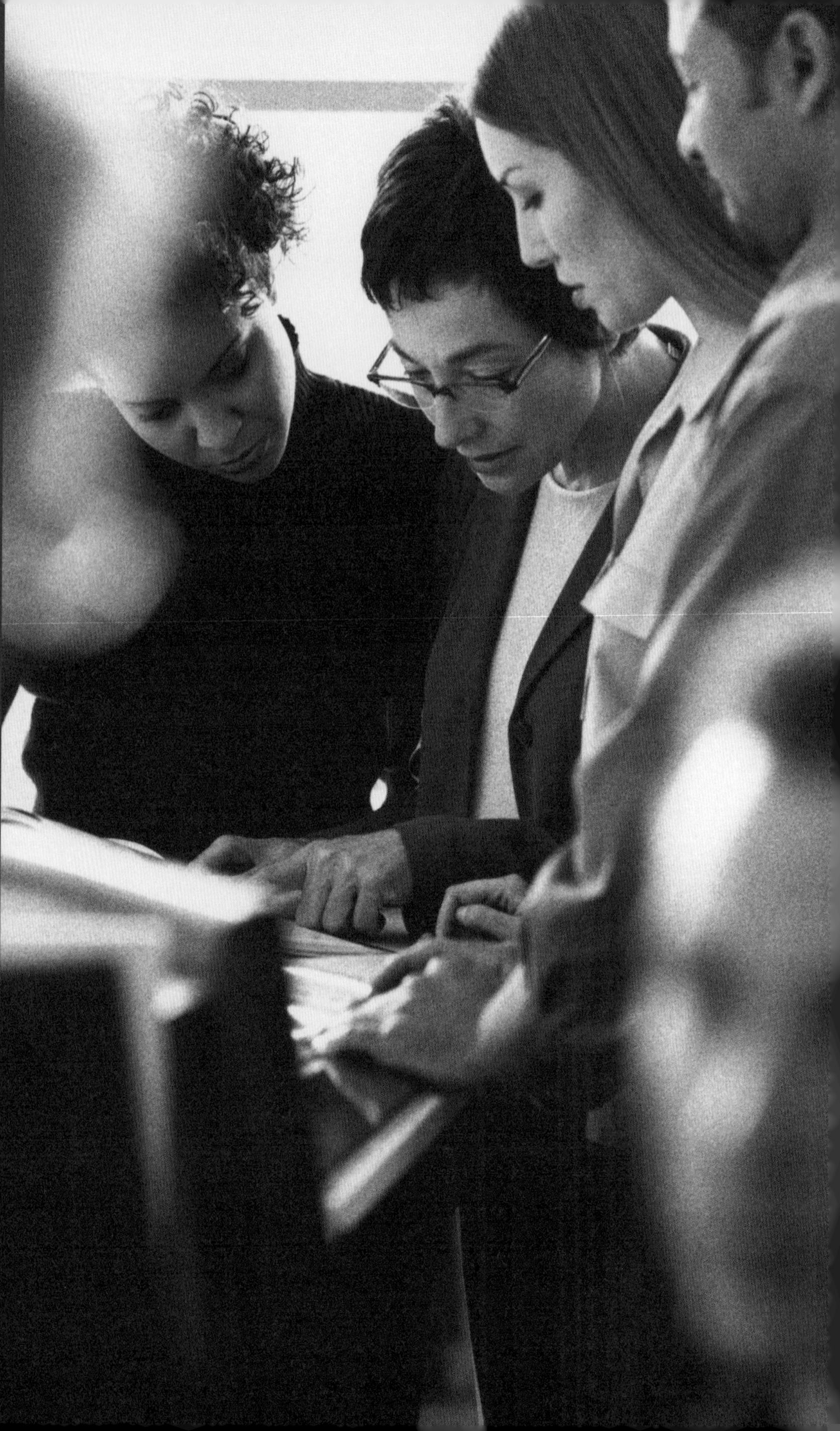

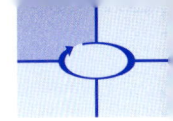

Kapitel 2
Initiierung

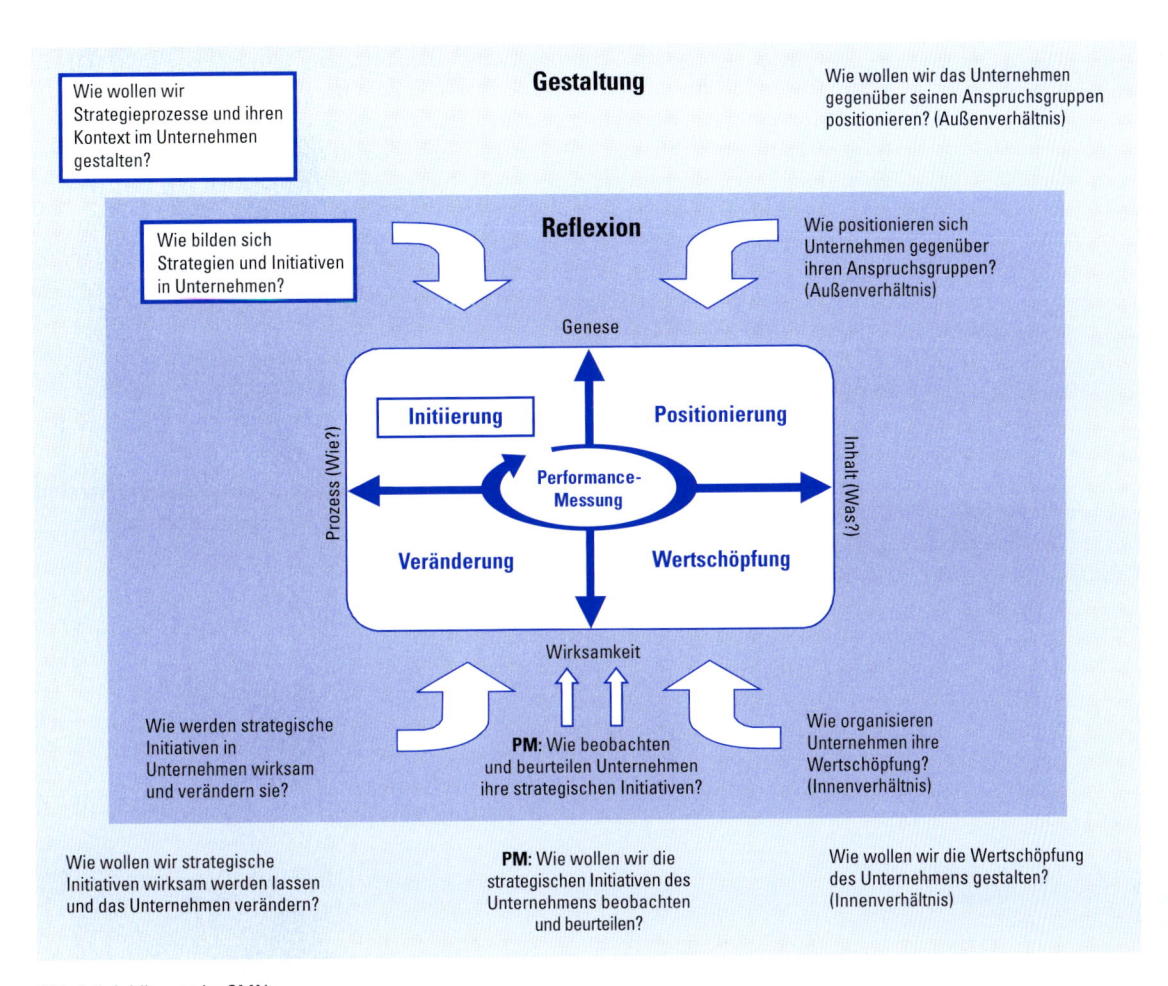

Gestaltung

Wie wollen wir Strategieprozesse und ihren Kontext im Unternehmen gestalten?

Wie wollen wir das Unternehmen gegenüber seinen Anspruchsgruppen positionieren? (Außenverhältnis)

Reflexion

Wie bilden sich Strategien und Initiativen in Unternehmen?

Wie positionieren sich Unternehmen gegenüber ihren Anspruchsgruppen? (Außenverhältnis)

Genese

Initiierung — Positionierung

Prozess (Wie?) — Performance-Messung — Inhalt (Was?)

Veränderung — Wertschöpfung

Wirksamkeit

Wie werden strategische Initiativen in Unternehmen wirksam und verändern sie?

PM: Wie beobachten und beurteilen Unternehmen ihre strategischen Initiativen?

Wie organisieren Unternehmen ihre Wertschöpfung? (Innenverhältnis)

Wie wollen wir strategische Initiativen wirksam werden lassen und das Unternehmen verändern?

PM: Wie wollen wir die strategischen Initiativen des Unternehmens beobachten und beurteilen?

Wie wollen wir die Wertschöpfung des Unternehmens gestalten? (Innenverhältnis)

Abb. 2-1: Initiierung im SMN

Stellt man Führungskräften die Frage, wie stark sich ihre Branche in den letzten fünf bis zehn Jahren verändert hat, so erhält man überwiegend die Antwort, dass hier dramatische Verschiebungen erfolgt seien und mit ihnen auch in Zukunft zu rechnen wäre. Wirft man anschließend die Frage auf, ob sich in diesem Zeitraum auch die Strategien ihrer Unternehmen verändert hätten, so wird zwar prinzipiell in Richtung Umbruch argumentiert, allerdings in abgeschwächter Form. Begründet wird dies mit der natürlichen Trägheit von Organisationen und einer oft inkrementellen Anpassung von Strategien. Geht man einen Schritt weiter und fragt zuletzt, ob sich innerhalb des gleichen Zeitraumes der Prozess der Strategiebildung bzw. ihre Strategieprozesse verändert hätten, fallen die Antworten noch spärlicher aus. Meist hat sich hier eine Vorgehensweise etabliert, an der man mehr oder weniger unverändert festhält und die kaum bewusst reflektiert wird.

Kapitelübersicht

- Klärung, was unter Strategieprozessen zu verstehen ist
- Theoretische Ansätze zur Beschreibung und Erklärung von Strategieprozessen
- Darstellung wichtiger Dimensionen und Parameter von Strategieprozessen
- Typen von Strategieprozessen
- Corporate Governance und Strategieprozesse

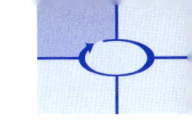

Im Mittelpunkt dieses Kapitels stehen Fragestellungen, die auf den ersten Blick einfach erscheinen, jedoch komplexe Herausforderungen darstellen: Wie bilden sich in Unternehmen Strategien? Wie gestaltet man effektive Strategieprozesse? Welche Rolle spielt dabei die Corporate Governance? Beginnen wir die Exkursion mit der Frage, was Strategieprozesse denn überhaupt sind.

Strategieprozesse *werden definiert als alle in einer unternehmerischen Einheit stattfindenden Entscheidungen und Handlungen, durch die sich die Strategien dieser Einheit bilden.* Konzeptionell umfassen sie einerseits das Spektrum von spontanen ad-hoc-Aktivitäten, bis hin zu wiederholbaren, eingeübten Routinen, die fest in der Organisation etabliert sind. So kann z. B. ein Strategieprozess ad hoc initiiert werden, wenn Führungskräfte sich treffen, um die Konsequenzen aus der Fusion zweier Konkurrenten zu besprechen. Ein Strategieprozess kann aber auch in Form einer fest eingeübten Routine stattfinden, wie dies z. B. bei den meist jährlich stattfindenden strategischen Planungsübungen der Fall ist. Eine weitere Variante findet sich in den intensiven Auseinandersetzungen um Investitionen eines Unternehmens und deren anschließender Realisierung. Durch diese und weitere Aktivitäten, die wir im Rahmen des Kapitels noch kennenlernen werden, bilden sich die Strategien einer unternehmerischen Einheit heraus.

Definition von Strategieprozessen

Warum sind Strategieprozesse wichtig? Wie empirische Studien zeigen, wirken sich Strategieprozesse signifikant auf die Performance von Unternehmen aus. So kann z. B. die Beteiligung bestimmter Personen nicht nur die inhaltlichen Entscheidungen in Strategieprozessen beeinflussen, sondern auch die Akzeptanz dieser Entscheidungen innerhalb einer Organisation. Ebenso können durch den Einbezug externer Anspruchsgruppen Einsichten gewonnen werden, auf die man im Unternehmen nicht von selbst gekommen wäre. Des Weiteren bestimmt die Auswahl der eingesetzten Methoden und Instrumente, welche Themen untersucht und welche Lösungsansätze generiert werden. Und zuletzt spielen auch Faktoren wie die Geschwindigkeit von Strategieprozessen eine Rolle, ob man z. B. rechtzeitig in eine neue Technologie investiert oder einen neuen Markt betritt.

Wer nun denkt, dass es nur *einen* Strategieprozess gebe, um mit solchen Herausforderungen umzugehen, der irrt. In der Praxis findet man diverse Pfade, durch die sich die Strategien unternehmerischer Einheiten formieren. Es gibt nicht ein einzelnes, einheitliches Muster, dem man immer folgen sollte, vielmehr kann man auf eine reichhaltige Palette an Ansätzen zugreifen, die diesem Zwecke dienen. Sie sind jeweils mit Vor- und Nachteilen verbunden. Einige passen besser zu einer bestimmten Unternehmung oder zu einer Marktkonstellation, andere weniger. Wenn sich in allen Unternehmen der gleiche Strategieprozess finden würde, wäre es für das einzelne Unternehmen nicht möglich, sich dadurch von seinen Wettbewerbern zu unterscheiden. Und die Prozesse beeinflussen letztendlich auch die Inhalte, und dies meist mehr, als man oft vermutet.

> **Workshop: Quellen von Strategien**
> Blicken Sie einmal mit ein paar Kollegen auf die letzten fünf Jahre ihres Unternehmens zurück. Fragen Sie sich dann, welche Strategien bzw. strategischen Initiativen Ihre Organisation nachhaltig geprägt und verändert haben. Listen Sie diese in der Reihenfolge ihrer Bedeutung auf.

Stellen Sie sich nun folgende Fragen:
1. Wo hatte jede einzelne dieser Strategien ihren Ursprung? Wer hatte die ursprüngliche Idee? Welche Gruppe hat sie vertreten? Wie ist die Gesamtorganisation damit umgegangen?
2. Wenn Sie nun auf diese Liste schauen: Welche Quellen hatten anscheinend für die Entwicklung Ihrer Organisation eine besondere Bedeutung? Passt diese Liste der wichtigen Quellen auch zu den dominanten Denkmustern in Ihrer Führungsmannschaft oder werden dort eher andere Quellen als wichtig eingestuft? Schenkt Ihre Organisation den wichtigen Quellen in der Strategiearbeit auch ausreichend Beachtung?
3. Sollte Ihre Organisation über eine formelle strategische Planung verfügen: Welche Rolle hatte diese als Quelle wichtiger Initiativen? Was schließen Sie daraus?
4. Konnten Sie bei dieser Analyse auch Quellen strategischer Initiativen entdecken, die noch viel ergiebiger sein könnten, wenn man dort die organisatorischen Rahmenbedingungen verbessern würde?
5. Betrachten Sie einmal die Liste der erfolgreichen strategischen Initiativen: Warum konnte sich jede dieser Initiativen erfolgreich durchsetzen? Können Sie daraus generelle Erfolgsfaktoren bzgl. der Prozessgestaltung solcher Initiativen ableiten? Wenn ja, welche sind es?

Im Detail ist das Kapitel wie folgt aufgebaut (siehe Wissenslandkarte in Abb. 2-2). Zunächst werden im Rahmen der **Reflexion** (Kap. 2.1) mehrere Ansätze vorgestellt, die ein Verständnis für Strategieprozesse schaffen und wichtige wissenschaftliche Erkenntnisse präsentieren. Darauf aufbauend werden dann wichtige **Dimensionen von Strategieprozessen** (Kap. 2.2) vorgestellt. Diese Dimensionen können für eine aktive **Gestaltung** genutzt werden. Je nachdem, wie sie justiert sind, ergeben sich daraus in sich geschlossene **Idealtypen von Strategieprozessen** (Kap. 2.3). Das Kapitel schließt mit Ausführungen zur **Corporate Governance** (Kap. 2.4) eines Unternehmens, da sie einen starken Einfluss auf Strategieprozesse von Unternehmen hat.

Abb. 2-2:
Überblick über das Kapitel »Initiierung«

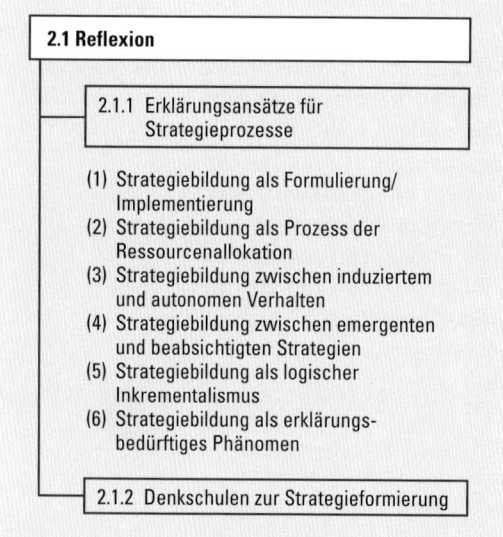

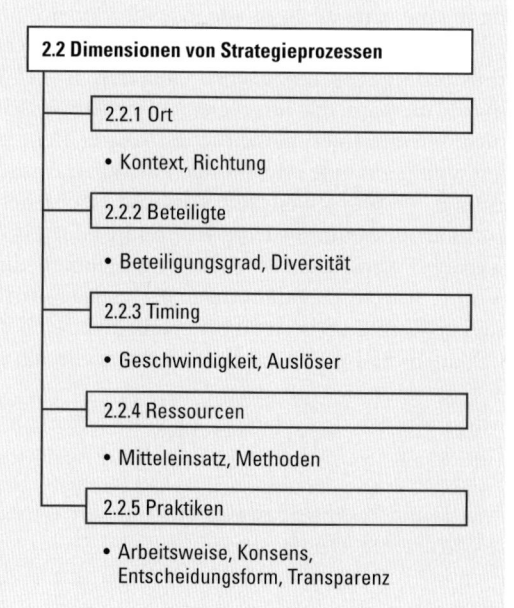

2.1 Reflexion

2.1.1 Erklärungsansätze für Strategieprozesse

(1) Strategiebildung als Formulierung/Implementierung
(2) Strategiebildung als Prozess der Ressourcenallokation
(3) Strategiebildung zwischen induziertem und autonomen Verhalten
(4) Strategiebildung zwischen emergenten und beabsichtigten Strategien
(5) Strategiebildung als logischer Inkrementalismus
(6) Strategiebildung als erklärungsbedürftiges Phänomen

2.1.2 Denkschulen zur Strategieformierung

2.2 Dimensionen von Strategieprozessen

2.2.1 Ort
- Kontext, Richtung

2.2.2 Beteiligte
- Beteiligungsgrad, Diversität

2.2.3 Timing
- Geschwindigkeit, Auslöser

2.2.4 Ressourcen
- Mitteleinsatz, Methoden

2.2.5 Praktiken
- Arbeitsweise, Konsens, Entscheidungsform, Transparenz

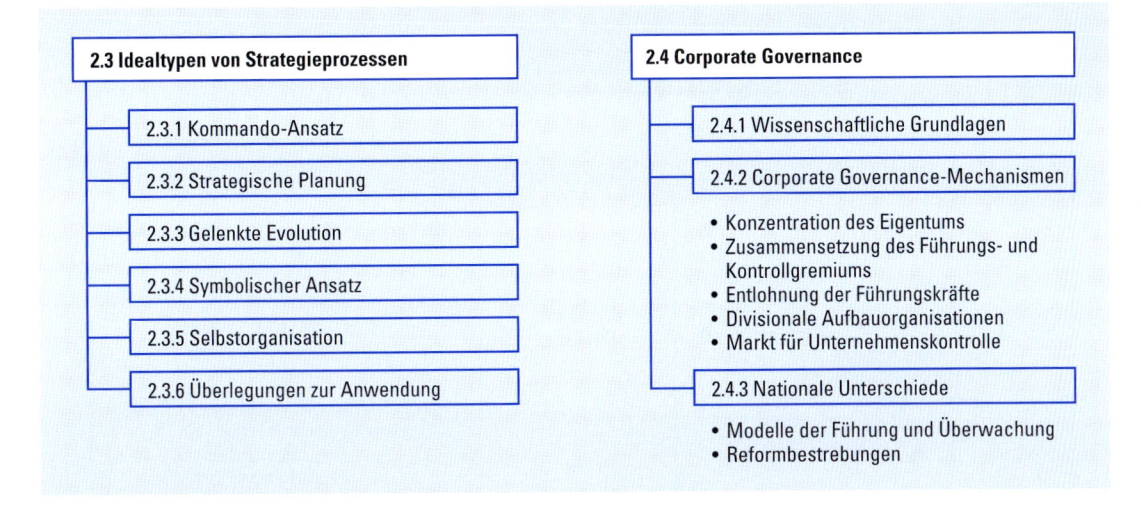

2.1.1 Erklärungsansätze für Strategieprozesse

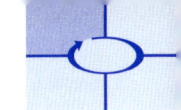

2.3 Idealtypen von Strategieprozessen
- 2.3.1 Kommando-Ansatz
- 2.3.2 Strategische Planung
- 2.3.3 Gelenkte Evolution
- 2.3.4 Symbolischer Ansatz
- 2.3.5 Selbstorganisation
- 2.3.6 Überlegungen zur Anwendung

2.4 Corporate Governance
- 2.4.1 Wissenschaftliche Grundlagen
- 2.4.2 Corporate Governance-Mechanismen
  - Konzentration des Eigentums
  - Zusammensetzung des Führungs- und Kontrollgremiums
  - Entlohnung der Führungskräfte
  - Divisionale Aufbauorganisationen
  - Markt für Unternehmenskontrolle
- 2.4.3 Nationale Unterschiede
  - Modelle der Führung und Überwachung
  - Reformbestrebungen

2.1 Reflexion

Erklärungsansätze, wie sich Strategien bilden, waren von Anfang an ein wesentlicher Bestandteil der Disziplin des Strategischen Managements. Im Folgenden werden wir die wichtigsten Ansätze vorstellen und sie in sogenannte »Denkschulen« einteilen.

2.1.1 Erklärungsansätze für Strategieprozesse

Seit den Ursprüngen eines Strategischen Managements hat sich das Denken, wie es in Unternehmen zu Strategien kommt, stark geändert und ausdifferenziert. Insbesondere sind die Vorstellungen dazu näher an die betrieblichen Realitäten gerückt. Auch wurde klarer, welche Rollen die Akteure in diesem Prozess einnehmen können.

(1) Strategiebildung als Formulierung/Implementierung

Einer der ersten Ansätze wurde von Mitgliedern der General Management Group der Harvard Business School bereits im Jahre 1965 vorgelegt. Kernstück ihrer Überlegungen ist – wie in Abbildung 2-3 gezeigt – die Aufspaltung des Strategieprozesses in zwei zeitlich aufeinander folgende Phasen. Bei der **Formulierung** geht es um das Treffen strategisch wichtiger Entscheidungen: »Deciding what to do«. Faktoren wie die Einschätzung der Chancen und Risiken der Umwelt, der Ressourcen des Unternehmens, der persönlichen Wertvorstellungen des Topmanagements sowie die Verantwortung gegenüber der Gesellschaft beeinflussen dabei die zu fällenden Grundsatzentscheidungen. In ihrer Gesamtheit bilden sie die Unternehmensstrategie. Sie wird definiert als Muster von Entscheidungen eines Unternehmens, welches Zweck und Ziele des Unternehmens bestimmt, seine handlungsleitenden Richtlinien produziert sowie seine Pläne festlegt, wie die Ziele erreicht werden können; welches den Umfang der Ge-

Formulierung und Implementierung

```
                                                                    ┌──────────────────────┐
┌──────────────────────┐                                             │   IMPLEMENTATION     │
│     FORMULATION      │ ◄──────────────────────────────────────►    │ (Achieving results)  │
│  (Deciding what to do)│                                            └──────────────────────┘
└──────────────────────┘
```

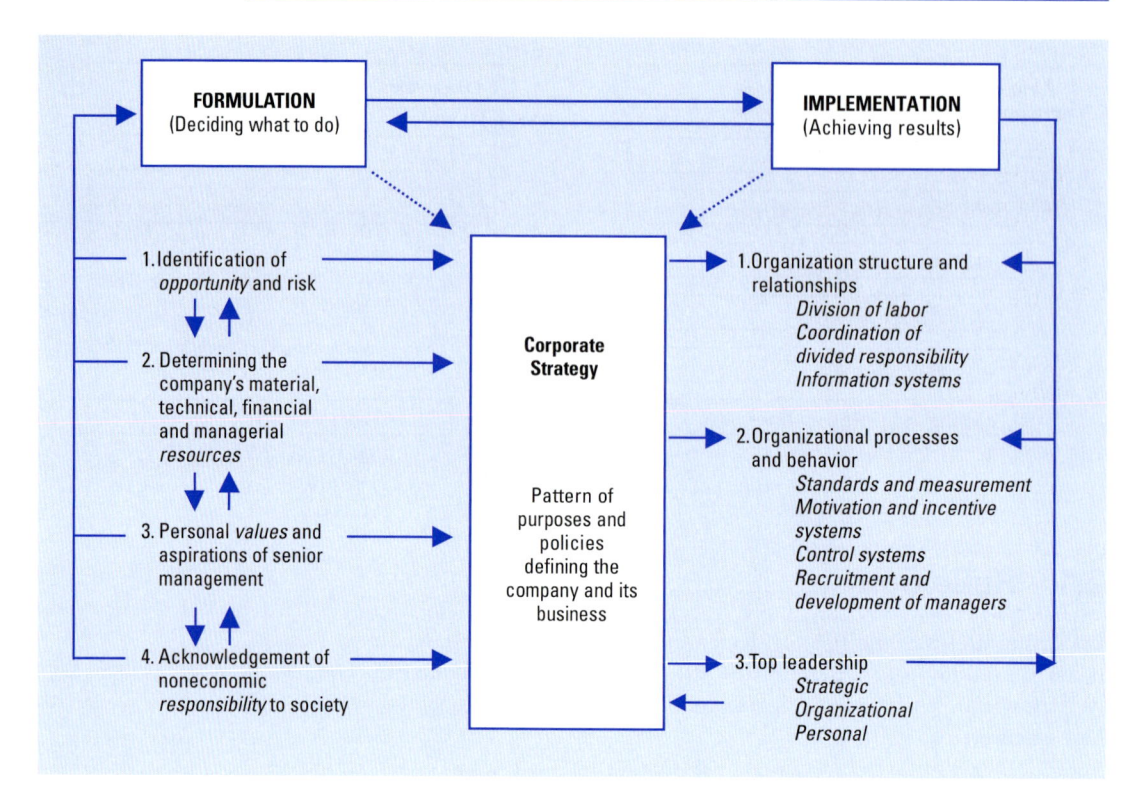

```
  1. Identification of                                      1. Organization structure and
     opportunity and risk                                      relationships
                                                              Division of labor
                                      Corporate               Coordination of
  2. Determining the                  Strategy                divided responsibility
     company's material,                                      Information systems
     technical, financial
     and managerial                                        2. Organizational processes
     resources                                                and behavior
                                    Pattern of                Standards and measurement
                                    purposes and              Motivation and incentive
  3. Personal values and             policies                 systems
     aspirations of senior          defining the              Control systems
     management                     company and its           Recruitment and
                                    business                  development of managers

  4. Acknowledgement of                                    3. Top leadership
     noneconomic                                              Strategic
     responsibility to society                                Organizational
                                                              Personal
```

Abb. 2-3: Strategiebildung nach Learned/Christensen/Andrews/Guth (1965)

schäfte definiert, in denen das Unternehmen tätig sein will, welches Aufschluss über die ökonomische und personelle Organisation gibt, die man ist oder anstrebt, und welches auch die Natur des ökonomischen und auch nichtökonomischen Beitrags bestimmt, den das Unternehmen gegenüber Aktionären, Mitarbeitern, Kunden und weiteren Anspruchsgruppen erbringen will.

An die Phase der Formulierung der Strategie, schließt sich die Phase der **Implementierung** an. Ihr kommt die Aufgabe zu, die jeweiligen Entscheidungen in administrative Teilaktivitäten zu überführen und Ergebnisse zu produzieren (»achieving results«). Dazu hat man die organisationale Struktur, Beziehungen, Prozesse, Verhalten sowie den Führungsstil adäquat anzupassen. Je besser dies getan wird, desto höher sind die Chancen, dass eine Strategie erfolgreich umgesetzt wird.

Zweifelsohne hat dieser Ansatz die Entwicklung des Strategischen Managements stark geprägt. Nach wie vor basieren Lehre und Praxis in weiten Teilen auf seinen Fundamenten. Da man sich mit der Verwendung eines Strategiemodells auch seine zentralen Annahmen zu eigen macht und diese in der Folge Denken und Handeln prägen, ist es wichtig, sich ihrer bewusst zu werden. Macht man dies, so werden folgende **Annahmen** sichtbar:

Modellannahmen

- *Entscheidungen* sind in diesem Modell das wahrhaft »Entscheidende«: Die Bildung einer Strategie ist ein Entscheidungsprozess, in dessen Verlauf richtungsweisende Vorgaben getroffen werden, die das Verhalten und die Entwicklung des Unternehmens prägen.

- Strategien sind das Resultat eines *wohl überlegten und bewussten Denkvorgangs:* Wenn Strategien Entscheidungen sind, müssen sie explizit formulierbar sein und dies ist nur dann der Fall, wenn es sich um einen aktiven, zielgerichteten Prozess logischen Denkens handelt.
- Strategien sind *einzelfallspezifisch* zu entwerfen: Sie haben zur individuellen Situation eines Unternehmens zu passen und entstehen in einem rational geprägten Akt, der die jeweiligen Umstände berücksichtigt. Allgemein gültige Leitlinien, die den Inhalt von Strategien betreffen, gibt es nicht. Vielmehr gilt es jeweils, die Einzigartigkeit einer Situation zu berücksichtigen und darauf aufbauend Entscheidungen zu fällen.
- Die Verantwortung für die Formulierung von Strategien liegt bei der *Unternehmensspitze:* Da Strategien für die Zukunft des Unternehmens richtungsweisend sind, fallen sie in den Aufgabenbereich des obersten Managements. Als »die« Strategen schlechthin verkörpern sie die Intelligenz des Unternehmens. Von ihr gehen richtungsweisende Impulse aus, sie kontrollieren die Umsetzung der Entscheidungen. Die Gesamtorganisation führt diese lediglich aus.
- Der strategische Prozess ist eine *sequenzielle Abfolge von zwei Phasen:* Erst wenn Strategien formuliert und damit kommunizierbar sind, können sie anschließend auch implementiert werden. Die Implementierung folgt dabei zeitlich und inhaltlich der Formulierung nach.

Kritisch ist u.a. zu bedenken, dass erstens die ausschließliche Fokussierung auf Entscheidungen zu einer theoretischen Verengung und Simplifizierung des Strategieprozesses führt. Alle Vorgänge, die nicht als Entscheidungen darstellbar sind, müssen notgedrungen ausgeblendet werden. Dies ist allerdings fragwürdig, denn nicht alle Ereignisse, die für die Formierung von Strategien von Relevanz sind, müssen explizite Entscheidungen sein. Wichtiges kann sich auch unbewusst oder im Diskurs z.B. aus Kundenkontakten ergeben, und trotzdem weitreichende Folgen nach sich ziehen. Zweitens ist die Beziehung zwischen Entscheidungen und Handlungen nicht nur eindimensional zu begreifen. In diesem Modell werden zunächst Entscheidungen getroffen (Formulierung), die dann durch Handlungen umgesetzt werden (Implementierung). Jedoch gehen Handlungen oft auch expliziten Entscheidungen zeitlich und inhaltlich voraus, werden ex post erst rationalisiert oder schaffen Fakten, die es nachträglich zu berücksichtigen gilt. Zudem sind nicht alle Strategien von Unternehmen auf explizite Entscheidungen zurückzuführen. Andere Quellen und Entstehungsmuster gilt es ebenfalls zu berücksichtigen. Drittens ist die Trennung in die Phasen der Formulierung und Implementierung zwar analytisch hilfreich, jedoch ist damit keineswegs gesagt, dass die tatsächliche Formierung von Strategien auch wirklich diesem linearen Schema folgt.

Kritik

(2) Strategiebildung als Prozess der Ressourcenallokation

Eine der ersten, empirischen Studien wurde von Bower (1970) erstellt. Er untersuchte zunächst den Planungsprozess in vier multidivisionalen Unternehmen und kam dabei zu der überraschenden Erkenntnis, dass die periodisch eingerichtete strategische Planung für die tatsächliche Formierung von Strategien eine wesentlich geringere Rolle spielte, als er zunächst erwartet hatte. Stattdessen dominierte der Prozess der Investitionsplanung, in dem über die Zuteilung wichtiger Res-

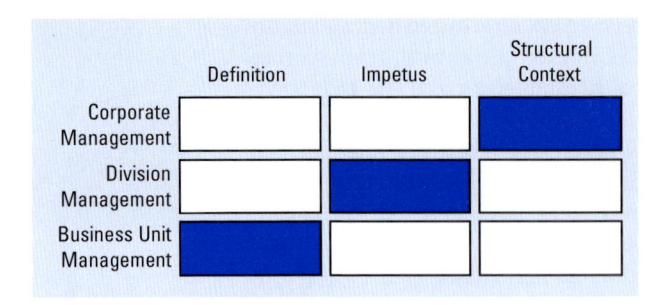

Abb. 2-4: Strategiebildung nach Bower (1970)

sources entschieden wurde. Durch diese Beobachtung angeregt, entwickelte Bower den in Abbildung 2-4 dargestellten Bezugsrahmen, der die Allokation von Ressourcen nach folgendem Muster erklärt: In einer ersten Phase, die **Definition** genannt wird, werden die Anforderungen an ein neues Projekt bestimmt und eine Initiative wird lanciert. Treibende Kraft sind Manager auf Ebene der Produkt- und Geschäftseinheiten, von denen die ursprüngliche Idee ausgeht.

Ob es ihrer Initiative gelingt, ausreichend Unterstützung zu finden, hängt in einer zweiten Phase, der des **Impetus** *(Antrieb)*, von der Haltung der Manager auf der Ebene der Divisionsleitung ab. Sie entscheiden über den Fortgang oder die Unterbindung des Projektes. Dabei lassen sie sich von einer Reihe von Kriterien leiten wie z. B. den Status und der Erfahrung des Projektleiters, der Nützlichkeit des Projektes für ihre eigenen Zwecke sowie der Risikofreudigkeit der wiederum ihnen vorgesetzten Manager auf der Ebene der Unternehmensleitung. Die Divisionsleiter sind sich dabei vollkommen darüber im Klaren, dass ihre zukünftigen Karrierechancen größtenteils von der Auswahl der richtigen strategischen Projekte bestimmt werden. Sind sie erfolgreich, so verbessert sich ihre Position im Unternehmen, scheitern sie, so verschlechtern sich ihre Aufstiegsmöglichkeiten.

Der Einfluss der höchsten Managementebene (Unternehmensleitung) auf den gesamten Prozess ist nicht direkter, sondern indirekter Natur. Er erfolgt über den sogenannten **strukturellen Kontext**. Dieser wird von der Unternehmensleitung gesetzt und umfasst Elemente wie die organisatorische Struktur und die administrativen Systeme. Er legt einen Rahmen, innerhalb dessen strategische Initiativen nach oben hin wirksam werden können. Je nachdem, wie er im Einzelfall ausgestaltet ist, steuert die Unternehmensleitung die Art der Anträge, die sie schlussendlich erhält, damit vor.

Die Kriterien, nach denen eine strategische Initiative beurteilt wird, verändern sich bezüglich des Prozesses. In der Definitionsphase stehen technische und ökonomische Kriterien im Vordergrund, die Impetusphase ist von Machtfragen und politischen Verhandlungsrunden, die teils innerhalb, teils außerhalb des offiziellen Genehmigungsverfahren ablaufen, geprägt und in der letzten Phase versucht die Unternehmensleitung, das Ganze in ihrem Sinne durch das Setzen administrativer Rahmenbedingungen zu beeinflussen. Definition und Impetus sind bottom-up-getriebene Prozesse, die Vorgabe des strukturellen Kontexts erfolgt top-down und die letztendlich gefällten Ressourcenallokationen folgen einem iterativen Muster, das aus dem Wechselspiel der einzelnen Teilprozesse entsteht. Insgesamt unterscheidet Bower also zwischen den Phasen der Definition, des Impetus und des strukturellen Kontexts auf der einen Seite und den Managementebenen der Geschäftseinheiten, der Divisionen sowie des Gesamtunternehmens auf der anderen Seite. Je nach Phase sind dabei unterschiedliche Schlüsselakteure von besonderer Relevanz.

In Fortführung dieser Überlegungen sehen Noda/Bower (1996) die Formierung von Strategien als iterative Prozesse der Ressourcenallokation. Am Beispiel der Unternehmen BELL SOUTH und US WEST zeigen sie, wie bottom-up-getriebene Initiativen um knappe Unternehmensressourcen und die Aufmerksamkeit des obersten Managements wetteifern. Je nachdem, wie die Interaktionen zwischen den verschiedenen Managementebenen verlaufen, ergeben sich als Konsequenz unterschiedliche strategische Verhaltensmuster.

(3) Strategiebildung zwischen induziertem und autonomem Verhalten

Burgelman (1983) baut zunächst auf den Ausführungen von Bower (1970) auf und überträgt diese auf die Fragestellung, wie neue Geschäftsfelder in multi-divisionalen Unternehmen entstehen. Dabei zeigt sich, dass die Kernprozesse der Definition und des Antriebs nicht nur von einem strukturellen Kontext beeinflusst werden, sondern zusätzlich ein zweiter, sogenannter **strategischer Kontext** zu berücksichtigen ist. Wie ist dies zu begründen? Venture-Aktivitäten zum Aufbau neuer Geschäftsfelder entsprechen am Anfang meist nicht der vorherrschenden Unternehmensstrategie, sondern stehen in einem mehr oder weniger starken Gegensatz zu ihr. Dies ist für die Unternehmensleitung problematisch. Sie muss entscheiden, ob sie eine Initiative für ein neues Geschäft gestattet oder unterbindet. Der strategische Kontext bezieht sich nun auf den Prozess, durch den das mittlere Management die Unternehmensleitung zu einer Anpassung ihrer Unternehmensstrategie zu bewegen versucht – mit dem Ziel, auch bestimmte neue Venture-Aktivitäten zuzulassen und mit der bestehenden Strategie zu verbinden.

In seinem in Abbildung 2-5 dargestellten Modell unterscheidet Burgelman folglich zwischen zwei Arten von Verhaltensweisen, einem **induzierten strategischen** und einem **autonomen strategischen Verhalten**. Ersteres ist dadurch gekennzeichnet, dass es sich an die Vorgaben der herrschenden Unternehmensstrategie hält (1). Das Topmanagement gibt auf Basis seiner Erfahrungen einen Rahmen vor, innerhalb dessen sich strategische Initiativen entwickeln können. Gleichzeitig wird durch die Unternehmensstrategie der strukturelle Kontext beeinflusst, indem z. B. ein dazu passendes Planungssystem installiert und mit entsprechenden Kontrollkriterien ausgestattet wird (2). Im Zuge des induzierten strategischen Verhaltens treten nun konforme Initiativen auf, die durch den strukturellen Kontext selektiert und mit der Unternehmensstrategie abgeglichen werden (3 und 4). Im Regelfall wird ihr Innovationsgrad jedoch im Zeitablauf immer geringer, da sie die vorherrschende Unternehmensstrategie lediglich bestätigen und inkrementell fortschreiben, ohne sie signifikant in eine neue Richtung zu führen.

Induziertes vs. autonomes strategisches Verhalten

Das autonome strategische Verhalten hingegen – und ab hier unterscheidet sich Burgelman von Bower – folgt einem anderen Muster. Neben den »offiziell erlaubten« Projekten formieren sich in Unternehmen immer wieder Initiativen, die außerhalb der vorgegebenen Strategie liegen und z. B. das Unternehmen in neue Geschäftsfelder drängen. Sie verkörpern neue Ideen, die sich noch nicht im Unternehmen und dessen Strategie etablieren konnten. Um jedoch langfristig akzeptiert zu werden, bedarf es ihrer offiziellen Legitimation und dies ist nur möglich, wenn es zu einer Anpassung der Unternehmensstrategie kommt (5). An dieser Stelle ist nun der **strategische Kontext** von Relevanz. Die Mitglieder des mittleren Managements stoßen eine Reihe von Aktivitäten an, um die Unternehmensleitung zur Überprüfung ihres Standpunktes und zur Veränderung ihrer Strategie zu bewegen. Gelingt ihnen dies und wird das autonome strategische

Initiativen, die außerhalb der vorgegebenen Strategien liegen

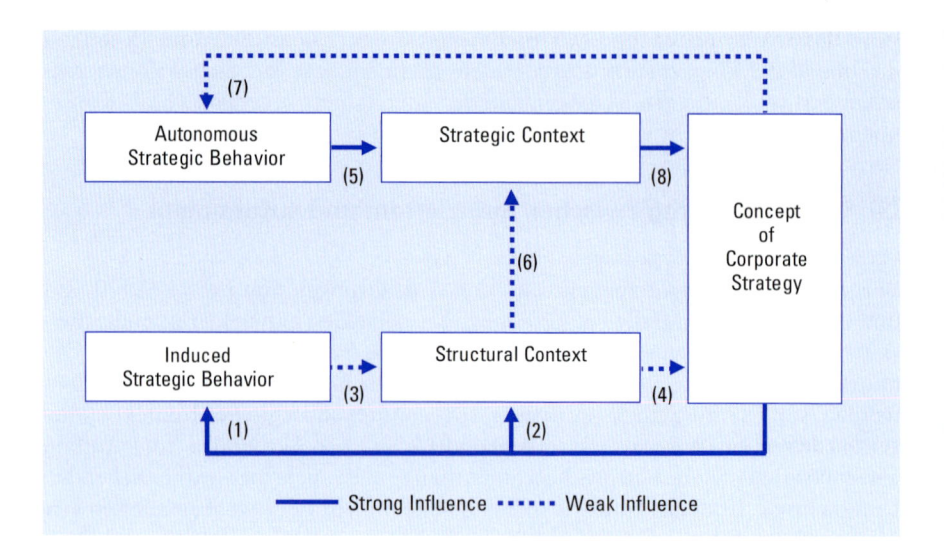

Abb. 2-5:
Strategiebildung nach Burgelman (1983)[1]

```
           (7)
    ┌──────────────────────────────────────────────────┐
    │                                                  │
 Autonomous         Strategic Context                  │
 Strategic Behavior ──────▶                 ─────▶  Concept
           (5)                        (8)            of
                          ▲                        Corporate
                          ┊(6)                      Strategy
                          ┊
 Induced            Structural Context
 Strategic Behavior ┄┄┄▶                  ─────▶
           (3)                        (4)
    │                       ▲                         │
    └───(1)─────────────────┴───(2)───────────────────┘

   ──── Strong Influence    ┄┄┄┄ Weak Influence
```

Verhalten von der Unternehmensleitung ex post rationalisiert und legitimiert, so entsteht eine neue Unternehmensstrategie (8). Gleichzeitig verändern sich dadurch die Rahmenbedingungen für das zukünftige autonome strategische Verhalten (7), während der strukturelle Kontext auf den strategischen nur einen geringen Einfluss hat (6).

Vorläufer einer evolutionären Theorie

Sein Modell baut Burgelman zu einer *evolutionären Theorie der Strategieformierung* aus, in der er eine Organisation als eine Ökologie strategischer Initiativen konzeptualisiert. Analog zum Dreischritt »Variation, Selektion, Retention« der klassischen Evolutionstheorie führen variationsbegünstigende und -limitierende Mechanismen dazu, dass einzelne strategische Initiativen emergieren, sich verfestigen und anschließend von konkurrierenden Angeboten wieder verdrängt werden.

> **Fallbeispiel: Verlagerung des Fokus bei INTEL**
> Wie sich bei einer mehrjährigen, empirischen Studie von Burgelman (1994) beim Chipproduzenten INTEL zeigte, legte das oberste Management zunächst einen strategischen Plan vor, der die Konzentration auf Speicherchips zum Inhalt hatte. Faktisch jedoch bleibt dieser Plan ohne Auswirkungen. Das mittlere Management, getrieben von der Absicht, das Fertigungs- und Produktprogramm zu optimieren, präferierte Mikroprozessoren und konterkarierte mit seinen Handlungen die Vorgaben des offiziellen Plans. Nach einer Übergangszeit, in der heftig debattiert und verhandelt wurde, entschloss sich das Topmanagement, die Produktion von Speicherchips zu beenden und sich von nun an vollständig auf Mikroprozessoren zu konzentrieren. Die offizielle Unternehmensstrategie zog damit der realen Entwicklung nach.

(4) Strategiebildung zwischen emergenten und beabsichtigten Strategien

Ein weiteres, empirisch gestütztes Modell wurde von der Forschergruppe um Mintzberg vorgelegt. Im Rahmen mehrerer Fallstudien gelangten sie zu der Einsicht, dass die letztendlich realisierten Strategien eines Unternehmens oft nicht mit den ursprünglich intendierten übereinstimmen, sondern mehr oder weniger

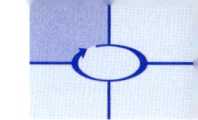

2.1.1 Erklärungsansätze für Strategieprozesse

stark davon abweichen. Dies widersprach der im präskriptiven Modell getroffenen Annahme, wonach Strategien zuerst in einem analytisch geprägten Prozess formuliert und dann implementiert werden. Insgesamt unterscheiden Mintzberg und seine Kollegen – wie in Abbildung 2-6 dargestellt – zwischen mehreren **Arten von Strategien**: So gibt es zunächst Strategien, die beabsichtigt (intended) und anschließend vollständig realisiert (realized) werden. Dieser Teil der intendierten Strategien wird als »*deliberate strategies*« bezeichnet und entspricht den Gedanken des klassischen Strategiemodells. Zweitens treten Situationen auf, in denen Strategien zwar intendiert sind, sich jedoch bei ihrer Umsetzung als nicht durchführbar erweisen und in der Folge aufgegeben werden. Sie enden als »*unrealized strategies*«. Drittens – und dies ist vielleicht die interessanteste Erkenntnis – gibt es Strategien, die, ohne dass sie explizit formuliert werden, sich zu einem kohärenten, strategischen Muster fügen. Einzelne, unzusammenhängende Handlungen verdichten sich über die Zeit zu einer unbeabsichtigten Ordnung. Die Strategien dieses Typus werden »*emergent strategies*« genannt. In seiner reinsten Form lässt sich der letzte Strategietyp mit einem – wie Mintzberg es metaphorisch nennt – Graswurzel-Modell vergleichen. Emergente Strategien wachsen dabei analog zu Gräsern in einem Garten und bilden bottom-up-getriebene Muster. Sie können überall dort entstehen, wo Menschen über die Fähigkeit verfügen, zu lernen, sowie ihre Erkenntnis mit Hilfe von Ressourcen auch nutzen können.

Beabsichtigte und emergente Strategien

Graswurzel-Modell

In Widerspruch zum präskriptiven Prozessmodell wird hier die empirische Relevanz der »deliberate strategies« für deutlich überbewertet erachtet, denn dazu müssten Strategien nicht nur präzise artikuliert, sondern auch von allen Mitgliedern des Unternehmens kollektiv geteilt und ungeachtet aller externen und internen Restriktionen umsetzbar sein – Bedingungen, die relativ selten vorzufinden sind. Vielmehr wird hier davon ausgegangen, dass in der Realität vor allem Mischformen anzutreffen sind, die zwischen den beiden Extrempolen emergenter und intendierter Strategien liegen. Wie sich im Einzelfall dann der Formierungsprozess vollzieht, hängt von Faktoren wie dem Ausmaß zentraler Kontrolle, kollektiv geteilter Intentionen, Spezifizierung der Intentionen und der Prognostizierbarkeit der Umwelt ab.

Kritisch ist zu bemerken, dass nicht ausreichend geklärt ist, worauf denn emergente Strategien zurückzuführen sind. Laut Mintzberg können sie sowohl aus den Anstrengungen einer einzelnen Führungskraft, eines kleinen Managementteams, anderer Gruppierungen oder des Kollektivs als Ganzes resultieren. Geht man jedoch dem Begriff der Emergenz nach, wie er in natur- und sozialwissenschaftlichen Disziplinen verwendet wird, dann kennzeichnet er dort das plötzliche Auftreten einer neuen Qualität, die nicht durch die Eigenschaften

Phänomen der Emergenz

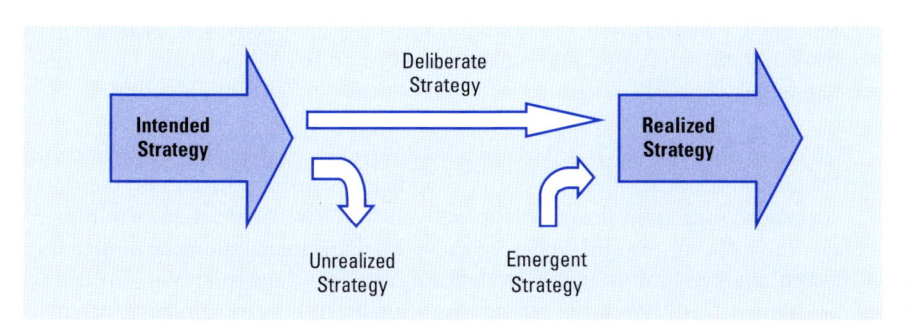

Abb. 2-6: Strategiebildung nach Mintzberg/Waters (1985)

oder Relationen der beteiligten Elemente erklärt werden kann, sondern durch eine jeweils besondere, selbstorganisierende Prozessdynamik. Für die Erklärung emergenter Phänomene sind also nicht die einzelnen Elemente einer Organisation von Bedeutung, sondern die zwischen ihnen stattfindenden Interaktionen. Erst durch sie bilden sich emergente Muster, erst durch sie kommt es zur Entstehung von Ordnung und Bedeutung, die so nicht beabsichtigt war. Verwendet man hingegen, wie dies Mintzberg bisweilen tut, den Begriff der emergenten Strategien auch für solche Initiativen, die zwar zunächst außerhalb des Blickwinkels, z. B. eines Managementteams, liegen, jedoch von einem Einzelnen oder einer Gruppe bewusst und intendiert vorangetrieben werden, dann verliert man genau dieses herausragende Charakteristikum der unbewusst entstehenden Ordnung. Ansonsten wäre es möglich, das von Mintzberg beschriebene Phänomen lediglich mit einer Differenzierung der Beobachterperspektive zu erklären (nach dem Motto: was die eine Gruppe bewusst vorantreibt, ist für eine andere Gruppe, die zunächst davon nichts weiß, eine emergente Entwicklung). Dies würde jedoch dem Phänomen der Emergenz nicht ausreichend gerecht werden. Auf Interaktionen, ihren Verlauf und die unbeabsichtigte Bildung von Ordnung kommt es also an. Jedoch, und hier liegt das Problem, ist das Emergenzprinzip bei Strategieprozessen kein Handlungsprinzip, das man rein gestalterisch angehen kann. Ein bewusstes Management von Strategieprozessen steht also vor der »delikaten« Aufgabe, zwar einerseits interventionistisch tätig sein zu müssen und dies auch zu wollen, andererseits dabei jedoch die eigenen Möglichkeiten nicht zu überschätzen und emergenten Prozessen Raum zu schaffen und sie aufzunehmen.

(5) Strategiebildung als logischer Inkrementalismus

Logischer Inkrementalismus

Den gerade genannten Gedanken greift Quinn (1980) in seinem **logischen Inkrementalismus** auf. Auch bei ihm ist der strategische Prozess weitgehend emergenter Natur. In allen Subsystemen des Unternehmens, zu denen er Vertrieb, Entwicklung, Produktion, Rechnungswesen, aber auch die strategische Planung rechnet, können demnach strategische Initiativen entstehen und sichtbar werden. Wie sie sich bilden, hängt von den dort bestehenden unterschiedlichen Subkulturen und ihrer jeweiligen Einstellung, mit Ideen zu experimentieren und sie zu prüfen, ab. Welche Initiative sich am Ende in einem Unternehmen durchsetzen wird, lässt sich vorab nicht sicher bestimmen, denn die letztendlich realisierte Strategie emergiert laut Quinn aus dem Zusammenfluss von internen Entscheidungen und externen Ereignissen und ist durch einen breit geteilten, handlungsleitenden Konsens charakterisiert. Wie er anhand von Beispielen zeigt, werden in erfolgreichen Unternehmen Handlungs- und Ereignisströme von Managern in proaktiver, rationaler und inkrementeller Form hin zu bewussten, expliziten Strategien gelenkt – ein Vorgang, den Quinn als *logischen Inkrementalismus* bezeichnet.

Topmanagement als Katalysator

Das Topmanagement wirkt in diesem Prozess nicht als die allein treibende und entscheidende Kraft, sondern wird zu einem **Katalysator der Ideen** und **Gestalter des Kontexts**, innerhalb dessen die jeweiligen Initiativen entstehen, zusammentreffen und offiziell verabschiedet werden. Im Einzelnen kümmert es sich um Aufgaben wie den Aufbau von Glaubwürdigkeit, das Gewinnen von Unterstützung oder den Ausgleich zwischen den verschiedenen Koalitionen des Unternehmens. Auch die Planungsabteilung verändert ihr traditionelles Verhalten. Sie gibt nicht mehr die Strategien vor, sondern stellt den Subsystemen die erforderlichen Methoden bereit, unterstützt den Formierungsprozess und dokumentiert und überwacht die letztendlich autorisierten Strategien.

Aus diesen Überlegungen wird deutlich, dass sich Quinn um einen Ansatz bemüht, der die Balance zwischen strategischen Initiativen des Topmanagements einerseits und emergent entstehenden Impulsen andererseits finden will. Beides erachtet er als wichtig, beides zusammen führt in seinen Augen zu logisch begründeten, inkrementellen Veränderungen der bestehenden Strategie. Sein Ansatz erkennt zwar die Unvollkommenheit interventionistischer Steuerungseingriffe von oben an, versucht jedoch die Gestaltungsmöglichkeiten des Topmanagements dadurch zu »retten«, dass er ihm die Rolle des Kontextgestalters und des Verhandlers, der zwischen widerstrebenden Interessen vermittelt, zuweist. Einerseits berücksichtigt er emergente Entwicklungen, andererseits will er auch diese – zumindest indirekt – beeinflussen und verlegt sich dabei auf die Gestaltung des Kontexts.

Balance zwischen beabsichtigten und emergenten Strategien

(6) Strategiebildung als erklärungsbedürftiges Phänomen

Wurde bislang stillschweigend davon ausgegangen, dass es so etwas wie die Strategie(n) eines Unternehmens auch tatsächlich gibt, so soll diese Annahme nun hinterfragt werden. Ab wann kann man überhaupt von der Strategie des Unternehmens sprechen? Genügt es, wenn der oberste Manager seine Entscheidungen bekannt gibt, wenn einzelne strategische Initiativen auftreten, wenn sie operativ wirksam werden oder sind auch Situationen denkbar, in denen es keine Strategien gibt?

Können in einem Unternehmen keine Strategien angetroffen werden, so bieten sich für das Phänomen der **Abwesenheit von Strategien** drei Interpretationsmöglichkeiten an. Erstens kann man das Management für diesen Zustand verantwortlich machen und es ihm als Unterlassung »ankreiden«. Die Abwesenheit wird dann zu einem negativen Konzept. Zweitens kann es sich um eine Übergangsphase handeln, während der Strategien erst noch im Entstehen sind. Zum Ende dieser Phase haben sich dann explizite Strategien formiert, die handlungsleitend wirken. Drittens kann das Phänomen auch positiv bewertet werden. Nach dieser Lesart ist die Abwesenheit von Strategien ein von der Unternehmensleitung bewusst herbeigeführter Versuch, mehr Flexibilität und Innovation zu schaffen und sich gezielt einer vorschnellen Verengung zu entziehen.

Phänomen der Abwesenheit von Strategien

Kirsch (1997) geht noch einen Schritt weiter. Für ihn ist zunächst die *Existenz von Strategien des Unternehmens ein erklärungsbedürftiges Phänomen*, das nicht ohne Weiteres als gegeben vorausgesetzt werden kann. Was ein Individuum wie eine Führungskraft als Strategie verfolgt, muss nicht mit der Sichtweise und den Handlungen anderer Führungskräfte oder Gruppierungen, geschweige denn mit der Gesamtorganisation übereinstimmen. Er unterscheidet deshalb zwischen Strategien eines Individuums (mit inhaltlichem Bezug auf das Unternehmen) und Strategien des Unternehmens. Um von einer Strategie *des* Unternehmens sprechen zu können, legt er eine hohe »Messlatte« vor: So haben erstens lebensweltliche Handlungsorientierungen vorzuliegen, die den Charakter von Prinzipien haben. Diesen muss zweitens ein politischer Wille zukommen. Drittens haben sie implizit oder explizit Fähigkeiten bzw. die Entwicklung von Fähigkeiten zu be-

Vier Anforderungen an Strategien des Unternehmens

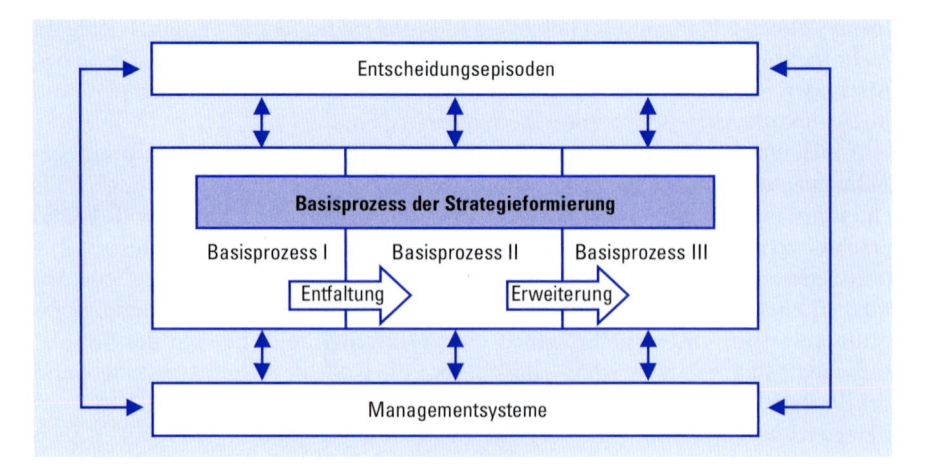

Abb. 2-7: Strategiebildung nach Kirsch (1997)

treffen. Und viertens muss bei den Hauptleistungsträgern bzw. den Mitgliedern der dominierenden Koalition ein gemeinsames Wissen über die ersten drei Punkte bestehen. Erst wenn diese Voraussetzungen gegeben sind, ist es angebracht von der Strategie *des* Unternehmens, verstanden als kollektive Einheit, zu sprechen. Für die Erforschung dieser Vorgänge schlägt Kirsch eine radikale Neuorientierung der Theoriediskussion vor. Ausgangspunkt wird für ihn der in Abbildung 2-7 dargestellte **organisatorische Basisprozess** (»on-going-process«). Dieser ist durch die Vielfalt der Aktivitäten und Interaktionen im laufenden Geschehen in und um das Unternehmen herum gekennzeichnet.

Durch die Entfaltung dieses organisatorischen Basisprozesses kommt es zur Reproduktion lebensweltlicher Regeln, zur Reflexion von Prinzipien und zum Auftauchen von Themen auf der unternehmerischen Agenda. Im Zuge seiner Erweiterung werden die Fähigkeiten des Unternehmens explizit thematisiert. Strategien sind in diesem Kontext ex definitione stets formiert und insofern emergenter Natur. Diese Neuorientierung erachtet Kirsch als notwendig, da ein Verständnis der Strategieformierung genau an den Prozessen ansetzen muss, die traditionellerweise ausgeklammert oder als Störgrößen betrachtet werden, und eben nicht an Entscheidungen oder anderen planungsbezogenen Ereignissen. Erst auf Grundlage einer Untersuchung des organisatorischen Basisprozesses und seiner Veränderungen kann angemessen diskutiert werden, ob in einem konkreten Einzelfall politische Entscheidungsepisoden oder Managementsysteme – wie etwa die strategische Planung – tatsächlich in der Lage sind, diesen auch nachhaltig zu beeinflussen, oder ob sich die Formierung von Strategien ohne deren direkten Beitrag vollzieht.

2.1.2 Denkschulen zur Strategiebildung

Wirft man einen Blick auf die bislang vorgestellten Ansätze, so wird eines deutlich: Es gibt nicht nur eine, sondern verschiedene Möglichkeiten, wie die Strategiebildung konzeptionell beschrieben und erklärt werden kann. Will man diesen Gedanken konsequent fortführen, so lassen sich **10 Denkschulen** unterscheiden, dargestellt in Abbildung 2-8. Die ersten drei sind präskriptiver Natur, d.h., sie

2.1.2 Denkschulen zur Strategiebildung

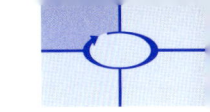

geben normativ vor, wie der Prozess der Strategiebildung ablaufen sollte, während die folgenden sieben Schulen deskriptiver Natur sind, d. h., sie beschreiben und erklären real beobachtete Strategieprozesse.

Während die *Design School* auf dem in Abbildung 2-3 vorgestellten Prozessmodell basiert und die *Planning School* den Prozess weiter ausdifferenziert und formalisiert, umfasst die *Positioning School* die gesamte strategische Inhaltsforschung. Diese untersucht, welche Strategien zu nachhaltigen Wettbewerbsvorteilen gegenüber Konkurrenten und zu vorteilhaften Positionen am Markt führen. Waren noch in der Design und Planning School der inhaltlichen Ausgestaltung von Strategien keine Grenzen gesetzt, so wird jetzt davon ausgegangen – und empirisch belegt –, dass nur einige wenige Strategietypen zu Erfolg führen und diese in Abhängigkeit zur jeweiligen Branchenstruktur stehen. Gleichzeitig werden eine Reihe von Analysetechniken und Konzepten vorgeschlagen, die bei dieser Arbeit hilfreich sein können.

Denkschulen	Formierung von Strategien als ein …
Präskriptive Schulen:	
1. Design	Process of Conception
2. Planning	Formal Process
3. Positioning	Analytical Process
Deskriptive Schulen:	
4. Entrepreneurial	Visionary Process
5. Cognitive	Mental Process
6. Learning	Emergent Process
7. Power	Process of Negotiation
8. Cultural	Collective Process
9. Environmental	Reactive Process
10. Configuration	Process of Transformation

Abb. 2-8: Denkschulen der Strategiebildung (Mintzberg/Ahlstrand/Lampel 1998)

Mit der *Entrepreneurial School* wechselt man zu den deskriptiven Ansätzen. Eine Unternehmerpersönlichkeit treibt dabei eine Vision, die von ihr halb bewusst, halb intuitiv entwickelt wurde, wie »besessen« voran. Sie schaltet sich in das operative Tagesgeschäft ein und kontrolliert direkt, ob man ihrer Vision näher kommt. Dabei ist sie flexibel und passt die Strategie situativ an, was seitens der Organisation keine Schwierigkeiten bereitet, da sie als relativ gut steuerbar erachtet wird.

Die *Cognitive School* sieht Strategiebildung eher als einen mentalen Prozess, bei dem es primär um Fragen der Wahrnehmung und Informationsverarbeitung geht. In die *Learning School,* die sechste Schule, gehören all diejenigen Ansätze, die die Strategieformierung als emergenten Prozess erfassen. Wie der Name schon andeutet, zeichnet sich diese Schule dadurch aus, dass sie die Strategieformierung als einen Lernprozess versteht, in der die Phasen Formulierung und Implementierung nicht länger unterscheidbar sind. Der stattfindende Lernprozess vollzieht sich emergent, beobachtete Verhaltensweisen stimulieren retrospektiv Denkprozesse, Handlungen wird ex post Sinn zugewiesen. Aufgabe des Managements ist es, den kollektiven Lernprozess zu unterstützen und sich darüber klar zu sein, dass hier jeder als Stratege agieren kann.

Die *Political School* greift als siebter Ansatz die Überlegung auf, dass die Formierung von Strategien oft ein Akt der Machtausübung ist. Politische Winkelzüge und direkte und indirekte Beeinflussungsversuche prägen die Bildung von Strategien, sei es innerhalb der Organisation oder zwischen ihr und der Umwelt. Mikropolitisch beobachtet man daher das Wechselspiel von unterschiedlichen Interessen und wechselnden Koalitionen, die sich gegenseitig zu überzeugen versuchen, miteinander verhandeln und bisweilen in einer Konfrontation aufeinander prallen. Makropolitisch analysiert man, wie Organisationen ihre Umwelt zu beeinflussen versuchen, sei es durch taktische Manöver oder mit Hilfe von Kooperationen und Allianzen.

Die *Cultural School* konzentriert sich auf den kollektiven Charakter der Strategieformierung. Sie geht davon aus, dass dieser ein Akt sozialer Interaktion ist, der von den gemeinsam geteilten Glaubens- und Wertvorstellungen der Mitglieder einer Organisation geprägt ist. Neu eintretende Mitarbeiter werden in diesem weitgehend impliziten, nichtsprachlichen Denk- und Verhaltenskodex sozialisiert. Die sich dadurch entfaltende Kultur begünstigt dann diejenigen strategischen Verhaltensweisen, die zu ihr konform sind.

Die *Environmental School* sieht als neunte Schule die Strategieformierung als reaktiven, von der Umwelt getriebenen Prozess. Die Umwelt ist der bestimmende Akteur. Auf ihre Einflusskräfte hat die Organisation adäquat zu antworten, will sie nicht selektioniert werden. Führungsaktivitäten werden zu einer vernachlässigbaren Restgröße, was zählt ist die Anpassung. Da es allen Organisationen so ergeht, scharen sie sich in ökologischen Nischen zusammen. Dort verharren sie, bis sich die Umstände derart dramatisch verschlechtern, dass sie zu Grunde gehen.

Die zehnte und letzte Schule, die *Configurational School*, nimmt eine Sonderposition ein. Sie will eine Möglichkeit zur Integration der vorherigen Schulen bieten und wird somit zu ihrem »Sammelbecken«. Als Konfiguration wird dabei eine spezifische Kombination von Charakteristika einer Organisation bezeichnet, die sich zu einem kohärenten Muster fügen. Dieser organisationale Idealtypus ist meist über einen gewissen Zeitraum hin relativ stabil, passt zum jeweiligen Kontext und bringt Strategien hervor, die sich darauf einstellen. Dann allerdings kommt es zu Perioden starker Veränderung und der Übergang in eine neue Konfiguration findet statt. Ist dieser Quantensprung vollbracht, so kommt es anschließend wieder zu einer Periode der Stabilität. Für die Strategieformierung ergibt sich aus diesem Konfigurationsansatz die Konsequenz, sie je nach Zeit und Kontext entweder als formelle Planung, konzeptionelles Design, kollektive Sozialisation, passive Reaktion etc. zu verstehen. Jede der vorherigen Schulen verkörpert einen spezifischen Konfigurationstyp und kann daher in den übergeordneten Ansatz der zehnten Schule integriert werden.

Kritik

Trotz ihres heuristisch ordnenden Nutzens sind an der Einteilung der 10 Denkschulen mehrere **Kritikpunkte** zu äußern. Erstens ist die Einteilung der Schulen weder konsistent noch ohne Überschneidungen. Die einzelnen Sichtweisen lassen sich oft nicht so eindeutig voneinander trennen, wie dies getan wird. Es stellt sich die Frage, ob hier nicht bisweilen »Äpfel mit Birnen« verglichen werden. Spielen z. B. kognitive oder politische Phänomene nicht auch im Rahmen einer Entrepreneurial School eine Rolle?

Zweitens ist unklar, warum es zu einer Integration der einzelnen Schulen in einen synthetischen Ansatz, wie in der 10. Schule angedacht, überhaupt kommen muss? Ist ein solches Vorhaben notwendig und möglich? Wenn die einzelnen Schulen auf unterschiedlichen Annahmen beruhen, eventuell sogar zueinander »inkommensurabel« sind, dann ist ein eklektizistisch angelegter, integrierender Ansatz, der die spezifischen Kontexte kaum berücksichtigt, nicht akzeptabel. Stattdessen stellt sich die Frage nach einem angemessenen Umgang mit Pluralität und den Konsequenzen, die sich daraus für Theorie und Praxis ergeben.

Drittens wird die äußerst reichhaltige Inhaltsforschung inhaltlich stark verkürzt und in die Positioning School »eingesperrt«. Berücksichtigt man, was auf diesem Feld in den letzten Jahren erforscht wurde und welch vielfältige Phänomene und Erklärungsansätze entstanden sind, so ist die vorgenommene Reduktion vielleicht zu weitgehend. Auch ist die Inhaltsforschung in weiten Teilen nicht präskriptiv ausgerichtet.

Viertens wird der Gegensatz zwischen den präskriptiven und deskriptiven Schulen stark betont und streitlustig einander gegenübergestellt. Dabei werden jedoch zwei wichtige Punkte nicht ausreichend berücksichtigt: Sowohl die Beobachterperspektive als auch die Zielsetzung der beiden Denkrichtungen sind unterschiedlich und können daher nicht ohne Weiteres einander gegenübergestellt werden. Während die präskriptive Sichtweise sich in die Rolle von Führungskräften versetzt und thematisiert, was zu tun ist bzw. getan werden sollte, nimmt die deskriptive Sichtweise die Perspektive eines außenstehenden Beobachters (wie z. B. eines Wissenschaftlers) ein und betrachtet von dort die faktische Formierung von Strategien. Dies kann jedoch weder einander direkt gegenübergestellt werden, noch schließt es sich gegenseitig aus. Ein Manager wird sich im Allgemeinen durchaus bewusst sein, dass – deskriptiv beobachtet – nicht genau das herauskommt, was er anstrebt. Dies wird ihn jedoch nicht davon abhalten, seine Initiativen voranzutreiben und trotzdem nach Interventionsmöglichkeiten zu suchen.

Zusammenfassung

- Strategien können sich auf verschiedene Art und Weise bilden. Dieser Tatsache wird durch eine Reihe von verschiedenen Modellen Rechnung getragen.
- Eines der ersten Modelle, welches von Learned/Christensen/Andrews/Guth (1965) vorgelegt wurde, unterscheidet explizit zwischen zwei Phasen, der Formulierung und der Implementierung.
- Das Modell von Bower (1970) geht von der Bildung von strategischen Initiativen aus, die zuerst definiert werden, dann einen Impetus erhalten und deren Schicksal sich zuletzt im strukturellen Kontext entscheidet.
- Burgelmann (1983) führt die Unterscheidung zwischen induzierten und autonomen Initiativen ein. Letztere entfalten sich im strategischen Kontext bzw. werden dort begrenzt, während Erstere in den strukturellen Kontext eingebettet sind.
- Während Mintzberg/Waters (1985) die Bedeutung von emergenten Strategien betonen, verbindet Quinn (1980) diese in seinem Konzept des logischen Inkrementalismus mit interventionistischen Steuerungseingriffen. Kirsch (1997) geht von einem organisationalen Basisprozess aus, der von strategischen Episoden geprägt wird.
- Insgesamt lassen sich eine Reihe von Denkschulen zur Strategiebildung unterscheiden.

2.2 Dimensionen von Strategieprozessen

Wenden wir uns nun den wichtigsten Dimensionen von Strategieprozessen zu. Wie angedeutet können sich Strategien einer unternehmerischen Einheit in unterschiedlicher Art und Weise bilden. Sei es durch top-down-kommunizierte Vorgabe, mühsame Verhandlungen verschiedener Koalitionen im Unternehmen, kurzfristig angesetzte Workshops aufgrund von Nachfrageeinbrüchen, externen Druck von Anspruchsgruppen etc. All diese Prozesse können stattfinden und die Entwicklung eines Unternehmens signifikant prägen.

Lernziele

- Kennenlernen der wichtigsten fünf Dimensionen von Strategieprozessen
- Verstehen, wie die fünf Dimensionen »Ort«, »Beteiligte«, »Timing«, »Ressourcen« und »Praktiken« wirken und gestaltet werden können
- Aufzeigen der Vor- und Nachteile dieser Dimensionen und ihrer insgesamt zwölf Parameter
- Erfahrungen und wissenschaftliche Erkenntnisse zum Design von Strategieprozessen

Fünf Prozessdimensionen

Was sind nun die wichtigen Dimensionen von Strategieprozessen? In diesem Kapitel stellen wir fünf Dimensionen vor, die Strategieprozesse maßgeblich bestimmen. Diese Dimensionen zu verstehen ist wichtig, um bestehende Strategieprozesse analysieren und gestalten zu können. Nur wer weiß, welche Faktoren auf die Performance von Strategieprozessen einen Einfluss haben, kann versuchen, solche anspruchsvollen Prozesse zu gestalten. Wir präsentieren die Dimensionen innerhalb eines Bezugsrahmens, der – wie in Abbildung 2-9 dargestellt – über zwölf Parameter operationalisiert wird. Jeder Parameter wird in Form eines Kontinuums vorgestellt, an dessen Enden zwei entgegengesetzte Optionen liegen.

- *Ort (Wo?):* Da Strategieprozesse sich im Rahmen einer Organisation entfalten und dort zwangsweise ihren Ursprung haben, geht es zunächst um die Frage, wie der *Kontext* beschaffen ist. Ist er eher rigide und lässt bewusst wenig Raum für Vielfalt, oder ist er eher offen und schafft Raum für Varietät? Dann geht es um die Frage der *Richtung*: Werden Strategieprozesse eher top-down über die

Dimension	#	Parameter		Soll-Profil	
Ort **Wo?**	1	Kontext	rigide		offen
	2	Richtung	top-down		bottom-up
Beteiligte **Wer?**	3	Beteiligungsgrad	eng		breit gestreut
	4	Diversität	gering		hoch
Timing **Wann?**	5	Geschwindigkeit	rasch		langsam
	6	Auslöser	kalenderorientiert		ereignisorientiert
Ressourcen **Womit?**	7	Mitteleinsatz	gering		hoch
	8	Methoden	wenige		viele
Praktiken **Wie?**	9	Arbeitsweise	analytisch		intuitiv
	10	Konsens	niedrig		hoch
	11	Entscheidungsform	patriarchalisch		demokratisch
	12	Transparenz	gering		hoch

Abb. 2-9: Wichtige Dimensionen von Strategieprozessen

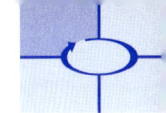

einzelnen Managementebenen hinweg vorangetrieben, kommen sie eher von unten nach oben, oder finden Kombinationen beider Richtungen statt.
- *Beteiligte (Wer?):* Strategieprozesse unterscheiden sich oft hinsichtlich ihres *Beteiligungsgrades*, mit weitreichenden Konsequenzen: Soll nur eine kleine Gruppe an strategischen Diskursen mitwirken oder öffnet man sie einem breiteren Kreis? Des Weiteren spielt die *Diversität* der Beteiligten eine Rolle: Sucht man bewusst nach heterogenen Perspektiven und Fähigkeiten (z. B. Einbezug wichtiger Kunden) oder wird ein relativ einheitliches Profil als notwendig vorausgesetzt, um mitwirken zu können.
- *Timing (Wann?):* Wenn es um Zeitfragen geht, dann ist zum einen die *Geschwindigkeit* von Strategieprozessen von Relevanz: Wie viel Zeit lässt man sich z. B. für die Erarbeitung einer Strategie im Rahmen von Workshops und ihrer Umsetzung in den einzelnen Bereichen? Ebenso ist zu klären, was der *Auslöser* von Strategieprozessen sein kann. Orientiert man sich hier am Kalender oder sind es konkrete Ereignisse, die neue Strategieprozesse auslösen.
- *Ressourcen (Womit?):* Diese Dimension betrifft die Mittel, die für strategische Initiativen erforderlich sind. Wie hoch ist der *Mitteleinsatz* an Zeit, Geld und Aufmerksamkeit der einzelnen Ebenen der Organisation? Und wie viele bzw. welche *Methoden* sollen zum Einsatz kommen? Behilft man sich mit einigen wenigen, bewährten Konzepten oder experimentiert man mit einem breiteren Spektrum?
- *Praktiken (Wie?):* Im Rahmen dieser Dimension sind vor allem vier Punkte zu diskutieren: Erstens ist zu klären, wie die *Arbeitsweise* angelegt werden soll. Will man eher analytisch vorgehen oder lässt man auch intuitive Vorschläge zu? Wie kann man Kreativität fördern und welche Rolle spielt dabei die jeweilige Sprachform? Welches Maß an *Konsens* zwischen den Beteiligten erachtet man als wichtig? Ist es gut, wenn die Beteiligten weitgehend einer Meinung sind, oder ist ein spezifisches Konfliktpotenzial förderlich, ja sogar bewusst zu erzeugen? Welche *Entscheidungsform* soll gewählt werden? Haben bestimmte Beteiligte besondere Entscheidungsvorrechte oder wird partnerschaftlich über sich stellende Fragen entschieden? Zuletzt dann die *Transparenz*: Werden die Ergebnisse des Strategieprozesses vertraulich behandelt oder kommuniziert man sie breit inner- und außerhalb des Unternehmens?

2.2.1 Optionen zum »Ort«

Auch wenn juristisch geregelt ist, wer für die Strategie eines Unternehmens verantwortlich ist, so heißt dies noch lange nicht, dass ihre Inhalte auch von dort kommen (müssen).

(1) Kontext

Strategieprozesse entstehen nicht im luftleeren Raum, sondern werden durch den organisationalen Kontext, in den sie eingebettet sind, beeinflusst. Je nachdem, wie dieser beschaffen ist, unterstützt oder behindert er den jeweiligen Strategieprozess. Ein rigider Kontext liegt vor, wenn nur eine Form zugelassen ist und diesem Prozess zudem enge Regeln gesetzt sind. So kann z. B. eine strikte Budgetie-

Rigider vs. offener Kontext

rung, Investitionsplanung und Ressourcenallokation in einem Unternehmen der einzig relevante Vorgang sein, innerhalb dem sich Strategien und Initiativen niederschlagen (dürfen). Rigide werden dann Vorhaben ausgeblendet oder als inakzeptabel zurückgewiesen, die nicht diesem Weg gefolgt sind. Ein offener Kontext liegt hingegen vor, wenn für die Genese von Strategien eine Vielzahl an Möglichkeiten besteht und diese Möglichkeiten weder explizit noch implizit limitiert sind.

Vorteil eines rigiden Kontextes ist die hohe Kontrollierbarkeit der strategischen Aktivitäten. Auch ist von einer höheren Integration der einzelnen Elemente auszugehen, da das Unternehmen dann über die entsprechenden Koordinationsarenen verfügt. Nachteil ist, dass der Führung jedoch wichtige Energiefelder und Innovationsquellen auf diesem Weg verloren gehen. Zu wenig Offenheit birgt die Gefahr von Betriebsblindheit und Dogmatik in sich. Auch kann man sich dadurch ein illusionistisches Führungsmodell vorgaukeln, wenn die Wirklichkeit längst ein »Schattenmodell« daneben gestellt hat. Natürlich impliziert ein zu offener Kontext auch die Gefahr der Verzettelung und nahezu unkontrollierbaren Fragmentierung von Macht und Ressourceneinsatz. Offenheit darf nicht nur zugelassen werden, sondern man muss auch in der Lage sein, sie zu führen.

Im Prozesskontext kommt die bereits getroffene Unterscheidung in einen strukturellen und einen strategischen Kontext zum Tragen. Der *strukturelle Kontext* steht dabei für die verschiedenen administrativen Mechanismen, durch die das oberste Management die Interessen und das Verhalten der Akteure in einer Organisation zu beeinflussen versucht. Konkret umfasst der strukturelle Kontext die Festlegung von Kriterien zur Selektion wichtiger Projekte, den formellen Planungsprozess, Messsysteme zur unternehmerischen Performance, den Formalisierungsgrad sowie die Besetzungspolitik auf der Ebene des mittleren und unteren Managements. Der *strategische Kontext* bezieht sich auf Möglichkeiten des mittleren Managements mit neuartigen (sogenannten autonomen) Initiativen das Topmanagement zu einer Veränderung der bestehenden Strategie zu bewegen. Der strategische Kontext legt dabei die Rahmenbedingungen für den Verhandlungsprozess zwischen den vom mittleren Management vorgetragenen, abweichenden Initiativen und der vom obersten Management repräsentierten, offiziellen Unternehmensstrategie fest. Vor seinem Hintergrund kommt es zu »mikropolitischen« Überzeugungsversuchen seitens des mittleren Managements, die dem Zweck dienen, die bereits lancierten Initiativen zu rationalisieren und mit der offiziellen Strategie abzustimmen. Oft sind die Folgen, die sich daraus ergeben, für die Entwicklung eines Unternehmens weitaus weitreichender, als man dies auf den ersten Blick vermutet.

Rolle von Managementsystemen

Je größer Unternehmen werden, desto stärker ist in aller Regel der strukturelle Kontext durch umfassende *Managementsysteme* (Planungs- und Kontrollsysteme etc.) geprägt. Dies bringt mehrere Probleme mit sich: Erstens erschwert es die Genese von Initiativen außerhalb dieses Rahmens. Zweitens erhöht es die Kluft zwischen denen, die – meist in Stabsstellen – denken, planen und kontrollieren, und denen, die in der Linien-Organisation für die operative Umsetzung zuständig sind. Drittens erhöht sich die Gefahr, dass die Stabsstellen eine Eigendynamik entwickeln, die nicht dem Nutzen des Ganzen dient. Ein »forderndes«, auf Kontrolle ausgerichtetes Planungs- und Kontrollsystem wird meist seitens der Linien-Organisation als Entmündigungsversuch angesehen, dem man sich nach Möglichkeit zu entziehen versucht.

(2) Richtung

In den meisten unternehmerischen Einheiten lassen sich mehrere, hierarchisch übereinander gestaffelte Managementebenen feststellen. Kommen, wie bei größeren Unternehmen üblich, noch organisatorische Zwischenebenen wie Geschäftseinheiten, Divisionen, Regionen, Konzernzentralen hinzu, sind eine Vielzahl von Richtungsverläufen denkbar, in denen Strategieprozesse stattfinden können. Neben klassischen Top-down- oder Bottom-up-Ansätzen lassen sich eine Reihe von Mischformen unterscheiden. Typisch ist z. B. ein bewusst angelegtes Gegenstromverfahren. Hier werden ausgewählte strategische Themen und Zielgrößen auf Ebene der Unternehmensleitung top-down vorangetrieben, jedoch lässt man dabei – gewissermaßen bottom-up – die Initiative zu den Geschäften auch bei den Geschäften. Oder aber man setzt auf Impulse aus dem mittleren Management, die zuerst mit den operativen Managern besprochen und anschließend »nach oben« verkauft werden. Abbildung 2-10 zeigt einen Überblick über verschiedene Richtungsmuster.

Top-down- vs. Bottom-up-Ansätze

Faktisch lässt sich heutzutage feststellen, dass es zu einer starken Dezentralisierung in der Strategiearbeit bei den meisten mittleren und großen Unternehmen gekommen ist. Dadurch, dass sich diese über verschiedene Ebenen hinweg in kleinere Einheiten aufgeteilt haben, um mit der Komplexität der Geschäfte umgehen zu können, wurde im Weiteren auch die Verantwortung für Strategien, Prozesse und deren Ergebnisse in die Subeinheiten verlagert. Folglich trifft man Strategen z. B. in Ländergesellschaften, Divisionen, Shared Service Centern oder im Corporate Center an.[2]

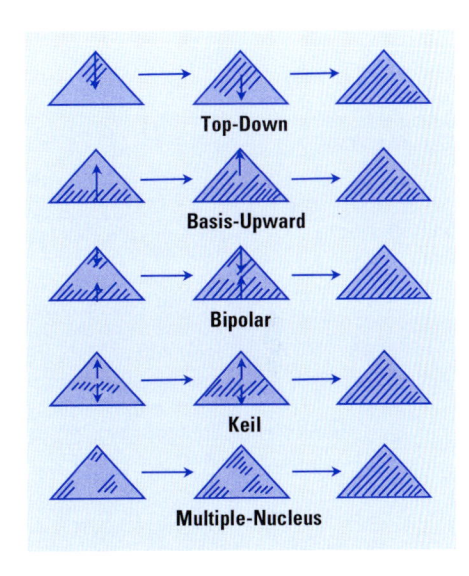

Mehr denn je erfordert dies in einem ersten Schritt eine Festlegung der relevanten Einheit, über deren Strategieprozess(e) man dann diskutiert. In einem zweiten Schritt geht es um die Interaktionen zwischen dieser Einheit und den verschiedenen Ebenen. Dabei lassen sich wiederum unterschiedliche Interaktionsstile erkennen, wie sie z. B. in Abbildung 2-11 kurz beschrieben werden.

Abb. 2-10: Modelle der Einflussrichtung nach Glas/ de la Houssaye (1975)

2.2.2 Optionen zu den Beteiligten (Wer?)

Wer ist in Strategieprozessen involviert bzw. wirkt hier mit? Gerade bei Strategie-Workshops hat man es in der Regel mit Kleingruppen zu tun, die sich mehrere Male treffen, um strategische Vorhaben auszuarbeiten. Die Zusammensetzung solcher Gruppen geschieht i. Allg. in bestehenden Unternehmen nicht primär unter dem Gesichtspunkt, möglichst bahnbrechende Strategien zu generieren, sondern richtet sich meist nach Kriterien wie rechtliche Zuständigkeit, hierarchische Zugehörigkeit, Erfahrung im angestammten Gebiet (Markt-, Produkt-, Kunden- und Geschäftskenntnisse), Abdeckung der relevanten Bereiche und mikropolitischer Einbindung. Ein häufig gewählter Ansatz besteht z. B. darin, dass Strategieentwicklung durch die Geschäftsleitung vorgenommen wird, manchmal noch ergänzt durch Mitglieder aus dem Verwaltungsrat und der strategischen Stabsab-

Abb. 2-11: Interaktionsverhalten zwischen Konzernzentrale und Geschäftseinheiten (in Anlehnung an Goold/Campbell/Alexander 1994)

Drei Interaktionsstile

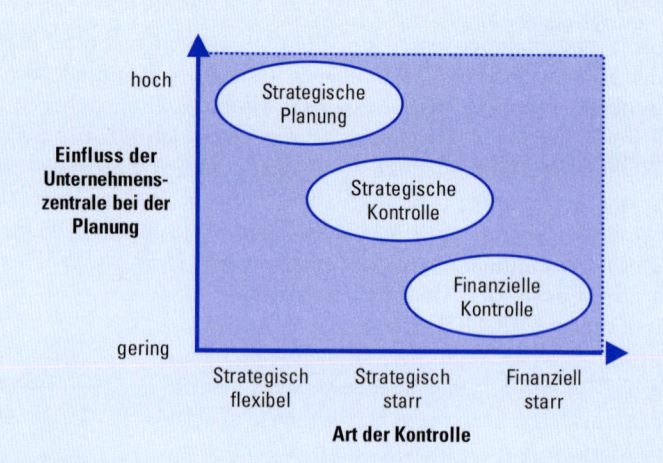

Strategische Planung:

Die Zentrale wirkt an der Entwicklung der Strategischen Programme mit und beeinflusst diese auch. Extensive Planungsprozesse werden installiert. Strategisches Denken wird bewusst gefördert. Die Zentrale fördert Initiativen zur Bildung von Portfolios ausgewählter Kerngeschäftsfelder.
Der Kontrollprozess hat weniger Gewicht. Man hat flexiblere Leistungsziele, die vor dem Hintergrund des langfristigen, strategischen Fortschritts beurteilt werden.

Strategische Kontrolle:

Die Unternehmensführung ist mit der Planung der Geschäftsfelder betraut, belässt aber soviel Initiative wie möglich vor Ort. Die Zentrale konzentriert sich mehr auf die Einrichtung leistungsfordernder Planungsprozesse und auf die Prüfung und kritische Hinterfragung der Vorschläge aus den Geschäftsfeldern als auf die Befürwortung bestimmter Alternativen. Die erreichten Ergebnisse unterliegen einer strengen Kontrolle durch die Zentrale vor dem Hintergrund finanzwirtschaftlicher und strategischer Ziele.

Finanzielle Kontrolle:

Begrenzte Rolle der Zentrale bei der Strategieentwicklung. Die Verantwortung liegt beim Mangement der Geschäftsbereiche. Die Zentrale prüft lediglich die Budgets und Vorschläge für Investitionen und sorgt für die Bildung eines Zielrahmens und dessen Einhaltung. Die Ziele sind meist kurzfristiger und finanzwirtschaftlicher Natur.

teilung. Eine andere Überlegung kann darin bestehen, insbesondere auch die Personen zu involvieren, die die strategischen Initiativen realisieren müssen. Weiter ist auch zu fragen, ob alle relevanten Expertisen vertreten sind. Durch die Ausrichtung an einer wertorientierten Unternehmensführung wurde z. B. mehr Finanz-Know-how in den Strategieteams erforderlich. Wer hingegen möglichst innovative Strategien will, muss in den Teams dann auch unkonventionelle Perspektiven einbinden.

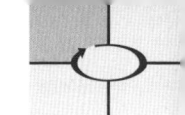

2.2.2 Optionen zu den Beteiligten (Wer?)

Exkurs: Strategen in der Organisation
Wirft man die Frage nach den Beteiligten auf, dann ist es auch naheliegend, zu fragen, von wem in einer Organisation die Strategien kommen. Meist wird dabei auf das Topmanagement verwiesen. Doch dies ist viel zu pauschal. Natürlich liegt dort die finale Verantwortung, doch es gibt in heutigen Organisationen noch viel mehr Strategen, die an den Strategieprozessen beteiligt sind: Mitarbeiter in zentralen Strategieabteilungen, externe Strategieberater, Mitglieder des mittleren Managements etc.

Dem *CEO*, der an der Spitze der Geschäftsleitung steht, wird oft die Rolle des »Chefstrategen« zugedacht. Er soll mit seinem *Topmanagementteam* die strategische Ausrichtung des Unternehmens festlegen und für deren Umsetzung Sorge tragen. Doch i. Allg. tragen die meisten Mitglieder auch operative Verantwortung für Divisionen oder Länder, wo sie auch ihr Hauptinteresse sehen. Auch befinden sie sich oft in einer gewissen Abhängigkeit zum CEO, da er erheblichen Einfluss auf die Zusammensetzung des Vorstands ausübt, so dass das Team nicht oft die strategischen Überlegungen des CEO wirklich herausfordert – außer wenn es dabei um den eigenen Zuständigkeitsbereich geht.

Die Rolle eines Sparringspartners für den CEO könnte einem Aufsichtsrat zukommen. Doch je nach nationaler Corporate Governance-Gesetzgebung ist hier die Verantwortung für die Strategiearbeit unterschiedlich definiert. So ist z. B. in der Schweiz der Verwaltungsrat zumindest formell für die Festlegung der strategischen Ausrichtung zuständig, während der deutsche Aufsichtsrat dies de jure nicht ist. Das muss aber de facto einen Aufsichtsrat nicht davon abhalten, wesentliche Strategiefragen mit seinem Vorstand zu besprechen.

Unterstützt wird ein CEO – zumindest in größeren Unternehmen – durch eine *Zentralabteilung Strategie*, die oft durch einen *Chief Strategy Officer (CSO)* geleitet wird. Eine 2015 durchgeführte Umfrage[3] unter 109 europäischen Unternehmen ergab, dass in 72 % der Fälle der CSO auch direkt an den CEO berichtete. In 19 % der Fälle ist er sogar Mitglied des Executive Board. Je nach Unternehmensgröße variiert die Anzahl der Strategen, die in diesen Abteilungen arbeiten. Im Durchschnitt sind es 1,7 auf 1.000 Mitarbeiter. In Großunternehmen wie Daimler, Deutsche Bank oder ThyssenKrupp trifft man jedoch teilweise weit über 100 Fulltime-Strategen an, die aber auf die ganze Organisation verteilt sind, also z. B. in den Divisionen und Ländergesellschaften oder auch in Fachabteilungen wie Mergers & Acquisitions, strategische Allianzen oder Inhouse Consulting.

Die bedeutendsten Aktivitätsfelder der zentralen Strategieabteilung sind entsprechend der Studie – in absteigender Reihenfolge – (1) strategische Planung, (2) strategische Initiativen/Programme, (3) Sounding Board zu CEO/Geschäftsleitung, (4) Wettbewerbsanalysen, (5) M & A, (6) neue Geschäftsmodelle, (7) Strategieimplementierung, (8) Synergienmanagement, (9) Beurteilung der Performance strategischer Projekte sowie (10) Kommunikation mit Stakeholdern.

Eine zunehmende Bedeutung in der Strategiearbeit haben über die letzten Jahre Linienverantwortliche aus *dem mittleren Management* erlangt.[4] Dies hat zum einen damit zu tun, dass Führungsverantwortung vielerorts dezentralisiert wurde. Man verspricht sich daraus aber nicht nur schnellere Entscheidungsprozesse und ein höheres Commitment zur Strategieumsetzung, sondern auch wirkungsvollere Strategien, da das mittlere Management über das erforderliche Detailwissen verfügt.

Letztlich ergänzt sich das Management aber häufig noch durch externe Strategieberater. Sie können in sehr unterschiedlichen Rollen ihr Mandat ausüben: Als Sounding Board, als verlängerte Werkbank, als Moderatoren, als Impulsgeber, als Träger externen Wissens, als Analytiker etc. Die Interaktion mit den Beratern bietet in vielen Unternehmen noch erhebliches Verbesserungspotenzial – beginnend bei der Auswahl, über die Führung bis hin zur Evaluation.

(1) Beteiligungsgrad

Bezogen auf den Beteiligungsgrad (involvement) ist zuerst nochmals daran zu erinnern, dass prinzipiell strategische Initiativen sowohl von einer einzelnen Person (wie z. B. dem obersten Manager), einem kleinen Führungsteam als auch einer Vielzahl von Beteiligten, die aus dem Unternehmen oder seinem Umfeld stammen, lanciert werden können. Vertreter der einzelnen Managementebenen oder eigens eingerichtete Stabsstellen erscheinen auf den ersten Blick zwar dafür prädestiniert, doch jeder Mitarbeiter, der Ideen, Interesse und erforderliche Fähigkeiten mitbringt, kann hier einen Beitrag leisten. Eine – bezogen auf den Beteiligungsgrad – ebenfalls wichtige Frage ist die, ob strategische Initiativen unter Einbezug derer vorangetrieben werden, die sie auch umsetzen sollten, oder stellvertretend für eine Organisation durch deren Leitungsgremien.

Enger vs. breiter Einbezug

Fallbeispiel MICROSOFT
Der Gründer von MICROSOFT, Bill Gates, wurde beispielsweise erst durch hartnäckige E-Mails einiger junger Mitarbeiter auf die Bedeutung des Internets und seine Auswirkungen für MICROSOFT aufmerksam. Anfang der 90er-Jahre war das Topmanagement von MICROSOFT zunächst der Überzeugung, dass wie in den Jahrzehnten zuvor die Entwicklung von umfassenden Softwarelösungen beim Haupttreiber der Computerindustrie bleiben würde. Noch 1995 vertrat Gates die Auffassung: »Das Internet ist doch bloß ein gigantischer Hype.«

So konzentrierten sie alle verfügbaren Ressourcen auf die Entwicklung von Windows 95 als neue Softwarebasis und die Einführung von MSN als eigener geschlossener Netzwerkdienst, vergleichbar damals mit AOL oder COMPUSERVE. Ein weiteres Anliegen war, sich im Antitrust-Verfahren gegen den Vorwurf der unlauteren Ausnutzung ihres Monopols im Betriebssystemmarkt zu verteidigen. Die Entstehung des Internets war Bill Gates und anderen Führungskräften, wie dem damaligen Executive Vice-President und späteren CEO Steve Ballmer, durchaus bekannt. In ihrer Einschätzung war das Internet jedoch von einer untergeordneten Bedeutung für die Computerindustrie und für MICROSOFT. Da es kostenlos war, sahen sie keine Möglichkeiten, damit Geld zu verdienen. In einem späteren Interview gestand Bill Gates seine Fehleinschätzung: »I wouldn't say it was clear that the Internet was going to explode over the next couple of years... If you'd asked me then if most TV ads would have URLs in them, I would have laughed.«

Einige junge Programmierer, wie James Allard oder Ben Slivka, hatten die Entstehung des Internets und die Auswirkungen noch während ihres Studiums erlebt und erahnten, welche Chancen und Bedrohungen es für MICROSOFT darstellte. Sie drangen bei ihren direkten Vorgesetzen darauf, einen Internet-Browser und weitere Tools für das Internet bereits in Windows 95 zu integrieren. Zunächst ohne Erfolg! Ohne die formelle Genehmigung und getarnt als Programmierung interner Tools begonnen sie eigenständig mit Initiativen zur Entwicklung von Programmen, aus denen später der Internet Explorer und MICROSOFTS Internet Information Server werden sollte. Erst als Steven Sinofsky, der damalige technische Assistent von Bill Gates, für eine Recruiting-Veranstaltung nach Cornell, seiner ehemalige Universität, reiste und dort die Bedeutung des Internets und die Auswirkungen für MICROSOFT erkannte, hatte das Thema einen Fürsprecher mit Verbindungen zu den Topentscheidern. So wuchs langsam auch die Erkenntnis bei MICROSOFTS Topmanagement. Als Bill Gates in seinem berühmten »Tidal Wave Memo« an alle Führungskräfte eine vollständige Ausrichtung aller Aktivitäten MICROSOFTS auf das Internet anordnet, bilden die von James Allard, dem späteren Chief Experience Officer und Chief Technology Officer der Entertainment and Devices Division von MICROSOFT, und Ben Slivka gestarteten Initiativen die Basis für die weitere Transformation MICROSOFTS und wurden mit höchster Priorität weiterverfolgt.

2.2.2 Optionen zu den Beteiligten (Wer?)

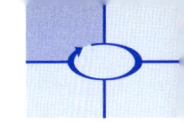

Mehrere Argumente sprechen heutzutage eher für einen größeren Beteiligungsgrad. Gerade stark motivierte Mitarbeiter wollen oft in die Ausgestaltung von Strategien mit einbezogen sein. Hierzu ist auf die Bedeutung des mittleren Managements hinzuweisen, da wichtige strategische Initiativen oft von hier aus angestoßen werden.[5] Diese Managementebene ist näher in die Beziehungen mit den relevanten Anspruchsgruppen involviert, gleichzeitig kennt es aufgrund seiner Schnittstellenfunktion auch die Handlungsweisen und Entscheidungsmöglichkeiten des oberen Managements relativ gut. Ebenso spricht für einen breiteren Beteiligungsgrad die für die operative Wirksamkeit notwendige Akzeptanz durch die Mitarbeiter sowie die Möglichkeit, das dezentral, insbesondere an der »Peripherie« der Organisation vorhandene (Geschäfts-)Wissens zu nutzen. Eine Erweiterung des Beteiligungsgrades kann daher als Chance zur Aktivierung organisatorischer Lernprozesse begriffen werden. Die Beobachtungsoberfläche der Organisation gegenüber dem Umfeld wird mit dem Ziel einer umfassenden Sensibilisierung gegenüber externen Entwicklungen verbreitet.

Bedeutung des mittleren Managements

In der Praxis ist trotz dieser Argumente die Beteiligung an der offiziellen Strategieentwicklung nach wie vor als eher elitär einzustufen. Fragen einer strategischen Unternehmensführung werden zumeist als Chefsache verstanden und sind einem kleinen Zirkel von Managern vorbehalten. Nur langsam ist eine Öffnung des Prozesses zu beobachten, nicht zuletzt aus der Tatsache heraus, dass viele wichtige Informationen, die sich aus dem operativen Geschäft ergeben, nicht an das Topmanagement gelangen. Oder dass dort ein Übermaß an Information zusammenkommt, das nicht mehr umfassend verarbeitet werden kann, was »Entscheidungsstaus« nach sich zieht. Der Abschied von der Vorstellung der Allmacht des Topmanagements geht meist einher mit einem dynamischeren Branchenumfeld, einer Abflachung der Hierarchien und einer Flexibilisierung der Organisation. Ziel ist es, schneller und am richtigen Ort reagieren zu können.

Eine breitflächige Beteiligung hat natürlich auch ihre Nachteile und dies spricht dann für einen engen Beteiligungsgrad. Erstens ist dies der Fall, wenn nur »Alibi-Übungen« angestoßen werden, in denen die Mitarbeiter solange an der Entwicklung neuer Möglichkeiten beteiligt werden, wie die dabei entwickelten Ideen sich mit den Vorstellungen des Managements decken. Frustration und das Gefühl betrogen zu sein sind die Folge, wenn ihre Bemühungen nicht angemessen berücksichtigt werden. Zweitens verlangsamt ein hoher Beteiligungsrad meist die Entscheidungsgeschwindigkeit beträchtlich, da zwischen einer Vielzahl von Beteiligten nicht nur ein gemeinsames Verständnis hergestellt werden muss, sondern sie sich auch einigen müssen, welche Projekte vorangetrieben oder eingestellt werden. Drittens besteht die Gefahr, dass lediglich ein Minimalkonsens gefunden wird und sich die mikropolitischen Aktivitäten dadurch quer durch die Hierarchien hindurch verbreiten. Viertens birgt der Einbezug einer größeren Anzahl von Mitarbeitern auch methodische Probleme in sich. Dies gilt insbesondere dann, wenn Gruppen mit über 50 Personen involviert sind und das gesamte zu transformierende System in strategische Überlegungen einbezogen werden soll. Um hier Abhilfe zu schaffen, wurden spezielle Moderationstechniken entwickelt, die sogenannten *Großgruppenkonzepte*.

Exkurs: Großgruppenkonzepte

Großgruppenkonzepte und -methoden basieren auf der Involvierung einer sehr großen Anzahl von Menschen. Überwiegend geht es um die Entwicklung von innovativen Lösungen für komplexe Problemsituationen, die das gesamte System tangieren. Die Herausforderung für die Gruppenteilnehmer besteht in der Entwicklung und dem »Erarbeiten« der eigenen Zukunft durch das Etablieren eines gemeinsamen Entscheidungsprozesses. Das Besondere dieser Konzepte ist, dass die Unterteilung in Formierung und Umsetzung von Strategien ineinander verfließt, da durch den umfassenden Einbezug der umsetzenden Teilsysteme mit diesen Großanlässen der Wandel bereits beginnen kann. In diesem Zusammenhang erhalten dann auch große, firmeneigene Trainingszentren eine neue Bedeutung, da sie nicht nur Orte der Wissensvermittlung sind, sondern zum Nukleus der Transformationsprozesse des Unternehmens werden können.

Im Rahmen von Großgruppenkonferenzen wird der Versuch unternommen, eine kollektive Plattform aufzubauen, indem Differenzen und unterschiedliche Meinungen durch aktive Einbindung und Partizipation von vielen Menschen bewusst integriert werden. Die Durchführung einer Großgruppenkonferenz soll eine offene Arena schaffen, welche die individuelle Kreativität und das organisationale Energiepotenzial innerhalb der Organisation fördert. Die Anwendung formaler Befehls- und Kontrollstrukturen wird hierbei bewusst auf ein Minimum reduziert bzw. zum Teil vollkommen ausgeklammert. So wird bei der Open-Space-Technologie bewusst auf Zeitpläne bzw. feste Ziel- und Ergebnisvorgaben verzichtet.

Techniken zur Großgruppenintervention sind aus den theoretischen Strömungen der Sozialpsychologie, der Psychoanalyse sowie der auf Organisationen angewandten Systemtheorie heraus entstanden. Die Ursprünge von Großgruppeninterventionen reichen in die 30er- und 40er-Jahre zurück. Seit den späten 80er-Jahren sind zahlreiche zusätzliche Methoden entstanden. Abbildung 2–12 zeigt drei dieser Konzepte, die einen gewissen Verbreitungsgrad gefunden haben, im Vergleich zueinander.

	Futures Search	**Real time Strategie Change**	**Open Space**
Zielsetzung	Entwicklung & Planung einer Zukunftsvision durch die Minimierung von Differenzen und den Aufbau einer gemeinsamen Basis	Entwicklung einer »erwünschten Zukunft/ preferred future« mit einer dazugehörigen, systemweiten Handlungsplanung	Erarbeitung von innovativen, system-relevanten Themen durch eine selbstorganisierende Integration des Gesamtsystems
Teilnehmerkreis/ Systemabgrenzung	40 bis 80+ (Max. 150); Stakeholder Ansatz; Keine Einbindung externer Experten	100 bis 2400; Optimum: 300–900 Einbindung von Top-Management und externen Experten	5 bis X-000; Optimum: < 1000 Stakeholder Ansatz; Einbindung des Top-Managements
Dauer	18 Stunden (3 Tage)	2–3 Tage, Follow-up	1–3 Tage, je nach Fokus
Formalisierungsgrad	Niedrig; Hoher Autonomiegrad	Hoch; Eigenes Logistik- und Planungskomitee	Sehr niedrig; Freie Themenfindung
Begründer	Marvin Weisbord & Sandra Janoff (1995)	Robert Jacobs (1995)	Harrison Owen (1997)

Abb. 2-12:
Großgruppenkonzepte im Vergleich

Zahlreiche Unternehmen experimentieren momentan damit, wie sie strategische Initiativen lancieren, und beschreiben dabei neue Wege. So hatte z. B. SIEMENS das Olympiastadion der Stadt München gemietet und ca. 2.000 Mitarbeiter zu einem Zukunftsworkshop eingeladen. Dabei wurden auf riesigen Tafeln acht Themen vorgeschlagen, die zuvor in internen Befragungen ermittelt wurden. Jeder der beteiligten Mitarbeiter konnte sich ein Thema seiner Wahl aussuchen. Zu jedem Thema fanden anschließend

2.2.2 Optionen zu den Beteiligten (Wer?)

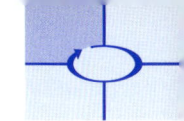

> Workshops statt, in denen einzelne Punkte vertieft und ihre Auswirkungen auf SIEMENS diskutiert wurden. Jede der acht Arbeitsgruppen verabschiedete zum Ende einen Aktionsplan, der von den anwesenden Vorständen kommentiert und anschließend in verbindliche Handlungsanweisungen übersetzt wurde.

> **Ressourcen**
> Informationen zu Großgruppentechnologien findet man auf der Homepage von »all-in-one-spirit«.[6] Die Firma NEXTPRACTICE bietet das Softwaretool »nextmoderator«[7] an, über das es möglich ist, alle Teilnehmer einer Großgruppenveranstaltung über Laptops miteinander zu vernetzen. Dadurch können z.B. auch in dezentraler Form Bewertungen durchgeführt werden, die simultan und in aggregierter Form auf einer Plenumsleinwand dargestellt werden. Oder es werden Ideen für eine Problemlösung dezentral erarbeitet, die simultan allen Teilnehmern transparent gemacht werden. Dadurch entsteht schneller und häufiger Feed-back, was zu einer Dynamisierung der Prozesse führt.

(2) Diversität

Wie unterschiedlich sollen die Beteiligten an einem Strategieprozess sein? Um Diversität zu erfassen, bietet sich eine Reihe von Möglichkeiten an. Sie reichen von klassischen Kriterien wie Geschlecht, Alter, Nationalität bis hin zu fokussierten Merkmalen wie Erfahrungshintergrund, Ausbildung, Risikobereitschaft etc.

Eine eher geringe Diversität der Beteiligten ist oft hilfreich, wenn es um Themen geht, die ein fundiertes Spezialwissen benötigen. In der Abteilung für Unternehmensentwicklung des Chemieunternehmens BASF sind beispielsweise sehr viele Chemiker und Physiker tätig. Die detaillierte Kenntnis chemischer Zusammenhänge wird dort als unabkömmlich erachtet. Ebenso arbeiten Teams mit geringer Diversität rasch und effizient miteinander, da langwierige Abstimmungsprobleme kaum auftreten.

Eine hohe Diversität der Beteiligten reduziert die Gefahr, »schwache Signale« zu übersehen und sich neuen Entwicklungen zu verschließen. Sie öffnet den Blick für Ideen, die außerhalb der kollektiven Norm liegen. Gerade in sich rasch ändernden Branchen können dadurch neue Anregungen aufgenommen und verarbeitet werden. Die typischen Phänomene des Gruppendenkens, wie die Verdrängung und Negierung von als nicht passend eingestuften Beobachtungen, werden reduziert. Wie sich immer wieder zeigt, sind gerade Unternehmen, die in ihrer Branche lange Zeit als führend galten, besonders in Gefahr, Warnsignale und Trends zu übersehen und anschließend in fundamentale Krisen zu geraten.

Geringe vs. hohe Diversität

> **Fallbeispiel: Das Sustainability Advisory Board von NESPRESSO[8]**
> NESPRESSO verkauft hochwertigen Kaffee, der in Aluminiumkapseln portioniert ist. Diese Kapseln können nur in speziellen Kaffee- oder Espressomaschinen zubereitet werden. Zur Hinterfragung und Weiterentwicklung seiner 2020 Nachhaltigkeitsstrategie entlang der gesamten Wertkette vom Farmer bis zur Entsorgung der Kapseln hat NESPRESSO das Sustainability Advisory Board eingerichtet, das sich primär aus Experten im Bereich der Nachhaltigkeit zusammensetzt. Bei seinem jährlichen Treffen im Jahr 2015 hat sich das Board z.B. mit folgenden Themen auseinander gesetzt: Die Ef-

fizienz des bisherigen Systems des Recyclings der Kapseln, Review des Programms zum Einbezug wichtiger Stakeholder (insbesondere Kommunikation mit den Kunden) oder Review des im Jahr 2003 eingegangenen Partnerprogramms mit der NGO Rainforest Alliance.

Der Perspektivenmix kann nicht nur erhöht werden, indem man möglichst heterogene Sichtweisen innerhalb eines Unternehmens in eine Initiative einbindet. Auch durch die bewusste Involvierung wichtiger Anspruchsgruppen wie Kunden, Lieferanten oder Kooperationspartner kann eine Vervielfachung der Sichtweisen erreicht werden.

Fallbeispiele
Es gibt eine Vielzahl von Möglichkeiten, Kunden indirekt oder direkt in die Entwicklung von Produkt- und Marktstrategien einzubeziehen:
- Ein Fahrradunternehmen fertigt z. B. jedes Fahrrad individuell angepasst nach einer genauen »Vermessung« des Kunden. Dadurch erhält es wertvolle Informationen über Bedürfnisse und Trends, was zu einer genaueren Marktsegmentierung führt.
- Ein Softwareunternehmen erhält über seine Hotline jeden Tag Zehntausende von Kundenanfragen. Man kann diese nun als »lästige Beschwerden« von Kunden betrachten, die die Handbücher nicht ordentlich gelesen haben, oder als eine äußerst wertvolle Möglichkeit, das Anwenderverhalten zu erforschen.
- Ein ähnliches Potenzial bietet sich derzeit Versicherungsunternehmen, bei denen der Versicherungsnehmer immer häufiger direkt mit der Versicherung in Kontakt treten möchte, dort aber häufig weder die Personalkapazität noch das Know-how zur statistischen Auswertung solcher Kundenkontakte vorhanden ist.
- Ein Unternehmen der Pharmaindustrie lässt 500 seiner Mitarbeiter in Krankenhäusern als Pfleger arbeiten, um zu sehen, wie dort die Benutzung der eigenen Produkte durch Personal und Patienten erfolgt.
- Ein Unternehmen, das Ausstattungen für Operationssäle produziert, unterhält im Unternehmen einen eigenen Operationssaal mit einem Chirurgen. Unter Anwesenheit von Kunden werden die eigenen Produktentwicklungen besprochen und verfeinert.

Die Erhöhung der Diskussionszeit, die Verlangsamung der Entscheidungsprozesse und ein tendenziell höheres Konfliktpotenzial sind jedoch Folgeerscheinungen, die für eine eher geringe Diversität sprechen. Man reduziert die Zeit, die notwendig ist, um überhaupt die gleiche »Sprache« zu sprechen und kann dadurch rascher an die eigentlichen Sachthemen herangehen.

Konsequenzen kognitiver Diversität

Die Meinungen zu den Konsequenzen von hoher Diversität auf die Unternehmensleistung sind wissenschaftlich untersucht worden. So zeigten sich auch negative Einflüsse kognitiver Diversität hinsichtlich Reichhaltigkeit (comprehensiveness) und Umfang (extensiveness) strategischer Entscheidungsprozesse.[9] Dies geschieht durch die Beeinträchtigung der Kommunikation, des Integrationsgrades sowie des Ansteigens mikropolitischen Verhaltens. Da die negativen Effekte die positiven übersteigen, ist die Schlussfolgerung zu ziehen, entweder auf eine hohe kognitive Diversität in Managementteams zu verzichten oder nach effektiven Wegen zu suchen, wie negative Effekte zu mildern sind.[10]

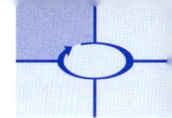

2.2.3 Optionen zum Timing (Wann?)

Mit dem Timing wird die zeitliche Dimension von Strategieprozessen angesprochen. Fragen nach der Geschwindigkeit sowie dem Auslöser von derartigen Prozessen stehen im Vordergrund.

(1) Geschwindigkeit

Führungskräfte in Unternehmen beklagen immer wieder die zu lange Dauer der Strategieentwicklung. Die Frage, die sich jedoch stellt, lautet: Wie lange sollten Strategieprozesse dauern, damit sie effektiv sind? Es ist naheliegend, dass Strategieprozesse, die schnell durchgeführt werden, auch rasche Aktionen und Reaktionen mit sich bringen. Dies ist z.B. notwendig, wenn es zu einem scharfen, unerwarteten Absatzeinbruch kommt oder wichtige Wettbewerber fusionieren und dadurch die Industriestruktur verändert wird. Auch wird argumentiert, dass durch eine höhere Geschwindigkeit der Verlust von Momentum im Unternehmen reduziert wird. Die Mitarbeiter fokussieren sich auf die relevanten Themen und zerreden sie nicht, mikropolitische Gegenkoalitionen haben weniger Zeit, sich zu bilden und Vorhaben aufzuhalten. Im Extremfall führen diese Überlegungen zu sogenannten Verfahren einer »*Real-Time-Strategie*«. Darunter versteht man ein- oder zweiwöchentliche Strategiesitzungen, in denen möglichst direkt strategische Probleme erkannt, benannt und gelöst werden sollen.

Schnelle vs. langsame Strategieprozesse

Gefahr ist jedoch bei dieser Beschleunigung, und dies spricht für eine langsamere Vorgehensweise, dass man hierbei oft kaum mehr zu wirklichen Strategiediskussion kommt, da dringende Alltagsprobleme die Sitzung beherrschen, oder dass man durch eine zu häufige Auseinandersetzung mit Strategien auf bestimmte Entwicklungen überreagiert. Gelassenheit zahlt sich manchmal auch im Strategischen aus, wie Firmen erfahren mussten, die viel Geld für neue Trends investierten, die sich dann als wenig nachhaltig erwiesen. Die Frage ist auch, wie die Verbindung zur Budgetierung geschaffen wird, da dieser Ansatz im Prinzip eine kontinuierliche Budgetierung voraussetzt.

> **Fallbeispiel: Beschleunigung der strategischen Planung bei IBM**
> Über viele Jahrzehnte hinweg standen die Reviews der Strategien der strategischen Geschäftseinheiten (SGE) im Frühjahr jedes Jahres im Zentrum der strategischen Planung bei IBM. Der Vorlauf dazu war jeweils sehr arbeitsintensiv und erstreckte sich über mehrere Monate. Ergebnis war ein etwa 25–40-seitiges SGE-Dokument (strategische Ziele, Geschäftsumfeld, finanzielle Kenngrößen, Schlüsselinitiativen), das primär durch die Strategiestäbe erstellt wurde. Aus verschiedenen Gründen war man mit dem Prozess nicht zufrieden: (1) Er war schwerfällig, (2) er förderte das Bereichsdenken in den SGE und vernachlässigte dabei SGE-übergreifende Themen, (3) er produzierte eher Pläne als Strategien, (4) er war schlecht geeignet, um direkt auf aufkommende strategische Probleme zu reagieren. Die meisten strategischen Entscheidungen wurden im Prinzip außerhalb des jährlichen Planungszyklus getroffen. Seine Position vor dem Budgetierungsprozess im Herbst führte dazu, dass eher inkrementell geplant wurde, als dass man sich mit neu aufkommenden strategischen Problemen oder einer grundsätzlichen Hinterfragung oder Neubewertung der eigenen Wettbewerbsposition beschäftigte. Dies führte dazu, dass das Corporate Executive Committee (CEC = CEO plus elf Topmanager) dort strategische 90-Tage-Projekte unterjährig initiierte, wo man »strategic issues« aufkommen sah. Ziel war es, damit tiefere Einsichten in diese Pro-

blemstellungen zu erhalten und darauf aufbauende Aktionen vorzuschlagen. Dies geschah zuerst parallel zum jährlichen Planungszyklus. Doch dann sah man, dass die Qualität der Strategiearbeit in den strategischen Projekten deutlich höher war als die in der jährlichen strategischen Planung. Man sah auch, dass dadurch ein Rahmen für die unterjährig zu treffenden strategischen Entscheidungen entstand. Man beschloss deshalb, den jährlichen Planungszyklus zu Gunsten eines kontinuierlichen Strategieentwicklungsprozesses ganz aufzugeben. Grundlage dafür sind die strategischen Projekte. Inzwischen wird dieses Vorgehen auch auf niedrigeren organisatorischen Aggregationsebenen repliziert.

Damit ergibt sich folgender Aufbau des Prozesses einer ganzjährigen Strategieentwicklung bei IBM: (1) Das CEC tagt etwa 20-mal im Jahr einen halben Tag (*CEC Strategy meetings*). Dabei werden bestimmte Marktentwicklungen diskutiert, strategische Projekte in Auftrag gegeben und laufende Strategieprojekte diskutiert. (2) Über das Jahr verteilt gibt es vier *CEC Strategy Conferences*. Dies sind ganztägige Veranstaltungen mit unterschiedlicher Thematik. Auf der ersten Konferenz im März wird ein durch das Corporate-Strategy-Team erstellter umfassender Bericht als Synthese zu den wichtigsten Marktentwicklungen (*Global Market Trends*) diskutiert. Das Thema der Juni-Sitzung ist offen. Hauptthema der August-Sitzung ist die Allokation strategischer Ressourcen und im Dezember wird ein globaler Technologieausblick gegeben. Der Aufwand der Führungskräfte ist in diesem kontinuierlichen Prozess etwa gleich groß, wie er im jährlichen Planungszyklus war. Nun fällt der Aufwand jedoch etwa gleichverteilt über das Jahr an. Zuvor entstand der Großteil des Aufwandes im Frühjahr.

Entscheidend an dieser Neugestaltung ist auch, dass die einzelnen strategischen Initiativen (in der IBM-Sprache »*deep dive initiatives*«) in ihrer Durchführung standardisiert und professionalisiert wurden. Ziel ist es, in einem vorgegebenen Zeitrahmen (Spannweite: 30–120 Tage, meistens jedoch 90 Tage) und in einer methodisch und prozessual stark durchstrukturierten Art und Weise die strategischen Themen (strategic issues) möglichst schlüssig zu durchleuchten und zu interpretieren. Pro Jahr gibt es etwa sechs bis neun solcher Projekte. Normalerweise gehören zwei Teams zu einer solchen Initiative: Ein Kernteam mit vier bis sechs Mitarbeitern aus dem jeweiligen Themengebiet sowie einem Begleiter aus der Corporate Strategy Group arbeiten etwa zwei bis drei Tage pro Woche an dem Projekt. Zusätzlich gibt es noch ein »Executive Decision Team« bestehend aus zwei bis vier SGE-Managern sowie Führungskräften aus relevanten Funktionsbereichen. Letztere wurden insbesondere deshalb dazu genommen, da sie bei einer eventuellen späteren Implementierung die Ressourcen kontrollieren. Output einer solchen Projektgruppe ist ein wohl begründeter Vorschlag für das weitere Vorgehen. Er geht zur Beschlussfassung in das nächste CEC-Strategy-Meeting. Entscheidungen sind mit einer sofortigen Ressourcenallokation und Verantwortungszuweisung für die Umsetzung verbunden. Jede Issue-orientierte Planung hängt natürlich auch von der Fähigkeit einer Organisation zur Identifikation solcher Themen ab. Deshalb kommt dem jährlich erscheinenden Bericht »*Global Market Trends*« eine wichtige Bedeutung beim Gelingen dieses Ansatzes zu. Das Corporate-Strategy-Team sammelt dazu über das Jahr eine Liste von etwa 20 strategischen Themen, denen sich IBM gegenübersieht. Ziel ist es, in dem Bericht eine Synthese der verfügbaren Marktdaten in der Benennung externer Trends zu finden und diese bezüglich ihrer potenziellen Konsequenzen für IBM zu beurteilen. Zur Beurteilung der Trends werden auch Kunden hinzugezogen.

Vorteile jährlicher Strategieprozesse

Um die Extreme zu vermeiden, findet man in den meisten Unternehmen nach wie vor einen jährlichen Planungsprozess, auch wenn eine ganze Reihe von Unternehmen mit halb- und vierteljährlichen Planungsprozessen experimentiert. Primäre Vorteile einer Verstetigung und Sequenzierung einer Planung sind die Möglichkeit der regelmäßigen Synthese über alle Steuerungseinheiten und Initiativen

2.2.3 Optionen zum Timing (Wann?)

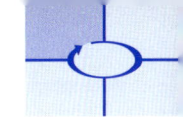

hinweg, die Verknüpfung mit der operativen Planung und Budgetierung sowie die Existenz stabiler Kommunikations- und Abstimmungsarenen.

Die Dauer strategischer Initiativen, die außerhalb der formellen strategischen Planung gestartet wurden, schwankt sehr stark von Vorstoß zu Vorstoß. Einige Initiativen entwickeln sich über mehrere Jahre langsam in einem Unternehmen und ziehen erst dann die allgemeine Aufmerksamkeit auf sich, während sich andere in kürzester Zeit ausbreiten und die organisatorische Agenda dominieren. Langsam vor sich hin dümpelnde Initiativen können in ihrer Entwicklung auch bewusst beschleunigt werden; andere will man vielleicht aus bestimmten Gründen (z.B. Mittelknappheit) verlangsamen. Man muss diese Frage nach dem richtigen Timing aber auch vor dem Hintergrund der Zeit sehen, die es in einem Unternehmen bedarf, um von einer beschlossenen strategischen Neuausrichtung zu den ersten operativen Maßnahmen zu gelangen.

(2) Auslöser

Eine weitere dem Timing zuzuordnende Fragestellung ist die des Auslösers: Handelt es sich um die formelle, durch den Kalender ausgelöste strategische Planung oder um kalenderungebunden ausgelöste Strategieprozesse? Das Managementsystem einer strategischen Planung wird in Zyklen durchgeführt, die regelmäßig durch den Kalender ausgelöst werden, am häufigsten einmal jährlich zu einem festen Datum. Die einzelnen Teilaufgaben der Unternehmensplanung werden dann nach einem gleich bleibenden Modus abgearbeitet.

Kalender vs. Ereignisse als Auslöser

Fallbeispiel: Der Strategieprozess der ALLIANZ
Wie die meisten großen Unternehmen ist die ALLIANZ Versicherung ein diversifiziertes Mehrgeschäftsunternehmen. Unter einer Konzernzentrale agieren mehr als hundert sogenannte OEs (organizational entitites), die teilweise wieder in größeren Subeinheiten zusammengefasst sind. Der in Abbildung 2-13 dargestellte strategische Planungsprozess des Konzerns beginnt im Februar eines jeden Jahres mit einer Top-down-Indikation an die darunter liegenden Einheiten. Diese diskutieren die Leitlinien und treten im Juli in einen strategischen Dialog mit der Unternehmensleitung ein. In dessen Verlauf werden die Ziele der jeweiligen Einheit definiert und beschlossen. Dies dient dann als Input für die anschließende Mittelfristplanung und Budgetierung.

Abb. 2-13: Strategischer Planungsprozess der Allianz Gruppe

Löst man Strategieprozesse ad hoc aus, so kann dies bei einer vorab bestimmten Listung von Ereignissen geschehen. Man greift dann auf vorbereitete Reaktionsroutinen zurück, die automatisch ausgelöst werden, wenn bestimmte antizipierte Ereignisse auftreten (z. B. Überprüfung aller Investitionsanträge bei Konjunktureinbrüchen von mehr als x %). Noch mehr Flexibilität ist allerdings gegeben, wenn einzelne oder mehrere Mitglieder der Führungsgremien eines Unternehmens Strategieprozesse auslösen können, wann immer sie dies als wichtig erachten.

In vielen Unternehmen finden strategische Diskurse in einer organisierten Form statt: Die Teilnehmer werden nach vorab festgelegten Kriterien eingeladen, es wird begründet, warum gerade jetzt ein solcher Strategieworkshop einberufen wird usw. Natürlich erhält damit auch das Ergebnis einer solchen Sitzung konstitutiven Charakter. Vielleicht haben wir es dann sogar mit den »offiziellen Strategien« des Unternehmens zu tun, was aber nicht zu dem Trugschluss verleiten sollte, dass andere Strategieprozesse im Unternehmen damit ein Ende finden. Das »Strategizing« der Beteiligten ist eben oft ein dauerhaftes und omnipräsentes Phänomen in einer Organisation. Seine Ergebnisse konkurrieren oft mit den offiziellen Strategien und können diese in ihrer Umsetzung unterstützen oder behindern. Die realisierte Strategie *des* Unternehmens kann man deshalb auch als die Summe der Spuren begreifen, die die (teilweise konfliktären) strategischen Initiativen, die sich am »Markt der strategischen Initiativen« durchsetzen konnten, im gesamten Verhaltensmuster der Organisation hinterlassen haben. Die offizielle Strategie *für* das Unternehmen ist dabei nur eine der Initiativen an diesem Markt, die aber aufgrund ihrer Ausstattung mit Positionsmacht besondere Voraussetzungen hat, ihren Geltungsanspruch durchzusetzen. In der Praxis haben sich verschiedene Vorgehensweisen eingebürgert, die auch als *Ausbaustufen* zu verstehen sind:

- *Stufe 1: Einmalige Strategieentwicklung.* Die Entwicklung der offiziellen Strategie einer Organisation(seinheit) ist ein einmaliger Schaffensakt und gilt solange, wie die Strategie ihren Zweck erfüllt. Normalerweise erstreckt sich dies über mehrere Jahre.
- *Stufe 2: Regelmäßige Strategie-Überarbeitung.* Die offizielle Strategie wird in einem regelmäßigen Turnus überprüft und überarbeitet bzw. neu geplant. Oft findet man Strategieperioden, die auf drei bis fünf Jahre angesetzt sind.
- *Stufe 3: Regelmäßiges Annahmen-Briefing.* Die offizielle Strategie wird bei ihrer Entwicklung zweigeteilt erfasst: erstens nach den inhaltlichen Aussagen, über die die strategischen Vorhaben beschrieben werden, und zweitens nach den Annahmen, die mit den Inhalten verbunden sind. Im jährlichen strategischen Planungsprozess findet dann nur die Überprüfung der Annahmen statt. Sind diese noch gültig, so besteht kein Anlass zur Überarbeitung der Strategien. Vertieft bearbeitet man dann lediglich die Geschäftseinheiten, die ihre vereinbarten Ziele deutlich verfehlten.
- *Stufe 4: Kalenderunabhängige, themenorientierte Strategieepisoden.* Parallel zur strategischen Planung werden je nach Bedarf Initiativen lanciert, die sich auf ausgewählte, aktuelle Felder richten. Ihre Ergebnisse werden in Bezug zu den Annahmen der momentan verfolgten Strategien gesetzt. Abgestuft nach der jeweiligen Relevanz der »schwachen Signale« werden Reaktionsmaßnahmen erarbeitet (z. B. vertiefende Beobachtung des Markteintritts eines Wettbewerbers bis hin zu Strategiekorrekturen).

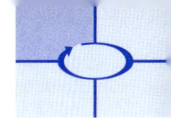

2.2.4 Optionen zu den Ressourcen (Womit?)

Um Strategien zu generieren und wirksam werden zu lassen, sind meist eine Reihe von knappen Ressourcen eines Unternehmens von Bedeutung. Strategieprozesse erfordern einerseits die Investition wertvoller und knapper Ressourcen (wie Zeit, Wissen, Aufmerksamkeit, Methoden, Schulungen etc.), andererseits wird ihre Qualität jedoch oft erheblich von diesen Ressourcen geprägt. Zu klären ist daher, wie viel an Ressourcen man einsetzen sollte bzw. einzusetzen bereit ist. In diesem Zusammenhang stellt sich auch die Frage, ob man die Strategieformierung durch Managementkonzepte unterstützen will.

(1) Mitteleinsatz

Je nachdem, wie groß das Unternehmen ist, welcher Beteiligtenkreis involviert, welche Methoden verwendet oder welche Zeitdauer eingeräumt wird, bemisst sich der Ressourceneinsatz, ob dieser eher gering ausfällt oder ob ein hoher Aufwand für die Strategiearbeit geleistet wird. Der Hauptaufwand besteht dabei in den zeitabhängigen Personal- oder Beraterkosten. Ein mehrtägiger Workshop von Führungskräften summiert sich rasch auf einen sechsstelligen Betrag, wenn man deren Gehalt und Reisekosten berücksichtigt. Häufig wird der Arbeitsaufwand, den die Strategiearbeit verursacht, nicht extra berücksichtigt. Von Führungskräften mit Linienverantwortung wird erwartet, dass sie sich »nach der Arbeit« oder nebenher darum kümmern. Zusätzliche Ressourcen stehen dann nicht zur Verfügung. Die Konsequenz ist oft, dass man sich dann nicht genügend Zeit nimmt, die Arbeit weiterdelegiert oder die Überlegungen und Zahlen des Vorjahres inkrementell angepasst übernimmt. Handelt es sich um eine inoffizielle Initiative, dann verschärft sich diese Problematik. Die Beteiligten sind in diesem Fall gezwungen, mit hoher intrinsischer Motivation die bestehenden Ressourcenlücken auszugleichen.

Geringer vs. hoher Einsatz von Ressourcen

Interessant sind an dieser Stelle empirische Untersuchungen über die tatsächliche Zeitverteilung von Führungskräften. So erwies sich die Annahme, bei Managern handle es sich um reflektive, systematische Planer, als nicht haltbar.[11] Manager verwenden im Schnitt mehr als die Hälfte ihrer Zeit auf Aktivitäten, die weniger als sechs Minuten dauern. Lediglich 10 % ihrer Aktivitäten überschreiten eine volle Stunde. Nur alle zwei Tage arbeiten sie länger als eine halbe Stunde an einer einzigen Aufgabe. Unterstellt man einmal, dass strategische Diskussionen zur Bildung eines gemeinsamen Verständnisses über das eigene Geschäft länger als eine halbe Stunde in Anspruch nehmen, so scheint es tendenziell an dieser Zeit zu fehlen. Das Entwickeln geteilter, mentaler Modelle ist zwar zeitintensiv, wird aber allgemein als sehr leistungsfördernd beurteilt.[12] Jedoch gerade in Zeiten nachhaltiger Veränderungen spricht viel dafür, die Frequenz des Arbeitens, d. h. das »Crafting« strategischer Initiativen, deutlich zu erhöhen.[13]

> **Fallbeispiel: Wertsteigerungsinitiativen bei THYSSEN KRUPP[14]**
> Alle operativen Verbesserungsmaßnahmen (ohne Restrukturierung und Sanierungen) wurden bei THYSSEN KRUPP unter dem Programm »Best« zusammengefasst. Den Kern bilden die in Abbildung 2-14 dargestellten zehn Initiativen, die systematisch an allen Stellhebeln zur Wertsteigerung ansetzen und sich am ROCE (Return on Capital

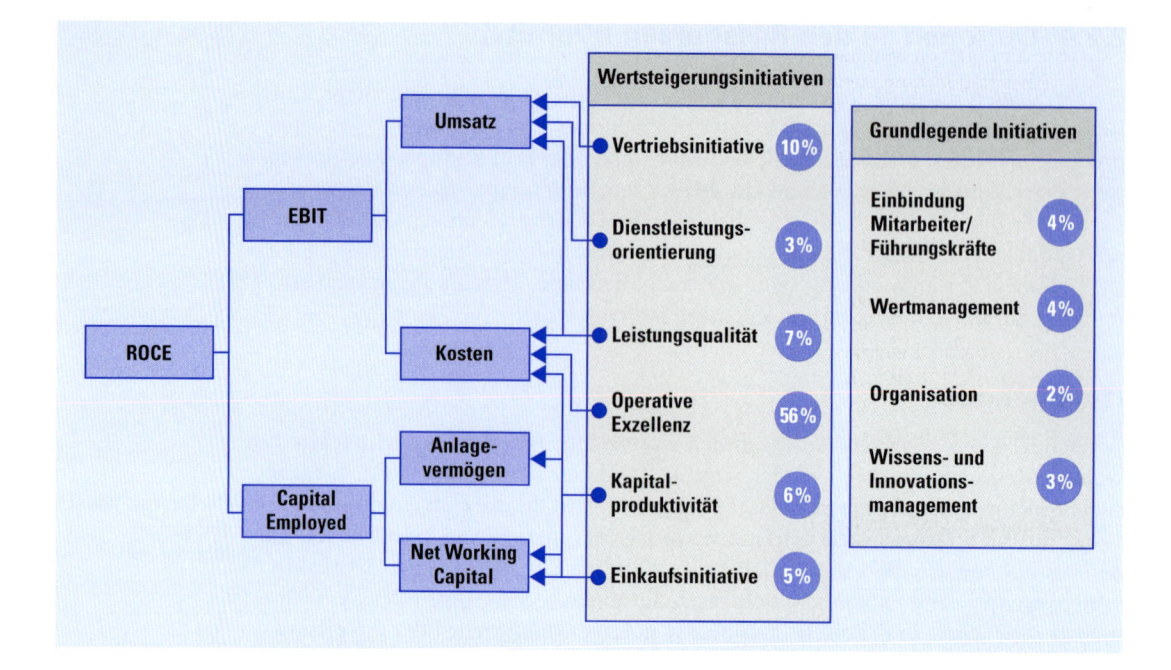

Abb. 2-14: Strategische Initiativen bei THYSSENKRUPP (Berlien/Kirsten/Oelert/Schutt 2006)

Employed) orientieren. Sie bilden Schwerpunktthemen, auf die sich der Konzern und seine Einheiten konzentrieren wollen. Sechs Initiativen beschäftigen sich mit Umsatz, Kosten, Anlagevermögen und Net Working Capital, während vier Initiativen sich auf grundlegende Themen (wie z. B. Einbindung Führungskräfte/Mitarbeiter) richten. Im Rahmen dieser Initiativen wurden mehr als 4.100 Projekte aufgesetzt und mit einer Reihe von Instrumenten bearbeitet. Zum Einsatz kamen Instrumente aus Six-Sigma, Benchmarking, Projektmanagement sowie neu entwickelte Tools zur Kundenanalyse, Pricing, Marktanalyse oder Produktportfolio. Eine eigene Best-Organisation mit Best-Verantwortlichen wurde etabliert, und die besten Projekte wurden mit einem Best-Award ausgezeichnet.

(2) Methoden

Wenn die Strategiearbeit professionalisiert wird, geschieht dies meist unter Verwendung von Managementkonzepten und -methoden. Man trifft damit implizit die Annahme, dass ihr Einsatz aufgrund ihrer wissenschaftlichen Herleitung (wie z. B. die Erfahrungskurve) oder praktischen Erprobung die Arbeitsqualität verbessert und sich positiv auf Umsetzung und Ergebnis auswirkt. Auch wenn diese Annahme nicht empirisch belegt werden kann, so sollte man nicht ihre Wirkung unterschätzen und sie sogleich als Managementmode abtun. Versteht man sie im Sinne von Prozesshilfen, die Fragestellungen strukturieren und Unterstützung bei einer systematischen Bearbeitung von Themenkomplexen bieten, dann könnte auch verständlich werden, warum bestimmte Managementkonzepte in der Praxis mehr als andere benutzt werden. Angesichts der Vielfalt der mittlerweile zur Verfügung stehenden Techniken, Instrumente und Verfahren stellt sich mehr denn je die Frage nach dem geeigneten Methodeneinsatz. Während manche Unternehmen Managementkonzepte eher ablehnen und diese nur spärlich verwenden, findet sich in anderen Unternehmen ein reichhaltiger Einsatz dieser Instrumente.

Wenige vs. viele Methoden im Einsatz

2.2.4 Optionen zu den Ressourcen (Womit?)

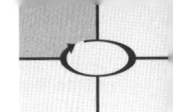

Exkurs: Einsatz von Management-Tools
Seit vielen Jahren untersucht Darrell Rigby von Bain & Company Einsatz, Verwendung und Zufriedenheit von Unternehmen mit Management-Tools. Mit inzwischen über 10.000 Datensätzen analysiert er weltweit jährlich Veränderungen in ihrem Gebrauch. Im Schnitt verwenden Unternehmen zwischen 11 und 15 Instrumente, wobei größere Unternehmen mehr Methoden als kleinere einsetzen. Am meisten werden sie in der Pharma-, Lebensmittel-, und Chemiebranche verwendet, am wenigsten in Energie, Handel und Finanzdienstleistungen. Die Rangliste der am meisten verwendeten Tools hat über die Jahre stark geschwankt und weist regionale Unterschiede auf. Während z. B. am meisten Tools in Nordamerika eingesetzt werden, verwendet man in Europa einzelne (wie z. B. Strategische Allianzen) deutlich intensiver, und während man in wirtschaftlich schwierigen Zeiten z. B. das Outsourcing stark vorantreibt, sind andere Instrumente (wie z. B. Strategische Planung) deutlich weniger zyklusabhängig. Ebenso stellt Rigby fest, dass erfolgreichere Firmen mehr Tools verwenden, wobei die Kausalität der Beziehung nicht gesichert ist (führen mehr Tools zu mehr Erfolg oder können es sich erfolgreichere Firmen leisten, mehre Tools zu verwenden).

Nutzung und Zufriedenheit mit Management Tools		
	Nutzung	**Zufriedenheit**
Benchmarking	76 %*	3,82
Strategische Planung	67 %*	4,01*
Mission and Vision Statements	65 %*	3,91*
Kundenbeziehungsmanagement (CRM)	63 %*	3,83
Outsourcing	63 %*	3,79
Balanced Scorecard	53 %*	3,83
Kundensegmentierung	53 %*	3,95*
Prozessverbesserungen (BPR)	50 %*	3,85
Kernkompetenzen	48 %*	3,82
Fusionen und Übernahmen (M & A)	46 %*	3,83
Strategische Allianzen	44 %	3,82
Logistikmanagement (SCM)	43 %	3,81
Szenario-Planung	42 %	3,83
Wissensmanagement	41 %	3,66**
Shared Service Center	41 %	3,68**
Tools für Wachstumsstrategien	38 %**	3,87
Total Quality Management (TQM)	34 %**	3,8
Downsizing	34 %**	3,59**
Six Sigma-Ansatz	31 %**	3,87
»Voice of the Customer«-Ansatz	27 %**	3,88
Online Communities	26 %**	3,69**

Abb. 2–15: Nutzung und Zufriedenheit mit Management Tools 2013 (Rigby/Bilodeau 2013)

Abb. 2-15: (Forts.)

Nutzung und Zufriedenheit mit Management Tools		
	Nutzung	**Zufriedenheit**
Gemeinsame Innovation mit anderen Unternehmen	24 %**	3,71**
Modelle zur Preisoptimierung	24 %**	3,75
Loyalitätsmanagement	17 %**	3,79
Festlegung von Entscheidungsbefugnissen	10 %**	3,68

*Signifikant über dem Durchschnitt   **Signifikant unter dem Durchschnitt
(Nutzung= 42 %, Zufriedenheit = 3.82)

Im Strategischen Management gibt es eine umfassende Forschung und Diskussion zur Methodennutzung. Oft sieht man, dass die Methoden, die gelehrt werden, nicht genutzt werden oder wenn sie genutzt werden, dass sie anders als gedacht genutzt werden, oder dass aus Sicht der Lehre die falschen Methoden genutzt werden.[15] Deutlich ist dabei geworden, dass Methoden seltener die Antworten auf die gestellten strategischen Fragen liefern, sondern eher als Teil des Prozesses verstanden werden müssen, wo sie bei Entscheidungen unterstützend wirken.

Bei der Verwendung von Konzepten sind insbesondere zwei Punkte zu beachten: Erstens ist der Fundus an Managementkonzepten nicht als »Methodenbatterie« zu sehen, deren Einsatz gut definiert und deren Ergebnisse eindeutig interpretierbar sind. Vor einer »Instrumentenblindheit« ist Abstand zu nehmen, besitzen doch die meisten strategischen Methoden und Konzepte einen stark *heuristischen Charakter* und verfügen hinsichtlich ihrer Anwendungsmöglichkeiten über einen relativ großen Gestaltungsspielraum. Das Wissen über die Grenzen ihrer Anwendungsmöglichkeiten ist daher ebenso wichtig wie das Wissen über ihre Funktions- und Einsatzweise. Erforderlich ist also ein spezifisches Verständnis über den Einsatz und die Grenzen von Methoden, eine Denkhaltung, die das Handeln im Umgang mit dem Instrumentarium leitet.

Erforderlich ist ein Verständnis über den Einsatz und die Grenzen von Methoden

Zweitens ist es hilfreich, sich über das spezifische Leistungsvermögen der eingesetzten Konzepte Klarheit zu verschaffen und insbesondere den Umgang mit ihnen und die sozialen Auswirkungen ihrer Anwendung zu berücksichtigen. Inhaltlich vermögen sie eine sachorientierte Diskussion zu einem bestimmten strategischen Problem anzuschieben und zu strukturieren. Sie fokussieren die Diskussion auf wenige zentrale Fragestellungen, womit sie auch moderativen Charakter haben. Während bei komplexen Problemstellungen die verschiedenen »Weltauffassungen« der Mitglieder einer Entscheidungsarena (Marketing, Recht, Steuern, Technik etc.) oft weit auseinander klaffen, können sie als Prozesshilfen Unterstützung bieten, den Problembereich unter einem spezifischen Blickwinkel zu diskutieren. Sie stoßen damit im besten Fall kollektive Lernprozesse an und erleichtern wichtige Entscheidungen. Im schlechtesten Fall jedoch dienen sie einer Interessensgruppe als Legitimation ihres Machtanspruches oder ein Konzept wird bewusst instrumentalisiert, um Entscheidungen zu rechtfertigen. Zugespitzt formuliert lässt sich sagen, dass es bei der praktischen Anwendung in erster Linie darauf ankommt, wie mit einem Konzept gearbeitet wird

Die Auswirkungen des Einsatzes von Methoden sind zu berücksichtigen

bzw. wie damit in der Organisation umgegangen wird, und erst in zweiter Linie, wie gut die eingesetzte Methode in der Lage ist, mit einem Problem umzugehen.

Mit jedem neuen Konzept entsteht auch die Frage, ob sich ein Anwender darüber Wettbewerbsvorteile zu verschaffen vermag bzw. ob jemand, der dieses Konzept »versäumt«, Nachteile zu erwarten hat. Es ist deshalb wichtig, dass das Entstehen neuer Konzepte und die Evaluierung ihres strategischen Potenzials systematisch durch die Unternehmen betrieben werden.[16]

Die Steuerung des Bestandes der in einem Unternehmen verfügbaren und benutzten Konzepte ist auch Teil eines professionellen Managements, da dadurch die Wirksamkeit der Managementarbeit beeinflussbar ist. Eine Möglichkeit, um den eigenen Umgang mit Konzepten zu diagnostizieren und Verhaltensempfehlungen darauf aufzubauen, bietet folgende *Typologie von Konzeptanwendern:*[17] (1) Die »Leaders« sind ständig auf der Suche nach den »State of the Art«-Konzepten. Sie sind auch intensiv bemüht, sich schnell mit ihnen vertraut zu machen und sie zur Anwendung zu bringen. (2) Die »Faddists« (»Sonderlinge«) greifen zwar auch schnell nach den neuen Konzepten, bringen aber nicht die notwendige Nachhaltigkeit und Geschicklichkeit auf, weshalb diese Konzepte dann häufig auch keine erfolgreiche Anwendung finden. (3) Bei den »Inspectors« dauert es zwar etwas länger, bis sie sich eines neuen Konzeptes annehmen. Oft reagieren sie reaktiv. Doch wenn sie es dann tun, dann implementieren sie das neue Konzept mit Sachverstand, Ausdauer und den notwendigen Ressourcen. (4) »Followers« sind sowohl langsam beim Aufgreifen neuer Konzepte als auch halbherzig in der Umsetzung und Anwendung.

Typologie von Konzeptanwendern

> **Standpunkt**
> Aufgrund der Dezentralisierung der unternehmerischen Verantwortung wird die Anzahl der verschiedenen Formen, wie Strategienentwicklung stattfindet, in den Unternehmen steigen. Jedes Profitcenter, jeder Geschäftsbereich usw. wird seinen eigenen Ansatz entwickeln und bevorzugen. (Dies gilt auch für andere Ansätze wie etwa TQM.) Damit hier nicht jedes Mal das Rad von Neuem erfunden wird, könnte man einen »*Prozess- oder Methodenmakler*« bestimmen, der über die verschiedenen Ansätze informiert ist, um bereichsübergreifende Lernprozesse zu begünstigen. Ziel ist also nicht, dass alle nach dem gleichen Muster arbeiten, sondern dass die abweichenden Prozessvarianten in Kenntnis der existierenden Verfahren gewählt werden und überzeugend eine Verbesserung in Aussicht gestellt wird.
>
> **Was meinen Sie dazu?**
> Würden Sie sich für eine solche Stelle stark machen? Falls nein, warum nicht? Falls ja, was wären die genauen Anforderungen an diese Funktion?

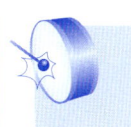

2.2.5 Optionen zu den Praktiken (Wie?)

Die etablierten Praktiken in Strategieprozessen unterscheiden sich meist stark voneinander. Besonders wichtig sind die Parameter Arbeitsweise, Konsens, Entscheidungsform und Transparenz.

(1) Arbeitsweise

Analytische vs. intuitive Arbeitsweise

In Strategieprozessen findet man oft eine Arbeitsweise, die einer von zwei Extrempolen zugeneigt ist: Entweder arbeitet man stark analytisch oder eher intuitiv. Die meisten Manager betrachten eine intuitive Vorgehensweise als Antithese zu einem logisch-rationalen Arbeiten. Man verlässt sich hier – aufbauend auf gewonnenen Erfahrungen – auf die eigene Fähigkeit zur Einschätzung einer Situation. Untersuchungen zeigen, dass die Mehrheit der Führungskräfte sich in ihrer Arbeit sehr ausgeprägt intuitiver Vorgehensweisen bedienen, speziell wenn es um besonders bedeutsame und komplexe Entscheidungen geht.[18] Gleichzeitig ist aber auch erkennbar, dass die Fähigkeit zum Umgang mit Intuition bei Führungskräften sehr unterschiedlich verteilt ist. Auch die Art und Weise, wie und wo Manager ihre Intuition einsetzen (z. B. am Anfang oder am Ende von strategischen Entscheidungsprozessen), variiert sehr stark. Neben der Chance zur Beschleunigung von Strategieprozessen sehen sie im Gebrauch ihrer Intuition auch eine Chance zur inhaltlichen Verbesserung ihrer Entscheidungen. Dabei ist insbesondere auf die Bedeutung der »*kollektiven Intuition*« hinzuweisen, die in der direkten gemeinsamen Auseinandersetzung mit bestehenden Chancen und Risiken (z. B. in regelmäßigen und häufigen Strategierunden) entwickelt wird.[19] Diese kollektive Intuition würde helfen, dass Führungsgremien schneller und präziser das Potenzial neu aufkommender Themen abzuschätzen vermögen.

Kollektive Intuition

Bei der analytischen Vorgehensweise steht zunächst einmal eine intensive Datenanalyse im Vordergrund. Man geht von der Annahme aus, dass ca. 80 % der Zeit für das Suchen und Aufbereiten von Daten zu verwenden ist und sich die anschließende Marschroute daraus gut erkennen bzw. ableiten lässt. Man bedient sich eines sogenannten *hypothesengetriebenen Vorgehens*, bei dem man möglichst rasch Aussagen über Probleme und Zusammenhänge aufstellt und diese dann mit Hilfe von Fakten prüft und auf ihre Richtigkeit testet. Der Erkenntnisfortschritt über eine spezifische Fragestellung soll dadurch rascher vorangetrieben werden. Die relativ lange nichtfokussierte Sammlung von Daten wird als wenig hilfreich erachtet. Problembereiche werden also analytisch zerlegt und systematisch abgearbeitet.

> **Fallstudie: MCKINSEY & COMPANY**
> Die Strategieberatung MCKINSEY & COMPANY ist bekannt für ihre stark analytisch getriebene Arbeitsweise. Ein typischer Fall wird nach dem Schema in Abbildung 2-16 bearbeitet:[20] Zuerst wird das Problem des Klienten möglichst exakt definiert. Im Sinne des hypothesengetriebenen Vorgehens werden dann Ursachen identifiziert und anhand von Daten/Fakten validiert. Erweisen sie sich als falsch, werden die Hypothesen verworfen. Werden sie bestätigt, werden auf dieser Basis Lösungsansätze generiert, die dann selbst wieder analytisch auf ihre Wirksamkeit und Realisierungschancen hin überprüft werden. Die so gewonnene »Lösung« wird dann dem Klienten präsentiert und für eine Implementierung empfohlen.

So hilfreich ein stark analytisch geprägtes Vorgehen in vielen Fällen ist, so wenig sollte dabei übersehen werden, dass gerade bei strategischen Fragestellungen die Unsicherheit über die Zukunft ein grundlegendes, nicht lösbares Phänomen ist und sich zudem viele »Fakten« bei kritischer Betrachtung als relativ weich erweisen. Wenn man diesen Gedanken fortführt, dann spricht viel dafür, Aussagen mit Hilfe von auf Prognosen beruhenden Zahlenwerken weniger absolut zu verwen-

2.2.5 Optionen zu den Praktiken (Wie?)

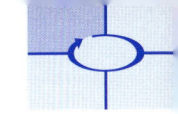

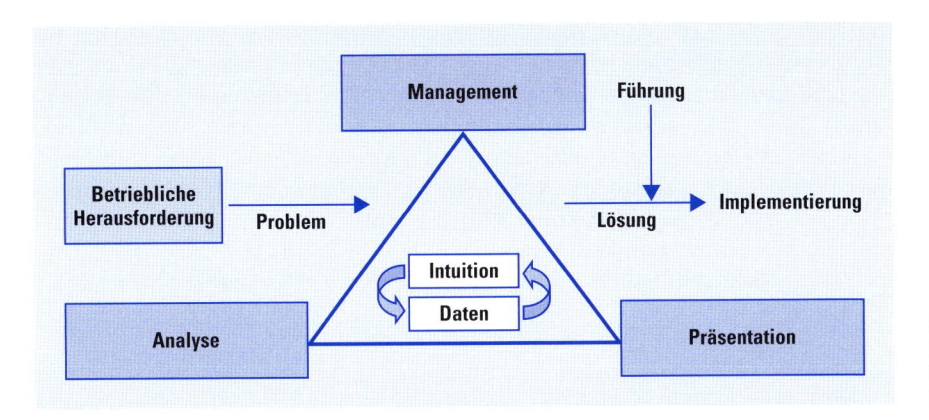

Abb. 2-16: Bearbeitungsschema eines Beratungsfalls

den, sondern verstärkt für Annahmen, Unsicherheiten oder alternative Interpretationen offen zu sein und auch gegensätzliche Positionen zu berücksichtigen. Diese Faktoren sind oft eine wertvolle Quelle für neue Erkenntnisse und entziehen sich meist einem streng analytisch geprägten Vorgehen.

In diesem Zusammenhang ist auf die Imaginationskraft von Unternehmen zu verweisen. Drei Arten können hier unterschieden werden:[21]

Nutzung der Imaginationskraft

- Die »*representational* imagination« ist mit der Funktion eines Spiegels gleichzusetzen: Sie bezieht sich auf die Vorstellungskraft, neue Muster in der Komplexität des Umfeldes erkennen und daraus Schlüsse ziehen zu können. Konsequenz ist ein Nachführen der internen kognitiven Modelle zum Umfeld. Solche Erkenntnissprünge bauen meist auf tiefgründigen Auseinandersetzungen mit dem verfügbaren Datenmaterial auf und münden dann in eine Abstraktion und Übertragung des Bestehenden.
- Die »*creative* imagination« bezieht sich auf das klassische Erfinden von Neuem (wie z.B. in der Produktentwicklung die »Glühlampe«) sowie auf das Neuerfinden des Bestehenden durch geschickte Rekombination. Scheinbar gegebene Logiken gilt es neu zu überdenken. Es geht nicht um kleine Verbesserungen, sondern neue »Totallösungen«. Die »Spielregeln« des Geschäfts sollen neu erfunden werden. Ausgangspunkt dieses Weges ist die Annahme, dass es Unsinn ist, zu glauben, dass irgendetwas immun gegenüber Verbesserung ist und man – schon aus Verzweiflung über die bestehenden Unzulänglichkeiten – niemals ruhen darf, Auswege im Sinne neuer Optionen zu entdecken (ästhetischer Impuls).
- Die »*parodic* imagination« bezieht ihre Energie aus einem zerstörerischen Ansatz: Sie dekonstruiert radikal die Modelle, an denen wir uns mehrheitlich orientieren. Durch das »Lesen zwischen den Zeilen« sollen mittels einer kritischen Betrachtung bislang unterdrückte Aspekte zur Debatte gebracht und Widersprüche aufgedeckt werden. »Anarchistisch« soll man sich radikal vom Bestehenden lösen und die Dinge neu denken. Auch Sarkasmus ist hier einzuordnen, der über die Entmystifizierung geltender Wirklichkeitskonstruktionen »respektlos« das Gegenwärtige diskreditiert und sich darüber lächerlich macht.

Um diese Imaginationskraft zu unterstützen, wird empfohlen, auch methodisch andere Wege zu gehen. So kann man sich des »**Serious Play**«[22] bedienen, was z.B.

»Serious Play«

mit Holz- oder Lego-Bausteinen angegangen werden kann. Voraussetzung ist, dass bei den Spielern ausreichend Wissen zum Gegenstand des Spieles besteht. Wenn Kinder Bausteine zusammensetzen, dann konkretisieren sie ihre Vorstellungen durch eine von ihnen vorgenommene »Konstruktion der Welt«. Analog können sich Führungskräfte in einem Workshop die Aufgabe stellen, mit Holz- oder Lego-Steinen das aus ihrer Sicht beste Geschäftssystem oder Unternehmensportfolio zu bauen und ihr Ergebnis dann »enthusiastisch« gegenüber den anderen anzupreisen. Vorteil eines solchen seriösen Spiels ist der »risikofreie« Umgang mit »Risiken«. Befürchtetes und Erträumtes kann gleichermaßen realisiert werden.

Fallbeispiel: »Serious Play« bei NOVONORDISK
Die dänische, auf Diabetes spezialisierte NOVONORDISK kam zu dem Entschluss, mehr als 200 Mio. USD in den Aufbau eines neuen Werkes in Brasilien zu investieren. Die neue Fabrik würde um den Faktor 2–3 das bisherige Werk übertreffen. Es war allen Beteiligten klar, dass dieses Vorhaben große Herausforderungen mit sich bringen würde. Mit am schwierigsten wurde die Herausforderung für die dänischen Projektleiter gesehen, die mehrere Jahre mit ihren Familien in Brasilien leben würden und den Aufbau der Fabrik überwachen sollten. Diese Manager mussten zudem zu einem Team geformt werden, sowohl auf der professionellen als auch auf der persönlichen Ebene. Um diesen Prozess zu lancieren, verwendete NOVONORDISK den Serious-Play-Ansatz für die Identifikation der wichtigsten Themen und der Generierung von Lösungsansätzen. Da das Verfahren gut funktionierte, wurde es ausgeweitet. Auch brasilianische Manager wurden miteinbezogen. Zudem wurden die Angehörigen der Projektleiter mit Serious-Play-Treffen darin unterstützt, Antworten auf drängende Fragen zu finden.

Ressourcen
Die Firma Lego bietet eigens für die Serious Play-Methodik entwickeltes unterstützendes »Baumaterial« an. Es werden auf der zugehörigen Homepage auch Hinweise zur Anwendung und zu vertiefender Literatur gegeben.[23]

Disziplin und Imagination

Darauf aufbauend können bei der Genese von Strategien zwei Typen unterschieden werden:[24] *Disziplin und Imagination*. Im Falle der Disziplin geht es um ausdifferenzierte Planungsprozeduren, die den Charakter der Administration des Bestehenden haben. Bei der Imagination versucht man außerhalb der Box zu denken. Es werden Kreativität und unternehmerisches Denken betont. Beide Formen der Strategiebildung seien wichtig für Unternehmen. Man sollte sie gleichzeitig verfolgen und vor dem Hintergrund der aktuellen Erfordernisse ausbalancieren. Gefahr des Typs »Disziplin« ist, dass man vor lauter Analyse nicht zu einer Synthese gelangt, dass zu viel Energie in den Auswahlprozess und zu wenig in die Entwicklung gesteckt wird und dass man zu extrapolativ arbeitet. Gefahr der Imagination ist, dass es zu chaotisch wird, man den Bezug zur Realität dabei verliert, die Bedeutung der Vergangenheit nicht ausreichend gewichtet wird und der Prozess zu langsam wird.

Fallstudie: IBM Jams
In Anlehnung an die in der Jazz-Musik improvisierten Jams hat IBM einen Innovationsansatz entwickelt, der die Entdeckung und Realisierung neuer Geschäftsideen be-

2.2.5 Optionen zu den Praktiken (Wie?)

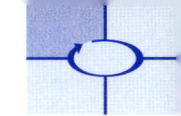

schleunigen soll. So nahmen z. B. an einer Jam Session mehr als 150.000 Teilnehmer aus 104 Ländern teil. In Phase eins wurden den Teilnehmern online diverse Unterlagen und Materialien zu neuen Technologien, Bevölkerungswachstum, Gesundheit, Trends etc. zur Verfügung gestellt, so dass sie sich vorbereiten und einstimmen konnten. In Phase zwei wurden in zwei 72-stündigen Sessions dann ca. 46.000 Ideen generiert bzw. in virtuellen und realen Räumen »gepostet«. Dabei beteiligten sich Menschen aus aller Welt, NGOs, IBM-Mitarbeiter, aber auch diverse Kunden wie Disney, GE und andere. In Phase drei wurden diese Ideen evaluiert, mit Experten besprochen und verdichtet. In einer weiteren Jam Session in Phase vier wurde zuletzt eine Reihe ausgewählter Ideen weiter diskutiert, vertieft und einer Entscheidung zugeführt. Als Ergebnis konnten durch diese Jams zehn konkrete Geschäftsideen gewonnen werden, die dann mit einer Investitionssumme in Höhe von 100 Mio. USD vorangetrieben wurden. Sie umfassten Vorhaben wie elektronische Gesundheitserfassungssysteme, 3D-Internet, Real-time-Übersetzungsdienste, Bankdienstleistungen ohne Filialnetz, intelligente Elektrizitätsnetzwerke etc.

(2) Konsens

Strategischer Konsens wird definiert als ein geteiltes Verständnis strategischer Prioritäten zwischen Managern der obersten, mittleren und unteren Ebene einer Organisation. Zwei Lager gibt es zur Frage, ob Konsens sich positiv oder negativ auf den Unternehmenserfolg auszahle. Die eine Seite argumentiert, dass ein höherer Konsens die Qualität der Entscheidungen verbessere, da so lange miteinander gerungen werden müsse, bis eine Übereinstimmung hergestellt werden könne. Ebenso sei bei einem hohen Konsens die Schnelligkeit der Implementierung höher, da Führungskräfte geschlossen und einheitlich agieren würden. Die andere Seite hingegen argumentiert, dass das Herstellen von Konsens ein zeitintensiver, ressourcenreicher Prozess sei, der sich kaum rentiere. Ganz im Gegenteil würde ein höheres Konfliktpotenzial – und damit weniger Konsens – sich positiv auf die Qualität von Entscheidungen auswirken. So wird sogar vorgeschlagen, bei Strategieprozessen bewusst eine Person mit der Rolle des »Advocatus Diaboli« zu betrauen. Dieser hat dann die Aufgabe konträre Meinungen einzubringen und gegen einen potenziell herrschenden Konsens zu argumentieren.

Niedriger vs. hoher Konsens

Da im Rahmen von Strategieprozessen oft Entscheidungen über knappe Ressourcen getroffen werden, ist es nicht unüblich, dass hier unterschiedliche Meinungen aufeinandertreffen. Prinzipiell sind solche Konflikte ohne Betrachtung des spezifischen Kontextes weder als destruktiv noch als konstruktiv zu bewerten. Sie sind Folge eines Aufeinandertreffens unterschiedlicher konzeptioneller Raster und des »Eigensinns« der Beteiligten. Sie entstehen damit aus Unterschieden zwischen Weltsichten und Interessenlagen. So produktiv ihre Wirkung sein kann, wenn sie der Klärung strittiger Themen und der Generierung von neuem dienen, so verheerend kann ihre Wirkung sein, wenn sie eskalieren und sich von der Sach- auf die Verhaltensebene verlagern.

So zeigte sich beispielsweise in einer Studie über acht Firmen der Chipindustrie, dass zwischen offenem Konflikt einerseits und verdecktem, mikropolitischen Verhalten andererseits unterschieden werden sollte.[25] Letzteres betrifft Handlungen, die hinter den »Kulissen« stattfinden und negative Effekte auf die Leistung von Unternehmen haben. Führungskräfte versuchen hier, durch ihren gezielten

Einsatz wichtige Entscheidungen in ihrem Sinne zu beeinflussen. Besonders ausgeprägt ist dieses Verhalten, wenn die Macht in einem Unternehmen relativ stark zentralisiert ist, während es bei dezentralen Machtstrukturen eher zum Ausbruch offener Konflikte kommt. Doch zahlt sich Konsens insgesamt aus? Eine Studie kam zu dem Schluss, dass eine solche Frage in Abhängigkeit von der jeweiligen Wettbewerbsstrategie eines Unternehmens zu beantworten sei.[26] Während Konsens sich bei einer Differenzierungsstrategie als signifikanter Erfolgsfaktor erweist, kann dies bei einer Strategie der Kostenführerschaft empirisch nicht bestätigt werden. Konsens zahlt sich also nicht in jedem Fall aus. Zudem scheint die Verbindung Konsens-Erfolg umso stärker zu sein, je weniger dynamisch sich die Märkte eines Unternehmens verändern, und dementsprechend umso schwächer, je höher die Turbulenzen in der Branche sind.

Offene Konflikte oft bei dezentralen Machtstrukturen

(3) Entscheidungsform

Ein weiterer wichtiger Punkt, der Strategieprozesse beeinflusst, ist die Entscheidungsform: Wie soll entschieden werden? Wer hat welches Stimmrecht? Ob nach patriarchalischem oder demokratischem Entscheidungsprozedere verfahren wird, hängt von verschiedenen Faktoren ab. Soll ein möglichst breiter Kreis von Beteiligten einbezogen werden, dann wird dieser in mehr oder weniger deutlicher Form auch eine Mitsprache an den Entscheidungen einfordern. Die eingangs erwähnten Großgruppenkonzepte haben Auswirkungen auf das Entscheidungsverhalten in Unternehmen, da sie vor allem zu demokratisch ausgerichteten Formen passen, zu anderen hingegen nicht. Will man eine proaktive Mitwirkung gewährleisten und die organisatorische »Intelligenz« möglichst umfassend nutzen, so wird man kaum umhinkommen, die Beteiligten auf die Entwicklung solcher Initiativen Einfluss nehmen zu lassen. Sind hingegen die zentralen Leitlinien einer Initiative bereits bestimmt und geht es mehr um die Frage nach der Ausgestaltung einzelner Teilgebiete, so kann auch ein durch Hierarchien geprägtes Entscheidungsprozedere seine Wirkung entfalten. Selten verändert sich das Entscheidungsprozedere von Initiative zu Initiative, sondern meist hat sich in Unternehmen über die Zeit ein bestimmtes Muster eingespielt, nach dem relativ konstant verfahren wird.

Fallbeispiel: Teva's hierarchisch geprägter Top-down-Ansatz
Die im Pharmageschäft tätige Teva Gruppe ist zu einem der größten Generikahersteller der Welt aufgestiegen. Von ihrem Hauptquartier in Israel aus operiert die Gruppe in Nordamerika und Europa und erzielte in 2014 einen Umsatz von mehr als 20 Mrd. USD. Shlomo Yanai, der von 2007–2012 CEO war, legte Wert auf eine klare, top-down-geprägte Entscheidungskultur. Was die jeweils höhere Ebene festlegte, hatte die nächste Ebene zu realisieren. In seinen Augen erlaubte dies rasche Entscheidungen, verhinderte die Blockade durch hierarchische Linien und erhöhte die Schlagkraft des Unternehmens. Komplexe Entscheidungsprozesse, die durch zahlreiche Abstimmungen entstehen, sowie unklar geregelte Vorgehensweisen lehnte er weitgehend ab. Diese Einstellung des CEO war aus seiner vorherigen Zeit als Generalmajor der israelischen Armee geprägt, in der er 32 Jahre diente. In seinen Augen könnten Unternehmen in sich rasch verändernden Branchen viel von militärischen Befehlsstrukturen profitieren.

2.2.5 Optionen zu den Praktiken (Wie?)

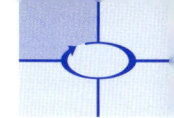

(4) Transparenz

Die Frage nach dem Grad an Transparenz von Strategieprozessen löst immer wieder lebhafte Diskussionen aus. Nach wie vor gilt in vielen Unternehmen der Leitsatz »Wissen ist Macht« und dementsprechend werden Strategien in der Organisation bewusst zurückgehalten und nur wenig kommuniziert. Oder man befürchtet die Preisgabe von wichtigen Informationen an Wettbewerber und will sie folglich durch eine Einschränkung der Transparenz verhindern. Ebenso werden Initiativen, die zu unpopulären Maßnahmen führen (z. B. Personalabbau) so lange als möglich zurückgehalten, um Gegenreaktionen der Betroffenen zu vermeiden. Damit soll einer Verwässerung sachlich als richtig erachteter Entscheidungen des Topmanagements durch bestimmte Interessengruppen entgegengewirkt werden.

Auf der anderen Seite hat ein geringer Transparenzgrad auch seine Nachteile, denn gerade in Branchen und Situationen, wo Geschwindigkeit zählt, sind Unternehmen, die schneller agieren und reagieren können als ihre Wettbewerber, im Vorteil. Dies erfordert ausreichend hohe Transparenz über das, was man vorhat. Die Mitarbeiter müssen dabei nicht nur wichtige Initiativen, sondern auch die ihnen zu Grunde liegenden Annahmen kennen, um sie in ihrer täglichen Arbeit leben und überprüfen zu können. Daher kann ein Ansatz hilfreich sein, der bei der Kommunikation von Strategien versucht, möglichst schnell eine große Masse Beteiligter und Betroffener zu erreichen, um so Energie im Unternehmen freizusetzen. Bis ein Konkurrent eine Information erfasst und daraus die Konsequenzen gezogen hat, ist ein agiles »Opfer« längst schon wieder einen Schritt weiter. Es zeigt sich immer wieder, dass es nicht nur lange dauert bis sich einzelne Initiativen formieren, sondern noch ein wesentlich längerer Zeitraum vergeht, bis sie auch operativ wirksam und gelebt werden. Zudem stehen die offiziellen Strategieformulierungen an der Spitze einer Reihe von Verhaltensmustern, die ein Unternehmen als Ganzes prägen und für Dritte nur schwer imitierbar sind. Man denke nur daran, wie viele Unternehmen den jeweiligen Branchenführer vergeblich zu imitieren versuchten, da sich dieser längst weiterentwickelt hatte. Um die Transparenz zu erhöhen, kann man sich verschiedenster Informationskanäle bedienen: Die schriftliche Kommunikation zwischen den Hierarchieebenen ist ein Vehikel, jedoch gerade in Zeiten rascher und tief greifender Veränderungen nicht sehr effizient. Hilfreicher sind hier neue Technologien, indem man z. B. strategische Überlegungen ins Intranet einstellt, per E-Mail kommuniziert oder neue Medien (z. B. Blogs, Videos) bewusst zur Entwicklung, Verbesserung und Verfeinerung strategischer Initiativen nutzt. Firmenradio und -fernsehen runden in Großunternehmen die Palette der Möglichkeiten ab.

Geringe vs. hohe Transparenz

Neue Technologien unterstützen die Kommunikation von und über Strategien

Zusammenfassung

- Strategieprozesse haben einen signifikanten Einfluss auf Strategieinhalte und damit auch auf die Leistung von Unternehmen.
- Sie lassen sich über eine Reihe von Dimensionen erfassen. Die wichtigsten sind »Ort«, »Beteiligte«, »Timing«, »Ressourcen« und »Praktiken«. Jede dieser Dimensionen kann über mehrere Parameter ausdifferenziert werden.

- Für jede Ausprägung kann man nicht einheitlich einen optimalen Wert festlegen. Dies variiert von Fall zu Fall.
- Wichtig ist jedoch, unter Berücksichtigung aller Dimensionen/Parameter ein konsistentes (d. h. nicht widersprüchliches) Muster zu erhalten. Der vorgestellte Bezugsrahmen kann genutzt werden, die Situation einer unternehmerischen Einheit zu erfassen und nach Bedarf zu verändern.

2.3 Idealtypen von Strategieprozessen

Wenn man die gerade eben genannten Dimensionen und Parameter zusammensetzt, dann lassen sich daraus Idealtypen von Strategieprozessen ableiten. Diese findet man zwar in der Praxis nicht immer in Reinform vor, jedoch ist die Prägnanz eines bestimmten Typs meist ersichtlich. Im Folgenden unterscheiden wir fünf Typen von Strategieprozessen, die sich hinsichtlich ihrer Phasen, der Rollen, die Manager auf verschiedenen Ebenen darin spielen, sowie hinsichtlich ihres Verständnisses der Bildung von Strategien voneinander unterscheiden.

2.3.1 Kommandoansatz

Top-down-vorangetriebener Strategieprozess

Der sogenannte Kommandoansatz baut auf dem Urmodell des klassischen Strategieprozesses auf, wie es bereits in Abbildung 2-3 vorgestellt wurde. *Er kann definiert werden als top-down-vorangetriebener Strategieprozess, in dem die Führungsspitze Ziele und Strategien eines Unternehmens im Alleingang festlegt, und die Implementierung durch Gestaltung von organisationalen Parametern erreichen will.* Konkret gestaltet die oberste Führungsspitze drei Parameter. Erstens passt sie die Struktur der Organisation und die Beziehungen zwischen den einzelnen Abteilungen an. Zweitens wirkt sie auf organisationale Prozesse und das Verhalten der Mitarbeiter ein. Dies geschieht durch Veränderungen in Systemen zur Messung, Motivation und Kontrolle. Ebenso rekrutiert sie geeignete Manager und entwickelt die in der Organisation vorhandenen in die gewünschte Richtung. Drittens geschieht Implementierung durch direkte Führungsaktivitäten seitens der obersten Spitze.

> **Fallbeispiel: Kommandoansatz bei ALPHA**
> Um unsere Ausführungen zu illustrieren, stellen wir uns die Situation eines Unternehmens in der Lebensmittelindustrie vor, welches Suppen, Saucen, Fertiggerichte, Desserts etc. auf Basis der Trockenmischtechnologie produziert. Dieses fiktive Unternehmen »ALPHA« arbeitet profitabel, sieht sich jedoch einer Situation steigender Rohstoffpreise gegenüber, die seine Gewinnmarge schmälert. Im Falle eines Kommandoansatzes würde das oberste Management zu einem ihm genehmen Zeitpunkt die von ihm entwickelte neue Strategie verkünden, die z. B. darin besteht, alternative Kundensegmente (Direktvertrieb) anzugehen, Produkte mit höherer Marge im Flüssigsegment zu forcieren und verstärkt Skaleneffekte beim Einkauf der Rohstoffe zu realisieren. Die Implementierung würde über eine Zentralisierung des Einkaufs, Anreize zur Entwicklung und Produktion solcher Produkte sowie die Ausrichtung des Vertriebs auf das neue Kundensegment erfolgen. Das oberste Management würde diesen Pro-

> zess aktiv lenken und alle Manager und Mitarbeiter in diese Richtung führen. Ihre Aufgabe ist die Umsetzung der neuen Strategie.

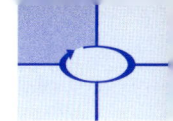

Die Formulierung der Strategie fällt im Kommandoansatz ausschließlich in den Verantwortungsbereich der obersten Führungsebene. Der Einbezug von Mitarbeitern aus tieferen Ebenen ist dabei nicht vorgesehen. Folglich liegt die zentrale Herausforderung für die Führungsspitze darin, die Organisation anschließend so zu motivieren, dass die jeweilige Strategie auch realisiert werden kann. Je besser es gelingt, das Unternehmen nach den Bedürfnissen dieser Strategie »umzubauen«, desto besser sind die Chancen für eine erfolgreiche Implementierung.

Wie allseits bekannt, ist dies jedoch ein schwieriger Prozess. Organisationen sind oft erstaunlich hartnäckig gegenüber einer Veränderung ihres Status quo. Mikrokoalitionen entstehen, Werte und Normen können nicht einfach durch Anordnung verändert werden, relevantes Wissen ist nicht vorhanden und eventuell entsteht eine ungeplante Eigendynamik, die Interventionen enge Grenzen setzt. Zudem rächt sich nun, dass Manager und Mitarbeiter aus tieferen Ebenen bislang nicht in den Prozess einbezogen waren und nun plötzlich mit den Entscheidungen der Führungsspitze konfrontiert werden. Sie könnten die neue Strategie als verfehlt erachten, sie heimlich sabotieren, sich zynisch passiv verhalten oder sich zumindest nicht mit dem notwendigen Elan der neuen Stoßrichtung zuwenden.

Es ist daher wenig überraschend, dass der Kommandoansatz in Unternehmen mit starken Führungspersönlichkeiten an der Spitze zu finden ist. Gerade in vom Gründer geführten Unternehmen bzw. Familienunternehmen ist er keine Seltenheit. Seine Akzeptanz hängt sehr stark an der persönlichen Glaubwürdigkeit dieser Führungskraft. Er setzt voraus, dass die Mitarbeiter die ihnen gesetzten Vorgaben möglichst wenig hinterfragen, aber äußerst effizient und rasch an deren Umsetzung arbeiten. Zur Herausforderung für das Unternehmen wird dieser Ansatz oft dann, wenn die Führung auf die nächste Generation übergeht.

Pro und Contra

2.3.2 Strategische Planung

Als strategische Planung wird ein formalisierter, systematischer Strategieprozess definiert, der sich durch hohe analytische Stringenz auszeichnet. Dieser Ansatz folgt ebenfalls der Zweiteilung in Formulierung und Implementierung, treibt jedoch den Kommandoansatz an zwei entscheidenden Stellen voran. Erstens schreibt das oberste Management nicht mehr einfach eine Strategie nach seinem Gutdünken vor und begründet dies mit Intuition oder Macht. Was zählt, ist die Ratio, d.h. Analysen und Entscheidungen, die mit Fakten und dem Aufzeigen von Kausalketten logisch belegt werden können. Zweitens wird der Prozess in eine Reihe von detaillierten Einzelschritten unterteilt. Die Übersetzung der Strategie in erforderliche Teilstrategien und die Ableitung operativer Maßnahmen kann, im Vergleich zum Kommandoansatz, zu einem größeren organisationalen Bewusstsein der Ziele und Strategien führen. Die analytische Logik hilft, auch komplizierte strategische Aufgaben erfolgreich zu zerlegen und sequenziell abzuarbeiten.

Formalisierter, systematischer Strategieprozess

> **Fallbeispiel: Strategische-Planung-Ansatz bei ALPHA**
> Im Rahmen von ALPHA könnte dieser Prozess wie folgt verlaufen. Ausgangspunkt ist der jährlich stattfindende strategische Planungsprozess. Meist beginnen solche Planungsrunden im Frühjahr, ziehen sich über den Sommer hin und erfahren ihren Abschluss mit der Überführung der Strategieentscheide in die Finanzplanung und Budgetierung im Herbst. Geplant wird über drei bis fünf Jahre, wobei einige Firmen den Endpunkt fix halten, während andere eine jährlich rollierende Planung bevorzugen. Bei ALPHA hat man sich für eine rollierende Planung entschieden. An ihrem Anfang steht eine tiefgreifende Analyse der momentanen Situation des Unternehmens und seiner Einheiten. Strategische Planer, die teils aus Stabsmitarbeitern, Beratern oder den verantwortlichen Managern der einzelnen Einheiten bestehen, analysieren im Detail Entwicklungen der Umwelt und des Unternehmens. Makrotrends, Industriestruktur, Wettbewerber, Kundengruppen und Produkte werden in hoher Detailgenauigkeit geprüft und wichtige Erkenntnisse werden analytisch herausgearbeitet. Darauf aufbauend werden strategische Optionen generiert und evaluiert. Diejenige, die am besten den gewählten Kriterien standhält, wird gewählt und mit einem Implementierungsplan versehen, in dem eine Reihe von Projekten und Maßnahmen sowie Verantwortlichkeiten definiert sind.

Trotz der kaum noch zu überblickenden Varianten gehen die meisten Planungsmodelle nach einer einheitlichen Logik vor: Man setzt sich unternehmerische Ziele, analysiert systematisch die Umwelt und das Unternehmen, generiert Strategiealternativen, evaluiert sie, wählt eine aus, plant mit Hilfe von Maßnahmenplänen, Budgets und Zeitplänen ihre Umsetzung und kontrolliert den Fortschritt und die Ergebnisse. Ob man dabei in 7, 9 oder 11 Schritten vorgeht und ob man die einzelnen Etappen dabei nur leicht oder tief untergliedert, ist letztlich unerheblich, solange sich die einzelnen Ansätze in der gleichen Grundlogik bewegen.

> **Fallbeispiel: Strategische Planung bei CLARIANT**
> Bei CLARIANT wird explizit zwischen einem Strategischen Planungsprozess auf Corporate- und auf Geschäftsfeldebene unterschieden. Während es bei Ersterem um die Festlegung der Unternehmensstrategie, die Zusammensetzung des Portfolios an Geschäften und die Festlegung der Investitionen nach Märkten und Ländern geht, orientieren sich die Geschäftseinheiten an nachfolgendem sechsstufigem Muster: Abgeleitet von der Konzernstrategie beschreibt die jeweilige Einheit die momentane Strategie, analysiert dann ihre externe Umwelt, die eigene Stellung darin, reflektiert alternative strategische Optionen, entscheidet über die weitere Strategie und überlegt, wie diese zu realisieren ist. Zuletzt verpflichtet sich die Einheit auf diese Leistung hin und lässt sich anhand mehrerer Kriterien messen. Man vergleiche dazu Abbildung 2-17.

Pro und Contra

Für eine strategische Planung spricht, dass sie ein Unternehmen dazu zwingt, seine Umwelt umfassend zu analysieren und Optionen systematisch und rational zu evaluieren. Sie ermöglicht ein koordiniertes Handeln in arbeitsteiligen Organisationen, kann die Motivation stärken, da eine gemeinsame Richtung entwickelt wird, sowie die Kommunikation zwischen Menschen und Abteilungen verbessern. Zudem ist sie in vielen Ländern mittlerweile auch juristisch vorgeschrieben. *Kritiker* bemängeln hingegen, dass bereits die Idee einer strategischen Planung mehreren Trugschlüssen unterliegt: Erstens ist die Zukunft prinzipiell nicht prognostizierbar und dieses Problem kann auch dann nicht gelöst werden, wenn man sich noch so intelligenter Prozeduren bedient. Je rascher sich Bran-

2.3.2 Strategische Planung

Prozessübersicht

Konzernstrategie	Umweltanalyse	Evaluierung der strategischen Optionen	Implementierungsplan	Vertrag über Erreichung strategischer Ziele
Ausrichtung Konsistenz Geschäftscharakteristika Planung	Makrotrends Wettbewerberanalyse Interne Analyse Kompetenzanalyse Bedarfsanalyse	Auswahl einer strategischen Option		

Ergebnisse

Geschäftsumfang	Daten	Vorschläge	Plan	Klare Ziele
Beschreibung des Geschäfts und Strategiedefinition	Externes Umfeld und interne Fähigkeiten	Optionen Entscheidungen über besten Weg		Gegenseitige Verpflichtung

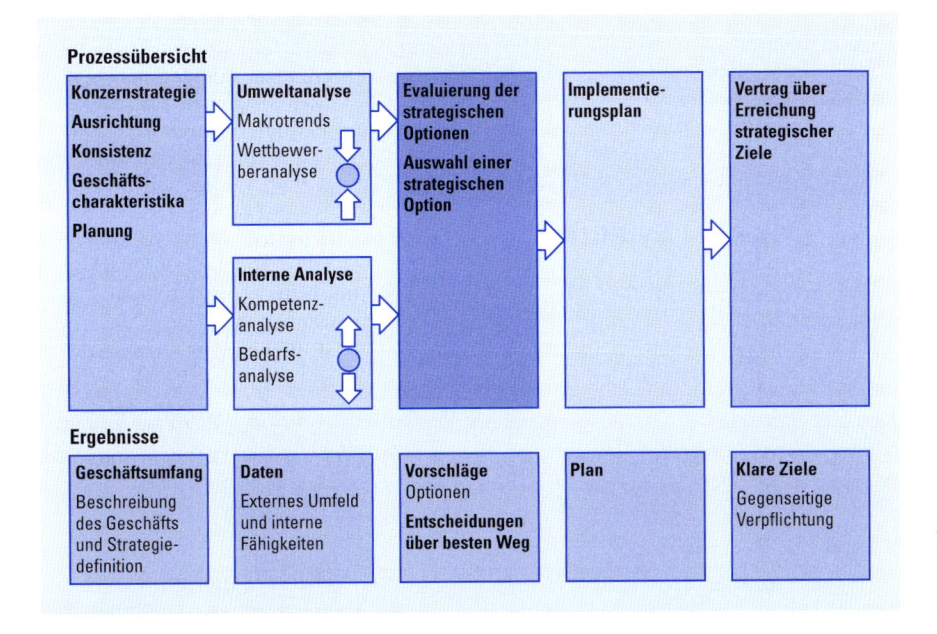

Abb. 2-17: Strategische Planung bei der CLARIANT GRUPPE

chen, Märkte oder Technologien verändern, desto schwieriger wird es zudem, auch nur annähernd richtig zu liegen. Zweitens kommt es durch eine strategische Planung zur Kluft zwischen abstrakten Strategieformulierungen einerseits, die meist durch eine kleine Schar von Topmanagern und Planern erstellt werden, und den vielen kleinen, wichtigen Details andererseits, wie sie nur an der operativen Basis gewonnen werden können. Sogenannte »harte« Daten, die von unten nach oben summiert werden, können diese Kluft nicht verringern. Oft sind sie sogar erstaunlich ungenau und enthalten aufgrund ihrer Aggregation nicht mehr die interessanten Details, auf die es ankommt. Drittens unterliegt die strategische Planung dem Trugschluss, den Strategieprozess formalisieren zu können, denn Intuition und Kreativität sind kaum zu formalisieren. Oft untergräbt ein differenzierter Planungsprozess gerade die Vorteile, die er verspricht, denn er geht von der Analyse und damit der Zerlegung der Strategiebildung aus und erkennt nicht, dass dieser Prozess von der Synthese, d. h. Verbinden und Neukreation, abhängig ist.

Exkurs: Strategischer Planungsprozess und seine Ergebnisauswirkungen
Angesichts dieser gegensätzlichen Positionen sind eine Reihe von empirischen Arbeiten vorgelegt worden, die den Zusammenhang zwischen einer strategischen Planung und ihren Ergebnisauswirkungen in allen Facetten untersuchen. Die Ergebnisse sind allerdings widersprüchlich. Einige Studien sehen positive Konsequenzen, andere nicht, wieder andere kommen zu uneinheitlichen Aussagen. Bei einem Vergleich von 16 Studien fand z. B. Armstrong (1982) 11 Studien mit positiven, 2 mit negativen und 3 mit nichtsignifikanten Zusammenhängen, während Shrader/Taylor/Dalton (1984) bei einer anderen Vergleichsbetrachtung 20 Studien mit positivem, 11 mit nicht signifikantem und keine mit einem signifikant negativen Zusammenhang ermittelten. Wenn sich momentan also etwas gesichert behaupten lässt, dann höchstens dies, dass die Anzahl der Studien, die einen Planungsansatz befürworten, deutlich höher ist als die, die ihn ablehnen. Allerdings ist dies noch kein theoretisch und empirisch haltbares Argument,

> das den Nutzen einer strategischen Planung belegt. Von daher lässt sich der Tenor der Planungsforschung mit den Worten von Pearce/Freeman/Robinson (1987) zusammenfassen: »Empirical support for the normative suggestions that all firms should engage in formal strategic planning has been inconsistent and often contradictory«.

2.3.3 Gelenkte Evolution

In diesem Ansatz wird die bisherige Phaseneinteilung durchbrochen bzw. überwunden. Vereinfacht ausgedrückt setzt das Management hier nicht mehr alles auf eine Karte bzw. einen zentral festgelegten Plan, sondern lenkt in der Rolle eines »Architekten« eine Reihe von strategischen Initiativen über mehrere Phasen. *Konkret kann dieser Strategieprozess als Variation, Selektion und Retention von strategischen Initiativen innerhalb einer unternehmerischen Einheit definiert werden.* Man vergleiche dazu Abbildung 2-18.

Variation, Selektion und Retention

Variation — Generierung str. Initiativen
Selektion — Auswahl str. Initiativen
Retention — Verankerung str. Initiativen
Laufendes Geschäft (Basisprozess)

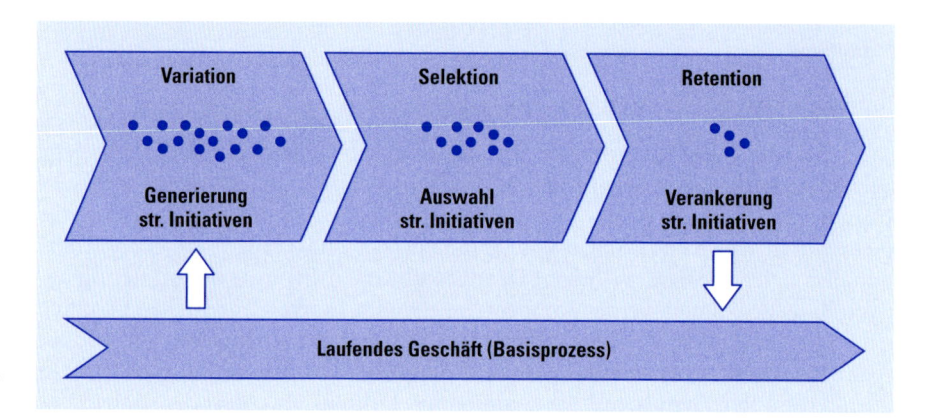

Abb. 2-18: Der Idealtyp der »Gelenkten Evolution«

In der Phase der *Variation* werden strategische Initiativen im Unternehmen generiert. Dies kann auf allen Ebenen erfolgen und in wechselnder Zusammensetzung einzelner Gruppen. Diese Initiativen durchlaufen dann einen Filter, in dem gewissermaßen die »Spreu vom Weizen« getrennt wird. Es kommt also zur *Selektion*, in der das Management die erfolgversprechendsten Initiativen auswählt, sie mit Ressourcen ausstattet und entlang des Zeitstrahls vorantreibt. Verliert es den Glauben an einzelne Initiativen oder erweisen sie sich als wenig erfolgreich, stellt sie diese ein. Die Selektion ist also kein einmaliger Prozess, sondern erstreckt sich über den gesamten Lebenszyklus einer Initiative. In der letzten Phase, der *Retention*, werden die überlebenden Initiativen in der Organisation verankert. Der gesamte Prozess findet also nicht rein evolutionär statt, sondern teilweise gelenkt. An wichtigen Punkten greift das Topmanagement ein, allerdings im Sinne einer Prozess- und weniger im Sinne einer Inhaltssteuerung.

> **Fallbeispiel: Gelenkte Evolution bei ALPHA**
> Übertragen auf unser Beispiel ALPHA würde dieser Strategieprozess wie folgt verlaufen: Manager und Mitarbeitende aus mehreren Unternehmensebenen sowie eventuell sogar Kunden und externe Experten werden zu mehreren Workshops eingeladen. Es geht darum, Ansätze zu finden, wie man die Reduktion der Gewinnmarge rückgängig machen kann, einer zentralen Problemstellung, der sich das Management gegenüber sieht. In einem ersten Schritt generieren die Beteiligten ca. 80 Ideen. Im Anschluss diskutieren sie diese nacheinander und reduzieren sie über mehrere Selektionsrunden auf zwölf. Mit Hilfe eines Business-Plans überprüfen sie die Stichhaltigkeit jeder Idee. Acht Ideen überleben und werden bewilligt. Die Führungsspitze gibt dazu Ressourcen frei und unterstützt die einzelnen Teams in ihrer Arbeit. Im Laufe der nächsten Monate werden drei dieser Initiativen wegen Erfolglosigkeit beendet, während fünf mit mehr oder weniger guten Ergebnissen letztendlich realisiert werden. Eine dieser Initiativen beinhaltet z. B. Produkte auf Basis der Flüssigtechnologie, da diese höhere Margen aufweisen und von den Konsumenten verstärkt nachgefragt werden.

Für die Realisierung von Strategien hat dieser Prozess mehrere Vorteile. Erstens öffnet er das Feld für den breiten Einbezug von Mitarbeitern in allen Phasen. Dies führt zu erhöhter Legitimation und Bindung an neue Initiativen. Zweitens schafft er die Möglichkeit eines transparenten und fairen Selektionsverfahrens, in dem nicht interne Seilschaften, sondern die Erfolge im Markt relevant sind. Drittens stärkt er die Motivation der an den Initiativen beteiligten Personen, indem sie die von ihnen selbst stammenden Vorhaben in die Tat umsetzen können. Seitens der Organisation kann man diesen Aspekt noch verstärken, indem man z. B. die Beförderung von Führungskräften daran bindet, ob sie aktiv von Anfang bis Ende an einer Wachstumsinitiative beteiligt waren. Besonders geeignet erscheint der Ansatz in rasch drehenden Branchen, die durch Situationen hoher Unsicherheit und Komplexität gekennzeichnet sind. Viele Firmen haben mit diesem Ansatz auch Erfolg bei der aktiven Erschließung neuer Geschäftsmöglichkeiten.

Pro und Contra

Problematisch an diesem Ansatz ist die relativ lange Zeitspanne, die benötigt wird, um Ideen zu generieren, sie mit Ressourcen auszustatten und voranzutreiben. Diskussionen und Prozesse der Konsensbildung nehmen hier häufig einiges an Zeit in Anspruch. Ebenso ist darauf zu achten, die an den Initiativen beteiligten Mitarbeiter mit genügend Ressourcen und Zeit auszustatten, um die oft anspruchsvollen Projekte zu bewältigen. Ansonsten entwickeln die Mitarbeiter, die mit ihrem Tagesgeschäft meist mehr als beschäftigt sind, nicht genügend Schubkraft, um die Initiativen signifikant voranzutreiben. Zuletzt ist darauf zu achten, nicht immer wieder zu viele neue Themen auf die Agenda zu setzen, die die alten von dort vertreiben. Hier bedarf es der Disziplin des Führungsteams, an den definierten Prioritäten festzuhalten und sie auch zum Abschluss zu bringen.

2.3.4 Symbolischer Ansatz

Der symbolische Ansatz ist dadurch charakterisiert, dass die Formierung von Strategien durch die inspirierende Artikulierung und Realisierung einer überzeugenden Vision geprägt ist. Diese lässt ganz bewusst Raum für das Ableiten von Zielen und Maßnahmen sowie eine Anpassung an lokale Gegebenheiten. Sie er-

Artikulierung und Realisierung einer überzeugenden Vision

Orientierung durch Sinngebung

möglicht durch ihre Kraft der Sinngebung eine Orientierung für die meisten Mitglieder einer Organisation. Statt klarer Anweisungen und Befehle setzt dieser Strategieprozess auf die intrinsische Motivation der Beschäftigten eines Unternehmens, die durch eine Vision kanalisiert und gefördert wird.

Symbole und Metaphern werden hierzu gezielt eingesetzt, um Verhaltensmuster informell zu lenken und Rahmenbedingungen für erwünschtes Verhalten zu setzen. Die Führungsspitze agiert nun als Coach, Motivations- und Inspirationsquelle für Manager und Mitarbeiter des Unternehmens. Notwendig sind Teamplayer, die sich anstrengen, ihren Teil zur Erreichung der formulierten Vision beizutragen.

> **Fallbeispiel: Symbolischer Ansatz bei ALPHA**
> Im Falle von ALPHA könnte eine solche Vision z. B. in der Formulierung einer Vorstellung als »Bevorzugter Ansprechpartner für Köche« liegen. Da ALPHA seine Produkte primär in der Außer-Haus-Gastronomie vertreibt, wäre es das Ziel, den dort tätigen Köchen unterstützende Angebote zu offerieren. Alle Einheiten des Unternehmens würden nun versuchen, diese Vision zu realisieren. Der Verkauf würde alle Köche intensiv kontaktieren und bewerben, die Produktentwicklung Convenience-Produkte mit hoher Geschmacksnote und guten Preisen entwickeln etc.

Pro und Contra

Auch wenn im symbolischen Ansatz weniger formelle Kontrollmechanismen verwendet werden, kommt es doch auch hier zu einer Koordination der Teile. Strategiekonformes Verhalten wird jedoch nicht befohlen und dann überwacht, sondern ergibt sich aus der intrinsischen Motivation der einzelnen Teile der Organisation, ihren Beitrag zur Realisierung der Vision zu leisten. Es ist offenkundig, dass ein solcher Ansatz ohne eine sinnstiftende, breit geteilte und handlungsleitende Vision nicht realisierbar ist. Eine solche Vision ist aber eher die Ausnahme als die Regel und kann häufig nur mit einer visionären und charismatischen Führungspersönlichkeit ihre Wirkung entfalten.

2.3.5 Selbstorganisation

Die Möglichkeit, Strategien bewusst in einer einheitlichen Form zu schaffen und sie auch erfolgreich zu realisieren, wird in diesem Ansatz stark in Zweifel gezogen. Stattdessen vertraut man auf die Kraft der Selbstorganisation organisationaler Akteure und die Emergenz von Ordnung durch das Zusammenwirken einzelner Teile. Das Topmanagement wird in diesem Prozess zu einem Akteur neben anderen und nimmt im Vergleich zu den anderen Ansätzen die passivste Rolle ein. Seine Aufgabe liegt nun einzig und allein im Herstellen von Rahmenbedingungen, die möglichst optimal die selbstorganisierenden Prozesse in der Organisation unterstützen sollen. *Ein selbstorganisierender Strategieprozess ist dadurch gekennzeichnet, dass sich emergent aus den Interaktionen verschiedener Akteure und Gruppen die Strategien einer unternehmerischen Einheit bilden.* Dies kann durchaus implizieren, dass verschiedene Akteure und Gruppen ihre Initiativen in einer Organisation vorantreiben. Entscheidend ist jedoch das Muster, das sich aus diesen Interaktionen ergibt.

Strategie entsteht aus der Interaktion verschiedener Akteure

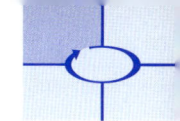

> **Fallbeispiel: Selbstorganisation bei** Alpha
> Auf Alpha übertragen könnte sich hier folgender Prozess ergeben. Hoch intrinsisch motivierte Manager und Mitarbeiter suchen immer wieder nach Ansätzen, die Wettbewerbsfähigkeit des Unternehmens zu verbessern. Sinkt nun die Marge, dann werden sich in Eigenregie Teams und Koalitionen innerhalb des Unternehmens bilden, die nach Lösungswegen suchen. Es ist denkbar, dass eine Gruppe beginnt, die bestehenden Rezepturen zu überarbeiten und Einsparungsmöglichkeiten zu generieren. Eine andere, eventuell überlappende Gruppe treibt eigenverantwortlich eine Initiative voran, um neue Marktsegmente zu erschließen. Eine dritte Gruppe experimentiert mit neuen Vertriebskonzepten, die die Fixkosten reduzieren. Insgesamt gibt es keinen Masterplan, der zeigt, wie man mit der schwierigen Situation umgehen soll. Ein solcher kann sich durch Versuch und Irrtum eventuell entwickeln, wird allerdings nicht aktiv gemanagt. Da der Ressourceneinsatz nicht formell kontrolliert wird, steht jeder in der Verantwortung, mit den vorhandenen Ressourcen sparsam und wirkungsvoll umzugehen. Peer Pressure, die gegenseitige Beobachtung und informelle Feed-backs, die sowohl positiv als auch negativ ausfallen können, prägt das organisationale Arbeiten.

Wer denkt, dass es solche Unternehmen nicht gibt, der möge sich nur einmal partnergeführte Unternehmen wie Beratungen, Wirtschaftsprüfer, Werbeagenturen oder Universitäten und Firmen im Forschungsumfeld näher ansehen. Ein solcher Strategieprozess ist hier oft mehr die Regel als die Ausnahme – auch, da hier institutionell bedingt eine zentrale Hierarchie mit starker Entscheidungsgewalt nur begrenzt vorhanden bzw. wirksam ist. Statt der klassischen Formulierung/Implementierung einer Strategie finden sich iterative Zyklen von Denken und Handeln der organisationalen Akteure, die über relativ hohe Grade an Autonomie verfügen. Dieser Strategieansatz ist besonders geeignet, flexibel und schnell auf Veränderungen in dynamischen und komplexen Umgebungen zu reagieren.

Pro und Contra

Dieser Prozess stellt natürlich hohe Anforderungen an die Mitglieder einer Organisation. Sie dürfen Ressourcen nicht leichtfertig vergeuden, müssen für das Gesamtwohl des Unternehmens sorgen, sich aktiv einbringen und wie in eigener Sache (»*stewardship*«) unternehmerisch arbeiten. Ohne ein hohes Vertrauen in die Mitglieder einer Organisation kann dies nicht gehen. Problematisch kann das Zersplittern der Organisation in Einzelprojekte werden, die schlecht aufeinander abgestimmt sind. Statt Selbstorganisation entsteht dann Chaos. Ebenso kann das zu Grunde liegende Vertrauen missbraucht werden, indem Eigeninteressen einzelner Akteure das Gesamte gefährden.

> **Workshop: Bestimmung des Strategieprozesstyps**
> - Welcher der fünf Idealtypen kommt Ihrer heutigen Situation am nächsten?
> - Welcher Idealtyp sollte zukünftig dominieren?
>   Arbeiten Sie diesen mit Hilfe der 12 Dimensionen aus Abb. 2–9 detailliert aus.
> - Was trennt Ihre Organisation von der Anwendung des zukünftig am besten geeigneten Ansatzes?

2.3.6 Überlegungen zur Anwendung

Interessanterweise zeigen wissenschaftliche Studien, dass keiner der vorgestellten Strategieprozesse den jeweils anderen überlegen ist. Einen besten Strategieprozess, der allen Kontextbedingungen gleichermaßen gerecht wird, scheint es nicht zu geben. Der Kontext, in den eine Organisation eingebettet ist, spielt eine entscheidende Rolle für die Effektivität jedes Strategieprozesses. So ist z.B. in sich rasch verändernden Branchen (wie Software oder Biotechnologie) mit der Rigidität und Langsamkeit von strategischer Planung nur wenig zu gewinnen. Gleichzeitig jedoch können Unternehmen in Branchen mit langen Laufzeiten und hohen Fixkosten (z.B. Energie) mit einem selbstorganisierenden Vorgehen nicht sinnvoll operieren.

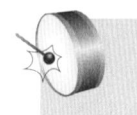

Standpunkt: Qualität der Strategischen Planung?
Der Managementexperte Gary Hamel (1996) vertritt eine provokante, klare Position über einen in seinen Augen effektiven Strategieprozess. Seine Thesen sind als Kritik an der Art und Weise, wie in vielen Unternehmen Strategieprozesse verlaufen, zu verstehen. Sie sollen Anregung zum Hinterfragen der Wirksamkeit des eigenen Prozessmodus geben.

1. *Strategische Planung ist oft nicht strategisch, sollte es aber sein, wenn sie Nutzen stiften will.* In vielen Unternehmen ist sie eine »kalendergetriebene« Programmierung, die sich an Stabilität orientiert und meist wenig mit der Entdeckung von Neuem zu tun hat. Daher kann es nicht überraschen, wenn sich oft die Strategien der Unternehmen in einer Branche kaum voneinander unterscheiden.
2. *Der Entwurf von Strategien sollte subversiv sein.* Nur wenn Strategien an den bestehenden Grundannahmen eines Geschäftes rütteln, sind sie in der Lage, revolutionäre Veränderungen zu erzielen.
3. *Der Engpass ist meist am Hals der Flasche.* Erfahrene, ältere Manager agieren meist als die mächtigsten Verteidiger der alten Ordnung. Ihre Erfahrung ist jedoch nur insoweit wertvoll, als die Zukunft wie die Vergangenheit sein wird. Durch ihr Verhalten behindern sie oft die Entstehung von Neuem.
4. *Revolutionäre existieren in jedem Unternehmen.* Immer wieder zeigen sich in Unternehmen revolutionär denkende Individuen, die oft jedoch keine Möglichkeit haben, gehört zu werden. Sei es, da sie kein Plenum finden, um ihre Sichtweisen zu präsentieren, sei es, dass ihre Ansichten als abwegig beurteilt werden, da sie von der herrschenden Norm abweichen. Daher sollte ihnen explizit »Raum« gegeben werden, um ihre Impulse einzubringen.
5. *Wandel ist nicht das Problem – Beteiligung ist es.* Wandel wird meist von oben doktriniert, ohne den Betroffenen eine Kontrolle über ihr Schicksal zu geben. Wenn jedoch einige wenige vorgeben, wohin es zu gehen hat, und der Rest hier nicht einbezogen wird, dann kann es auch nicht verwundern, wenn sie sich daran nicht beteiligen.
6. *Der Entwurf von Strategien sollte demokratisch erfolgen.* In einem kleinen elitären Zirkel, der sich bereits gut kennt, werden zumeist bekannte Strategien reproduziert. Nur wenn es gelingt, den Prozess zu demokratisieren, kann die strategische »Intelligenz« des gesamten Unternehmens genutzt werden. Von daher ist die Hierarchie der Erfahrung mit der Hierarchie der Vorstellungskraft zu verbinden.
7. *Jeder kann ein Strategieaktivist sein.* Strategien zu entwickeln und zu leben, ist nicht nur Aufgabe des obersten Managements, sondern kann von überall im Unternehmen ausgehen.
8. *Eine Vielfalt an Perspektiven ist »Gold« wert.* Die Welt aus einer neuen Perspektive zu betrachten, enthüllt neue Zusammenhänge. Je mehr unterschiedliche Perspektiven in einem Strategieprozess zusammenwirken, desto reichhaltiger wird er und desto innovativere Ansätze entstehen.
9. *Top-down und bottom-up sind keine Alternativen.* Strategieprozesse müssen in beide Richtungen laufen und sich gegenseitig befruchten.
10. *Man kann das Ende nicht vom Anfang her sehen.* Ein breit angelegter Strategieprozess führt oft zu Ergebnissen, die nicht jeder Führungskraft gefallen. Aller-

> dings können dadurch Umsetzungsprobleme gesenkt und der Weg in neue Richtungen geöffnet werden.

Nun wäre es natürlich denkbar, Mischformen der vorgestellten Ansätze anzustreben, also gewissermaßen den »Superprozess« zu basteln, der alle Vorteile in sich vereint. Und tatsächlich experimentieren Firmen immer wieder damit, indem sie z.B. die strategische Planung mit einer kurzen Phase der Selbstorganisation verbinden. Dabei wird jedoch übersehen, dass die einzelnen Strategieprozesse auf teilweise völlig gegensätzlichen Annahmen und Prozesslogiken beruhen, die sich wechselseitig ausschließen und zu negativen Interaktionseffekten führen. Anstatt daher die Prozesse eklektisch zu mischen, können Unternehmen die einzelnen Ansätze parallel oder sequenziell betreiben. So könnte ein Unternehmen z.B. dem Strategischen Planungs-Modus folgen, aber parallel dazu eine unternehmensweite Digitalisierungs-Initiative nach dem Modus der gelenkten Evolution steuern. Unternehmen sollten demnach in der Lage sein, den Prozessmodus passend zur Situation, in der sie sich befinden, zügig zu ändern. So wird in einer Turnaround-Situation der Kommandoansatz naheliegend sein, während in einer Phase starken Wachstums, andere Ansätze zu präferieren sind.[27] In Prozessen der Strategiebildung scheint also Vielfalt Einfalt zu schlagen.

Zusammenfassung

- Es gibt nicht nur einen optimalen Strategieprozess, sondern eine Vielzahl von Strategieprozessen, mit individuellen Vor- und Nachteilen.
- Die wichtigsten sind »Kommandoansatz«, »Strategische Planung«, »Gelenkte Evolution«, »Symbolischer Ansatz« und »Selbstorganisation«.
- Sie unterscheiden sich hinsichtlich ihrer Phasen, der grundlegenden Logik und der Rollen von Managern auf unterschiedlichen Ebenen sowie deren Zusammenwirkens.
- Wie wissenschaftliche Studien zeigen, ist kein Ansatz dem anderen in jeder Situation überlegen. Daher kann auch nicht die prinzipielle Überlegenheit eines Ansatzes postuliert werden.
- Ein Ansatz, der die Vorteile aller anderen in sich vereinigt, ist weder zu empfehlen noch realistisch, da die Ansätze auf unterschiedlichen Vorgehensweisen und Annahmen beruhen.

2.4 Corporate Governance

Nachdem wir uns mit verschiedenen Modi beschäftigt haben, wie Strategieprozesse in Organisationen stattfinden, liegt nun die Frage nahe, wem nach einem heutigen Verständnis professioneller Unternehmensführung (»good governance«) die Aufgabe zur Entwicklung und Überwachung von Strategien formell übertragen werden sollte. Dies ist eine Frage der Corporate Governance. **Corporate Governance** *kann definiert werden als die Gesamtheit der organisatorischen* *und inhaltlichen Ausgestaltung der Führung und Überwachung von Unternehmen.*

Bedeutung für die Bildung von Strategien

Wenn man sich mit Corporate Governance auseinandersetzt, wird deren Bedeutung für die Bildung von Strategien direkt ersichtlich. So wird eine funktionsfähige Unternehmensleitung den Prozess der Strategiebildung beeinflussen; so sind die Interessen verschiedener Anspruchsgruppen angemessen zu berücksichtigen; so geht es um die zielgerichtete Zusammenarbeit der Unternehmensleitung, um eine transparente Kommunikation der Risiken, einen angemessenen Umgang mit Risiken und eine Ausrichtung auf eine langfristige und nachhaltige Wertschöpfung. Insgesamt geht man davon aus, dass die Qualität der Corporate Governance den Erfolg von Unternehmen beeinflusst und damit selbst zu einer Quelle für Wettbewerbsvorteile werden kann.

Ziel dieses Kapitels ist es, zuerst die wissenschaftlichen Grundlagen der Corporate Governance Diskussion zu diskutieren (Kap. 2.4.1), dann die wichtigsten **Mechanismen** zu besprechen (Kap. 2.4.2) und anschließend einen Überblick über **nationale Unterschiede** zu geben (Kap. 2.4.3).

> **Fallbeispiel: Versagen der Corporate Governance bei der UBS?**
> Als im Rahmen der Finanzkrise 2007/2008 die Schweizer Großbank UBS zu außerplanmäßigen Wertberichtigungen gezwungen wurde, die ihr Eigenkapital größtenteils verbrauchten, war die Überraschung groß. So musste die UBS allein im ersten Quartal 2008 nach Abschreibungen von 19 Mrd. CHF einen Reinverlust von rund 12 Mrd. CHF ausweisen. Wie konnte es passieren, dass eine Perle der Schweizer Wirtschaft sich unternehmerisch so verhängnisvoll entwickelt hatte? Welche Rolle spielte dabei der Verwaltungsrat? War er seinen Aufgaben nicht nachgekommen? Fehlte es ihm an der nötigen Kompetenz oder war die Finanzkrise so unerwartet geschehen, dass sie alle überraschte?
> Zu einer solchen dramatischen Fehlentwicklung gibt es im Nachhinein aufgrund ihrer Komplexität immer eine Vielzahl von Erklärungen und keine wird den Sachverhalt voll treffen. Einige davon sind besonders augenfällig. So hat der Verwaltungsrat den massiven Anstieg der Bilanz (und hier insbesondere mit Immobilien-Bonds) nicht als problematisch erachtet und keine Gegenmaßnahmen eingeleitet. Der gravierendste Fehler bestand wohl darin, dass die UBS noch im Frühjahr 2007 massiv in Wertpapiere mit amerikanischen Hypotheken minderer Qualität (Subprime) investierte, als viele Konkurrenten sich bereits massenhaft von diesen Papieren trennten. Der ehemalige Leiter der UBS-Investmentbank meinte dazu, dass in der Großbank wohl keiner mehr den vollständigen Überblick gehabt habe. Auf allen Ebenen des Unternehmens seien die Probleme verkannt worden. Laut Peter Kurer, von April 2008 bis April 2009 Verwaltungsratspräsident der UBS und Nachfolger von Marcel Ospel, war die Strategie einer extrem risikoreichen Expansion innerhalb der UBS nicht unumstritten. Es habe bereits im Vorjahr warnende Stimmen gegeben. Durchgesetzt hätten sich jedoch die Risikofreudigen. Zudem waren die Investmentbanker in dieser Sparte mit hohen Risiken am Markt unterwegs, die in der internen Risikokontrolle nicht beanstandet wurden, ja teils fehlten die entsprechenden Risikolimits. Dies geschah aus mehreren Gründen. So war das Wissen um die komplexen Zusammenhänge mit strukturierten Wertpapieren im Risikomanagement nicht ausreichend vorhanden, kaum jemand wollte sich bei sprudelnden Gewinnen allzu kritisch einmischen, der Worst Case wurde nicht als realistisch erachtet und Risikoinstrumente operierten mit Annahmen, die auf vergangenen Werten basierten, in extremen Stressszenarien jedoch an ihre Grenzen stießen und zu wenig Puffer implizierten. Es war erschreckend wie auch überraschend, in welchem Umfang die Großbank direkt in riskante Immobilienpapiere investiert hatte. Auch gelangten viele Entscheidungen gar nicht in den gesamten Verwal-

> tungsrat, sondern wurden vom Präsidenten und dem Präsidialausschuss verarbeitet und entschieden. Als daraufhin das Eigenkapital der UBS mehrmals erhöht werden musste und die Schweizer Nationalbank illiquide Papiere in Höhe von 54 Mrd. CHF in eine von ihr geführte Gesellschaft auslagerte, wurden auch das Managementteam und der Verwaltungsrat umfassend erneuert. Viele der verantwortlichen Führungskräfte mussten sukzessive ihre Positionen räumen. Als Sanierer trat 2009 Wolfgang Grübel (ehemaliger CEO der Credit Suisse) sowie ein neues Team im Verwaltungsrat unter der Leitung von Kaspar Villinger an. Nach deren Abgang übernahmen als neuer VR Präsident Axel Weber sowie der CEO Sergio Ermotti das Ruder. Sie verkleinerten massiv die Bilanz und zogen sich aus zu riskanten Geschäften im Investmentbanking zurück. Ihre strategischen Optionen wurden durch eine Vielzahl von neuen Regulierungen seitens der Aufsichtsbehörden eingeschränkt, da diese das systemische Risiko zur Sicherung der Stabilität der Finanzsysteme besser eindämmen wollten.

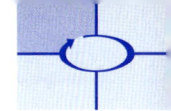

Lernziele

- Erklärung des Begriffes »Corporate Governance«, was die damit verbundenen Ziele und Anforderungen an die Unternehmen sind und warum dies so ist
- Vergleich der verschiedenen nationalen Ansätze der Spitzenverfassung eines Unternehmens
- Darlegung der wissenschaftlichen Hintergründe der Thematik, Erläuterung des »Principal-Agent-Konflikts« und seiner Implikationen auf das Unternehmen
- Aufzeigen von fünf Corporate-Governance-Mechanismen, wie sie funktionieren, was man von ihnen erwarten kann und was nicht, sowie Verweise auf aktuelle Trends
- Hinweise auf Besonderheiten und Unterschiede in der Corporate Governance von Unternehmen in ausgewählten Ländern

2.4.1 Wissenschaftliche Grundlagen

Ausgangspunkt der Corporate-Governance-Diskussion ist die *Trennung von Eigentum und Management* von Unternehmen. Während anfangs Eigentümer auch gleichzeitig als Manager agierten, stellte sich mit zunehmendem Wachstum die Frage nach dessen Finanzierung. Reichte das Eigenkapital der Eigentümerfamilie(n) nicht aus, dann sprangen z. B. in Deutschland häufig die Banken oder große Einzelaktionäre in diese Lücke. In Großbritannien dagegen wurde Wachstum von Anfang an stark über Aktien finanziert. Deshalb gibt es dort auch viel mehr Unternehmen, die sich im Besitz tausender Aktionäre befinden. Ähnlich findet man auch in anderen Ländern eine Vielzahl von Unternehmen, die in Streubesitz sind. Dieser Streubesitz ist meist unkoordiniert, d. h., die Aktionäre stehen in keiner geordneten Beziehung zueinander und können deshalb auch keine entsprechende Macht entfalten. Aktionärsschutzvereinigungen greifen dieses Problem auf, indem sie versuchen, Aktionäre zu einem koordinierten Handeln (z. B. bei Abstimmungen) zu bewegen.

Trennung von Eigentum und Management

Diversifikation der Anlagen

Das System differenzierte sich durch Spezialisierung dahingehend aus, dass es nun Investoren gab, die damit beschäftigt waren, möglichst geschickt ihr Kapital anzulegen. Sie durften zwar als Eigentümer am Unternehmen an dessen Gewinnen partizipieren, aber es bestand ja für sie das Risiko, dass gar keine Gewinne erzielt wurden. Deshalb verfolgten sie aus Gründen der Steuerung der Investitionsrisiken eine diversifizierte Anlagepolitik. Ihre Herausforderung bestand darin, eine möglichst geeignete Form der Diversifikation ihrer Anlagetitel zu finden. Daneben gab es die durch die Eigentümer eingesetzten obersten Führungskräfte, die im Sinne der Investoren zu handeln hatten. Sie wurden deshalb bestellt, weil man annahm, dass sie als Spezialisten in Unternehmensführung in der Lage seien, bessere strategische Entscheidungen zu treffen als Nichtspezialisten. Gelingt es den Investoren, die besseren dieser Spezialisten für sich zu gewinnen, dann müsste dies auch zu überdurchschnittlichen Renditen für die Investoren führen. Dass es sehr unterschiedliche Auffassungen dazu gibt, was diese überdurchschnittlichen Fähigkeiten beim Entwickeln und Umsetzen strategischer Entscheidungen von Führungskräften für die Eigentümer Wert sein darf, kann an den extremen Unterschieden in der Bezahlung der CEO US-amerikanischer und europäischer Unternehmen abgelesen werden. Diese Rechnung geht für die Investoren aber nur dann auf, wenn die Manager tatsächlich im Interesse der Investoren handeln und nicht opportunistisch in ihrem eigenen Interesse. Um sicher zu sein, dass dies nicht geschieht, müssen die Investoren das Management in seiner Arbeit (bzw. dessen Ergebnis) überwachen (lassen). Diese Spezialisierung dürfte wohl auch effizient sein, denn ansonsten wäre die Entwicklung eines Unternehmens durch die Managementfähigkeiten seiner Eigentümer begrenzt. Auch heute ist es zwar noch so, dass in kleinen Unternehmen Eigentum und Management häufig in Personalunion wahrgenommen werden. Mit zunehmender Größe und Komplexität des Unternehmens greift jedoch diese Spezialisierung. Nur wenigen Familienunternehmen gelingt es, über mehrere Generationen hinweg ausreichend begabte, motivierte und ausgebildete Führungskräfte aus den eigenen Reihen hervorzubringen.

Agency-Probleme

Berle/Means (1932) machten mit als erste auf die zunehmenden Unterschiede zwischen den Interessen der *Investoren (principals)* und der Unternehmer bzw. *Manager (agents)* aufmerksam. Das auftretende »*Agency-Problem*« spitzten sie auf die Frage zu: »Wie kann für die Investoren sichergestellt werden, dass sich die Manager als ›Angestellte‹ der Investoren auch in deren Interessen verhalten?« Corporate Governance sehen die Autoren deshalb als das Set der Institutionen, Verfahren und Regeln, die verhindern sollen, dass außenstehende Investoren durch »Insider« wie Manager, Mehrheitsaktionäre etc. in ihren zustehenden Interessen ungerechtfertigt beschnitten werden. Beispiel hierfür kann das Verfolgen konfliktärer Eigeninteressen des Managements sein.

Auf eine solche Gefahr wird z. B. häufig bei *Diversifikationen* hingewiesen. Einerseits gibt es durchaus gemeinsame Interessen zwischen Management und Investoren bei Diversifikationen. Hier ist z. B. das Risiko zu nennen, dass ein Unternehmen mit einem Einzelgeschäft scheitert, was durch Diversifikation des Geschäftsportfolios reduziert werden kann. Hinzu kommen mögliche Wirtschaftlichkeitseffekte für das Unternehmen aufgrund realisierbarer Synergien. Andererseits gibt es aber auch Motive, die die Diversifikation für Manager noch interessanter machen als für Eigentümer. Erstens ist i. Allg. die Höhe der Gehälter des Topmanagements an die Unternehmensgröße gebunden: In größeren Unternehmen wird besser verdient. Dies kann auch verbunden sein mit dem bei Akquisitionen bekannten Bedürfnis nach Machtanhäufung (»empire building«). Zweitens begrenzt Diversifikation das persönliche Beschäftigungsrisiko des Managements, da es dann in seinem ganzen Geschäftserfolg nicht nur von der Geschäftslage in einem oder wenigen Geschäften abhängig ist. Auch können – je nach Transparenz des Unternehmens für Externe – unbemerkt »Überkreuzsubventionierungen« vorgenommen werden. Arbeitet das Unternehmen insgesamt erfolgreich, so kann das Management die freien Cashflows auch zur weiteren Diversifikation verwenden. Doch vielleicht wäre es den Eigentümern lieber, wenn diese Cashflows an sie selbst zurückfließen und ihnen dieses Geld dann für die Diversifikation des eigenen Anlageportfolios zur Verfügung stünde. Deshalb kann zusammenfassend davon ausgegangen werden, *dass das Management aus seinen eigenen Interessen heraus einen höheren Diversifikationsgrad bevorzugt als die Eigentümer.* Das Risiko für das Management nimmt erst dann wieder zu, wenn der Diversifikationsgrad so hoch ist, dass aufgrund der Komplexität die Profitabilität deutlich nach unten geht, und dann aufgrund einer Unterbewertung das Übernahmerisiko für das Unternehmen steigt. Folglich nimmt auch das Beschäftigungsrisiko für das Management deutlich zu, denn häufig verliert es nach solchen Akquisitionen seinen Job – häufig allerdings »abgefedert« durch vorab mit dem Unternehmen für solche Fälle vereinbarte Abfindungszahlungen.

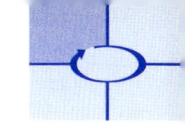

Empire Building

Sucht man nun nach Möglichkeiten, seine Interessen als Investor zu kontrollieren, so schlägt Coase (1937) zwei Möglichkeiten vor. Im ersten Fall sucht man eine *marktkonforme Regelung*, die z. B. in einem Vertrag verfasst sein kann. In manchen Situationen reichen jedoch diese Verträge zur Regelung komplexer Beziehungen zwischen den Anspruchsgruppen und dem Management nicht aus. In diesem Fall bildet die Ausübung von Macht auf der Basis zugeordneter Autorität den Koordinationsmechanismus. Dem Markt wird die Firma (mit ihrer *Machtverteilung* z. B. über die *Hierarchie*) gegenübergestellt. Es wird dann wieder im Interesse der Investoren liegen, diese durch das Management ausgeübte Macht so zu kontrollieren, dass die dort verfolgten Eigeninteressen ein als sinnvoll und förderlich erachtetes Ausmaß nicht überschreiten.

Markt oder Hierarchie

Jensen/Meckling (1976) interpretieren eine Firma als *Nexus von Verträgen* zwischen »principals« und »agents«. Diesen Nexus von Verträgen zu entwickeln und zu optimieren, ist Aufgabe einer Corporate Governance und zwar in der Form, dass die *Agency-Kosten* aus potenziellen Interessenkonflikten möglichst gering gehalten werden. Eine besonders wichtige Optimierungsdimension stellt dabei sicherlich die Kapitalstruktur dar, wo innovative Instrumente eines *Financial Engineering* in den letzten Jahren höchstwahrscheinlich die Vielfalt anwachsen ließen. Ein anderes Instrument sind Boni und Stock-Option-Pläne, die – je nach Land – ein wesentliches Element der Verträge mit dem Management darstellen, um die Interessen von Investoren und Management zu harmonisieren.

Firma als Nexus von Verträgen

Doch egal, wie detailliert solche Vertragsgestaltungen auch sind, es kann keine perfekten Verträge geben. Zum einen besteht das Problem der Messung dessen, was man beeinflussen möchte. Wie soll man z. B. genau das Ausmaß der Anstrengungen eines Managers ermitteln? Zum anderen wird es immer vieles geben, was im Vertrag ungeregelt bleibt. Eine Regelung unter Aufwand-Nutzen-Gesichtspunkten ließe sich nicht rechtfertigen, da man keinen Weg zur Operationalisierung sieht, weil man es entweder vergessen hat oder – besonders wichtig – weil man es nicht will: Einerseits sind die dem Vertrage zu Grunde liegenden und die

Zukunft betreffenden Annahmen so vieldeutig und unsicher und andererseits sind die relevanten Informationen vielleicht auch bei den Parteien nicht gleichermaßen zugänglich. Die Konsequenz davon ist, dass die legalen Verträge nur von begrenztem Nutzen sind. Reichen sie nicht mehr zur Regelung zwischen Parteien aus, so müssen »*strategische Verträge*« bestehen, d. h. implizite zwischen den Parteien bestehende Vereinbarungen.[28] Ein Marktmechanismus kann nun – falls existent – die Funktion der Herbeiführung einer Einigung übernehmen. So mag einem Unternehmen z. B. soviel an der Aufrechterhaltung einer Kundenbeziehung gelegen sein, dass es seine aus eigener Sicht gegebenen Ansprüche juristisch nicht geltend macht. Agency-Kosten werden aber auch z. B. durch die Macht der Finanzpresse in Grenzen gehalten. Man wird hier auch jenseits legaler Verpflichtungen bereit sein, auf deren Informationsinteressen einzugehen, da man an einer ausgezeichneten Reputation interessiert ist.

Offensichtlich wird hier nun auch, dass bei den über den Markt geregelten impliziten Verträgen die »weichen Faktoren« eines Unternehmens (Verantwortung, Reputation, Vertrauen etc.) stark zum Tragen kommen. Die Organisationskultur kann deshalb auch als der nicht niedergeschriebene »Gesetzesrahmen« gesehen werden, auf dessen Basis die impliziten Verträge geschrieben werden.[29] Ist z. B. ein Unternehmen für seine Seriosität und Fairness bekannt, so ist man auch eher bereit, mit ihm unvollständige Verträge einzugehen.

Die legalen und strategischen Verträge zwischen Unternehmen und ihren Anspruchsgruppen werden aber auch immer unvollständig sein, da es eine teilweise Unvorhersehbarkeit künftiger Konstellationen zwischen den Vertragspartnern gibt. In *solchen unvollständigen Vertragssituationen* reicht der Markt als Regelungsmechanismus nicht mehr aus. Nun greift eine bereits vorweg vorgenommene Verteilung von Macht. Kraft ihrer Autorität entscheidet die dafür vorgesehene Partei über den ungeregelten Sachverhalt.[30]

Wie die Macht zwischen dem Unternehmer und seinen Anspruchsgruppen verteilt ist, wird auch durch die Struktur und Rolle der obersten Führungsorganisation bestimmt. Wessen Interessen ist man inwieweit verpflichtet? Welche Anspruchsgruppeninteressen sind dort durch Entsendung von Vertretern repräsentiert? Im deutschen Aktiengesetz werden Vorstand und Aufsichtsrat darauf verpflichtet stets das Wohl der Gesellschaft bei ihrem Handeln im Fokus zu haben. Primär ist der Vorstand in den großen deutschen Aktiengesellschaften mit ihrem Zwei-Ebenen-System jedoch den Anteilseignern verpflichtet, während der Aufsichtsrat darauf zu achten hat, dass allen relevanten Anspruchsgruppeninteressen adäquat Rechnung getragen wird.[31] Die Hälfte des Aufsichtsrats einer Aktiengesellschaft setzt sich dabei – ab 2.000 Mitarbeitern – aus Vertretern der Anspruchsgruppe »Mitarbeiter« zusammen. Im angelsächsischen Ein-Ebenen-System (Board of Directors) besteht – zumindest auf dem Papier – eine klare Ausrichtung am Aktionär, da dieser auch die Direktoren wählt. Die vom Unternehmen unabhängigen Direktoren im Board haben die Funktion, im Konfliktfall zwischen Shareholdern und Management zu vermitteln, aber auch Minderheitsinteressen zu schützen. De facto sind die Beziehungen zwischen Management und Direktoren meist dominant, was dazu führt, dass man (zumindest bei gutem Gang der Geschäfte) auch in diesem Ansatz auf die Interessen der anderen Anspruchsgruppen einzugehen vermag – was ja auch wiederum für die Investoren positiv sein kann, wenn dies zur oben erwähnten Verbesserung der Produktivität der Vertragsbeziehungen führt.

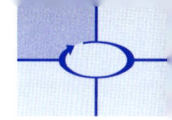

Trotz dieser Möglichkeiten, in beiden Systemen alle Anspruchsgruppeninteressen in die Strategiebildung einzubeziehen, und trotz des Wissens, dass der Umfang des generierbaren Wohlstands von der Produktivität des Nexus *aller* Verträge abhängt, besteht die klare *Tendenz, dem Aktionär mehr Macht einzuräumen*. Wie wird hier argumentiert? Einerseits wird gesagt, dass eine Strategie zur Maximierung des Shareholder Values »automatisch« die Wertgenerierung der anderen Anspruchsgruppen positiv beeinflusst. Dass dies jedoch nicht immer der Fall ist, konnte mehrfach gezeigt werden.[32] Auch ist es wohl nicht richtig, anzunehmen, dass alle anderen Anspruchsgruppen neben dem Shareholder aufgrund der Verträge insensitiv gegenüber einer zu starken Machtallokation beim Shareholder sind, weshalb man sich dann problemlos auf die Shareholderinteressen konzentrieren könne. In Wirklichkeit können auch die anderen Anspruchsgruppen auf eine unzureichende Berücksichtigung ihrer Interessen so reagieren, dass die Gesamtproduktivität des Nexus der Verträge empfindlich gestört wird. Dies ist bei Mitarbeitern z. B. dann der Fall, wenn sie innerlich emigrieren oder in Vertragsstrukturen mit anderen Unternehmen abwandern, in denen sie ihre Interessen besser geschützt sehen. Wo dabei das richtige Ausmaß an Gewährung von Einfluss für eine Anspruchsgruppe liegt, kann nicht allgemein beantwortet werden.

2.4.2 Corporate-Governance-Mechanismen

Betrachtet man zentrale Mechanismen, mit denen man die Corporate Governance verbessern, d.h., die Interessensgegensätze zwischen Eigentümern und Managern reduzieren kann, dann stehen die nachfolgenden fünf Ansatzpunkte prioritär auf der Liste der Vorschläge, wie sie von nationalen und internationalen Organisationen (wie z. B. OECD) entwickelt wurden:[33]

1. *Konzentration des Eigentums:* Unterstellter Zusammenhang: Eine höhere Konzentration des Eigentums kann zur schärferen Kontrolle und aktiveren Einflussnahme genutzt werden.
2. *Zusammensetzung des Führungs- und Kontrollgremiums:* Unterstellter Zusammenhang: Je geeigneter ein Kontrollorgan des Managements zusammengesetzt ist, desto wirkungsvoller kann dieses die Interessen der Aktionäre auch durchsetzen.
3. *Bezahlung der Führungskräfte:* Unterstellter Zusammenhang: Über Anreiz- und Sanktionssysteme können die Interessen der Führungskräfte auf die Interessen der Eigentümer ausgerichtet werden.
4. *Divisionale Aufbauorganisation nach Geschäftsbereichen:* Unterstellter Zusammenhang: Eine auf getrennte Geschäftsbereiche aufbauende Führungsorganisation bietet mehr externe Transparenz und Kontrolle.
5. *Markt für Unternehmenskontrolle:* Unterstellter Zusammenhang: Eine Firma, die im Verhältnis zu ihren Wettbewerbern schlechtere Ergebnisse bringt, kann eventuell am Markt für Unternehmen erworben werden, um dann ihre Wettbewerbsfähigkeit zu verbessern.

Fünf Mechanismen zur Verbesserung der Corporate Governance

Die Mechanismen 1 bis 4 sind interne Mechanismen, während der »Markt für Unternehmenskontrolle« einen externen Mechanismus darstellt.

(1) Konzentration des Eigentums

Durch eine *höhere Konzentration des Eigentums* kann ein stärkerer Einfluss auf das Management erwartet werden. Umgekehrt heißt dies, dass bei Unternehmen, die sich im Streubesitz befinden, eine nur schwache Überwachung der Entscheidungen des Managements zu erwarten ist. Die Aktionäre tun sich hier auch schwer, ihre Aktivitäten zu koordinieren, was dem Management wieder eher die Chance gibt, seine Eigeninteressen zu verfolgen.

Doch die Eigentümerlandschaft hat sich in den letzten Jahren durch den zunehmenden *Einfluss institutioneller Investoren* (z. B. Pensionsfonds) als Aktionäre stark verändert. In den USA halten sie bereits über die Hälfte des Kapitals der 1.000 größten Unternehmen. Dieser Prozess wird sich vielerorts fortsetzen, da viele Länder auch das institutionelle Sparen begünstigen. Da derartige Finanzinstitutionen selbst einer starken Leistungskontrolle bzgl. der Profitabilität ihrer Anlagen unterliegen, sollten sie auch die Motivation haben, ihre Investitionsobjekte intensiv zu überwachen. Es ist auch erkennbar, dass sie ihre Überwachung immer mehr ausdifferenzieren: Zuerst interessierte nur der CEO, dann die Expertise aller Board-Mitglieder, nun auch die Zusammenarbeit im Board. Auch ist zu erwarten, dass die gesetzlichen Rahmenbedingungen es in Zukunft erleichtern werden, dass verschiedene Aktionäre bei Interessenübereinstimmung als ein Block abstimmen können. Dies geschieht letztendlich auch wieder auf Druck solcher Investoren.[34] Institutionelle Investoren werden der ihnen zugedachten Rolle bislang allerdings erst recht begrenzt gerecht. Eine Ursache dafür sind die begrenzten Ressourcen, die zur Überwachung zur Verfügung stehen. So muss sich der öffentliche US-Pensionsfonds CalPERS, der in über 1.000 Unternehmen investiert hat, auf einige besonders wichtige Anlageobjekte in der Überwachung und Einflussnahme konzentrieren.

Natürlich erhöht dies alles den Druck auf das Management. Es kann offensiv darauf reagieren, in dem es die eigene Arbeit verbessert. Dies kann z. B. dadurch geschehen, dass Manager sich mehr auf das eigene Unternehmen konzentrieren, indem sie die Anzahl der externen Board-Sitze reduzieren. Es wird aber auch zu defensiven Reaktionen kommen, indem Manager Spezialvereinbarungen in ihre Verträge aufnehmen. Im Topmanagement häufig anzutreffen ist z. B. der sogenannte »goldene Fallschirm«, der das Unternehmen zur Zahlung eines bestimmten, meist sehr hohen Betrages verpflichtet, etwa bei Jobverlust im Falle einer Übernahme durch ein anderes Unternehmen.

Wenn es einem Eigentümer – aus welchen Gründen auch immer (Mangel an Zeit, Möglichkeiten etc.) – nicht gelingt, direkt auf das Topmanagement Einfluss zu nehmen, dann muss er sich auf das Führungsgremium verlassen, das seine Interessen gegenüber dem Management sicherzustellen hat. Auch wenn es aktuell relativ viel Kritik an der Qualität und Besetzung derartiger Kontrollgremien des Topmanagements gibt, so besteht nach wie vor die Meinung, dass solche Gremien ein probates Kontrollmedium darstellen. Die Frage, die sich eher stellt, ist, wie das Gremium zusammengesetzt sein muss, damit es wirkungsvoll (im Sinne der jeweiligen Anspruchsgruppen als Kontrollnehmer) handelt.

Druck auf das Management erhöht sich

(2) Zusammensetzung des Führungs- und Kontrollgremiums

Ein wichtiger Punkt bei der *Zusammensetzung des Führungs- und Kontrollgremiums* ist die Verbindung der Gremienmitglieder zum Unternehmen. So trifft man z. B. in einem US-amerikanischen Board of Directors meist drei Kategorien von Personen an: (1) Interne (Führungskräfte des Unternehmens inklusive des CEO), (2) abhängige Externe, die zwar nicht als Manager für das Unternehmen arbeiten, aber in einer Interessensbeziehung zum Unternehmen stehen, sowie (3) unabhängige Externe. Diese Aufteilung trifft auch auf den Schweizer Verwaltungsrat zu, während im deutschen Aufsichtsrat nur Externe und im Vorstand nur Interne sitzen, wobei die Externen teilweise (historische) Verflechtungen zum Unternehmen haben, z. B. wenn der Vorsitzende des Aufsichtsrates davor Vorsitzender des Vorstandes war. Als erste Gestaltungsvariable drängt sich damit die Gewichtung der drei Kategorien im Führungsgremium auf. So stellt sich z. B. bei den abhängigen Externen gleich die Frage, inwieweit sie tatsächlich die Anspruchsgruppeninteressen vertreten oder ob sie – aufgrund einer Interessenverflechtung – primär im Sinne des Topmanagements agieren. Es konnte beispielsweise gezeigt werden, dass je höher der Anteil der Internen in einem Board of Directors ist, desto schwächer auch die Kontrollfunktion wahrgenommen wird.[35] Es verwundert deshalb nicht, wenn generell für eine Verstärkung des Anteils der unabhängigen Externen plädiert wird. So gibt es in den USA inzwischen reine Outsider-Boards, was dann allerdings wieder die Frage auslöst, ob hier noch ausreichend Wissen über das Unternehmen vorhanden ist. Werden dann nur noch die Finanzkennzahlen kontrolliert, da man nicht mehr qualifiziert zu strategischen Entscheidungsprozessen beitragen kann?

> **Standpunkt: Der Einfluss der Aktionäre?**
> Robert Monks, eine der Schlüsselfiguren der sogenannten »Shareholder-Activism«-Bewegung in Großbritannien und Gründer von Institutional Shareholder Services (ISS), vertritt dazu folgende Meinung: »Man kann sagen, dass sowohl in den USA als auch in Großbritannien aus formaljuristischer Sicht und nach dem öffentlichen Verständnis der Primat bei den Aktionären liegt. In der Praxis trifft dies für die USA aber schlichtweg nicht zu und in Großbritannien machen die Aktionäre nur selten von ihren Vollmachten Gebrauch. ... Das Ergebnis ist, dass die absolute Macht bei den leitenden Angestellten liegt – wenn sie sich nicht gerade unübersehbare Skandale leisten (und manchmal selbst dann). Die leitenden Angestellten wählen sich weitgehend selbst aus und verewigen sich selbst. Da man aber doch irgendwie das Gefühl hat, dass diese Praxis politisch oder psychologisch nicht akzeptabel ist, wird in Gesetzen und Leitsätzen weiterhin an Fiktionen festgehalten, die nicht der Wirklichkeit entsprechen.«
>
> *Was meinen Sie dazu?*
> Wie stehen Sie zu der Aussage von Robert Monks? Vergleichen Sie diese Beurteilung mit der Situation in einem Land Ihrer Wahl. Denken Sie, dass diese Aussage auf dieses Land eher zutrifft oder eher nicht?

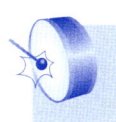

Grundsätzlich kann man sagen, dass in Zukunft die Leistungsfähigkeit der Führungsgremien genauer und häufiger überprüft werden wird. Beispielsweise werden institutionelle Investoren hier mehr Ressourcen einsetzen und ihre Verfahren verbessern. Dem sollten moderne Unternehmen zuvorkommen, indem sie von sich aus Selbsteinschätzungen vorantreiben und einen formalen Prozess dazu aufsetzen. So haben manche Führungsgremien für sich ein Leitbild entwickelt, in dem sie sich – transparent nach außen – auf die Grundsätze, nach denen man arbeiten will und nach denen man sich auch messen lassen will, verpflichten.

> **Fallbeispiel: Die Corporate-Governance-Grundsätze der DEUTSCHEN BANK**
> Im März 2001 hatten Vorstand und Aufsichtsrat der DEUTSCHEN BANK erstmalig gemeinsam ihre Corporate-Governance-Grundsätze beschlossen. Es handelte sich dabei um eine freiwillige Selbstverpflichtung, die über die gesetzlichen Vorschriften hinausgeht. Behandelt wurden in dem 18-seitigen Dokument, das durch eine Konzernseminar-Projektgruppe entwickelt wurde, insbesondere die Beziehungen zu den Aktionären (inklusiv Verhalten bei Unternehmensübernahmen), die Aufgaben und Pflichten von Aufsichtsrat und Vorstand (inklusiv Regelung zur Vermeidung von Interessenkonflikten des Vorstandes), Ausgestaltung und Veröffentlichung der erfolgsorientierten Vergütung sowie die Anforderungen an Rechnungslegung und Transparenz. Man kann dort z. B. nachlesen: »Die Übernahme von Aufsichtsratsmandaten durch ein Vorstandsmitglied ... darf seine Vorstandtätigkeit auch zeitlich nicht beeinträchtigen.« Oder: »Der Aufsichtsrat legt im Rahmen der individuellen Zielvereinbarungen mit dem Vorstand Kriterien zur Leistungsbeurteilung der einzelnen Vorstandsmitglieder fest.« Oder: »Die Struktur, der Gesamtumfang, Ausübungspreise und -fristen sowie im Berichtszeitraum erfolgte Zuteilungen von Aktienoptionen und vergleichbaren Instrumenten der DEUTSCHEN BANK sind im Geschäftsbericht (Notes) zusammenfassend für alle Mitglieder des Vorstandes zu veröffentlichen.« Seither veröffentlicht die Bank jährlich einen Corporate-Governance-Bericht.[36] Leider jedoch konnten auch diese Richtlinien nicht verhindern, dass die Deutsche Bank in einen Strudel von Manipulationsvorwürfen (z. B. Libor, Kirch) geriet, aus denen sie sich nur teuer herauskaufen konnte.

Diversität des Führungsgremiums

Innerhalb eines solchen Leitbildprozesses können dann Detailfragen aufgeworfen und bearbeitet werden. Beispielsweise kann hinterfragt werden, ob das Führungsgremium über eine geeignete *Diversität* verfügt: Wie groß soll der Anteil der Internen sein? Sind alle relevanten Expertisen vertreten? etc. Letztendlich ist dann noch zu entscheiden, wer alle diese Fragen beantwortet und damit auch über die Besetzung des Führungsgremiums entscheidet. Rein formell darf es nicht das Management sein. Eine Möglichkeit besteht darin, dass man einen eigens dafür gebildeten Ausschuss damit beauftragt.

(3) Entlohnung der Führungskräfte

Ein dritter Corporate-Governance-Mechanismus ist die *Entlohnung der Führungskräfte*. Wie alles, was extrem ist, so ist auch dieses Thema immer wieder Gegenstand der öffentlichen Diskussion, die dabei oft auch klassenkämpferische Züge annimmt. Es wird gefragt, ob denn ein Topmanager wirklich so viel wert sein kann. Auch sind Erhöhungen der Bezüge von Topmanagern oft Gegenstand öffentlichen Ärgernisses, wenn andere Anspruchsgruppen erheblich Schaden nehmen. Ein Beispiel für solch konfliktäre Interessen ist, wenn aufgrund von Entlassungen vieler Mitarbeiter sich das Finanzergebnis kurzfristig verbessert und damit die Entscheidungsträger dieser Maßnahmen in ihrem variablen Lohn persönlich davon profitieren. Bezüge, welche die Mitglieder von Führungsgremien in einer Aktiengesellschaft erhalten, kann man mehr oder minder verschlüsselt dem Geschäftsbericht entnehmen. Die Bezahlungsstrukturen geben aber auch indirekt Aufschluss über die Bedeutung bestimmter Zuständigkeitsbereiche und

Transparenz der Bezüge

2.4.2 Corporate-Governance-Mechanismen

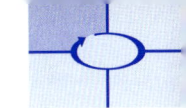

den damit verbundenen Machtstrukturen in einem Unternehmen. So wird in vielen Unternehmen z. B. das für Personal zuständige Vorstandsmitglied deutlich geringer bezahlt als die anderen Vorstandskollegen.

> **Ressourcen**
> Will man etwas über die Bezahlung US-amerikanischer Topmanager erfahren, so bietet sich die Webseite der *American Federation of Labor-Congress of Industrial Organizations* (AFL-CIO) (www.aflcio.org/paywatch) an, einer freiwilligen Vereinigung von über 60 Gewerkschaften. Man erhält dort z. B. die Entlohnung der CEO der 1.500 größten US-Unternehmen aufgelistet. Das *ISS Institutional Shareholder Services* (http://www.issgovernance.com) ist eine Dienstleistungsorganisation für institutionelle Investoren und Unternehmen, um insbesondere die finanziellen Implikationen von Corporate-Governance-Maßnahmen durchzukalkulieren, wie z. B. eine neue Entlohnungsstruktur.

Die Entlohnung der Führungskräfte ist heute ein anerkanntes Mittel, um das Handeln der Führungskräfte möglichst weitgehend auf die Interessen der Anspruchsgruppen auszurichten und um Manager auch für besondere Leistungen zu entlohnen. Verantwortlich für die Festsetzung der Bezüge ist das oberste Aufsichtsorgan eines Unternehmens (Aufsichtsrat, Verwaltungsrat, Board of Directors etc.). Die Bezüge können dabei aus unterschiedlichen Elementen bestehen. Dazu zählen z. B. das Gehalt einer Führungskraft, der Jahresbonus oder eher langfristig ausgerichtete Instrumente, wie Optionen auf Aktien des Unternehmens. Auch wenn der Trend heute eher darin besteht, den erfolgsabhängigen Teil zu vergrößern, sind auch bereits Nachteile deutlich geworden, wenn zu viel in diese Richtung getan wird, und es gibt durchaus auch prominente Vertreter einer Gegenposition. So ist häufig der Zusammenhang zwischen einem Finanzergebnis und den vorangegangenen strategischen Entscheidungen, welche die Manager getroffen haben, keineswegs so eindeutig, wie die Entlohnungslogik unterstellt. So verdienten erfolgsabhängig entlohnte Topmanager manchmal nur deshalb mehr, weil sie das Glück boomender Aktienmärkte hatten, ihr Unternehmen selbst aber eher schlecht geführt war. Nicht zu vernachlässigen ist auch die Gefahr, dass – angesichts immer kürzerer durchschnittlicher Verweildauern in Topmanagementpositionen und großer Marktunwägbarkeiten – wichtige Zukunftsinvestitionen unterbleiben, um die kurzfristigen Finanzergebnisse zu verbessern. Solche möglichen Imperfektionen des Mechanismus »Entlohnungssysteme« müssen durch die verantwortlichen Aufsichtsorgane erkannt und möglichst weitgehend korrigiert werden.

Elemente der Bezüge

> **Fallbeispiel: Boni in Banken nach der Finanzkrise**
> Auf breite Empörung stieß das Verhalten vieler Banken, bereits wieder in 2010 Bonuszahlungen in Milliardenhöhe vorzunehmen, denn in der Finanzkrise zuvor konnten viele oft nur durch kräftige Finanzspritzen und Bürgschaften der Staaten vor dem Konkurs bewahrt werden. Nachdem die Notenbanken die Kosten für Ausleihen von Geld quasi auf Null gesetzt hatten und ein weiterer Bankenkonkurs seitens der Regierungen nicht denkbar war, sprudelten die Gewinne umso kräftiger. Die Gewinne wurden damit wieder privatisiert, während Verluste der Allgemeinheit anfielen. Auch wenn einzelne Aktionäre lautstark protestierten (z. B. bei CREDIT SUISSE, DEUTSCHER BANK, GOLDMAN SACHS etc.), so kam es nur in wenigen Fällen zu einer signifikanten Begrenzung der Boni.

Konzernweite Gleichgestaltung der Bezüge?

Stellt man internationale Vergleiche zu den Entlohnungssystemen an, so wird man feststellen, dass es hier extreme Unterschiede gibt, wobei die CEOs der USA mit weitem Abstand an der Spitze der Extreme stehen. Internationale Konzerne sehen sich dabei vor dem Dilemma, ob sie die Managerbezüge eher konzernweit gleich gestalten sollten oder ob man in den einzelnen Landesgesellschaften entsprechend nationalen Besonderheiten entlohnt. Untersuchungen kommen zum Schluss, dass eine Anpassung an die nationalen Gepflogenheiten zu empfehlen ist.[37]

(4) Divisionale Aufbauorganisation

Transparenz durch M-Form

Ein letzter, hier darzustellender interner Mechanismus ist die Wahl *einer divisionalen Aufbauorganisation nach Geschäftsbereichen (M-Form)*. Über sie vermag man die Transparenz des Unternehmens für die Anspruchsgruppen zu erhöhen, da nun jedes Geschäft (und dessen Management) getrennt auf seine Leistungsfähigkeit beurteilt werden kann. Damit reduziert sich auch die Möglichkeit, unbemerkt schlecht laufende Geschäfte überkreuz zu »subventionieren«. Auch können die Geschäfte nun von der Corporate-Ebene aus einzeln evaluiert und gesteuert werden. Von dort aus können auch unternehmensweite Initiativen zentral gestartet und gesteuert werden, die für alle Geschäftsbereiche gleichermaßen verpflichtend sind. Beispiel hierfür kann in einem Industrieunternehmen das Ziel sein, in allen Geschäftsbereichen den Dienstleistungsanteil auf einen bestimmten Prozentanteil an der Gesamtwertschöpfung auszuweiten.

> **Fallbeispiel: Neue Strukturen für den BAYER-Konzern**
>
> 2001 war der deutsche BAYER-Konzern weltweit in die Schlagzeilen gelangt, als sein cholesterinsenkendes Medikament Lipobay/Baycol mit weltweit 50 Todesfällen in Verbindung gebracht wurde. Der Konzern nahm daraufhin das Produkt vom Markt, worauf der Aktienkurs sehr stark nachgab. Dieses Ereignis warf dann – auf Druck der Kapitalmärkte – die Frage auf, ob BAYER sich nicht von seinem Pharmabereich trennen sollte (oder sich zumindest mit einem Partner zusammentun sollte) und sich dann voll auf Chemie spezialisiert. Kritiker sagten, dass BAYER das Geld aus einem Pharma-Verkauf dringend benötige, um in den anderen Bereichen wettbewerbsfähig zu sein.
>
> Auf der Aufsichtsratssitzung im September 2001 wurde Werner Wenning zum neuen Vorstandsvorsitzenden gewählt. Er kündigte an, dass man zwar weiterhin beim bisherigen »Vier-Säulen-Konzept« der Arbeitsgebiete (1) Landwirtschaft/Pflanzenschutz, (2) Pharma/Gesundheit, (3) Polymere und (4) Chemie bleiben werde, dass man aber die Aufbauorganisation reorganisieren werde. Die Bereiche Gesundheit (zu dessen Kern auch das Pharma-Geschäft gehören soll) und Landwirtschaft sollen jeweils in einer eigenen Kapitalgesellschaft verselbstständigt werden. Dann hätte man im Bereich Gesundheit auch die notwendige Flexibilität, um eventuell mit einem Partner zusammenzuarbeiten. Dazu brauche man aber mehr Zeit. Der Umbau geschah in drei Phasen.
>
> *(1) Einführung einer Holding-Struktur:* Zunächst wurden die bisherigen vier Geschäftsbereiche der BAYER AG in *eigenständige Teilkonzerne* (BAYER CROPSCIENCE, BAYER HEALTHCARE, BAYER POLYMERS und BAYER CHEMICALS) unter dem Dach einer BAYER Holding formiert. Weitere Teile der BAYER AG wurden in *Servicegesellschaften* wie BAYER TECHNOLOGY SERVICES, BAYER INDUSTRY SERVICES (später CURRENTA) und BAYER BUSINESS SERVICES ausgegliedert.
>
> *(2) Abspaltung der Chemie:* Ende 2003 wurde bekanntgegeben, dass der Teilkonzern BAYER CHEMICALS zusammen mit größeren Teilen des Kunststoffgeschäfts des

2.4.2 Corporate-Governance-Mechanismen

> Teilkonzerns BAYER POLYMERS als unabhängige Gesellschaft aus dem Konzern ausgegliedert werden sollte. Der Teilkonzern BAYER POLYMERS wurde zum 1. Januar 2004 in BAYER MATERIALSCIENCE umbenannt. Die Abspaltung der Bereiche wurde zum 1. Februar 2005 in Form eines *Spin-offs* und mit dem *Börsengang* von LANXESS komplett vollzogen.
>
> (3) *Stärkung des Bereichs Pharma:* Zu Beginn des Jahres 2005 übernahm BAYER die OTC-Sparte (rezeptfreie Medikamente) der Schweizer ROCHE. Hinzu kam in 2006 die Übernahme des Berliner Pharmaherstellers SCHERING AG, die den Konzern knappe 17 Mrd. Euro kostete. Nach Abschluss eines Beherrschungs- und Gewinnabführungsvertrags wurde der Name in BAYER SCHERING PHARMA AG geändert und – nach einem »Squeeze-out« der verbleibenden Minderheitsaktionäre – von der Börse genommen. Der Mitte 2006 stattgefundene Verkauf der Division Diagnostics von BAYER HEALTHCARE an SIEMENS erbrachte einen Nettozufluss von 3,6 Mrd. Euro, was die Finanzierung der SCHERING-Akquisition erleichterte.
>
> Im September 2007 wurde auch der Rückzug von der New Yorker Börse bekannt gegeben. Damit verbunden strebte das Unternehmen die komplette Deregistrierung und somit das Beenden aller Berichtspflichten an die US-Börsenaufsicht Securities and Exchange Commission (SEC) an. BAYER folgte damit der BASF, welche kurz zuvor ebenfalls ein Delisting bekanntgegeben hatte.
>
> Nach diesen Jahren des radikalen strukturellen Umbruchs ist das operative Geschäft des BAYER-Konzerns im Jahr 2010 in drei Teilkonzerne BAYER HEALTHCARE AG, BAYER CROPSCIENCE AG und BAYER MATERIALSCIENCE AG gegliedert. Doch die Fokussierung geht weiter. Seit 2015 sieht man sich als eine »Life Science Company« mit nur noch zwei Divisionen: Health Care und Crop Science. Dazu hat man Material Science unter dem Namen Covestro ausgegliedert, und will es bis Mitte 2016 an die Börse gebracht haben.

Gefahr der M-Form ist es, dass Manager – in ihrem Eigeninteresse – den *Diversifikationsgrad* (z. B. durch Akquisitionen) weiter erhöhen und es dann für die Anspruchsgruppen schwieriger wird, die Vielzahl der einzelnen Geschäftsentscheidungen zu verstehen und zu überwachen. Deshalb müssen die Anspruchsgruppen speziell in der M-Form darauf Wert legen, dass differenzierte und wirkungsvolle interne Überwachungs- und Steuerungssysteme – z. B. in Form eines leistungsfähigen Aufsichtsrates – bestehen.

Gefahr der M-Form

(5) Der Markt für Unternehmenskontrolle

Greifen alle internen Corporate-Governance-Mechanismen nicht und weist das Unternehmen im Branchenvergleich immer noch unterdurchschnittliche Renditen aus, dann findet dies bei börsennotierten Gesellschaften in einer Unterbewertung des Unternehmens seinen Ausdruck. Aus Sicht des Kapitalmarktes also könnte ein besseres Management mehr aus den Ressourcen des Unternehmens machen. Diese Unterbewertung lockt andere Unternehmen an. Sie überprüfen, ob sie mit ihrem Management in der Lage wären, den potenziellen Mehrwert des Unternehmens zu realisieren. Man spricht hier auch vom »*Markt für Unternehmenskontrolle*« als externen Corporate-Governance-Mechanismus, der immer dann greifen sollte, wenn die internen Mechanismen versagen. Deshalb kann man den Markt für Unternehmenskontrolle auch als die *Arena* begreifen, in der *verschiedene Führungsteams um die Rechte zum Management der Ressourcen eines Unternehmens konkurrieren*.[38]

Akquisition als Übergang von Kontrollrechten

Kommt es dann zur Akquisition eines unterbewerteten Unternehmens, dann gehen die Rechte zur Unternehmenskontrolle vom erworbenen Unternehmen auf das Käuferunternehmen über. Damit ist auch wieder das Recht verbunden, das Management der Ressourcen eines Unternehmens zu bestimmen, d. h., auch die Führungsmannschaft zu bestellen, zu entlassen, ihre Vergütung festzulegen etc. Nicht selten kommt es deshalb nach einer Akquisition auch zu einem Austausch von Teilen des Managements des Zielunternehmens, da man es für die Unterbewertung verantwortlich macht. In einem effizienten Kapitalmarkt kann man auch

Sanktion durch den Markt

sagen, dass der Markt hier ein nicht ausreichend kompetent arbeitendes Management »bestraft«. Dazu ist allerdings anzumerken, dass die Kapitalmärkte, und damit dann auch die Märkte für Unternehmenskontrolle, zumindest kurzfristig keineswegs immer effizient sind. Doch auch hier gibt es – insbesondere aufgrund der jeweiligen rechtlichen Rahmenbedingungen – signifikante Unterschiede zwischen den Ländern. Während die USA wohl über den effizientesten Markt für Unternehmenskontrolle verfügt, ist dieser in Japan kaum existent. In Europa wird seit vielen Jahren an einer Harmonisierung gearbeitet, doch die großen bestehenden nationalen Unterschiede (von den Niederlanden bis Großbritannien) scheinen dies noch zu verhindern. Aufgrund dieser Ineffizienz stellt die Angst vor einer Unternehmensübernahme deshalb auch nur einen beschränkt wirksamen Corporate-Governance-Mechanismus dar, wenn die internen Mechanismen versagen.

Es ist nun naheliegend, dass das Management über die Jahre viele raffinierte

Abwehrtaktiken gegen Übernahmen

Abwehrtaktiken entwickelt hat, um sich gegenüber solchen Übernahmen zu schützen. Auf individueller Ebene sind dies z. B. die oben erwähnten Entschädigungszahlungen bei vorzeitiger Vertragsauflösung, wie man sie auch heute bei den meisten CEO-Verträgen antrifft. Oder aber es sind Instrumente, welche die Übernahmen erschweren oder verunmöglichen sollen. Exemplarisch seien hier die Stimmrechtsbegrenzungen (unabhängig vom Kapitalanteil) genannt. Problem solcher Verteidigungsmaßnahmen ist es, dass sie aus Sicht des Kapitalmarktes als Begrenzung der Wirkung von Corporate-Governance-Mechanismen betrachtet werden und deshalb meist zu einem Abschlag beim Börsenkurs führen.

> **Workshop: Qualität der Corporate Governance**
> Betrachten Sie Ihre Organisation einmal durch die Brille der Corporate-Governance-Diskussion und konfrontieren Sie sich mit folgenden Fragen:
> - Wie sehen wir den Zusammenhang zwischen unserer Corporate Governance und der Wettbewerbsfähigkeit unserer Organisation?
> - Wie erklärt sich historisch die Zusammensetzung unserer Corporate-Governance-Gremien? Inwieweit sind wir wirklich darum bemüht, diese Gremien professionell und der heutigen Situation des Unternehmens entsprechend zu besetzen? Haben wir dies z. B. einmal unabhängig überprüfen lassen?
> - Werden wir bereits auf das Thema Corporate Governance von außen angesprochen? Falls ja: Wie gehen wir damit um? Sind wir hier offen für Kritik oder reagieren wir mit ablehnenden Routinen?
> - Wie sehen wir den Stand der gesetzlich verlangten Corporate-Governance-Standards in den Ländern, in denen wir tätig sind? Sollten wir darüber hinausgehen, um der internationalen Angleichung der Standards zuvorzukommen?
> - Welche Möglichkeiten haben unsere Aktionäre, das Verhalten des Managements und dessen Auswirkungen zu beobachten und zu kontrollieren? Ist dies ausreichend? Wie gut sind unsere Aktionäre vor einer einseitigen Durchsetzung der Eigeninteressen des Managements geschützt?

- Wie unabhängig ist die von uns bestellte *Revisionsgesellschaft*? Wie viele frühere Mitarbeiter dieser Gesellschaft arbeiten heute bei uns im Unternehmen? Gibt dies Anlass zu zusätzlicher Kontrolle?
- Sehen wir Anlass dazu, einen der genannten Corporate-Governance-*Mechanismen* zu ändern? Sollten wir z. B. den Aktionären eine Koordination ihrer Interessen erleichtern?
- Sind unsere Führungsgremien ausreichend *divers*? Wie groß soll der Anteil der Internen sein? Sollte der CEO im Board of Directors bzw. in einem Verwaltungsrat sitzen? Und wenn ja, sollte er dann das Gremium präsidieren oder nicht? Wie viele Nationalitäten sollten in unseren Führungsgremien vertreten sein, angesichts der Globalität der Märkte, in denen man tätig ist? Sind alle relevanten Expertisen vertreten? Ist z. B. eine IT-Expertise in einem Geschäft vorhanden, bei dem IT einen der zentralen Erfolgsfaktoren darstellt?
- Haben wir unsere Arbeit in geeigneter Form in thematische Ausschüsse aufgeteilt? Sind sie themengerecht (Expertise, Interessenkonflikte etc.) besetzt?
- Wie viele *Anteile* sollten unsere Gremienmitglieder am Unternehmen halten? Im Allgemeinen kann man beobachten, dass der Kapitalmarkt es positiv honoriert, wenn die Gremienmitglieder relevante *Anteile am Unternehmen* erwerben, da man dann davon ausgeht, dass mehr im Sinne aller Eigentümer gehandelt wird.
- Wie sollte der *Stil* der Zusammenarbeit im Gremium sein? Formell oder eher informell? Häufig (z. B. monatlich) oder eher selten (z. B. einmal jährlich)? Kritisch oder eher konsensorientiert?
- Sollten wir unsere Haltung zum Thema Corporate Governance in eigenen Grundsätzen dazu ausarbeiten und publik machen?

2.4.3 Nationale Unterschiede

Angesichts der Globalisierung ist es naheliegend, dass auch die Leistungsfähigkeit der nationalen Formen von Corporate Governance zueinander in Konkurrenz treten. Ein Beispiel hierfür ist der enorme Druck, der zur Durchsetzung internationaler Accounting-Standards ausgeübt wird, damit z. B. Investoren auf einer vergleichbaren Basis Unternehmen beurteilen können. Wessen System dann obsiegt, ist nicht nur eine Frage von Qualität und Eignung, sondern auch von wirtschaftlicher Macht.

(1) Modelle der Führung und Überwachung

Die Führungsorganisation jedes Unternehmens unterliegt einer Vielzahl gesetzlicher Vorschriften. Da die Gesetzgeber in den einzelnen Ländern hier unterschiedliche Absichten verfolgen, die oft auch entwicklungsgeschichtlich bedingt sind, sind auch die Möglichkeiten zur Ausgestaltung einer Führungsorganisation unterschiedlich ausgeprägt. Im Prinzip stehen derzeit in den westlichen Industrienationen drei Corporate-Governance-Systeme zueinander im Vergleich, die sich insbesondere bzgl. der Vielfalt vertretener Anspruchsgruppeninteressen sowie der Stufigkeit der Struktur von Geschäftsführung und Überwachung unterscheiden: die *Aufsichtsratsverfassung* (»*Two-tier-System*«; auch »Rhein-Modell« genannt) sowie die beiden »*One-tier-Systeme*« der *Board-Verfassung* und *das Verwaltungsratsmodell*. Man vergleiche dazu Abbildung 2-19. Diese drei Grundmodelle werden nun am Beispiel ihrer wichtigsten Anwenderländer erörtert.

Drei Corporate-Governance-Systeme in Konkurrenz

2.4 Corporate Governance

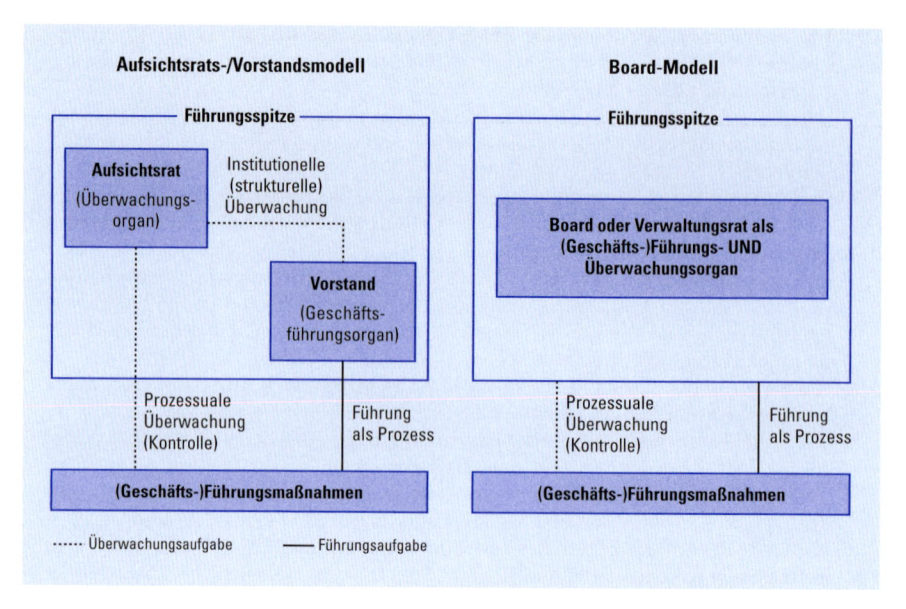

Abb. 2-19: Modelle der Corporate Governance im Vergleich (Bleicher/Leberl/Paul 1989)

Aufsichtsrats-/Vorstandsmodell

Führungsspitze
- **Aufsichtsrat** (Überwachungsorgan)
- Institutionelle (strukturelle) Überwachung
- **Vorstand** (Geschäftsführungsorgan)
- Prozessuale Überwachung (Kontrolle)
- Führung als Prozess
- (Geschäfts-)Führungsmaßnahmen

Board-Modell

Führungsspitze
- **Board oder Verwaltungsrat** als (Geschäfts-)Führungs- UND Überwachungsorgan
- Prozessuale Überwachung (Kontrolle)
- Führung als Prozess
- (Geschäfts-)Führungsmaßnahmen

······ Überwachungsaufgabe ——— Führungsaufgabe

2-stufige Aufsichtsratverfassung

Deutschland: Für die Spitzenverfassung der deutschen Aktiengesellschaft gilt seit 1870 obligatorisch die Dreiteilung in die Organe *Aufsichtsrat*, *Vorstand* und *Hauptversammlung* der Aktionäre. Typisch ist hier, dass dem Vorstand, der sich nur aus internen Managern zusammensetzt und dem die gemeinsame Geschäftsführungsverantwortung zukommt, als externes Kontrollorgan der Aufsichtsrat übergeordnet wird, der die Interessen der Anspruchsgruppen (Aktionäre, Mitarbeiter etc.) gegenüber dem Management zu vertreten hat. Beide Organe werden durch einen Vorsitzenden präsidiert. In diesem Trennungsmodell wird also bewusst auf direkte funktionelle oder personelle Verbindungen zwischen Führungs- und Überwachungsorgan verzichtet. Dieses Modell war z. B. dahingehend hilfreich, dass eine direkte Vertretung der Mitarbeiterinteressen in der Unternehmensführung möglich wurde. Ab 2.000 Mitarbeiter sitzen im Aufsichtsrat zur Hälfte auch Vertreter der Mitarbeiterschaft. Manche machen diese im Aufsichtsrat vertretene Interessenvielfalt dafür verantwortlich, dass man teilweise nicht in der Lage war, entschlossen genug auf die globalen Wettbewerbsherausforderungen zu reagieren, was wiederum zum Verlust vieler Arbeitsplätze führte. Andere argumentieren, dass dieses Modell eine Arena schuf, in der die unterschiedlichen Interessenlagen ausgefochten werden konnten und man so einen weitreichenden »sozialen Frieden« (z. B. mit relativ wenigen Streiks) in den Unternehmen hatte.

Direkte Vertretung der Mitarbeiterinteressen

Strategie ist allein Vorstandsverantwortung

Das Strategische Management steht in diesem Ansatz unbestritten allein in der Verantwortung des Vorstandes. Damit wird dem Vorstand (als Kollektiv) eine uneingeschränkte Führungsrolle und -verantwortung zugewiesen. *Oberster Stratege ist der Vorstandsvorsitzende*. Wichtigste Funktion des Aufsichtsrates sind die (Wieder-)Bestellung und ggf. Abberufung der Vorstandsmitglieder (womit er natürlich indirekt auch Einfluss auf die Strategie nimmt). Bei den deutschen Aktiengesellschaften spielen auf der Eigentümerseite nach wie vor die Banken als Kreditgeber, als Beteiligungsnehmer oder als Verwalter von Depotstimmrechten eine dominante Rolle. Im Prinzip kann man sagen, dass der Wiederaufbau Deutschlands nach dem zweiten Weltkrieg durch die Banken finanziert wurde, während z. B. in Großbritannien die Bürger als Aktionäre das Wachstum finan-

Dominante Rolle der Banken bei der AG

2.4.3 Nationale Unterschiede

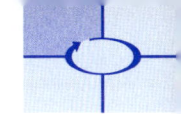

zierten. Damit liegt die Corporate-Governance-Verpflichtung in Deutschland – ähnlich wie in Japan – dominant bei den Banken. Insgesamt betrachtet ist die deutsche Unternehmenslandschaft immer noch sehr stark durch die Rechtsform der GmbH (Gesellschaft mit beschränkter Haftung) geprägt. Hier gibt es meist kein Agency-Problem, da die Rolle von Eigentümer und Geschäftsleitung in Personalunion wahrgenommen wird. Als primäre Vorteile der Aufsichtsratsverfassung werden die strikte Trennung von Führung und Überwachung sowie die Möglichkeit der Beteiligung weiterer Anspruchsgruppen (Mitarbeiter) gesehen. Als nachteilig wird empfunden, dass gesetzliche Absicht und Aufsichtsratspraxis immer weiter auseinanderklaffen.

Auseinanderklaffen von gesetzlicher Absicht und Praxis

> **Fallbeispiel: Überwachung und Beratung im Dialog mit dem Vorstand: Auszug aus dem Bericht des Aufsichtsrats von ADIDAS[39]**
>
> „Auch im abgelaufenen Geschäftsjahr haben wir alle uns nach Gesetz, Satzung und Geschäftsordnung obliegenden Aufgaben sorgfältig und gewissenhaft wahrgenommen. Wir haben den Vorstand bei der Leitung des Unternehmens regelmäßig beraten, seine Geschäftsführung sorgfältig und kontinuierlich überwacht und uns dabei von deren Rechtmäßigkeit, Zweckmäßigkeit und Ordnungsmäßigkeit überzeugt.
>
> In sämtliche Entscheidungen, die für das Unternehmen von wesentlicher Bedeutung waren, hat uns der Vorstand unmittelbar eingebunden. Nach eingehender Beratung und Prüfung der uns vom Vorstand übergebenen ausführlichen Unterlagen, haben wir zu einzelnen Geschäftsvorgängen unsere Zustimmung erteilt, soweit dies rechtlich erforderlich war.
>
> Der Vorstand hat uns in den Aufsichtsratssitzungen umfassend und zeitnah über alle relevanten Aspekte der Geschäftsstrategie, der Unternehmensplanung – einschließlich der Finanz-, Investitions- und Personalplanung –, der Geschäftsentwicklung, der Finanzlage und der Rentabilität des Konzerns schriftlich und mündlich informiert. In gleicher Weise wurden wir über Fragen der Risikolage, des Risikomanagements und der Compliance sowie über alle für den Konzern wichtigen Entscheidungen und Geschäftsvorgänge auf dem Laufenden gehalten.
>
> Abweichungen des Geschäftsverlaufs von den Planungen, die uns der Vorstand stets umgehend und ausführlich erläutert hat, wurden von uns im Plenum intensiv behandelt.
>
> Zur Vorbereitung unserer Sitzungen erhielten wir vom Vorstand regelmäßig umfassende Berichte. Wir hatten somit stets die Möglichkeit, uns in den Ausschüssen und im Plenum mit den Berichten und Beschlussvorschlägen des Vorstands kritisch auseinanderzusetzen und Anregungen einzubringen, bevor wir nach sorgfältiger Prüfung und Beratung Beschlüsse zu den Vorstandsvorlagen fassten. Außerhalb der Sitzungen hat uns der Vorstand monatlich, falls erforderlich auch häufiger, über die aktuelle Geschäftslage berichtet.
>
> Im Berichtsjahr haben wir neben der konstituierenden Sitzung fünf ordentliche Sitzungen abgehalten, des Weiteren zwei außerordentliche Sitzungen. ... Der externe Abschlussprüfer, die KPMG AG Wirtschaftsprüfungsgesellschaft (KPMG), hat an allen ordentlichen Sitzungen des Aufsichtsrats, soweit nicht Vorstandsangelegenheiten behandelt wurden, und an allen Sitzungen des Prüfungsausschusses teilgenommen. Die Arbeitnehmervertreter haben Tagesordnungspunkte aller Plenumssitzungen in gesonderten Sitzungen vorbereitet und beraten.
>
> Zwischen den Sitzungen standen der Aufsichtsratsvorsitzende und der Prüfungsausschussvorsitzende regelmäßig in Kontakt mit dem Vorstandsvorsitzenden und dem Finanzvorstand. Dabei wurde über Fragen der Unternehmensstrategie, der Geschäftsentwicklung und -planung, der Risikolage und des Risikomanagements sowie der Compliance beraten. Der Aufsichtsratsvorsitzende wurde darüber hinaus über wichtige Ereignisse, die für die Beurteilung der Lage und Entwicklung des Unternehmens und die Geschäftsführung von wesentlicher Bedeutung waren, umgehend informiert."

Board-Verfassung

USA: In den angelsächsischen Ländern überwiegt das einstufige Board-Modell, in dem Führung und Überwachung in einer integrierten Form wahrgenommen werden. Einziges Verwaltungsorgan ist hier das *Board*, das sich aus den internen und – meist in der Minderzahl befindlichen – externen Direktoren zusammensetzt. An der Spitze des Boards steht der *Chairman of the Board*. Zum Inhaber dieser Position kann z. B. die Spitze des internen Managements, *der Chief Executive Officer* (CEO), bestellt werden. Damit wäre eine hohe Konzentration der Macht verbunden, denn – im Vergleich zum deutschen Modell – würden die Positionen des Vorsitzes von Aufsichtsrat und Vorstand durch die gleiche Person wahrgenommen. Das *Shareholder Meeting* kann in etwa mit der deutschen Hauptversammlung oder der Generalversammlung der Aktionäre in der Schweiz gleichgesetzt werden. Die internen Direktoren sind Angestellte des Unternehmens, während die externen Direktoren in keinem Anstellungsverhältnis zum Unternehmen stehen. Das Board ist gemeinschaftlich für Führung und Überwachung zuständig. Die Aufgabenverteilung wird innerorganisatorisch – z. B. über die Bildung von Ausschüssen – vorgenommen. So übernimmt die Gruppe der internen Direktoren (manchmal noch ergänzt um sogenannte *Executive Directors*, die allerdings nicht Mitglieder des Boards sind) die Funktion der operativen Geschäftsführung und vertritt die Gesellschaft auch gegenüber Dritten. Wohl wichtigster Träger der Überwachungsfunktion ist das »*Audit Committee*«, das nur mit externen Direktoren besetzt ist. Manchmal werden noch namhafte außenstehende Fachexperten gewählt, um die Unabhängigkeit dieses Ausschusses zu unterstreichen. Damit kann man im Vergleich zum deutschen System wiederum von einer »faktisch dualistischen Strukturierung des Boards« sprechen. Die Vorteile des Board-Modells sieht man insbesondere in der deutlich stärkeren Einbindung der externen Direktoren in die Unternehmensführung. So gehört das Strategische Management hier auch zu deren Aufgabenbereich. Dies hat zur Folge, dass sie über eine deutlich bessere Informationsbasis verfügen müssen (allerdings in einer faktischen Abhängigkeit von der Informationsbereitschaft des Managements), d. h., dass sie sich auch zeitlich deutlich intensiver mit dem Unternehmen auseinandersetzen müssen (höhere Sitzungsfrequenz). Nachteile des Board-Modells sind eine eventuell zu hohe Machtfülle in der Personalunion von Chairman und CEO, in der Asymmetrie der Verteilung von Macht, Wissen, Arbeit etc. im gleichen Gremium sowie in der mangelnden Objektivität.

Überwachungsfunktion des »Audit Committee«

Strategie auch in Verantwortung des Boards

Verwaltungsratsmodell

Schweiz: Auch bei der schweizerischen Aktiengesellschaft folgt man einem einstufigen Modell und unterscheidet die drei Organe *Generalversammlung*, *Verwaltungsrat* und *Kontrollstelle*. Im Unterschied zum Board-Modell erlaubt das Obligationenrecht der Schweiz allerdings die Übertragung der Führungsfunktion auch auf einen oder mehrere Delegierte *außerhalb* des Verwaltungsrates. Damit besteht – falls dies gewollt ist – die Möglichkeit, institutionell zwischen Führungs- und Überwachungsfunktion zu trennen. Vier Ausgestaltungsvarianten sind damit praktisch möglich:

Möglichkeit der Trennung von Führungs- und Überwachungsfunktion

- Nur-Insider-Board: Der Verwaltungsrat übernimmt als Gesamtgremium die Führungs- und Überwachungsaufgabe;
- Insider-Outsider-Board: Der Verwaltungsrat übernimmt die Überwachungsaufgabe. Die Führungsaufgabe delegiert er an einen oder mehrere Verwaltungsratsdelegierte aus dem Kreis des Verwaltungsrates;

2.4.3 Nationale Unterschiede

- Nur-Outsider-Board: Der Verwaltungsrat übernimmt die Überwachungsaufgabe. Die Führungsaufgabe delegiert er an einen oder mehrere Direktoren, die allerdings nicht dem Verwaltungsrat angehören;
- Board-Aufsichtsrats-Modell: Der Verwaltungsrat übernimmt die Überwachungsaufgabe. Die Führungsaufgabe delegiert er an einen oder mehrere Verwaltungsratsdelegierte aus dem Kreis des Verwaltungsrates sowie an einen oder mehrere Direktoren, die nicht dem Verwaltungsrat angehören. Zusammen bilden sie dann die Geschäftsführung.

Die große Flexibilität dieses Modells hat dazu geführt, dass in der Schweiz die AG die weitaus häufigste Rechtsform von Unternehmen ist. Die Trennung von Führungs- und Überwachungsfunktion wird als »unechte Trennung« betrachtet, da in jedem der Fälle die *Verantwortung für die Unternehmensführung beim Verwaltungsrat als Institution* bleibt. Problem dieses Modells ist – ähnlich wie beim Board-Modell – die Asymmetrie in der Verteilung von Macht, Wissen, Arbeit etc. im Verwaltungsrat, was nach einer klareren Definition der Funktionen und Aufgaben des Verwaltungsrates und seiner Untergruppen verlangt. Damit kann zu den Bemühungen um eine Reform der nationalen Corporate-Governance-Regelungen übergeleitet werden.

> Verantwortung für die Unternehmensführung beim Verwaltungsrat

Fallbeispiel: Corporate Governance der NOVARTIS[40]
Die verantwortlichen Organe des Schweizer Pharmakonzerns NOVARTIS sind (1) die Generalversammlung der Aktionäre, (2) der Verwaltungsrat, (3) die Geschäftsleitung und (4) die Revisionsstelle. Jährlich wird ein Corporate-Governance-Bericht verfasst.

Die *Generalversammlung der Aktionäre* wählt die Mitglieder des Verwaltungsrates, sowie deren Präsident, jährlich (wieder). Sie genehmigt auch die Vergütung der Mitglieder des Verwaltungsrats und der Geschäftsleitung, den Jahresbericht und die Konzernrechnung, fasst Beschluss über die Verwendung des Bilanzgewinns und der Dividende und setzt die Statuten fest. Sie wählt auch die *Revisionsstelle*, die die Übereinstimmung der Konzernrechnung mit den geltenden Grundsätzen und dem schweizerischen Gesetz sowie die Wirksamkeit der internen Kontrollen für die Finanzberichterstattung zu beurteilen hat. Die *Geschäftsleitung* ist für die Führung der Geschäftstätigkeit verantwortlich.

Dem *Verwaltungsrat* gehören elf unabhängige Mitglieder an (Nur-Outsider-Board). Aufgabe des Verwaltungsrats ist die Festlegung der strategischen Ausrichtung des Konzerns, die Ernennung und Überwachung wichtiger Führungskräfte sowie die Genehmigung wesentlicher Transaktionen und Investitionen. Die Strategie überprüft der Verwaltungsrat im Jahresrhythmus und passt sie, wenn nötig, an. Dazu trifft er sich zu einem zweitägigen Strategie-Meeting. Dort entschied man z.B. im April 2014, dass das Konzernportfolio auf die drei Geschäftsbereiche Pharmaceuticals, Opthalmologie (Alcon) und Generika (Sandoz) auszurichten ist sowie die Konsolidierung unserer internen Dienstleistungen in einer einzigen Organisation. Spezifische Verantwortlichkeiten hat er folgenden fünf Ausschüssen zugewiesen: Audit & Compliance, Compensation – jährlich (wieder)gewählt durch die Generalversammlung –, Governance, Nomination & Corporate Responsibilities, Research & Development, Risk. 2014 hatte man die Leistung des Verwaltungsrats als Gremium unabhängig beurteilen lassen.

(2) Reformbestrebungen

Im Zuge der Globalisierung der Märkte haben die Investoren und deren Vertreter in nahezu allen industrialisierten Ländern mehr und mehr Druck aufgebaut, Corporate Governance zu professionalisieren und zu standardisieren. Dabei gewinnt das einstufige angelsächsische Modell (mit seinen verschiedenen Teilaspekten) gegenüber dem zweistufigen Modell klar an Einfluss, auch wenn es nicht in allen Teilfragen das bessere Modell ist. Dementsprechend rege waren in den letzten Jahren die Bemühungen vieler Länder zur Verbesserung der regulatorischen Rahmenbedingungen, denn die Qualität der Corporate Governance ist als Standortfaktor zu betrachten, da dieser etwas über die Effizienz des Kapitalmarktes eines Landes aussagt. Viele dieser Anstrengungen fanden in Form der Verfassung von Leitsätzen und Richtlinien statt, was man als »best practice« in Sachen Corporate Governance betrachtet. Dabei kamen auch unterschiedliche Ansichten darüber zu Tage, was man überhaupt genau unter Corporate Governance verstehen will und welche Ziele zu verfolgen sind. Im britischen »*Cadbury Code*« ist es »the system whereby companies are directed and controlled«. Im italienischen »*Preda Code*« sind es die Regeln, nach denen Unternehmen geführt werden. Eine etwas andere Position trifft man bei der OECD an, wo man Corporate Governance als eine Menge von Beziehungen zwischen dem Topmanagement eines bestimmten Unternehmens und den verschiedenen Gruppen betrachtet, die spezifische Interessen in den Aktivitäten verfolgen. Während man im Preda Code als Hauptaufgabe einer Corporate Governance die Schaffung des Shareholder Value sieht, wird im französischen »*Viénot report*« betont, dass man vor allen anderen Anspruchsgruppenerwartungen den allgemeinen Interessen des Landes gerecht zu werden habe. Im deutschen Ansatz wird eine Art Zwischenposition eingenommen, wenn es heißt, dass man eine verantwortungsbewusste und wertorientierte Führung und Steuerung von Unternehmen erwarte, die in der Lage ist, das Vertrauen von Aktionären, Mitarbeitern, Geschäftspartnern und der Öffentlichkeit zu rechtfertigen und zu stärken.

Ressourcen
Das EUROPEAN CORPORATE GOVERNANCE INSTITUTE (ECGI) (www.ecgi.org) bietet ein sehr gut strukturiertes Portal mit vielen Links zu nationalen Corporate-Governance-Regelungen in der Rubrik »codes & principles« an. Die Webseite des EUROPEAN CORPORATE GOVERNANCE FORUM (www.corpgov.net) wurde 1995 gestartet. Sie enthält eine große Anzahl von Informationen und Links zum Thema Corporate Governance. Sie dient aber auch Anspruchsgruppen an Unternehmen als Kommunikationsplattform, um sich aktiv in die Diskussion um eine professionelle Corporate Governance einzuschalten. Eine dritte Webadresse ist die von *Robert A. G. Monk*, einem der Meinungsführer in dieser Diskussion (www.ragm.com).

Zusammenfassend können in den Industrieländern folgende allgemeine Trends festgestellt werden: (1) Das Thema Qualität der Corporate Governance hat einen erhöhten Stellenwert (auch in der öffentlichen Diskussion) erhalten, was auch zu Konsequenzen bei den Managementsystemen und der Führungsorganisation führte, (2) die Banken verlieren an Einfluss als Kontrollorgan und Anteilseigner, da ein global gewordener Kapitalmarkt eine größere Vielfalt an Finanzierungsmöglichkeiten geschaffen hat, (3) das Management widmet den Belangen der Anspruchsgruppen (und hier insbesondere denen der Shareholder) mehr Aufmerksamkeit und (4) die einzelnen Länder sind mehr oder minder entschlossen bemüht, die Effizienz ihrer Kapitalmärkte zu verbessern.

2.4.3 Nationale Unterschiede

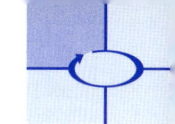

> **Standpunkt: Entwicklung von Standards?**
> Sir Adrian Cadbury, früherer Vorsitzender des »Committee on the Financial Aspects of Corporate Governance« in Großbritannien und derzeitiger Director of NEC Group sowie Kanzler der Aston University in Birmingham, vertritt folgende Auffassung: »*Meiner Meinung nach erleben wir im Bereich der Corporate Governance in ganz Europa eine Annäherung, aber es ist eine Annäherung der Standards und der Verfahren und nicht notwendigerweise der Strukturen. Unternehmensstrukturen sind wichtig. Aber wie sie im Einzelnen aussehen, ist aus meiner Sicht nicht so wichtig. Es darf innerhalb der EU ruhig Unterschiede bezüglich der Leitungs- und Kontrollorgane von Unternehmen geben, wichtig ist nur, dass ihre Effektivität im Hinblick auf Performance den Standards entspricht, die Anleger und Geldgeber erwarten. Nationale Leitsätze für ein optimales Verfahren helfen den Leitungs- und Kontrollorganen von Unternehmen, diese Standards zu erfüllen und so zur Konvergenz beizutragen.*«[41]
>
> **Was meinen Sie dazu?**
> Bei welchen Aspekten der Sicherstellung der Qualität einer Corporate Governance sollten aus Ihrer Sicht Standards gesetzt werden? In welche Richtung sollten diese Standards weisen? Wie sollte die Einhaltung dieser Standards überwacht werden?

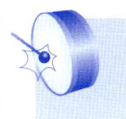

Natürlich genügt es nun nicht, nur Leitsätze für eine professionelle Corporate Governance zu haben. Ebenso wichtig ist es, ihre Einhaltung zu überwachen. Bei den großen Aktiengesellschaften sind hier die Aufsichtsinstanzen für die Kapitalmärkte ebenso wie die großen institutionellen Anleger gefordert. Bei anderen Gesellschaftsformen werden die Hauptanteilseigner eine entscheidende Rolle in der Vertretung der Stakeholder-Interessen übernehmen müssen. Insbesondere deshalb sind auch dort ein unabhängiges Leitungsorgan und eine unabhängige Rechnungsprüfung unabdingbar.

Überwachung der Einhaltung der Governance-Prinzipien

> **Standpunkt: Die Rolle der Wirtschaftsprüfer**
> Der *Rolle des Wirtschaftsprüfers* wurde in den bisherigen nationalen Corporate-Governance-Debatten vielleicht noch nicht ausreichend Rechnung getragen. Dabei ist zu bedenken, dass der Bericht des Prüfers der *einzige* Bericht zum Unternehmen ist, in dem in einer unabhängigen Form die finanzielle Berichterstattung des Unternehmens auf ihre Korrektheit überprüft wird. Damit ist er auch der einzige wirklich zuverlässige Bericht zum Unternehmen, auf den Externe ihre Entscheidungen abstützen können. Absolut zentral ist hier also die Unabhängigkeit des Prüfers. Genau diese wurde aber nach der Jahrtausendwende angesichts der Diversifikation der großen Wirtschaftsprüfungsgesellschaften in andere Dienstleistungssektoren (Unternehmensberatung, Corporate Finance, Rechtsberatung etc.) teilweise in Frage gestellt. Es wird argumentiert, dass bestimmte Aufgaben hier per se konfliktär seien.
> »*Die großen Wirtschaftsprüfungsgesellschaften sind zu abhängig von ihren Beratungshonoraren geworden!*«, meinte Lynn Turner, der frühere Chefbuchhalter der SEC (Securities and Exchange Commission). Der Zusammenbruch der gigantischen ENRON CORPORATION Ende 2001 hat aufgrund der von Enron in großem Stil vorgenommenen Gewinn- und Marktmanipulationen die großen Buchprüfungsgesellschaften wieder ins Schussfeld heftiger Kritik gerückt. ARTHUR ANDERSEN, Enrons Auditor seit 1985, hatte im Jahr 2000 neben den 25 Mio. USD Revisionseinnahmen noch 27 Mio. USD Einnahmen aus der Unternehmensberatung (Due Diligence, Steuerberatung, Risikomanagement etc.). John Dingell, der ranghöchste Demokrat im Energieausschuss des amerikanischen Repräsentantenhauses, meinte: »*Andersen ist entweder korrupt oder unfähig, vielleicht auch beides*«. Paul Volcker, der frühere Chairman der US FEDERAL RESERVE, kommentierte: »*Andersen had become very diversified. The*

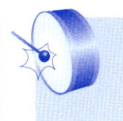

emphasis of the firm had turned to consulting to achieve revenues and in the process a firm which had been known as the strictest had lost that central focus in highly disciplined auditing.«[42] Arthur Levitt, der 2001 in Ruhestand gegangene Präsident der SEC, der für eine Ausgründung des Beratungsgeschäfts vom Revisionsgeschäft gekämpft hatte, dann aber unter dem Druck der Branche weitgehend nachgeben musste, meint: »*Bei ›Bull Markets‹ werden häufig nur ›hocus pocus audits‹ gemacht, damit die Unternehmen ihre Prognosen erreichen.*«

Dass mit derartigen Manipulationen auch institutionelle Anleger wie BARCLAYS BANK, CITIGROUP etc. getäuscht werden konnten und diese ENRON sogar zu einem Börsenliebling pushten, zeigt erstens, dass auch Profis viel Geld (bis zu 45 Mio. Anteile) in Geschäfte investieren, die sie offensichtlich nicht ganz verstehen, und dass zweitens auch diese Profis auf die Kompetenz und Objektivität des Auditors angewiesen sind. »*The financial community relies on auditors as the first line of defence against corporate misreporting. If anyone should ask the awkward questions, it is they.*«, konnte man dazu in der Financial Times vom 6.9.2001 lesen. Natürlich sind Fehler und Verfehlungen beim Auditing von Unternehmen nicht neu und wird es wohl auch immer geben. Teilweise wurde auch auf der Seite des Kunden betrügerisch gehandelt. Auch werden heutzutage meist zuerst die Auditoren angeklagt, wenn ein Unternehmen in derartige Probleme gerät – speziell, wenn beim betroffenen Unternehmen nichts mehr zu holen ist. Doch was auffällt, ist, dass derartige Fälle häufiger und spektakulärer geworden sind.

Die Konsequenzen aus diesen Entwicklungen für die Wirtschaftsprüfungsgesellschaften waren drastisch bis dramatisch: Alle mussten unter dem starken Druck der amerikanischen Wertpapieraufsicht SEC ihre noch kurz zuvor mühevoll und teuer aufgebaute Diversifikation (multi-disciplinary practice) durch Veräußerung ihrer Unternehmensberatungsgeschäfte (und teilweise durch juristische Ausgliederung ihrer Rechtsberatung) wieder zurückführen: ERNST & YOUNG hatte das Consulting im Mai 2000 an CAP GEMINI verkauft und DELOITTE hatte im Juni darauf den Bereich an die eigenen Partner veräußert, was auch KPMG im Jahr 2001 praktizierte. Im August 2002 verkaufte dann letztlich noch PRICEWATERHOUSECOOPERS (nachdem ein Initial Public Offering offenbar nicht funktionierte) für 3,5 Mrd. USD (in Cash) seine Consulting-Sparte (mit 30.000 Mitarbeitern und Erlösen von etwa 1 Mrd. USD) an IBM (zur Stärkung des Bereichs IBM GLOBAL SERVICES). Dabei hatte Carly Fiorina (im Jahr 2000 neu ernannter CEO von HEWLETT-PACKARD) noch Ende 2000 für die gleiche PWC Consulting phantastische 18 Mrd. USD (in Aktien) geboten, konnte sich damals aber gegen die Aktionäre von HP nicht durchsetzen. ANDERSEN CONSULTING hatte auch schon im Jahr 2000 aufgrund interner Konflikte die Abspaltung von ARTHUR ANDERSEN gerichtlich durchgesetzt und 2001 das neue Unternehmen an die Börse gebracht – ein sicher sehr glücklicher Entscheid für die heutige ACCENTURE, wenn man die damals nicht absehbare weitere Entwicklung von Arthur Andersen bedenkt. Für ARTHUR ANDERSEN, damals weltweit eine der Top-Wirtschaftsprüfungsgesellschaften, brachte ENRON in nur wenigen Monaten das katastrophale Aus: Am 31.8.02 stellte ANDERSEN die Buchprüfungsaufgaben ein; die Ländergesellschaften wurden größtenteils durch die Wettbewerber übernommen.

Was meinen Sie dazu?
(1) War dies nun nur ein Problem von ARTHUR ANDERSEN, dass vielleicht das Kunden-Auditoren-Verhältnis im Fall ENRON zu lasch gehandhabt hatte (eine ganze Reihe früherer Arthur Andersen-Mitarbeiter traf man über die Jahre in Topmanagement-Positionen der involvierten Enron-Abteilungen – z. B. als Chief Accounting Officer – an)? Oder ist das ein Problem der Branche, die nicht mehr die Wahrnehmung ihrer Pflichten in der Corporate Governance zu garantieren vermag? Sollte es aus Ihrer Sicht hier deutlich härtere Auflagen geben?

(2) Im Fall ENRON hatten kurz vor dem Kollaps einige Topmanager von ENRON für Hunderte von Millionen USD eigene Aktien verkauft, während man den Enron-Ange-

> stellten noch den Kauf der Aktien empfahl. Sehen Sie hierin ein Problem? Falls ja, wer/was hat hier versagt, wen trifft hier Schuld?
> (3) Hat die Wirtschaftsprüfungsbranche aus diesen Vorgängen gelernt?

Zusammenfassung

- Corporate Governance ist die Gesamtheit der organisatorischen und inhaltlichen Ausgestaltung der Führung und Überwachung von Unternehmen. Über sie wird auch festgelegt, wer für die Entwicklung und Umsetzung der Strategien des Unternehmens zuständig und verantwortlich ist.
- Da in modernen Organisationen meist Eigentum und Management getrennt sind, entsteht ein potenzieller »Principal-Agent-Konflikt«: Es besteht die Gefahr, dass das von den Eigentümern (principals) für das Treffen der richtigen strategischen Entscheidungen beauftragte Management (agents) zu sehr im eigenen Interesse und nicht im Interesse der Eigentümer handelt. Manche Eigentümer (wie z. B. institutionelle Investoren) haben inzwischen selbst wieder Manager eingesetzt, um die Überwachungsfunktion auszuüben.
- Um sicherzustellen, dass das Management im Sinne der Anspruchsgruppeninteressen handelt, können sich die Anspruchsgruppen bestimmter Corporate-Governance-Mechanismen bedienen. Die wichtigsten sind: Konzentration von Eigentum zu einer machtvolleren und kompetenteren Vertretung der Eigentümerinteressen, Gestaltung der Aufsichtsgremien für eine professionellere Überwachung, Entlohnung der Führungskräfte zur Ausrichtung ihres Entscheidungsverhaltens auf die Eigentümerinteressen, Wahl einer divisionalen Aufbauorganisation zur Erlangung einer höheren Transparenz sowie Ausnutzung der Wirkungen des Marktes für Unternehmenskontrolle.
- Corporate Governance ist stark in der Kultur und dem Rechtssystem der einzelnen Länder verankert. Aufgrund der sich globalisierenden Kapitalmärkte gibt es jedoch in den Industrieländern eine gewisse Konvergenz in der Weiterentwicklung ihrer Corporate-Governance-Regularien. Damit reagiert man auch auf den stärkeren Einfluss, der von Aktionären ausgeht, und auf eine lauter werdende öffentliche Kritik.

Anmerkungen

1 Vgl. Burgelman 1983, S. 233: Insgesamt sieht Burgelman den Erfolg strategischer Initiativen abhängig von »the availability of autonomous entrepreneurial activity on the part of operational level participants, on the ability of middle-level managers to conceptualize the strategic implications of these initiatives in more general systems terms, and on the capacity of top management to allow viable entrepreneurial initiatives to change the corporate strategy«.
2 Vgl. zur Rolle des Corporate Centers Menz/Kunisch/Collis 2015
3 Menz/Müller-Stewens/Zimmermann/Uhr 2016
4 Vgl. Floyd/Woolridge 2000.
5 Vgl. hierzu die Arbeiten von Floyd/Wooldridge 2000.
6 http://www.all-in-one-spirit.de/index.htm, abgerufen am 7.9.15.
7 http://www.nextpractice.de/nextmoderator.html, abgerufen am 7.9.15.

8 http://www.nestle-nespresso.com/sustainability/sustainability-advisory-board/sustainability-advisory-board, abgerufen am 7.9.15
9 Vgl. Miller/Burke/Glick 1998.
10 In diese Richtung argumentiert auch Adler 1991, der die unterschiedliche Leistung von Teams auf den Umgang mit und nicht auf die Existenz von Diversität zurückführt: »Highly productive and less productive teams differ in how they manage their diversity, not, as is commonly believed, in the presence or absence of diversity. When well managed, diversity becomes a productive resource to the teams. When ignored, diversity causes process problems that diminish the teams productivity.«
11 Vgl. Mintzberg 1989, S. 10.
12 Vgl. Tschan/Semmer 2001.
13 Dies zeigen z.B. die Untersuchungen von Cusumano/Selby 1996, die an den Fällen von MICROSOFT und NETSCAPE verdeutlichen, wie diese in starken Veränderungszeiten zu einem kürzeren, wöchentlichen Rhythmus ihrer Geschäftsführungssitzungen und anderer wichtiger formeller und informeller Meetings übergingen.
14 Vgl. dazu Berlien/Kirsten/Oelert/Schutt 2006.
15 Vgl. Jarzabkowski/Kaplan 2015.
16 Vgl. Fink 2003.
17 Vgl. Rigby 1994.
18 Vgl. Keen 1996 und Parikh/Neubauer/Lank 1994.
19 Vgl. Eisenhardt 1999.
20 Vgl. Friga 2001.
21 Vgl. Roos/Victor 1998a.
22 Vgl. Roos/Victor 1998b.
23 http://www.lego.com/en-us/seriousplay, abgerufen am 7.9.15.
24 Vgl. Szulanski/Amin 2001.
25 Vgl. Eisenhardt/Bourgeois 1988.
26 Vgl. Homburg/Krohmer/Workman 1999.
27 Hart/Banbury 1994 konnten in einer quantitativen Studie den Vorteil einer solchen Verwendung von Strategieprozessen eindrucksvoll belegen: Unternehmen, die verschiedene Strategieprozesse je nach Situation aktivieren konnten, waren erfolgreicher als solche, die nur einen Prozess verwendeten.
28 Vgl. Baker/Gibbons/Murphy 1997.
29 Vgl. Lazzari 2001.
30 Grossman/Hart 1986 sprechen hier von dem »residual rights of control«.
31 Vgl. umfassend die Diskussion in Hommelhoff/Hopt/Werder 2009.
32 Dass der allen Anspruchsgruppen entstehende Wert auch rückgängig sein kann, zeigen z.B. Shleifer/Summers 1988 in ihrer Studie zur Restrukturierung der Fluggesellschaft TWA.
33 In Anlehnung an Hitt/Ireland/Hoskisson 2010.
34 So fordert beispielsweise der öffentliche US-Pensionsfonds CalPERS Reformen der deutschen Unternehmenskontrolle: Die Rechnungslegung soll transparenter und die Überkreuzverflechtungen sollen verringert werden.
35 Vgl. Beatty/Zajac 1994.
36 Vgl. http://www.deutsche-bank.de/ir/de/content/corporate_governance_berichte.htm, abgerufen am 8.9.15.
37 Vgl. z.B. Roth/O'Donnell 1996.
38 Vgl. Jensen/Meckling 1976.
39 http://www.adidas-group.com/de/investoren/corporate-governance/aufsichtsratsbericht/, abgerufen am 8.9.15.
40 Vgl. Novartis Geschäftsbericht 2014.
41 Vgl. Cadbury 2001.
42 Financial Times, 25.9.2002, S. 21.

Kapitel 3
Positionierung

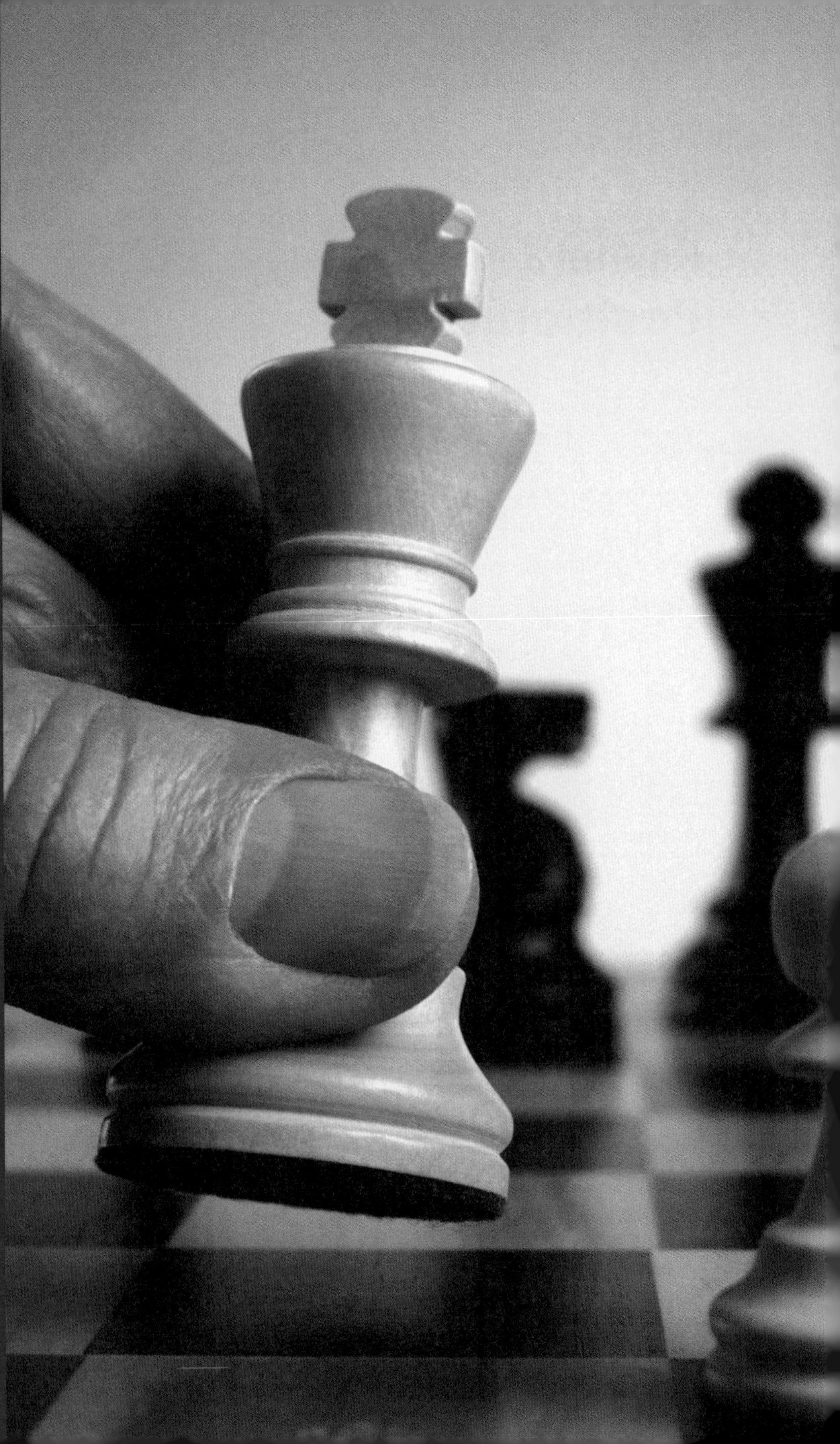

Kapitel 3
Positionierung

Wie wollen wir strategische Initiativen und/oder ihren Kontext im Unternehmen gestalten?

Gestaltung

Wie wollen wir das Unternehmen gegenüber seinen Anspruchsgruppen positionieren? (Außenverhältnis)

Wie bilden sich strategische Initiativen in Unternehmen?

Reflexion

Wie positionieren sich Unternehmen gegenüber ihren Anspruchsgruppen? (Außenverhältnis)

Genese

Initiierung — **Positionierung**

Prozess (Wie?) — Performance-Messung — Inhalt (Was?)

Veränderung — Wertschöpfung

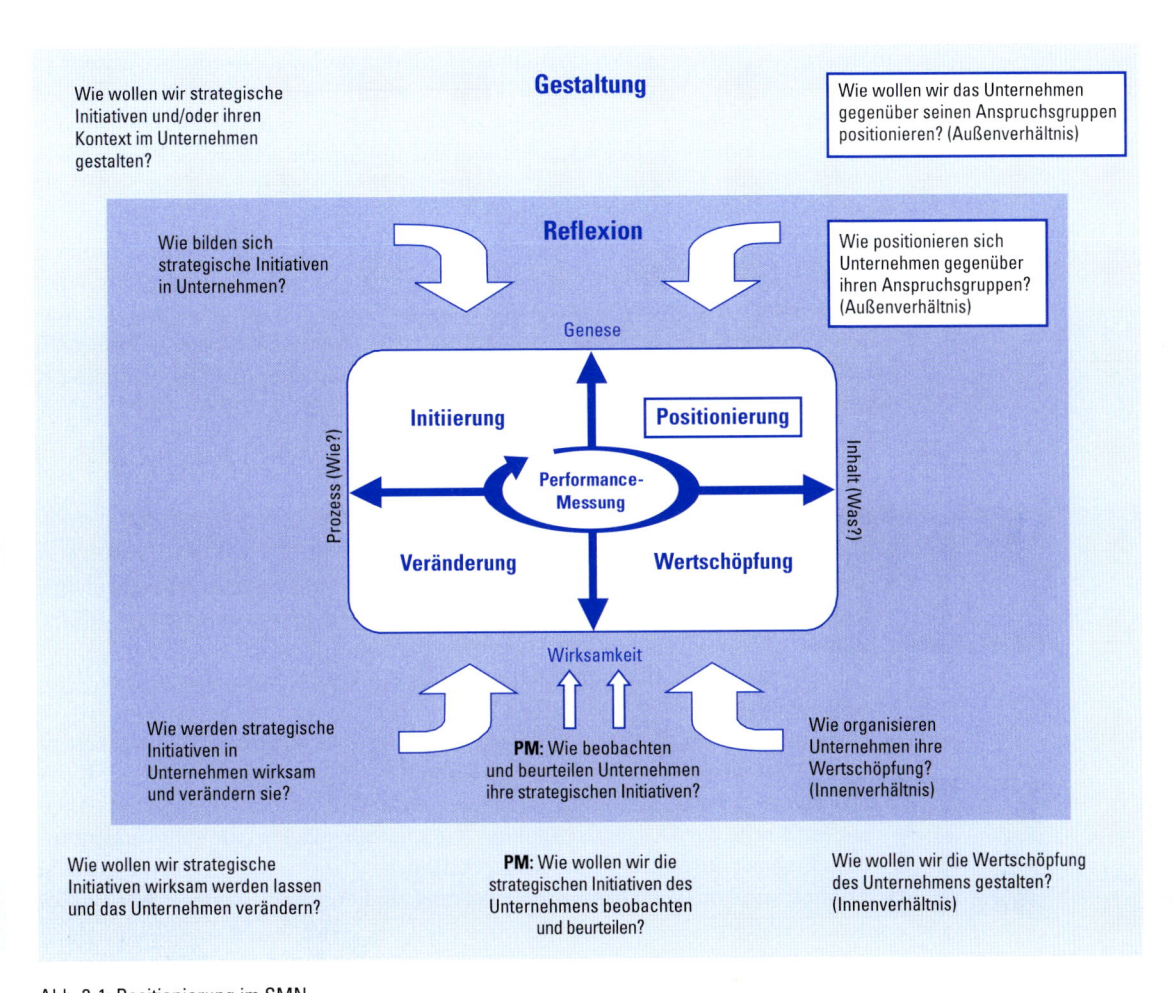

Wirksamkeit

Wie werden strategische Initiativen in Unternehmen wirksam und verändern sie?

PM: Wie beobachten und beurteilen Unternehmen ihre strategischen Initiativen?

Wie organisieren Unternehmen ihre Wertschöpfung? (Innenverhältnis)

Wie wollen wir strategische Initiativen wirksam werden lassen und das Unternehmen verändern?

PM: Wie wollen wir die strategischen Initiativen des Unternehmens beobachten und beurteilen?

Wie wollen wir die Wertschöpfung des Unternehmens gestalten? (Innenverhältnis)

Abb. 3-1: Positionierung im SMN

Kommt es zu Veränderungen in der Umwelt eines Unternehmens, so stellt sich die Frage, ob und in welcher Form die Strategie zur Positionierung des Unternehmens der Situation anzupassen ist. In welchen Geschäften wollen wir zukünftig tätig sein? Wie stellen wir uns intern auf, um diese Geschäfte auch optimal bearbeiten zu können? Auf welche Stakeholder-Erwartungen treffen wir in diesen Geschäften und welchen Nutzen können und wollen wir dort stiften? In extrem veränderlichen Geschäften kann es sogar das taktische Ziel sein, den Wettbewerb dadurch immer wieder zu überraschen, indem man seine eigene Vorteilsposition durch Innovationen laufend untergräbt – bevor es eben andere tun. Umgekehrt müssen aber auch Strategien entwickelt werden, um wertvolle Kernkompetenzen eines Unternehmens möglichst vielfältig zum Einsatz zu bringen. Doch welches sind die eigenen Kernkompetenzen? In welchen Branchen kann mit ihnen ein Mehrwert erzeugt werden? Aufbauend auf einer Analyse des Unternehmens und seiner Umwelt entstehen strategische Optionen, wie das Verhältnis Unternehmen-Umwelt ausgestaltet werden kann. Doch wie gelangt man zu interessanten Optionen? Und wie wählt man jene aus, die dann umgesetzt werden sollen?

Kapitelübersicht

- Vermittlung zentraler theoretischer Ansätze eines Strategischen Managements: Industrieökonomik, Institutionenökonomik und Evolutionstheorie (Reflexion)
- Aufzeigen von Verfahren zur Untersuchung des Unternehmens und seiner Umwelt (Analyse)
- Besprechung von Konzepten zur Ausrichtung und Begrenzung des strategischen Handlungsraums (normativer Rahmen)
- Darlegung der zur Verfügung stehenden strategischen Handlungsmöglichkeiten auf Ebene der Geschäftseinheiten (Geschäftsstrategien) und des Gesamtunternehmens (Corporate Strategien) (Optionen)
- Erläuterung von Verfahren zur Bewertung und Auswahl strategischer Optionen (Selektion)

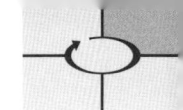

Bei der **Positionierung** stellt sich einem Unternehmen und seinen Subeinheiten die Aufgabe, eine vorteilhafte Stellung gegenüber seinen als relevant erachteten Anspruchsgruppen (= Stakeholder) zu bestimmen und die vorhandenen Ressourcen und Fähigkeiten so einzusetzen, dass diese Stellung erreicht werden kann. Es geht um die aktive Gestaltung der Beziehungen zu den Anspruchsgruppen der Umwelt, seien es Kunden, Lieferanten, Kooperationspartner, Wettbewerber, staatliche Stellen oder kollektive Akteure wie Kapitalmarkt oder Gesellschaft.[1]

Zentrales Thema ist also das Außenverhältnis eines Unternehmens, die Gestaltung der Unternehmen-Umwelt-Beziehungen. Anspruchsgruppen sind alle Gruppierungen, die entweder einen signifikanten Einfluss auf die Aktivitäten des Unternehmens ausüben, oder im Gegenzug von diesen signifikant beeinflusst werden.[2] In Interaktion mit ihnen gilt es, die selbst gesteckten Ziele zu verfolgen und dabei auftretenden Abstimmungsproblemen durch die Entwicklung geeigneter Strategien zu begegnen.

Die Arbeit an der Positionierung ist dabei von nicht zu unterschätzender Bedeutung. Werden hier Entscheidungen getroffen, die sich später als unvorteilhaft erweisen, ist oft die Existenz eines Unternehmens unmittelbar gefährdet. Beispielsweise ist an die Anfang der 90er-Jahre entwickelte Strategie der französischen CRÉDIT LYONNAIS zu denken, sich im Retailgeschäft gegenüber der Anspruchsgruppe »Privatkunden« als pan-europäischer Dienstleister zu positionieren. Eine Entscheidung, die sich nicht nur als wenig rentabel erwies, sondern zudem auch zu schwerwiegenden Liquiditätskrisen führte, die nur durch wiederholte Kapitalzuschüsse der französischen Regierung aufzufangen waren. Oder Anfang der 1990er-Jahre glaubte man bei BMW, dass man am Weltmarkt als reiner Premiumhersteller nicht überleben könne. Deshalb positionierte man sich 1994 durch die Akquisition der britischen Rover Group auch im Volumengeschäft. Dies erwies sich jedoch aus vielerlei Gründen als folgenschwere Fehlentscheidung, weshalb im Jahr 2000 durch Beendigung des Projektes Rover die Notbremse gezogen wurde. Nur die Marke Mini verblieb in der BMW Group. Man repositionierte sich wieder als reiner Premiumhersteller.

Die Aufgabe, die sich bei der Positionierung stellt, würde auf ein reines Optimierungsproblem hinauslaufen, wenn die gegenwärtigen und zukünftigen Handlungen der einzelnen Anspruchsgruppen bekannt wären oder zumindest mit relativ großer Wahrscheinlichkeit prognostiziert werden könnten. Doch da gleichzeitig eine Vielzahl von Anspruchsgruppen mit nicht immer klar einsehbaren Handlungsstrategien agiert, die sich zudem im Zeitablauf verändern und zu oft unerwarteten Rückkoppelungseffekten führen, entwickelt sich auf den meisten Wirtschaftsmärkten eben jene Eigendynamik moderner Prägung, die es erforderlich werden lässt, fundamentale Unwägbarkeiten in Kauf zu nehmen und unternehmerisches Handeln als eine mehr oder weniger riskante »Wette auf die Zukunft« zu verstehen.

Wie soll man an diese komplexe Aufgabe herangehen? Auch für die Positionierung gilt, dass »viele Wege nach Rom führen«, d.h., unterschiedliche Vorgehensweisen denkbar sind. Will man sich an der Systematik des SMN orientieren, so lässt sich auch hier die Aufgabe anhand Reflexion und Gestaltung angehen (vgl. Abb. 3-2).

Im Rahmen der **Reflexion** in Kapitel 3.1 werden zunächst theoretische Ansätze betrachtet, die für das Thema der Positionierung von Relevanz sind. In Kapitel 3.2 geht es dann um die **Strategische Analyse**. Hier gilt es, sich einen Über-

3.1 Reflexion

- 3.1.1 Industrieökonomik
- 3.1.2 Institutionenökonomie
- 3.1.3 Evolutionstheorie
- 3.1.4 Vergleichende Betrachtung

3.2-3.6 Gestaltung

Analyse

3.2 Umwelt- und Unternehmensanalyse

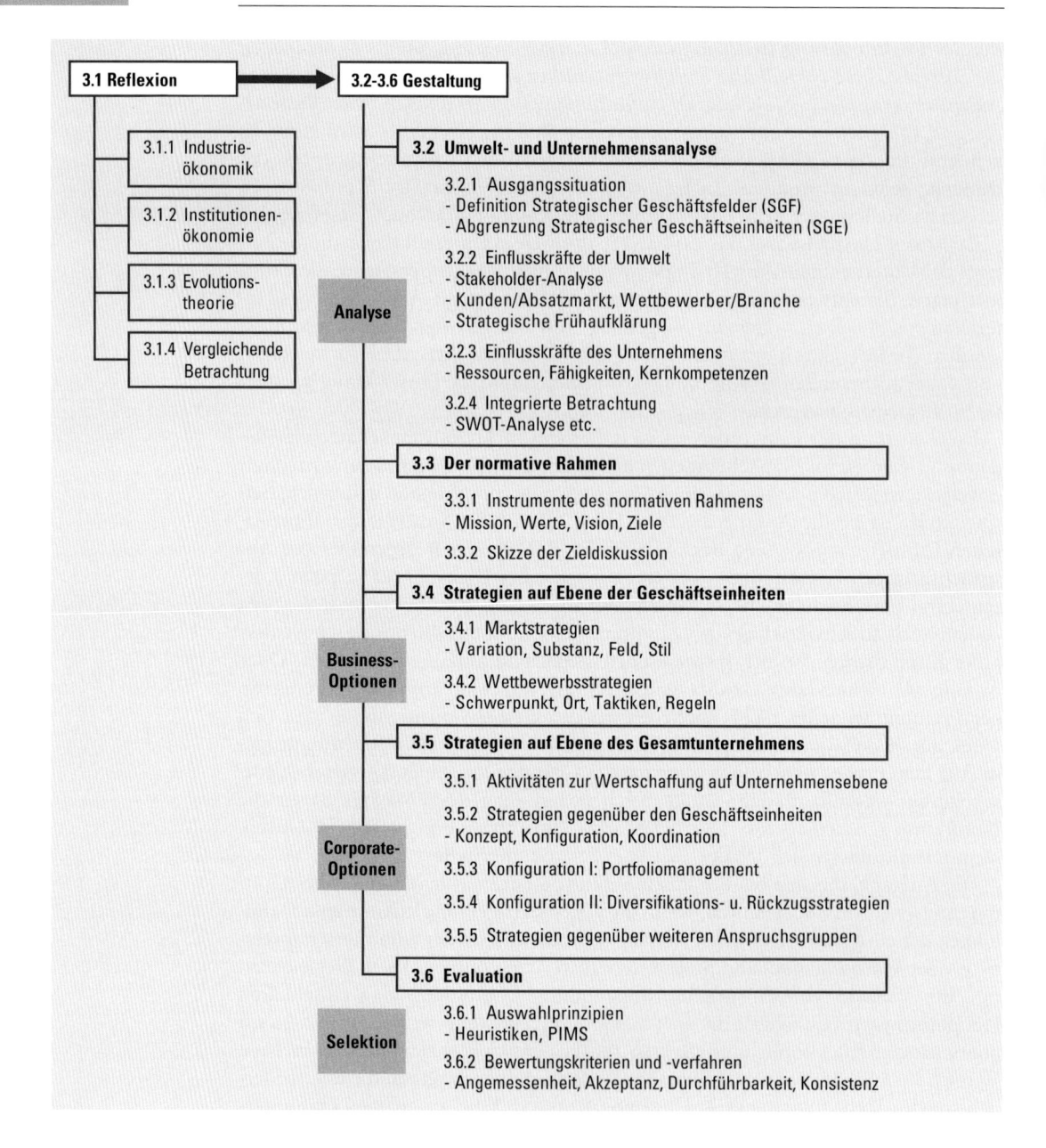

3.2.1 Ausgangssituation
- Definition Strategischer Geschäftsfelder (SGF)
- Abgrenzung Strategischer Geschäftseinheiten (SGE)

3.2.2 Einflusskräfte der Umwelt
- Stakeholder-Analyse
- Kunden/Absatzmarkt, Wettbewerber/Branche
- Strategische Frühaufklärung

3.2.3 Einflusskräfte des Unternehmens
- Ressourcen, Fähigkeiten, Kernkompetenzen

3.2.4 Integrierte Betrachtung
- SWOT-Analyse etc.

3.3 Der normative Rahmen

3.3.1 Instrumente des normativen Rahmens
- Mission, Werte, Vision, Ziele

3.3.2 Skizze der Zieldiskussion

Business-Optionen

3.4 Strategien auf Ebene der Geschäftseinheiten

3.4.1 Marktstrategien
- Variation, Substanz, Feld, Stil

3.4.2 Wettbewerbsstrategien
- Schwerpunkt, Ort, Taktiken, Regeln

Corporate-Optionen

3.5 Strategien auf Ebene des Gesamtunternehmens

3.5.1 Aktivitäten zur Wertschaffung auf Unternehmensebene

3.5.2 Strategien gegenüber den Geschäftseinheiten
- Konzept, Konfiguration, Koordination

3.5.3 Konfiguration I: Portfoliomanagement

3.5.4 Konfiguration II: Diversifikations- u. Rückzugsstrategien

3.5.5 Strategien gegenüber weiteren Anspruchsgruppen

Selektion

3.6 Evaluation

3.6.1 Auswahlprinzipien
- Heuristiken, PIMS

3.6.2 Bewertungskriterien und -verfahren
- Angemessenheit, Akzeptanz, Durchführbarkeit, Konsistenz

Abb. 3-2: Wissenslandkarte zum Kapitel »Positionierung«

blick über die momentane Situation zu verschaffen. Da man außer im Fall der Neugründung nicht mit einer »Tabula rasa« beginnt, bietet es sich an, die Geschäftsfelder der Umwelt und ihre organisatorische Verankerung in Form von Geschäftseinheiten als Ausgangspunkt zu wählen (Kap. 3.2.1). Befindet man sich hingegen in einer Start-up-Situation, dann können bereits an dieser Stelle erste Vorstellungen über die zu bearbeitenden Geschäftsfelder und die damit verbundenen Auswirkungen auf das Unternehmen entwickelt werden. Darauf aufbauend stellt sich die Frage, welche Einflusskräfte von der Entwicklung der Umwelt auf das Unternehmen ausgehen und über welche Beeinflussungsmöglichkeiten im

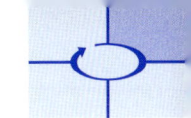

Gegenzug das Unternehmen verfügt. Zwei grundlegende Arten von Einflusskräften können dabei prinzipiell unterschieden werden. Erstens die Pull-Kräfte der Umwelt, die durch die verschiedenen Anspruchsgruppen und die auf sie einwirkende allgemeine Umwelt repräsentiert sind (Kap. 3.2.2). Diese handeln auf Grundlage ihrer spezifischen Erwartungen und Interessen und versuchen ihre Zielvorstellungen ebenso zu realisieren, wie dies das eigene Unternehmen anstrebt. Ihnen stehen zweitens die Einflusskräfte des Unternehmens (Kap. 3.2.3) gegenüber, die auch als Push-Kräfte zu bezeichnen sind, da mit ihrer Hilfe – bildlich gesprochen – die Handlungsmöglichkeiten des Unternehmens aktiv erweitert werden. Hat man sowohl die Pull- als auch Push-Kräfte einzeln untersucht, so kann man als weiterführenden Schritt die Wechselwirkungen dieser in- und externen Kräfte in einer integrierten Form betrachten (Kap. 3.2.4).

Im nächsten Schritt der Gestaltung ist nun auf Basis der durchgeführten Analyse zu bestimmen, wie die Entwicklung des Unternehmens ausgerichtet werden soll und welche Wege zur Realisierung dieser Ausrichtung zur Verfügung stehen und welche nicht. Konzepte wie Vision und Ziele können zur Definition dieser Ausrichtung herangezogen werden. Durch sie werden gewissermaßen archimedische Punkte geschaffen, die Orientierung bei der Generierung **strategischer Optionen** bieten. Eingeschränkt werden die Optionen zur Umsetzung von Vision und Zielen durch Mission und gemeinsame Werte. Bildlich gesprochen »kanalisieren« sie die Entwicklungsoptionen des Unternehmens. Mit der Mission definiert ein Unternehmen sein Nutzenversprechen gegenüber den wichtigsten Anspruchsgruppen; wie das Interaktionsverhalten ausgeprägt sein soll, wird über die gemeinsamen Werte konditioniert. Zusammen bilden Vision und Ziele sowie Mission und Werte den **normativen Rahmen** (Kap. 3.3).

Bei der Gestaltung muss klar sein, für welche der in Kapitel 1 erwähnten strategischen Gestaltungsebenen eine Positionierungsstrategie zu entwickeln ist. Wie bereits erwähnt, unterscheidet man traditionell zumindest die Ebene der Geschäftseinheiten (**Business-Level**) und die Ebene des Gesamtunternehmens (**Corporate-Level**). Bei Letzterem wird davon ausgegangen, dass das Leistungsspektrum eines Unternehmens so diversifiziert ist, dass es sich lohnt, die Führungsstruktur in verschiedene Geschäftseinheiten zu untergliedern, um die relevanten Teilmärkte besser bedienen zu können.[3] An die Generierung von strategischen Optionen für eine einzelne Geschäftseinheit (insbesondere in Richtung der Anspruchsgruppen »Wettbewerb« und »Kunde«) (Kap. 3.4) schließt sich im Falle von diversifizierten Mehrgeschäftsunternehmen (bzw. Unternehmensgruppen) die Ebene des Gesamtunternehmens mit der Entwicklung einer Corporate Strategie (bzw. Gruppen- oder Konzernstrategie) an (Kap. 3.5). Dort können dann andere Anspruchsgruppen relevant werden als auf der Ebene der Geschäfte (z. B. der Kapitalmarkt mit den Investoren oder der Staat in seiner Funktion als Regulator).

Business- und Corporate-Level

Zuletzt gilt es bei der Positionierung eine **Auswahl** der erarbeiteten strategischen Optionen vorzunehmen, d. h., aus der Vielzahl an strategischen Optionen werden einige ausgewählt und zu einem aufeinander abgestimmten, **strategischen Programm** verbunden (Kap. 3.6). Welche Auswahlprinzipien hierbei vorgeschlagen werden (Kap. 3.6.1), wird dabei ebenso zur Sprache kommen wie die Frage nach den Bewertungsverfahren (Kap. 3.6.2). In Abbildung 3-3 ist der Ablauf der Positionierungsarbeit nochmals vereinfacht dargestellt.

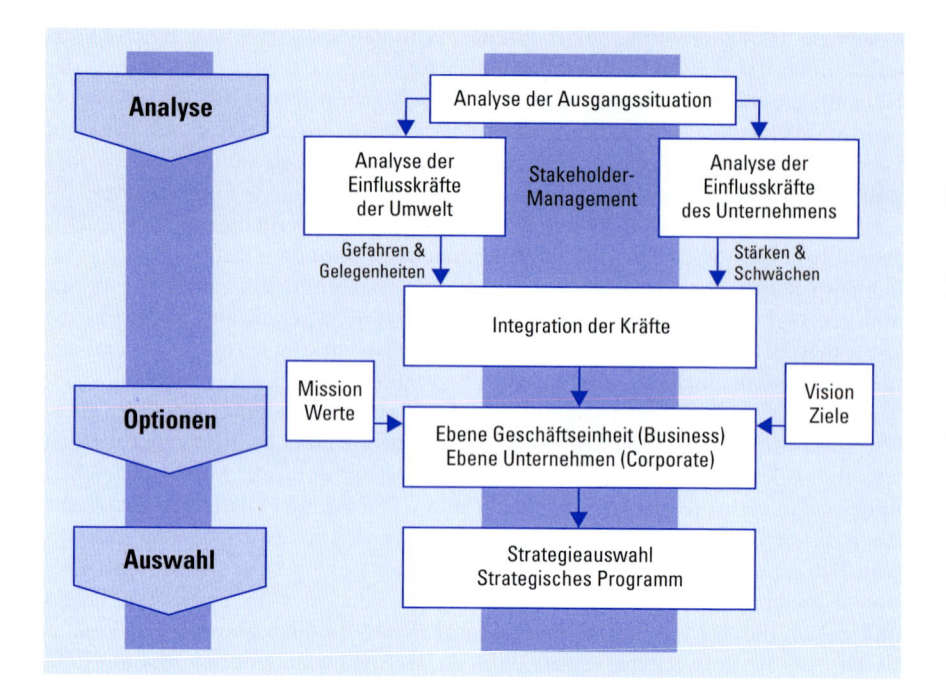

Abb. 3-3:
Arbeitsschritte der Positionierung

3.1 Reflexion: Theoretische Ansätze des Strategischen

Wie lassen sich Erfolgsunterschiede zwischen Firmen erklären? Warum sind einzelne Firmen in der Lage über viele Jahre hinweg überdurchschnittliche Ergebnisse zu erwirtschaften, während andere nicht einmal ihre Kapitalkosten decken oder gar gezwungen sind, aus dem Wirtschaftsgeschehen auszuscheiden?

Zur Erklärung dieser zentralen Fragestellung – sowie der damit verbundenen Phänomene – sind in der Disziplin des Strategischen Managements verschiedene Ansätze entwickelt worden. Ein jeder operiert nach einer spezifischen Argumentationslogik und legt den Schwerpunkt auf Faktoren, die ihm wichtig erscheinen: So wird überdurchschnittlicher Erfolg mit geschützten Marktpositionen, dem Besitz einzigartiger Ressourcen, dem Aufbau herausragender Fähigkeiten, der optimalen Minimierung der Transaktionskosten, dem geschickten Austricksen der Wettbewerber oder der optimalen Anpassung an ökologische Nischen erklärt – um einige der wichtigsten Erklärungsansätze zu nennen.[4]

In den Kapiteln 3.1 und 4.1 wollen wir unter der Überschrift »Reflexion« mehrere ausgewählte Ansätze in ihren Grundzügen vorstellen.[5] Wegen ihres direkten Bezugs zur **Außenwelt** der Unternehmung stellen wir in diesem Kapitel die *Industrieökonomik (Industrial Economics)*, die zentralen Ansätze der *Neuen Institutionenökonomik (New Institutional Economics)* (Transaktionskostentheorie, Agenturtheorie, Theorie der Verfügungsrechte) sowie die *Evolutionstheorie* vor. Im Kapitel 4.1 wenden wir uns dann Ansätzen zu, die primär aus der Innenwelt des Unternehmens heraus argumentieren. Dabei handelt es sich um den ressourcenorientierten Ansatz (resource-based) und darauf aufbauend um den fähigkeitsorientierten (capability-based) sowie den wissensorientierten (knowledge-based) Ansatz des Strategischen Managements.[6]

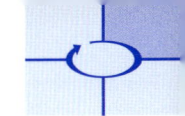

Lernziele

- Darstellung und Vergleich von theoretischen Ansätzen zur Erklärung überdurchschnittlichen Erfolgs von Unternehmen
- Aufzeigen der historischen Entwicklung der Industrieökonomie und ihrer zunehmenden Relevanz für Führungskräfte aufgrund der Veränderung des Bezugsobjektes
- Einführung in die Transaktionskostentheorie sowie Anwendung dieser Theorie auf Fragen eines Strategischen Managements
- Nutzung der »Theorie der Verfügungsrechte« zur Erklärung des Spannungsfeldes zwischen Eigentümern und Managern von Unternehmen (principal-agent-conflict)
- Einsatz der Evolutionstheorie zur Darstellung dynamischer Prozesse

3.1.1 Industrieökonomik

Das Interesse der **Industrieökonomik** (Industrial Economics) richtet sich zunächst auf die Leistungsfähigkeit ganzer Branchen. Was untersucht wird, ist die Angebotsseite der Wirtschaft mit den Unternehmen als Verkäufern. Es interessieren Fragen wie: Welche Größenstrukturen gibt es in einer Branche und warum? Welchen Einfluss hat der Konzentrationsgrad auf den Wettbewerb? Was ist der Einfluss von Wettbewerb auf Preise, Innovation etc.? Die Unternehmen existieren hier zwar als rein rational handelnde Objekte einer Branche, das Verhalten ihrer Entscheidungsträger interessiert jedoch noch nicht.

Auslöser für diese Forschungsrichtung waren die Bemühungen zur Erklärung der Weltwirtschaftskrise (1929–33) sowie die zunehmende Trennung von Eigentum und Verfügungsgewalt in der US-amerikanischen Großindustrie. Ende der 30er-Jahre boten Edward H. Chamberlin und Edward S. Mason die ersten Kurse zur »*Industrial Organization*« an der Harvard Business School an.[7] Historischer Ausgangspunkt der Industrieökonomik (im Sinne der Organisation der Branche) ist das »*Structure-Conduct-Performance-Paradigma*« von Joe Bain:[8] Der Erfolg eines Unternehmens (»performance«: Allokationseffizienz, Preisniveau, Outputwachstum etc.) wird in Abhängigkeit zu einigen zentralen Branchencharakteristika (»structure«: Produktdifferenzierung, Konzentrationsgrad, Kostenstruktur etc.) gesehen, die wiederum das Verhalten des Unternehmens (»conduct«: Preispolitik, Forschung & Entwicklung, Werbeaufwand etc.) bestimmen.

»Structure-Conduct-Performance-Paradigma«

Dieses Modell der Industrial Organization basiert auf vier Grundannahmen:[9] (1) Eine überdurchschnittliche Performance ist Ergebnis einer besseren Anpassung an die veränderten Rahmenbedingungen der Branchenstruktur; (2) Alle Unternehmen in einem bestimmten Branchensegment verfügen über die gleiche Ressourcenausstattung und verfolgen damit die gleichen Strategien; (3) Die Ressourcen, die zur Implementierung von Strategien benötigt werden, sind un-

Vier Grundannahmen

endlich mobil über das Unternehmen hinweg betrachtet; (4) Manager entscheiden ausschließlich rational und im Interesse des Unternehmens.

Es gibt nun eine ganze Reihe von Untersuchungen, die auf die Relevanz der Branchenstruktur für das Ergebnis verweisen: D. h., die Wahl der Branche, in der ein Unternehmen tätig ist, ist mitentscheidend für seinen Erfolg.[10] Gleichzeitig wurde aber auch für die Spezifika des Unternehmens ein Erfolgsbeitrag ermittelt. Die führte zu der Annahme, dass es zwischen der Branchenstruktur und dem Verhalten des Unternehmens (im Sinne von Strategie) eine wechselseitige Beziehung gibt.[11]

Anfangs wurde diesen Verhaltensoptionen noch relativ wenig Bedeutung eingeräumt (strukturalistischer Ansatz). Man ging davon aus, dass die einmal gewählte Branche einen größeren Einfluss auf den Unternehmenserfolg hätte, als die Entscheidungen der Manager im Unternehmen. Man dachte, dass die Performance im Prinzip aufgrund einiger Brancheneigenschaften wie Eintrittsbarrieren, Produktdifferenzierung, Konzentrationsgrad etc. determiniert und damit auch prognostizierbar war. Die primäre Herausforderung für Manager bestand demnach darin, das Unternehmen in einem möglichst attraktiven Branchensegment zu positionieren. Später wurde jedoch Wert auf die explizite Berücksichtigung dieser Verhaltenskomponenten gelegt, da über sie bislang unerklärt gebliebene statistische Abweichungen besser erklärbar sind.[12] Durch diese Aufgabe des deterministischen Zusammenhangs kann auch die Branchenstruktur nicht mehr als langfristig stabil betrachtet werden. Es ist realistischer, von einer gewissen Dynamik in der Struktur auszugehen, wie sie etwa in Lebenszykluskonzepten zum Ausdruck gebracht wird. Wenn es diese einfache Kausalität zwischen Verhalten und Ergebnis nicht mehr gibt, dann müssen auch innerhalb einer Branchenstruktur unterschiedliche, erfolgreiche Geschäftspolitiken möglich sein.[13]

In den 1980er-Jahren haben die ökonomischen Theorien, insbesondere durch die Arbeiten von Michael Porter an der Harvard Business School, eine Renaissance erlebt und eine große Bedeutung für die Entwicklung des Strategischen Managements entfaltet.[14] Er entwickelte das *Konzept der fünf Wettbewerbskräfte* als ein Instrument, das helfen sollte, die Attraktivität einer Branche zu analysieren. Dahinter stand die Grundannahme, dass die Performance eines Unternehmens (z. B. die Gesamtkapitalrentabilität) abhängt von fünf Kräften sowie deren Zusammenspiel: Macht der Lieferanten und Abnehmer, Bedrohung durch neue Wettbewerber und Substitutionsprodukte sowie die Rivalität unter den etablierten Wettbewerbern. Verbindet man diese fünf Kräfte mit dem obigen Lebenszykluskonzept, so kann die in Abbildung 3-4 dargestellte Dynamik der Branchenstruktur aufgezeigt werden.

Zur Bewertung der obigen »fünf Kräfte« stößt man bei der »*Rivalität unter den Wettbewerbern*« insbesondere auf den *Konzentrationsgrad*. Welchen Einfluss hat eine atomistische Konkurrenz, eine Oligopolsituation oder ein Monopol auf die Performance der Unternehmen in der Branche? Auf der Basis spieltheoretischer Modellierungen glaubte man lange Zeit, dass ein wachsender Konzentrationsgrad aufgrund der Neigung zu einem abgestimmten Verhalten zu einer höheren Performance führt. In diese Richtung gingen auch die Ergebnisse der PIMS-Studie, deren zentrale Hypothese die positive Korrelation zwischen Marktanteil und Rentabilität ist.[15] Doch es gab auch gegenteilige Untersuchungsergebnisse, die einen negativen Zusammenhang zwischen Marktanteil und Unternehmenswert feststellten.[16] Vielfach untersucht ist ebenfalls die Hypo-

3.1.1 Industrieökonomik

Wettbewerbskraft \ Lebenszyklusphase	Einführung	Wachstum	Reife	Rückgang
Bedrohung durch neue Wettbewerber	Unsicherheit und Risiko der Innovation als Eintrittsbarriere	Eintritt vieler neuer Wettbewerber	Neueintritt nur unter günstigen Kostenbedingungen	Eintritt ist relativ unattraktiv
Verhandlungsmacht der Lieferanten	gering	ansteigend	hoch	gering
Verhandlungsmacht der Abnehmer	hoch	gering	ansteigend	hoch
Bedrohung durch Substitutionsprodukte	hoch	gering	ansteigend	hoch
Rivalität unter den etablierten Wettbewerbern	gering, da die Ungewissheit sehr groß ist	zunehmende Abhängigkeit, aber es können sich noch alle verbessern	oligopolistisches Verhalten ohne Wettbewerbskampf	ist Austritt oder Verlagerung nicht möglich, folgt hohe Rivalität
Schwerpunkt des strategischen Verhaltens	Forschung & Entwicklung	Marketing	Effektivität in Produktion und Absatz	Kostenkontrolle
Ergebnis	niedrig	hoch	normal	zunehmender Druck

Abb. 3-4: Entwicklung von Struktur und Verhalten im Lebenszyklus einer Branche

these, dass ein höherer Konzentrationsgrad aufgrund von Skaleneffekten zu geringeren Kosten führt.[17]

Weiter ging man in der Industrial Organization von der Idee aus, dass sich vor jeder Branche eine lange Reihe potenzieller Neueintritte sammeln würde. An ihrer Spitze stehen die Unternehmen, die am ehesten fähig sind, die *allgemeine Eintrittsbedingung* zu erfüllen.[18] Inwieweit sie nun befähigt sind, in dieses Geschäft erfolgreich einzutreten, hängt von den Wettbewerbsvorteilen ab, die die Etablierten zu realisieren vermögen. Dabei wird insbesondere auf drei Größen, die solche *Eintrittsbarrieren* begründen, verwiesen: absolute Kostenvorteile, Betriebsgrößenvorteile und Vorteile durch Produktdifferenzierung. Während den absoluten Kostenvorteilen keine besondere Relevanz zukommt, vertraut man sehr auf den unterstellten positiven Zusammenhang zwischen den Skaleneffekten (Reduktion der Stückkosten bei wachsenden Ausbringungsvolumen) und der Branchenprofitabilität, auch wenn dieser später mehrfach relativiert wurde.[19] Zentral war dabei die Eintrittsbarriere »Produktdifferenzierung« aufgrund der zunehmenden Verdrängung des reinen Preiswettbewerbs. Hinzugekommen ist auch noch die Kapitalintensität als Verursacherin von Eintrittsbarrieren. Diese kann aber auch als Austrittsbarriere wirken, da sie die Wettbewerber an unprofitable Branchen bindet (sunk costs), einen ruinösen Wettbewerb verursacht und die Verhandlungsmacht bei Lieferanten und Kunden schwächt.[20] Je weniger diese Vorteile

Betriebsgrößenvorteile und Produktdifferenzierung als Quellen nachhaltiger Wettbewerbsvorteile

der Etablierten nun durch potenzielle Neueintritte aufgewogen sind, desto weniger wird die allgemeine Eintrittsbedingung erfüllt.

Zusammenfassend betrachtet sah man in den Betriebsgrößenvorteilen und der Produktdifferenzierung die zentralen Quellen für nachhaltige Wettbewerbsvorteile, was dann auch Michael Porter zu seinen *generischen Wettbewerbsstrategien* führte: In seinem Konzept geht es darum, die obigen fünf attraktivitätsbestimmenden Einflusskräfte zunächst besser zu verstehen und dann geeignete Wettbewerbsstrategien daraus abzuleiten. Dabei hat das Unternehmen zwei Strategieoptionen zur *Erzielung nachhaltiger Wettbewerbsvorteile* zur Auswahl: Die Produktion standardisierter Produkte in möglichst großer Menge unter den Stückkosten der Wettbewerber (*Kostenführerschaft*) oder die Herstellung differenzierter Produkte, bei denen der Kunde bereit ist, eine Preisprämie zu bezahlen (*Differenzierung*). Solche Differenzierungsvorteile können ihre Ursache in der Forschung und Entwicklung, der Kundenloyalität, dem über Werbung generierten Markenimage etc. haben. Ein Unternehmen muss sich dabei eindeutig für eine der beiden Optionen entscheiden, da eine Mischform starke Rentabilitätseinbußen zur Folge hätte (*stuck in the middle*).[21] Teilweise konnte diese These auch empirisch gestützt werden.[22] Andere Studien verweisen jedoch darauf, dass es auch Unternehmen gibt, die gerade deshalb erfolgreich sind, weil sie eine Mischform beider Optionen (*hybride Strategie*) verfolgen.[23] Diese Konzepte werden aus einer Anwendersicht in Kapitel 3.4.2 noch einmal ausführlich beschrieben.

Die Art und Weise, wie die Erkenntnisse der Industrial Organization für die Strategielehre genutzt wurden, wurde auch durch die Veränderung des Bezugsobjektes der modernen Industrieökonomik möglich. Während der klassische Betrachtungsgegenstand die Branche war, verlagerte sich der Analyseschwerpunkt nun auf das einzelne Unternehmen.[24] Was jetzt interessierte, waren mögliche Verhaltensoptionen eines Unternehmens angesichts der Strukturen und Entwicklungsprozesse seiner Branche. Dabei sollte insbesondere auch Berücksichtigung finden, dass im Entwicklungsprozess von Unternehmen entlang des Zeitstrahls immer wieder Entscheidungen getroffen werden, die meist irreversibel sind, was dann auch zur Forderung nach einer dynamischen Theorie des oligopolistischen Verhaltens führte. Damit wurde auch der Weg für die Frage – die dann im ressourcenorientierten Ansatz vertiefend aufgegriffen wurde – bereitet, warum Unternehmen bei der Wahl gleicher Spielzüge zu unterschiedlichen Positionen im Wettbewerb gelangen können. Handelt es sich um eine bessere Position als die der Konkurrenten, so sieht man die Ursachen in einer spezifischen Ausstattung mit tangiblen oder intangiblen »Assets« (Rohstoffquelle, Patent, Know-how etc.), die dem Unternehmen zu absoluten Opportunitätskostenvorteilen verhelfen, da deren Wert höher ist als deren Kosten.[25] In den Erwerb oder Aufbau dieser »Assets« wurde investiert, womit das Unternehmen irreversible Verpflichtungen eingegangen ist. Von besonderem Interesse sind dabei die intangiblen Ressourcen, da man sich von ihnen schwerer imitierbare Vorteile verspricht. Als Beispiel kann die Reputation eines Unternehmens genannt werden.[26]

Spieltheorie als Methode zur Analyse des Verhaltens wechselseitig abhängiger Akteure

Abschließend zu diesen Ausführungen soll noch kurz auf die **Spieltheorie**[27] eingegangen werden, die man sich in vielen industrieökonomischen Untersuchungen zu Nutze gemacht hat und heute mehr oder minder die methodische Grundlage der modernen Industrieökonomik darstellt. In ihrem Zentrum steht die Analyse des Verhaltens wechselseitig voneinander abhängiger Akteure. Es lag damit nahe, sie für die Simulation meist oligopolistischer Marktsituationen in der Industrieökonomik zu nutzen. Von Interesse für eine strategische Unternehmensführung sind dabei insbesondere die dynamischen Spiele, wo angenommen wird, dass es den Wettbewerbern um eine langfristige Optimierung geht, und die »Spieler« jeweils auf die Spielzüge der Mitspieler in spezifischer Weise reagieren. Dabei sollte man davon ausgehen können, dass Wettbewerber über »private Informationen« verfügen, die für die anderen Spieler nicht ohne Weiteres zugänglich und nutzbar sind.

Problem der Spieltheorie ist ihre Realitätsferne, die primär auf die weitreichenden Rationalitätsvoraussetzungen zurückgeführt werden kann. Die Annahme, dass ein Wettbewerber rationale Erwartungen an die Einschätzungen und Handlungsweisen eines anderen Wettbewerbers hat und umgekehrt, ist kaum haltbar (common knowledge assumption). Man sollte deshalb die Spieltheorie vielleicht eher als eine normative Theorie sehen, die zwar reale Wettbewerbssituationen begrenzt abzubilden vermag, die aber hilft, Sequenzen von Spielzügen zu durchdenken, und deshalb das »Denken in möglichen Welten« schärft. Damit wird man sich dann wohl auch besser in der Lage sehen, die bestehenden Strategievorstellungen schrittweise zu präzisieren.

Einflüsse der Spieltheorie wurden in die »*neue Industrieökonomik*« integriert. Diese arbeitet mit einem weiter gefassten Modellrahmen als es die klassische, oligopolistisch geprägte Schule tut. So betrachtet sie z. B. Märkte mit geringen Markteintritts- bzw. Marktaustrittsbeschränkungen. Branchenstrukturen werden nicht nur als endogene Variable gesehen, sondern sind auch Ziel der Veränderung durch die Strategien der Unternehmen.[28]

Die **Kritik** am industrieökonomischen Ansatz zielt insbesondere darauf ab, dass er ausblendet, dass Wettbewerbsvorteile auch aus den internen Prozessen eines Unternehmens (z. B. seiner Ressourcenausstattung) stammen können. Die Industrieökonomik stellt die Branche in ihr Zentrum (Market-based View) und geht davon aus, dass Strategien auf sich verändernde Branchenstrukturen anzupassen sind (outside-in) und die dazu erforderlichen unternehmensinternen Ressourcen (assets) beliebig mobil und handelbar sind.

Kritik

3.1.2 Institutionenökonomik

Einer der Ansätze, der die Nachteile der Industrieökonomik zu überwinden versucht, ist die »**Transaktionskostentheorie**«. Sie wurde, insbesondere aufbauend auf den Arbeiten von Ronald Coase in den 30er-Jahren an der University of Chicago, durch Oliver Williamson an der University of California, Berkley, begründet.[29] Sie steht im Kern dessen, was man heute als die »**neue Institutionenökonomik**« bezeichnet.

In Zentrum der Institutionenökonomik stehen Institutionen wie Unternehmen/Organisationen, Märkte, Rechtssysteme etc., denen eine hohe Bedeutung für Wirtschaftsprozesse eingeräumt wird. Man versucht die Abhängigkeiten zwischen diesen Institutionen und dem menschlichen Verhalten zu beschreiben, um daraus abgeleitet die Existenz und den Wandel solcher Institutionen zu erklären (erklärende/positive Institutionenlehre) und alternative Institutionsformen vor dem Hintergrund unterschiedlicher Aufgabentypen zu vergleichen (vergleichende/normative Institutionenlehre). Während in der neoklassischen Markttheorie[30] noch eine vollständige Betrachtung eines »Institutionenkomplexes« von Unternehmen und der über ihre Interaktion gebildeten Märkte gegeben ist, werden in der Institutionenökonomik Markt und Hierarchie (Letzteres entspricht dem Unternehmen) als konkurrierende Koordinationsinstitutionen gedacht. Um detaillierter und damit auch realitätsnäher (als noch in der Neoklassik) modellieren zu können, wird nun in der Institutionenökonomik die Unternehmung als *Nexus von Verträgen* – im Sinne sozialer Vereinbarungen zwischen den Handelnden – betrachtet.[31]

Unternehmen als Nexus von Verträgen

Ausgangspunkt der **Transaktionskostentheorie** bildet die Frage, warum Firmen überhaupt existieren. Warum werden in einer Marktwirtschaft eigentlich nicht alle Transaktionen marktlich zwischen Einzelakteuren abgewickelt, sondern teilweise über die dann offenbar günstigere unternehmensinterne Koordinationsform der Hierarchie? Es soll darüber die Entstehung und Entwicklung industrieller Ordnungsmuster erklärt werden, um darauf aufbauend effiziente Regeln zur Koordination wirtschaftlicher Aktivitäten auf einzel-, branchen- und gesamtwirtschaftlicher Ebene entwickeln zu können.

Märkte (Unternehmen) sind dabei immer dann die effizienteren Koordinationsmechanismen, wenn sie die Koordination kostengünstiger als Unternehmen (Märkte) betreiben können. Effizienz ist dann gegeben, wenn es zu möglichst wenig »Reibungsverlusten« – d. h. *Transaktionskosten* (im Sinne von Kosten der Koordination) – zwischen den Transaktionspartnern kommt. Dass diese Kosten dann unterschiedlich sind, je nach Aufgabentyp und der institutionellen Form der Leistungserbringung (Rechtsform, Standards, Kultur etc.), ist nahe liegend. Es muss deshalb für jeden Aufgabentyp die passende Koordinationsform herausgefunden werden.

Dominanz der Effizienzperspektive

Damit ist bereits einer der zentralen Unterschiede zur Industrieökonomik angesprochen: Während dort die Marktmachtperspektive dominiert, ist der Transaktionskostenansatz durch die *Effizienzperspektive* geprägt. Wirtschaftlichkeit gilt hier auch gegenüber einem noch so geschickten machtpolitischen Taktieren langfristig als die bessere Strategie.

Verfügungsrechte als Transaktionsobjekte

Gegenstand der Betrachtung sind damit *Transaktionen*, verstanden als der Prozess, der zur Vereinbarung eines Leistungsaustausches in Form der Übertragung von *Verfügungsrechten* (das Transaktionsobjekt) führt.[32] Transaktionskosten treten dabei u. a. deshalb auf, weil die Akteure verschiedene Interessen verfolgen können und auch über verschiedene Expertisen und Informationslagen (asymmetrische Information) verfügen. Dies verlangt einen Mehraufwand insbesondere an Information und Kommunikation. Damit wird die für die Industrieökonomik zentrale Rationalitätsannahme abgeschwächt: Die im Unternehmen handelnden Menschen streben zwar nach Rationalität, sie leisten dies aber – z. B. wenn aus Eigennutz Normverletzungen begangen werden – nur begrenzt (bounded rationality). Dadurch ist die effiziente Koordination durch den Markt nicht mehr gewährleistet (Marktversagen).

Deshalb sind Verträge, die zwischen zwei Handelnden geschlossen werden, notwendigerweise *unvollständig*, da ex ante nicht alles berücksichtigt werden kann, was dann im Verlauf der Transaktionsbeziehung ex post einseitig ausgenutzt und damit zum Problem wird. Man sucht deshalb nach einem institutionellen Arrangement (*governance structure*), das die dann auftretenden Probleme zu lösen vermag. Die Transaktionskostentheorie beschreibt die Firma damit als Governance-Struktur. Firmen und Märkte sind unterschiedliche Governance-Formen, die sich anhand mehrerer Dimensionen voneinander unterscheiden, wie etwa das Ausmaß der administrativen Kontrollmechanismen oder die rechtlichen Rahmenbedingungen.

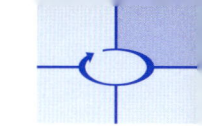

Während also in der Industrial Organization der Bezugspunkt der Forschung von der Branche zum Unternehmen verlagert wurde, geht es hier nun genau um die Beziehung zwischen den beiden Governance-Strukturen Markt und Unternehmen (Hierarchie). Dabei wird sich die kostengünstigste Koordinationsform durchsetzen, wenn alle Wettbewerbsbedingungen erfüllt sind und sich die Entscheidungsträger rational und nutzenmaximierend verhalten.

Insbesondere zwei *Eigenschaften von Transaktionen* sind hervorzuheben, die ausschlaggebend für die Wahl der geeigneten Koordinationsform zwischen den beiden Extremen Markt und Hierarchie sind:[33]

Eigenschaften von Transaktionen

- *Veränderlichkeit:* Je nach Veränderlichkeit der Vertragsbeziehung ist bei den unterstellten unvollständigen Verträgen eine unterschiedliche Koordinationsform zu bevorzugen. Der Markt ist dann geeignet, wenn das Preissystem alle die für eine Anpassung an veränderte Bedingungen erforderlichen Informationen zur Verfügung stellt. Besteht aber zwischen den Vertragspartnern bereits eine gewisse Abhängigkeit aufgrund einer langjährigen Beziehung, und kommt es dabei zu unvorhergesehenen Veränderungen in den angenommenen Vertragsbedingungen, dann besteht die Gefahr, dass die Vertragsparteien dies einseitig zu ihrem Vorteil auszunutzen versuchen. Passiert dies relativ häufig, dann wird die hierarchische Koordinationsform wieder vorteilhafter gegenüber dem Preismechanismus. Kooperationen verlieren bei hoher Veränderlichkeit aufgrund ihrer relativ geringen Anpassungsfähigkeit als Koordinationsform.
- *Spezifität:* Wenn ein Verfügungsrecht – z. B. mangels Vorausschaubarkeit der nächsten Spielzüge der nur begrenzt rational handelnden Akteure – nicht im Rahmen der (ex post betrachtet) bestmöglichen Transaktion eingesetzt wird, sondern bei seiner nächstbesten Verwendungsmöglichkeit, dann könnte der dazugehörige Transaktionspartner eine *Quasi-Rente* abschöpfen, wenn er zu seinem kurzfristigen Vorteil handelt. Dies gilt z. B. dann, wenn über langjährige Lieferanten-Kunden-Beziehungen große Abhängigkeiten – z. B. in Form spezifischen Wissens des Lieferanten über den Kunden (in Form von Investitionen des Lieferanten in den Kunden) – entstanden sind, die sich nun bei einer neuen Transaktion als Ex-ante-Investitionen vorteilhaft für den Lieferanten auswirken. So kann ein sehr hoher Spezifitätsgrad zu monopolartigen Austauschbeziehungen und damit auch zu sehr hohen Transaktionskosten führen. Deshalb wird man auch mit zunehmendem Spezifitätsgrad von der marktlichen Koordination, zu kooperativen und dann zu hierarchischen Koordinationsformen übergehen, um die Transaktionskosten besser unter Kontrolle zu halten. Umgekehrt wird man bei einem hohen Standardisierungsgrad einer Leistung (geringe Spezifität) die marktliche Koordinationsform aufgrund der möglichen Größenvorteile einer Belieferung mehrerer Kunden bevorzugen. Die Transaktionskosten entscheiden damit über die organisatorische Koordinationsform.

Kombiniert man die Spezifität mit einem weiteren die Koordinationsform bestimmenden Faktor, der Häufigkeit der Transaktionen, so ergibt sich daraus die in Abbildung 3-5 dargestellte Zuordnung von Transaktionen zu den alternativ zur Verfügung stehenden Koordinationsformen.

Damit ist auch ein primäres Anwendungsgebiet der Transaktionskostentheorie offen gelegt, nämlich die Frage nach dem richtigen Ausmaß an *vertikaler Integration* bzw. die Frage nach dem richtigen Verhältnis von *Eigen- und Fremderstellung* (make or buy). Dieses Thema steht schon längere Zeit auf der Agenda des Strategischen Managements und wird dort unter den Begriffen *Out- und Insourcing* diskutiert. Doch auch für Fragen der Wahl der richtigen Struktur der *Aufbauorganisation*[34] (Übergang von funktionaler auf divisionale Struktur) konnten wertvolle, empirisch fundierte Beiträge geleistet werden, die im SMN-Kontext jedoch eher dem Arbeitsfeld »Wertschöpfung« zuzuordnen sind. So konnte z. B. gezeigt werden, dass eine Divisionalisierung von Unternehmen nicht nur durch Produktheterogenität begünstigt wird, sondern auch durch die Frage nach der optimalen Betriebsgröße. Insgesamt wird das Anwendungsfeld der Transaktionskostentheorie kontinuierlich reichhaltiger, so dass erwartet werden kann, dass daraus eine neue, strukturorientierte Allgemeine Managementlehre entsteht.[35]

Wahl der Aufbaustruktur

Ergänzend sei noch auf die »**Theorie der Verfügungsrechte**« (property rights) hingewiesen, da sie sich die gleiche Grundforschungsfrage wie die Transaktionskostentheorie stellt, aber mit vollständigen Verträgen arbeitet, womit sie einer forschungstechnischen Formalisierung besser zugänglich ist.[36] Primär werden hier wiederum »Spiele« zwischen *Principal* (z. B. Eigentümer) und *Agent* (z. B. Topmanager) betrachtet und modelliert. Je größer Unternehmen werden, desto mehr geben die Principals Teile ihrer Verfügungsrechte an das durch sie beauftragte Topmanagement ab, so dass ihnen häufig nur noch die Verfügungsrechte Aneignung und Veräußerung bleiben. Auch hier entscheiden die Kosten der Kontrolle der Principals über die Agents über die Wahl der geeigneten Kontrollform. Bei einer zu losen Kontrolle und aufgrund einer asymmetrischen Informationsverteilung kann eine Geschäftsleitung Ziele durchsetzen, die von den Interessen der Eigentümer abweichen (agency costs). Dieser Gefahr gilt es, durch Gegenmaßnahmen zu begegnen, wie etwa der Einrichtung eines Entlohnungssystems, das die Eigentümerziele stärkt (z. B. Gewinnbeteiligung). Was also interessiert, sind die Optimalitätsbedingungen für Verträge, über die der Agent motiviert werden kann, seine Aufgabe innerhalb des ihm zur Verfügung stehenden Handlungsspielraumes so wahrzunehmen, dass der für den Principal daraus entstehende Nutzen möglichst groß ist. D. h., es sind vertragliche und organisatorische Regelungen zu vereinbaren und deren Einhaltung zu kontrollieren, damit die Agenten im Sinne derer, die über die Eigentumsrechte verfügen, handeln. Auch

Theorie der Verfügungsrechte arbeitet mit vollständigen Verträgen

		Spezifität des Gutes/der Leistung		
		keine	mittel	hoch
Häufigkeit	niedrig	allgemeines Rechtssystem/ Markt	Koordination durch externe Dritte	vertikale Integration/ Anordnung
	hoch		bilaterale Koordination	

Abb. 3-5: Zuordnung von Transaktionen zu Koordinationsformen (Ordelheide 1993, Sp. 1843)

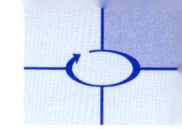

hier wird also den Akteuren primär eigennütziges und opportunistisches Verhalten unterstellt (*moral hazard*), das es seitens der Principals einzudämmen gilt. Die dabei entstehenden Kosten ähneln wiederum den Transaktionskosten.[37]

> **Standpunkt: Gerechte Entlohnung des Topmanagements?**
> In den USA war es in den 1990er-Jahren üblich geworden, dass ein wesentlicher Teil der Entlohnung des Topmanagements großer Konzerne mittels Aktienoptionen stattfand, die sich bei einzelnen Manager sogar bis auf dreistellige Millionenbeträge kumulieren konnten. Welche ethischen Probleme sehen Sie hier auf ein solches Unternehmen zukommen, wenn die Aktienkurse stark überbewertet und dann auf einmal rückläufig sind? Mit dem auslaufenden Börsenboom ab dem Jahr 2000 wurde eine ganze Reihe von Führungskräften der Bilanzfälschung überführt (z. B. Aktivierung nicht stattgefundener Verkäufe). In einzelnen Fällen endete dies sogar im Konkurs des Unternehmens (z. B. ENRON oder WORLDCOM). Sehen Sie hier einen Zusammenhang zu den ethischen Problemen, die derartige Optionsprogramme aufwerfen?

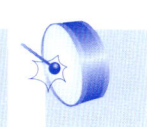

Der zentrale **Nachteil** der Institutionenökonomik wird häufig in ihrer Verankerung im *methodischen Individualismus* gesehen.[38] Weitgehend ausgespart bleiben z. B. Aspekte des Wirksamwerdens von Strategien (Mikropolitik, Macht etc.), wodurch es zur Verabschiedung nicht implementierbarer Gestaltungsempfehlungen kommen kann, deren Korrektur dann wieder verschiedenste Formen von Kosten verursacht. Als unrealistisch kritisiert wird damit auch die neo-klassisch liberalistische Annahme von der prinzipiellen Wahlfreiheit der wirtschaftlich handelnden Personen, da aufgrund bestehender Machtstrukturen diese Freiheit häufig erheblich eingeengt ist.

Kritik

3.1.3 Evolutionstheorie

Evolutionstheoretische Ideen gehören mit zu den ältesten und meist verbreiteten in der Wissenschaft. Sie finden sich nicht nur in der Biologie, sondern u. a. auch in Recht, Soziologie, Volkswirtschaftslehre oder der uns hier interessierenden Strategieforschung. Mittlerweile haben sie eine derartige Ausdifferenzierung erreicht, dass es nicht mehr einfach ist, zwischen ihnen noch ein gemeinsames theoretisches Fundament zu erkennen.[39] Was die bislang vorgelegten Arbeiten zu verbinden scheint, ist ihr Interesse an Prozessen bzw. dynamischen Entwicklungen. Ökonomische und soziale Phänomene werden als Veränderungsprozesse verstanden und es ist weniger der statische Zustand zu einem bestimmten Zeitpunkt von Relevanz, als die Mechanismen und Prozesse, die dazu geführt haben.

Evolutionäre Ansätze zeichnen sich durch drei **Charakteristika** aus:[40] Erstens richten sie ihre Aufmerksamkeit auf einzelne *Variablen oder Mengen von Variablen* und untersuchen, wie sich diese *über die Zeit verändern*. Dynamische Prozessmodelle sind die logische Konsequenz. Den auf Gleichgewichtsvorstellungen beruhenden Modellen der volkswirtschaftlichen Theorie wird aufgrund ihres statischen Charakters sowie ihrer mangelnden Fähigkeit, die Komplexität dynamischer Prozesse zu erfassen, eine Absage erteilt. Zweitens wird davon ausgegangen, dass die jeweiligen Analyseeinheiten dem Mechanismus der *Variation* unterliegen, d. h. im Laufe der Evolution kommt es zu Veränderungen, die einige der ursprünglichen Objekte mit neuen Eigenschaften ausstatten und sie von den bisherigen differenzieren. Dieser Prozess wird jedoch im Gegenzug durch Mechanismen der *Selektion* eingeschränkt. Sie prüfen systematisch die entstandenen Variationen und unterziehen sie einer Auswahl. Einzelne überstehen diese, andere hingegen werden eliminiert. Drittens wird von der Existenz *beharrender Mechanismen* ausgegangen, die den überlebenden Variationen eine gewisse Stabilität und Kontinuität garantieren und eine *Retention* der neuen Eigenschaften ermöglichen.

Dreischritt »Variation – Selektion – Retention«

In den meisten evolutionären Ansätzen ist der ursprüngliche, aus der Biologie stammende Dreischritt von »Variation – Selektion – Retention« als zentrale Denkfigur zwar noch erhalten, doch was damit im Detail gemeint ist und welche Analyseeinheit im Vordergrund steht, unterscheidet sich erheblich. Betrachten wir dies an einigen wichtigen Ansätzen.

Populationen von Organisationen als Analyseeinheit

Die ursprünglich aus der Organisationstheorie stammende *Populationsökologie* (Population-Ecology)[41] stellt – wie der Name bereits ankündigt – auf Populationen von Organisationen ab und sieht darin das geeignete Analogon zum biologischen Begriff der Spezies. Die Firmen einer Population sind durch eine gemeinsame organisationale Form gekennzeichnet und insofern Mitglieder eines gleichen Genotyps. Innerhalb einer Population kommt es nun im Laufe der Evolution zu Variationen, die beispielsweise durch technischen Wandel, eine Veränderung der institutionellen Rahmenbedingungen oder schlichtweg Zufall ausgelöst werden. Diese führen zur Entstehung neuer Organisationsformen, die sich entweder in Form von Neugründungen oder Abspaltungen manifestieren. Aus dem dadurch geschaffenen »Angebot« selektiert die Umwelt diejenigen Variationen negativ aus, die den von ihr gestellten Anforderungen nicht gewachsen sind. Nur »effiziente« Firmen, die an die Nische einer Population optimal angepasst sind, überleben. In der Phase der Retention sind die neuen Varianten dann in den Genpool der Population eingegangen und werden, durch Mechanismen (wie institutionelle Barrieren) geschützt, an die nächste Generation weitergegeben und dort reproduziert.

Comps als Analyseeinheit

Während anfangs die Organisationsform die Einheit darstellt, die variiert, selektiert und retentiert wird, so treten später sogenannte »Competences« (oder abgekürzt Comps) in den Mittelpunkt.[42] Dieser Wechsel der Analyseeinheit wird damit begründet, dass in der biologischen Evolution nicht Menschen, sondern Gene dem Evolutionsprozess unterliegen und der Grund für deren Reproduktionserfolg in den damit verbundenen Problemlösungseigenschaften liegt. Comps nun bilden das Analogon zur genetischen Information und zeigen sich in Patenten, Produktions- und Produkttechniken, Verfahrensrichtlinien, Computerprogrammen etc. Jede Population weist eine bestimmte Menge dieser Comps auf, die in Form des Wissens und der Fähigkeiten der Mitglieder der Organisationen in dieser Population gespeichert sind. Im Zuge ihrer Reproduktion sowie durch externe Einflüsse kommt es auch hier zu Variationen, die in der Folge selektiert und je nach Erfolg bewahrt werden. Effiziente Comps setzen sich dabei direkt gegen schwächere Konkurrenten durch und verdrängen diese aus dem »Compool« der Population.

Firmen als pfadabhängige Wissensbasen

In einem weiteren Beitrag wird Innovation im Sinne von Variation und Mutation sowie Selektion als Marktmechanismus verstanden; die Retention bei den Firmen wird dann als wissenstragende Entitäten gesehen.[43] Firmen werden als pfadabhängige Wissensbasen betrachtet, die aus hierarchisch angeordneten Bündeln von Routinen bestehen. Diese *Routinen* stellen das Basismaterial der Evolu-

3.1.3 Evolutionstheorie

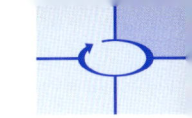

tion von Firmen dar und werden folglich zu ihrer zentralen Analyseeinheit.[44] Konkret werden drei Arten von Routinen unterschieden. Erstens gibt es Routinen, die die standardmäßigen, operativen Prozeduren bilden und bestimmen, wie und in welchem Umfang Firmen produzieren. Zu denken ist z.B. an Technologien, die die Produktionsfunktion der Firma bestimmen. Zweitens gibt es Routinen, die das Investitionsverhalten von Firmen beeinflussen und die Höhe ihres Kapitalstockes regeln. Und drittens sind auch diejenigen Prozesse, die die Suche nach Verbesserungsmöglichkeiten betreffen, als Routinen zu verstehen. Gerade dieser Typ stellt die Quelle für unternehmerische Fitness dar und legt fest, inwieweit sich Unternehmen differenzieren können.

Analyseeinheit als Routinen

Mit diesen Überlegungen ist bereits die Brücke zu einer ontogenetischen Theorie geschlagen, die sich auf Veränderungen innerhalb einzelner Firmen konzentrieren kann.[45] Arbeiten, die in diese Richtung weisen, setzen sich mit Themen wie dem Suchverhalten von Firmen, dem Einfluss von Anfangsbedingungen oder der Mehr-Ebenen-Selektion auseinander. So wird beispielsweise die relative Variation von Firmen gegenüber ihrer technologischen Nische gemessen und daraus deutlich voneinander abgrenzbare Cluster abgeleitet.[46] Oder bei der Untersuchung der Evolution von Allianzen kam man zu der überraschenden Erkenntnis, dass der Einsatz bestehender Routinen seitens der Partner die Zusammenarbeit zwischen ihnen nicht erleichtert, sondern im Gegenteil Konflikt und Misstrauen schafft.[47] Andere sehen die Firma als eine Ökologie rivalisierender strategischer Initiativen und untersuchten, wie diese sich im Wechselspiel der verschiedenen Managementebenen entwickeln.[48] Besonders erwähnenswert ist dabei die Erkenntnis, dass firmeninterne Selektionsmechanismen teilweise externe substituieren und die Anforderungen der Umwelt dadurch im Inneren widergespiegelt werden.

Firma als Ökologie rivalisierender Initiativen

Kritisch betrachtet kommt dem evolutionstheoretischen Ansatz der Verdienst zu, explizit die Bedeutung dynamischer Prozesse zu betonen und ihr in Abgrenzung zu den Gleichgewichtsmodellen der klassischen, ökonomischen Theorie mit entsprechenden Modellen und Methoden nachgegangen zu sein. Für eine Reihe von Phänomenen (wie z.B. die Diffusion von Innovationen, unternehmerischen Wandel etc.) hat er mit seinen Konstrukten (wie Pfadabhängigkeit, organisationale Trägheit etc.) wichtige Erkenntnisse generiert. Die größere Realitätsnähe musste allerdings meist mit einer ansteigenden Komplexität der Modelle »bezahlt« werden.

Bedeutung dynamischer Prozesse

Prinzipiell bemängelt wird die Übernahme biologischen Gedankengutes auf ökonomische und soziale Zusammenhänge. Der Analogieschluss erscheint kritischen Beobachtern als nicht haltbar. Dem ist allerdings entgegenzuhalten, dass mittlerweile die meisten evolutionären Ansätze sich von einem unreflektierten Transfer entfernt und ein recht eigenständiges Sprach- und Argumentationsmuster entwickelt haben. Zweitens ist umstritten nach welchen Kriterien die Umwelt selektiert. So wird zu Recht auf die Gefahr des logischen Zirkelschlusses hingewiesen, demzufolge von der faktischen Verbreitung einer Organisationsform auf deren Problemlösungsfähigkeit geschlossen wird.[49] Doch auch hier hat sich die Forschung weiterbewegt. So werden die Wechselwirkungen von Mehr-Ebenen-Selektionen ebenso diskutiert, wie Situationen, in denen die Selektion relativ »lax« erfolgt und mit dem ursprünglichen Anspruch der Optimierung nicht mehr viel gemeinsam hat. Die Prognosekraft evolutionärer Ansätze hängt wesentlich davon ab, wie der Selektionsprozess erklärt wird – kein leichtes Unter-

Kritik

fangen, wenn man zusätzlich die Möglichkeit mit einbezieht, dass auch Selektionsmechanismen einer Evolution unterliegen. Drittens ist es relativ schwierig, aus dem evolutionstheoretischen Ansatz praktische Handlungsempfehlungen für das Management abzuleiten. Die Möglichkeit evolutionäre Prozesse direkt zu beeinflussen, ist kaum gegeben, da die relevanten Variations- und Selektionsmechanismen außerhalb des Einflussbereiches von Managern liegen. Zudem sind Konzepte wie Variation, Selektion und Retention auf einer relativ hohen Abstraktionsebene angesiedelt. Viertens stellt sich die Frage nach der »richtigen« Analyseeinheit. Können Populationen von Organisationen, Comps, Routinen oder Initiativen wirklich herangezogen werden und wenn ja, wie sind sie in diesem Fall zu operationalisieren? Hier stellt sich noch eine Reihe von ernst zu nehmenden Problemen.

3.1.4 Vergleichende Betrachtung

Die eben besprochenen, theoretischen Ansätze des Strategischen lassen sich, wie in dem Überblick in Abbildung 3-6 dargestellt, vergleichen.

Theorie Merkmal	Industrieökonomik	Institutionenökonomik	Evolutionstheorie
Intellektuelle Wurzeln	Bain (1968) Mason (1957)	Coase (1937) Williamson (1975)	Hannan/Freeman (1977), Nelson/Winter (1982)
Sichtweise der Firma	Firma als Produktionsfunktion, die ihr Verhalten der Branchenstruktur anpasst	Firma als transaktionskostenminimierende Koordinationsform (Nexus von Verträgen)	Firma als Bündel von Routinen (Nelson) oder Ökologie von Initiativen (Burgelman)
Analyseeinheit	Branchenstruktur	Transaktion	Variiert (Population, Comps, Routinen etc.)
Ursache für Wettbewerbsvorteile	Vorteilhafte Position in einer geschützten Industrie (Marktmacht)	Effizienzvorteile durch optimale Gestaltung der Vertragsbedingungen	»Effiziente« Variationen, die die Selektion überstanden haben
Zentrale Annahmen	Rationalität der Handelnden, Dominanz der Branchenstruktur	Beschränkte Rationalität, Opportunismus, »Foresight«	Beschränkte Rationalität, evolutionärer, nur teilweise beeinflussbarer Prozess

Abb. 3-6:
Theoretische Ansätze im Vergleich

Während sich die Industrieökonomik und insbesondere der transaktionskostentheoretische Ansatz der Institutionenökonomik als relativ stark geschlossene Theoriegebäude präsentieren, ist insbesondere die Evolutionstheorie durch stark heterogene Ansätze gekennzeichnet. Dies erschwert einen Vergleich, da zunächst jeweils zu klären ist, um welchen Ansatz der Evolutionstheorie es sich konkret handelt.

Trotzdem kommt bei einer Gegenüberstellung der Ansätze die unterschiedliche Sichtweise der Firma klar zum Ausdruck. Dies ist u.a. auf die historische Entwicklung der Ansätze zurückzuführen bzw. auf die Fragestellungen, die diese

Unterschiedliche Sichtweisen der Firma

3.1.4 Vergleichende Betrachtung

am Anfang bewegten. So wurde beispielsweise die Transaktionskostentheorie ursprünglich nicht als Ansatz des Strategischen konzipiert, sondern stellte die Frage nach der Existenz von Firmen. Mittlerweile hat sie sich jedoch zu einer Theorie entwickelt, die für die Erklärung verschiedener strategischer Fragestellungen herangezogen wird. Gleiches gilt auch für die Industrieökonomik sowie die Evolutionstheorie.

Zusammenfassung

- In der *Industrieökonomik* ging es anfangs darum, den Leistungsunterschied von Branchen untereinander zu erklären. Generell betrachtet, sieht man die Ursache für Erfolg in der Wahl der attraktiveren Branche, die es für das Unternehmen zu dessen Positionierung ausfindig zu machen gilt. Dann gilt es, eine Strategie zu entdecken, über die eine bessere Anpassung des Unternehmens an seine Branchenstruktur möglich ist (z. B. durch Beachtung der Lebenszyklusphase eines Geschäfts). Dabei sind durchaus verschiedene Strategien zur Erlangung von Erfolg möglich. Dieser Erfolg stellt sich aber nur dann ein, wenn das Unternehmen die für eine Implementierung der Strategie erforderlichen Ressourcen bereitstellen kann.
- Nach der *Transaktionskostentheorie* stehen Markt und Hierarchie (Unternehmen) in Konkurrenz um die Durchführung von Transaktionen. Das Unternehmen wird sich dann durchsetzen, wenn es (über seine Hierarchie) Transaktionen günstiger abwickeln kann als über den Markt. Ansonsten ist der Markt die effizientere Koordinationsform. Dabei entscheiden insbesondere der Spezifitätsgrad der Leistung sowie die Veränderlichkeit der Vertragsbeziehung darüber, welche Koordinationsform sich durchsetzen wird. Aufgrund der Annahme nur begrenzter Rationalität der Handelnden im Unternehmen kann es allerdings auch zu einem »Marktversagen« kommen.
- Mit wachsender Unternehmensgröße geben nach der *»Theorie der Verfügungsrechte«* die Eigentümer des Unternehmens ihre Verfügungsrechte an die durch sie beauftragten Manager ab. Damit die Eigentümerinteressen nicht durch die Manager unterlaufen werden, müssen entsprechende Governance-Systeme eingerichtet werden.
- Das Interesse der *Evolutionstheorie* ist auf dynamische Entwicklungsprozesse einzelner Variablen gerichtet. Dabei folgt man grundsätzlich dem Dreiklang »Variation-Selektion-Retention«. Analyseeinheit können Populationen von Organisationen, Routinen, strategische Initiativen etc. sein.

3.2 Strategische Analyse

Die Unternehmens- und Umweltanalyse dient dem Zweck, Aufschluss über Art, Stärke und Zusammenspiel der Einflusskräfte von Unternehmen und ihrer Umwelt zu gewinnen. Damit erhält man nicht nur ein Bild über die momentane Position eines Unternehmens, sondern auch über zu erwartende Veränderungen. Wie in Abbildung 3-3 bereits dargestellt, werden wir diese Thematik mit einer

Betrachtung der Ausgangssituation eines Unternehmens beginnen (Kap. 3.2.1), darauf aufbauend zuerst die externen Einflusskräfte der Umwelt (Kap. 3.2.2), dann die internen des Unternehmens (Kap. 3.2.3) analysieren und zuletzt beide in einer integrierten Betrachtung zusammenführen (Kap. 3.2.4).

Lernziele

- Segmentierung der Umwelt in die zu bearbeitenden strategischen Geschäftsfelder (SGF) sowie Abgrenzung strategischer Geschäftseinheiten (SGE) als Segmentierung des Unternehmens
- Ausrichtung der Positionierung der jeweiligen Steuerungseinheiten an ihren Anspruchsgruppen (Stakeholder) und an ihrer generellen Umwelt
- Durchführung einer Stakeholder-Analyse mit »Tiefenbohrungen« bei ausgewählten Anspruchsgruppen
- Konzeption einer Branchen- und Wettbewerberanalyse unter Einbezug der Komplementäre
- Vermittlung des Grundgedankens einer strategischen Frühaufklärung (strategische Vorausschau) mit besonderem Verweis auf die Szenariotechnik
- Darstellung von Verfahren zur Unternehmensanalyse mit Fokus auf Fähigkeiten und Kernkompetenzen
- Aufzeigen von Verfahren zur Erlangung einer integrierten Sichtweise nach Durchführung einer Umwelt- und Unternehmensanalyse

3.2.1 Ausgangssituation

Blickt man auf das eigene Unternehmen, dann stellt man fest, dass sich hier im Laufe der Zeit ein bestimmtes Bild über die relevanten Anspruchsgruppen sowie die eigenen Geschäftsaktivitäten entwickelt hat. Dieses schlägt sich zumeist auch in den organisationalen Strukturen und Prozessen nieder und wird hier teilweise sichtbar. Will man nun diese Ausgangssituation eines Unternehmens untersuchen, dann kann man anhand der rudimentären Unterscheidung »Umwelt-Unternehmen« vorgehen. Es bietet sich an, die Umwelt sodann in sogenannte strategische Geschäftsfelder (SGF) zu zerlegen, die eine marktbezogene Strukturierung der aktuellen Aktivitäten eines Unternehmens vermitteln. Ihnen stehen innerhalb des Unternehmens die strategischen Geschäftseinheiten (SGE) als Pendant gegenüber. Diese werden, wie erwähnt, in aller Regel auf der Ebene des Gesamtunternehmens (im Unternehmensportfolio) zusammengefasst und von dort aus koordiniert.

SGE als Bezugsobjekt der Geschäftsstrategien

Die Segmentierung und Abgrenzung der SGF und SGE sind äußerst erfolgskritisch für die Entwicklung eines Unternehmens. Hier wird nicht nur definiert, in welchen Geschäften man sich sieht, sondern auch entschieden, in welcher Form der Innenstrukturierung (SGE) man diese SGF bearbeiten will, denn Bezugsobjekt der Geschäftsstrategien sind die SGE. Deshalb ist es wichtig, dass man sich für diese Hinterfragung der Ausgangssituation ausreichend Zeit nimmt, da eine vorschnelle oder »mikro-politisch« einfache Abgrenzung enorme Folgefehler zur Konsequenz haben kann. Oft wird hier nicht konsequent genug vorgegangen,

3.2.1 Ausgangssituation

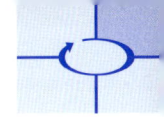

weil man z. B. nicht gleich zu Anfang die Unterstützung der Vertreter der gewachsenen Strukturen gefährden möchte.

(1) Die Umwelt als Kombination von strategischen Geschäftsfeldern

Die Umwelt eines Unternehmens ist in aller Regel zu umfassend und zu vielschichtig, als dass sie einheitlich bearbeitet werden kann. Wenn ein Großunternehmen wie NESTLÉ beispielsweise gleichzeitig in Märkten wie Milchprodukte, Getränke, Süßwaren, Fertigprodukte, Tiernahrung, Pharmaka und Kosmetik agiert, dann ist es leicht nachvollziehbar, dass in jedem dieser Felder unterschiedliche Rahmenbedingungen und Gesetzmäßigkeiten herrschen und folglich auch speziell auf diese Geschäfte zugeschnittene Strategien zu entwickeln sind. Doch auch kleinere Unternehmen teilen, wenn man sie näher betrachtet, ihre Umwelt in verschiedene Felder auf, die sie dann gezielt bearbeiten. So sind Bäckereien oft nicht nur im Brot- und Backwarenmarkt tätig, sondern bieten auch Konfitüre oder Pralinen an. Und selbst scheinbar homogene Märkte wie der Automobilmarkt werden in einzelne Segmente unterteilt (SUV, Sportwagen, Limusinen, etc.), von denen angenommen wird, dass sie sich hinsichtlich ihrer Funktionsweise markant unterscheiden.

Solche Segmente der Umwelt werden als **strategische Geschäftsfelder (SGF)** bezeichnet. *Sie repräsentieren einen möglichst isoliert »funktionierenden« Ausschnitt aus dem gesamten Betätigungsfeld des Unternehmens, der eigene Ertragsaussichten, Chancen und Risiken aufweist und für den relativ unabhängig eigenständige Strategien entwickelt und realisiert werden können.*[50] Fragen, die sich in diesem Zusammenhang stellen und die in einem Unternehmen diskutiert werden sollten, lauten:

- In welchen Geschäftsfeldern wollen wir überhaupt tätig sein?
- Wie attraktiv ist ein Geschäftsfeld für uns, wie ist seine zukünftige Entwicklung?
- Wer sind in diesem Geschäftsfeld die wichtigsten Anspruchsgruppen?
- Welche Position nehmen wir ihnen gegenüber ein und welche Position wollen wir einnehmen?
- Wie wollen wir diese Position erreichen?

Die Aufteilung der gesamten relevanten Geschäftsumwelt in einzelne Geschäftsfelder dient dem Zweck, angesichts der prinzipiell unendlich hohen Komplexität der Umwelt einige überschaubare Bereiche zu konstruieren, die es dann gezielt zu bearbeiten gilt. Ein Unternehmen legt durch diese Wahl gewissermaßen die Spielfelder fest, auf denen es agieren und seine zur Verfügung stehenden Ressourcen einsetzen will.

Bei der Segmentierung der Umwelt in strategische Geschäftsfelder ist darauf zu achten, Überschneidungen zwischen den einzelnen Geschäftsfeldern zu minimieren, damit es bei der Strategieumsetzung zu keinen negativen Wechselwirkungen kommen kann. Die eigentliche Segmentierung kann anhand verschiedener **Kriterien** vorgenommen werden. Welche man dabei als wichtig erachtet und wie man sie miteinander kombiniert, hängt von der jeweiligen Einschätzung der Umwelt ab und ist von Fall zu Fall verschieden. Zumeist greift man auf folgende sechs Abgrenzungskriterien zurück, die zudem auch eine Reihe wichtiger Fragen aufwerfen:

> Strategische Geschäftsfelder repräsentieren einen möglichst isoliert »funktionierenden« Ausschnitt aus dem gesamten Betätigungsfeld des Unternehmens

Sechs Abgrenzungskriterien

- *Produkte:* Welche Dienstleistungen und Produkte sollen in einem Geschäftsfeld gebündelt werden? Wie stark sind sie miteinander verbunden, wo unterscheiden sie sich? Nehmen die Abnehmer diese Kombination wahr? Ist sie für sie wichtig?
- *Marktsegmente:* Nach welchen Kriterien sollen die einzelnen Kundengruppen eingeteilt werden? Welche Kundengruppen lassen sich unterscheiden? Haben sie ähnliche Kaufgewohnheiten? Können sie mit den gleichen Vertriebskanälen bedient werden?
- *Kundennutzen:* Worin besteht der Nutzen für den Abnehmer, den man bieten will? Fragen die Abnehmer beispielsweise Mobilität, Luxus oder ein spezielles Auto nach? Suchen sie nach ästhetischen Lampen oder nach Beleuchtungsqualität? Wie wichtig ist der Nutzen für den Abnehmer? Verändert er sich? Kann ein neuer geschaffen werden?
- *Technologien:* Welche Bedeutung hat die Technologie für dieses Geschäft? Gibt es hier eine einzige dominierende oder mehrere gleichberechtigte Technologien? Wie stark ist mit der Substitution bestehender Technologien zu rechnen?
- *Geografie:* Welche geografische Einteilung bietet sich an? Greift man auf eine lokale, regionale, nationale, kontinentale oder globale Segmentierung zurück? Bestehen Unterschiede hinsichtlich Kundenbedürfnissen oder Technologien in den einzelnen geografischen Gebieten?
- *Kostenstrukturen:* Gibt es Unterschiede in den Kostenstrukturen bei den Produkten und Dienstleistungen? Treten Skalen- oder Verbundeffekte auf? Welche Kosten sind fix, welche variabel? Gibt es Unterschiede bei den Prozesskosten?

Zwei Vorgehensweisen zur Abgrenzung von SGF

Mit Hilfe dieser Kriterien sind einzelne Geschäftsfelder voneinander abzugrenzen. Dabei werden in der praktischen Anwendung zumeist zwei Vorgehensweisen verwendet, von denen die Erste vom bereits bestehenden Angebot eines Unternehmens ausgeht, sich dabei auf die Kriterien »Produkte« und »Abnehmergruppen« stützt und von dieser Basis aus eine Geschäftsfeldsegmentierung vornimmt (Inside-Out-Segmentierung)[51]. Die zweite Vorgehensweise orientiert sich hingegen direkt an den Anforderungen der Umwelt, verwendet Kriterien, die dort als wichtig erachtet werden und gelangt auf dieser Basis zur Abgrenzung einzelner Geschäftsfelder (Outside-In-Segmentierung)[52]. Betrachten wir beide Vorgehensweisen:

Inside-Out-Segmentierung: Nimmt man das bestehende Angebot eines Unternehmens als Ausgangspunkt für eine Geschäftsfeldsegmentierung, so kann zunächst eine zweidimensionale Produkt-Markt-Matrix erstellt werden. Auf der einen Seite werden die bestehenden Produkte und Dienstleistungen, auf der anderen Seite die einzelnen Marktsegmente aufgelistet. Im Rahmen dieser Matrix werden dann diejenigen Produkt-Markt-Kombinationen identifiziert, die ein Unternehmen momentan bedient. Gleichzeitig erhält man dadurch auch Hinweise auf noch unbearbeitete, aber potenziell zu bearbeitende Tätigkeitsfelder. Als Nächstes werden dann auf der Basis des als besonders strategisch differenzierend betrachteten Kriteriums einzelne Produkt-Markt-Kombinationen zu strategischen Geschäftsfeldern zusammengefasst. So könnte es z. B. sein, dass die Produkt-Markt-Kombinationen eines SGF jeweils eine bestimmte Technologie vereint nutzen, oder dass sie in etwa das gleiche Wettbewerbsumfeld haben. Abbil-

3.2.1 Ausgangssituation

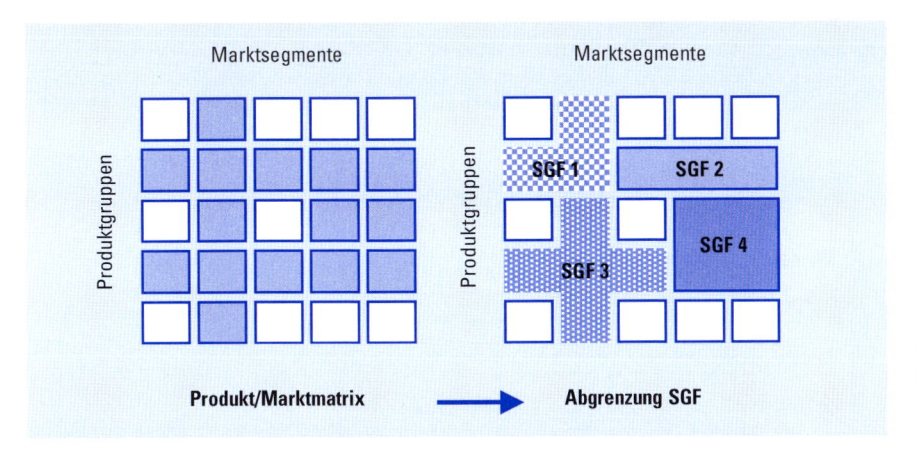

Abb. 3-7: Von Produkt-Markt-Kombinationen zu strategischen Geschäftsfeldern

dung 3-7 verdeutlicht exemplarisch diese Form der SGF-Abgrenzung. Dabei sollte darauf geachtet werden, dass nicht zu viele Geschäftsfelder abgegrenzt werden, da man in der Lage sein sollte, bei der Bearbeitung der einzelnen SGF die Wechselwirkungen auf die anderen SGF zu überschauen. Dies wird ab etwa zehn SGF fast unmöglich.

Wie auf der linken Matrix zu sehen ist, repräsentieren die dunklen Rechtecke die 15 Produkt-Markt-Kombinationen, die momentan bedient werden. Sie werden in der rechten Matrix zu vier homogenen Geschäftsfeldern zusammengefasst, die dann gezielt zu bearbeiten sind. Inwieweit eine Homogenität gegeben ist, wird danach beurteilt, ob in einem Geschäftsfeld Gemeinsamkeiten zwischen Anspruchsgruppen wie Kunden, Wettbewerbern oder Lieferanten gegeben sind oder – abstrakter formuliert – ob es Interdependenzen im Ressourcen-, Markt- und Leistungsbereich gibt. Je stärker diese sind, desto sinnvoller wird es, die einzelnen Produkt-Markt-Kombinationen in einem einheitlichen Geschäftsfeld zusammenzufassen.

Neben der relativ einfachen Handhabung der Inside-Out-Methode, besteht ein weiterer Vorteil darin, noch gar nicht bestehende oder noch unbearbeitete Segmente identifizieren zu können, wie sie in Abbildung 3-7 durch die weißen Rechtecke der linken Matrix verkörpert werden. Insofern werden dadurch blinde Flecken sichtbar, die dann Anregungen für die weitere Positionierungsarbeit bieten können. Allerdings sollte bei der Bildung von Geschäftsfeldern darauf geachtet werden, diese hinsichtlich ihres Volumens nicht zu klein werden zu lassen, da ansonsten der Einsatz geschäftsfeldspezifischer Strategien fragwürdig wird. Die Kosten für Entwicklung und Implementierung einer solchen Strategie sind zumeist beachtlich und daher nur für Geschäftsfelder mit einem ausreichenden Potenzial zu empfehlen. Eine Analyse der Attraktivität eines einzelnen Geschäftsfeldes sowie seiner treibenden Kräfte kann hier vorab hilfreiche Hinweise geben, ob ein solches Potenzial vorhanden ist oder nicht.

Fallbeispiel: IT-Dienstleistungsmarkt Schweiz
Im Rahmen eines Strategieentwicklungsprojektes erfolgte eine Segmentierung des IT-Dienstleistungsmarktes in der Schweiz. Man benutzte eine zweidimensionale Matrix, die die Kriterien »Produkte« und »Marktsegmente« verwendete. Die Produktbereiche

wurden als »Consult, Design, Build, Operate und Manage«, die Marktsegmente als »Data Center, Desktop, Network, Application und Business Process« bezeichnet. Aus ihnen wurde anschließend eine zweidimensionale Matrix aufgespannt, wie sie in Abbildung 3-8 wiedergegeben ist.

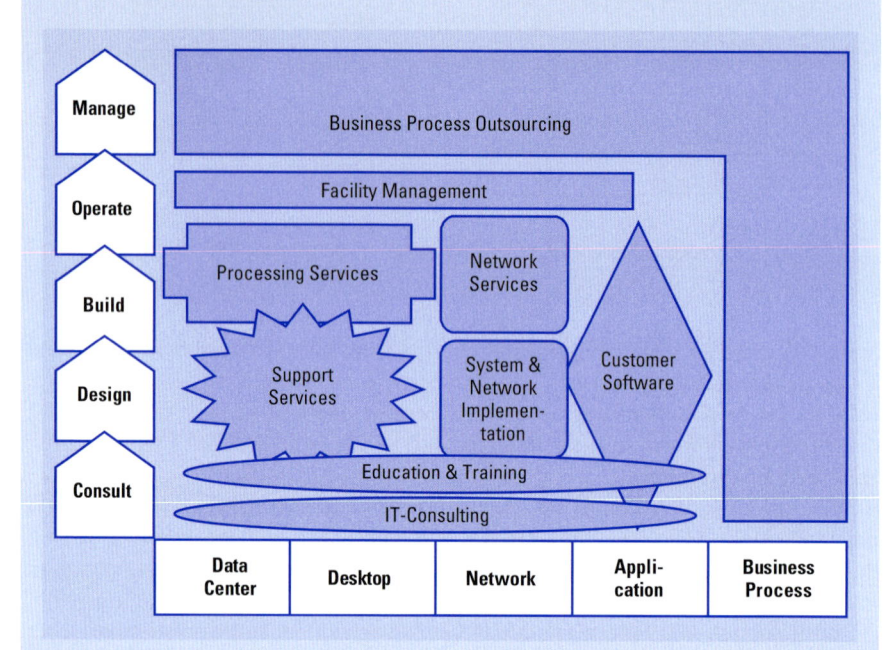

Abb. 3-8: Geschäftsfeldsegmentierung im IT-Dienstleistungsmarkt Schweiz

In der 5x5-Matrix wurden anschließend neun Geschäftsfelder abgegrenzt und ihr jeweiliges Marktvolumen ermittelt. Die Geschäftsfelder reichten dabei von eher kleineren Segmenten, wie z. B. Facility Management, bis zu umsatzstarken Feldern, wie den Support Services. Anschließend erfolgte eine Abschätzung der weiteren Entwicklung in den einzelnen Geschäftsfeldern. Zuletzt wurde auf Grundlage der Analyse pro Geschäftsfeld ein Bündel strategischer Maßnahmen erarbeitet.

Neben den Vorteilen, die die Inside-Out-Methode bietet, sind jedoch auch zwei wichtige *Problembereiche* zu nennen. Erstens orientiert man sich nur an bestehenden und nicht an neu entstehenden Tätigkeitsfeldern, da man vom momentanen Produktspektrum und den gerade bedienten Marktsegmenten ausgeht. Zweitens berücksichtigt man die Bedürfnisse der Kunden nicht direkt, sondern nur über den Umweg von als relevant erachteten Marktsegmenten. Der ersten Problematik kann begegnet werden, indem man auch potenzielle Produkte und Märkte in die Matrix aufnimmt und diese somit erweitert. Dadurch eröffnet sich die Möglichkeit, neue Geschäftsfelder konzeptionell zu entwerfen und zu erschließen. In unserem Beispiel stellt die Übernahme ganzer Geschäftsprozesse (Business Process Outsourcing) ein derartiges neues Geschäftsfeld dar, dem sich mittlerweile viele Unternehmen widmen. So übernimmt z. B. einer der IT-Dienstleister für seine Kunden in der Elektrizitätsindustrie die Aufgabe, Tausende von Stromzählern vollautomatisch abzulesen und die Rechnungen direkt an die privaten Endkunden zu versenden.

3.2.1 Ausgangssituation

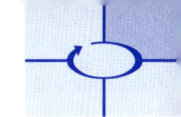

Outside-In-Segmentierung: Um die zweite Problematik zu beheben, bietet es sich an, die Segmentierung der Umwelt direkt nach den Bedürfnissen der Anspruchsgruppen auszurichten. Dazu kann ein Bezugsrahmen herangezogen werden, der zwischen drei Dimensionen unterscheidet, die sich eng an den Anforderungen von Kunden orientieren:[53]

- Kundenbedürfnisse: Welchen Nutzen bringt das Unternehmen für welches *Kundenbedürfnis*?
- Potenzielle Abnehmergruppen: Welche *Abnehmergruppen* profitieren davon?
- Alternative Technologien: Mit welchen Verfahren und *Technologien* stiftet man diesen Nutzen?

Anhand dieser Dimensionen lassen sich dann dreidimensionale »Würfel« aufspannen, die jeweils ein spezielles Geschäftsfeld repräsentieren.

> **Fallbeispiel: Abgrenzung von Geschäftsfeldern in der Röntgendiagnostik**
> Betrachten wir exemplarisch die Situation bei den Geräten zur Röntgendiagnostik in Abbildung 3-9. Dort erkennt man, dass mittels der drei Dimensionen ein Raum von 3 × 3 × 2 = 18 »Würfeln« aufgespannt wird. Jeder dieser Würfel stellt eine mögliche Komponente eines SGF dar. Z.B. hat EMI sich sein SGF so zugeschnitten, dass es mittels Röntgentechnologien der 2. Generation (Kopf und Ganzkörper) alle drei Abnehmergruppen bearbeitet. Damit kommt EMI bei den mittleren Krankenhäusern in eine direkte Konkurrenzbeziehung zu OHIO NUCLEAR.

Abb. 3-9: Bezugsrahmen zur Abgrenzung von Geschäftsfeldern in der Röntgendiagnostik

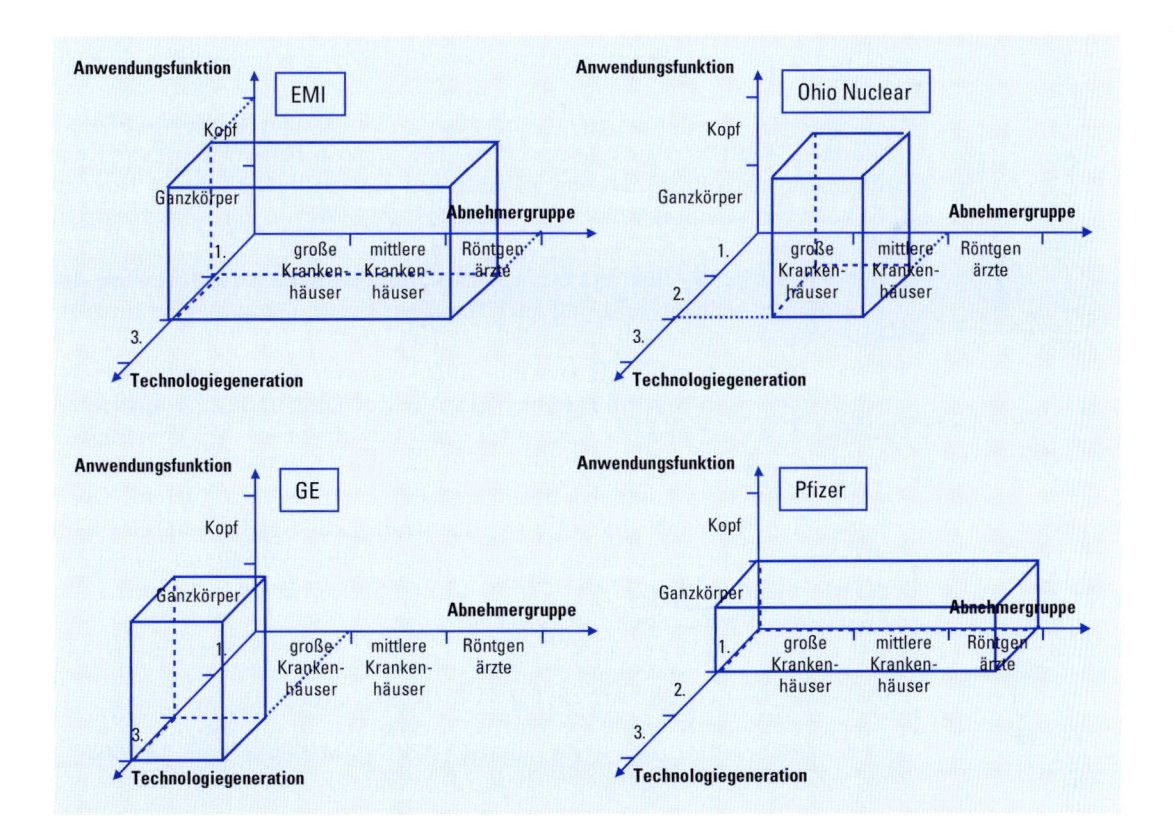

(2) Das Unternehmen als Kombination von strategischen Geschäftseinheiten

Wurden durch die Segmentierung der Umwelt die Spielfelder abgesteckt, auf denen ein Unternehmen wirtschaftlich tätig sein will, dann hat ein Unternehmen nun hierfür geeignete Strategien zu entwickeln. Prinzipiell wird dabei zwischen zwei Planungsebenen unterschieden: Der Ebene der strategischen Geschäftseinheiten (Business-Ebene) sowie der Ebene des Gesamtunternehmens (Corporate-Ebene).

Ebene der Strategischen Geschäftseinheiten (SGE): Das Gegenstück zu den strategischen Geschäftsfeldern bilden die strategischen Geschäftseinheiten. Während Erstere im Rahmen einer Segmentierung der Umwelt abgegrenzt werden, entstehen strategische Geschäftseinheiten durch die interne Segmentierung eines Unternehmens. Der Umweltsegmentierung wird also eine Unternehmenssegmentierung gegenübergestellt.[54]

Die SGE entstehen durch die interne Segmentierung des Unternehmens

Eine Geschäftseinheit kann dabei durchaus auf mehreren Geschäftsfeldern tätig sein, wobei dann allerdings darauf zu achten ist, dass es zu keinen Überschneidungen mit anderen Geschäftseinheiten kommt. Umgekehrt kann ein SGF auch durch mehrere SGE bedient werden.

Bei der Abgrenzung der SGE ist auf folgende Punkte zu achten:

Anforderungen an SGE

- Die SGE eines Unternehmens müssen deutlich voneinander abgrenzbar sein. Interdependenzen und Überschneidungen hinsichtlich von Kriterien wie Kunden, Kapazitäten, Konkurrenten, Eintrittsbarrieren oder Marktcharakteristika in den jeweiligen Geschäftsfeldern sollten möglichst weitgehend vermieden werden.
- Die SGE sollten – durch Orientierung an den SGF – an einem externen Absatzmarkt als Wettbewerber auftreten, d. h., sie sollten zur Befriedigung eines Kundenbedürfnisses in Konkurrenz zu anderen Lösungsanbietern treten. Um den Kunden für sich zu gewinnen, versucht sich die SGE von der Konkurrenz zu differenzieren.
- Die SGE entwerfen ihre Strategien selbstständig im Kontext der Strategie des Gesamtunternehmens und sind auch für deren Umsetzung direkt verantwortlich.
- Dazu muss ihnen auch die Gewinn- und Verlustverantwortung für ihr Geschäft übertragen werden. Dies impliziert die Zuteilung und den Transfer von Verfügungsmacht über die Ressourcen eines Unternehmens. Vor dem Hintergrund von Steuerungsmöglichkeiten (z. B. Kosten, Gewinne, Rentabilitäten, Marktposition) ist damit aber auch eine möglichst eindeutige Abgrenzbarkeit notwendig. Von daher definieren wir eine **strategische Geschäftseinheit (SGE)** als *eine möglichst unabhängig agierende Unternehmenseinheit, die – im Kontext des Gesamtunternehmens – selbstständige Ziele in den von ihr anvisierten Geschäftsfeldern eigenverantwortlich verfolgt.*

Definition

Fallbeispiel: Die Geschäftsfelder des Philips-Konzerns und dessen Reorganisation
Der niederländische Konzern Royal Philips Electronics hat sein Wirken unter folgende Mission gestellt: »Wir verbessern das Leben von Menschen durch die zeitgerechte Einführung sinnvoller Innovationen.« Dazu war das Unternehmen bis 2015 in

3.2.1 Ausgangssituation

> drei Geschäftsfeldern tätig: Healthcare, Consumer Lifestyle (umfasst Produkte wie Rasierapparate, elektrische Zahnbürsten, Staubsauger oder Kaffeemaschinen) und Lighting. Alle drei SGF wurden auch in der Aufbauorganisation als Sparten bzw. SGE abgebildet. Jede Sparte hatte einen CEO, der als Executive Vice-President auch Einsitz in den sechsköpfigen Konzernvorstand hat. In diesen Sparten wollte PHILIPS – im Einklang mit dem Markenversprechen »sense and simplicity« – Technologien und Design-Trends in neue Lösungen, die auf die Bedürfnisse von Menschen zugeschnitten sind und auf wichtigen Marktforschungsergebnissen basieren, integrieren.
>
> Eine integrative Klammer über den Konzern, der immer noch etwas an das frühere Konglomerat mit wenig Synergien erinnerte, sollte die Konzerneinheit »Corporate Technologies« bilden. Sie hatte einerseits zur Entwicklung innovativer Produkte und Erschließung neuer Märkte beizutragen, aber auch die Sparten von PHILIPS dabei zu unterstützen, Innovationen in fortschrittliche Produkte einzubringen und durch gemeinsam genutzte Laboratorien und Kompetenzen unternehmensübergreifende Synergien im Bereich Technologie zu schaffen. Mit Hilfe einer »Open-Innovation-Strategie« sollte durch Zusammenarbeit mit Instituten, Hochschulen und Partnern in der Industrie die Innovationskraft des Konzerns gestärkt werden. Mehr Innovationen sollten schneller und effektiver auf den Markt gebracht werden.
>
> Gegen Ende des schlechten Geschäftsjahrs 2014 hat PHILIPS dann aber angekündigt, dass der Konzern noch weiter gestrafft werden soll und man sich auf die Geschäfte mit den höheren Margen konzentrieren will. Man erwartet sich durch diesen Schritt Kosteneinsparungen von 300 Mio. Euro in 2015 und 2016, denen Restrukturierungskosten von etwa 50 Mio. Euro gegenüberstehen sollen. Konkret soll dazu der Konzern in zwei Unternehmen aufgeteilt werden. Das Beleuchtungsgeschäft wird unter der Bezeichnung Lighting solutions (bzw. Philips Lighting) in eine separate rechtliche Struktur abgespalten. Man meint so, sich der Dynamik des Geschäfts besser stellen zu können. Die Wertschöpfung bewegt sich weg von einzelnen Beleuchtungsprodukten hin zu integrierten Beleuchtungslösungen, zum Beispiel für ganze Fußballstadien oder Konzerthäuser. Die beiden verbleibenden Sparten Medizintechnik und Consumer Lifestyle werden in einer neuen strategischen Geschäftseinheit mit der Bezeichnung HealthTech zusammengefasst. CEO Frans van Houten begründete dies mit der zunehmenden Konvergenz der jeweiligen Absatzmärkte. So erfolge die Überwachung von Patienten unter Nutzung moderner Kommunikationstechnologien immer mehr auch zu Hause, nicht nur im Spital und der Arztpraxis, und die Konsumenten würden ihre Gesundheit aktiver überwachen und pflegen.

Die Bildung von Geschäftseinheiten bringt für ein Unternehmen mehrere Vorteile. Erstens wird dadurch die interne Komplexität in einer überschaubaren Art und Weise zerlegt und geordnet. Wie viele Zwischenstufen man dabei einbaut und wie man die einzelnen Ebenen nennt, kann dabei von Unternehmen zu Unternehmen verschieden sein. Zweitens wird es damit möglich, zielgenau und maßgeschneidert Strategien für ausgewählte Geschäftsfelder zu erarbeiten, Erfolgspotenziale aufzubauen und sich auf diesen Märkten Wettbewerbsvorteile zu sichern. Ebenso kann flexibel auf Marktveränderungen reagiert werden. Drittens ist gerade in Großunternehmen der damit verbundene Motivationsaspekt nicht zu unterschätzen. Durch den weitgehenden Freiraum und die Eigenverantwortlichkeit, die einer Geschäftseinheit gewährt werden, können unternehmerische Energien geweckt werden, die oft zu einer hohen Leistungsbereitschaft führen. Dieser Effekt wird dadurch noch unterstützt, dass die Bezüge der Führungskräfte teilweise an den Erfolg ihrer Geschäftseinheit (und den des Unternehmens) gekoppelt werden.

Vorteile

Durch die Eigenverantwortlichkeit können unternehmerische Energien geweckt werden

Nachteile

Als Nachteil ist jedoch der zu beobachtende »Eigensinn« der SGE festzuhalten. Er äußert sich in einer oft mangelnden Bereitschaft zur Kooperation zwischen den einzelnen Einheiten, stark mikropolitisch geprägten Auseinandersetzungen um die Zuteilung von Ressourcen, wie auch in Form von offen oder verdeckt gezeigtem Widerstand, wenn es dazu kommt, die Struktur des gesamten Unternehmens neu zu ordnen. Zudem besteht die Gefahr der »Atomisierung« in wenig schlagkräftige Bereiche, wenn zu viele SGE gebildet werden, die sich jeweils an ihren eigenen Zielen orientieren, dabei jedoch das Interesse des Ganzen aus den Augen verlieren. Eine übergreifende Unternehmenszentrale ist in einem solchen Fall noch zusätzlich mit der Problematik einer hohen »strategischen Leitungsspanne« konfrontiert, die ihre Energien nachhaltig bindet.

Gefahr der »Atomisierung«

Strategische Geschäftseinheiten eines Unternehmens lassen sich nicht immer direkt erkennen, wenn man das Organigramm eines Unternehmens betrachtet. Sie können die *Aufbaustruktur* eines Unternehmens widerspiegeln, müssen es jedoch nicht. Zu fragen ist also, wie und ob die SGE, als Einheiten der strategischen Planung, sich in der Organisationsstruktur eines Unternehmens wiederfinden. Dabei können vier verschiedene Formen unterschieden werden:[55]

Formen

Zusammenspiel SGE und Aufbauorganisation

1. Die SGE sind identisch mit bestehenden Organisationseinheiten (z. B. mit Sparten, Divisionen, Ländergesellschaften oder Produktmanagementbereichen).
2. Eine Sparte setzt sich aus mehreren SGE zusammen.
3. Die SGE werden durch ein SGE-Team dargestellt, das aus Mitarbeitern der wichtigsten involvierten Funktionsbereiche besteht und gelegentlich zur Wahrnehmung von Planungs-, Überwachungs- und Steuerungsaufgaben zusammentrifft. Das Team berichtet dann direkt an die Geschäftsleitung. Die Teammitglieder, die meist nicht nur für eine SGE arbeiten, sind in ihren Bereichen für die SGE verantwortlich.
4. Die SGE werden lediglich als planerisches Konstrukt geführt.

Um dem Verfolgen der Strategien ausreichend Nachhaltigkeit zu geben, sind die Varianten 2 und insbesondere 1 zu bevorzugen. Meist werden sie heutzutage in Form von Profitcentern mit Ergebnisverantwortung geführt.

Bei kleineren und mittleren Unternehmen, die funktional aufgestellt sind, wird man die SGE lediglich als planungsrelevante Konstrukte verwenden. Aufbaustruktur und Planungsstruktur fallen dann auseinander. Resultat ist eine konzeptionelle, für Zwecke der Planung verwendete Sekundärorganisation strategischer Geschäftseinheiten, die die reale Primärorganisation überlagert.[56] Es ist allerdings darauf hinzuweisen, dass immer mehr auch mittlere Unternehmen verstärkt die erste Variante wählen und strategische Geschäftseinheiten nicht nur als planerisches Konstrukt, sondern auch als real-organisatorische Struktur verwenden. Sie versprechen sich dadurch eine Verringerung der internen Komplexität, eine klare Zuordnung der Verantwortlichkeiten und eine rasche Reaktion auf Umweltveränderungen.

Ebene des Gesamtunternehmens: Diese Ebene wird dann relevant, wenn ein Unternehmen aus mehreren SGE besteht, es sich also um eine diversifizierte Unternehmensgruppe handelt.[57]

Die Gruppenebene muss einen Mehrwert generieren

Ziel eines Gruppenmanagements sollte es immer sein, einen Mehrwert zu generieren, der über die Möglichkeiten der einzelnen Geschäftseinheiten hinaus-

3.2.1 Ausgangssituation

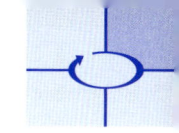

geht.[58] Gelingt dies, dann hat eine solche Gruppenbildung ihre Existenzberechtigung. Gelingt es hingegen nicht, dann stellt sich die berechtigte Frage, wie die damit verbundenen Kosten zu legitimieren sind und ob es für die einzelnen Geschäftseinheiten nicht vorteilhafter wäre, unabhängig und auf sich allein gestellt in ihrer Umwelt zu agieren.

Die in den letzten Jahren lebhaft geführte Diskussion über die Vor- und Nachteile von Konglomeraten und diversifizierten Konzernen wendet sich solchen Fragestellungen zu. Mit dem strategischen Prozess des »**Patching**«[59] ist die Herausforderung verbunden, die Geschäftseinheiten immer wieder darauf zu überprüfen, ob sie noch genau genug auf die Geschäfte ausgerichtet sind, die man bearbeiten möchte. Angesichts der Dynamik der Märkte verlangt dies, dass die SGE immer wieder neu konfiguriert werden. Dies kann bedeuten, dass man eine Aktivität überhaupt erst einmal zu einer SGE macht, um sie unternehmenspolitisch aufzuwerten. Oder man muss die Aktivität über eine Bündelung bisheriger SGE organisatorisch »auf eine höhere Umlaufbahn«[60] schicken. Oder bestehende SGE müssen aufgebrochen und nach neuen Strukturen konfiguriert (und organisatorisch abgebildet) werden. Es geht darum, die Ressourcenströme möglichst zügig und in richtiger Dosierung – den sich bietenden Marktstrukturen entsprechend – den richtigen Einheiten zukommen zu lassen.

»Patching« der SGE-Abgrenzung

> **Fallbeispiel: Patching bei BBDO**[61]
> Rainer Zimmermann, damaliger Chef der deutschen Tochter von BBDO, erkannte Ende der 1990er-Jahre, dass im Markt zunehmend das Bedürfnis entstand, den Kunden über alle Dialogmarketingkanäle hinweg, vom Mailing über Telefonmarketing bis hin zum Online-Kontakt, integriert anzusprechen und zu betreuen. Er sagte: »In der Regel läuft der Dialog mit dem Kunden über Mailings, Telefonanrufe und Online-Medien noch nebeneinander her, die Maßnahmen sind nicht systematisch geplant und verzahnt.« Um sich dieses Wachstumsfeld »Customer Relationship Management« (CRM) zu erschließen, gründete man in einer Anfang 2000 durchgeführten Restrukturierung der BBDO-Gruppe die Tochter BBDO INTERONE. Hierzu wurden Mitarbeiter aus den Bereichen Direkt-, Telefon- und Onlinemarketing neu zusammengeführt und um Spezialisten für den Aufbau von Kundendatenbanken sowie Unternehmensberater ergänzt. Dazu Zimmermann: »BBDO hat erstklassige Ressourcen, nur sind sie falsch aufgestellt.« Daneben werden noch die in der Gruppe vorhandenen Werbeagenturen zur BBDO Düsseldorf zusammengelegt und es wird die BBDO Consulting als Unternehmensberatung für Markenstrategien gegründet. Um die Einzelinteressen zurückzudrängen und das Engagement für die Gruppe zu stärken, wurden die Chefs der sieben BBDO-Töchter als Partner auch nicht mehr an den Töchtern, sondern an der deutschen Holding beteiligt. Die Strukturreform ging 2010 weiter, als der neue CEO Frank Lotze die BBDO Germany in sechs SGE aufteilte.

Herausforderung bei diesem »Patching« ist nicht nur die richtige Ausrichtung der SGE, sondern auch die Skalierung auf eine geeignete Größe. Einerseits wird man die SGE möglichst klein zuschneiden wollen. SUN MICROSYSTEMS hatte seine SGE (dort »Planeten« genannt) nochmals in fokussierte Produkteteams aufgeteilt. Ein Grund dafür ist die höhere Identifikation der Experten mit überschaubaren Einheiten. MICROSOFT hat z. B. seine Einheiten in der Anwendungssoftware auf maximal 200 Mitarbeiter beschränkt. Auch kann man sich in diesen Strukturen intensiver mit den spezifischen Gegebenheiten der bearbeiteten Geschäftsfelder beschäftigen. Hinzu kommt, dass dadurch die für ein Patching notwendige Modularität der Organisation unterstützt wird. Diesen Vorteilen steht andererseits die Notwendigkeit nach Effizienz und optimaler Betriebsgröße gegenüber. Beides ist immer wieder gegeneinander auszubalancieren.

Durch die Permanenz solcher Patching-Prozesse lohnt es sich für ein Unternehmen, Standards zur Professionalisierung immer wiederkehrender Aufgaben zu entwickeln. Dazu zählt z. B. die Identifikation und Integration geeigneter Akquisitionskandidaten, wie man es z. B. bei Cisco antrifft, die Einrichtung geeigneter Re-Patching-Teams, die Entwicklung unternehmensübergreifender Regeln, nach denen Patching abläuft, die umgehende Zurverfügungstellung der notwendigen Führungsinformationen etc. Beim Patching hat die Corporate-Ebene die Funktion, diese Prozesse professionell zu managen. Dabei nimmt sie die Strukturanpassungen – angesichts der Unsicherheiten in solchen Geschäften – nur grob vor und überlässt die strategische Positionierung den SGE selbst.

Corporate-Ebene managt Patching-Prozesse

Im nächsten Schritt wollen wir uns nun der strategischen Analyse der im ersten Schritt angrenzenden Steuerungseinheiten (Gesamtunternehmen und SGE) zuwenden, wobei zuerst ein Fokus auf die externen Einflusskräfte aus der Umwelt des Unternehmens erfolgt.

3.2.2 Einflusskräfte der Umwelt

Zielsetzung der Definition der Ausgangssituation war es, zu hinterfragen, (1) wie man die Geschäfte, in denen man tätig ist, geeignet segmentiert und (2) wie man die Steuerungseinheiten des Unternehmens, für die Strategien entwickelt werden sollen, zweckmäßig und wirkungsvoll abgrenzt. Egal auf welcher strategischen Gestaltungsebene man sich dabei bewegt (z. B. Business-, Corporate- oder Netzwerkebene), nun besteht die Herausforderung, diese Steuerungseinheiten so in ihrem Geschäftsumfeld zu positionieren, dass daraus möglichst nachhaltige Vorteile für das Unternehmen entstehen.

(1) Das Unternehmen als System von Stakeholdern

Doch gegenüber wem soll sich das Unternehmen positionieren? Hier argumentieren wir, dass jedes Geschäftsumfeld durch eine Reihe von Einflusskräften charakterisiert ist, die den politischen Kontext des Unternehmens bilden. Diese Kräfte lassen sich »personifizieren« in Form von **Anspruchsgruppen**, also Akteuren, mit denen ein spezifisches Interesse am Unternehmen verbunden ist. Diese »**Stakeholder**« *beeinflussen das Unternehmen in seiner Entwicklung, da sie einen materiellen oder immateriellen Anspruch (stake) an das Unternehmen bei sich wahrnehmen; umgekehrt werden sie aber auch durch das Handeln des Unternehmens beeinflusst.*[62] Deshalb kann man das Unternehmen auch als ein System von Stakeholdern betrachten, zu denen es Beziehungen gibt, die es zu managen gilt.[63] Es benötigt hierfür spezifische Stakeholder-Relations-Management-Kompetenzen.[64]

Personifizierung des Umfeldes über Anspruchsgruppen

Kann ein Unternehmen auf Dauer die Erwartungen seiner Stakeholder nicht angemessen erfüllen, so werden diese sich – falls es Alternativen gibt – anderen Unternehmen zuwenden. Probleme und Zusammenbrüche von Unternehmen können meist auch in der Form erklärt werden, dass das Unternehmen nicht mehr in der Lage war, relevante Stakeholder-Interessen ausreichend zu bedienen.[65] Damit ist das Management der Stakeholder-Beziehungen erfolgskritisch für ein Unternehmen.

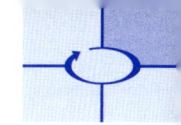

> **Standpunkt: Brent Spar**
> Auch das Unterschätzen der Interessen bestimmter Stakeholder kann Unternehmen in schwierige Situationen bringen. Man erinnere sich an die Probleme, die ein hoch reputiertes Unternehmen wie ROYAL DUTCH/SHELL 1995 mit der geplanten Versenkung seiner überflüssig gewordenen Ölplattform Brent Spar westlich von Schottland hatte. Dieses Vorgehen hatte man mit der Regierung im Detail durchdacht und abgestimmt. Doch Aktivisten der Umweltschutzorganisation GREENPEACE besetzten die Plattform, da sie argumentierten, dass sie noch mindestens 5.000 Tonnen Öl enthielte, die das Meer stark verschmutzen würden. Professionell vorangetrieben durch GREENPEACE stellte sich ein Großteil der Bevölkerung gegen SHELL und in vielen europäischen Ländern kam es zu Protesten, darunter auch zu Anschlägen auf SHELL-Tankstellen in Deutschland. Obwohl unabhängige Inspektoren später bestätigten, dass die Faktenlage der GREENPEACE-Vorwürfe nicht gegeben war, da das verbleibende Öl tatsächlich weit weniger als die genannten 5.000 Tonnen betrug, gab SHELL nach, schleppte die Bohrinsel an Land und demontierte sie dort. Was bei vielen blieb, ist der Eindruck, dass SHELL unethisch handelte. Hat GREENPEACE hier korrekt gehandelt? Was ist Ihr Standpunkt dazu?

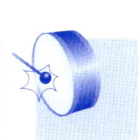

Stakeholder-Interessen können z. B. von Kunden kommen, die ein entsprechendes Preis-Leistungs-Verhältnis erwarten, von den Mitarbeitern, die Anreize (Entlohnung, Entfaltungsmöglichkeiten etc.) erwarten, die sie als adäquat für die eingegangenen Belastungen betrachten, oder von der Öffentlichkeit, die z. B. Transparenz und ethisches Verhalten erwartet.

> **Standpunkt: Die Anspruchsgruppe der Aktionäre**
> Eine Anspruchsgruppe hat – trotz teilweise heftigem Widerstand seitens des Managements – in den 1990er-Jahren besonders viel an Einfluss gewonnen: die Eigentümer – bzw. deren »Sprachrohre« wie Aktionärsverbände, institutionelle Investoren, Analysten, Rating-Agenturen etc. Das Management sollte zu mehr Transparenz seines Tuns gezwungen werden, um sich als Investor (1) ein besseres Bild von der Professionalität seines Managements machen zu können und um sich (2) gegen ein zu ausgeprägtes Verfolgen der Eigeninteressen des Managements zu schützen.
> Besonders stark sind dabei die Analysten in Erscheinung getreten (und bei den börsennotierten Gesellschaften meist auch entsprechend zur Geltung gekommen). Ihre Meinung war wichtig, da sie mit ihren Beurteilungen der Entwicklungsrichtung der Aktie erheblichen Einfluss auf die Marktkapitalisierung besaßen. Ihr Urteil zur Aktie leiteten sie aus der Erfüllung ihrer Erwartungen ab. Bezogen auf die Vergangenheit will man Kontinuität, Verlässlichkeit und Glaubwürdigkeit mit dem Unternehmen erfahren haben, bezogen auf die Gegenwart will man überdurchschnittliche Wachstumsraten sowie eine Profitabilitätssteigerung sehen und bezogen auf die Zukunft hofft man auf »kursanregende Phantasien« wie Effizienzsteigerungs-, Wachstums-, Innovations- oder Akquisitionsphantasien.
> Da Analysten meist nur sehr wenig Zeit zur Verfügung haben, um sich eine Meinung zu einem Unternehmen zu bilden, versuchten sie auch Einfluss auf die Arbeitsweise des Unternehmens zu nehmen: So erwartete man eine bestimmte Form der Berichterstattung, die man gewohnt war, oder unverschachtelte und leicht durchschaubare Organisationsstrukturen. Wegen der angelsächsischen Prägung der Analystenzunft wurde in Europa auch Druck gemacht, dass aus diesen Regionen stammende

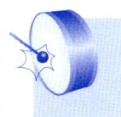

Accounting-Standards eingeführt werden und man sich einer am Shareholder-Value orientierten Performance-Messung (EVA, ROCE, RORAC etc.) bedient.

Um eine professionellere Bearbeitung dieser Erwartungen zu ermöglichen, richteten viele Unternehmen eigene Abteilungen für »Investor Relations« als organisatorischer Anlaufpunkt für die Vertreter des Kapitalmarktes ein. Auch wurde das Management »trainiert«, eine »Equity-Story« zur Entwicklung des Unternehmens zu erzählen. Sie sollte attraktiv, aber auch glaubwürdig sein.

Auch staatlicherseits wurden in vielen Ländern und Regionen Anstrengungen unternommen, die Kapitalmärkte nach angelsächsischem Vorbild effizienter zu machen. So wurden z. B. die Gesetze zur Übernahme von Unternehmen aktionärsfreundlicher gestaltet.

Mit dem Crash der Aktienmärkte ab dem Jahr 2000 änderte sich aber das Blatt schlagartig: Viele »Weisheiten« von Kapitalmarktvertretern, die sie Jahre lang ihren Kunden erzählt hatten, erwiesen sich auf einmal als radikal falsch. Scheinbar rationale Bewertungen akquirierter Unternehmen zeigten sich als völlig aus der Luft gegriffen und ließen die Käufer auf riesigen Schuldenbergen sitzen.[66] Die Einschätzungen des Potenzials der deutlichen Mehrzahl der Börseneinführungen (IPO) durch die emittierenden Banken entpuppten sich als Hirngespinste der »new economy«.[67] Durch die Wallstreet hochgelobte Start-up-Firmenstrategien (z. B. Global Crossing) erwiesen sich auf einmal als nicht tragfähig und rissen die Unternehmen in den Konkurs (und mit ihnen die gesunden Unternehmen, die sie zuvor mit ihrem durch den »Internet Hype« aufgeblasenen Börsenwert erworben haben). Und wohl noch nie wurden Aktionäre so »ausgeplündert« wie in den Skandalen um einzelne Topmanager bei Firmen wie ABB, ENRON, TYCO, WORLDCOM etc.

Was blieb, ist ein hoher Vertrauensverlust der Öffentlichkeit in das Handeln der Wirtschaft: der Ethik von Führungskräften, dem Schutz der Aktionärsinteressen und dem Funktionieren der politischen Kontrollorgane sowie der nicht einmal mittelfristig gegebenen Effizienz der Kapitalmärkte. Und es brauchte nur sieben Jahre bis zur nächsten Wirtschaftskrise im Jahre 2007, um diesen Eindruck noch zu verstärken und um zu zeigen, dass sich im Prinzip wenig geändert hat. Natürlich pflegen Unternehmen heutzutage einen »professionelleren« Umgang mit dem Stakeholder »Shareholder« und dieser hat dabei auch eine deutlich höhere Gewichtung erfahren. Doch wenig deutet darauf hin, dass die Aktionäre tatsächlich besser entlohnt werden, seit ihre Ansprüche angeblich so im Vordergrund stehen.

Besuchen Sie einmal die Homepage der Börsenaufsichtsbehörde der USA (www.sec.gov). Dort heißt es zur Aufgabe der SEC: »The primary mission of the *U. S. Securities and Exchange Commission* (SEC) is to protect investors and maintain the integrity of the securities markets. As more and more first-time investors turn to the markets to help secure their futures, pay for homes, and send children to college, these goals are more compelling than ever.« Sehen Sie unter den Headlines einmal nach, was die SEC derzeit besonders beschäftigt. Worin besteht aus Ihrer Sicht der Bezug zum Strategischen Management? Denken Sie, dass die SEC ihrer Aufgabenstellung in den letzten Jahren gerecht wurde?

Machtverteilung der Stakeholder als empirisches Phänomen

Da die Ressourcen zur Befriedigung der tendenziell unlimitierten Ansprüche der Stakeholder knapp sind, müssen die Ansprüche bestimmter Stakeholder bei der Verteilung von Einfluss und Wertschöpfung zurückgestellt werden. Dies impliziert Verteilungskämpfe.[68] Wie sie ausgehen, stellt ein empirisches Phänomen dar. Über die Jahre kann es hier zu großen Veränderungen kommen. Der Grund dafür ist im Zustand der Märkte zu sehen, in denen das Unternehmen bezogen auf den jeweiligen Stakeholder zu agieren hat und in welchem Ausmaß der Markt durch Aktivitäten der Stakeholder beeinflusst wird: die Investoren bezogen auf den Kapitalmarkt, die Kunden bezogen auf den Absatzmarkt, die Mitarbeiter bezogen auf den Arbeitsmarkt etc.

3.2.2 Einflusskräfte der Umwelt

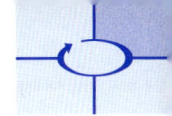

International tätige Unternehmen müssen auch damit zurecht kommen, dass die Macht der einzelnen Stakeholder sehr unterschiedlich verteilt ist: In den USA z. B. wird den Aktionären tendenziell ein höherer Einfluss zugestanden als in Europa. In Deutschland haben die Mitarbeitervertretungen aufgrund ihrer gesetzlichen Verankerung im Mitbestimmungsgesetz ein höheres Gewicht als in der Schweiz, was i. Allg. die Flexibilität des Unternehmens reduziert. Natürlich kann sich die Macht der einzelnen Stakeholder auch über die Zeit erheblich ändern. So hat z. B. der Regulator in den letzten Jahren in vielen Branchen (Energie, Pharma, Banken etc.) seinen Einfluss erheblich ausgeweitet.

Aufgabe der jeweiligen Führungsorgane ist es, diese Erwartungen und Interessen der einzelnen Anspruchsgruppen – vor dem Hintergrund der mit ihnen verbundenen Märkte – zu managen. Ihre Erwartungen und Interessen müssen mit den Ambitionen und Möglichkeiten des Unternehmens (bzw. seiner Teileinheiten) in Einklang gebracht werden. Daraus können dann Ziele für die Positionierung des Unternehmens im Markt der jeweiligen Anspruchsgruppe sowie Strategien zur Zielerreichung abgeleitet werden. »Positionierung« wird hier demnach auch politisch verstanden: Je nach Verhandlungsmacht einer Anspruchsgruppe kann sie die Bandbreite der strategischen Handlungsmöglichkeiten des Unternehmens mehr oder weniger stark einschränken.

Doch woraus bezieht ein Stakeholder seine Macht? Welche Formen von Einflussnahme sind dies, die ihm seine Machtbasis ermöglichen und an welchen **Indikatoren** kann die verfügbare Macht gemessen werden? Macht entsteht für Stakeholder z. B. durch ihre Stellung im überbetrieblichen Wertschöpfungsprozess eines Unternehmens. So genießen z. B. die unabhängigen Broker im Vertrieb eines Versicherungsunternehmens meist einen hohen *Status*, was man z. B. daran erkennen kann, dass schnell auf ihre Anregungen reagiert wird. Befindet sich das Unternehmen in einer hohen *Ressourcenabhängigkeit* zu den Vertriebsbrokern, d.h., man verfügt z. B. nicht noch über einen eigenen Vertrieb, dann stärkt dies die Macht der Broker. Kernfrage ist es, wie einfach ein Stakeholder abwandern und seine Interessen anderenorts zur Durchsetzung bringen kann. Aber auch *Symbole* geben guten Aufschluss über die Macht eines Stakeholders. Ab einer bestimmten Vermögenskategorie dürfen Privatkunden einer Bank z. B. im bankeigenen Luxushotel weilen, während sie ihre Bankgeschäfte erledigen. Sicher wird es diesen Kunden dann auch gelingen, besonders günstige *Vertragsvereinbarungen* durchzusetzen. Mit den gleichen Indikatoren kann man nun auch die Macht des Unternehmens gegenüber den Stakeholdern analysieren, um sich ein Bild vom Kräfteverhältnis zweier Parteien machen zu können.[69]

Indikatoren verfügbarer Macht

Der Einfluss, der einem Stakeholder durch das Management beigemessen wird, ist aber nicht nur Spiegelbild dessen Verhandlungsmacht und damit Funktion des obigen Kräfteverhältnisses, sondern wird auch durch die im Unternehmen durch seine Mitarbeiter verfolgten Grundsätze geprägt, was dazu führen kann, dass man bewusst einen Stakeholder abwandern lässt, da es z. B. gegen ein ethisches Prinzip des Unternehmens verstoßen würde, dessen Interessen nachzukommen. Dabei kann es auch zu Trade-offs kommen. So mussten z. B. die Schweizer Banken ihre Politik im Umgang mit »fragwürdigen Kunden« (z. B. Diktatoren) auf massiven externen Druck ändern.

Natürlich können mehrere der Stakeholder-Interessen konfliktär zueinander stehen.[70] Dies kann auch im Falle stark überdurchschnittlicher Renditen problematisch sein, da nicht alle Stakeholder wirtschaftlich motivierte Interessen ver-

Konfliktäre Stakeholder-Interessen

folgen. Deshalb greift auch nicht das Argument, dass dann, wenn die Aktionäre gut bedient sind, es den anderen auch automatisch »gut geht«. Viele gesellschaftliche Gruppen wollen sich nicht unter diesen »wirtschaftlichen Imperativ« stellen lassen.

Manchmal finden derartige Interessenskonflikte in einer einzelnen Person statt, da sie verschiedenen Anspruchsgruppen angehören kann. Eine Person kann einerseits Mitarbeiter eines Unternehmens sein und ist deshalb an einem sicheren Arbeitsplatz interessiert; andererseits kann sie auch Aktionär dieses Unternehmens sein und ist an einer guten Kursentwicklung und Dividende interessiert. Aus letzterer Perspektive unterstützt sie vielleicht ein geplantes Effizienzsteigerungsprogramm des Unternehmens; gleichzeitig geht sie Gefahr, dass sie selbst Opfer von Entlassungen zur Erreichung der Effizienzsteigerungsziele wird. Als Produktplaner z. B. sieht ein Manager das Potenzial von Kriegsspielzeug und muss darüber entscheiden, ob er mit dem Unternehmen in dieses Geschäft einsteigen will; andererseits hat er bei sich zuhause als Familienvater den Gebrauch von Kriegsspielzeug untersagt.

Teilweise ergeben sich die konfliktären Interessen auch aus ihrem unterschiedlichen zeitlichen Horizont. So sagt man dem Kapitalmarkt ein tendenziell kurzfristiges Interesse nach, während die Gesellschaft ein generationenübergreifendes Interesse verfolgen sollte. Hier sollte auch die Macht der Wirtschaftsmedien nicht unterschätzt werden, die dem CEO, der den Eindruck vermittelt, dass er permanent im Sinne der Interessen der Aktionäre agiert und dies auch entsprechend professionell kommunikativ zu platzieren vermag, hohe Prominenz einräumt. So fand man z. B. Manager wie Bernie Ebbers (WORLDCOM) oder Ken Lay (ENRON), deren Berufungen sich im Nachhinein betrachtet als katastrophal für ihre Unternehmen herausstellten, auf der Liste der »Business Weeks 25 Top Managers 1999«.

Maximierung von Stakeholder-Interessen

Es gibt nun verschiedene »Algorithmen«, wie man die Zielfunktion aus den verschiedenen Stakeholder-Interessen »lösen« kann. Man kann sich z. B. für die Maximierung der Wertsteigerung eines der Stakeholder entscheiden. So wurde z. B. für eine Umsatzmaximierung unter der Nebenbedingung einer Minimalprofitabilität argumentiert, da z. B. im Alltag der Verkaufsorganisation so oder so die Verkäufe im Zentrum stehen und oft auch die Entlohnung daran gekoppelt ist.[71] In den 1990er-Jahren gewann – ausgehend vom Shareholder-Value-Ansatz – eine Sichtweise der Maximierung des für die Aktionäre geschaffenen Wertes stark an Gewicht. Es wurde dabei unterstellt, dass die Marktkräfte auch zu einer Optimierung des sozialen Nutzens führen, was jedoch bezweifelt werden kann. Dieser Shareholder-Value-Ansatz ist verführerisch, da er relativ einfach berechenbar ist. Auch konnte er durch Werttreiberkonzepte in die Organisation heruntergebrochen und zur Output-orientierten Steuerung von Subeinheiten (z. B. Profitcenter) verwendet werden. Er ist aber auch gefährlich, da Untersuchungen zeigen, dass die primäre Ausrichtung an nur einer Anspruchsgruppe langfristig

Stakeholder-Management als Optimierungsproblem

systemschädlich ist.[72] Deshalb sollte man das Stakeholder-Management nicht als ein Problem der Maximierung der Wertschaffung für einen einzelnen Stakeholder, sondern für alle relevanten Stakeholder betrachten – also als ein *Optimierungsproblem*, durchaus unter Nebenbedingungen.

Doch bevor wir optimieren, gilt es zu entscheiden, welchen Stakeholdern überhaupt eine Mitsprache eingeräumt werden sollte. Welche Stakeholder will man systematisch bearbeiten, was z. B. heißen sollte, dass man ihnen gegenüber ein

3.2.2 Einflusskräfte der Umwelt

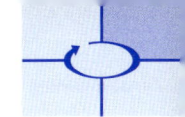

Nutzenversprechen abgibt, daraus konkrete Ziele ableitet, die Erreichung der Ziele durch Maßnahmen verfolgt, klare organisatorische Verantwortlichkeiten dafür schafft etc. Bei der Umweltanalyse der Einflusskräfte der einzelnen Anspruchsgruppen wird man natürlich nicht jede der Anspruchsgruppen gleich tiefschürfend untersuchen, sondern dies wiederum von der Relevanz der jeweiligen Anspruchsgruppe abhängig machen. Deshalb wird ein erster Schritt in einer Stakeholder-bezogenen Umweltanalyse der sein, dass man die existierenden Stakeholder listet und sich gemeinsam eine Meinung über deren Relevanz für das Unternehmen bildet.[73] Die grundsätzliche Problematik dabei ist es also, eine Entscheidung zu treffen, welche Einflusskräfte (bzw. Stakeholder) unternehmenspolitisch als relevant einzustufen sind. Denn prinzipiell kann man sich die Umwelt als unbegrenzte Menge von Einflusskräften vorstellen, von denen ein Unternehmen immer nur einige wenige erfassen und analysieren kann. Daher besteht die Gefahr, entweder zu stark deskriptiv vorzugehen und mit viel Ressourceneinsatz eine nicht mehr überschaubare Menge an Einflusskräften zu ermitteln oder – im Gegensatz dazu – zu reduktionistisch vorzugehen und wichtige Einflusskräfte zu vernachlässigen. Generell würde man wohl sagen, dass sich Unternehmen insbesondere auf die Stakeholder konzentrieren sollten, die mit ihren Ansprüchen über *Einfluss und Legitimität* gegenüber dem Unternehmen verfügen und bei denen es auch eine gewisse Dringlichkeit gibt, sich mit ihnen auseinanderzusetzen. In Abschnitt (2) soll ein einfaches Verfahren aufgezeigt werden, wie man zu einer Benennung der prioritär zu behandelnden Stakeholder gelangen kann.

Konzentration auf Stakeholder mit legitimen Interessen und Macht gegenüber dem Unternehmen

Ohne Zweifel sollte der Kunde dazugehören. So wird teilweise argumentiert, dass am Kunden ausgerichtete Unternehmen profitabler seien als andere.[74] Andere kamen zu der Erkenntnis, dass erfolgreiche Unternehmen ihre Aufmerksamkeit insbesondere den Mitarbeitern und Kunden schenken sollten.[75] Als Folge davon können sie auch die Aktionäre zufriedenstellen.

Akzeptiert man, dass es mehrere gewichtige Stakeholder-Interessen sind, die es gleichzeitig zu bedienen gilt, dann muss dies auch Auswirkungen auf die Performance-Messung haben. Es reicht dann nicht, dass nur finanzielle Ziele verfolgt werden, sondern es gilt auch, sich hinsichtlich der Wertschaffung des Unternehmens z. B. für die Gesellschaft als Ganzes zu legitimieren. Auf diesen Überlegungen bauen dann auch die in Kapitel 6 dargestellten neueren Ansätze der Performance-Messung wie etwa das integrierte Reporting (»Triple Bottom Line«) auf. Letzteres stellt einen Ansatz dar, in dem Unternehmen ihre Performance in Bezug auf die *drei Säulen der Nachhaltigkeit* (Ökonomie, Soziales, Ökologie) berichten. Damit soll ein Unternehmen in Einklang mit den ökologischen, gesellschaftlichen und wirtschaftlichen Anforderungen an das Unternehmen gebracht werden. Um einen solchen Ansatz zu verwirklichen, muss jedoch die gesamte Führungsorganisation (Werte, Prozesse, Verantwortlichkeiten etc.) darauf angepasst werden.

Auswirkungen auf Performance-Messung

Nachhaltigkeit als Zielsetzung

Aus der Akzeptanz mehrerer, oft heterogener und zum Teil konfligierender Stakeholder-Interessen erwächst nun die Notwendigkeit zur »Optimierung der Zielfunktion«. Das heißt, dass man sich der Idee verweigert den Nutzen eines einzelnen zu maximieren. Vielmehr geht es darum, das Stakeholder Management als eine nie endende Aufgabe zu sehen, die vielfältigen Interessen und Beziehungen immer wieder neu auszubalancieren und zu integrieren.[76] Hierfür gibt es keine einfache Formel, sondern es bedarf beim Management der »trade-offs« tauglicher Heuristiken und auch eines guten Augenmaßes seitens der Entscheidungsträger hinsichtlich der Abwägung der einzelnen Interessen. Welcher Entscheidungsspielraum hier dem Management zur Verfügung steht, hängt auch stark von der wahrgenommenen Qualität der einzelnen Stakeholder-Beziehungen ab. Sind sie auf Langfristigkeit ausgerichtet? Wie fair geht man miteinander um? Inwieweit kann der einzelne Stakeholder auch seine Eigeninteressen durchsetzen? Etc.

Im nächsten Abschnitt wollen wir nun ein einfaches Verfahren aufzeigen, wie man zu der bereits mehrfach angesprochenen Priorisierung der Anspruchsgruppen gelangen kann.

(2) Zu Beginn: Prioritäten setzen

Angesichts der aufgezeigten Problematik bietet es sich an, zunächst eine relativ einfach durchzuführende Anspruchsgruppen- oder Stakeholder-Analyse anzustellen, die intuitiv getrieben Aufschluss über die Anspruchsgruppen und deren Relevanz für die jeweilige Gestaltungsebene vermittelt. Weniger bedeutsame Stakeholder sollen dann auch entsprechend grober analysiert werden; je nach Bedarf kann die Arbeit dann aber bei wichtigen Stakeholdern um analytische »Tiefenbohrungen« ergänzt werden, die ein noch besseres Verständnis ermöglichen.

Wie bereits erwähnt, kann eine solche Anspruchsgruppenanalyse für jede Einheit einer strategischen Gestaltungsebene durchgeführt werden. In aller Regel wird sich ein unterschiedliches Bild ergeben. So stehen aus Sicht einer einzelnen Geschäftseinheit Anspruchsgruppen wie z. B. Kunden, Wettbewerber, Zulieferer und die eigene Holding im Vordergrund des Interesses, während aus Sicht einer Gesamtsteuerung das Verhältnis zu den Geschäftseinheiten, Gewerkschaften, staatlichen Stellen und Investoren von zentraler Bedeutung sein mag. Da im Zuge einer wachsenden Komplexität international tätiger Unternehmen ein Trend in Richtung einer Erhöhung der Anzahl relevanter Anspruchsgruppen zu beobachten ist, ist zu erwarten, dass unternehmerisches Handeln in Zukunft kaum weniger anspruchsvoll als in der Vergangenheit sein dürfte.

Trend zu immer mehr relevanten Anspruchsgruppen

Die Anspruchsgruppenanalyse: Diese Analyse baut auf dem zumeist historisch gewachsenen Verständnis eines Unternehmens über seine Anspruchsgruppen auf. Sie verfolgt mehrere Ziele. Sie soll dabei helfen, erstens die relevanten Anspruchsgruppen zu erkennen, zweitens ihre jeweilige Bedeutung für das Unternehmen zu klären und drittens Anregungen für den Umgang mit ihren Forderungen und Bedürfnissen zu erarbeiten. Auch bei Neugründungen kann eine derartige Vorgehensweise hilfreich sein. Man gewinnt dadurch Klarheit, auf wen das Start-up-Unternehmen seine Aufmerksamkeit richten und wie es mit den verschiedenen Erwartungen umgehen sollte.

Vorgehensweise

Schritt 1: Ermittlung der Anspruchsgruppen: Zuerst gilt es, die relevanten Anspruchsgruppen eines Unternehmens zu identifizieren. Dabei werden all die Anspruchsgruppen aufgelistet, die als relevant erachtet werden und für den Erfolg eines Unternehmens wichtig sind. Ist dies erfolgt, kann anhand der Checkliste in Abbildung 3-10 überprüft werden, ob die erstellte Liste an Anspruchsgruppen vollständig ist.

Bei der Ermittlung der relevanten Anspruchsgruppen ist es naheliegend, sich auf die externen Anspruchsgruppen zu konzentrieren, wie sie beispielsweise

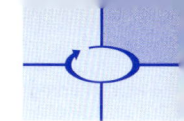

> **Checkliste: Ermittlung der externen und internen Anspruchsgruppen**
> 1. Gibt es Gruppierungen, von denen Aktionen in Zusammenhang mit der Unternehmenspolitik bzw. -strategie ausgehen (z. B. Streiks)?
> 2. Welche Gruppierungen spielen eine formelle/informelle Rolle bei der Formulierung der Unternehmenspolitik bzw. -strategie (z. B. Vorstand)?
> 3. Wer verschafft sich – bezogen auf das Unternehmen und seine Geschäfte – lautstarkes Gehör (z. B. Bürgerinitiativen)?
> 4. Lassen sich Anspruchsgruppen aufgrund demographischer Kriterien benennen (z. B. Alter, Geschlecht, Rasse, Beruf, Religion)?
> 5. Gibt es Organisationen, zu denen enge Beziehungen unterhalten werden und die das Unternehmen beeinflussen könnten (z. B. Verbände)?
> 6. Wer besitzt, nach Meinung von Experten, relevante Interessen bezüglich des Unternehmens und seiner Geschäfte (z. B. Kartellbehörde)?
> 7. Wer verfügt über legitime Interessen, hat aber nicht die Macht, diese zur Durchsetzung zu verhelfen (z. B. die nächste Generation)?

Abb. 3-10: Checkliste für die Ermittlung der Anspruchsgruppen

durch Kunden, Zulieferer, Kooperationspartner, Wettbewerber, staatliche Stellen oder Interessenverbände gebildet werden. Oft übersieht man dabei jedoch die Bedeutung der Beziehungen eines Unternehmens zu seinen internen Anspruchsgruppen (wie den einzelnen Managementebenen, dem Verwaltungs- oder Aufsichtsrat und weiteren Gruppierungen von Mitarbeitern) und zieht sie nicht explizit in Betracht. Doch da deren Interessen keineswegs immer mit den Interessen des gesamten Unternehmens übereinstimmen, ja bisweilen drastisch auseinander laufen können, gilt es, auch diese explizit zu berücksichtigen.[77]

Zu beachten ist auch, dass gerade in größeren Konzernen sich die einzelnen Einheiten mit einer Vielzahl von anderen Einheiten auseinanderzusetzen haben: sei es, dass sie auf deren Dienste angewiesen sind, sei es, dass sie mit diesen um knappe Ressourcen konkurrieren, oder sei es, dass sie sich einfach hinsichtlich gemeinsamer Projekte abzustimmen haben. In Konzernen ist daher nicht nur die zumeist hierarchisch übergeordnete Zentrale mit ihren Ansprüchen zu berücksichtigen, sondern auch die Ansprüche anderer Geschäftseinheiten gilt es, ins Kalkül zu ziehen. Je nach Bedarf werden hier Koalitionen eingegangen, finden Absprachen statt oder wird auch ein mehr oder weniger offener Konfrontationskurs verfolgt. So verbündeten sich beispielsweise in einem Konzern mehrere Geschäftseinheiten, um den für sie wichtigen autonom operierenden Forschungs- und Entwicklungsbereich aufzuspalten und seine einzelnen Abteilungen direkt in ihre Geschäftseinheiten zu integrieren. Sie versprachen sich davon eine besser auf ihre Bedürfnisse ausgerichtete F & E-Arbeit. Der betroffene Bereich hingegen versuchte sich dieser Entwicklung zu entziehen, da er um seine Autonomie fürchtete, und bemühte sich in der Folge, einzelne Geschäftseinheiten sowie die Unternehmenszentrale durch geschicktes Taktieren auf seine Seite zu ziehen.

Schritt 2: Relevanz der Anspruchsgruppen feststellen: Nicht alle Anspruchsgruppen sind für ein Unternehmen von gleicher Bedeutung. Um ihre jeweilige Relevanz zu erkennen, sind nun die im ersten Schritt ermittelten in- und externen Anspruchsgruppen in die Matrix in Abbildung 3-11 einzuordnen. Dabei stellt man sich die beiden Fragen: Welchen Einfluss übt ein Stakeholder aus (bzw. könnte er ausüben)? Wie stark wird der Stakeholder beeinflusst (bzw. könnte er beeinflusst werden)?

Geht man davon aus, dass für das Anspruchsgruppenmanagement 100 % an Kapazitäten zur Verfügung stehen, dann hilft die Matrix, Prioritäten bei der Verteilung dieser Kapazitäten zu setzen: Welchen Stakeholdern sollte man sich insbesondere widmen?

Aufbauend auf der Relevanz, die einem Stakeholder oder genauer einer Stakeholder-Beziehung[78] in Abbildung 3-11 beigemessen wird, ergeben sich nun unterschiedliche normative Überlegungen. Sie reflektieren die Machtausübung, die von einer solchen Beziehung in beide Richtungen ausgehen kann.

- *Spielmacher (Typ A):* Dieser Stakeholder ist zum einen in der Lage, einen großen Einfluss auf das Unternehmen auszuüben. Das Unternehmen befindet sich damit in einer gewissen Abhängigkeit von ihm. Dies gilt aber auch umgekehrt: Der Stakeholder ist stark abhängig vom Unternehmen und damit auch sehr beeinflussbar, d.h., Unternehmen und Stakeholder sind hochgradig interdependent. Aus Sicht einer Holding können dies die Geschäftseinheiten des Unternehmens sein. In manchen Geschäften ist dies z.B. der Kunde. Die Qualität dieser Stakeholder-Beziehung in beide Richtungen bestimmt dominant den Ausgang des gesamten Spiels. Zu ihrer Entwicklung kann das Unternehmen ein Nutzenversprechen gegenüber dem Stakeholder abgeben, spezielle Grundsätze und Strategien für ihn entwickeln, permanente Kommunikationskanäle zu ihm aufbauen oder in der Aufbauorganisation für den Stakeholder einen direkten Ansprechpartner benennen (z.B. ein Key-Account-Management für Topkunden).
- *Joker (Typ B):* Stakeholder dieser Kategorie können einen hohen Einfluss ausüben, sind aber nur schwer beeinflussbar. Die Macht liegt klar beim Stakeholder. Dies kann z.B. der Regulator sein, der über die gesetzlichen Rahmenbedingungen stark die Geschäfte der Unternehmen beeinflusst. Wir nennen diesen Stakeholder-Typ deshalb »Joker«, weil man als Unternehmen versu-

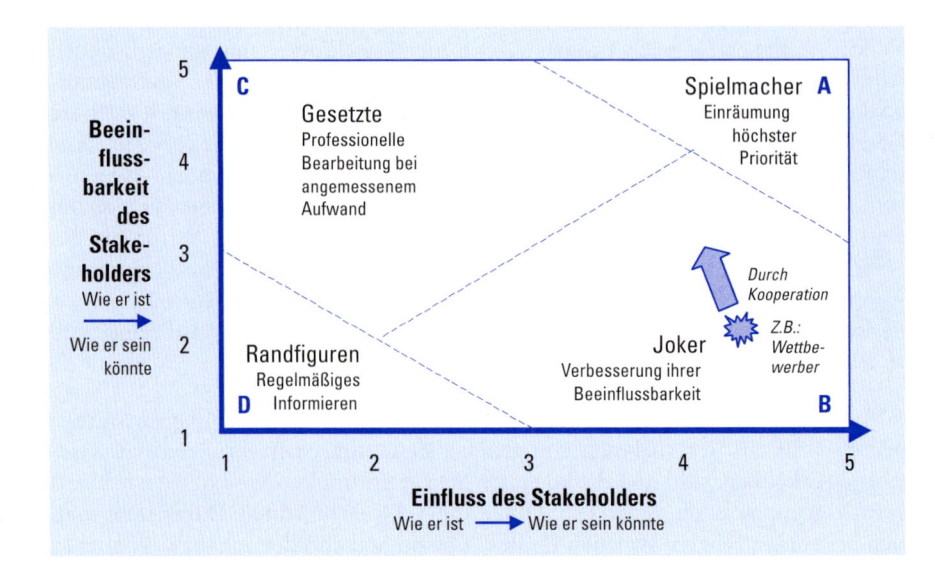

Abb. 3-11: Relevanzmatrix der Stakeholder

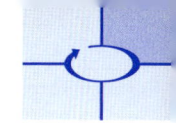

chen wird, ihn beeinflussbarer zu machen. Beim Regulator kann dies z. B. durch Lobbying oder ein strategisches Regulierungsmanagement geschehen. Oder man kann versuchen einen Wettbewerber durch eine Allianz mit ihm beeinflussbarer zu machen.
- *Gesetzte (Typ C):* Hier liegt die Macht klar beim Unternehmen. Der Stakeholder ist abhängig vom Zuspruch des Unternehmens. Dies kann z. B. ein Lieferant sein, wenn für ihn das Unternehmen ein Schlüsselkunde ist, das Unternehmen diesen Lieferanten aber relativ leicht durch einen anderen ersetzen kann. Der Stakeholder könnte hier höchstens über den Einsatz eines »Verbündeten« indirekt seinen Einfluss stärken. Dieser »Verbündete« könnte das Unternehmen selbst sein, das den legitimen Interessen eines speziellen Stakeholders von sich aus eine gewisse Relevanz einräumt.
- *Randfiguren (Typ D):* Diese Stakeholder sind zumindest derzeit nicht spielentscheidend, da weder in die eine noch in die andere Richtung eine ausgeprägte Abhängigkeit besteht. Dies kann z. B. eine relativ unbedeutsame Non-Profit-Organisationen sein, die wiederum nur über eine Koalition mit anderen Einflussgruppen mehr Gewicht erlangen könnte. Einen solchen Stakeholder wird man informiert halten, i. Allg. aber keinen großen Aufwand dabei betreiben. Das Problem ist hier allerdings, dass derartige »Randfiguren« vorübergehend, meist ausgelöst durch bestimmte Ereignisse, durchaus eine relevante Bedrohung darstellen können. Können z. B. durch Kommunikation Verbündete für die eigenen Interessen gewonnen werden (bei denen kaum Kosten anfallen, wenn sie im Sinne des Stakeholders aktiv werden), dann lassen sich mit den heutigen Kommunikationsmitteln auch höchst unterschiedliche Individuen einer heterogenen Stakeholdergruppe sehr schnell und großzahlig mobilisieren.[79]

Es ist darauf zu achten, dass bei diesem Auswahlprozess Stakeholder nicht kurzschlüssig als irrelevant eingestuft werden, nur weil keine direkte Nutzenbeziehung zu ihnen besteht. Um die Auswahl der Stakeholder auch ethisch tragfähig zu machen, sollten hier auch Stakeholder zumindest als »Gesetzte« Beachtung finden, die zwar keinen Einfluss auf das Unternehmen haben, die aber aufgrund ihrer Betroffenheit durch das strategische Handeln legitime Ansprüche an das Unternehmen haben – und zwar selbst dann, wenn sie nicht dazu in der Lage sind, sie selbst direkt vorzubringen. So kann man sich z. B. die »nächste Generation« als Stakeholder vorstellen, die bestimmte legitime Ansprüche hat, wie ein Unternehmen verantwortlich mit seiner Umwelt umzugehen hat.

> **Fallbeispiel: Mit Anspruchsgruppen kommunizieren bei BOSCH**
> »Unsere strategische Ausrichtung überprüfen wir in einem konstruktiven Dialog mit unseren Führungskräften regelmäßig – eine Vorgehensweise, die auch der Weiterentwicklung unserer Unternehmenskultur dient. Ein Stakeholder, dem wir uns besonders verpflichtet fühlen, ist die Familie Bosch. Die enge Verbindung mit ihr hält das Erbe unseres Firmengründers lebendig und ist Teil unserer Unternehmenskultur. Ebenso wichtig ist für uns der Austausch mit weiteren Gruppen innerhalb und außerhalb des Unternehmens. Dazu gehören neben den Eigentümern unsere Kunden, Mitarbeiter, Arbeitnehmervertreter und Gewerkschaften, Lieferanten, die Kommunen unserer weltweit 292 Fertigungsstandorte, Forschungseinrichtungen sowie nichtstaatliche Organisationen sowie Initiativen, deren Mitglied wir sind.

> Als weltweit größter Automobilzulieferer pflegen wir intensive Beziehungen zu unseren Kunden: Die Hersteller sind frühzeitig über unsere Entwicklungsprojekte informiert und in unsere Entwicklungen umfassend eingebunden. Dabei zielen wir auf eine langfristige wie faire Partnerschaft. Unsere regelmäßigen Kundenbefragungen stellen deshalb einen wichtigen Gradmesser unserer Wettbewerbsfähigkeit dar.
> Auch als ›verantwortlicher Nachbar‹ sind wir gefordert – nicht nur als Arbeit- und Auftraggeber. Denn der Name BOSCH steht international für Verantwortung und Umweltbewusstsein – eine Verpflichtung für jeden einzelnen unserer Standorte, egal ob er 50 oder 5.000 Beschäftigte hat. Der intensive Austausch mit Wissenschaft und Forschung ist für uns als Technologieunternehmen von besonderer Bedeutung: 2007 haben wir mit 14 pro Arbeitstag mehr Patente angemeldet als jedes andere Unternehmen in Deutschland; europaweit liegen wir auf Platz sieben und bei den veröffentlichten Patentmeldungen der World Intellectual Property Organisation auf Platz fünf.«[80]

Erwartungen vs. Ambitionen

Schritt 3: Gegenüberstellung von Erwartungen, Ambitionen und Nutzenversprechen: Im dritten Schritt sind zunächst die Erwartungen zu klären, die die jeweilige Anspruchsgruppe gegenüber dem Unternehmen hat. Um den Prozess der eigenen Erkenntnisgewinnung deutlich werden zu lassen, bietet es sich an, zuerst einmal zu rekonstruieren, was man glaubt, was die Erwartungen sind, um dann – z. B. in nachfolgenden Interviews – die Sichtweise(n) der Anspruchsgruppe selbst in Erfahrung zu bringen. Es ist nahe liegend, dass man dabei kein einheitliches Bild der Erwartungen antreffen wird – was auch zu dokumentieren ist. Was typische Erwartungen von Anspruchsgruppen sind und über welche Stellgrößen sie bedient werden können, dazu soll Abbildung 3-12 Anregungen geben.

In ähnlicher Weise ermittelt man dann die eigenen Ambitionen, die das Unternehmen bzgl. der einzelnen Anspruchsgruppen verfolgt. Dann werden die Er-

Anspruchsgruppe	Erwartungen
Mitarbeiter	Einkommen, Arbeitsplatzsicherheit, Status, Sozialbeziehungen, Sinn, Identität, Selbstverwirklichung
Management	Kontrolle/Macht, Einkommen/Beteiligung, Umsatzwachstum/Gewinn, Sicherheit der Stellung, Job Design, Status
Verwaltungsrat	Kontrolle/Macht, Delegation von Aufgaben, Kompetenzen, Verantwortung, Information, Kompetenz/Leistung, Loyalität, Beziehungen
Aktionäre	Kontrolle/Macht, Information, Wertsteigerung, Investitionen, Steuerrate, Dividende, Kursgewinn, Loyalität
Kunden	Abnehmermacht, Produktqualität, Preiswürdigkeit, Konditionen, Image, Liefersicherheit, Flexibilität
Lieferanten	Macht, Abnahmesicherheit, Image
Banken	Bonität, Macht, kalkulierbares Risiko
Öffentlichkeit	Arbeitsplätze, Spenden/Stiftungen, Umweltschutz, Wahrung gesellschaftlicher Werte
Staat	Steuern/Gebühren, Aufgabenentlastung, Einhaltung von Rechtsvorschriften, Prosperität der Privatwirtschaft

Abb. 3-12: Erwartungen ausgewählter Anspruchsgruppen

3.2.2 Einflusskräfte der Umwelt

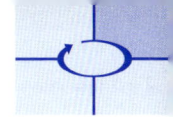

wartungen der Stakeholder und Ambitionen des Unternehmens sorgfältig einander gegenübergestellt, um daraus die **Nutzenversprechen** (»*Value Propositions*«) gegenüber den einzelnen Anspruchsgruppen abzuleiten. Diese finden dann auch Eingang in die Mission des Unternehmens. Zentrale Fragestellung ist dabei auch, inwieweit das Unternehmen die Erwartungen der einzelnen Anspruchsgruppen erfüllen kann und will.

Nutzenversprechen

Schritt 4: Erste Überlegungen zu Zielen, Strategien und Maßnahmen: Dieser Schritt stellt im Prinzip einen sehr groben Vorgriff auf die Inhalte des Buches dar. Aufbauend auf den Erkenntnissen aus den vorangegangenen Analysen kann ohne weitere Untersuchungen an dieser Stelle ein Grobentwurf zum weiteren Vorgehen gemacht werden. Bei weniger wichtigen Stakeholdern kann es vielleicht sogar dabei bleiben. Bei den relevanten Stakeholdern kann dieser Grobentwurf als »Rohling« dienen, der in den weiteren Arbeitsphasen des SMN gründlich hinterfragt und massiv verfeinert werden muss.

Eine Möglichkeit, diesen pragmatischen Schritt konzeptionell zu unterstützen, stellt das in Abbildung 3-13 dargestellte einfache Arbeitsblatt dar.

(a) *Segmentierung:* An dieser Stelle ist zu überlegen, gegenüber wem man sich positionieren will: Gegenüber der Anspruchsgruppe als Ganzes oder bietet sich aufgrund der gegebenen Heterogenität eine Segmentierung in Untergruppen an? Im Beispiel aus Abbildung 3-13 hat man sich für eine Segmentierung entschieden, denn das Arbeitsblatt wurde für die Zielgruppe Großkunden (des Stakeholders »Kunde«) eines staatlichen Postbetriebs nach der teilweisen Deregulierung der Märkte ausgearbeitet.

(b) *Situation:* Um ein gemeinsames Verständnis der Situation, in der sich die jeweilige Steuerungseinheit befindet, voraussetzen zu können, beginnt man mit ihrer kurzen Rekonstruktion.

Abb. 3-13: Positionierung und Bearbeitung von Großkunden eines staatlichen Postbetriebes

Ebene:	Situation	Ziele	Strategie	Maßnahmen	Perf. Messung
Sachebene	Deregulierung; Eintritt neuer Wettbewerber	Neue Wettbewerber vom »Cherries picking« abhalten	Verbesserung der Kundenbindung; integrierte Lösungen; Marktsegmentierung	Systemintegration; Innovationen pushen; »Peer groups« einsetzen	Umfragen; »Share of wallet«; Benchmarking mit der Peer Group
Struktur Aufbau-/Ablauforganisation, Systeme & Prozeduren	Keine definierten Verkaufsprozesse; funktionale Organisation	Verbesserung der Durchlaufzeiten, Qualität und Kosten	Dezentralisierung der Verantwortlichkeit; Standardisierung der Kernprozesse	Key Account Management (1 per 1); Profit & Loss-Verantwortlichkeit; 3-dim. Organisation	Scorecards zur Prozesseffizienz
Kultur Werte Einstellungen	Keine Verkaufskultur; Mangel an Reputation	Aufbau einer Corporate Identity; mehr Kundenorientierung	Definition von »Core values«	Training (Verkauf); Neue Anreizsysteme	360-Grad-Feed-back; Scorecards
Macht Machtbasen Einflussnahme Interessen	Abhängigkeit des Kunden aufgrund der Monopolsituation in der Vergangenheit	Machtwechsel von den Funktionen zu den »Client owners«; partnerschaftliches Kundenverhältnis	Interessenpooling; Risikoteilung	Einrichtung von »Customer councils«	Einbindungs-Index; Umfragen
Vertrauen Reputation	Zu viel versprochen, nicht genug gehalten	Stabile, permanente Beziehung mit den Key Accounts	Branding Initiative; Funktionale und emotionale »Links«	Events; Einbindung; regelmäßige Beziehung; »Customer policy«	Umfragen

Jede Spalte ist dabei in fünf Zeilen untergliedert. In der ersten Zeile geht es um die *Sachlage* der Steuerungseinheit zum Zeitpunkt der Analyse. Im vorliegenden Fall war es die Deregulierung der Märkte, die den Eintritt neuer Wettbewerber in ausgewählten Segmenten zur Konsequenz hatte. Die restlichen vier Zeilen decken die drei Perspektiven der organisatorischen Rahmenbedingungen ab: die *strukturelle Dimension* (mit der Aufbau- und Ablauforganisation, den Managementsystemen etc.), die *unternehmenspolitische Dimension* (mit der Verteilung möglicher Einflussnahme auf Machtbasen wie Expertenmacht, Positionsmacht etc.) sowie die *kulturelle Dimension* mit den Werten und Einstellungen der Mitarbeiter, aber auch – wegen seiner Bedeutung mit einer eigenen Zeile versehen – dem *Vertrauen*.

Obgleich das Vertrauen Grundlage von Führung und Zusammenarbeit und Wurzel der Reputation[81] eines Unternehmens ist, wird man bestimmte kritische Teilbereiche aber immer auch durch »institutionalisiertes Misstrauen« direkt kontrollieren müssen. So kann es ratsam sein, zur Einhaltung unternehmensethischer Grundsätze, etwa zur Abwehr aktiver oder passiver Bestechung, hohe Misstrauenskosten in Kauf zu nehmen. Andere Beispiele, die wie »strukturelle Kontrollpflöcke« auch in einer Vertrauensorganisation eingeschlagen werden können, sind die Praktizierung einer rigorosen Budgetkontrolle, auch für die ansonsten »freischwebende« Entwicklungsabteilung oder die penible Auslegung von Spesenregelungen. Doch daneben bedarf es einer Kultivierung von Vertrauen. Diese gründet auf einem Wertekonsens, auf den sich alle Mitglieder des Unternehmens immer wieder berufen können. Die in Abbildung 3-14 dargestellten fünf vertrauensbildenden Normen können eine immer präsente Form von *indirekter* Kontrolle darstellen.

(c) *Ziele:* In der zweiten Spalte geht es – abgeleitet aus dem Nutzenversprechen gegenüber der Anspruchsgruppe – um das Setzen erster Ziele. Sie ergeben sich aus den Gegenüberstellungen der Erwartungen/Interessen der Großkunden sowie den Ambitionen des Postbetriebs und dessen Verhandlungsposition gegenüber den Großkunden. Ergibt sich eine Unterdeckung der Erwartungen, so können verschiedene Vorgehensweisen gewählt werden. Entweder hält man die Differenz für unveränderbar, versucht aber, über Kommunikation mit der Anspruchsgruppe Verständnis dafür zu schaffen und die zu erwartenden Widerstände abzuschwächen, oder man hält die

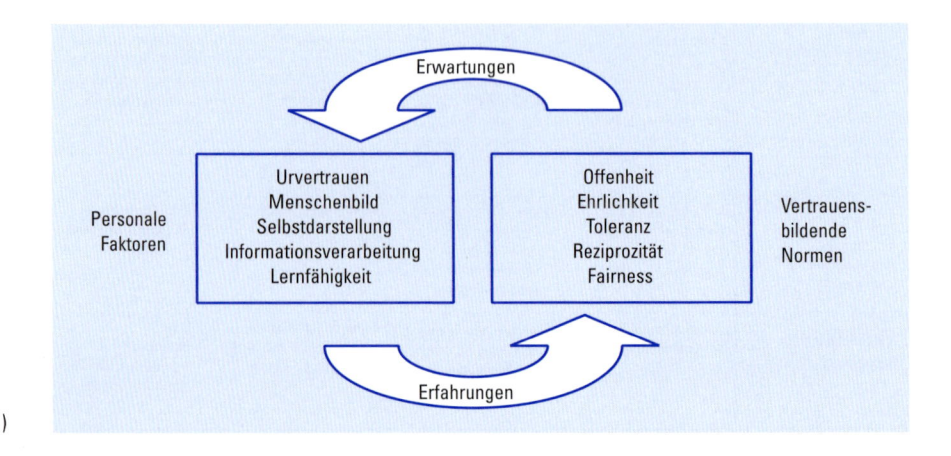

Abb. 3-14: Kultivierung von Vertrauen (Quelle: Müller-Stewens/Lechner/Stahl 2001)

| Personale Faktoren | Urvertrauen, Menschenbild, Selbstdarstellung, Informationsverarbeitung, Lernfähigkeit | Erwartungen → ← Erfahrungen | Offenheit, Ehrlichkeit, Toleranz, Reziprozität, Fairness | Vertrauensbildende Normen |

3.2.2 Einflusskräfte der Umwelt

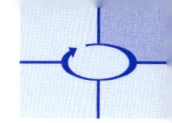

Differenz für veränderbar und will sie auch verändern. Dann gibt es zwei Ansatzpunkte: Es wird entweder über die Erwartungen oder über den Nutzen verhandelt. Dies ist meistens nicht eine einmalige Aktion, sondern ein laufender, die Implementierung der Strategien begleitender Verhandlungsprozess, dessen Resultat eine langfristige Gewinnerposition für beide Parteien sein sollte. Es handelt sich also um das »Schnüren eines Verhandlungspaketes«. Dabei wird es meistens nicht möglich sein, alle Anspruchsgruppeninteressen aufgrund ihrer Verschiedenartigkeit unter ein Dach zu bringen. Deshalb geht es hier um die Aufgabe, zwischen unterschiedlichen Interessen einen Ausgleich zu finden.

(d) *Strategie, Maßnahmen und Performance-Messung:* Hier sollen erste Wege aufgezeigt werden, wie man zu der gewünschten Positionierung durch das Erfüllen der Ziele gelangen könnte, welche Maßnahmen dazu anzudenken sind und mittels welcher Messgrößen man die Implementierung beobachten möchte.

Fassen wir zusammen: Die Anspruchsgruppenanalyse zeigt, gegenüber welchen Anspruchsgruppen seiner Umwelt sich ein Unternehmen positionieren will, und gibt erste Hinweise, worauf es dabei achten sollte. Dass die Interessen der Anspruchsgruppen mit denen des Unternehmens zusammenfallen, dürfte ein nur selten auftretender Fall sein. Von daher sind immer wieder Spannungsfelder zu erwarten, die es durch spezifische Handlungsstrategien auszubalancieren gilt.

Es sind Spannungen zu erwarten

Eine solche Anspruchsgruppenanalyse bringt normalerweise eine ganze Reihe überraschender Erkenntnisse mit sich. So sieht man z. B. sehr häufig, dass Erwartungen und Nutzenstiftung (bzw. entgangener Nutzen) der Anspruchsgruppen sehr verzerrt und wenig realitätsgerecht wahrgenommen werden. Oder aber man erkennt, dass man zwar Anspruchsgruppenmanagement betreibt, dabei aber falsche Prioritäten setzt, indem man mit wenig einflussreichen (dafür aber »bequemen«) oder kaum beeinflussbaren Anspruchsgruppen viel Zeit verbringt.

Workshop: Stakeholder-Analyse

Ist-Situation
1. Listen Sie die für Ihre Organisationseinheit relevanten Stakeholder (Anspruchsgruppen) auf. Überprüfen Sie diese Liste mittels der Fragen aus Abbildung 3-10 auf Vollständigkeit.
2. Übertragen Sie die Stakeholder in die Relevanzmatrix aus Abbildung 3-11, indem Sie bei jedem Stakeholder bewerten, welchen Einfluss er ausübt (X-Achse) und wie Sie ihn selbst beeinflussen können (Y-Achse).

Soll-Situation
3. Positionieren Sie die Stakeholder in der Relevanzmatrix nun so, dass die Position ihrem tatsächlichen zukünftigen Einfluss und der zukünftig als möglich angenommenen Beeinflussbarkeit entspricht.

Einzelbetrachtung wichtiger Stakeholder
4. Wählen Sie einen Ihnen besonders wichtig erscheinenden Stakeholder aus.
5. Diskutieren Sie, welche Erwartungen dieser Stakeholder an Sie hat und welche Ambitionen Sie mit ihm verfolgen.
6. Definieren Sie, welches Nutzenversprechen Sie ihm abgeben wollen. Reflektieren Sie dabei, welche Erwartungen seinerseits damit wohl erfüllt werden und welche offen bleiben.
7. Bearbeiten Sie dann das Arbeitsblatt aus Abbildung 3-13.

»Tiefenbohrungen« – Relevante Anspruchsgruppen im Überblick: War die Analyse und Gewichtung der Anspruchsgruppen ein erster Schritt, um sich relativ einfach einen Überblick über die Aufgaben eines Unternehmens zu verschaffen, so kann diese Betrachtung nun durch den Einsatz von Analyseinstrumenten verfeinert werden. Will man dabei systematisch vorgehen, so kann man nach folgenden Anspruchsgruppen unterscheiden.

- Die *Kunden*, denen ein Unternehmen seine Produkte und Dienstleistungen im *Markt* anbietet, nehmen zumeist eine herausragende Stellung ein. Ein tiefes Verständnis dieser Anspruchsgruppe ist wohl für jedes marktwirtschaftlich ausgerichtete Unternehmen unumgänglich.
- Welche Position ein Unternehmen gegenüber seinen Kunden bzw. auf seinen Absatzmärkten einnimmt, hängt insbesondere auch davon ab, mit welchen *Wettbewerbern* es sich dort auseinanderzusetzen hat. Daher sind auch die Verhaltensweisen der Konkurrenten einer Branche zu analysieren und Annahmen über ihre zukünftigen Aktionen und Reaktionen zu treffen. Eine Wettbewerbsposition ist immer relativ, d. h., im Verhältnis zu den Wettbewerbern des Unternehmens in einer *Branche* zu verstehen.
- Neben diesen beiden, im Rahmen der Positionierungsarbeit zumeist dominierenden Gruppierungen, ist der Erfolg oder Misserfolg eines Unternehmens oft von einer Vielzahl *weiterer Anspruchsgruppen* abhängig. Diese lassen sich in externe und interne Anspruchsgruppen unterteilen. Zu den externen zählen beispielsweise die Zulieferer, Kooperations- und Allianzpartner, staatliche Stellen, die Gesellschaft, Non-Profit-Organisationen, Banken oder Investoren. Hinsichtlich der internen Anspruchsgruppen mag es zweckmäßig sein, zwischen den Interessen der Mitarbeiter und denen des Managements zu unterscheiden, wenn es beispielsweise um Fragen der Entlohnung und Arbeitsplatzsicherheit geht. Oder man betrachtet einzelne Managementebenen, wenn es beispielsweise im Zuge fundamentaler Wandelprozesse zu Divergenzen zwischen dem oberen und mittleren Management kommt. Prinzipiell sollte die Einteilung der internen Anspruchsgruppen problembezogen erfolgen, je nachdem welche Gruppierung welche Interessen vertritt und wie markant sich dies auf die Aktivitäten des Unternehmens auswirkt.
- Waren die bisherigen Anspruchsgruppen der direkten Aufgabenumwelt eines Unternehmens zuzurechnen, dann kann man auf einem höheren Abstraktionsgrad eine Analyse der *allgemeinen Umwelt* vornehmen.[82] Hier können Bereiche wie Politik, Recht, Wirtschaft, Gesellschaft und Technologie unterschieden werden, die Rahmenbedingungen für unternehmerisches Handeln setzen. Ziel ist es hier, die wichtigsten *Megatrends* herauszuarbeiten und sich zu fragen, welchen Einfluss sie zukünftig auf das Unternehmen ausüben werden und welche Reaktionsoptionen zur Verfügung stehen. So beeinflussen diese Megatrends die Märkte, die mit den Anspruchsgruppen verbunden sind. Zum Beispiel hat die demographische Entwicklung einer Gesellschaft erheblichen Einfluss auf den Arbeitsmarkt, dem der Stakeholder »Mitarbeiter« zuzuordnen ist.

Man kann nun mit einer Analyse der allgemeinen Umwelt starten und von dort aus den Einfluss der wichtigsten Megatrends auf die Aufgabenumwelten der Anspruchsgruppen untersuchen oder umgekehrt mit einer Analyse der wichtigsten Aufgabenumwelten beginnen und danach den Einfluss der allgemeinen Umwelt

3.2.2 Einflusskräfte der Umwelt

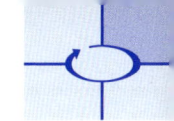

reflektieren. Wir werden im Folgenden zuerst die Analyse von zwei Anspruchsgruppen vertiefen, die nahezu in jedem Fall von Relevanz sind: die Kunden mit den Absatzmärkten sowie die Wettbewerber in ihrem Branchenumfeld. Danach werden noch kurz weitere Anspruchsgruppen angesprochen, um dann auf die Analyse der allgemeinen Umwelt einzugehen. Abbildung 3-15 zeigt diese Analysekomponenten im Überblick. Je nachdem, in welcher Situation sich ein Unternehmen befindet und von welcher Anspruchsgruppe es momentan am meisten unter »Druck« gesetzt wird, wird es jedoch unterschiedliche Schwerpunkte setzen.

(3) Kunden und Absatzmärkte

Kunden und ihre Aggregation in Form von Absatzmärkten bilden die Nachfrageseite wirtschaftlicher Transaktionen. Als *Absatzmarkt* lassen sich dabei alle Kunden bezeichnen, die tatsächliche oder potenzielle Käufer eines Produktes oder einer Dienstleistung sind.[83] Sie stellen für wohl jedes Unternehmen eine derart zentrale Anspruchsgruppe dar, dass sie zumeist einer ausführlichen Analyse unterzogen werden.

Absatzmärkte lassen sich in unterschiedliche **Markttypen** unterteilen: Während sogenannte *Konsumgütermärkte* durch Einzelpersonen und private Haushalte gebildet werden, die Güter und Dienstleistungen für den persönlichen Bedarf kaufen, treten an *Investitionsgütermärkten* Organisationen als Nachfrager auf. Dies können gewerbliche Abnehmer sein oder Groß- und Einzelhandelsbetriebe, die Güter mit dem Zweck der Gewinnzielung durch Weiterveräußerung erwerben, oder öffentliche Betriebe und Organe der öffentlichen Verwaltung. Jeder dieser Markttypen zeichnet sich durch spezielle Eigenschaften und »Spielregeln« aus (z. B. das Beschaffungsverhalten), die für die spätere Strategieentwicklung eines Unternehmens von Bedeutung sind.

Markttypen beeinflussen Strategien

Um diese *Besonderheiten eines Marktes* herauszuarbeiten, kann man sich an sechs zentralen Fragestellungen orientieren, die da lauten:

Besonderheiten eines Marktes

- Wer bildet den Markt? (Marktteilnehmer)
- Was wird auf dem Markt gekauft? (Kaufobjekte)
- Wann wird gekauft? (Kaufanlässe)
- Wer tätigt den Kauf? (Kaufakteure)

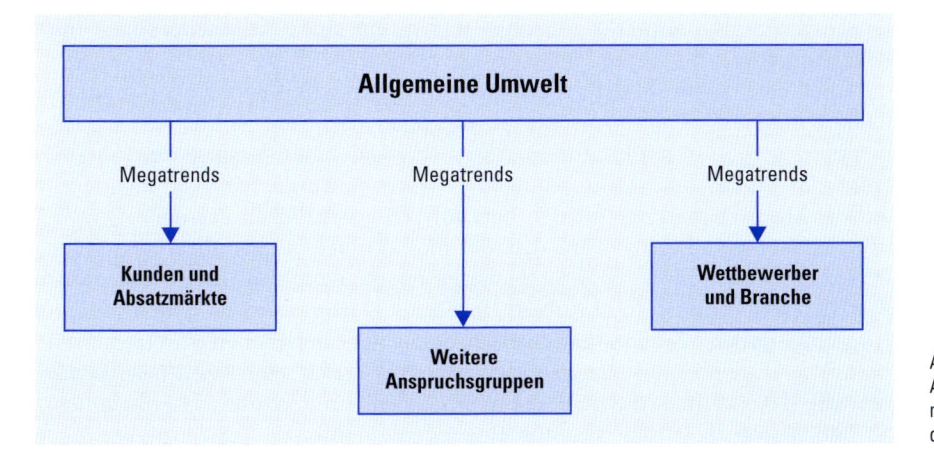

Abb. 3-15: Analyse der allgemeinen Umwelt und der Aufgabenumwelt

- Warum wird gekauft? (Kaufziele)
- Wie wird gekauft? (Kaufpraktiken)

Doch auch innerhalb der einzelnen Markttypen sind in aller Regel die Ansprüche und Bedürfnisse der Käufer derart vielfältig, dass es sich nicht empfiehlt, ihnen gegenüber eine einheitliche Strategie zu verfolgen. Man denke nur an den Automobilmarkt, wo die Palette der Ansprüche von billigen Allroundfahrzeugen bis hin zu Sportwagen und Luxuslimousinen reicht. Ein Unternehmen kann hier zumeist nicht jedem individuellen Anspruch gerecht werden. Daher sollte es sich auf diejenigen Segmente konzentrieren, die aus seiner Sicht am attraktivsten sind und die es aufgrund seiner Fähigkeiten auch am besten zu bedienen vermag.

Zu diesem Zweck empfiehlt sich eine differenzierte Betrachtung des jeweiligen Marktes. Dazu kann eine sogenannte **Marktsegmentierung** vorgenommen werden. Dabei wird *ein heterogener Gesamtmarkt mittels zu bestimmender Merkmale der Käufergruppe in relativ homogene Teilmärkte aufgeteilt mit dem Ziel einer differenzierten Ansprache dieser Gruppen*. Vier *Voraussetzungen* sind von Bedeutung, um eine solche Marktsegmentierung vornehmen zu können:[84]

1. Gruppen von Kunden müssen ähnliche Bedürfnisse haben, um sie in einem Marktsegment zusammenfassen und trennscharf voneinander abgrenzen zu können.
2. Eine eigenständige Kundengruppe kann nicht nur identifiziert, sondern auch durch Marketingaktivitäten erreicht werden.
3. Die jeweiligen Kunden müssen Unterschiede zwischen den einzelnen Produkten erkennen und in ihrem Kaufverhalten als relevant erachten.
4. Größe und Potenzial eines Marktsegments müssen ausreichend sein, um eine maßgeschneiderte Strategie wirtschaftlich erfolgreich zu verfolgen. Dies verweist auch auf die Frage, ob ein Unternehmen überhaupt in der Lage ist, für das jeweilige Segment eine geeignete Marktstrategie entwickeln und umsetzen zu können.

Insgesamt gesehen, versucht man durch eine Segmentierung des Marktes weitgehend homogene Kundengruppen zu erhalten, um anschließend einen hohen Grad von Identität zwischen der angebotenen Leistung und der nachfragenden Kundengruppe zu erzielen.[85] Die Vielzahl an *Kriterien*, mit deren Hilfe dies erreicht werden kann, lässt sich dabei prinzipiell entweder dem Konsumgüter- oder dem Investitionsgütermarkt zuordnen und in einzelnen Kriteriengruppen bündeln (Abb. 3-16).[86]

Neben einer Auswahl der als relevant erachteten Kriterien gilt es, zu entscheiden, ob man mit mehreren *Segmentierungsebenen* arbeiten will. Bei der Feinsegmentierung von Investitionsgütermärkten verwendet man beispielsweise die Einteilung in Makro- und Mikrosegmente. Während sich die Mikrosegmentierung auf die Eigenschaften der für den Einkauf verantwortlichen Personen bzw. des »Buying Centers« konzentriert, d.h. der Interaktion zwischen diesen beteiligten Personen, werden in der Makrosegmentierung die einzelnen Unternehmen nach Kriterien klassifiziert, die ihre Bedürfnisse als Ganzes erfassen. Doch auch im Konsumgüterbereich kann man mehrere Segmentierungsebenen einsetzen. Wenn beispielsweise ein Unternehmen im Lebensmittelbereich seine Kunden segmentieren will, dann kann es mehrere Kriterien wählen, auf deren Basis Grobsegmente zu bilden sind. Hat man sich für eine zweidimensionale Segmentierung nach

3.2.2 Einflusskräfte der Umwelt

Art des Kriteriums	Konsumgütermarkt	Investitionsgütermarkt
Eigenschaften von Menschen/ Organisationen	• Alter, Geschlecht, Rasse • Kaufkraft • Familiengröße • Lebenszyklus • Persönlichkeit und Lebensstil (wie Sicherheitsstreben, Genussorientierung)	• Branchenzweig • Lage • Größe • Technologie • Profitabilität • Management
Kauf/ Benutzungssituation	• Kaufvolumen • Markentreue • Nutzungszweck • Kaufverhalten (Kaufhäufigkeit, Einkaufsstättenwahl) • Bedeutung des Kaufs • Auswahlkriterien	• Verwendung • Bedeutung des Kaufs • Volumen • Einkaufsfrequenz • Kaufprozess • Auswahlkriterien • Vertriebskanäle
Bedürfnis und Charakteristika der Leistung	• Produktähnlichkeit • Preispräferenzen • Markenpräferenzen • Produkteigenschaften • Qualität	• Leistungsanforderungen • Lieferantenunterstützung • Markenpräferenzen • Eigenschaften • Qualität • Service-Anforderungen

Abb. 3-16: Kriterien für die Kunden- und Marktsegmentierung

Kaufobjekt (Gemüse, Fleisch, Früchte, Käse, Süßigkeiten, Getränke etc.) und Kaufkraft (gering-mittel-hoch) entschieden, dann kann hieraus eine Segmentierungsmatrix aufgespannt werden, aus der sich Segmente wie der »preisbewusste Allroundkäufer« oder der »kaufkräftige Weinliebhaber« herauskristallisieren lassen. Will man nun innerhalb dieser Grobsegmente ein detaillierteres Bild gewinnen, dann können Feinsegmente gebildet werden, die auf einer zweiten Analyseebene wieder möglichst relevante Kriterien (wie z. B. Markenpräferenz oder Kaufvolumen) verwenden. Jedes dieser Segmente kann dann anschließend analysiert und bewertet werden, indem man z. B. das Volumen, die Wachstumsrate oder die Profitabilität des Segmentes untersucht.

Fallbeispiel: Persönlichkeitsbezogene Konsumenten- und Zielgruppensegmentierung bei BMW
Eine Möglichkeit zu segmentieren sind Konsumententypologien: demographisch, themenbezogen, kommunikationsverhaltensbezogen, einkaufsstättenbezogen etc. Eine Kategorie bildet hier auch eine persönlichkeitsbezogene Segmentierung über »soziale Milieus«, wie sie z. B. auf der Basis der »Sinus Milieus« durch die Firma sociovision oder der »Sigma Milieus« durch die Gesellschaft für internationale Marktforschung und Beratung angeboten werden. Abbildung 3-17 zeigt zehn derartige Milieus für Deutschland.[87] Ein Autokonzern in der Premiumklasse kann sich nun beispielsweise u. a. auf das »etablierte Milieu« konzentrieren, dem gut 9 % der Bevölkerung zuzuordnen sind. Hier handelt es sich um ein konservatives Elitemilieu mit traditioneller Lebensführung. Die Angehörigen dieses Milieus sehen sich häufig als Wahrer kultureller und moralischer Werte und Traditionen. Wichtig sind ihnen ein distinguierter Lebensstil, gute Umgangsformen, Understatement und Diskretion.
  Die Markenwahl eines PKW-Käufers lässt sich schon lange nicht mehr rein demographisch erklären. Damit würde man der Persönlichkeit des Käufers, seinen Einstellungen, Wertorientierungen und Motiven, seine alltagsästhetischen Orientierungen (Design als identitätsstiftender Wert, um nicht verwechselt zu werden) oder seinem

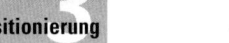

Trendverhalten nicht annähernd gerecht werden. Auch soll eine Premiummarke nicht nur Produktvorteile reflektieren, sondern ein bestimmtes Lebensgefühl. D. h., ein Kunde ist umso besser an eine Automarke zu binden, je mehr diese um seine Befindlichkeit weiß und dabei sein Lebensgefühl zu treffen vermag. D. h. aber auch, dass die Markenidentität in ihrer Aussage auch Veränderungen im Lebensgefühl ihrer Kunden folgen muss, wenn sie ihn halten will. Für die Anleitung der Produktentwicklung ist es deshalb ganz wesentlich, dass man in der Lage ist, solche Veränderungen möglichst langfristig vorauszusehen.

Die »Sigma Milieus« nutzt BMW, um die lebensweltliche Vielfalt ihrer Zielgruppen auf globaler Ebene zu systematisieren.[88] Dies geht auf die späten 90er-Jahre bei BMW zurück, als man feststellte, dass sich Einstellung und Werte der Käufer von Premiumfahrzeugen änderte: So gewannen z. B. Familie und Freizeit deutlich an Wert; die »Baby Boomer« waren inzwischen erwachsen geworden; die Yuppies haben eine Familie gegründet. Für einen global agierenden Autokonzern ist es dabei von großer Bedeutung, einerseits gemeinsame Wertestrukturen global zu erkennen, andererseits in ihrer Operationalisierung auch auf regionale Besonderheiten eingehen zu können.

Zur genauen Erforschung der Milieus hatte man bei BMW 1999/2000 etwa 2.000 nach den Milieus klassifizierte Personen befragt und diese dann fünf Jahre später nochmals angeschrieben, um die Veränderungen ihres Lebensgefühls und -stils in Erfahrung zu bringen. Dabei erwies sich bei etwa drei Viertel der Befragten die Milieuzuordnung als stabil und trennscharf; die meisten anderen hatten sich lediglich in Richtung der »modernen Nachbarmilieus« umorientiert. D. h., Konsumenten wechseln nicht in großen Mengen ihre Milieus, worauf dann Voraussagen aufsetzen können. Heutzutage umfasst allein das deutsche Online-Panel zum Verfolgen der Veränderungen in den Milieus über 60.000 Personen.

Z.B. beim Relaunch der Marke Mini hatte man sich vornehmlich auf das Milieu »Progressive Modern Mainstream« konzentriert. Typischer Trendtreiber ist hier das postmoderne Avantgarde-Milieu in den urbanen Zentren. Seine selbstbewussten und gut gebildeten Angehörigen verfolgen eine radikal subjektivistische Lebensphilosophie: Der Einzelne sieht sich als »Lifestyle-Architekt« seines persönlichen Universums. Um die Marke groß genug zu machen, wurde die Zielgruppe noch leicht in Richtung der gesellschaftlichen Mitte geöffnet, aber immer noch mit einem klaren postmodernen Kern. Im engen und konstanten Online-Dialog mit der Zielgruppe wurde die Marke in ihre heutige erfolgreiche Positionierung gebracht.

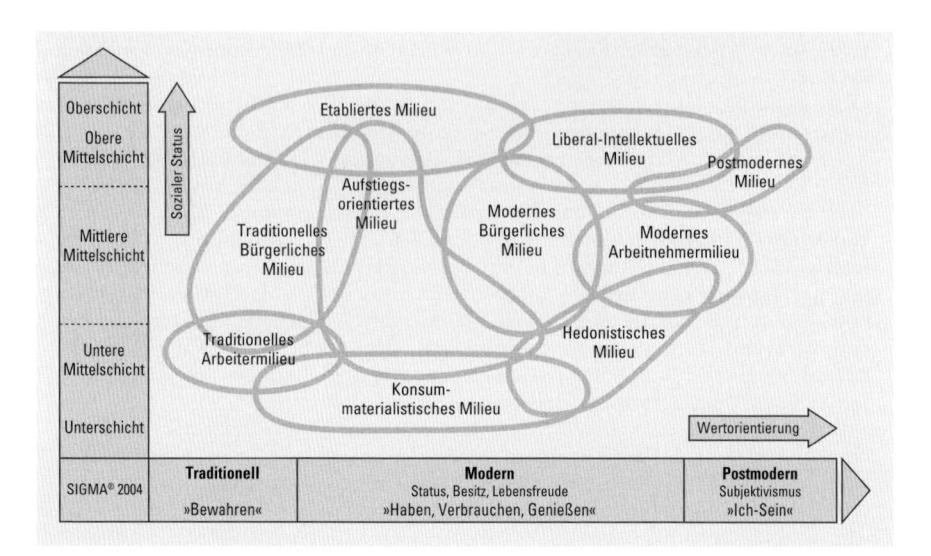

Abb. 3-17:
Sinus Milieus

3.2.2 Einflusskräfte der Umwelt

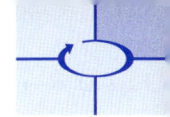

Mit diesen Ausführungen zur Marktsegmentierung sollen die Erläuterungen zur strategischen Analyse des Stakeholder »Kunde« abgeschlossen werden, da die weitere Vertiefung dem Gebiet Strategisches Marketing/Marktforschung obliegt. Wie sich ein Unternehmen dann auf Basis der Analyse mittels einer Marktstrategie gegenüber dem Stakeholder Kunde positionieren soll, wird in Abschnitt 3.4.1 vertieft.

(4) Wettbewerber und Branche

Wendet sich die Analyse von Kunden und Absatzmärkten der Nachfrageseite zu, sind die Wettbewerber ein wichtiger Baustein bei der Analyse der Angebotsseite eines Marktes. Daher ist es nützlich, die Wettbewerbsumwelt eines Unternehmens zu untersuchen, um Aufschluss über die eigene Wettbewerbsposition zu erhalten, sowie Hinweise, wie diese verbessert werden kann. Die Wettbewerbsumwelt kann zu diesem Zweck in drei Ebenen aufgespalten werden:

Aufteilung der Wettbewerbsumwelt

- Die Branche;
- Strategische Gruppen innerhalb dieser Branche;
- Einzelne Wettbewerber innerhalb einer strategischen Gruppe.

Branche und Konzept der fünf Wettbewerbskräfte: *Als Branche wird eine Gruppe von Unternehmen bezeichnet, die gleiche oder ähnliche Produkte und Dienstleistungen anbieten.*[89] Diese Definition führt dazu, dass das Verhalten der miteinander im Wettbewerb stehenden Unternehmen zur entscheidenden Fragestellung einer Branchenanalyse wird. Insbesondere die industrieökonomische Forschung der 70er-Jahre vertritt die These, dass für den Erfolg oder Misserfolg eines Unternehmens das Verstehen der Wettbewerbsdynamik entscheidend ist. Diese wird von wirtschaftlichen und technischen Charakteristika der jeweiligen Branchenstruktur determiniert, die daher besonders zu beachten ist.[90] Vor diesem Hintergrund hat Michael Porter ein Konzept entwickelt, das fünf Einflusskräfte betrachtet, die die Wettbewerbsintensität und das Gewinnpotenzial in einer Branche signifikant bestimmen.[91] Sie zu kennen und zu verstehen, bietet einem Unternehmen die Möglichkeit, sich eine fundierte Meinung zur Attraktivität der eigenen Branche zu bilden, die eigene Position innerhalb der jeweiligen Branche abzuschätzen und sich erfolgreich zu positionieren. Konkret handelt es sich dabei um den Einfluss, den Lieferanten, Abnehmer, potenzielle neue Wettbewerber, Substitutionsmöglichkeiten sowie das Wettbewerbsverhalten der etablierten Unternehmen untereinander auf eine Branche ausüben. Daraus kann in einem ersten Schritt Rückschluss auf die Attraktivität einer Branche gezogen werden.

Konzept der fünf Wettbewerbskräfte

Lieferanten beeinflussen die Profitabilität einer Branche, indem sie Güter und Dienstleistungen verkaufen, die als Input für den Wertschöpfungsprozess einer Branche benötigt werden. Können sie für ihre Güter hohe Preise durchsetzen, dann reduziert sich im Gegenzug die Gewinnmarge, die in der Branche zu erzielen ist. Ihre Verhandlungsmacht bestimmt sich dabei aus mehreren Faktoren:

Faktoren, die die Verhandlungsmacht der Lieferanten bestimmen

- *Konzentrationsgrad:* Je weniger Lieferanten es in einer Branche gibt, desto größer ist in aller Regel ihr Einfluss, da die Unternehmen der Branche dann von einigen wenigen Lieferanten abhängig sind.
- *Standardisierungsgrad:* Je standardisierter die Produkte und Dienstleistungen der Zulieferer sind, desto einfacher können sie gegeneinander ausgetauscht

werden. Sind sie hingegen stark differenziert und spezialisiert, dann erhöhen sie zumeist die Umstellkosten eines Unternehmens, d. h. die Aufwendungen, die anfallen, wenn ein Unternehmen seinen Lieferanten wechselt. Zu denken sind hier an die Kosten, die die Einführung einer neuen Software verursachen, oder die Verwendung eines alternativen Produktionsplanungs- und -steuerungssystems. Relativ stark standardisierte Produkte, deren Preiselastizität zumeist hoch ist, können hingegen ohne größeren Aufwand ausgetauscht werden, was die Einflussmöglichkeiten der Lieferanten verringert.

- *Möglichkeit der Vorwärtsintegration:* Die Verhandlungsmacht eines Lieferanten bemisst sich auch danach, inwieweit er mit einer Vorwärtsintegration in die betreffende Branche hinein drohen kann. Wann immer es einem Lieferanten gelingt, glaubhaft eine Ausweitung seiner Aktivitäten in Aussicht zu stellen, verstärkt sich sein Einfluss auf die jeweiligen Unternehmen.
- *Bedeutung der Branche:* Zuletzt hängt die Verhandlungsmacht der Lieferanten auch davon ab, wie wichtig die Branche für sie als Kundensegment ist. Generiert ein Lieferant beispielsweise in einer bestimmten Branche einen hohen Profit oder tätigt er hier einen großen Anteil seines Umsatzes, so ist zu erwarten, dass er sich intensiv um die Unternehmen der Branche bemüht, auf ihre Vorstellungen explizit eingeht und sich beispielsweise an gemeinsamen Forschungs- und Entwicklungsaktivitäten beteiligt. Ist die Branche hingegen für ihn relativ unwichtig, so stärkt dies in aller Regel seine Verhandlungsmacht.

Abnehmermacht

Das Gegenstück zu den Lieferanten bilden die *Abnehmer* einer Branche. Daher lassen sich die gerade eben angeführten Argumente hier in umgekehrter Form wiederfinden. Was die Position der Abnehmer verbessert, schwächt die Position der Wettbewerber einer Branche. Die Höhe des *Konzentrations- und Standardisierungsgrades* oder die *Bedeutung der Branche* für die Abnehmer spielt daher ebenso eine Rolle wie die Gefahr, dass die Abnehmer drohen, durch Rückwärtsintegration in die Branche vorzudringen. Zudem ist hier auch die Thematik der *Markttransparenz* zu erwähnen. Je besser die Abnehmer das Angebot einer Branche kennen und es vergleichen können, desto stärker wird ihre Verhandlungsposition sein; je geringer die Markttransparenz ist, desto schwieriger wird es für sie, die angebotenen Güter auch tatsächlich vergleichen zu können. Anzumerken ist an dieser Stelle auch, dass hinsichtlich der Faktoren, die die Verhandlungsmacht der Abnehmer bestimmen, es kaum wesentliche Unterschiede zwischen den einzelnen Abnehmertypen gibt. Von daher können die einzelnen Faktoren sowohl für die Analyse von privaten Endverbrauchern wie auch für Abnehmer der weiterverarbeitender Industrie verwendet werden.

Bedrohung durch neue Anbieter

Die dritte Einflusskraft wird durch die *potenziellen, neuen Anbieter* gebildet, die zwar noch nicht in der Branche tätig sind, jedoch einen Brancheneintritt erwägen. Je profitabler ihnen die Branche erscheint, desto größer ist für sie der Anreiz, dort aktiv zu werden und sich einen Anteil zu sichern. Wie stark die Bedrohung ist, die von ihnen ausgeht, hängt dabei primär von zwei Faktoren ab: Zum einen von der *erwarteten Reaktion der etablierten Unternehmen* auf den Neueintritt. Sind harte Vergeltungsmaßnahmen zu erwarten, senkt dies die Eintrittswahrscheinlichkeit; werden hingegen die etablierten Unternehmen darauf nicht reagieren, begünstigt dies einen solchen Versuch. Der zweite Faktor liegt in den *Markteintrittsbarrieren*, die eine Branche kennzeichnen. Sind sie hoch, dann wird es für neue Anbieter sehr aufwändig, sich dort zu etablieren, während nied-

3.2.2 Einflusskräfte der Umwelt

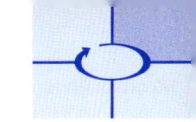

rige Barrieren ein solches Vorhaben begünstigen. Wie in einem Hindernislauf sind Markteintrittsbarrieren als »Hürden« zu verstehen, die ein neuer Anbieter zu überwinden hat. Sechs solcher Barrieren sind dabei von besonderer Bedeutung:

Markteintrittsbarrieren als Schutz vor neuen Anbietern

- *Economies of Scale:* Darunter werden Größenvorteile verstanden, die in vielen Wertschöpfungsaktivitäten von Bedeutung sind. Gerade in Branchen, die durch hohe Fixkosten gekennzeichnet sind (wie die Pharma- oder Chemiebranche), sinken die Stückkosten mit der Produktionsmenge. Eine bessere Auslastung der eingesetzten Ressourcen ermöglicht dies. Neue Anbieter sind hier entweder gezwungen mit großen Stückzahlen auf den Markt zu kommen und dementsprechend stark zu investieren, was jedoch riskant ist; oder sie haben Kostennachteile zu akzeptieren, die jedoch ihre Wettbewerbskraft schmälern.
- *Ausmaß der Produktdifferenzierung:* Dieser Faktor spielt eine wichtige Rolle, wenn es dadurch zu einer hohen Kundenbindung kommt. Insbesondere Markenartikel sind hier zu nennen. Man denke nur an NESPRESSO oder MERCEDES, wo es gelungen ist, eine attraktive, einzigartige Marke in ihrer Branche zu entwickeln. Um eine solche Barriere zu überwinden, sind oft erhebliche Ressourcen für die Kundenakquisition einzusetzen, was das Risiko des Scheiterns erhöht.
- *Kapitalbedarf:* Dieser Faktor kann überall dort zur Barriere werden, wo es sich um ressourcenintensive Branchen handelt. Doch auch z. B. der Aufbau einer Direktbank, die ohne Filialnetz ihre Kunden über moderne Kommunikationsinstrumente bedient, wird auf ca. 60 Mio. Euro geschätzt. Diesen Betrag können kleinere, regional tätige Banken oft nicht aus eigener Kraft erbringen. Gerade Unternehmen, die über eine schwache Kapitalbasis verfügen, sind daher weitgehend von kapitalintensiven Branchen ausgeschlossen.
- *Kostennachteile:* Diese sind nicht nur auf Größenvorteile zurückzuführen, sondern finden ihren Ursprung auch in Faktoren wie Erfahrungsvorteile, staatliche Subventionen, Patente, Branchenstandards oder ein vorteilhafter Zugang zu Ressourcen. Das Phänomen des »Lock-In« beispielsweise ist darauf zurückzuführen, dass es in Märkten wie etwa dem für Kinderspielzeug (z. B. LEGO) oder dem für Software (z. B. MICROSOFT) einigen wenigen Unternehmen gelungen ist, den Markt durch das Setzen von Standards bildlich gesprochen »einzuschließen« und Neuankömmlingen kaum noch Entfaltungsraum zu lassen. Wie bereits erwähnt, ist dies auch auf die Höhe der Umstellkosten zurückzuführen, die die Kunden einer Branche zu tragen haben, wenn sie einen Anbieter austauschen. Je höher die Umstellkosten sind, desto weniger sind sie bereit, neue Produkte und Dienstleistungen zu übernehmen.
- *Vertriebskanäle:* Der Ausgestaltung der Vertriebskanäle kommt oft eine Schlüsselfunktion zu, da es sich hier entscheidet, ob es einem neuen Anbieter gelingt, seine Güter an die Kunden zu bringen. Je schwieriger es für ihn ist, darauf Zugriff zu erhalten oder gar eigene Vertriebskanäle aufzubauen, desto geringer sind seine Chancen, sich in einer Branche langfristig zu etablieren.
- *Staatliche Politik:* Dieser Faktor ist insbesondere dann relevant, wenn der Staat den Marktzugang bestimmt oder Rahmenbedingungen für das Wirtschaften in einer Branche festlegt. So hat der Staat in der Telekommunikation jahrzehntelang den Eintritt in die Branche verboten oder hat wie in der Ener-

giewirtschaft durch das Setzen von Sicherheits- und Umweltstandards die Eintrittsbarrieren für Neueinsteiger markant hoch gehalten.

Bedrohung durch Substitutionsanbieter

Substitutionsanbieter stellen Produkte oder Dienstleistungen her, die die Funktion bestehender Güter zumindest gleichwertig ersetzen können. Derartige Ersatzprodukte begrenzen die Möglichkeit zur Preissteigerung der Güter einer Branche. Sie weisen gleiche oder ähnliche Eigenschaften auf und stehen daher in einem Konkurrenzverhältnis mit den Produkten und Dienstleistungen der Branche. Deswegen ist dem Preis-Leistungs-Verhältnis zwischen ihnen besondere Aufmerksamkeit zu schenken, da eine markante Veränderung hier eine Veränderung des Einkaufsverhaltens der Abnehmer nach sich zieht. Gefahr droht, wenn es sich deutlich zu Gunsten des Substitutionsproduktes verbessert und die eigene Branche überdurchschnittlich profitabel ist.

Wettbewerbsverhalten der etablierten Unternehmen

Im Zentrum der Branchenanalyse steht das *Wettbewerbsverhalten der etablierten Unternehmen.* Der Rivalitätsgrad zwischen diesen Unternehmen wird maßgeblich von den vier anderen Wettbewerbskräften geprägt, was der Grund dafür ist, dass diese fünfte Kraft im Mittelpunkt des Bezugsrahmens steht. So begünstigt beispielsweise eine hohe Konzentration auf der Abnehmerseite einen intensiven Wettbewerb der anbietenden Unternehmen um diese wenigen Kunden. Ein dominanter Lieferant kann die einzelnen Unternehmen der Branche gegeneinander ausspielen und einen ruinösen Preiskampf auslösen. Das Wettbewerbsverhalten der Unternehmen ist dann durch den Einsatz von taktischen Maßnahmen wie aggressive Werbekampagnen oder Preiskämpfe in ausgewählten Bereichen gekennzeichnet. Neben dem Einfluss der vier anderen Wettbewerbskräfte, wird der *Rivalitätsgrad* insbesondere durch folgende Faktoren bestimmt:

Faktoren, die den Rivalitätsgrad bestimmen

- *Wachstum der Branche:* In wachsenden Branchen ist die Wettbewerbsintensität zumeist geringer als in stagnierenden oder schrumpfenden Branchen. Da der »Kuchen« wächst, ist hier noch genügend Raum für alle vorhanden. Kommt das Wachstum jedoch zum Stillstand, dann treten Verteilungs- und Verteidigungskämpfe auf, die den Rivalitätsgrad erhöhen.
- *Ausmaß der Produktdifferenzierung:* Fehlende Produktdifferenzierung senkt die Umstellkosten der Abnehmer und erhöht deren Preissensibilität. Wenn es leichter ist, den Hersteller zu wechseln, erhöht sich der Anreiz, einem Konkurrenten durch aggressive Marketingaktionen einige seiner Kunden abspenstig zu machen.
- *Ausmaß der Überschusskapazität:* Sind in einer Branche Überkapazitäten aufgebaut worden, so kommt es in der Folge meist zu einem harten, wenn nicht ruinösen Preiskampf. Es wird versucht, die aufgebauten Kapazitäten weiterhin gut auszulasten und den Wettbewerber durch Skaleneffekte aus dem Markt zu drängen.
- *Austrittsbarrieren:* Sie bilden das Gegenstück zu den Eintrittsbarrieren einer Branche, indem sie den Austritt von Unternehmen aus dem Markt behindern oder stark verteuern. Als Austrittsbarrieren sind neben sachlich zu begründenden Argumenten wie irreversible Investitionen oder spezialisierte Vermögenswerte auch soziale Argumente zu berücksichtigen, wie beispielsweise die traditionelle Verbundenheit eines Unternehmens zu einer Branche oder die Loyalität zu seinen darin ausgebildeten Mitarbeitern.

3.2.2 Einflusskräfte der Umwelt

Hoch und zunehmend
- Dominanz zweier etwa gleich starker Wettbewerber
- Starke Konzentrationsbewegungen bei den Händlern und ein verstärkter Preiswettbewerb führen zu einer zunehmend starken Rivalität der etablierten Wettbewerber in der Branche.

Bedrohung durch neue Anbieter

Hoch und zunehmend
- Abbau bestehender Markteintrittsbarrieren
- Eintritt und starke Expansion ausländischer Hard-Discounter
- Neue, bislang branchenfremde Online-Anbieter

Verhandlungsmacht der Lieferanten → **Rivalitätsgrad der etablierten Wettbewerber in der Branche** ← **Verhandlungsmacht der Abnehmer**

Mittel, aber zunehmend
- Die hohe Marktkonzentration und der hohe Eigenmarkenanteil der Händler beschränken die Verhandlungsstärke der Lieferanten.
- Zunehmendes Markenbewusstsein bei den Konsumenten stärkt die Position von Lieferanten mit starken Marken.

Bedrohung durch Substitute

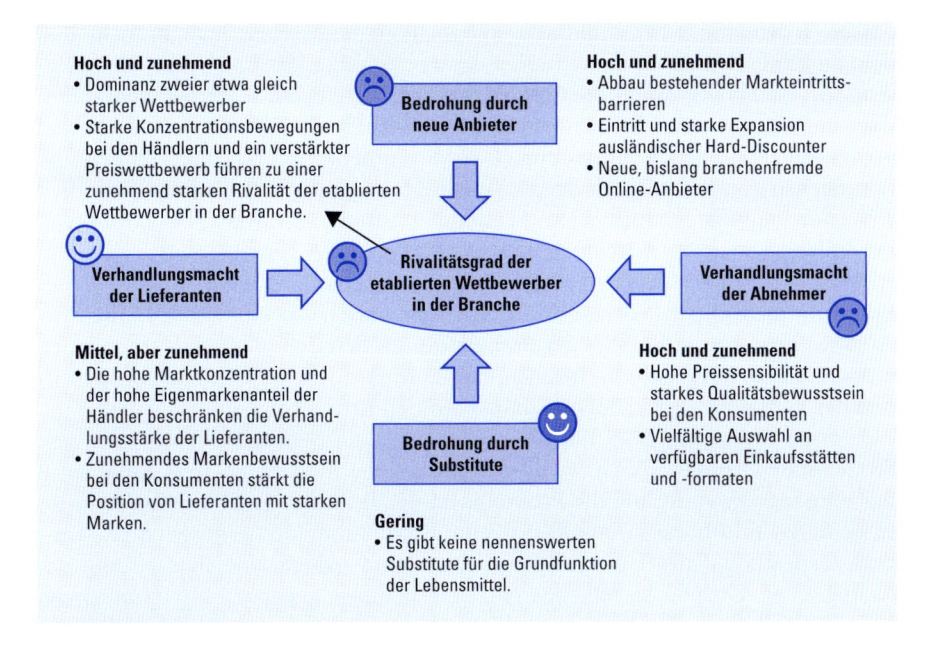

Hoch und zunehmend
- Hohe Preissensibilität und starkes Qualitätsbewusstsein bei den Konsumenten
- Vielfältige Auswahl an verfügbaren Einkaufsstätten und -formaten

Gering
- Es gibt keine nennenswerten Substitute für die Grundfunktion der Lebensmittel.

Abb. 3-18:
Die fünf Wettbewerbskräfte im Schweizer Lebensmitteleinzelhandel 2010[92]

- *Konkurrierende Geschäftslogiken:* Haben sich zwischen den Unternehmen einer Branche ähnliche Geschäftslogiken bzw. -modelle herausgebildet, dann teilen sie oft stillschweigend den Markt untereinander auf. Besitzen sie hingegen divergente konzeptionelle Raster oder versucht ein Unternehmen die dominierende Branchenlogik zu seinen Gunsten zu verändern, dann steigt der Rivalitätsgrad zumeist deutlich an.

Diese fünf dominierenden Einflusskräfte bestimmen kollektiv die Wettbewerbsintensität und -attraktivität in einer Branche und damit ihr Gewinnpotenzial. Abbildung 3-18 zeigt als Anwendungsbeispiel in einer hochverdichteten Form eine Analyse des Schweizer Lebensmitteleinzelhandels.

Drei *Probleme* sind bei der Anwendung des Bezugsrahmens zu beachten. Erstens fällt es schwer, die Grenzen einer Branche genau zu bestimmen. Welche Kriterien sollen hier herangezogen werden? Es stellt sich beispielsweise die Frage, ob ein Unternehmen wie die ALLIANZ-Gruppe nur der Versicherungsindustrie oder auch der Vermögensverwaltung oder sogar der Bankenindustrie zuzurechnen ist. Wird die Branchenabgrenzung zudem auf nationaler, europäischer oder weltweiter Ebene vorgenommen? Und viel wichtiger noch: Wie kann man Branchen analysieren, die gerade erst entstehen und daher noch keine klar erkennbaren Branchengrenzen aufweisen, wie beispielsweise die sich formierende »Bit-Industrie« aus Unternehmen der Computer-, Unterhaltungs- und Telekommunikationsindustrie? In diesem Zusammenhang ist auch von einer »Dekonstruktion« des Konstruktes der Branche die Rede und der Suche nach einem neuen Analyseobjekt, das diesen Veränderungen Rechnung trägt. Vorgeschlagen wird hier z. B. die Konzentration auf einzelne Wertschöpfungsebenen oder -stufen.[93]

Zweitens geht der Bezugsrahmen von einem statischen Wettbewerbsverständnis aus. Eine exogen vorgegebene Branchenstruktur ist zuerst zu analysieren und anschließend hat sich ein Unternehmen dieser Struktur möglichst optimal anzu-

Kritik

passen. Doch sind die Beeinflussungsmöglichkeiten zwischen einer Branche und dem einzelnen Unternehmen wirklich derart einseitig? Wird nicht die Branchenstruktur unablässig durch die Handlungen der beteiligten Unternehmen verändert und neu gestaltet? Je nachdem wie die Wettbewerber einer Branche agieren, verändern sie die Branchenstruktur. Das Verhältnis zwischen Unternehmen und Branchenstruktur ist folglich dynamisch und bedingt sich gegenseitig. Wenn sich z. B. ein Kreditkartenanbieter eine profitable Position im Markt für Privatkunden mit hohem Kreditrisiko sichert und von dort aus seine Fähigkeiten für den Einstieg als Makler von Telefondienstleistungen nutzt, dann ist zu bezweifeln, ob der Bezugsrahmen solche Prozesse analytisch angemessen erfassen kann. Drittens ist zu bezweifeln, ob der Einfluss der Branche auf die Profitabilität von Unternehmen tatsächlich so stark ist, wie man annimmt. Muss nicht den Geschäftseinheiten und der Corporate-Ebene mehr Einfluss auf den Erfolg eingeräumt werden?[94]

Strategische Gruppen: Auch wenn man durch eine Branchenanalyse Einblick in die Vorgänge gewinnt, die die Profitabilität der Branche als Ganzes bestimmen, so ist dieses Bild noch zu unscharf für die Bestimmung der unmittelbaren Wettbewerbsposition eines Unternehmens. Dies kann jedoch eine Betrachtung der strategischen Gruppe leisten, der ein Unternehmen angehört. *Als strategische Gruppe wird dabei eine Menge von Unternehmen bezeichnet, die innerhalb einer Branche die gleiche oder zumindest eine ähnliche Strategie verfolgen.*[95] Die Strategie dieser Unternehmen wird dabei anhand ausgewählter Dimensionen (wie z. B. Produktangebot oder Kostenstrukturen) verglichen.

Das Konzept der strategischen Gruppen hat für die Branchenanalyse mehrere *Implikationen*. Der Einfluss der fünf Wettbewerbskräfte wird zunächst relativiert. Ihre Bedeutung ist von strategischer Gruppe zu strategischer Gruppe verschieden und daher individuell zu analysieren. So hat beispielsweise in der zivilen Luftfahrt der Kapitalbedarf bei Neueintritten für die Gruppe der Billigfluggesellschaften eine andere Bedeutung wie für die traditionellen Fluggesellschaften. Weiter lenkt das Konzept der strategischen Gruppe den Fokus auf die Unternehmen innerhalb einer Gruppe. Hier findet der entscheidende Marktwettbewerb statt, weniger hingegen mit Unternehmen, die anderen Gruppen angehören. So stehen beispielsweise Gourmetrestaurants kaum in Konkurrenz zu billigen Fastfood-Geschäften, obwohl beide der Gastronomiebranche angehören.

Es kann jedoch sein, dass ein Konzern sich mit seinen einzelnen Geschäften bewusst in unterschiedlichen strategischen Gruppen positioniert, was besondere Anforderungen an das Topmanagement stellt, da es bei seinen Entscheidungen einerseits die Wettbewerbsdynamik in den verschiedenen Gruppen richtig interpretieren muss und andererseits Vorteile aus der Integration seiner diversifizierten Struktur ziehen sollte.

> **Fallbeispiel: Die Diversifikation der VW-Gruppe**
> Der Automobilkonzern VW war noch in den 1980er-Jahren als Ganzes relativ eindeutig der strategischen Gruppe der Hersteller von Mittelklassefahrzeugen zuzuordnen. Durch eine Vielzahl von Akquisitionen (z. B. SKODA, BENTLEY, LAMBORGHINI, PORSCHE) und Eigenentwicklungen (z. B. VW Phaeton) diversifizierte der Konzern jedoch in verschiedene andere strategische Gruppen. Mit einer konsequenten Multi-Markenpolitik und der Aufwertung einiger Modelle schaffte man den Aufstieg in die automobile Oberklasse. Gleichzeitig konnte man die Diversifikation dazu nutzen, um über Sy-

3.2.2 Einflusskräfte der Umwelt

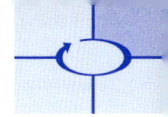

> nergien (z. B. Gleichteile) die Position der einzelnen Marken zu verbessern. Man vergleiche dazu unsere vertiefende Fallstudie Müller-Stewens/Stonig (2015a).

Je ähnlicher sich allerdings die Strategien zwischen den Unternehmen einer Branche werden, desto mehr nähern sich die strategischen Gruppen einander an und in der Folge kann es dann leichter zu Übertritten in andere Gruppen kommen. Ob ein solcher Übertritt gelingt, hängt wesentlich davon ab, wie stark die Mobilitätsbarrieren zwischen den einzelnen Gruppen wirken. Als *Mobilitätsbarrieren* sind all die Faktoren zu verstehen, die den Wechsel von Unternehmen von einer strategischen Gruppe in die andere behindern, also sowohl Ein- als auch Austrittsbarrieren. Sie schützen die zur Gruppe gehörigen Unternehmen vor neuen Wettbewerbern.

Mobilitätsbarrieren

Um die einzelnen strategischen Gruppen in einer Branche abzugrenzen und die Unterschiede in ihrem Verhalten zu analysieren, ist auch hier wieder die Technik der *Segmentierung* einsetzbar. Als relevante Kriterien bieten sich an:[96]

- Vertikale und horizontale Integration
- Geografische Marktabdeckung
- Marktsegmente
- Eigentümerstruktur
- Organisationsgröße
- Kapazitätsauslastung
- Kostenstruktur
- Vertriebskanäle
- Marketingaktivitäten
- Markenbesitz
- Produktvielfalt
- Produktqualität
- Technologieverhalten
- F & E Fähigkeiten

Um die Segmentierung der strategischen Gruppen zu visualisieren, ist es empfehlenswert, eine dazu passende »Landkarte« zu erstellen. Abbildung 3-19 stellt exemplarisch eine solche Landkarte für einige PKW-Marken der globalen Automobilindustrie dar.

Abgrenzungskriterien von strategischen Gruppen

Dabei werden zuerst zwei oder mehrere Kriterien bestimmt, anhand derer die Gruppen eingeteilt werden. Diese Kriterien bilden die Achsen, aus denen die Segmentierungsmatrix aufgespannt wird. Dabei ist darauf zu achten, nur Kriterien zu verwenden, die für das Verhalten der Wettbewerber von hoher Bedeutung sind, und möglichst wenig Korrelation untereinander aufweisen. Danach werden die Unternehmen der Branche in der Matrix positioniert und anschließend in Form von strategischen Gruppen voneinander abgegrenzt. Die Unternehmen, die sich in der Matrix am nächsten stehen, bilden dabei eine strategische Gruppe.

Auch das Konstrukt der strategischen Gruppen weist einige *Schwachstellen* auf. So gibt es bislang keine empirische Studie, die den Zusammenhang zwischen finanziellem Erfolg und der Zugehörigkeit zu einer strategischen Gruppe eindeutig belegt.[97] Des Weiteren ist der hohe Aggregationsgrad des Konstruktes problematisch. Denn da nur einige wenige Dimensionen herangezogen werden können, ist man nicht in der Lage, hier die »feinen« Unterschiede zwischen den Unternehmen zu erkennen. Gilt es auch hier, das Konstrukt der »strategischen Gruppe« zu dekonstruieren und nach anderen Analyseobjekten zu suchen?

Kritik

Einzelne Konkurrenten: Die direkte Betrachtung eines Konkurrenten bildet den letzten Teil der Wettbewerbsumwelt. Sie zielt darauf ab, Aufschluss über das Verhalten eines einzelnen, direkten Konkurrenten zu erhalten. Dies ist besonders

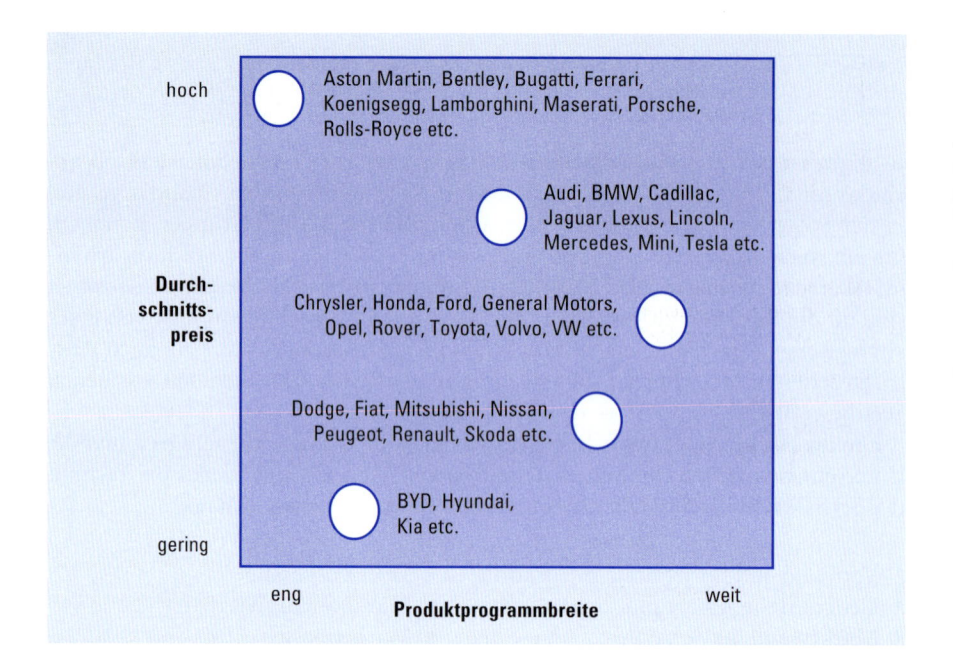

Abb. 3-19: Strategische Gruppen in der Automobilindustrie

Achsen: hoch / Durchschnittspreis / gering (vertikal); eng / Produktprogrammbreite / weit (horizontal)

- Aston Martin, Bentley, Bugatti, Ferrari, Koenigsegg, Lamborghini, Maserati, Porsche, Rolls-Royce etc.
- Audi, BMW, Cadillac, Jaguar, Lexus, Lincoln, Mercedes, Mini, Tesla etc.
- Chrysler, Honda, Ford, General Motors, Opel, Rover, Toyota, Volvo, VW etc.
- Dodge, Fiat, Mitsubishi, Nissan, Peugeot, Renault, Skoda etc.
- BYD, Hyundai, Kia etc.

wichtig für Unternehmen, die auf ihren Geschäftsfeldern nur einem oder wenigen Wettbewerbern gegenüberstehen. So wird z. B. im Flugzeugbau der Wettbewerb weltweit zwischen einem guten Dutzend von Anbietern ausgetragen, im zivilen Geschäft mit Großraumflugzeugen stehen sich mittlerweile sogar nur noch BOEING und AIRBUS gegenüber. Beide Unternehmen haben daher ein großes Interesse, viele Informationen über die Ziele und Strategien des Anderen zu erhalten. Hingegen ist es in fragmentierten Branchen – wie z. B. bei der Textilproduktion – kaum realisierbar, alle dort tätigen Unternehmen zu analysieren.

Zwecke einer Konkurrenz- bzw. Wettbewerberanalyse

Eine Reflexion bezüglich eines einzelnen Konkurrenten sollte drei *Zwecke* erfüllen: Sie sollte erstens Aufschluss über die zukünftigen Strategien und Ziele des Konkurrenten geben; sie sollte zweitens dabei helfen, die Reaktionen des Konkurrenten auf die eigenen Aktionen abzuschätzen; und sie sollte drittens Anhaltspunkte liefern, wie man das Verhalten des Wettbewerbers zum eigenen Nutzen hin beeinflussen könnte. Damit dies erreicht werden kann, ist ein Konkurrent – wie in Abbildung 3-20 angeregt – systematisch hinsichtlich seiner Ziele, Strategien, Annahmen und Fähigkeiten zu durchleuchten. Dabei können auch die Instrumente eingesetzt werden, die im Rahmen der Unternehmensreflexion in Kapitel 3.2.3 sowie der Wertschöpfungsarbeit in Kapitel 4 vorgestellt werden.

Komplementäre: In den Jahren nach Einführung des Konzepts der fünf Wettbewerbskräfte gab es eine Vielzahl von Vorschlägen zur Modifikation und Ergänzung des Konzeptes. Davon scheint uns der spieltheoretisch fundierte »*Value-Net*«-Bezugsrahmen besonders interessant zu sein.[98] Dort werden – wie in Abbildung 3-21 dargestellt – als zusätzliche Wettbewerbskraft (die auch einen Stakeholder repräsentiert) die Komplementäre eingebracht. Auf der Käuferseite können Komplementäre helfen, beim Kunden die Bereitschaft zum Kauf zu stärken. Ein Beispiel ist hier die Rolle, die Ärzte aus Sicht der Pharmaindustrie einnehmen: Sie sind zwar keine Kunden, doch haben sie entscheidenden Einfluss da-

3.2.2 Einflusskräfte der Umwelt

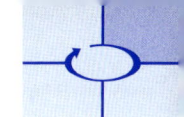

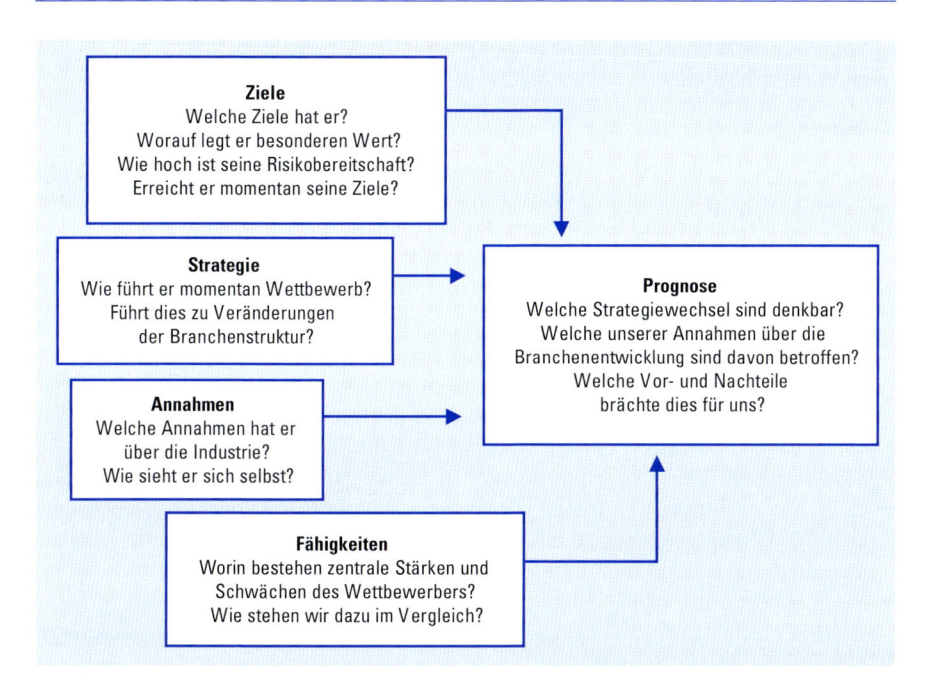

Ziele
Welche Ziele hat er?
Worauf legt er besonderen Wert?
Wie hoch ist seine Risikobereitschaft?
Erreicht er momentan seine Ziele?

Strategie
Wie führt er momentan Wettbewerb?
Führt dies zu Veränderungen der Branchenstruktur?

Annahmen
Welche Annahmen hat er über die Industrie?
Wie sieht er sich selbst?

Fähigkeiten
Worin bestehen zentrale Stärken und Schwächen des Wettbewerbers?
Wie stehen wir dazu im Vergleich?

Prognose
Welche Strategiewechsel sind denkbar?
Welche unserer Annahmen über die Branchenentwicklung sind davon betroffen?
Welche Vor- und Nachteile brächte dies für uns?

Abb. 3-20:
Die Analyse eines einzelnen Konkurrenten

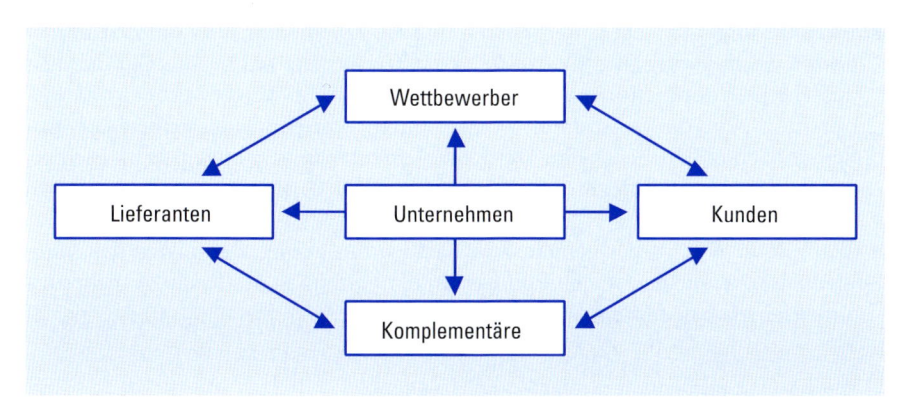

Abb. 3-21:
Der »Value-Net«-Bezugsrahmen (Nalebuff/Brandenburger 1996)

rauf, welche Medikamente der Patient erhält. Ähnlich verhält es sich mit dem Zusammenspiel von Hard- und Softwareindustrie: Komplexere Anwendungen bedingen schnellere Prozessoren und mehr Speicherplatz und umgekehrt. Dies hat denn auch dazu geführt, dass bei INTEL MICROSOFT in die regelmäßige Wettbewerbsanalyse miteinbezogen wurde. Auf Lieferantenseite helfen Komplementäre dem Unternehmen, den Preis niedriger zu halten, da ihnen die Lieferanten komplementäre Inputs verkaufen.

Damit wird der klassischen Wettbewerbsanalyse eine kooperative Dimension hinzugefügt. Komplementäre sind dann besonders relevant, wenn es darum geht, die Dinge völlig neu bzw. anders zu machen, also z.B. beim Aufziehen eines innovativen Geschäftsmodells.[99] Ein viel zitiertes historisches Beispiel einer solchen »Win-win«-Situation ist das finanzielle Engagement der amerikanischen Automobilhersteller beim Bau des ersten Coast-to-coast-Highway. Komplementäre können aber auch beim Setzen neuer Standards sehr hilfreich sein.

Folgende Faktoren bestimmen die Macht der Komplementäre – und damit auch deren Möglichkeit, am wachsenden »Kuchen« teilzuhaben.[100]

- *Relativer Konzentrationsgrad:* Besteht – im Verhältnis zu den Wettbewerbern – ein hoher relativer Konzentrationsgrad auf wenige Komplementäre, so wächst deren Macht. NINTENDO setzt deshalb beim Einkauf neuer Spiele primär auf kleine, unabhängige Spieleentwickler.
- *Relative Umstellkosten:* Angenommen, das Unternehmen ist ein Internet-Service-Provider, bei dem der Kunde eine Software wie etwa den Windows Explorer benötigt. Damit ist MICROSOFT ein Komplementär des Providers. Sind nun für den Kunden des Unternehmens die Kosten, einen anderen Internet Provider zu verwenden, geringer als die Kosten eines Wechsels zu einem konkurrierenden Komplementär (hier der Erwerb, das Installieren und das Erlernen einer anderen Software), dann gibt dies dem Komplementär viel Macht.
- *Schwierigkeit eines getrennten Kaufens:* Ist der Komplementär der Hersteller einer Anwendungssoftware, so hat er wenig Macht gegenüber den Wettbewerbern für Betriebssystemsoftware (z. B. Windows von MICROSOFT), da Anwendungssoftware meist unabhängig erwerbbar ist.
- *Wichtigkeit:* Eine große Macht hat der Komplementär dann, wenn er sehr wichtig dafür ist, dass es bei dem Unternehmen überhaupt zu einer Nachfrage kommt. So ist ein Fernsehkanal in einer schwierigen Situation, wenn er nicht an attraktive Sendeinhalte von Produzenten kommt.
- *Integrationsgefahr:* Da Unternehmen und Komplementär über die Zeit immer besser wechselseitig ihre Geschäfte verstehen lernen, wächst die Gefahr, dass aus einem Kooperationspartner nach und nach ein Wettbewerber wird (co-opetition), und das meist dann, wenn es um die Verteilung des gemeinsam größer gemachten Kuchens geht. Der Komplementär ist mächtiger, wenn er überzeugender mit der Integration des Geschäfts des Unternehmens drohen kann als umgekehrt.
- *Wachstum:* Wächst der gemeinsame Kuchen nur gering, dann wird der Komplementär versuchen, seinen Einfluss auf die Verteilung des Kuchens mehr auszuspielen als bei starkem Wachstum.

Workshop: Analyse der Rolle von Komplementären
Überprüfen Sie in Ihrem Geschäft die Rolle der Komplementäre:
- Wer übernimmt in Ihrem Geschäft die Rolle von Komplementären? Hat sich dies über die Jahre verändert? Machen sich derzeit neue Arten von Komplementären bemerkbar?
- Welche Rolle spielen sie in Ihrem Geschäft? Wo und wie wirken sie unterstützend? Gibt es bei Ihnen »versteckte« oder neue Komplementäre, die zukünftig (besser) genutzt werden könnten? Wenn ja, wie?
- Wie entwickelt sich die Machtposition Ihrer Komplementäre? Wo stehen sie bereits im Wettbewerb mit Ihnen? Verändern sich bei Ihnen die Barrieren des Zugangs zu den Komplementären für Sie günstig oder ungünstig?
- Besteht bei Ihnen die Gefahr, dass aus Komplementären Wettbewerber werden?
- Sehen Sie Handlungsbedarf? Wenn ja, welchen?

Zusammenfassendes **5-Schritte-Verfahren:** Aufbauend auf den beiden Rastern »Fünf Wettbewerbskräfte« und »Value Net« schlagen wir ein einfaches, 5-stufiges Verfahren zur Wettbewerbsanalyse vor:[101]

3.2.2 Einflusskräfte der Umwelt

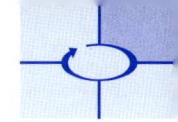

(1) *Grenzziehung* der Wettbewerbsanalyse,
(2) Analyse der *Branchenattraktivität*,
(3) Analyse der *Eigenschaften* der einbezogenen Wettbewerber,
(4) Analyse der *Dynamik* des Wettbewerbs,
(5) Suche nach *Gestaltungsmöglichkeiten* der Wettbewerbslandschaft.

(1) *Grenzziehung:* Hier geht es um die Frage, welche »Spieler« in die Analyse miteinbezogen werden sollen. Im Prinzip sind es alle, welche die eigene Profitabilität beeinflussen können. Hierbei ist nicht nur an die bestehenden Wettbewerber zu denken, sondern auch an potenziell neue Wettbewerber. Auf die Bedeutung der Komplementäre wurde in diesem Zusammenhang bereits hingewiesen, da sie schnell zu Wettbewerbern werden können. Man sollte aber auch die indirekten Wettbewerber nicht vergessen, die mit substituierenden Produkten, Diensten oder Technologien um die gleichen Kunden werben. Hinsichtlich der horizontalen Breite der Grenzziehung ist dann im Umkehrschluss wichtig, dass man noch um die gleichen Kunden wirbt. Vertikal zu tief ist die Grenze dann gezogen, wenn es hierfür bereits extra Märkte gibt. Zu global ist sie dann, wenn sich die Wettbewerbsposition in einbezogenen Ländern bereits relativ unabhängig von der in den anderen Ländern ergibt. Die Pharmaindustrie benötigt z. B. eine eher globale Grenzziehung wegen der hohen Kosten für Forschung & Entwicklung, die nur über globale Märkte wieder eingespielt werden können.

(2) *Branchenattraktivität:* Nun kann ein Raster wie das Konzept der fünf Wettbewerbskräfte oder – ergänzend – das Value Net zum Einsatz gebracht werden. Die Attraktivität ergibt sich aus der wahrgenommenen Wettbewerbsintensität, die sich wiederum aus der Machtposition der in die Analyse einbezogenen Spieler(gruppierungen) ableitet.

(3) *Wettbewerbereigenschaften:* Die als bedeutsam eingestuften Wettbewerber kann man nun z. B. mittels des Rasters zur Konkurrentenanalyse aus Abbildung 3-25 vornehmen.

(4) *Wettbewerbsdynamik:* Hier geht es primär um die zentralen Beziehungen zwischen den untersuchten Spielergruppierungen und welchen Veränderungen diese Beziehungen unterworfen waren, sind und wohl sein werden. Man kann z. B. zuerst ganz einfach einmal die Intensität der Beziehung numerisch bewerten (etwa auf einer Skala von 1 bis 6), um dann diese Bewertung qualitativ in einer Diskussion zu unterlegen. Hier ist es wichtig, dass zwischen kurz- und langfristigen Effekten unterschieden wird, um Aspekte wie Geschäftslebenszyklen – wie man sie z. B. in der Flugzeugindustrie kennt – miteinbeziehen zu können. Zur Strukturierung der Diskussion zur langfristigen Dynamik kann man sich des Rasters in Abbildung 3-22 bedienen.

> **Wettbewerbsdynamik in der Internet Ökonomie**
> APPLE, MICROSOFT und GOOGLE sind mit die dominierenden Unternehmen der Internet Ökonomie. Über die letzten Dekaden haben sie die ökonomischen Gesetzmässigkeiten und technologischen Charakteristika des Internets in ihr Geschäftsdenken weitgehend internalisiert. Ihr Strategien und Wettbewerbsmanöver haben die Internet Ökonomie geprägt. Doch wie genau haben sich diese drei Unternehmen erfolgreich durch die hoch dynamische Wettbewerbsarena des Internets navigiert? Welche Rolle spielten dabei Ihre einzigartigen, aber sehr unterschiedlichen Stärken? Wie konnten sie ihre starken Wettbewerbsposition trotz aller Dynamik und sehr kraftvoller Neueintritte wie z. B. SAMSUNG bewahren? Man vergleiche dazu unsere vertiefende Fallstudie Schimmer/Müller-Stewens/Sponland (2011).

Vertiefende Fallstudie

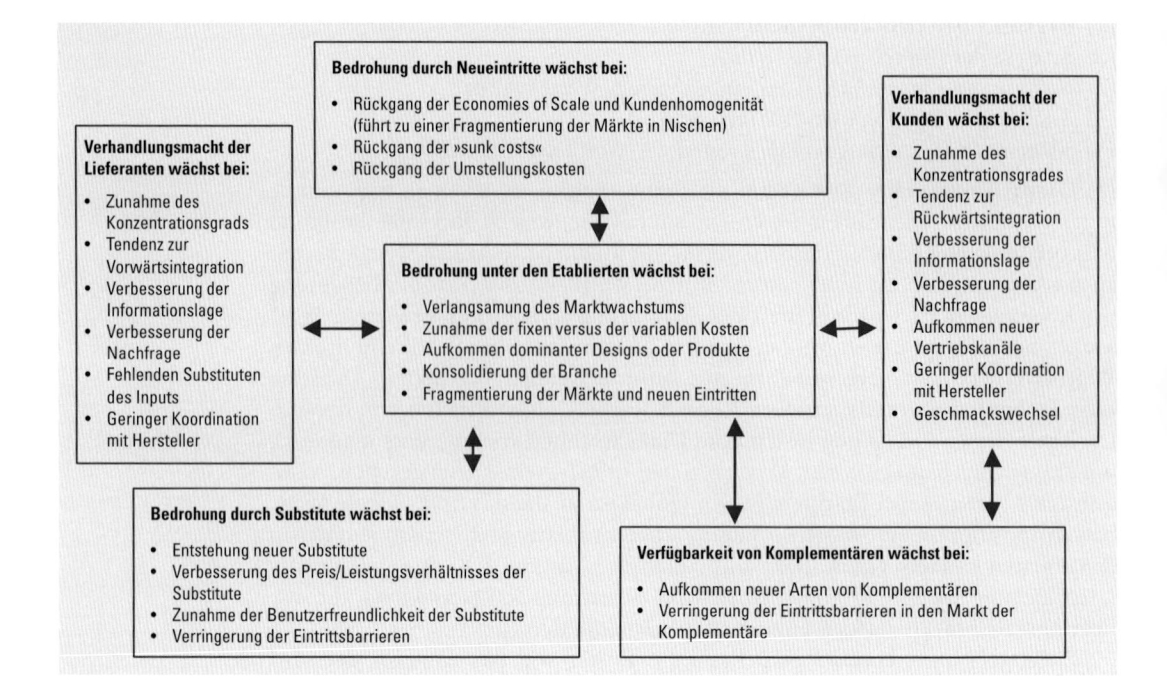

```
┌─────────────────────────────────────────────────────────────────────────────────┐
│                      Bedrohung durch Neueintritte wächst bei:                    │
│                                                                                  │
│                  • Rückgang der Economies of Scale und Kundenhomogenität         │
│                    (führt zu einer Fragmentierung der Märkte in Nischen)         │
│                  • Rückgang der »sunk costs«                                     │
│                  • Rückgang der Umstellungskosten                                │
└─────────────────────────────────────────────────────────────────────────────────┘
                                         ↕
┌──────────────────────┐    ┌────────────────────────────────────────┐    ┌──────────────────────┐
│ Verhandlungsmacht der│    │ Bedrohung unter den Etablierten wächst │    │ Verhandlungsmacht der│
│ Lieferanten wächst   │    │ bei:                                    │    │ Kunden wächst bei:   │
│ bei:                 │    │                                         │    │                      │
│ • Zunahme des        │    │ • Verlangsamung des Marktwachstums      │    │ • Zunahme des        │
│   Konzentrationsgrads│    │ • Zunahme der fixen versus der variablen│    │   Konzentrationsgrades│
│ • Tendenz zur        │ ↔  │   Kosten                                │ ↔  │ • Tendenz zur        │
│   Vorwärtsintegration│    │ • Aufkommen dominanter Designs oder     │    │   Rückwärtsintegration│
│ • Verbesserung der   │    │   Produkte                              │    │ • Verbesserung der   │
│   Informationslage   │    │ • Konsolidierung der Branche            │    │   Informationslage   │
│ • Verbesserung der   │    │ • Fragmentierung der Märkte und neuen   │    │ • Verbesserung der   │
│   Nachfrage          │    │   Eintritten                            │    │   Nachfrage          │
│ • Fehlenden          │    └────────────────────────────────────────┘    │ • Aufkommen neuer    │
│   Substituten des    │                                                    │   Vertriebskanäle    │
│   Inputs             │                                                    │ • Geringer Koordina- │
│ • Geringer Koordina- │                                                    │   tion mit Hersteller│
│   tion mit Hersteller│                                                    │ • Geschmackswechsel  │
└──────────────────────┘                                                    └──────────────────────┘
                                         ↕
┌──────────────────────────────────────────┐    ┌──────────────────────────────────────────┐
│ Bedrohung durch Substitute wächst bei:   │    │ Verfügbarkeit von Komplementären wächst  │
│                                          │    │ bei:                                      │
│ • Entstehung neuer Substitute            │    │                                           │
│ • Verbesserung des Preis-/Leistungsver-  │    │ • Aufkommen neuer Arten von Komplementären│
│   hältnisses der Substitute              │    │ • Verringerung der Eintrittsbarrieren in  │
│ • Zunahme der Benutzerfreundlichkeit der │    │   den Markt der Komplementäre             │
│   Substitute                             │    │                                           │
│ • Verringerung der Eintrittsbarrieren    │    │                                           │
└──────────────────────────────────────────┘    └──────────────────────────────────────────┘
```

Abb. 3-22:
Raster zur Analyse der langfristigen Dynamik der Branchenstruktur (Collis/Ghemawat 2001, S. 188)

(5) *Gestaltungsmöglichkeiten:* Im letzten Schritt sollen nun Potenziale ausgelotet werden, wie man den Wettbewerb zu eigenen Gunsten beeinflussen und gestalten könnte. Dies kann in zwei Formen geschehen: Zum einen ist es die *Adaption* an neue Gegebenheiten. Beispiele hierfür sind die großen, diversifizierten Wirtschaftsprüfungsgesellschaften, die sich aufgrund möglicher Interessenskonflikte zwischen den einzelnen Servicebereichen (insbesondere Buchprüfung und Beratung) und des daraus erwachsenen Drucks seitens der Aufsichtsbehörden zeitweise gezwungen sahen, sich von ihren Beratungsgeschäften zu trennen. Zum anderen ist es die *Innovation*, d. h. die aus der Analyse erwachsene Suche nach neuen Spielregeln oder Spielmöglichkeiten. Da es sich hier bereits um eine integrierende Betrachtung von Umwelt- und Unternehmensanalyse handelt, finden sich konzeptionelle Vorschläge dazu in Abschnitt 3.2.4(3).

Workshop: Wettbewerbsanalyse
Führen Sie eine Wettbewerbsanalyse nach obigem Muster durch.
- Wie grenzen Sie Ihr Analyseobjekt ab (eng/breit; flach/tief; lokal/global)? Welche Spieler bzw. Spielergruppierungen wollen Sie dabei miteinbeziehen? Wie beeinflussen diese Ihre Profitabilität?
- Wie attraktiv ist Ihre Branche? Welche Macht geht von Komplementären aus? Wie wird sich die Wettbewerbsintensität aus Ihrer Sicht zukünftig verändern? Welche Fragen stellen sich daraus für Sie?
- Welche Spieler wollen Sie einer detaillierten Analyse unterziehen? Was sind Ihre Erkenntnisse daraus?
- Wie beurteilen Sie die Intensität und Qualität der Beziehungen zwischen den Spielergruppierungen? Welche Langfristdynamik erwarten Sie? Was bedeutet dies wohl für Ihre Profitabilität?

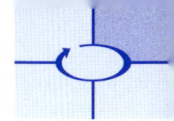

(5) Weitere Anspruchsgruppen

Die Umweltbeziehungen eines Unternehmens erstrecken sich zumeist nicht nur auf seine Kunden und Konkurrenten, auch wenn es sich dabei zweifelsohne um wichtige Bezugsgruppen handelt. Vielmehr steht ein Unternehmen in direktem oder indirektem Kontakt mit einer Vielzahl weiterer Anspruchsgruppen, die sich oft markant Gehör verschaffen und die Aktivitäten eines Unternehmens beeinflussen. Dabei können die Beziehungen kontinuierlich oder auch nur sporadisch – bis hin zum Einzelfall – aktiviert sein. Betrachtet man externe Anspruchsgruppen wie Zulieferer, Kooperationspartner oder Banken in ihrer Eigenschaft als Kreditgeber, ist dieser Sachverhalt leicht nachvollziehbar. Gleiches gilt auch, wenn man sich beispielsweise den Einfluss des Jüdischen Weltkongresses auf die schweizerischen Großbanken im Zuge der Auseinandersetzung um die nachrichtenlosen Vermögen, den Druck von Umweltverbänden auf die Unternehmen der Öl- und Chemieindustrie im Zuge der Katastrophen von Bhopal, Seveso und dem Golf von Mexiko oder die Auseinandersetzung zwischen der amerikanischen Tabakindustrie und dem amerikanischen Senat bzw. den Sammelklägern vor Augen hält. Derartige Fälle sind zwar spektakulär, sollen jedoch nicht verdecken, dass die Arbeit mit den externen Anspruchsgruppen überwiegend im Rahmen der alltäglichen Geschäftstätigkeit stattfindet und Einzelheiten hierüber nur selten öffentlich bekannt werden. Hierzu sei z.B. auf die täglich höchst intensive Zusammenarbeit zwischen dem Flughafenbetreiber Fraport und der Lufthansa verwiesen, die den Frankfurter Flughafen als einen ihrer Hubs sieht. Gleiches gilt selbstverständlich auch für die Arbeit mit den internen Anspruchsgruppen. Im Folgenden werden einige Anspruchsgruppen herausgegriffen und Anhaltspunkte gegeben, wie ihr Verhalten zu erfassen bzw. auf welche Punkte bei einer Analyse Wert zu legen ist. Dabei kann es sich nur um einen kleinen Ausschnitt aus der Liste potenzieller Anspruchsgruppen handeln, die je nach Situation für ein Unternehmen von Bedeutung sind. Konkret handelt es sich um die Gesellschaft, die Lieferanten, Kreditinstitute und Finanzinvestoren sowie staatliche Behörden.

Die Beziehungen zu Anspruchsgruppen können kontinuierlich oder nur sporadisch aktiviert sein

Gesellschaft: Unternehmen sind Teil der Gesellschaft. Für eine fortschrittliche Entwicklung benötigen beide einander. Die Unternehmen erwarten von der Gesellschaft günstige und liberale Rahmenbedingungen für ihr Wirtschaften, um im internationalen Wettbewerb bestehen zu können. Im Gegenzug dafür erwartet die Gesellschaft, dass die Unternehmen eine Mitverantwortung an ihrer Entwicklung übernehmen, dass sie gesellschaftlich verantwortlich handeln und dass sie Arbeitsplätze schaffen, dass sie dort ihre Steuern zahlen, wo sie aktiv sind, dass sie für gesellschaftlich geteilte Werte einstehen, dass sie sich z.B. über Spenden und Stiftungen gesellschaftlich engagieren, dass sie soziale Verantwortung für die Umwelt übernehmen etc. Die Verantwortung, die ein Management trägt, ergibt sich damit aus den Freiheiten, die die Gesellschaft den Unternehmen bei ihrem Wirtschaften gibt.

Gesellschaft

Mit der Ausrichtung einer Unternehmenspolitik auf ein nachhaltiges Wirtschaften haben die Gesellschaft und mit ihr die Umwelt einen erheblichen Bedeutungszuwachs erfahren. Im Rahmen ihrer Corporate Social Responsibility-Aktivitäten wurden organisatorische Verantwortlichkeiten geschaffen, wie hier systematisch Nutzen gestiftet werden soll. Ausgehend von der Zielsetzung des Wirtschaftens zum Wohlbefinden der Menschheit beizutragen folgt man den

Prinzipien der Nachhaltigkeit

Prinzipien der Nachhaltigkeit: (1) Konsumiere den Ertrag und nicht das Kapital (ökonomisches, soziales und natürliches Kapital); (2) Integriere kurz- und langfristige Aspekte; (3) Schaffe mehrdimensional Wert: ökonomisch, sozial und ökologisch; (4) Vermeide bzw. minimiere die Risiken und nutze die Chancen aus den emergierenden gesellschaftlichen Themen. Um den wachsenden Transparenzansprüchen der Gesellschaft gerecht zu werden, berichten die größeren Unternehmen im Rahmen eines »integrierten Reporting« auch über ihre diesbezüglichen Errungenschaften.

Lieferanten

Lieferanten: War es vor wenigen Jahrzehnten noch durchaus üblich, dass Unternehmen die Produktion und den Vertrieb ihrer Güter fast vollständig selbst ausübten, hat sich die Wertschöpfungstiefe in vielen Branchen deutlich reduziert. Z. B. weist der Sportartikelhersteller ADIDAS heutzutage nur noch einen Wertschöpfungsanteil von ca. 15 % auf, und konzentriert sich auf Design und Vertrieb seiner Produkte. Die eigentliche Produktion hingegen wird fast vollständig von Zulieferern ausgeübt, die irgendwo auf Welt – meist in Billiglohnländern – angesiedelt sind. Durch die Reduzierung der Wertschöpfungstiefe hat sich im Gegenzug die Bedeutung der Anspruchsgruppe »Zulieferer« für die meisten Unternehmen erhöht. Will man diese analysieren, dann können die *Kriterien* in Abbildung 3-23 herangezogen werden (zu denken ist dabei auch an die Einflussfaktoren, die im Rahmen der Branchenanalyse vorgestellt wurden und die Verhandlungsmacht der Lieferanten bestimmen).

(1) Qualität	In Bezug auf • Gleichbleibende Qualität • Fristgerechte Lieferung der Güter (Termintreue) • Einhaltung der Serviceversprechungen • Fertigungsmöglichkeiten
(2) Fertigungs- möglichkeiten	• Produktionskapazität des Lieferanten • Qualitätsniveau • Flexibilität bei Sonderanfertigungen oder schwankenden Bestell- bzw. Beschaffungsmengen
(3) Konditionen	• Güterpreis • Liefer- und Zahlungsbedingungen • Lieferfristen • Garantieleistungen
(4) Produkt	• Qualität • Sortiment • Kundendienst • Produktentwicklung (Forschung und Entwicklung)
(5) Geografische Lage	• Transportbedingungen • Politische Stabilität im Beschaffungsland • Wechselkursstabilität
(6) Allgemeine Situation und Merkmale des Lieferanten	• Marktstellung (Marktanteil) • Belieferung der Konkurrenz • Zugehörigkeit zu einem Unternehmenszusammenschluss (z. B. Konzern) • Finanzielle Verhältnisse • Qualität des Managements (insbesondere bezüglich Innovationen)

Abb. 3-23: Kriterien zur Analyse von Lieferanten (Thommen 1993, Band 2, S. 39)

3.2.2 Einflusskräfte der Umwelt

Auf dieser Basis können dann wieder *Segmentierungen* der Lieferanten vorgenommen werden, die zu unterschiedlichen Positionierungsstrategien bei den einzelnen Typen führen würden. So wird man z. B. mit Systemlieferanten aufgrund der hohen Verflochtenheit eine weitgehend partnerschaftliche Form der Zusammenarbeit suchen.

Kreditinstitute und Finanzinvestoren: Zur Finanzierung ihrer Aktivitäten greifen Unternehmen auf Eigen- und – je nach Bedarf – auf Fremdkapital zurück. Werden die finanziellen Mittel nicht durch das Unternehmen selbst erwirtschaftet, kann es sich unterschiedlicher Arten von Kapitalgebern bedienen. Während Fremdkapital zumeist durch Kreditinstitute und ihre verschiedenen Formen der Kreditfinanzierung angeboten wird, stehen bei der Beteiligungsfinanzierung einem Unternehmen je nach Rechtsform verschiedene Kapitalgeber zur Verfügung. Bei kleinen und mittleren Betrieben treten zumeist einige wenige *private Investoren* auf, die sich häufig auch in der Geschäftsleitung bzw. im Aufsichtsgremium engagieren oder einen mehr oder weniger starken Einfluss auf das Management des Unternehmens ausüben. Gleiches gilt auch für größere Unternehmen, wo private Investoren noch einen hohen Anteil des Eigenkapitals halten.

Kapitalgeber

Zunehmend gewinnen jedoch *institutionelle Investoren* wie Pensionskassen, Vermögensverwalter oder Versicherungen an Bedeutung. Dies ist auf zwei Gründe zurückzuführen: Zum einen sind den institutionellen Investoren in den letzten Jahren weltweit Rekordbeträge an Mitteln zugeflossen, für die sie lukrative Anlagemöglichkeiten suchen müssen. Dabei engagieren sie sich oft in Form von speziell ausgelegten Fonds in Aktien-, Anleihen-, Derivaten-, Währungs-, Rohstoff- und Immobilienmärkten. Zum anderen sind Unternehmen teilweise auch daran interessiert, sich über eine Notierung an der Börse einen direkten Zugang zu den Finanzmärkten zu verschaffen, um ihre Kapitalbedürfnisse zu decken. Um Kapital für sich zu gewinnen, sind sie auf das Interesse der Anleger, und hier insbesondere der kapitalstarken, institutionellen Anleger angewiesen.

Seit den 90er-Jahren neu hinzugekommen sind die *Private-Equity-Gesellschaften*, die Kapital von Privatpersonen und institutionellen Anlegern in Fonds sammeln, um dann mit den Mitteln des Fonds – allein oder zusammen mit anderen Private-Equity-Gesellschaften (Club-Deal) – mit relativ wenig Eigenkapital[102] Beteiligungen an Unternehmen einzugehen.

Private-Equity

Vor dem Hintergrund eines ständigen Kapitalbedarfs zur Wachstumsfinanzierung ist die Qualität der Beziehungen zu den Kapitalgebern eines Unternehmens von nicht zu unterschätzender Bedeutung. Die betrieblichen Aktivitäten, die auf die Interaktion der Beziehungen zum Kapitalmarkt ausgerichtet sind, werden unter dem Begriff »*Investor Relations*« zusammengefasst. Es handelt sich dabei um die »Pflege« der tatsächlichen und potenziellen Kapitalgeber mit dem Ziel, Hindernisse bei der externen Kapitalbeschaffung abzubauen und dadurch eine Reduktion der Kapitalkosten zu erreichen. Je nach Finanzierungsquelle unterscheidet man dabei zwischen »Creditor relations« (Anspruchsgruppen, die Fremdkapital anbieten) und »Stockholder relations« (Anspruchsgruppen, die Eigenkapital anbieten).[103] Diese Anspruchsgruppen sind mittlerweile nicht mehr nur für die Ebene des Gesamtunternehmens relevant, sondern wirken auch direkt auf die einzelnen Geschäftseinheiten ein. Dies entweder, indem z. B. eine Unternehmenszentrale die Erwartungen dieser Anspruchsgruppen auf seine Geschäftseinheiten »herunterbricht« und hier eine risikoabhängige Verzinsung des eingesetzten Ka-

Investor Relations

pitals fordert oder indem einzelne Geschäftseinheiten direkt an der Börse gehandelt bzw. durch Spin-offs an die Börse gebracht werden, die sich dann ebenfalls mit den verschiedenen Kapitalgebern auseinanderzusetzen haben.

Bei der Untersuchung der Anbieter von Fremdkapital (wie z. B. eines Kreditinstitutes) stellen sich u. a. Fragen wie:

Fragen zum Kapitalgeber

- Was sind seine Ziele und Risiken? Welche Rentabilitätskriterien hat es sich selbst gesetzt? Welchen Stellenwert hat meine Branche bei dieser Bank?
- Welche Produkte bietet es an? Sind diese ausreichend?
- Wie groß ist seine Expertise hinsichtlich der einzelnen Finanzierungsinstrumente? Entsprechen sie dem aktuellen Wissensstand? Wie kompetent ist seine Beratungsleistung? Wie flexibel reagiert es auf individuelle Wünsche?
- Wie ist seine Konditionspolitik? Ist sie gegenüber anderen Kreditgebern konkurrenzfähig?
- Wie steht es mit der »Belastbarkeit« der Beziehung? Wie verhält es sich bei Kunden, die eine angespannte Liquidität aufweisen? Fordert es eine Verstärkung der Sicherheiten? Droht es, rasch Kredite fällig zu stellen?
- Wie ist das Vertrauensverhältnis zu Schlüsselpersonen? Was ist deren Einfluss im Falle einer angespannten Liquidität?

Betrachtet man Anspruchsgruppen, die Eigenkapital zur Verfügung stellen (wie z. B. einen institutionellen Investor), sind u. a. folgende Fragestellungen zu bedenken:

- Welche Ziele hat der Investor? Unter welchem Performance-Druck steht er selbst?
- Wie haben sich seine bisherigen Investitionen entwickelt?
- Welchen Zeithorizont hat seine Anlagestrategie?
- Welche Risiko-/Gewinnerwartungen besitzt er?
- Welchen Einfluss nimmt er auf die Strategie des Unternehmen? Wie stark »mischt« er sich in das Tagesgeschäft ein? Welche Aufsichtsstrukturen (Governance) präferiert er?
- Wie ist seine Reaktion auf ungünstige Informationen?
- Wie kann er beeinflusst werden? Auf welche Kommunikationsmedien legt er besonderen Wert? Welche Daten sind für ihn besonders wichtig?

Staatliche Behörden

Staatliche Behörden: Gruppierungen, die zu dieser Anspruchsgruppe zu rechnen sind, spielen oft eine wichtigere Rolle, als man gemeinhin annimmt. Nicht nur setzen sie wichtige Parameter, innerhalb derer das wirtschaftliche Geschehen stattfindet, sondern sie beeinflussen auch direkt den Handlungsspielraum von Unternehmen. Auch sie sollte man daher bei Bedarf einer intensiven Reflexion unterziehen.

> **Fallbeispiel: Wettbewerbskommission untersagt »Drei-zu-zwei-Fusion«**
> Je nach regulatorischem Umfeld kann ein Ländergeschäft unterschiedlich attraktiv sein. Im April 2010 untersagte z. B. die Schweizer Wettbewerbskommission die geplante Fusion der Mobilfunkunternehmen ORANGE und SUNRISE. Die primäre Begründung war, dass dadurch die Gefahr einer kollektiven Marktbeherrschung durch das neue Unternehmen und des bisherigen Branchenführers SWISSCOM bestünde. Es käme dadurch zu einer dauerhaften Schwächung der Wettbewerbsintensität, da auch

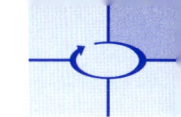

keine neuen Markteintritte zu erwarten wären. Unter US- und EU-Wettbewerbsrecht wären hier neben der Frage der Marktbeherrschung noch andere Kriterien zur Anwendung gelangt, wie etwa die zu erwartenden Effienzwirkungen durch den Zusammenschluss.

So hat der Regulator in den vergangenen Jahren in vielen Branchen seinen Einfluss erheblich ausgeweitet. Die Gründe dazu fallen sehr unterschiedlich aus: In der Netzwirtschaft sind es z.B. die mit der »Energiewende« verbundenen Auflagen. Im Finanzmarktbereich kam es zu einschneidenden regulatorischen Veränderungen zur Sicherstellung der Finanzstabilität. In der Pharmabranche geht es um den zunehmend komplexen globalen Kontext der medizinischen Regulierung z.B. bei Zulassungsverfahren. Während es in den früheren Jahren vielleicht ausreichte, dass im Unternehmen über die Auflagen des Regulators informiert wurde, wird heute ein strategisches Regulierungsmanagement gefordert, innerhalb dessen die Beziehungen zum Stakeholder »Regulator« aktiv bewirtschaftet und gesteuert werden.[104] Der zunehmende Einfluss des Regulators muss aber auch immer vor dem Hintergrund wettbewerbspolitischer Aspekte betrachtet werden. Werden damit die Rahmenbedingungen der in diesen Branchen aktiven Unternehmen in einer liberalen Wirtschaft zu stark beeinträchtigt? So ist z.B. die deutsche Luftfahrt mit ganz erheblichen regulatorischen Vorgaben konfrontiert, während die neuen Wettbewerber aus dem Nahen Osten relativ unbelastet davon sind. Umgekehrt fragt sich die Öffentlichkeit aber auch – insbesondere nach den gravierenden Verfehlungen einer ganzen Reihe führender Akteure der Bankwirtschaft –, ob man es einer Branche zutraut, dass sie sich ausreichend verantwortungsvoll selbst reguliert?

Zunehmender Einfluss des Regulators

Fallbeispiel: Regulierung des CO_2-Verbrauchs in der Fahrzeugindustrie
Schon Ende der neunziger Jahre hatte sich die Autobranche freiwillig dazu verpflichtet, den Ausstoß von CO_2 bei ihren Neuwagen bis 2008 auf durchschnittlich 140 Gramm je Kilometer zu senken. Doch die Statistik zeigt, dass bis zum Jahr 2007 diese Selbstverpflichtung wenig fruchtete. Vielen waren immer noch etwa auf dem Niveau zur Jahrtausendwende von etwa 200 Gramm. Erst mit der formellen Verordnung strenger Grenzwerte im April 2009 durch die Europäische Union setzte ein Innovationsboom ein (kleinere Motoren, Spritspartechniken wie z.B. Gewichtsreduktionen, Elektro- und Hybridfahrzeuge etc.). Es wurde für 2020 ein Maximum von 95 Gramm CO_2 pro Kilometer im Flottendurchschnitt vorgeschrieben. Es ist zu vermuten, dass dieser Grenzwert durch die europäische Automobilindustrie gut erreicht wird. Wer ihn nicht erreicht, muss mit hohen Strafen rechnen.
 Dieser Grenzwert entspricht in etwa den US-Zielwerten, die dort aber erst ab 2025 gelten. In Japan oder China wurde die Grenzwerte mit 105 bzw. 117 Gramm CO_2 weniger anspruchsvoll als in Europa definiert. Ab 2025 soll der maximale Kohlendioxidausstoß pro Fahrzeug sogar nur noch zwischen 68 und 78 Gramm pro Kilometer liegen. Dafür hat sich zumindest der Umweltausschuss im Europäischen Parlament im April 2015 ausgesprochen.
 Mit dieser Reduzierung der CO_2-Emissionen leistet die Automobilindustrie einen wesentlichen Beitrag zu den im Oktober 2014 durch die EU-Mitgliedsstaaten neu beschlossenen Klimaschutzzielen, die ohne eine Regulierung der Emissionen des Straßenverkehrs nicht zu erreichen wären. Danach sollen die Treibhausgase bis zum Jahr 2030 um 40 Prozent gegenüber 1990 zurückgehen. Im Jahr 2012 wurden etwa 17% der europäischen CO_2-Emissionen durch den Straßenverkehr verursacht.

(6) Allgemeine Umwelt

Die allgemeine Umwelt stellt die höchste Aggregationsebene der Umweltanalyse dar. Die aus ihr kommenden Entwicklungen vielfältigster Art beeinflussen die Umfelder in denen die Anspruchsgruppen agieren. Sie können die Optionen, die Managern für ihre Entscheidungen zur Verfügung stehen, maßgeblich verändern: neue Steuergesetze, technologische Durchbrüche, aufkommende Handelsbarrieren etc. Für eine systematische Untersuchung dieser Umwelt kann eine sogenannte PESTEL-Analyse durchgeführt werden. In ihr wird die Umwelt in folgende sechs Segmente unterteilt:

PESTEL-Analyse

- *Politische Umwelt* (political): Hier geht es insbesondere um Einflüsse, die von politischen Akteuren wie dem Staat oder den Behörden ausgehen. Fragen der politischen Stabilität, der Subventionspolitik, des Verhältnisses zu anderen Ländern oder der parteipolitischen Ausrichtung sind hier von Bedeutung.
- *Ökonomische Umwelt* (economic): Einflussfaktoren dieses Segments wirken auf die Güter- und Kapitalmärkte einer Volkswirtschaft ein, indem sie dort das Angebots- und Nachfrageverhalten prägen. Hierzu gehören Faktoren wie Arbeitslosenrate, Inflationsrate, Wechselkurse, Steuerbelastung oder Zinsniveau.
- *Soziale Umwelt* (social): Sozio-kulturelle Faktoren beeinflussen Werte und Normen sowie die Struktur von Gesellschaften. Darunter fallen z. B. Mobilitätsverhalten, Einkommensverteilung, Arbeitseinstellung, Ausbildungsqualität, Änderungen in der demographischen Struktur der Bevölkerung, aber auch veränderte Lebensformen, wie z. B. der Trend zur Kleinfamilie in den westeuropäischen Staaten.
- *Technologische Umwelt* (technological): Hier geht es um den Einsatz und die Anwendung von Technologien. Neue Technologien ermöglichen neue Produkte und neue Formen der Befriedigung von Kundenbedürfnissen, aber auch innovative betrieblichen Aktivitäten. Damit haben sie zumeist einen hohen Einfluss auf die Wertschöpfungsprozesse und die damit produzierten Güter der Unternehmen (z. B. das Internet und seine Anwendungsfelder).
- *Ökologische Umwelt* (environmental): Themen wie etwa der weltweite Klimawandel oder das wachsende Umweltbewusstsein der Kunden haben zunehmenden Einfluss auf die Unternehmen.
- *Rechtliche Umwelt* (legal): Mit diesem Faktor wird der Einfluss des Gesetzgebers auf die staatlichen Behörden und die Unternehmen angesprochen: Arbeitsrecht, Steuerrecht, Patentrecht, Produzentenhaftung, Wettbewerbsrecht u. v. a. m. beeinflussen heute erheblich das betriebliche Geschehen und die Unternehmensverfassung.

Bei einer solchen Betrachtung der allgemeinen Umwelt wird nach den jeweiligen dominierenden Trends »gefahndet«, von denen zu erwarten ist, dass sie als zukünftige Rahmenbedingungen einen starken Einfluss auf das Unternehmen ausüben werden. Direkt werden diese Trends dann spürbar, wenn sie das Verhalten einzelner Anspruchsgruppen prägen bzw. von diesen aktiv vorangetrieben werden. Je früher sie im Stakeholder-Management erkannt und aufgegriffen werden, desto eher ist ein Unternehmen in der Lage, ihre Auswirkungen abzuschätzen und sich darauf reaktiv oder proaktiv einzustellen.

3.2.2 Einflusskräfte der Umwelt

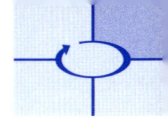

Bei Anwendung der PESTEL-Analyse ist es wichtig, dass man sich nicht mit einem Listen der erwarteten Veränderungen begnügt. Es muss genau überlegt werden, wie groß die Auswirkungen wahrscheinlich sein werden, wann und wie sie zu erwarten sind und wie darauf reagiert werden kann. Um etwas konkreter zu sein, kann dabei z. B. auch unterschieden werden in *lokale, nationale und globale Entwicklungen*. Dabei können die einzelnen Entwicklungen nicht immer eindeutig einem der sechs Segmente zugeordnet werden; man entscheidet sich dann für das Segment, das am besten passt.

Viele Einflussfaktoren wirken nicht abrupt, sondern machen sich erst in einem schleichenden Prozess bemerkbar, was Unternehmen jedoch die Möglichkeit bietet, sich frühzeitig und schrittweise darauf einzustellen. So erhöht sich beispielsweise seit mehreren Jahrzehnten in vielen europäischen Ländern das Durchschnittsalter der Bevölkerung. Einige Finanzinstitute, die diesen Trend frühzeitig registrierten, entwickelten bereits in den 80er-Jahren für ihre Kunden Konzepte, die die negativen Auswirkungen dieser Entwicklung (wie z. B. Reduktion der Rentenzahlungen) mildern sollten. Als in den letzten Jahren die Sozialversicherungssysteme ihre Leistungen teilweise reduzieren mussten, erhöhte sich sprunghaft die Anzahl der gekauften Finanzkonzepte.

> **Fallbeispiel: Einfluss der Umwelt auf IVF Hartmann**
> Die IVF Hartmann AG ist seit über 135 Jahren eines der führenden Schweizer Unternehmen im Bereich der medizinischen Verbrauchsgüter und verfolgt die Mission »Wir helfen den Menschen, für Gesundheit einfacher und besser zu sorgen. Professionell wie privat. Partnerschaftlich, pragmatisch, passioniert.« Seit 1993 gehört die IVF Hartmann der internationalen Hartmann Gruppe an. Im Jahr 2014 erwirtschaftete man mit ca. 370 Mitarbeitern einen Umsatz von rund 133 Mio. CHF. Auf Basis einer PESTEL-Analyse kam man zu folgenden Schlussfolgerungen (exemplarisch): (1) Politische Umwelt: Pauschale Abrechnungssysteme für Pflegematerial erhöhen den Druck auf die Industrie aufgrund der neuen Gesundheits- und Kostenpolitik des Bundes; (2) Ökonomische Umwelt: Der Preisdruck nimmt zu aufgrund von Direktimporten, Gruppeneinkäufen etc.; (3) Soziale Umwelt: Für die Mitarbeiterförderung müssen mehr Ressourcen bereitgestellt werden aufgrund der demographischen Entwicklung und veränderter Lebensstile; (4) Technologische Umwelt: Neue Technologien und Rohstoffe ermöglichen die Erschließung neuer Kunden und Märkte; (5) Ökologische Umwelt: Auf Rohstoffe wie Zellulose werden hohe Steuern erhoben, was die Herstellkosten markant erhöht. Damit steigt auch die Bedeutung des wirtschaftlichen Umgangs des Endverbrauchers mit den Materialien; (6) Rechtliche Umwelt: Nicht die Kunden, sondern die Krankenkassen machen aufgrund des neuen Gesetzes KVC die Ausschreibungen, was den Kostendruck weiter erhöht und eine unwirtschaftliche Logistik durch viele Teillieferungen (mehrere Lieferanten für das gleiche System) fördert.

(7) Frühaufklärung: Antizipation der Einflusskräfte der Umwelt

Nachdem die wichtigsten Bereiche der Umwelt eines Unternehmens behandelt wurden, gilt es nun, das grundlegende Problem zu thematisieren, das sich bei dieser Analyse stellt: Der Umgang mit der Unsicherheit über die zukünftigen Veränderungen der einzelnen Einflusskräfte. Pragmatisch gedacht bieten sich hierfür drei Möglichkeiten an:[105] Erstens kann ein Unternehmen möglichst treffsichere Prognosen erstellen, was ein relativ gutes Gespür für relevante Umweltveränderungen bedingt. Zweitens kann es, wenn die Umwelt nicht sicher zu prognostizieren ist, wenigstens versuchen, sie zu beeinflussen. Je mehr Macht es dabei ge-

Umgang mit Unsicherheit über Zukunft

genüber seinen Anspruchsgruppen hat, desto besser stehen hierfür die Chancen. Ist hingegen weder die Prognose noch die Beeinflussung der Umwelt als realistisch einzustufen, dann sollte ein Unternehmen drittens die Fähigkeit aufweisen, sich möglichst rasch und flexibel an die sich ändernden Umweltbedingungen anzupassen.

Der beste Weg wäre es wohl, die Zukunft treffend zu prognostizieren. Dass dies nicht einfach ist, ist hinlänglich bekannt, weshalb schwierige Entscheidungen auch gerne in die Zukunft verschoben werden. Und doch kann ein Unternehmen nicht darauf verzichten, in der Gegenwart Entscheidungen zu treffen, deren Folgen sich erst in der Zukunft zeigen werden. Die Gefahr, dass eine in der Gegenwart vorgenommene Einschätzung von Umweltveränderungen sich ex post als unzutreffend erweist, ist daher prinzipiell nicht zu beseitigen.

> **Fallbeispiel: INTEL**[106]
> Der Chipproduzent INTEL befand sich Ende der 90er-Jahre eigentlich in einer ausgezeichneten Lage. Seine Mikroprozessoren trieben weltweit mehr als 90 % aller PCs an, und selbst wenn es einem Wettbewerber gelingen sollte, einen besseren Chip zu entwickeln, so verfügte kein Konkurrent über ausreichend Produktionskapazität und finanzielle Ressourcen, um die Dominanz von INTEL ernsthaft zu gefährden. Und dennoch war Andy Grove, der damalige Chairman von INTEL, zurückhaltend: »I get a creepy feeling that if things can be done, somebody will do them, and we are going to miss out«. Einen wichtigen Trend zu verpassen oder sich in einem falschen Gefühl der Sicherheit zu wiegen, sah er als die größte Gefahr an, die INTEL drohen könnte. Was würde passieren, wenn einige der wichtigsten technologischen Innovationen vom Markt nicht so rasch wie erwartet aufgenommen werden? So war z. B. die interaktive Unterhaltung zwar ein theoretisch höchst interessantes Dauerthema, doch wird sie sich je am Markt durchsetzen? So hatte die Fachwelt bereits für das Jahr 1992 den Durchbruch von interaktivem Fernsehen und Breitbandnetzwerken erwartet, sich damit aber dramatisch verschätzt. Und Ende der 90er-Jahre verkündeten genau die gleichen Unternehmen, die bereits vor fünf Jahren mit ihren Prognosen danebenlagen, wieder vehement eine solche Entwicklung.
> Natürlich ist auch INTEL vor einem solchen Risiko nicht geschützt. Grove gibt freimütig zu, dass z. B. der Absatzeinbruch, der im Zuge der Asienkrise erfolgte, anfangs nicht in vollem Umfang erkannt wurde. Auch die Bedeutung des World Wide Web wurde zunächst als eher gering eingestuft. Besonders brisant war zudem die Situation, als INTEL auf den neu entstehenden Markt für Billig-PCs, der preiswerte Chips mit nur wenigen Funktionen benötigte, erst mit einer Verzögerung von mehreren Monaten reagieren konnte, während sich der Konkurrent ADVANCED MICRO DEVICES bis dahin rasch hohe Marktanteile sicherte. Doch milliardenschwere Investitionsentscheidungen, deren Berechtigung sich erst in der Zukunft erweisen würde, müssen schon heute getroffen werden. Risiko gehört nun einmal zum Geschäft. »We invest 5 Billion USD a year in factories to build a product that is non-existent for a non-existent market. That is the stuff of junk bonds!«
> Doch INTEL war schon immer sehr experimentierfreudig, wenn es um eine Möglichkeit ging, einen besseren Blick in die Zukunft zu erhalten, um sich auch neu aufkommende Geschäfte zu erschließen. So traf man schon vor der Jahrtausendwende z. B. in den INTEL Architecture Labs die Arbeitsgruppe der »ethnographischen Ingenieure« an, die aus zwölf Sozialwissenschaftlern bestand. Diese beobachten den Alltag von Privathaushalten in deren Umgang mit dem Computer und verwandten Geräten, um daraus Hinweise einerseits auf einen veränderten Umgang mit dem Computer, andererseits auch für neue Produkte für das »E-Home«, das vernetzte Haus, zu erhalten.

3.2.2 Einflusskräfte der Umwelt

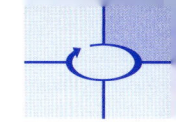

Was ein Unternehmen tun kann, ist, sich systematisch mit Zukunftsfragen zu beschäftigen und damit seine Fähigkeit zur Sensibilisierung gegenüber Umweltveränderungen zu erhöhen. Organisatorisch kann man dies in Form von Managementsystemen zur *strategischen Frühaufklärung* angehen, die Prozesse der Informationsgewinnung und -verarbeitung unterstützen.

Die *historische Entwicklung* von Frühaufklärungssystemen lässt sich zeitlich betrachtet in drei Phasen einteilen.[107] Die erste Phase wurde von kennzahlen- und hochrechnungsorientierten Ansätzen geprägt. Basierend auf klassischen Planungs- und Controllingsystemen melden sie Überschreitungen/Unterschreitungen zuvor definierter oberer und unterer Schwellenwerte. Weichen die dabei gemessenen Werte stark ab, signalisiert dies elementare Bedrohungen, auf die reagiert werden muss. Daher wurden sie auch als *Frühwarnsysteme* bezeichnet. In der zweiten Phase ging es nun nicht mehr darum, allein Gefahren zu erkennen, sondern auch um die aktive Suche nach latenten Gelegenheiten. Die Frühwarnsysteme entwickelten sich zu *Früherkennungssystemen*, die mit Hilfe von sogenannten »Lead«-Indikatoren wichtige Trends möglichst frühzeitig erspüren sollten. Durch eine systematische Vorgehensweise verspricht man sich Aufschluss über »verborgene«, nicht direkt erfassbare Erscheinungen. Insbesondere das Konzept *der »Strategic Issue Analysis«* von Ansoff[108] erlangte nun Bedeutung. Demzufolge kündigen sich Diskontinuitäten zumeist durch sogenannte »*schwache Signale*« an, die sich anfangs in intuitiven Eindrücken beim beobachtenden Unternehmen niederschlagen. Diese schwachen Signale sind relativ unstrukturiert, qualitativer Natur und lassen daher anfangs keine präzise Abschätzung zu. Nach und nach verdichten sie sich, treten häufiger auf und werden nun konkret sichtbar, was sich zumeist in quantitativ messbaren Größen niederschlägt. In der dritten Phase, die durch die Titulierung *Frühaufklärung* geprägt war, stand neben dem frühzeitigen Erkennen externer Entwicklungen die Entwicklung von Strategien und Handlungsprogrammen zur gezielten Nutzung neuer Gelegenheiten oder zur Abwehr potenzieller Gefahren im Mittelpunkt. Frühaufklärung wurde nicht mehr allein als Methodenproblem, sondern vielmehr als Aufgabe der Sensibilisierung des Managements gegenüber Soft-Facts sowie als Problem eines Informationsmanagements und der Umsetzung von Früherkennungsinformationen in Aktionsprogramme verstanden.

Heutzutage trifft man für eine solche Managementfunktion häufig auch den Begriff der »*strategische Vorausschau*« (»*Strategic Foresight*«) an.[109] *Aufgabe des Prozesses der strategischen Vorausschau ist die frühzeitige Identifikation neuer Entwicklungen im Umfeld des Unternehmens und die firmenweite Auseinandersetzung mit den wichtigsten dieser Trends und Szenarien. Ziel ist es, die Zukunft proaktiv zu entwerfen.* Das heißt, Gefahren sollen erkannt und bearbeitet werden, bevor sie unhandhabbar und zu *Risiken* für das Unternehmen werden; Gelegenheiten sollen aufgespürt und als gebotene *Chance* genutzt werden, bevor das Unternehmen sie an Konkurrenten verliert. Hier geht es einerseits darum, den kalendergetriebenen Prozess der strategischen Planung mit Input zu versorgen, andererseits aber auch um das Bereitstellen eines Prozesses, über den unterjährig aufkommende Entwicklungen möglichst wirkungsvoll erkannt, aufgegriffen und eventuell sogar in neue strategische Initiativen eingebracht werden können.

»Megatrends«

Fallbeispiel: Vier für BOSCH zentrale Megatrends
Auch bei BOSCH beschäftigt man sich mit Megatrends, die als langfristig wirkende Annahmen in die Strategiebildung eingehen. Aus der Perspektive des Jahres 2015 sind es vier »Megatrends«, die bestimmend für das Unternehmen und seine Geschäfte sind: (1) der weltweite *demografischen Wandel* verbunden mit einer erheblichen Zunahme des Anteil älterer Menschen an der Weltbevölkerung, aber auch mit einem zunehmenden Mangel an gut ausgebildeten Arbeitskräften (2) der *Klimawandel*, der – auch aus der Verantwortung gegenüber den nächsten Generationen – verlangt, dass wir sparsam mit endlichen Ressourcen umgehen, (3) die durch die Entwicklung der Schwellenländer beschleunigte Globalisierung und *Verknappung der natürlichen Ressourcen* sowie (4) die zunehmende *Polarisierung der Gesellschaft* (Einkommenskluft, regionale Unterschiede etc.).[110]

»Scanning«

Die *Aktivitäten* einer strategischen Vorausschau lassen sich – wie in Abbildung 3-24 dargestellt – in zwei Arten einteilen. Während des »Scanning«-Prozesses wird die Umwelt weitgehend offen abgetastet. Ähnlich wie bei einem 360-Grad-Radar versucht man, durch eine breite Auswahl an Quellen »Drittvariable«[111] zu identifizieren, die – als zusätzlich ins Spiel gekommene Einflussgrößen – Hinweise auf zukünftige Diskontinuitäten geben könnten. Findet man hierbei Verdachtsmomente, dann verfolgt man im Prozess des »Monitoring« diesen Bereich detailliert weiter und startet gezielte Analysen.

»Monitoring«

Eine strategische Vorausschau beginnt somit dort, wo klassische Prognosen enden. Sie sensibilisiert ein Unternehmen gegenüber schwachen Signalen seiner Umwelt und hilft damit, Trends frühzeitig zu erkennen.

Abb. 3-24: Basisaktivitäten einer strategischen Frühaufklärung

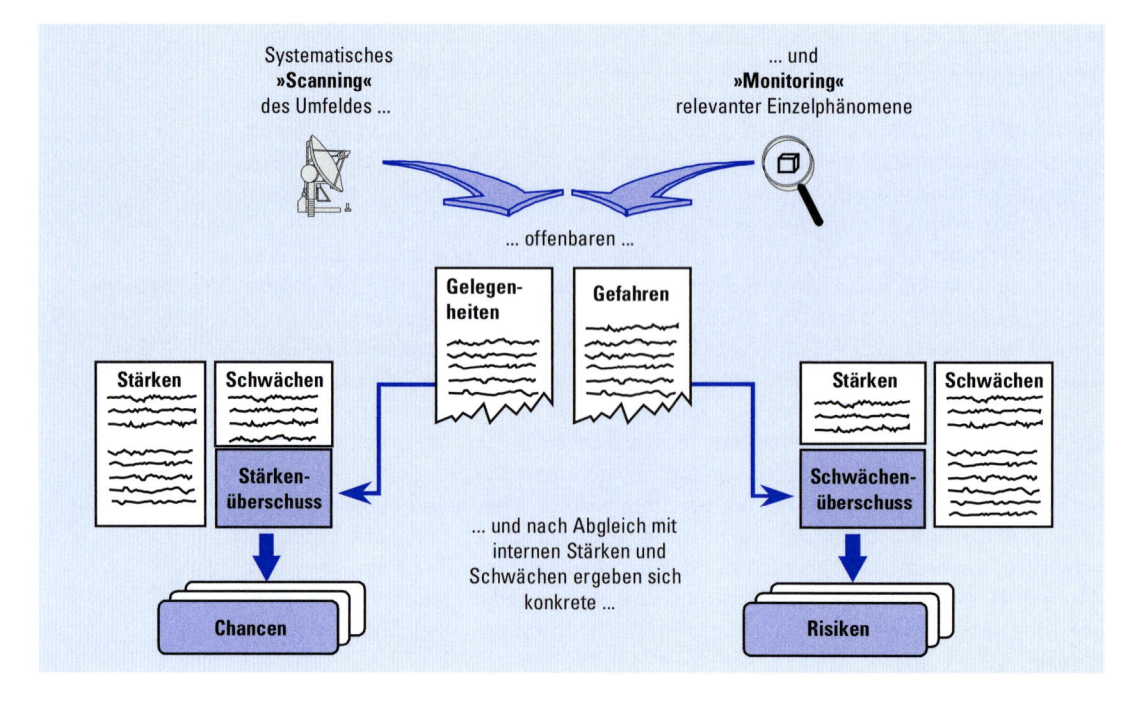

3.2.2 Einflusskräfte der Umwelt

Auch wenn diese Argumente für eine systematische strategische Vorausschau vielen Unternehmen plausibel erscheinen, ist jedoch der Verbreitungsgrad funktionierender Frühaufklärungssysteme in der Praxis als eher gering einzustufen. Dies liegt primär an typischen *Problemen*, die sich beim Aufbau eines solchen Managementsystems stellen. Dabei ist zu nennen:

Probleme

- Ein früher Methoden-»Overkill«, der die Diskussion auf Nebenschauplätze lenkt.
- Die Dominanz des Tagesgeschäfts, die ein unzureichendes Klima der Dringlichkeit schafft.
- Der qualitative Nutzen einer Frühaufklärung, der sich quantitativ kaum nachweisen lässt. Dies erhöht den Legitimationsdruck auf ein solches Projekt.
- Die Struktur vieler Planungsprozesse, die periodisch nach einem festen Schema abläuft, das nur wenig Raum für spontan auftretende schwache Signale lässt.
- Die oft nur punktuell etablierte Verankerung der Frühaufklärung. Oft wird sie entweder zum Privatthema einiger Weniger oder sie wird in Stabsabteilungen wegdelegiert.

Für den Umgang mit der Zukunft stehen zur Unterstützung der Aktivitäten einer strategischen Frühaufklärung weitere Konzepte und Instrumente zur Verfügung. Insbesondere sind dies die heuristischen Prognosen wie die Szenariotechnik, Delphi-Befragungen, Trendextrapolationen, Cross-Impact-Analysen oder Analogieschlüsse. Diese Verfahren sind primär qualitativ angelegt, kommen ohne ein strenges schematisches Prognosemodell aus, enthalten viele subjektive Elemente und machen sich oft die Erfahrung von Experten nutzbar. Hier geht es um die Kunst, mit begrenztem Wissen (unvollständigen und mehrdeutigen Informationen) und wenig Zeit zu möglichst guten Lösungen zu kommen.

Am meisten verbreitet ist hier sicher die *Szenariotechnik*.[112] Der Zukunftsforscher Herman Kahn (RAND CORPORATION/Hudson Institute), der diese Technik populär gemacht hat, setzte sie insbesondere ein, »*to think about the unthinkable*«. Sie dient dem plausiblen Vorausdenken und nicht dem Vorhersagen von Zukunftssituationen, ohne diese mit Wahrscheinlichkeiten zu versehen. Sie wurde ursprünglich für militärische Aufgaben entwickelt (z. B. das Durchdenken eines Krieges mit all seinen Konsequenzen), jedoch Anfang der 1970er-Jahre auch insbesondere von Unternehmen mit einem hohen Kaptaleinsatz und einem relativ langfristigen Planungshorizont aufgegriffen. Dies auch deshalb, da sich die Zukunft nicht mehr einfach über eine Extrapolation der Vergangenheit ermitteln ließ.

Szenarien, um das Undenkbare zu denken

Während die Szenarien der ersten Generation auf das Aufzeigen möglicher Zukunftsentwicklungen beschränkt waren (»explanatory scenarios«), setzte Shell bereits Ende 1960 sogenannte »entscheidungsunterstützende Szenarien« der zweiten Generation ein, was dem Unternehmern half, die damals bevorstehende Ölkrise zu antizipieren und sich entsprechend darauf vorzubereiten.

> **Fallbeispiel: Szenarios bei ROYAL DUTCH/SHELL**
> Insbesondere das im Ölgeschäft tätige Unternehmen ROYAL DUTCH/SHELL trug zur Verbreitung der Szenariotechnik im Rahmen der strategischen Planung bei.[113] Man stellte diese Technik bewusst neben die klassischen Planungstechnologien, um das eigene Denken über die Zukunft herauszufordern. Man überlegte sich, wie kann man

20 bis 30 Jahre in die Zukunft der Ölindustrie schauen, auch wenn diese nicht prognostizierbar ist, und wie kann man die Manager dazu bekommen, das »Undenkbare« bezogen auf diese Branche zu diskutieren. Ziel war es demnach, nicht vorherzusagen oder zu planen, sondern die Denkwelten (mindsets) derer zu verändern, welche die Szenarien benutzen. Dazu musste man sich mit den diese Szenarien treibenden Kräften (neue Technologien, politische Entwicklungen etc.) der Unternehmensentwicklung sowie deren Beeinflussungsmöglichkeiten durch die Entscheidungsträger auseinandersetzen. So gab es im »Committee of Managing Directors« die einfache Regel, dass jedes Mitglied seine Strategien, Investitionspläne und Budgets vor dem Hintergrund der ausgewählten Szenarien zu rechtfertigen habe. Damit nahmen die Planungs- und Entscheidungsprozesse auch immer mehr den Charakter von Lernprozessen an.

Grundgedanke der Szenariotechnik ist es, für Analyseobjekte mit hoher Unsicherheit mehrere mögliche Zukunftsbilder systematisch zu entwerfen und zu durchdenken und die Wege zu beschreiben, die zu diesen potenziellen »Zukünften« führen könnten. Sie sollten also mehr sein als reine Sensitivitätsanalysen. Seitens des Managements setzen sie die Aufgabe einer möglichen Kontrollillusion, d. h. die Annahme, dass sie die Ergebnisse ihrer Entscheidungen weitgehend kontrollieren können, voraus.

Ressourcen: Die SHELL-SZENARIEN
Noch heute arbeitet man bei SHELL intensiv mit Szenarien. Dies ist nahe liegend angesichts des sehr langfristigen Planungshorizonts für Investitionen in dieser Branche. Auf der Homepage des Unternehmens kann man ausgezeichnete Informationen zu den SHELL-Szenarien und ihrer Geschichte finden und auch, wie man diese Technik methodisch einsetzt. Dort findet man z. B. die beiden folgenden Szenarien »New Lenses« für das Jahr 2050: »Das *Mountains*-Szenario beschreibt eine Welt, in der Regierungen und andere Machthaber am politischen und wirtschaftlichen Status quo festhalten. Stabilität ist das oberste Gebot: Machthaber und Eliten passen ihre Interessen zur Erschließung von Ressourcen ständig, aber vorsichtig an und lassen sich dabei nicht nur von unmittelbaren Marktkräften leiten. Die daraus resultierende Starre innerhalb des Systems dämpft die wirtschaftliche Dynamik und verhindert soziale Mobilität. Im *Oceans*-Szenario erstreckt sich der Machteinfluss über viele Bereiche. Macht wird dezentralisiert und konkurrierende Interessen bestehen nebeneinander – Kompromisse regieren die Welt. Die wirtschaftliche Produktivität schnellt auf einer riesigen Welle nach Reformen nach oben, doch der soziale Zusammenhalt wird immer wieder untergraben und die Politik destabilisiert. Dadurch stagnieren viele sekundäre Politikbereiche, wodurch wiederum die unmittelbaren Marktkräfte stärker dominieren.« [114]

Wie in Abbildung 3-25 dargestellt, werden – zunächst ausgehend von der gegenwärtigen Situation – zwei möglichst gegensätzliche Extremszenarien gebildet.[115] Diese spannen einen »Szenariotrichter« auf, dessen Rand die Grenzen potenzieller Entwicklungsmöglichkeiten bildet. So wird versucht, Mögliches von Unmöglichem abzugrenzen. Aus einer extrapolativen Fortschreibung der Einflussfaktoren ergeben sich dann Trendszenarien, welche innerhalb des Szenariotrichters liegen. Tritt ein Störereignis auf (wie z. B. eine Verteuerung der Ölpreise infolge eines Krieges in den arabischen Staaten), wird die Entwicklungslinie des Trendszenarios in eine neue Richtung verschoben; jetzt ist zu überlegen, welche Gegenmaßnahmen ein Unternehmen ergreifen kann, um negativen Auswirkungen ent-

3.2.2 Einflusskräfte der Umwelt

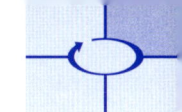

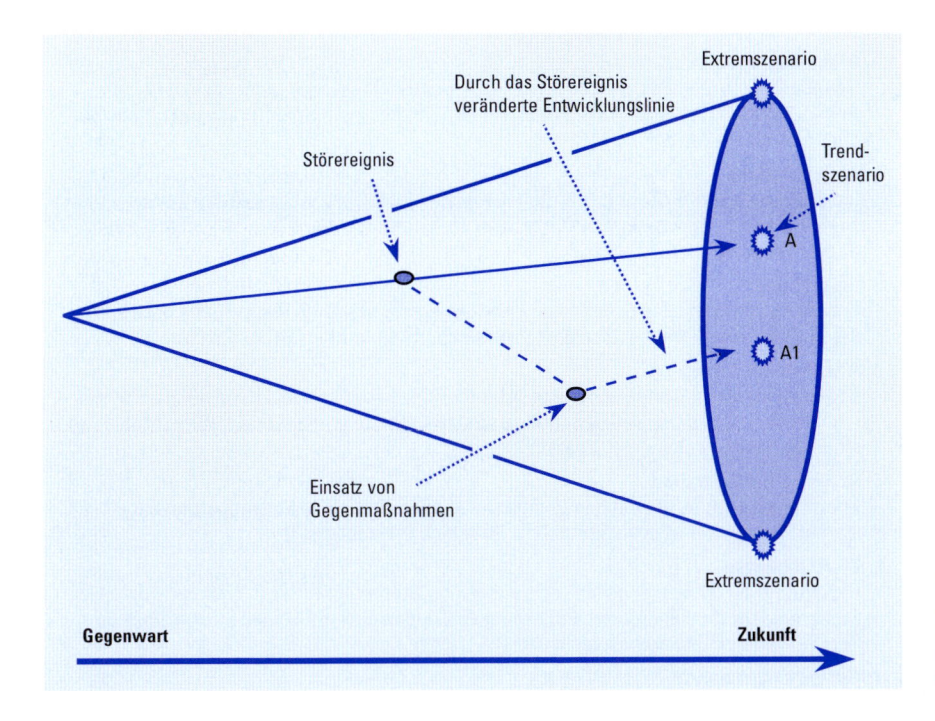

Abb. 3-25: Modell der Szenariotechnik (in Anlehnung an Reibnitz 1992)

gegenzutreten und die Entwicklungslinie wieder in eine vorteilhafte Richtung zu lenken (A1). Wer mehr als diese drei Szenarien verwendet, erhält zwar ein reichhaltigeres Bild möglicher »Zukünfte«, läuft jedoch Gefahr die Übersicht zu verlieren.

Szenarien sind somit künstlich geschaffene Modelle der Zukunft, die auf Annahmen basieren, die zu hinterfragen und zu prüfen sind. Je länger der gewählte Beobachtungszeitraum ist, desto mehr Szenarien lassen sich entwerfen, da die Eintrittswahrscheinlichkeit zukünftiger Ereignisse sinkt, je weiter man in die Zukunft blickt. Als sinnvolle Obergrenze wird ein Zeitraum von 20 bis 40 Jahren verwendet, während die Untergrenze bei ca. fünf Jahren liegt. Das Schema in Abbildung 3-26 stellt acht *Phasen* bei der Anwendung der Szenarioanalyse dar.

Die gemeinsame Arbeit an Szenarien bietet einem Führungsteam auf Basis einer relativ einfachen Methodik nicht nur die Möglichkeit, Trends und Diskontinuitäten zu erkennen, die heute noch schlecht strukturiert und schwach wirken, sondern ermöglicht auch ein einheitliches Verständnis über relevante Umweltentwicklungen zu entwickeln. Es erwächst daraus eine Plattform, auf der verschiedene Strategiealternativen formuliert und getestet werden können. Damit fordern Szenarien zu einer Überprüfung der bestehenden Geschäftslogik auf und legen die Kriterien offen, nach denen man die Einschätzung der Zukunft vornimmt.

Zu beachten ist allerdings der relativ hohe Ressourcenaufwand, der für die Entwicklung von plausiblen Szenarien zu veranschlagen ist. Gerade der Zeitaufwand wird oft sehr knapp bemessen, was sowohl die Qualität der Szenarien beeinträchtigt, als auch die Frage, welche Konsequenzen aus den unterschiedlichen Zukunftsbildern zu ziehen sind.

Hoher Aufwand

1. **Problemanalyse**
Genaue Abgrenzung und zweckmäßige Strukturierung des Untersuchungsfeldes (z. B. Analyse des Einflusses des demographischen Wandels auf die Nachfrage nach Schulbüchern bei einem Verlag)

2. **Umfeldanalyse**
Identifizierung und Strukturierung der wichtigsten Einflussbereiche auf das Untersuchungsfeld (z. B. verfügbares Einkommen der Eltern oder Verteilung der angestrebten Schulabschlüsse).

3. **Projektionen**
Ermittlung von kritischen Größen und Entwicklungstendenzen in diesen Umfeldern (z. B. der Einfluss von Migrationsbewegungen zwischen Ländern)

4. **Annahmebündelung**
Bildung und Auswahl alternativer, konsistenter Annahmebündel und Bündelung zu Extrem- und Trendszenarien (z. B. »Abschottung und starke Überalterung« versus »Öffnung und signifikante Abschwächung der Überalterung«)

5. **Szenario-Interpretation**
Interpretation der ausgewählten Umfeldszenarien (z. B. Welche Konsequenzen hat ein starker Zustrom von Ausländern auf die Struktur der Nachfrage?)

6. **Störfallanalyse**
Einführung und Auswirkungsanalyse signifikanter Störereignisse (z. B. Einfluss eventueller Steuergesetze zur signifikanten Entlastung von kinderreichen Familien infolge eines außerplanmäßigen Regierungswechsels)

7. **Auswirkungsanalyse**
Ausarbeitung der Szenarien bzw. Ableitung von Konsequenzen für das Untersuchungsfeld

8. **Maßnahmenplanung**
Konzipieren von Maßnahmen und Planungen (z. B. Strukturierung des Angebots an Schulbüchern, eventuell Einführung neuer Produktlinien für eine zunehmende Anzahl von Schülern mit Migrationshintergrund, Diversifikation in neue Geschäfte etc.)

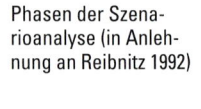

Abb. 3-26: Phasen der Szenarioanalyse (in Anlehnung an Reibnitz 1992)

Ressourcen:
Die WORLD FUTURE SOCIETY (www.wfs.org) ist weltweit die größte Organisation von Zukunftsforschern und bietet eine Vielzahl auch kostenloser Services auf ihrer Homepage an. Man findet dort unter den »special features« aktuelle Interviews mit bekannten Zukunftsforschern sowie ein Web-Forum, in das Sie sich mit Ihrer Meinung auch selbst einbringen können. Dies können Sie z. B. im »Global Strategy Forum« dadurch tun, indem Sie selbst einen Beitrag zur Lösung eines wichtigen Problems einreichen oder indem Sie Ihre Kommentare zu dort eingestellten Beiträgen abgeben. Die WFS bringt aber auch verschiedene Zeitschriften heraus (World Future Review, Future Survey, Futures Research Quarterly, Futurist Update etc.).

3.2.3 Einflusskräfte des Unternehmens

Neben den Einflusskräften der Umwelt sind in einem nächsten Schritt die Einflusskräfte der relevanten unternehmerischen Einheit zu untersuchen. Ziel ist es, Aufschluss über ihren Aufbau, ihr Zusammenspiel und ihre Wirkungsweise zu gewinnen, um dadurch einschätzen zu können, zu welchen Handlungen die unternehmerische Einheit in der Lage ist. Wie bei der Umweltanalyse gibt es auch hier keinen »objektiv« richtigen und einzigen Weg, wie man vorgehen sollte. Die Ausführungen dieses Kapitels sind daher nur als »eine« Möglichkeit neben anderen zu verstehen. Diese Bemerkung vorausgeschickt werden wir im Folgenden drei analytische »Schnitte« setzen, die eine unternehmerische Einheit in Ressourcen, Fähigkeiten und Kernfähigkeiten zerlegen. Diese können als die Bezugspunkte gesehen werden, von wo aus ein Unternehmen nach Wettbewerbsvorteilen streben kann.

(1) Ressourcen

Traditionellerweise baut die Analyse der Ressourcen eines Unternehmens auf den *produktiven Faktoren* menschliche Arbeitsleistung, Betriebsmittel und Werkstoffe auf. Diese gilt es, möglichst optimal miteinander zu kombinieren. Da dies nicht von allein geschieht, bedarf es des sogenannten dispositiven Faktors, der den Kombinationsprozess der drei anderen nach dem Wirtschaftlichkeitsprinzip steuert.[116] Doch diesen dispositiven Faktor betrachtete man als nicht quantitativ messbar, da er letztlich auf die individuellen Eigenschaften Einzelner zurückzuführen sei. Deshalb klammerte man ihn in der Folge aus und setzte die Ressourcen mit den drei Produktionsfaktoren gleich. Insbesondere im Rahmen des externen und internen Rechnungswesens wurde versucht, eine möglichst exakte Erfassung der Mengen- und Wertbewegungen von Ressourcen vorzunehmen.

> **Exkurs: Ressourcen im Rechnungswesen**
> Betrachtet man den heutigen Stand des Rechnungswesen, dann lassen sich drei Arten unterscheiden:[117] (1) Die *Bilanz- und Erfolgsrechnung* dient sowohl der Dokumentation der einzelnen Geschäftsvorfälle als auch der Rechnungslegung gegenüber den am Unternehmen beteiligten Anspruchsgruppen. Sie basiert auf gesetzlichen Vorschriften (wie dem Handelsrecht) und zielt darauf ab, einen umfassenden Einblick in die Vermögens-, Finanz- und Ertragslage eines Unternehmens zu gewährleisten. (2) Die *Kosten- und Leistungsrechnung* ist auf die zielgerichtete Steuerung der internen Ressourcenkombinationen eines Unternehmens fokussiert. Sie besteht zumeist aus einer Kostenstellen-, -arten- und -trägerrechnung und es können – je nach den spezifischen Rechenzwecken – unterschiedliche Systeme der Kosten- und Leistungsrechnung eingesetzt werden (z. B. Grenzplankostenrechnung, Einzelkostenrechnung, Prozesskostenrechnung). (3) Die *Finanz- und Finanzierungsrechnung* ist auf die Liquiditätssteuerung eines Unternehmens gerichtet, baut auf der Bilanz- und Erfolgsrechnung auf, ist stromgrößenorientiert und gibt Auskunft über die zeitliche Fälligkeit einzelner Bilanzpositionen.

Für die Zwecke einer strategischen Unternehmensführung waren diese Ansätze jedoch vor allem aus drei Gründen nicht befriedigend: Zum Ersten waren sie primär auf die Vergangenheit hin ausgerichtet und gaben wenig Aufschluss über Fragestellungen, die in die Zukunft reichten. Durch die Einführung von Ansätzen wie der Discounted-Cashflow-Methode[118] oder dem Realoptionsansatz[119] kann man die Zukunftsorientierung zwar herstellen, jedoch tritt dann die Problematik eines adäquaten Umgangs mit Unsicherheit bzw. Risiko auf. Zweitens erfassen die jeweiligen Ansätze des Rechnungswesens zwar die Ereignisse innerhalb eines Unternehmens, in sehr geringem Maße jedoch die in seiner relevanten Umwelt. Diese fließen lediglich indirekt ein, wenn sich z. B. der Markteintritt eines neuen Konkurrenten in der Gewinn- und Verlustrechnung bemerkbar macht. Drittens werden schwerpunktmäßig die materiellen Ressourcen erfasst, da diese relativ plausibel quantitativ bewertet und gemessen werden können,[120] während

Kritik

immaterielle Ressourcen wie Wissensbestand, Markenname oder auch eine spezifische Unternehmenskultur weitgehend vernachlässigt wurden. Doch gerade in den letzten Jahren wird die Bedeutung immaterieller Ressourcen für die Schaffung von Wettbewerbsvorteilen stark betont.[121] So wird argumentiert, dass an der Börse einzelne Unternehmen Marktkapitalisierungen aufweisen, die das Zwanzigfache ihres Buchwertes übersteigen und man diese »versteckten« Werte in den immateriellen Ressourcen der Unternehmen sieht. Oder man weist auf die hohe Bedeutung des Produktionsfaktors »Wissen« bzw. des »Intellectual Capitals« hin, das sich der traditionellen Rechnungslegung entzieht.[122]

Daher sind *neuere Ansätze* entwickelt worden, wie man den Ressourcenbestand eines Unternehmens und insbesondere dessen immaterielle Ressourcen umfassend analysieren kann. So wird beispielsweise eine Einteilung in finanzielle, physische, humane und organisationale Ressourcen vorgeschlagen,[123] die dann noch um technologische Ressourcen sowie die Reputation eines Unternehmens erweitert wird.[124] Fächert man eine solche Einteilung feiner auf, dann lässt sich die Ressourcenpyramide in Abbildung 3-27 erzeugen.

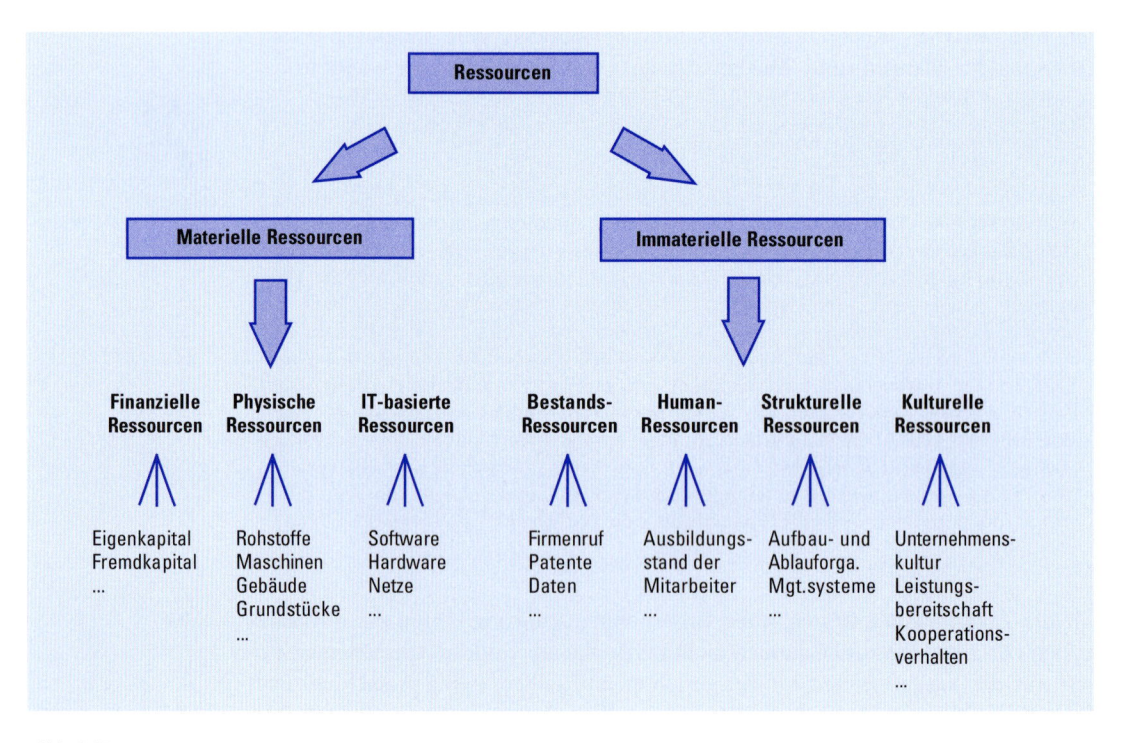

Abb. 3-27:
Die Ressourcenpyramide eines Unternehmens

Implizites Wissen

Andere differenzieren wiederum in einerseits handelbare und nichthandelbare sowie andererseits in materielle und immaterielle Ressourcen und gelangen damit zur Matrix in Abbildung 3-28.[125]

Besondere Bedeutung kommt dabei dem sogenannten **impliziten (tacit) Wissen** zu.[126] Dieser Begriff weist darauf hin, »dass wir mehr wissen als wir zu sagen wissen«. Implizites Wissen wird dabei von formulierfähigem, explizitem und folglich austauschbarem Wissen abgegrenzt und als eine der Quellen wirtschaftlichen Erfolges betrachtet.

3.2.3 Einflusskräfte des Unternehmens

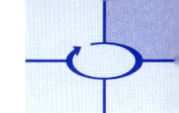

	Materielle Ressourcen	**Immaterielle Ressourcen**
Handelbare Ressourcen	• Ausstattung mit Maschinen • Ausstattung mit Personal • Standardsoftware	• Lizenzen • Individuelles Expertenwissen
Nichthandelbare Ressourcen	• Selbsterstellte Anlagen • Selbstprogrammierte Anlagen	• Unternehmenskultur • Einzigartige Beziehungen zu den Anspruchsgruppen • Unternehmensspezifische Ausbildung • Implizites Wissen

Abb. 3-28: Ressourcentypologie nach Hall (1992, S. 14)

(2) Fähigkeiten und Aktivitäten

Von einer auf die unternehmerischen Ressourcen gerichteten Betrachtungsperspektive ist es nur noch ein relativ kleiner, aber folgenreicher Schritt zur Konzeption organisationaler Fähigkeiten. So erweitert sich die Sichtweise um folgende Aspekte: die explizite Berücksichtigung organisationaler Phänomene bei der Bündelung und Kombination von Ressourcen[127] und das Phänomen der Emergenz, auf das wir bereits in Kapitel 2 hingewiesen hatten. Nicht allein die Zerlegung und isolierte Betrachtung einzelner Ressourcen ist folglich von Bedeutung, sondern vielmehr die Art und Weise, wie Ressourcen miteinander interagieren bzw. relationiert werden.

Organisationale Fähigkeiten *sind als komplexe Interaktions-, Koordinations- und Problemlösungsmuster zu verstehen, die – oftmals mit spezifischen Gruppierungen und ihrer jeweiligen Wissensbasis verbunden – in einem langwierigen Entwicklungsprozess aufgebaut werden und zu organisationalen Routinen werden.*[128] Da diese Ereignisse nicht nur auf sachrationale Prozesse zurückführbar sind, sondern auch – und wohl insbesondere – soziale Prozesse eine Rolle spielen, öffnet sich an dieser Stelle der Bezug zu Überlegungen der Organisationstheorie sowie weiterer sozialwissenschaftlicher Disziplinen (wie Psychologie, Soziologie, Erkenntnistheorie), die wir jedoch an dieser Stelle nicht weiter vertiefen können.[129] Die Frage, die wir im Folgenden in den Vordergrund stellen, lautet hingegen: Welche Ansätze sind vorhanden, um organisationale Fähigkeiten einer unternehmerischen Einheit zu identifizieren bzw. zu rekonstruieren? Zu diesem Zweck werden wir aus dem bestehenden »Angebot« sechs Konzepte näher betrachten, von denen die drei ersten neueren Ursprungs sind, während es sich bei den drei anderen um altbekannte Ansätze handelt, die für die Identifikation von Fähigkeiten herangezogen werden können. Konkret handelt es sich um (1) Skill-Mapping, (2) Chancenmatrix, (3) Skill-Cluster, (4) Wertkette, (5) Checklisten und (6) 7-S-Modell.

(1) Unter **Skill-Mapping** versteht man die Identifikation und Evaluation der »Skills« eines Unternehmens. »Skills« sind dabei definiert als eng umrissene und disaggregierte Bruchstücke von Fähigkeiten, also Fertigkeiten, die erst in ihrer Kombination eine Fähigkeit ergeben.[130] Da Unternehmen oft nicht detailliert wissen, über welche Skills sie als Ganzes und im Vergleich zu ihren Wettbewerbern verfügen, noch welche Skills ausschlaggebend für den Erfolg ihrer Produkte am Markt sind, bietet das Skill-Mapping eine Vorgehensweise an, die hier Unterstützung offeriert. Sie wird in drei Schritten vorgenommen. Zuerst erfolgt die ei-

Organisationale Fähigkeiten

Ansätze zur Identifikation von Fähigkeiten

Skill-Mapping

gentliche Bestandsaufnahme aller Skills. Dies geschieht in den Organisationsstrukturen des Unternehmens durch die Analyse der Produkteigenschaften und durch Befragungen der Kunden. Daraus wird eine Liste von Skills generiert, die in einem zweiten Schritt einem Benchmarking unterzogen wird. Eine mehrstufige Bewertungsskala wird herangezogen, in die die einzelnen Skills eingetragen werden. Diese reicht von schwach ausgeprägten Skills bis hin zu weltweit führenden. Zuletzt wird bestimmt, welche Skills strategisch wichtig sind, d.h. den Aufbau und die Sicherung von Wettbewerbsvorteilen ermöglichen. Denn es kann nicht davon ausgegangen werden, dass jede herausragende Fertigkeit auch am Markt honoriert wird und einen Wettbewerbsvorteil begründet.

Chancenmatrix

(2) Bei der **Chancenmatrix** geht man noch einen Schritt weiter. Ziel ist es, auf Basis der bestehenden Skills neue Produkt- und Marktmöglichkeiten zu erkennen. Dies ist insbesondere bei den Diversifikationsanalysen in verwandte Geschäftsfelder hilfreich, wenn ein Unternehmen nicht bereit ist, hohe Investitionen zum Aufbau neuer Fähigkeiten zu tätigen bzw. dies als unrealistisch ansieht. Die Chancenmatrix wird durch zwei Achsen aufgespannt. Eine Achse wird durch Skills gebildet, die z.B. durch ein Skill-Mapping ermittelt und bewertet werden; die andere Achse besteht aus einer Aufzählung bestehender und insbesondere potenzieller Produkte, von denen angenommen wird, dass sie derartige Skills benötigen. Zuletzt erfolgt eine IT-gestützte Auswertung, die diejenigen Kombinationen herausfiltert, bei denen die Skills des Unternehmens am stärksten ausgeprägt sind und gleichzeitig zur erfolgreichen Herstellung und Vermarktung eines Produktes am wichtigsten sind. Damit gewinnt man Anhaltspunkte auf die Fragen, wie sich bestehende Skills für potenzielle Produkte eignen und welche Produkte welche Skills benötigen.

Skill-Cluster

(3) Die **Analyse von Skill-Clustern** ist eine Technik, die – zumeist computergestützt – die Konzentration der Skills im Produktangebot eines Unternehmens misst. Sie gibt Aufschluss über die Verteilung von Skills sowie die Intensität ihres Zusammenwirkens. Bei der Analyse der Skill-Cluster geht man in zwei Schritten vor. Zuerst wird ein Skill-Cluster Index I_{ij} gebildet. Er gibt den Prozentsatz der Produkte an, die sowohl Skill i als auch j enthalten. Mathematisch lässt er sich definieren als die »Anzahl der Produkte, die Skill i und j benutzen«, dividiert durch die »Gesamtzahl der Produkte«. Dieser Index wird nun für alle denkbaren Skill-Kombinationen errechnet. Abbildung 3-29 zeigt das Ergebnis einer solchen mehrdimensionalen Analyse. Man erhält dann daraus Ergebnisse wie z.B.: Skill 1 und 3 sind in 60% aller Produkte enthalten, während die Kombination von Skill 1 und 2 nur in 10% aller Produkte zu finden ist. Nachteil dieser Vorgehensweise ist allerdings die Beschränkung auf Kombinationen von jeweils zwei Skills. Mit etwas anspruchsvolleren statistischen Softwareprogrammen ist es jedoch auch möglich, *Skill-Cluster* zu ermitteln, d.h. Gruppierungen von Skills, die eng miteinander agieren und gebündelt zur Erstellung von Produkten und Dienstleistungen benutzt werden. Hier konnten zwei Cluster identifiziert werden, die bereits dementsprechend arrangiert wurden. So sind einerseits die Skills 4 und 2 eng miteinander verbunden, andererseits die Skills 5, 3 und 1. Vorteil dieser Analyse ist es, das Zusammen-

	Skill 4	Skill 2	Skill 5	Skill 3	Skill 1
Skill 4	30	30	10	10	10
Skill 2	30	40	20	10	10
Skill 5	10	20	80	60	50
Skill 3	10	10	60	70	60
Skill 1	10	10	50	60	60

Abb. 3-29:
Skill-Cluster-Indizes
(Klein/Hickocks 1994,
S. 207)

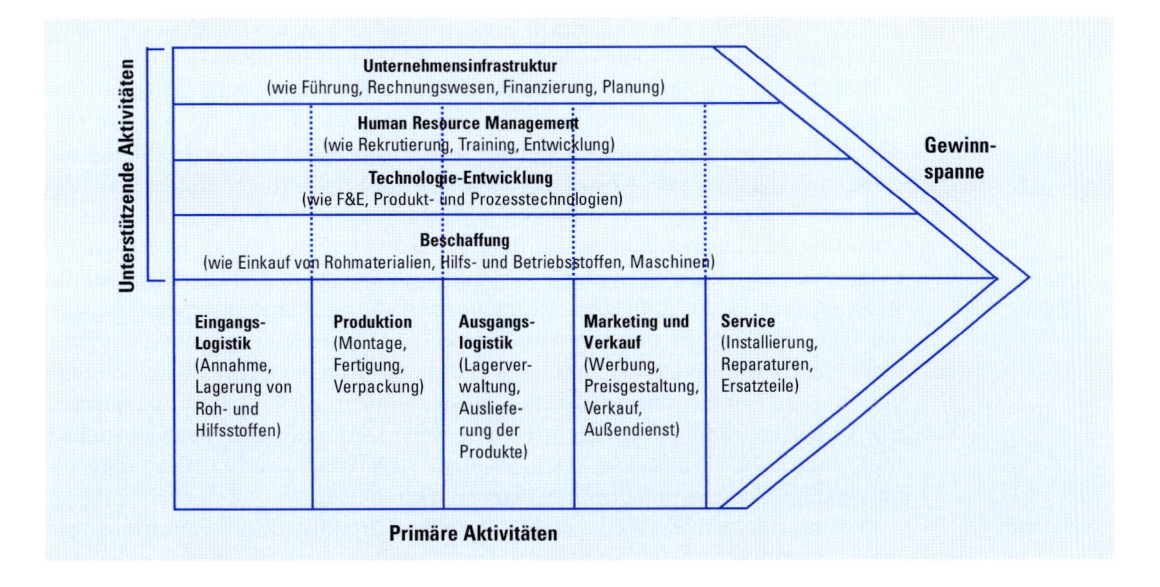

3.2.3 Einflusskräfte des Unternehmens

Unterstützende Aktivitäten

- **Unternehmensinfrastruktur** (wie Führung, Rechnungswesen, Finanzierung, Planung)
- **Human Resource Management** (wie Rekrutierung, Training, Entwicklung)
- **Technologie-Entwicklung** (wie F&E, Produkt- und Prozesstechnologien)
- **Beschaffung** (wie Einkauf von Rohmaterialien, Hilfs- und Betriebsstoffen, Maschinen)

Primäre Aktivitäten

- **Eingangs-Logistik** (Annahme, Lagerung von Roh- und Hilfsstoffen)
- **Produktion** (Montage, Fertigung, Verpackung)
- **Ausgangslogistik** (Lagerverwaltung, Auslieferung der Produkte)
- **Marketing und Verkauf** (Werbung, Preisgestaltung, Verkauf, Außendienst)
- **Service** (Installierung, Reparaturen, Ersatzteile)

Gewinnspanne

Abb. 3-30: Konzept der Wertkette (Porter 1985)

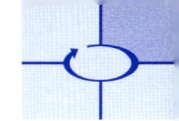

wirken von mehreren Skills erfassen zu können, und dadurch Hinweise auf breit verankerte organisationale Fähigkeiten zu gewinnen.

(4) Betrachtet man die bisher vorgestellten Ansätze, dann lässt sich jedoch anmerken, dass sie sich nicht durch eine hohe Benutzerfreundlichkeit auszeichnen und teilweise den Einsatz anspruchsvoller Statistikprogramme erfordern. Daher bietet es sich an, auch auf etablierte Konzepte der Unternehmensanalyse zurückzugreifen. Eines davon ist die in Abbildung 3-30 dargestellte **Wertkette**[131]. Auf sie wird im Feld Wertschöpfung des SMN (Kap. 4) näher eingegangen. Die Wertkette folgt dem Gedanken, dass die Ursachen für Wettbewerbsvorteile nur schwer zu erkennen sind, wenn man eine unternehmerische Einheit als Ganzes betrachtet.

Wertkette

Daher zerlegt man das Unternehmen in einzelne strategisch wichtige Aktivitäten (Wertaktivitäten) und analysiert diese in Bezug auf ihren jeweiligen Beitrag zur Wertschöpfung. Gelingt es einem Unternehmen, für seine Leistungen einen Preis zu erzielen, der die Kosten übersteigt, resultiert dies in einer positiven Gewinnspanne; sinkt der am Markt zu erzielende Preis oder erhöhen sich die Kosten, so verringert sie sich. Eine systematische Analyse der Wertaktivitäten macht es nun möglich, die jeweiligen Vor- und Nachteile zu erkennen, die man gegenüber den Wettbewerbern aufweist. Zudem hilft sie, Ansatzpunkte zu lokalisieren, in denen man entweder relativ besser oder einfach billiger einzelne Aktivitäten erbringen kann. Die Wertaktivitäten werden dabei in sogenannte primäre und unterstützende Aktivitäten unterteilt. Primäre Aktivitäten folgen dem Verrichtungsprinzip der Leistungserstellung und werden idealtypisch durch Tätigkeitsfelder wie Eingangslogistik, Produktion, Ausgangslogistik, Marketing/Vertrieb und Service abgebildet. Um ihre Aufgaben erfüllen zu können, benötigen sie die Dienste der unterstützenden Aktivitäten wie Beschaffung, Technologieentwicklung, Personalmanagement und Unternehmensinfrastruktur.

Primäre und unterstützende Wertaktivitäten

Die Wertkette liefert nicht nur wertvolle Hinweise, worauf unterschiedliche Wettbewerbspositionen zurückzuführen sind, sondern zeigt auch Möglichkeiten, wo und wie neue Wettbewerbsvorteile zu generieren sind. In jeder Aktivität oder quer über verschiedene Aktivitäten hinweg kann eine unternehmerische Einheit somit ihre Fähigkeiten identifizieren und nach Bedarf entwickeln.

Problematisch ist bei einer Wertkettenanalyse der relativ hohe Zeit- und Arbeitsaufwand. Gerade die aktivitätsorientierte Zuordnung der Kosten fällt schwer, da viele Unternehmen über ein Kostenrechnungssystem verfügen, das auf einer Einteilung in eine Kostenstellen, -arten und -trägerrechnung basiert. Die hier zur Verfügung stehenden Zahlen sind in eine aktivitätsorientierte Kostenbetrachtung umzuwandeln, was mit dem Problem einer passenden Kostenzuordnung verbunden ist. Hilfestellung haben hier gerade die in den letzten Jahren im Rahmen von Business Process Reengineering durchgeführten Prozessanalysen mit sich gebracht, die meist mit einer prozessorientierten Erweiterung der Kostenrechnung verbunden waren. Des Weiteren ist oft kein vergleichbares Zahlenmaterial der Konkurrenz erhältlich. Dies ist darauf zurückzuführen, dass derartige Daten verständlicherweise äußerst sensibel sind und daher der Geheimhaltung unterliegen. Außerdem verfügen auch viele Wettbewerber nicht über die notwendige Transparenz bei ihren eigenen Aktivitäten.

Checklisten

(5) Eng mit der Wertkette verbunden sind **Checklisten** zur Ermittlung von Stärken- und Schwächenprofilen.[132] Diese sind zumeist funktional aufgebaut und versuchen, ebenfalls die Position eines Unternehmens im Verhältnis zur Konkurrenz zu ermitteln. Bestandteile solcher Checklisten können dabei sowohl die primären und sekundären Aktivitäten sein, als auch zusätzliche Bereiche wie potenzielle Synergien, Know-how, Qualität der Führungskräfte, Führungssysteme etc.[133] Checklisten stellen daher oft eine eklektische Erweiterung der Wertkette dar, was man aufgrund der fehlenden Systematik zwar kritisch beurteilen kann, dem Instrument jedoch eine hohe Flexibilität bei der praktischen Anwendung gibt. Als Beispiel für solche Checklisten sei auf ihre Verwendung als Wettbewerbsprofile in Abbildung 3-31 verwiesen.

7-S-Modell: Auf Konsistenz von 7 Faktoren ausgerichtet

(6) Ein Instrument, das neben den harten Faktoren auch explizit die weichen Faktoren einer Organisation stichwortartig berücksichtigt, ist das vom Beratungsunternehmen MCKINSEY entwickelte **7-S-Modell**[134]. Während die drei harten Faktoren »Strategy, Structure and Systems« das Erfolgskonzept verkörpern, das ein Unternehmen gegenüber anderen auszeichnen soll, werden die vier weichen Faktoren »Style, Skills, Staff and Shared Values« zum Führungskonzept gerechnet. Letzterer soll das Erfolgskonzept unterstützen, das als Leitlinie fungiert. Die einzelnen Faktoren sind miteinander vernetzt, was es erforderlich werden lässt, ihre gegenseitigen Abhängigkeiten zu berücksichtigen. Bei Änderungen kann dann analysiert werden, wie diese ins Gesamtbild passen bzw. die anderen Faktoren verändern. Abbildung 3-32 zeigt das 7-S-Modell angewandt auf ein Unternehmen, das Messsysteme für die Öl- und Umweltindustrie produziert.

Der 7-S-Ansatz ist ein grobes, normatives Raster, das einen guten Startpunkt für eine Analyse darstellt. Seine Stärke ist die Hervorhebung der Beziehungen zwischen den sieben Faktoren, insbesondere auch zwischen den »weichen« und den »harten« Faktoren. Zielsetzung ist die Konsistenz der Ausgestaltung dieser Faktoren. Dazu, wie man diese Analyse dann aber im Detail durchführen soll, gibt der Ansatz keine Auskunft. Wir erfahren auch keine Begründung, warum es gerade diese Beziehungen sind und welche Logik mit diesen Beziehungen verbunden ist. Und wie immer bei einem reduktionistischen Konzept kann man sich fragen, ob die Auswahl der Faktoren richtig getroffen wurde: Kam z. B. »Innovation« nur deshalb nicht in den Bezugsrahmen, weil es mit »I« und nicht mit »S« beginnt?

3.2.3 Einflusskräfte des Unternehmens

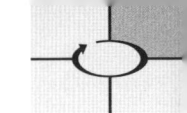

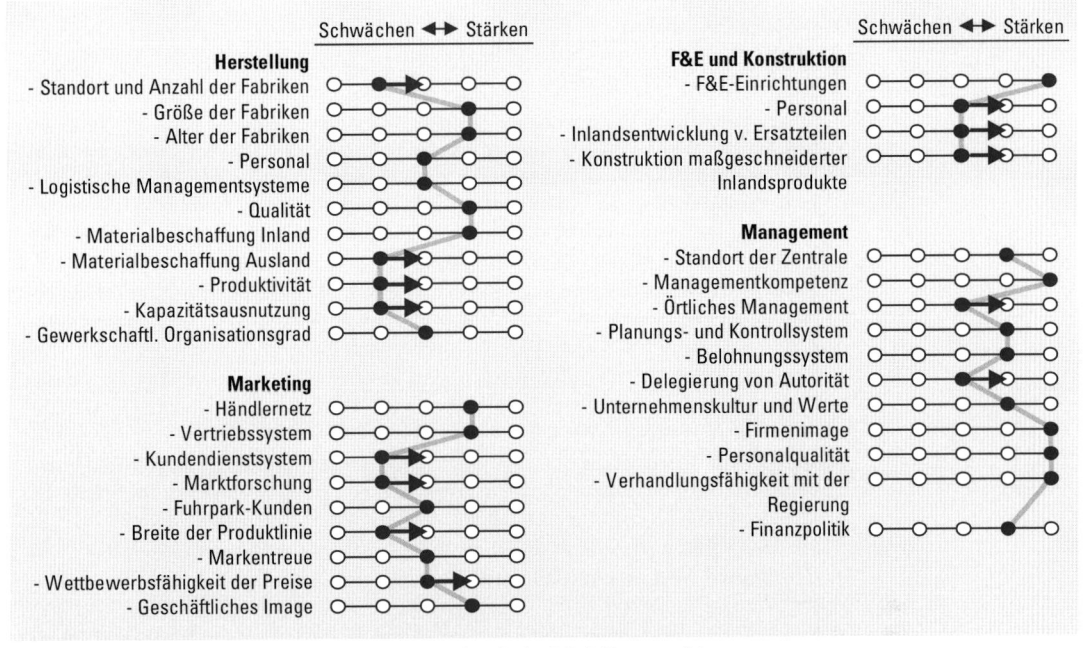

Herstellung
- Standort und Anzahl der Fabriken
- Größe der Fabriken
- Alter der Fabriken
- Personal
- Logistische Managementsysteme
- Qualität
- Materialbeschaffung Inland
- Materialbeschaffung Ausland
- Produktivität
- Kapazitätsausnutzung
- Gewerkschaftl. Organisationsgrad

Marketing
- Händlernetz
- Vertriebssystem
- Kundendienstsystem
- Marktforschung
- Fuhrpark-Kunden
- Breite der Produktlinie
- Markentreue
- Wettbewerbsfähigkeit der Preise
- Geschäftliches Image

F&E und Konstruktion
- F&E-Einrichtungen
- Personal
- Inlandsentwicklung v. Ersatzteilen
- Konstruktion maßgeschneiderter Inlandsprodukte

Management
- Standort der Zentrale
- Managementkompetenz
- Örtliches Management
- Planungs- und Kontrollsystem
- Belohnungssystem
- Delegierung von Autorität
- Unternehmenskultur und Werte
- Firmenimage
- Personalqualität
- Verhandlungsfähigkeit mit der Regierung
- Finanzpolitik

Abb. 3-31: Stärken und Schwächen der Strategischen Geschäftseinheit Personenfahrzeuge von GENERAL MOTORS Venezuela relativ zur FORD MOTOR COMPANY (Ausprägung »Mitte«) 1982 (Profillinie) und 1987 (Pfeilspitzen) (Quelle: Hax/Majluf 1991, S. 342 f.)

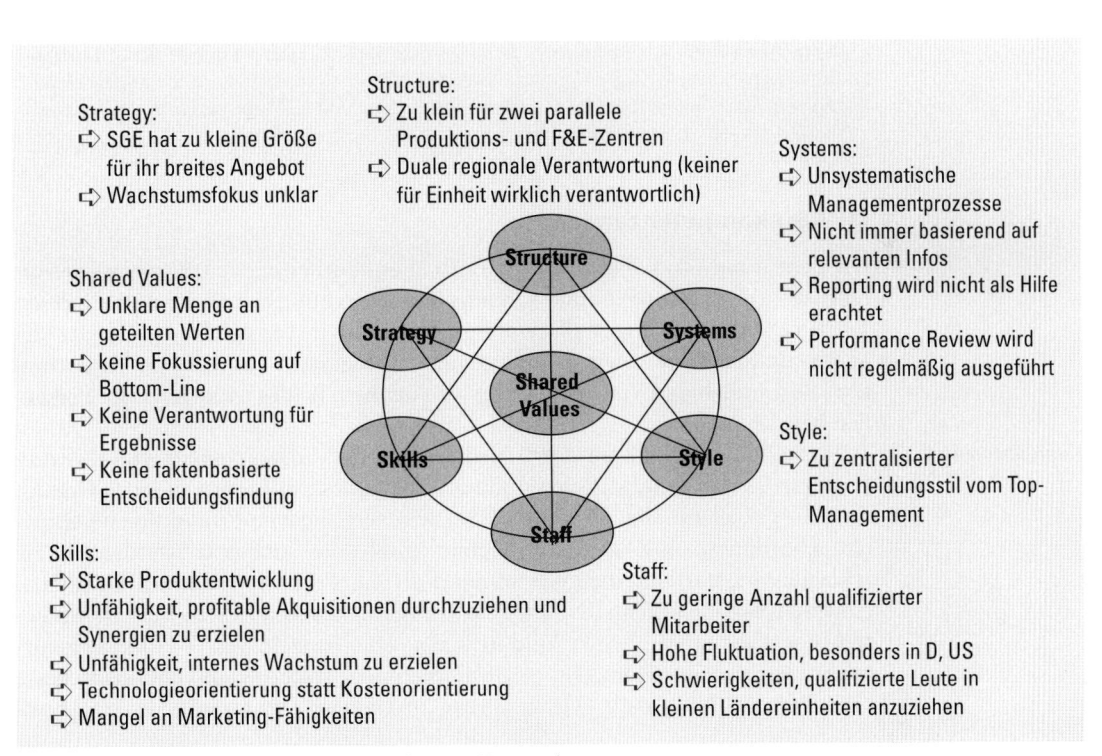

Strategy:
⇨ SGE hat zu kleine Größe für ihr breites Angebot
⇨ Wachstumsfokus unklar

Shared Values:
⇨ Unklare Menge an geteilten Werten
⇨ keine Fokussierung auf Bottom-Line
⇨ Keine Verantwortung für Ergebnisse
⇨ Keine faktenbasierte Entscheidungsfindung

Skills:
⇨ Starke Produktentwicklung
⇨ Unfähigkeit, profitable Akquisitionen durchzuziehen und Synergien zu erzielen
⇨ Unfähigkeit, internes Wachstum zu erzielen
⇨ Technologieorientierung statt Kostenorientierung
⇨ Mangel an Marketing-Fähigkeiten

Structure:
⇨ Zu klein für zwei parallele Produktions- und F&E-Zentren
⇨ Duale regionale Verantwortung (keiner für Einheit wirklich verantwortlich)

Systems:
⇨ Unsystematische Managementprozesse
⇨ Nicht immer basierend auf relevanten Infos
⇨ Reporting wird nicht als Hilfe erachtet
⇨ Performance Review wird nicht regelmäßig ausgeführt

Style:
⇨ Zu zentralisierter Entscheidungsstil vom Top-Management

Staff:
⇨ Zu geringe Anzahl qualifizierter Mitarbeiter
⇨ Hohe Fluktuation, besonders in D, US
⇨ Schwierigkeiten, qualifizierte Leute in kleinen Ländereinheiten anzuziehen

Abb. 3-32: Das 7-S-Modell (mit Beispiel einer SGE eines Konzerns)

> **Workshop: 7-S-Analyse**
>
> Analysieren Sie Ihr Unternehmen einmal mit der 7-S-Analyse. Starten Sie dazu mit der Analyse der einzelnen Faktoren:
>
> 1. *Strategy:* Ist Ihnen die intendierte Strategie Ihres Unternehmens bekannt? Bitte geben Sie Ihr Verständnis, worum es hier geht, in ein paar Worten wieder. Ist diese Strategie aus Ihrer Sicht geeignet, die zukünftigen Herausforderungen zu bewältigen? Positioniert sie das Unternehmen klar genug in seinem Umfeld? Hat diese intendierte Strategie auch eine Chance, zur realisierten Strategie zu werden? Wo könnte dies der Fall sein, wo eher nicht?
> 2. *Skills:* Über welche herausragenden Fertigkeiten und Fähigkeiten verfügt Ihr Unternehmen? Entstehen daraus Vorteile gegenüber den Wettbewerbern? Welche Fähigkeiten sind aus Ihrer Sicht über-/unterentwickelt?
> 3. *Systems:* Welche Managementsysteme sind in Ihrem Unternehmen von besonderer Prominenz? Wie beurteilen Sie deren Qualität? Welche Systeme sind aus Ihrer Sicht unter-/überentwickelt? Wo sehen Sie Handlungsbedarf?
> 4. *Staff:* Worin sehen Sie die Stärken und Schwächen des Stammpersonals Ihres Unternehmens? Sind die Stärken auch relative Stärken im Verhältnis zum Wettbewerb? Welche Arten von Mitarbeitern fehlen, von welchen hat man eher zu viele?
> 5. *Structure:* Was repräsentiert aus Ihrer Sicht die Organisationsstrukturen Ihres Unternehmens? Sind sie einfach/komplex genug? Sind sie hilfreich oder behindern sie eher?
> 6. *Style*: Was kennzeichnen aus Ihrer Sicht Führung und Zusammenarbeit in Ihrem Unternehmen? Passt dies so zur heutigen Zeit?
> 7. *Shared Values:* Was sind die gemeinsam geteilten Werte Ihres Unternehmens? Sind sie in Bewegung? Sind sie (noch) geeignet, den »Klebstoff« für den Zusammenhalt des Unternehmens darzustellen?
>
> In einem zweiten Schritt können dann zentrale Beziehungen zwischen den Faktoren hinterfragt werden. Z.B.: Sind die sieben Faktoren konsistent aufeinander abgestimmt? Sind die vorhandenen Fähigkeiten und gelebten Werte geeignet und ausreichend vorhanden, um die intendierte Strategie umsetzen zu können?

(3) Kernkompetenzen

Die Bedeutung von Fähigkeiten für Aufbau und Sicherung von Wettbewerbsvorteilen ist in der Strategie- und Organisationsforschung seit Anfang der 1990er-Jahre verstärkt herausgestellt worden. Dabei ist insbesondere der Ansatz der »core competences« sowie grundlegende Überlegungen aus Sicht des sogenannten »Resource-based View of Strategy« zu nennen. Beides werden wir im Folgenden betrachten.[135]

Kernkompetenzen

Hamel/Prahalad führen 1990 den Begriff der »*core competences*« (*Kernkompetenzen*) ein und definieren ihn als das kollektive Lernen in einer Organisation, speziell für die Art und Weise, wie verschiedene Produktionsfertigkeiten koordiniert und mehrere Technologieströme integriert werden.[136] Sie schlagen vor, ein Unternehmen weniger als ein Portfolio einzelner Geschäftseinheiten zu sehen, denn als Portfolio von Fähigkeiten, das sich quer durch bestehende Geschäftseinheiten hindurchzieht. Die Wurzeln von Wettbewerbsvorteilen liegen in der Fähigkeit von Unternehmen, solche Kombinationsprozesse schneller und billiger als Wettbewerber auszuüben. Der eigentliche Marktauf-

3.2.3 Einflusskräfte des Unternehmens

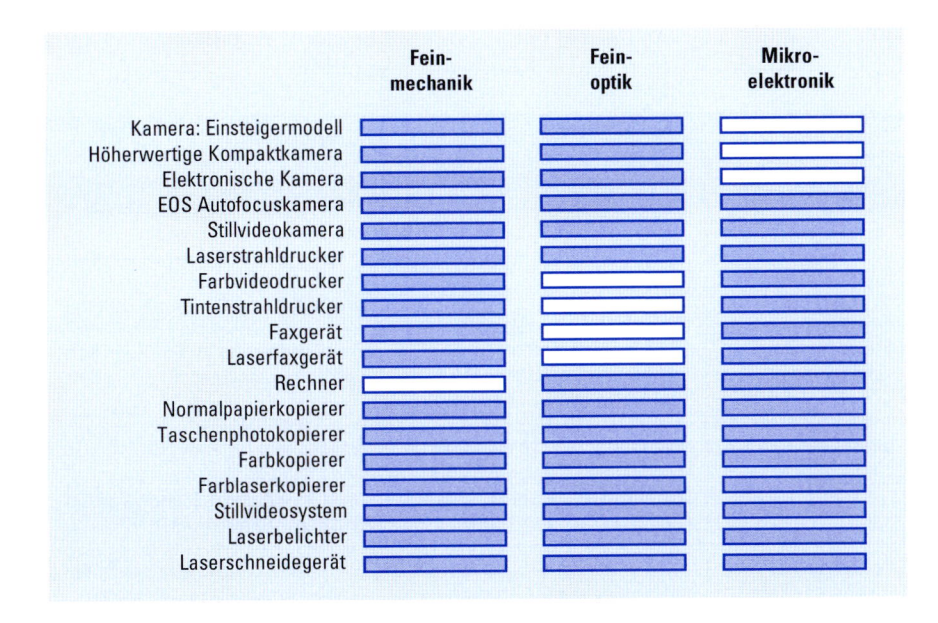

	Fein-mechanik	Fein-optik	Mikro-elektronik
Kamera: Einsteigermodell	■	■	□
Höherwertige Kompaktkamera	■	■	□
Elektronische Kamera	■	■	■
EOS Autofocuskamera	■	■	■
Stillvideokamera	■	■	■
Laserstrahldrucker	■	■	■
Farbvideodrucker	■	□	■
Tintenstrahldrucker	■	□	■
Faxgerät	■	■	■
Laserfaxgerät	■	■	■
Rechner	□	□	■
Normalpapierkopierer	■	■	■
Taschenphotokopierer	■	■	■
Farbkopierer	■	■	■
Farblaserkopierer	■	■	■
Stillvideosystem	■	■	■
Laserbelichter	■	■	■
Laserschneidegerät	■	■	■

Abb. 3-33: Kernkompetenzen bei CANON (Hamel/Prahalad 1990)

tritt ist dann mit den letzten hundert Metern eines Marathons zu vergleichen, bei dem dasjenige Unternehmen gewinnt, das auf den Kilometern zuvor die besten Fähigkeiten entwickelt hat.[137] Damit wird auch eine gedankliche Umkehr einer einseitigen Fokussierung auf die Branchenstruktur eines Unternehmens möglich.

Nimmt man das in Abbildung 3-33 gezeigte Beispiel CANON, so bilden die Kernkompetenzen Feinmechanik, Feinoptik und Mikroelektronik die Grundlage für die Schaffung von Kernprodukten (wie die Kopiereinheit oder die Kamera), die dann in eine Vielzahl von Endprodukten einfließen und in Geschäftseinheiten marktspezifisch gebündelt und vertrieben werden (wie Normalpapierkopierer, Taschenfotokopierer, Farbkopierer etc. in der Geschäftseinheit Kopierer). Dieser muliplikative Effekt ermöglicht es einem Unternehmen, immer wieder neue Endprodukte zu generieren, die auf seinen jeweiligen Kernkompetenzen basieren. Dadurch eröffnet sich auch die Möglichkeit, in verwandte Geschäftsfelder einzutreten oder neue zu kreieren.

Für Hamel/Prahalad ist die Betrachtung eines Unternehmens als Bündel von Kernkompetenzen auch vonnöten, um der »Tyrannei« der strategischen Geschäftseinheiten entgegenzuwirken. Das Denken in voneinander getrennten »Kästchen« hat in ihren Augen dazu geführt, dass sich keine Geschäftseinheit für den Aufbau und Erhalt von Kernprodukten und Kernkompetenzen verantwortlich fühlt und folglich stellt auch keine Geschäftseinheit dafür Ressourcen zur Verfügung. Zudem neigen Geschäftseinheiten dazu, wichtige Ressourcen (wie hoch qualifizierte Mitarbeiter) in ihrem Einflussbereich abzuschotten, auch wenn man sie an anderen Orten besser einsetzen könnte. Und zuletzt wird das Innovationspotenzial des gesamten Unternehmens nicht voll ausgeschöpft, wenn jede Einheit sich nur auf die ihrem Geschäft nahe liegenden Möglichkeiten konzentriert. Von daher plädieren sie dafür, das Unternehmenskonzept der Geschäfts-

Kernkompetenzen, um der Tyrannei der SGE entgegenzuwirken

einheiten durch eines der Kernkompetenzen zu ersetzen. Abbildung 3-34 fasst die Unterschiede zwischen beiden Konzepten zusammen.

Kriterium	Strategische Geschäftseinheit	Kernkompetenz
Konkurrenzgrundlage	Wettbewerbsfähigkeit der gegenwärtigen Produkte	Unternehmensinterner Wettbewerb zum Aufbau von Kompetenzen
Unternehmensstruktur	Portfolio von SGE	Portfolio von Kompetenzen, Kernprodukten und Geschäftseinheiten
Status der Geschäftseinheit	unantastbar autonom; der SGE »gehören« sämtliche Ressourcen (liquide Mittel ausgenommen)	Die SGE als potenzieller Speicher von Kernkompetenzen
Ressourcenverteilung	gesonderte Analyse jeder SGE; Investitionsmittel werden jeder SGE einzeln zugeteilt	Gegenstand der Analyse sind SGE *und* Kompetenzen; die Unternehmensleitung teilt liquide Mittel und begabte Mitarbeiter zu
Wertstiftender Beitrag des Topmanagements	Optimierung der Geschäftserträge durch abwägende Mittelverteilung auf die einzelnen SGEs	Formulierung eines strategischen Gesamtkonzeptes und Schaffen von Kompetenzen zur Zukunftssicherung

Abb. 3-34: Strategische Geschäftseinheiten (SGE) und Kernkompetenzen (Hamel/Prahalad 1990)

Betrachtet man ein Unternehmen aus Sicht des Kernkompetenzenansatzes, dann ergeben sich eine Reihe *weiterführender Fragen und Anregungen*: So muss man sich erstens nicht notwendigerweise nur auf die Gesamtunternehmensebene beschränken, sondern kann jegliche unternehmerische Einheit aus einer »Fähigkeitenbrille« heraus betrachten. Zweitens kann man den Fähigkeitenbegriff dahingehend erweitern, dass darin nicht mehr nur eine technologisch geprägte Begriffsfassung enthalten ist, was auch immer diese Aktivitäten im Einzelnen sind.[138] Und drittens ist noch nicht geklärt, was denn eine Fähigkeit zu einer Kernfähigkeit werden lässt und welche Rolle dabei die Ressourcen einer unternehmerischen Einheit spielen.

Resource-based View

Diese Thematik ist in der Wissenschaft im Zusammenhang mit dem »Resource-based View of Strategy« intensiv diskutiert worden (siehe auch Kap. 4).[139] Diese Sichtweise des Strategischen Managements sieht die Ursache für nachhaltigen unternehmerischen Erfolg in wertvollen Ressourcen bzw. ihrer Bündelung zu Fähigkeiten. Unternehmen können nur dann langfristig überdurchschnittliche Gewinne[140] erzielen, wenn folgende Bedingungen erfüllt sind:

- Erstens dürfen die Wettbewerber nicht über die gleichen Ressourcen und Fähigkeiten wie das eigene Unternehmen verfügen. Je heterogener sie in einer Branche verteilt sind, desto größer ist das Potenzial, sich differenzieren zu können.
- Zweitens sollte diese Heterogenität zu Wettbewerbsvorteilen führen. Nur wenn es einem Unternehmen gelingt, damit effizienter und effektiver als seine Konkurrenten zu agieren, ist ihm diese Heterogenität auch von Nutzen.
- Hinzu kommt drittens, dass die Beurteilung des Nutzens einer Ressource bzw. Fähigkeit letztendlich vom Markt vorgenommen wird. Nur dann, wenn ein Unternehmen in der Lage ist, seinen Kunden gegenüber Leistungen zu erbringen, die diese finanziell auch überdurchschnittlich honorieren, ist die Heterogenität

3.2.3 Einflusskräfte des Unternehmens

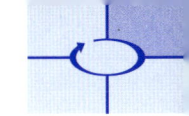

von Bedeutung. Es nützt wenig, sich von seinen Konkurrenten zu differenzieren, wenn dies am Markt nicht wahrgenommen und entsprechend belohnt wird.

Durch ihre komplexe Zusammensetzung und die Verankerung in der jeweiligen Organisation sind solche Ressourcen und Fähigkeiten weder von einem Unternehmen auf ein anderes transferierbar noch käuflich zu erwerben. Ein Konkurrent ist folglich gezwungen, einen äquivalenten Aufbauprozess zu durchlaufen, der ihn Zeit und Ressourcen kostet. Will eine unternehmerische Einheit nun feststellen, ob es sich bei einigen seiner Fähigkeiten um Kernkompetenzen handelt – also um Fähigkeiten, die am Markt zu nachhaltigen Wettbewerbsvorteilen führen – dann sollte diese Prüfung anhand von vier Kriterien erfolgen:[141]

Prüfkriterien

- Erstens müssen diese Fähigkeiten *wertvoll* sein. D. h., sie müssen die Effizienz und Effektivität des Unternehmens erhöhen und zu einer verbesserten Leistung am Markt führen.[142] Diese spezifischen Fähigkeiten ermöglichen es dem Unternehmen, eine neue Gelegenheit besser auszuschöpfen oder eine aufkommende Gefahr wirkungsvoller zu neutralisieren.

> **Fallbeispiel: Glastechnologische Kompetenz bei Schott**
> Seit mehr als 130 Jahren ist die Firma Schott in der Glastechnologie tätig. Mit dem Otto-Schott-Forschungszentrum in Mainz verfügt das Unternehmen über eine der führenden Einrichtungen für die Glasforschung. Diese technologische Kompetenz vermochte das Unternehmen über die Jahrzehnte immer weiter voranzutreiben und in verschiedenen Branchen erfolgreich zum Einsatz zu bringen: Das Spektrum reicht von den Kochflächen für die Hausgeräteindustrie, über Spezialglasröhren und Primärverpackungen für die Pharmabranche, Strahlenschutzglas vor Röntgenstrahlung bis hin zum größten Glasstück der Welt, einem Acht-Meter-Glaskeramik-Spiegelträger für ein astronomisches Großobservatorium.

- Zweitens müssen diese Fähigkeiten *selten* bzw. *einzigartig* sein, denn wenn auch viele andere Wettbewerber über sie verfügen, ist eine Differenzierung nicht möglich. So bildet bei Retailbanken der Einsatz eines flächendeckenden Netzes mit Geldautomaten nur dann einen Wettbewerbsvorteil, wenn die Konkurrenten über kein solches Netz verfügen.

> **Fallbeispiel: Die Direktvertriebskompetenz von Vorwerk**
> Die Vorwerk & Co. KG wurde 1883 in Wuppertal gegründet. Im Laufe der Firmengeschichte entwickelte sich die einstige Teppichfabrik zu einer breit aufgestellten, globalen Unternehmensgruppe. Dabei ist Vorwerk bis heute ein Familienunternehmen geblieben. Kerngeschäft von Vorwerk ist seit 1930 der Direktvertrieb, womit eine spezifische Kompetenz zum Management dieser Vertriebsform verbunden ist. Die Vision des Unternehmens lautet entsprechend: »Wir wollen weltweit führend in all unseren Aktivitäten im Direktvertrieb werden.« Zentrale Herausforderung ist es dabei, den einzigartigen Direktvertriebskundenstamm möglichst wirkungsvoll, d.h., auch mittels mehrerer Produktgruppen, zu nutzen. Die Produktpalette umfasst im Direktvertrieb Haushaltsgeräte (Staubsauger Kobold und Küchenmaschine Thermomix, Produkte von Lux Asia Pacific) ebenso wie Kosmetika (JAFRA Cosmetics). Weltweit sind über 622.000 Menschen für Vorwerk tätig, davon rund 600.000 als selbständige Berater. Vorwerk erwirtschaftet ein Geschäftsvolumen von 2,8 Mrd. Euro (2014) und ist in 70 Ländern aktiv.

- Drittens muss ihre *Imitation kaum möglich* sein oder nur mit unverhältnismäßigem Aufwand. Gelingt es jedoch einem Wettbewerber, eine ähnliche Ressourcenausstattung nachzubilden, kann er den Vorsprung eines Unternehmens damit einholen. Indirekt damit verbunden ist auch die Anforderung, dass diese Fähigkeit durch andere Fähigkeiten *nicht ersetzbar* ist.

> **Fallbeispiel: AMAZON**
> Die Amazon.com, Inc. wurde 1994 durch den Informatiker Jeff Bezos als Online-Buchhandlung gegründet. Das Unternehmen entwickelte dabei eine allgemein einsetzbare Kompetenz zum Betrieb eines digitalen Plattform-Handelsgeschäftsmodells, das ihm die Möglichkeit bietet, scheinbar mühelos sich eine Handelsbranche nach der anderen zu erschließen. Auch können andere Handelsunternehmen die Amazon-Plattform zum Vertrieb ihrer Handelsware nutzen. Mit dieser Kernkompetenz sind viele Teilfähigkeiten verbunden, die als Ganzen zu orchestrieren sind. Dazu zählen etwa die Logistik, das Data Mining zur Entwicklung treffsicherer Kaufempfehlungen an die Kunden etc. Im Jahr 2014 erwirtschaftete AMAZON mit diesem Geschäftsmodell bereits einen Umsatz von knapp 90 Mrd. USD.

Nutzung von Scope-Effekten

- Und viertens sollte die Kernkompetenz *transferierbar* sein. D.h., es stellt sich die Frage, ob eine spezifische Fähigkeit zur Verbesserung ihrer wirtschaftlichen Ausnutzung in mehreren Bereichen zur Anwendung gebracht werden kann *(Scope-Effekte)* und ob die Führungsorganisation dazu in der Lage, dies zu unterstützen.

> **Fallbeispiel: Die EASY-GRUPPE**
> Der EASYJET-Gründer Stelios Haji-Ioannou verfügt heute über eine Unternehmensgruppe, die sich zwei Dinge zunutze macht: Sie nimmt den hohen Bekanntheitsgrad der EASY-Idee sowie die Fähigkeit zum Design von Niedrig-Kosten-Geschäftsmodellen und überträgt diese immer wieder auf neue Geschäftsideen. So entstanden EASYCAR, EASYCINEMA, EASYHOLIDAYS, EASYOFFICE etc.[143]

Streng genommen sollte man also nur dann von einer Kernkompetenz sprechen, wenn alle vier Kriterien erfüllt sind. Da dies jedoch in einem Unternehmen nur selten der Fall sein dürfte, ist zumindest anzustreben, sich so weit wie möglich auf der in Abbildung 3-35 dargestellten »Eskalationstreppe« nach unten zu bewegen (**WSIT-Analyse**[144]). Je besser dies gelingt, desto mehr wird die Wettbewerbsposition einer unternehmerischen Einheit verbessert. Auf Stufe 5 dürfte der Wettbewerbsvorteil besonders nachhaltig sein, da die Kernkompetenz hier in mehreren Anwendungsfeldern verankert ist und somit Synergien realisiert werden können, was nur eine weitere Schwelle zur Imitation durch Dritte darstellt.

Definition

Aufbauend auf diesen Prüfkriterien soll nun eine Kernkompetenz wie folgt definiert werden: *Eine Kernkompetenz erwächst aus einem komplexen organisatorischen Lernprozess und kombiniert in einzigartiger Art und Weise Ressourcen und Fähigkeiten der Organisation zu einem höherwertigen Ganzen, das in verschiedenen Anwendungsfeldern zur Nutzung gelangt und dem Unternehmen zu einem nachhaltigen Wettbewerbsvorteil verhilft.*

Ausgehend von dieser Definition ergeben sich dann auch die wichtigsten Aktionsfelder eines *Managements von Kernkompetenzen*:

- *Identifikation:* Ein erster Schritt besteht darin, überhaupt einmal festzustellen, ob ein Unternehmen über Kernkompetenzen verfügt. Dazu kann die obige WSIT-Analyse zum Einsatz gebracht werden.

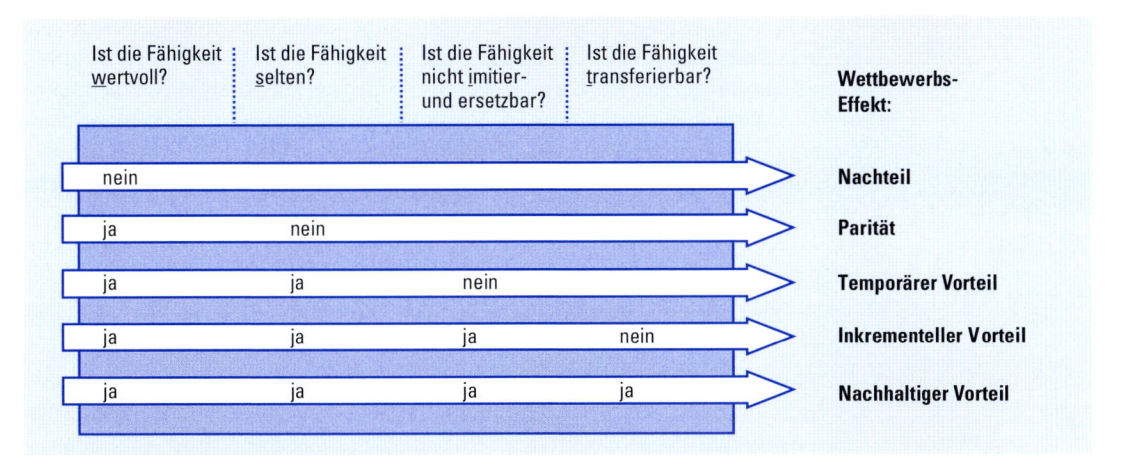

3.2.4 Integrierte Betrachtung der Einflusskräfte

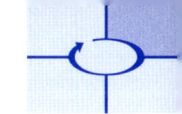

Ist die Fähigkeit wertvoll?	Ist die Fähigkeit selten?	Ist die Fähigkeit nicht imitier- und ersetzbar?	Ist die Fähigkeit transferierbar?	Wettbewerbs-Effekt:
nein				Nachteil
ja	nein			Parität
ja	ja	nein		Temporärer Vorteil
ja	ja	ja	nein	Inkrementeller Vorteil
ja	ja	ja	ja	Nachhaltiger Vorteil

- *Governance:* In einem zweiten Schritt geht es darum, die optimalen Voraussetzungen für die Führung und Weiterentwicklung der Kernkompetenz zu schaffen. Wo soll z. B. die Verantwortung für eine Kompetenz in der Aufbauorganisation verankert werden? Oder in welcher Form soll die Führungseinheit »Kernkompetenz« sich in den Managementsystemen (z. B. der strategischen Planung oder dem Berichtswesen) wiederfinden? Oder wie können die aus einer Kernkompetenz erwachsenden Synergien zwischen den Anwendungsfeldern einer Kernkompetenz bestmöglich genutzt werden?
- *Transfer:* Im dritten Schritt sollte nach weiteren Transfermöglichkeiten als Teil der Wachstumsstrategie einer Unternehmensgruppe gesucht werden.

Abb. 3-35: Eskalationstreppe zur Prüfung von Fähigkeiten (WSIT-Analyse)

Einer der *Vorteile* des Kernkompetenzkonzeptes ist, dass es in leicht nachvollziehbarer Form den Fokus auf die Ressourcen und die strategische Bedeutung immaterieller Ressourcen als Basis von Wettbewerbsvorteilen lenkt. Von dort aus kann dann auch in Verbindung mit den oben dargestellten Wertketten spezifischer bei den einzelnen Wertschöpfungsstufen nach der Lokalisierung von Kernkompetenzen gesucht werden. Weiter hilft es, eine verbindende Dimension bei der Konzeption und Entwicklung von Unternehmensgruppen zur Darstellung zu bringen. *Nachteile* des Konzeptes sind seine definitorische Unklarheit, das bislang nur geringe Wissen über die Operationalisierung, Führung und organisatorische Verankerung des Konzeptes sowie die bislang nur geringe empirische Validierung des Konzeptes.

Vor- und Nachteile

3.2.4 Integrierte Betrachtung der Einflusskräfte

Hatten wir bislang die Einflusskräfte der Umwelt und des Unternehmens relativ isoliert voneinander betrachtet, so kann als Nächstes eine Integration beider Bereiche vorgenommen werden. Ziel ist es, die dabei auftretenden Wechselwirkungen zwischen Umwelt und Unternehmen zu untersuchen und Hinweise zu erlangen, wie sich beispielsweise der Eintritt neuer Konkurrenten auf die Handlungsmöglichkeiten des Unternehmens auswirkt bzw. vice versa.

Da es auch hier keinen »one best way« gibt, wollen wir im Folgenden vier Konzepte betrachten, die jeweils aus einem unterschiedlichen Blickwinkel heraus das Verhältnis von Unternehmen und Umwelt beleuchten und es erlauben itera-

Konzepte zur integrierten Analyse

SWOT-Analyse

tiv zwischen beiden Bereichen hin und her zu pendeln. Zusätzlich schlagen die einzelnen Konzepte bereits die Brücke zum nächsten Arbeitsschritt Gestaltung. Sie sind also nicht nur für den Zweck einer integrierten Analyse nützlich, sondern auch dafür geeignet, daraus Hinweise und Anregungen für die Bildung strategischer Optionen zu erhalten. Folgende Konzepte werden vorgestellt: (1) SWOT-Analyse, (2) Kernfähigkeiten-Szenario-Analyse, (3) spieltheoretische Überlegungen und (4) die Methodik des vernetzten Denkens.

(1) Die **SWOT-Analyse** stellt wichtige Einflussfaktoren von Umwelt und Unternehmen komprimiert und im Überblick dar und gewinnt aus deren »Konfrontation« eine Vielzahl strategischer Optionen (vgl. dazu Abb. 3-36). Man geht hier in zwei Etappen vor:

- Erstens wird mit Hilfe einer Umwelt- und Unternehmensachse zuerst eine zweidimensionale Matrix aufgespannt. Beide Achsen werden dann jeweils in ein positiv und negativ besetztes Feld unterteilt, was dazu führt, dass sich die Unternehmensachse in **S**trengths (Stärken) und **W**eaknesses (Schwächen) und die Umweltachse in **O**pportunities (Gelegenheiten) und **T**hreats (Gefahren) ausdifferenziert. Damit wird auch die Herkunft des Begriffes »SWOT« deutlich, der auf die Aneinanderreihung der vier Anfangsbuchstaben zurückzuführen ist. Die Inhalte dieser vier Listen lassen sich aus den vorab durchgeführten Umwelt- und Unternehmensanalysen ableiten.
- Zweitens setzt man nun die in- und externe Analysedimension miteinander in Beziehung und generiert daraus strategische Handlungsalternativen, welche sich in vier Gruppen einteilen lassen. Z. B. bei den *Chancen* werden die Stärken des Unternehmens verwendet, um Gelegenheiten im Umfeld zu nutzen. Damit wird mit Schritt 2 bereits ein Übergang von der strategischen Analyse in das Bilden strategischer Optionen vollzogen.

Nicht selten begnügt man sich bei der Anwendung der SWOT-Analyse mit dem ersten Schritt, also den vier Listen. Damit unterschlägt man allerdings den wesentlichen Grund, weshalb eine solche Analyse durchgeführt wird, nämlich die Synthese aus Umwelt- und Unternehmensanalyse zur Herleitung strategischer Optionen.

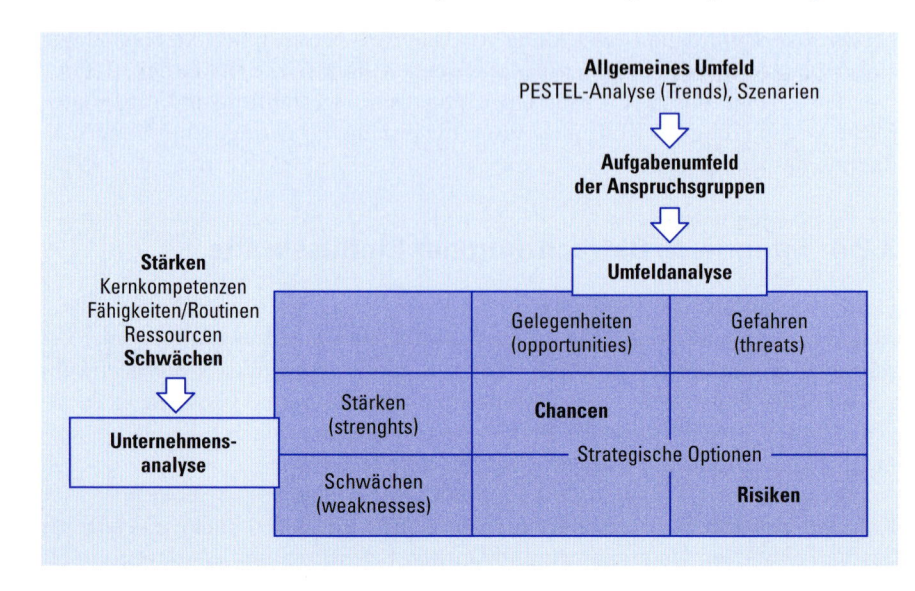

Abb. 3-36: SWOT-Analyse

3.2.4 Integrierte Betrachtung der Einflusskräfte

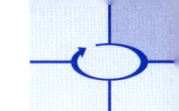

> **Fallbeispiel: SWOT-Analyse eines Unternehmens im Satellitenbau**
> Mit dem Zusammenbruch des Ostblocks Ende der 1980er-Jahre und den damit verbundenen geopolitischen Umwälzungen ergaben sich sehr große strategische Herausforderungen für die im Verteidigungssektor tätigen Unternehmen. Insbesondere waren sie mit teilweise mehr als halbierten Budgets der Verteidigungsausgaben vieler Länder konfrontiert. In dieser Situation unternahm ein Unternehmen, das im Satellitenbau international tätig war, die in Abbildung 3-37 (verkürzt) dargestellte SWOT-Analyse. So entdeckte man neue Chancen für sich in Form der Entwicklung neuer ziviler Produkte (z. B. Satellitennavigation) und Dienstleistungen (Wetteraufklärung für Ernten). Langjährige Kontakte zu militärischen Beschaffungsbehörden bieten die strategische Option, die Reduktion der Militärbudgets zu Lasten von Konkurrenten mit weniger guten Kontakten abzufangen, ebenso wie auch die starke Cash-Position, die zum Kauf dieser Wettbewerber verwendet werden kann. Die Bildung von Joint Ventures mit ausländischen Kooperationspartnern wäre eine Strategie, die bisherige nationale Präsenz zu überwinden, um dadurch die Marktchancen auf dem internationalen Rüstungsmarkt früher erkennen und besser nutzen zu können.

Mit Hilfe der SWOT-Analyse werden also strategische Optionen generiert, die aus einem expliziten Abgleich zwischen den Einflussfaktoren des Unternehmens und denen seiner Umwelt stammen. Dabei orientiert man sich an dem Prinzip, sowohl Stärken und Chancen zu maximieren als auch Schwächen und Risiken zu minimieren. *Vorteile* dieser Analyse sind die übersichtliche, integrierte Darstellungsweise, die notwendige Komplexitätsreduktion auf die wichtigsten Einflussfaktoren sowie ihre relativ einfache, direkte Verknüpfung, die die Entwicklung strategischer Optionen unterstützt. *Nachteilig* ist allerdings, dass die SWOT-Analyse bei der Auswahl der Einflussfaktoren keine Hilfestellung bietet und sowohl die einzelnen Einflussfaktoren als auch die strategischen Optionen gleich

Vor- und Nachteile

Umweltfaktoren / Unternehmensfaktoren	Gelegenheiten (Opportunities) 1. Neue Verteidigungsmärkte in Osteuropa 2. Zugang zu zivilen Märkten (Dual use products) 3. Pan-europäische Projekte (z. B. Eurofighter)	Gefahren (Threats) 1. Reduktion der Militärbudgets 2. Neue Konkurrenten aus europäischen Ländern 3. Konzentrationstendenzen in der Branche
Stärken (Strengths) 1. Technologische Führerschaft 2. Gute Kontakte zu Militärbehörden 3. Starke Cash-Position	**SO-Strategien (Chancen)** • Entwicklung neuer Produkte (Satellitennavigation) und Dienstleistungen (Wetteraufklärung für Ernten) • Expansion in osteuropäische Märkte	**ST-Strategien** • Kooperationen oder Akquisitionen in Europa • Intensivierung der Marketing-Aktivitäten
Schwächen (Weaknesses) 1. Hohe Produktionskosten 2. Unflexible Aufbau- und Ablaufstrukturen 3. Nur nationale Vertriebspräsenz 4. Teilweise fehlende kritische Masse	**WO-Strategien** • Gründung von Vertriebseinheiten im Ausland • Gründung von New Ventures in Teilbereichen • Gründung von Joint Ventures	**WT-Strategien (Risiken)** • Schließung oder Outsourcing unrentabler Bereiche • Druck auf weitere Erhöhung der Effizienz (Business Process-Reengineering-Projekte)

Abb. 3-37: SWOT-Analyse eines europäischen Satellitenbauunternehmens

Kernfähigkeiten-Szenario-Analyse

gewichtet und damit keine Schwerpunkte setzt. Zudem stellen sich Probleme bei der Abstimmung zwischen den einzelnen Optionen. Abhängigkeiten und Wechselwirkungen werden nicht berücksichtigt, was dazu führt, dass es zu prinzipiellen Widersprüchen zwischen einzelnen Optionen kommen kann.

(2) Während die SWOT-Analyse bei der Auswahl der Einflussfaktoren nur wenig methodische Hilfestellung gibt, leistet dies die **Kernfähigkeiten-Szenario-Analyse**[145], indem sie auf zwei Konzepten aufbaut, die wir bereits bei der Umwelt- und Unternehmensanalyse kennengelernt haben: die Geschäftsfeldsegmentierung sowie die Szenariotechnik. Bei ihrer Erstellung wird nach folgendem Schema vorgegangen: Im Rahmen einer wiederum zweidimensionalen Matrix werden auf der vertikalen Achse einzelne Geschäftsfelder und auf der horizontalen Achse verschiedene Szenarien eingetragen, die zuvor ermittelt wurden. Innerhalb dieser Matrix werden dann in einem nächsten Schritt all die Fähigkeiten ermittelt, über die eine unternehmerische Einheit entweder bereits verfügt oder die es für die jeweilige Kombination von Szenario und Geschäftsfeld dringend erwerben sollte. Will man nun wissen, welche Fähigkeit am wertvollsten ist, so zählt man anschließend einfach quer durch alle Felder hindurch, wie oft die einzelnen Fähigkeiten verwendet werden und hält dieses Ergebnis numerisch fest. Je öfters eine spezifische Fähigkeit dabei auftaucht, desto wertvoller ist sie. Man kann damit ermitteln, welche Fähigkeiten am häufigsten in allen Geschäftsfeldern benötigt werden und sich gleichzeitig am robustesten in den jeweiligen Szenarien verhalten. Quintessenz der Analyse ist dann die Aussage, dass ein Unternehmen seine Aufmerksamkeit auf diejenigen Fähigkeiten mit der höchsten Wertung richten und sie adäquat mit Ressourcen ausstatten sollte.

> **Fallbeispiel: APPLE**
> Betrachtet man beispielsweise die Situation des Computerherstellers APPLE im Jahre 1992, so ergibt sich nach Shoemaker (1992) zu diesem Zeitpunkt folgendes – in Abbildung 3-38 dargestelltes – Bild.
>
> | Szenarios:
SGF: | Stagnation & Sättigung | Verwirrung | Schlaraffenland |
> |---|---|---|---|
> | Privatkunden | h/c/b/d | c/b/h/d | b/c/a/d |
> | Aus- u. Weiterbildung | c/h/d/e | c/d/h/a | d/c/e/b |
> | Firmenkunden | a/f/e/c | e/f/a/d | f/a/e/d |
> | Workstations | g/d/e/a | d/g/h/e | d/f/g/b |
>
> **Kernfähigkeiten:**   **Nennungen:**
> a) Gut ausgebildetes Vertriebsteam   6
> b) Zugang zu Vertriebskanälen   5
> c) Benutzerfreundlichkeit in der Produktentwicklung   7
> d) Verfügbarkeit von Software und Peripheriegeräten   11 *Top 1!*
> e) Kompatibilität/Integrative Produktlinie   7
> f) Professionelles Image (Qualität & Verlässlichkeit)   7
> g) Einsatz neuer, innovativer Technologie   3
> h) Niedrige Kostenposition bei der Produktion   5
>
> APPLE definiert seinen relevanten Markt in Form der fünf Geschäftsfelder Privatmarkt, Aus- und Weiterbildung, Firmenkunden und Workstations. Drei Szenarien stehen zur Debatte: Das Szenario »Stagnation und Sättigung« ist dadurch gekennzeich-

Abb. 3-38: Fähigkeiten-Szenarien-Matrix nach Amit/Shoemaker (1993, S. 77)

net, dass der PC-Absatz aufgrund einer allgemeinen Rezession einbricht, die Anbieter zu viel produzieren und sich in intensiven Kämpfen gegenseitig die Margen ruinieren. Bei der »Computer-Verwirrung«, dem zweiten Szenario, führt das Fehlen von Industriestandards zur Verunsicherung bei den Kunden, mit der Folge, dass sie zurückhaltend einkaufen. Das dritte Szenario gleicht einem »Computer-Schlaraffenland«, in dem der Markt national und international rasch wächst und die Vernetzung des PCs mit anderen Geräten eine Fülle neuer Möglichkeiten eröffnet. Mit diesen Informationen setzt man nun eine zweidimensionale Matrix zusammen, in deren Feldern man dann die Fähigkeiten von APPLE verorten kann. Bei der anschließenden Zählung, wie oft die einzelnen Fähigkeiten in der Matrix auftauchen, ergaben sich die meisten Nennungen für »Verfügbarkeit von Software und Peripheriegeräten«.

Wenn man aus Sicht der heutigen Zeit über die Geschäftsfeld-Szenarien-Matrix von APPLE reflektiert, so lässt sich eine interessante Tatsache feststellen: Die Matrix wurde 1992 erstellt zu einer Zeit, als die starke Position APPLES langsam zu erodieren begann. Getreu ihrer Empfehlung hätte sich APPLE auf die Fähigkeiten d und e konzentrieren müssen, da sie einerseits die breiteste Abdeckung der Geschäftsfelder ermöglichten und andererseits unter wechselnden Szenarien am robustesten waren. Tatsächlich jedoch führte APPLE in den folgenden Jahren mehrere strategische Manöver aus, die weder die breite Verfügbarkeit von Software noch die Kompatibilität der APPLE-Produkte zum Inhalt hatten. Bis 1997 beharrte APPLE sogar auf einer proprietären Verwendung seines Betriebssystems, womit es sich vom allgemeinen Branchentrend abkoppelte. Wie allseits bekannt ist, schlugen die verfolgten Strategien mehr oder weniger fehl und brachten APPLE an den Rand des Konkurses, wovon sich das Unternehmen erst wieder zu erholen hatte. Es wäre also APPLE wohl nicht schlecht bekommen, wenn es die Empfehlungen der Matrix bereits 1992 befolgt hätte. Erst nach der Jahrtausendwende kam es dann zu der Umsatzexplosion, die das Unternehmen auf das heutige Niveau von über 180 Mrd. USD hievte. Zehn Jahre zuvor waren es noch 8 Mrd. USD. Voraus ging die Rückkehr von Steve Jobs im Jahr 1997 und damit eine radikale Neuausrichtung der Strategie.

(3) **Spieltheoretische Überlegungen** sind eine dritte Möglichkeit, um die Einflussfaktoren von Umwelt und Unternehmen integriert zu betrachten. Dabei modelliert man die Interaktionen zwischen beiden Bereichen in Form von Spielen, die nach unterschiedlichen Kriterien segmentierbar sind.[146] Man unterscheidet beispielsweise Aufteilungen nach der Zahl der Spieler (Zwei- versus N-Spieler), nach der Anzahl der gespielten Runden (Einrundenspiele; Wiederholungsspiele, in denen ein Spiel begrenzt oder unbegrenzt oft wiederholt wird; Dynamische Spiele, in denen einzelne Teilspiele systematisch miteinander vernetzt werden), nach dem Informationsstand (Spiele mit vollständiger und unvollständiger Information), nach der Variabilität der gesammelten Auszahlungen (Konstant- und Variabelsummenspiele) oder nach der Einstellung zur Zusammenarbeit (kooperative versus nichtkooperative Spiele). Da die Spieltheorie in einer mathematischen Form modelliert und um der Exaktheit willen gezwungen ist, rigide, oft limitierende Annahmen zu verwenden, ist der Transfer spieltheoretischer Überlegungen in die Praxis nicht ohne Weiteres möglich. Interessant und durchaus praktikabel ist sie aber dort, wo es nur noch wenige Spieler gibt (Oligopol). Dies dürfte auch mit ein Grund sein, warum die Spieltheorie nicht die breite Akzeptanz gefunden hat, die man sich anfangs von ihr erwartet hatte.

Eine Übersetzung spieltheoretischer Gedanken in eine allgemein verständliche Form haben Nalebuff/Brandenburger (1996) vorgelegt. Sie greifen dabei typische Fragestellungen der Spieltheorie auf und besprechen sie anhand mehrerer Dimensionen, die sich der Zweiteilung in Unternehmen und Umwelt zuordnen las-

Spieltheorie

sen. Damit gewinnen sie Ansatzpunkte, mit deren Hilfe eine unternehmerische Einheit ein spezifisches »Geschäftsspiel« zu ihren Gunsten verändern kann. Fünf »Hebel« sind dabei von Interesse.

- Erstens kann eine geschickte Veränderung der *Zusammensetzung der Spieler* (wie Kunden, Wettbewerber, Lieferanten oder Kooperationspartner) zu einer neuen Spielsituation führen.

> **Fallbeispiel: Luftfahrtallianzen**
> Als Beispiel sind Allianzen in der Luftfahrt wie STAR ALLIANCE oder ONE WORLD zu nennen. Ausgehend von einzeln gegeneinander konkurrierenden Luftfahrtgesellschaften begannen sich ab Ende der 80er-Jahre einzelne Unternehmen kooperativ zusammenschließen, um sich Wettbewerbsvorteile zu verschaffen: Code-Sharing-Abkommen; die Aufteilung und Optimierung von Flugnetzen oder die gemeinsame Nutzung von Bodenstationen waren Maßnahmen, die diesen kooperativen Spielzug kennzeichneten und einzeln operierende Anbieter unter massiven Druck setzten.

- Ein zweiter Hebel liegt in der *Veränderung der Mehrwerte*. Dabei wird eine Veränderung der eigenen Wertschöpfungsleistung vorgenommen, mit dem Ziel, dadurch die Wertschöpfung der Konkurrenten zu limitieren.

> **Fallbeispiel: CWS**
> Das Unternehmen CWS begann sein Geschäft mit der Lieferung und Wartung von Papierspendern in den Toiletten von Hotels, Restaurants oder Fabrikgebäuden. Seine Wertschöpfung erweiterte es sukzessive um die Bereitstellung von Seife, Toilettenpapier, Abfallentsorgung und Toilettenreinigung und wurde dadurch zu einem integrierten Anbieter für die Vermietung und den Verkauf von Waschraumhygienelösungen und Berufskleidung. Dadurch konnte es die Wertschöpfung anderer Unternehmen begrenzen und diese sogar teilweise aus dem Markt drängen. Heute ist CWS-boco International GmbH ein Tochterunternehmen der Haniel-Gruppe. Zu den Service-Angeboten zählen die Anbringung der Seifenspender, die Abholung der Stoffhandtuchrollen, Matten oder Kleidung beim Kunden, das Waschen der Textilien sowie deren Kontrolle, Reparatur, der Austausch und die Anlieferung.

- Der dritte Hebel setzt bei einer *Veränderung der Spielregeln* an.

> **Fallbeispiel: DELL**
> Ein Beispiel ist hier DELL, das über ein Direktvertriebskonzept innerhalb kürzester Zeit zur Nr. 1 im PC-Geschäft aufstieg und für viele Jahre diesen Wettbewerbsvorteil zu verteidigen vermochte.

- *Taktiken* sind viertens darauf ausgerichtet, die Wahrnehmung der Mitspieler zu verändern, Zonen der Ungewissheit zu schaffen und sie bei Bedarf aufzulösen. So bemühen sich gerade Markenartikler ihre Produkte durch Werbeaktivitäten deutlich von konkurrierenden Produkten abzusetzen, und dies umso stärker, je geringer die Unterschiede zwischen den Produkten sind.

> **Fallbeispiel: COCA-COLA versus PEPSI-COLA**
> Während dies beispielsweise von Getränkeherstellern wie COCA-COLA oder PEPSI-COLA bereits seit Jahren intensiv praktiziert wird, sind in den letzten Jahren auch in

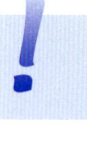

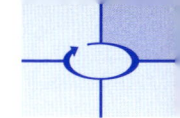

3.2.4 Integrierte Betrachtung der Einflusskräfte

anderen Branchen derartige Taktiken zu beobachten. Der Fahrradhersteller MAXX BIKES beispielsweise wirbt gezielt mit einer »maßgeschneiderten« Anfertigung eines Fahrrads und baut dieses aus seinem Fundus an Komponenten jeweils dem individuellen Auftrag entsprechend zusammen. Selbst wenn man argumentiert, dass ein solches Verhalten in der Branche immer wieder zu beobachten war, so lässt sich doch nicht übersehen, dass MAXX BIKES eines der ersten Unternehmen war, das dieses Angebot in seinem Marktauftritt prägnant herausstrich und es bei Fahrradkäufern nachhaltig verankerte.

- Ein fünfter Ansatzpunkt besteht in der *Verschiebung des Spielraums* eines Spiels. So kann man das Spiel erweitern, indem man es mit anderen Spielen koppelt.

Fallbeispiel: Open Opera
Um die Hemmschwellen gegenüber Opernhäusern abzubauen, haben sich in der Schweiz manche Opernhäuser mit ungewöhnlichen Partnern zusammengetan: So gab es Aufführungen im Bahnhof Zürich oder im Einkaufszentrum Westside bei Bern.

Wechselt man aus der Mikroperspektive eines einzelnen Unternehmens in die Makroperspektive Umwelt, die das Spiel in einer Branche insgesamt beschreibt, dann lassen sich auch hier verschiedene Ansatzpunkte finden: So ist zu fragen, wer alles die relevanten *Akteure* in diesem Spiel sind und ob diese sich gegeneinander kooperativ und/oder kompetitiv verhalten, welche *Rahmenbedingungen* das Spiel lenken, welche *Spielregeln* über die Jahre entstanden sind, wie groß das *Spielfeld* ist und wer als *Zuschauer* und wer als *Schiedsrichter* fungiert. In der Telekommunikationsindustrie tritt beispielsweise in fast allen europäischen Ländern eine Regulierungsbehörde auf, deren Verhalten sich von Land zu Land deutlich unterscheidet und das Wettbewerbsspiel beeinflusst.

Die zentralen Fragestellungen dieses spieltheoretisch geprägten Ansatzes werden in Abbildung 3-39 zusammengestellt. Dabei wurden die Fragen zur Umweltanalyse bereits teilweise bei den Ausführungen zur Branchenanalyse angesprochen.

Workshop: Unternehmensanalyse
Verbinden Sie nun das in Abschnitt 3.2.2(4) durchgeführte Verfahren zur Wettbewerbsanalyse mit den Fragen zum Unternehmen wie in Abbildung 3-39 vorgegeben. Welche Konsequenzen ergeben sich daraus für Ihr Unternehmen? Bringen Sie diese Überlegungen auch auf Ideen für neue Geschäfte?

(4) Eine weitere Möglichkeit, die Interaktionen zwischen Umwelt und Unternehmen zu betrachten, bietet die **Methodik des vernetzten Denkens**.[147] Ihr Einsatzfeld ist der Umgang mit komplexen Problemsituationen. Dies muss nicht nur – wie im vorliegenden Fall – für das Verhältnis zwischen Umwelt und Unternehmen gelten, vielmehr kann jedes als komplex zu beurteilende Problem mit der Methodik des vernetzten Denkens bearbeitet werden. Was von Bedeutung ist, ist die Frage, ob es sich auch tatsächlich um ein solches handelt – was wohl bereits selbst eine komplexe Problemstellung ist. Dazu bietet es sich an, zwischen einfachen, komplizierten und komplexen Problemen zu unterscheiden. Einfache Pro-

Abb. 3-39:
Spieltheoretische
Ansätze
(nach Nalebuff/
Brandenburger 1996)

Umwelt ⟷ **Unternehmen**

- Welches sind die Akteure (»*Spieler*«) im »Value net«?
- Wer ist das *Publikum* (z. B. Pressure Groups)?
- Was kennzeichnet die *Rahmenbedingungen* (z. B. demographisch, technisch, rechtlich)?
- Wer sind die »*Schiedsrichter*« (z. B. Kartellbehörden, Systemlieferanten, Referenzkunden)?
- Wie lauten die »*Spielregeln*«?
- Was ist das »*Spielfeld*« (regional, branchenbezogen usw.)?

- *Spieler:* Wie lässt sich die Zusammensetzung der Spieler ändern (z. B. durch Akquisitionen und Allianzen)?
- *Mehrwerte:* Wodurch kann die eigene Wertschöpfung erhöht (und dadurch diejenige der Wettbewerber limitiert) werden?
- *Spielregeln:* Wie lassen sich die »Spielregeln« verändern (z. B. Etablierung eines neuen Vertriebskonzeptes)?
- *Taktiken:* Mittels welcher Taktiken kann die Wahrnehmung der »Mitspieler« z. B. durch den Kunden beeinflusst werden?
- *Spielraum:* Wie kann man die Grenzen des »Spiels« verändern?

bleme sind dadurch gekennzeichnet, dass sie nur wenige Einflussfaktoren, Beziehungen und Interaktionen enthalten. Komplizierte Probleme weisen viele Faktoren und Verknüpfungen auf, lösen jedoch als Ganzes nur wenig Dynamik aus. *Komplexe Probleme* hingegen zeichnen sich durch eine Vielzahl von Faktoren aus, die miteinander vernetzt sind, sich daher wechselseitig beeinflussen und eine Dynamik auslösen, die dem System ein nicht mehr eindeutig prognostizierbares Eigenleben verleiht.

Um mit solchen Problemen umgehen zu können und sich nicht in den Fallstricken monokausaler Lösungsansätze zu verstricken, wird für eine Gestaltungs- und Lenkungsweise plädiert, die nicht auf das System einwirkt, sondern mit ihm arbeitet. Dazu wird eine generelle Methodik aus *fünf Schritten* vorgeschlagen, die selbst wieder ein vernetztes System bildet.[148] Die ersten drei Schritte dienen der Analyse der Zusammenhänge, während die letzten beiden sich der Umsetzung widmen.

Zunächst gilt es, in einem ersten Schritt die relevanten Probleme zu entdecken und zu identifizieren. Da Probleme nicht einfach etwas objektiv Gegebenes sind, sondern subjektiv konstruiert und wahrgenommen werden, sind verschiedene Abgrenzungsmöglichkeiten eines Systems denkbar. Es empfiehlt sich daher aus verschiedenen Perspektiven (z. B. aus Sicht der einzelnen Anspruchsgruppen) auf ein Problem zu blicken und eine Auflistung aller wesentlichen Einflussfaktoren zu erstellen. Die Faktoren, die dann bestimmend für die Dynamik des Systems sind, werden als Schlüsselfaktoren bezeichnet.

Als zweiter Schritt sind nun die Zusammenhänge und Spannungsfelder im abgegrenzten System zu verstehen. Die Beziehungen zwischen den Faktoren sind in ihrem Muster, ihrer Wirkungsrichtung, den Zeitaspekten und der Intensität zu erfassen. Zu diesem Zweck erstellt man ein Netzwerk, das die einzelnen Faktoren mit Pfeilen verknüpft und ihre Wirkung anhand von Symbolen wie »+« (für einen positiven Einfluss) und » – « (für einen negativen Einfluss) kennzeichnet. Wichtig ist es trotz der Fülle an Faktoren, den zentralen Kreislauf des Systems zu identifizieren. Abbildung 3-40 stellt ein solches Netzwerk dar, das am Beispiel ei-

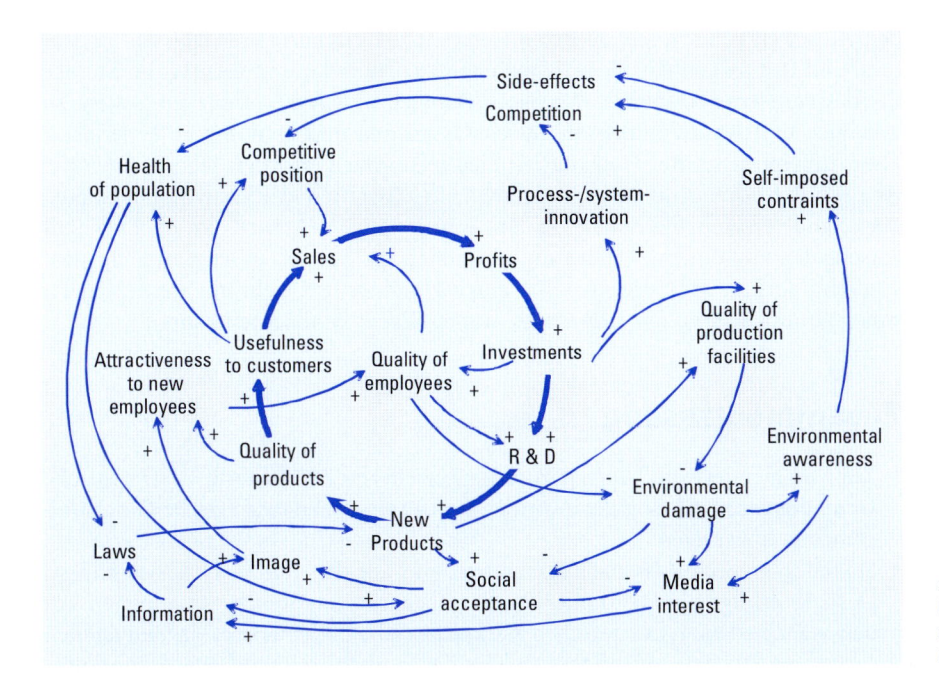

3.2.4 Integrierte Betrachtung der Einflusskräfte

Abb. 3-40: Geschäftslogik eines Verlagsunternehmens

nes Verlagsunternehmens Einflussfaktoren der Umwelt und des Unternehmens miteinander und untereinander verknüpft. Der zentrale Kreislauf wird durch die Faktorenkette »New products – Quality of products – Usefulness to customers – Sales – Profits – Investments – R & D« gebildet.

In einem dritten Schritt werden nun auf Basis des Netzwerkes Lenkungsmöglichkeiten erarbeitet. Dazu ist es erforderlich, zwischen lenkbaren Faktoren und Indikatoren (Messgrößen des Erfolges) und nichtlenkbaren Faktoren zu unterscheiden. Natürlich interessiert man sich besonders für die lenkbaren Faktoren, stellen sie doch die »Hebel« dar, mit denen Veränderungsinitiativen eingeleitet werden können. Mit Hilfe von Kreativitätstechniken werden verschiedene Handlungsalternativen und Szenarien entwickelt und im vierten Schritt qualitativ und quantitativ beurteilt. Allgemeine Regeln wie »Passe deine Lenkungseingriffe der Komplexität der Problemsituation an« oder »Nutze die Eigendynamik des Systems zur Erzielung von Synergieeffekten« oder »Fördere die Autonomie der kleinsten Einheit« sollen dabei als Leitschnur dienen. Zuletzt sind die einzelnen Maßnahmen so umzusetzen, dass sie eine Anpassung (Reparaturfähigkeit) und Weiterentwicklung (Entwicklungsfähigkeit) der vorgeschlagenen Problemlösung erlauben sowie die Früherkennung neuer Probleme unterstützen.

Damit haben wir nun exemplarisch vier Ansätze vorgestellt, die die Einflusskräfte von Umwelt und Unternehmen integriert analysieren können. Zur Frage, wann denn welcher Ansatz zu nehmen sei, ist anzumerken, dass man dies von der jeweiligen Problemstellung abhängig machen sollte. Ein jedes Konzept beleuchtet diese Interaktion aus seiner spezifischen Perspektive und bietet hier dementsprechende sprachliche und inhaltliche Vorteile der Ausdifferenzierung. Ist dies bei der SWOT-Analyse der Zusammenhang zwischen Gefahren und Gelegenheiten der Umwelt sowie Stärken und Schwächen des Unternehmens, konzentriert sich die Spieltheorie auf eine Modellierung der Interaktionen zwischen den Akteuren eines Spiels, hilft die Geschäftsfeld-Szenarien-Matrix, die Bedeutung und Robustheit einzelner Fähigkeiten zu ermitteln, und vermag die Methodik des vernetzten Denkens, Wechselwirkungen in einem komplexen System zu erkennen und Ansatzpunkte zu dessen Gestaltung und Lenkung zu generieren. Ein problemorientierter Umgang mit diesen Ansätzen erfordert jedoch einerseits eine fundierte Kenntnis über Annahmen, Reichweite und Einsatzmöglichkeiten sowie andererseits eine innere Distanz zum jeweiligen Ansatz, um im Einzelfall entscheiden zu können, welcher zu verwenden ist. Ansonsten ist man nicht weit von dem Sprichwort entfernt: »Wer einen Hammer hat, sieht nur noch Nägel«, was man im Umgang mit Konzepten immer wieder beobachten kann.

Zusammenfassung

- Man segmentiert die Umwelt zu ihrer gezielteren Bearbeitung in strategische Geschäftsfelder. Analog dazu werden im Unternehmen strategische Geschäftseinheiten abgegrenzt.
- Stakeholder beeinflussen Unternehmen und werden durch diese beeinflusst. Deshalb erfolgt die Positionierung der abgegrenzten Steuerungseinheiten auf den verschiedenen strategischen Gestaltungsebenen einerseits gegenüber den relevanten Anspruchsgruppen, welche die Einflusskräfte auf eine Steuerungseinheit repräsentieren, andererseits aber auch gegenüber den Entwicklungen in der allgemeinenen Umwelt. Die Trends aus der allgemeinen Umwelt beeinflussen auch die Aufgabenumwelt der Anspruchsgruppen.
- Mit dem aus der Industrieökonomik stammenden Konzept der fünf Wettbewerbskräfte kann man die Attraktivität einer Branche bestimmen. Hat man es dabei mit einer relativ heterogenen Wettbewerberlandschaft zu tun, dann wird die Einteilung der Wettbewerber in strategische Gruppen empfohlen. Dabei kann eine Betrachtung von »Komplementären« eine Wettbewerbsanalyse sinnvoll ergänzen.
- Zentrales Ziel einer strategischen Frühaufklärung/Vorausschau ist die frühzeitige Sensibilisierung des Unternehmens gegenüber »schwachen Signalen« in seinem Umfeld. Eine Technik, die dabei unterstützend eingesetzt werden kann, ist die Szenariotechnik zur Beschreibung denkbarer »Zukünfte«.
- Die Unternehmensanalyse richtet sich auf die materiellen und immateriellen Ressourcen eines Unternehmens. Besonderes Interesse kommt dabei den organisationalen Fähigkeiten zu. Mit dem Schritt zur Betrachtung der Kernkompetenzen versuchte man, auch eine andere Sicht auf die Entwicklung von Unternehmen zu richten.
- Für eine integrierende Betrachtung von Umwelt- und Unternehmensanalyse stehen Methoden wie die SWOT-Analyse, das vernetzte Denken oder auch spieltheoretische Verfahren zur Verfügung.

3.3 Der normative Rahmen

Ist es mit Hilfe der Unternehmens- und Umweltreflexion gelungen, fundierte Kenntnisse über die Position einer unternehmerischen Einheit zu erhalten, so ist in einem nächsten Arbeitsschritt – vorausgesetzt man sieht Handlungsbedarf –

diese Position zielorientiert zu verändern. Der grundlegende Gedanke der Positionierungsarbeit – die Position einer unternehmerischen Einheit durch ihr Verhältnis zu den Anspruchsgruppen der Umwelt zu bestimmen – wird dabei konsequent weiterverfolgt. Für jede relevante Anspruchsgruppe sind Gestaltungsoptionen zu konzipieren, zu bewerten und aufeinander abzustimmen. Die Strategie einer unternehmerischen Einheit ist daher ein aufeinander abgestimmtes Bündel von Maßnahmen, durch das die Position zu den Stakeholdern gestaltet werden soll. Es handelt sich um Ziel-Weg-Beschreibungen, die sich auf das Außenverhältnis einer unternehmerischen Einheit beziehen.

Um dies leisten zu können, ist es erforderlich, sich über eben diese Ziele Klarheit zu verschaffen. Was bezweckt eine unternehmerische Einheit überhaupt? Was will sie erreichen? Aber auch, welcher Form der Selbstbeschränkung unterliegt ihr zielorientiertes Streben? Betrachten wir daher, wie eine unternehmerische Einheit eine Vorstellung über ihre weitere Entwicklung bzw. ihre handlungsleitenden Ziele gewinnen kann. Zu diesem Zweck werden wir die vier Führungsinstrumente Vision, Ziele, Mission und Werte vorstellen und mit Praxisbeispielen unterlegen.

Lernziele

- Einführung von Mission, Werte, Vision und Ziele als normative Bezugspunkte für die Entwicklung und Auswahl von Strategien
- Vermittlung der Grundzüge der Diskussion um die Ziele der Entwicklung von Unternehmen
- Herstellung des Zusammenhangs von Zieldiskussion und Unternehmensethik

3.3.1 Instrumente des normativen Rahmens

Vision, Ziele, Mission und Werte sind die zentralen Führungsinstrumente zur Gestaltung der Unternehmenspolitik. Sie sind Teil des normativen Managements.[149] Zusammen bilden sie den normativen Rahmen eines Unternehmens, innerhalb dessen sich die Optionen für die Geschäftsstrategien und die Corporate Strategie zu bewegen haben. Mit dem normativen Rahmen gibt das Top Managementteam dem Unternehmen eine strategische Ausrichtung. *Der normative Rahmen schränkt einerseits durch seine Kanalisierungsfunktion in Form von Mission und Werten den Raum für die Entwicklung der strategischen Optionen sinnvoll ein; andererseits richtet er durch seine Orientierungsfunktion die Strategie eines Unternehmens langfristig auf die Vision und kurz- und mittelfristig auf die Ziele aus.*[150]

Gestaltung der Unternehmenspolitk

Normativer Rahmen

Die Ausgestaltung und Weiterentwicklung eines normativen Rahmens muss eng im Zusammenhang mit dem in- und externen Kontext, in dem die Strategiearbeit eines Unternehmens stattfindet, gesehen werden. Daraus ergeben sich auch die spezifischen Herausforderungen, denen man sich gegenübersieht und die im normativen Rahmen zumindest indirekt auch aufgegriffen werden sollten. Gleichzeitig darf der normative Rahmen nicht ständigen Änderungen unterworfen sein, d. h., er soll die strategische Entwicklung des Unternehmens auch langfristig anleiten. Neben diesem Kontextbezug ist die Umsetzung eine weitere Hürde, die es bei der Arbeit am normativen Rahmen zu überwinden gilt. Aufgrund der Allgemeinheit seiner Inhalte besteht die Gefahr, dass er zu unverbindlich wird und damit auch keine Alltagsrelevanz erfährt. Deshalb sollte bei der Arbeit am normativen Rahmen von Anfang an der Aspekt der Umsetzung mit bedacht werden. Ansonsten kann Zynismus daraus erwachsen.

> **Fallbeispiel: Die Arbeiten am normativen Rahmen bei der AIRBUS GROUP**[151]
> Die AIRBUS GROUP (bis 2014 EADS **European Aeronautic Defence and Space Company**) ist Europas größter Luft-, Raumfahrt- und Rüstungskonzern. Mit einem Umsatz von ca. 60 Mrd. Euro und einem EBIT von 4 Mrd. Euro (Stand 2014) ist die AIRBUS GROUP nach BOEING das zweitgrößte Luft- und Raumfahrtunternehmen der Welt. Die AIRBUS GROUP beschäftigt weltweit ca.140.000 Mitarbeiter. Sie wurde im Jahr 2000 aus einer Fusion der deutschen DASA (DaimlerChrysler Aerospace AG), der französischen Aérospatiale-Matra und der spanischen Construcciones Aeronáuticas S. A. (CASA) heraus gegründet. Im Jahr 2007 entwickelte die AIRBUS GROUP (damals noch EADS) auf Initiative ihres damaligen CEO Louis Gallois ihre Vision 2020, den strategischen Fahrplan für das kommende Jahrzehnt. Dieser wurde vom Board of Directors im Jahr 2008 verabschiedet. An diesem Fall soll gezeigt werden, welcher Komplexität sich ein globaler Konzern wie die AIRBUS GROUP bei der Ausgestaltung ihres normativen Rahmens gegenübersieht und welche Konsequenzen für die gesamte Steuerung der Unternehmensgruppe davon ausgehen.
>
> I. Die Arbeit an der Vision begann mit einer Analyse der strategischen **Herausforderungen**, denen sich das Unternehmen gegenübersah:
> - *Mobilität:* Das steigende Luftverkehrsaufkommen – mit jährlichen Wachstumsraten von 5 % – muss mit strengeren Umweltschutzauflagen in Einklang gebracht werden.
> - *Eine zunehmend instabile Welt:* Terrorismus einer neuen Dimension; Verbreitung von ballistischen und/oder Atomwaffen und Kriegsführung im Cyberspace verlangen nach neuen Sicherheitsmaßnahmen.
> - *Ein sich vergrößernder Abstand zwischen den USA und Europa:* Das Beschaffungsbudget der USA ist doppelt so hoch wie das europäische, bei den Forschungs- und Entwicklungsbudgets im Verteidigungsbereich lautet das Verhältnis 6 zu 1 zugunsten der USA.
> - *Eine Welt im intensiven Wettbewerb:* Während wir enorm mit dem Problem des schwachen Dollars zu kämpfen haben, hat Boeing seine Wettbewerbsfähigkeit zurückgewonnen. Darüber hinaus haben wir uns auf ein erweitertes Portfolio bei einigen Herstellern und auf neue Wettbewerber speziell aus Russland und China einzustellen.
>
> EADS hat dabei mit *drei Ungleichgewichten* zu kämpfen:
> 1. *Das Portfolio ist zu stark von Airbus abhängig.* AIRBUS erzielt über 64 % des Konzernumsatzes. Das macht EADS angesichts der Zyklen im Markt für Verkehrsflugzeuge sehr verwundbar und bringt hohe finanzielle Belastungen bei der Entwicklung neuer Flugzeuge.
> 2. *EADS ist vor allem auf Plattformen konzentriert.* Hier wird das Wachstumspotenzial ab dem Jahr 2010 eingeschränkt sein. Allerdings werden Dienstleistungen in Verbindung mit Plattformen in den kommenden Jahren zunehmend an Bedeutung gewinnen.
> 3. *Die Beschaffung ist nicht hinreichend global ausgerichtet.* 77 % des Einkaufsvolumens und 97 % der Mitarbeiter sind in Europa konzentriert, 57 % des Umsatzes werden hingegen außerhalb Europas erzielt. Zugang zu Märkten und Technologien, Kostenreduzierung und Schutz vor Währungsschwankungen des Dollars er-

3.3.1 Instrumente des normativen Rahmens

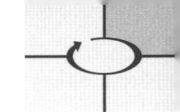

fordern, dass EADS sein industrielles Standbein außerhalb Europas stärkt und neue Kooperationen in Angriff nimmt.

II. Daraus wurden folgende Aussagen zur **Vision 2020** der EADS abgeleitet:
- *EADS hat nicht nur eine Vision – EADS ist eine Vision!*
- *EADS hat starke europäische Wurzeln.* Unser Unternehmen steht für einige der größten europäischen Erfolgsgeschichten wie Airbus, Ariane, Eurofighter oder Eurocopter. Darauf sind wir stolz. Doch wir haben die ganze Welt im Blick.
- *Unser Wettbewerbsvorteil: Wir liefern das Beste an europäischer Technologie, um Mobilität und Sicherheit zu gewährleisten;* wir fördern Hochtechnologie, wissenschaftliche Spitzenleistungen und Programmführerschaft und tragen damit zum globalen Fortschritt bei.

III. Daraus wurden sechs **strategische Ziele** abgeleitet, wobei man das erste Ziel auch als Vision betrachten könnte:
1. *Das weltweit führende Unternehmen bei luft- und weltraumgestützten Plattformen und Systemen:* Unser Ziel ist es, mit einem vollständigen Portfolio, das sowohl zivile wie auch für hoheitliche Aufgaben genutzte Produkte umfasst (Verkehrsflugzeuge, Militärtransporter, Missionsflugzeuge, Hubschrauber, Kampfflugzeuge, UAVs, Lenkflugkörper, Trägersysteme und Satelliten), das weltweit führende Unternehmen für luft- und weltraumgestützte Plattformen und Systeme (hauptsächlich plattformbezogene Systemarchitektur und -integration) zu sein.
2. *Profitabilität:* Ziel ist es, Spitze bei operationaler und finanzieller Effizienz zu werden, um eine Umsatzrendite (EBIT) von 10 % in der ersten Hälfte der Dekade 2010/2020 zu erzielen.
3. *Fokussierung aufs Kerngeschäft und optimaler Einsatz der Finanzmittel:* Fokussierung aufs Kerngeschäft. Dies erfordert ein neues Geschäftsmodell und die Neuausrichtung von Humankapital und finanziellen Ressourcen, die gegenwärtig außerhalb des Kernbereichs gebunden sind. Die Trennung von nicht zum Unternehmenskern gehörenden Segmenten muss in die Wege geleitet werden.
4. *Ausgewogene Umsatzverteilung:* Das Umsatzziel für das Jahr 2020 liegt bei 80 Mrd. Euro, wobei eine 50/50-Balance der Anteile von Airbus und den anderen Divisionen am Gesamtumsatz angestrebt wird.
5. *Der entscheidende Dienstleister für unsere Kunden werden:* Unser Ziel ist es, bis 2020 den Anteil des Servicegeschäftes auf 25 % am Gesamtumsatz auszubauen, was 20 Mrd. Euro entspricht. Der Fokus liegt auf hochwertigen Dienstleistungen zunächst für Plattformen, wobei wir uns die detaillierten Kenntnisse hinsichtlich Produkt und Kundenprofil erarbeiten müssen, die erforderlich sind.
6. *Globalisierung:* Wandel zu einem wirklich globalen Unternehmen mit 40 % Wertschöpfung und 20 % Mitarbeiteranteil außerhalb Europas. Umsatzziel von 10 Mrd. Euro in Nordamerika mit Nicht-Airbus-Aktivitäten und eine hohe Akzeptanz bei der US-Regierung.
7. *Entwicklung hin zu einem umwelteffizienten Unternehmen:* Umweltschutzaspekte werden einen bereichsübergreifenden Wandel hin zu nachhaltiger Entwicklung bringen. Bei Airbus sind dazu bereits ehrgeizige Ziele definiert. Für die anderen Divisionen ist dies ebenfalls zu leisten.

IV: Dieser Zielekatalog wurde noch mit **10 Zielen für das Jahr 2010** ergänzt und konkretisiert:
1. *Die emotionale Mitarbeiterbindung verbessern:* Erwartungen mit Blick auf persönliche Entwicklung, Personalführung und gemeinsame Werte erfüllen; *Diversität* stärken und insbesondere die *Präsenz von Frauen* auf allen Ebenen fördern.
2. *Höchste Priorität: Cash Management*, um die finanzielle Handlungsfreiheit des Konzerns zu sichern.

3. *Gesetzte Ziele für Einsparungen erreichen:* Verbesserungs- und Effizienzsteigerungsprogramme auf Divisionsebene erfüllen und »Future EADS« umsetzen. Integration vorantreiben.
4. *Unsere wichtigsten Programme umsetzen und sichern:* A400M, A380, A350, NH90-Marineversion, Grenzsicherungssystem für Saudi-Arabien, US-Tankerauftrag.
5. *Den Ruf von EADS als verantwortungsbewusstes Unternehmen in den Heimatländern stärken:* Vertrauen und Unterstützung von Regierungen und Öffentlichkeit gewinnen.
6. *Programme der Zukunft vorbereiten:* Verkehrsflugzeug der nächsten Generation, X4- und schwere Transporthubschrauber, Ariane 6 und Advanced UAV Talarion.
7. *Innovation auch über Technologie hinaus fördern:* in daraus resultierenden Initiativen Effizienz steigern und neue Geschäftsfelder erschließen.
8. *Vision 2020: Service- und Sicherheitsgeschäft ausbauen. Konzentration auf Kernkompetenzen und Stärkung unserer Präsenz außerhalb Europas.* Ausbau unserer globalen Präsenz durch Partnerschaften, Einkauf und Mitarbeiter.
9. *Compliance sicherstellen durch ethisches Geschäftsgebaren in allen Bereichen.*
10. *Ein ökoeffizientes Unternehmen werden:* Ökoeffizienz als Treiber für innovative Forschung, Produktion, Produktentwicklung und neue Geschäfte fördern.

V. Weiter wurden Aussagen zur zu übernehmenden **Verantwortung** getroffen:
- *Unsere oberste Pflicht ist es, unsere Glaubwürdigkeit und unser Ansehen bei unseren Kunden zu steigern.* Wir müssen unsere zentralen Programme A380, A400M, NH90 und Tiger termin-, kosten- und qualitätsgerecht ausliefern. Für die Zukunft gilt es, die neuen Programme wie A350XWB, New Short Range (NSR), Ariane 5 (Neue Generation), militärische UAVs (Unmanned Aerial Vehicles) und Raketenabwehrsysteme zum Erfolg zu führen. Ein Hauptaugenmerk richten wir auf die Prozessabläufe, um die operationelle Leistungsfähigkeit wiederherzustellen.
- *Wiedergewinnung der Profitabilität und Fokussierung auf Wertschöpfung:* Das jetzige Niveau ist nicht akzeptabel und erlaubt es dem Unternehmen nicht, seine Zukunftsaufgaben anzupacken. Wir müssen schnellstmöglich die in unserer Industrie üblichen Standards erreichen.
- *Entwicklung hin zu einem umwelteffizienten Unternehmen und kontinuierliche Förderung nachhaltiger Entwicklung:* EADS muss die Herausforderungen, die das Thema Umweltschutz mit sich bringt, erkennen und annehmen. Dies ist ein wichtiger Leitfaden für die Zukunft und eine klare technologische, industrielle und unternehmerische Entscheidung.
- *Förderung der Ethik, Moral und Transparenz innerhalb von EADS:* Führung muss Vorbildfunktion haben. Mehr noch als andere müssen wir ethisches Verhalten fördern, denn wir stehen – auch angesichts unserer starken Medienpräsenz – in besonders hohem Maße im Licht der Öffentlichkeit.

VI. Letztlich wurden noch Aussagen zu den **Herausforderungen bei der Umsetzung der Vision 2020** getroffen:
Die Ziele unserer Vision sind anspruchsvoll. Um sie zu erreichen, bedarf es eines ganzen Bündels an Ressourcen. Dazu gehören nicht nur finanzielle Mittel, sondern auch Technologien und Kompetenzen. Technologien und die Mitarbeiter sind unsere Trümpfe im Wettbewerb. Infolgedessen verdienen beide unsere besondere Aufmerksamkeit. Daher ist es notwendig,
(1) die Finanzmittel zur Verfügung zu haben, die wir für die Umsetzung der Vision benötigen:
- *Um für Anleger attraktiv zu werden, müssen wir unsere Profitabilität zurückgewinnen.* Das Ziel einer Umsatzrendite (EBIT) von 10 % in der ersten Hälfte der Dekade 2010/2020 ist eine große Herausforderung, speziell bei einem schwachen USD.

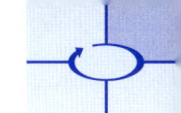

- *EADS muss Wege finden, die Kosten und Risiken bei Entwicklungsprogrammen mit Partnern zu teilen.* Auf diesem Wege wird auch die Konzernbilanz entlastet.
- *Mittelwirtschaftung (cash generation) und effizienter Kapitaleinsatz haben oberste Priorität.* Die Zielvorgaben beim variablen Anteil der Managervergütung werden entsprechend angepasst.
- *Die Kapitalausstattung von EADS muss gesichert werden,* um Vertrauen bei den Anlegern zu schaffen. Hierfür können alle Finanzmarktinstrumente eingesetzt werden: Anleihen, Hybridanleihen, Wandelobligationen und eine Kapitalerhöhung.
- *Die Veräußerung von Vermögenswerten, die nicht zum Unternehmenskern gehören,* ist Teil unseres Vorgehens zur Beschaffung von Finanzmitteln.

(2) unsere technologische Spitzenstellung zu wahren und auszubauen:
- EADS muss eine Technologiepolitik betreiben, die Synergien im Unternehmen fördert.
- Es gilt, *ein Technologieportfolio zu entwickeln, das Kundenanforderungen* bei Wirtschaftlichkeit, Leistungsfähigkeit, Umweltverträglichkeit und Überlebensfähigkeit *erfüllt.*
- Die Anstrengungen auf dem Forschungs- und Entwicklungssektor sind aufrechtzuerhalten und wenn nötig zu verstärken, um die Finanzierung von F&E aus öffentlichen und privaten Fördermitteln sicherzustellen, so dass Airbus schnellstmöglich 300 Mio. Euro zur Verfügung stehen.

(3) das Personalmanagement zu verbessern:
- *Talentförderung und eine verstärkte Personalentwicklung* zielen darauf ab, Kompetenzen bei Plattformen und Systemen (hauptsächlich plattformbezogene Systemarchitektur und -integration), Services und Projektmanagement aufzubauen und zu erhalten.
- Ein *vorausschauendes Kompetenzmanagement* sichert EADS die erforderlichen Fähigkeiten, künftige Herausforderungen und technologische Umwälzungen zu meistern.
- *Kulturelle Vielfalt muss gestärkt werden.* Die Vielfalt unterschiedlicher Nationalitäten und kultureller Hintergründe kann ein echter Aktivposten für EADS sein. Objektive Auswahlkriterien – die richtige Person an der richtigen Stelle – werden unsere Personalpolitik bestimmen. Wir werden zu mehr Mobilität ermutigen und internationale Teams fördern, um EADS als Einheit zu formen.
- Die Integration wird die *Effizienz von Schnittstellen zwischen Funktionen der Zentrale, den Shared Services und den Divisionen erhöhen.* Die Divisionen werden für ihr operatives Geschäft verantwortlich bleiben, wobei Synergien innerhalb des Unternehmens, Effizienz und die globale Vision zu berücksichtigen sind.

(1) Vision

Dass eine unternehmerische Einheit sich an einer Vision orientiert und sich in ihrem Verhalten auch wirklich davon leiten lässt, ist keineswegs selbstverständlich, selbst wenn heutzutage die meisten Geschäftsideen mit dem Etikett der »Vision« versehen werden. Von einer Vision sollte jedoch erst dann gesprochen werden, wenn eine unternehmerische Einheit eine auf die Zukunft gerichtete Leitidee über die eigene Entwicklung hat, sie also eine richtungsweisende, normative Vorstellung eines zentralen Zieles besitzt und ihre Handlungen an diesem Ziel konsequent ausrichtet. In diesem Sinne ist eine **Vision** *ein Abbild einer zukünftigen Wirklichkeit, die durch ein Unternehmen angestrebt wird.* Bildhaft gesprochen wird dadurch die »Höhe einer Latte definiert, über die das Unternehmen eines Tages springen möchte«.

Eine solche Vision zeichnet sich durch vier **Eigenschaften** aus: Erstens wirkt sie *sinnstiftend,* und dies sowohl für ein Kollektiv als auch für die einzelnen, in einer

Auf die Zukunft gerichtete Leitidee

Definition

Eigenschaften

unternehmerischen Einheit tätigen Menschen. Sie reduziert Komplexität, hilft Umweltbeobachtungen zu verarbeiten und einzuordnen und schafft damit Ordnung und Orientierung. Dies ist darauf zurückzuführen, dass unternehmerische Einheiten – sofern sie als soziale Systeme betrachtet werden – sowohl sinnkonstituierend als auch sinnkonstituiert sind. D. h., sie produzieren für sich selbst tragfähige Sinnkonstruktionen und werden im Gegenzug durch diese allerdings auch gesteuert.[152] Der Sinn, den eine spezifische Vision verkörpert, hat somit entscheidenden Einfluss auf die Operationslogik sozialer Systeme, ja ist für ihr Verständnis unabdingbar.

Zweitens wirkt eine Vision *motivierend*. Sie entwirft nicht ein Bild der Zukunft, das gleichberechtigt neben anderen Entwürfen steht, sondern hebt dieses als besonders erstrebenswert heraus. Die Divergenz zwischen der momentanen Situation und der neuen, noch zu realisierenden Wirklichkeit weckt Begeisterung, wirkt stimulierend und ist in der Lage, in einem Kollektiv Energie zu wecken und zu erzeugen. Allerdings darf eine Vision dabei nicht ins Utopische »abdriften« und den Rahmen des Möglichen und Machbaren verlassen. Sie muss also einerseits konkret genug sein, um den Weg zu ihrer Realisierung sehen und nachvollziehen zu können, andererseits jedoch auch weit genug vom momentanen Zustand entfernt sein, um noch motivierend zu wirken.

Drittens wirkt eine Vision *handlungsleitend*. Macht man sich bewusst, dass eine der großen Herausforderungen in Organisationen darin besteht, aus den Handlungen Einzelner ein kollektives, aufeinander abgestimmtes Muster zu formen, um als Ganzes handlungsfähig zu werden, dann wird einsichtig wie wichtig es ist, dies zu erreichen. Denn nur wenn dies gelingt, wird eine unternehmerische Einheit zu einem kollektiven Akteur, der in der Lage ist, sich Positionierungsvorteile gegenüber seiner Umwelt zu verschaffen, die dem einzelnen Individuum nicht offen stehen.

Und viertens sollte eine Vision in der Lage sein, *integrierend* auf das Handeln der Mitarbeiter zu wirken. Die Vision soll helfen, Kräfte zu bündeln und deren Einsatz zur Realisierung der angestrebten Ziele sicherzustellen. Es entsteht dadurch auch Verbindlichkeit und Kohärenz zum Ganzen.

Zusammenfassend betrachtet lässt sich also Folgendes sagen: Visionen haben sich daran zu messen, ob sie Sinn stiften, motivierend wirken, in der Lage sind, zu kollektiv koordinierten Handlungen zu führen, und integrierend wirken. Betrachtet man die Vielfalt visionärer Ideen, die von Unternehmen entwickelt werden, dann lassen sich zumindest sechs *Typen* unterscheiden.[153]

(1) Wettbewerbsfokussierte Visionen: Hier wird eine angestrebte Position im Wettbewerb zur Vision gemacht. Manchmal ist direkt und für jedermann messbar, wann die Vision erreicht ist. Dies war z. B. bei Wal-Mart der Fall, als man noch ein rein auf den US-Markt begrenztes Unternehmen mit 32 Mrd. USD Umsatz war. Die ehrgeizige Vision, die Firmengründer Sam Walton dem Unternehmen verordnete, lautete: »*Become a USD 125 billion company by the year 2000*«. De facto betrugen die Umsätze im Jahr 2000 bereits 165 Mrd. USD. Auch im Fall der Deutschen Bank verfügt man über eine Aussage zur Ausrichtung des Unternehmens relativ zum Wettbewerb: »Wir wollen *die* führende *kundenorientierte globale Universalbank* sein.« Damit der Inhalt jedoch messbar ist, bedarf es noch ergänzender Angaben: »Führend« bezogen auf was und aus der

Sicht von wem? Bis wann soll dies erreicht sein? Mit wem genau vergleicht man sich?

(2) **Feindfokussierte Visionen:** Sie zielen in einer martialischen Form darauf ab, einen Konkurrenten direkt anzugreifen, um ihn zu übertreffen. Oft werden sie in der Form »David gegen Goliath« formuliert, in dem Sinn, dass ein kleines, noch unbedeutendes Unternehmen gegen einen dominanten Marktspieler antritt. Über diesen »Feindbezug« sollen die »Truppen« zusammengebracht werden. Beispiele hier sind Nike 1960: »*Crush Adidas*« oder Komatsu 1960: »*Encircle Caterpillar*« oder Canon: »*Beat IBM*« oder Philip Morris in den 60er-Jahren: »*Knock off R.J. Reynolds as the number one tobacco company in the world*«.

(3) **Rollenfokussierte Visionen:** Sie betonen den Vorbildcharakter herausragender Unternehmen. Diese sind dann gut gewählt, wenn mehr oder minder jeder das Spezifische an diesem Unternehmen kennt, denn dann ist auch jedem schnell klar, um was es geht. Sie eignen sich besonders für rasch aufstrebende Firmen, die sich die jeweiligen Rollenanforderungen zu Leitlinien machen. Beispiele sind Watkins-Johnson 1996: »*Wir wollen in 20 Jahren so respektiert werden, wie es Hewlett-Packard heute wird*« oder die Stanford University: »*Become the Harvard of the West*«.

(4) **Wandelfokussierte Visionen:** Sie werden oft von älteren und großen Unternehmen verwendet, die sich fundamentalen Transformationsprozessen unterziehen. Ein Beispiel ist hier Rockwell im Jahr 1995: »*Wir wollen von einem Hersteller von Verteidigungsprodukten zu dem am besten diversifizierten Hochtechnologieunternehmen werden.*«

(5) **Kundenfokussierte Visionen:** Hier hat ein Unternehmer oder ein Unternehmen ein Zukunftsbild vor Augen, wie aktuelle oder zukünftige Kundenbedürfnisse bestmöglich befriedigt werden sollen. Berühmt geworden ist die von Henry Ford 1907 formulierte Vision »*Democratize the automobile*«. Er erläuterte sie wie folgt: »*I will build a motor car for the great multitude ... It will be so low in price that no man making a good salary will be unable to own one ... and enjoy with the family the blessing of hours of pleasure in God's great open spaces ... When I'm through, everyone will be able to afford one, and everyone will have one. The horse will disappear from the highways, the automobile will be taken for granted ... [and we will] give a large number of men employment at good wages.*« An anderer Stelle sagte er: »Wenn ich die Menschen gefragt hätte, was sie wollen, hätten sie gesagt schnellere Pferde.«

> **Fallbeispiel GOOGLE: Vom Mobiltelefon zum persönlichen Assistenten**
> Eric Schmidt verfolgte in seiner Zeit als Executive Chairman von GOOGLE (2001–2011) die Vision, dass das Mobiltelefon zukünftig die Funktion eines persönlichen Assistenten übernehmen wird. Es ist mit einem sehr schnellen Netzwerk verbunden und verfügt über eine sehr starke Rechnerkapazität, womit es auch mehr und mehr den Laptop ablösen wird. Über Bluetooth kann es leicht mit Tastatur, Bildschirm und Drucker verbunden werden. Es weiß, wo man ist, und zeigt einem den Weg (über GPS), es hilft einem beim Einkaufen (über Preisvergleiche), es verwaltet den Tagesablauf (in dem es z.B. an Geburtstage erinnert) oder es unterstützt beim Lernen (z.B. über seine Recherche- und Übungsfunktionen).

(6) Geschäftsmodellfokussierte Visionen: Mehr innenorientiert sind Visionen, die sich ein bestimmtes Leistungsniveau zum Ziel setzen. Oft ist damit ein dringender Verbesserungsbedarf verbunden. Ein Beispiel hierfür war Motorola mit der Vision »*Attain six-sigma quality*«, womit man die hohen Fehlerraten adressierte und Qualität zum Thema Nr. 1 erklärte.

Trotz dieser Vielzahl zur Verfügung stehender Möglichkeiten, sich visionär auszudrücken, und trotz des empirischen Nachweises der langfristigen Überlegenheit visionärer Unternehmen, ist es keineswegs selbstverständlich, dass Unternehmen über eine Vision verfügen. Die Gründe dafür können vielgestaltig sein: der falsche Zeitpunkt, da man andere drängendere Probleme hat; zu verpflichtend, da man eines Tages daran gemessen werden könnte; zu abgehoben und unkonkret; man findet keine passende Vision; ein zu komplexes Vorhaben; etc.

(2) Mission

Der Begriff der Mission wird häufig austauschbar mit dem der Vision verwendet, was allerdings die Konsequenz nach sich zieht, dass man sich aufschlussreicher Differenzierungsmöglichkeiten beraubt. So ist eine Mission nicht notwendigerweise mit der Annahme einer »besseren« Zukunft verbunden, wie sie einer Vision zu Grunde liegt, sondern kann sich explizit auch auf die Gegenwart erstrecken. Sie bezieht sich dann schlichtweg auf eine als wertvoll erachtete Aufgabe. Zudem wird die Botschaft, die eine Vision verkündet, immer dann obsolet, wenn die neue Wirklichkeit eingetreten ist. In diesem Fall ist erst einmal eine neue Vision zu entwickeln, die einer unternehmerischen Einheit wieder als Orientierungspunkt dienen kann. Hingegen kann eine Mission über die Jahre weitgehend unverändert bleiben, wenn sie beispielsweise auf sich nur wenig verändernde Grundbedürfnisse ausgerichtet ist. Visionen tragen also ihr Verfallsdatum mit sich, Missionen hingegen nicht. Damit sind bereits einige wichtige Elemente von Missionen angesprochen, die es nun zu präzisieren gilt.

Definition

Nutzenversprechen an Anspruchsgruppen

Mit der **Mission** *(Mission Statement, Leitbild, Credo) definiert ein Unternehmen den Zweck seines Tuns, d.h., sie begründet seine Existenz. Sie erklärt, welchen Auftrag das Unternehmen und seine Mitarbeiter verfolgen und was dabei der Beitrag bzw. sein Nutzenversprechen (value proposition) an seine Anspruchsgruppen sein soll.*

Ein *Unternehmenszweck* gibt an, wozu eine unternehmerische Einheit überhaupt existiert. Was will sie tun? Wie legitimiert sie ihr Bestehen? Für wen ist sie da? Eine Antwort auf diese Fragen führt zum innersten Kern unternehmerischen Handelns. Sie beschreibt den Nutzen, den sie zu stiften gedenkt.

> **Fallbeispiel: Die Mission von Coca-Cola als Startpunkt der Strategiearbeit**
> Our Roadmap starts with our mission, which is enduring. It declares our purpose as a company and serves as the standard against which we weigh our actions and decisions.
> To refresh the world …
> To inspire moments of optimism and happiness …
> To create value and make a difference.

3.3.1 Instrumente des normativen Rahmens

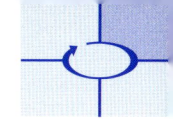

Viele Unternehmen formulieren ihren Unternehmenszweck in einer knappen, leicht verständlichen und überzeugenden Form, wie nachfolgende Beispiele in Abbildung 3-41 verdeutlichen.[154]

Unternehmen	Zweck
AT & T	To bring people together anytime and anywhere
Marks & Spencer	To raise standards for the working man
Merck	To preserve and improve human life
Network Shipping	To build great ships
Nike	To experience the emotion of competition, winning and crushing competitors
Telecare	To help people with mental impairments realize their full potential
The Body Shop	To produce cosmetica that don't hurt animals or the environment
Wal-Mart	To give ordinary folk the chance to buy the same things as rich people
Walt Disney	To make people happy

Abb. 3-41: Mission Statements

Wenn man diese Aussagen in Abbildung 3-41 betrachtet, fällt auf, dass keine von ihnen – konträr zu der weit verbreiteten Annahme – in der Maximierung des Wertes für die Aktionäre besteht. Dies kann natürlich an der Auswahl der Firmen liegen oder die Vermutung aufkommen lassen, dass zwischen »Lippenbekenntnissen« einerseits und dem tatsächlichen Verhalten andererseits eine mehr oder weniger große Diskrepanz besteht. Doch Studien zeigen, dass visionäre Unternehmen ihren Zweck eben gerade nicht darin sehen, nur das Aktionärsvermögen möglichst groß werden zu lassen, sondern sich eine Aufgabe setzen, wie sie in den obigen Beschreibungen zum Ausdruck kommt.[155] Verantwortlich für den Erfolg dieser Unternehmen ist die starke Motivation, die von einer Kernideologie (definiert als Zweck plus Werte) ausgeht. Sie setzt Kreativität und Inspiration frei und gibt den Mitarbeitern das Gefühl, etwas Sinn- und Wertvolles voranzutreiben, was eine ausschließlich finanzielle Zweckbeschreibung nicht leistet. Dies impliziert natürlich keineswegs, dass Unternehmen nicht über finanzielle Ziele verfügen sollten. Sie sind unabdingbar vonnöten, wenn ein Unternehmen langfristig wirtschaftlich erfolgreich geführt werden soll.

> **Fallbeispiel: Das »statement of aim« von BBC**
> Die britische BBC verfügt über ein »statement of aim« das Vision und Mission in einem ist: »We aim to be the world's most creative and trusted broadcaster and program maker, seeking to satisfy all our audiences in the UK with services that inform, educate and entertain and that enrich their lives in ways that the market alone will not. We aim to be guided by our public purposes to encourage the UK's most innovative talents to act independently of all interests; to aspire the highest ethical standards, to offer the best value for money, to be accountable to our license payers, to endeavour to be the world's leading international broadcaster; and to be the best – or learn from the best – in everything we do.«

Die Erwartungen, die an eine Mission geknüpft sind, sind relativ hoch. So verspricht man sich eine *Orientierungsfunktion*. Sie hat konstitutiven Charakter und soll den Mitarbeitern eine Art Kompass sein, der ihr Verhalten koordiniert.

Orientierungsfunktion

Unterstützt werden soll dies durch gemeinsame Werte und Verhaltensstandards. Sie dienen zudem der Kontrolle des Verhaltens der Mitarbeiter. Auch kann eine Mission den Geschäftsauftrag schärfen, indem sie klar werden lässt, auf welchen Feldern das Unternehmen tätig sein will und wo nicht.

Legitimations-funktion

Eine Mission hat aber auch eine *Legitimationsfunktion*. So kann mit ihr Aufklärung gegenüber den wichtigsten Anspruchsgruppen betrieben werden. Dabei besteht auch die Möglichkeit, sich für bestimmte Entscheidungen zu rechtfertigen, indem Begründungszusammenhänge mit angegeben werden. Damit dient eine Mission auch als Kommunikationsinstrument nach außen in die Umwelt einer unternehmerischen Einheit.

Motivationsfunktion

Nach innen hat die Mission zudem eine *Motivationsfunktion*. Sie soll den Mitarbeitern helfen, sich mit ihrem Unternehmen besser zu identifizieren. Es soll dabei auch klar werden, was der Motor der eigenen Geschäftsentwicklung ist und sein wird und warum das Unternehmen attraktiv ist.

> **Fallbeispiel: Mission, Vision und Wachstumsinitiativen bei LEGO**
> Die LEGO Gruppe blickt auf eine Geschichte zurück, die 1932 begann, als Ole Kirk Kristiansen in Billund (Dänemark) eine kleine Schreinerei gründete. Wurden anfangs noch Leitern, Bügelbretter und Spielzeuge aus Holz produziert, konzentrierte man sich ab 1954 auf die Herstellung von Plastikspielzeug. Die mittlerweile weltbekannten LEGO-Steine schufen das Fundament für das 1955 auf den Markt gebrachte LEGO-Spielsystem, mit dem der rasante Aufstieg des Unternehmens begann. Seit 2004 wird die LEGO Gruppe, die nach einigen strategischen Fehlentscheidungen um die Jahrtausendwende noch um ihr Überleben kämpfte, sehr erfolgreich von einem Fremdmanager, Jørgen Vig Knudstorp, geleitet. LEGO ist nun der weltweit führende Hersteller von aus Bausteinen zusammengesetzten Spielzeugen. Zudem betreibt die LEGO Gruppe in Billund (Dänemark), Windsor (England) und Carlsbad (Kalifornien) LEGOLAND-Spielparks, lizensiert die LEGO-Marke an Konsumgüterhersteller und entwickelt seit 1996 auch Multimediaprodukte. Die normative Ausrichtung des Unternehmens erfolgte unter der neuen Leitung über die folgende Mission und Vision:
> - *Mission:* »Die Baumeister von morgen inspirieren und fördern«. Unsere grundlegendste Zielsetzung besteht darin, Kinder zu inspirieren und ihr kreatives Denken sowie ihr systematisches Überlegen zu fördern. So können sie schließlich ihr Potenzial freisetzen, ihre eigene Zukunft gestalten und die grenzenlosen Möglichkeiten erkennen, die ihnen offen stehen.
> - *Vision:* »Die Zukunft des Spielens erfinden«. Wir möchten vor dem Hintergrund der Globalisierung und Digitalisierung neue Arten des Spielens, neue Spielmaterialien und neue Geschäftsmodelle des Spielens auf den Weg bringen … es geht nicht ausschließlich um Produkte, sondern vielmehr um die Verwirklichung des menschlichen Potenzials.
>
> Um den normativen Rahmen mit der Unternehmensstrategie zu verbinden, wurden auf dieser Grundlage *sieben Wachstumsinitiativen* definiert:
> 1. *Erhöhung der Marktanteile in den USA:* Die USA sind der weltweit größte Spielzeugmarkt. Die LEGO Gruppe konnte ihren Marktanteil in den letzten Jahren erheblich erhöhen, der nun bei ca. 5 % liegt. Die LEGO Gruppe ist unterdessen zur Einschätzung gelangt, dass dieser Anteil in den nächsten Jahren noch erhöht werden kann.
> 2. *Erhöhung der Marktanteile in Osteuropa:* Der Spielzeugmarkt in Osteuropa ist einer der am schnellsten wachsenden. Die LEGO Gruppe will ihre gute Position auf diesen Märkten weiterhin ausbauen.
> 3. *Investitionen in »Emerging Markets«:* In Märkten wie China, Mexiko, Brasilien und Indien hat die LEGO Gruppe noch keine starke Marktposition inne. Diese

3.3.1 Instrumente des normativen Rahmens

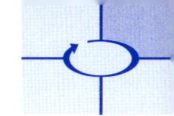

Märkte werden in Zukunft voraussichtlich stark wachsen. Die LEGO Gruppe wird in deren Entwicklung investieren.
4. *Entwicklung völlig neuer Konzepte:* Neben der laufenden, auf dem bestehenden Kernportfolio basierenden Produktentwicklung möchte die LEGO Gruppe ganz neue Konzepte entwickeln, »Ideen für logische LEGO-Produkte, auf die bisher niemand kam«. Ein Beispiel für ein solches Konzept ist die 2009 auf den Markt gekommene Brettspielserie LEGO-Spiele.
5. *Entwicklung von »Direct to Consumer«:* Die LEGO Gruppe verfügt mit eigenen Vertriebskanälen, Clubs, Programmen zur Zusammenarbeit usw. bereits heute über einen direkten Draht zu den Verbrauchern. Das Ziel lautet, noch näher an die Verbraucher zu rücken, indem der direkte Kontakt intensiviert und Angebote, die sich direkt an die Verbraucher richten, ausgebaut werden.
6. *Ausbau von LEGO-Education:* Das Ziel ist ein weltweites Wachstum im Bereich Unterrichtsmaterial für Kindergärten, Schulen und Bildungsinstitutionen.
7. *Entwicklung des digitalen Geschäftsbereichs:* Die LEGO Gruppe ist bereits heute unter anderem via www.LEGO.com und Videospielen auf den digitalen Plattformen tätig. Das digitale Geschäftsfeld wird weiter ausgebaut, vor allem durch das erste MMOG-Spiel, Massively Multiplayer Online Game, der LEGO Gruppe: LEGO-Universe.

Im Jahr 2014 betrug der Umsatz der Gruppe bereits 28,6 Mrd. Dänische Kronen (3,8 Mrd. Euro), Tendenz steigend. Auch 2015 schloss man mit einem Rekordergebnis und einer Betriebsmarge von ca. 33 % ab. Dies auch dank der 1999 erworbenen Lizenz zur Herstellung von »Star Wars«-Bausätzen und der siebten Folge des Films.

Zur Strukturierung einer Mission bietet es sich aber auch an, den Ansatz eines Stakeholder-Managements wieder aufzugreifen. Im Kern geht es dabei um eine Aussage zu einer zweckbasierten und zielgerichteten Ausgestaltung der Beziehungen zu den verschiedenen Anspruchsgruppen (*Stakeholder Relations*). Gegenüber den einzelnen Anspruchsgruppen werden Nutzenversprechen abgegeben, aus denen dann Ziele und Maßnahmen abgeleitet werden können.

Aussage zu den Stakeholder Relations

Fallbeispiel: JOHNSON & JOHNSON: Das Credo an die Stakeholder[156]
Das Credo von JOHNSON & JOHNSON ist ein gutes Beispiel dafür, wie eine an den Anspruchsgruppen orientierte Mission auch die Werte, nach denen das Unternehmen leben will, mit zum Ausdruck bringen kann. Dieses Credo wurde durch Robert Wood Johnson, der 1932 bis 1963 Chairmen des Unternehmens war, im Jahr 1943 – kurz bevor das Unternehmen an die Börse ging – selbst ausgearbeitet.
»Allem voran steht unsere Verantwortung gegenüber den Ärzten, Krankenschwestern und Patienten, aber auch gegenüber Müttern, Vätern und all den Menschen, die unsere Produkte verwenden oder unsere Dienste in Anspruch nehmen. Die Erfüllung ihrer Ansprüche erfordert von uns stets hohes Qualitätsniveau. Wir müssen ständig bemüht sein, unsere Kosten so niedrig wie möglich zu halten, damit wir vernünftige Preise beibehalten können. Aufträge unserer *Kunden* müssen umgehend und zuverlässig ausgeführt werden. Unseren *Lieferanten* wie auch unseren Abnehmern sollen wir die Möglichkeit geben, einen angemessenen Gewinn zu erzielen. Verantwortung tragen wir auch für unsere *Mitarbeiter,* für alle jene Frauen und Männer, die auf der ganzen Welt bei uns tätig sind. Jeder von ihnen ist als Individuum zu achten. Ihre Würde muss respektiert und ihre Verdienste müssen anerkannt werden. Sie müssen auf die Sicherheit ihres Arbeitsplatzes vertrauen können. Die Vergütung für die Arbeit muss fair und angemessen sein, die Arbeitsplätze unfallsicher, sauber und ordentlich. Wir müssen unsere Mitarbeiter auch bei der Wahrnehmung ihrer Verantwortung gegenüber ihren Familien unterstützen. Die Mitarbeiter sollen sich ermutigt fühlen, Vorschläge zu

> machen und auch Beschwerden vorzutragen. Bei entsprechender Qualifikation muss Chancengerechtigkeit gegeben sein, sowohl bei der Einstellung als auch bei Förderung und Beförderung. Dabei ist es unsere Aufgabe, dafür zu sorgen, dass fähige Führungskräfte zur Verfügung stehen, die gerecht und ethisch handeln. Verpflichtet fühlen wir uns auch gegenüber dem *Gemeinwesen*, in dem wir leben und arbeiten, aber auch gegenüber der ganzen Menschheit. Wir müssen uns als gute Staatsbürger erweisen, das Gemeinwohl im Auge haben, Wohltätigkeitsorganisationen unterstützen sowie auch unseren angemessenen Teil an Steuern tragen. Wir müssen uns für die Verbesserung allgemeiner Lebensbedingungen, speziell der Gesundheitsfürsorge und der Bildung, einsetzen. Wir haben das uns für unsere Arbeit anvertraute Firmeneigentum in gutem Zustand zu erhalten und wollen dabei den Schutz der Umwelt nicht außer Acht lassen. Schließlich sind wir unseren *Aktionären* gegenüber verantwortlich. Ein angemessener Gewinn muss erwirtschaftet werden. Wir sollen neuen Ideen gegenüber stets aufgeschlossen bleiben. Die Forschung ist voranzutreiben, fortschrittliche Entwicklungsprogramme sind zu entwerfen, durch Fehler entstandene Verluste müssen getragen werden. Neue Ausrüstungen müssen erworben, neue Einrichtungen erstellt werden; auch sind neue Produkte auf den Markt zu bringen. Reserven als Vorsorge für schlechtere Zeiten müssen gebildet werden. Wenn wir nach diesen Grundsätzen handeln, werden die Aktionäre eine angemessene Dividende erwarten können.«

Mit einer solchen, direkt an die Anspruchsgruppen gerichteten Mission sollte also immer auch ein Nutzenversprechen an sie verbunden sein. Auf dieses sollten Vertreter einer Anspruchsgruppe zurückkommen können, wenn das Versprechen aus ihrer Sicht nicht eingelöst wurde.

In einem solchen Nutzenversprechen soll der Anspruchsgruppe vermittelt werden, auf welche besondere Art und Weise das Unternehmen seinen Erwartungen entsprechen und dadurch auch besonderen Wert schaffen möchte. Deshalb sollte man mittels einer Mission auch in der Lage sein, zu erklären, inwieweit sich das Unternehmen z. B. in seinem Verhältnis gegenüber seinen Kunden von Konkurrenzunternehmen abhebt. D. h., sie sollte uns Hinweise auf seine *Einzigartigkeit* geben können.

Empirische Ergebnisse: Überprüft man, ob Mission Statements tatsächlich die an sie gesetzten Erwartungen erfüllen, so fällt das Ergebnis in den meisten Fällen wenig befriedigend aus. Eine Studie unter dem Titel »Sex, Lies and Mission Statements«, die Ergebnisse einer Umfrage in 88 nordamerikanischen Unternehmen vorstellt, kommt zu dem Ergebnis, dass Anspruch und Wirklichkeit zumeist so weit auseinanderklaffen, dass die meisten Mission Statements nicht das Papier wert sind, auf dem sie geschrieben wurden.[157] Die Gründe hierfür sind vielschichtig. So halten überraschenderweise 75 % der Befragten die Realisierung der über die Mission gesetzten Ziele für schlichtweg unmöglich. Sie begründen dies damit, dass die Ziele entweder zu ehrgeizig sind oder mehrdeutig und unklar formuliert wurden. Zufriedenheit ist nur bei einem Drittel der Befragten gegeben, der Rest hält von all den Inhalten wenig, und argumentiert, dass die Mission weder zum Unternehmen noch zur Umwelt passe und in die falsche Richtung führe. Wie wenig Bedeutung Mission Statements zu haben scheinen, zeigt sich zudem bei der Frage nach ihrem Einfluss auf die Ressourcenallokation. Wichtige Entscheidungen werden durch die Machtverhältnisse in Unternehmen viel stärker beeinflusst als durch die Vorgaben, wie sie in einer Mission stehen. Was für die Ressourcenallokation gilt, gilt zuletzt auch für das soziale Verhalten

3.3.1 Instrumente des normativen Rahmens

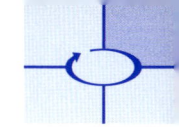

in Unternehmen. Auch hier ist eine Übereinstimmung zwischen den Normen von Leitbildern und dem tatsächlichen Verhalten eher die Ausnahme als die Regel.

Welche **Schlussfolgerungen** lassen sich aus derart zwiespältigen Einsichten ziehen, wenn auf der einen Seite die Bedeutung einer Mission betont und mit stichhaltigen Argumenten unterlegt wird, auf der anderen Seite jedoch empirische Untersuchungen zeigen, dass Mission Statements nur selten die an sie gestellten Erwartungen erfüllen? Die wichtigste Konsequenz dürfte in einer Veränderung des Prozesses zur Entwicklung und Umsetzung liegen. Zumeist nimmt daran nur das oberste Management teil und selbst dieses ist mit der entwickelten Mission oft nicht zufrieden. Da die anschließende Verbreitung in einem Top-down-Prozess vorgenommen werden muss, ist die Gefahr, dass die Mission an die Befindlichkeit der Gesamtorganisation nicht anschlussfähig ist bzw. dort abgeblockt wird, relativ hoch. Wie ein Mission Statement erstellt wird, scheint folglich einen hohen Einfluss auf seine spätere Wirksamkeit zu haben. Auch wird in den meisten Unternehmen kaum darauf geachtet, ob Verhaltensweisen mit den Vorgaben aus der Mission vereinbar sind. Dies ist nicht zuletzt darauf zurückzuführen, dass zumeist nicht die Möglichkeit besteht, die Einhaltung einer Mission »einzuklagen«, wenn es zu einer Verletzung der dort aufgeführten Spielregeln kommt.

Vorgehen bei der Entwicklung einer Mission: Wenn es zutrifft, dass der Prozess von so hoher Bedeutung ist, dann ist ihm besondere Aufmerksamkeit zu widmen. Exemplarisch kann man sich dabei an Abbildung 3-42 orientieren, die acht Phasen unterscheidet.[158] Es wird ein stufenweises Gegenstromverfahren verwendet, das zwischen Top-down- und Bottom-up-Prozessen solange iterativ hin- und herpendelt, bis eine breite Verankerung und weitgehende Akzeptanz der Mission stattgefunden hat.

Vorgehen bei der Entwicklung einer Mission

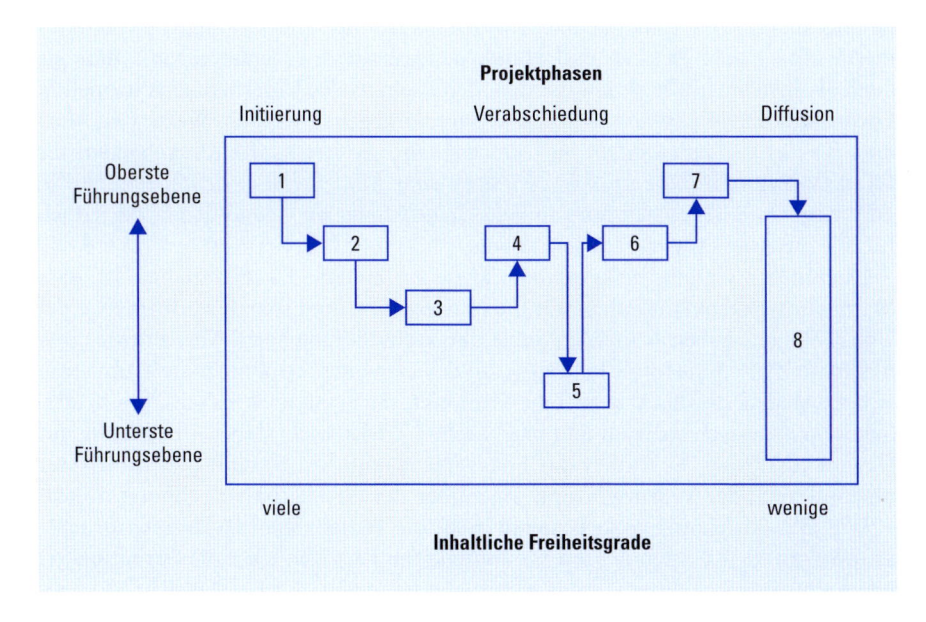

Abb. 3-42: Stufenweises Gegenstromverfahren bei der Entwicklung einer Mission

Die Initiative zu einem Mission Statement sollte formell von der Führungsspitze ausgehen, da sie auch später für die Umsetzung verantwortlich ist (1). Sie setzt ein Projektteam ein, in dem die Fach- und Interessenvertreter der wichtigsten

Themenkreise (z. B. Stakeholder-Beziehungen), die in der Mission zu thematisieren sind, vertreten sind (2). Jeder Themenkreis wird dann in einer Fachgruppe vertieft ausgearbeitet (3). Daraus wird dann eine erste Fassung der Mission zusammengestellt, die in das Projektteam zurückgegeben wird (4). Dort muss darüber befunden werden, ob die Auswahl der Themen sich noch als zweckmäßig erweist und ob die Erstfassungen der einzelnen Themen so tragbar sind. Falls dies in einzelnen Fällen nicht so ist, kann nochmals vertieft darüber diskutiert werden, vielleicht auch unter einem breiteren Einbezug der Mitarbeiterschaft (5). Danach hat das Projektteam eine aus seiner Sicht verabschiedbare Fassung der Mission zu erstellen (6). Sie geht dann in die Geschäftsleitung und wird dort so verabschiedet, korrigiert oder nochmals zur Überarbeitung in die Projektgruppe zurückgegeben (7). Letztendlich muss das Mission Statement noch in der Mitarbeiterschaft diffundiert und zum Leben gebracht werden (8).

(3) Werte

Das unsichtbare Band zwischen dem Unternehmen und seinen wichtigen Anspruchsgruppen heißt *gemeinsame Werte*. Sie bilden das dritte Element eines normativen Rahmens. Dabei handelt es sich um dauerhafte, handlungsleitende Maximen, die einen kollektiven Status besitzen. Sie geben Aufschluss über das, was als angemessen und wertvoll empfunden wird und was nicht.

Jedes Verhalten in Organisationen wird durch die Werte der Handelnden bestimmt. Sie sind neben im Kollektiv gewachsenen Glaubenssätzen und tief verwurzelten Weltanschauungen Teil der sich aus der Vergangenheit heraus entwickelten Unternehmenskultur.[159] D. h., in allen Unternehmen findet ein Handeln auf bestimmten Wertesystemen statt, auch wenn dieses nicht jedermann bewusst ist und auch nicht explizit gemacht wurde. Werte beeinflussen die Mitarbeiter in ihrem alltäglichen Denken und Handeln. Deshalb ist es nahe liegend, dass sie auch als Instrument begriffen werden, d. h., seitens des Unternehmens formell in Form *deklarierter Kernwerte* (kurz: Werte) vorgegeben werden. **Werte sind *Normen für das soziale Handeln im Unternehmen, die seitens des Managements als Orientierungsmaßstäbe an das Verhalten aller Mitarbeiter gerichtet werden.*** In aller Regel handelt es sich nur um eine kleine Menge an Grundsätzen, die jedoch für alle Situationen wirksam sein sollen.

Die mit der Vorgabe gemeinsamer Werte verbundene Grundannahme ist, dass Werte einen positiven Einfluss auf die ökonomische und soziale Performance des Unternehmens haben – auch im Sinne der Verhinderung eines Wertverlustes (*values matter!*).[160] Eine totale Fixierung auf den Gewinn scheint nicht die Motivation sicherzustellen, die das Unternehmen benötigt, um erfolgreich zu sein. Ein zusätzliches Streben nach sozialen und moralischen Zielen wirkt dabei eher günstig auf Gewinnaussichten. Es fördert das Engagement und die Loyalität der Mitarbeiter und soll auch der Verantwortung gegenüber der Gesellschaft Rechnung tragen.

Wie alle Beziehungen, so basieren auch die Beziehungen zu den Anspruchsgruppen auf den Werten der jeweils involvierten Parteien. Über die Definition gemeinsam geteilter Werte will das Unternehmen regeln, auf Basis welcher Verhaltensprinzipien der eigenen Mitarbeiter diese Beziehungen stattfinden sollen. Neben der Zusicherung des Einhaltens der Gesetze findet hier auch der moralische und ethische Standpunkt eines Unternehmens seinen Ausdruck. Man zeigt hier, wofür man steht. Insofern bilden die Werte die Handlungsbasis der Mission.

3.3.1 Instrumente des normativen Rahmens

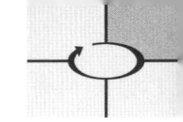

Fallbeispiel: BP ... What they want to stand for
Am 20. April 2010 kam es auf der Ölbohrplattform Deepwater Horizon nach Ausströmen von Erdgas aus dem Bohrloch zu einer Explosion, bei der elf Menschen starben und in deren Folge die Plattform zwei Tage später sank. Aus dem Bohrloch in 1.500 m Wassertiefe strömten fast fünf Millionen Liter Rohöl aus. Die Bohrstelle befand sich im Zentrum eines Gebietes von Tierschutzreservaten. Vom Öl gefährdet waren das Flussdelta des Mississippi und insbesondere das dort liegende Wildschutzgebiet Pass à l'outre. BP beziffert die aus der Ölpest entstandenen Kosten auf deutlich über 42 Mrd. USD. Im April 2011 versuchte man durch die Einleitung rechtlicher Schritte die Schuld auch auf andere Unternehmen abzuwälzen. So wurde gegenüber dem Betreiber der Bohrinsel, dem Schweizer Unternehmen Transocean, der US-Firma Cameron International (Lieferant des defekten Absperrventils) und dem US-Zementhersteller Halliburton (Lieferant des zur Abdichtung der Ölquelle verwendeten Zements) gerichtlich vorgegangen. BP wirft den Firmen Nachlässigkeit vor und verlangt Schadenersatz in Milliardenhöhe. Transocean erklärte dazu, seinerseits Klage gegen BP eingereicht zu haben. Der britische Konzern habe vertraglich zugesichert, bei einer Umweltverschmutzung die volle rechtliche Verantwortung zu übernehmen und Transocean gegen jede Form von Straf- und Entschädigungszahlungen abzuschirmen.

Im Juli 2015 konnte BP eine Einigung mit der amerikanischen Zentralregierung und fünf Gliedstaaten erzielen, in der Hoffnung, damit einen Schlussstrich ziehen zu können. BP verpflichtete sich zu weiteren Zahlungen von 18,7 Mrd. USD in einem Zeitraum von 18 Jahren. Damit erhöhen sich die Forderungen um rund 10 Mrd. USD zusätzlich zu den bereits gemachten Rückstellungen von 43,8 Mrd. USD. Was nun noch offen ist sind private Schadenersatzforderungen.

Auf der Homepage von BP findet man folgende Aussagen zu den Werten des Konzerns: »BP wants to be recognised as a great company – competitively successful and a force for progress. We have a fundamental belief that we can make a difference in the world. We help the world meet its growing need for heat, light and mobility. We strive to do that by producing energy that is affordable, secure and doesn't damage the environment. BP is progressive, responsible, innovative and performance driven.

- *Progressive:* We believe in the principle of mutual advantage and build productive relationships with each other, our partners and our customers.
- *Responsible:* We are committed to the safety and development of our people and the communities and societies in which we operate. We aim for no accidents, no harm to people and no damage to the environment.
- *Innovative:* We push boundaries today and create tomorrow's breakthroughs through our people and technology.
- *Performance driven:* We deliver on our promises through continuous improvement and safe, reliable operations.

These values guide us in the conduct of our business. In all our business we expect high ethical standards and act in accordance with our Code of Conduct.«

Standpunkt: Wie überzeugend lebt BP seine Werte?
Mit gemeinsamen Firmenwerten kann sicher keine vollständige Kontrolle über das Verhalten der Mitarbeiter eines Unternehmens ausgeübt werden. Trotzdem stellt sich die Frage: Wie stark waren und sind diese Werte nun wirklich handlungsleitend? So berichtete z. B. die New York Times vom 27. und 30.5.2010, dass aus internen Dokumenten von BP hervorginge, dass zur Abdichtung des Bohrlochs trotz Warnungen von Fachleuten absichtlich eine kostengünstige Methode mit größerem Risiko von Gasaustritt gewählt wurde.

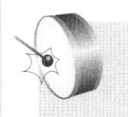

Mit dem Entwickeln und der Vorgabe von Firmenwerten ist eine Reihe von Absichten verbunden:

- *Verdeutlichung:* Die Kommunikation von Firmenwerten nimmt Beliebigkeit aus dem Verhalten von Organisationen. Auch wenn jeder Mitarbeiter bereits seine gesellschaftliche Prägung mit ins Unternehmen bringt, so machen Firmenwerte nochmals deutlich, auf welche Art von Verhalten in diesem Unternehmen besonders Wert gelegt wird. Dabei sollte es zwischen den Werten und der Strategie erkennbar eine unmittelbare und kausale Beziehung geben. Indirekt sollte durch die Werte auch erklärt werden können, warum man versucht, eine spezifische Vision zu realisieren.
- *Transparenz:* Die Veröffentlichung von Firmenwerten stellt auch eine Art Bekenntnis nach außen dar. Damit soll *Vertrauen, Verlässlichkeit und Berechenbarkeit bzgl. des Verhaltens der Mitarbeiter* geschaffen werden. Wenn ein Mitarbeiter dagegen verstößt, dann ist durch die Definition geteilter Werte eine Grundlage gegeben, auf die sich jeder beziehen und die er bei den aufsichtsführenden Organen »einklagen« kann.
- *Messbarkeit:* Mit der Definition von Firmenwerten entsteht die Möglichkeit, das tatsächliche Verhalten der Mitarbeiter (bzw. ganzer Bereiche) mit dem erwarteten Verhalten zu vergleichen. Wie konsequent wurden die »gemeinsamen Werte« gelebt? Z. B. über regelmäßige 360-Grad-Feed-backs können solche Messungen unternehmensweit und periodisch vorgenommen werden. So lassen sich entsprechend Entwicklungsprozesse analysieren. Bei Bedarf können die Messergebnisse *mit Anreiz- und Sanktionsmechanismen gekoppelt* werden.
- *Entwicklung:* Dort, wo große Lücken zwischen den praktizierten und deklarierten Werten bestehen, werden Ansatzpunkte für eine Wertentwicklung geboten. Dabei kann es sich um Einzelmaßnahmen handeln oder auch um Maßnahmen ganzer Abteilungen (z. B. Verbesserung des Recruiting). Ziel ist eine *Verfestigung der Kultur* um die deklarierten Werte herum.
- *Integration:* Werte sind auch ein Kontrollmechanismus, um Koordination und Kontrolle zu erreichen. Aufbauend auf der obigen Wertentwicklung, die durch die Verdeutlichung der Werte, ihrer Kommunikation und Messung ermöglicht wurde, ist uns nun auch eine Wertintegration und Sinnfindung für das gesamte Unternehmen gestattet. Dies ist für die meist hochkomplexen und kulturell diversen Konzerne von besonderer Bedeutung. Gemeinsam getragene Werte schaffen hier ein Gefühl von Identität. Sie bilden eine »Klammer« bei zunehmender Diversität. So können sie z. B. helfen, dass sich organisatorische Routinen entwickeln – sogar über Ländergrenzen hinweg. Geteilte Werte können aber auch die Ziele verschiedener Stakeholder angleichen.

Auch beim Führungsinstrument Werte ist es so, dass es in verschiedenen Varianten anzutreffen ist.

- *Werte als Aufzählung:* In dieser Variante werden die Kernwerte einfach gelistet und eventuell noch erläutert.
- *Werte als Führungsgrundsätze:* Besonders typisch ist auch der Fall, bei dem eine überschaubare Anzahl von Werten in Form von erwarteten Verhaltensweisen und Einstellungen seitens der Mitarbeiter definiert wird. Diese Werte, die dann häufig den Charakter von Führungsgrundsätzen annehmen, werden

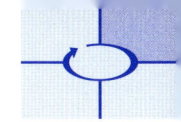

noch durch ergänzende Ausführungen präzisiert. Wichtig ist es, dabei auf Formulierungen zu achten, die dann im Verhalten der Mitarbeiter auch konkret überprüft werden können.

> **Fallbeispiel: Die Führungsgrundsätze von BOSCH[161]**
> 1. *Zielen Sie auf Erfolg.* Ertrag, Wachstum, Qualität, Kunden- und Prozessorientierung – das sind die Größen, an denen sich unsere Ziele ausrichten. Vermitteln Sie Ihren Mitarbeitern laufend die Unternehmensziele und machen Sie deutlich, was jeder Einzelne zu deren Erreichung beitragen kann.
> 2. *Zeigen Sie Initiative.* Entwickeln Sie mit Ihren Mitarbeitern neue Ideen und Strategien, die das Unternehmen voranbringen. Ermutigen Sie Ihre Mitarbeiter zu Veränderungen und Eigeninitiative und unterstützen Sie sie bei der Umsetzung.
> 3. *Zeigen Sie Mut.* Stehen Sie zu Ihren Mitarbeitern. Treffen Sie klare Entscheidungen und setzen Sie diese konsequent um. Seien Sie Vorbild und leben Sie die BOSCH-Werte vor.
> 4. *Setzen Sie Ihre Mitarbeiter ins Bild.* Sachinformationen sind eine Selbstverständlichkeit. Aber Ihre Mitarbeiter sollten auch betriebliche Zusammenhänge und Hintergründe kennen – sie sind eine wichtige Voraussetzung für die Identifikation mit dem Unternehmen.
> 5. *Führen Sie über Ziele.* Übertragen Sie Aufgaben und Kompetenzen. Vereinbaren Sie klare Ziele und schaffen Sie Freiräume, damit sich Kreativität, Selbstvertrauen und Verantwortungsbewusstsein entwickeln können. So führen Sie Ihre Mitarbeiter zum Erfolg.
> 6. *Geben Sie Feed-back.* Sehen Sie bei Ihren Mitarbeitern die Stärken und helfen Sie, diese zu nutzen und weiter auszubauen. Schauen Sie genau hin: Loben Sie – aber üben Sie auch faire konstruktive Kritik. Fehler passieren auf allen Seiten; sprechen Sie diese sofort und offen an.
> 7. *Schenken Sie Vertrauen.* Ihre Mitarbeiter sind leistungsfähig und leistungsbereit. Wagen Sie es, mit wenig Kontrolle auszukommen. Ihr Vertrauen wird den unternehmerischen Schwung auslösen, den wir alle wollen.
> 8. *Wechseln Sie die Perspektive.* Versetzen Sie sich in die Lage Ihrer Mitarbeiter und betrachten Sie Situationen auch aus deren Perspektive. Wie würden Sie Ihre Entscheidungen aufnehmen – und welche Begründung würden Sie erwarten?
> 9. *Gestalten Sie gemeinsam.* Ihre Mitarbeiter denken mit. Beteiligen Sie sie an der Vorbereitung von Entscheidungen und nutzen Sie die Ideen und das Potenzial, das sich Ihnen durch die kulturelle Vielfalt im Unternehmen bietet. Arbeiten Sie mit Ihren Mitarbeitern daran, Schnittstellen in Kontaktstellen und Barrieren in neue Möglichkeiten zu verwandeln.
> 10. *Fördern Sie Ihre Mitarbeiter.* Beraten Sie Ihre Mitarbeiter in der beruflichen Entwicklung und begleiten Sie diese systematisch. Unterstützen Sie sie, wenn sie sich an anderer Stelle im Unternehmen weiter entwickeln können oder wollen.

- *Werte als verbindliche Verhaltensregeln:* Eine große Bedeutung haben in der unternehmerischen Praxis sogenannte *Verhaltenskodizes* (*Corporate Codes of Conduct*) erlangt. Sie beinhalten moralische Leitsätze, Richtlinien oder Standards zum Verhalten der Akteure von den Organisationen, die sich darauf verpflichtet haben. Während sie noch Anfang der 1990er-Jahre in kaum einem Unternehmen anzutreffen waren, sind sie heute omnipräsent – und dies nicht nur in Großunternehmen, sondern mehr und mehr auch in mittleren und kleinen Betrieben. Es gibt nicht nur eine größere Anzahl solcher »Codes«, sondern auch mehr Typen davon. Durch derartige Kodizes werden Regeln definiert, über die sich einzelne Unternehmen – oder auch Kollektive von Unternehmen – freiwillig zu einem bestimmten Verhalten in ihren Interaktionen verpflichten.

Haben Mitarbeiter explizit ihr Einverständnis zum Code of Conduct gegeben, kann dies auch ausschlaggebend sein bei Rechtstreitigkeiten im Falle einer Regelverletzung.

> **Fallbeispiel: Verhaltenskodizes bei HENKEL**
> Nimmt man das Beispiel HENKEL, so trifft man dort eine ganze Reihe verschiedener Verhaltenskodizes an. Dies sind z. B. ein »*Code of Conduct*«, der die Mitarbeiter bei ethischen und rechtlichen Fragen unterstützen soll, oder ein »*Code of Teamwork and Leadership*«, der den Handlungsrahmen für Führungskräfte und Mitarbeiter definieren soll, oder ein »*Code of Corporate Sustainability*«, der die Grundsätze und Erwartungen zum nachhaltigen und gesellschaftlich verantwortlichen Wirtschaften beschreibt. Dazu gehören neben den Standards für Sicherheit, Gesundheit und Umwelt auch Sozial- und Einkaufsstandards.

Umsetzungsherausforderung von Werten

Egal welcher der Typen gewählt wird, mit einer solchen Deklaration von Werten, Führungsgrundsätzen oder Verhaltensregeln ist immer eine große Umsetzungsherausforderung verbunden. Derartige Unternehmenswerte müssen nicht nur kontinuierlich und intensiv kommuniziert werden, um sie im Bewusstsein der Mitarbeiter zu verankern. Um sie relevant für das alltägliche Handeln zu machen, bedarf es einer Vielzahl zusätzlich unterstützender Maßnahmen wie sichtbar vorleben, Einbezug in strategische Entscheide (z. B. bei M & A), Überprüfung der Auswirkungen, Setzen von Anreizen etc.[162]

(4) Ziele

Das normative Setzen von kurz- und mittelfristigen Zielen ist eines der gebräuchlichsten Führungsinstrumente in der betrieblichen Praxis. Ziele sind das zentrale Mittel zur Umsetzung strategischer Pläne. **Ziele** *sagen uns, was, in welchem Ausmaß, bis wann, wo und durch wen erreicht werden soll*. Dies kann z. B. eine bestimmte Gesamtkapitalrentabilität, ein angestrebtes Indexniveau für die Mitarbeiterzufriedenheit oder auch die Marktführerschaft sein.

> **Fallbeispiel: Vision und Ziele bei BRITISH AIRWAYS**
> Die Fluglinie BRITISH AIRWAYS operationalisierte ihre Vision, »die beste und erfolgreichste Fluglinie der Welt zu sein und mit allen Aktivitäten hohe Gewinne zu erzielen«, mit folgenden Zielen: Zuverlässigkeit und Sicherheit, finanzielle Ertragskraft, weltweiter Führer im Luftfahrtgeschäft mit Präsenz an allen wichtigen regionalen Märkten, ein im Vergleich zur Konkurrenz ausgezeichnetes Service- und Preis-Leistungs-Verhältnis, Kundenorientierung, ein guter Arbeitgeber und ein guter Nachbar. Für jedes dieser Ziele wurden dann Messindikatoren konstruiert und mit Vorgaben versehen, die angaben, wo man hinsichtlich der Zielerfüllung stand. Die Zuverlässigkeit wurde beispielsweise anhand von Verspätungs- und Wartezeiten gemessen. Standen zwei Ziele miteinander in Konflikt, was immer wieder der Fall war, wurde eine Einzelfallentscheidung getroffen.

Abgleich mit Performance-Messung

Ziele sind Steuerungsgrößen. Als Leistungsvorgaben an die Organisation sind sie immer auch Ansatzpunkt für die Performance-Messung. Dort wo Leistung gemessen wird, ist es auch nahe liegend, Ziele zu setzen. *Zielsysteme und Systeme der Performance-Messung gehen deshalb Hand in Hand*. Insbesondere sollte dabei dort die Zielerreichung evaluiert werden, wo die Ziele die Voraussetzungen zur Erzielung eines Wettbewerbsvorteils darstellen. Zielerreichungsgrade geben Auskunft über den Erfolg einer Einheit und über die Qualität der übernommenen Verantwortung. Sie sind oft auch Grundlage von Kompensation, wenn diese leistungsbasiert konzipiert ist.

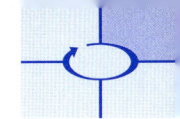

Über Ziele soll das Entscheiden und Handeln in einer Organisation ausgerichtet werden, um eine gewisse Wertschaffung des Unternehmens sicherzustellen. Diese Ziele sollen die verantwortlichen Führungskräfte dazu veranlassen, Maßnahmen zur Zielerreichung einzuleiten und umzusetzen. Das Erreichen der Ziele sollte das Unternehmen wiederum der Erfüllung seiner Mission und Vision näher bringen. Im Kontext des hier verfolgten Ansatzes sollten die Ziele demnach aus Vision und Mission abgeleitet werden. Diese Ziele sind dann soweit zu operationalisieren, dass eine Messung und Überprüfung möglich wird. Daraus sollte dann hervorgehen, ob man sich dem Ziel nähert oder eben nicht.

Definition

Fallbeispiel: Strategische Ziele von BOSCH
Die drei wesentlichen strategischen Ziele von BOSCH sind:
- »**Internationalisierung:** Wir werden mit großem Nachdruck unser Geschäft international weiter ausbauen und damit unsere internationale Präsenz zusätzlich stärken.
- **Diversifizierung:** Unsere sektorale Umsatzstruktur werden wir noch weiter ausbalancieren. Das heißt: alle Wachstumschancen in der Kraftfahrzeugtechnik voll wahrnehmen, doch überdurchschnittlich bei Gebrauchsgütern, Gebäude- und Industrietechnik zulegen. Dabei konzentrieren wir uns auf Geschäfte, die zu unserer technologischen Kompetenz passen, dies nennen wir fokussierte Diversifizierung.
- **Innovation:** Wir richten unsere Innovationskraft auf ›Technik fürs Leben‹. In ökologischen Fragen sehen wir erhebliche ökonomische Chancen. Denn sie erfordern nicht weniger, sondern mehr Technik.«[163]

Die Ziele selbst basieren auf Analysen und Annahmen zur zukünftigen Entwicklung des sozio-ökonomischen Umfeldes (Wechselkursentwicklungen, politische Risiken, technologischer Fortschritt etc.) und der Ressourcenverfügbarkeit im Unternehmen. Damit hängt die Qualität der Ziele auch von der Fähigkeit des Unternehmens ab, zukünftige Entwicklungen zu antizipieren.

Eine *Funktion* von Zielen ist also zunächst einmal die Koordination und Fokussierung des Handelns meist in Bezug auf bestimmte Planvorhaben. Über Zielvereinbarungen zwischen den Verantwortlichen der Corporate- und der Business-Ebene soll Commitment geschaffen werden. Zum einen will die Corporate-Ebene damit Orientierung geben und sicherstellen, dass die Entwicklungsrichtung stimmt. Zum anderen sollen damit aber auch den einzelnen Einheiten mehr Freiheitsgrade in der Form der Zielerfüllung gegeben werden: Man bestimmt die Richtung, aber nicht unbedingt den Weg zum Ziel, so dass die Geschäfte autonom darüber entscheiden können, wie sie die Ziele erreichen. In diesem Sinne können ambitionierte Ziele (Stretch Goals) auch motivierend wirken und Anreize für eine Leistungssteigerung setzen.

Funktionen von Zielen

Ziele bieten aber auch die Möglichkeit, dass strategische Optionen danach beurteilt werden, inwieweit sie zielführend sind. Ziele sind somit in der Regel auch Gegenstand von Kontrolle und Abweichungsanalysen. Mit dem Setzen von Zielen ist nicht die Annahme einer prinzipiellen Planbarkeit der Unternehmensentwicklung verbunden, sondern Ziele betrachten wir als *Instrument in einem geplanten Lernprozess*. Im Verbund mit alternativen strategischen Plänen führen sie zu einem Ausloten von Möglichkeiten.

Gefahren

Mit dem Setzen von Zielen ist eine ganze Reihe von *Gefahren* verbunden, die zu Fehlverhalten und daraus resultierenden schwerwiegenden Problemen im Unternehmen führen können wie etwa systemschädigendes Verhalten (aufgrund zu ambitioniert gesetzter Ziele), zu ausgeprägter Kurzfristorientierung oder Suboptimierung.

3.3.2 Skizze der Zieldiskussion

Sowohl bei der Formulierung einer Vision als auch einer Mission stellt sich die Frage nach den Zielen von Unternehmen. Gibt es eine allgemein gültige Antwort oder ist es jedem Unternehmen selbst überlassen, seine Ziele zu bestimmen? Ein Blick in die Diskussion offeriert einen reichhaltigen Fundus an normativen und deskriptiven Positionen zu diesem Thema, die sich teils aufeinander bezogen, teils voneinander getrennt zu Worte melden. Wir wollen einige Wichtige kurz skizzieren. Dabei soll auch auf die besondere Bedeutung der Unternehmensethik eingegangen werden, die einerseits Einfluss auf die Zielbildung selbst hat, andererseits aber auch eine »Lösungsformel« bei Zielkonflikten zu liefern vermag.

(1) Zur Zielausrichtung von Unternehmen

Als Ausgangspunkt für eine kurze Übersicht über die Zieldiskussion bietet sich die klassische Mikroökonomie an. Hier wird in Verbindung mit dem Menschenbild des »homo oeconomicus« die Annahme vertreten, dass Unternehmen dem vom Unternehmer gesetzten Ziel der *Gewinnmaximierung* folgen. Das betriebswirtschaftliche Problem liegt in der optimalen Kombination der eingesetzten Produktionsfaktoren. Dies soll nach Maßgabe rationaler Entscheidungskriterien erfolgen. Je effektiver und effizienter dies erfolgt, desto größer wird der unternehmerische Gewinn. Addiert man ein derartiges Verhalten der Unternehmen makroökonomisch auf und verbindet das volkswirtschaftliche Angebot mit der Nachfrageseite, dann bewirkt der Preismechanismus der »unsichtbaren« Hand die optimale Ressourcenallokation in einer freien Marktwirtschaft.

Deskriptive Zielforschung

Die Vorstellung, dass Unternehmen ausschließlich das Ziel der Gewinnmaximierung verfolgen, ist jedoch schon bald kritisiert und als nicht realitätsnah bewertet worden. So macht es sich die **Zielforschung** in den 1960er-Jahren zunächst zur Aufgabe, die »tatsächlichen« Ziele von Unternehmen in einer deskriptiven Form zu erfassen und zu kategorisieren.[164] In einer Reihe von empirischen Untersuchungen kommt man zu dem Ergebnis, dass die Gewinnmaximierung weder das einzige Ziel von Unternehmen ist noch die dominante Stellung hat, die man ihm beimisst. Der Begriff des *Zielsystems* etabliert sich und weist auf die Bedeutung miteinander in Beziehung stehender Ziele hin, die als generelle Imperative verstanden werden.[165] In weiteren empirischen Studien zeigt sich dann, dass in Unternehmen die Ziele oft weder vollständig, noch eindeutig, noch miteinander konsistent sind, ja sich sogar widersprechen. Daher wird das Zielsystem einer Organisation als eine höchst unscharf abgegrenzte, vage definierte und kaum geordnete Menge unvollständig formulierter Ziele angesehen.[166] Diese Unbestimmtheit scheint sogar häufig beabsichtigt zu sein, um überhaupt konsensfähige Ziele aushandeln zu können.

Konsens zum Preis von Unbestimmtheit?

3.3.2 Skizze der Zieldiskussion

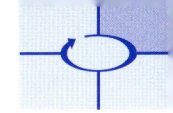

Derartige Einsichten treiben die Zielforschung weiter voran und führen sie zu der Frage, wie in der Unternehmensrealität die Zielbildung vonstatten geht. Das Forschungsfeld öffnet sich damit für die Untersuchung des *Entscheidungsverhaltens* in Organisationen. Zunächst dient hier wieder die rationale Entscheidungslogik, wie sie der klassischen Mikroökonomie zu Grunde liegt, als Ausgangspunkt. Diese unterstellt ein rational handelndes Individuum, das unbeeinflusst von persönlichen Werten und Gruppennormen ist. Die Ziele sind bekannt und eindeutig formuliert, ebenso alle möglichen Alternativen und deren Konsequenzen.

Entscheidungsverhalten

Doch diese Annahmen werden als nicht der Realität entsprechend kritisiert und dementsprechend revidiert. Es wird nun davon ausgegangen, dass Entscheider keine vollständigen Informationen besitzen, niemals alle Alternativen und deren Konsequenzen kennen und sich daher auch keine optimale Lösung, sondern lediglich ein zufrieden stellendes Ergebnis bestimmen lässt (*bounded rationality*).[167] In enger Auseinandersetzung mit diesen Überlegungen entwickelt sich im deutschen Sprachraum eine entscheidungsorientierte Betriebswirtschaftslehre.[168]

Begrenzte Rationalität

Zeitlich leicht nachgelagert findet die Thematik der Unternehmensziele auch Eingang in Überlegungen zu einem Strategischen Management.[169] Zunächst werden dabei Anfang der 70er-Jahre die Möglichkeiten einer prinzipiellen Planbarkeit der Entwicklung von Unternehmen diskutiert. Es wird die Frage gestellt, ob angesichts von Diskontinuitäten im unternehmerischen Umfeld eine langfristige, zielgerichtete Planung überhaupt noch Aussicht auf Erfolg habe oder man sich eher an einer inkrementellen Vorgehensweise im Sinne eines Muddling-Through orientieren müsse.

Eine Synthese beider etwas einseitigen Ansätze könnte ein dritter Weg eines *geplanten Lernens* darstellen.[170] Die Zieldiskussion wird also in dieser Phase nicht über die Zielinhalte geführt, sondern ist ein »Ausloten« der Möglichkeiten einer Zielplanung.

Unternehmensentwicklung als geplantes Lernen

Anfang der 1980er-Jahre schiebt sich dann jedoch die Frage nach den Zielinhalten auch im Strategischen Management nach vorne und wird auch heute noch heftig diskutiert. Hier kann prinzipiell in zwei Lager unterschieden werden:[171] eine monistische Zielausrichtung orientiert sich an ökonomischen Zielen und stellt das Interesse der Aktionäre in den Mittelpunkt (*Shareholder-Ansatz*). Hingegen versucht eine pluralistische, gesellschaftsorientierte Zielausrichtung sowohl für die an den wirtschaftlichen Leistungen des Unternehmens interessierten Anspruchsgruppen als auch für andere gesellschaftliche Bezugsgruppen Nutzen zu stiften (*Stakeholder-Ansatz*).

Zielinhalte

Beide Ansätze verbindet die Einsicht, dass der Zweck von Unternehmen in der Schaffung von Wert zu sehen sei, jedoch gehen ihre Ansichten hinsichtlich der Frage, was denn unter Wert genau zu verstehen sei und an wen wie viel von dem geschaffenen Wert verteilt werden soll, wie bereits weiter oben dargestellt, weit auseinander. Der Shareholder-Ansatz baut beispielsweise auf der Shareholder-Value-Analyse auf, einer Technik zur Berechnung des Unternehmenswertes.[172] Das Unternehmensgeschehen wird dabei als eine Reihe von Zahlungen betrachtet, deren ökonomischer Wert auf Grundlage der Kapitalwertmethode als Barwert der zukünftig zu erwartenden Cashflows zu berechnen ist. Je höher dieser Wert ist bzw. je mehr er durch eine Strategiealternative gesteigert werden kann, desto größer wird der Marktwert des Eigenkapitals und damit letztendlich das

Schaffung von Wert als Unternehmenszweck

Aktionärsvermögen. Der Shareholder-Ansatz misst also den Wert eines Unternehmens aus einer rein finanziellen Perspektive und fokussiert hier auf das Interesse der Aktionäre als ausschlaggebende Zielgruppe. Andere Wertkriterien werden nicht berücksichtigt. Ebenso werden Ansprüche anderer Interessensgruppen nur dann erfasst, wenn sie in der Lage sind, den Unternehmenswert zu beeinflussen (wie z. B., wenn staatliche Stellen Steuern einfordern, Mitarbeiter ihren Lohn oder Lieferanten die Zahlung ihrer Dienste). Gegen diese »doppelte Verengung« wendet sich der Stakeholder-Ansatz, indem er sich sowohl für andere Wertkriterien öffnet als auch explizit die Interessen anderer Anspruchsgruppen als die der Aktionäre miteinbezieht und ihre Berücksichtigung fordert. Doch auf welcher Basis soll in einer Marktwirtschaft im Fall unterschiedlicher Zielvorstellungen und konfligierender Interessen entschieden werden? So kann sich z. B. eine Interessenskoalition aufgrund der ihr derzeit zur Verfügung stehenden Macht versuchen, durchzusetzen. Oder aber es kommen ethische Überlegungen zum Tragen, die nicht nur den Ausgleich schaffen, sondern bereits die Zielbildung lenken bzw. in Frage stellen.

(2) Unternehmensethik als Regulativ

Während die *Wirtschaftsethik* sich um die Begründung einer bestimmten Wirtschaftsordnung (wie z. B. der freien Marktwirtschaft) bemüht, versteht sich die *Unternehmensethik* als eine Lehre vom friedensstiftenden Handeln der Unternehmensführung bei Konflikten mit den jeweiligen Anspruchsgruppen.[173] Damit wendet sich die Unternehmensethik gegen die Annahme, dass – wie es der amerikanische Nationalökonom Milton Friedman zugespitzt formuliert – die einzige gesellschaftliche Verantwortung des Unternehmers darin bestehe, seine Gewinne zu erhöhen, während unerwünschte Nebenwirkungen eine Sache des Gesetzgebers und der Gerichte seien.[174] Im Gegensatz dazu weist die Unternehmensethik darauf hin, dass das Streben nach Gewinn zwar durchaus ethisch legitim ist, jedoch immer wieder Entwicklungen eintreten können, die aufgrund ihrer negativen Effekte für bestimmte Gruppen von Betroffenen nicht mehr akzeptabel sind. Da einerseits weder Staat noch Rechtssystem in der Lage sind, stets Rahmenbedingungen zu schaffen, durch die derart ungewollte Entwicklungen vermieden werden können, und andererseits die Konkretisierung des Gewinnziels nicht irgendwo außerhalb des Unternehmens, sondern erst in diesem vorgenommen wird, haben konsequenterweise ethische Überlegungen auch dort ihren Platz und sind nicht in die Umwelt zu verlagern.[175]

Damit wird die bereits in Abschnitt 3.2.2 aufgeworfene Diskussion zum Stakeholder-Ansatz wieder aufgegriffen. Wer Ziele herleiten will, hat sich zuerst zu fragen, gegenüber wem dies eigentlich geschehen soll. Es geht hier also um die Auswahl der Stakeholder, an deren Ansprüche das Unternehmen bereit ist, sein Handeln auszurichten.

Aus Sicht der Unternehmensethik hat das Unternehmen offen zu sein gegenüber *allen* Anspruchsgruppen, die selbst oder treuhänderisch rechtmäßige Ansprüche gegenüber dem Unternehmen geltend machen können. Es besteht die Pflicht zu einer vorbehaltlosen Klärung dieser Ansprüche durch die Auseinandersetzung mit den Argumenten der Betroffenen, unabhängig von deren Machtposition. Dies können auch potenziell Betroffene sein, wie etwa die nächste Generation. Entscheidend ist, dass das Wohlergehen der Anspruchsgruppe durch die

3.3.2 Skizze der Zieldiskussion

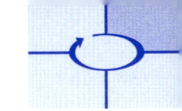

zukünftige Entwicklung des Unternehmens signifikant beeinflusst wird. Es reicht also nicht aus, die mächtigen Stakeholder zufriedenzustellen, um sich als Nutzen daraus im Gegenzug deren Unterstützung zu vergewissern. Hier geht es um ein Anstreben von Gerechtigkeit, auch wenn das Unternehmen keinen direkten Nutzen durch Gegenleistungen daraus zu ziehen vermag.

Anstreben von Gerechtigkeit

Relevant sind also die Stakeholder, die legitime Ansprüche vorzubringen vermögen. Drei Arten solcher Stakeholder können dabei unterschieden werden:

- Erstens sind dies die Stakeholder, die aus einer strategisch-instrumentalistischen Sichtweise als »relevant« eingestuft werden. Hier geht es primär um die Verhandlungsposition, die das Unternehmen gegenüber dem Stakeholder (und umgekehrt) hat. Einerseits ist dies der vielleicht opportunistische, aber sicher legitime Anspruch auf Selbsterhaltung des Unternehmens durch Beachtung der Interessen einflussreicher Stakeholder, andererseits aber auch der Wunsch und Wille zur Durchsetzung der eigenen Interessen.
- Zweitens sind dies Anspruchsgruppen, die durch das Handeln des Unternehmens besonders negativ betroffen sind. Dabei bestimmt sich das Ausmaß an Betroffenheit über fundamentale moralische Rechte, wie sie in öffentlichen Kodizes, wie etwa der UN-Erklärung der Menschenrechte, festgehalten sind.
- Drittens sind dies Anspruchsgruppen, gegenüber deren Anliegen sich das Unternehmen aus moralischen Präferenzen heraus besonders verpflichtet fühlt. So kann sich ein Unternehmen z.B. speziell der Nachhaltigkeit seines Handelns im Bereich des Umweltschutzes verpflichten und auch regelmäßig darüber Bericht erstatten.[176]

> **Standpunkt: Wie überzeugend legitimiert PHILIPS sein Verhalten?**
> Besuchen Sie einmal die Nachhaltigkeits-Homepage des niederländischen PHILIPS-Konzerns (http://www.philips.ch/about/sustainability). Dort finden Sie Erläuterungen zur Legitimierung des Verhaltens von PHILIPS in Gesellschafts- und Umweltangelegenheiten. »Bei PHILIPS bemühen wir uns, die Welt durch Innovationen gesünder und nachhaltiger zu machen. Unser Ziel ist es, bis 2025 jedes Jahr das Leben von 3 Milliarden Menschen zu verbessern. Unser Programm EcoVision ist eine wichtige Kraft bei der Umsetzung dieser Unternehmensvision.« Was fällt Ihnen dabei auf? Denken Sie, dass PHILIPS sich gut in die Ansprüche seiner Stakeholder hineinzuversetzen vermag? Überzeugt Sie die Argumentation? Wie gut ist dabei der Bezug zur Strategie des Konzerns gelungen?

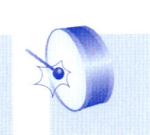

Ein erster wichtiger Schritt zur legitimen *Gestaltung einer Stakeholder-Beziehung* ist bereits das laufende Sammeln von Informationen zu den Stakeholdern, um so ein Bewusstsein für deren Anliegen und Bedürfnisse zu schaffen, wodurch eventuell entstehende Ansprüche auch vorweggenommen werden können. Aufbauend auf diesen Informationen kann dann eine systematische und regelmäßige Bewertung der jeweiligen Beziehung erfolgen, wie man sie unter dem Stichwort »*Social Accounting and Auditing*« kennt.[177] Dass ein solches Vorgehen, wenn es gewissenhaft geschehen soll, nur für eine begrenzte Anzahl von Stakeholdern ökonomisch sinnvoll ist, ist nahe liegend. Deshalb ist es aus Gründen der Praktikabilität nicht nur zweckmäßig und legitim, sondern auch notwendig, sich auf einige Haupt-Stakeholder zu konzentrieren.

Geht es dann um die *Bedeutung*, die den einzelnen Stakeholder-Interessen im Handeln des Unternehmens beizumessen ist, dann ist aus unternehmensethischer Perspektive vorerst keine der drei erwähnten Gruppierungen höher zu gewichten. Vielmehr muss es nun Ziel sein, zwischen allen konfligierenden Interessen der einzelnen Anspruchsgruppen gut begründete Regelungen zu treffen, die auf einem gerechten Kompromiss basieren oder sogar über einen Konsens der involvierten Parteien erreicht werden können.

Die moderne Unternehmensethik[178] liefert hier keine Handlungsregeln, sondern lediglich einen Prozess mit einer regulativen Idee zum Nachdenken über Moral, über den die bestehenden Handlungsregeln reflektiert werden können. Sie urteilt also auch nicht, was gut und schlecht ist. Sie setzt aber einen Willensakt der moralisch Handeln wollenden Person voraus, als Ausdruck der Motivation, das eigene Wollen möglichst weitgehend an einem ethisch tragfähigen Sollen auszurichten. Vorrang hat damit die *Verständigungsorientierung*, bei der man sowohl seine eigenen Ansprüche argumentativ (öffentlich) begründet, als sich auch die Argumente anderer anhört und sie auch gelten lässt, sobald sie (neutral betrachtet) auch die besseren Argumente sind. Dies würde dann allerdings auch den Verzicht auf das machtvolle Durchsetzen der eigenen Interessen dort bedeuten, wo legitime Interessen Betroffener stehen. Was richtig ist und was nicht, ist damit Ergebnis einer diskursiven Klärung.

Auf der Grundlage dieses Gedankens kann man die Unternehmensethik dann in eine materielle und eine formale Variante unterteilen. Die *materielle* Variante versucht Normen zu entwickeln, die handlungsleitend wirken und eine universelle Gültigkeit besitzen sollen. Hingegen verzichtet die *formelle* Alternative auf die Entwicklung inhaltlicher Normen. Sie wendet sich vielmehr der Schaffung prozessualer Verfahrensnormen zu, die den friedlichen Umgang mit Konflikten regeln sollen. So bietet beispielsweise die Diskursethik mehrere Kriterien (wie Unvoreingenommenheit, Nichtpersuasivität, Zwanglosigkeit oder Sachverständigkeit) an, die dabei helfen sollen, im Dialog einen Ausgleich zwischen unterschiedlichen Zielvorstellungen zu erreichen.[179]

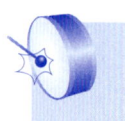

Standpunkt: Sollte dem HP-Chef eine Abfindung gezahlt werden? Und steckt hier mehr dahinter?
Im August 2010 kam es zum erzwungenen Rücktritt von Mark Hurd, dem erfolgreichen CEO und Chairman von HEWLETT-PACKARD. Die Nachricht löste einen Börsenwertverlust von ca. 14 Mrd. USD (15 %) aus. Vorgeworfen wurden Hurd Unregelmäßigkeiten bei Spesenabrechnungen anlässlich Treffen mit der Marketingberaterin Jodie Fisher. In den Worten des Boards ging es um ein »inappropriate relationship«. Frau Fisher hatte Hurd auch der sexuellen Belästigung beschuldigt, was aber nicht bestätigt werden konnte. Die beiden einigten sich privat. Der Fall ist mit Bezug auf HP besonders delikat, da das Unternehmen in den letzten Jahren immer wieder hervorgehoben hat, dass man auf höchste ethische Standards setzt. Dies insbesondere, nachdem der früheren Vorsitzenden des Verwaltungsrats, Patricia Dunn, vorgeworfen wurde, sie habe andere Board-Mitglieder und Journalisten ausspionieren lassen, was zu ihrem Rücktritt im September 2006 führte.
Oracle CEO Larry Ellison kritisierte die Entscheidung von HP scharf, Hurd aufgrund dieser Vorgänge zu entlassen: »*The HP board just made the worst personnel decision since the idiots on the Apple board fired Steve Jobs many years ago. In losing Mark Hurd, the HP board failed to act in the best interest of HP's employees, shareholders, customers and partners. … Publishing known false sexual harassment claims is not*

Verständigungsorientierung hat Vorrang

Inhaltliche vs. prozessuale Normen

3.3.2 Skizze der Zieldiskussion

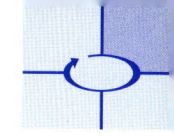

> *good corporate governance; it's cowardly corporate political correctness. ... What the expense fraud claims do reveal is an HP board desperately grasping at straws in trying to publicly explain the unexplainable.*«[180]
>
> Vertraglich ist Hurd für den Fall eines erzwungenen Rücktritts eine Abfindung von 35–40 Mio. USD (in Abhängigkeit von der zukünftigen Aktienkursentwicklung) zugesichert. Ist es aus Ihrer Sicht nun angemessen und ethisch vertretbar, die Abfindung auszuzahlen? Dafür spricht z. B., dass es sich um einen Vertrag handelt, bei dem Hurd einen legalen Anspruch hat, dass er erfüllt wird. Dagegen könnte sprechen, dass man an Glaubwürdigkeit verliert, wenn man so massiv die eigenen hohen ethischen Standards betont und dann an dieser Stelle darüber hinwegsieht. Das Fehlverhalten von Hurd wurde durch das Board offensichtlich als so gravierend eingestuft, dass es eine Entlassung des CEO zu rechtfertigen vermochte. *Ist es dann noch plausibel und ethisch vertretbar, wenn eine Abfindung bezahlt wird?*
>
> Wäre es nicht so gravierend gewesen, warum hat man ihn dann entlassen? HP befand sich zu diesem Zeitpunkt in einer kritischen und erfolgsversprechenden Phase seiner strategischen Neuorientierung, die noch keineswegs abgeschlossen war: Durch die Akquisition von EDS war man zur Nr. 2 im Bereich der IT-Services geworden; der Kauf von 3Com machte HP zu einem wichtigen Wettbewerber von Cisco im Bereich der Netzwerk-Hardware; mit der Übernahme von Palm ging man in Konkurrenz zu Apples iPad. Auch konnte man sich direkt nach dem Abgang von Hurd in einem Bieterstreit um den Speicherhersteller 3Par gegenüber Dell durchsetzen.
>
> Insgesamt befand sich die IT-Branche zu diesem Zeitpunkt in einer Phase ihrer Re-Vertikalisierung, um Bündel von Hard- und Software anbieten zu können. Dies führte dazu, dass aus früheren Kooperationspartnern nun harte Wettbewerber wurden. In diesem Sinne ist es auch zu verstehen, dass Oracle Hurd bereits kurz nach seinem Abgang am 6.9.10 eine Board-Position mit einem Jahresgehalt von 11 Mio. USD (bei Erreichen der Bonusziele) anbot. Am 7.9.10 verklagte HP Hurd auf Verletzung der gemeinsamen Vereinbarung, falls er die neue Aufgabe annimmt. Oracle konnte Anfang 2010 seine Akquisition von Sun Microsystems erfolgreich abschließen. Sun produziert u. a. Server und steht damit in direktem Wettbewerb zu HP. Im September 2010 kam es dann zu einer außergerichtlichen Einigung, bei der Hurd, nun bei Oracle, auf die Hälfte seiner Abfindung verzichtet hat, damit die beiden Konzerne ihre Kooperationen aufrecht erhalten können.

Der v. a. in den USA geprägte Ansatz der »*business ethics*« befasst sich mit der praktischen Umsetzung einer Unternehmensethik. Ein auf ethische Grundsätze gerichtetes Handeln soll im Unternehmen durch Maßnahmen unterstützt werden, wie z. B. die Durchführung von Ethikseminaren oder die Dokumentation der ethischen Grundsätze in einem »code of ethics«.

»Business Ethics« mit Fokus auf Umsetzung

> **Fallbeispiel: Ethische Normen bei FIAT**
> Der »Code of Ethics for Business Conduct« der FIAT Group ist in fünf Sektionen untergliedert mit jeweils drei bis vier Standards. So findet man z. B. in Sektion 1 den Standard I: »No employee of the Group shall promise or transfer sums of money or goods, regardless of their amount or value, to any public official or to promote or favour the interests of one or more Group companies, even if unlawful pressure has been exerted.«

Etwas verallgemeinernd können fünf Typen von Unternehmen unterschieden werden, was deren Zielorientierung anbelangt:[181] Es gibt erstens *unmoralische Unternehmen*, die gewinnen wollen, egal was es sie kostet. Dazu setzt man sich auch über Vorschriften hinweg in der Hoffnung, dass es niemand bemerkt.

Typen ethischen Verhaltens

> **Fallbeispiel: Unethisches Verhalten bei ENRON**
> Das unethische Verhalten einiger Führungskräfte des US-amerikanischen Energiekonzerns ENRON hat im Jahr 2002 dessen spektakulären Konkurs verursacht. Bewusst wurden dort Interessenkonflikte in Kauf genommen, um persönliche Vorteile daraus zu ziehen. Mit fragwürdigen Buchungspraktiken verfälschte man gezielt die tatsächliche Lage des Unternehmens. Vielen Anspruchsgruppen entstand so großer Schaden. Allein die Aktionäre und Mitarbeiter verloren über 68 Mrd. USD. Im Strudel der Ereignisse um ENRON kam es auch zur Auflösung der Dachgesellschaft einer der fünf größten Wirtschaftsprüfungsgesellschaften der Welt, ANDERSEN WORLDWIDE. Das Unternehmen wurde wegen Justizbehinderung verurteilt. Mit dafür verantwortlich gewesen sein dürfte der Interessenkonflikt zwischen dem Beratungs- und dem Prüfungsgeschäft, wo ENRON ein wichtiger Kunde in beiden Segmenten der US-Tochtergesellschaft ARTHUR ANDERSEN LLP war. Der Fall ENRON führte dazu, dass die Wirksamkeit von Kontrollmechanismen zum Schutz der Interessen anderer Anspruchsgruppen massiv in Frage gestellt wurde. Im Sarbanes-Oxley Act wurden Direktmaßnahmen für die USA verabschiedet (z. B. kürzere Fristen für die Publizierung der Quartalsausweise), um das verloren gegangene Vertrauen wiederzugewinnen. So mussten zum 14.8.02 die CEO und Finanzchefs der 942 größten US-Unternehmen die der SEC eingereichten Finanzberichte erstmalig eidesstattlich beglaubigen.

Dann gibt es zweitens *legalistische Unternehmen*, die genau das machen, was der Gesetzgeber verlangt, aber auch nicht mehr. Eine dritte Kategorie bilden die für ethische Fragestellungen *empfänglichen Unternehmen*. Sie gehen davon aus, dass sich ethisches Handeln auch auszahlt. *Ethisch engagierte Unternehmen* stellen einen vierten Typ dar. Sie nehmen sich aktiv ethischer Argumentationen an und wollen, dass dies auch bemerkt wird. Es gibt aber kein umfassendes Konzept oder Programm dazu. Auch fehlt es an einer tiefgreifenden Verankerung in der Unternehmenskultur, wie es beim fünften Typ, den *ethischen Unternehmen*, der Fall ist. Dort ist ethisches Verhalten Programm und steht im Zentrum des Selbstverständnisses und Wertesystems. Es gibt spezielle Strategien und Aktionsprogramme dazu.

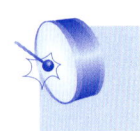

> **Standpunkt: Überzeugender BODY SHOP?**
> Besuchen Sie einmal die Homepage des britischen Kosmetikunternehmens THE BODY SHOP (www.bodyshop.com). Welchem Typ entspricht das Unternehmen aus Ihrer Sicht am ehesten? Warum? Gegenüber welchen Anspruchsgruppen engagiert sich das Unternehmen speziell? Wie wird dort zur Legitimierung der eigenen Stakeholder-Beziehungen argumentiert und gehandelt? Überzeugt Sie dies?

(3) Zur Eigenständigkeit des Sozialen

Eine interessante Verschiebung der Diskussion über die Ziele von Unternehmen ergibt sich, wenn man einige neuere Ansätze in der Organisations- und Sozialforschung sowie im Strategischen Management betrachtet. Wurde in den bisherigen Ausführungen zumeist implizit davon ausgegangen, dass betriebswirtschaftliche Organisationen einzig und allein ein Vehikel zur Erreichung der Ziele der daran beteiligten Individuen seien, so verstellte eine solche Annahme weitergehende organisationstheoretische Einsichten »in jene Charakteristika von Organisationen, die sich dem übermächtigen, rationalistischen und instrumentalistischen Verständnis von Organisationen nicht länger fügten«.[182]

3.3.2 Skizze der Zieldiskussion

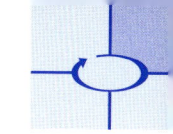

An dieser Stelle ist insbesondere die Eigenständigkeit des Sozialen und die damit einhergehende Eigendynamik sowie die operative Logik von Organisationen zu nennen. So wird beispielsweise darauf hingewiesen, dass soziale Systeme – als deren Elemente Kommunikationen angesehen werden – ihren Sinn nach Maßgabe selbst gesetzter Differenzen konstituieren.[183] Ausgelöst wird dieser Prozess, der in einer operativ geschlossenen Art und Weise abläuft, durch die Konfrontation mit einer prinzipiell unendlich hohen Komplexität der Umwelt. Komplexitätsbewältigung wird zur zentralen Herausforderung sozialer Systeme, der sie in kommunikativer Weise durch die Produktion von Sinn begegnen. Unter bestimmten Voraussetzungen sind sie sogar kollektiv handlungsfähig, dann beispielsweise, wenn Symbole verfügbar sind, die kontextfrei nutzbar sind. Auf diesen Gedanken aufbauend kann man die Evolution von sozialen Systemen als selbstorganisierenden, autopoietischen Prozess verstehen, in dem in System-Umwelt-Beziehungen das Maß an verarbeitbarer Umweltkomplexität sukzessive gesteigert wird.[184] Durch den Aufbau von emergent entstehenden Systemfunktionen – wie Grenzbildung, Ressourcengewinnung, Strukturbildung, Prozesssteuerung, Reflexion und Genese – erzeugt ein soziales System immer höhere Grade organisierter Binnenkomplexität. Es ist dann nicht nur in der Lage, sich gegenüber seiner äußeren Umwelt zu behaupten, sondern kann seine internen Kombinationsmöglichkeiten auch dazu nutzen, sich eigenständig gesetzte, qualitativ neue Freiheitsgrade der Selbststeuerung zu erschließen und diese für systemeigene Zwecke nutzen.[185]

Zuletzt sind solche Überlegungen auch im Zusammenhang mit Fragen des Strategischen Managements zu finden. Hier lassen sie nicht nur den Shareholder-, sondern auch den Stakeholder-Ansatz in einem neuen Licht erscheinen. So wird z. B. darauf hingewiesen, dass die Schaffung von »*Stakeholder Value« nicht als Ziel, sondern als Beschränkung* der Handlungsmöglichkeiten eines Unternehmens zu verstehen sei.[186] Die ausschließliche Orientierung an den Zielen der Anspruchsgruppen wird für das Strategische Management als unbefriedigend erachtet, da eine solche Sichtweise dazu veranlasst, lediglich die bekannten Spielregeln einer Branche zu wiederholen. Wirklich neue Einsichten würden sich daraus kaum ergeben.[187]

Daher wird vorgeschlagen, nicht von Zielen gegenüber den Anspruchsgruppen, sondern von Zwecken und Beschränkungen des Unternehmens zu reden. Worin dieser Zweck liegen soll, bleibt allerdings – beabsichtigt oder unbeabsichtigt – weitgehend offen. An anderer Stelle wird jedoch für Unternehmen plädiert, die jenseits einer ausschließlichen Ausrichtung an den letztlich egoistischen Anforderungen ihrer Shareholder und Stakeholder anzusiedeln sind.[188] Unternehmen dieses Typs würden sich an ›höheren‹ Idealen orientieren, wie beispielsweise der Aufgabe, den Lebensstandard von Arbeitern zu erhöhen und dadurch einen hohen Einsatzwillen und Enthusiasmus seitens ihrer Mitarbeiter erzeugen. Eine hohe Rentabilität käme dann gewissermaßen »automatisch« zu Stande.

Als **Fazit** der bisherigen Ausführungen können wir festhalten, dass nicht nur die Ansichten über die Zielbildung, sondern insbesondere auch die Ansichten zu den Zielinhalten weit auseinander gehen. Die einzelnen Argumentationsketten greifen relativ rasch auf normative Annahmen zurück, um ihre spezielle Sichtweise zu begründen. Ein allgemein akzeptiertes Fundament, das Sicherheit bieten könnte, scheint nicht in Sicht zu sein. Dies ist auch wenig verwunderlich, wenn man die Pluralität der Beobachtungs- und auch Bewertungsstandpunkte betrachtet und diese anerkennt. Denn wie in der Philosophie wäre auch hier jeder Versuch, eine Letztbegründung zu geben, mit dem sogenannten »Münchhausen-Trilemma« konfrontiert[189], d.h., man würde in die Situation geraten, zwischen drei wenig befriedigenden Alternativen wählen zu müssen. Erstens könnte man in einen infiniten Regress fallen, da man bei der Begründung von Gründen immer weiter in der Kausalkette zurückgehen müsste. Zweitens könnte man sich in einem logischen Zirkel verstricken, wenn man zur Begründung von Normen auf Aussagen zurückgreifen müsste, die schon vorher als begründungsbedürftig offen geblieben waren. Drittens könnte man durch eine dogmatische Entscheidung einen Abbruch des Begründungsverfahrens vornehmen. Allerdings müsste man dann den Grund angeben, warum man diesen Abbruch vorgenommen hätte. Und dieser wäre wieder begründungspflichtig.

Freiheit der Ziele, jedoch Auseinandersetzung mit Konsequenzen

Angesichts einer solch »vertrackten« Situation lässt sich u. E. nur die Schlussfolgerung ziehen, dass Unternehmen einerseits prinzipiell die Freiheit haben, ihre Ziele selbst zu bestimmen, sich andererseits jedoch mit den Konsequenzen ihres Verhaltens bzw. den Aktionen und Reaktionen ihrer Umwelt verantwortungsvoll auseinandersetzen müssen. Inwieweit sie ihre Ziele reflexiv vor sich und/oder ihrer Umwelt verantworten, ist im Einzelfall empirisch zu beantworten, ebenso wie die Frage, ob ein Unternehmen sich ausschließlich auf die Befriedigung der Ansprüche einer einzelnen Anspruchsgruppe (wie z.B. der Aktionäre) konzentriert, einen Ausgleich zwischen den unterschiedlichen Interessen seiner Anspruchsgruppen anstrebt oder sein zentrales Ziel vor allem darin sieht, ein abstraktes Ideal anzustreben. Dies soll offen gelassen werden. Begründungsversuche müssen sich dabei nicht nur auf kognitiv-instrumentelle Rationalitätsannahmen beschränken, sondern sollten durchaus auch auf moralisch-ethische und ästhetisch-expressive Vorstellungen zurückgreifen.[190]

> **Workshop: Normativer Rahmen**
> 1. Welche Bedeutung messen wir in unserem Unternehmen dem normativen Rahmen bei? Ist dies der Situation angemessen?
> 2. Wie vollständig deckt unser normativer Rahmen die vier Elemente Vision, Ziele, Mission und Werte (mit Führungsgrundsätzen) ab? Muss hier etwas vervollständigt oder verbessert werden? Sind die vier Elemente ausreichend mit der Strategie abgestimmt?
> 3. Wie konsistent sind die einzelnen Elemente unseres normativen Rahmens untereinander?
> 4. Ist unsere Mission, unser Unternehmenszweck klar? Ist klar was unser Nutzenversprechen (value proposition) gegenüber unseren Anspruchsgruppen ist? Baut dieses auf unseren Werten auf?
> 5. Gibt die Mission genügend Auskunft über die ethische Grundhaltung des Unternehmens? Falls nein: Wie könnte dies verbessert werden? Welchem der oben dargestellten fünf Typen ethischer Grundhaltungen entspricht bzw. sollte unser Unternehmen entsprechen?
> 6. Gibt es seitens unseres Unternehmens einen verständnisorientierten Dialog mit den wichtigsten Stakeholdern, die legitime Ansprüche vorzubringen haben?
> 7. Geht von unserer Vision genügend Handlungsanleitung, Sinnstiftung, Motivation und integrative Wirkung aus. Falls nein: Wie könnte/müsste man dies verbessern?
> 8. Passen unsere Werte zur Mission? Passen unsere Führungsgrundsätze zu den Werten?
> 9. Verfügen wir über klare Ziele? Berücksichtigen diese angemessen unsere Vision und die in der Mission abgegebenen Nutzenversprechen?

> 10. Inwieweit sollen bei uns die Mitarbeiter daran beurteilt und entwickelt werden, wie gut sie den normativen Rahmen zur Anwendung bringen?

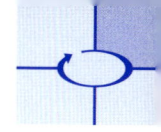

Zusammenfassung

- Vision, Mission, Werte und Ziele sind Instrumente der Unternehmenspolitik zur Ausrichtung und »Kanalisierung« der Unternehmensentwicklung. Sie sind Bezugspunkte beim Entwurf und bei der Auswahl von Strategien.
- Die deskriptive Zielforschung hat gezeigt, dass erstens die Gewinnmaximierung weder das einzige noch das dominante Ziel der meisten Unternehmen ist und dass zweitens das Entscheidungsverhalten von Führungskräften nur »begrenzt rational« ist.
- Zur ethischen Unterlegung eines Stakeholder-Ansatzes bedarf es einer Offenheit gegenüber legitimen Ansprüchen aller Anspruchsgruppen.

3.4 Strategien von Geschäftseinheiten

Wird – wie in diesem Kapitel – als unternehmerische Einheit eine einzelne Geschäftseinheit betrachtet, dann geht es auch hier um die zielorientierte Veränderung der Beziehung zu den Anspruchsgruppen. Gestaltungsoptionen sollen alternative Wege aufzeigen, wie dies im betreffenden Geschäftsfeld geschehen kann. Anpassungen sind insofern vorzunehmen, als sich eine Geschäftseinheit hier mit anderen Anspruchsgruppen auseinanderzusetzen hat als beispielsweise eine Unternehmenszentrale.

Primär ist die Strategie einer Geschäftseinheit an zwei Anspruchsgruppen auszurichten, nämlich den *Konkurrenten in einer Branche* und den Kunden im bedienten Geschäftsfeld. Stehen beispielsweise die Konkurrenten im Vordergrund, so spricht man von einer *Wettbewerbsstrategie*, die darüber zu entscheiden hat, wie der Wettbewerb in diesem Geschäftsfeld bestritten werden soll.[191] Werden die *Kunden (Abnehmer und Endverbraucher)* berücksichtigt, dann hat die *Marktstrategie* einer Geschäftseinheit Auskunft zu geben, wie man für Kunden Nutzen stiften und gleichzeitig eine vorteilhafte Wettbewerbsposition erreichen will.

Neben diesen zweifelsohne zentralen Anspruchsgruppen ist eine Geschäftseinheit auf eine Reihe weiterer Anspruchsgruppen angewiesen. So ist beispielsweise an Lieferanten zu denken, deren Einfluss gerade in Branchen, wo sie elementare Komponenten eines Endproduktes liefern, nicht zu unterschätzen ist, oder an Kooperationspartner, die einen Teil der Wertschöpfung erbringen. Und auch die Unternehmenszentrale ist aus Sicht einer Geschäftseinheit von Bedeutung, da sie deren Aktivität wesentlich beeinflusst. Dies reicht von der Mitsprache bei der Besetzung von Schlüsselpositionen, der Allokation von Ressourcen bis hin zu der Entscheidung, ob eine Geschäftseinheit an Dritte verkauft wird oder weiterhin Teil des Konzernportfolios bleibt. Von daher ist es zwar denkbar, je nach Situation eine Anspruchsgruppe in den Mittelpunkt zu stellen, jedoch spielen meist mehrere Anspruchsgruppen eine wesentliche Rolle und sind folglich ebenfalls bei der Generierung strategischer Optionen zu berücksichtigen.

> **Exkurs: Hyperwettbewerb**
> Angesichts der oben dargestellten Umweltunsicherheit kann argumentiert werden, dass die Generierung strategischer Optionen kein Problem der Prognosemethodik ist, sondern dass das Verhalten, wie und wofür wir Strategien entwickeln, grundsätzlich zu hinterfragen ist. D'Aveni (1994) plädiert in seinem Konzept des Hyperwettbewerbs dafür, dass wir die aus der Unsicherheit resultierende Dynamik akzeptieren und uns taktisch darauf einstellen müssen. Dies beginnt damit, dass man sich von der klassischen Annahme relativ stabiler Markt- und Branchenstrukturen trennen sollte; die angestrebte Nachhaltigkeit von Wettbewerbsvorteilen wird es nicht mehr geben; Brancheneintrittsbarrieren sind nur noch von vorübergehender Natur. Jeder will permanent den anderen überholen (»Eskalationsleitern«), was er am besten dadurch tut, dass er fortwährend seine gewonnenen Vorteile selbst wieder zerstört (und nicht so lange als möglich zu halten versucht) und innovativ durch neue ersetzt. Jede Form der Berechenbarkeit, wie etwa das langfristige Verfolgen einer Strategie, wäre dann als Schutzmaßnahme gegen aggressive Wettbewerber zu vermeiden. Auch das Abstellen von Strategien auf Stärken-/Schwächen-Profile wäre dann nur hinderlich, da das notwendige Generieren von Überraschungen auf die eine oder andere Weise ein permanentes Neuausrichten von Strukturen und Ressourcen erfordert. Nur wer Improvisationsgabe, Flexibilität, Spontanität etc. mitbringt, wird im harten Kampf um neu entstehende Geschäfte die Nase vorne haben können. Damit würde eine auf den Unternehmen-Umwelt-Fit ausgerichtete strategische Planung obsolet werden. Strategien entwickelt man dann nur noch für ein Durchspielen der direkt folgenden Kurzfristmanöver. Überlegen sind dann die, die ein solches strategisches Vorgehensmuster besser in die Tat umsetzen können.

Unberechenbarkeit als Schutzmaßnahme

Lernziele

- Aufzeigen der zentralen Optionen, die auf Ebene der Geschäftseinheiten bestehen, um sich gegenüber den Anspruchsgruppen »Kunden« (Marktstrategien) und »Konkurrenten« (Wettbewerbsstrategien) zu positionieren
- Einführung des Konzepts der generischen Strategietypen

3.4.1 Marktstrategien

Die Stellung gegenüber den einzelnen Marktsegmenten bzw. Zielgruppen in einem Geschäftsfeld festzulegen, ist Aufgabe der Marktstrategie. Einer Geschäftseinheit stehen hier mehrere Optionen offen, die sich anhand von vier Dimensionen erfassen lassen.[192]

Optionen für Marktstrategien

- *Variation* der Marktstrategie: Inwieweit sind Veränderungen der bisherigen Positionierung im Endkunden- und Absatzmittlermarkt erforderlich?
- *Substanz* der Marktstrategie: Welcher Nutzen soll den Kunden angeboten werden?
- *Feld* der Marktstrategie: Welche Marktsegmente und Zielgruppen sollen prioritär bearbeitet werden?

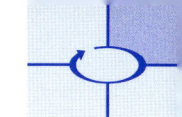

- *Stil* der Marktstrategie: Welches Verhalten gegenüber den Kunden soll gewählt werden?

(1) Variation

Zunächst ist zu prüfen, ob die bisherige Marktposition weiterhin von Vorteil ist oder ob hier Veränderungen vorzunehmen sind. Einer zentralen Grundhypothese des Marketings folgend wählen Kunden diejenigen Angebote aus, deren wahrgenommenen Eigenschaften ihren Nutzenerwartungen am besten entsprechen. Sie weisen jedem von ihnen betrachteten Angebot eine bestimmte *Position* am Markt zu und entscheiden auf dieser Grundlage, was sie kaufen. Die Position eines Angebots ist Resultat ihrer subjektiven Wahrnehmung und kann auf einer Vielzahl von Faktoren basieren, die sich den Bereichen Qualitäts-, Preis-, Image-, Innovations-, Zeit-, und Flexibilitätsorientierung[193] zuordnen lassen. Sie sind einzelfallspezifisch zu bestimmen. Gelingt es einem Unternehmen, die Wahrnehmung seiner Kunden über die von ihnen als relevant erachteten Faktoren zu verändern, dann verändert sich konsequenterweise die Position im Markt. Sofern dies ein Unternehmen nicht dem Zufall überlässt, sondern sich um eine aktive Gestaltung und Steuerung der Stellung einer Marktleistung in einem als relevant erachteten Markt bemüht, spricht man von *Marktpositionierung*. Dabei kann auf zwei Arten vorgegangen werden. Bei der reaktiven Positionierung geht man von den explizit artikulierten Kundenerwartungen aus, wie sie beispielsweise durch die klassische Marktforschung ermittelt werden. Dabei versucht man entweder die angebotenen Leistungen an die Erwartungen der Kunden oder die Erwartungen der Kunden an die angebotenen Leistungen anzupassen. In der Praxis ist dies der Regelfall. Im Gegensatz dazu geht man bei der aktiven Positionierung von momentan erst latent vorhandenen Kundenerwartungen aus, d.h. Erwartungen, die von den Kunden heutzutage noch nicht explizit geäußert, sondern sich erst in der Zukunft zeigen bzw. erst dann geschaffen werden. Bezüglich dieser latenten Erwartungen gilt es, innovative Ideen zur Problemlösung schon heute zu generieren, um sich frühzeitig die Grundlagen für eine spätere, vorteilhafte Position zu sichern.

Je nachdem, wie die Überprüfung der momentanen Marktposition ausfällt, bieten sich einer Geschäftseinheit prinzipiell drei Möglichkeiten: Erstens kann sie zu der Einsicht gelangen, ihre *Marktposition beizubehalten*. In diesem Fall wird die Arbeit an den bereits anvisierten Marktsegmenten mit einer weitgehend unveränderten Strategie fortgesetzt. Modifikationen sind nur so weit vorzunehmen, wie die bestehende Position dadurch gesichert und weiter ausgebaut werden kann. Grundlegendes ändert sich nicht. Ist man allerdings von der momentanen Position nicht mehr vollständig überzeugt, so kann man zweitens eine *Umpositionierung* einleiten. Dabei legt man den Schwerpunkt der Aktivitäten zwar weiterhin auf die traditionellen Marktsegmente, versucht sie jedoch an ihren Randbereichen zu erweitern. Neue Zielgruppen sollten hier erschlossen werden. Dies hat natürlich Konsequenzen für die Marktstrategie: Sie ist so weit anzupassen, bis es möglich wird, neue Zielgruppen an das Unternehmen zu binden. In der Praxis zeigt sich allerdings oft, wie schwer und komplex diese Aufgabe ist. Denn einerseits darf durch die Variation der Marktstrategie nicht die enge Bindung der bisherigen Kernzielgruppen aufs Spiel gesetzt werden, andererseits muss die Veränderung jedoch so signifikant sein, dass damit auch Randzielgruppen angezo-

Marktposition beibehalten, umpositionieren oder neupositionieren

gen werden, die sich bislang noch nicht angesprochen fühlten. Im ungünstigsten Fall wird die Umpositionierung von den bisherigen Kundengruppen abgelehnt, während es gleichzeitig nicht gelingt, neue anzuziehen; im günstigsten Fall gelingt die Erweiterung, ohne dass die Kernzielgruppen sich abwenden. Die dritte Möglichkeit besteht in einer *Neupositionierung* am Markt. Sie ist zu wählen, wenn die bisherige Positionierung keine Marktchancen mehr bietet, beispielsweise wenn die Zielgruppe wirtschaftlich nicht mehr interessant ist, sich ihre Einstellung negativ verschoben hat, oder keine Wettbewerbsvorteile mehr erzielbar sind. Für eine Neupositionierung bedarf es einer grundlegend neuen Marktstrategie, die angibt, welche Zielgruppen man in Zukunft nun ansprechen und welchen Nutzen man ihnen bieten will.

> **Fallbeispiel: Die Neupositionierung von PUMA**
> 1948 gründete Rudolf Dassler die Schuhfabrik PUMA als Konkurrenz zu ADIDAS. In den 80er-Jahren – nach einem Image-Boom durch den Tennisspieler Boris Becker – verliert PUMA sein Profil im Massenmarkt. PUMA steht kurz vor dem Bankrott. Die Artikel wurden als Billigware auf Wühltischen verkauft. Die Rettung des Unternehmens gelingt über eine erfolgreiche Neupositionierung von PUMA als Sportlifestyle-Marke, die für sportlich-modische Produkte für höchste Ansprüche steht. Mit diesem Mix aus Sport und Lifestyle wird Ende der 90er-Jahre ein neuer Trend begründet. Dazu wird eine ständige Zusammenarbeit mit Top-Designern (wie z. B. Starck, McQueen) aufgebaut. Es kommt zur Kategorisierung von Modetrends zu Themen (z. B. »Martial Arts«) und der Kreation eigener Design-Linien und Szene-Labels (»Venex Generation« etc.). Darauf aufbauend kann eine Hochpreisstrategie durchgesetzt werden. Parallel dazu wird die gesamte Wertkette reorganisiert: Man konzentriert sich auf F & E und Marketing; die Produktion wird größtenteils nach Asien ausgelagert.
> Im Jahr 2007 erwirbt der französische Luxusgüterkonzern Kering (früher PPR) mehr als 60 % der Anteile von PUMA. Diese Beteiligung wurde nach und nach auf 86 % aufgestockt, der Rest ist in Streubesitz. Damit sollten die Voraussetzungen für die weitere globale Expansion der Marke verbessert werden. Doch PUMA kommt unter dem neuen Konzerndach nicht so recht auf die Beine. Mit Lifestyle-Kleidung und einer überbordenden Produktpalette hat man sich wohl etwas verzettelt. Mittels einer aufwendigen Werbekampagne unter dem Slogan »Forever faster« sucht man wieder eine klarere Positionierung insbesondere auch bei den Sportartikelsponsoren.

(2) Substanz

Kundennutzen

Unabhängig davon, welche Vorgehensweise man wählt, in allen drei Fällen ist die Frage zu beantworten, welcher *Kundennutzen* angeboten werden soll. Damit wird die Thematik der eigentlichen Substanz einer Marktstrategie angeschnitten. Das Überdenken des Kundennutzens kann dabei immer wieder zu überraschenden Einsichten führen. Die dazugehörige Kernfrage lautet: In welchem Geschäft wollen wir eigentlich tätig sein? Bzw. was verkaufen wir?

Präferenz vs. Preis-Mengen-Strategie

Will ein Unternehmen den angebotenen Kundennutzen verändern, dann kann dies anhand von zwei zentralen Einflussgrößen geschehen: den subjektiv wahrgenommenen Leistungsmerkmalen (Qualität, Erlebnis, Convenience etc.) und dem dazu gehörigen Preis. Konzentriert man sich auf die erste Einflussgröße, dann wird Kundennutzen durch eine an einer oder mehreren Leistungsmerkmalen ansetzenden Bedürfnisbefriedigung gestiftet. Der Kunde ist dabei bereit, für diesen Kundennutzen eine gewisse »Preisprämie« zu bezahlen. Einer solchen *Präferenz-*

3.4.1 Marktstrategien

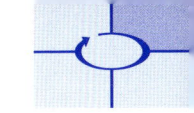

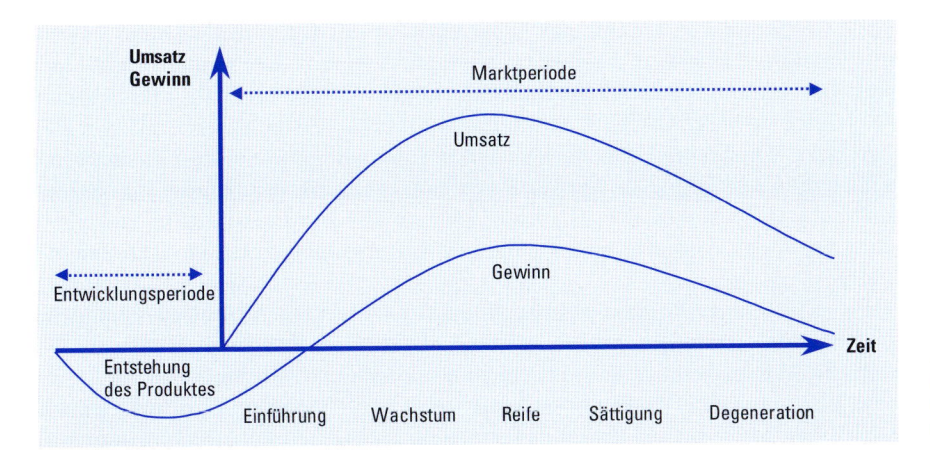

Abb. 3-43: Idealtypische Darstellung des Produktlebenszyklus

strategie steht eine *Preis-Mengen-Strategie* gegenüber, die auf die Einflussgröße »Preis« fokussiert. Den Kunden werden Angebote offeriert, die gegenüber den Angeboten der Wettbewerber einen Preisvorteil bieten, sich jedoch hinsichtlich der Leistungsmerkmale kaum oder nur unwesentlich unterscheiden.

Zusätzlich ist zu berücksichtigen, dass sich die Nutzenerwartungen der Kunden über die Zeit verändern, sei es infolge von Geschmacks- und Stilwandlungen, sei es durch das Auftreten von Substituten oder technischem Fortschritt. Dies hat weitreichende Konsequenzen für die Angebote einer Geschäftseinheit. Wie erstmalig bei der Untersuchung von Markenartikeln belegt wurde, durchlaufen Produkte zwischen ihrer Einführung und ihrem Ausscheiden aus dem Markt mehrere Phasen, die sich in Form eines Lebenszyklus rekonstruieren lassen. Manche Marken »altern« mit ihren Kunden. Auf Grundlage dieser Beobachtung entstanden **Produktlebenszyklus-Modelle**, die Regelmäßigkeiten in der Entwicklung von Produkten unterstellten. Als abhängige Variablen verwenden sie Erfolgsgrößen wie Umsatz oder Gewinn, als unabhängige Variable die Zeit. Stellt man diesen Zusammenhang wie in Abbildung 3-43 grafisch dar – wobei die Erfolgsgrößen auf der Ordinate und die Zeit auf der Abszisse eingetragen wird –, dann ergibt sich in seiner idealtypischen Form ein s-förmiger Kurvenverlauf, innerhalb dessen je nach Modell zwischen vier bis sechs Phasen unterschieden werden kann.

Produktlebenszyklus-Modelle

Den *Phasen* liegen folgende Überlegungen zu Grunde: Ausgehend von einer Produktidee wird ein Produkt entwickelt, getestet und anschließend am Markt eingeführt. Während am Anfang nur Kosten anfallen, kommt es während der Einführungsphase zu ersten Umsätzen. Diese sind allerdings noch relativ gering, da das Produkt erst wenig bekannt ist. Probekäufe sind die Regel, Gewinn stellt sich noch nicht ein, da hohe Investitionen in den Aufbau der Vertriebs- und Produktionskapazitäten zu tätigen sind. Zeigt sich jedoch, dass das Produkt in der Lage ist, nachhaltig Kundennutzen zu stiften, so kommen zu den Probekäufen Wiederholungskäufe hinzu und die Wachstumsphase beginnt. Der Umsatz steigt jetzt rasch an und erstmalig wird die Gewinnzone erreicht. Konkurrenzprodukte, die vom Erfolg angezogen werden, treten nun ebenfalls am Markt auf, können sich jedoch nur mühsam etablieren. Am Wendepunkt der Umsatzkurve tritt das Produkt in seine Reifephase ein. In der nachfolgenden Sättigungsphase kommt das Umsatzwachstum zum Stillstand. Der Markt wächst nicht mehr und infolgedessen intensiviert sich der Konkurrenzkampf, was die Gewinne nach unten drückt. Gelingt es in dieser Phase, durch einen »Relaunch« des Produktes (z. B. durch modifizierte Leistungsmerkmale wie Design oder Verpackung) den Abwärtstrend aufzuhalten, kann die Degeneration aufgehalten und ein neuer Aufwärtstrend eingeleitet werden. Klappt dies hingegen nicht, dann sinken Umsätze und Gewinne immer weiter nach unten, bis es nötig wird, das Produkt aus dem Markt zu nehmen und durch ein neues zu ersetzen.

Da es sich beim Produkt-Lebenszyklus-Modell um einen Idealtypus handelt, sind bei seiner *Anwendung* eine Reihe von Punkten zu beachten. Erstens ist die zeitliche Abfolge keineswegs im Sinne eines invarianten Naturgesetzes zu verstehen. Wie lange eine Phase dauert, lässt sich mit Sicherheit nur ex post, jedoch nicht ex ante bestimmen. Zweitens können durch Marketingmaßnahmen sowohl die Länge als auch die Ausprägungen der einzelnen Phasen entscheidend beeinflusst werden. COCA-COLA ist ein gutes Beispiel dafür, wie eine Marke – und mit ihr das Produkt – immer wieder revitalisiert wird, ohne bislang die Degenerationsphase erreicht zu haben. In Branchen wie z. B. der Mikroelektronik hingegen sind Lebenszyklen, die länger als ein Jahr dauern, eher die Ausnahme als die Regel. Ebenso ist daher zu unterscheiden, ob es sich um Konsum- oder Investitionsgüter handelt. Letztere weisen zumeist längere Lebenszyklen als Konsumgüter auf. Drittens ist im Anwendungsfall zu klären, worauf die Lebenszyklusbetrachtung gerichtet ist. Handelt es sich um ein einzelnes Produkt oder um eine Produktgruppe, sind die abhängigen Variablen Umsatz, Gewinn, Kosten oder Deckungsbeiträge?

> **Fallbeispiel: Was verkauft NESPRESSO?**
> NESPRESSO ist einer der Stars im Portfolio des Nestlé-Konzerns. Mit über 10.500 Mitarbeitern erzielte man im Jahr 2014 einen Umsatz von über 5 Mrd. CHF und ist präsent in über 60 Ländern. Was macht den Erfolg einer Marke aus, die den Kunden derart preisinsensitiv werden lässt und bei der der Kunde billigend in Kauf nimmt, dass mit jeder Kapsel – trotz ihrer Rezyklierbarkeit – vermeidbarer Müll in erheblichem Umfang anfällt? Was verkauft man hier eigentlich? Portionierten Premiumkaffee in verschiedenen Geschmacksrichtungen? Das Image von George Clooney? Die Zugehörigkeit zu einem Club der Kaffeegenießer? Convenience? Einen Lebensstil?

(3) Feld

Bestimmung der Marktsegmente und Zielgruppen

Wenn man davon ausgeht, dass Entscheidungen über die Auswahl der Geschäftsfelder auf Ebene des Gesamtunternehmens getroffen werden, so sind die Geschäftseinheiten für die **Bestimmung der Marktsegmente und Zielgruppen** innerhalb eines Geschäftsfeldes zuständig. Betrachtet man beispielsweise eine Bank, die in den Geschäftsfeldern Firmenkunden, Vermögensanlage und Investmentbanking tätig sein will, so sind auf Ebene der Geschäftseinheiten die Marktsegmente und Zielgruppen innerhalb der einzelnen Geschäftsfelder zu bestimmen. Zwei Anmerkungen sind hier zu treffen: Erstens sind in der Praxis die Trennlinien zwischen Entscheidungen auf der Gesamtunternehmens- und Geschäftseinheitsebene nicht immer eindeutig zu ziehen, da sie sich gegenseitig bedingen. Zumeist wird in iterativen Top-down- und Bottom-up-Prozessen eine Festlegung auf beiden Ebenen vorgenommen. Zweitens ist die weiterführende Unterteilung zwischen Marktsegment und Zielgruppe in der Praxis durchaus üblich, empfiehlt sich jedoch nur, wenn ein Geschäftsfeld über eine angemessene Größe verfügt, die eine differenzierte Marktbearbeitung erfordert. Ein Marktsegment stellt in diesem Fall eine übergeordnete Kundengruppe dar, die sich aus mehreren Zielgruppen zusammensetzt. Das Geschäftsfeld Vermögensanlage kann beispielsweise in die Marktsegmente private Anleger, Institutionelle (wie Pensionskassen), Großunternehmen und Kleinunternehmen zerlegt werden und private Anleger weiter in Zielgruppen mit hoher, mittlerer und geringer Kapitalkraft.

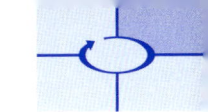

> **Fallbeispiele: Johnson & Johnson und Nike**
> Das amerikanische Unternehmen Johnson & Johnson begann Anfang der 1960er-Jahre, seine Haarpflegeprodukte nicht mehr nur nach den jeweiligen Haartypen hin zu vermarkten, wie es bis dahin in der Branche üblich war, sondern nach den Bedürfnissen ethnischer Gruppen. Denn wie sich zeigte, gab es deutliche Unterschiede zwischen den Erwartungen von Afroamerikanern, Südamerikanern oder Menschen anderer ethnischer Gruppen. Die anschließend gezielte Entwicklung und Vermarktung solcher Produkte bescherte Johnson & Johnson eine Erhöhung des Marktanteils. Darüber hinaus generierte man neue Marktsegmente.
> Nike, Hersteller von Sportartikeln, richtete seine Einteilung an Geschäftsfeldern nicht nur nach den verschiedenen klassischen Sportarten wie Football, Basketball, Weitsprung oder Tennis aus, sondern verwendete Anfang der 70er-Jahre für die damalige Zeit unkonventionelle Abgrenzungskriterien wie Lebensstil, Ästhetik oder Freizeitverhalten. In der Folge konnte sich Nike Marktsegmente erschließen, die bislang einem Hersteller von Sportartikeln verschlossen waren, und trug zudem dazu bei, den Sportschuh zu einem Alltagsgegenstand werden zu lassen.

Worauf es auf Ebene einer Geschäftseinheit also ankommt, ist die Einteilung und Auswahl von Marktsegmenten und Zielgruppen. Hinsichtlich der **Marktabdeckung** (Anzahl der bearbeiteten Segmente) kann eine Geschäftseinheit eine Single-Segment-, Multi-Segment- oder eine auf den Gesamtmarkt gerichtete Strategie einschlagen. Bei der *Single-Segment-Strategie* liegt der Vorteil in der Bündelung der Kräfte. Das Unternehmen konzentriert sich voll auf das ausgewählte Segment, geht jedoch mit der damit verbundenen hohen Abhängigkeit starke Risiken ein. Kleine und mittelständische Unternehmen entscheiden sich somit auch eher für diese Strategie. Bei *Multi-Segment-Strategien* begegnet man dieser Abhängigkeit, indem man mehrere Segmente auswählt. Trifft eine Umsatzstagnation in einem Segment ein, kann dies durch die anderen Segmente ausgeglichen werden. Allerdings wird dieser Vorteil durch erhöhte Koordinationskosten erkauft. Will man zuletzt den *gesamten Markt* bedienen, so hat man zwar die Abhängigkeit von einzelnen Segmenten vollständig reduziert, läuft jedoch Gefahr, die Kundengruppen zu undifferenziert zu bedienen.

Des Weiteren ist die Frage zu beantworten, ob eine Geschäftseinheit nur die bereits bestehenden Marktsegmente bearbeiten will oder sich auch neue Marktsegmente zu erschließen gedenkt. Kombiniert man diese Fragestellung mit der Option, dies entweder mit alten oder neuen Produkten zu tun, so lassen sich neun **Produkt-/Marktstrategien** unterscheiden, wie Abbildung 3-44 illustriert. Dort wurde die Möglichkeit der Erweiterung und Durchdringung noch um die Optionen eines Abbaus, also der Reduktion von Produkt- und/oder Marktspektrum, ergänzt, wie er häufig mit Umpositionierungen einhergeht.

Abb. 3-44:
Produkt-Markt-Matrix

Rückzug 1	Produkt-konstante Marktverdichtung 2	Progressive Marktverdichtung 3	Abbau der Märkte
Marktkonstante Produktverdichtung 4	Marktdurchdringung 5	Produktentwicklung 6	Gegenwärtig bediente Märkte
Progressive Produktverdichtung 7	Marktentwicklung 8	Diversifikation 9	Neue Märkte
Abbau der Produkte/Dienste	Gegenwärtig angebotene Produkte/Dienste	Neue Produkte/Dienste	

Die Strategie der *Marktdurchdringung* versucht das Volumen bestehender Marktsegmente auszuschöpfen. Diese Strategie ist umso erfolgversprechender, je mehr der betreffende Markt wächst; denn dann wachsen in absoluten Einheiten die Umsätze der Unternehmen. Im Gegensatz dazu wird bei stagnierendem Marktwachstum versucht, den Wettbewerbern möglichst viele Kunden abzuwerben, um dadurch den eigenen Marktanteil zu erhöhen. Intensive Vertriebs- und Marketinganstrengungen oder aggressive Preissenkungen sind die Folge.

Da die meisten Unternehmen nicht einen gesamten Markt abdecken, ist historisch bedingt eine Konzentration auf einzelne Marktsegmente die Regel. Daher ist es nahe liegend mit den bestehenden Produkten eine Verbreiterung der Marktabdeckung anzustreben. Dies ist der Gedanke der Strategie der *Marktentwicklung*. Drei Möglichkeiten stehen einem Unternehmen dabei offen. Es kann eine Ausdehnung in noch nicht bediente Marktsegmente stattfinden, was z.B. geschieht, wenn Kosmetikunternehmen ihre Produkte speziell auf Zielgruppen wie Senioren zuschneiden. Oft sind hier nur geringfügige Veränderungen an der angebotenen Leistung notwendig, um diese Umstellung vorzunehmen. Eine andere Möglichkeit ist es, sich geografisch neue Märkte zu erschließen. Der Eintritt deutscher Automobilunternehmen mit eigenen Produktionsstätten und Vertriebskanälen in Nordamerika ist dafür ein Beispiel, ebenso wie die Internationalisierungsaktivitäten von Versicherungsunternehmen. Zuletzt können bestehende Produkte auf andere Kundenbedürfnisse hin ausgerichtet werden, wodurch sich neue Märkte eröffnen.

> **Fallbeispiel: WESTEND CLOTHING**
>
> Das Unternehmen WESTEND CLOTHING konzentriert seine Aktivitäten auf ein Marktsegment der Textilbranche, das in den letzten Jahren hohe Zuwachsraten verzeichnet: »Corporate Fashion« oder »Corporate Sportswear«. Darunter ist Dienst- und Freizeitkleidung zu verstehen, die speziell für einzelne Unternehmen hergestellt wird. Textilien wie Jacken, T-Shirts, Mützen oder Arbeitshosen werden dabei mit dem Logo oder markanten Slogans eines Unternehmens versehen und an Kunden und Mitarbeiter verteilt. Unternehmen wie der Maschinenbauer MAN, das Reiseunternehmen TUI oder der Hersteller von Landwirtschaftsmaschinen FENDT setzen solche Textilien gezielt zur Bindung wichtiger Anspruchsgruppen ein. Für WESTEND CLOTHING hat diese Entwicklung mehrere Vorteile: Erstens ist die Gefahr, mit einer Kollektion neben dem Modetrend zu liegen, deutlich geringer als im Rest der Branche. Zweitens schwankt die Nachfrage nach Corporate Fashion wesentlich weniger, was eine bessere Planung ermöglicht. Positiv sind hier auch die hohen Losgrößen pro Artikel, die bei rund 1.000 Stück liegen. Und drittens läuft eine Kollektion zwischen ein und zwei Jahren und weist damit eine relativ lange Laufzeit auf, was im Gegensatz zur restlichen Textilbranche deutlich geringere Entwicklungskosten verursacht.

3.4.1 Marktstrategien

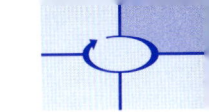

Die Strategie der *Produktentwicklung* kann in mehreren Variationen eingesetzt werden. Sie reicht von der Verbesserung bestehender Produkteigenschaften, der Entwicklung von Varianten und Zusatzfunktionen bis hin zur Entwicklung vollständig neuer Produkte oder dem Angebot zusätzlicher Dienstleistungen. Je kürzer die Produktlebenszyklen in einem Markt sind, desto wichtiger wird die Entwicklung neuer Produkte. So angenehm der Wettbewerbsvorteil eines am Markt erfolgreichen Neuproduktes ist, so wenig sollte jedoch die Gefahr hoher Flopraten unterschätzt werden. Nur ca. jede zehnte Neuentwicklung kann sich am Markt durchsetzen. Und auch die, die es geschafft haben, erreichen oft nicht den Break-even-Bereich, da oft hohe Investitionen für F & E, die Umstellung der Produktion sowie intensive Werbe- und Vertriebsaktivitäten damit einhergehen. Ein weiteres Feld der Marktstrategie besteht in der *Diversifikation*. Darunter ist der Eintritt in neue Geschäftsfelder zu verstehen: mit neuen Produkten in neue Märkte. Da Diversifikationsentscheidungen zumeist nicht auf Ebene einer Geschäftseinheit getroffen werden, wird diese Thematik bei den Ausführungen zur Gesamtunternehmensebene zu behandeln sein.

Produktentwicklung

Diversifikation

> **Fallbeispiel: IKEA liefert nun auch das Haus zur Einrichtung**
> Seit dem Jahr 2003 ist die Zahl der jährlichen Baugenehmigungen für Ein- und Zweifamilienhäuser in Deutschland von knapp 147 Tsd. auf etwa 67 Tsd. in 2008 konstant rückläufig. Mitten in dieser Nachfrageflaute kündigte der schwedische Möbelhersteller IKEA Anfang 2010 an, dass man in Zukunft auch Fertighäuser im skandinavischen Stil in Deutschland verkaufen werde. Zielgruppe sind junge Familien und Alleinerziehende mit einem eher kleineren Budget. Die Ikea-Reihenhäuser sind ohne Keller und sollten je nach Standort und Größe zwischen 179.500 und 275.500 Euro kosten. Lizenzpartner war der Holzfertigbauer Bien-Zenker, der den Auftrag bekam, Grundstücke zu akquirieren und dann die Häuser zu bauen und zu verkaufen. In Skandinavien und Großbritannien hatte IKEA zu diesem Zeitpunkt bereits etwa 4.000 Häuser auf den Markt gebracht. Doch das Interesse im deutschen Markt stellte sich als sehr gering heraus, so dass das Programm in 2012 vorerst sistiert wurde.

Wie bereits bei der Strategie der Marktentwicklung angesprochen, betrifft eine weitere wichtige Fragestellung das **geografische Feld** der Marktstrategie: Konzentriert man sich nur auf das lokale Umfeld (wie z. B. viele Bäckereien oder Rechtsanwaltsbüros) oder versucht man sich geografisch auszudehnen und sogar über die Landesgrenzen zu gehen? Waren Unternehmen früher weitgehend an ihr lokales Umfeld gebunden, so sind heute nicht nur Großunternehmen, sondern auch viele Mittelständler und Kleinunternehmen international tätig. Teilweise erfolgte diese Internationalisierung »gezwungenermaßen«: Um einen Kunden zu halten, musste man dessen Internationalisierung mitvollziehen, da der Kunde in den einzelnen Ländern, in denen er tätig war, durch den gleichen Servicepartner bedient sein wollte.

Geografisches Feld

Bei der Formulierung einer internationalen Strategie ist es wichtig, zwischen einem globalen und einem multilokalen Ansatz zu unterscheiden. Eine *globale* Strategie versucht mit weitgehend standardisierten Leistungen, die innerhalb eines weltweit verteilten Wertschöpfungssystems produziert werden, sich Märkte zu erschließen. Man geht in diesen Märkten davon aus, dass lokale Bedürfnisse an Bedeutung verlieren und global weitgehend einheitliche Anforderungen entstehen. Eine solche Strategie, wie sie von McDonalds, Levi Strauss oder

Internationale Strategie: global vs. multilokal

FORD verfolgt wird, hat mehrere Vorteile. Sie ist flexibel hinsichtlich der Standortwahl, realisiert Economies of Scale in der Produktion, verstärkt die Nachfragemacht gegenüber Lieferanten und harmonisiert weltweit den Marktauftritt, was insbesondere die Entstehung global bekannter Marken begünstigt. Allerdings ist sie nur anzuwenden, wenn die Nachfrage global relativ homogen ist und die Bündelung von Aktivitäten im Sinne eines Global Sourcing oder die Einrichtung globaler Kompetenzzentren deutliche Vorteile verspricht. Ansonsten empfiehlt sich eine *multilokale* Strategie. Hier geht man von der Annahme aus, dass die Marktbedürfnisse weiterhin sehr unterschiedlich bleiben und daher je nach Land differenzierte Strategien erforderlich sind. Deshalb versucht man, möglichst auf die jeweiligen lokalen Bedürfnisse zugeschnittene Leistungen anzubieten, was mit einer weitgehenden Produktdifferenzierung verbunden ist. Zudem werden dadurch – im Gegensatz zur globalen Strategie – Transportkosten reduziert und der Einfluss von Handelsbarrieren umgangen. In neueren Ansätzen zum Internationalen Management sieht man die globale und die multilokale Strategie allerdings nicht mehr als Gegensatz. So wird z. B. in der »*Transnational Solution*« versucht, die einzelnen Fähigkeiten, die in verschiedenen internationalen Strategien aufgebaut werden sollen, in einem Gesamtkonzept zu integrieren.[194]

Emerging Markets: Auf der Suche nach neuem Wachstum
Ländermärkte, die noch nicht so entwickelt sind, wie die der entwickelten Industrieländer, aber doch schon weiter entwickelt sind als die der »Schwellenländer«, bezeichnet man als »Emerging Markets«. Die nominal Größten sind die vier BRIC-Länder: Brasilien, Russland, Indien und China. Dicht darauf folgen Süd Korea, Mexiko, Indonesien, Türkei, Saudi Arabien und Iran.

Typisch für diese sich in einer Transitionsphase befindlichen Länder sind die hohen Wachstumsraten, unterstützt durch steigende in- und ausländische Investitionen. Dieses hohe Wachstum und die überdurchschnittlichen Gewinnerwartungen gehen aber auch einher mit erhöhten Risiken (Währungsrisiko, Enteignungsrisiko, Risiko nicht funktionierender Institutionen, Menschenrechtsverletzungen etc.). Viele diese Länder kommen aus einer diktatorischen Staatsform, haben noch stark mit Korruption zu kämpfen und bewegen sich erst in Richtung eines freien Marktes. Damit verbunden sind insbesondere ein wachsendes Bürgertum mit zunehmender Kaufkraft, verbesserte Lebensstandards und eine erhöhte soziale Stabilität.[195]

Die Märkte dieser Länder sind noch nicht mit hochwertigen Konsumgütern gesättigt, woraus die Wachstumschancen resultieren. Die Betriebe können Nutzen aus noch niedrigen Lohnkosten ziehen. Oft handelt es sich auch um Länder, die reich an Rohstoffen sind, die sich einer erhöhten internationalen Nachfrage erfreuen. Herausforderung ist dann eine Vorwärtsintegration in der Wertschöpfung, was aber oft mangels internationaler Wettbewerbsfähigkeit nur sehr langsam gelingt.

Typisch für diese Länder der »Emerging Markets« ist auch, dass sie sich verstärkt in internationale Institutionen einbringen oder sich selbst zu neuen regionalen Gemeinschaften zusammenschließen. So z. B. die 1967 gegründete Association of Southeast Asian Nations (ASEAN), die in 2015 noch durch die ASEAN Economic Community (AEC) auf wirtschaftlichem Gebiet vertieft wurde. Ziel ist eine stärkere wirtschaftliche Integration der Mitgliedsländer, die Reduktion der Handelsbarrieren, die Integration in die globale Wirtschaft und die Verbesserung der Wettbewerbsfähigkeit. Die einzelnen Mitgliedsländer – Brunei, Kambodscha, Laos, Indonesien, Malaysia, Philippinen, Singapur und Vietnam – befinden sich allerdings noch in sehr unterschiedlichen Entwicklungsstadien:[196]

(4) Stil

Wenn vom Stil einer Marktstrategie die Rede ist, dann geht es um das **Verhalten** einer Geschäftseinheit gegenüber ihren Kunden in zweierlei Hinsicht: Einerseits stellt sich die Frage, wie die ausgewählten Marktsegmente und Zielgruppen konkret anzusprechen und zu bearbeiten sind. Wann und wie geht man an welche Zielgruppe heran? Die Maßnahmen lassen sich dabei den als Marketing-Mix bezeichneten Bereichen Preis, Produkt, Distribution und Kommunikation zuordnen und sind zeitlich aufeinander abzustimmen. Andererseits ist zu bedenken, dass es sich beim Verhältnis zwischen einer Geschäftseinheit und ihren Kunden um keine reine Zweierbeziehung handelt, sondern die Interaktionen stets unter Berücksichtigung der Konkurrenz erfolgen. Versetzt man sich in die Lage eines Kunden, dann betrachtet dieser das Angebot eines Unternehmens stets in Relation zu einem anderen Anbieter. Es genügt also nicht, sich allein an den Kunden zu orientieren, vielmehr geht es dabei immer auch um die Frage, ob man gegenüber der Konkurrenz hier einen komparativen Vorteil erzielt. Dieser Gedanke findet sich in seiner einfachsten Form im *strategischen Dreieck*, einer Denkfigur, die darauf hinweist, dass marktwirtschaftliche Unternehmen prinzipiell im Spannungsverhältnis zwischen Kunden, dem eigenen und dem Angebot von Konkurrenten agieren. Folglich sind Marktstrategien unmittelbar mit Wettbewerbsstrategien verbunden, die als Nächstes zu betrachten sind.

Verhalten einer Geschäftseinheit

Strategisches Dreieck aus Kunde, Eigen- und Konkurrenzangebot

> **Fallbeispiel: Freeconomy – Kunden durch Gratisangebote gewinnen**
> Mit dem Internet kam der Gedanke der Geschenkökonomie (Freeconomy) auf. Im 2009 erschienen Buch »Free – The past and future of radical price« von Chris Anderson wird »Free« nicht nur als ein neues Geschäftsmodell gesehen, sondern als neuer Denk- und Lebensstil. Die Zahl der kostenlosen Angebote wächst täglich: Gratiszeitungen, -musik, -speicher, -kommunikation werden angeboten von Unternehmen wie Twitter, Skype, Youtube, Facebook etc. Im Bewusstsein der internet-sozialisierten Generation (»Digital Natives«), hat sich dadurch auch eine Mentalität festgesetzt, dass es vieles nicht nur billig, sondern kostenlos geben muss. Damit drängt sich bei den Anbietern natürlich die Frage auf, wer in dieser »Freeconomy« am Ende bezahlt? »Wired«-Chefredakteur Chris Anderson unterscheidet dabei vier Arten von »Free«:
> 1. Man bekommt ein Produkt gratis und zahlt für das andere (Bsp. FrescCo: Im Restaurant gratis Sprachen lernen).
> 2. Eine dritte Partei zahlt, um in einem Markt mitzumachen, der durch einen kostenlosen Austausch zwischen den ersten zwei Parteien entstanden ist (Bsp. EcoCab: Kostenloser umweltfreundlicher Transport).
> 3. Ein Basisangebot ist gratis, weitere Dienste aber kosten etwas (Fremium) (Bsp. Thred Up: Tauschbörse mit Conveniencefaktor).
> 4. Man gibt etwas Kostenloses weg, um dafür etwas Nichtmonetäres zu erhalten (Bsp. Gratisprodukte gegen Daten oder Blogs).

3.4.2 Wettbewerbsstrategien

Bei der Entwicklung von Wettbewerbsstrategien, bei denen die Positionierung gegenüber den Konkurrenten im Vordergrund steht, scheinen der Kreativität von Unternehmen keine Grenzen gesetzt zu sein. Dies zeigt sich immer wieder, wenn man in den einzelnen Branchen der Wirtschaft die strategischen Manöver der dort tätigen Unternehmen beobachtet. Die hier auftretende Vielfalt lässt sich

Margin notes:
Optionen für Wettbewerbsstrategien

sinnvoll reduzieren, wenn man sich auf vier zentrale Dimensionen konzentriert, die auch zur Entwicklung einer Wettbewerbsstrategie geeignet sind. Dabei handelt es sich um:[197]

- *Schwerpunkt* des Wettbewerbs: Womit soll konkurriert werden?
- *Ort* des Wettbewerbs: Wo soll konkurriert werden?
- *Taktiken* des Wettbewerbs: Welche Taktiken sollen eingesetzt werden?
- *Regeln* des Wettbewerbs: Nach welchen Regeln soll konkurriert werden?

(1) Schwerpunkt

Zunächst einmal geht es um die Thematik, wie eine Geschäftseinheit sich grundsätzlich dem Wettbewerb mit ihren Konkurrenten zu stellen gedenkt. Was ist die dominierende Stoßrichtung der Wettbewerbsstrategie? Wodurch führt sie zu einem Vorteil gegenüber den Wettbewerbern? Selbst wenn – wie erwähnt – die Wege dorthin vielfältig sind, so lassen sie sich doch in zwei grundlegenden Stoßrichtungen zusammenfassen, die als »**generische Wettbewerbsstrategien**« bezeichnet werden:[198] Entweder kann über geringere Kosten oder über eine Differenzierung der angebotenen Leistung konkurriert werden.

Generische Wettbewerbsstrategien: Kostenführerschaft vs. Differenzierung

Im ersten Fall wird von einer *Strategie der Kostenführerschaft* gesprochen. Hier versucht man, einen Wettbewerbsvorteil durch einen – relativ zu den Konkurrenten – zu entwickelnden Kostenvorsprung zu erzielen. Die angebotene Leistung muss billiger entwickelt, produziert oder am Markt vertrieben werden als die Wettbewerber dazu in der Lage sind. Erreicht wird dies, indem entweder einzelne Wertschöpfungsaktivitäten kostengünstiger ausgeführt werden oder sich durch eine einzigartige Gestaltung des ganzen Wertschöpfungssystems insgesamt Effizienzverbesserungen ergeben. Beides kann natürlich auch parallel vorangetrieben werden. Die Strategie der Kostenführerschaft bietet sich insbesondere bei stark standardisierten Produkten bzw. bei Dienstleistungen an, wo eine hohe Transparenz der Preise besteht. Solche »Commodities« sind z. B. Papier oder Flachglas, aber auch Teile der Beratungsleistung von Wirtschaftsprüfern gehen in diese Richtung, was natürlich immer auch Preisverfall zur Folge hat. Kunden können hier direkte Preisvergleiche vornehmen und wechseln den Anbieter, wenn dieser nur geringfügig teurer ist als ein anderer. Die Preiselastizität der Nachfrage ist dementsprechend hoch.

Commodities

> **Fallbeispiel: RYANAIR fliegt den anderen davon**
> Die irische Fluggesellschaft RYANAIR betreibt in aller Konsequenz eine Strategie der Kostenführerschaft. So setzt sich ihre Flugzeugflotte einheitlich aus 320 Boeings 737-800 zusammen, was sie effizienter betreiben lässt. Für die Jahre 2014 bis 2018 hat man weitere 183 Boeings 737-800 bestellt. Im Jahr 2014 sanken die Kosten auch dank des rückläufigen Kerosinpreises um 5 % je Sitz, womit es gelang, die übrigen Aufwendungen (Flugplatzgebühren, Personal, Marketing, Wertberichtigungen etc.), annähernd stabil zu halten. Weiter wurden die Einnahmen über direkte Ticketverkäufe hinaus um einen Achtel auf 1,4 Mrd. Euro gesteigert. Ergebnis ist eine Betriebsgewinnmarge von 18,4 % und eine Eigenkapitalrendite von etwa 25 % – davon können die meisten anderen Airlines nur träumen. RYANAIR wird an der Börse inzwischen mit annähernd 16 Mrd. Euro bewertet – LUFTHANSA kommt noch auf 6 Mrd. Euro.[199]

3.4.2 Wettbewerbsstrategien

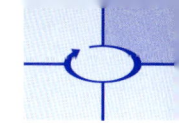

Eng mit der Strategie der Kostenführerschaft ist die von der BOSTON CONSULTING GROUP Anfang der 60er-Jahre geprägte Konzeption der **Erfahrungskurve**[200] verbunden. Sie beschreibt die Entwicklung der Stückkosten in Abhängigkeit von der produzierten Menge. In Zahlen ausgedrückt geht sie davon aus, dass sich mit jeder Verdoppelung der kumulierten Produktionsmenge die inflationsbereinigten Stückkosten (Fertigungskosten, Kapitalkosten, Verwaltungskosten, Marketing-Kosten usw.) konstant um 20 % bis 30 % senken lassen, vorausgesetzt, man nutzt auch die sich bietenden Rationalisierungspotenziale. Man vergleiche dazu Abbildung 3-45.

Erfahrungskurve: Reduktion der Stückkosten um 20–30 % bei Volumensverdopplung

Als Ursache der Stückkostendegression wird insbesondere auf zwei Faktoren verwiesen: erstens die *Lernkurve*, die davon ausgeht, dass Arbeiter ihre Fertigkeiten sukzessive verbessern und damit Übungsgewinne realisieren. Ein solcher Zusammenhang wurde erstmals in der Flugzeugindustrie entdeckt, als die Montagezeiten der Arbeiter (und damit die Kosten je Flugzeug) bei steigendem Produktionsvolumen zu sinken begannen. Auch wurde erkannt, dass bei höherem Ausbildungsgrad der Mitarbeiter schneller die Stückkosten reduziert werden können. Zweitens wird mit Größendegressionseffekten argumentiert. Liegen aus produktionstheoretischer Sicht steigende Skalenerträge vor, so führt dies bei einem Anwachsen der jährlichen Kapazität zu einer Abnahme der Kosten, da immer weniger Input erforderlich wird. Oder umgekehrt: eine Erhöhung des Inputs führt nicht zu einer proportionalen, sondern zu einer überproportionalen Erhöhung des Outputs. Diese sogenannten »*Economies of Scale*« hängen von der optimalen Betriebsgröße ab, was eine allgemeine Aussage über ihre Höhe nicht möglich macht, da diese von Branche zu Branche verschieden ist.

Realisierung von Übungsgewinnen

»Economies of Scale«

Aus der Erfahrungskurve sind nun *strategische Implikationen* direkt ableitbar. Wenn es einem Unternehmen gelingt, einen großen Marktanteil aufzubauen, so gewinnt es durch jede Verdoppelung seiner Produktionsmenge einen Kostenvorteil gegenüber der Konkurrenz. Je öfters dies geschieht, desto größer wird sein Vorsprung. Von daher sollte ein Unternehmen zunächst einmal versuchen, den größten Marktanteil in seiner Branche zu erringen. Folglich sollten Konkurrenten so lange am Markteintritt und am Erwerb von Marktanteilen und Erfahrung gehindert werden, bis ein eigenes (neues) Produkt ein marktbeherrschendes Vo-

Implikationen

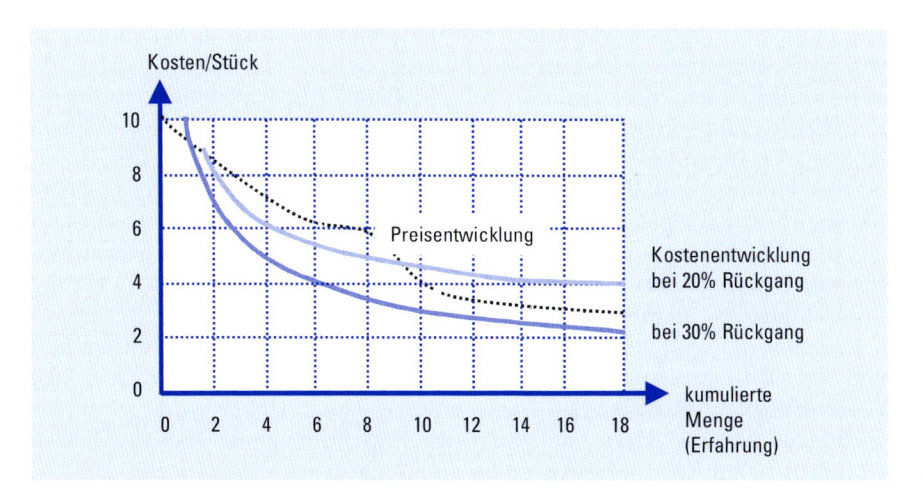

Abb. 3-45: Die Erfahrungskurve

lumen erreicht hat.[201] Aus der Erfahrungskurve lässt sich also das Streben nach einem hohen Marktanteil ableiten, da dieser die entscheidende Voraussetzung für eine Strategie der Kostenführerschaft ist.

Kritik

Es ist allerdings kritisch anzumerken, dass empirische Untersuchungen zur Überprüfung der Erfahrungskurve einerseits mit ernsthaften Messproblemen konfrontiert sind und andererseits zu ihrer Relativierung geführt haben. So ist man z. B. gezwungen, auf Preisdaten zurückzugreifen, die jedoch als Ersatz für Kostendaten nicht befriedigen. Preisreduktionen können auch das Ergebnis harten Wettbewerbs oder technischen Fortschritts sein und sind nicht monokausal auf Kostendegressionen zurückzuführen. Zudem sind bei unterschiedlichen Produkten unterschiedliche Verläufe der Erfahrungskurve ermittelt worden. Während die Erfahrungsrate bei einigen Produkten bis zu 60 % betrug, war sie bei anderen nicht feststellbar. Auch wurde festgestellt, dass aufgrund zunehmender Komplexitätskosten in manchen Fällen die Erfahrungskurve bei sehr großen Mengen wieder anzusteigen beginnt.

Daher kann man abschließend festhalten, dass bei der Anwendung der Erfahrungskurve sowohl viel Sorgfalt auf messtechnische Fragestellungen zu legen ist, als auch je nach Produkt die Erfahrungsrate einzelfallspezifisch bestimmt werden muss. Zudem ist der Kostendegressionseffekt kein Automatismus, sondern lediglich ein Potenzial, das es durch bewusste Anstrengungen eines Unternehmens auszuschöpfen gilt.

Die zweite Stoßrichtung wird als *Differenzierungsstrategie* bezeichnet. Ziel ist es hier, die Eigenschaften einer Leistung so zu gestalten, dass sie sich vom Angebot der Konkurrenten markant unterscheidet und Kunden diese Unterschiede als so wichtig beurteilen, dass sie dafür eine Preisprämie zu zahlen bereit sind. Es geht also darum, einen einzigartigen Nutzen zu stiften. Man spricht hier auch von einem **Alleinstellungsmerkmal (USP – Unique Selling Proposition)**, über das sich Unternehmen versuchen, Wettbewerbsvorteile zu erwirtschaften. Differenzierungsmöglichkeiten bieten sich beispielsweise in der Qualität von Leistung, Zusatzfunktionen, Design, innovativen Technologien, Kundendienst oder Produkt- und Firmenimage. Der Markenname von BMW MINI, das Design und die Produktverarbeitung von HERMES und die Kundenbetreuung von SINGAPORE AIRLINES führen ebenso zur Differenzierung von Wettbewerbern wie die Qualität von LINDT oder die Schnelligkeit in der Paketvermittlung von FEDERAL EXPRESS. Gut eignet sich diese Strategie auch in Situationen, in denen die angebotene Leistung so komplex ist, dass sie nicht einfach standardisiert werden kann, oder mehrere Möglichkeiten bestehen, eine Leistung zu modifizieren und von den Angeboten der Konkurrenten zu differenzieren. Blickt man in die Beratungsbranche, dann versuchen sich die dort tätigen Unternehmen in der Art und Weise, wie sie ihre Leistung erbringen, und in ihrem Marktauftritt voneinander abzugrenzen. Während sich z. B. ACCENTURE stark auf die Verzahnung von Strategie und Informationstechnologie konzentriert, fokussiert sich die BOSTON CONSULTING GROUP auf ihre Kompetenz bei der Entwicklung von Strategien.

Einzigartigkeit

Zusammenfassend betrachtet stellen die Strategien der Kostenführerschaft und der Differenzierung zwei grundlegende Stoßrichtungen dar, wie eine Geschäftseinheit Wettbewerbsvorteile erzielen kann. Dabei wird betont, wie wichtig es ist, eine klare und eindeutige Entscheidung für eine der beiden Optionen zu treffen. Ansonsten drohe die Gefahr eines *»Stuck in the middle«*,

»Stuck in the middle«

3.4.2 Wettbewerbsstrategien

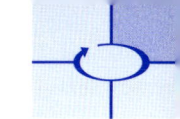

einer Zwischenposition (»zwischen den Stühlen sitzen«) ohne klare Positionierungs- und Wettbewerbsvorteile.[202] Sowohl Kostenführer als auch Differenzierer sein zu wollen, führe zu keinem Erfolg, da sich die beiden Optionen grundsätzlich widersprechen, was dann auch negative Auswirkungen auf die Rentabilität hätte. Denn wenn sich z.B. ein Kostenführer bemüht, Differenzierungsvorteile aufzubauen, läuft er dadurch Gefahr, das Fundament seines Wettbewerbsvorteils auszuhöhlen. Er würde dann eben genau entgegengesetzte Fähigkeiten benötigen.

Hybride Wettbewerbsstrategien: Doch ist die einmalige Entscheidung zwischen Kostenführerschaft und Differenzierung ausreichend, um Erfolg langfristig zu sichern? Sind nicht bei Veränderungen im Markt- und Wettbewerbsumfeld auch Veränderungen der strategischen Stoßrichtung vorzunehmen? Ist es daher nicht nahe liegend, beide Optionen doch zu kombinieren? Hybride Wettbewerbsstrategien widersprechen auf den ersten Blick der klassischen Zweiteilung in Kostenführerschaft und Differenzierung. Sie basieren auf der Einsicht, dass Unternehmen, die zum richtigen Zeitpunkt zwischen Kostenführerschaft und Differenzierung wechseln, Konkurrenten überlegen sind, die strikt nur eine Strategieoption verfolgen.[203] Wenn man also die zeitliche Dimension explizit berücksichtigt, löst sich der vermeintliche Widerspruch auf. Hybride Wettbewerbsstrategien wechseln zwar zwischen beiden Optionen ab, verfolgen jedoch konsequent innerhalb einer bestimmten Zeitspanne nur eine der beiden Alternativen.

Folgendes Muster liegt dieser Strategieoption zu Grunde: Zuerst verschafft man sich durch eine Kostenführer- oder Differenzierungsstrategie dort einen Wettbewerbsvorteil, wo es einem möglich ist. Die japanische Automobilindustrie tat dies in den 80er-Jahren mit einer Kostenführerschaftsstrategie bei Kleinwagen, da sie so ihre Lohnkostenvorteile ausnutzen konnte. Versuchen dann die Wettbewerber aufzuholen, dann wechselt man zur anderen Stoßrichtung über. Dies verlangt allerdings, dass rechtzeitig die Erträge aus der einen Strategie auch in die Umsetzung der andern gesteckt werden können. So begann HONDA recht frühzeitig damit, in die Entwicklung anspruchsvoller Motoren zu investieren (Einstieg in die Formel 1), womit der teilweise Einstieg in die strategische Gruppe der Luxuswagenanbieter vorbereitet werden konnte, denn er verlangte eine Differenzierungsstrategie. Führt dies zum Erfolg, dann wird die neue Stoßrichtung solange weiterverfolgt, bis sich wieder ein Wechsel empfiehlt. Eine solche Vorgehensweise wird auch als »*Outpacing*« oder Überholstrategie bezeichnet.[204] Sie erfordert die explizit zu entwickelnde Fähigkeit, je nach Konkurrenzlage das Hauptgewicht zwischen der Schaffung eines anerkannten Produktwertes und der Verringerung der gesamten Herstellungskosten zu verlagern und damit an den Wettbewerbern vorbeizuziehen.

Marginalien:
Hybride Wettbewerbsstrategien

Überlegenheit durch Strategiewechsel zum richtigen Zeitpunkt

Überholstrategie

Fallbeispiel: Unterhaltungselektronik
Die japanischen Unternehmen in der Unterhaltungselektronik schlugen in den 60er- und 70er-Jahren die Strategie der Kostenführerschaft ein und griffen dort – auf Basis ihrer damals noch niedrigen Lohnkosten – die am schlechtesten geschützten unteren Marktsegmente an. Ab Anfang der 80er-Jahre zogen sie durch Differenzierungsstrategien nach und eroberten in dieser Überholphase die Wettbewerber auch in qualitativ höherwertigen Marktsegmenten. Ausgelöst durch den hohen Yen-Kurs versuchten sie anschließend wieder, durch Kosten senkende Maßnahmen (wie massive Verlagerung

der Produktion in billige Länder oder Programme zur Steigerung der Effizienz) ihre Wettbewerbsposition weiter zu steigern.

Der Einsatz hybrider Strategien steht zumeist in einem engen Zusammenhang mit Veränderungen auf den Absatzmärkten. Hier lässt sich folgendes Muster beobachten: Anfangs bringt ein Unternehmen ein äußerst innovatives Produkt auf den Markt, welches den Kunden einen hohen Nutzen bietet. Meist steht es in Konkurrenz zu Angeboten anderer Unternehmen, die zwar das gleiche Kundenbedürfnis zu befriedigen versuchen, doch dem neuen Produkt deutlich unterlegen sind. Gelingt es dem neuen Produkt, sich durchzusetzen, dann kommt es zur Bildung von Standards.

> **Fallbeispiel: Der Formatkrieg bei den Speichermedien**
> Als High-Definition-Nachfolger der DVD wurde die *Blu-ray Disc* (BD) als digitales optisches Speichermedium entwickelt. Sie bietet gegenüber der DVD eine erheblich gesteigerte Datenrate und Speicherkapazität, was auf entsprechenden Bildschirmen eine deutlich bessere Bildqualität zur Folge hat. Die Spezifikationen für die BD wurden Anfang 2002 durch die neun Unternehmen der *Blu-ray Group*, PANASONIC, PIONEER, PHILIPS, SONY, THOMSON, LG ELECTRONICS, HITACHI, SHARP und SAMSUNG, beschlossen. Dieser Gruppierung schlossen sich 2004 noch DELL und HEWLETT-PACKARD sowie 2005 APPLE und ACER an. HEWLETT-PACKARD trat allerdings 2005 wieder aus dem Blu-ray-Konsortium aus, nachdem einige Verbesserungsvorschläge abgewiesen worden waren, und wechselte in das HD-DVD-Lager. Die BD setzte sich schließlich gegen HD DVD und VMD als HD-Mitbewerber durch, nachdem die Produktion und Weiterentwicklung der konkurrierenden HD-DVD-Technik – einschließlich der Geräte – Anfang 2008 eingestellt wurde.

Unternehmen, deren Produkte mit dem Standard übereinstimmen, verfügen nun über Differenzierungsvorteile, die es ihnen erlauben, Preisprämien zu realisieren. In der nächsten Phase können sie sich dann auf Maßnahmen zur Senkung der Kosten konzentrieren. Finanzielle Ressourcen sind dabei durch den Erfolg in der ersten Phase ausreichend geschaffen, wodurch Investitionen in effiziente Produktionsverfahren finanzierbar werden. Begleitet wird dies durch die Straffung der Administrations- und Vertriebsprozesse. Das Produkt kommt nun in großen Stückzahlen auf den Markt und wird dadurch zu einem Massenartikel. In der nächsten Phase können dann wieder Differenzierungsversuche initiiert werden.

> **Fallbeispiel: SONY und TOSHIBA**
> In den 60er-Jahren trat die japanische SONY Corporation als Erstanbieter mit dem für damalige Verhältnisse revolutionären Walkman im Markt auf (Differenzierungsstrategie). Dieser konnte sich rasch als Standard etablieren, nicht zuletzt auch deshalb, da die Konkurrenz die Absatzchancen eines solchen Produktes anfangs unterschätzte. Als Nächstes verbesserte SONY dann mit hohen Investitionen seine Produktionsprozesse und stieg in die Massenproduktion ein, womit es seine Wettbewerbsposition weiter gegenüber den etablierten Anbietern verbessern konnte (Kostenführerstrategie). Zweitanbieter wie z. B. TOSHIBA wählten hingegen eine andere Strategie. Sie übernahmen den von SONY geprägten Standard, konzentrierten sich darauf, mit hohen Stückvolumina möglichst kostengünstig zu produzieren, und wechselten dann erst später in Richtung Differenzierung. Abbildung 3-46 veranschaulicht diesen Prozess.

3.4.2 Wettbewerbsstrategien

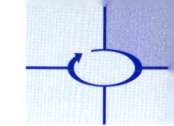

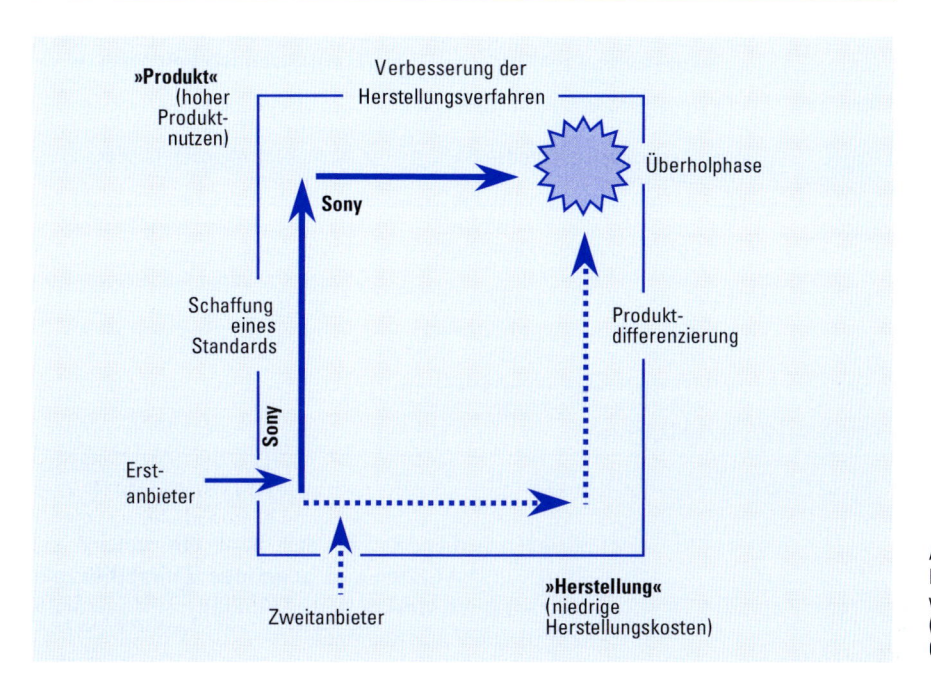

Abb. 3-46:
Hybride Wettbewerbsstrategien
(in Anlehnung an Gilbert/Strebel 1987)

(2) Ort

In der zweiten Dimension stellt sich die Frage, wo eine unternehmerische Einheit ihre Wettbewerbsvorteile zu erzielen gedenkt. Fokussiert sie sich nur auf ein einzelnes Segment oder will sie in der gesamten Branche tätig sein? Ein Segment kann dabei eine bestimmte Kundengruppe, eine Produktgruppe oder eine abgegrenzte Region sein. *Fokusstrategien* stellen damit – neben der Differenzierung und der Kostenführerschaft – einen dritten generischen Strategietyp dar.

Fokus als generische Strategie

Fokusstrategien werden oft dadurch möglich, dass sich die dafür erforderlichen Mehraufwendungen für die branchenweit operierenden Unternehmen zumeist nicht auszahlen. Dies gilt umso mehr, je kleiner die Volumina sind, die in dem Segment erwirtschaftet werden müssen. Wie sich in vielen Branchen gezeigt hat, sind Spezialisierungs- und Koordinationskosten oft nicht zu unterschätzen. Sind hingegen die Leistungen in einer Branche relativ stark standardisiert, so ist die Fokussierung auf einzelne Segmente wenig ratsam, wenn hier keine speziellen Kundenbedürfnisse vorhanden bzw. zu entwickeln sind. In Abbildung 3-47 sind beide Strategien nochmals einander gegenübergestellt.

Von daher fokussieren sich oft kleine und mittlere Unternehmen auf einzelne Segmente, während ihre größeren Gegenspieler zumeist versuchen, den Markt breit anzugehen. Deshalb wird in diesem Zusammenhang teilweise von einer u-förmigen Beziehung zwischen Marktanteil und Rentabilität ausgegangen.[205] Erfolgreich sind demzufolge (a) Unternehmen, die sich mit kleinem Marktanteil entweder branchenweit differenzieren oder auf eine Nische fokussieren, oder (b) Unternehmen mit einem hohen Marktanteil, die als Kostenführer die gesamte

Abb. 3-47:
Branchenweite und segmentspezifische Strategie

	Branchenweite Strategie	**Segmentspezifische Strategie**
Merkmale	• Angebotsbreite als Anreiz für die Kunden • Abdeckung einer breiten Bedürfnispalette	• Spezialisierung auf ein Segment als Anreiz • Abdeckung einzelner Kundenbedürfnisse
Vorteile	• Economies of Scale (Größenvorteile) durch die Bearbeitung mehrerer Segmente • Economies of Scope (Verbundeffekte) durch die gemeinsame Nutzung von Ressourcen • Schutz bei Zersplitterung des Marktes und heterogenen Kundenbedürfnissen	• Höhere Flexibilität bei Markt- und Kundenveränderungen • Konzentration der Kräfte auf nur ein Segment • Geringere Koordinationskosten

Abb. 3-48:
Zusammenhang zwischen Marktanteil und Rentabilität nach Porter (1985)

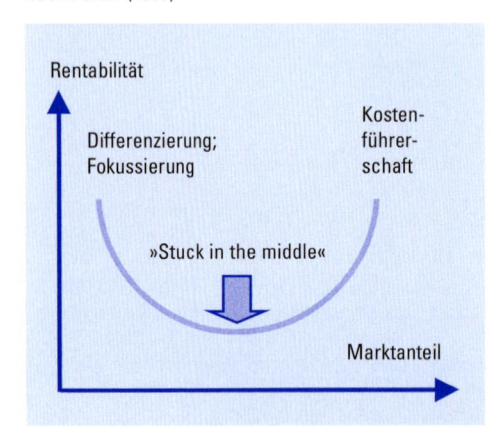

Branche bedienen. Für den Rest gilt wieder ein »Stuck in the middle«, d. h. geringe Rentabilität mit mittelgroßem Marktanteil. Abbildung 3-48 verdeutlicht diesen Zusammenhang.

Fokusstrategien, die sich nur begrenzen, sind allerdings wertlos. Sie müssen sich von den branchenweit angelegten Wettbewerbern für den Kunden deutlich erkennbar unterscheiden, indem sie etwas anders oder besser machen. Damit stehen zwei Varianten einer Fokusstrategie zur Verfügung: Der Differenzierungs- und der Kostenfokus (vgl. Abb. 3-49).

Ein *Differenzierungsfokus* empfiehlt sich, wenn ein spezifisches Bedürfnis, das bislang durch die am Gesamtmarkt tätigen Unternehmen nicht wirkungsvoll genug befriedigt wurde, nun besser bedient werden kann. Meist sind solche Segmente relativ preisunelastisch.

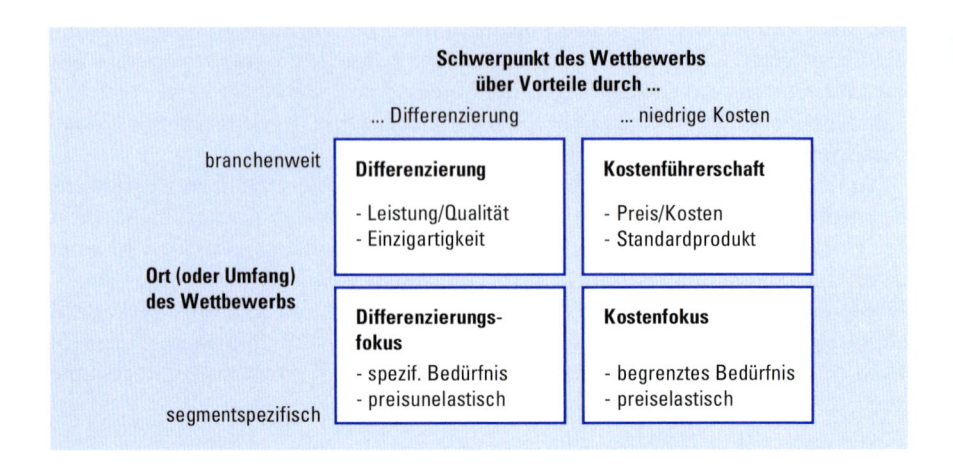

Abb. 3-49:
Generische Strategietypen nach Porter (1985)

		Schwerpunkt des Wettbewerbs über Vorteile durch ...	
		... Differenzierung	... niedrige Kosten
Ort (oder Umfang) des Wettbewerbs	branchenweit	**Differenzierung** - Leistung/Qualität - Einzigartigkeit	**Kostenführerschaft** - Preis/Kosten - Standardprodukt
	segmentspezifisch	**Differenzierungsfokus** - spezif. Bedürfnis - preisunelastisch	**Kostenfokus** - begrenztes Bedürfnis - preiselastisch

3.4.2 Wettbewerbsstrategien

> **Fallbeispiel: Reisen mit Gleichgesinnten**
> Ein Beispiel hierfür ist das in der Reisebranche entstandene Segment der Opern- und Konzertreisen zu den bedeutendsten Opern- und Konzerthäusern dieser Welt, wie sie z. B. durch die Firmen ORPHEUS oder KLASSIKREISEN angeboten werden. Der Kunde wird hier auf interessante Premieren aufmerksam gemacht, die Tickets werden ihm besorgt, er reist in einer Gruppe Gleichgesinnter, hat danach vielleicht noch ein Dinner mit den Künstlern etc. Für diese über normale Städtereisenarrangements hinausgehenden Dienstleistungen sind Kunden bereit, eine Zusatzprämie zu bezahlen.

Es kann aber auch sein, dass ein Unternehmen bezogen auf das anvisierte Segment einen Kostenvorsprung vor den branchenweiten Anbietern zu realisieren vermag (*Kostenfokus*). Beispiel dafür ist ein Zwischenhändler, der sich in seinem Sortiment auf Läden in einer bestimmten Region konzentriert hat, die primär Frischwaren (Obst, Gemüse, Milchprodukte) führen.

> **Standpunkt: Wie allgemeingültig ist die U-Kurve?**
> Severin Schwan, CEO des Pharmaunternehmens ROCHE, äußerte sich wie folgt: »Im härteren Marktumfeld werden sich zwei Gruppen von Unternehmen behaupten: diejenigen, die auf billige Generika (also Kopien von patentabgelaufenen Medikamenten) setzen, und diejenigen, die wirklich innovative Medikamente entwickeln. Die Unternehmen in der Mitte, die nur wenig Zusatznutzen bieten oder zu teuer produzieren, werden zunehmend vom Markt verdrängt. Um kontinuierlich Innovationen zu realisieren, fokussieren wir uns auf unsere Kerngeschäfte Pharma und Diagnostics. Das ist unsere Stärke.«[206]
> Dagegen steht z. B. ein Konzern wie die VW-Gruppe, die relativ erfolgreich Marken für den Massenmarkt und Premiummarken unter einem Dach vereint und dabei erheblich Synergien realisiert. Ähnliches gilt für die SWATCH Group im Uhrengeschäft. Was ist Ihre Meinung dazu? Wie unvereinbar sind eine Kostenführerschafts- und eine Differenzierungsstrategie in einem Unternehmen?

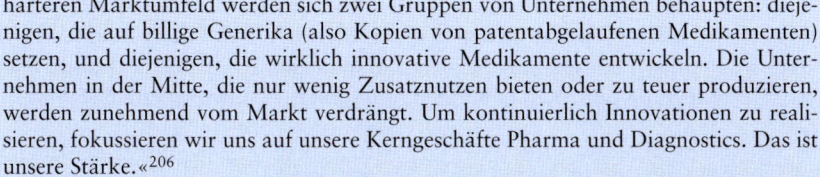

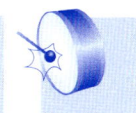

(3) Taktiken

Wettbewerbsstrategien können des Weiteren auf ihre taktische Dimension hin analysiert werden. Dabei geht es um die Frage, welche Maßnahmen wie zu kombinieren und in welcher zeitlichen Reihenfolge durchzuführen sind. Prinzipiell kann man hier zwischen offensiven und defensiven Varianten differenzieren, deren militärischer Ursprung unverkennbar ist. Es lassen sich folgende **offensive Strategievarianten** unterscheiden:[207]

Offensive Strategievarianten

- Von einem *Frontalangriff* spricht man, wenn die Geschäftsaktivitäten der Wettbewerber an vielen Punkten gleichzeitig unter Druck gesetzt werden. Ziel ist es, sie so stark zu belasten, dass sie an einer oder an mehreren zentralen Stellen einbrechen. Dieser Ansatz erfordert zumeist die Bereitschaft, hohe Ressourceninvestitionen zu tätigen. Ein solcher Frontalangriff konnte Ende der 90er-Jahre im Investmentbanking beobachtet werden, als z. B. die DEUTSCHE BANK gleich ganze Analysten- und Händlerteams ihren Konkurrenten abwarb, eine breite Produktoffensive startete, aggressiv Neukunden akquirierte und auf schnellste IT-Systeme setzte.
- Bei einem *Flankenangriff* konzentriert man sich auf Marktsegmente, die vom Wettbewerber nicht vehement verteidigt werden, wo er deutlich erkennbare Schwächen aufweist oder die er noch nicht direkt besetzt hat. Letzteres ist

heutzutage oft mit Internationalisierungsaktivitäten verbunden. Dabei begibt man sich bewusst in die Länder, wo der Konkurrent noch wenig präsent ist, und baut dort einen starken Marktanteil auf. Mit diesem First-Mover-Vorteil kann man dann aus einer Position der Stärke heraus auch in den Stammländern den Wettbewerber attackieren. Er wird gewissermaßen umzingelt. PEPSI-COLA beispielsweise gelang es nach einem solchen Muster Ende der 1980er-Jahre seinen Konkurrenten COCA-COLA sowohl im Ausland als auch in den USA massiv unter Druck zu setzen.

- Bei einer *Umgehungsstrategie* vermeidet man zunächst die direkte Konfrontation. Stattdessen versucht man beispielsweise, sich frühzeitig in den Besitz einer neuen Technologie oder eines Vertriebskanals zu bringen, um anschließend den Wettbewerber in seinem Kerngeschäft anzugehen.
- *Guerilla-Attacken* eignen sich besonders für kleine, oft regional begrenzte Unternehmen, die nicht über die erforderlichen Ressourcen verfügen, um eine offenen Angriff zu lancieren.[208] Sie orientieren sich dabei an dem Prinzip »Angriff/Rückzug/Angriff«, das ihnen jedoch eine hohe Flexibilität abverlangt. Diese Strategievariante empfiehlt sich, wenn nur ein kleines, schwach verteidigtes Marktsegment angegangen werden soll, wo größere Wettbewerber nur wenige Ressourcen einzusetzen gedenken oder diese breit gestreut halten. Mit überraschenden Preissenkungen oder kurzen, intensiven Werbeaktionen sind dann diejenigen Kunden zu gewinnen, die schlecht bedient werden.

Eine Heuristik, die dem »Angreifer« bei der Auswahl der geeigneten offensiven Taktik helfen kann, ist in Abbildung 3-50 dargestellt.

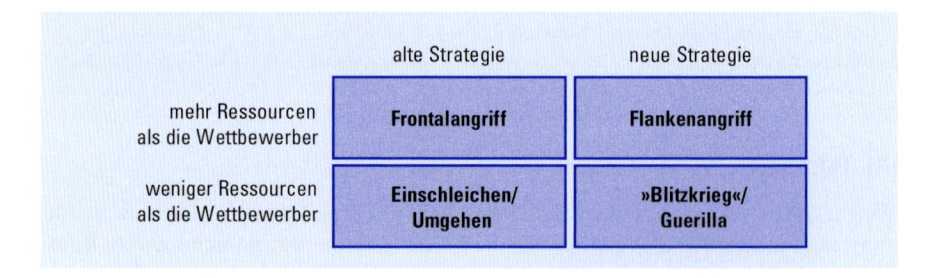

	alte Strategie	neue Strategie
mehr Ressourcen als die Wettbewerber	Frontalangriff	Flankenangriff
weniger Ressourcen als die Wettbewerber	Einschleichen/ Umgehen	»Blitzkrieg«/ Guerilla

Abb. 3-50: Heuristik zur Auswahl einer offensiven Taktik

Defensive Strategievarianten

Mit **defensiven Strategien** soll hingegen die bestehende Position verteidigt werden, und dies sowohl gegenüber etablierten Wettbewerbern als auch gegenüber neu eintretenden Konkurrenten. Insbesondere geht es um die Frage, wie Eintritts- und Mobilitätsbarrieren in einer Branche zu erhöhen sind. Als Maßnahmen bieten sich u. a. an: Eine Verbreiterung der Produktlinie, um bestehende Lücken zu schließen und Nischen zu besetzten, niedrige Preise für Produkte, die denen der Wettbewerber ähneln, das Anheben von Garantiebedingungen, der Einsatz von Patenten, Exklusivverträge und Mengenermäßigungen für Distributoren, die Sicherung vorteilhafter Positionen in den Ressourcen- und Absatzmärkten, die Reduktion von Lieferzeiten für Ersatzteile sowie eine Sicherung des internen Know-how (F & E, Produktion). Diese Maßnahmen lassen sich in mehreren defensiven Varianten kombinieren:[209]

- Mit einer *Festungsstrategie* versucht man, die bestehende Position zu sichern. Dazu gehören insbesondere der Zugriff auf exklusive Verkaufslagen, eine Si-

3.4.2 Wettbewerbsstrategien

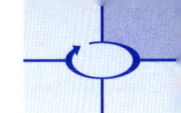

cherung des Zugangs zu wichtigen Rohstoffen oder die Verstärkung der Vertriebskanäle (z. B. durch die Vergabe von Alleinvertretungen). Ebenso, wenn auch riskant, können (wie teilweise in der Chipindustrie geschehen) bewusst hohe Produktionskapazitäten aufgebaut werden, um potenzielle Wettbewerber vor einem Markteintritt abzuschrecken.
- Die Idee der *Flankenabsicherung* besteht darin, das Eindringen von Konkurrenten in wenig geschützte Segmente zu verhindern. Bedroht sind gerade heterogene Märkte, da man hier oft nicht allen Ansprüchen gerecht wird. Eine von finanzstarken Unternehmen oft angewandte Maßnahme besteht darin, einen Wettbewerber gleich aufzukaufen, wenn man befürchtet, ihn in Zukunft nicht in Schach halten zu können. Gerade in Hochtechnologiebereichen, wie Pharmazie oder Softwareentwicklung, ist ein solches Verhalten regelmäßig zu beobachten.
- Helfen all diese Maßnahmen nur wenig, dann gilt es, im Rahmen einer *Konfrontationsstrategie* die Stärken eines Wettbewerbers systematisch »auszuhebeln« oder sie zumindest zu kompensieren. Nach dem Motto, dass Angriff die beste Verteidigung ist, beabsichtigt eine gezielte *Marktausweitung* die Erschließung neuer Segmente, auch und gerade wenn dies zu Lasten des Wettbewerbers geht.
- Ist zuletzt eine Wettbewerbsposition in einzelnen Segmenten nicht länger zu halten, ist auch der *Rückzug* und die Konzentration auf die Segmente, in denen ein Unternehmen über besondere Stärken verfügt, eine explizit vorzubereitende Variante.

> **Fallbeispiel: Wettbewerb in der Branche für Flugzeugturbinen**[210]
> Ende der 90er-Jahre wurde die Branche für Flugzeugturbinen weltweit von drei Unternehmen beherrscht. Größter Anbieter war die amerikanische GENERAL ELECTRIC (GE), gefolgt von der britischen ROLLS-ROYCE sowie der amerikanischen PRATT & WHITNEY. 1997 konnte sich GE einen Marktanteil von 53 % aller Aufträge sichern, während ROLLS-ROYCE auf 34 % und PRATT & WHITNEY auf 13 % kam. Der Wettbewerb zwischen den Konkurrenten war intensiv, ja mittlerweile in einzelnen Segmenten ruinös. Beispielsweise stellten alle drei Unternehmen Turbinen für die zweistrahlige Boeing 777 und den Airbus A330 her. Um hier Aufträge zu bekommen, haben sie sich gegenseitig so lange unterboten, bis es, wie Karl Krapek, der damalige Präsident von PRATT & WHITNEY, betonte, für diese Maschinen nie mehr eine Amortisation der Kosten gäbe. Zudem waren die drei Anbieter Opfer ihres eigenen Erfolgs geworden. Ihre Turbinen wiesen eine immer höher werdende Qualität auf, die jedoch mit immer weniger Wartungsaufwand verbunden war. Da die Profite schon längst nicht mehr beim Neukauf von Turbinen, sondern im Ersatzteilgeschäft lagen, gerieten ihre Margen weiter unter Druck. Gleichzeitig konnten sie ihren Kunden die bessere Qualität nicht mit einem höheren Preis verrechnen, denn die Luftfahrtgesellschaften, die selbst aufgrund des harten Wettbewerbs in ihrer Branche zu einer drastischen Reduktion der Kosten gezwungen waren, akzeptierten dies nicht. Wie der Marketingdirektor bei GE beklagte: »They have grown up with the idea of a heavily discounted price«. Um den Druck aufzufangen, begannen die drei Turbinenhersteller jetzt weltweit den Luftfahrtgesellschaften Wartungsdienste anzubieten.
>   Es war jedoch bereits damals fraglich, ob dies ausreichen wird, die Situation zu stabilisieren. Doch was konnte getan werden? Einen wichtigen Ausweg sah man in einer verstärkten, produktbasierten Zusammenarbeit. Wenn schon nicht eine Fusion zwischen ihnen klappen sollte, dann hofften sie zumindest, den Wettbewerb zu reduzieren. So planten GE und PRATT & WHITNEY die Turbinen für die von BOEING und AIRBUS

> geplanten »Superjumbos« gemeinsam zu entwickeln. Ein anderer Weg bestand darin, Allianzen mit kleineren Herstellern einzugehen. GE arbeitete z. B. eng mit SNECMA (Frankreich) zusammen, PRATT & WHITNEY hatte Beziehungen zur MTU in Deutschland und ROLLS-ROYCE besaß bereits mit BMW ein erfolgreiches Joint Venture.

(4) Regeln

Während Taktiken sich im Rahmen der etablierten Spielregeln einer Branche bewegen, stellt sich bei der vierten Dimension die viel grundlegendere Frage, ob man die Spielregeln so lässt wie sie sind und sich hier möglichst vorteilhaft anzupassen gedenkt oder den Versuch wagt, sie innovativ neu zu gestalten?[211] Je nachdem, welche Antwort darauf gegeben wird, lassen sich in fast allen Branchen drei **Typen** von Unternehmen unterscheiden:[212] Die *Regelmacher* sind die dominierenden Akteure einer Branche. Sie haben prägend an der Gestaltung der Regeln mitgewirkt und beherrschen diese daher auch besser als die anderen Unternehmen. Meist halten sie die größten Marktanteile und sind daher nur wenig an einer grundlegenden Änderung des Status quo interessiert. An ihrem Verhalten orientieren sich Unternehmen, die als *Regelnehmer* zu bezeichnen sind. Sie passen sich der herrschenden Branchenlogik an und versuchen, sie zu ihren Gunsten zu nutzen. Oft verlagern sie dabei ihre Aktivitäten in Nischen, wo sie den dominierenden Unternehmen nicht in den Weg geraten. Da die meisten Unternehmen einer Branche zu den Regelnehmern zu rechnen sind, bewegen sich folglich auch die meisten Wettbewerbsstrategien innerhalb dieses Rahmens. Hingegen werden die Revolutionäre in einer Branche als *Regelbrecher* bezeichnet. Sie kommen mit unkonventionellen Geschäftsideen in den Markt und stellen damit die bestehende Branchenlogik in Frage. Gelingt es ihnen, sich durchzusetzen, dominieren sie in der nächsten Runde als neue Regelmacher ihre Branche.

Die **»New-Game«-Strategien**[213], durch die sich eine Branchenlogik verändert, sind dabei nicht nur auf eine Variation des Produktangebots beschränkt, sondern können sich auf alle Arten von Wertschöpfungsaktivitäten in einer Branche erstrecken. Dem »First-Mover« bieten sie u. a. lern- und produktionstechnische Erfahrungskurvenvorteile, die zu einer intensiven Kundenbindung (aufgrund von Umstellkosten oder dem dabei aufgebauten Image) führen oder helfen, knappe Ressourcen bereits vorzeitig zu sichern.

> **Fallbeispiel: AMAZON – Pionier des Online-Shopping**
> Mit einem Jahresumsatz 2014 von knapp 90 Mrd. USD (und einem Nettoverlust von 241 Mio. USD) ist der Internetkonzern AMAZON das weltweit größte Online-Versandhaus. 1997 wurde das Unternehmen an die Börse gebracht. Im Jahr 2001 erzielte man erstmals einen Gewinn.
>
> Mit neuen Spielregeln (»cut out the middle man«) revolutionierte AMAZON den Buchhandel (Abb. 3-51). Mit seinem Geschäftsmodell »übersprang« man den Bucheinzelhandel. Während ein großer traditioneller Buchhändler etwa 150.000 Titel vorrätig hat, konnte AMAZON damals direkt bis zu 4,5 Mio. Titel anbieten – und dies rund um die Uhr. Nach und nach wurde das Sortiment durch Elektronik, CD, DVD, Schuhe, Autos, Lebensmittel etc. erweitert. In Kürze wird wohl auch Amazon fresh mit frischen Lebensmitteln in den deutschen Markt eintreten. Dabei wird man kaum Investitionskosten scheuen, um in diesem neuen Geschäftsfeld schnell Fuß zu fassen, selbst wenn

3.4.2 Wettbewerbsstrategien

> damit auf absehbare Zeit kein Gewinn zu erwirtschaften ist. D.h. der Wettbewerb wird sich hier für etablierte Konkurrenten, wie etwa REWE, deutlich verschärfen.

In einzelnen Segmenten kommt es im Zuge der Regelveränderung zu sogenannten »**Lock-In**«-Effekten[214], der systematischen »Verriegelung« von Branchen, die kaum noch aufgebrochen werden kann. Die ersten Unternehmen, die sich ein Segment erschließen, bauen eine derart starke Position auf, dass nachfolgende Unternehmen sich kaum noch etablieren können. Allerdings sind die Risiken einer auf Regelveränderung abzielenden Strategie nicht unerheblich. Von daher sprechen auch Argumente für ein imitierendes, auf Anpassung bedachtes Vorgehen. So können Regelnehmer aus den Fehlern der Innovatoren lernen und ihr Verhalten hinsichtlich wichtiger Anspruchsgruppen gleich von Anfang an besser einstellen. Zudem können sie »**Free-Rider**«-Effekte (Trittbrettfahrer-Effekte) nutzen, da sie z.B. kaum Entwicklungskosten für neue Technologien oder Produktionsverfahren zu tragen haben. Folglich ist auch das Risiko, dem sie durch Technologiesprünge ausgesetzt sind, weit geringer.

Zusammenfassend betrachtet bieten die einzelnen Dimensionen einer Wettbewerbsstrategie die Möglichkeit, strategische Manöver in einer Branche differenziert zu erfassen und einen Überblick über das Verhalten der einzelnen Wettbewerber zu gewinnen.

Gleichzeitig kann man sie jedoch auch verwenden, um für das eigene Unternehmen eine umfassende Wettbewerbsstrategie zu entwickeln. Anhand der einzelnen Dimensionen sind in diesem Fall Entscheidungen über die angestrebte Positionierung und den Weg dorthin zu treffen. Diese Dimensionen sind – zusammen mit den vier Dimensionen der Marktstrategie – in Abbildung 3-52 dargestellt.

Vergleicht man die Optionen der Markt- und Wettbewerbsstrategien, so fallen teilweise Ähnlichkeiten bzw. *Überlappungen* auf (z.B. Substanz und Schwerpunkt). Dies verweist einerseits darauf, wie verflochten die Positionierung gegenüber Kunden und Konkurrenten ist. Anderseits sollte trotzdem getrennt verfahren werden, da eben i. Allg. die Branchengrenzen nicht deckungsgleich zu den Marktgrenzen sind. So begegnen sich Amazon und REWE zwar im Markt, beide sind aber unterschiedlichen Branchen zuzuordnen.

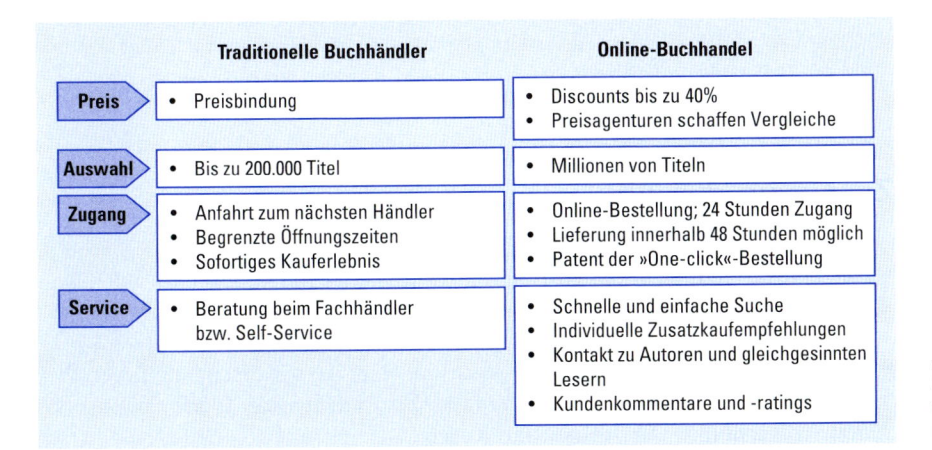

»Lock-In«-Effekte

»Free Rider«-Effekte

	Traditionelle Buchhändler	**Online-Buchhandel**
Preis	• Preisbindung	• Discounts bis zu 40% • Preisagenturen schaffen Vergleiche
Auswahl	• Bis zu 200.000 Titel	• Millionen von Titeln
Zugang	• Anfahrt zum nächsten Händler • Begrenzte Öffnungszeiten • Sofortiges Kauferlebnis	• Online-Bestellung; 24 Stunden Zugang • Lieferung innerhalb 48 Stunden möglich • Patent der »One-click«-Bestellung
Service	• Beratung beim Fachhändler bzw. Self-Service	• Schnelle und einfache Suche • Individuelle Zusatzkaufempfehlungen • Kontakt zu Autoren und gleichgesinnten Lesern • Kundenkommentare und -ratings

Abb. 3-51: Spielregeln im traditionellen und Online-Buchgeschäft

Abb. 3-52:
Optionenrahmen der Positionierungsarbeit auf der Ebene eines strategischen Geschäftsfeldes

Marktstrategie	1	Variation	alt ◄ - - - ►	neu
	2	Substanz	Präferenzen ◄ - - - ►	Kosten
	3	Feld	Rückzug ◄ - - - ►	Diversifikation
	4	Stil	alt ◄ - - - ►	neu
Wettbewerbsstrategie	5	Schwerpunkt	Differenzierung ◄ - - - ►	Kostenführerschaft
	6	Ort/Umfang	branchenweit ◄ - - - ►	segmentspezifisch
	7	Taktik	defensiv ◄ - - - ►	offensiv
	8	Regeln	anpassen ◄ - - - ►	verändern

Im konkreten Fall kann es zweckmäßig sein, im Optionenrahmen statt mit einer stetigen Skala mit den einzelnen möglichen Ausprägungen der acht Dimensionen zu arbeiten. Man kann dann kombinatorische Überlegungen anstellen. So schließen sich aufgrund von *Interdependenzen* zwischen Dimensionen oft auch bestimmte Ausprägungskombinationen aus. In einer zweiten Stufe können die einzelnen Dimensionen dann natürlich über Unterdimensionen weiter präzisiert werden.

Fallbeispiel: Luftfrachtbranche

Betrachtet man z. B. die Luftfrachtbranche, so gibt es im Prinzip nur zwei mögliche Kundengruppenausprägungen: die Spediteure oder die Endkunden. CARGOLUX fokussiert dabei nur auf die Spediteure. Der Wettbewerber LUFTHANSA CARGO wendet sich an beide Zielgruppen. Gegenüber den Zielgruppen kann man sich mit zwei unterschiedlichen Geschäftsverständnissen positionieren: Versteht man sich wie LUFTHANSA CARGO als »Problemlöser«, der eine komplexe »Door-to-door«-Aufgabenstellung für den Kunden lösen will, dann hat man einen Ansatz für eine Differenzierungsstrategie gefunden, die auch eine gewisse Preisprämie zulässt. Betrachtet man dagegen CARGOLUX mit dem Selbstverständnis eines reinen »Airport-to-airport«-Transporteurs, dann befindet man sich in einem hoch preiselastischen Segment und es bleibt wohl nur noch die Strategie der Kostenführerschaft.

Workshop: Positionierungsstrategie
- Ermitteln Sie das Positionierungs-Ist- und -Soll-Profil für eine strategische Geschäftseinheit mit Hilfe des Optionenrahmens aus Abbildung 3-52.
- Beurteilen Sie jede der acht Soll-Ist-Differenzen bzgl. ihres Verbesserungspotenzials und bzgl. ihrer Machbarkeit. Leiten Sie dann daraus Prioritäten für die nächsten Aktivitäten ab.

Zusammenfassung

- Marktstrategien legen die Position einer Geschäftseinheit gegenüber den Segmenten eines Geschäftsfeldes fest. Dazu werden vier Optionen angeboten: Variation, Substanz, Feld und Stil.
- Wettbewerbsstrategien legen die Position einer Geschäftseinheit gegenüber den Konkurrenten in einer Branche fest. Dazu werden vier Optionen angeboten: Schwerpunkt, Ort, Taktik und Regeln.

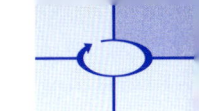

- Man kann folgende generische Strategietypen unterscheiden: Differenzierung versus Kostenführerschaft. Beide Optionen können dann nochmals spezifiziert werden, je nachdem, ob man sich im Wettbewerb branchenweit oder segmentspezifisch positioniert.

3.5 Strategien des Gesamtunternehmens

Spätestens, wenn ein Unternehmen nicht nur in einem Geschäftsfeld tätig ist bzw. es mit seinen Geschäftseinheiten mehrere Geschäftsfelder bearbeitet, stellt sich die Frage nach der **Gesamtunternehmensstrategie (Corporate Strategy)** – dem unternehmerischen Spielplan für ein diversifiziertes Unternehmen. Man spricht hier auch von der **Gruppenstrategie** für eine Unternehmensgruppe (bzw. der **Konzernstrategie** im Falle eines Konzerns).

Gesamtunternehmensstrategie (Corporate Strategy)

Lernziele

- Definition der zentralen Aktivitäten zur Schaffung von Wert auf Ebene des Gesamtunternehmens (bzw. Corporate-Ebene oder Gruppenebene)
- Unterscheidung der möglichen Strategien gegenüber den Geschäftsfeldern in Form der verschiedenen Diversifikationsansätze
- Darstellung der Vor- und Nachteile der verschiedenen Diversifikationsformen (interne Entwicklung, Kooperation, Akquisition)
- Erläuterung der Prozessfolge zur Durchführung einer Diversifikationsstrategie inklusiv einer strategischen Suchfeldanalyse zur Identifikation neuer Diversifikationskandidaten
- Darlegung von Möglichkeiten der Einflussnahme bzw. Steuerung der strategischen Geschäftseinheiten durch das Gesamtunternehmen unter Abklärung der Rolle der Zentrale

3.5.1 Aktivitäten zur Wertschaffung auf der Unternehmensebene

Diversifizierte Unternehmen bestehen aus einzelnen Geschäftseinheiten, die durch eine Gruppenebene (Zentrale mit Top-Management) koordiniert und gesteuert wird. Im Rahmen der Gesamtunternehmensstrategie steht die Gruppenebene vor der Aufgabe, die Geschäftseinheiten im Interesse der Gruppe und ihrer Anspruchsgruppen zu koordinieren und zu steuern. Dazu entwickelt sie eine Corporate Strategy.

Eine Gruppenstruktur macht ökonomisch allerdings nur dann Sinn, wenn durch die Diversifikation ein nachhaltiger Mehrwert geschaffen wird. Dies kommt dann dadurch zum Ausdruck, dass der Wert des Gesamtunternehmens größer ist als die Summe der Werte der einzelnen Geschäfte. Diesen Mehrwert (nach Abzug der Kosten für die Corporate-Ebene) nennt man auch »corporate

Wert des Ganzen größer als Summe der Teile

surplus«. Alles andere würde Wertvernichtung bedeuten und es stellt sich die berechtigte Frage, warum man die Geschäfte nicht unabhängig am Markt operieren lässt und sie aus der Hierarchie einer Unternehmenszentrale entlässt, die ihnen Administrationskosten auferlegt und ihre Handlungsmöglichkeiten begrenzt. Am Kapitalmarkt werden folgerichtig Konglomerate, die diesen Mehrwert nicht erbringen, mit einem sogenannten »**conglomerate discount**« bestraft.

»Conglomerate discount«

Das heißt dann aber auch, dass zur Schaffung von Mehrwert durch die Gruppenebene immer zwei Voraussetzungen erfüllt sein müssen: Erstens müssen im Unternehmen Ideen und Möglichkeiten zur Wertschaffung vorhanden sein, die auf ein tatsächliches Bedürfnis und Wertsteigerungspotenzial der Geschäfte stößt. Zweitens muss auch im Management die Kompetenz vorhanden sein, um dieses aus der Diversifikation der Gruppe erwachsende Potenzial auszuschöpfen.

Daraus erwächst die Frage, welche Wertsteigerungsmöglichkeiten einem Unternehmen im Rahmen der Ausgestaltung seiner Corporate Strategy ganz grundsätzlich zur Verfügung stehen. Erstens ist dies die konzeptionelle Idee, die die unternehmerische Entwicklung anleitet und die zusätzlichen Wert für die Geschäfte generieren soll. Wir sprechen hier vom »*strategischen Konzept*«. So ließ z. B. Daimler CEO Dieter Zetsche verlauten, dass sich das Gesamtunternehmen vom Selbstverständnis eines Fahrzeugherstellers in Richtung eines Mobilitätsanbieters zu transformieren hätte: »We regard ourselves not only as a vehicle manufacturer but also as a provider of mobility solutions.«

Zweitens ist es die aus dem Konzept abgeleitete und immer wieder zu überprüfende Auswahl der Geschäfte, in denen die Gruppe tätig ist, was hier als »*Konfiguration des Geschäftsportfolios*« bezeichnet wird. So hat man bei Daimler zur Umsetzung des veränderten Konzepts die neue Einheit Moovel gegründet, unter der eine Vielzahl Mobilitätsgeschäfte zusammengeführt wird, wie car2go oder MyTaxi.

Drittens lässt sich über das Konzept und die Konfiguration der Geschäfte nur dann Mehrwert schaffen, wenn positiv Einfluss auf die Geschäfte genommen wird. Anders ausgedrückt: Durch die »*Koordination*« der verschiedenen Geschäftstätigkeiten durch das Corporate Management müssen Vorteile aus der Zusammenarbeit – sprich *Synergien* – realisiert werden. So bilden Konzept, Konfiguration und Koordination die drei tragenden Wertsteigerungshebel einer Corporate Strategy. *Zusammenfassend betrachtet zeigt das Gruppenmanagement mit der* **Corporate Strategy** *den Weg auf, wie es (1) durch die Entwicklung eines strategischen Konzepts für das Gesamtunternehmen, (2) durch eine entsprechende Konfiguration des Portfolios seiner Geschäfte und (3) durch die Koordination dieser Geschäfte zur Realisierung von Synergien einen Mehrwert für eine Unternehmensgruppe bzw. dessen Anspruchsgruppen erzielen will.*[215]

Wertsteigerungshebel der Corporate Strategy: Konzept, Konfiguration, Koordination

Anzustreben ist damit eine Situation, in der möglichst für alle prioritär behandelten Stakeholder eine Wertsteigerung entsteht, die nahe ihrer Erwartungen ist. Die realisierte Wertsteigerung entspricht damit auch dem für die Anspruchsgruppen generierten Nutzen. Eine zentrale Anspruchsgruppe der Gruppenebene sind dabei die Geschäfte (Divisionen, Ländergesellschaften, SGE etc.). Denn die Gruppenebene muss ihre langfristige Legitimation daraus beziehen, dass sie mit ihren Ressourcen und Fähigkeiten in der Lage ist, den angesprochen Mehrwert für die Geschäfte zu erzielen, den diese alleinstehend in dieser Form nicht realisieren könnten. Es geht aber auch um das Verhältnis zu weiteren wichtigen Anspruchsgruppen, wie sie beispielsweise durch nationale Regierungen, Gewerkschaften oder institutionelle Anleger verkörpert werden. Unternehmen orientieren sich dabei keineswegs nur »folgsam« an den ihnen gesetzten institutionellen Rahmenbedingungen, sondern versuchen natürlich auch, durch mehr oder minder sublimen Druck, ihre Interessen zu wahren oder die Entwicklungen zu ihren Gunsten zu beeinflussen.

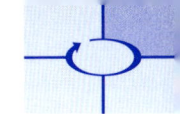

Mit diesen Überlegungen sind die erforderlichen Grundlagen gelegt, um die Optionen auf Ebene des Gesamtunternehmens genauer besprechen zu können. Wir werden sie im Verhältnis zu Geschäftseinheiten (3.5.2) und weiteren relevanten Anspruchsgruppen (3.5.5) beleuchten. Dabei werden wir zwei Fragen der Konfiguration aufgrund ihrer Bedeutung eigene Abschnitte widmen: dem Portfoliomanagement (3.5.3) und den damit verbundenen Diversifikationsstrategien (3.5.4.).

3.5.2 Strategien gegenüber den Geschäftseinheiten

Eine der Kernfragen der Gruppenebene sollte es sein, wie sie durch ihre Corporate Strategy Nutzen bzw. Wert für die Geschäfte, als eine ihrer zentralen Anspruchsgruppen, schaffen kann. Dazu sollen die drei bereits genannten Wertsteigerungshebel einer Corporate Strategy im Folgenden vertieft werden.

(1) Das strategische Konzept

Eine erste Aktivität besteht in der Erarbeitung eines strategischen Konzepts. Mit ihm soll für die gesamte Unternehmensgruppe eine »konzeptionelle Klammer« geschaffen werden, die die Unternehmensgruppe in der Entwicklung ihrer Geschäfte koordiniert und anleitet. Damit können verschiedene Elemente verbunden sein: So kann sich das Konzept z. B. über das *Geschäftsverständnis* definieren, das eng mit der Identität des Unternehmens verbunden ist: Wofür stehen wir als Gruppe? Welches Bedürfnis wollen wir befriedigen? Das Konzept kann aber – in engem Bezug zur Vision – auch eine Art *Leitidee* sein, die erklärt, was die Gruppe einzigartig macht, warum sie den Wettbewerb zu gewinnen glaubt.

Oder das Konzept steht mehr für einen Typ von *Geschäftsmodell für das Gesamtunternehmen*, dem man entsprechen möchte. Dieses bringt *eine Art* **strategische Grundlogik** zum Ausdruck, nach der die Gruppe konzipiert ist und geführt wird. Hier kann z. B. zwischen drei unterschiedlichen Ansätzen unterschieden werden. Sie erfordern eine zunehmend höhere Beteiligung und Einflussnahme der Zentrale hinsichtlich der Aktivitäten der einzelnen Geschäftseinheiten:[216]

Alternative strategische Grundlogik

(a) **Portfoliooptimierung:** Verhält sich das Gruppenmanagement als Portfoliomanager, dann kauft es attraktive Unternehmen, hält sie in seinem Beteiligungsportfolio und betreibt einen unternehmensinternen Kapitalmarkt, an dem sich die Unternehmen finanzielle Ressourcen beschaffen können. Die aufgekauften Unternehmen operieren dabei weitgehend selbstständig und verfolgen in ihrem Geschäftsfeld die von ihnen entwickelten Strategien. Der Wert, den ein Gruppenmanagement schaffen kann, begrenzt sich daher – bezogen auf das Portfoliomanagement – auf wenige Aktivitäten:

Portfoliooptimierung

1. Identifikation und Kauf geeigneter Unternehmen, die z. B. am Kapitalmarkt unterbewertet sind, oder wo noch wenig Transparenz über ihren tatsächlichen Marktwert herrscht. Von der Zentrale sind primär Fähigkeiten im Bereich Mergers & Acquisitions gefragt.
2. Reduktion der Kapitalkosten der einzelnen Geschäftseinheiten durch die Möglichkeit, als Gesamtunternehmen rascher und billiger an den Finanzmärkten an Kapital zu gelangen, sowie die Optimierung der Kapitalallokationen durch eine professionelle Evaluierung der Investitionspläne und der Steuerung der Finanzströme.
3. Kontrolle und Überwachung, inwieweit die Geschäftseinheiten ihre finanziellen Vorgaben erfüllen. Dazu gehört auch die Herstellung der Situation einer internen Konkurrenz um knappe finanzielle Ressourcen, durch die die Anstrengungen der Geschäftseinheiten intensiviert werden sollen. Dort, wo die strategischen Geschäftseinheiten die Vorgaben nachhaltig nicht erfüllen, werden Divestments, Spin-offs etc. vorgenommen.

Ein Verhalten als Portfoliooptimierer basiert allerdings auf Annahmen, die heute keineswegs durchgängig gegeben sind: Unterbewertete Unternehmen zu identifizieren gelingt angesichts effizienterer Kapitalmärkte immer weniger. Auch stellt sich die Frage, ob eine Zentrale besser eine Vielzahl von Geschäftseinheiten bewerten und steuern kann, als dies direkt am Kapitalmarkt durch Investitionen in ein Portfolio von einzelnen Unternehmen möglich wäre. Nicht nur entfallen dann die Verwaltungskosten für die Zentrale sowie die relativ teuren und risikobehafteten M & A-Aktivitäten, sondern es kann auch wesentlich schneller und billiger an der Börse ein Risikoausgleich durch eine Umschichtung des Portfolios erreicht werden. Unternehmen, die als Portfoliomanager auftreten, stehen im Wettbewerb um Kapital und attraktive Akquisitionen auch in direkter Konkurrenz zu Private-Equity-Unternehmen, die aber grundsätzlich anders aufgestellt sind.

Fallbeispiel: Warren Buffett, das Orakel von Omaha
Warren Buffett, der auch den Spitznamen »Orakel von Omaha« trägt, hat sich und die ihm vertrauenden Anleger durch in der Summe überragende Anlageentscheidungen zu wohlhabenden Menschen gemacht. Seine Investitionen tätigt er über die von ihm 1965 erworbene Firma Berkshire Hathaway. Über die Jahre wandelte sie sich von einer Textilfirma zu einer diversifizierten Holdinggesellschaft mit mittlerweile über 60 eigenen Firmen.

Die Geschäftstätigkeit von Berkshire Hathaway umfasst heute neben passiven Beteiligungen Aktivitäten in über 60 verschiedenen Geschäftsfeldern. Trotz der mittlerweile erreichten Größe von Berkshire Hathaway und ihrem hohen Diversifikationsgrad ist es Buffett immer wieder gelungen, eine überdurchschnittliche Performance auch im Verhältnis zu fokussierten Unternehmen zu erzielen.

Zu den zentralen Investitionsprinzipien von Buffet zählt, dass er nur in solche, möglichst »simple« Geschäfte investiert, deren Produkte und Geschäftslogik er versteht. Auch legt Buffett beim Erwerb einer Firma deutlich Wert auf subjektive Elemente. Diese subjektive Ausrichtung zeigt sich auch darin, dass Buffett den Vorsitzenden der Unternehmen, in die er investiert, großes Vertrauen entgegenbringt und ihnen fast völlige Freiheit bei der Führung der Geschäfte lässt. *»If you don't know jewelry, know the jeweler«*, sagte er einmal. Vom Selbstverständnis her sieht er sich als Teilhaber der Geschäfte und nicht als auf kurzfristige Kurssteigerungen ausgerichteter Spekulant.

3.5.2 Strategien gegenüber den Geschäftseinheiten

> Dies zeigt sich auch an den durchschnittlich sehr langen Verweildauern in seinen unternehmerischen Engagements.

(b) **Vertikale Optimierung:** Im Gegensatz zum auf Autonomie bedachten Ansatz des Portfoliooptimierers übt beim vertikalen Optimierer das Gruppenmanagement eine *aktive Rolle in der Weiterentwicklung der Geschäfte* aus. Gemeinsam mit den Führungsmannschaften der Geschäfte gilt es, Wege zu finden, wie man nachhaltig die Performance der einzelnen Geschäfte verbessern kann. Man mischt sich ins Tagesgeschäft ein, nimmt Einfluss auf die Besetzung (und Umbesetzung) der Managementpositionen, übt Druck auf die Strategiebildung aus etc. Dabei müssen die Möglichkeiten zur Restrukturierung und zur Gestaltung des Wachstums der Geschäfte, die dem Corporate Management hier vorliegen, andersartiger und wirkungsvoller sein, als die, die den einzelnen Geschäften zur Verfügung stehen. Dazu wird auch ausgelotet, inwieweit solche Vorteile durch die *Realisierung von vertikalen Synergien* (z. B. Transfer einer bestimmten Kompetenz, die auf der Gruppenebene angesiedelt ist, wie etwa Branding oder Data Mining, auf die Geschäfte) zu erzielen sind, wobei der vertikale Optimierer allerdings von operativen Synergien zwischen den Geschäften Abstand nimmt.

Vertikale Optimierung

Vertikale Synergien

Die Einflussnahme des Gruppenmanagements auf die Verbesserung der Performance der einzelnen Geschäfte geschieht heutzutage meist mit dem Ziel der Optimierung der Wertsteigerung dieser Geschäfte. So werden einerseits regelmäßig Initiativen zur Verbesserung ihrer Effizienz gestartet und vorangetrieben. Mittels vertikaler Restrukturierungsmaßnahmen soll die Profitabilität im Vergleich zu den wichtigsten Wettbewerbern konkurrenzfähig gemacht werden. Andererseits sucht man aber auch nach Möglichkeiten zum Wachstum der Geschäfte.

Gleichzeitig zu dieser kontinuierlichen und nachhaltige Verbesserung der Performance der einzelnen Geschäfte wird ein *aktives Portfoliomanagement* betrieben. Das heißt, dass das Gruppenmanagement regelmäßig sein Portfolio der Geschäfte auf seine Zukunftstauglichkeit überprüft und hinterfragt. Ist man noch der beste Eigentümer eines Geschäfts? Benötigt man zusätzliche Akquisitionen, um ein Geschäft auf eine kritische Größe zu bekommen? Verfügt man über eine Balance zwischen cash-generierenden und cash-verzehrenden Geschäften?

Hinterfragung der Portfoliokonfiguration

Spezialfall eines vertikalen Optimierers ist der *Sanierer*. Hier konzentriert sich das Management auf die Übernahme und die Führung des Turnarounds sanierungsbedürftiger Unternehmen mit hohem Wertsteigerungspotenzial. Den einzelnen Geschäften belässt man möglichst weitgehend ihre organisatorische Autonomie, um sich nach der Sanierung wieder von ihnen trennen zu können. Problematisch an dieser Strategie ist auch hier, ob es gelingt interessante Unternehmen zu identifizieren und diese erfolgreich zu restrukturieren. Letzteres hängt natürlich weitgehend davon ab, ob die Zentrale über genügend Expertise in den jeweiligen Geschäften verfügt.

Turnaround-Management

(c) **Horizontale Optimierung:** Die stärkste Form der Intervention in die Geschäfte nimmt ein Gruppenmanagement beim Ansatz des horizontalen Optimierers vor. Zielsetzung ist das *Ausschöpfen operativer, horizontaler Synergienpo-

Horizontale Optimierung

tenziale. Durch das geschäftsbereichsübergreifende Verknüpfen funktionaler Wertschöpfungsaktivitäten soll ein Mehrwert für die Töchter erzielt werden. Hier kann es z. B. um die gemeinsame Nutzung eines Produktionsstandorts gehen, das Einrichten eines zentralen Einkaufs oder die Etablierung eines gemeinsamen Vertriebs. Auch wenn die Geschäfte hier nach wie vor ihre dezentrale Ergebnisverantwortung behalten, wird bei diesem Ansatz relativ stark durch das Gruppenmanagement in ihre Autonomie eingegriffen.

Operative Synergien – so schwierig sie auch oft zu realisieren sind – stellen ein Potenzial für Wettbewerbsvorteile dar, die genutzt werden müssen, sobald sie sich bieten, da sonst die Frage aufgeworfen wird, ob man noch der beste Eigentümer ist. Veränderungen in vielen Geschäftsumfeldern haben solche Notwendigkeiten hervorgerufen. Ein Beispiel ist hier die Konvergenz von Medien-Hardware und Medieninhalten.

Aus vielerlei Gründen erfreut sich der ansonsten eher seltener zur Anwendung gelangende Ansatz des horizontalen Optimierers neuer Popularität: Finanzdienstleister suchen über Cross-Selling nach neuem Umsatz, Industriekonzerne versuchen sich über eine geschäftsbereichsübergreifende Entwicklung bestimmte technologisch anspruchsvolle Kundensektoren (z. B. Flughäfen oder Krankenhäuser) besser zu erschließen oder Telekommunikationsunternehmen wollen durch das Bündeln ihrer Dienste in einem integrierten Produkt und auf Basis einer »Flatrate« ihre Kunden besser an sich binden. Man spricht hier auch vom sogenannten »*One-Firm-Ansatz*«. Dessen Ziel ist es, dem Kunden Dienstleistungen integriert aus einer Hand anzubieten (*One Stop-Shopping*), um ihm das Leben einfacher zu machen. Ausgangspunkt einer solchen One-Firm-Ausrichtung ist häufig ein sehr komplexes Kundenbedürfnis, das allein durch ein Zusammenkaufen von Teilleistungen nur unzureichend befriedigt werden kann.

> **Fallbeispiel: CREDIT SUISSE und der One-Bank-Ansatz**
> Seit Anfang 2006 tritt die CREDIT SUISSE als integrierte globale Bank mit den drei Geschäftsbereichen Investment Banking, Private Banking und Asset Management auf. Primäres Ziel dieses »One-Bank«-Ansatzes ist das Cross-Selling von Produkten zwischen den drei Bereichen. Nach eigenen Angaben erwirtschaftete man im Jahr 2007 17 % des Gesamtertrages aus divisionsübergreifenden Aktivitäten.
>
> Grundgedanke ist, dass die Kunden auf die gesamte Dienstleistungspalette der Bank zugreifen können sollen, unabhängig von Ort und Zeit und unabhängig von den Teams, die an einzelnen Lösungen mitarbeiten. Dadurch sollen Kundenvermittlungen erleichtert und der Austausch von Produkten und Vertriebsdienstleistungen zwischen den Einheiten gefördert werden. Topkunden will man verstärkt maßgeschneiderte Spitzenlösungen anbieten. Dazu gehören besonders bestimmte Investment-Banking-Produkte und alternative Anlageprodukte. Auch im Segment »mittelständische Unternehmen in der Schweiz« hat man es mit immer höheren Ansprüchen seitens immer besser orientierter Kunden zu tun, was auch hier maßgeschneiderte Lösungen – z. B. in Form alternativer Refinanzierungsarten – erforderlich macht, die man am besten im Zusammenspiel der drei Geschäftseinheiten erarbeitet.
>
> Entsprechend dieser Strategie ist »Zusammenarbeit« dann auch eine der fünf strategischen Prioritäten: »*Wir stärken unseren strategischen Ansatz, indem wir die Erträge aus der bereichsübergreifenden Zusammenarbeit forcieren und die Kundenorientierung unserer Organisation weiter stärken. Wichtige Initiativen zur Förderung der Zusammenarbeit sind 2008 höhere Kunden- und Vermögensvermittlungen zwischen den Divisionen, innovative Produktentwicklungen, der divisionsübergreifende Vertrieb von Private-Equity- und Hedge-Fonds sowie Vorsorge- und Versicherungslösun-*

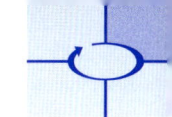

3.5.2 Strategien gegenüber den Geschäftseinheiten

> *gen.«*[217] Zur Umsetzung des kundenzentrierten Ansatzes wurden elf Schlüsselinitiativen definiert.
> Diese verstärkte bereichsübergreifende Zusammenarbeit ist inzwischen Teil der externen Berichterstattung und wird bei den Mitarbeitenden durch entsprechende Zielvereinbarungen und das Setzen von Anreizen gefördert.

All diese operativen Synergien und integrierten Geschäftsmodelle werden nie realisiert werden können, wenn das Gruppenmanagement nicht über ein hohes Maß an Integrationskompetenz verfügt. Dazu zählt die Fähigkeit zur Intervention in den Gang der Geschäfte, zum koordinativen Management der Synergien sowie zur Entwicklung und Bereitstellung unterstützender Managementsysteme und Organisationsstrukturen.

> **Exkurs: Steuerung international tätiger Unternehmen**
> Die Internationalisierung diversifizierter Unternehmensgruppen hat zu einer intensiven Auseinandersetzung mit dafür geeigneten Steuerungsformen geführt. Dabei zeigen sich deutliche Unterschiede zwischen einzelnen Unternehmen, die oft mit einem spezifischen Kulturkreis verbunden sind.[218] So organisieren sich japanische Unternehmen idealtypischerweise als straff geführte, zentralisierte Systeme, bei denen Auslandsgesellschaften in allen wichtigen strategischen und operativen Fragestellungen von den Zentralen Vorgaben gesetzt werden. Diese Zentralen behalten sich auch weitgehend die Entscheidungshoheit vor, was einerseits eine gute Abstimmung sämtlicher Auslandsaktivitäten ermöglicht, andererseits jedoch zu langsamen Entscheidungsprozessen und Homogenisierungstendenzen führt. Im Gegensatz dazu gestehen europäisch geprägte Unternehmen ihren Auslandsgesellschaften ein hohes Maß an Autonomie zu. Man kann sie daher als dezentralisierte Systeme bezeichnen. Amerikanische Multinationale nehmen eine Mittelposition ein. Einerseits ruht die prinzipielle Entscheidungsgewalt weiterhin in der Unternehmenszentrale, jedoch werden den Auslandsgesellschaften nur einige wenige, allerdings tief greifende Rahmenbedingungen gesetzt (z.B. Umsatzziele), innerhalb derer sie dann weitgehend eigenständig operieren können. Ein koordiniertes System ist die Folge. Man vergleiche dazu Abbildung 3-53.

Abb. 3-53: Steuerungsformen internationaler Unternehmen (Bartlett/Goshal 1998)

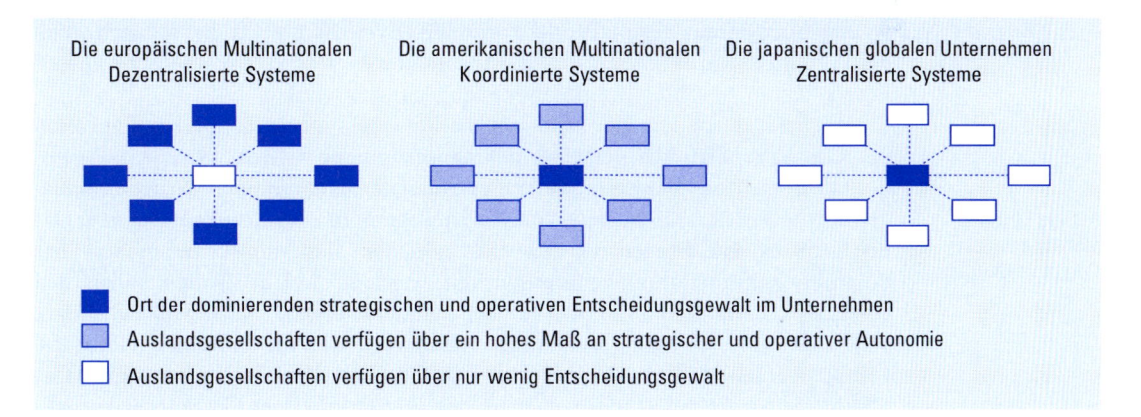

Die europäischen Multinationalen — Dezentralisierte Systeme
Die amerikanischen Multinationalen — Koordinierte Systeme
Die japanischen globalen Unternehmen — Zentralisierte Systeme

■ Ort der dominierenden strategischen und operativen Entscheidungsgewalt im Unternehmen
▫ Auslandsgesellschaften verfügen über ein hohes Maß an strategischer und operativer Autonomie
□ Auslandsgesellschaften verfügen über nur wenig Entscheidungsgewalt

Das strategische Konzept sollte regelmäßig hinsichtlich seiner zukünftigen Gültigkeit hinterfragt werden: Sollte man es *bewahren* oder besteht Bedarf nach einer *Erneuerung*. Wird es erneuert, so kann dies einschneidende Folgen auf das Portfolio der Geschäfte und dessen Integration haben.

Bewahrung vs. Erneuerung

(2) Konfiguration und aktives Portfoliomanagement

Die Aktivität der Konfiguration ist auf den Umfang eines Unternehmens gerichtet – seine produktbezogenen, geografischen oder vertikalen Grenzen.[219] Hier gilt es, festzulegen, in welchen Geschäften man tätig sein will und ob und wie man diese miteinander zu kombinieren gedenkt. Die relevante Anspruchsgruppe sind also die verschiedenen Geschäfte, die sich Unternehmen im Zuge ihrer Entwicklung erschließen. Bei ihrer Gründung konzentrieren Unternehmen ihre Anstrengungen in aller Regel auf ein einzelnes Geschäft. Dort bieten sie ein begrenztes Leistungsprogramm an und versuchen, sich mit diesem schrittweise eine vorteilhafte Wettbewerbsposition zu erkämpfen. Gelingt es, sich am Markt zu etablieren und erhöht sich die Eigenfinanzierungskraft, so erweitern sie ihr Leistungsprogramm, wenden sich noch unbedienten Marktsegmenten zu und dehnen sich geografisch aus. Solange die Wachstumsmöglichkeiten günstig bleiben und ihre weitere Entwicklung durch keine wesentlichen Barrieren gehemmt sind, richten sie ihre Energie und Aufmerksamkeit weiterhin auf ihr jeweiliges Geschäft. Verschlechtern sich jedoch die Wachstumsmöglichkeiten oder bieten sich neue, lukrative Geschäfte, dann stellt sich die Frage, ob es sinnvoll ist, wie bisher auf das traditionelle Geschäft zu *fokussieren* oder ob es nicht besser wäre zu *diversifizieren*. Für beide Möglichkeiten lassen sich stichhaltige Argumente anführen, wie Abbildung 3-54 zeigt.

Gründe, nicht zu diversifizieren	Gründe, zu diversifizieren
• Klare Ausrichtung und Mission • Konzentration der Ressourcen • Vertiefte Kenntnis des Geschäfts • Gezielte Marktbearbeitung • Nachhaltigkeit etc.	• Partizipation an neuen Wachstumsfeldern • Verringerung zyklischer Entwicklungen • Unterstützung beim Aufbau neuer Geschäfte • Nutzung von Synergien • Bessere Auslastung der Kapazitäten etc.

Abb. 3-54: Fokussierung vs. Diversifikation

Mit dem Stichwort »Diversifikation« ist das Thema »*Wachstumsstrategie*« eng verbunden: Wo soll das Unternehmen sein zukünftiges Wachstum hernehmen? Ist eine horizontale, vertikale oder regionale Diversifikation zu bevorzugen? Will man organisch, über strategische Allianzen oder mittels M & A wachsen? Diesen Fragen soll in Abschnitt 3.5.4 näher nachgegangen werden.

Angeleitet durch das Konzept sind die Entscheidungen für die Konfiguration des Geschäftsportfolios der Unternehmensgruppe zu treffen. Wird das Portfoliomanagement als kontinuierlich zu erfüllende Aufgabe eines Gruppenmanagement begriffen, spricht man von einem »*aktiven Portfoliomanagement*«. Dabei geht es um Fragen wie: Mittels welcher Steuerungskriterien soll das Portfolio zukunftsfähig weiterentwickelt werden? Welche Rollen sollen den einzelnen Geschäften im Portfolio zugewiesen werden? Nach welcher Logik sollen die zur Verfügung stehenden Ressourcen auf die einzelnen Geschäfte verteilt werden? Soll das Unternehmen durch Diversifikation in bestimmte Geschäfte neu eintreten? Oder soll man sich aus bestimmten Geschäften zurückziehen?

Eine Veränderung der Portfoliokonfiguration stellt i. Allg. den schnellsten und fundamentalsten Ansatz dar, um eine Unternehmensgruppe in seiner wechselhaften Umwelt neu auszurichten, d. h., auftauchende Chancen zu nutzen, oder aber auch um konkurrenz- und überlebensfähig zu bleiben. Deshalb wird auch in der

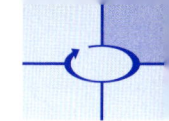

3.5.2 Strategien gegenüber den Geschäftseinheiten

Fähigkeit zum Betreiben eines aktiven Portfoliomanagement ein wesentlicher Erfolgsfaktor für eine Unternehmensgruppe gesehen.[220]

> **Novartis: Die strategische Neuausrichtung auf den Gesundheitssektor**
> Das Schweizer Pharmaunternehmen Novartis hat in den Jahren 2007–2008 einen Prozess der »*fokussierten Diversifikation*« vollzogen. Zuerst fokussierte Novartis sein Portfolio auf den Gesundheitssektor. Mit diesem Fokus unterschied sich Novartis klar von den anderen direkten Wettbewerbern. Dazu wurden die Bereiche Gerber-Kindernahrung sowie Medical Nutrition abgestoßen. Danach begann das Unternehmen wieder im Rahmen dieses Fokus zu diversifizieren. Ziel waren wachstums- und margenstarke Marktsegmente, wobei es sich nicht nur um verschreibungspflichtige Medikamente handeln musste. So kaufte Novartis im April 2008 Nestlé für 11 Mrd. USD einen 25 %-Anteil an der auf Augenkrankheiten spezialisierten Alcom ab. In einem zweiten Schritt sollten dann noch weitere 52 % der Anteile für 28 Mrd. USD erworben werden. Ende 2008 war Novartis in vier Bereiche strukturiert: Pharma, Sandoz, Consumer Health sowie Vakzine und Diagnostika. Bis heute erwies sich das Portfolio auch als weitgehend resistent gegenüber der Wirtschaftskrise.

In der Praxis gibt es verschiedene Art und Weisen, wie Unternehmensgruppen ihr Portfolio von Geschäften zusammenstellen und auch umstrukturieren. Eine mögliche Logik ist z. B. die, dass seitens des Gruppenmanagements in eine Reihe von Geschäften investiert wird, die gute Entwicklungsperspektiven und Wertsteigerungsmöglichkeiten bieten. Z. B. die Mehrzahl der Private-Equity-Gesellschaften folgen diesem Ansatz. Im Mittelpunkt kann aber auch die Ausgewogenheit des Geschäftsportfolios stehen. Dabei versucht das Gruppenmanagement z. B. eine Balance zwischen Geschäften, die Cash generieren und die Cash verzehren, herzustellen. In Abschnitt 3.5.3 wird mit der Portfolioanalyse ein Instrument dargestellt, das diese Art von Steuerungslogik zu unterstützen vermag. Alternativ kann sich die Portfoliosteuerungslogik auch an den spezifischen Kompetenzen des Gruppenmanagements sowie am Grad der strategischen Ähnlichkeit zwischen den Geschäften orientieren. Dabei wird verstärkt oder ausschließlich in Geschäfte investiert, in denen die Kompetenzen der Gruppenebene wirksam zum Einsatz gebracht werden können. Je nach verfolgtem Ansatz wird man zu anderen Investitionsentscheidungen gelangen.

Ressourcenallokationsentscheidungen, die die Portfoliokonfiguration betreffen, sind damit einer der wesentlichsten Treiber der Wertentwicklung eines Unternehmens. Sie liegen im Herzen seiner strategischen Entwicklung.[221] Bislang gibt es jedoch wenig Prozesswissen darüber, wie das Management die Portfolien der von ihm geführten Unternehmen konfiguriert.[222]

(3) Koordination und Synergiemanagement

Die Konfiguration des Geschäftsportfolios gibt das Spektrum für die Möglichkeiten zur *Koordination* zwischen den Geschäften und zur Koordination zwischen der Gruppenebene und der Ebene der Geschäfte vor. Es ist eine bewusste Entscheidung gegen eine vollständige Autonomie der Geschäfte.

Koordination *auf der Gruppenebene ist damit das Management von Verknüpfungen von Aktivitäten verschiedener Geschäftseinheiten (z. B. Produkt-, Kunden- oder Regionaleinheiten) (a) untereinander sowie (b) mit der Gruppenebene.*

Horizontale und vertikale Koordination

Beide Formen der Verknüpfung können auf sehr unterschiedlichen Intensitätsstufen erfolgen. Dabei stellt sich lediglich die Frage, ob die Koordination eher *verringert* oder *erhöht* werden soll? Der Mehrwert der Koordination kann damit auf zwei Formen der Beziehungsgestaltung in der Unternehmensgruppe basieren:[223] (1) *Horizontale Koordination:* Horizontale Beziehungen zwischen den Geschäften selbst; (2) *Vertikale Koordination:* Vertikale Beziehungen zwischen der Gruppenebene und den Geschäften – meist ausgeführt durch das Corporate Center.

Die Koordination auf Ebene des Gesamtunternehmens ist eng mit dem Synergiekonzept verknüpft. *Synergien* beschreiben das Resultat der Koordinationsarbeit und quantifizieren den Mehrwert, der in Form von Risikoreduktion, Effizienzsteigerungen und profitablem Wachstum generiert wird. Zum Beispiel durch das Herstellen wirkungsvoller Verflechtungen zwischen den Geschäften mittels Managementprozessen, dem Teilen von Informationen und Ressourcen oder der Koordination des Kundenmanagements soll Mehrwert für die Gruppe geschaffen werden. Unter Synergie versteht man, dass der Ertrag vom Ganzen mehr ist als die Summe der Erträge der einzelnen Teile (2+2=5).[224] *Im Kontext von Unternehmensgruppen ist* **Synergie** *der Mehrwert, den das Gesamtunternehmen über die Zeit zusätzlich zur Summe der Werte der separaten Geschäfte im Portfolio durch Koordination generiert.*[225] Man spricht hier deshalb von geschäftseinheitenübergreifenden Synergien (*Cross-Business Synergies*).

Vertiefende Fallstudie

> **VW: Das Spannungsfeld zwischen Markenautonomie und Kostensynergien**[226]
> Eines der Ziele in der Strategie 2018 des Volkswagen-Konzerns ist es, dann der größte Autobauer weltweit zu sein und die Umsatzrendite vor Steuern auf 10 % erhöht zu haben. Im Jahr 2007 betrug sie 5,6 %. Dies wird VW einerseits nur erreichen, wenn es gelingt, noch mehr Vorteile aus der breiten Diversifikation über die Marken des Konzerns zu erzielen. Eine Vielzahl von Marken und Gesellschaften mit individuellen Eigenschaften und Schwerpunkten unter einem Dach zu vereinen ist jedoch eine anspruchsvolle Aufgabe. So versuchte VW nun noch mehr Kostensynergien dadurch zu erzielen, indem es z. B. nur noch drei standardisierte Baukästen für alle Modelle der Marken des Konzerns (VW, AUDI, BENTLEY etc.) geben sollte, in denen jeweils eine Plattform mit unterschiedlichen, untereinander kompatiblen Modulen bestückt wird. Gleichzeitig sollten die Marken ihre Identität bewahren, damit sie präzise im Markt positioniert werden können. Doch angesichts einer solch hohen Komplexität lauern auch viele Risiken im Konzern wie etwa eine Markenverwässerung oder markenübergreifende Rückrufaktionen, da gleiche Bauteile verwendet werden, aber auch Machtkämpfe im Top Management über verschiedene Führungsphilosophien, oder es kommt zu Fehlverhalten in Teilen der Mitarbeiterschaft, das dem gesamten Konzern Schaden zufügt. So wurde z. B. im September 2015 bekannt, dass VW in den Vereinigten Staaten bei 11 Millionen Dieselautos den Abgas-Test manipuliert hat. Innert zwei Tagen brach der Aktienkurs um ein Drittel ein, d. h. der Konzern verlor so 25 Mrd. Euro an Wert. In den Vereinigten Staaten drohte eine Strafe im Milliardenbereich – und weltweit ein gewaltiger Image-Schaden.

Das Realisieren von Synergien ist nur dann zu empfehlen, wenn der dabei geschaffene Mehrwert durch die gleichermaßen anfallenden Kosten nicht aufgezehrt wird. Folglich sind neben positiven Synergieeffekten auch negative Synergieeffekte ins Kalkül zu ziehen, was viele Unternehmen erst schmerzhaft erfahren mussten.

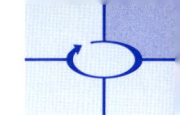

3.5.2 Strategien gegenüber den Geschäftseinheiten

Synergiepotenziale lassen sich auf verschiedene Arten einteilen. Eine Typologie sieht z.B. vor, Synergiepotenziale in fünf Synergiefeldern zu verorten (siehe Abb. 3-55):[227]

- Potenziale der *Zentralisierung* bestehen darin, Aktivitäten der Wertkette zusammenzulegen, um dadurch Doppelarbeiten zu vermeiden und Kapazitäten besser auszulasten (z.B. gemeinsamer Einkauf).
- Potenziale des *Transfers* werden durch die Übertragung von Fähigkeiten und Know-how zwischen zwei Geschäftseinheiten oder zwischen der Zentrale und den Geschäftseinheiten geschaffen.
- Potenziale der *Integration/Restrukturierung* liegen in der aktiven Eingliederung von Aktivitäten, die mit einer Veränderung der Wertkette einhergeht.
- Potenziale durch *Ergänzung und Zugang* ergeben sich, wenn eine Geschäftseinheit z.B. Zugang zu den Vertriebskanälen der anderen erhält und ihre Produkte über diese vertreiben kann (z.B. Allfinanz: Verkauf von Versicherungen an Bankschaltern).
- Potenziale durch *Ausgleich* sind besonders bei Beschäftigungs- oder Umsatzschwankungen von Bedeutung. Hier kann eine Organisation die Instabilitäten der anderen kompensieren und einen Risikoausgleich bewirken (z.B. Winter- und Sommertourismus).

Auch wenn in all diesen Synergiefeldern sowohl positive als auch negative Synergieeffekte auftreten können, ist es in vielen Unternehmen zu einer Ernüchterung über die Realisierung positiver Synergiepotenziale gekommen. Oft erwiesen sie sich kleiner als vorab prognostiziert, sind später kaum noch eindeutig zu erfassen oder werden durch gleichzeitig auftretende negative Synergieeffekte drastisch reduziert. Letztere entstehen, da entweder Koordinationskosten anfallen, die sich aus der Notwendigkeit der Abstimmung zwischen den Geschäftseinheiten ergeben. Oder es sind Kompromisskosten zu berücksichtigen, da die gemeinsam gefundene Lösung für eine einzelne Geschäftseinheit suboptimal sein kann, oder es treten Inflexibilitätskosten auf, da der Handlungsspielraum der Geschäftseinheiten eingeschränkt wird. Gleichwohl gelingt es Unternehmen, die sich systematisch und nachhaltig auf eine Realisierung positiver Synergiepotenziale konzentrieren, diese auch zu verwirklichen.

Zusammenfassend ist festzuhalten, dass Konzept, Konfiguration und Koordination in ihrer inhaltlichen Ausgestaltung eng aufeinander abzustimmen sind, da

Ernüchterung über die Realisierung von Synergien

Abb. 3-55: Synergiepotenziale nach Reissner (1992)

sie sich stark aufeinander beziehen. So bestimmt das strategische Konzept ganz erheblich die Ausrichtung der Portfoliokonfiguration, während das vorhandene Portfolio wiederum die ausschöpfbaren Synergiepotenziale durch die horizontale und vertikale Koordination der Unternehmensgruppe definiert.

Diese drei Dimensionen einer Corporate Strategy bieten die Möglichkeit, strategische Positionierungen und Manöver von Unternehmensgruppen zu reflektieren und zu gestalten. Anhand der einzelnen Dimensionen sind Entscheidungen über die angestrebte Positionierung und den Weg dorthin zu treffen. Diese Dimensionen sind in Abbildung 3-56 dargestellt.

Abb. 3-56:
Optionenrahmen der Positionierungsarbeit auf der Ebene des Gesamtunternehmens

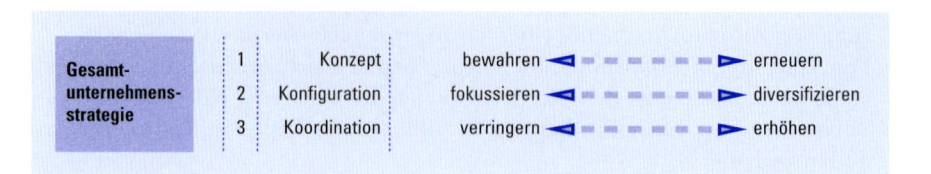

Gesamt-unternehmens-strategie	1	Konzept	bewahren ◀ ─ ─ ─ ─ ▶ erneuern
	2	Konfiguration	fokussieren ◀ ─ ─ ─ ─ ▶ diversifizieren
	3	Koordination	verringern ◀ ─ ─ ─ ─ ▶ erhöhen

Wenn zu beurteilen ist, ob eine Gesamtunternehmensstrategie zu einem Vorteil führt, helfen bei einer kritischen Überprüfung drei abschließende Fragen:[228]

1. *Schafft der Besitz einzelner Geschäftseinheiten irgendwo im Unternehmen einen Mehrwert?* Dieser Mehrwert kann entweder innerhalb einer Geschäftseinheit entstehen (z. B. durch die Ausnutzung von Synergien), durch den Transfer von Ressourcen von einer Einheit zu einer anderen (z. B. durch die Übertragung technischer Fertigkeiten) oder auf Gruppenebene (z. B. durch einen billigeren Zugang zu Eigen- und Fremdkapital).
2. *Sind die positiven Auswirkungen größer als die Kosten, die eine Unternehmenszentrale verursacht?* Unternehmenszentralen sind nicht billig. Sie verursachen Kosten für Personal oder administrative Systeme und belasten zusätzlich die Geschäftseinheiten mit Arbeit, indem sie diese z. B. in ein einheitliches Berichtswesen einbinden, dessen Anforderungen zu erfüllen sind. Nur wenn der geschaffene Mehrwert die anfallenden Kosten übersteigt, ist die Arbeit einer Unternehmenszentrale zu rechtfertigen.
3. *Ist das Gesamtunternehmen der optimale Besitzer einer Geschäftsaktivität oder könnte mit ihrer Hilfe bei einem anderen Unternehmen mehr Wert generiert werden?* Diese Frage ist am schwersten zu beantworten. Sie greift das Thema auf, ob ein Unternehmen in seiner jetzigen Form mehr Wert schaffen kann als in einer anderen Führungs- und Kontrollstruktur. Oft sind Unternehmen nicht bereit, besonders lukrative Geschäftseinheiten aus ihrem Portfolio zu verkaufen, selbst wenn diese nicht zu ihrer Gesamtstrategie passen und ein anderes Unternehmen mehr Wert hinzufügen kann als sie es in der Lage sind.

Im Folgenden sollen nun zwei besonders bedeutsame Aspekte bei der Suche nach einer Antwort auf die Frage nach der zukunftsweisenden Konfiguration der Geschäfte vertieft werden: zum einen die Durchführung einer Portfolioanalyse zur Unterstützung des Portfoliomanagements (Abschnitt 3.5.3) und zum anderen die Entwicklung einer Diversifikationsstrategie als Grundlage der Portfoliorestrukturierung (Abschnitt 3.5.4).

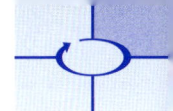

3.5.3 Konfiguration I: Portfoliomanagement

Ein Ansatz, der dabei helfen kann, die Frage zu beantworten, in welchen Geschäften die Unternehmensgruppe tätig sein sollte, ist die Portfolioanalyse. In ihr werden die bestehenden Geschäfte insgesamt als ein Portfolio betrachtet, das es zu entwickeln gilt: Welche Geschäfte sollen ausgebaut werden? Aus welchen Geschäften sollte man austreten (Fokussierung)? Sollte nach neuen Geschäften Ausschau gehalten werden (Diversifikation)? Durch den Portfolioansatz werden einerseits unterschiedliche Geschäfte miteinander vergleichbar und es lassen sich andererseits strategische Empfehlungen für die Weiterentwicklung des Portfolios, also auch für die Allokation der zur Verfügung stehenden Finanzmittel, daraus ableiten. In diesem Sinne soll die Portfolioanalyse die Corporate-Ebene dabei unterstützen, unterschiedliche Verhaltensoptionen zu entwickeln, die sie gegenüber ihren Geschäftseinheiten einschlagen kann. Die Portfolioanalyse kann damit als methodische Grundlage für ein aktives Portfoliomanagement genutzt werden.

(1) Vergleich der Geschäfte: Portfolioansatz

Der Portfolioansatz ist heutzutage eines der am weitesten verbreiteten Konzepte des Strategischen Managements. Er entstand in den 60er-Jahren, als viele amerikanische Konzerne – meist aus risiko- und anlagepolitischen Gründen – ihre Geschäftsbasis durch den Eintritt in neue Geschäftsfelder verbreitert hatten und nun vor der Problematik standen, wie sie mit dieser Vielfalt an Geschäften am besten umgehen sollten. Ohne noch alle Geschäftsaktivitäten im Detail verstehen zu können, musste das Topmanagement Entscheidungen über die Verteilung der finanziellen Ressourcen treffen. Aus der Finanzierungstheorie wurden zu diesem Zweck die Überlegungen zur Zusammensetzung eines optimalen Wertpapier-Portfeuilles auf das Strategische Management übertragen.[229]

Mit dem Portfolioansatz werden primär zwei **Ziele** verfolgt: Zum einen dient er der *integrierten Steuerung* eines Unternehmens, indem eine »ausgewogene« Struktur aller Geschäftseinheiten eines Unternehmens angestrebt wird. Man versucht dadurch der Gefahr von Suboptimierungseffekten vorzubeugen, die im Fall einer isolierten Steuerung der einzelnen Geschäftseinheiten zu befürchten sind. Zum Zweiten werden aus dieser integrierten Analyse auch die strategischen Leitlinien – die sogenannten *Normstrategien* – für die einzelnen Geschäftseinheiten abgeleitet. Diese gilt es, so zu entwickeln, dass das Gesamtunternehmen auch in Zukunft über eine ausgewogene Geschäftsstruktur verfügt. Ein Kriterium der Ausgewogenheit kann dabei z. B. der Cashflow sein. Cashflow-verzehrende Geschäftseinheiten sollten dann in ausreichendem Maße Cashflow-erzeugenden gegenüberstehen oder umgekehrt sollte es aufzubauende, cash-verzehrende Geschäfte geben, die Gegenstand eines Mitteltransfers von auslaufenden, noch cash-generierenden Geschäften sind.

Um die Struktur und Ausgewogenheit der Geschäftseinheiten zu visualisieren, wird eine zweidimensionale Matrix verwendet, die in nahezu allen Varianten der **Portfolioanalyse** nach dem gleichen Schema aufgebaut ist: Einer Umweltachse steht eine Unternehmensachse gegenüber. Die Umweltachse repräsentiert dabei in einer verdichteten Form die dort dominierenden Einflusskräfte, ist also extern und für das Unternehmen kaum zu beinflussen. Sie kann sich dabei sowohl auf deren gegenwärtigen als auch zukünftigen Zustand beziehen, womit auch zu er-

Integrierte Steuerung

Normstrategien

Ziel ist eine ausgewogene Geschäftsstruktur

wartende externe Entwicklungen und Ereignisse in die Beurteilung einfließen können. Auf der Unternehmensachse werden in einer ebenfalls verdichteten Form die Einflusskräfte des Unternehmens abgetragen. Sie können durch das Verhalten des Unternehmens direkt beeinflusst werden. In der dadurch aufgespannten Matrix werden anschließend die zu analysierenden Objekte – in unserem Fall die strategischen Geschäftseinheiten – positioniert und Normstrategien abgeleitet.

Nun gibt es eine ganze Reihe von *Ausgestaltungsvarianten* dieser Portfoliomatrix. Eine der bekanntesten ist die *Marktanteil-Marktwachstum-Matrix* der BOSTON CONSULTING GROUP (vgl. Abb. 3-57).[230]

In ihr erfolgt die Positionierung der Geschäfte über eine Operationalisierung der beiden Achsen: Das Marktwachstum steht repräsentativ für die Umwelt, der relative Marktanteil für das Unternehmen. Die Y-Achse wird nun zweigeteilt nach den Wachstumschancen in den jeweiligen Geschäften. Dabei bleibt es dem Anwender überlassen, an welchem Vergleichsmaßstab er das Wachstum seines relevanten Marktes misst. Bei einem stark diversifizierten Portfolio kann dies z.B. das Wachstum des Bruttosozialproduktes sein, ansonsten empfiehlt sich eine Orientierung an branchenspezifischen Durchschnittswerten. Die Zweiteilung der X-Achse erfolgt zumeist bei einem relativen Marktanteil von 1, d.h. an der Stelle, wo der eigene Marktanteil gleich groß wie der des Marktführers ist. Innerhalb der dadurch entstehenden Vier-Felder-Matrix werden anschließend die betrachteten Geschäfte positioniert.

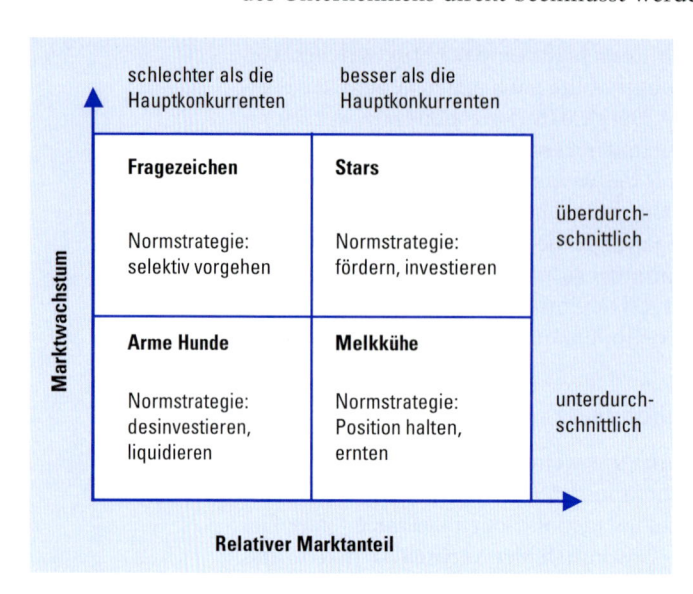

Abb. 3-57:
Die Marktanteil-Marktwachstum-Matrix (in Anlehnung an Hedley 1977)

Die Normstrategien lassen sich aus den vier Feldern direkt ableiten. Stars fördert man, Melkkühe werden angezapft, Arme Hunde stehen kurz vor der Liquidierung und bei Fragezeichen kommt es darauf an, ob Cashflows aus anderen Geschäftseinheiten zum Ausbau der Fragezeichen zur Verfügung stehen. Die Normstrategien zielen auf eine Ressourcenzuteilung ab, die ein längerfristiges Gleichgewicht der Zahlungsströme sowie eine ausgewogene Investitionspolitik erwarten lässt. Es wird in diesem Ansatz also davon ausgegangen, dass die »Melkkühe« bei einem hohen relativen Marktanteil und in eher unterdurchschnittlich wachsenden Märkten einen hohen positiven Cashflow zu erzeugen vermögen, der zur Finanzierung noch zu entwickelnder Potenziale (z.B. die »Fragezeichen«) umgeleitet und verwendet werden kann. »Arme Hunde« befinden sich zwar ebenfalls in einem langsam wachsenden Markt, verfügen dort aber nur (noch) über einen geringen relativen Marktanteil. Aufgrund dieser eher schwachen Position sollte man ihnen nur die notwendigsten Finanzmittel zuführen und eher eine Rückzugsstrategie fahren. Dagegen haben »Fragezeichen« zwar auch einen (erst) geringen Marktanteil, befinden sich aber in einem schnell wachsenden Markt. Will man ein derartiges Geschäft aufbauen, so beansprucht es erheblich mehr Cashflow als es zu erzeugen vermag. Kann oder will man dies nicht, so

3.5.3 Konfiguration I: Portfoliomanagement

sollte man sich aus den »Fragezeichen« zurückziehen, da sie ansonsten nur unnötig Cash verzehren. Viele Geschäftsfelder der »E-Economy« sind noch »Fragezeichen«: Sie lösen enorme Wachstumsfantasien aufgrund des exponentiellen Charakters der Logik des Internet aus und verfüg(t)en aufgrund dessen über einen erstaunlich hohen Börsenwert, haben aber gleichzeitig noch nie Gewinne erzielt. »Stars« beanspruchen normalerweise etwa gleich viel Cashflow (zur Finanzierung des Wachstums) wie sie aufgrund ihrer starken Marktposition erzeugen. Insgesamt sollte ein Portfolio so konfiguriert sein, dass es sich langfristig etwa im Cash-Gleichgewicht befindet.

> **Fallbeispiel: Von der Merkur zur Valora**
> Das Schweizer Unternehmen Merkur geht auf das 1905 gegründete Unternehmen »Schweizer Chocoladen & Colonialhaus« zurück, aus welchem die »Merkur AG« entstand. Erst in den 1980er-Jahren erweiterte Merkur sein Portfolio um die Geschäftseinheiten Restaurants und Verkaufsautomaten/Betriebsverpflegung (Selecta). Die Merkur AG wurde 1986 in eine Holding (Merkur Holding AG) umgewandelt. Eine weitere Abkehr vom einstigen Kerngeschäft begann 1990 mit der Übernahme der Kiosk AG und der Schmidt-Agence, den beiden größten Schweizer Kioskketten, die schrittweise unter der Marke Kiosk zusammengeführt wurden. Damit wurde man zum Schweizer Branchenleader im Kioskgeschäft. Auch kam es zu einer Diversifikation ins Matratzengeschäft.
>
> In Abbildung 3-58 ist das Ergebnis einer Portfolioanalyse der Merkur AG aus dem Jahr 1993 dargestellt. Die Kreisgröße ist dabei proportional zum Umsatz gezeichnet. Erkennbar ist hier, dass das Unternehmen zum damaligen Zeitpunkt mit dem Kioskgeschäft stark von einem einzelnen Geschäft geprägt war, das sich in einer »Melkkuh«-Position befand, d. h., man verfügte über eine sehr starke Marktposition. Daraus erwächst die Frage, ob man über genügend »Fragezeichen« verfügt, die über die bei den »Melkkühen« anfallenden Cashflows nach und nach zu zukünftigen »Stars« aufgebaut werden können, welche dann über ein höheres Wachstum verfügen als die Kioske. Was über die Portfolioanalyse nicht thematisiert wird, ist das Synergienpotenzial zwischen den Geschäften, was im vorliegenden Fall sehr gering gewesen sein dürfte.

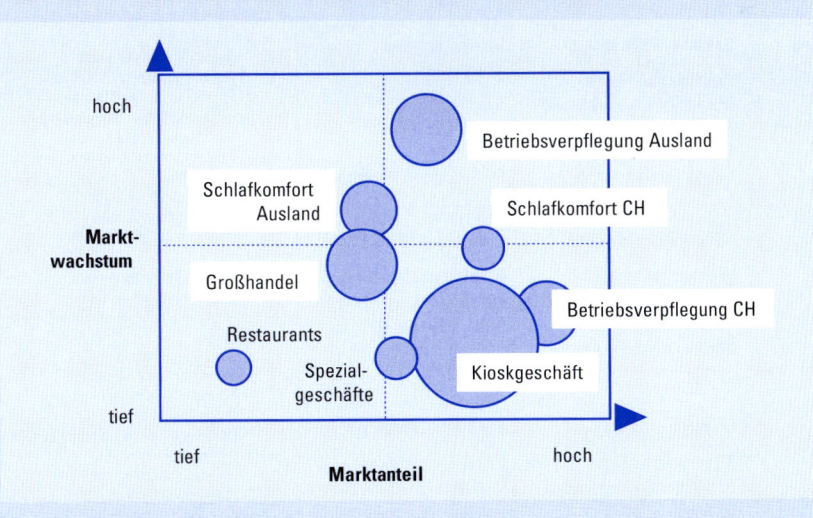

Abb. 3-58: Bereichsportfolio der Merkur AG (Quelle: Bank Julius Bär, 8/1993)

> Mitte der 1990er-Jahre erfolgte dann auch eine Restrukturierung von Merkur, bei welcher 1996 der Name Valora Holding AG angenommen wurde. Nach der breiten Diversifikation in den 1980er- und 1990er-Jahren erfolgte nun wieder eine Fokussie-

> rung auf die besonders erfolgversprechende Geschäftsbereiche. Im Rahmen dieser Restrukturierung trennte man sich auch von den auf Confiserieprodukte und Kaffee spezialisierten MERKUR-Verkaufsstellen. Auch wurde die Verkaufsautomatensparte 1997 als SELECTA AG wieder verselbstständigt und an die Schweizer Börse gebracht. 2001 erwarb die britische COMPASS Group die Aktienmehrheit an der SELECTA AG, die daraufhin vollständig übernommen wurde. 2007 wurde das Unternehmen für 772,5 Millionen Pfund an den Beteiligungsfonds ALLIANZ CAPITAL PARTNERS GmbH verkauft.
>
> Heute umfasst das Portfolio der VALORA Holding noch drei Geschäftseinheiten: Eine ist »VALORA Retail« mit dem Endkundengeschäft. Den Kern bildet die Marke »K KIOSK«. Der im Bereich »VALORA Services« zusammengefasste Pressegroßhandel (etwa 20 % Umsatzanteil) bildet die rückwärtige Logistik zu »VALORA Retail«. »VALORA Trade« vertreibt als exklusiver Distributionspartner Markenartikel in den Kategorien Food, Non-Food, Süsswaren, Getränke und Kosmetik an den organisierten und unabhängigen Einzelhandel. Der dritte Bereich ist Ditsch/Brezelkönig. Beide Unternehmen gehören seit 2012 zu Valora. Sie sind Spezialisten für Laugengebäck.

Eine andere Portfoliomatrix, die *Wettbewerbsposition-Marktattraktivität-Matrix* (Abb. 3-59), geht auf das Beratungsunternehmen MCKINSEY & COMPANY zurück. Sie wurde in Zusammenarbeit mit der amerikanischen GENERAL ELECTRIC entwickelt und unterscheidet sich von der vorherigen Matrix durch eine stärkere Berücksichtigung der Komplexität des Analysefeldes. So wird erstens die Matrix in neun (statt vier) Felder unterteilt, wodurch Normstrategien differenzierter angegeben werden können. Zweitens stellen die beiden Achsen nun jeweils das Aggregat einer durch den Anwender selbst zu bestimmenden Menge quantitativer, aber auch qualitativer Variablen dar. Es handelt sich damit um ein Multifaktorenkonzept, welchem umfangreiche Faktorenlisten zu Grunde liegen. Die Umweltachse »Marktattraktivität« setzt sich dabei aus Faktoren wie Markt-

Abb. 3-59:
Wettbewerbsposition-Marktattraktivität-Matrix
(in Anlehnung an Hinterhuber 1992, Hax/Majluf 1991)

Attraktivität	schlechter als die Hauptkonkurrenten ←———————→ besser als die Hauptkonkurrenten			Auszug aus einem Faktorenkatalog:
hoch	**Selektives Vorgehen** Spezialisierung Nischen suchen Akquisitionen erwägen	**Selektives Wachstum** Potenzial für Marktführung durch Segmentierung abschätzen Schwächen identifizieren Stärken aufbauen	**Investition und Wachstum** Wachsen Marktführerschaft anstreben Investitionen maximieren	**Marktattraktivität** a. Marktwachstum und Marktgröße b. Marktqualität 　Rentabilität der Branche 　Stellung im Markt-Lebenszyklus 　Spielraum für die Preispolitik c. Energie- und Rohstoffversorgung 　Störungsanfälligkeit 　Existenz von Alternativen d. Umfeldsituation 　Konjunkturabhängigkeit 　Inflationsauswirkungen 　Risiko staatlicher Eingriffe
mittel	**Ernten** Spezialisierung Nischen suchen Rückzug erwägen	**Selektives Vorgehen** Wachstumsbereiche identifizieren Spezialisierung Selektiv investieren	**Selektives Wachstum** Wachstumsbereiche identifizieren Stark investieren Position halten	**Relative Wettbewerbsposition** a. relative Marktpostion 　Marktanteil und seine Entwicklung 　Risiko 　Marketingpotenzial b. relatives Produktionspotenzial 　Prozesswirtschaftlichkeit 　Umweltbelastung 　Hardware (wie Standortvorteil usw.) c. relatives F&E Potenzial 　Innovationspotenzial 　Stand der Forschung d. relative Mitarbeiterqualität e. relative Qualität der Systeme und Strukturen
gering	**Ernten** Rückzug planen Desinvestieren	**Ernten** SGE »aussaugen« Investitionen minimieren Desinvestitionen vorbereiten	**Selektives Vorgehen** Gesamtposition halten Cashflow anstreben Investitionen nur zur Instandhaltung	

Relative Wettbewerbsposition

3.5.3 Konfiguration I: Portfoliomanagement

wachstum, Marktgröße, Marktrisiko, Markteintrittskosten, Konkurrenzsituation, Investitionsattraktivität zusammen, während die Unternehmensachse »Relative Wettbewerbsposition« durch Faktoren wie relativer Marktanteil, Produktqualität oder Preisvorteile gebildet werden kann. Aus diesen Faktorlisten werden relevante Faktoren ausgesucht, im Rahmen einer Nutzwertanalyse gewichtet und zu einem Gesamturteil aufaddiert, das dann in die Matrix einfließt.

Durch die neun Felder kann nun eine differenzierte Aussage über die Normstrategien einzelner Geschäfte getroffen werden. Investitions- und Wachstumsstrategien (Wachstum) sind auf den Aufbau von Wettbewerbsvorteilen gerichtet. Den betroffenen Geschäftseinheiten wird in der Zukunft ein hohes Erfolgspotenzial zugesprochen und dementsprechend erhalten sie hohe Investitionen, die anfangs zu negativen Cashflow-Strömen führen und Kapital binden. Abschöpfungs- und Desinvestitionsstrategien (Ernten) werden bei den Geschäftseinheiten angewandt, die zwar momentan noch hohe Cashflows erwirtschaften, denen jedoch langfristig wenig Entwicklungspotenzial beigemessen wird. Bei Selektionsstrategien (Selektives Vorgehen) zuletzt ist abzuwägen, ob entweder eine offensive Wachstumsstrategie, eine Cash-abziehende Abschöpfungsstrategie oder eine Übergangsstrategie anzuwenden ist, bei der man versucht, den Status quo vorerst zu halten.

> **Exkurs: Weitere Portfolioansätze**
> Neben diesen beiden absatzmarktorientierten Portfolioansätzen hat der Portfolioansatz eine kaum noch zu überblickende Anzahl von Varianten hervorgebracht.
> - Eine *Marktstadien-Wettbewerbsposition-Matrix* hat das Beratungsunternehmen A.D. LITTLE entwickelt. Die Umweltdimension wird dabei durch die Phasen des Marktlebenszyklus (Einführung, Wachstum, Reife, Alter) repräsentiert, die Unternehmensdimension durch insgesamt fünf Freiheitsgrade, die einem Unternehmen zur Umsetzung seiner Strategien offen stehen.
> - Die *Bereichspositionierungsmatrix* zwingt nicht, wie die McKINSEY-Matrix, sich bei der Faktorenanalyse auf einen bestimmten Wert zu einigen, der dann als Punktwert die Ausprägung der Dimensionen bestimmt, sondern operiert bewusst mit Unsicherheitsbereichen, die Bandbreiten möglicher Entwicklungen darstellen.
> - Eine weitere Portfoliovariante differenziert die Analysefelder weiter aus, und gelangt so z. B. in Zeiten rückläufiger Märkte zu Feldern wie den »Under-Dogs«, für die dann detaillierte Strategieempfehlungen abgegeben werden.[231]
> - *Länderportfolios* helfen bei Entscheidungen, in denen international tätige Unternehmen in den einzelnen geografischen Märkten auf unterschiedliche Situationen treffen, die besonders zu berücksichtigen sind.[232]
> - In Anlehnung an die marktorientierte Variante wurde das Portfoliokonzept aber auch auf andere *Potenzialfelder* (wie z. B. Human-Ressourcen, Produktion) angewandt, die sich oft in Strategien der Funktionsbereiche des Unternehmens widerspiegeln (Strategisches F & E-Management, Strategisches Personalmanagement usw.). Eine Anwendung des Portfolioansatzes auf technologische Potenziale stellt das *Technologieportfolio* der Forschungsgruppe für Innovation und technologische Voraussage dar.[233] Hier wird von der These ausgegangen, dass Technologielebenszyklen erheblich länger dauern und andersartiger sind als die hinter den Produkt-Markt-Portfolio-Ansätzen stehenden Produktlebenszyklen. Anhand der Dimensionen Technologieattraktivität (potenzial- und bedarfsseitige Umfeldsituation im Technologiebereich) und unternehmenseigene Ressourcenstärke (hinsichtlich der Beherrschung eines Technologiegebietes relativ zur Konkurrenz) werden die hinter den Produkt-Markt-Kombinationen der strategischen Geschäftseinheiten (SGE) stehenden Produkt- und Prozesstechnologien positioniert.[234]

Vorteile

Kritisch betrachtet hat der Portfolioansatz mehrere **Vor- und Nachteile**. Sein Erfolg dürfte erstens darauf zurückzuführen sein, dass in diversifizierten Unternehmen unterschiedlichste Geschäfte nach einem einheitlichen Maßstab (wie dem Cashflow) analysier- und vergleichbar werden. Zweitens dient der Portfolioansatz nicht nur der Analyse, sondern gibt gleichzeitig auch Empfehlungen in Form der Normstrategien ab. Damit leistet er einen Beitrag zur Entscheidungsfindung. Drittens bietet er die Möglichkeit zur differenzierten Allokation der Ressourcen eines Unternehmens, ohne dabei den Gesamtzusammenhang aus den Augen zu verlieren. Neben all diesen Punkten ist der Portfolioansatz viertens ein hilfreiches Moderations- und Redeinstrument, mit dessen Hilfe die externe und die interne Sicht der Potenziale eines Unternehmens zusammengeführt und diskutiert werden können. Dies ist vor allem dann von Bedeutung, wenn die einzelnen Geschäfte sich so stark voneinander unterscheiden, dass ein gemeinsames Verständnis der Führungskräfte nicht mehr erwartet werden kann. Da der Portfolioansatz – zumindest auf den ersten Blick – relativ einfach zu verstehen ist, kann er hier gut angewendet werden.

Nachteile

Doch auch die Nachteile sind bei seiner Anwendung zu bedenken. Erstens birgt die hohe Komplexitätsreduktion das Risiko in sich, wichtige Faktoren zu vernachlässigen. Im Fall der Matrix der BOSTON CONSULTING GROUP ist beispielsweise zu bezweifeln, ob die Umwelt- bzw. Unternehmenskomponente angemessen über die Variable »Marktwachstum« bzw. »relativer Marktanteil« erfasst werden kann. Versucht man diese Vereinfachung aufzuheben und wendet sich einer differenzierteren Portfoliovariante zu, so verlässt man jedoch rasch den Vorteil der hohen Abstraktion und normativen Kraft des Ursprungsmodells und setzt sich einer intensiven Diskussion über Variablenlisten und Gewichtungsfaktoren aus. Neben dem zu starken Reduktionismus besteht zweitens die

Gefahr, die Normstrategien als Patentrezept misszuverstehen

Gefahr, die Normstrategien als Patentrezept misszuverstehen und ihnen »blind« zu folgen. Normstrategien sind bestenfalls als Handlungsanregungen und nicht als rigide Vorgaben zu betrachten, denen unreflektiert gefolgt werden sollte. Drittens berücksichtigt der Portfolioansatz nicht die Abhängigkeiten zwischen den einzelnen Geschäften. Wird beispielsweise ein Geschäft verkauft oder desinvestiert, kann dies negative Auswirkungen auf andere Geschäfte haben. Gleiches gilt natürlich auch für den umgekehrten Fall. Der Portfolioansatz ist nicht in der Lage, diese Zusammenhänge zu erkennen. Je nach Situation sind hier zusätzliche Analysen durchzuführen.

Ein vierter Kritikpunkt richtet sich auf die theoretischen Annahmen, wie sie beispielsweise der Marktanteil-Marktwachstum-Matrix zu Grunde liegen. Einerseits wird hier auf Annahmen des Produktlebenszyklus-Modells, andererseits auf die Erfahrungskurve zurückgegriffen (siehe Abb. 3-60). Man geht davon aus, dass die einzelnen Geschäfte einem Zyklus folgen, der sie von einem Fragezeichen über den Star über die Melkkuh zu einem Armen Hund werden lässt und unterstellt damit eine Lebenszyklusbetrachtung, die einem quasi naturgesetzlich ablaufenden Prozess gleicht. Diese Annahme ist jedoch nicht immer zutreffend. Geschäfte können revitalisiert werden und müssen nicht als Arme Hunde enden. Als Beispiel kann hier das Geschäft mit mechanischen Uhren angeführt werden. Oder sie folgen nicht der angenommenen Phasenabfolge, wenn es z. B. aufgrund harter Wettbewerbsbedingungen nicht gelingt, sich von einem Star in Richtung einer Melkkuh zu entwickeln. Hinsichtlich der Erfahrungskurve ist anzumerken, dass diese von einer positiv-linearen Korrelation zwischen der Rentabilität und

3.5.3 Konfiguration I: Portfoliomanagement

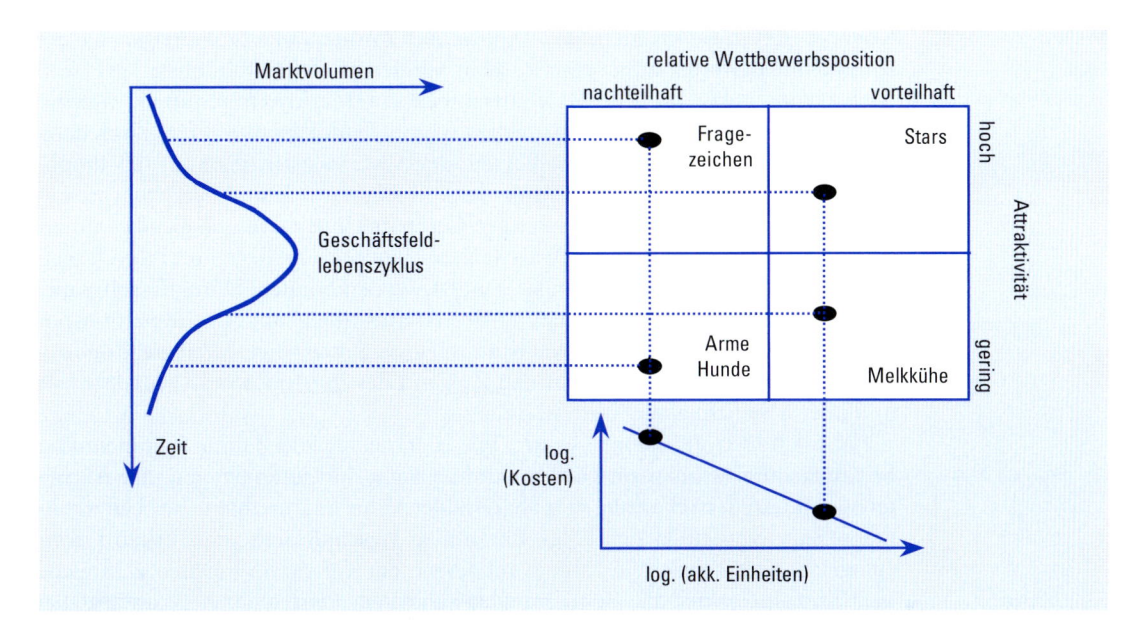

dem Marktanteil ausgeht: Je höher der Marktanteil ist und je schneller dieser Markt wächst, desto rascher sollte man Lernvorteile erzielen und die Stückkosten senken können. Geht man jedoch von einem u-förmigen Zusammenhang zwischen Marktanteil und Rendite aus – wie ihn z. B in Abbildung 3-48 unterstellt – ergibt sich ein anderes Bild. Hohe Renditen können demnach auch bei kleinen Marktanteilen realisiert werden, wenn sich der Anbieter in den Augen seiner Abnehmer über andere Variablen als den Preis von seinen Wettbewerbern zu differenzieren weiß. Und auch Kostenführer kann nicht ein jeder sein, sondern streng genommen gibt es hier nur einen. Zudem geht das Erfahrungskurvenkonzept von einer kontinuierlichen Entwicklung des technischen Fortschritts aus, was jedoch in vielen Geschäften nicht zutrifft. Von daher sollte man bei der Verwendung des Portfolioansatzes immer auch eine kritische Überprüfung vornehmen, inwieweit die ihm zu Grunde liegenden theoretischen Annahmen im konkreten Anwendungsfall gültig sind.

Abb. 3-60: Theoretische Grundlagen der Marktanteil-Marktwachstum-Matrix

(2) Weiterentwicklung des Portfolios

Das Hauptaugenmerk von Analysten und Investoren bei der Beurteilung von Wachstums- und Renditechancen einer Unternehmensgruppe richtet sich heutzutage auf die Konfiguration des Geschäftsportfolios. Es ist daher eine wesentliche Aufgabe des Topmanagements, ein aktives Portfoliomanagement zu betreiben. Dieses zeichnet sich dadurch aus, dass die bestehenden Geschäfte nicht statisch verwaltet werden, sondern dass die Geschäfte in systematischer und kontinuierlicher Art und Weise und aus mehrdimensionaler Sicht (z.B. Produkt, Markt-, Wettbewerbs-, Ressourcen- und Wertperspektive) auf ihren Mehrwert überprüft werden. Dazu muss das Portfolio nach einer gut begründeten, nachvollziehbaren und langfristig ausgerichteten Steuerungslogik geführt und entwickelt werden.

Aktives Portfoliomanagement

Will man bei einer solchen **Restrukturierung** des Portfolios systematisch vorgehen, so kann man auf das »**Corporate Strategy Framework**« (oder »**Hexagon-**

Portfoliorestrukturierung

Corporate Strategy Framework

Konzept«)²³⁵ zurückgreifen, das explizit auf Ansatzpunkte zur Steigerung des Unternehmenswertes ausgelegt ist. Man vergleiche dazu Abbildung 3-61. Zunächst wird dabei für jede Geschäftseinheit ein Marktwert ermittelt, welcher dem Börsenwert der Einheit entsprechen würde. Fehlen hier konkrete Zahlen, da die Geschäftseinheit selbst nicht börsennotiert ist, so greift man auf das durchschnittliche Kurs-Gewinn-Verhältnis der Branche zurück und vergleicht es mit den aktuellen Erträgen der betreffenden Geschäftseinheit. Anschließend evaluiert man über mehrere Stufen, wo Wertsteigerungspotenziale liegen und durch welche Verbesserungsmöglichkeiten sie genutzt werden können: Durchführung operativer Verbesserungen, Ausnutzung des Akquisitions- und Desinvestitionspotenzials, Wahrnehmung neuer Wachstumsgelegenheiten sowie Financial Engineering. Ergebnis ist ein Urteil über den Zustand des Portfolios des Unternehmens und über Möglichkeiten, Wert zu steigern.

Ein solch *wertorientierter Ansatz,* wie er in den 1990er-Jahren von mehreren Beratungsunternehmen entwickelt wurde, zwang die Unternehmen, ihre Aktivitäten strikt an der Schaffung von Shareholder Value auszurichten. Auf Unternehmensebene wurden in der Folge unrentable Geschäftseinheiten verkauft oder energisch restrukturiert, während auf Ebene der Geschäftseinheiten zahlreiche Investitionsprojekte, die nicht ihre Kapitalkosten erwirtschafteten, aufgegeben wurden. Problematisch an solchen Ansätzen ist jedoch, dass erstens die Cashflow-Projektionen der einzelnen Geschäfte relativ genau prognostiziert werden müssen (was oft nicht möglich ist), zweitens synergetische Verbindungen zwischen einzelnen Geschäftseinheiten nicht berücksichtigt werden und drittens es keineswegs gesagt ist, dass eine rein rechnerisch ermittelte Wertsteigerung auch tatsächlich zu realisieren ist. Das Potenzial wertorientierter Ansätze ist daher mehr in der effizienten Nutzung bestehender Vermögenswerte und weniger in der Entwicklung langfristig angelegter Strategien zu sehen.

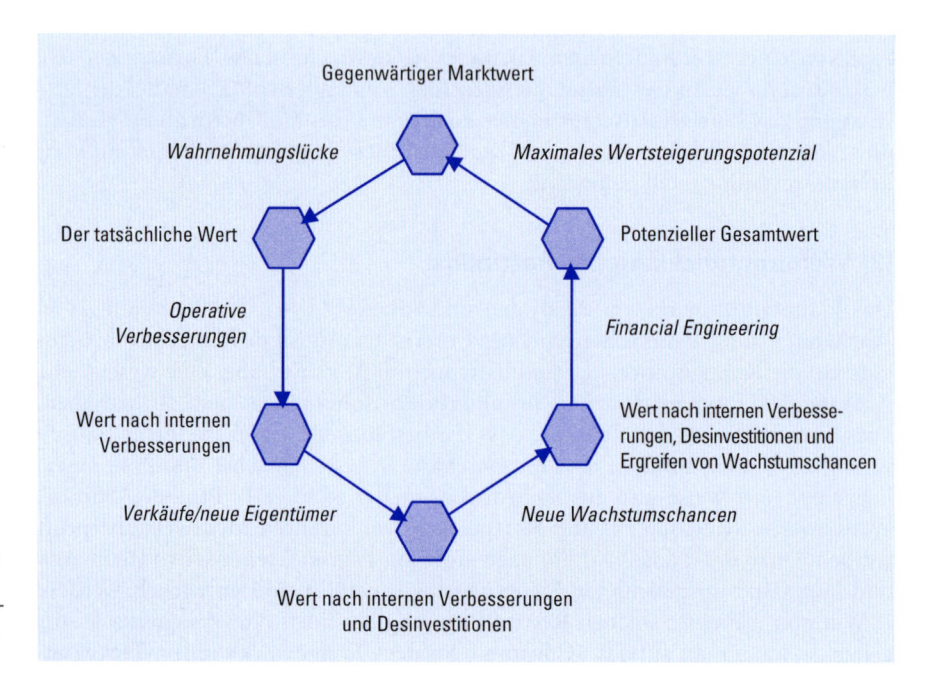

Abb. 3-61: Bezugsrahmen zur Restrukturierung von Unternehmensportfolios (Quelle: McKinsey & Company et al. 2010, S. 26)

3.5.4 Konfiguration II: Diversifikations- und Rückzugsstrategien

Aufbauend auf den aus der Analyse der Konfiguration gewonnenen Erkenntnissen gilt es im aktiven Portfoliomanagement, eine **Konfigurationsstrategie** herzuleiten. Sie legt fest, in welche Richtung sich das »Bündel« der Geschäfte verändern soll. Es geht um die Frage, welche Optionen für die Entwicklung des Portfolios einer Unternehmensgruppe zur Verfügung stehen und wie diese zu bewerten sind.

Eine erste Stoßrichtung geht in Richtung *Diversifikation und Wachstum*: In *welche* neuen Geschäfte (Diversifikationsrichtungen) soll *wie* (Diversifikationsmechanismen) vorgestoßen werden. Die zweite Stoßrichtung zielt auf die Fokussierung des Portfolios, d. h. auf den *Rückzug* aus bestimmten Geschäften. Teilweise kommt es in der Unternehmenspraxis auch zu sogenannten »*Divest to Grow*«*-Strategien:* In diesen Fällen wird eine Strategie verfolgt, bei der die Gruppe einerseits aus bestimmten Geschäften austritt, um andererseits mit den Erlösen aus den Desinvestitionen die Investitionen zum Eintritt in neue Geschäfte zu finanzieren.

Divest to grow

> **Fallstudie: LINDE – Portfolioentwicklung durch Rückzug zum Wachstum**
> Was aktiver Portfolioumbau heißt, lässt sich exemplarisch an der LINDE AG zeigen. In den letzten rund 40 Jahren wandelte sich der Konzern vom einem breit diversifizierten Konzern in ein globales Unternehmen mit einem starken Geschäftsfokus auf das Geschäft mit technischen Gasen und den Anlagenbau.
> Ein großer Überraschungscoup gelang LINDE im Frühjahr 2006: Für 12 Mrd. Euro übernahm man den britischen Konkurrenten BOC und konnte dadurch in der kapitalintensiven Branche der technischen Industriegase die globale Führungsposition einnehmen. Der Konzernumsatz stieg damit auf 12,44 Mrd. Euro.
> Um durch die Schuldenlast nicht allzu viel an Bewegungsfreiheit einzubüßen, wurde direkt danach die Trennung von der Geschäftseinheit »Material Handling« (Gabelstapler etc.) durch deren Ausgründung in eine eigene Einheit (KION) angegangen. Im November 2006 erfolgte für 4 Mrd. Euro (inkl. 400 Mio. Euro Schulden) der Verkauf an KOHLBERG KRAVIS ROBERTS und GOLDMAN SACHS PARTNERS.
> Zwischen den beiden verbleibenden Geschäftsbereichen werden operative Synergien genutzt: (1) Der Gasbereich ist der größte Kunde des eigenen Anlagenbaus; (2) die gewachsenen internationalen Kundenbeziehungen des Anlagenbaus können auch für die geographische Diversifikation des Gasgeschäfts genutzt werden; (3) die technologische Kompetenz im Anlagenbau hilft LINDE auch in der Profilierung seines Gasgeschäfts im Wettbewerb. Die Nutzung dieser Synergien versucht man durch ein integriertes Corporate-Geschäftsmodell zu forcieren: »One Culture«, »One Vision« (»To be the leading global gases and engineering group«). Dies gilt auch in Richtung der BOC-Gruppe.
> Zukünftiges Wachstum sieht die Gruppe insbesondere in der Ausweitung der internationalen Kundenbasis. Dazu wurden bis zum Jahr 2011 ca. 60 Neuanlagen errichtet, die Mehrheit davon in Wachstumsländern. Insbesondere glaubt man auch vom Megatrend eines steigenden globalen Energiebedarfs bei gleichzeitigt höherer Sensibilität gegenüber den Bedrohungen durch einen Klimawandel mit den eigenen Technologien (z. B. Erdgasverflüssigungsanlagen) profitieren zu können. Ein zweiter förderlicher Megatrend ist der wachsende Gesundheitssektor (mehr Patienten aufgrund einer alternden Bevölkerung, höhere Erwartungen an die Lebensqualität, geringere finanzielle Budgets), der schon heute mit 11 % einer der wichtigsten Kundensektoren im Gasgeschäft darstellt.

> Wachstum sieht man aber auch im »On-site-Geschäft«, das ist die Vor-Ort-Versorgung von Großkunden aus Gaseproduktionsanlagen. Sie bildet das Kernstück des integrierten Geschäftsmodells von LINDE. Das Unternehmen verfügt nicht nur über die erforderliche Engineering-Expertise, um eine solche Anlage kosteneffizient und auf die individuellen Kundenanforderungen abgestimmt zu errichten. LINDE besitzt auch die Kompetenzen, um sie langfristig verlässlich zu betreiben. Dazu zählt auch die präzise Steuerung der Produktion.[236]

(1) Diversifikationsstrategien und -mechanismen

Diversifikation ist der Eintritt eines Unternehmens in ein neues Geschäft. Was dabei unter »neu« zu verstehen ist, lässt sich nicht allgemein verbindlich festlegen, sondern ist je nach Geschäft im Einzelfall zu bestimmen. Hilfreich ist es dabei, auf die Kriterien zurückzugreifen, anhand derer Geschäftsfelder gemeinhin abgegrenzt werden (wie Produkte, Marktsegmente, Nutzen, Technologien, Geografie etc.), und sich an folgendem Maßstab zu orientieren: Verändern sich mindestens zwei Kriterien signifikant und sind diese für ein bestimmtes Geschäft von hoher Relevanz, dann ist von einem neuen Geschäftsfeld zu sprechen.[237] Setzt man eine solche Anforderung nicht, dann sind die Grenzen zwischen einer Erweiterung im Rahmen der normalen Geschäftstätigkeit einerseits (wie z.B. einer Markterschließung) und einer Diversifikation andererseits kaum noch zu ziehen.

Diversifikation als Teil der Wachstumsstrategie

Diversifikation ist damit auch immer Teil der *Wachstumsstrategie* einer Unternehmensgruppe. Neben der Tatsache, dass sie dabei zusätzlichen Umsatz sucht, kann es immer auch um die Frage der sich durch eine Diversifikation zusätzlich bietenden Synergiepotenziale gehen: Z.B. Synergien in Form eines besseren Risikoausgleichs, des Ausspielens einer größeren Einkaufsmacht oder der Mehrfachnutzung bereits vorhandener Vertriebskanäle und Kundenbeziehungen.

Verwandte oder horizontale Diversifikation

Diversifikationsrichtungen: Prinzipiell kann sich ein Unternehmen in vier Diversifikationsrichtungen bewegen. Die naheliegendste Option ist die der *verwandten oder horizontalen Diversifikation*. Dabei bewegt man sich in ein Geschäftsfeld, das in weiten Bereichen Gemeinsamkeiten mit dem bestehenden Geschäftsfeld aufweist. Die Frage nach den Gemeinsamkeiten steht dabei natürlich wieder in Zusammenhang mit den Abgrenzungskriterien von Geschäftsfeldern. Zumeist bleibt man bei der verwandten Diversifikation in der angestammten Branche und variiert beim Leistungsprogramm, den Marktsegmenten und der geografischen Ausdehnung. Die dominierende Fokussierung des Unternehmens wird zwar nicht verlassen, jedoch bemüht man sich, von dort aus um die Erschließung angrenzender Geschäfte. Die Vorteile bei dieser Vorgehensweise liegen in der Nutzung von Synergiemöglichkeiten in Bereichen wie Vertrieb, Produktion oder Einkauf und in dem relativ geringen Geschäftsrisiko, das aufgrund der Nähe gegeben ist. Nachteile der verwandten Diversifikation liegen in ihrer relativ einfachen Imitation durch Wettbewerber sowie der hohen Abhängigkeit von der Entwicklung der jeweiligen Branche, die man nicht verlässt. Empfohlen wird heute auch eine Diversifikation anhand der Kernfähigkeiten eines Unternehmens, da sie den Fokus weg von der Produkt-/Marktbetrachtung und hin auf die Stärken eines Unternehmens und ihre multiple Anwendung – durchaus auch in verschiedenen Branchen – richtet.

3.5.4 Konfiguration II: Diversifikations- und Rückzugsstrategien

Für ein Verständnis einer *vertikalen Diversifikation* ist es hilfreich, von der Wertschöpfungsleistung einer ganzen Branche (wie z. B. der für Lebensmittel) auszugehen. Die meisten Unternehmen üben hier nicht alle Aktivitäten aus, sondern beschränken sich auf diejenigen, die sie am besten beherrschen und in denen es ihnen gelungen ist, Wettbewerbsvorteile zu erlangen. Wenn nun ein Unternehmen in ein Geschäftsfeld eintritt, das seinem momentanen Aktivitätsspektrum entweder vor- oder nachgelagert ist, so spricht man von einer vertikalen Diversifikation. Als Beispiel einer *Vorwärtsintegration* ist ein Hersteller von Lebensmitteln zu nennen, der in den Groß- und/oder Einzelhandel einsteigt, um einen besseren Zugang zu seinen Endkunden zu gewinnen, während von einer *Rückwärtsintegration* dann zu sprechen ist, wenn sich ein Produzent von Süßigkeiten an Kakaoplantagen beteiligt, um gegenüber Angebotsschwankungen unabhängiger zu sein und die Rohstoffqualität besser kontrollieren zu können. Bei Vorwärtsintegrationen spielen oft Absatzüberlegungen eine Rolle. Man sucht z. B. den direkteren Zugang zum Konsumenten, indem man ein eigenes Vertriebsnetz aufbaut. Bei Rückwärtsintegrationen hingegen geht es primär um den Zugang zu technischem Wissen und/oder Rohstoffen. Wichtige Elemente der eigenen Wertschöpfungsleistung sollen dadurch unterstützt und abgesichert werden.

Vertikale Diversifikation

> **Fallbeispiel: Kopf-an-Kopf-Rennen in der Rückversicherung**
> Die globale Rückversicherungsbranche wird seit vielen Jahren durch zwei Unternehmen angeführt: die SCHWEIZER RÜCK und die MÜNCHENER RÜCK. Man lebte recht friedlich und dabei auch sehr profitabel nebeneinander her und mal hatte der eine und mal der andere etwas den Kopf weiter vorne. Strategisch gab es einen wesentlichen Unterschied bei beiden Unternehmen: Die SWISSRE hatte 1994 unter der Leitung ihres damaligen CEO Lukas Mühlemann ihre Erstversicherungen abgestoßen. Man sprach damals von einem »Befreiungsschlag«, da überall die kritische Masse fehlte und viele der Gesellschaften sich in einem desolaten Zustand befanden. Dagegen verfügt die MÜNCHENER RÜCK mit ERGO nach wie vor über einen respektablen Erstversicherer (Lebens-, Unfall-, Krankenversicherung etc.). Zwei diametral entgegengesetzte Diversifikations- und Wachstumskonzepte (»Konzentration auf das Kerngeschäft« versus »vertikale Vorwärtsdiversifikation in das Geschäft der eigenen Kunden«) stehen hier einander gegenüber. Wird dadurch nun angesichts der einschneidenden Veränderungen im Versicherungsgeschäft der Grundstein für eine Verschärfung des Zweikampfes gelegt, aus dem dann eines der beiden Unternehmen als Sieger hervorgeht? Welches der beiden Unternehmen hat dann die bessere Wachstumsstrategie?
> Für die Strategie der MÜNCHENER RÜCK spricht der anhaltende Konzentrationsprozess bei den Erstversicherern. Dies reduziert zum einen die Anzahl der Kunden. Zum anderen entstehen dadurch auch immer größere Unternehmen, die aufgrund ihrer enormen Finanzkraft immer besser in der Lage sind, ihre eingegangenen Risiken auch selbst zu tragen. Dadurch geht der Erstversicherer über einen erhöhten Selbstbehalt zwar ein höheres Eigenrisiko ein, man spart dabei aber an Prämien an den Rückversicherer. Der Vorstoß in die Erstversicherung ist damit ein denkbarer Ausgleich für das rückgängige Prämienvolumen.
> Doch wie werden die Erstversicherer reagieren, wenn ihre Rückversicherer immer mehr zu ihren eigenen Konkurrenten im Erstversicherungsgeschäft werden? Will ein Erstversicherer mit einem solchen Rückversicherer weiterhin im Geschäft sein, denn beim Abschluss der Rückversicherung muss er (seinem direkten Konkurrenten) seine Kalkulation offen legen? Diese Probleme sprechen eher für die Strategie der SCHWEIZER RÜCK. Diesen Problemen kann eine MÜNCHENER RÜCK etwas entgegentreten, wenn man die Organisationsform einer Holding wählt, unter deren Dach die Erst-

und Rückversicherung als getrennte Geschäftsbereiche fungieren. Dazwischen richtet man »chinese walls« ein, die zum Schutz des Kunden den Informationsfluss zwischen den Bereichen verhindern sollen. Doch wird der Kunde diesen »chinese walls« trauen?

Für die Strategie der MÜNCHENER RÜCK spricht auch das große Wachstumspotenzial, das im deutschen Markt aufgrund der Rentenreform, die Milliarden an Rentengeldern aus dem staatlichen in privaten Besitz überführen wird, liegt. Hier kommt der MÜNCHENER RÜCK auch der glückliche Umstand zugute, dass sie aufgrund der Entflechtung der ALLIANZ-Beteiligungen im Zuge der Übernahme der DRESDNER BANK praktisch »nebenbei« ihre Beteiligung an der HYPOVEREINSBANK (heute Teil der Unicredito) auf über 25 % erhöhen konnte und somit über einen bereits recht gut etablierten zusätzlichen Vertriebskanal für ihre Versicherungsprodukte verfügt.

Nicht ganz unerheblich dürfte in einem aufbrandenden Wettbewerb auch die Kapitalstärke beider Unternehmen sein. Dies gilt zum einen in Bezug auf Vertrauenswürdigkeit aus Sicht der Kunden angesichts der stark wachsenden Zahl von Großrisiken, zum anderen aber auch, falls man bei Wachstumsakquisitionen gegeneinander um das gleiche Unternehmen buhlen sollte.

Dass man trotz aller Konkurrenz auch die Notwendigkeit zur Zusammenarbeit sieht, zeigt der gemeinsame Aufbau des virtuellen Rückversicherungsmarktplatzes INREON, den man zusammen mit ACCENTURE und der INTERNET CAPITAL GROUP aufgebaut hat.

Standpunkt: Wird sich ein Konzept durchsetzen?
Wird nur eines der beiden Diversifikationskonzepte in nächster Zeit erfolgreich sein? Wenn ja, welches? Sollte die SCHWEIZER RÜCK in dieser Situation ihre Diversifikationsstrategie anpassen (auch wenn man damit indirekt die Rückzugsentscheidung von 1994 für falsch erklärt)?

In welchem Ausmaß Unternehmen in vor- oder nachgelagerte Geschäftsfelder diversifizieren, hängt von verschiedenen Faktoren ab:[238] Je spezifischer eine Leistung und je größer ihre strategische Bedeutung ist, desto sinnvoller ist es, die dazu nötigen Aktivitäten im eigenen Unternehmen zu integrieren. Gerade angesichts des allgemeinen Trends zum Outsourcing (d. h. der Auslagerung von Wertschöpfungsaktivitäten) stellt sich im Gegenzug die Frage, ob damit nicht vorschnell wichtige Fähigkeiten vernachlässigt werden, die man in der Zukunft dringend benötigt. In der Automobilindustrie beispielsweise haben im Zuge von Outsourcingprozessen der Hersteller, Zulieferer wie z. B. BOSCH weitgehend die Produktion der immer wichtiger werdenden mikroelektronischen Steuerungssysteme unter ihrer Kontrolle. In diese Richtung verlagert sich auch der Wertschöpfungsanteil bei der Autoproduktion, während Komponenten wie die Karosserie an Bedeutung verlieren. Ein weiterer Punkt, der bei der Entscheidung über eine vertikale Diversifikation berücksichtigt werden sollte, ist die Unsicherheit über die Quantität und Qualität der vor- oder nachgelagerten Leistungen. Ist diese relativ hoch, sollte man die Aktivität eher selbst ausüben, um sich nicht einseitig einem schwer kalkulierbaren Risiko auszusetzen. Des Weiteren spielt auch die Häufigkeit der Leistung eine Rolle. Je mehr von einer Leistung nachgefragt wird, desto eher empfiehlt sich eine interne Mengenfertigung, je seltener man sie benötigt, desto eher kann man sie von Dritten erbringen lassen.

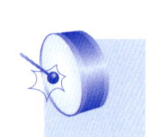

Konzentrische Diversifikation

Konzentrisch ist eine Diversifikation dann, wenn bestimmte Fähigkeiten, die in der bestehenden Wertschöpfungskette positiv zum Tragen kommen, auf die Wertschöpfungskette eines anderen Geschäfts wertschöpfend übertragen werden kann. Ein Konsumgüterhersteller mit exzellentem Marketing-Know-how er-

3.5.4 Konfiguration II: Diversifikations- und Rückzugsstrategien

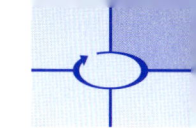

kennt z. B., dass ein Geschäft außerhalb seines bisherigen Wirkungsbereiches noch weitgehend »untermarketiert« ist. Erschließt er sich dieses Geschäft z. B. durch eine Akquisition, so kann er erwarten, dass er über seine Marketingkompetenzen zu schnellen Marktanteilsgewinnen kommen kann.

Hat das neue Geschäft kaum noch Gemeinsamkeiten mit dem ursprünglichen, so spricht man von einer *lateralen oder konglomeraten Diversifikation*. Diese Diversifikationsart wird zumeist mit Argumenten wie der Erschließung lukrativer Geschäftsfelder, der starken Abhängigkeit von einem Bereich, der Reduktion des gesamtunternehmerischen Risikos, der Sicherung der Beschäftigung etc. begründet. Diesen Argumenten steht man heutzutage allerdings weitgehend skeptisch gegenüber, da durch die Auswahl eines ausgewogenen Unternehmensportfolios viele dieser Vorteile direkt am Kapitalmarkt zu realisieren sind und gerade Unternehmen, die in nichtverwandten Geschäften tätig sind, meist unterdurchschnittliche Erfolge erwirtschaftet haben. Von daher empfiehlt sich dieser Diversifikationstyp noch am ehesten, wenn aufgrund fundamentaler Veränderungen Geschäftsfelder entstehen, die es bislang in dieser Form noch nicht gab, oder das Management eines Unternehmens überzeugt ist, sich die dafür notwendigen Fähigkeiten rasch aneignen zu können.

Laterale oder konglomerate Diversifikation

> **Fallbeispiel: Der Durchbruch von NOKIA mit Mobiltelefonen**
> NOKIA wurde 1860 als ein Unternehmen der Waldwirtschaft in Finnland gegründet. Später diversifizierte man in die Herstellung von Papier, Gummi, Elektrokabeln etc. Mitte der 1980er-Jahre war NOKIA ein konturloses Konglomerat, das alles machte, von Autoreifen bis zu Fernsehgeräten. Man war auch im Geschäft für Mobiltelefone, was dann an Dynamik erhielt, als sich verschiedene skandinavische Staatstelefongesellschaften sehr frühzeitig zu einem Konsortium zusammenschlossen. Damit hatte man sich einen zeitlichen Vorteil erarbeitet, als Anfang der 90er-Jahre europaweite Netzwerke auf dem informationstechnologisch anspruchsvollen GSM-Standard eingeführt wurden. Das GSM-Team unter der Leitung des späteren CEO Jorma Ollila war hier besonders erfolgreich, was dann zur Konzentration des Konzerns auf das Telekommunikationsgeschäft führte. Man betrachtete Mobiltelefone schon frühzeitig als Modeprodukte und investierte deshalb viel in das Design und die leichte Benutzbarkeit der Geräte. Im Jahr 2009 erzielte NOKIA einen Umsatz von 41 Mrd. Euro, wobei 68 % des Umsatzes aus dem Geschäft mit Mobiltelefonen kam. Nachdem man die technologische Entwicklung verpasst hatte, wurde das Geschäft 2014 für 5,4 Mrd. Euro an MICROSOFT verkauft.

Wie bereits angesprochen ist die Diversifikation eines Unternehmens ökonomisch nur dann zu rechtfertigen, wenn dadurch ein Mehrwert geschaffen wird, der sich auch positiv auf das Unternehmensergebnis auswirkt. Doch bei welcher Art von Diversifikation kann dieser Mehrwert eher erwartet werden? Dieser Frage wird in der Forschung unter dem Begriff der »Verbundenheit« nachgegangen, der auf Ähnlichkeiten zwischen den Geschäftsfeldern abzielt: Je größer die Ähnlichkeiten, desto höher der Erfolgsbeitrag. Doch welche Ähnlichkeiten wirken sich positiv aus?

> **Exkurs: Empirische Diversifikationsstudien**
> Untersuchungen zu den Auswirkungen von Diversifikation bzw. Verbundenheit auf den Unternehmenserfolg sind insbesondere seit den 1970er-Jahren im angloamerika-

nischen Raum zu finden und die Forschungstätigkeit in diesem Bereich steigt seitdem kontinuierlich an.[239] Die Antwort auf die Frage, ob sich Diversifikationen überhaupt auszahlen und welche Diversifikationsrichtungen welches Ergebnis erzielen, variiert jedoch erheblich.[240]

Zurückzuführen ist dies u. a. auf die Stichprobenauswahl und -gruppierung, unterschiedliche Analysezeiträume, heterogene Verbundenheits- und Erfolgskriterien, die kaum miteinander zu vergleichen sind, sowie Zurechnungsprobleme mit externen und internen Einflüssen. Auch ist nicht notwendigerweise von einem linearen Verhältnis von Diversifikation und Erfolg auszugehen, wie es viele Studien unterstellen. Doch betrachten wir einige Untersuchungen genauer:

- Auf die Frage, ob Diversifikationen überhaupt sinnvoll sind, kommt Porter (1987) bei einer Betrachtung von 33 US-amerikanischen Unternehmen, die in einem Zeitraum von 1950 bis 1986 rund 2.644 Diversifikationsversuche initiierten, zu einem weitgehend negativen Ergebnis. Weit mehr als die Hälfte der Diversifikationsprojekte wurde nach wenigen Jahren abgestoßen. Laterale Diversifikationen liegen dabei mit 74 % an der Spitze der Desinvestitionen.
- Rumelt (1974)[241] untersucht zunächst 100 und in einer Folgestudie 273 US-amerikanische Unternehmen nach dem Erfolg einzelner Diversifikationsrichtungen. Er kommt dabei zu dem eindeutigen Ergebnis, dass sich die verschiedenen Diversifikationsarten signifikant voneinander unterscheiden. Die höchsten Erfolgsraten weisen Unternehmen auf, die eine horizontale Diversifikation einschlagen. Hingegen schneiden vertikale und insbesondere laterale Diversifikationen deutlich schlechter ab.
- Robins/Wiersema (1995) können zeigen, dass diversifizierte US-amerikanische Unternehmen, deren Geschäftsfelder ähnliche Muster interindustrieller Technologieflüsse aufweisen, einen besseren Unternehmenserfolg erzielen als diversifizierte Unternehmen, deren Geschäftsfelder diese Verbundenheit nicht besitzen. Demnach haben Unternehmen, die mit ihren Geschäften in Branchen tätig sind, in welchen *ähnliche immaterielle Ressourcen* benötigt werden, im Durchschnitt höhere Erfolgsaussichten.[242]

Konnte also Rumelt (1974) noch ein einheitliches Ergebnis vorweisen, so boten die nachfolgenden Studien ein heterogenes Bild.[243] Teilweise bestätigten sie die Ergebnisse Rumelts, teilweise modifizierten und relativierten sie diese, teilweise verwarfen sie sie. Angesichts dieser wenig befriedigenden Situation wird geschlussfolgert, dass es mit dem bisherigen Wissensstand einfach nicht möglich sei, eindeutige Aussagen zu treffen. Man verweist auf eine Reihe intervenierender Variablen, wie die spezifische Branche, die Erfahrung des Managements mit Diversifikationen oder der Einfluss konjunktureller Entwicklungen, und fordert, den Einfluss dieser Variablen erst einmal in longitudinalen Studien zu klären.

Alternative Diversifikationsmechanismen

Diversifikationsmechanismen: Hat sich ein Unternehmen zur Diversifikation entschieden, so kann es sich verschiedener Vorgehensweisen bedienen. Prinzipiell stehen drei Diversifikationsmechanismen zur Auswahl: (1) die interne Entwicklung, (2) die Akquisition sowie (3) die Kooperation (bzw. strategische Allianz). Sie sind nicht nur für Zwecke der Diversifikation auf Ebene des Gesamtunternehmens von Relevanz, sondern können auch wichtige Elemente einer Strategie auf Ebene der Geschäftseinheiten sein (z. B. wenn man durch den Kauf eines Unternehmens die eigene Wettbewerbsposition verbessert). Darauf sei hinsichtlich der nachfolgenden Ausführungen explizit hingewiesen.[244]

(1) Interne Entwicklung: Versucht ein Unternehmen ein neues Geschäftsfeld gänzlich aus eigener Kraft zu erschließen, so spricht man von *interner Entwick-*

3.5.4 Konfiguration II: Diversifikations- und Rückzugsstrategien

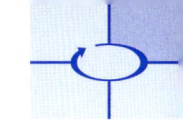

lung oder von *organischem Wachstum*. Diese Vorgehensweise hat Vor- und Nachteile. Sie ist *vorteilhaft*, wenn es darum geht, das bestehende Know-how eines Unternehmens für die Erschließung neuer Geschäftsfelder zu nutzen. Dem Einsatz von explizitem wie auch implizitem (tacit) Wissen stehen hier die geringsten Barrieren entgegen. Man agiert innerhalb der Grenzen des Unternehmens und ist nicht mit Schwierigkeiten im Umgang mit fremden Strukturen und Kulturen konfrontiert, wie sie bei Kooperationen und vor allem Akquisitionen zu erwarten sind. Die interne Entwicklung empfiehlt sich daher besonders dann, wenn eine Diversifikation anhand der Kernfähigkeiten des Unternehmens angedacht ist. Da diese in der Tiefenstruktur eines Unternehmens »verwurzelt« und folglich an einen spezifischen Kontext gebunden sind, können sie ihre Wirkung auch am besten innerhalb dieses Kontextes entfalten. Je stärker die Fähigkeiten eines Unternehmens in den neuen Geschäftsfeldern von Bedeutung sind, desto höher sind im Gegenzug auch die Aussichten, die Geschäftsfelder erfolgreich zu erschließen. Auch werden die Fähigkeiten eines Unternehmens im Zuge der internen Entwicklung weiterentwickelt, da ein Unternehmen neue Fertigkeiten erlernt, die ihm wiederum neue Anwendungsmöglichkeiten eröffnen. Auch ermöglicht die interne Entwicklung eine inkrementelle Entscheidungsfindung. Sie begrenzt und verteilt das Risiko »daneben zu liegen«. Die interne Entwicklung zieht sich meist über einen längeren Zeitraum hin, in dem das neue Geschäftsfeld schrittweise aufgebaut werden muss. Wichtige Entscheidungen sind hier nicht einmalig zu treffen, sondern können über den gesamten Eintrittspfad verteilt werden. Auch ist die Entscheidung zur internen Entwicklung – insbesondere im Verhältnis zur Akquisition – bis zu einem gewissen Zeitpunkt noch im Prozess reversibel. Je nach Situation kann daher flexibel agiert und auf Umweltveränderungen reagiert werden. Zuletzt sendet die interne Entwicklung ein deutliches, positives Signal in Richtung »Unternehmergeist«. Gerade Großkonzernen fällt es aufgrund ihrer strukturellen Rigiditäten oft schwer, unternehmerischen Initiativen den nötigen Freiraum zu gewähren und sie nicht bereits am Anfang zu ersticken.[245] Sie versuchen daher ein neues Geschäftsfeld entweder von der »grünen Wiese« aus, d.h. weitgehend außerhalb der etablierten Strukturen, zu erschließen oder die Verantwortung dafür direkt an die einzelnen Geschäftseinheiten zu delegieren. Ziel beider Vorgehensweisen ist es, ein »Unternehmertum im Unternehmen« (Intrapreneurship) zu schaffen. Gelingt dies nicht, verlassen gerade Unternehmertalente den Konzern, da sie nicht ihren Fähigkeiten entsprechend gefördert werden.

Nachteilig an der internen Entwicklung ist der lange Zeitraum, der dafür benötigt wird. Dies kann dazu führen, dass ein Unternehmen zu spät mit seinen Leistungen auf den Markt kommt und sich dann in einer ungünstigen Wettbewerbsposition wiederfindet. In Geschäftsfeldern, in denen mit einer steilen Erfahrungskurve zu rechnen ist, wirkt sich dies besonders nachteilig aus. Auch ist die interne Entwicklung problematisch, wenn hohe Eintrittsbarrieren vorliegen, deren Überwindung erhebliche Investitionen erfordern. Der Vorteil, wichtige Ressourcenallokationen sukzessive vorzunehmen, entfällt dann. Sollte die interne Entwicklung nicht zum gewünschten Erfolg führen, fällt es in einer solchen Situation schwer, die eingesetzten Mittel wieder zurückzugewinnen.

Vernachlässigt ein Unternehmen die interne Entwicklung zu lange, dann geht es das Risiko ein, dass es sein Innovationspotenzial verliert. Was dann oft bleibt ist eine finanzgetriebene Holding, die immer wieder nach rentablen Einstiegen in

Randnotizen: Organisches Wachstum; Fähigkeiten im Unternehmen; Nachteilig ist der lange Zeitraum

junge Unternehmen sucht, welche das zur Verfügung stehende Kapital und ein schlagkräftiger Vertrieb in die Arme des Konzerns lockt.

Akquisition (M & A)

(2) Akquisition: *Unter »Mergers & Acquisitions« (M & A) versteht man den Handel (Kauf/Verkauf) von Unternehmen, Vermögenswerten oder Anteilen von Unternehmen.* Dabei werden Kontrollrechte am sogenannten *»Markt für Unternehmenskontrolle«*, durch Käufer erworben und infolge dessen ausgeübt.

Der Kauf eines Unternehmens, das in den anvisierten Geschäftsfeldern bereits tätig ist, gilt als »einfachste« Möglichkeit der Diversifikation. Einfach in dem Sinne, dass man – zumindest theoretisch – direkt nach dem Erwerb des Zielunternehmens Zugriff auf die Ressourcen hat, derentwegen man das Unternehmen gekauft hat und die man für die eigene Unternehmensentwicklung zu benötigen glaubt. Meist aufgrund von Integrationsproblemen stellt sich im Einzelfall dieser Zugriff oft nicht so »einfach« dar, wie gedacht. Daraus erklärt sich auch ein relativ hohes Scheiternsrisiko von Akquisitionen. Trotzdem sind Akquisitionen seit Ende der 80er-Jahre auch in Europa zu einem immer häufiger angewandten Instrument der Unternehmensentwicklung geworden.[246]

Einer der größten *Vorteile* besteht zweifelsohne in der hohen Geschwindigkeit, mit der sich ein Unternehmen durch eine Akquisition in einem neuen Geschäftsfeld positionieren kann: Mit Abschluss des Kaufvertrages ist man unmittelbar darin eingetreten. Zudem muss das erforderliche Markt- und Produktwissen nicht erst mühsam erworben werden, sondern steht sofort zur Verfügung. Dies ist von Relevanz, wenn ein selbst initiierter Aufbauprozess entweder sehr lange dauert oder die Ressourcen und Fähigkeiten des Kaufobjektes nur schwierig zu imitieren wären. Auch ist eine Akquisition oft die einzig verbleibende Alternative, wenn es aus eigener Kraft nicht gelungen ist, sich in einem als wichtig erachteten Geschäftsfeld zu etablieren.

Motive

Motiv der Akquisition ist jedoch meist nicht nur der Eintritt in das neue Geschäft, sondern auch über diesen Eintritt zugleich auch Synergien realisieren zu können. Dies können bei horizontalen Akquisitionen Kostensynergien (z. B. Effizienzgewinne über eine gemeinsame Logistik) sein, aber auch Wachstumssynergien (z. B. bestehende Kundenbeziehungen über Cross-Selling umfassender nutzen). Bei vertikalen Akquisitionen sieht man den Vorteil z. B. in der umfassenderen Kontrolle der Wertschöpfungskette aufgrund der Ergänzung beider Partner in der Branche.

> **Fallbeispiel: Wachstum in der Pharmabranche**
> Was macht ein Pharma-Unternehmen, wenn es glaubt, dass es die üblich gewordenen zweistelligen Ertragswachstumserwartungen der Investoren nicht mehr erfüllen kann, da aus der Neuprodukte-Pipeline keine baldigen Durchbrüche zu erwarten sind, wichtige Patente auslaufen, der Vertrieb an seine geographischen und mengenmäßigen Grenzen gestoßen ist, der Preisdruck zunimmt und man auch keine wesentlichen Produktivitätssteigerungen mehr sieht? Mehr und mehr Unternehmen beantworten diese Herausforderung durch den Zukauf ertragreicher Produkte. Diese erhält man allerdings meist nur dann, wenn man zuerst das ganze Unternehmen, dem dieses Produkt gehört, erwirbt. Man sieht darin einen schneller wirkenden Hebel auf die rückläufigen Erträge als in erst langfristig und nur eventuell ertragswirksamen F & E-Projekten. So hatte z. B. JOHNSON & JOHNSON Tibotec-Virco gekauft oder SCHERING erwarb Leukine von IMMUNEX. Aber insbesondere auch PFIZER scheint diese Strategie zu verfolgen. So hatte man im Jahr 2000 WARNER-LAMBERT (feindlich) akquiriert, primär wohl wegen des sehr profitablen Cholesterol-Senkers Lipitor. Im Juli 2002 wurde

3.5.4 Konfiguration II: Diversifikations- und Rückzugsstrategien

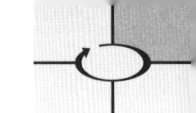

dann – für die meisten Marktteilnehmer völlig überraschend – der spektakuläre Erwerb von PHARMACIA angekündigt, womit sich das Unternehmen mit einem Marktanteil von 11 % auf Platz 1 der Pharma-Weltrangliste katapultierte (mit einem kombinierten Jahresumsatz von 48 Mrd. USD, einem F & E-Budget von 7 Mrd. USD und über 30.000 Verkäufern), weit vor der Nummer 2 GLAXOSMITHKLINE.

PHARMACIA gehört (durch den Erwerb von MONSANTO im Jahr 2000) das entzündungshemmende Mittel Celebrex, das allein einen Jahresumsatz von 3.1 Mrd. USD einbringt. Natürlich betonte damals PFIZER-CEO Jean-Pierre Garnier, dass PHARMACIA noch über andere interessante Assets verfüge, wie etwa eine Vertriebsmannschaft, die, da sie auf Spezialisten ausgerichtet ist, den eigenen, mehr auf Generalisten fokussierten Vertrieb, gut zu ergänzen vermag, um eine höhere Marktdurchdringung zu erzielen. Auch wird auf eine attraktive Pipeline im Bereich der Krebsforschung verwiesen. Der Erwerb erfolgte als Aktienkauf im Wert von etwa 60 Mrd. USD. PFIZER bezahlte damit ein Premium von 44 % über dem Börsenwert. Die Börse reagierte nervös und skeptisch: Die PFIZER-Aktie verlor 13 %, PHARMACIA gewann 19,4 %, was vorerst einer Reduktion der Prämie auf 1 % entsprach.

Standpunkt: Wie geht es wohl weiter?
1. Kann Größe und dieser Fokus auf Blockbuster langfristig eine adäquate Absicherung gegen die in der Pharmabranche typischen Risiken der Produktentwicklung darstellen? Ist nicht eher zu erwarten, dass es zu neuen wissenschaftlichen Erkenntnissen kommen wird, die neue F & E-Strategien ermöglichen werden, mit denen man die Ziele schneller und vielleicht sogar billiger erreichen wird? Sollte man dann nicht besser eine noch breiter diversifizierte Palette von Medikamenten für Spezialtherapien aufbauen? Wäre es damit nicht geradezu fahrlässig, wenn man die Option »interne Entwicklung« gegenüber der »Akquisition« zu vernachlässigen beginnt? Doch wie geht man dabei mit dem Problem um, dass diese Durchbrüche erfahrungsgemäß meist von den kleinen Unternehmen kommen? Sollte man die Alternative in der internen Entwicklung sehen, dann müssten zur Absicherung eines 10 %-igen Umsatzwachstums die Entwicklungszeiten etwa halbiert und jährlich bis zu fünf neue chemische Wirkstoffe (dreimal so viel wie heute) auf den Markt gebracht werden.
2. Seit 2014 rollt eine weitere Konsolidierungswelle durch die Pharmabranche. Nun scheint es nicht mehr nur eine Jagd nach Größe zu sein, sondern nach einer strategischen Positionierung in attraktiven Therapiegebieten bis hin zu einer Nischenstrategie in Spezialgebieten (»personalisierte Medizin«, Behandlung seltener Leiden). In diesem Sinne ist z. B. der Tausch von Vermögenswerten (»Asset Swap«) von Novartis mit GlaxoSmithKline zu interpretieren, da damit Novartis ein erhöhter Fokus auf Krebsleiden ermöglicht wird. Ähnlich zu werten ist die 8,3 Mrd. USD-Akquisition (das 63-Fache des Umsatzes) des Kleinunternehmens Intermune durch Roche zu werten. Damit wächst der Druck auf die Innovationskraft und Effizienz der Forschung, die zudem mit deutlich höheren Kosten auf Grund der stark erhöhten Anforderungen an die Medikamentensicherheit zurechtkommen muss. Dies dürfte aber auch ein Auslaufen der »Blockbuster-Ära« mit den auf Massenmärkte ausgerichteten Großstrukturen bedeuten.

Welchen Einfluss hat diese strategische Kehrtwende aus Ihrer Sicht auf das Risikoprofil der Unternehmen?

Von *Nachteil* ist bei einer Akquisition der hohe finanzielle Einsatz, der für das Kaufobjekt in aller Regel erbracht werden muss. Um z. B. bei börsennotierten Unternehmen die Aktionäre zum Verkauf ihrer Anteile zu bewegen, sind Aufschläge erforderlich (*Premium*), die bisweilen weit über dem aktuellen Markt-

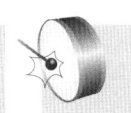

Oft zu hoher finanzieller Einsatz

wert liegen. Wie empirische Studien belegen, ist die Gefahr eines zu hohen Kaufpreises eher die Regel als die Ausnahme.[247] Im Schnitt gewinnen die Aktien des Käufers nach Bekanntgabe einer Transaktion nicht an Wert, während die des Zielobjektes überproportional ansteigen. Akquisitionen börsennotierter Unternehmen wirken sich also zu Lasten der Käufer und zu Gunsten der gekauften Unternehmen aus. Oder anders formuliert: die eigentlichen Gewinner einer Akquisition sind die Aktionäre des gekauften Unternehmens. Ist die Höhe des zu bezahlenden Kaufpreises nicht mehr finanzierbar, so besteht auch die Option, miteinander zu fusionieren.

Oft muss die Entscheidung für eine Akquisition unter hohem, meist zeitlichen Druck gefällt werden. Die Informationsbasis ist dabei oft recht dürftig, speziell wenn der Verkäufer angesichts einer großen Nachfrage am längeren Hebel sitzt. Nur zu oft erhält man im Vorfeld nicht all die Informationen, die erforderlich sind, um eine fundierte Einschätzung der Chancen und – mehr noch – der Risiken vorzunehmen. Mit Due-Diligence-Prüfungen, die unter Beteiligung spezialisierter Prüfungsgesellschaften durchgeführt werden, wird zwar versucht, das Kaufobjekt vor Vertragsabschluss gründlich zu durchleuchten, aber oft treten wesentliche Schwachstellen erst im Nachhinein offen zu Tage. Akquisitionen sind dann – einmal getätigt – irreversibel.

> **Fallbeispiel: ZKB – Ein gefährlicher Ausflug nach Salzburg**
> Im Herbst 2009 tätigte die ZÜRCHER KANTONALBANK (ZKB) ihre erste Auslandsakquisition. Sie erwarb die SALZBURGER PRIVATINVEST BANK (PIAG) für einen niedrigen zweistelligen Millionenbetrag, wie es in der Presse hieß. Motiv und Annahme war es, über die PIAG schnell und günstig eine Onshore-Präsenz im EU-Raum zu erhalten. Schon bald stellte sich aber heraus, dass diese Akquisition zu einem der Reputation einer Privatbank abträglichen Abenteuer geworden ist, dessen Risiken in der Due Diligence offensichtlich nicht in vollem Umfang erkannt wurden. So kam Mitte 2010 im Zuge eines Strafverfahrens der Vorwurf auf, dass es in der PIAG gängige Praxis sei, fingierte Konten einzurichten. Auch sah man sich mit dem Verdacht der Geldwäscherei konfrontiert. In diesem Zusammenhang kam es Mitte 2010 zu Hausdurchsuchungen bei der PIAG. Im September 2010 wurde berichtet, dass sich rund 40 Kundenkonten über Nacht in Luft aufgelöst hätten. Doch die ZKB kam noch mit einem blauen Auge davon. Nach Monaten und Investitionen von 18 Mio. Euro in die Bank konnte die Restrukturierung der PIAG abgeschlossen werden. Die Strafverfahren konnten ohne Bußzahlungen abgeschlossen werden. Auch fragwürdiger Konten konnte man sich umfänglich entledigen. Nun heißt die Bank auch ZÜRCHER KANTONALBANK ÖSTERREICH AG.

Gefahr der »Abschmelzverluste« und eines »Cultural Clash«

Ein anderer Nachteil einer Akquisition ist der, dass das Objekt häufig nicht so zugeschnitten ist, wie es der Käufer genau brauchen könnte. Man erwirbt aus Käufersicht meist »Ballast« mit: Damit sind Geschäfte oder Beteiligungen gemeint, die nicht ins Portfolio des Käufers passen, aber eben zum Zielunternehmen gehören. Die größten Probleme einer Akquisition treten jedoch meist nicht in den Phasen »Vorbereitung« oder »Durchführung« auf, sondern erst während der »Integration« des Kaufobjektes, der Phase also, wenn es darum geht, die vorab berechneten Synergiepotenziale auch zu realisieren.[248] Sie ist die über den Erfolg oder Misserfolg letztlich entscheidende Phase. Die Probleme, die sich im Rahmen der Integration stellen, sind vielfältig: Es kommt zu offenem und verdecktem Widerstand der Mitarbeiter, wichtige Kunden und Schlüsselmitarbeiter

3.5.4 Konfiguration II: Diversifikations- und Rückzugsstrategien

gehen an Wettbewerber verloren (*Abschmelzverluste*), die Unternehmenskulturen erweisen sich als extrem kontrovers (*Cultural Clash*) etc.

(3) **Kooperationen:** Eine weitere Form der Diversifikation stellen bi- und multilaterale Koopreationen dar. Sie bieten gegenüber den anderen Diversifikationsformen eine Reihe von *Vorteilen*: Wie bei der Akquisition wird auch durch sie die Geschwindigkeit, mit der man in ein neues Geschäftsfeld eintritt, deutlich erhöht. Und die Erschließung manch eines neuen Geschäftsmodells war auch nur denkbar auf Basis eines ganzen Systems von Kooperationen. Zu zweit oder zu mehreren ist man rascher in der Lage, eine bestimmte Aufgabe zu bewältigen. Gerade Entwicklungszeiten können dadurch markant verkürzt werden. Ist der Partner bereits im anvisierten Geschäftsfeld tätig, erhält man hier unmittelbaren Zugang. Auch das unternehmerische Risiko wird durch eine Kooperation verteilt, was im Falle der Akquisition oder internen Entwicklung nicht zutrifft. Einer der wichtigsten Vorteile einer Kooperation liegt in der Möglichkeit, komplementäre Fähigkeiten zu einer leistungsstarken Einheit zu verbinden. Wenn jeder Partner seine Kernfähigkeiten einbringt und diese sich bei der Erschließung eines neuen Geschäftsfeldes sinnvoll ergänzen, entfalten Kooperationen mit ihre stärkste Wirkung. Weitere Argumente liegen in der Erzielung einer größeren Marktmacht (z. B. durch das Setzen von Industriestandards), der Überwindung von Eintrittsbarrieren in Auslandsmärkten sowie dem direkten Zugang zu neuen Technologien, Produkten und Märkten. Dabei kann gezielt nur dort kooperiert werden, wo man kooperieren will, d. h., es muss nicht unnötiger »Ballast« in die Kooperation mit eingebunden werden.

Kooperationen

Risikoverteilung

Diesen Vorteilen stehen allerdings schwerwiegende *Probleme* gegenüber. Wie empirische Studien gezeigt haben, sind Kooperationen eine äußerst instabile Organisationsform.[249] Da die Partner weiterhin rechtlich und wirtschaftlich selbstständig bleiben, wirkt sich ihr »Eigensinn« direkt auf die Kooperation aus. Selbst wenn die Partner am Anfang ihre jeweiligen Zielvorstellungen als kompatibel einstufen, verändern sich diese oft im Zeitablauf und lassen dann die Partner immer wieder »auseinander driften«. Das relativ hohe Konfliktpotenzial ist allerdings nicht nur auf Zieldivergenzen zurückzuführen. Gerade in der alltäglichen Zusammenarbeit führen strukturelle, politische und kulturelle Unterschiede zu Spannungen, die die Funktionsfähigkeit von Kooperationen wesentlich beeinträchtigen können.[250] Oberflächlich hat man dabei hohe Übereinstimmung bei den Zielen; doch bei deren Umsetzung im Arbeitsalltag werden Unterschiede sichtbar und wirksam. Bei internationalen Formen der Zusammenarbeit verstärken sich diese Probleme oft, da noch Sprachbarrieren und national-kulturell bedingte Unterschiede hinzukommen.[251]

Hohe Instabilität

Hohes Konfliktpotenzial

Um all diesen Schwierigkeiten zumindest begegnen zu können, erfordern Kooperationen einen hohen Steuerungs- und Koordinationsaufwand, der viel Zeit und Energie erfordert, sowie ein geeignetes Governance-Modell.[252] Dabei sollte man sich allerdings bewusst sein, dass im Gegensatz zu Akquisition und interner Entwicklung, Kontrolle und Führungsanspruch in einer Kooperation eingeschränkt sind. Werden grundlegende Veränderungen als wünschenswert erachtet, ist dies erst mit dem Partner abzustimmen, was oft zu langwierigen Verhandlungszyklen führt. Während also bei der internen Entwicklung und Akquisition die Hierarchie als Koordinationsmechanismus wirkt und damit auch Kontrolle ausgeübt werden kann, sind es bei Kooperationen nur die gemeinsamen Interes-

Hoher Steuerungs- und Koordinationsaufwand

sen und das Vertrauen in den Nutzen und die Machbarkeit der Zusammenarbeit. Man öffnet durch eine Kooperation auch das eigene Unternehmen und steht daher vor der Problematik, einen einseitigen Abfluss von Know-how zu verhindern. Dies ist insbesondere dann ein Problem, wenn die Partner miteinander kollaborieren, um rascher als der andere zu lernen und dies anschließend zu dessen Ungunsten einzusetzen.[253] Die Kooperation ist dann nur ein Mittel, um die eigene Wettbewerbsfähigkeit zu erhöhen. Von daher ist die Bedeutung und der Aufbau von Vertrauen bei der Gestaltung von Kooperationen eine stets erhobene Forderung.

Zuletzt kann eine Kooperation auch dazu führen, dass sich die Abhängigkeit von einem Partner erhöht und damit das Risiko steigt, im Falle des Scheiterns der Kooperation mit schwerwiegenden Problemen konfrontiert zu sein. In einem Geschäft fehlt dann plötzlich das Vertriebssystem oder man stellt fest, dass man bestimmte Leistungen gar nicht mehr produzieren kann, da wichtige Komponenten fehlen. Werden Kooperationen aus einer Position der Schwäche eingegangen (»letzter Strohhalm«), so ist die Kooperation nicht selten nur Vorstufe zu einer Akquisition des schwächeren Partners.

Trotz all dieser Nachteile sind Kooperationen heutzutage in vielen Branchen schlichtweg eine Notwendigkeit angesichts knapper Ressourcen und eines intensiven Wettbewerbsdrucks. Auch eröffnen sie vielen Unternehmen Möglichkeiten, die sich ihnen im Alleingang nicht bieten würden. Die Erschließung neuer Geschäfte ist dabei zwar durchaus ein wichtiges Motiv, jedoch nicht das einzige.

Motive für eine Kooperation

Insgesamt lassen sich die *Motive* für eine Kooperation in fünf Gruppen zusammenfassen: Ressourcen-, Zeit-, Kosten-, Markt- sowie spekulative Motive.[254] Ressourcenorientierte Motive stehen im Vordergrund, wenn nicht genügend eigene Ressourcen und Fähigkeiten zur Verfügung stehen, um eine spezifische Strategie zu verfolgen. Entweder fehlt das notwendige produkt- und marktbezogene Wissen oder man versucht sich durch eine Kooperation den Zugang zu wichtigen Ressourcen (wie z. B. Rohstoffen oder Patenten) zu sichern. Zeitmotive spielen in all den Wertschöpfungsaktivitäten eine Rolle, wo eine eigene Entwicklung zu lange dauern würde und man sich durch eine Kooperation schnellere Fortschritte verspricht. Gerade bei der Produktentwicklung poolen Unternehmen oft ihre Aktivitäten, um rascher innovative Durchbrüche zu erzielen. Des Weiteren versprechen Kooperationen oft erhebliche Kosteneinsparungen. Externe Synergieeffekte können durch die Verknüpfung einzelner Wertschöpfungsaktivitäten genutzt werden. Wenn sich beispielsweise im Flugverkehr kooperierende Gesellschaften wechselseitig ihre Bodenstationen zur Verfügung stellen, so entfällt die Notwendigkeit, für die einzelne Gesellschaft jeweils kostspielige, eigene Stationen zu unterhalten. Zudem steigt die Einkaufsmacht gegenüber den Lieferanten und die Verkaufsmacht gegenüber den Abnehmern. Dem Marktmotiv kommt in Zeiten eines Anwachsens grenzüberschreitender Geschäftsaktivitäten eine hohe Bedeutung zu. Kooperationen bilden hier eine gute Möglichkeit, sich neue Märkte zu erschließen – oft sogar die einzige, wenn beispielsweise Märkte protektionistisch abgeschottet werden. Kooperationen, die sich an diesem Motiv orientieren, richten sich häufig auf die Vertriebs- und Absatzseite. Ein Partner bringt seine Produkte und Dienste ein, der andere kümmert sich in einem Markt um ihren Verkauf und den anschließenden Service. Was noch bleibt sind die spekulativen Motive, wie z. B. die Furcht vor einer Übernahme, die Paralyse eines Wettbewerbers oder ein »Fit-Test« vor einer Fu-

3.5.4 Konfiguration II: Diversifikations- und Rückzugsstrategien

sion. Meist treten diese Motive in Verbindung mit anderen Motiven auf, ohne jedoch explizit genannt zu werden.

Kooperationen treten in der Praxis in vielfältigen Formen auf: Sie reichen von wechselseitigen Beteiligungen (*cross-shareholding*), langfristigen Verträgen über *Joint Ventures* bis hin zu strategischen Allianzen und Netzwerken. Besonderer Prominenz erfreuen sich dabei **strategische Allianzen**. *Sie stellen eine institutionalisierte, freiwillige und längerfristige Kooperation zwischen zwei oder mehr Unternehmen dar, die dem gemeinsamen Ziel dient, sich zusammen Wettbewerbsvorteile zu sichern bzw. sie zu verbessern.* Folgende Merkmale zeichnen sie aus:

Formen von Kooperationen

Merkmale strategischer Allianzen

- Die Partnerunternehmen bleiben rechtlich und wirtschaftlich selbstständig.
- Die strategische Allianz stellt eine Zwischenform zwischen einer Konzern- und einer Marktkoordination der betrieblichen Aktivitäten dar.
- Sie ist von vornherein auf die Erreichung eines bestimmten Zieles und meist nicht auf Dauer angelegt.
- Oft sind nur Teile der beteiligten Unternehmen an der Umsetzung des gemeinsamen Vorhabens direkt einbezogen.
- Teile der Entscheidungsautonomie werden an die Kooperationsinstanz abgegeben.

Fallbeispiel: Allianzen in der Automobilindustrie
Selbst große Automobilkonzerne sind heute oft nicht groß oder profitabel genug, um im globalen Wettbewerb voll und ganz alleinstehend bestehen zu können. So suchen einige von ihnen über strategische Allianzen nach Verbesserungen ihrer Wettbewerbsposition. Renault war hier einer der Vorreiter.

RENAULT-NISSAN: **Eine französisch-japanische Auto-Partnerschaft**
Am 27.3.99 erwarb RENAULT für 643 Mrd. JPY (etwa 5,7 Mrd. USD) 36,8 % an NISSAN MOTOR (inklusiv 22,5 % an der LKW-Tochter NISSAN DIESEL). Für RENAULT war dieses Engagement ein Teil seiner Internationalisierungsstrategie und man hoffte, im Zusammenwirken mit den Werken in Argentinien und der Türkei geographische Synergien erzielen zu können. So konnte schon wenig später RENAULT mittels NISSAN z. B. in den mexikanischen und den japanischen Markt eintreten. Umgekehrt unterstütze RENAULT NISSAN in Europa.

Direkt danach wurde eine gemeinsame Führungsorganisation zur Integration beider Partnerunternehmen geschaffen: Es wurde ein »Global Alliance Committee« (GAC), »Cross-Company Teams« (CCT) sowie ein »Steering Committee« eingerichtet. Das GAC ist für das Strategische Management der neuen Gruppe zuständig. Zu ihm gehören die beiden CEO, Louis Schweitzer und Yoshikazu Hanawa, sowie von jedem Unternehmen fünf oberste Führungskräfte. Aufgabe der CCT ist das Erkennen und Umsetzen von Synergiepotenzialen zwischen beiden Unternehmen. Die CCT beziehen sich auf Geschäftsfelder (z. B. »Powertrains«), Funktionen (z. B. Einkauf) oder Regionen (z. B. Nord- und Zentralamerika). Daneben gibt es das zweimal jährlich tagende International Advisory Board, das ebenso durch Louis Schweitzer und Yoshikazu Hanawa präsidiert wird und in das zehn internationale Persönlichkeiten gewählt wurden. Seine Aufgabe ist, aus externer Sicht wichtig erscheinende Aspekte in die globale Strategie der Allianz einzubringen.

RENAULT entsandte Carlos Ghosn zum Management der Integration der Allianz. Da NISSAN noch im März 2000 zum Ende des Geschäftsjahres 684 Mrd. JPY (etwa 6,1 Mrd. USD) Verluste auswies, gab man der Allianz wenig Chancen. Doch bereits im März 2001 konnte Ghosn einen stolzen Gewinn von 331 Mrd. JPY vorweisen.

Die größte Herausforderung bei dieser strategischen Allianz sah Ghosn im Management des Spannungsfeldes zwischen Synergienrealisierung und Identitätswahrung: Durch eine zu starke Betonung von Synergien wird die Identität der Unternehmen zerstört, doch Identität sieht er als zentrale Basis der überlebenswichtigen Motivation in einem Unternehmen. So bewahrte man z. B. die beiden Markennamen als Bestandteil der Identität. Eine weitere Herausforderung bestand im Verändern der Einstellungen über alle Funktionsbereiche hinweg. Dazu wurden auch cross-funktionale Teams gegründet, denn die Schnittstellen zwischen den Funktionen bilden oft eine Quelle für Innovationen. Weiter wollte man auch das Markenimage von NISSAN verbessern und Synergien über eine gemeinsame Plattformstrategie realisieren.

Dieses Beispiel zeigt deutlich, dass es zum erfolgreichen Management einer strategischen Allianz spezieller Fähigkeiten bedarf. Die Partner benötigen klare gemeinsame Ziele und Strategien sowie einen »diplomatischen« Führungsstil. Es braucht aber auch eine Vielzahl vertrauensbildender Maßnahmen, da Allianzen ein schier endloses Potenzial an Skepsis und Misstrauen bieten.

RENAULT-NISSAN kooperieren mit DAIMLER

Im April 2010 ging die RENAULT-NISSAN-Allianz einen Schritt weiter: Man vereinbarte mit DAIMLER eine weitreichende strategische Allianz. Dieter Zetsche, CEO der DAIMLER AG, erklärte dazu: »DAIMLER und RENAULT-NISSAN verbinden in zahlreichen Feldern gemeinsame Interessen, die eine vielversprechende Grundlage für eine erfolgreiche, strategisch sinnvolle Kooperation bilden. Diese basiert auf einer Reihe konkreter und attraktiver Projektvereinbarungen. Unsere Kompetenzen sind dabei sehr komplementär. ... Wir stärken mit dieser Kooperation schnell und nachhaltig unsere Wettbewerbsfähigkeit im Klein- und Kompaktwagensegment und reduzieren zudem unsere CO_2-Emissionen. Dabei wissen wir, dass wir auch bei gemeinsamen Architekturen jeweils unterschiedliche und markentypische Produkte entstehen lassen können. Die Markenidentitäten bleiben unberührt.« Carlos Ghosn, Vorstandsvorsitzender und CEO der RENAULT-NISSAN-Allianz, erklärte: »Die RENAULT-NISSAN-Allianz hat Erfahrung mit der erfolgreichen Zusammenarbeit innerhalb von Kooperationen und diese Erfahrung hilft uns enorm, heute und mehr noch morgen im globalen Wettbewerb der Automobilindustrie zu bestehen. Durch die heutige Vereinbarung bauen wir unsere strategische Zusammenarbeit aus und erzielen durch den Ausbau und die gemeinsame Stärkung unserer Produktangebote nachhaltige Vorteile für die RENAULT-NISSAN-Allianz und DAIMLER.«

Die Kooperation sollte zunächst folgende Kernthemenbereiche umfassen: (a) Eine gemeinsame Basis für einen Kleinwagen, der bei DAIMLER als Smart und bei RENAULT als Twingo vom Band laufen soll. (b) Eine engere Zusammenarbeit bei Motoren, wobei DAIMLER die kleinen Aggregate von RENAULT als Basis nimmt und seinerseits größere Vier- und Sechszylinder für die noble NISSAN-Tochter Infinity liefert. (c) Leichte Nutzfahrzeuge – hier ist DAIMLER an dem Kastenkombi Kangoo interessiert, der die eigene Modellpalette in diesem Segment nach unten abrunden soll. Damit glaubt man in den kommenden fünf Jahren allein durch Synergieeffekte rund zwei Mrd. Euro einsparen zu können.

Um die beabsichtigte Nachhaltigkeit dieses Schrittes zu unterstreichen, haben die beiden Unternehmensgruppen auch eine gegenseitige Kapitalbeteiligung vereinbart: Renault-Nissan erhält einen Anteil von 3,1 % an DAIMLER und DAIMLER einen Anteil von 3,1 % an RENAULT und von 3,1 % an NISSAN. Die Kooperation wird durch ein neues »Cooperation Committee« gesteuert, in dem alle beteiligten Partner vertreten sein werden. Das »Cooperation Committee« wird gemeinsam von Carlos Ghosn und Dieter Zetsche geleitet und setzt sich aus leitenden Führungskräften der Unternehmen zusammen.

Strategische Netzwerke

Eine weitere, sich in den letzten Jahren rasch verbreitende Kooperationsform stellen *strategische Netzwerke* dar. Die traditionellen Zweierkooperationen wer-

3.5.4 Konfiguration II: Diversifikations- und Rückzugsstrategien

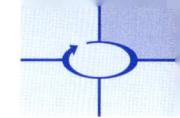

den hierzu in Richtung miteinander eng zusammenarbeitender Gruppen erweitert. Sind strategische Allianzen bereits von einer hohen Eigendynamik gekennzeichnet, so verstärkt sich dieses Verhalten bei strategischen Netzwerken noch weiter. In der Telekommunikationsindustrie beispielsweise entstanden seit Anfang der 90er-Jahre mehrere Zusammenschlüsse (wie AT & T UNISOURCE oder CONCERT), innerhalb derer bzw. und zwischen deren Grenzen einzelne Unternehmen ein- und austraten.[255] Sie waren aber nicht von langer Dauer. Aber auch in der Luftfahrtbranche schlossen sich Unternehmen in strategischen Netzwerken zusammen.

> **Fallbeispiel: STAR ALLIANCE – die größte Luftfahrtallianz der Welt**
> Die Luftfahrt ist eine der aktivsten Branchen, wenn es um die Bildung strategischer Netzwerke geht. Diese sind teilweise aus der Not geboren: Einerseits waren viele der Fluggesellschaften seit Jahren unprofitabel und suchten nach Möglichkeiten, ihre Kosten über Größe zu reduzieren; andererseits erlaubten die gesetzlichen Rahmenbedingungen keine internationalen Akquisitionen. So behalfen sich die Airlines mit *bilateralen Partnerschaften*. Eine Umfrage der Fachzeitschrift Airline Business kam Ende 1999 zum Ergebnis, dass es 579 solcher Abkommen gab, in die 220 Airlines involviert waren.
> Eine Stufe weiter ging man 1997, als die fünf Fluggesellschaften AIR CANADA, UNITED AIRLINES, LUFTHANSA, SAS SCANDINAVIAN AIRLINES und THAI AIRWAYS die »STAR ALLIANCE« gegründet haben.
> Am Anfang stand das Ziel von Effizienzsteigerungen im Zentrum dieses Netzwerks. Man suchte diese auf folgenden Gebieten: Gemeinsame und kompatible Angebote für Vielflieger; gemeinsame Lounges und später auch Terminals an den Flughäfen; aufeinander abgestimmte Linienflüge mit dem Aufbau eines weltweiten Netzwerkes; einheitliche Tickets für Flüge bei mehreren Fluggesellschaften der Star Alliance; Angleichung der Qualitätsstandards; gemeinsame Flotten- und Ersatzteilbestellungen; gemeinsames Flottenleasing; gemeinsame Streckenrechte und Slots. Darüber hinaus nehmen die Partner heute z.B. wechselseitig Pflege- und Wartungsdienste in ihren jeweiligen »Hubs« vor, betreiben gemeinsam Bodenstationen und lancieren weltweit Marketingkampagnen, in denen sie auf die Vorteile ihres globalen, harmonisierten Flugnetzes aufmerksam machen. Auch arbeitet man an einer Konsolidierung der Software, so dass Buchung, Loading und das Speichern von Flugdaten auf einer gemeinsamen IT-Basis erfolgen können.
> Heute ist die STAR ALLIANCE die größte Luftfahrtallianz der Welt. Ihr gehören im Jahr 2015 28 Fluggesellschaften an. In ihrem Verbund finden täglich über 18.500 Flüge statt. Alle Mitglieder zusammen haben eine Flottenstärke von über 4.600 Flugzeugen und beförderten jährlich rund 641 Mio. Passagiere.
> Den einzelnen Unternehmen eröffnet das Netzwerk neue Freiheitsgrade, allerdings auch neue Abhängigkeiten, denn jedes Unternehmen muss sich an die kollektiv vereinbarten Abmachungen halten, wenn es die gemeinsame Arbeit nicht aufs Spiel setzen will. Veränderungen bedürfen der Zustimmung aller Partner und benötigen daher relativ viel Zeit. Ein wesentlicher Vermögensgegenstand des Netzwerkes sind die Millionen von Kundendaten aus den wechselseitig anerkannten Meilensammelprogrammen.

Prinzipiell lässt sich ein strategisches Netzwerk durch folgende Merkmale charakterisieren:[256]

- Ein Netzwerk ist eine polyzentrische Organisationsform ökonomischer Aktivitäten. Polyzentrisch bedeutet dabei, dass es mehrere Aktions- und Führungszentren gibt, von denen keines in der Lage ist, das gesamte System wesentlich zu prägen oder gar zu steuern.

- Wie die strategische Allianz dient auch das strategische Netzwerk der Schaffung und Realisierung von Wettbewerbsvorteilen. Sie entstehen sowohl auf individueller wie auch auf kollektiver Ebene.
- Das Netzwerk ist durch komplex-reziproke und eher kooperative denn kompetitive Beziehungen gekennzeichnet. Es nimmt eine Zwischen- oder Hybridposition zwischen Markt und Hierarchie ein (coopetition).
- Die beteiligten Unternehmen sind rechtlich selbstständig und bleiben auch wirtschaftlich weitgehend voneinander unabhängig.

Aufgrund der Geschwindigkeit des tief greifenden Strukturwandels in vielen Branchen (verursacht durch Globalisierung, Deregulierung, Liberalisierung, neue Technologien etc.) findet Diversifikation heute sehr häufig per Akquisition statt. Doch die Bereitschaft, sich in mehr oder minder losen Kooperationen zu engagieren, hat sich in den letzten Jahren in fast allen Branchen markant erhöht.[257]

Die Wahl einer Diversifikationsform ist insbesondere von zwei Faktoren abhängig. Erstens ist dies die Vertrautheit des Unternehmens mit den verschiedenen Dimensionen eines Geschäfts. Eine kleine Entscheidungshilfe mag hier die Matrix in Abbildung 3-62 geben, wo auf die Vertrautheit mit dem Markt und der Technologie abgestellt wird.

Zweitens ergibt sich die geeignete Diversifikationsform auch aus den Rahmenbedingungen einer Branche. Verändern sich diese, kann es auch zu einem Wechsel der Diversifikationsform kommen. So wird die Kooperation oft nur als Übergangsform gewählt, wenn eine Branche im Umbruch ist und man sich möglichst viel Flexibilität erhalten will.

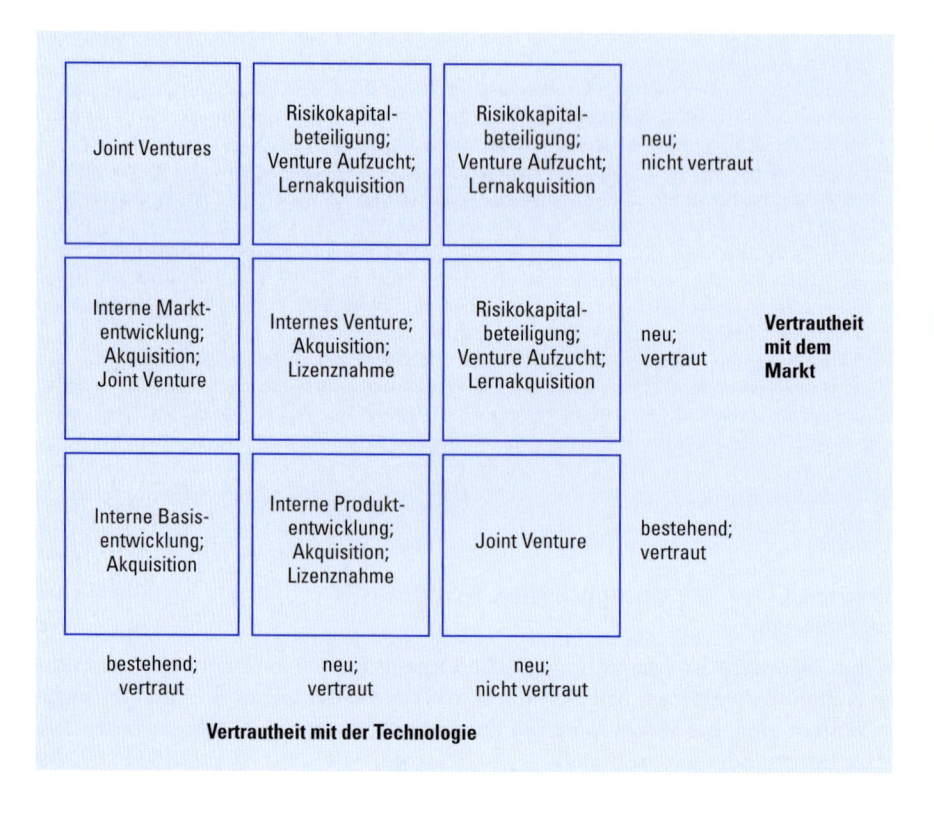

				Vertrautheit mit dem Markt
Joint Ventures	Risikokapital-beteiligung; Venture Aufzucht; Lernakquisition	Risikokapital-beteiligung; Venture Aufzucht; Lernakquisition	neu; nicht vertraut	
Interne Marktentwicklung; Akquisition; Joint Venture	Internes Venture; Akquisition; Lizenznahme	Risikokapital-beteiligung; Venture Aufzucht; Lernakquisition	neu; vertraut	
Interne Basisentwicklung; Akquisition	Interne Produktentwicklung; Akquisition; Lizenznahme	Joint Venture	bestehend; vertraut	
bestehend; vertraut	neu; vertraut	neu; nicht vertraut		

Abb. 3-62: Die Wahl der Diversifikationsform (in Anlehnung an ROBERTS/BERRY 1985)

Vertrautheit mit der Technologie

3.5.4 Konfiguration II: Diversifikations- und Rückzugsstrategien

> **Fallbeispiel: Luftfahrt – Rahmenbedingungen im Fluss**
> Die kommerzielle Luftfahrt ist längst ein globales Geschäft, ihr Wettbewerb ist aber immer noch fragmentiert. Ihre Rahmenbedingungen werden nach wie vor durch nationale und regionale Interessen gesetzt. Dieses Zusammenwirken behördlicher Restriktionen bedingt die ungesunde Branchenstruktur, deren Überkapazitäten zum Dauerzustand geworden sind. Es war zwar durch teilweise Deregulierung (open skies) der Märkte und Privatisierung der Airlines etwas Bewegung in die Thematik gekommen, doch nach wie vor bestimmt das Schritttempo der Regulierungsbehörden die strategischen Optionen der noch immer mit gestutzten Flügeln operierenden Airlines. Doch der Druck auf die verhandelnden Behörden erhöht sich. Dabei geht es z. B. um Fragen zur Vergabepraxis von Flugrechten: Wie werden z. B. die Slots an die Airlines verteilt, da darüber die Zugänge zu den Flughäfen reguliert sind?

Diversifikationsprozess: Die bisherigen Ausführungen lassen sich zusammenfassen, indem wir sie in einen umfassenden Diversifikationsprozess einfügen. Ein solcher lässt sich in vier Phasen unterteilen:

(1) Entwurf einer Diversifikationsstrategie: Zunächst ist der Suchraum, innerhalb dessen die Erweiterung stattfinden soll, in seinen groben Umrissen zu bestimmen. Der Rahmen dazu wird durch die unternehmerische Mission und Vision des Unternehmens gesetzt. Auch können Portfolioanalysen dazu herangezogen werden, um sich Aufschluss über notwendige Diversifikationsmaßnahmen zu verschaffen. Ebenso sind die Gründe, die für oder gegen eine Diversifikation sprechen, explizit herauszuarbeiten und auf ihre Stichhaltigkeit hin zu überprüfen. Dadurch erhält man erste Anhaltspunkte, in welchen Gebieten man überhaupt suchen sollte und welche Vorgaben hier z. B. hinsichtlich Rentabilität oder Produkt-/Marktkriterien bestehen. Dabei ist auch zu überlegen, welche Diversifikationsform wohl am besten gewählt werden sollte. Empfiehlt es sich eher in verwandte oder nichtverwandte Geschäfte einzusteigen? Zuletzt ist das Diversifikationsprofil zu bestimmen. Es enthält die Eigenschaften, die die neuen Geschäfte idealtypisch aufweisen sollten.

(2) Identifikation und Auswahl: In der zweiten Phase kommt es zur Identifikation und Auswahl von geeigneten Geschäftsfeldern. Im Rahmen der im ersten Schritt gesetzten Leitplanken wird in einer *strategischen Suchfeldanalyse* eine möglichst reichhaltige Palette an potenziellen Geschäftsfeldern generiert.[258] Im Anschluss daran werden Bewertungs- und Auswahlprozeduren durchgeführt, die einen Abgleich zwischen den gestellten Anforderungen und den konkreten Merkmalen der einzelnen Geschäftsfelder ermöglichen. Dabei kann man sich an Kriterien wie der Markt- und Wettbewerbsattraktivität sowie dem erwarteten Synergiepotenzial orientieren. Ergebnis ist eine Liste potenzieller neuer Geschäfte.

Strategische Suchfeldanalyse

(3) Wahl einer Eintrittsstrategie: Sind die neuen Geschäftsfelder, in die man eintreten will, bestimmt, so kommt es zum Entwurf und zur Umsetzung einer Eintrittsstrategie. Drei Themen sind dabei von Relevanz: Zunächst ist die *strategische Plattform* zu ermitteln, von der aus der Neueintritt gestartet wird. Diese hängt von der relativen Höhe der Eintritts- und Austrittsbarrieren ab, mit denen das Unternehmen konfrontiert ist. Je höher diese sind, desto schwieriger ist es, in den neuen Markt ein- und wieder auszusteigen. Marktbarrieren sind jedoch nicht unveränderlich, sondern können oft durch geschickte Strategien reduziert oder umgangen werden. So bringen Neueinsteiger oft moderne Technologien mit, attackieren bewusst die schwachen Seiten der etablierten Wettbewerber oder transferieren ihre in anderen Geschäftsfeldern erworbenen Fähigkeiten auf den neuen Markt.

Ein Neueintritt zieht sich über mehrere Etappen hin – je nach den eigenen Stärken und Schwächen sowie den anzutreffenden Barrieren. Durch die Planung des *strategischen Eintrittspfads* werden die durch die Eintrittsstrategie ausgelösten Prozesse in möglichst robuste Phasen zerlegt. Dadurch kann man ein differenziertes Design seiner Eintrittsstrategie vornehmen und die Einzeletappen auf ihre Konsistenz prüfen. Danach steht noch die Wahl der Eintrittsform zur Entscheidung an. Die drei grundsätzlichen Alternativen bestehen in der internen Entwicklung, der Akquisition und der Kooperation, zwischen denen sich eine Reihe von Unter- und Zwischenformen finden lassen. Je nach Entscheid, fallen nun die nächsten Umsetzungsschritte an: Im Falle einer externen Diversifikation gilt es, nach geeigneten Kandidaten zu suchen, um sie dann – falls möglich – zu erwerben oder in eine Partnerschaft einzubinden. Im Falle der internen Entwicklung sind die entsprechenden internen Vorkehrungen zu treffen, wie z. B. Gründung einer Tochtergesellschaft, in der das neue Geschäft aufgezogen werden soll.

(4) Integration und Führungsorganisation: Um die mit der Diversifikation gesetzten Ziele zu erreichen, müssen nun die entsprechenden Integrationsmaßnahmen in das Gesamtunternehmen vorbereitet und umgesetzt werden. Wichtig ist es hier, ausdifferenzierte Integrationsprogramme zu entwickeln, die anhand von klar messbaren Meilensteinen den Fortschritt des Neueintritts erfassen. Über eine Projektorganisation wird der Prozess der Integration gesteuert. Dazu gilt es, die geeigneten organisationskulturellen und -strukturellen Rahmenbedingungen zu schaffen (wie z. B. Anreizsysteme), die die Diversifikationsanstrengungen unterstützen und ermöglichen sollen. Auch gilt es, eine passsende Führungsorganisation für das neue Geschäft (z. B. die Auswahl eines Governance-Modells für eine strategische Allianz) einzurichten.

(2) Rückzugsstrategien und -mechanismen

Ebenso wie der Eintritt in ein neues Geschäftsfeld aktiv zu planen und voranzutreiben ist, gilt dies auch für den **Rückzug** aus einem Geschäftsfeld durch **Desinvestitionen**.[259] Sie erfolgen zumeist auf Basis einer Kombination von Faktoren: Schlechte Unternehmens- und/oder SGE-Performance, eine mangelnde Verbundenheit der betreffenden Geschäftseinheit mit dem Kerngeschäft, die fehlende kritische Größe der Geschäftseinheit oder aber ihr fortgeschrittenes Alter gehören zu den am häufigsten genannten Motiven für die Desinvestition einer Geschäftseinheit. Auf Branchenebene führen erhöhte Unsicherheit, technologischer Wandel, Branchenstagnation, aber auch Veränderung im institutionellen (rechtlichen) Umfeld (insbesondere Unternehmenssteuerrecht, Wettbewerbsrecht) zu einer erhöhten Desinvestitionstätigkeit von Unternehmen.[260]

Trotz der Wichtigkeit von Desinvestitionen als Bestandteil eines aktiven Portfoliomanagements ist der Professionalisierungsgrad, insbesondere im Vergleich zum Bereich M & A, in vielen Unternehmen noch sehr gering. Dieser mangelnde

3.5.4 Konfiguration II: Diversifikations- und Rückzugsstrategien

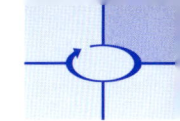

Professionalisierungsgrad ist darauf zurückzuführen, dass man lange Zeit Desinvestitionen nicht als strategisches Werkzeug, sondern nur als notwendiges Übel betrachtet hat.[261] Erst langsam setzt sich die Einsicht durch, dass eine Desinvestitionskompetenz eine zentrale Voraussetzung für eine langfristig erfolgreiche Portfoliopolitik ist.[262]

Rückzugsmechanismen: Der Rückzug aus einem Geschäftsfeld kann verschiedentlich strukturiert werden. In der Praxis trifft man am häufigsten folgende Varianten an: (1) direkter Verkauf (Trade Sale), (2) Spin-off, (3) Carveout, (4) Schließung/Liquidation oder (5) »Dual Track« – einer Kombination der ersten drei Ausstiegsoptionen.

Alternative Rückzugsmechanismen

(1) Direkter Verkauf: Ein direkter Verkauf an einen strategischen oder finanziellen Investor ist eine der meist gewählten Varianten zum Ausstieg aus einem Geschäftsfeld. Z. B. kann es im Rahmen eines »Management Buyouts« an das Management verkauft werden. Beim direkten Verkauf überträgt der Mutterkonzern die vollständigen Eigentumsrechte an der Geschäftseinheit dem Käufer. Dem Mutterkonzern fließen dadurch entweder liquide Mittel zu (Cash-Deal) oder aber er erhält dafür Aktien (Share-Deal) oder andere tangible Vermögenswerte (Asset-Deal).

(2) Spin-off: Beim Spin-off wird das Geschäft, aus dem die Gruppe austreten möchte, in eine neue Tochtergesellschaft ausgegliedert. Die Anteile an ihr gehen nicht an einen externen Käufer über, sondern der Mutterkonzern gibt die Aktien am neuen Unternehmen an die eigenen Aktionäre ab. In der Regel wird ein Anteil von über 80 % übertragen. Bei vollständiger Übertragung aller Anteile besäße das neue Unternehmen dieselbe Eigentümerstruktur wie die Muttergesellschaft.

(3) Equity-Carveout: Beim Equity-Carveout werden anders als beim Spin-off die Aktien der neuen Tochtergesellschaft nicht an bestehende Aktionäre ausgegeben, sondern in Form eines Börsengangs der Öffentlichkeit zum Kauf angeboten (*Initial Public Offering* (IPO)). Da dem Mutterkonzern somit flüssige Mittel zufließen, ist ein Carveout sinnvoll, wenn beabsichtigt wird, die Liquidität des Mutterkonzerns zu stärken. Allerdings muss die Geschäftseinheit auch einige Voraussetzungen erfüllen. Sie kann nur dann zu einem Carveout- respektive einem IPO-Kandidaten werden, wenn sie eine kritische Größe und auch einen entsprechend konstanten, positiven Leistungsausweis vorweisen kann.

(4) Schließung/Liquidation: Bei der Schließung einer Geschäftseinheit werden die in der Geschäftseinheit vorhandenen Vermögenswerte einzeln oder im Kollektiv verkauft. Die gelösten Mittel werden oftmals zur Rückzahlung von Fremdkapital des Mutterkonzerns benutzt. Schließungen gehen mit der Entlassung oder Umbesetzung von Arbeitskräften einher.

(5) Dual Track: Neuerdings legen sich Unternehmen häufig nicht mehr zu Beginn des Desinvestitionsprozesses auf nur eine Ausstiegsvariante fest. Im Zuge eines sogenannten »Dual-Track«-Verfahrens verfolgt das Management verschiedene Ausstiegsvarianten gleichzeitig. In der Regel handelt es sich dabei um den direkten Verkauf und den Equity-Carveout. Mit Hilfe des »Dual-Track«-Verfahrens

Die Taktik eines »Dual-Track«-Verfahrens

will man vor allem das Risiko des Scheiterns der angestrebten Transaktion minimieren, sich größere Verhandlungsmacht gegenüber den einzelnen Kaufinteressenten sichern und den Erlös aus dem Verkauf maximieren.

> **VOLKSWAGEN: »Dual Track« beim Verkauf des Mietwagengeschäfts**
> Die VOLKSWAGEN AG wandte beim Verkauf seines Mietwagengeschäfts »Europcar« ein solches »Dual Track«-Verfahren erfolgreich an. Neben Vorbereitungen für einen eventuellen Börsengang der Autovermietungssparte initiierte man aufgrund des hohen Interesses an einer Übernahme von Europcar parallel auch ein Bieterverfahren, an dem sowohl strategische Investoren (z. B. SIXT) als auch finanzielle Investoren (z. B. EURAZEO) teilnahmen. Ausschlaggebend für den Entscheid zum Verkauf an den Finanzinvestor Eurazeo war letztlich der Preis von 3,32 Mrd. Euro.

Ähnlich wie es bei dem Ausbau des Geschäftsportfolios Trade-offs zwischen der internen Entwicklung und der externen Entwicklung und innerhalb der externen Entwicklung zwischen der Bildung von Kooperationen oder aber der Durchführung von Akquisitionen gibt, ist auch die Durchführung von Desinvestitionen mit einigen Risiken und Nachteilen verbunden – insbesondere im Vergleich mit einer Kooperationslösung, durch die über die Zeit möglicherweise ein Ausstieg »durch die Hintertür« vollzogen werden kann. Wie schon angesprochen, verfügen Desinvestitionen noch immer über eine sehr negative Konnotation. Dies mag sich nachteilig auf das Image des gesamten Mutterkonzerns auswirken. Bei der Ausgliederung einer großen Geschäftseinheit wird zudem das Alignment zwischen den Geschäften und möglicherweise auch das Alignment zwischen den verschiedenen Governance-Mechanismen gestört. Weiter kann es zu den angesprochenen kulturellen Verstimmungen kommen, indem auch andere Geschäftsbereiche eine Ausgliederung befürchten. Aber auch für Kunden und Zulieferer bringt eine Desinvestition ein erhöhtes Maß an Unsicherheit mit sich. Im schlimmsten Fall kann der Mutterkonzern Kunden von verbleibenden Geschäftseinheiten dadurch verlieren, indem sich diese Kunden, die ursprünglich an einem »One Stop Shopping« interessiert waren, vom Unternehmen abwenden. Des Weiteren zeigen verschiedene Beispiele, dass es nicht nur eine Überdiversifikation, sondern auch eine Überfokussierung geben kann. Die Grenzen der Fokussierung sind ähnlich wie bei der Diversifikation schwer zu ziehen und stellen sich oftmals erst im Nachhinein heraus.

> **Fallbeispiel: TUI – die »Reise« zum fokussierten Unternehmen**
> Ein Beispiel, welches die Ambivalenz von Desinvestitionen zeigt, ist das Unternehmen Preussag, heute TUI. Mitte der 90er-Jahre war man noch in fünf verschiedenen Geschäftszweigen tätig: im Stahlgeschäft, in der Schifffahrt, in der Gebäudetechnik, im Logistik- und Handelsgeschäft sowie im Energiegeschäft. Im Jahr 1998 begann man mit dem großen Ausverkauf der Geschäfte, indem man das Stahlgeschäft an die Norddeutsche Landesbank abgab. Das Stahlgeschäft sah man als rückläufig attraktives Geschäft an. Die Desinvestitionen waren notwendig, um die Transformation des Stahlkonzerns zum Tourismuskonzern zu finanzieren. Nur so war beispielsweise der Kauf von THOMPSON TRAVEL für 3 Mrd. Euro möglich. Michael Frenzel, Vorstand der TUI AG, entwickelte eine Zwei-Säulen-Strategie. Die beiden Säulen bildeten das Tourismusgeschäft und das Schifffahrtsgeschäft HAPAG-LLOYD. Aber auch das Schifffahrtsgeschäft versuchte man 2003 mittels eines Carveouts aus dem Portfolio zu nehmen. Der IPO musste aber aufgrund mangelnder Nachfrage abgesagt werden. Auch konnte

> kein Käufer für das Geschäft gefunden werden. Als jedoch die Krise im Tourismusgeschäft 2004/2005 einsetzte, erwies sich die mangelnde Nachfrage für HAPAG-LLOYD als Glücksfall. Das Schifffahrtsgeschäft war der Umsatz- und Gewinnbringer und konnte die herben Verluste im Tourismusgeschäft abfedern. Diese Erinnerung schien aber schnell wieder zu verblassen. Nach schlechten Geschäftszahlen für 2006/2007 forderten Analysten und Aktionäre die Trennung von HAPAG-LLOYD. Diese erfolgte dann schließlich Ende 2008.
>
> Oft ist mit einem solchen Umbau eine auf finanziellen Erwartungen aufbauende dominante Steuerungslogik des Geschäftsportfolios verbunden. Man orientiert sich an Wachstums- und Renditekennzahlen, die die zukünftige Attraktivität von verschiedenen Bereichen widerspiegeln sollen.

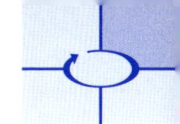

3.5.5 Strategien gegenüber weiteren Anspruchsgruppen

Es wäre in den meisten Fällen zu kurz gegriffen, die Aktivitäten eines Unternehmens auf die Konfiguration der Geschäftsfelder und die Koordination der Geschäftseinheiten zu begrenzen. Gerade dem Gesamtunternehmen gegenüber machen sich eine Reihe wichtiger Anspruchsgruppen bemerkbar bzw. haben auf dessen Handlungsspielraum einen hohen Einfluss.

Dies gilt in besonderem Maße für die Anspruchsgruppen des **Kapitalmarktes**. Private Anleger, Banken, Pensionskassen, Fonds oder andere institutionelle Investoren stellen dem Unternehmen Eigen- und Fremdkapital zur Verfügung und erwarten dafür eine zumeist finanzielle Gegenleistung. Während der Einfluss von Banken – sofern er auf der Vergabe von Krediten und damit der Fremdkapitalfinanzierung beruht – sich in den letzten Jahren tendenziell verringert hat, ist der Einfluss der institutionellen Anleger aufgrund starker Kapitalzuflüsse deutlich gewachsen. Die Vorstände großer Aktiengesellschaften verwenden bis zu einem Drittel ihrer Arbeitszeit für das Gespräch mit Analysten und Fondsmanagern. Einerseits fordern diese transparenten und vollständige Informationen über das Unternehmen und seine Aktivitäten. Wie eine Studie jedoch belegt,[263] monieren drei Viertel der befragten Großanleger die Qualität der veröffentlichten Daten, ihre Aussagekraft und die fehlende Gliederung nach Geschäftssparten. Andererseits beschränken sich deren Forderungen nicht nur auf Informationen, sondern sie nehmen teilweise auch direkten Einfluss auf die Unternehmensstrategie, indem sie eine wertorientierte Unternehmenspolitik, klare Renditevorgaben für die einzelnen Bereiche oder Vergütungssysteme fordern, die sich am Zielerreichungsgrad orientieren. Unternehmen sind heutzutage angesichts einer weltweiten Konkurrenz um Kapital mehr denn je darauf angewiesen, den Ansprüchen dieser Akteure Rechnung zu tragen.

Kapitalmarkt

Intensiv diskutiert wird in diesem Zusammenhang auch die Wahl der »*Corporate Governance*«-Struktur von Unternehmen. Dieser Begriff umfasst zwei unterschiedliche Elemente:[264] Zum einen steht er für die Spitzenverfassung der Unternehmensleitung, d.h. die sachgerechte Festlegung der Aufgaben und die zweckmäßige Strukturierung der obersten Leitungsorgane im Gleichgewicht zwischen erfolgsbezogener strategischer Führung und finanziell-betriebswirtschaftlicher Kontrolle. Gleichzeitig regelt er jedoch auch, zumindest im angloamerikanischen Raum, das Verhältnis zwischen der obersten Leitung eines Unternehmens und den Aktionären.

»Corporate Governance«

Exkurs: Shareholder-Aktivismus – Bald Alltag auch in Europa?
Formen des Shareholder-Aktivismus scheinen zum europäischen Alltag geworden zu sein: Laxey attakier(t)en Implenia und Saurer in der Schweiz, Knight Vinke und Calpers HSBC in England, Centaurus und Paulson Ahold in den Niederlanden, Algebris die Generali in Italien etc. In etwa zwei von drei Fällen geht die Attacke von Hedge Fonds aus, die sich über eine kleine Beteiligung (meist zwischen 5–15 %) in eine Ausgangsposition gebracht haben, von der aus sie alleine oder in Kooperation mit anderen Investoren Einfluss ausüben können. In mehr als der Hälfte der in Europa stattgefundenen Fälle hat der Aktivist zumindest teilweise auch den Sieg davongetragen.

Meist läuft eine solche Attacke so ab, dass stufenweise der Druck auf das Management erhöht wird: (1) Der Aktivist baut im Stillen eine kleine Beteiligung am Zielunternehmen auf, geht schon einmal auf andere wichtige Eigentümer zu und konfrontiert das Management mit bestimmten Forderungen. (2) In der nächsten Phase tritt er dann an die Öffentlichkeit, indem er z. B. einen offenen Brief an das Management sendet, um es unter Druck zu setzen. Auch wird er jetzt in der Öffentlichkeit eine Debatte zu bislang durch das Topmanagement nicht genutzten Wertsteigerungspotenzialen initiieren; er vergleicht dabei das Unternehmen mit seinen Peers. Vielleicht gruppiert er sich dann auch mit anderen Investoren offiziell zusammen, um eine Einflussgruppe zu bilden (mit der dann z. B. auch bestimmte formelle Hürden genommen werden können). Das Management des angegriffenen Unternehmens weist hier i. Allg. die Vorwürfe – z. B. mit einem Verweis auf die positive aktuelle Performance oder mit dem Verweis auf die langfristige Ausrichtung der Strategie – noch als unberechtigt von sich, signalisiert aber gleichzeitig seine Gesprächsbereitschaft. (3) Dann kommt es zur direkten Agitation mit dem Ziel, Beschlüsse im eigenen Interesse durchzusetzen. Dies kann z. B. durch die Forderung nach einer außerordentlichen Hauptversammlung geschehen oder, dass man zumindest bestimmte Beschlüsse auf die Agenda der HV bringt. Um das Vorgehen entsprechend öffentlich zu unterstützen und um möglichst viele andere Investoren nun für das eigene Anliegen zu gewinnen, werden die Angriffe auf das Topmanagement forciert. (4) In der letzten Phase kommt es dann zum Entscheid, ob man sich auf der HV durchsetzen kann oder nicht. Falls ja, müssen nun die Anforderungen umgesetzt werden.

Ziele von Shareholder-Aktivisten

Was sind die Ziele der Aktivisten? Im Zentrum steht die Verbesserung der Rentabilität ihrer Investition durch *Einflussnahme auf die Führungsgremien* (Besetzung und Entlohnung des Boards, Optimierung der Kapitalstruktur, Implementierung von Turnaround-Projekten etc.). Weiter will man eine *aktive Rolle bei M & A-Aktivitäten* des Unternehmens spielen. Oder man forciert selbst bzw. agiert als Katalysator für eine *unfreundliche Übernahme* des Unternehmens. Deshalb ist das, was Shareholder-Aktivisten vom angegriffenen Unternehmen fordern, meist auch sehr ähnlich: (1) Eine neue Strategie bzw. eine Restrukturierung, (2) Wechsel im Board bzw. Topmanagement, (3) Verkauf von Unternehmensteilen, Aufbrechen des Unternehmens oder eine Fusion, (4) Einsitznahme im Board oder (5) Rückgabe von Cash.

Derartige Aktivisten-Attacken werfen aktuell natürlich auch viele Fragen auf: Warum sind solche Attacken immer noch bei so wenig Transparenz möglich? Wird seitens der Finanzaufsichtsbehörden entschlossen genug gegen Marktmanipulation vorgegangen, wenn es zu – sicherlich oft schwer nachweisbaren – Absprachen von Hedge Fonds hinter den Kulissen kommt? In wessen Interessen handeln eigentlich Investoren noch, wenn – z. B. aufgrund der Weiterveräußerung von Anteilen in Form von Optionen – rechtliches und ökonomisches Eigentum auseinanderfallen (d. h. man besitzt die Anteile bereits nicht mehr, kann aber immer noch die Stimmrechte ausüben)? Etc.

Wenn dieser Aktivismus nun tatsächlich zum europäischen Alltag geworden ist, wie sollte das Management möglicherweise betroffener Unternehmen damit umgehen: (1) Genau die eigene Verletzlichkeit in Form darauf hinweisender *Frühwarnsignale* analysieren; (2) Zügige *Beseitigung möglicher Angriffspunkte* und (3) Ausarbeiten eines *Vorbeugeprogramms*, um solchen Attacken zuvorzukommen bzw. eines *Reaktionsplans* für den Fall einer Attacke (*defense manual*). Typische *Frühwarnsignale* sind

3.5.5 Strategien gegenüber weiteren Anspruchsgruppen

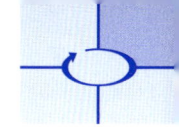

> (a) eine fehlende bzw. unklare strategische Ausrichtung des Gesamtunternehmens, (b) die Unterstellung eines »conglomerate discount«, (c) Existenz besserer Eigentümer mit höherem Synergiepotenzial, (d) eine seit Längerem andauernde schlechtere Performance im Vergleich zu den Peers, (e) angespannte Beziehungen zu wichtigen Investoren, (f) zu große Cash-Bestände oder (g) ein relativ hohes Leverage-Potenzial für Finanzsponsoren.
>
> Was könnte Bestandteil eines *Vorbeugeprogramms* sein? (a) *Kommunikationsfluss:* Intensiver Dialog mit den wichtigen Investoren zur Sinnhaftigkeit des Geschäftsmodells des Gesamtunternehmens. Dazu gehört auch die kontinuierliche Versorgung der Öffentlichkeit mit »guten Nachrichten«, die dieses Geschäftsmodell legitimieren und stärken; (b) *Bewertungsoptimismus:* Immer wieder aufzeigen, dass das Unternehmen tatsächlich mehr wert ist, als aktuell im Börsenkurs reflektiert; (c) *Eigentümerstrukturoptimierung:* Kontinuierliches Alignment von Strategie und Eigentümerstruktur, Vertiefung von Überlegungen zu möglichen »weißen Rittern«; (d) *Wachstumsphantasie:* Aufzeigen möglichst konkreter Wachstumsoptionen (bolt-on acquisitions etc.); (e) *Bilanzoptimierung:* Besseres Leveraging des Eigenkapitals, Reduktion der Kapitalkosten, Auszahlen von Sonderdividenden, Aktienrückkaufprogramme etc. (f) *Abwehrmechanismen:* Eventuell Implementierung geeigneter juristischer Abwehrmaßnahmen, obgleich deren letztendlicher Nutzen zweifelhaft ist (Effekt auf Aktienkurs etc.).
>
> Insgesamt entscheidend dürfte es sein, dass es dem Management gelingt, eine überzeugende Strategie für die langfristige Ausrichtung des Gesamtunternehmens zu entwickeln und diese mit dem Setzen und Einfordern der kurzfristigen strategischen und finanziellen Zielsetzungen konsistent zu verknüpfen. Ansonsten wird ein Unternehmen immer Getriebener der Erwartungen der Finanzinvestoren sein.

Eine besonders wichtige Anspruchsgruppe stellen auch die **Mitarbeiter** des Unternehmens dar. Angesichts zu erwartender starker Engpässe an den Arbeitsmärkten ist es von großer Bedeutung, dass das Unternehmen kontinuierlich seine Reputation im Arbeitsmarkt (*employer branding*) analysiert und weiterentwickelt. Um hier erfolgreich zu sein, müssen im Unternehmen die entsprechenden Managementsysteme, wie z. B. ein »Talent Management«, eingerichtet werden. Es sollten klare Ziele aus der Mission gegenüber dem Stakeholder »Mitarbeiter« formuliert werden. Ihr Erreichen gilt es, über das Berichtswesen transparent zu machen.

Eine weitere wichtige Anspruchsgruppe stellen **staatliche Stellen** dar. Einerseits erheben sie Ansprüche gegenüber den Unternehmen (z. B. Steuerzahlungen) und legen wichtige Rahmenbedingungen fest, andererseits wirken die Unternehmen in vielschichtiger Weise auf sie ein und versuchen, ihren Handlungsspielraum zu erweitern. Gerade in und nach der Finanz- und Wirtschaftskrise 2007–2009 war der Staat zu einem deutlich spürbareren Akteur in der Wirtschaft geworden: neue Vorschriften für das Risikomanagement von Banken wurden erlassen, es wurde nach einer Eindämmung der Lohnexzesse im Topmanagement gesucht, die Wettbewerbsgesetzgebung wurde überarbeitet etc.

> **Fallbeispiel: Neues Finanzmarktgesetz in den USA**
> Im Juli 2010 wurde in den USA ein neues Finanzmarktgesetz mit über 500 neuen Regulierungen verabschiedet, das starken Einfluss auf das Geschäftsmodell der Banken hat, denn von nun an sollte kein Finanzmarktteilnehmer und kein Finanzprodukt mehr unreguliert sein dürfen. So kündigte der CEO der Bank of America auch gleich

> an, dass seine Bank schon in 2011 aufgrund der Reform Abschreibungen auf den Wert der Geschäftseinheit »Kreditkarten« in Höhe von 7–10 Mrd. USD vornehmen müsse. Das Gesetz regelt auch, dass künftig alle systemisch wichtigen Institute von der US-Notenbank überwacht werden. Auch wurden neue Vorschriften zur Corporate Governance erlassen, die alle kotierten Firmen betreffen. So sollen Aktionäre ein nicht bindendes Votum zur Vergütung der Geschäftsführung abgeben können. Mit der Umsetzung dieser Gesetze werden erhebliche Kosten verbunden sein.

Die Aktivitäten der Unternehmen in Richtung Staat dabei nur im Sinne einer reinen Lobbying-Tätigkeit zu verstehen, ist heutzutage nicht mehr angebracht – wenn es denn je angebracht war. In Foren wie dem runden Tisch oder Konsensgesprächen werden die Ziele und Interessen staatlicher Stellen und Unternehmen auf für alle Seiten akzeptable Optionen hin untersucht und aufeinander abgeglichen. Das gegenseitige Verhalten variiert zwischen den Extremen offener Drohungen (wie z. B. der Verlagerung von Werken) und verständnisorientierter Kommunikation. Die Rahmenbedingungen wirtschaftlichen Handelns sind nicht einfach gegeben, sondern werden in einem komplexen Wechselspiel zwischen den beteiligten Akteuren jeweils erst geschaffen.[265]

Gewerkschaften

Des Weiteren ist das Verhältnis zu **Gewerkschaften** oder anderen Arbeitgebervertretungen zu bedenken. Ihr Einfluss ist von Land zu Land unterschiedlich stark ausgeprägt. Während beispielsweise Länder wie Deutschland oder Frankreich über gut organisierte, finanzstarke Gewerkschaften verfügen, haben sie in anderen Ländern wie Großbritannien oder den USA nur wenige Einflussmöglichkeiten. Doch auch diese sollte man nicht unterschätzen.

> **Workshop: Schaffung von Mehrwert**
> Überprüfen Sie für Ihr Unternehmen, wo noch auf Unternehmensebene Potenziale bestehen, Mehrwert zu schaffen.
> - Überprüfen Sie, ob Sie durch eine Veränderung der Konfiguration Ihrer Geschäfte Mehrwert schaffen können. Führen Sie dazu eine Portfolioanalyse durch.
> - Überprüfen Sie die Zukunftsfähigkeit und Logik des strategischen Konzepts Ihrer Unternehmensgruppe. Besteht Bedarf an einer Änderung des Geschäftsmodells des Gesamtunternehmens, um noch besser auf die Wünsche unserer wichtigsten Kunden eingehen zu können?
> - Überprüfen Sie, ob Sie durch eine verbesserte Koordination Ihrer Geschäfte Mehrwert durch die Realisierung von Synergien schaffen können. Gibt es z. B. Möglichkeiten, durch einen Transfer von Fähigkeiten (best practices) von einer strategischen Geschäftseinheit zur anderen oder durch die Integration ähnlicher Aktivitäten Verbundvorteile zu realisieren?
> - Überprüfen Sie, ob Sie durch eine Verbesserung der Interaktion zwischen der Zentrale und den Geschäftseinheiten, aber auch mit anderen Anspruchsgruppen, Mehrwert schaffen können.

Zusammenfassung

- Das Schaffung von Mehrwert auf der Ebene des Gesamtunternehmens durch die Aktivitäten der Unternehmenszentrale kann über ein schlagkräftiges strategisches Konzept, die Aktivitäten der Optimierung der Konfiguration der

strategischen Geschäftsfelder sowie der Realisierung von Vorteilen aus der Koordination der strategischen Geschäftseinheiten erfolgen.
- Ziel des Portfolioansatzes ist eine ausgewogene Struktur der strategischen Geschäftseinheiten.
- Über wertorientierte Ansätze (wie z. B. das Hexagon-Konzept) versucht man, unterbewertete Geschäfte wertsteigernd zu restrukturieren.
- Beim Portfoliomanagement geht es nicht nur um das Vorstoßen in neue Geschäfte durch Diversifikations- und Wachstumsstrategien, sondern auch um den Rückzug.
- Es lassen sich verschiedene Diversifikationsrichtungen unterscheiden (horizontal, vertikal vorwärts und rückwärts, konzentrisch sowie lateral bzw. konglomerat). Zum Erfolg der einzelnen Richtungen gibt es nur sehr widersprüchliche empirische Untersuchungsergebnisse.
- Bei den Diversifikationsmechanismen stehen sich die interne Entwicklung und die Akquisition gegenüber. Dazwischen liegen kooperative Formen (strategische Allianzen, Joint Ventures, Cross-Shareholdings etc.).
- Bei den Rückzugs- und Desinvestitionsmechanismen werden fünf Varianten unterschieden: (1) direkter Verkauf (Trade Sale), (2) Spin-off, (3) Carveout, (4) Schließung/Liquidation oder (5) »Dual Track«.
- Durch Koordination, wie den Transfer von Fähigkeiten zwischen den strategischen Geschäftseinheiten oder durch die Integration gleichartiger Aktivitäten über mehrere Geschäftseinheiten hinweg, sollen Synergien realisiert werden.

3.6 Evaluation

An die Generierung von Gestaltungsoptionen auf Ebene der Geschäftseinheit und/oder des Gesamtunternehmens schließt sich ihre Bewertung und Kombination zu einem konsistenten strategischen Programm an. Dieser Schritt wird oft vorschnell übersprungen oder abgekürzt. Er »rächt« sich spätestens dann, wenn man feststellt, dass man die Konsequenzen der einzelnen Optionen nicht gründlich durchdacht hat.[266] Bei der Bildung eines strategischen Programms kann man sich sowohl an allgemeinen Auswahlprinzipien orientieren, die auf Erfahrungswissen oder statistischen Untersuchungen beruhen, als auch sich einer Vielzahl von Analyse- und Beurteilungsverfahren bedienen, die aus unterschiedlichen Blickwinkeln heraus Entscheidungsunterstützung bieten. Ziel dieses Kapitels kann es nicht sein, detailliert alle denkbaren Verfahren zu erläutern. Jedoch soll ein Überblick über mögliche Verfahren geboten werden, der ihren jeweiligen Beitrag für die Evaluation und Auswahl strategischer Optionen sichtbar macht.

Lernziele

- Darstellung von Heuristiken, Prinzipien, Kriterien und Verfahren zur Bewertung und Auswahl von Strategieoptionen
- Erläuterung der Ziele, Erkenntnisse und Einsatzmöglichkeiten des PIMS-Projektes

3.6.1 Auswahlprinzipien

Allgemeine Prinzipien zur strategischen Wahl werden beispielsweise in relativ abstrakten Kriterienkatalogen zusammengefasst. Neben diesen grundlegenden strategischen Prinzipien können die Ergebnisse des PIMS-Projektes die Auswahl strategischer Optionen unterstützen.

(1) Allgemeine Prinzipien

Gibt es bei der Auswahl strategischer Optionen allgemeine Prinzipien, an denen man sich orientieren sollte? Was kann man aus Erfahrungen für die Zukunft lernen? Zu diesem Thema sind mehrere Kriterienkataloge vorgeschlagen worden, die sowohl für die Generierung als auch die Auswahl von Strategien verwendbar sind. Zwei davon sind in Abbildung 3-63 dargestellt.

Hinterhuber (1992)	Pümpin (1980)
• Das Ziel	• Konzentration der Kräfte
• Die Offensive	• Aufbau von Stärken
• Die strategische Defensive	• Vermeiden von Schwächen
• Die einheitliche Ausrichtung	• Ausnutzung von Umwelt- und Marktchancen
• Die Konzentration der Kräfte	• Geschickte Innovation
• Die Ökonomie der Kräfte	• Ausnutzung von Synergievorteilen
• Die Zusammenarbeit	• Abstimmung von Zielen und Mitteln
• Die Flexibilität	• Schaffung einer zweckmäßigen, führbaren Organisationsstruktur
• Die Handlungsfreiheit	• Risikoausgleich
• Die Überraschung	• Ausnutzung von Koalitionsmöglichkeiten
• Die Sicherheit	• Einfachheit
• Die Einfachheit	
• Die Entschlossenheit	
• Die Einsatzbereitschaft	
• Das Prinzip der strategischen Reserven	
• Der Grundsatz der unüberschreitbaren Grenzen	

Abb. 3-63: Strategische Prinzipien

Konzentration der Kräfte

Besonderes Gewicht geben beide Autoren der Konzentration der Kräfte. Pümpin will diese sowohl extern als auch intern verstanden wissen. Die externe Perspektive betont, dass es zu keiner Zerstreuung der Kräfte in einer Vielzahl von Geschäftsfeldern kommen darf. Die interne Perspektive hingegen überprüft, inwieweit die einzelnen Aktivitäten eines Unternehmens zu einem Wettbewerbsvorteil führen. Alles was hierzu nichts beiträgt, ist auch nicht von Relevanz. Ebenso wird darauf hingewiesen, dass erfolgreiche Strategien nicht auf eine Verbesserung der Schwächen gerichtet sind, sondern diese nach Möglichkeit umgehen und stattdessen die Stärken des Unternehmens deutlich in den Vordergrund stellen. Diese müssen eng miteinander verbunden werden, um Synergiepotenziale zu realisieren.

(2) Das PIMS-Projekt

Auch wenn die genannten Prinzipien interessante Anregungen bieten (heuristische Funktion), sind sie zu abstrakt formuliert, um für konkrete Empfehlungen allein herangezogen zu werden. Auch ist die Allgemeingültigkeit, die sie zumindest implizit beanspruchen, in Zweifel zu ziehen, da sie meist nicht empirisch überprüft wurden und alternative Argumentationen denkbar sind. Einen Schritt weiter in Richtung statistischer Beweisführung geht das in den frühen 1960er-Jahren gestartete PIMS-Projekt (Profit Impact of Market Strategy).[267] Ziel des Projektes ist es, durch eine großzahlig angelegte Sammlung und Auswertung branchenübergreifender Daten sogenannte »laws of the market place« zu finden. Aus diesen versucht man diejenigen Faktoren abzuleiten, die letztendlich den Erfolg von Unternehmen bestimmen. Es wird davon ausgegangen, dass diese Gesetze sowohl erfassbar als auch erlernbar sind. Aus den Erfahrungen anderer Unternehmen glaubt man allgemein gültige Prinzipien ableiten zu können.

> **Exkurs: Das PIMS-Projekt**
> Das PIMS-Projekt erhebt dabei Daten von ca. 3.000 strategischen Geschäftseinheiten in rund 500 Unternehmen in Nordamerika und Europa. Jede Geschäftseinheit übermittelt jährlich ca. 400 Einzelinformationen an das Strategic Planing Institute, das diese dann aggregiert und regressionsanalytisch auswertet. Als Geschäftseinheit wird dabei eine Division, Produktlinie oder ein Profitcenter eines Unternehmens definiert, das eine genau bestimmbare Menge von verwandten Leistungen herstellt und vermarktet, einen klar definierten Kundenkreis innerhalb eines abgegrenzten geografischen Bereichs bedient und Wettbewerb mit einem genau definierten Kreis von Unternehmen führt.
>
> Das PIMS-Projekt arbeitet mit verschiedenen Modellen und Auswertungstableaus. Wichtig sind insbesondere drei: Das PAR-ROI-Modell untersucht den empirischen Zusammenhang zwischen dem ROI (der Return on Investment wird definiert als Nettobetriebsgewinn vor Zinsen auf Fremdkapital und Steuern in Prozent des eingesetzten Kapitals, das sich aus Anlagevermögen zu Buchwerten und dem Working Capital zusammensetzt) und rund 35 unabhängigen Erfolgsvariablen. Der Report on »Look Alikes« (über strategisch ähnliche Geschäftseinheiten) ist in drei Phasen unterteilt:
>
> - Zuerst wird eine Stichprobe aus den Geschäftsfeldern gezogen, die sich in frei bestimmbaren Merkmalen wie Kosten- und Produktionsstruktur, Markt- und Kundensegement oder Wettbewerbsposition ähneln.
> - Diese Stichprobe wird dann in zwei Gruppen aufgeteilt, von denen die eine die Gewinner und die andere die Verlierer repräsentiert. Das Kriterium, nach dem diese Einteilung vorgenommen wird, ist ebenfalls frei wählbar.
> - Zuletzt werden dann die Unterschiede zwischen beiden Gruppen herausgearbeitet und strategische Empfehlungen abgegeben.
>
> Das dritte wichtige Modell ist ein strategisches Simulationsmodell. Hier können die Auswirkungen bestimmter Strategien auf ROI und Cashflow variiert und analysiert werden. Ziel ist es damit, optimale Strategien zu bestimmen.

Resultat der bisherigen Forschungsarbeit ist u.a. die Identifikation von acht zentralen **Einflussfaktoren**, die ca. 70–80 % der Variation des Erfolgs einer Geschäftseinheit erklären (vgl. Abb. 3-64). Als Erfolgsmaßstab wird dabei der eben genannte ROI sowie der ROS (= Return on Sales, wird definiert als Nettobetriebsgewinn vor Steuern und Zinsen in Prozent des Umsatzes) verwendet.[268,269]

Faktor	Definition	Wirkung
Investitionsintensität	Investition: Wertschöpfung (Investition = betriebsnotwendiges Kapital)	Dieser Faktor wirkt sich negativ auf den ROI aus. Ursache sind Preiskämpfe auf Grund der hohen Investitionen, die geringe Effizienz, mit der das Anlagevermögen genutzt wird oder der erschwerte Austritt aus unrentablen Geschäften.
Produktivität	Wertschöpfung pro Mitarbeiter	Eine hohe Produktivität ist immer positiv. Jedoch ist sie nicht so hoch wie anfangs vermutet wurde, denn wird sie durch erhöhte Investitionen erreicht, so reduziert die gestiegene Investitionsintensität gleichzeitig den ROI.
Relativer Marktanteil	Eigener Marktanteil: Summe der Marktanteile der drei größten Konkurrenten	Ein hoher Marktanteil trägt signifikant zur Rentabilität bei. Gründe dafür liegen in Economies of Scale, der Risikoaversion der Kunden, der Qualität des Managements sowie der Marktmacht der Geschäftseinheit gegenüber Lieferanten, Kunden und Wettbewerbern.
Marktwachstumsrate	Prozentuale Wachstumsrate des bedienten Marktes	Eine Wachstumsrate ist positiv für den absoluten Gewinn, neutral bezüglich des relativen Gewinns und sogar negativ für die Cashflows, da intensiv investiert wird. Je weiter sich das Produkt im Lebenszyklus fortbewegt, desto mehr nimmt der ROI ab.
Relative Qualität	Umsatzanteil aus Produkten mit überlegener Qualität minus Umsatzanteil aus Produkten mit unterlegener Qualität	Die Produktqualität wird aus Sicht des Kunden beurteilt. Eine im Vergleich zur Konkurrenz hohe Qualität wirkt sich stark positiv aus. Höhere Preise werden durchsetzbar und mit zunehmendem Marktanteil sinken zudem die relativen Kosten. Beides erhöht den ROI.
Innovationsrate	Umsatzanteil von Produkten, die nicht älter als drei Jahre sind	Eine hohe Innovationsrate ist nur bis zu einem gewissen Grad (Marktanteil) positiv. Danach übersteigen die Kosten den geschaffenen Mehrwert. Sie zahlt sich insbesondere bei einem hohen Marktanteil aus, hat jedoch bei kleinen Marktanteilen einen negativen Einfluss.
Vertikale Integration	Wertschöpfung: Umsatz	Sie ist positiv nur in reifen, stabilen Märkten, hingegen negativ sowohl in wachsenden wie auch in schrumpfenden Märkten. Das Verhältnis zwischen vertikaler Integration und ROI lässt sich als V-förmige Kurve darstellen, was entweder für eine hohe oder niedrige vertikale Integration spricht.
Kundenprofil	Anzahl der direkten Kunden, die 50 % des Umsatzes ausmachen	Eine eher kleine Kundenzahl wirkt sich positiv aus. Die Marketingintensität kann hier geringer ausfallen und dies reduziert die Kosten.

Abb. 3-64:
Die wichtigsten Erfolgsfaktoren des PIMS-Projektes

3.6.1 Auswahlprinzipien

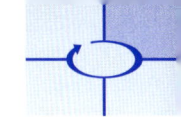

An diesen Erkenntnissen wurde vielfach **Kritik** geäußert. Sie richtet sich auf die grundsätzliche Vorgehensweise, das zu Grunde liegende statistische Modell sowie die Ergebnisse und deren Interpretation.

Kritik

- So sind mittlerweile wichtige Aussagen des PIMS-Projektes von diesem selbst oder von unabhängigen Studien falsifiziert bzw. zumindest stark relativiert worden. Der positive Zusammenhang zwischen Marktanteil und Erfolg konnte beispielsweise nicht signifikant bestätigt werden. Es zeigte sich, dass auch kleine Unternehmen, die oft nur einen geringen Marktanteil halten, eine hohe Rentabilität erwirtschaften. Deterministische, allgemein gültige Marktgesetze scheinen nicht zu existieren. Positive Korrelationen sind zwar gegeben, schwanken jedoch stark.

> **Exkurs: Skalenerträge in der Finanzbranche?**
> Lohnt sich Größe? Können z. B. aus der – meist über Fusionen stattfindenden – Konsolidierung des europäischen Finanzsektors Economies of Scale erwartet werden? Mit diesen Fragen sehen sich derzeit viele Banken angesichts eines immer härter werdenden Marktumfeldes konfrontiert. Doch kann dieser Druck wirklich über die Realisierung von Größenvorteilen aufgefangen werden?
> Goddard/Molyneux/Wilson (2001) bestätigen in einer Studie des europäischen Bankensektors zwar diesen Konzentrationsprozess, der zu immer weniger und zu immer größeren Banken führt, sie sehen aber keinen signifikanten Zusammenhang zwischen der Größe einer Bank und ihrer Performance. Sie meinen, es wäre zur Verbesserung der Leistungskraft einer Bank wirkungsvoller, »best practices« von Wettbewerbern zu studieren und angepasst zu transferieren, als Wettbewerber zu akquirieren. Doch warum kommt es trotzdem immer wieder zu solchen Fusionen? Vielleicht weil man Wettbewerber daran hindern will, diese Akquisition zu tun? Eine Triebfeder sehen die Autoren hier auch in der erweiterten Basis für die Entgelte der involvierten Manager und Kontrollorgane. Positiv ist an diesem Sachverhalt zu werten, dass dadurch innovative und strategisch klug positionierte kleinere Wettbewerber immer wieder eine Chance haben, sich erfolgreich zu betätigen.

- Zudem geben positive Korrelationen keinen Hinweis auf die ihnen zu Grunde liegenden Kausalzusammenhänge. Diese lassen sich jedoch mit Hilfe der Daten des PIMS-Projektes nur äußerst schwer ermitteln.
- Die Fixierung auf den ROI als alleiniger Maßstab unternehmerischen Erfolgs ist ebenso fraglich, wie die Auswahl der Einflussfaktoren ohne theoretische Fundierung. Andere ebenfalls potenziell wichtige Einflussfaktoren wie z. B. die Managementqualität werden dadurch vorschnell ausgeklammert.
- Des Weiteren ist zu bedenken, dass selbst die am stärksten mit dem ROI korrelierenden Faktoren wie Kapitalintensität oder Marktanteil nur jeweils 10 bis 12 % der Varianz des ROI erklären. Sie daher als Schlüsselfaktoren zu bezeichnen, würde ihren Einfluss übersteigern, da sie 90 % der Varianz nicht erklären können.
- Durch den Vergleich von Geschäftsfeldern aus unterschiedlichen Branchen wird der Einfluss inter- und intraindustrieller Faktoren vernachlässigt.
- Auch unterliegen die Aussagen der Gefahr, immer weniger Aussagekraft zu haben, je mehr ihr Abstraktionsgrad steigt; z. B. ist es nahe liegend, Unternehmen mit einer höheren Produktivität einen relativ höheren ROI zuzusprechen als weniger produktiven Unternehmen.

- Zuletzt rekonstruiert und interpretiert das PIMS-Projekt Vorgänge in der Vergangenheit. Die aus der Vergangenheit abgeleiteten Erkenntnisse sind allerdings nur insoweit zu gebrauchen, als sie sich tatsächlich auf die Zukunft übertragen lassen. Da erfolgreiche Strategien jedoch viel mit einem Kippen der Branchenlogik zu tun haben, ist keineswegs anzunehmen, dass dann die gleichen Regeln wie in der Vergangenheit gelten werden.

Das PIMS-Projekt ist der bislang größte systematische Versuch, die Faktoren unternehmerischen Erfolgs quantitativ zu erfassen und ihre Wechselwirkungen abzuschätzen. Es bietet damit wichtige Anhaltspunkte für die Bewertung strategischer Optionen. Allgemein gültige Marktgesetze konnten jedoch nicht gefunden werden.

3.6.2 Bewertungskriterien und -verfahren

Bei der Bewertung von Gestaltungsoptionen lassen sich vier **Kriterien** zu Grunde legen: Geht man davon aus, dass Strategien Ziel-Weg-Beschreibungen sind, dann ist zunächst die *Angemessenheit* des eingeschlagenen Weges zu prüfen. Die Kernfrage lautet: Handelt es sich um eine zur Situation passende Strategie, die einer überzeugenden Logik folgt? Zu bewerten ist in diesem Zusammenhang u. a., ob die jeweilige Strategie den Möglichkeiten des Unternehmens und den Anforderungen der Umwelt gerecht wird und sich das Unternehmen dadurch vorteilhaft auf seinen Geschäftsfeldern und gegenüber Anspruchsgruppen wie Kunden, Wettbewerbern, Lieferanten etc. positionieren kann. Das zweite Kriterium, die *Zielerreichung*, richtet ihre Aufmerksamkeit hingegen weniger auf den Weg als auf das Ziel einer Strategie. Die Kernfrage lautet hier: Inwieweit können durch eine bestimmte Strategie die Ziele des Unternehmens erreicht werden? Welche Auswirkungen hat sie? Die Höhe des Zielerreichungsgrades ist an dieser Stelle entscheidend. Sind die beiden ersten Kriterien erfüllt, so wendet sich das Kriterium der *Durchführbarkeit* der Frage zu, ob ein Unternehmen auch über die notwendigen Ressourcen und Fähigkeiten verfügt, um eine Strategie in die Tat umzusetzen. Viele Optionen scheiden an dieser Stelle aus, da sie oft nur eine »kreative« Idee verkörpern, jedoch die Möglichkeiten eines Unternehmens übersteigen. Ebenso kann nicht davon ausgegangen werden, dass im Unternehmen stets ausreichend Veränderungsbereitschaft für eine bestimmte Strategie vorhanden ist. Auch dies ist zu prüfen. Zudem ist der Frage nachzugehen, ob die einzelnen Optionen sich widersprechen oder zusammenpassen. Es geht also um ihre *Konsistenz*. Sollte diese nicht gegeben sein, ist solange an den Gegensätzen zu arbeiten, bis sie auf ein erträgliches Maß reduziert sind und ein weitgehend schlüssiges, strategisches Programm entstanden ist.

(1) Angemessenheit

Will man die Angemessenheit strategischer Optionen prüfen, so ist zunächst ihre jeweilige Logik klar und einfach darzulegen und in Bezug auf ihren jeweiligen Beitrag zu bewerten. **Fragelisten** unterschiedlichen Detaillierungsgrades bieten hier einen ersten Zugang. Sie geben Anhaltspunkte, an denen die Qualität einer Strategie zu bewerten ist. Zumindestens sind folgende Fragen zu stellen:[270]

3.6.2 Bewertungskriterien und -verfahren

- Welche Stärken zeichnen die Strategie aus?
- Welche Schwächen zeichnen die Strategie aus?
- Trägt die Strategie den Interessen der verschiedenen Anspruchsgruppen Rechnung?
- Ist die Strategie mit den Eigengesetzlichkeiten des Unternehmens vereinbar?

Strategieprofile sind eine Erweiterung des Fragelistenverfahrens. Mit Hilfe eines ausdifferenzierten Kriterienkataloges werden die einzelnen Strategien auf einer Ordinalskala eingestuft (z. B. sehr schlecht/schlecht/neutral/gut/sehr gut) und anschließend als Gesamtbild betrachtet. Als Kriterien werden Anforderungen seitens der Umwelt und des Unternehmens verwendet, wie z. B. die Reaktionen der Konkurrenz, die Stimmigkeit mit dem Image des Unternehmens, die Robustheit der Strategie im Falle von Umweltveränderungen etc.

Strategieprofile

Mit Hilfe von **Nutzwertanalysen** kann die Angemessenheit einer Strategie nicht nur qualitativ, sondern auch quantitativ bewertet werden. Man stellt hier zunächst Anforderungen auf, die eine Strategie unbedingt erfüllen sollte (z. B. die Erschließung eines ausländischen Marktes). Dann betrachtet man die unterschiedlichen strategischen Optionen und bewertet ihren Beitrag anhand von Kriterien, wie sie bei den Strategieprofilen vorgestellt wurden. Da die einzelnen Kriterien von unterschiedlicher Relevanz sein können, werden sie je nach Präferenz mit einem speziellen Gewichtungsfaktor versehen. Anschließend werden die jeweiligen Nutzwerte berechnet und miteinander verglichen. Je nach Entscheidungsregel erfolgt dann die Auswahl einer Option.[271]

Nutzwertanalysen

Entscheidungsbäume verfolgen eine schrittweise Entscheidungsstrategie. Beispielsweise kann sich für einen Anbieter von Telekommunikationsdiensten die Frage stellen, ob er die Preise drastisch reduzieren oder wie bisher weitermachen sollte. Beide Alternativen kann er dann in einem nächsten Schritt nach weiteren Entscheidungsmöglichkeiten hin aufschlüsseln. Zieht er nun z. B. die Reaktionen der Wettbewerber ins Kalkül, ergeben sich daraus wieder neue Alternativen, die dann weiter zu analysieren sind, etc. Führt eine Entscheidungsalternative zu einer negativen Konsequenz, so wird sie eliminiert, während die anderen weiter durchdacht werden. Auch wenn derartige Entscheidungsbäume dabei helfen, eine Strategie schrittweise zu durchdenken und zu bewerten, ist anzumerken, dass sie schnell äußerst komplex werden können. Alle Kriterien werden solange weiter aufgeschlüsselt, bis sie zu einer Alternative führen, die abgelehnt wird, wodurch der »Ast« endet. Zudem wird jede Alternative nur anhand eines Entscheidungskriteriums beurteilt, was jedoch oft der Realität nicht gerecht wird. Interessante Anwendungsmöglichkeiten ergeben sich allerdings, wenn man Entscheidungsbäume im Zusammenhang mit spieltheoretischen Ansätzen verwendet.

Entscheidungsbäume

> **Fallbeispiel: Spieltheoretische Bewertung von Wettbewerbsstrategien**
> Als Sir Richard Evans, Chairman von BRITISH AEROSPACE (BA), Anfang 1999 zu entscheiden hatte, ob er für 37 % seiner Aktien die Verteidigungstochter MARCONI der britischen GENERAL ELECTRIC COMPANY (GEC) akquirieren oder mit der DAIMLER CHRYSLER AEROSPACE (DASA) und der französischen AÉROSPATIALE zur »European Aerospace and Defence Company« (EDAC) fusionieren soll, holte er sich Rat beim früheren Investmentbanker Harry Roundell. Dieser hat in seiner Firma DESIGN INSIGHTS einen Craig-Supercomputer stehen, mit dem er komplexe spieltheoretische

> Züge simulieren kann. Alternative Wettbewerbsstrategien wurden auf Basis mehrstufiger (Re-)Aktionen der Konkurrenten auf ihre Tauglichkeit hin geprüft. Ergebnis der 1 Mio. Britischen Pfund teuren Strategieberatung war, dass selbst nach zehn Verhandlungsrunden zwischen DASA, AÉROSPATIALE und BRITISH AEROSPACE kein Übereinkommen zu Stande käme. Erwirbt BRITISH AEROSPACE dagegen zuerst MARCONI, dann dauert es nur noch vier Runden, bis man bezüglich eines gemeinsamen, europäischen Verteidigungsunternehmens zu einer Einigung käme – am 19.1.99 gab BRITISH AEROSPACE den Kauf von MARCONI der Öffentlichkeit bekannt. In der Folgezeit schritt die Konsolidierung in der europäischen Luft- und Raumfahrtindustrie tatsächlich voran. 1999 beschloss man die Gründung des Luft- und Raumfahrtunternehmens EADS (EUROPEAN AERONAUTIC, DEFENSE AND SPACE COMPANY), heute AIRBUS GROUP), in dem sich DASA, AÉROSPATIALE MATRA und das spanische Unternehmen CASA (CONSTRUCCIONES AERONAUTICAS) zusammenschlossen.[272]

Um über die Angemessenheit einer Strategie zu entscheiden, können zuletzt auch einige der bereits vorgestellten Instrumente herangezogen werden. Szenarien sind hilfreich, wenn es darum geht, die Auswirkungen von Umweltveränderungen auf eine Strategie abzuschätzen und ihre Robustheit zu überprüfen. Einen Schritt weiter geht die Fähigkeiten-Szenarien-Matrix, die einzelne Szenarien direkt mit den Stärken eines Unternehmens verknüpft. Anhand der Wertkette kann der Einfluss einer Strategie auf die einzelnen primären und sekundären Aktivitäten eines Unternehmens bewertet werden. Die Portfoliotechnik gibt mit ihren Normstrategien bereits deutliche Hinweise auf die Auswahl strategischer Optionen. Und die Methodik des vernetzten Denkens hilft komplexe Wirkungszusammenhänge nicht nur statisch, sondern auch dynamisch zu erfasssen und abzuschätzen.

(2) Zielerreichung

Die Verfahren zur Prüfung der Zielerreichung einer Strategie sind fast ausschließlich auf die Prüfung der finanziellen Ziele gerichtet.[273] Sie geben an, wie hoch der Zielerreichungsgrad einer Strategie ist. Dabei stehen zwei eng miteinander verbundene Größen im Vordergrund: das Risiko einer Strategie und ihr Erfolgsbeitrag.

Wertanalysen

Eines der etabliertesten Verfahren stellen **Wertanalysen** dar.[274] Sie werden in unterschiedlichen Ausprägungen durchgeführt. Weitgehend durchgesetzt haben sich dabei diejenigen, die auf der Kapitalwertmethode beruhen, einem Verfahren der dynamischen Investitionsrechnung.[275] Sie geben an, inwieweit eine Investition zu einem finanziell messbaren Mehrwert führt. Der Bezug zur Bewertung von Strategien wird hergestellt, indem man eine Strategie mit einer finanziellen Investition gleichsetzt, die aus messbaren Ressourcenallokationen (Auszahlungen) und Ressourcenrückflüssen (Einzahlungen) besteht. Auf dieser Grundlage wird dann entweder – aus Sicht einer Geschäftseinheit – die Wirkung einer Einzelinvestition als Strategie beurteilt oder es wird – aus Gesamtunternehmenssicht – die Investition in eine ganze Geschäftseinheit als Strategie bewertet.[276] Was in beiden Fällen interessiert, ist einzig und allein die Höhe des Wertes, der durch diese Strategie geschaffen wird. Rechentechnisch gesehen geht es bei der Wertanalyse um die Berechnung des Barwertes einer Investition. Dieser ergibt sich aus der abdiskontierten Summe der in einer bestimmten Periode erzielbaren freien

3.6.2 Bewertungskriterien und -verfahren

Cashflows[277] sowie des Restwertes zum Ende dieser Periode (= *Discounted-Cashflow-Ansatz* oder kurz DCF). Mathematisch lautet die Formel:

Discounted-Cashflow-Methode (DCF)

$$BW = \frac{fCF_1}{(1+r)^1} + \frac{fCF_2}{(1+r)^2} + \ldots + \frac{fCF_n}{(1+r)^n} + \frac{RW_n}{(1+r)^n}$$

BW = Barwert zum Zeitpunkt t=0
fCF = Freie Cashflows über die Periode t=1, 2, …, n
r = Diskontierungsfaktor
RW = Endwert zum Zeitpunkt t=n

Die Berechnung des Barwertes umfasst folgende Schritte:

- Zuerst prognostiziert man die *freien Cashflows*, die mit einer bestimmten Strategie erwirtschaftet werden. Definiert sind diese als die betrieblichen Cashflows[278] abzüglich zu zahlender Steuern und Investitionen im Anlage- und Nettoumlaufvermögen. Man ermittelt sie für die gesamte Lebensdauer[279] der Strategie. Am Ende ihrer Lebensdauer wird der Restwert des Geschäftes ermittelt. Dabei geht man nicht von einer Liquidation des Geschäftes, sondern von dessen Fortführung aus.
- Um den *Restwert* zu berechnen, nimmt man den Gewinn nach Steuern des letzten Jahres, kalkuliert ihn in Form einer ewigen Rente und diskontiert diesen Betrag ebenfalls auf den Zeitpunkt t=0 ab.
- Dann ist der *Diskontierungssatz* zu berechnen, mit dem die Zahlungsströme abgezinst werden. 100 Franken in der Zukunft sind dabei weniger wert als 100 Franken heute, da die Zinskosten zu berücksichtigen sind. Der Diskontierungssatz errechnet sich aus den gewichteten Durchschnittskosten des Fremd- und Eigenkapitals eines Geschäftes. Während dies beim Fremdkapital relativ einfach zu bewerkstelligen ist (man zieht einfach die aktuellen Marktkonditionen als Maßstab heran), ist die Berechnung der Eigenkapitalkosten deutlich aufwändiger. Hier geht man zunächst von einem risikolos zu erzielenden Zinssatz aus, wie er z. B. durch Bundesanleihen gegeben ist, und addiert dann zu diesem zwei Risikozuschläge hinzu: erstens eine Marktrisikoprämie, die das allgemeine Unternehmensrisiko erfasst, und zweitens einen unternehmensspezifischen Risikozuschlag, der mit Hilfe des sogenannten Beta-Koeffizienten berechnet wird. Dieser Koeffizient erfasst die Fluktuation der Aktienkurse eines Unternehmens in Relation zum Gesamtmarkt und ist ein Maßstab für das Risiko, das mit einem bestimmten Unternehmen verbunden ist. Ein Beta über 1 signalisiert eine höhere Fluktuation als der gesamte Markt und ist daher als riskant einzustufen, während ein Beta unter 1 auf eine geringere Fluktuation und damit ein geringeres Risiko hinweist.
- Zuletzt gilt es, mit Hilfe der vorgestellten Berechnungsformel den *Wertbeitrag* der verschiedenen Strategieoptionen zu ermitteln. Diejenige, die dabei den höchsten Wert erzielt, ist dann zu wählen.

Eine auf dem DCF-Ansatz basierende Bewertung von Strategien bietet mehrere *Vorteile*. Sie gibt ein Bewertungsverfahren an die Hand, mit dem unterschiedliche Optionen nach einem einheitlichen Leistungsmaßstab verglichen werden können. Zudem erleichtert es ein systematisches Denken in strategischen Alternativen. Auch werden die Zukunftserwartungen einer Strategie dynamisch berücksichtigt,

Vorteile

indem die finanziellen Ergebnisse transparent einzelnen Perioden zugeordnet werden. Je nach Bedarf kann der Einfluss interner und externer Variablen (wie z. B. der Markteinführung neuer Produkte) in die Berechnung aufgenommen werden. Gleichzeitig ist die Kapitalwertmethode in der Lage auch die Finanzierungskosten, das Risiko einer Investition und die Kapitalstruktur zu erfassen. Und zuletzt erlaubt die Verwendung von Cashflows eine deutlich »unverzerrtere« Bewertung einer Strategie als dies buchhalterische Größen erlauben, da sie um betriebsfremde, aperiodische sowie außerordentliche Ergebnisse bereinigt werden.

Nachteile

Gleichwohl sind einige *kritische Punkte* zu berücksichtigen, die den DCF-Ansatz zwar nicht grundsätzlich in Frage stellen, jedoch seine Anwendungskraft für die Strategiebewertung relativieren. Erstens ist die Prognose der freien Cashflows umso schwieriger, je weiter man in die Zukunft blickt. In vielen Branchen ist es kaum möglich, realistische Prognosen über die Entwicklung in vier oder fünf Jahren zu treffen. Oft kann man daher einen sogenannten Hockey-Schläger-Effekt beobachten: Nach Zeiten stagnierender Leistungen wird durch eine neue Strategie eine deutliche Trendumkehr prognostiziert, die den scharfen Knick nach oben verursacht. Wählt man daher nur einen kurzen Prognosezeitraum und greift schon früh auf den als ewige Rente berechneten Restwert zurück, so steigt dessen eh schon hoher Anteil am Barwert noch weiter, was die Genauigkeit der Berechnung beeinträchtigt. Zweitens reagiert der Barwert stark auf den jeweiligen Diskontierungsfaktor. Daher ist dessen exakte Berechnung für die Aussagekraft einer Wertanalyse äußerst wichtig. Allerdings ist dies weder einfach (z. B. wenn aufgrund fehlender Börsennotierung der Betafaktor nicht direkt zu bestimmen ist) noch ist die Berechnung der Eigenkapitalkosten, die auf dem sogenannten Capital-Asset-Pricing-Modell basiert, unumstritten[280] oder für jede Situation geeignet. Drittens ist die grundlegende Sichtweise einer Strategie als Investition in Zweifel zu ziehen. Der Verlauf einer Strategie ähnelt zumeist nicht dem eines Investitionsplans, die Trennung vom Tagesgeschäft ist kaum zu erreichen und die Fokussierung auf finanziell messbare Größen vernachlässigt strategische Zusammenhänge. Wertanalysen sollten daher nicht isoliert verwendet werden, sondern stellen eine sinnvolle Ergänzung der Strategiebewertung dar.

Sensitivitätsanalysen

Das Problem der schwierigen Prognose der Cashflows, wie es dem DCF-Ansatz zu eigen ist, kann durch die Anwendung von **Sensitivitätsanalysen** zwar nicht behoben, jedoch zumindest abgeschwächt werden. Kurz formuliert: Mit einer Sensitivitätsanalyse wird ermittelt, wie hoch der Einfluss einzelner Variablen auf eine Investition ist. Je nach Bedarf und Interesse werden dazu einzelne Variablen im Rahmen des DCF-Ansatzes variiert und die Auswirkungen auf den Barwert untersucht. Verändert man beispielsweise bei der Berechnung der freien Cashflows eine Variable wie den prognostizierten Marktanteil oder die fixen Kosten, ergeben sich daraus aufschlussreiche Erkenntnisse über die Veränderung des Barwertes: Schwankt dieser proportional mit oder kommt es zu signifikanten Abweichungen nach oben oder unten? Ziel der Sensitivitätsanalyse ist es, genau diejenigen Variablen zu identifizieren, die auf den Wert einer Investition – und damit auf die Strategie – den stärksten Einfluss ausüben. Auf sie ist höchste Aufmerksamkeit zu richten, entscheiden sie doch über den Erfolg oder Misserfolg einer Investition.

Monte-Carlo-Simulation

Während bei der Sensitivitätsanalyse pro Berechnungsdurchgang nur jeweils eine Variable variiert wird, kann im Rahmen einer **Monte-Carlo-Simulation** ein Projekt unter verschiedenen Szenarien beurteilt werden, die die Variation einer

3.6.2 Bewertungskriterien und -verfahren

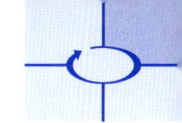

begrenzten Menge von Variablen erlauben. Aufbauend auf einem mathematischen Modell, das die Abhängigkeiten zwischen den einzelnen Variablen erfasst, werden Wahrscheinlichkeiten für das Eintreffen und die Fehlerrate einzelner Prognosen ermittelt und in ein Computerprogramm eingegeben. Dieses errechnet dann mit Hilfe der jeweiligen Wahrscheinlichkeitsverteilungen die Höhe der einzelnen Cashflows. Wie sich gut vorstellen lässt, ist die Sensitivitätsanalyse und noch mehr die Monte-Carlo-Simulation eine aufwändige und komplizierte Angelegenheit. Es ist äußerst schwierig, die richtigen Kausalitäten zwischen den Variablen zu erfassen sowie unverzerrte Wahrscheinlichkeitsverteilungen im Voraus anzugeben. Die beiden Verfahren erfordern daher nicht nur gut geschulte Anwender, sondern auch die Bereitschaft der Entscheidungsträger, sich auf die Qualität der dabei getroffenen Annahmen zu verlassen.

Als Alternative zum DCF-Ansatz wurde der sogenannte **Economic Value Added (EVA)**-Ansatz vorgeschlagen. Dieser Ansatz verwendet zur Berechnung des Erfolgs eines Unternehmens die Differenz zwischen der operativen Rendite des eingesetzten Kapitals und den Kapitalkosten, und nicht die Eigenkapitalrendite per se. Die Differenz wird als »Spread« (oder auch »Übergewinn«) bezeichnet und mit dem eingesetzten Kapital multipliziert, woraus sich der Economic Value Added ergibt.[281] Gelingt es einer Geschäftseinheit keinen Spread zu erwirtschaften, dann vernichtet sie Wert, da sie dann nur in der Lage ist, die Kapitalkosten hereinzuholen, nicht jedoch einen darüber hinausgehenden Mehrwert zu generieren. Damit berücksichtigt der EVA-Ansatz explizit die Opportunitätskosten einer Investition, denn Investoren könnten eine Rendite in Höhe der Kapitalkosten auch durch eine Anlage in einem diversifizierten Aktienportfolio erhalten und müssten dazu nicht die Aktien der Geschäftseinheit erwerben. Kritisch ist am EVA-Ansatz allerdings, dass der zeitliche Anfall der Cashflows ebenso wenig wie der Restwert am Ende einer Planungsperiode berücksichtigt wird. Da Letzterer oft einen großen Anteil des Unternehmenswertes darstellt, kann dies nicht begrüßt werden.

Economic Value Added (EVA)

Noch einen Schritt weiter geht der **Realoptionsansatz**.[282] Finanzoptionen und ihre unzähligen Varianten haben in den letzen Jahren eine rasante Entwicklung an den internationalen Kapitalmärkten erlebt. Die verschiedenen Risikoarten werden dabei jeweils in ihre einzelnen Bausteine zerlegt, bewertet und anschließend am Kapitalmarkt gehandelt. Der Umgang mit Risiko ist allerdings nicht nur für Kapitalmärkte, sondern auch für strategische Überlegungen von Relevanz. Besonders wenn es um die Beurteilung von Investitionsvorhaben angesichts knapper Ressourcen geht, spielen Risikoüberlegungen eine wichtige Rolle. Zudem weist der DCF-Ansatz noch eine weitere, bislang nicht behandelte Schwäche auf. Er ist nicht in der Lage, den Wert von Flexibilität zu erkennen. Beispielsweise ist es für ein Unternehmen von Vorteil, wenn es angesichts zweier miteinander konkurrierender, gleichwertiger Investitionsvorhaben, das eine nicht sofort durchführen muss, sondern abwarten kann, bis sich wesentliche Unsicherheiten aufgelöst haben. Diese Flexibilität ist ein realwirtschaftliches Optionsrecht. Sie hat für den Halter ein Gewinnpotenzial, jedoch kein Verlustrisiko. Ein jedes Investitionsprojekt kann daher als Option betrachtet werden und mit Hilfe des Realoptionsansatzes berechnet werden. Hingegen stellen Berechnungen auf Basis des Kapitalwertverfahrens lediglich einen Sonderfall dar, der nämlich immer dann eintritt, wenn die Investition sofort ausgeübt werden muss und ihr Zeitwert gegen null tendiert.

Realoptionsansatz

Exkurs: Optionsformen
Gemeinhin unterscheidet man sieben realwirtschaftliche *Optionsformen*. Warte- und Verzögerungsoptionen sind gegeben, wenn aufgrund schwerwiegender Unsicherheiten ein Investitionsprojekt solange verschoben wird, bis sich die Situation geklärt hat. Schließungsoptionen stellen das Recht dar, jederzeit aus einem Projekt auszusteigen und den Restwert der projektbezogenen Aktiva minus des Kapitalwertes des Projektes zu realisieren. Kommt es hingegen nur zu einer momentanen Unterbrechung (z. B. bis sich die Marktentwicklung wieder verbessert hat), so ergibt sich eine Stilllegungsoption. Fortsetzungsoptionen sind von Relevanz, wenn zu entscheiden ist ob Investitionsprojekte, die gerade bei höheren Beträgen in sich über mehrere Jahre hinziehende Teilphasen aufgespalten werden, fortgesetzt werden oder man sich bei Nichterfüllung eines vorab festgesetzten Meilensteins aus dem Projekt zurückzieht. Von Erweiterungs- und Einschränkungsoptionen spricht man, wenn die Flexibilität gegeben ist, z. B. aufgrund einer starken Marktnachfrage, die Produktionskapazitäten zu erhöhen oder sie im entgegengesetzten Fall zu reduzieren. Umstellungsoptionen sind von Relevanz, wenn ein Unternehmen die Möglichkeit hat, seine internen Wertschöpfungsprozesse flexibel anzupassen und zu optimieren. Kommt es beispielsweise bei einem international agierenden Unternehmen in einem seiner Werke zu einer Verschlechterung des Wechselkurses und kann es darauf durch eine Verlagerung der Produktion reagieren, stellt diese Option für das Unternehmen einen Wert dar, der durch eine Option zu erfassen ist. Innovationsoptionen zuletzt repräsentieren die Flexibilität eines Unternehmens, an einer Wachstumschance zu partizipieren oder sie zeitweilig zurückzustellen, ohne sich das Recht an ihr dadurch nehmen zu lassen. Eine Bewertung dieser Optionen erfolgt entweder durch die klassische Methode des Entscheidungsbaums oder durch gängige Optionspreisverfahren. Während erstere auf der Kapitalwertmethode aufbaut und mit Szenarien die Veränderung wichtiger Rahmenbedingungen antizipiert, greifen Optionsverfahren auf Formeln zurück, wie sie z. B. von Black/Scholes (1973) entwickelt wurden.[283]

(3) Durchführbarkeit

Die Prüfung der Durchführbarkeit umfasst eine sachliche und soziale Komponente. Während die sachliche Komponente analysiert, ob ein Unternehmen über die erforderlichen Ressourcen und Fähigkeiten verfügt, bewertet die soziale Komponente die Bereitschaft eines Unternehmens, eine bestimmte Strategie zu verfolgen.

Mittelflussrechnung

Eine **Mittelflussrechnung** gibt Auskunft über die Höhe der einzusetzenden finanziellen Mittel und ihre Quellen sowie den Zeitpunkt, an dem sie benötigt werden. Man erkennt dadurch, ob man sich eine bestimmte Strategie überhaupt leisten kann und welche Verpflichtungen sich daraus ergeben. Wie jede Prognose unterliegt auch die Mittelflussrechnung der Unsicherheitsproblematik, aber dies kann nicht vermieden werden.

Ermittlung der Ressourcenbeanspruchung

Ist die Mittelflussrechnung ausschließlich mit den finanziellen Ressourcen beschäftigt, geht es bei einer Ermittlung der *Ressourcenbeanspruchung* um alle für die Durchführung einer Strategie notwendigen Ressourcen. Dabei sind auch die immateriellen Ressourcen sowie weitere nicht-finanzielle Ressourcenarten zu berücksichtigen. Zu prüfen ist, ob sie ausreichend und zeitpunktbezogen zur Verfügung stehen oder erst noch aufzubauen oder zu erwerben sind. Bei dem Eintritt in ein neues, ausländisches Geschäftsfeld kann beispielsweise erkannt werden, dass das vorhandene Marketingwissen nicht ausreicht, um den Herausforderungen gewachsen zu sein. Zur Abhilfe kann man dann erfahrene Marke-

3.6.2 Bewertungskriterien und -verfahren

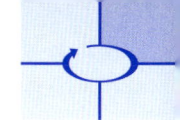

tingspezialisten in dem betreffenden Land einstellen oder mit einem anderen Unternehmen eine Vertriebskooperation eingehen. Keineswegs sollte eine Prüfung der Ressourcenbeanspruchung nur zur Wahl von Strategien führen, die mit dem bestehenden Ressourcenprofil bestmöglich übereinstimmen. Ein solches Verhalten würde den Status quo bestätigen und ein Unternehmen wichtiger Impulse berauben.

Besonders wichtig ist es, sich Aufschluss über die *Veränderungsbereitschaft* des Unternehmens hinsichtlich einer bestimmten Strategie zu verschaffen: Ist das Unternehmen gewillt sich in Richtung der neuen Strategie zu bewegen oder ist mit starken Abwehrreaktionen zu rechnen? Eine solche Prüfung sollte quer durch alle Gruppen des Unternehmens hindurch gehen. Gerade die Selbstverpflichtung und Intention der Führungsmannschaft ist dabei von Bedeutung. Wenn wichtige Führungskräfte nicht aktiv involviert sind oder wenig Interesse haben, eine Strategie zu realisieren (z. B. aufgrund der Abgabe von Verantwortung), sind ihre Erfolgsaussichten nicht hoch einzustufen. Für die Prüfung der sozialen Komponente stehen verschiedene Denkmodelle zur Verfügung, die wir in Kapitel 5 noch vertieft besprechen werden. Zudem ist der Strategic Management Navigator explizit daraufhin ausgerichtet, die Auswirkungen einer Markt- oder Wettbewerbsstrategie auch bis in das Unternehmen hinein zu durchdenken und erst dann eine endgültige Entscheidung zu treffen.

Aufschluss über die Veränderungsbereitschaft

(4) Konsistenz

Verfolgt ein Unternehmen entweder auf Ebene der Geschäftseinheiten oder des Gesamtunternehmens ein strategisches Programm, das aus mehreren Elementen besteht, ist zuletzt noch deren Konsistenz zu prüfen. Dabei kann man zwischen einem Fit in den drei Bereichen Intra-Strategie (Passen die einzelnen Elemente zusammen?), Strategie-System (Passen die Elemente einer Strategie zu dem relevanten System einer unternehmerischen Einheit?) sowie Intra-System (Passen die Elemente des gesamten Systems sowohl nach innen als auch nach außen zusammen?) unterscheiden.[284] Eine solche Prüfung wird in der Praxis meist nur anhand von Plausibilitätsüberlegungen vorgenommen. Ein mathematisches Modell müsste alle relevanten Wechselwirkungen erfassen, was jedoch kaum möglich ist. Von daher behilft man sich mit einem iterativen Abgleich, bei dem an Unstimmigkeiten entweder solange gearbeitet wird, bis die einzelnen Elemente zueinander passen oder neue Kombinationen herangezogen werden. Am Ende der Bewertung sollte dann ein in sich stimmiges strategisches Programm stehen, das aufbauend auf den in Kapitel 3.4 und 3.5 vorgestellten Optionen die Strategie einer unternehmerischen Einheit erfasst.

Zusammenfassung

- Als Prinzipien für die Auswahl von Strategieoptionen können Listen von Auswahlkriterien dienen oder empirisch hergeleitete Erkenntnisse, wie etwa die Ergebnisse aus dem PIMS-Projekt.
- Als Bewertungskriterien für Strategien dienen die Angemessenheit (Wie geeignet ist der gewählte Weg?), die Akzeptanz (Wie gut meint man, auf diesem

Weg die angestrebten Ziele erreichen zu können?), die Durchführbarkeit (Verfügt man über ausreichend Ressourcen und Fähigkeiten zur Umsetzung der Strategie?) und die Konsistenz (Wie gut passen die ausgewählten Strategieoptionen zueinander?).

Anmerkungen

1 Vgl. Freeman 1984, Freeman/Harrison/Wicks/Parmar/Colle 2010.
2 Vgl. Harrison/John 1996, S. 47.
3 In Großunternehmen wird diese Differenzierung noch um weitere Ebenen fortgesetzt, um die hohe Binnenkomplexität der Organisation besser in den Griff zu bekommen. Es gilt dabei i. Allg. das *Subsidiaritätsprinzip*, d.h., dass die relevanten Fragestellungen soweit unten als möglich zu entscheiden sind.
4 In den letzten Jahren haben sich wieder verstärkt ökonomische Ansätze in den Vordergrund geschoben, und dies aus mehreren Gründen. Einer der wichtigsten liegt sicher darin, dass der Analysefokus ökonomischer Ansätze nicht mehr nur auf die Branchen-, sondern auch auf die Unternehmensebene gerichtet ist und sie dort ihr Instrumentarium an Modellen und Methoden wirkungsvoll einsetzen können. Dadurch erhalten sie gerade für Überlegungen einer strategischen Unternehmensführung Relevanz, was lange Zeit nicht der Fall war. Charakteristisch für diese mikroökonomischen Ansätze ist ihr Versuch, auf Grundlage relativ einfacher Modelle und Annahmen, wie der des eigennützigen, opportunistischen Handelns der Akteure, Erklärungen abzugeben, die dann als Gestaltungsempfehlungen für ein wirkungsvolles Management nutzbar sein sollen. Ein weiterer Vorteil ist ihre breite empirische Fundierung, die eine intersubjektive Überprüfbarkeit erlaubt sowie – im Sinne eines positivistischen Wissenschaftsverständnisses – die kumulative »Anhäufung« der Erkenntnisse.
5 Vgl. Hoskisson/Hitt/Wan/Yiu 1999; zu deutschsprachigen Übersichten und Diskussionen siehe zu Knyphausen-Aufseß 1995 und Schreyögg 1993.
6 Interessant sind auch Kombinationsmöglichkeiten zwischen den einzelnen Ansätzen, wie z.B. zwischen der Evolutionstheorie und dem Knowledge-based View; vgl. exemplarisch Zollo/Winter 2000.
7 Vgl. Staehle 1999, S. 415.
8 Vgl. Bain 1956 und Carlton/Perloff 2005.
9 Vgl. Hitt/Ireland/Hoskisson 2010, S. 21–23.
10 Z. B. McGahan/Porter 1997 zeigen, dass 20 % der Profitabilität eines Unternehmens durch die Struktur erklärt werden kann. Aber auch für die Spezifika des Unternehmens wurde ein Erfolgsbeitrag von 36 % ermittelt.
11 Vgl. Henderson/Mitchell 1997. So verdienen die besten Unternehmen in einer durchschnittlich eher unattraktiven Branche immer noch besser als das Durchschnittsunternehmen in einer durchschnittlich eher attraktiven Branche.
12 Vgl. dazu Behavioristen wie etwa Scherer 1980.
13 Was Porter 1980, 1981 zur Abgrenzung sogenannter »*Strategischer Gruppen*« veranlasste, in denen ein Unternehmen mit seinen »Nachbarn«, die über ein ähnliches strategisches Konzept verfügen – und sich gewissermaßen in einer Oligopolsituation befinden –, zusammengefasst wird. Man vgl. dazu Kapitel 3.2.2.
14 Vgl. Porter 1980, 1985.
15 Vgl. zu PIMS Buzell/Gale 1989 sowie die Ausführungen in Kapitel 3.6.1.
16 Vgl. z.B. Montgomery/Wernerfelt 1991.
17 Vgl. zu einer Übersicht der empirischen Untersuchungsergebnisse zum Konzentrationsgrad Schmalensee 1985.
18 Bain 1956 spricht hier von den »general conditions of entry«.
19 Vgl. Scherer 1980, S. 81 ff.
20 Vgl. Buzell/Gale 1989, S. 132 f.
21 Vgl. Porter 1980, S. 41 ff.

22 Vgl. z. B. Hambrick 1983.
23 Vgl. z. B. Murray 1988, S. 395 ff.
24 Vgl. dazu auch zu Knyphausen-Aufseß 1995, S. 61 ff.
25 Zu Knyphausen-Aufseß 1995, S. 65 f. weist darauf hin, dass damit die bei Bain 1956 als Eintrittsbarrieren noch eher weniger relevanten »absoluten Kostenvorteile« eine andere Bedeutung erlangen. Auch verfließt diese Barriere mit den »Differenzierungsvorteilen«, als die man solche spezifischen »Assets« auch betrachten kann.
26 Teece 1986 weist noch darauf hin, dass es sich oft weniger um einzelne »Assets« handelt, sondern eher um eine spezifische Kombination von »Assets«. Dies dürfte auch bei der Reputation als Vorteilsquelle der Fall sein. Milgrom/Roberts 1982 haben sich mit dem Aufbau von Reputation beschäftigt, die sich auf die zu erwartende Verhaltensweise eines Wettbewerbers bezieht. Man könnte sich z. B. eine »Reputation of Toughness« aufbauen, die Neueintretenden in eine Branche auf der Basis der Rekonstruktion vergangener Verhaltensweisen der Etablierten signalisieren soll, was sie zu erwarten haben.
27 Die *Spieltheorie* wurde 1928 von Johann von Neumann als Theorie strategischer Spiele entwickelt, der dann zusammen mit Oskar Morgenstern ihre Anwendung auf ökonomische Analysen erforschte. Vgl. Neumann/Morgenstern 1944.
28 Vg. z. B. Bester 2004 und Carlton/Perloff 2005.
29 Vgl. Coase 1937 und Williamson 1975, 1985.
30 Vgl. dazu die vielen Arbeiten von K. J. Arrow und davon beeinflusst Gutenberg 1951, 1955, 1968 in der deutschsprachigen allgemeinen Betriebswirtschaftslehre.
31 Vgl. Ebers/Gotsch 1995 und Ordelheide 1993.
32 Williamson 1999, S. 1089 formuliert dies wie folgt: »a transaction occurs when a good or service is transferred between technologically separable stages.«
33 Vgl. Picot 1993a, Sp. 4198.
34 Vgl. hierzu z. B. Frese 1995, S. 407 ff. und Picot/ Dietl/Franck 2008.
35 Vgl. z. B. Rubin 1990.
36 Vgl. z. B. Hart 1995.
37 Vgl. hierzu auch die Ausführungen bei Sydow 1992, S. 171 ff.
38 Staehle 1999, S. 414 formuliert dies wie folgt: »Es erscheint wenig Erfolg versprechend, Entstehung und Veränderung von Institutionen allein aus dem Verhalten nutzenmaximierender Individuen erklären zu wollen. Historisch-politisch gewachsene Organisationen ex post als Ergebnis rationaler Entscheidungen von Individuen, die nach ex ante bekannten Nutzenmaximierungskalkülen handeln, zu interpretieren, muss vom Ansatz her scheitern.«
39 Vgl. die Übersicht bei Paul/Horsch 2005.
40 Vgl. Nelson 1995.
41 Vgl. Hannan/Freeman 1977, 1984 sowie die ausführliche Darstellung des Ansatzes bei Kieser/Woywode 1999.
42 Vgl. McKelvey/Aldrich 1983.
43 Vgl. Nelson/Winter 1982.
44 Als *Routine* wird definiert: »Most of what is regular and predictable about business behavior is plausibly subsumed under the heading ›routine‹, especially if we understand that term to include the relatively constant dispositions and strategic heuristics that shape the approach of a firm to the non-routine problem it faces«. Nelson/Winter 1982, S. 15.
45 Vgl. Foss/Knudsen/Montgomery 1994.
46 Vgl. Stuart/Podolny 1996.
47 Vgl. Doz 1996.
48 Vgl. Burgelman 1991 sowie Kapitel 2.1.2.
49 Vgl. Kieser/Woywode 1999.
50 Vgl. zu dieser Definition Kreilkamp 1987, S. 316.
51 Vgl. Lombriser/Abplanalp 2010; Hill/Jones 1992, S. 35 ff.
52 Vgl. Lombriser/Abplanalp 2010.
53 Vgl. Abell 1980 S. 18 ff. bzw. Abell/Hammond 1979, S. 392.

54 Vgl. Link 1985, S. 52 f.; Kuppel 1993.
55 Vgl. ausführlicher dazu z. B. van Geldern 1997, S. 117–120.
56 Zur Diskussion dieser Thematik vgl. Welge/Al-Laham 1992 und Dunst 1983.
57 Auch wenn die Aktivitäten eines Unternehmens in einer Geschäftseinheit zusammenfassbar sind, sollte in dieser Zweiteilung gedacht werden, denn man stellt sich auf Corporate- und Business-Ebene grundsätzlich andere Fragen. Ein Unternehmen mit nur einer Geschäftseinheit sollte z. B. auf Corporate-Ebene hinterfragen, ob aus Risikogesichtspunkten nicht eine Diversifikation in zusätzliche Geschäfte vorgenommen werden sollte.
58 Vgl. ausführlich dazu Müller-Stewens/Brauer 2009.
59 Vgl. Eisenhardt/Brown 1999.
60 Vgl. Berghai/Coley/White 1999.
61 Vgl. Handelsblatt, 14.3.2000, S. 24 und S. 32.
62 Freeman 1984, S. 25, auf den der Stakeholder-Ansatz zurückgeht, definiert Stakeholder als »*any group or individual who can affect or is affected by the achievement of the firm's objectives*«.
63 Vgl. zu verschiedenen Aspekten des Stakeholder-Ansatzes Freemann/Harrison/Wicks/Parmar/Colle 2010, Gioia 1999, Harrison/Caron 1993, Jones/Wicks 1999, Mitroff 1983, Phillips/Freeman 2010 und Sachs/Rühli 2011.
64 Vgl. Stahl 1998 zum Konstrukt der »Beziehungskompetenz«.
65 Vgl. dazu Simon 1964.
66 Noch Ende 2000 bot Carly Fiorina, damals neu ernannte CEO bei HEWLETT PACKARD, 18 Mrd. USD für den Erwerb der Beratungssparte von PRICEWATERHOUSECOOPERS. Sie konnte sich allerdings nicht gegen die eigenen Aktionäre durchsetzen. Am 1.8.02 wurde bekannt gegeben, dass IBM für 3,5 Mrd. USD PwC CONSULTING – Umsatz 4,9 Mrd. USD – übernimmt.
67 Protegiert durch das Netzwerk um das World Economic Forum gelang in der Schweiz dem Beratungs- und Softwareunternehmen THINKTOOLS, das 1999 noch einen Umsatz von etwa 10 Mio. CHF auswies, am 24.3.00 ein Börsengang, der dem Unternehmen teilweise schon kurz nach dem IPO zu einer Marktkapitalisierung von über 1 Mrd. CHF verhalf. Im Oktober 2002 lag sie jedoch nur noch bei etwas mehr als 20 Mio. CHF. Der Kurs war innert kürzester Zeit von einem Hoch von über 1.000 CHF auf unter 10 CHF abgestürzt.
68 Vgl. Schaltegger 1999.
69 Vgl. zum Verhältnis Macht und Strategie Pfeffer 1992 sowie zu den Indikatoren von Macht Johnson/Scholes/Whittington 2008, Abschn. 4.4.2.
70 Vgl. zum Verhältnis zwischen den Shareholder-Interessen und den anderen Stakeholder-Interessen Speckbacher 1997.
71 Vgl. z. B. Baumol 1959.
72 Vgl. Collins/Porras 1997.
73 Vgl. dazu Mitchell/Agle/Wood 1997.
74 DELOITTE CONSULTING 1999 konnte dies z. B. für Produktionsunternehmen zeigen. Martin 2010 plädiert für einen Übergang vom Shareholder-Value- zum Kundenkapitalismus.
75 Vgl. Waterman 1994.
76 Vgl. dazu Freeman/McVea 2001: »A stakeholder approach rejects the very idea of maximizing a single-objective […]. Rather, stakeholder management is a never ending task of balancing and integrating multiple relationships and multiple objectives.«
77 Dass nicht immer von einer Übereinstimmung der Interessen auszugehen ist, zeigt u. a. die Diskussion um eine geeignete »Governance«-Beaufsichtigung und Kontrollstruktur von Unternehmen. Theorien wie z. B. die Principal-Agency-Theorie gehen von einem Gegensatz der Interessen zwischen Eigentümer und Management aus und richten daher ihr Augenmerk auf Fragen wie die Errichtung optimaler Überwachungs- und Anreizmechanismen.
78 Auch Frooman 1999, S. 192 bezieht sich auf die Beziehung zwischen Unternehmen und Stakeholder und nicht auf den Stakeholder selbst.

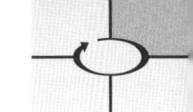

79 Vgl. Kirchgässner 1992, der Stakeholderaktivitäten aus Sicht der Neuen Politischen Ökonomie (»public choice theory«) und dort der Interessengruppentheorie, in der es um die Organisation und Durchsetzung von Interessen geht, betrachtet.
80 Vgl. http://csr.bosch.com/content/language1/html/1937_DEU_XHTML.aspx, abgerufen am 6.7.10.
81 Vgl. zur Bedeutung des Reputationskapitals Stahl 1998.
82 Vgl. zu einer Übersicht über das Thema »Strategic Foresight« Müller/Müller-Stewens 2009 und Costanzo/MacKay 2009.
83 Vgl. Kotler 2001. Hill 1982, S. 16 definiert einen Absatzmarkt »als Gesamtheit jener Bedarfsträger, an die sich die Unternehmung als tatsächliche und potenzielle Abnehmerin ihrer Leistungen wendet, um sie durch die Gestaltung ihres Angebots und dem aktiven Einsatz ihrer Marketinginstrumente zum Kauf ihrer Leistungen zu veranlassen«.
84 Vgl. Tomczak/Kuss/Reinecke 2014 sowie Homburg/Krohmer 2009, Abschn. 6.2.2.2.
85 Vgl. Meffert/Burmann 2014.
86 Johnson/Scholes/Whittington 2008, S. 77.
87 Vgl. http://www.sigma-online.com/de/SIGMA_Milieus/SIGMA_Milieus_in_Germany, abgerufen am 12.8.10.
88 Vgl. dazu den Artikel von Dirk Arnold unter: http://www.sigma-online.com/de/Articles_and_Reports/Planung_Analyse, abgerufen am 12.8.10.
89 Vgl. Porter 1985.
90 Vgl. dazu die Ausführungen zur Industrieökonomik in Abschn. 3.1.1.
91 Die folgenden Ausführungen geben die Gedanken von Porter 1980 wieder.
92 Teilweise in Anlehnung an Thomas Rudolph, St. Galler Handelstag, 22.1.08.
93 Vergleiche hierzu den »Call for Papers« der Strategic Management Society für die Berliner Konferenz 1999. Mit dem Begriff der Dekonstruktion, der vom französichen Philosophen Derrida 1976 geprägt wurde, wird ursprünglich eine Methode bezeichnet, die das hierarchische Denken in binäre Oppositionen auflöst und durch den dadurch ausgelösten Perspektivenwechsel die Vielfalt »unterdrückter« Interpretationsmöglichkeiten sichtbar werden lässt. In der Organisationstheorie sind diese Überlegungen in den letzten Jahren verstärkt aufgegriffen worden; siehe exemplarisch Cooper/Burell 1988, oder Krafft 1998.
94 Während Schmalensee 1985 in seiner empirischen Studie diese Hypothese noch signifikant bestätigen konnte, kam Rumelt 1991, S. 168 ff. einige Jahre später zu dem Ergebnis, dass der Einfluss der Branche auf die Rendite einzelner Geschäftseinheiten lediglich 8,3 % beträgt. Hingegen wird der direkte Einfluss von Geschäftseinheiten mit 46,4 % angegeben und ist damit ca. sechsmal stärker als der Brancheneinfluss. Auch die Studien von Hansen/Wernerfelt 1989 und Mauri/Michaels 1998, S. 216 kommen mit anderen Datensätzen zu ähnlichen Ergebnissen. Hansen/Wernerfelt 1989, S. 406 ff. belegen insbesondere den hohen Einfluss von organisationalen Elementen wie Arbeitsgestaltung, Kommunikationsfluss oder Entscheidungsverhalten auf die Rentabilität einer Geschäftseinheit. Allerdings stellen Mauri/Michaels fest, dass der Einfluss der Geschäftseinheiten über die Jahre zu Gunsten des Einflusses der Branche abnimmt, die Branche langfristig gesehen also doch einen hohen Einfluss hat. Während die Bedeutung der Handlungen auf Ebene der Geschäftseinheit bei einer 5-Jahres-Betrachtung noch bei 37 % liegt, reduziert sie sich bei einer 15-Jahres-Betrachtung auf 25 %.
95 Vgl. Hunt 1972; Porter 1980; McGee/Thomas 1986; Dranove/Peteraf/Shanley 1998. Das Konzept der strategischen Gruppen wurde Mitte der 70er-Jahre an der Harvard Universität entwickelt und empirisch vor allem von der Purdue Universität eingesetzt.
96 McGee/Thomas 1986.
97 Vgl. Barney/Hoskisson 1990.
98 Vgl. Nalebuff/Brandenburger 1996.
99 »Thinking complements is a different way of thinking about business. It's about finding ways to make the pie bigger rather than fighting with competitors over a fixed pie. To benefit from this insight, think about how to expand the pie by developing new

complements or making existing complements more affordable.« Nalebuff/Brandenburger 1996, S. 12.
100 Vgl. dazu auch Collis/Ghemawat 2001.
101 Dies erfolgt auch in Anlehnung an Collis/Ghemawat 2001.
102 In den Zeiten billiger Kredite in den Jahren 2004–07 betrug der Eigenkapitalanteil etwa 10 %. Mit der Wirtschaftskrise verloren die Private-Equity-Unternehmen vorübergehend stark an Bedeutung. Dort, wo sie sich noch engagieren konnten, hatten sie etwa ein Drittel Eigenkapital einzubringen, um zum Zuge zu kommen.
103 Vgl. Tiemann 1997, S. 4.
104 Vgl. die Übersichtsstudie zum Einfluss des Staates auf Unternehmen von Pearce/Dibble/Klein 2009; zur Forderung nach ein strategischen Regulierungsmanagement in der Netzwirtschaft vgl. Schuchardt/Hoffjan/Finger 2015; Oliver/Holzinger 2008 haben untersucht, welche Fähigkeiten dazu erforderlich sind.
105 Allaire/Firsirotu 1989.
106 Financial Times, 6.3.98, S. 21, NZZ, 24.3.00.
107 Vgl. Krystek/Müller-Stewens 1993.
108 Vgl. Ansoff 1965, 1976.
109 Vgl. ausführlich dazu Müller/Müller-Stewens 2009 und Müller-Stewens/Brauer 2009, Abschn. 10.2.
110 Vgl. http://www.bosch.com/de/com/sustainability/corporatemanagement/megatrends, abgerufen am 4.8.15.
111 Vgl. zum Konzept der »Drittvariablen« Galtung 1978.
112 Vgl. z. B. Pillkahn 2007 und Reibnitz 1992.
113 Vgl. zur Szenariotechnik Malaska 1985; Bood/Postma 1997; Shoemaker 1993, 1995; De Geus 1988, 1997; Geschka/Hammer 1990, Schwartz 1991, van der Heijden 1996, Wack 1986, Wilkinson/Kupers 2013.
114 http://www.shell.com/global/future-energy/scenarios.html, abgerufen am 4.9.15.
115 Vgl. Wack 1986. Diese Extremszenarien beschreiben beispielsweise die beste und die schlechteste denkbare Entwicklung des Untersuchungsobjektes (»best and worst case szenario«).
116 Diese der deutschsprachigen Betriebswirtschaftslehre zuzuordnende Einteilung geht auf Gutenberg 1951, 1955, 1968 zurück. Er stufte den dispositiven Faktor als irrational ein, da er nicht in einem quantitativ messbaren Schema erfasst werden könne und letztlich auf die individuellen Eigenschaften Einzelner zurückzuführen sei. Daher könne es für ihn auch niemals eine »wissenschaftliche« Lehre von der Unternehmensführung geben, was zur Folge hatte, dass er ihn aus seinen weiteren produktionstheoretischen Überlegungen ausklammerte.
117 Vgl. Coenenberg 1992, S. 30 ff.
118 Vgl. Rappaport 1997.
119 Vgl. Luehrman 1998a, 1998b, Trigeorgis 1996.
120 Allerdings stellen sich bereits bei Größen wie dem bilanztechnisch anerkannten Goodwill erste Bewertungsprobleme.
121 Vgl. Itami 1987, Grant 1991, Barney 1991.
122 Vgl. Nonaka 1994, Roos/Dragonetti/Edvinsson 1997.
123 Vgl. Barney 1991.
124 Vgl. Grant 1991.
125 Vgl. Hall 1992, 1993.
126 Dieser Begriff wurde von Polanyi 1966 geprägt und von Nonaka 1994 in die betriebswirtschaftliche Diskussion eingeführt.
127 Vgl. zu Knyphausen-Aufseß 1995, S. 94.
128 Vgl. Amit/Shoemaker 1993, S. 35, Nelson/Winter 1982, S. 99 ff.
129 Siehe dazu Kirsch 1997.
130 Vgl. Klein/Hickocks 1994.
131 Vgl. Porter 1985, Esser/Ringlstetter 1991.
132 Vgl. Hax/Majluf 1991, S. 341 ff., Welge/Al-Laham 1992, S. 128.
133 Siehe exemplarisch Hinterhuber 1992, S. 83 ff.

Anmerkungen

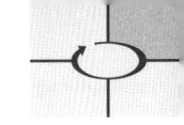

134 Der »Seven S-Framework« sollte die Antwort der Unternehmensberatung MCKINSEY auf den Erfolg ihres Erzrivalen BOSTON CONSULTING GROUP mit der Portfolioanalyse sein. MCKINSEY beauftragte damit vier seiner Berater Richard Pascale, Tony Athos, Tom Peters und Bob Waterman, die den Bezugsrahmen dann in ihren sehr bekannt gewordenen Büchern publizierten: Pascale/Athos 1982, Peters/Waterman 1982. Der Ansatz war auch einer kleinen Änderung unterworfen: Ursprünglich verwendete man statt den »shared values« den Faktor »superordinate goals«.

135 Es ist darauf hinzuweisen, dass im deutschsprachigen Raum Cuno Pümpin mit seinem Konzept der strategischen Erfolgspositionen bereits 1986 vieles von dem vorweggenommen hat, was in der angloamerikanischen Literatur ab 1990 thematisiert wird. Unter einer strategischen Erfolgsposition versteht Pümpin eine »in einer Unternehmung durch den Aufbau von wichtigen und dominierenden Fähigkeiten bewusst geschaffene Voraussetzung, die es dieser Unternehmung erlaubt, im Vergleich zur Konkurrenz langfristig überdurchschnittliche Ergebnisse zu erzielen« (Pümpin 1986, S. 34). Er weist u.a. explizit darauf hin, dass ihr Aufbau durch die Zuordnung von Ressourcen erfolgt, ihre Anzahl begrenzt ist, interdisziplinäre Zusammenarbeit erforderlich ist, es sich um eine langfristige Angelegenheit handelt, Wettbewerber sie nicht rasch imitieren können und sie letztendlich für den Unternehmenserfolg verantwortlich ist.

136 Hamel/Prahalad 1990 definieren eine Kernkompetenz als »the collective learning in the organization, especially how to coordinate diverse production skills and integrate multiple streams of technology«.

137 Vgl. Hamel/Heene 1994.

138 Teece/Pisano/Shuen 1997 definieren »organisationale Fähigkeiten« ganz allgemein als »the capabilities of an enterprise to organize, manage, coordinate or govern specific sets of activities«.

139 Sie baute auf den Arbeiten von Penrose 1959 und Wernerfelt 1984 auf.

140 Man spricht hier von Renten und meint damit im Sinne der mikroökonomischen Theorie diejenigen Erträge, die die Opportunitätskosten des Ressourceneinsatzes in einem Industriezweig überschreiten, ohne neue Wettbewerber anzuziehen. Vgl. Peteraf 1993, S. 180.

141 Vgl. Barney 1991, Grant 1991.

142 Rühli 1994, S. 50 weist beispielsweise darauf hin, dass ein »Happy Engineering« in vielen Unternehmen zwar zu technischen Spitzenleistungen führt, dies jedoch am Markt oft nicht honoriert wird.

143 »The easyGroup is the private investment vehicle of Stelios, the serial entrepreneur. The easyGroup is the owner of the easy brand and licenses it to all of the easy branded businesses, including easyJet plc, the airline Stelios started in 1995 and in which he remains the largest single shareholder. The easyGroup profits by either selling shares in the businesses or by licensing or franchising the brand to reputable partners. The easy brand currently operates more than a dozen industries mainly in travel, leisure, hotel and office accommodation.«, http://www.easy.com/about-us.html, abgerufen am 5.7.10.

144 Die WSIT-Analyse baut auf das VRIO-Konzept von Barney/Hesterly 2006 auf: V = Value, R = Rarity, I = Imitability, O = Organization.

145 Vgl. Shoemaker 1992, S. 77, 1993, 1995.

146 Vgl. Saloner 1991, S. 120 ff., zu Knyphausen-Aufseß 1995, S. 67 ff.;

147 Sie wurde von Vester 1999 entwickelt und von Gomez/Probst 2007 für Managementfragen weiter nutzbar gemacht.

148 Vgl. Gomez/Probst 2007 und ähnlich auch Honegger 2008.

149 Im St. Galler Managementkonzept ist die Unternehmenspolitik Teil des Normativen Managements, wie es ausführlich bei Bleicher 1994 dargestellt wird.

150 Deutlich ausführlicher beschäftigen wir uns mit dem normativen Rahmen in Müller-Stewens/Brauer 2009, Kapitel 4.

151 Vgl. http://www.eads.com/eads/germany/de/unser-unternehmen/unsere-strategie.html, abgerufen am 6.7.10.

152 Vgl. Luhmann 1984, Willke 1993.
153 Vgl. teilweise Collins/Porras 1997 und Coenenberg/Salfeld 2003, S. 26 ff.
154 Vgl. Collins/Porras 1997, S. 225, Campbell/Devine/Young 1990.
155 Collins/Porras 1997, S. 55 weisen in ihrer vergleichenden Studie »Built to last« darauf hin, dass »contrary to business school doctrine, we did not find ›maximizing shareholder wealth‹ or ›profit maximization‹ as the dominant driving force or primary objective through the history of most of the visionary companies«, und folgern: »this is the key point – they have had core ideology to a greater degree than the comparison companies in our study.«
156 Vgl. http://www.jnjgermany.de/jnjgermany/unternehmen_credo.jsp, abgerufen am 28.02.09.
157 Vgl. Bart 1997.
158 Ein dreiphasiges Workshopdesign schlägt Hilb 1994, S. 46 ff. vor. Ausgehend von einer gemeinsamen Analyse der Ausgangslage, wird in einem iterativ zwischen top-down und bottom-up pendelnden Prozess ein Leitbild auf Unternehmensebene entworfen. Daraus werden dann in einer dritten Phase mehrere Bereichs- und Funktionsleitbilder abgeleitet.
159 Vgl. Bleicher 1994, S. 73.
160 Collins/Porras 1997 haben dies auch empirisch in ihrer Langzeitstudie nachgewiesen. Vgl. dazu auch Paine 1994, 1997, 2003 und Waddock 2002.
161 Vgl. http://csr.bosch.com/content/language1/html/3536_DEU_XHTML.aspx, abgerufen am 6.7.10.
162 Vgl. ausführlich zur Implementierung von Werten Müller-Stewens/Brauer 2009, Abschn. 4.3.3. Vgl. z. B. Knüfermann/Kapl 2005 zur Anwendung ethischer Grundsätze im Privatkundengeschäft einer Bank.
163 Vgl. http://csr.bosch.com/content/language1/html/2464_DEU_XHTML.aspx, abgerufen am 6.7.10.
164 Vgl. z. B. Kirsch 1971, S. 238.
165 Vgl. Heinen 1966.
166 Vgl. Kirsch 1977.
167 Cyert/March 1963 sowie Simon 1978 prägten den Begriff der »begrenzten Rationalität«. Eine Beschreibung weiterer Entscheidungstheorien findet sich z. B. bei Staehle 1999, S. 518 ff.
168 Innerhalb derer treibt Heinen 1966 eine eher präskriptiv-normative Variante voran, während Kirsch 1971 sich einer deskriptiven, verhaltenswissenschaftlich ausgerichteten Entscheidungstheorie zuwendet.
169 Vgl. zu einer Übersicht Schreyögg 1999.
170 Vgl. Ansoff 1976.
171 Vgl. Bleicher 1992.
172 Sie wurde von Rappaport 1981 erstmalig zur Evaluation von Strategien und den damit verbundenen Investitionsentscheidungen vorgeschlagen. Im deutschen Sprachraum war bereits in den frühen 60er-Jahren eine Diskussion um die richtige Ermittlung von Gewinnen entstanden, die ausschüttbar sind, ohne die Ertragskraft des Unternehmens zu beeinträchtigen. Da man den buchhalterisch ermittelten Gewinn dafür als nicht geeignet ansah, wurde der sogenannte ökonomische Gewinn als zukünftig zu erwartende, auf den Bilanzstichtag diskontierte Einnahmenüberschüsse definiert. Da es nicht einfach war, diese zu ermitteln, erstellte man Kapitalflussrechnungen, die wie die Shareholder-Value-Analyse bereits Cashflows ausweisen. Vgl. Unzeitig/Köthner 1995.
173 Vgl. Steinmann/Schreyögg 2005, S. 106.
174 Vgl. Friedman 1970.
175 Vgl. Steinmann/Löhr 1992, 96 f.
176 Vgl. Dyllick/Belz/Schneidewind 1997.
177 Vgl. hierzu die Aufsatzsammlung in Zadek/Pruzan/Evans 1997.
178 Vgl. zum Ansatz einer integrativen Wirtschaftsethik Ulrich 2007. Eine einfach lesbare, aber trotzdem fundierte Einführung in die Wirtschaftsethik gibt Ulrich 2002.

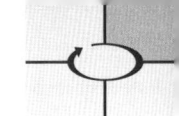

Der Zusammenhang zur Corporate-Governance-Debatte wird in Ulrich 2008 hergestellt. Zu einer Debatte verschiedener wirtschaftsethischer Positionen vgl. Beschorner/Ulrich/Klettstein 2015.
179 Vgl. Habermas 1981.
180 Reuters, 10.8.2010.
181 Vgl. Reidenbach/Robin 1989.
182 Ortmann/Sydow/Türk 1997, S. 15 f.
183 Vgl. Luhmann 1984.
184 Vgl. Willke 1993.
185 Die Betonung der Eigenständigkeit bei der Entwicklung von Organisationen findet man sodann auch bei Coleman 1979, 1992, einem Vertreter der Rational-Choice-Theorie. Er geht davon aus, dass durch die Gründung einer Organisation eine neue Kategorie von Interessen und Zielen entsteht, die darauf ausgerichtet ist, einen korporativen Akteur, wie ein Unternehmen, von den Beschränkungen des Souveräns, z. B. der staatlichen Gewalt, zu befreien. Die Macht in einer Gesellschaft ist für ihn daher nicht mehr ausschließlich an natürliche Personen gebunden, sondern geht zu einem großen Teil auf korporative Akteure über. Sie sieht er sogar als Hauptakteure in modernen Gesellschaften.
186 Vgl. Campbell/Alexander 1997.
187 »Companies must win and retain some loyalty from each of their active stakeholders ... Stakeholders in our economic system are being actively wooed all the time by competitors. A company must give a stream of value to each stakeholder that the stakeholder views as being at least as good as the stream of value offered by competitors, taking into account switching costs ... Seen in this light, creating stakeholder value is not so much an objective as it is an economic constraint on a company's actions. If, for example a company takes actions that fail to deliver sufficient shareholder value, it will loose the loyalty of its shareholders and as a result go out of business. The same is true of its relationship with the other active stakeholders.« Campbell/Alexander 1997, S. 43 f.
188 Vgl. Campbell/Devine/Young 1990.
189 Vgl. Albert 1980, S. 11 ff.
190 Vgl. Habermas 1981.
191 Vgl. Emans 1988, S. 122; Steinmann/Schreyögg 2005, S. 151; Hunger/Wheelen 1998, S. 183.
192 Die nachfolgenden Ausführungen orientieren sich an Tomczak/Kuss/Reinecke et al. 2014. Sie verwenden auf Geschäftsfeldebene anstelle des Begriffs der Marktstrategie den der *Marketingstrategie* und sehen ihren Zweck in der Aufstellung von Richtlinien für den Einsatz der marketingpolitischen Instrumente Product, Price, Promotion, Placement, die zu komparativen Konkurrenzvorteilen führen sollen.
193 Vgl. Meffert/Burmann 2014.
194 Vgl. dazu Bartlett/Goshal 1998.
195 Mehr dazu z. B. unter: http://www.emergingeconomyreport.com/. Der *MSCI Emerging Market Index* von Morgan Stanley Capital International erfasst die Entwicklung von Aktien in den Emerging Markets.
196 Vgl. dazu z. B. http://www.nationmultimedia.com/aec/
197 Vgl. Porter 1985; Thompson/Strickland 1992; Steinmann/Schreyögg 2005; Hunger/Wheelen 1998.
198 Vgl. Porter 1985.
199 Vgl. NZZ, 26.5.2015.
200 Zu einer ausführlichen Besprechung der Erfahrungskurve vgl. Hax/Majluf 1991, Kapitel 6.
201 Vgl. Henderson 1971.
202 Vgl. Porter 1985.
203 Vgl. Gilbert/Strebel 1987; Miller/Dess 1993.
204 Vgl. Gilbert/Strebel 1987.
205 Vgl. Porter 1985.

206 Vgl. Notenstein Gespräch vom Oktober 2012, S. 3.
207 Vgl. Thompson/Strickland 1992; MacMillan 1983; Kotler/Singh 1981.
208 Vgl. Harrigan 1986.
209 Vgl. Thompson/ Strickland 1992; MacMillan 1983; Kotler/ Singh 1981.
210 Financial Times, Combatants fly closer, 6.3.98.
211 Den Unterschied zwischen Regeln und Taktiken kann man sich anhand eines Mannschaftsspiels wie z. B. Handball oder Basketball verdeutlichen. Taktiken beziehen sich darauf, welche Angriffs- und Verteidigungsstrategien für die gegnerische Mannschaft am besten geeignet sind. Man verlässt dabei jedoch nicht den Handlungsspielraum, der durch die Regeln gesetzt ist. In der Wirtschaft hingegen stehen nicht nur die Wahl der Taktiken zur Disposition, sondern auch die Spielregeln selbst. Sie verändern sich hier evolutionär infolge der Interaktionen zwischen den Beteiligten.
212 Vgl. Hamel 1996.
213 Vgl. auch Buaron 1981.
214 Vgl. Arthur 1989.
215 Vgl. ausführlich dazu Müller-Stewens/Brauer 2009, Teil C.
216 Vgl. Müller-Stewens/Brauer 2009, Absatz 5.2 oder ähnlich Porter 1987, der in einer der umfangreichsten Untersuchungen zu diesem Thema argumentiert, dass umso mehr Wert geschaffen werde, je mehr sich das Gruppenmanagement vom Portfoliooptimierer weg und hin zur Integration der Aktivitäten bewege.
217 Vgl. http://www.credit-suisse.com/who_we_are/de/continuity.html, abgerufen am 7.1.09.
218 Vgl. Bartlett/Goshal 1998.
219 Unter vertikalen Grenzen versteht man hier, wie viele Stufen ein Unternehmen im gesamtwirtschaftlichen Produktionsprozess bearbeitet. So kann z.B. eine Bäckerei nicht nur Backwaren herstellen, sondern auch auf vorgelagerten Produktionsstufen wie der Herstellung von Backzusatzstoffen tätig sein.
220 Vgl. Heuskel/Fechtel/Beckmann 2006.
221 Vgl. Bowman/Helfat 2001, Grant 2001, Heinemann/Gröniger 2005.
222 Einer der wenigen Beiträge dazu stammt von Velten/Ansoff 1998.
223 Vgl. Knoll 2008.
224 Vgl. Ansoff 1965.
225 Vgl. Martin 2002, Knoll 2008.
226 Vgl. dazu unsere eigene Fallstudie zur Entwicklung des Volkswagen-Konzerns Müller-Stewens/Stonig 2015a, 2015b.
227 Vgl. Reissner 1992. Siehe zu einer anderen Typologie Müller-Stewens/Brauer 2009, Abschn. 7.2.
228 Vgl. Goold/ Campbell/ Alexander 1994.
229 Vgl. Markowitz 1959 und seine »Portfolio Selection Theory«.
230 Vgl. Henderson 1971.
231 Vgl. Gelb 1982.
232 Vgl. Macharzina 1993.
233 Vgl. Pfeiffer/Metze/Schneider 1985.
234 Weitere Varianten, die in der Praxis noch eine gewisse Verbreitung erfahren haben, sind das Markt-Produktlebenszyklus-Portfolio, das Branchenattraktivität-Geschäftsfeldstärken-Portfolio, die Directional Policy-Matrix, das Geschäftsfeld-Ressourcen-Portfolio sowie der Ronagraph. Vgl. Mauthe/Roventa 1982, Antoni/Riekhof 1994.
235 Vgl. McKinsey/Company/Koller/Goedhart/Wessels 2010. In der 1. Auflage des Buches aus dem Jahr 1990 hieß der Ansatz noch »Pentagon-Konzept« und später auch »Hexagon-Konzept«. Was inzwischen hinzukam, ist der Schritt mit der Suche nach Wachstumsmöglichkeiten.
236 http://geschaeftsbericht.linde.com/annual-2014/integriertes-geschaeftsmodell.html, abgerufen am 22.9.15.
237 Ansoff 1965 beispielsweise sieht eine Diversifikation durch neue Produkte in neuen Märkten gegeben und grenzt dementsprechend ein Geschäftsfeld durch die Kriterien Produkte und Märkte ab.

238 Picot 1993b, Thompson/Strickland 1992.
239 Vgl. Schüle 1992.
240 Eine ähnliche Unschlüssigkeit bezüglich des Zusammenhanges zwischen Verbundenheit und Unternehmenserfolg wie bei den angloamerikanische Studien trifft man bei den vier für den deutschsprachigen Raum publizierten Diversifikationsstudien deutscher Unternehmen an. Vgl. Bühner 1983, 1987a, Lins/Servaes 1999, Schwalbach 1985 und Spindler 1988.
241 Rumelt (1974) unterscheidet dabei zwischen neun Diversifikationskategorien, die er als single business, dominant constrained, dominant vertical, dominant linked, dominant unrelated, related constrained, related linked, unrelated linked und conglomerate bezeichnet.
242 Diese für US-Unternehmen ermittelten Ergebnisse konnten in einer replikativen Studie durch Szeless/Müller-Stewens/Wiersema 2002 auch für deutsche, schweizerische und österreichische Unternehmen im Wesentlichen bestätigt werden.
243 Vgl. Montgomery 1985, Löbler 1988 sowie Jacobs 1992 für einen Überblick.
244 In vielen Unternehmen ist es bei Akquisitionen jedoch so geregelt, dass die Entscheidungskompetenz auch für Akquisitionen auf der Business-Ebene ab einem bestimmten Volumen auf der Corporate-Ebene angesiedelt ist.
245 Vgl. Süssmuth-Dyckerhoff 1995, Barringer/Bluedorn 1999.
246 Vgl. die Markanalysen bei Müller-Stewens/Kunisch/Binder (2016).
247 Vgl. Black 1989 für eine Übersicht über zwölf empirische Studien zu diesem Thema. Vgl. auch Laamanen (2007) zur Rolle des Premiums bei Akquisitionen.
248 Vgl. zum Management von Akquisitionen Müller-Stewens/Kunisch/Binder 2016 und Haspeslagh/Jemison 1992.
249 Vgl. Bleeke/Bull-Larsen/Ernst 1992; Müller-Stewens 1995a.
250 Vgl. Kanter 1994.
251 Vgl. Stüdlein 1997.
252 Vgl. Albers 2010.
253 Kale/Singh/Perlmutter 2000 weisen auf diese Problematik in Zusammenhang mit dem Know-how-Transfer hin.
254 Vgl. Müller-Stewens/Hillig 1992.
255 Vgl. Müller-Stewens/Radel 1997, Lechner/Müller-Stewens 1998, Lechner 1999.
256 Vgl. Sydow 1992, Kirsch 1997.
257 Vgl. von Gneisenau/Koth 1997, S. 243, Gomez-Casseres 1996.
258 Vgl. Müller-Stewens 1989, 1990.
259 Vgl. zu diesem Abschnitt ausführlich Müller-Stewens/Brauer 2009, Abschn. 6.3.3.
260 Vgl. Brauer 2006 für einen Überblick über Motive und Performanceimplikationen von Desinvestitionen.
261 Vgl. Boot 1992, Markides/Singh 1997.
262 Vgl. Brauer 2006.
263 Vgl. PricewaterhouseCoopers 1998.
264 Vgl. Böckli 1999, S. 6 ff.
265 Vgl. Ortmann/Zimmer 1998.
266 Schon Andrews hat 1971 in seinem Standardwerk »The Concept of Corporate Strategy« auf dieses Problem hingewiesen: »The intrinsic difficulty of determining and choosing among strategic alternatives leads many companies to do what the rest of the industry is doing rather than to make an independent determination of opportunity and resources.«
267 Das PIMS-Projekt wurde von Fred Borch (General Electric) initiiert und von Sidney Schoeffler (Harvard Business School) geleitet, der auch das grundlegende statistische Modell entwickelte. Aus der Harvard Business School wurde 1975 das PIMS-Projekt in das Strategic Planing Institute SPI in Cambridge, Massachusetts, ausgelagert. Es arbeitet noch heute als Non-profit-Organisation und befindet sich im Besitz der daran beteiligten Unternehmen.
268 Vgl. Schoeffler 1984, Buzell/Gale 1989, Malik 1987.
269 Vgl. Buzell/Gale 1989.

270 Vgl. Gomez 1999, S. 254.
271 Vgl. Bamberg/Coenenberg 1991.
272 Vgl. Financial Times, 23./24. Januar 1999, S. 2.
273 Steinmann/Schreyögg 2005 weisen auf die Prüfung der ethischen Vertretbarkeit einer Strategie hin. Eine derartige Prüfung kann durch einen Abgleich mit dem Wertsystem und den in einem Unternehmen geltenden ethischen Regeln erfolgen.
274 Vgl. Rappaport 1986, Brealey/Myers 2003, Gomez 1993.
275 Andere Verfahren sind die Amortisationsmethode, der durchschnittliche Erfolg auf den Buchwert, der interne Zinsfuss oder der Profitabilitätsindex, vgl. Brealey/Myers 2003, S. 75 ff.
276 Vgl. zu den Entwicklungstendenzen wertorientierter Steuerungskonzepte Siegert 2000.
277 Verschiedene Beratungsfirmen verwenden Modifizierungen des freien Cashflows. Die BOSTON CONSULTING GROUP setzt den CFROI ein, definiert als Summe aus Gewinn, Zinsen und Abschreibungen dividiert durch die Summe aus Kapital und kumulierter Abschreibung und angepasst gemäß Inflation, Nutzungsdauer und Endwert.
278 Definiert als operativer Gewinn vor Zinsen plus Abschreibungen plus/minus Veränderungen der langfristigen Rückstellungen.
279 In der Praxis ist dies meist zwischen drei bis fünf Jahren. Allerdings sollte man eine solche Zahl nicht als Richtgröße missverstehen. Der Prognosezeitraum sollte sich vielmehr danach richten, wie weit man in die Zukunft hinein noch gesicherte Aussagen treffen kann.
280 Das CAPM-Modell, das Mitte der 60er-Jahre entwickelt wurde, geht davon aus, dass in einem effizienten Markt die erwartete Risikoprämie auf eine Kapitalanlage in direkter Beziehung zum Betafaktor steht, der das Risiko einer Kapitalanlage angibt. Je höher also das Risiko ist, desto höher muss in einem effizienten Portfolio die Rendite der Kapitalanlage sein. An dem Modell ist jedoch über die Jahre Kritik geäußert worden. So wurde beispielsweise die Annahme bezweifelt, dass der Betafaktor der einzige Grund für unterschiedliche Renditen ist. Vgl. Brealey/Myers 2003, S. 166 ff.
281 Berechnet wird der EVA als Turnover minus Operating Expenses minus Invested Capital * Weighted Average Cost of Capital.
282 Copeland/Keenan 1998, Luehrman 1997, 1998a, 1998b, Trigeorgis 1996.
283 Zu den Optionsverfahren vgl. z. B. Kohler 1992, Cox 1985.
284 Vgl. Scholz 1987, S. 61 ff.

Kapitel 4
Wertschöpfung

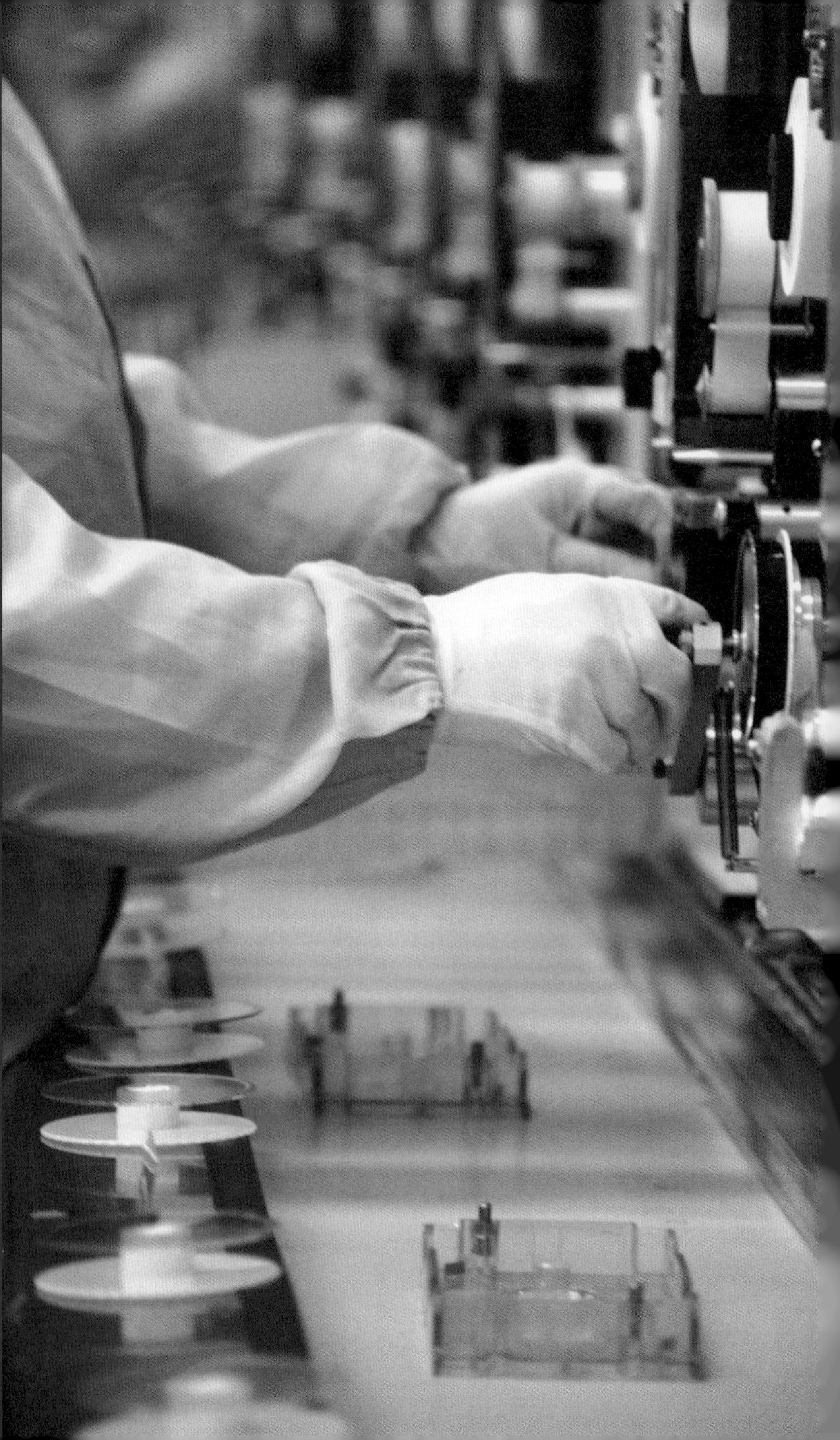

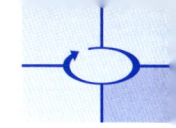

Kapitel 4
Wertschöpfung

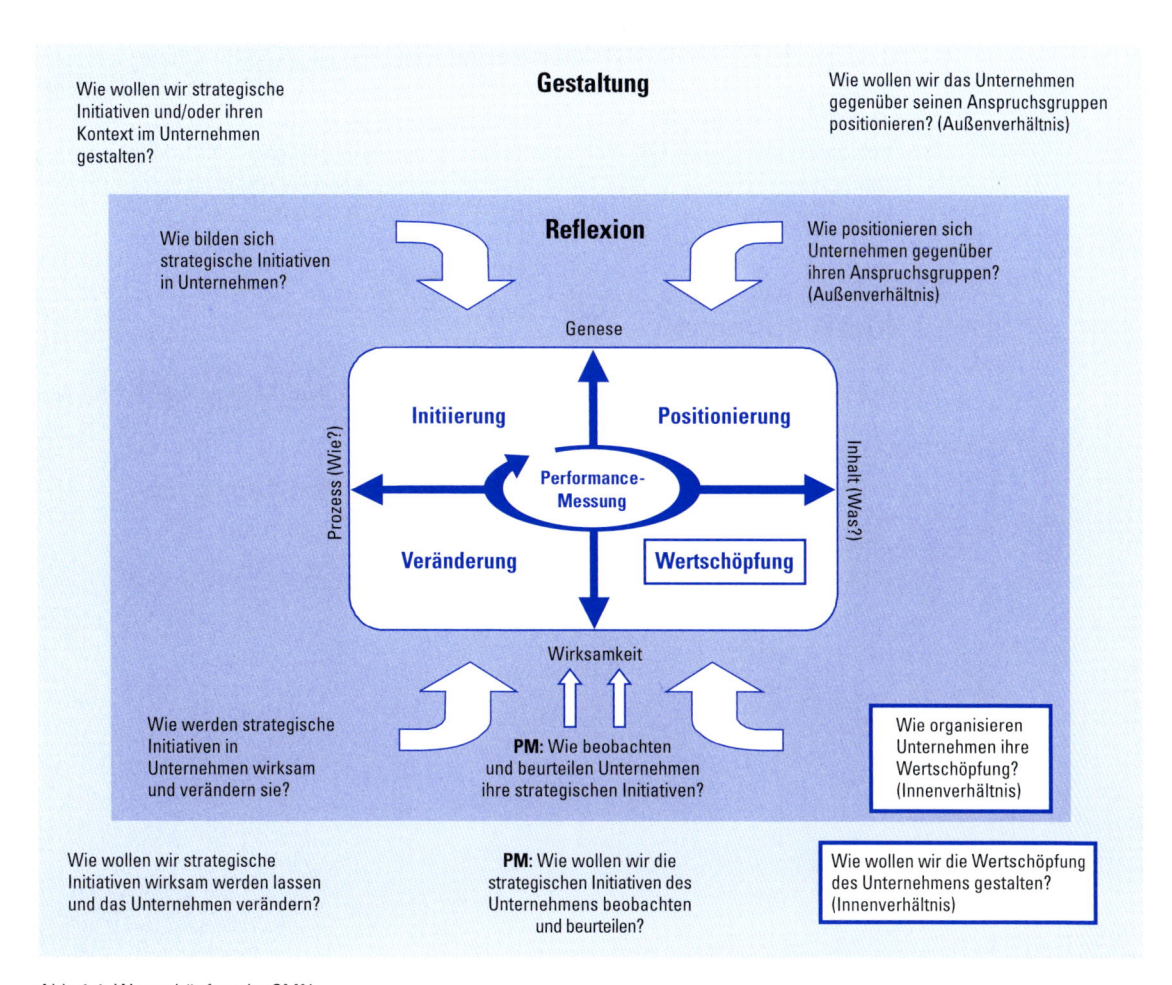

Wie wollen wir strategische Initiativen und/oder ihren Kontext im Unternehmen gestalten?

Gestaltung

Wie wollen wir das Unternehmen gegenüber seinen Anspruchsgruppen positionieren? (Außenverhältnis)

Wie bilden sich strategische Initiativen in Unternehmen?

Reflexion

Wie positionieren sich Unternehmen gegenüber ihren Anspruchsgruppen? (Außenverhältnis)

Genese

Initiierung — Positionierung

Prozess (Wie?) — Performance-Messung — Inhalt (Was?)

Veränderung — Wertschöpfung

Wirksamkeit

Wie werden strategische Initiativen in Unternehmen wirksam und verändern sie?

PM: Wie beobachten und beurteilen Unternehmen ihre strategischen Initiativen?

Wie organisieren Unternehmen ihre Wertschöpfung? (Innenverhältnis)

Wie wollen wir strategische Initiativen wirksam werden lassen und das Unternehmen verändern?

PM: Wie wollen wir die strategischen Initiativen des Unternehmens beobachten und beurteilen?

Wie wollen wir die Wertschöpfung des Unternehmens gestalten? (Innenverhältnis)

Abb. 4-1: Wertschöpfung im SMN

Wertschöpfung entsteht durch eine Vielzahl von *Aktivitäten*, durch die die einem Unternehmen zur Verfügung stehenden *Ressourcen* geschickt miteinander kombiniert werden. Oder anders formuliert: Inputfaktoren werden kombiniert, um Output zu produzieren. Die Unternehmen versuchen durch diese Aktivitäten nicht nur ihre Wertschöpfung »am Laufen zu halten«, sondern das »operative Tagesgeschäft« ständig zu verbessern und weiter zu entwickeln. Oft verliert man dabei angesichts der Fülle der Details den Überblick. Zudem führt die Eigendynamik der einzelnen Einheiten eines Unternehmens zu einer kaum noch zu überblickenden Ansammlung sich teils ergänzender, teils zueinander im Widerspruch stehender Aktivitäten. Wie kann man hier den Zusammenhang bewahren? Wie kann das strategisch Gewollte auch im Tagesgeschäft wirksam werden?

Kapitelübersicht

- Überblick über theoretische Ansätze des Strategischen Managements, die von »innerhalb« des Unternehmens argumentieren
- Einführung in den Begriff der »Wertschöpfung«
- Kennenlernen des Konzepts der »Wertkette« und ihrer Anwendung
- Geschäftsmodell und seine Dimensionen
- Ansätze für innovative Geschäftsmodelle
- Diskussion ausgewählter Funktionalstrategien

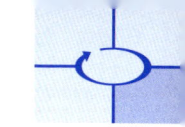

Das Kapitel ist wie folgt aufgebaut: In der Reflexion (Kap. 4.1) werden zunächst theoretische Ansätze vorgestellt, die für das Arbeitsfeld »Wertschöpfung« von Interesse sind. Danach wird der Begriff der Wertschöpfung thematisiert, die Schnittstelle zwischen Positionierung und Wertschöpfung verdeutlicht und die Wertschöpfung gegenüber verschiedenen Anspruchsgruppen diskutiert (Kap. 4.2). Weiter geht es mit der Wertkette als ein zentraler Ansatz zur Analyse und Gestaltung der Wertschöpfung (Kap. 4.3). Darauf aufbauend wird der Begriff des Geschäftsmodells eingeführt und wir zeigen die wichtigsten Dimensionen eines Geschäftsmodells. Ebenso werden verschiedene Ansätze für innovative Geschäftsmodelle diskutiert (Kap. 4.4). Wir beenden die Ausführungen mit der Thematik der Funktionalstrategien (Kap. 4.5).

Abb. 4-2: Wissenslandkarte zum Kapitel »Wertschöpfung«

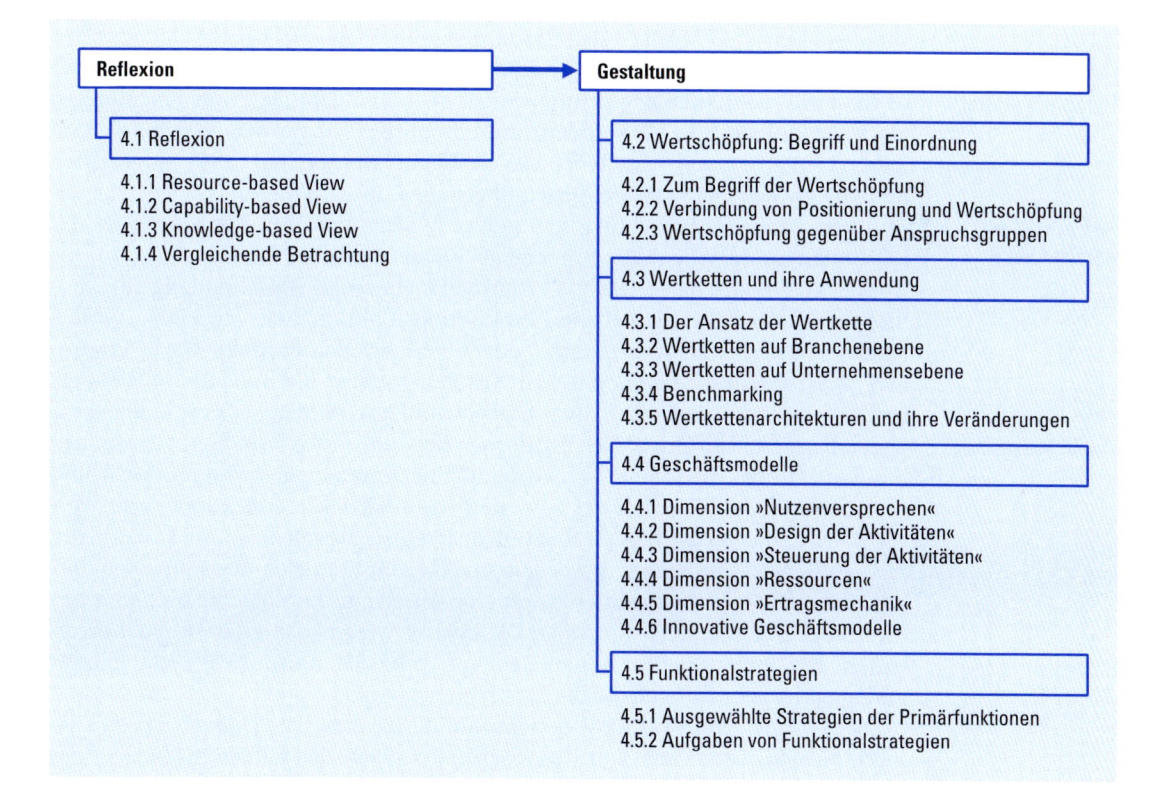

Reflexion

4.1 Reflexion
- 4.1.1 Resource-based View
- 4.1.2 Capability-based View
- 4.1.3 Knowledge-based View
- 4.1.4 Vergleichende Betrachtung

Gestaltung

4.2 Wertschöpfung: Begriff und Einordnung
- 4.2.1 Zum Begriff der Wertschöpfung
- 4.2.2 Verbindung von Positionierung und Wertschöpfung
- 4.2.3 Wertschöpfung gegenüber Anspruchsgruppen

4.3 Wertketten und ihre Anwendung
- 4.3.1 Der Ansatz der Wertkette
- 4.3.2 Wertketten auf Branchenebene
- 4.3.3 Wertketten auf Unternehmensebene
- 4.3.4 Benchmarking
- 4.3.5 Wertkettenarchitekturen und ihre Veränderungen

4.4 Geschäftsmodelle
- 4.4.1 Dimension »Nutzenversprechen«
- 4.4.2 Dimension »Design der Aktivitäten«
- 4.4.3 Dimension »Steuerung der Aktivitäten«
- 4.4.4 Dimension »Ressourcen«
- 4.4.5 Dimension »Ertragsmechanik«
- 4.4.6 Innovative Geschäftsmodelle

4.5 Funktionalstrategien
- 4.5.1 Ausgewählte Strategien der Primärfunktionen
- 4.5.2 Aufgaben von Funktionalstrategien

4.1 Reflexion

In diesem Kapitel setzen wir den Überblick über die theoretischen Ansätze des Strategischen Managements fort. Schwerpunkt sind jetzt Ansätze, die auf der Ebene der Firma ansetzen und von dort aus die Generierung überdurchschnittlicher Erträge erklären. Im Folgenden werden zuerst der sogenannte *Resource-based View*, dann der *Capability-based View* und zuletzt der *Knowledge-based View* vorgestellt.

Lernziele

- Darstellung von drei Ansätzen zur Erklärung überdurchschnittlicher Erträge (»Theories of the firm«), die »von innen« heraus argumentieren
- Resource-based View, Capability-based View und Knowledge-based View
- Auseinandersetzung mit den Vorteilen, Kritikpunkten und offenen Fragen dieser Ansätze

4.1.1 Resource-based View

Eine der fruchtbarsten theoretischen Strömungen der letzten Jahre ist der ressourcenorientierte Ansatz oder **Resource-based View (RBV)**. Er baut auf den Überlegungen von Edith Penrose auf, die in ihrem 1959 verfassten Buch »Theory of the Firm« Unternehmen erstmals nicht als administrative Einheiten, sondern als Ansammlung von Ressourcen konzeptualisiert. Mitte der 80er-Jahre wird dieser Gedanke durch die Arbeiten von Birger Wernerfelt (1984) aufgegriffen und auf strategische Fragestellungen übertragen. In der Folge entwickelt sich daraus eine intensive Forschungsbewegung.[1] Worum geht es? Zunächst setzt der RBV nicht an der Ebene der Branche an, sondern geht eine Ebene tiefer, auf die *Ebene der Firma*. Hier betrachtet er Firmen nicht länger als Abbildung einer homogenen, allen frei zugänglichen Produktionsfunktion (wie im neoklassischen Modell des perfekten Wettbewerbs) oder als Menge von Produkt-Markt-Positionen (wie im industrieökonomischen Ansatz), sondern als Bündel von Ressourcen. Durch diesen Perspektivenwechsel gewinnt er eine neue, eigenständige Analyseeinheit, die Ressource. Der Begriff der *Ressource* ist relativ breit gefasst. Mit ihm wird all das bezeichnet, was einem Unternehmen zur Verfügung steht und worauf es direkt oder indirekt zugreifen kann.[2] Konkreter wird es, wenn versucht wird, die verschiedenen Ressourcenarten zu klassifizieren, und man dann z. B. zwischen physischen, humanen und organisationalen Ressourcen unterscheidet oder – weiter ausdifferenziert – finanzielle, technologische und reputationsbezogene Ressourcen hinzufügt. Alternativ wird auch zunächst nach materiellen und immateriellen Ressourcen unterschieden und anschließend darauf aufbauend weiter differenziert.

Die *zentrale These* des RBV besteht nun darin, dass Erfolgsunterschiede zwischen Firmen durch Unterschiede zwischen ihren jeweiligen Ressourcen zu erklären sind. Oder noch präziser: Es kommt auf die Effizienzunterschiede zwischen Ressourcen an. Verfügt eine Firma über Ressourcen, die ihr einen Effizienzvorteil sichern, so wird sich dieser in Form eines höheren Erfolgs auszahlen. Verfügt sie über »schlechtere« Ressourcen, so wird auch ihr Erfolg unterdurchschnittlich sein. Wie unmittelbar ersichtlich ist, liegt die Aufmerksamkeit beim RBV nicht auf der Homogenität von Firmen, sondern auf deren Heterogenität, denn nur dort, wo Firmen sich unterscheiden, können Effizienz- und in der Folge Erfolgsunterschiede auftreten. Von Erfolg wird dabei gesprochen, wenn es einem Unternehmen gelingt, über einen längeren Zeitraum sogenannte *Renten* zu erwirtschaften. Der Begriff der Rente, der aus der mikroökonomischen Theorie stammt, bezeichnet diejenigen Erträge, die die Opportunitätskosten des Ressourceneinsatzes in einem Industriezweig überschreiten, ohne neue Wettbewerber an-

4.1.1 Resource-based View

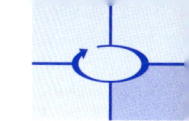

zuziehen. Dadurch sind sie für eine bestimmte Zeit dauerhaft und sichern einem Unternehmen überdurchschnittliche Erträge. Unter den Annahmen des neoklassischen Ansatzes des perfekten Wettbewerbs kann dieser Fall gar nicht eintreten, denn dort verfügen alle Firmen über die gleiche, homogene Produktionsfunktion mit vollständig flexiblen Inputfaktoren. Angebot und Nachfrage balancieren sich im Gleichgewicht aus und bestimmen die Break-even-Kosten der beteiligten Firmen. Der industrieökonomische Ansatz hingegen geht von monopolistischen Branchenstrukturen aus.[3] Den mit Marktmacht ausgestatteten Firmen fließen hier Renten zu, indem sie bewusst die Produktionsmenge einschränken und Monopolgewinne einstreichen. Unvollkommenheiten der Industriestruktur führen folglich zu Renten. Der RBV ist nun ebenfalls am Phänomen der Rente interessiert und daher auch an Unvollkommenheiten, allerdings legt er sein Augenmerk neben der Monopol- besonders auf die *Ricardorente*. Diese basiert auf herausragenden Inputfaktoren, die es in einer Branche nur in begrenztem Umfang gibt. Da ihr Angebot entweder überhaupt nicht oder nur langsam erweitert werden kann, weisen Firmen, die sie besitzen, geringere Durchschnittskosten als ihre Konkurrenten auf und generieren folglich solange Renten, wie sie in der Lage sind, ihre Heterogenität bzw. die Effizienzvorteile aufrechtzuerhalten.

Ricardorente

Neben der Heterogenität von Ressourcen sind noch weitere *Bedingungen* erforderlich, um dauerhaft Renten »einstreichen« zu können[4]. Erstens muss es ex ante Beschränkungen des Wettbewerbs um wertvolle Ressourcen geben, da ansonsten ihr Preis schon im Vorfeld so weit steigen würde, dass die anfallenden Kosten das Rentenpotenzial aufbrauchen würden. Denn geht man von der Vorstellung eines Marktes für strategisch wichtige Ressourcen aus, dann kann eine Firma nur auf zwei Arten in den Besitz wertvoller Ressourcen gelangen: entweder durch reines Glück oder durch »hellseherische« Voraussicht, indem sie Ressourcen, die sich dann später als wertvoll erweisen, vorab billig erwirbt. Aufgabe der Firma ist es, hier ein ausgezeichnetes Gespür für ihr »Resource-picking« zu entwickeln, d.h., sie muss systematisch genauere Erwartungen über den zukünftigen Wert von Ressourcen als andere Firmen haben. Der Wettbewerb um wertvolle Ressourcen findet also vor ihrer eigentlichen Akquisition statt. Hier wird das Rentenpotenzial durch kluge Auswahlentscheidungen der Firma geschaffen.

Als zweite Bedingung dürfen wertvolle Ressourcen nicht vollständig mobil und damit handelbar sein. Ansonsten bestünde die Gefahr, dass andere Benutzer sie durch hohe Preise von ihren jeweiligen Benutzern »wegbieten« würden. Diese Gefahr reduziert sich jedoch, wenn die betreffenden Ressourcen mit Umstellungskosten verbunden sind, auf firmenspezifische Anforderungen hin spezialisiert sind oder nur in Kombination mit anderen Ressourcen, über die ein interessierter Bieter nicht verfügt, einen höheren Wert generieren.

Drittens kann eine Rente nur dauerhaft gesichert werden, wenn ex post Beschränkungen des Wettbewerbs bestehen, die die Heterogenität der jeweiligen Ressourcen sichern. Dies geschieht im Falle von unvollständiger Imitation und Substitution. Sind diese Beschränkungen nicht gegeben, so bauen Konkurrenten die einzigartige Ressourcenausstattung einer Firma entweder nach oder neutralisieren sie durch alternative Kombinationen ihrer Ressourcen. Wie sich allerdings in der Praxis immer wieder zeigt, ist dies oft nicht möglich. Rumelt (1984) verweist hier auf sogenannte »isolierende Mechanismen«, die er als »phenomena that limit the ex post equilibration of rents among firms« definiert. Konkret sind dies Mechanismen wie Eigentumsrechte an seltenen Ressourcen, einmalige historische Anfangsbedingungen, Informationsasymmetrien etc. Von besonderem Interesse ist der Mechanismus der *kausalen Ambiguität*[5]. Er weist auf die Unsicherheit hin, die oft über die Ursachen von Effizienzunterschieden besteht. Wenn eine »Entschlüsselung« dieses Unterschiedes nicht machbar ist, kann auch kein Konkurrent als Imitator auftreten.

Insgesamt entwirft der RBV also eine Argumentationslogik, die die Generierung, Nutzung und Sicherung von Ricardorenten auf Grundlage der Heterogenität von Ressourcen erklärt. Sie beginnt mit ex-ante-Beschränkungen des Wettbewerbs (Generierung), setzt sich mit einer Diskussion der Eigenschaften und des Einsatzes wertvoller Ressourcen fort (Nutzung) und endet in einer Analyse der Ex-post-Beschränkungen, die ein Abschmelzen der Ricardorenten verhindern (Sicherung). Kritisch betrachtet handelt es sich beim RBV um einen wegweisenden, gleichwohl jedoch entwicklungsbedürftigen Ansatz des Strategischen Managements. Positiv ist vor allem sein Versuch zu bewerten, die »Black box« der Firma zu öffnen und mikroökonomische Vorgänge mit Hilfe eines eigenständigen Sprachspiels theoretisch und empirisch zu erfassen. Auch die Fokussierung auf die Heterogenität von Ressourcen ist ein Pluspunkt im Vergleich zu Theorien mit wesentlich restriktiveren, realitätsfernen Annahmen. Ungeklärt sind jedoch noch eine Reihe von Punkten: So gibt der RBV keine Hinweise darauf, wie sich wertvolle Ressourcen ex ante und nicht ex post von nichtwertvollen Ressourcen unterscheiden lassen. Die Rekonstruktion von unternehmerischen Erfolgsgeschichten, wie sie in empirischen Arbeiten immer wieder zu beobachten ist, hat noch keine prediktive Aussagekraft. Daher ist der RBV auch dem Tautologievorwurf ausgesetzt, nach dem Motto: Wertvolle Ressourcen sind Ressourcen, die eben wertvoll sind. Des Weiteren ist es schwierig, den Wert von Ressourcen isoliert zu analysieren. Oft gewinnen Ressourcen erst durch die Kombination mit anderen Ressourcen an Wert und stehen in einem Komplementaritätsverhältnis zueinander. Wie dies bei einer Vielzahl von Ressourcen theoretisch verarbeitet werden kann, ist eine noch offene Frage. Ebenso ist ungeklärt, ob und wie wertvolle Ressourcen und damit Renten entstehen. Können solche Prozesse im Rahmen des RBV überhaupt angemessen erfasst werden oder beschränkt sich seine Aussagekraft auf Vorschläge zum »Herauspicken« unterbewerteter Ressourcen?

4.1.2 Capability-based View

Der fähigkeitenorientierte Ansatz oder **Capability-based View** (CBV)[6] des Strategischen Managements ist eine Fortführung des RBV, setzt jedoch an mehreren Stellen neue Akzente. Zwei der wichtigsten *Unterschiede* liegen in der Frage nach dem Zeitpunkt sowie dem Mechanismus der Rentengenerierung.[7] Während im RBV die ökonomische Rente in der Phase bis zur Akquisition einer (hoffentlich) unterbewerteten Ressource geschaffen wird, beginnt für den CBV der Prozess der Rentengenerierung erst, nachdem die Firma in den Besitz der Ressourcen gelangt ist. Das Timing ist also verschieden. Die beiden Phasen schließen zwar aneinander an, sind jedoch voneinander getrennt. Auch der Mechanismus, durch den Wert geschaffen wird, ist ein anderer. Während es im RBV um die Frage geht, wie Unternehmen durch überlegene Informationen und ein geschicktes Aufspüren von unterbewerteten Ressourcen ein Rentenpotenzial erzielen, das es

4.1.2 Capability-based View

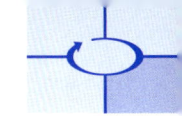

dann anschließend zu bewahren und verteidigen gilt, wird im CBV eine Rente erst durch den koordinierten Einsatz von Ressourcen in der Firma, sprich deren Fähigkeiten, geschaffen.

Damit wird auch verständlich, warum im CBV nicht Ressourcen, sondern Fähigkeiten die zentrale *Analyseeinheit* sind. Denn erst durch *Fähigkeiten* (wie z. B. Design und Entwicklung von Computerchips oder erfolgreiche Integration von akquirierten Unternehmen) ist eine Firma in der Lage« Renten zu generieren, während Ressourcen gewissermaßen das »Baumaterial« sind, mit dem Fähigkeiten hantieren, und das diese geschickt einsetzen.[8] Konsequenterweise werden Fähigkeiten im CBV als komplexe Interaktions-, Koordinations- und Problemlösungsmuster einer Organisation verstanden. Oft sind sie mit spezifischen Gruppen und ihrer jeweiligen Wissensbasis verbunden. Sie werden in einem langwierigen Entwicklungsprozess aufgebaut und sind aufgrund ihrer komplexen Zusammensetzung und organisatorischen Verankerung weder zu transferieren noch käuflich zu erwerben. Eine konkurrierende Firma ist daher gezwungen, einen ähnlichen Aufbauprozess zu durchlaufen, wie die Firma, die über herausragende Fähigkeiten verfügt. Damit wird die Generierung von Renten zu einem mühsamen, in seinen Einzelheiten oft kaum durchschaubaren Prozess.

Fähigkeiten

Der Fähigkeitsbegriff trägt diesen Überlegungen Rechnung. Für Teece/Pisano/Shuen (1997) sind organisationale Fähigkeiten »the capabilities of an enterprise to organize, manage, coordinate or govern specific sets of activities«. In einer überarbeiteten Fassung betonen sie den dynamischen Aspekt einer Fähigkeit stärker und kommen damit zu folgender Definition[9]: »We define *dynamic capabilities* as the firm's ability to integrate, build, and reconfigure internal and external competences to address rapidly changing environments.« Die zentrale Aufgabe eines strategischen Managements liegt in der Anpassung, Integration und Rekonfiguration von internen und externen Fertigkeiten und Ressourcen. Ziel ist es, jeweils den Anforderungen einer sich kontinuierlich verändernden Umwelt gerecht zu werden. Im Detail zeichnen sich Fähigkeiten durch folgende *Charakteristika* aus: Erstens werden durch sie Handlungen von Individuen und Gruppen koordiniert. Die dazu notwendige Abstimmung der einzelnen Handlungen zu Handlungsketten erfolgt nun nicht mehr »fallweise«, sondern vollzieht sich routinisiert. Es sind wiederholbare Interaktionsmuster entstanden, die umso effizienter werden, je mehr sie eingeübt und internalisiert sind. Fähigkeiten können daher auch als organisationale *Routinen* verstanden werden, die spezielle Probleme erfolgreich lösen.[10]

Routinen als Fähigkeiten

Zweitens ist die Koordination von Handlungen nicht nur in der Oberflächenstruktur einer Organisation verankert, sondern greift insbesondere auf die Tiefenstruktur zu, die das »organisatorisch Unbewusste« verkörpert. Sie umfasst die kognitiven Strukturen, Gruppen- und Individualinteressen sowie die Kultur als Ausdruck von Werten, Normen und Weltbildern einer Organisation. Von daher ist es nicht überraschend, wenn sich der CBV zunehmend mit Fragen des Lernens in Organisationen oder der Entstehung von Kognitionen auf individueller und kollektiver Ebene beschäftigt.

Drittens führt die Verankerung in der Tiefenstruktur dazu, dass Fähigkeiten Potenzialcharakter aufweisen. Investitionen in sie verändern den »Opportunity Set«, der einem Unternehmen zur Verfügung steht, und erhöhen damit seinen Handlungsspielraum.[11] Viertens ist der Akkumulationsprozess von Fähigkeiten relativ komplex. Manager sind von Natur aus mit begrenzter Rationalität ausgestattet und treffen deshalb nichtperfekte, ins eigene Ermessen gestellte Entscheidungen.[12] Diese kulminieren sich im Zeitablauf zu organisationalen Fähigkeiten, die oft erst ex post als solche erkennbar werden.[13] Teece/Pisano/Shuen (1997) betonen die Bedeutung von Pfadabhängigkeiten und begründen die Erkenntnis »*history matters*« mit dem Verweis auf Versuchs-, Feed-back- und Evaluationsprozesse während der Entwicklung von Fähigkeiten.

Pfadabhängigkeit

Aus diesen Ausführungen wird deutlich, dass der CBV – analog zum RBV – ebenfalls über die *Heterogenität* von Firmen argumentiert, nun allerdings nicht auf Basis unterschiedlicher Ressourcen, sondern auf Basis unterschiedlicher, firmenspezifischer Fähigkeiten. Erfolgsunterschiede zwischen Firmen erklärt er durch Unterschiede in ihren jeweiligen Fähigkeiten, die in der Folge zu Effizienzunterschieden zwischen den Ressourcen führen. Mit dieser Argumentation entfernt sich der CBV nicht vollständig von einer ressourcenorientierten Betrachtung, sondern errichtet gewissermaßen eine fähigkeitenorientierte »Metaebene« über ihr, auf der er die eigentlichen Quellen wirtschaftlichen Erfolgs vermutet. Ähnliches gilt in seinem *Rentenverständnis*. Betont der RBV die auf immobilen Ressourcen beruhenden Ricardorenten, hält der CBV ihm die sogenannten Schumpeterrenten entgegen. Diese ergeben sich als Belohnung für risikofreudige, unternehmerische Entscheidungen in einer ungewissen, komplexen Umwelt. Sie sind inhärent selbstzerstörerisch, da das mit ihnen verbundene Wissen in die Umwelt diffundiert und einen neuen Zyklus der »kreativen Zerstörung« auslöst. Dem CBV kommt es also weniger auf die Eigenschaften der Ressourcen einer Firma an, sondern auf die Frage, wie diese Ressourcen immer wieder neu konfiguriert und kombiniert werden müssen, um auf eine innovative Form Wert zu schaffen.

»Kreative Zerstörung«

> **Exkurs: »Collaboration Capability«**
> In einer zunehmend spezialisierten, arbeitsteiligen und beschleunigten Wirtschaftswelt ist es für Unternehmen von strategischer Bedeutung, dass Kooperation über Bereichs- und Unternehmensgrenzen hinweg ohne Reibungsverluste gelingt. Die zunehmende Digitalisierung ermöglicht interaktive Wertschöpfungs- und Geschäftsmodelle, die alle eines gemeinsam haben: Sie bauen im Kern auf einer gelungenen, intensivierten, dynamischen und kontinuierlichen sozialen Interaktion zwischen den verschiedenen Anspruchsgruppen und Partnerorganisationen auf. In einer solchen »Relationship Economy« werden vertrauensvolle Beziehungen für einen nachhaltigen Unternehmenserfolg immer bedeutsamer. Eine solche Fähigkeit zur Kollaboration und Interaktion ist nicht »automatisch« gegeben, sondern muss erst entwickelt werden. Dabei gilt es Barrieren zu überwinden, wie etwa die fehlende Bereitschaft von anderen zu lernen. Sie bestimmt dann zunehmend die Wettbewerbsfähigkeit eines Unternehmens und kann damit auch eine Quelle von Wettbewerbsvorteilen sein.[14]

Kritische Würdigung

Kritisch betrachtet kommt dem CBV der Verdienst zu, die statische Betrachtungsweise des RBV dynamisiert und sich explizit auf den Prozess der Akkumulation von Fähigkeiten konzentriert zu haben. Hier liegt sein größtes Potenzial. Gleichzeitig öffnet er sich dadurch den Einsichten, die in der Organisationstheorie über Phänomene wie Lernen, Kognitionen etc. bereits bestehen. Zu bedenken sind hingegen folgende Punkte: Erstens ist die Trennlinie zwischen Ressourcen und Fähigkeiten nicht einfach zu ziehen. Wenn Fähigkeiten auf den Einsatz von Ressourcen abzielen, sind sie dann nicht auch eine »spezielle« Ressource, die der Firma zur Verfügung steht? Werden sie aber als eine solche Ressource behandelt, dann stellt sich wieder die Frage der Abgrenzung und der Interaktion zwischen Ressourcen und Fähigkeiten. Konsequenter wäre es dann wohl, den Fähigkeitenbegriff eigenständig zu definieren und ihn mit spezifischen Attributen auszustatten, die nicht wieder auf Ressourcen verweisen. Wie damit empirisch gearbeitet werden kann, ohne auf die Beobachtung von Ressourcen zurückzufallen, ist allerdings eine noch ungeklärte Fragestellung. Dies führt zum zweiten Kritikpunkt. Der Fähigkeitenbegriff ist bislang kaum überzeugend operationalisiert. Viele Definitionen sind letztendlich tautologischer Natur und definieren eine Fähigkeit mehr oder weniger als die Fähigkeit, etwas zu tun. Drittens stellt sich wie beim RBV die Problematik der Ex-ante- versus Ex-post-Rationalisierung. Wie kann man vorab erkennen, welche Fähigkeiten aufzubauen sind, und wie ist ein solch zielgerichteter Aufbau – angesichts von Problemen wie z. B. der kausalen Ambiguität – überhaupt möglich? Kann eigentlich über Phänomene, die auf Einzigartigkeit und Kontextabhängigkeit beruhen, in generalisierter Form theoretisiert werden, ohne dadurch gerade dies zu verlieren?

4.1.3 Knowledge-based View

Auch der wissensorientierte Ansatz oder **Knowledge-based View** (KBV) basiert auf dem ressourcenorientierten Ansatz, treibt ihn jedoch in eine eigenständige Richtung weiter. Die Ressource »Wissen« ist im RBV zwar bereits bekannt und wird dort als immaterieller Vermögensgegenstand behandelt, gleichwohl kommt ihm aber dabei zunächst keine besondere Bedeutung zu. Wissen steht gleichberechtigt neben anderen Ressourcenarten und ist nur eine mögliche Quelle von Wettbewerbsvorteilen.

Im KBV verändert sich nun diese Sichtweise. Wissen wird zum entscheidenden Merkmal von Firmen. Sie werden nicht länger als ein Bündel von Ressourcen oder Fähigkeiten betrachtet, sondern als soziale Organisationen, in denen Individuen auf Grundlage ihrer individuellen Wertvorstellungen sowie gemeinsam geteilter Ideologien und Deutungsmuster interagieren.[15] Die Firma wird zu einem »body of knowledge«.

Firma als »body of knowledge«

Doch was ist Wissen? Gibt es eine einheitliche Vorstellung davon? Wenn das Konstrukt »Wissen« zur zentralen Analyseeinheit des KBV wird, stellt sich automatisch die Frage, wie es definiert werden kann. Hier fallen die Antworten unterschiedlich aus und man verweist auf die lange Diskussion, die sich im philosophischen Diskurs von Plato und Aristoteles bis hin zu Popper und Latour zieht. Je nachdem, welcher epistemologischen Position man zugeneigt ist, werden dann verschiedene Definitionen vorgeschlagen. Folgt man z. B. den Annahmen einer positivistischen Erkenntnistheorie und versteht man Wissen als ein objektives, übertragbares Gut, dann kann Wissen als »information whose validity has been established through tests of proof«[16] oder als »justified true beliefs«[17] definiert werden. Geht man hingegen von anderen epistemologischen Annahmen aus, so verändern sich in der Folge auch die Definitionen. Knüpft man beispielsweise Wissen an die subjektiven Wertvorstellungen von Individuen und ihren Interaktionen und sieht man Wissen als soziale Konstruktion auf individueller oder kollektiver Ebene, so verlieren »objektive« Definitionen ihre Grundlage.

Aufbauend auf der Debatte, was denn Wissen eigentlich ist, hat sich im KBV eine Strömung herausgebildet, die sich primär mit verschiedenen *Wissensarten* beschäftigt und in der die jeweiligen epistemologischen Annahmen nur noch indirekt nachwirken. Mehrere Unterscheidungen sind hier vorgeschlagen worden, die das Konstrukt »Wissen« in seine Einzelteile zerlegen. So wird differenziert zwischen explizitem und implizitem Wissen, sozial konstruiertem, verinnerlichtem, konzeptionellem Wissen etc.[18] Daneben werden die verschiedenen Ebenen betrachtet, auf denen Wissen untersucht wird. Während einige Autoren sich auf die individuelle Ebene konzentrieren, haben andere primär die kollektive Ebene im Fokus.[19]

Um die Verbindung zum Strategischen Management bzw. zur Frage nach *Wettbewerbsvorteilen* herzustellen, schlägt der KBV zwei Wege vor. In einer statischen Version geht er vom RBV aus und argumentiert, dass Wissen einfach die wichtigste aller Ressourcen ist. Andere Ressourcen spielen zwar auch eine Rolle, aber Wissen ist letztendlich die entscheidende. In einer prozessualen Version wird die Lokalisierung, die Generierung, die Nutzung, der Transfer und die Sicherung von Wissen zur Grundlage für jegliches Verhalten in Organisationen – inklusive natürlich all der Aktivitäten, durch die Wettbewerbsvorteile geschaffen werden. Damit argumentiert der KBV ähnlich wie der CBV.

Insgesamt kann der KBV als eine bewusste Verengung des ressourcen- und fähigkeitenorientierten Ansatzes betrachtet werden. Aus der statischen Sicht der Auswahl »unterbewerteter« Ressourcen konzentriert er sich auf die Ressource Wissen. Aus der dynamischen Sicht der Akkumulation von Fähigkeiten betrachtet er Wissen als den letztendlichen »Schlüssel« zu einem Verständnis organisationaler Fähigkeiten. Mit beiden Ansätzen verbindet ihn die Bedeutung, die er der Heterogenität von Firmen zurechnet. Sie allein ermöglicht es, Wettbewerbsvorteile dauerhaft zu erhalten. In seiner Logik ist es firmenspezifisches Wissen, was Unternehmen voneinander unterscheidet.

Hinsichtlich seines *Rentenverständnisses* hat er keine Präferenz für einen bestimmten Typ. Führt einzigartiges Wissen zu einer starken Position am Markt, können durch die Einschränkung der Produktionsmenge Monopolrenten generiert werden. Geht man davon aus, dass einzigartiges Wissen relativ immobil ist und Effizienzunterschiede zwischen Firmen nach sich zieht, so treten Ricardorenten auf. Und entstehen durch neues Wissen innovative Lösungen, so fließen der Firma Schumpeterrenten zu.

Kritische Würdigung

Kritisch betrachtet ist es dem KBV gelungen, das Strategische Management für epistemologische Fragestellungen und alternative Annahmen zu sensibilisieren. Wissen ist ein Konstrukt, das zu solcherlei Überlegungen geradezu verleitet. Der positivistischen Tradition, die die Disziplin prägt, kann dies ein hilfreiches Gegengewicht bieten, auch oder gerade weil sich dann natürlich die Frage stellt, wie ein wissenschaftlicher Diskurs mit unterschiedlichen epistemologischen Annahmen praktisch umgehen kann und sollte. Ebenfalls positiv zu bewerten ist die Konzentration des KBV auf die (in seinen Augen) entscheidende Ressource bzw. das wichtigste Element einer Fähigkeit: das Wissen. Dies kann dazu beitragen, einen klaren Fokus zu gewinnen und an den »richtigen« Stellen zu suchen. Paradoxerweise stellen sich jedoch gerade dadurch dem KBV eine Reihe von Schwierigkeiten. Denn Wissen ist ein omnipräsentes Phänomen in Organisationen und folglich ist die Gefahr gegeben, nun alles dort als »wissensrelevant« zu beurteilen. Wie eine sinnvolle Abgrenzung zwischen wertvollem und nichtwertvollem Wissen getroffen werden kann, ist eine noch ungeklärte Frage. Des Weiteren kann dem KBV – ähnlich wie RBV und

4.1.4 Vergleichende Betrachtung

CBV – der Vorwurf der Tautologie und mangelnder Prognosekraft nicht erspart werden.

4.1.4 Vergleichende Betrachtung

Damit wurden drei wichtige Ansätze vorgestellt, die – wie sich zeigte – teils aufeinander aufbauend, teils ergänzend, teils widersprüchlich der Frage nachgehen, wie Unternehmen überdurchschnittliche Erträge erwirtschaften. Um einen Überblick über sie zu geben, sind ihre wichtigsten Charakteristika in Abbildung 4-3 zusammengefasst.

	RBV	CBV	KBV
Intellektuelle Wurzeln	Penrose 1959, Andrews 1971, Wernerfelt 1984, Barney 1926, 1991	Penrose 1959, Chandler 1962, Nelson/Winter 1982, Teece 1986	Nonaka 1994, Grant 1996, Spender 1996, Liebeskind 1996
Sichtweise der Firma	Firmen sind einzigartige Ansammlungen von Ressourcen	Firmen sind Bündel von Fähigkeiten, die mit Ressourcen »hantieren«	Firmen sind soziale Entitäten von Wissen
Analyseeinheit	Ressource	Fähigkeit	Wissen
Rentenart	Monopol & Ricardo	Schumpeter	Monopol, Ricardo & Schumpeter
Ursache für Wettbewerbsvorteile	Wertvolle, seltene, nichtimitierbare und nicht-substituierbare Ressourcen	Fähigkeit, Ressourcen unter der Kontrolle der Firma nutzbringend einzusetzen	Firmenspezifisches Wissen und der Umgang damit
Mechanismus der Rentengenerierung	Glück und »voraussehende« Wahl unterbewerteter Ressourcen	Akkumulation von Fähigkeiten durch interne Prozesse	Generierung, Transfer und Nutzung von Wissen
Zeitpunkt der Rentengenerierung	Statisch: vor der Akquisition einer Ressource	Prozessual: während der Entwicklung der Fähigkeit	Prozessual: während der Entwicklung des Wissens
Epistemologische Basis	Objektivismus	Subjektivismus & Objektivismus	Subjektivismus & Objektivismus

Abb. 4-3: Der RBV, CBV und KBV im Vergleich

Zusammenfassung

- Effizienzunterschiede zwischen Ressourcen erklären Erfolgsunterschiede zwischen Firmen. Erfolg und das Abschöpfen von (Ricardo-)Renten basieren demnach auf *einer heterogenen Ressourcenausstattung*.
- Im CBV werden (Schumpeter-)Renten durch die *Fähigkeiten* der Firma zum koordinierten Einsatz ihrer Ressourcen realisiert.
- Im KBV steht die Ressource *»Wissen«* im Zentrum des Ansatzes. Ihre Identifikation, Allokation, Nutzung, ihr Transfer und ihre Sicherung unterscheiden Firmen voneinander.

4.2 Wertschöpfung: Begriff und Einordnung

Am Anfang dieses Kapitels stehen Überlegungen über den Begriff der Wertschöpfung (Kap. 4.2.1). Danach wird die Verbindung zwischen der »Positionierung« und der »Wertschöpfung« von Unternehmen thematisiert (Kap. 4.2.2). Im Anschluss gilt es aufzuzeigen, dass sich Wertschöpfung nicht alleine in der Produktion von Gütern und Dienstleistungen »erschöpft«, sondern dass es um Wertschöpfung gegenüber allen als relevant erachteten Anspruchsgruppen eines Unternehmens geht (Kap. 4.2.3).

Lernziele

- Auseinandersetzung mit dem Begriff der Wertschöpfung
- Schnittstelle zwischen den Arbeitsfeldern Positionierung und Wertschöpfung
- Wertschöpfung gegenüber den Anspruchsgruppen eines Unternehmens

4.2.1 Zum Begriff der Wertschöpfung

Wertschöpfung *entsteht, wenn Inputfaktoren so miteinander kombiniert werden, dass ein Output entsteht, dessen Wert höher ist, als der der eingekauften Inputfaktoren.* Der Mehrwert lässt sich als Resultat einer »Eigenleistung« verstehen, die eine Differenz zwischen dem Wert der Abgabeleistungen und der übernommenen Vorleistungen schafft. Dieser Mehrwert entsteht dadurch, dass im Rahmen der Bearbeitung Fähigkeiten des Unternehmens zum Einsatz kommen, die Ressourcen des Unternehmens kombinieren bzw. bearbeiten und verändern. Ist der Saldo aus dem Ertrag einer betrieblichen Leistung und dem Wert der in die Leistungserstellung eingegangenen Vor- und Fremdleistungen positiv, so spricht man von Wertschöpfung, ist er negativ, von Wertvernichtung.

Exkurs: Wertschöpfung
In Abbildung 4-4 wird der Prozess der Entstehung einer Branchenwertschöpfung vereinfachend dargestellt. Da in die Wertschöpfung aber auch die Kosten zur Realisierung dieser Wertschöpfung eingehen, reicht eine alleinige Betrachtung der Wertschöpfung nicht, um die Erzielung von Gewinnen zu gewährleisten. Die Wertschöpfung repräsentiert lediglich das theoretisch maximale Gewinnpotenzial, aber nicht den tatsächlichen Gewinn. *Gewinn* entsteht erst durch die Kapitalisierung der Wertschöpfung, die mehr oder weniger optimal ausfallen kann. Gewinn ist der *Mehrwert*, der durch die eigene Wertschöpfung – über die Kosten dieser Wertschöpfung hinaus – geschaffen wurde. Vergleicht man in Abbildung 4-4 (b/c) die beiden Hersteller, so erzielen beide absolut betrachtet den gleichen Gewinn, relativ betrachtet zeigt sich Hersteller 1 aber deutlich bessergestellt. Eine Betrachtung des Return on Sales (ROS) würde bei beiden Herstellern zum gleichen Ergebnis führen.

Demnach gilt es auch zu beachten, dass der pro Wertschöpfungsaktivität erzielbare Mehrwert bzw. Gewinn i. Allg. nicht mit den Kosten dieser Aktivitäten korreliert. Es ist nicht so, dass Aktivitäten mit einem hohen Kostenanteil auch die Aktivitäten mit dem höchsten Potenzial an Mehrwert darstellen. Dies gilt besonders auch dann, wenn man sich bei diesen Aktivitäten nicht wesentlich vom Wettbewerb differenzieren kann.

4.2.1 Zum Begriff der Wertschöpfung

(a) Branchenwertschöpfung

(b) Hersteller 1

(c) Hersteller 2

Abb. 4-4: Branchenwertschöpfung

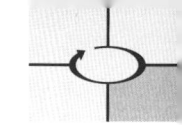

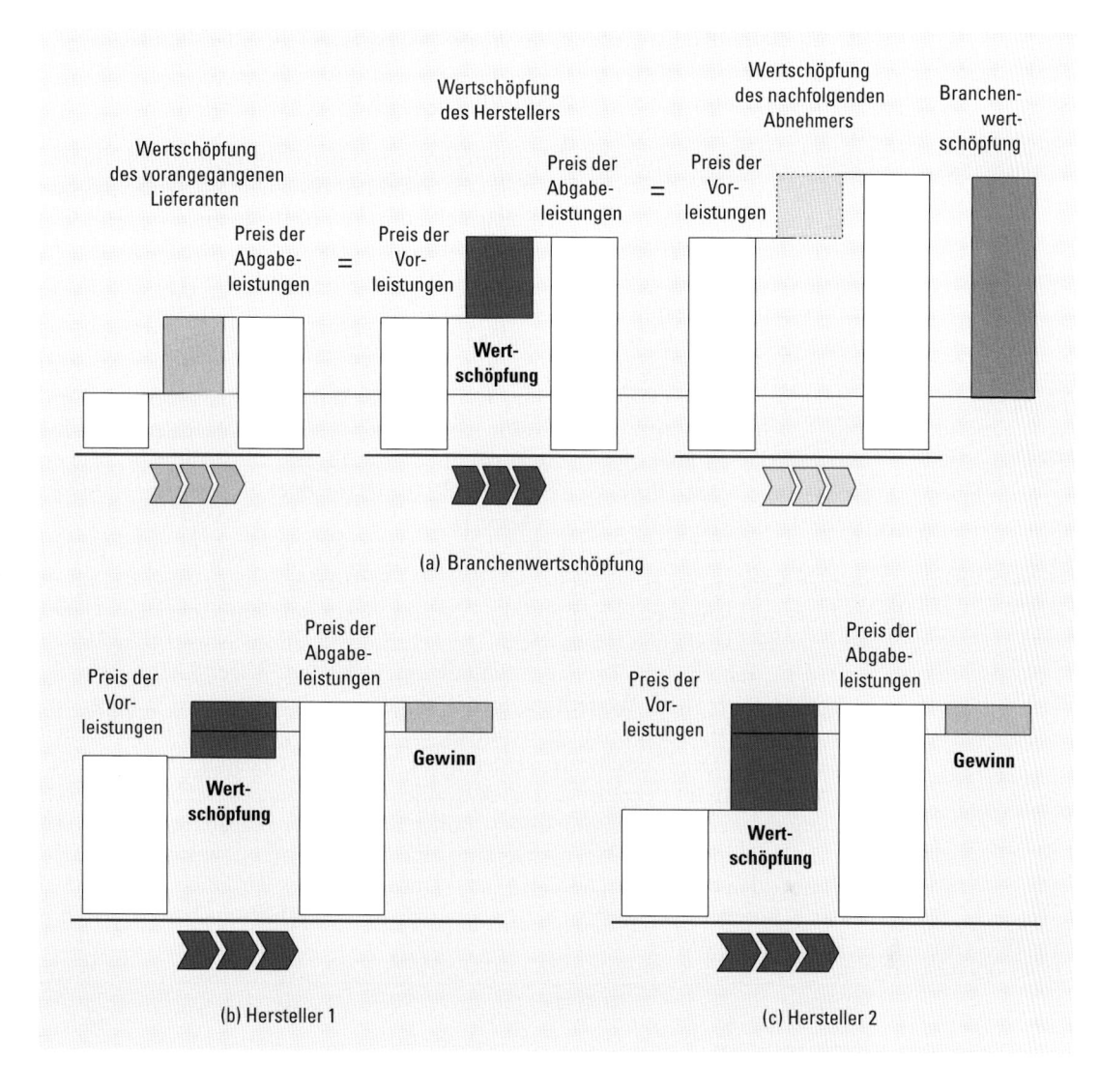

Obgleich z. B. in der Automobilindustrie die Produktion mit etwa 25 % den höchsten Kostenanteil hat, wird der deutlich größere relative Mehrwert vermutlich bei den Design- oder Branding-Aktivitäten erzielt. Deshalb unterscheidet sich die Verteilung der strategischen Bedeutung der einzelnen Wertschöpfungsaktivitäten oft erheblich von der Verteilung der anfallenden Kosten.

Standpunkt: Return on Value Adding (ROVA)?
Wäre es nicht aussagekräftiger, wenn man zur Beurteilung der Profitabilität einen Return on Value Adding (ROVA) als Quotient aus Gewinn und Wertschöpfung berechnen würde? Vorteile aus dem Bezug der Vorleistungen könnte man, falls diese zwischen den Peers in einer signifikanten Form überhaupt bestehen, einer gesonderten Betrachtung unterziehen.

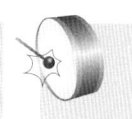

So präzise diese quantitative, primär auf finanziell messbare Größen abgestellte Begriffsfassung auf der einen Seite auch ist, so problematisch ist sie bei näherer Betrachtung auf der Seite ihrer Annahmen: Denn was nicht mithilfe der dabei definierten Messgrößen (meist im internen Rechnungswesen) erfasst werden kann, spielt für eine so verstandene Wertschöpfung auch keine Rolle. All die Faktoren, die nach herrschendem »Messverfahren« weder ertrags- noch aufwandswirksam sind, werden ausgeklammert. Ein Beispiel dafür sind die bekannten externen Effekte, wie sie in der Volkswirtschaftslehre diskutiert werden. Die Nutzung der Umwelt verursacht Folgekosten, die im betriebswirtschaftlichen Rechnungswesen – wenn überhaupt – oft nur indirekt berücksichtigt werden. Erst dann, wenn diese Größen ertrags- oder aufwandswirksam »legitimiert« sind, finden sie in die Berechnung der Wertschöpfung Eingang.

Unterschiedliche Wertschöpfungsbegriffe

Mehrere Autoren schlagen daher vor, zwischen unterschiedlichen Wertschöpfungsbegriffen zu differenzieren. Wie Abbildung 4-5 zeigt, reichen sie von volkswirtschaftlichen über anspruchsgruppenbezogene bis hin zu qualitätsbezogenen Definitionen. Denn dies ist eine Thematik, die letztendlich normativer Natur ist (siehe dazu die Ausführungen in Kap. 3).

Value Creation & Value Capture

Damit Wertschöpfung und die verschiedenen Arten verstanden und erfasst werden können, ist es sinnvoll, zwischen der Wertgenerierung (Value Creation) und der tatsächlichen Abschöpfung (Value Capture) zu unterscheiden. Daher wird in der klassischen Ökonometrie zwischen dem Gebrauchswert (Use Value) und dem Tauschwert (Exchange Value) unterschieden.[20] Der Gebrauchswert spiegelt die subjektive Wertschätzung des Kunden wieder und ergibt sich aus den wahrgenommenen Produkteigenschaften in Verbindung mit den tatsächlichen Bedürfnissen. Der Tauschwert ist der Preis, der für ein Produkt zu einem bestimmten Zeitpunkt erzielt wird. Aus Kundensicht kommt es folglich zur Wertschöpfung, wenn der Gebrauchswert höher liegt als der realisierte Tauschwert. Ein Unternehmen wiederum erzielt dann eine Wertschöpfung, wenn der Tauschwert über den entstandenen Kosten liegt. Darüber hinaus wird das Unternehmen versuchen den Tauschwert so weit wie möglich an den Gebrauchswert anzunä-

Arten der Wertschöpfung	Verständnis
Volkswirtschaftliche Wertschöpfung	Wertschöpfung als Differenz zwischen Output und Input als Nutzen bzw. Leistungsmaßstab für die Gesellschaft
Anspruchsgruppenbezogene Wertschöpfung	Wertschöpfung als Differenz zwischen Output und Input als Nutzen bzw. Leistungsmaßstab für die Anspruchsgruppen des Unternehmens (v. a. Mitarbeiter, Kapitalgeber, Staat)
Prozessbezogene Wertschöpfung	Wertschöpfung als Wertbeitrag jeder betrieblichen Aktivität für das Betriebsergebnis durch geeigneten Ressourceneinsatz und Prozessgestaltung
Strategiebezogene Wertschöpfung	Wertschöpfung als Wertsteigerung für Investoren durch die Wahl einer geeigneten Strategie
Qualitätsbezogene Wertschöpfung	Wertschöpfung als Nutzen bzw. Leistungsmaßstab für die externen und auch internen Kunden durch Qualität
Dienstleistungsbezogene Wertschöpfung	Wertschöpfung als Nutzen der Leistungserbringung für die externen und internen Kunden durch eine optimale Leistungserstellung

Abb. 4-5: Wertschöpfungsarten (Wunderer/Jaritz 1999, S. 8)

hern, was aufgrund variierender Wahrnehmung auf der Kundenseite nur begrenzt möglich ist.

4.2.2 Verbindung von Positionierung und Wertschöpfung

Wie eng Positionierung und Wertschöpfung miteinander verbunden sind, zeigt nachfolgende Überlegung: Kommt beispielsweise ein Uhrenproduzent zu der Überzeugung, dass im Geschäftsfeld für modische Billiguhren hohe Wachstumsraten zu erwarten sind, und will er durch eine aggressive Wettbewerbsstrategie dort rasch Marktanteile aufbauen (Positionierung), so hat er sich im Gegenzug zu fragen, was er denn alles zu tun bzw. zu verändern hat, um diese Zielsetzung auch zu erreichen. Er wird u. a. zu prüfen haben, ob seine momentanen Produktionsverfahren auch für die Herstellung von Billiguhren geeignet sind, ob das erforderliche Know-how zur Produktentwicklung vorhanden ist, welche Vertriebskanäle zu aktivieren oder aufzubauen sind etc. Kurzum, er wird seine Wertschöpfungsaktivitäten kritisch betrachten und Außen- und Innenverhältnis aufeinander abzustimmen haben.

Bei einer solchen Strategie der Kostenführerschaft bestimmen Programme zur Effizienzsteigerung weitgehend das Handeln in der Wertschöpfung. Alle innerhalb des Wertschöpfungsprozesses anfallenden Aktivitäten werden unter dem Gesamtziel möglicher Rationalisierungseffekte bzw. Produktivitätsgewinne durchleuchtet. Jede Form der Standardisierung ist hier meist willkommen. Entscheidungskonflikte bei einzelnen Aktivitäten müssen im Sinne der Leitidee »Kostenführerschaft« bei der gesamten Leistungserstellung gelöst werden. Dabei ist auch zu erwarten, dass Leitungsaspekte, die nur wenige Kunden als notwendig betrachten, der Rationalisierung zum Opfer fallen. Dies lässt sich vor dem Hintergrund der Annahme rechtfertigen, dass der Wettbewerb so oder so primär über den Preis entschieden wird. Die Anstrengungen richten sich insbesondere auf die Verfahrenstechnologien. Logische Zielsetzung ist die Kostenführerschaft: D.h., die Fähigkeit, zu geringeren Kosten als der Wettbewerb zu produzieren, wird als Potenzial zur Erzielung eines nachhaltigen Wettbewerbsvorteils betrachtet.

Eine solche Wettbewerbsstrategie erfordert allerdings spezielle Fertigkeiten zur Kostenminimierung. Dazu gehört u. a. eine strikte Kontrolle der Kosten in den Wertschöpfungsaktivitäten (wie Forschung, Entwicklung, Vertrieb oder Administration), die Vermeidung von kleinen Kundenvolumina sowie Produktionsanlagen, die Erfahrungskurvenvorteile nutzbar machen. Daneben herrscht in Unternehmen, die die Strategie einer Kostenführerschaft verfolgen, eine ausgeprägte Kultur der Sparsamkeit vor, die durch entsprechende Managementsysteme oder den Einsatz symbolischer Handlungen unterstützt wird. Dazu gehört die intensive Überprüfung und Rechtfertigung von Investitionsanträgen auch geringer Beträge, Anreizsysteme, die auf möglichst geringe Ausschussquoten ausgerichtet sind und diese mit Prämien belohnen, oder auch einfach eine bewusst spartanische Ausstattung des Betriebsgeländes und der Arbeitsräume.

> **Fallbeispiele: Striktes Kostenmanagement bei OSRAM und ALDI**
> Ein Vertreter dieser Strategieart ist beispielsweise der deutsche Lampenproduzent OSRAM. Durch ein ausgefeiltes Kostenüberwachungs- und Kostensenkungsprogramm

> wird hier kontinuierlich versucht, die Produktionskosten immer weiter zu reduzieren. Denn da bei Glüh- und Halogenlampen die Gewinnspanne nur wenige Cent pro Stück beträgt, führen Schwankungen der Kostenstrukturen schnell in die Verlustzone. Eine kleine Preisprämie kann man lediglich durch die Stärke der Marke »OSRAM« realisieren.
>
> Gleiches gilt für das Unternehmen ALDI, dem es seit Jahren durch eine konsequente Billigpreisstrategie und einem sauber darauf abgestimmten Ladenkonzept – die Ware wird in den Anlieferkisten präsentiert – gelungen ist, in seiner Branche eine herausragende Position einzunehmen und das für viele Kunden sogar zu so etwas wie einem »Kultbetrieb« wurde. Die in 2010 getroffene Entscheidung, teure Markenartikel weitgehend auszulisten und stattdessen auf unter eigener Marke produzierte Lebensmittel zu setzen, verstärkt dies weiter.

Wie dieses einfache Beispiel verdeutlicht, ist die Schnittstelle zwischen Positionierung und Wertschöpfung von elementarer Bedeutung. Findet hier keine Verbindung statt, so reißt der logische Zusammenhang und es ist nicht mehr einsichtig, welche Auswirkungen eine spezifische Positionierung für die Wertschöpfung einer unternehmerischen Einheit mit sich bringt oder – im Gegenzug – welche Potenziale sich aus einer bestimmten Wertschöpfung für die Positionierung ergeben. Will man inhaltliche Lücken vermeiden, dann empfiehlt es sich bereits von Anfang an, auf Konsistenz zu achten. Pragmatisch wird man dabei iterativ vorgehen und Positionierung und Wertschöpfung so lange miteinander abgleichen, bis beide zueinander kompatibel sind.

In der Praxis ist dies jedoch keineswegs selbstverständlich der Fall. Immer wieder lässt sich beobachten, dass im Rahmen der Positionierungsarbeit Strategien entwickelt werden, die nur wenig Bezug zur Wertschöpfung aufweisen, oder Vorgaben gesetzt werden, die weder durchdacht noch realisierbar sind. Ebenso finden sich Unternehmen, die tief greifende Veränderungen ihrer Wertschöpfung initiieren, ohne einen direkten Bezug zu ihrer Positionierung herzustellen. Man setzt z. B. auf ausgefeilte Qualitätsprogramme, ohne sich darüber im Klaren zu sein, ob diese überhaupt in der eingeschlagenen Form oder Intensität vonnöten sind. Abstimmungsprobleme sind die logische Konsequenz. Des Weiteren wird die »Verzahnung« von Positionierung und Wertschöpfung oft auch dadurch erschwert, dass die beteiligten Personengruppen auseinander fallen. Während die Positionierung meist Sache eines obersten Führungsteams ist, wird die Wertschöpfung in die Hände des mittleren und unteren Managements gelegt. Zum kritischen Faktor wird dann, ob es gelungen ist, zwischen den einzelnen Arbeitsteams ein gemeinsames Verständnis über Annahmen, Zielrichtungen und Prioritäten zu entwickeln. Deshalb kann es sinnvoll sein, über eine entsprechende »Mischung« der Arbeitsteams einen durchgängigen Prozess zu unterstützen.

Dies kann dadurch erreicht werden, dass sich die Mitglieder der Führungsmannschaft auf die einzelnen Arbeitsteams verteilen und dort auch explizit für die Nachvollziehbarkeit und operative Umsetzung der strategischen Initiativen verantwortlich sind. Alternativ kann der Gefahr des »Auseinanderdriftens« von »innen« und »außen« auch dadurch entgegengetreten werden, dass man eine entsprechende Performance-Messung institutionalisiert, die einerseits die Zielgrößen bezogen auf die Erwartungen der Anspruchsgruppen und andererseits Messgrößen und Performance-Treiber der Wertschöpfung enthält.

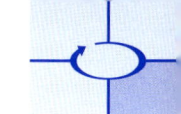

4.2.3 Wertschöpfung gegenüber Anspruchsgruppen

Verfolgt man konsequent den in diesem Buch gewählten Ansatz, dann ist für jede Anspruchsgruppe eine Wertschöpfung zu erbringen. Dies impliziert, dass man sich für jede Anspruchsgruppe auch darüber im Klaren ist, welche Wertschöpfung man erbringen will und welche eben nicht. In einem solchen Konzept sollen die Aktivitäten umschrieben werden, mittels derer die Beziehung zur jeweiligen Anspruchsgruppe ausgestaltet werden sollte. Man kann an dieser Stelle von einem »Management der Stakeholder-Beziehungen« sprechen. Abbildung 4-6 veranschaulicht dies exemplarisch.

Management von Stakeholder-Beziehungen

Primär konzeptionalisiert man natürlich das Netzwerk der Stakeholder-Beziehungen, die am direkten Wertschöpfungsfluss in einer Branche beteiligt sind: Von den Lieferanten geht es über das eigene Unternehmen hin zu den Abnehmern und von dort zu den Endkunden. Doch es lohnt sich auch über die konzeptionelle Hinterlegung anderer Stakeholder-Beziehungen nachzudenken, falls sie wertschaffend sind. So könnte etwa die Arbeit eines Bereichs »Investors Relations« auf einer solchen Wertschöpfungssystematik aufbauen, indem die gegenüber den einzelnen Segmenten bzw. Repräsentanten des Kapitalmarktes (Großaktionäre, Streubesitz, Analysten, Rating-Agenturen etc.) entwickelten Positionierungsstrategien nun in ein internes Wertschöpfungssystem »übersetzt« werden. So kann eine professionelle Interaktion mit den Analysten einen erheblichen Einfluss auf die Börsenbewertung eines Unternehmens haben.

Einzelne Stakeholder-Beziehungen haben in den vergangenen Jahren unter unterschiedlichen Begriffen mehr Beachtung erfahren: Die Ausgestaltung der Beziehung zu den Kunden lief unter dem Schlagwort »Customer Relations Management (CRM)«, bei den Lieferanten war es das »Supply Chain Management«, beim Kapitalmarkt die »Investor Relations«[21], in der Öffentlichkeitsarbeit die »Public Relations«, beim Regulator das »Regulatory Relations Management«[22] etc. Besonders viele Projekte liefen dabei in den Bereichen, wo man versuchte, über IT-basierte Prozesse gewissermaßen lückenlos den Wertschöpfungsprozess

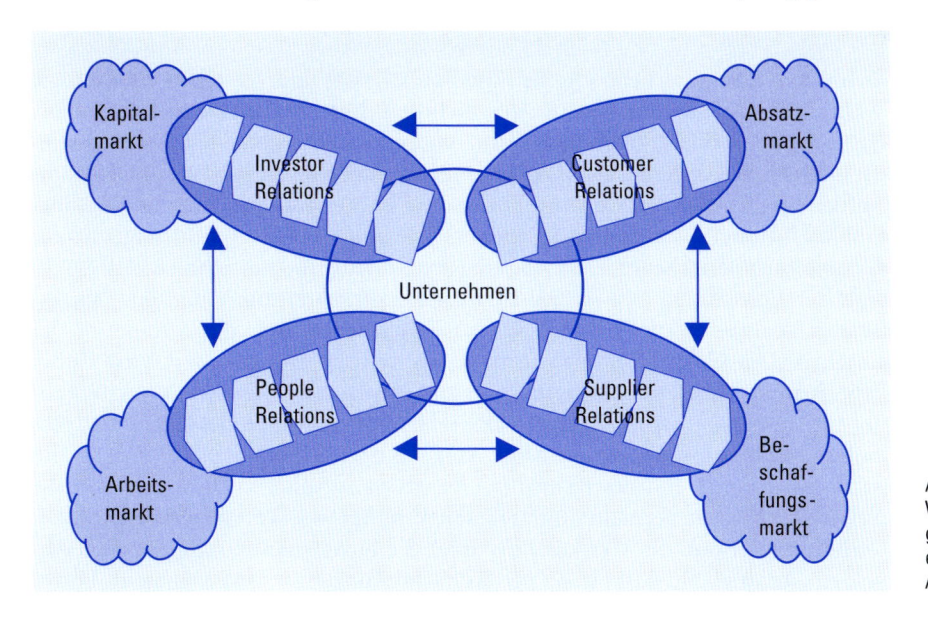

Abb. 4-6: Wertschöpfung gegenüber exemplarischen Anspruchsgruppen

abzubilden. Damit befindet man sich zwar bereits in der konkreten Leistungserstellung bzw. im operativen Management. Die Verfügbarkeit eines solchen Managementsystems, wie etwa CRM, kann einem Unternehmen aber zum strategischen Wettbewerbsvorteil verhelfen, wenn dadurch z. B. signifikante Vorsprünge bei Kosten, Durchlaufzeiten etc. erzielt werden können.

Große Bedeutung wird bei heutiger Wertschöpfung darauf gelegt, ob die gegenüber den Anspruchsgruppen generierten Produkte und Dienstleistungen auch nachhaltig sind. Beispielsweise wird das Prinzip »Craddle to Craddle« verwendet. Es sieht vor, dass Ressourcen und Produkte kreislaufförmig eingesetzt werden. Das Aufkommen von Müll wird so weitgehend vermieden, und man verwendet den vermeintlichen »Abfall« so, dass immer wieder neue Produkte hergestellt werden. Einzelne Branchen wie z. B. der Schiffbau orientieren sich an diesem Prinzip. So verfügt die knapp 400 Meter lange Emma-Maersk-Klasse über ein C2C (Craddle to Craddle) Register. Kommt es zur Demontage des Schiffes, dann lassen sich die einzelnen Module leichter voneinander trennen und wiederverwenden. Eine energieintensive Verschrottung der Teile ist nicht mehr nötig. Neue Produkte können aus den demontierten Modulen hergestellt werden.

4.3 Wertketten und ihre Anwendung

Das Denken und Handeln im Rahmen von »Wertketten« hat sich in vielen Unternehmen etablieren können. In einem ersten Zugang können wir eine *Wertkette als einen konzeptionellen Ansatz definieren, der ein Unternehmen als aneinandergereihte Abfolge von Aktivitäten versteht.* Im Folgenden werden wir diesen Ansatz näher beleuchten und seine Einsatzmöglichkeiten darstellen.

4.3.1 Der Ansatz der Wertkette

Wenn man eine unternehmerische Einheit analysiert und verstehen will, was zu Wertschöpfung, aber auch zu Wertvernichtung führt, bedarf es einer geeigneten Form der Darstellung, um aufzuzeigen, wo und wie dies geschieht. Doch wo findet man Anleitungen, die einen dabei unterstützen? Naheliegend ist zunächst, die Aufbauorganisation einer unternehmerischen Einheit zu betrachten und darüber Einblick in ihre Strukturen zu gewinnen. Die *Aufbauorganisation* zeigt die aus der unternehmerischen Zielsetzung abgeleitete Aufgabe hinsichtlich des Merkmals der Verrichtung (was ist geistig oder körperlich zu tun?) und des Objekts (woran ist etwas zu tun?). Damit regelt sie die Gliederung und Koordination der einzelnen Teile. Allerdings zeigt sie nicht, wo welcher Wert generiert wird. Daher kann man sich der *Ablauforganisation* zuwenden, um über sie ein Verständnis der sich innerhalb der Strukturen vollziehenden Prozesse zu gewinnen. Die Ablauforganisation ordnet die jeweilige Aufgabe nach Merkmalen der Zeit (wann ist etwas zu tun?) und des Raums (wo ist etwas zu tun?).[23] Doch auch bei der Ablauforganisation ist nicht unmittelbar erkennbar, wo Wert generiert wird.

Hier kommt nun die Wertkette ins Spiel. Sie bietet einen konzeptionellen Ansatz zur Analyse und Gestaltung der Wertschöpfung eines Unternehmens. Histo-

4.3.2 Anwendung der Wertkette auf Branchenebene

Unterstützungsaktivitäten

Unternehmensinfrastruktur
Personalwirtschaft
Technologieentwicklung
Beschaffung

Eingangslogistik → Produktion/Leistungserstellung → Marketing & Vertrieb → Ausgangslogistik → Kundendienst

Primäraktivitäten

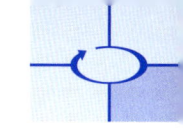

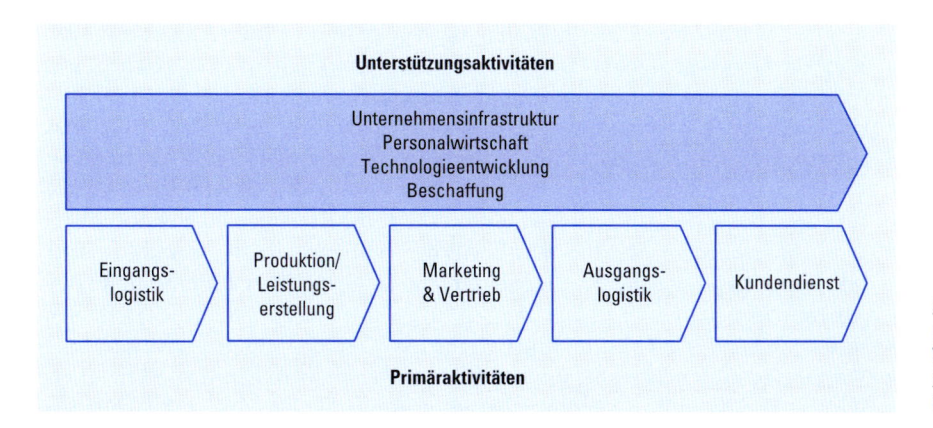

Abb. 4-7: Das Konzept der Wertkette (in Anlehnung an Porter 1985)

risch geht sie auf Porter zurück, der sie als »Value Chain« in die Strategiediskussion einführte.[24] Das von ihm vorgeschlagene und in Abbildung 4-7 dargestellte und in Abbildung 4-6 bereits angedeutete Denkmodell stellt zentrale Aktivitäten eines Unternehmens zur Bereitstellung eines Leistungsangebots in einer dem Verrichtungsprinzip der Branche folgenden Reihenfolge dar.

»Value Chain«

Primäraktivitäten sind die Tätigkeiten, die einen direkten wertschöpfenden Beitrag zur Erstellung eines Produktes oder einer Dienstleistung liefern. Darunter fallen die Eingangslogistik, die eigentliche Leistungserstellung, Marketing & Vertrieb, die Ausgangslogistik und der Kundendienst. *Unterstützungsaktivitäten* sind Tätigkeiten, die für die Ausübung der primären Aktivitäten die notwendige Voraussetzung sind. Sie liefern somit einen indirekten Beitrag zur Erstellung eines Produktes oder einer Dienstleistung. Zu ihnen zählen die Unternehmensinfrastruktur, Personalwirtschaft, Technologieentwicklung und Beschaffung. Die Wertkette eines Unternehmens ist mit den Wertketten der Lieferanten und der Abnehmer verknüpft und bildet zusammen mit diesen das Wertschöpfungskettensystem einer Branche.

Die Wertkette ist nicht deckungsgleich mit dem tatsächlichen Aufbau eines Unternehmens und folglich eine Konzeption, die zunächst analytischen Zwecken dient. Allerdings finden sich auch Unternehmen, die versuchen ihre Aufbauorganisation in Übereinstimmung mit ihrer Wertkette zu strukturieren.

4.3.2 Anwendung der Wertkette auf Branchenebene

Die Wertkette kann nun für eine Reihe von Analysen verwendet werden, die Aufschluss über die Wertschöpfung eines Unternehmens wie auch einer gesamten Branche bieten. Welche der Fragen man letztendlich im Detail untersucht, hängt vom Einzelfall ab. Beginnen wir mit der Branchenebene:

- Welches sind die – bezogen auf den erzielbaren Mehrwert – interessanten Aktivitäten? Wie viel wird wo verdient?
- Welche *Schlüsselerfolgsfaktoren* bestimmen heute bzw. zukünftig den Erfolg in diesem Geschäft?
- Welche *Ressourcen* sind kritisch, bezogen auf diese Erfolgsfaktoren? Die Beherrschung welcher *Fähigkeiten* ist von zentraler Bedeutung in diesem Ge-

schäft? Welche der Erfolgsfaktoren wirken dabei wettbewerbsneutral (d. h. alle Wettbewerber müssen sie gleichermaßen beherrschen) und welche bieten Ansatzpunkte zur Differenzierung im Wettbewerb?
- Gibt es *neue Wettbewerber,* die in das Geschäft einer bestimmten Aktivität eingetreten sind? Kommen sie aus der gleichen oder einer anderen Branche? Welche potenziellen Vor- und Nachteile bringen sie für den Kunden mit?
- Wie beeinflusst der *technologische Fortschritt* die Branchenwertschöpfung?
- Wie unterscheiden sich die Wettbewerber bezogen auf die gewählte *Wertschöpfungstiefe*? Welche Konsequenzen hat dies bzgl. ihrer Profitabilität? (vgl. Abschn. 4)
- Welche *Stellhebel* gibt es, um die bestehende Wertschöpfung zu verändern?
- Wo gibt es in der Branche *Schnittstellenprobleme* zwischen den Aktivitäten?
- Welche *Trends* sind in der Branche bezogen auf die einzelnen Aktivitäten zu beobachten? Welche Gefahren und Gelegenheiten ergeben sich daraus? Kann hier von Entwicklungsübergängen in anderen Branchen gelernt werden?

Fallbeispiel: Wertkette der Versicherungsbranche
In der Versicherungsindustrie gibt es mehrere Teilbranchen, wie z. B. die sogenannte Non-Life-Versicherungsindustrie. Hier werden – im Gegensatz zu den Lebensversicherungen – Versicherungsprodukte für Risiken bei Sachwerten, wie z. B. Kraftfahrzeuge, Hausrat, Rechtsschutz, Industrieanlagen oder Transporte, zusammengefasst. Um dieses Geschäft zu betreiben, wird in der Branche eine Reihe von wertschöpfenden Aktivitäten ausgeübt, die in Abbildung 4-8 dargestellt sind. In der Produktentwicklung werden die Angebote entwickelt und deren Preise kalkuliert. In Marketing/Vertrieb werden die Kunden über diese Angebote informiert und es kommt zu ihrem Verkauf. Im Underwriting werden die Risiken der Kunden analysiert. Je nach

Abb. 4-8: Wertkette der Versicherungsindustrie

Wert-kette	Produkt-entwicklung/ Tarifierung	Marketing/ Vertrieb	Under-writing	Betrieb/ Administr./ IT	Schaden-abwicklung	Kapital-anlage
Erfolgs-faktoren	• Anzahl neuer Produkte • Anzahl erfolgreicher Einführungen • Reaktionsgeschwindigkeit auf Konkurrentenverhalten • Vollständigkeit	• Effizienz (Verträge pro MA) • Effektivität (Altkunden, Neukunden, Marktabdeckung)	• Quotierungsgeschwindigkeit • Schadenquote • Schadenhäufigkeit	• Effizienz der Abwicklung • IT-Quote	• Schnelligkeit der Abwicklung • Durchschnittliche Schadenssumme	• Rendite-/Risikostruktur • Auszahlungsstimmigkeit
Mögliche Spezialanbieter als Wettbewerber	• Banken • Aktuarbüros	• Banken • Finanzberater • Supermärkte • Autohersteller	• Rückversicherer • Makler	• Technologiepartner • Pensionskassenverwalter	• Reparaturbetriebe • Unabhängige Schadenbearbeitungsbüros	• Institutionelle Vermögensverwalter • Fonds-Manager

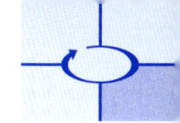

> Risikoprofil werden die Preise für den Versicherungsschutz festgelegt. Im Extremfall kommt es auch zu einer Ablehnung eines Kundenwunsches, falls dieser zu hohe Risiken mit sich bringt. Im Betrieb bzw. der Administration werden die Kundendaten verwaltet, Policen erstellt und die Korrespondenz mit dem Kunden administriert. Kommt es zu einem Schadensfall, wird im Rahmen der Schadensabwicklung dieser Vorfall reguliert und die anfallenden Kosten werden seitens der Versicherung übernommen. Die Kapitalanlage sammelt und verwaltet das von den Kunden eingezogene Prämienvolumen und legt es möglichst gewinnbringend an. Jede dieser Aktivitäten kann nun besser oder weniger gut ausgeübt werden. Anhand von Kennzahlen wie der Schadensquote (misst den prozentualen Anteil der Schäden im Verhältnis zu den bezahlten Prämien der Kunden), Kostenquote (misst den prozentualen Anteil der Verwaltungs-, Vertriebs- und IT-Kosten im Verhältnis zu den bezahlten Prämien der Kunden) oder Prämienumsatz pro Vertriebskraft kann erkannt werden, wie profitabel die Branche wie auch jedes einzelne Unternehmen operiert.

4.3.3 Anwendung der Wertkette auf Unternehmensebene

Bei dieser Anwendung steht das einzelne Unternehmen im Fokus (bzw. bei einem diversifizierten Unternehmen die jeweilige Geschäftseinheit). Folgende **Fragestellungen** sind dabei von besonderer Relevanz:

- Wie ist die Wertkette des Unternehmens aufgebaut? Will man selbst die volle Branchenwertkette abdecken oder nur Ausschnitte davon?
- Wie gut ist das Unternehmen bzgl. der *Erfolgsfaktoren in der Branchenwertkette* aufgestellt? Wo verfügt man über *Stärken*, wo über *Schwächen*?
- Wie gut/schlecht sind die Konkurrenten – im Vergleich zum eigenen Unternehmen – bei diesen Aktivitäten?
- Wo gibt es *Schnittstellenprobleme* zwischen den Aktivitäten?
- Welche *Aktionen/Maßnahmen* kann man sich vorstellen, um Stärken zu stärken und Schwächen zu schwächen?

Oft ist es nicht ausreichend, die Wertschöpfung nur auf der obersten Ebene einer Wertkette zu betrachten. Für ein differenziertes Bild ist es manchmal notwendig, die einzelnen Aktivitäten in ihre jeweiligen Bestandteile zu unterteilen, d.h., die Teilaktivitäten zu betrachten und damit eine Ebene tiefer zu analysieren. Die Aktivität »Marketing/Vertrieb« kann beispielsweise in Teilaktivitäten zerlegt werden wie Akquisition, Beratung, Schulung, Offertenerstellung, Verhandlung und Fakturierung. Doch auch auf dieser Ebene stellt sich wieder die Frage, welchen Beitrag die Teilaktivitäten zur Wertschöpfung der gesamten Einheit leisten.

Viele Branchen sind in den letzten Jahren unter einen erheblichen Kostendruck geraten. Um eine gezielte **Analyse der Kostenstrukturen** durchzuführen, kann ebenfalls der Ansatz der Wertkette herangezogen werden. Folgende Arbeitsschritte bieten sich dazu an:

1. Nach der bereits erfolgten Zerlegung der Wertschöpfung eines Geschäfts in seine relevanten Tätigkeiten ordnet man ihnen – z.B. nach den Prinzipien des »*Activity-based costing*«[25] – die dort anfallenden Kosten zu. Da dies aufgrund des vorhandenen Zahlenmaterials nicht immer einfach zu erledigen ist, reicht eine grobe Zuordnung für den Anfang.

2. Anhand eines Vergleichs mit den Wettbewerbern ermittelt man dann – soweit möglich – die eigene Kostenstruktur sowie diejenige der Wettbewerber, um sich einen Eindruck von der eigenen relativen Kosteneffizienz zu verschaffen.
3. Im nächsten Schritt sind pro Aktivität die relevanten *Kostentreiber* zu ermitteln.
4. Teilweise werden die Kosten in einer Aktivität durch *Wechselwirkungen* mit anderen Aktivitäten beeinflusst. So kann z. B. eine zentrale Beschaffung der IT-Infrastruktur, die in jeder Aktivität benötigt wird, die Beschaffungskosten senken. Diese Wechselwirkungen zu erfassen ist auch wichtig, um bestimmte Effekte, die an einer Stelle auftauchen (z. B. Qualitätsmängel), auch in ihre Wurzeln zurückverfolgen zu können. Gerade hier konnten durch integrierende Softwarelösungen (z. B. in den Bereichen Customer Relations Management und Supply Chain Management) erhebliche Fortschritte erzielt werden.
5. Letztlich müssen dann *Potenziale für Kostenreduktionen* ausgemacht werden. Möglichkeiten der Verbesserung der relativen Kostenposition sind zu prüfen (Kontrolle der Kostenantriebskräfte, Neustrukturierung der Wertkette, Neustrukturierung nachgelagerter Wertaktivitäten). Derartige Potenziale ergeben sich häufig aus einer näheren Durchleuchtung der im Verhältnis zum Wettbewerb ineffizienten Aktivitäten und deren Kostentreiber. Hat man z. B. die Personalkosten als Problem ausgemacht, entsteht die Frage, ob man sie vor Ort oder durch eine Standortverlagerung reduzieren kann. Die gewonnenen Vorschläge für Kostensenkungsmaßnahmen müssen kritisch darauf überprüft werden, ob sie strategische Wettbewerbsvorteile schmälern und ob sie dauerhaft sind.

> **Fallbeispiel: Kostentreiber eines Automobilherstellers**
> Die nachfolgende Abbildung 4-9 zeigt die Aktivitäten der Wertkette eines Automobilherstellers und die jeweiligen Kostentreiber dazu. Wenn man hierzu die Zahlen genau ermittelt hat, kann man nach Wegen suchen, die Kostentreiber zu bearbeiten. So können z. B. im Volumengeschäft die Kosten dadurch gesenkt werden, dass man mehrere Modelle in einer Fabrik produziert oder den Automatisierungsgrad weiter erhöht. Oder man reduziert die Anzahl von Modellwechseln und senkt dadurch die Kosten.

Wertschöpfungstiefe

Ebenfalls von Bedeutung sind Überlegungen zur **Wertschöpfungstiefe**. *Diese ist definiert als Verhältnis von eigener Wertschöpfung im Verhältnis zur Gesamtwertschöpfung, die für ein Produkt/Dienstleistung notwendig ist.* Wird z. B. ein Auto produziert, dann kann man errechnen, wie viel Prozent der Wertschöpfung von einem selbst und wie viel von Lieferanten eingebracht wird.

> **Fallbeispiel: Wertschöpfungstiefe in der Textilbranche**
> Wie das nachfolgende Beispiel in Abbildung 4-10 verdeutlicht, bestehen in der Textilindustrie die zentralen Aktivitäten im Design, der Produktion der Stoffe, der Produktion der Konfektion, der Distribution der Ware sowie dem Verkauf im Einzelhandel. Betrachtet man die in dieser Branche tätigen Unternehmen, so wird deutlich, dass sie mit recht unterschiedlichen Wertschöpfungstiefen operieren. Während beispielsweise BENETTON (oder auch ERMENEGILDO ZEGNA im Luxussegment oder ZARA bei der Massenware) in allen Aktivitäten eigenständig tätig ist, konzentriert sich der OTTO VERSAND auf Design (und auch dies nur partiell) sowie die Distribution von Waren

4.3.3 Anwendung der Wertkette auf Unternehmensebene

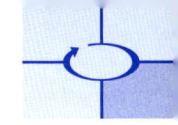

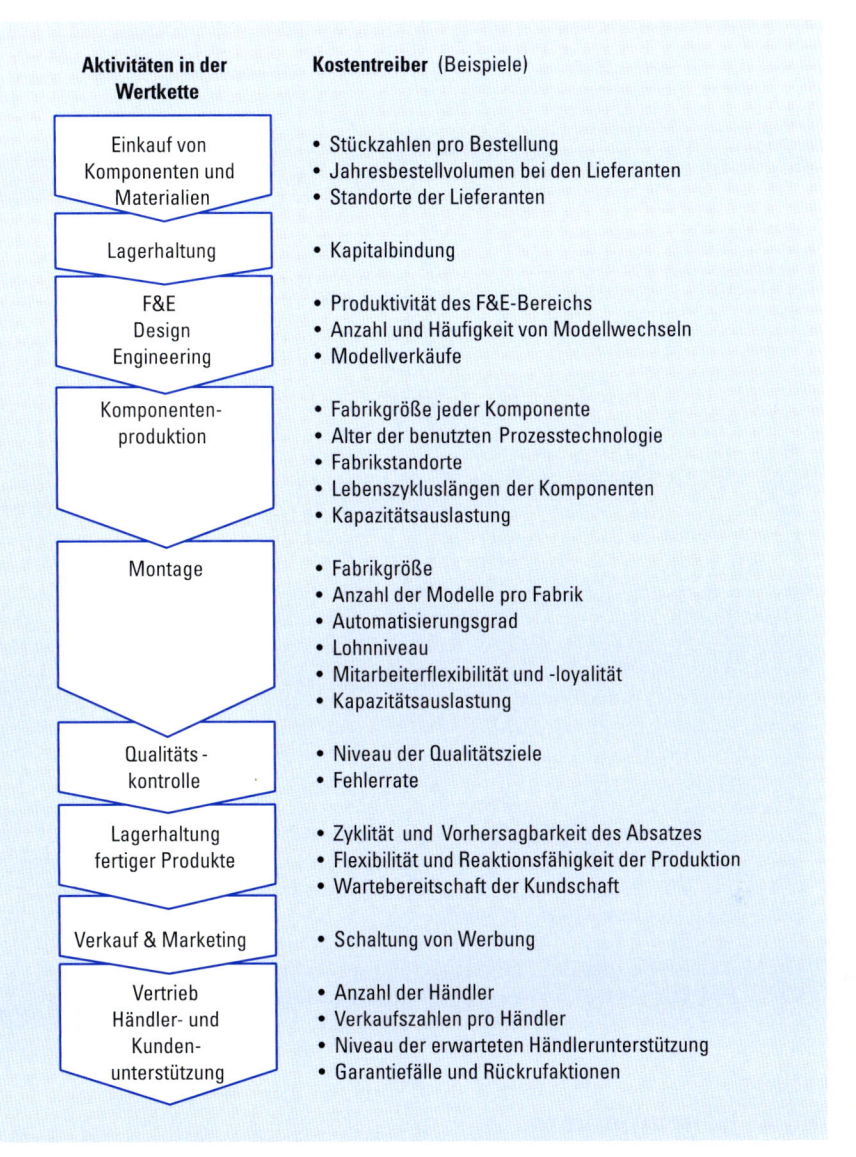

Aktivitäten in der Wertkette	Kostentreiber (Beispiele)
Einkauf von Komponenten und Materialien	• Stückzahlen pro Bestellung • Jahresbestellvolumen bei den Lieferanten • Standorte der Lieferanten
Lagerhaltung	• Kapitalbindung
F&E Design Engineering	• Produktivität des F&E-Bereichs • Anzahl und Häufigkeit von Modellwechseln • Modellverkäufe
Komponentenproduktion	• Fabrikgröße jeder Komponente • Alter der benutzten Prozesstechnologie • Fabrikstandorte • Lebenszykluslängen der Komponenten • Kapazitätsauslastung
Montage	• Fabrikgröße • Anzahl der Modelle pro Fabrik • Automatisierungsgrad • Lohnniveau • Mitarbeiterflexibilität und -loyalität • Kapazitätsauslastung
Qualitätskontrolle	• Niveau der Qualitätsziele • Fehlerrate
Lagerhaltung fertiger Produkte	• Zyklität und Vorhersagbarkeit des Absatzes • Flexibilität und Reaktionsfähigkeit der Produktion • Wartebereitschaft der Kundschaft
Verkauf & Marketing	• Schaltung von Werbung
Vertrieb Händler- und Kundenunterstützung	• Anzahl der Händler • Verkaufszahlen pro Händler • Niveau der erwarteten Händlerunterstützung • Garantiefälle und Rückrufaktionen

Abb. 4-9: Kostenanalyse eines Automobilherstellers (in Anlehnung an Grant 2002, S. 270)

durch Werbekatalog und/oder Internet, womit der Einzelhandel ausgeschaltet wird.
Weil viele alteingesessene Textilhändler verschwinden, entsteht für Textilhersteller ein Zwang zur Vertikalisierung. Allerdings beschleunigt diese umgekehrt das weitere Wegbrechen der traditionellen Vertriebspartner. Wenn der Hersteller direkt an den Endkunden verkauft, hat er mehr Kontrolle über die eigene Marke, kann die hohen Margen für den Groß- und Einzelhandel selbst kassieren und so die eigene Rendite steigern. Auch kann er den Preisvorteil – zumindest teilweise – an den Käufer weitergeben.

Ein Beispiel hierfür ist die Firma TRIGEMA, die sich seit Jahren erfolgreich mit ihren Produktionsstandorten in Deutschland behauptet. Nachdem ALDI von TRIGEMA-Chef Wolfgang Grupp gefordert hatte, nicht mehr mit dem TRIGEMA-Label, sondern für die

Abb. 4-10:
Unterschiedliche Wertschöpfungstiefen in der Textilindustrie

	Design	Produktion Stoffe	Produktion Konfektion	Distribution	Einzelhandel
Benetton	☐	☐	☐	☐	☐
Steilmann	☐	☐	☐	☐	
Gerry Weber	☐	☐		☐	☐
H&M	☐			☐	☐
C&A	☐		☐	☐	☐
Horten				☐	☐
Otto Versand	☐			☐	

Eigenmarke der Kette zu produzieren und 30 bis 40 % billiger zu liefern, bot dieser seine Ware schließlich in eigenen Läden zum Einkaufspreis an. Er erklärte die Läden zu Testgeschäften, »denn ich hatte Angst, meinen Kunden mit diesen Preisen Konkurrenz zu machen.« Diese akzeptierten aber seine Begründung, mit den Testgeschäften erfahren zu wollen, »was draußen läuft«. Für Grupp ist die Erkenntnis klar: »Ich als Produzent muss auch einen Teil der Handelsfunktion übernehmen.« Denn nur so hat es der Textilhersteller aus dem schwäbischen Burladingen geschafft, »nicht in voller Abhängigkeit meiner Großkunden zu sein«. Wenn das nicht gelinge, »kann das tödlich sein.« Heute betreibt Grupp mit TRIGEMA 46 eigene Läden überwiegend in Urlaubsorten, etwa auf Sylt oder in Oberau bei Garmisch-Partenkirchen. Das Unternehmen macht dort die Hälfte seines Umsatzes (knapp 90 Mio. Euro im Jahr 2014), den Rest mit den 4.500 Großkunden. Grupp will sich mit den 46 bestehenden Trigema-Läden begnügen. »Das habe ich als Obergrenze festgesetzt. Wir wollen das nicht flächendeckend machen.« Die größten Zuwachsraten erzielt sein Unternehmen ohnehin im erst 2005 begonnenen Online-Handel, wo die Umsätze um 50 % zulegten, auf zwei Mio. Euro in 2009 – und das obwohl TRIGEMA dort den empfohlenen Verkaufspreis und nicht den Einkaufspreis verlangt. Doch Versuche, neue Zielgruppen anzusprechen, sind leider gescheitert. So wurde einer Designerin aus Berlin zunächst die Möglichkeit gegeben, Läden in Berlin-Mitte als Absatzkanäle zu gewinnen. Produkte waren Mode in Bioqualität mit modischen und schlichten Schnitten. Doch der Versuch schlug fehl, und die Geschäfte wurden wieder geschlossen.

4.3.4 Benchmarking

Beim Vergleich von Wertketten bedient man sich einer Methode, die als **Benchmarking**[26] bezeichnet wird. *Sie kann definiert werden als systematischer Prozess, bei dem die eigenen Produkte, Dienstleistungen und Geschäftsprozesse mit den stärksten Wettbewerbern oder denjenigen Unternehmen verglichen werden, die in bestimmten Segmenten als herausragend wahrgenommen werden.* Da sich Geschäftspraktiken ständig ändern und auch die führenden Unternehmen nicht stehen bleiben, sondern versuchen, sich zu verbessern, hat die Marktbeobachtung fortlaufend zu erfolgen. Dadurch wird sichergestellt, dass jeweils die »besten« Praktiken aufgedeckt werden. Für Benchmark-Vergleiche werden interne und externe Unternehmenspraktiken zunächst anhand bestimmter Parameter gemessen und anschließend verglichen. Somit können wesentliche Unterschiede dargestellt, in ein Verhältnis zueinander gebracht und dokumentiert werden. In der Regel

4.3.4 Benchmarking

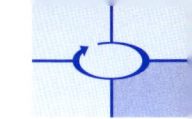

Typ	Vorteile	Nachteile
Internes Benchmarking	• Relative einfache Datenerfassung • Geeignet für diversifizierte, führende Unternehmen	• Begrenzter Blickwinkel • Interne Vorurteile
Wettbewerbsorientiertes Benchmarking	• Geschäftsrelevante Informationen • Vergleichbarkeit von Produkten und Prozessen • Relativ hohe Akzeptanz • Bestimmung der Wettbewerbsposition	• Schwirige Datenerfassung • Gefahr des branchenorientierten Kopierens
Funktionales Benchmarking (mit Externen)	• Hohes innovatives Potenzial • Vergrößerung des Ideenspektrums	• Schwieriger Transfer von Wissen in ein anderes Umfeld • Zeitaufwändige Analyse • Probleme der Vergleichbarkeit

Abb. 4-11: Benchmarking (Pieske 1994, S. 20)

wird ein bestimmtes Maß festgesetzt, nach dem die besten Geschäftspraktiken umgesetzt werden müssen, um Überlegenheit zu erlangen. Entscheidend für das Benchmarking ist, dass es nicht allein auf direkte Wettbewerber der gleichen Branche abzielt, sondern auf Firmen- und Geschäftsbereiche von Unternehmen, die als »die Besten« oder als Industrieführer in ihrer Branche anerkannt sind. Durch eine solche Orientierung an (branchenfremden) »*Best Practices*« wird eine Übertragung von Wettbewerbsvorteilen möglich, die im eigenen Wirtschaftszweig bislang noch nicht bekannt sind. Benchmarking wird daher als ein Managementkonzept zur kontinuierlichen und progressiven Selbstverbesserung des eigenen Unternehmens gesehen.

Best Practices

> **Fallbeispiel: Benchmarking bei XEROX**
> XEROX als einer der Pioniere des Benchmarking setzt dieses Instrument in sehr umfassender Weise ein. Das Unternehmen benchmarkt sich beim Rechnungswesen mit AMERICAN EXPRESS, bei der Strategieimplementierung mit TEXAS INSTRUMENTS, bei der IT-Infrastruktur mit DEERE & COMPANY, beim Vorschlagswesen mit MILLIKEN CARPET, bei der Technologieentwicklung mit HEWLETT PACKARD, bei der Logistik mit L. L. BEAN, bei der Produktion mit FUJI-XEROX und TOYOTA sowie bei Marketing und Vertrieb mit PROCTER & GAMBLE.

Die drei in Abbildung 4-11 dargestellten *Typen von Benchmarking* lassen sich so unterscheiden: Beim internen Benchmarking vergleicht z. B. eine Bank ihre verschiedenen Filialen untereinander, beim wettbewerbsorientierten Benchmarking vergleicht man sich mit wichtigen Wettbewerbern und beim funktionalen Benchmarking orientiert man sich an den Leistungen von Unternehmen aus anderen Branchen hinsichtlich einer funktionalen Kompetenz (wie z. B. Produktentwicklung).

Typen von Benchmarking

Für die Durchführung eines Benchmark-Vergleichs bieten sich mehrere Vorgehensweisen an. Wichtige Punkte dabei sind:

- *Feststellung der betroffenen Funktionen:* Funktionen eines Unternehmens liefern Arbeitsergebnisse in Form von Produkten, Dienstleistungen, Aufträgen, Lieferungen, Rechnungen etc. Benchmarking lässt sich auf diese und alle ande-

ren Arbeitsergebnisse anwenden. Deshalb müssen zuerst die einzelnen Arbeitsergebnisse festgestellt und auf die Möglichkeit, sie zu vergleichen, überprüft werden. Die Schwerpunkte der Betrachtung werden auf die Anforderungen des Endbenutzers gelegt.
- *Benchmarking-Partner:* Die ersten Kandidaten für Benchmarking werden meist bei unmittelbaren Wettbewerbern gesucht. Dies ist allerdings in den meisten Fällen nicht ausreichend. Benchmarking muss gegen führende Unternehmen und Geschäftspraktiken durchgeführt werden, gleichgültig, aus welcher Branche sie stammen.
- *Zusammenstellung des Datenmaterials:* Benchmarking ist ein Prozess, der nicht nur dazu dient, quantifizierbare Ziele und Sollvorgaben abzuleiten, sondern Daten über die besten industriellen Praktiken und Methoden zu sammeln, sie zu untersuchen und zu dokumentieren. Die jeweiligen Auswirkungen können dann quantifiziert werden.
- *Bestimmung der Leistungslücke:* Die aktuellen eigenen Prozesse und Methoden werden analysiert und mit den entsprechenden Praktiken der Benchmarking-Partner verglichen. Ziel ist es, ein Verständnis dafür zu erlangen, in welchen Bereichen die Benchmarking-Partner besser sind, wie viel besser sie sind und weshalb sie besser sind. Des Weiteren stellt sich die Frage, ob deren Praktiken an die eigenen Verhältnisse angepasst und übernommen werden können. In der Regel konzentriert man sich auf die größten Kostenverursacher und strebt die Vereinfachung von Prozessen und Geschäftspraktiken an.
- *Beurteilung der zukünftigen Leistungsfähigkeit:* Die Art der Lücke stellt die Grundlage für zukünftiges Handeln dar. Die Lücke kann einfach geschlossen oder sogar zum eigenen Vorteil ausgenutzt werden. Voraussetzung für die Nutzung der Lücke ist jedoch ein Verständnis der zukünftigen Leistungsfähigkeit über die gegenwärtigen Praktiken hinaus.
- *Kommunikation und Akzeptanz der Studie:* Um Unterstützung, Verpflichtung und Übernahme von Verantwortung zu erreichen, müssen alle Organisationsebenen von den Ergebnissen der Benchmarking-Studie unterrichtet werden. Die Ergebnisse müssen klar, überzeugend und glaubwürdig dargestellt werden. Auf der Grundlage dieser Daten können dann Aktionspläne erstellt werden.
- *Aufstellen von Regeln:* Ausgehend von den Resultaten der Studie werden innerbetriebliche Prinzipien erarbeitet, an denen alle Aktionen zur Veränderung beurteilt werden. Dies sind die Regeln, nach denen sich das Unternehmen langfristig verbessern will, um Kundenbedürfnisse besser zu befriedigen und Spitzenleistungen zu erzielen.
- *Erstellen von Aktionsplänen:* Die durch die Analyse gewonnenen Erkenntnisse müssen nun operationalisiert werden. Die Ausführenden der jeweiligen Arbeitsaufgaben sollen in die Umsetzung einbezogen werden. Des Weiteren muss dafür Vorsorge getroffen werden, dass im Zeitablauf wiederholt Anpassungen durchgeführt werden und Benchmarking zu einem dauerhaften und systematisch angelegten Prozess wird.

> **Fallbeispiel: Benchmarking bei Versicherungsunternehmen**
> Abbildung 4-12 zeigt ein Kosten-Benchmarking in der Versicherungsindustrie. Es zeigt acht Aktivitäten der Wertkette, den zu messenden Schlüsselindikator, die Benchmark-Kennzahl sowie die Kostenstruktur eines Unternehmens X. Beratungsunternehmen

verfügen oft über solche Vergleichszahlen, da sie mit mehreren Unternehmen einer Branche zusammenarbeiten.

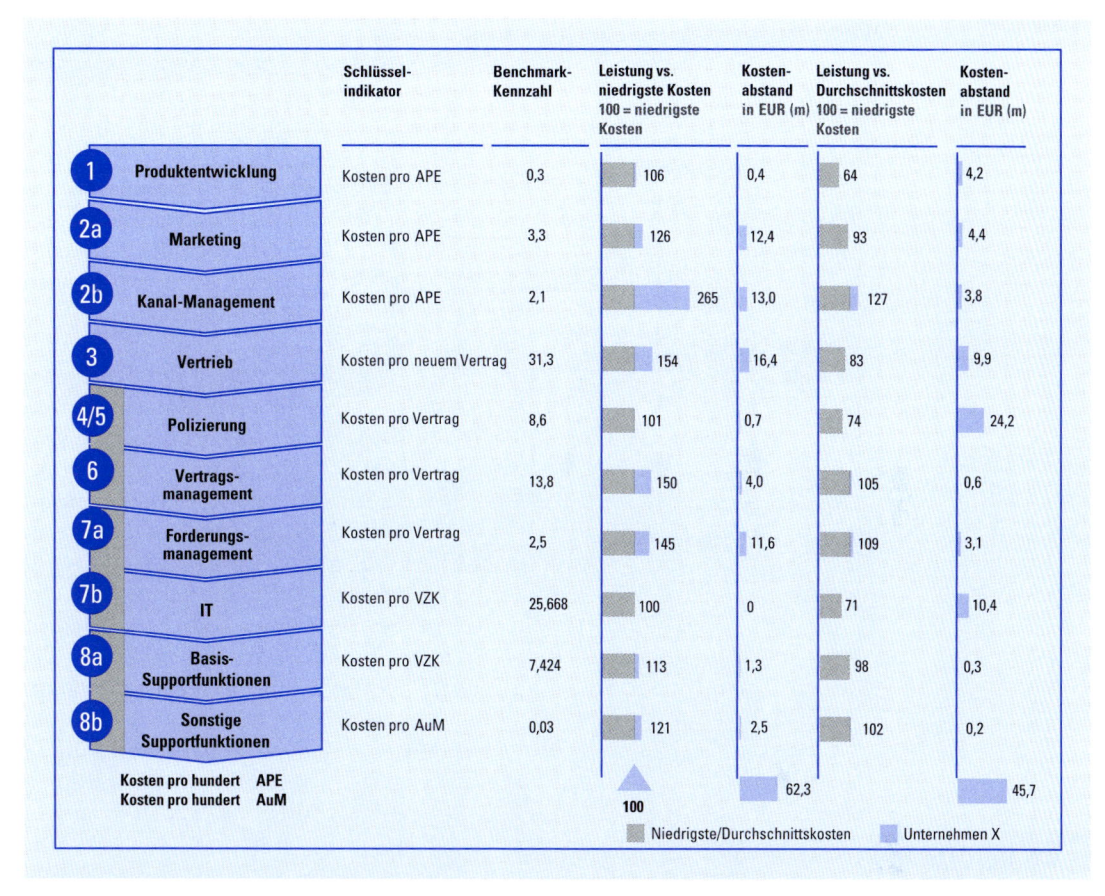

		Schlüssel-indikator	Benchmark-Kennzahl	Leistung vs. niedrigste Kosten 100 = niedrigste Kosten	Kosten-abstand in EUR (m)	Leistung vs. Durchschnittskosten 100 = niedrigste Kosten	Kosten-abstand in EUR (m)
1	Produktentwicklung	Kosten pro APE	0,3	106	0,4	64	4,2
2a	Marketing	Kosten pro APE	3,3	126	12,4	93	4,4
2b	Kanal-Management	Kosten pro APE	2,1	265	13,0	127	3,8
3	Vertrieb	Kosten pro neuem Vertrag	31,3	154	16,4	83	9,9
4/5	Polizierung	Kosten pro Vertrag	8,6	101	0,7	74	24,2
6	Vertragsmanagement	Kosten pro Vertrag	13,8	150	4,0	105	0,6
7a	Forderungsmanagement	Kosten pro Vertrag	2,5	145	11,6	109	3,1
7b	IT	Kosten pro VZK	25.668	100	0	71	10,4
8a	Basis-Supportfunktionen	Kosten pro VZK	7.424	113	1,3	98	0,3
8b	Sonstige Supportfunktionen	Kosten pro AuM	0,03	121	2,5	102	0,2
	Kosten pro hundert APE Kosten pro hundert AuM			100	62,3		45,7

Niedrigste/Durchschnittskosten ■ Unternehmen X

Abb. 4-12: Kosten-Benchmarking in der Versicherungsindustrie (McKinsey 2009)

4.3.5 Wertkettenarchitekturen und ihre Veränderungen

Lassen sich Wertketten idealtypisch klassifizieren, also Wertkettenarchitekturen erkennen? Heuskel stellt hierzu einen Ansatz vor. Ausgangspunkt seiner Überlegungen ist das in zahlreichen Branchen zu beobachtende Phänomen der »Business Migration«, d.h. der Eintritt von Unternehmen über ihre traditionellen Branchen- und Produktgrenzen hinweg in neue Geschäftsfelder. Die traditionelle, vertikal integrierte Wertkette wird dabei »dekonstruiert«, was bedeuten soll, dass sich die ehemals fest miteinander verbundenen Elemente der Kette voneinander lösen und sie an ihren Grenzen den Übergang in neue Geschäftsfelder ermöglichen. Als Musterbeispiel werden die großen Mineralölunternehmen angeführt, die ihr Shop-Geschäft derart ausgeweitet haben, dass mittlerweile an einigen Tankstellen die Convenience-Produkte (wie Lebensmittel, Zeitschriften etc.) gegenüber dem ursprünglichen Produkt »Benzin« in den Vordergrund getreten sind. Dabei verschiebt sich der Wettbewerb innerhalb klassischer Branchen-

Business Migration

Typen von Wertketten-architekturen

grenzen mehr und mehr in Richtung eines Wettbewerbs zwischen verschiedenen Wertschöpfungsarchitekturen, die sich quer durch etablierte Brancheneinteilungen ziehen und neue, zuvor noch gar nicht bestehende Geschäftsfelder entstehen lassen. Klassifizierend werden die vier in Abbildung 4-13 dargestellten Typen von *Wertkettenarchitekturen* unterschieden:

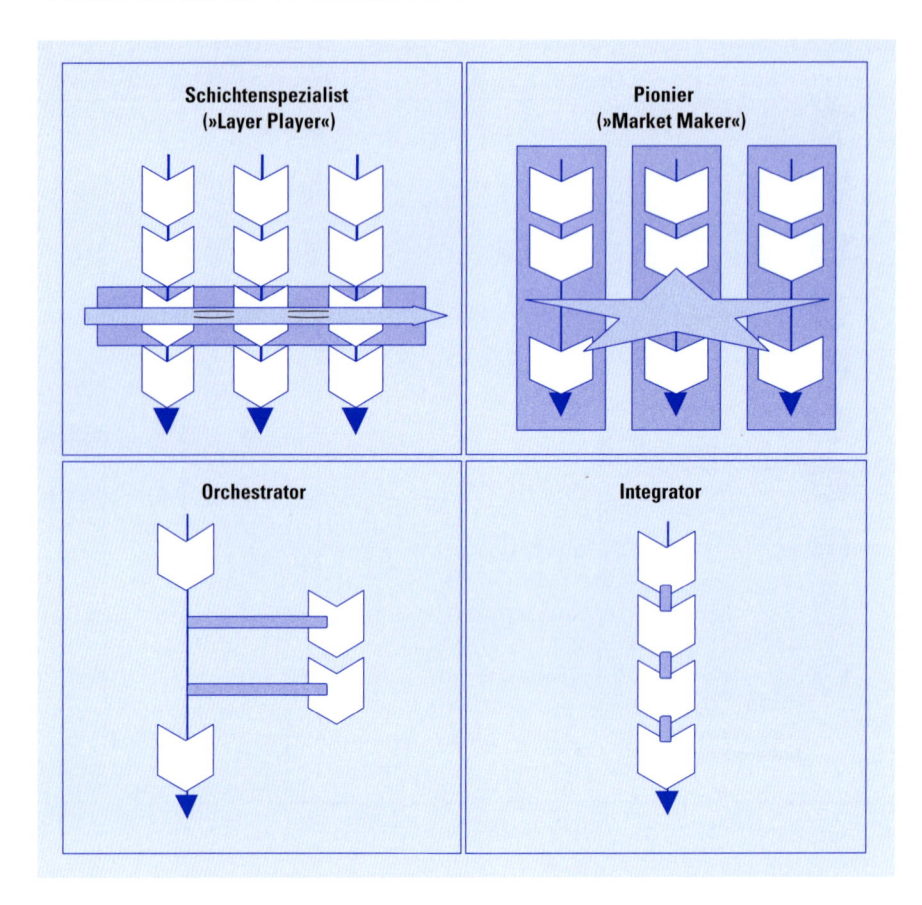

Abb. 4-13: Wertkettenarchitekturen (nach Heuskel, 1999)

- Die *Schichtenspezialisten (Layer Player)* konzentrieren sich auf eine oder wenige Stufen ihrer Wertkette, lösen diese aus dem Gesamtzusammenhang und expandieren über diesen Hebel horizontal in andere Industrien. Beispiel ist hier die Nutzung der Marketingfähigkeiten bei PROCTER & GAMBLE als Knowhow-Basis für den Eintritt in bislang untermarketierte Märkte. Die Spezialisierung ermöglicht es, Größenvorteile, Wissensvorteile oder Eigentumsrechte multiplikativ zu nutzen und sich nicht nur auf ihre traditionelle Branche zu begrenzen. Zur entscheidenden Frage wird, ob es gelingt, die jeweilige Wertschöpfungsfunktion unabhängig und profitabel in den Geschäftsfeldern der anderen Industriezweige anzubieten. Prüfen lässt sich dies anhand von Fragen wie: Wo lassen sich vergleichbare Elemente eigener und fremder Branchen identifizieren, die unterdurchschnittlich profitabel oder deren Optimierungspotenziale im Unternehmen bereits ausgeschöpft sind? Können diese »herausgelöst« werden und selbstständig agieren? Kann dieses Element ausgebaut und auch in anderen Industrien erfolgreich genutzt werden?

- *Pioniere (Market Maker)* versuchen, zusätzliche Wertschöpfungsstufen in bestehende Wertketten einzufügen und diese dann mit einem von ihnen geprägten Standard zu besetzen. Sie schaffen sich einen eigenen Markt, indem sie meist durch eine nachhaltige Innovation Leistungen offerieren können, die dann für verschiedene Industrien von Nutzen sind. So ist es SABRE gelungen, ein Flugreservierungssystem zu entwickeln, das die Buchung von Flügen in Realtime erlaubt. Zuvor musste dafür im Reisebüro und bei den Fluggesellschaften eine Reihe von Arbeitsschritten durchlaufen werden, die im Schnitt ca. drei Stunden dauerten und eine Vielzahl von Mitarbeitern beschäftigten. SABRE gelang es hier, eine Wertschöpfungsstufe zu schaffen und für sich zu sichern, die mittlerweile weltweit von ca. 30.000 Reisebüros, 400 Fluggesellschaften, Mietwagenunternehmen, Eisenbahnen und Reiseveranstaltern in Anspruch genommen wird.
- Einen weiteren Architekturtyp verkörpern die »*Orchestratoren*« *(Orchestrators)*. Auch sie konzentrieren sich – wie die Schichtenspezialisten – auf einzelne Elemente der Wertkette, erzeugen jedoch Mehrwert durch die geschickte Koordination der anderen Wertschöpfungsstufen. Wie ein Dirigent »orchestrieren« sie das Ganze und beschränken sich auf wesentliche Kernstufen, wie z. B. Produktentwicklung, Marketing oder Vertrieb. In der Sportartikelindustrie beispielsweise verfolgt ADIDAS oder REEBOK diese Strategie schon seit Längerem: Sie steuern ein Netzwerk von Zulieferern, die für sie Logistikfunktionen und Produktion übernehmen und konzentrieren sich selbst auf die Entwicklung innovativer Produkte oder das Sportmarketing.
- *Integratoren (Integrators)* halten die Wertkette größtenteils unter eigener Kontrolle, weisen nahezu keinen Fremdbezug auf und optimieren die Transaktionskosten zwischen den einzelnen Wertschöpfungsstufen. Je nachdem, wohin auf Industrieebene die Rentabilität sich verlagert, bewegen sie sich in vor- oder nachgelagerten Stufen. Dies gelingt besonders dort gut, wo hohe Investitionen und damit oft auch hohe Risiken das Geschäft prägen (z. B. in der Pharmaindustrie). Generalistisch ausgerichtet müssen die Integratoren darauf achten, einerseits auf jeder Stufe den Schichtenspezialisten gewachsen zu sein und andererseits gleichzeitig die Schnittstellen zwischen den Stufen so zu optimieren, dass nicht Orchestratoren sie hier unter Druck setzen.

Fallbeispiel: Zukünftige Geschäftsmodelle von Banken
Zwischen den Branchen gibt es noch große Unterschiede, was deren Wertschöpfungstiefe anbelangt: Während bei den deutschen Automobilherstellern nur noch etwa 22 % der Wertschöpfung selbst produziert wird, sind es bei den Banken noch 80–90 %. Dombret/Kern (2003) sehen bei Banken drei Hauptwertschöpfungsbereiche: Produktentwicklung, Kundenschnittstelle und Infrastruktur. Diese können zu fünf unterschiedlichen Geschäftsmodellen kombiniert werden: (1) »Product Developers« mit Fokus auf die komplexere Produktentwicklung (z. B. Altersvorsorge); (2) »Distributors« konzentrieren sich auf die Kundenschnittstelle. Diese können sich am Massenmarkt als Preisführer (»Aldi-Banken« wie z. B. ING direkt), als bequem erreichbare Anbieter mit langen Öffnungszeiten (»McDonald's-Banken«) oder als qualitätsorientierte Akteure (»Delikatessen-Banken«) profilieren. Geht man nicht auf Masse, dann fokussiert man sich auf eine Nische (Produkt- oder Kundengruppe). Distributors benötigen i. Allg. einen Partner, der ihnen das Clearing, Settlement, Custody abnimmt und die IT-Infrastruktur zur Verfügung stellt. (3) »Administrators« fokussieren auf die Infrastruktur. Sie sind Transaktionsspezialisten und befassen sich mit bankspezifischen

Backoffice-Prozessen wie Überweisungen, Verarbeitung von Schecks, Kreditkartenmanagement, Clearing und Settlement (z. B. Clearstream International) oder Asset Servicing & Custody (z. B. State Street). (4) »Client Specialists« vereinen Produktentwicklung und Kundenschnittstelle. (5) »Engineers«: Versuchen Synergien zwischen Produktentwicklung und Infrastruktur auszuschöpfen. Große Transaktionszahlen geben ihnen wertvolle Einblicke in das Kundenverhalten. Dies erleichtert die Produktentwicklung.

Während in Abbildung 4-13 eine eher statische Sichtweise eingenommen wird, kann auch gefragt werden, welche grundsätzlichen Optionen ein Unternehmen hat, sich aus einer bestehenden Konfiguration in Konfigurationen zu bewegen, die höhere oder neue Wettbewerbsvorteile erwarten lassen? Hierfür stehen die sechs in Abbildung 4-14 aufgezeigten generischen Optionen zur Verfügung.

(1) Fokussieren: Hier reduziert ein Unternehmen seine Wertschöpfungstiefe, um sich noch mehr auf bestimmte Wertschöpfungsstufen konzentrieren zu können. Dies geschieht natürlich dort, wo man einerseits eine interessante Marktentwicklung sieht, und andererseits dort, wo man sich mit seinen Fähigkeiten im Verhältnis zur Konkurrenz gut positioniert sieht. Vorteil des Ansatzes ist die Konzentration der Kräfte; Nachteil ist der fehlende Risikoausgleich, wenn die Märkte eng werden.

> **Fallbeispiel: Texas Instruments fokussiert auf Halbleiter**
> Texas Instruments (TI) ist einer der weltweit führenden Hersteller von Halbleiterprozessoren im Bereich Digital Signal Processing (DSP) und Analogchips. Das Unternehmen fokussierte über die vergangenen Jahre nach und nach *auf das Design spezia-*

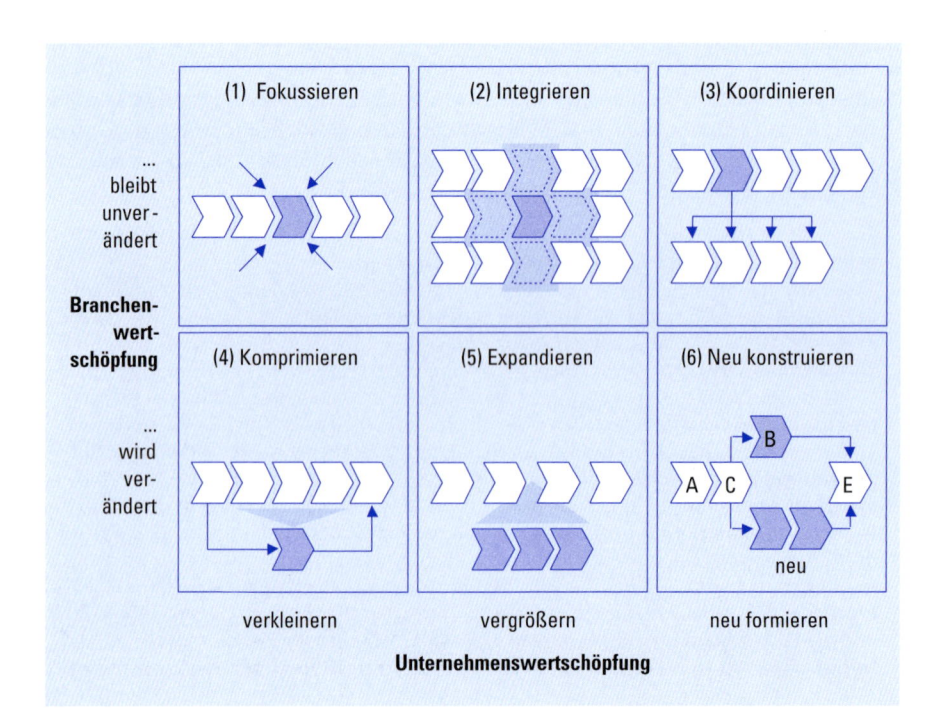

Abb. 4-14: Optionen zur Veränderung von Wertketten (Müller-Stewens/Fontin 2002)

lisierter Halbleiterprozessoren mit Schwerpunkt Signalverarbeitung für den Einsatz in der Telekommunikation (Mobiltelefone, Computermodems etc.). So verkaufte TI 1997 seine Softwaresparte an Sterling Software, das 2000 von Computer Associates übernommen wurde. Die zukünftige Entwicklung von TI sieht man in der Ausweitung der DSP-Chips auf angrenzende Schlüsselmärkte wie optische, kabel- und funkbasierte Kommunikationstechnologien. Ein eher neuer, aber schnell wachsender Geschäftsbereich ist der der optischen Halbleiter (DLP Products).

(2) Integrieren: Hier wird entweder innerhalb der Branchenwertschöpfung vertikal zwischen zwei Aktivitäten integriert oder es werden horizontal Zusatzleistungen hinzugenommen, die das Spektrum der Aktivität über das für das Produkt notwendige Ausmaß hinaus erweitern.

Fallbeispiel: BMW Financial Services erweitert Angebot
Die 1971 gegründete Automobilbank BMW Financial Services (BFS) ist innerhalb der BMW Gruppe für die Finanzdienstleistungen zuständig. BFS bietet den BMW-Kunden maßgeschneiderte Möglichkeiten zur Finanzierung, Versicherung und zum Leasing des Fahrzeugs an. In einem horizontalen Integrationsschritt kamen dann noch »klassische« Bankdienstleistungen des Vermögensmanagements (Festgeld und Sparbrief, Investmentfonds etc.) oder die Kreditkarte BMW Card für die BMW-Kunden hinzu. Zielsetzung von BFS war die Erhöhung der Wertschöpfung durch Erweiterung und Kopplung unterschiedlicher Dienstleistungen, eine intensivere Nutzung und Bindung des vorhandenen Kundenstamms sowie eine Erweiterung der Marke BMW.

(3) Koordinieren: Auch hier fokussiert man selbst auf einzelne Aktivitäten der Wertkette mit einer hohen Wertschöpfung. Gleichzeitig koordiniert und steuert man allerdings sehr eng andere Aktivitäten der Wertkette. Man hat sie an andere Unternehmen vergeben (Outsourcing), da man in ihnen ein zu geringes Potenzial für die eigene Erzeugung von Mehrwert sieht, aber durch die enge Steuerung als solches ein Mehrwert erzeugt werden kann. Vorteil eines solchen Ansatzes kann der Verzicht auf nichtstrategische und kapitalintensive Aktivitäten sein, verbunden mit einer höheren Hebelwirkung der eigenen eingesetzten Mittel bei Aktivitäten mit einem höheren relativen Mehrwert. Auch gibt dieser Ansatz dem Unternehmen eine größere Flexibilität bei Aspekten wie Partnerwahl oder Kapazitätsanpassung. Nachteilig könnte es sein, dass in stabileren Zeiten die Hierarchie wieder die günstigere Koordinationsform darstellt und man dann nicht so schnell diese Aktivitäten (wieder) aufbauen kann.

Fallbeispiel: Das Lieferantennetz von NIKE
NIKE ist ein weltweit agierender Hersteller von Sportschuhen, der erst 1972 gegründet wurde und in 2014 einen Umsatz von ca. 28 Mrd. USD erwirtschaftet hat. NIKE konzentriert sich auf Design, Marketing und Vertrieb. Die Produktion erfolgt als Auftragsproduktion durch etwa 700 Low-Cost-Lieferanten in über 50 Ländern. Die Leistung der Lieferanten wird streng überwacht anhand von Kriterien wie Preis, Qualität, Lieferung, Einhaltung von Vorschriften etc. Neben firmeneigenen Kontrollen erfolgt seit 2003 auch eine Kontrolle durch die unabhängige Fair Labor Association (FLA). Es gab aber auch viel Kritik an der Lieferantenpolitik von NIKE. So wurde das Unternehmen der Ausbeutung, Kinderarbeit und anderer Missstände in Zulieferbetrieben (bzw. deren Unterlieferanten) bezichtigt. In seinem Code of Conduct verbietet NIKE

> allerdings die Beschäftigung von unter 16-Jährigen und von Personen, die nach landeseigenen Gesetzen noch der Schulpflicht unterliegen oder noch nicht arbeiten dürfen. Sollten trotzdem Fälle von Kinderarbeit aufgedeckt werden, ist die finanzielle Unterstützung der Betroffenen vorgesehen, um diesen eine Schulbildung zu ermöglichen.

(4) Komprimieren: Hier ist es die Zielsetzung, die eigene Wertschöpfung durch Ausschalten des Zwischen- und Einzelhandels zu erhöhen. Dadurch verringert sich die Branchenwertschöpfung. Begünstigt werden derartige Manöver derzeit durch die Möglichkeiten des Internets. Primärer Vorteil ist hier der direktere Zugang zum Endkunden, oft auch verbunden mit schnelleren und günstigeren Ablaufprozessen.

> **Fallbeispiel: DocMorris – die Online-Apotheke**
> Im Jahr 2000 gründen der Apotheker Jacques Waterval und der Informatiker Ralf Däinghaus die Versandapotheke DocMorris in den Niederlanden. Heute hat das Unternehmen in Europa über 2,5 Mio. Kunden und ca. 400 Mitarbeiter. Um auch vor Ort zu sein, werden über 100 Partnerschaften mit Apotheken eingegangen.

(5) Expandieren: Hier wird die Branchenwertschöpfung dadurch geändert und erhöht, indem eine zusätzliche Aktivität durch einen Wettbewerber in die bestehende Wertkette eingefügt wird. Vorteil davon ist eine Ausdifferenzierung des Leistungsspektrums gegenüber dem Kunden. Das Risiko besteht in der Frage, ob beim Kunden das Bedürfnis danach ausreichend vorhanden ist.

(6) Neu konstruieren: Hier wird die bestehende lineare Wertkette aufgebrochen und in eine neue Logik gebracht, die meist auch in einer neuen Prozessfolge ihren Ausdruck findet. Dadurch werden aber insbesondere die Spielregeln des Geschäfts verändert. Es kommt zu Marktanteils-, Macht- und Wertschöpfungsverlagerungen in der Branchenwertschöpfung. Häufig haben diese Fälle etwas mit der Veränderung des Kundenzugangs zu tun. Gelingt einem eine solche kreative Neukonstruktion, so hat man den Innovationsvorteil. Risiko ist eine fehlende Durchsetzung in der Branche, die man ja zuerst einmal gegen sich hat, d. h., dass i. Allg. die Zugkraft vom Kunden ausgehen muss.

> **Fallbeispiel: Kvadrat**
> Kvadrat ist ein dänischer Möbelstoffhersteller, der die Entwicklung und die Vermarktung von modernem Design für Möbelstoffe und Gardinen für Großkunden betreibt und einen Umsatz in Höhe von 47 Mio. Euro ausweist (2001). Während der klassische Wertschöpfungsprozess vom Stoffdesigner über den Stoffhersteller, den Möbelhersteller und den Ausstatter zum Kunden läuft, designt und vermarktet Kvadrat die Stoffe direkt beim Endkunden. Die danach in Auftrag gegebene Produktion geschieht über ein Netzwerk von 28 weitgehend spezialisierten Webereien. Kvadrat ist es dadurch gelungen, den Einfluss von Herstellern und Ausstattern stark zu den eigenen Gunsten zu reduzieren und durch den direkten Zugang zum Endkunden die eigene Wertschöpfung zu erhöhen. Man vergleiche dazu Abbildung 4-15.

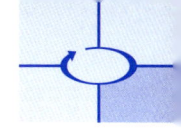

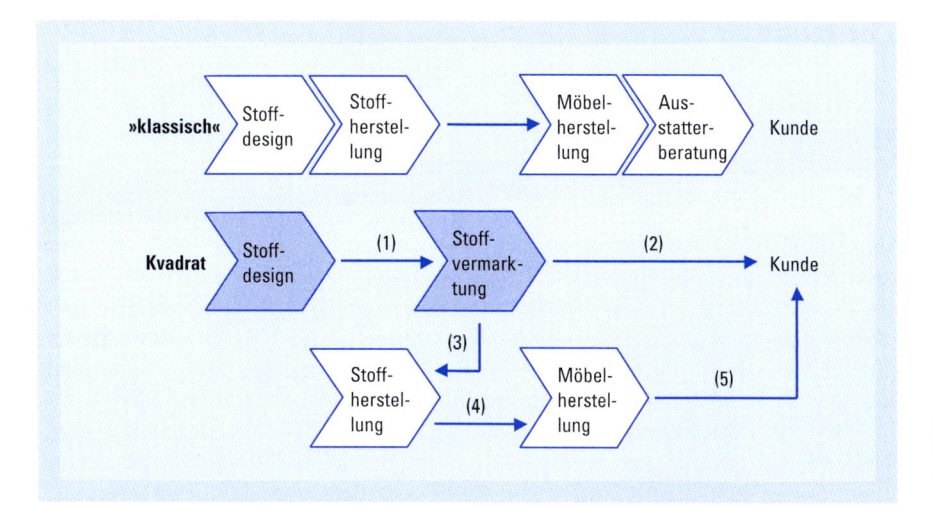

4.3.5 Wertkettenarchitekturen und ihre Veränderungen

Abb. 4-15: Wertschöpfungsmodell von KVADRAT

Zusammenfassung

- Die *Wertkette* stellt einen Ansatz dar, mit dessen Hilfe die Wertschöpfung eines Unternehmens analysiert werden kann.
- Dabei hilft die Wertkette, Aktivitäten zu identifizieren, die Wert beisteuern, und solche, die Wert vernichten.
- Mittels der *Benchmarking*-Technik kann ein Konkurrenzvergleich der Wertkette und einzelner Teilaktivitäten vorgenommen werden.
- Durch das Identifizieren von eigenen Stärken in der Wertkette bieten sich unterschiedliche *Architekturen* zur Wertschöpfung an.

4.4 Geschäftsmodelle

Das Konstrukt des »Geschäftsmodells« (in der Wissenschaft auch »*Aktivitätssystem*« genannt), hat in den letzten Jahren eine hohe Bedeutung erhalten. Erstens sind – meist ausgelöst durch neue Technologien und Märkte – eine Reihe innovativer Geschäftsmodelle entstanden, die die bestehenden Unternehmen herausfordern. Zweitens bietet das Konstrukt des Geschäftsmodells einen umfassenden, systemischen Ansatz, der aufzeigt, wie ein Unternehmen sein Geschäft betreibt. Drittens wird der Schwerpunkt auf zentrale Aktivitäten und deren Vernetzung gelegt, da man davon ausgeht, dass dort Wertschöpfung letztendlich geleistet wird. Und viertens zeigen Geschäftsmodelle nicht nur auf, wie Wert erzeugt wird, sondern thematisieren auch die Frage, wer welchen Anteil vom »Kuchen« erhält. Damit ermöglichen sie eine Verbindung zwischen der Generierung von Wert und dessen Verteilung (Value Creation vs. Value Capture).

Lernziele

- Definition von Geschäftsmodellen
- Darstellung der einzelnen Dimensionen (Nutzenversprechen, Design der Aktivitäten, Steuerung, Ressourcen, Ertragsmechanik)
- Ansätze zur Entwicklung innovativer Geschäftsmodelle

Definition Geschäftsmodell

Überlegungen zu Geschäftsmodellen bauen oft auf Wertketten auf, erweitern diese jedoch an mehreren Stellen. *Ein Geschäftsmodell kann definiert werden als ein Design von vernetzten Aktivitäten, welches ein bestimmtes Nutzenversprechen realisieren will.* Es beschreibt die Interaktionen eines fokalen Unternehmens mit seinen externen Partnern. Vieles deutet heute darauf hin, dass es nicht mehr nur um die Konkurrenz zwischen Produkten geht, sondern insbesondere auch um die Frage, wer über das im Wettbewerb überlegene Geschäftsmodell verfügt. Vielleicht hat ein aus dem Wettbewerb ausgeschiedenes Unternehmen durchaus über konkurrenzfähige Produkte und Services verfügt, aber das Geschäftsmodell war nicht mehr wettbewerbstauglich.

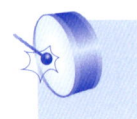

> **Standpunkt: Das Geschäftsmodell BORDERS**
> Im Jahr 1971 eröffnete BORDERS seinen ersten Buchladen in Ann Arbor (USA). In Bestzeiten wuchs das Unternehmen auf eindrückliche 700 Läden in den ganzen USA. Im September 2011 gab das zweitgrößte Unternehmen der Branche bekannt, dass es seine Pforten schließen müsse. Online-Versender wie AMAZON, elektronische Bücher oder der iPad waren zu wichtigen Wettbewerbern im Kampf um die Gunst von Lesern geworden. Davon betroffen waren 11.000 Mitarbeiter in noch 400 Filialen. Ist dies das Ende vom Produkt »Buch«? Wird dies auch BARNES & NOBLE und anderen Buchhandelsketten drohen? Oder ist dies nur eine verpasste Chance, sein Geschäftsmodell auf die Unterhaltungsbedürfnisse der heutigen Zeit anzupassen?

Will man ein Geschäftsmodell konzipieren, analysieren, verändern oder neu entwickeln, dann sind fünf Dimensionen von besonderer Relevanz: das *Nutzenversprechen*, das mit einem Geschäftsmodell erbracht werden soll, das *Design der Aktivitäten*, durch die diese Wertschöpfung erbracht wird, die *Steuerung* dieser Aktivitäten, die miteinander verbunden sind, die zentralen *Ressourcen*, die für das Geschäftsmodell vonnöten sind und die *Ertragsmechanik*, die aufzeigt, wie Profit generiert wird und wer wie viel davon erhält. Diese Dimensionen wollen wir im Folgenden näher betrachten.

4.4.1 Dimension »Nutzenversprechen«

Das *Nutzenversprechen* kann definiert werden als Angebot, für den Kunden einen bestimmten Auftrag zu erledigen. Je nachdem, wie man diese einfache Aussage konkret formuliert, ergeben sich weitreichende Konsequenzen. Wenn z. B. ein Unternehmen seine Aufgabe darin sieht, schöne Kachelöfen zu bauen, dann wird es seine Aktivitäten darauf ausrichten, hier immer besser und leistungsfähiger zu werden. Sieht ein anderes Unternehmen seine Aufgabe jedoch darin, »Wärme in Wohnhäusern« sicherzustellen, dann kann es dazu auf Kachelöfen zurückgreifen, muss es jedoch nicht. Seine Aktivitäten könnten in Ergänzung auf

4.4.1 Dimension »Nutzenversprechen«

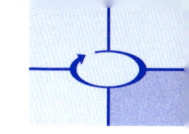

Fußbodenheizungen, passive Energiekonzepte, Solaranlagen, Erdsonden etc. ausgerichtet sein. Die eingangs getroffene triviale Aussage entpuppt sich meist rasch als recht anspruchsvoll. Dabei wird erneut die Verbindung zur Positionierung des Unternehmens deutlich. Abhängig von der gewählten Mission und dem strategischen Konzept aus der Corporate Strategy ergeben sich Konsequenzen für das Geschäftsmodell. Zudem löst die Wahl des Nutzenversprechens eine immer wieder neu zu stellende Frage nach dem Mehrwert aus, den ein Unternehmen im Vergleich zu seinen Wettbewerbern erbringen will. Das Nutzenversprechen soll ein Bedürfnis befriedigen bzw. eine Aufgabe oder ein Problem für den Kunden lösen. Je präziser und offensichtlicher dies für den Kunden erfolgt, desto höher wird dessen Wert empfunden.

Zusammenhang Positionierung und Nutzenversprechen

Nutzenversprechen: Was oder wie?

Oftmals steht das Produkt als Aushängeschild und Kernnutzenversprechen im Vordergrund eines Unternehmens. Das Nutzenversprechen einer Zahnarztpraxis könnte daher lauten »bei uns erhalten Sie eine qualitativ hochwertige und nachhaltige Versorgung für Ihre Zähne«. Für das gleiche Endprodukt (Zahnpflege) gibt es aber auch Kunden, die einen höheren Nutzen in dem Prozess der Leistungserstellung sehen. Denkt man an »Angstpatienten« oder Kinder, so wäre denkbar, das Nutzenversprechen mit dem Vorhaben »bei uns erhalten Sie eine stressfreie und schmerzfreie Zahnbehandlung« zu verbinden und hierzu schmerzlindernde Verfahren einzusetzen. In beiden Fällen steht der zu erledigende Auftrag (Zahnbehandlung) im Fokus, wird aber auf unterschiedliche Weise bearbeitet.

> **Fallbeispiel: Das Nutzenversprechen von Vapiano und seine Umsetzung**
> Die Systemgastronomiekette Vapiano zeigt, wie ein Nutzenversprechen das »was und wie« miteinander kombiniert. Gegründet 2002 in Deutschland gibt es 2014 weltweit bereits mehr als 160 Restaurants (eigene Betriebe, Joint Ventures oder Franchise-Häuser) mit ca. 386 Mio. Euro Umsatz. Das Konzept stellt eine Mischung aus bequemem und schnellem, jedoch frisch zubereitetem Essen in ansprechendem Ambiente dar. Eingerichtet von einem international renommierten Architekten erscheinen alle Filialen in dunklem, massivem Holz kombiniert mit sonnigen Farben. Der Gast bedient sich selbst an den einzelnen Stationen, an denen Köche die Bestellung direkt entgegen nehmen und vor den Augen des Kunden in wenigen Minuten die Speisen frisch zubereiten. Das Menü beschränkt sich auf Antipasti, Pasta, Pizza und Salat. Die einzelnen Speisen können dann durch das Ablaufen der jeweiligen Stationen vom Gast bestellt und abgeholt werden. Diese logistische Überlegung erlaubt standardisierte und effiziente Abläufe. Angesprochen werden unterschiedlichste Gäste, was sich auch im breiten Publikumsmix zeigt. Dabei leistet Vapiano ein Nutzenversprechen, das ein gewisses Produkt (frisch zubereitete italienische Küche) aber auch den Prozess (schnelle Selbstbedienung und informelles Essen) in den Vordergrund rückt. Vapiano selber beschreibt auf seiner Website das Konzept wie folgt: »Entspannte Atmosphäre, mediterrane Leichtigkeit und südländische Lebensfreunde: Ein Besuch im Vapiano ist wie ein Besuch zum Essen bei guten Freunden – ohne Stress, ohne Dresscode und ohne Reservierung«. Die Vision des Unternehmens lautet passend dazu: »All we do, we do with love to refresh your life.« Und entsprechend dazu wird die Mission definiert: »Kompromisslose Frische gewährleistet hervorgenden Geschmack und gesunde Ernährung; Design, Dekoration, Musik und das richtige Licht schaffen eine inspirierende Atmosphäre, die all Ihre Sinne erfrischt;

> Anregende Kommunikation zwischen Gästen und Vapianisti führt dazu, dass Sie sich als Freund willkommen fühlen; Perfekte Ausführung – bei jedem Gast, zu jeder Zeit.«

Nutzenversprechen: Umfassend oder fokussiert?

Besondere Bedeutung erhält auch die Frage nach dem Umfang der versprochenen Leistung. Ein breit umfassendes Nutzenversprechen ermöglicht oftmals die Ansprache eines größeren Marktes. Das Versprechen der oben erwähnten Unternehmung, »Wärme in Wohnhäuser« zu bringen, erlaubt bewusst keine klaren Grenzen hinsichtlich der zu erbringenden Leistung. Der zu erledigende Auftrag des Kunden ist zwar klar und relativ simpel, der Umfang des Nutzenversprechens hingegen nicht. Es müssen nahezu alle Möglichkeiten, Wärme in Häuser zu bringen, in Betracht gezogen werden und auch tatsächlich dieser Unternehmung zur Verfügung stehen. Zum einen ist damit der potenzielle Markt deutlich weiter gefasst, die Herausforderung mag aber darin bestehen, Kunden zu erreichen, die bereits eine genaue Vorstellung haben, wie sie ihr Bedürfnis befriedigt haben möchten. Daneben muss sichergestellt werden, dass die vielen Facetten eines umfangreichen Nutzenversprechens in gleich hoher Qualität erfüllt werden können, denn eine Spezialisierung wird damit immer schwieriger. Auf der anderen Seite kann ein Unternehmen mit einem fokussierteren Nutzenversprechen die Leistung genauer abstecken und damit ein Kundenbedürfnis genauer adressieren. Die Herausforderung hierbei liegt darin, den potenziellen Kundenkreis nicht zu klein zu halten. Wählt ein Unternehmen beispielsweise das Nutzenversprechen, Wärme in Wohnhäuser zu bringen durch Erdsonden, läuft es Gefahr, nicht mehr alle potenziellen Kunden bedienen zu können. Im Kern geht es also um die Herausforderung, das Optimum zwischen einem möglichst hohen Nutzenwert für eine möglichst große Gruppe an Kunden einerseits und einer noch handhabbaren Leistungserbringung andererseits zu finden.

> **Fallbeispiel: ERCO**
> Die Firma ERCO kam Anfang der 1960er-Jahre zu der Einsicht, ihr Geschäft nicht mehr wie bisher in Form von Lampen und Leuchten zu definieren, sondern in Form von Beleuchtungsqualität. Man wollte nicht mehr »Leuchten«, sondern »Beleuchten« verkaufen. »Wir verkaufen in erster Linie Licht und nicht Leuchten. ERCO entwickelt Wege und Werkzeuge, um Licht zu erzeugen, zu lenken und zu steuern. So wird Licht zur vierten Dimension der Architektur. Unser Produkt ist das Licht – darum nennen wir uns ERCO, die Lichtfabrik. Lichtsteuersysteme, Innenraumleuchten und Außenraumleuchten von ERCO bilden ein umfassendes Programm von Lichtwerkzeugen für durchgängige, ganzheitliche Lichtlösungen in der Architektur.«[27] D.h., man ging vom Objekt zur Funktion über. In der Folge baute ERCO gezielt dazu erforderliche Kompetenzen (z. B. Innenarchitektur, Lichtplanung, Lichtsystemsteuerung oder Raumausstattung) auf, was auch zu einer Neustrukturierung von Teilen des Wertschöpfungsprozesses führte. Heutzutage zählt ERCO weltweit Unternehmen wie Banken, Versicherungen oder Museen zu seinen Kunden, die an einer möglichst optimalen Be- und Ausleuchtung ihrer Gebäude interessiert sind und nicht am Kauf einzelner Beleuchtungsmittel. Zwischenzeitlich erhielt ERCO für seine Arbeit eine Vielzahl von Auszeichnungen.

Die Entdeckung einer kreativen Neudefinition des Nutzenversprechens kann Unternehmen neue Wege eröffnen. Oftmals erreichen Unternehmen bei ihren Kunden einen höher empfundenen Gebrauchswert dadurch, dass sie das Nutzenversprechen auf eines oder mehrere von vier bisherigen Hindernissen der Bedürfnisbefriedigung bauen. (1) Sie bieten eine Leistung, die dem Kunden bisher aufgrund Mangels an finanziellen Mitteln in dieser Form nicht zur Verfügung stand. (2) Sie bieten dem Kunden eine Leistung an, die bisher nicht offen zugänglich war. (3) Sie bieten dem Kunden eine Leistung, die bisher aufgrund mangelnder Kompetenz nicht in Anspruch genommen wurde. (4) Sie bieten dem Kunden eine Leistung, die bisher aus Mangel an Zeit nicht in Anspruch genommen wurde bzw. die dem Kunden eine Zeitersparnis bringt. Je nachdem, worauf ein Unternehmen sein Nutzenversprechen baut, ergeben sich andere Systemgrenzen, andere relevante Aktivitäten, ein anderer Ressourcenbedarf etc.

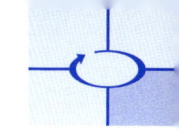

Überwindung bisheriger Hindernisse der Bedürfnisbefriedigung

> **Fallbeispiele: Die Überwindung bisher unzureichend erfüllter Kundenbedürfnisse**
> (1) In den letzten Jahren ist eine Reihe von Unternehmen entstanden, deren Geschäftsmodell auf der einfachen Idee beruht, Gegenstände und Nutzungsrechte mit anderen zu teilen. ZIPCAR, eine amerikanische Firma, hat mittlerweile 400.000 Mitglieder, die über eine jährliche Gebühr Autos auf Stundenbasis mieten können. Per Internet finden sie heraus, wo das nächste Auto steht und bedienen sich dann nach Bedarf. COUCHSURFING verbindet Menschen miteinander, die für Reisende ein Sofa zur Verfügung stellen wollen. Im Gegenzug wird erwartet, dass die Benutzer der Sofas auch ihre eigenen Sofas zu Hause anbieten. Mehr als 2.3 Mio. Menschen in 79.000 Städten sind bereits angeschlossen. Weitere Firmen nennen sich BAG BORROW (Handtaschen), THREDUP (Kinderkleidung) oder TECHSHOP (Raum und Ausrüstung für Erfinder). Die meisten dieser Geschäftsmodelle basieren auf der Einsicht, dass der Zugang und die Nutzung wichtiger sind als der Besitz eines Gegenstandes. Gleichzeitig bieten sich dadurch jedem Beteiligten mehr Möglichkeiten als er sich aufgrund seiner eigenen finanziellen Mittel erlauben könnte. Problematisch bei diesem gemeinschaftlichen Konsum (»collaborate consumption« im Englischen genannt) sind Fragen der Verfügbarkeit sowie des schlechten Umgangs mit gemeinsam genutzten Gegenständen.
> (2) Mit dem Techboom Ende der 90er kamen auch mehrere innovative e-trading-Plattformen auf den Markt, die es speziell auch »Privatleuten« erlaubte, in das Daytrading von Anlageprodukten einzusteigen.
> (3) Der Markt für Computerspiele und Spielkonsolen ist hierfür ein anschauliches Beispiel. Die Verwendung von Computer- und Konsolenspiele benötigt oftmals ein Mindestmaß an Spezialwissen sowie regelmäßige Nutzung, um damit vertraut zu werden und »Erfolge« zu erzielen. NINTENDO hat mit der wii-Konsole bisherige Nichtnutzer angesprochen und durch eine einfache und intuitive Steuerung überzeugt.
> (4) Die Pflege von sozialen und beruflichen Freundschaften wird durch Angebote wie etwa FACEBOOK oder XING ermöglicht und zeitlich erleichtert. Der Kunde kann auf diesen Plattformen beispielsweise seine Kontaktdaten von Freunden und Bekannten verwalten, wird automatisch an Geburtstage oder Firmenevents erinnert und kann sich in spezialisierten Gruppen und Foren über Hobbys und andere Themen austauschen.

4.4.2 Dimension »Design der Aktivitäten«

Das Design der Aktivitäten legt die grundlegende Struktur eines Geschäftsmodells fest. Folgende Kriterien spielen für die Wahl eines Designs eine wichtige Rolle:

(1) Konzeption: Einfacher versus komplexer Aufbau

Wie schon zuvor erwähnt, beeinflusst die Positionierung und damit das Nutzenversprechen die Auswahl der Aktivitäten, die zur Umsetzung notwendig oder sinnvoll sind. Man spricht von sogenannten Kernelementen (Core Elements) oder Positionierungsthemen, die Aktivitäten definieren.[28] Ein typisches Kernelement einer Billigfluglinie, wie etwa SOUTHWEST AIRLINES oder EASYJET, ist z. B. »limitierter Service für Passagiere«, wodurch Aktivitäten wie das Catering, das Boarding oder die Gepäckabwicklung definiert werden.[29] Ein anderes Kernelement stellt das »Anbieten von sehr niedrigen Flugticketpreisen« dar, wodurch Aktivitäten wie die Auswahl der Flotte und anzufliegende Flughäfen oder die Einbindung von Reiseagenturen betroffen sind. Dabei kann ein Geschäftsmodell auf einem oder wenigen Kernelementen basieren oder aber auf einer Vielzahl an Kernelementen, die in ihrer Kombination das Nutzenversprechen umzusetzen versuchen.

Ein **einfacher Aufbau** erleichtert zunächst die Konzentration auf wenige, klar definierte Aktivitäten. In aller Regel werden nicht mehr als vier bis acht Elemente verwendet, die oftmals sequenziell aneinander gereiht sind. Beginnend mit Forschung & Entwicklung, über Produktion und Distribution bis hin zu Marketing und Vertrieb folgen sie dem »klassischen« Schema der Wertkette, meist angepasst an die Besonderheiten des jeweiligen Geschäftes. Bei einem Versicherungsunternehmen ergibt sich dann beispielsweise eine Abfolge von den sechs Aktivitäten »Produktentwicklung, Marketing & Vertrieb, Underwriting, Betrieb, Schadensabwicklung und Kapitalanlage«, während ein Beratungsunternehmen seine Wertschöpfung mithilfe der Aktivitäten »Akquisition, Projektplanung, Ressourcenbeschaffung, Projektabwicklung und Nachfolgeaufträge« organisieren könnte. Tätigkeiten, die außerhalb dieses Spektrums liegen, bleiben ausgeblendet. Man konzentriert sich auf das, was für das Gelingen des Geschäfts als elementar erachtet wird.

Ein einfacher Aufbau erhöht die Transparenz und Übersichtlichkeit der betrieblichen Aktivitäten. Es wird deutlich, auf welche Weise Wert geschaffen wird und wie die einzelnen Teile ineinandergreifen. Dies hat mehrere Konsequenzen. Zum einen erleichtert es die Kommunikation, da ein gut verständliches Geschäftsmodell für jedermann zugänglich ist. Zum anderen können Verantwortlichkeiten klar definiert und zugewiesen werden, ohne dass es zu einer »Inflationierung« von Positionen und – infolgedessen – zu Koordinationsproblemen kommt. Daher bietet sich ein einfacher Aufbau auch an, um ein Geschäft direkt zu steuern und Fehlentwicklungen rasch entgegenzuwirken. Meist lassen sich jeder Stufe eine überschaubare Anzahl von Kennzahlen und Messgrößen zuweisen, die Aufschluss über den momentanen Zustand bieten. Signalisieren sie Handlungsbedarf, so können Ursachen zügig lokalisiert und Gegenmaßnahmen eingeleitet werden. Zuletzt verkürzt ein einfacher Aufbau die Zeit, die erforderlich ist, um ein Geschäftsmodell funktionsfähig werden zu lassen. Je weniger Aktivitäten vonnöten sind, um ein Geschäft zu betreiben, desto schneller kann es in aller Regel aufgebaut werden. Dies ist gerade in Start-up-Situationen oder in Branchen, wo Geschäftsmodelle rasch veralten, von nicht zu unterschätzender Bedeutung. Um ein komplexes Modell zum Leben zu erwecken, sind meist mehr Zeit und Ressourcen erforderlich, als bei einem Design, das aus wenigen, linear aneinander gereihten Aktivitäten besteht. Eine wichtige Fähigkeit ist da-

4.4.2 Dimension »Design der Aktivitäten«

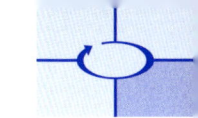

her – vorausgesetzt, die jeweilige Geschäftsidee ist überzeugend – die rasche Entwicklung, Implementierung und gegebenenfalls Neukombination einzelner Aktivitäten. Wie zügig dies gelingt, ist in vielen Branchen zum kleinen, aber feinen Unterschied zwischen erfolgreichen und weniger erfolgreichen Konkurrenten geworden. Allerdings weist ein einfach strukturiertes Geschäftsmodell auch *Nachteile* auf. Der Wettbewerbsschutz ist meist gering. Einer Kopie durch Konkurrenten steht wenig im Wege. Es ist relativ klar ersichtlich, welche Aktivitäten in dem Geschäftsmodell enthalten sind und wie viel Wert sie beisteuern. Gefährlich werden in einer solchen Situation oft »Kooperationspartner«, die vor- oder nachgelagerte Aktivitäten ausüben. Mit ihrer Expansion in das eigene Geschäft ist zu rechnen, wenn sie sich davon besondere Wertsteigerungsmöglichkeiten versprechen.

Nachteile eines einfach strukturierten Geschäftsmodells

Diese Überlegungen führen uns bereits in Richtung der anderen Option, des **komplexen Aufbaus** von Geschäftsmodellen. Ein komplexes Geschäftsmodell ist meist über einen längeren Zeitraum entstanden. Oft hat ein Geschäftsmodell seine Komplexität aber auch durch immer wieder vorgenommene »Anbauten« erfahren und ist damit nicht vollständig optimiert. Ein komplexes Geschäftsmodell ist in manchen Branchen aber die einzige Möglichkeit, um anspruchsvollen Kundenforderungen gerecht zu werden. War am Anfang ein Marktauftritt mit einem relativ engen Angebot ausreichend, so kann auf Druck der Abnehmer und der Wettbewerbssituation eine Verbreiterung erforderlich werden, die dann direkte Auswirkungen auf das Geschäftsmodell hat. Es geht daher um die Kombination von Kernelementen und deren Aktivitäten, die wiederum einen Mehrwert in dieser Konstellation hervorbringen können.

> **Fallbeispiel: Komplexe Infrastrukturgeschäfte**
> Für das Geschäft mit großen Infrastrukturaufträgen sind in den Ländern Osteuropas und Asiens Anforderungen völlig neuer Art und Dimension entstanden. Nicht mehr eine einzelne Leistung, sondern Leistungspakete wie die Ausarbeitung und Sicherstellung der Finanzierung, das Mitwirken an der politischen Entscheidungsfindung etc. sind erforderlich, um den Auftrag für ein solches Projekt zu erhalten. Wird z. B. ein neuer Flughafen gebaut, so geht es nicht nur um eine Gesamtoptimierung der Verkehrsströme, d. h. die integrierte Steuerung und Gestaltung des Straßen-, Schienen- und Luftverkehrs, sondern auch um Finanzierungsmodelle und Fragen der Sicherheit und Lärmkontrolle. Generalunternehmer, wie etwa das Handelshaus von MITSUBISHI, waren gezwungen, ihr Geschäftsmodell dementsprechend zu erweitern und sich die erforderliche Expertise anzueignen.

Mit einem komplexeren Wertschöpfungssystem verfolgt man zudem die Absicht, den Prozess der Leistungserstellung stärker zu differenzieren. Dadurch können Spezialisierungsvorteile aufgebaut werden. Was als eigenständige Aktivität abgegrenzt wird, erhält meist mehr Aufmerksamkeit und wird daher auch fokussierter ausgeübt. So sind beispielsweise die meisten Lebens- und Haushaltsmittelproduzenten dazu übergegangen, nicht nur konsequent die Aktivitäten Marketing und Vertrieb voneinander zu trennen, sondern haben zusätzlich sogar noch ein getrenntes »Markenmanagement« eingeführt, das sich produkt- und spartenübergreifend um die Entwicklung ausgewählter Marken kümmert. Neben dem »Einschieben« zusätzlicher Wertschöpfungsstufen – durch die eine Wertkette verlängert wird – treten folglich auch Konstellationen auf, in denen die Wertschöpfungselemente nicht nur horizontal, sondern auch vertikal und diagonal miteinander verbunden werden. Dadurch erhöhen sich auch die Optionen, in neue Geschäfte einzusteigen.

Fallbeispiel: IKEA
Der schwedische Möbelkonzern IKEA konzentriert sich schwerpunktmäßig auf die Zielgruppe junger Familien und Singles. Dort positioniert er sich als Anbieter, der modische Möbeldesigns zu niedrigen Preisen liefert. Um den Anforderungen seiner Zielgruppe gerecht zu werden, hat IKEA über viele Jahre ein Geschäftsmodell entwickelt, das die angestrebte strategische Position über ein System miteinander vernetzter Aktivitäten erreicht. Man vergleiche dazu Abbildung 4-16.

Die vier Kernelemente »Eingeschränkter Kundendienst«, »Auswahl durch die Kunden selbst«, »Niedrige Herstellkosten« und »Möbelkonstruktion nach Baukastensystem« stellen die Grundthemen des Geschäftsmodells dar und scharen jeweils eine Reihe von Aktivitäten zur Umsetzung um sich. Zur Umsetzung des Kernelements »Eingeschränkter Kundendienst« stellt IKEA z. B. kaum Personal für Service und Beratung zur Verfügung. Die Kunden wandern ohne große Ansprache und Unterstützung durch die Ausstellungsflächen, auf denen ein breites Warenangebot präsentiert wird. Selbstbedienung ist die Regel. Hingegen werden gezielt Möglichkeiten zur Kinderbetreuung angeboten, um gerade junge Eltern während ihres Einkaufs zu entlasten. Auch wartet IKEA mit langen Öffnungszeiten auf, um seiner Zielgruppe gute Möglichkeiten für den Möbelkauf nach der Arbeit zu bieten. Die Ware, als Bausatz abgepackt, kann meist direkt mitgenommen und zu Hause nach dem »Do-it-yourself«-Prinzip montiert werden.

Abb. 4-16: Das Aktivitätensystem von Ikea (Porter 1997, S. 49)

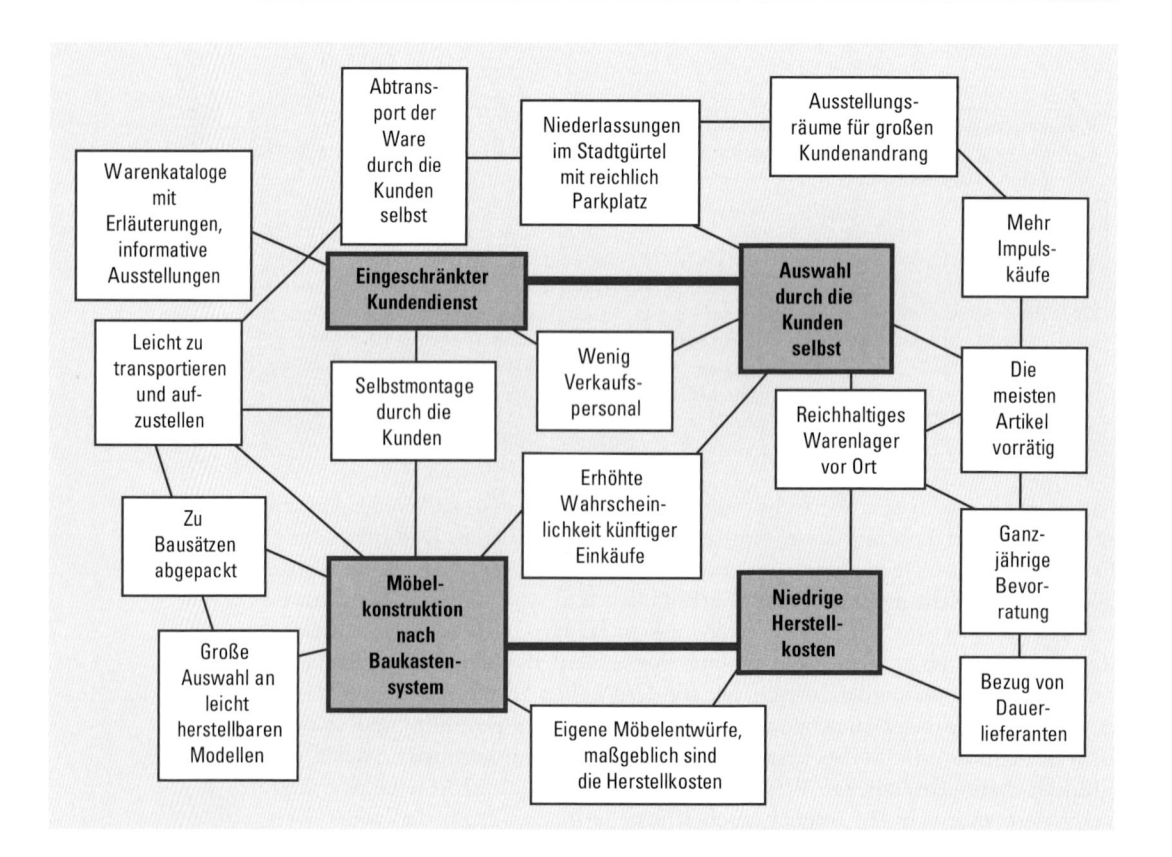

4.4.2 Dimension »Design der Aktivitäten«

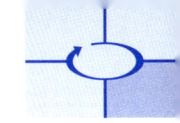

Wichtig ist auch die Berücksichtigung der Flexibilität. Diese kann durch einen komplexeren Aufbau gesteigert werden. Entscheidend ist, wie stark die einzelnen Teile miteinander gekoppelt bzw. voneinander abhängig sind. Kommt es zu Störungen in einer Aktivität, so wirken sich diese – je nach Vernetzungsgrad – mehr oder weniger schwerwiegend auf die anderen Aktivitäten aus. Zuletzt bietet ein komplexes Geschäftsmodell einen höheren Wettbewerbsschutz als ein einfacher strukturiertes. Wenn Konkurrenten es kopieren wollen, müssen sie mit einem relativ langen Zeitraum rechnen, den das betreffende Unternehmen für sich nutzen kann. Ein komplexerer Aufbau bringt jedoch auch *Nachteile* mit sich. Im Gegensatz zu einer einfachen Abfolge gehen Transparenz und Übersichtlichkeit verloren. Steuerungseingriffe müssen zumeist an mehreren Stellen ansetzen und sind zudem der Gefahr ausgesetzt, ungewollte Nebeneffekte zu produzieren, die vorab nicht erkennbar waren. Ist die gegenseitige Abhängigkeit der Elemente hoch, so ist bei Veränderungen das gesamte Wirkungsgefüge neu zu justieren. Hohe Komplexitätskosten sind die Folge.

Wettbewerbsschutz

In Abbildung 4-17 werden beide Ausprägungen nochmals einander gegenübergestellt.

	Einfach	**Komplex**
Absichten	• Konzentration auf wenige, klar definierte Aktivitäten • Transparenz, Übersichtlichkeit • Rasches Feed-back bei Fehlentwicklungen; Kontrollierbarkeit • Gezielte Interventionseingriffe	• Adäquate Antwort auf anspruchsvolle Anforderungen durch Kunden, Technologien und Produkte • Aufbau von Spezialisierungsvorteilen • Erhöhung der Flexibilität bei »lockerer« Kopplung der Elemente
Konsequenzen	• Hohe Schlagkraft, wenn die Idee sich als richtig erweist • Vereinfachte Kommunikation	• Sukzessive Weiterentwicklung • Eigendynamik der Teile
Fähigkeiten	• Blick für das Wesentliche • Standardisierung • Rasche Implementierung	• Steuerung komplexer Systeme • Toleranz gegenüber Ambiguitäten
Gefahren	• Relativ geringer Imitationsschutz • Zu starke Vereinfachung des Geschäfts • Ausblenden wichtiger Faktoren	• Transparenz und Übersichtlichkeit gehen verloren • Wahrscheinlichkeit ungewollter Nebeneffekte erhöht sich • Suboptimierung durch »Anbauten«

Abb. 4-17: Einfacher vs. komplexer Aufbau

(2) Wertschöpfungstiefe: Autarkie versus Verbund

Wichtig ist auch, festzulegen, welche Aktivitäten von einem selbst und welche durch Partner oder Lieferanten erbracht werden. Unternehmen wie Nestlé, Apple oder Procter & Gamble üben die meisten Aktivitäten ihres Geschäftsmodells in Eigenregie aus. Sie sind weitgehend **autark** und kontrollieren daher direkt die gesamte Leistungserstellung. Hingegen beschränken sich Unternehmen wie Dell, Nike oder Ebay auf einige wenige Aktivitäten, kaufen den Rest ein oder lassen ihn von Kooperationspartnern erbringen. Sie agieren folglich **im Verbund** mit anderen Unternehmen. Wie legt man nun fest, welche Aktivitäten man selbst oder durch andere ausüben sollte?

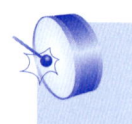

> **Standpunkt: Wer hat die passendere Wertschöpfungstiefe?**
> Im Volkswagenkonzern baute man in 2014 ähnlich viele Autos wie bei Toyota. Bei Volkswagen beschäftigt man dafür etwa 600.000 Mitarbeiter, bei Toyota nur 340.000. Daraus kann geschlossen werden, dass Volkwagen über eine deutlich höhere Fertigungstiefe verfügt. Für welche der beiden Wertschöpfungsstrategien würden Sie plädieren?

Weiterhelfen kann hier die *Transaktionskostentheorie*. Sie postuliert, dass ökonomische Aktivitäten so organisiert werden, dass die dabei anfallenden Transaktionskosten minimiert werden. Als Transaktionskosten gelten dabei vor allem:[30]

- Anbahnungskosten (wie z. B. Informationssuche und -beschaffung über potenzielle Transaktionspartner und deren Konditionen),
- Vereinbarungskosten (z. B. Intensität und zeitliche Ausdehnung von Verhandlungen, Vertragsformulierung und Einigung),
- Kontrollkosten (z. B. Sicherstellung der Einhaltung von Termin-, Qualitäts-, Mengen-, Preis- und evtl. Geheimhaltungsvereinbarungen) sowie
- Anpassungskosten (z. B. Durchsetzung von Termin-, Qualitäts-, Mengen- und Preisänderungen aufgrund veränderter Bedingungen während der Laufzeit der Vereinbarung).

Die Transaktionskosten variieren nun, je nachdem, welche Koordinationsform für eine Transaktion verwendet wird. Sie sind also die Kosten der Koordination und Abwicklung eines ökonomischen Austauschprozesses. Annahme ist, dass sie immer dann, wenn es günstiger ist, Transaktionen innerhalb einer Unternehmung – d. h. über die Hierarchie statt über den Markt – durchzuführen, internalisiert werden und folglich innerhalb der Grenzen eines Unternehmens stattfinden. Können sie hingegen am Markt billiger abgewickelt werden, so gibt man sie nach außen. Die optimale Koordinationsform wird folglich durch die jeweiligen Transaktionskosten bestimmt. Sie legen die Grenze zwischen Hierarchie und Markt fest und damit die optimale Wertschöpfungstiefe eines Unternehmens.

Da sich Transaktionskosten verändern können, ist auch die eigene Wertschöpfung keine einmalig festzulegende Größe. Vielmehr ist immer wieder kritisch zu überprüfen, ob man vielleicht zu wenig oder zu viel macht, die »falschen« Aktivitäten ausübt oder dort, wo man Aktivitäten nicht selbst ausführt, mit den richtigen Verbundunternehmen (in einer geeigneten Form der Institutionalisierung) zusammenarbeitet. Auch stellt sich die Frage eines adäquaten Maßes an Flexibilität.

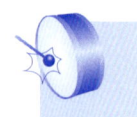

> **Standpunkt: BRITISH TELECOM (BT)**
> Anfang 2001 befand sich BRITISH TELECOM in einer sehr schwierigen Lage: Man hatte 17,5 Mrd. brit. Pfund Schulden und eine verfahrene Strategie. Dies lockte Mitte 2001 übernahmewillige Unternehmen an: So gingen zwei unterschiedlich umfassende Angebote für die Infrastruktur von BT ein. Ein erstes 8-Mrd.-Pfund-Angebot kam von einem Konsortium namens EARTHLEASE, ein zweites Angebot kurz danach von der deutschen WESTLB, die für das gesamte Festnetz 18 Mrd. Pfund zu zahlen bereit war. In beiden Fällen hätte BT seine Kunden behalten und für die Nutzung des Netzes Gebühren bezahlen müssen. An einer solchen Stelle zeigt sich dann, wie gut durchdacht die Strategie eines Unternehmens ist. Im konkreten Fall geht es um die Frage nach der

4.4.2 Dimension »Design der Aktivitäten«

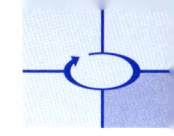

strategisch »richtigen« Wertschöpfungstiefe: Soll man weiterhin die volle Wertschöpfungskette selbst bearbeiten und damit die beiden Angebote ablehnen? Soll man sich auf den »Besitz« der Kunden konzentrieren und eines der beiden Angebote annehmen? Oder soll man gar die Kunden verkaufen und nur noch die Infrastruktur betreiben? Was sind also die wichtigsten Werttreiber bei BT: Die Infrastruktur? Die Kunden? Beides gemeinsam?

Sieht man einmal von der Frage der angemessenen Höhe des Angebots ab, so spricht für seine Ablehnung, dass es für BT gefährlich werden könnte, wenn es die Preise für die Nutzung der Infrastruktur vorgegeben bekommt und damit an Einfluss über die Kosten verliert. Auch könnte dies einladend wirken für neue Markteintritte, die dann auch über diese Infrastruktur ihre Dienste vertreiben könnten. Gerade dies hat BT nahezu vollständig erfolgreich zu verhindern vermocht, obgleich es – was die lokalen Netze betrifft – zu einem solchen »unbundling« wettbewerbsrechtlich verpflichtet wäre. Man scheint abwarten zu wollen, bis alle möglichen Wettbewerber aufgeben und man dann selbst diese Dienste anbieten kann. Diese Strategie hat allerdings dazu geführt, dass Großbritannien auf Platz 22 der OECD-Liste zurückgefallen ist, was den Breitband-Internetzugang betrifft.

Für die Annahme des Angebots spricht aus Sicht der Aktionäre sicher die geringe Gesamtkapitalrentabilität des Infrastrukturbereiches (0,2 %). Auch die Wettbewerbsbehörden wären zufrieden, da dann das Infrastrukturmonopol endlich fallen würde. Nimmt man an, dass dieses Monopol so oder so bald fallen wird, kann man auch davon ausgehen, dass man nun noch einen besseren Verkaufspreis realisieren kann. Und dieses Geld könnte BT auch gut gebrauchen, um leistungsfähige neue Dienste möglichst schnell zu entwickeln. Dass man dafür genügend Geld aus dem Kapitalmarkt erhält, konnte man in dem damaligen Börsenklima kaum annehmen.

Oder soll BT eher seine Kunden als seine Infrastruktur verkaufen? Ein Unternehmen, das nur die Infrastruktur besitzt, könnte aufgrund des dann einsetzenden Wettbewerbs um die Dienste vermutlich deutlich profitabler wirtschaften.

Wie würden Sie entscheiden? Was sind aus Ihrer Sicht die Pro- und Contra-Argumente bzgl. der Offerten?

Das Streben nach **Autarkie** hat zur Folge, dass der Vollzug nahezu aller relevanten Aktivitäten unter eigener Regie stattfindet. Schon bei durchschnittlich komplexen Wertschöpfungsprozessen hat ein solches Unternehmen mit einer hohen Ressourcenbindung zu rechnen: In einem Industriebetrieb benötigt man nicht nur die jeweiligen Anlagen, sondern auch die Fachleute, um all diese Aktivitäten durchführen und integrieren zu können. Je nach Verwandtschaft dieser Aktivitäten kann hier jedoch auch mit Synergieeffekten oder Möglichkeiten zum Know-how-Transfer gerechnet werden. Relativ weitgehend autark waren die Kombinate der früheren DDR. Dies betraf insbesondere den Dienstleistungsanteil; man besaß aber häufig auch eigene Rohstoffquellen, über die man sich die Versorgung absicherte. Dies geschah jedoch – wie man später sah – zum Preis der eigenen Wettbewerbsfähigkeit. Dies ist eine generelle Gefahr, gegen die sich Unternehmen in dieser Extrempositionierung absichern müssen: Wenn man in sehr vielen Aktivitätsfeldern internationale Wettbewerbsfähigkeit zeigen muss, dann kann es durchaus sein, dass auf Dauer in einigen Feldern die eigenen Stärken nicht ausreichen, um dies zu gewährleisten. Damit verbunden könnte eine autarke Position zu einer starken Beschäftigung mit sich selbst führen, die einem den Blick für Wettbewerbsunterschiede verstellt.

Wer nur auf sich selbst baut, droht auch in eine gewisse Isolation getrieben zu werden, zu deren erfolgreichem Überleben dauerhafte Stärke (Einfallsreichtum,

Hohe Ressourcenbindung

Wechselseitige Interessenverflechtung

Ausdauer etc.) verlangt wird. Eine Vernetzung mit Partnerunternehmen kann dagegen durchaus auch taktische Vorteile bieten: Man sichert das Unternehmen durch wechselseitige Interessenverflechtung ab. Hier können auch Aspekte der Risikoteilung genannt werden, da bei einer autarken Position allein schon wegen der hohen Kapitalbindung (z. B. einer Neuentwicklung) schnell eine vertretbare Risikoschwelle überschritten werden kann. Wer ein Zunehmen dieser Gefahren aus der Position der Autarkie heraus bei sich beobachten kann, sollte eine Umpositionierung in Richtung einer geringeren Wertschöpfungstiefe überprüfen. Hier geht es allerdings nicht nur um eine bloße Selbstbeschränkung, sondern um eine bewusste Konzentration auf die Aktivitäten, die man (1) relativ zum Wettbewerb besonders gut (und möglichst überlegen) beherrscht und (2) aus taktischen Gründen nicht aus der Hand geben will.

Neben dem Aspekt der Konzentration können als Absicht hinter einer Netzwerkverbindung aber auch all die Motive stehen, die mit dem Eingehen von Kooperationen verbunden sind: Know-how-Transfer, Zugang zu anderen Märkten und Technologien oder Risikoteilung. Externe Partnerunternehmen werden über Kooperationen (z. B. Joint Ventures) eingebunden, weil man sie zumindest teilweise unter die eigene Kontrolle nehmen möchte oder weil man sie gerne akquiriert hätte, diese Unternehmen aber – zumindest derzeit – nicht kaufbar sind. Logische Konsequenz der Verbundpositionierung ist ein wachsender Anteil an Fremdleistungen.

> **Fallbeispiel: IT-Outsourcing und die DEUTSCHE BANK**
>
> Häufiger Gegenstand von Outsourcing-Aktivitäten sind z. B. die sehr kostenträchtigen und schwer kontrollierbaren IT-Abteilungen von Großunternehmen. Betrachtet man z. B. eine Großbank, so hat sie hier verschiedene Optionen: Sie gründet den Bereich als Tochterunternehmen aus. Um die Eigenverantwortlichkeit zu stärken, organisiert sie dies als Management Buy-out, d. h., Mitarbeiter der ausgegründeten Abteilung können sich an der Neugründung beteiligen. Gleichzeitig behält die Bank aber daran noch eine wesentliche Beteiligung. Den Start kann sie der Tochter dadurch erleichtern, indem sie ihr eine Auslastungsgarantie für einen gewissen Zeitraum einräumt, danach aber ihre IT-Leistungen auch am freien Markt einkaufen kann. Im Gegenzug ist es der Tochter erlaubt, dass freie Kapazitäten am Markt angeboten werden (Insourcing). Man geht hier allerdings recht hohe Risiken ein, wenn man sich verdeutlicht, dass ein Gesamtausfall des IT-Systems ein solches Unternehmen praktisch bereits nach wenigen Tagen in den Konkurs treiben würde. Viele Unternehmen sind in den letzten Jahren so vorgegangen, dass sie einen »harten« Kern von IT-Wissen im Unternehmen halten, während periphere Bereiche an Kooperationspartner vergeben werden. Ein Beispiel ist die DEUTSCHE BANK.[31] Dort hatte man sich im Februar 2015 dazu entschlossen, die Modernisierung der IT-Infrastruktur durch den amerikanischen Technologiekonzern HEWLETT-PACKARD (HP) vorantreiben lassen. Vor allem die technologische Infrastruktur für das Geschäft mit Großkunden und Firmenkunden soll damit auf den neusten Stand gebracht werden. Die Rechenzentrumsleistungen sollen künftig von HP kommen, ebenso die Betriebsplattform und die Datenspeicherung. Bei der DEUTSCHEN BANK verbleiben wird hingegen die Verantwortung für die Architektur des ganzen Gebildes, für die Entwicklung von Anwendungen und für die Datensicherheit. Daneben erhofft man sich auch, die eigenen IT-Kosten deutlich zu senken. Der Vertrag mit HP hat eine Laufzeit von zehn Jahren und ein Volumen von mehreren Milliarden Dollar.

In Abbildung 4-18 werden beide Ausprägungen nochmals einander gegenübergestellt.

4.4.3 Dimension »Steuerung der Aktivitäten«

	Autarkie	**Verbund**
Absichten	• Hohe Kontrolle über die Gesamtleistungserstellung und damit starke Beeinflussbarkeit der einzelnen Aktivitäten	• Konzentration auf das, was man besonders gut kann und das, was man nicht aus der Hand geben möchte • Taktische Bindung Dritter • Flexibilisierung des Unternehmens
Konsequenzen	• Hohe Ressourcenbindung • Komplexe Organisation	• Auflösung der Unternehmensgrenzen • Globaler Einkauf und Vertrieb
Fähigkeiten	• Vielseitig und breit • Integration hoher interner Komplexität • Koordination über die Hierarchie	• Spezialisiert und fokusiert • Lieferantenmanagement • Verhandeln um Interessen/Vertrauen aufbauen
Gefahren	• Verzettelung der Ressourcen • Nachteilige Kostenposition • Vernachlässigung des taktischen Elements einer industriellen Vernetzung	• Wachsende Abhängigkeit von Partnerunternehmen • Zunehmendes Marktversagen • Schnittstellenproblematik zwischen in- und externen Aktivitäten • Ungewollter Know-how-Abfluss

Abb. 4-18: Wertschöpfungstiefe: Autarkie vs. Verbund

4.4.3 Dimension »Steuerung der Aktivitäten«

Während das Design eines Geschäftsmodells die grundlegende Anzahl und Struktur der Aktivitäten festlegt, geht es bei der Steuerung um die Frage, wie genau diese Aktivitäten miteinander agieren bzw. koordiniert werden. Zwei Aspekte sind dabei von Relevanz: die Frage nach dem Auslöser (Pull versus Push) sowie das Ausmaß der Vernetzung (isoliert versus vernetzt).

(1) Auslöser: Push versus Pull

Hinsichtlich der Interaktion der Aktivitäten kommt auch der Frage Bedeutung zu, von wo und wie die Impulse ausgehen. Zwei Extrempositionen lassen sich unterscheiden: So kann einerseits nach dem *Pull-Prinzip* gearbeitet werden, d. h., eine Aktivität wird nur dann aktiv, wenn sie von einer oder mehreren anderen einen Impuls erfährt. Ist es beispielsweise einer Werbeagentur gelungen, einen Auftrag zu erhalten, so löst dies eine Reihe von Folgeaktivitäten aus: Zuerst wird das Projekt zeitlich geplant, mit Meilensteinen versehen und mit geeigneten Mitarbeitern und Ressourcen ausgestattet. Dann beginnt die eigentliche Projektarbeit, die Ergebnisse werden präsentiert und am Ende steht der Versuch, Nachfolgeaufträge zu erhalten. Im Gegensatz dazu steht das *Push-Prinzip*. Hier sind die einzelnen Wertschöpfungselemente von sich aus kontinuierlich eigenständig aktiv und bringen ihre jeweilige Leistung hervor. Beispiel sind hier Unternehmen, bei denen nach traditionellen Verfahren auf der Basis von Marktprognosen auf Vorrat (eine optimale Losgröße an Produkten) produziert wird. Bei Massenartikeln wie Butter, Milch etc. wartet man in aller Regel nicht auf einzelne Aufträge, sondern produziert und vermarktet die Erzeugnisse fortlaufend.

Pull-Prinzip

Push-Prinzip

Das Push-Prinzip setzt die Fähigkeit zur Einschätzung der Nachfrage und zur aktiven Marktbearbeitung voraus. Gefahr ist, dass dabei am Bedarf vorbei produziert wird. Beim Pull-Prinzip werden hohe Anforderungen an die informationstechnologische Unterstützung des Interaktionsprozesses und an die logistische Zuverlässigkeit und Flexibilität gestellt. Betrachtet man beispielsweise die Humanressourcen und dort die Personalbeschaffung, so schreiben einige Unternehmen Mitarbeiterstellen nur dann aus, wenn sie frei oder neu geschaffen werden (Pull). Im Gegensatz hierzu können z. B. Nachwuchskräfte auch angesichts einer zukünftig zu erwartenden Nachfrage (z. B. Führungskräfte) oder Angebotsverknappung (z. B. Informatiker) nach dem Push-Prinzip angestellt werden. Auch die Interaktion mit den Lieferanten kann bezogen auf Vorprodukte entweder dem Pull- oder Push-Prinzip folgen. Liefert z. B. ein Sitzehersteller »just in sequence« an das Montageband eines Herstellers, so wurde der Prozess durch die mit einem bestimmten in Produktion gegangenen Auftrag verbundene Disposition ausgelöst (Pull). Umgekehrt gibt es Beschaffungsvorgänge, bei denen Lieferanten regelmäßig ihre Kunden besuchen und man dort auf Vorrat ordert (z. B. im Textilhandel). Ähnliches kann zur Versorgung mit der Ressource »Informationen« ausgeführt werden. Bestimmte Informationsvorgänge werden als Holschuld betrachtet, also vom Nutzer ausgelöst und abgerufen (Pull), andere erfolgen automatisch und periodisch (Push).

In Abbildung 4-19 werden beide Ausprägungen wieder zusammenfassend einander gegenübergestellt.

Abb. 4-19: Auslöser: Push vs. Pull

	Push	Pull
Absichten	Vermeidung von Ressourcenangebotslücken bei zukünftigem Bedarf Gezielte Bearbeitung angenommener Marktpotenziale Ausnutzung optimaler Losgrößen	Vermeidung unnützer Ressourcenbereitstellung Reduktion von Lagerkosten durch Just-in-time-Anlieferung Kurze Lieferzeiten
Konsequenzen	Bereitstellung der Ressource aufgrund potenzieller Nachfrage Leistungslieferant als Auslöser	Bereitstellung der Ressource aufgrund einer bestehenden Nachfrage Leistungskunde als Auslöser
Fähigkeiten	Hohe Prognosefähigkeit des Bedarfs Marktbearbeitung	Hohe Flexibilität zur kurzfristigen Bearbeitung von Nachfrage (Logistik etc.) Lieferantenkoordination
Gefahren	Ressourcenbereitstellung am Bedarf vorbei	Zu hohe Flexibilitätskosten Kurzfristig auftretender Bedarf kann nicht gedeckt werden

(2) Vernetzungsgrad: Isoliert versus Vernetzt

Bei einem geringen Vernetzungsgrad stehen die einzelnen Aktivitäten relativ *isoliert* nebeneinander: Weder sind intern die Prozesse besonders vernetzt noch will man sich in große Abhängigkeiten über eine Vernetzung mit Externen begeben. Die direkte Kontrolle der relevanten Aktivitäten über die Hierarchie ist dabei häufig auch ein Ziel, durch das ein Austauschen und Anpassen erleichtert werden. Auch scheut man die hohen IT-Investitionen. Die Konsequenz daraus ist häufig die Notwendigkeit zu einer hohen vertikalen Integration. Das Unternehmen muss dann auch über ein breites Fähigkeitenspektrum verfügen, um überall wettbewerbsfähig zu sein. Gelingt dies nicht, droht auch ein Verlust an Wettbewerbsfähigkeit.

Bei einem hohen Vernetzungsgrad werden die einzelnen Aktivitäten intern wie auch extern stark miteinander verbunden. Hier bestehen zahlreiche Schnittstellen nach außen und innen, die Elemente sind netzwerkförmig miteinander verbunden, Aktivitäten arbeiten auf unterschiedlichen Ebenen. Ziel ist es oft dabei, sich auf die eigenen Kernkompetenzen konzentrieren zu können und trotzdem gegenüber dem Kunden wie ein Unternehmen zu erscheinen. Man erhofft sich daraus auch eine Effizienzsteigerung (Zeit, Kosten). Die Konsequenz daraus sind meist hohe Investitionen in Informations- und Kommunikationstechnologie. Dazu bedarf es auch der entsprechenden Fähigkeiten: IT, Management von Partnernetzwerken und die Herstellung von Transparenz in Bezug auf die Prozesskette.

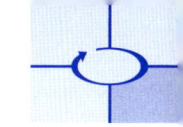

Eine enge Verkoppelung kann die Basis für einen Wettbewerbsvorteil darstellen, zum einen, da durch die Kombination verschiedener Aktivitäten ein Mehrwert generiert wird, der über den isolierten Einzelaktivitäten liegt. Zum anderen ist es für Wettbewerber schwieriger oder gar unmöglich, die komplexe Vernetzung von Aktivitäten zu beobachten und zu imitieren. Es herrscht also »kausale Ambiguität« über die Ursachen, warum das Geschäftsmodell erfolgreich funktioniert.

»Kausale Ambiguität«

Je enger die einzelnen Aktivitäten allerdings miteinander verkoppelt sind, desto stärker sind sie auch voneinander abhängig. Kommt es zu Störungen in einem Bereich, so sind die nachfolgenden Aktivitäten beeinträchtigt (Domino-Effekt). Ist die Kopplung hingegen lockerer und bestehen Ausweichmöglichkeiten oder zeitliche Puffer, so gewinnt das Geschäftsmodell zwar an Stabilität, verliert jedoch an Stringenz und oft auch an Effizienz.

Zusammenfassend werden beide Ausprägungen in Abbildung 4-20 einander gegenübergestellt.

Abb. 4-20: Isoliert vs. vernetzt

	Isoliert	**Vernetzt**
Absichten	Keine zu großen Abhängigkeiten Kontrolle über den Prozess • Erleichterte Austauschbarkeit	Effizienzvorteile (Zeit, Kosten) Konzentration auf Kernkompetenzen • Quelle für Wettbewerbsvorteil
Konsequenzen	Hohe vertikale Integration	Hohe Investitionen in IT
Fähigkeiten	Breites Fähigkeitenspektrum Führung über die Hierarchie	IT Kooperationsmanagement Herstellung von Transparenz
Gefahren	Rückläufige Wettbewerbsfähigkeit • Begrenzter Imitationsschutz • Überkreuzfinanzierung	Störanfälligkeit Zu große externe Abhängigkeit

4.4.4 Dimension »Ressourcen«

Um Wert zu schöpfen, bedarf es meist einer Vielzahl von Ressourcen, die im Rahmen eines Geschäftsmodells miteinander kombiniert werden. Im Rahmen des ressourcenbasierten Ansatzes werden drei Arten von Ressourcen unterschieden: (1) Physische Ressourcen, wie etwa Technologien, Maschinen oder der Zugang zu Rohstoffen; (2) Humankapital in Form von Managern, Mitarbeitern sowie deren Wissen und Erfahrung; (3) Organisationale Ressourcen, wie Managementsysteme.

Arten von Ressourcen

Abhängig von diesen Ressourcenarten müssen wichtige Entscheidungen für das Geschäftsmodell getroffen werden. So sind Mitarbeiter auszuwählen, einzustellen und zu qualifizieren sowie eine geeignete IT-Infrastruktur zu wählen, um

Informationen durch und in das Unternehmen fließen zu lassen. Ressourcen müssen aufgebaut, modifiziert, neu kombiniert oder am Markt »käuflich« erworben werden, sind also Mittel zum Zweck. Andererseits begrenzen und beeinflussen Ressourcen die Handlungsmöglichkeiten einer unternehmerischen Einheit. Sie eröffnen Potenziale, innerhalb derer Zwecke erst bestimmbar und definierbar werden. Insgesamt lässt sich also sagen, dass die Beziehung zwischen den zur Verfügung stehenden Ressourcen einerseits und den Strategien andererseits keine einseitige ist. Beide Bereiche sind ineinander »verschränkt« und wirken rekursiv aufeinander. Ressourcen werden zum Input für Strategien, diese beeinflussen den Einsatz und die Beschaffung von Ressourcen etc. Wo das Wechselspiel beginnt, ist letztlich unerheblich.

(1) Physische Ressourcen

Die physische Ressourcenausstattung einer Unternehmung ist von hoher Bedeutung, variiert jedoch von Branche zu Branche teilweise erheblich. Beispielsweise stellt für die Elektronikindustrie die Beschaffung seltener Metalle eine zentrale physische Ressource dar, während die Modeindustrie auf die Beschaffung diverser Stoffe und Textilien angewiesen ist. Eine häufige Fragestellung bei dem Aufbau und der Evaluation eines Geschäftsmodells betrifft die Wahl der geeigneten Technologie, sei es ein bestimmtes Druckverfahren einer Druckerei oder die Wahl zwischen verschiedenen Fertigungsstraßensystemen eines Automobilherstellers. Im weiteren Sinne sind Technologien häufig eng verknüpft mit dem intellektuellen Kapital eines Unternehmens, wie etwa Patente für Fertigungsverfahren, Konstruktionsteile, Getränkerezepturen oder Arzneimittel. Der Schutz und Erhalt intellektuellen Kapitals wird daher zum zentralen Thema für eine Vielzahl von Unternehmen. Da ein Patentschutz zeitlich begrenzt ist, müssen diese Unternehmen ihre Ressourcen regelmäßige erneuern oder teilweise ersetzen bzw. gar ganz austauschen. Andere physische Ressourcen können auch Vertriebsnetze oder Fertigungsanlagen, deren Standortwahl sowie der Zugang zu notwendigen Rohstoffen sein. Beispielsweise kann sich für ein produzierendes Unternehmen eine Fertigungsanlage, die nahe bei den wichtigsten Kunden liegt oder in der Nähe eines Seehafens errichtet ist, als besonders wertvoll erweisen. Wie bereits erwähnt, sind Geschäftsmodelle je nach Branche und Nutzenversprechen auf unterschiedlichste physische Ressourcen angewiesen. Entsprechend sind notwendige Ressourcen auch je nach Geschäftsmodell und Branche unterschiedlich verteilt und verfügbar.

Gefahr der strategischen Abhängigkeit und Inflexibilität

Physische Ressourcen stellen oftmals eine nicht unerhebliche Form von strategischer Abhängigkeit und Inflexibilität dar. Sind nicht substituierbare Ressourcen besonders knapp oder in der Hand weniger Unternehmen, kommt es zur Ressourcenabhängigkeit, d.h. außenstehende Anspruchsgruppen haben einen stärker werdenden Einfluss auf das Geschäftsmodell eines Unternehmens, das diese Ressourcen benötigt. Durch ihren hohen Investitionscharakter geben physische Ressourcen zudem schnell einen strategischen »Pfad« vor, von dem nur noch schwerlich abgewichen werden kann, auch wenn dies notwendig wäre. Geschäftsmodelle können die Gefahr einer zu starken Ressourcenabhängigkeit sowie einer zu großen Ressourceninflexibilität reduzieren, indem gezielt um die Beschaffung und Verwendung solcher Ressourcen herum Allianzen und andere Formen strategischer Kooperation aufgebaut werden.

4.4.4 Dimension »Ressourcen«

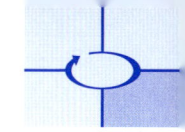

> **Fallbeispiel: China verknappt Rohstoffausfuhr**
> »China verschärft den Krieg um begehrte Rohstoffe« lautete eine wirtschaftliche Nachricht in den Medien. Dabei geht es um die Ankündigung des chinesischen Handelsministeriums, den Export der begehrten High-Tech-Rohstoffe Seltene Erden Anfang 2011 um 35 % zu reduzieren. Rund 97 % der weltweit geförderten Menge, 120.000 t pro Jahr, stammen inzwischen aus China, da Minen in anderen Ländern wegen der deutlich günstigeren chinesischen Preise vor Jahren geschlossen wurden. Seltene Erden sind metallische Grundstoffe wie z. B. Scandium, Yttrium und Lanthan. In vielen Schlüsseltechnologien spielen sie eine wichtige Rolle. Die Bandbreite ihrer Verwendung reicht von Batterien über Mobiltelefone, Laser, Flachbildschirme, Elektromotoren bis hin zu Luftwaffensystemen.
>
> So werden z. B. in jedem Hybridauto von TOYOTA ein Kilogramm Neodym und zehn bis fünfzehn Kilogramm Lanthan verbaut.
>
> Viele Unternehmen reagierten verärgert auf die Ankündigung, da sie dadurch steigende Produktionskosten befürchten. So zitierte z. B. die Nachrichtenagentur REUTERS aus einer Stellungnahme von SONY: »Wir können Exportkontrollen für seltene Erden ebenso wenig begrüßen wie jegliche sonstige Beschränkung des freien Handels«. Industrieländer wie Deutschland, Japan oder die USA hatten vor Engpässen gewarnt und erwägten eine Klage bei der Welthandelsorganisation (WHO).

(2) Humanressourcen und Wissen

Dass die Menschen, die in einem Unternehmen arbeiten, wichtig sind, ist eine allgemein akzeptierte »Binsenweisheit«. Wie wichtig sie jedoch sind, was ihre Funktion in Unternehmen ist und wie sie eingesetzt und mit ihnen umgegangen werden sollte, darüber gehen die Meinungen auseinander. Seit Anfang der 1960er-Jahre hat die Einstellung zu und der Umgang mit den Humanressourcen eine Verschiebung erfahren, die sich als »von der Personalverwaltung weg« und »hin zum Human Resource Management« beschreiben lässt. Traditionell wurde in der Personallehre der Umgang mit der Ressource »Mitarbeiter« von den Zielen der Unternehmung her thematisiert. Die Mitarbeiter sind ein Instrument zur Umsetzung der Markt-/Produktstrategien und haben einen klar definierten Beitrag zur Realisierung der unternehmerischen Ziele zu leisten. Personalbeschaffung und -entwicklung sind nachgeordnete Aufgabenbereiche, die sich aus der Unternehmensstrategie rational ableiten lassen. Die Mitarbeiter fungieren als Erfüllungsgehilfen in Unternehmen, die nach dem Maschinenmodell konzipiert sind. Die einzelnen Abteilungen melden ihren Bedarf und die Personalabteilung stellt die Humanressourcen zum richtigen Zeitpunkt in der richtigen Quantität und Qualität bereit. *Personalverwaltung* ist die Maxime.

Human Resource Management (HRM)

Während diese Sichtweise eine Option darstellt, die auch heute noch denkbar ist, hat sich unter dem Begriff des »*strategischen Personalmanagements*«[32] (oder Human Resource Management) eine Option entwickelt, die die Kausalkette teils umkehrt, teils auflöst. Die Ressource Mitarbeiter unterscheidet sich eben fundamental von anderen Ressourcenarten. Menschen sind Subjekte, die nicht einfach nur zu Objekten zu degradieren sind. Sie haben einen Selbstwert, der sich in ihren Wünschen, Bedürfnissen, Werten und Normen widerspiegelt. Dadurch erhalten sie eine Sonderrolle, die explizit zu berücksichtigen ist. So wird z. B. zur Überwindung mangelnder *Umsetzungskompetenz* von Unternehmen ein Ansatz des »*Mitunternehmertums*« vorgeschlagen.[33] Dies setzt natürlich dann auch ein unternehmerisches Selbstverständnis der Personalorganisation voraus, bei dem

Strategisches Personalmanagement

es insbesondere auch zu einer aktiven und strategiebasierten Förderung und Entwicklung der Mitarbeiter und ihrer Fähigkeiten kommt.[34]

Funktionen des HRM: Wenn man den Wertschöpfungsgedanken auf den Umgang mit Humanressourcen richtet, so bietet es sich an, die Funktionen eines HRM durch wichtige Aktivitäten zu gliedern. Drei zentrale Funktionen sind dabei zu beachten:

- Ziel der *Personalgewinnung* ist es, Mitarbeiter am Arbeitsmarkt zur »richtigen Zeit, am richtigen Ort und zu nutzengerechten Kosten«[35] zu finden und für das Unternehmen zu gewinnen. Im Einzelnen geht es dabei um Teilaufgaben wie die Ermittlung des Personalbedarfs, Werbung, Auswahl, Anstellung sowie die Einführung der neuen Mitarbeiter. Zu jeder dieser Aufgaben steht eine Reihe von Instrumenten bereit, wie z. B. Anforderungsprofile, Interviews, Assessment-Center, Mentorenprogramme etc. Kritisch kann darauf hingewiesen werden, dass die Gewinnung von Mitarbeitern immer auch als eine Disziplinierung durch Selektion zu verstehen ist.[36] Auswahlprozeduren haben den Charakter von Machtspielen, sie formen die beteiligten Individuen gemäß den angelegten Selektionskriterien, da diese in ihrem Verhalten das antizipieren, was von ihnen verlangt wird, und die entsprechenden Qualifikationen erlernen.
- Als *Personalbeurteilung* bezeichnet man die »innerbetriebliche, systematische Urteilsbildung über Mitglieder von Organisationen hinsichtlich ihrer Leistungen (Verhalten und Ergebnisse) und ihrer Potenziale«.[37] Sie dient als Entscheidungsgrundlage für die interne versus externe Stellenbesetzung, Nachfolgeregelung, individuelle Laufbahnplanung, Beurteilung des unternehmensweiten Humanpotenzials, Förderkonzepte und -maßnahmen, Anreizsysteme und Weiterbildungsprogramme. Ebenso ist sie Grundlage für die Honorierung der erbrachten Arbeitsleistung.
- Die *Personalentwicklung* zielt auf die Erhaltung, Entfaltung, Anpassung und Verbesserung der Humanressourcen. Sie impliziert eine zielgerichtete Beeinflussung menschlichen Verhaltens und damit einen Versuch der geplanten Entwicklung der Mitarbeiter. Idealerweise wird eine Harmonie zwischen den Zielen der Unternehmung sowie denen der Mitarbeiter angestrebt. In der Realität finden sich jedoch meist auch divergierende Vorstellungen, die nicht immer zu vereinbaren sind. Um die Mitarbeiter zu entwickeln, setzt man in aller Regel auf Weiterbildung, Karriereplanung sowie die Strukturierung des Arbeitsplatzes. Der Weiterbildung kommt dabei eine besondere Rolle zu. Sie soll in turbulenten Zeiten auch die Beschäftigungsfähigkeit der Mitarbeiter absichern helfen. Viele Konzerne etablieren dazu »Corporate Universities«, die hier federführend agieren sollen. Erstens versuchen sie dadurch, Qualifikationen und Kompetenzen ihrer Mitarbeiter zu erweitern und aufzubauen, und zweitens versprechen sie sich dadurch die Schaffung einheitlicher Prozesse sowie einer gemeinsamen Sprache und Identität.[38]

Wissen als zentrale unternehmerische Ressource zu verstehen, zollt der hohen Aufmerksamkeit Tribut, die diesem Thema für die Wettbewerbsfähigkeit von Unternehmen beigemessen wird. Je besser es Unternehmen gelingt, Wissen zu lokalisieren, gezielt einzusetzen und neu zu schaffen, desto mehr kann es sich –

4.4.4 Dimension »Ressourcen«

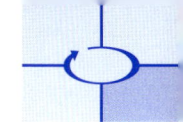

nach dieser Lesart – von seinen Konkurrenten nachhaltig absetzen. Andererseits stellt sich jedoch die Frage, ob die Ressource »Wissen« überhaupt so klar erfasst, objektiviert und zielgerichtet gestaltet werden kann, wie dies für ein solches Unterfangen notwendig wäre. Wenn man z. B. Wissen als »justified, true beliefs« definiert, so sind all die Auffassungen oder Überzeugungen von Interesse, die intersubjektiv legitimiert sind und sich – zumindest vorläufig – als nicht falsch erwiesen haben. Eine intersubjektive Legitimation setzt jedoch immer einen gemeinsamen Kontext voraus und hier beginnt die eigentliche Problematik. Oft ist ein solcher nur bei einfachsten Verfahren und Prozeduren gegeben, hingegen wird es relativ rasch schwierig, wenn sozial und kulturell geprägte Weltsichten aufeinanderprallen und eine intersubjektive Validierung nicht mehr möglich ist. Was als gerechtfertigt und legitim erachtet wird, ist nun auf einmal vom jeweiligen Kontext abhängig. Zudem ist oft erst im Nachhinein ersichtlich, welches Wissen für den Aufbau eines Wettbewerbsvorteils von Bedeutung gewesen wäre und welches nicht. Schwierig ist des Weiteren, dass die Auseinandersetzung mit Wissen ein Querschnittsthema darstellt, das sich durch alle Aktivitäten eines Unternehmens zieht. Wo hier die Grenzen zu ziehen sind und worauf man sich konkret konzentrieren sollte, ohne dass alles plötzlich relevant und »wissensverdächtig« wird, sind in der Praxis nicht einfach zu beantwortende Fragen. Im Folgenden werden wir zwei Themen näher betrachten:

- Wissensarten (Welche Kategorien von Wissen lassen sich unterscheiden?) und
- Wissensprozesse (Welche Prozesse sind im Umgang mit Wissen von Relevanz?).

Wissensarten: Wissen scheint nicht gleich Wissen zu sein. Um angemessen darüber sprechen zu können, werden verschiedene Arten von Wissen unterschieden. Wichtige Kategorien, die jeweils ihren spezifischen Blickwinkel auf den Begriff werfen, sind:[39]

- *Explizites Wissen* (explicit knowledge) bezeichnet all das, was kommunikativ, schriftlich oder grafisch ausgedrückt werden kann. Es ist artikulierbar und kann umfänglich erklärt werden.
- *Implizites Wissen* (tacit knowledge) weist im Gegensatz zum expliziten Wissen darauf hin, dass es Wissensbestandteile gibt, die nicht klar explizierbar, jedoch gleichwohl vorhanden sind. So kann z. B. ein Athlet äußerst geschickt bei der Ausübung einer Sportart sein, ohne explizit darüber Auskunft geben zu können, wie dies gemacht werden kann. Er tut es einfach. Der Mensch weiß hier mehr, als er in Worten auszudrücken vermag.
- *Verinnerlichtes Wissen* (embodied knowledge) wird durch Erfahrung mit körperlicher Präsenz erzeugt und kann nur teilweise artikuliert werden. Es bezieht sich auf den Prozess der Wissensgenerierung, z. B. im Rahmen eines Projektes oder der Einübung einer Fertigkeit.
- *Konzeptionelles Wissen* (embrained knowledge) ist im Bereich der kognitiven Fähigkeiten angeordnet. Es erlaubt, Muster zu erkennen, Basisannahmen zu überdenken, zu abstrahieren und zu synthetisieren.
- *Sozial konstruiertes Wissen* (embedded knowledge) hängt ebenfalls mit dem Prozess der Wissensgenerierung zusammen. Es ist vom jeweiligen Kontext abhängig und variiert daher situativ. Was in einem Kontext als relevantes Wissen

gilt, kann in einem anderen Kontext als falsch oder irrelevant beurteilt werden.
- *Ereigniswissen* (event knowledge) umfasst Wissen über deutlich erkennbare Ergebnisse, während *Prozesswissen* (procedural knowledge) Wissen über Abläufe und Zusammenhänge enthält.

Wissensprozesse: Um den Umgang von Unternehmen mit Wissen zu analysieren, bietet sich eine Einteilung in drei Prozesse an: Im Rahmen des ersten Prozesses wird das vorhandene Wissen in der Organisation lokalisiert und verortet, beim zweiten dorthin transferiert und eingesetzt, wo es benötigt wird und beim dritten kommt es zur Schaffung neuer Wissenselemente. In der Praxis erfolgen diese Prozesse jedoch weder zeitlich nacheinander noch unabhängig voneinander – es handelt sich also nur um eine analytische Trennung.

Lokalisierung von Wissen

Zur *Lokalisierung von Wissen* ist es erforderlich, Wissen sowohl zu definieren als auch zu verorten. Beides ist mit Schwierigkeiten verbunden. Ersteres, da viele Wissenskategorien – wie erwähnt – kontextabhängig sind und daher – wenn überhaupt – nur schlecht zu objektivieren sind. Zweitens, da Wissen oft nicht statisch zugeordnet werden kann, sondern ein relationales, sich dynamisch veränderndes Phänomen ist, das sich einer »Verdinglichung« entzieht. Pragmatisch geht man diese Probleme in der Praxis meist so an, dass nur lokalisiert wird, was sich auch einigermaßen sinnvoll lokalisieren und beschreiben lässt und man sich dazu Indikatoren bedient, von denen man zwar nicht glaubt, dass sie eine objektive Messung ermöglichen, diese aber doch Anhaltspunkte und Tendenzaussagen liefern. Wissens-Audits, Datenbanken, gelbe Wissensseiten oder Scorecards sind Instrumente, die in diese Richtung weisen und intensiv eingesetzt werden.

Wissensübertragung

Um den Prozess der *Wissensübertragung* besser zu verstehen, kann mit dem Bezugsrahmen in Abbildung 4-21 gearbeitet werden, der auf der Unterscheidung zwischen explizitem und implizitem Wissen basiert. Beide Kategorien werden jeweils matrixartig angeordnet, wodurch sich vier Formen der Wissensübertragung ergeben:

- Bei der Sozialisation wird Wissen durch gemeinsam geteilte Erfahrungen ohne das Medium der Sprache übertragen. Implizite Wissensbestände werden hier implizit transferiert.
- Die Externalisierung folgt dem Modus »von implizit zu explizit« und erfolgt primär durch Metaphern und Analogien.
- Internalisierung liegt vor, wenn durch gemeinsame Handlungen und die Herausbildung von Routinen explizites Wissen zu implizitem Wissen wird. Was anfangs ausdrücklich diskutiert und geklärt werden musste, wird zur nicht mehr reflektierten Selbstverständlichkeit.

	zum impliziten Wissen	zum expliziten Wissen
Vom impliziten Wissen	Sozialisation	Externalisierung
Vom expliziten Wissen	Internalisierung	Kombination

Abb. 4-21: Formen der Wissensübertragung (Nonaka/Takeuchi 1995, S. 71)

4.4.4 Dimension »Ressourcen«

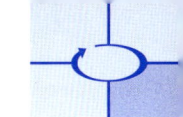

- Die Kombination operiert nach dem Modus »von explizit zu explizit«. In schriftlichen und verbalen Kommunikationen »fließt« Wissen zwischen den beteiligten Akteuren.

Die Generierung neuen Wissens wird bereits seit vielen Jahren unter dem Begriff des organisationalen Lernens diskutiert. Wegweisend waren hier die Arbeiten von Argyris/Schön bzw. die Unterscheidung verschiedener Lernprozesse. Ausgangspunkt der Überlegungen von Argyris/Schön ist die Kausalkette von handlungsleitenden Werten, den eingeschlagenen Handlungsstrategien und den sich daraus ergebenden Konsequenzen, die ein soziales System durchläuft:

- Beim »*Single-Loop-Learning*« kommt es aufgrund ungewollter Konsequenzen zu einer Veränderung der Handlungsstrategie. Die zu Grunde liegenden Werte und Normen bleiben unberührt. Lernen ist hier ein inkrementeller, routinemäßiger Prozess, durch den sich ein soziales System seine Stabilität in einer sich wandelnden Umwelt sichert. Die Feedbackschleife ist einfach, sie umfasst die Rückkopplung von den Konsequenzen zur dahinterliegenden Handlungsstrategie.
- Der zweite Lernprozess, das *»Double-loop-Learning«*, ist hingegen weitreichender. Hier kommt es nicht nur zu einer Rückkopplung, die sich auf die Handlungsstrategie auswirkt, sondern über eine zweite Feedbackschleife werden auch die organisatorischen Werte und Normen Gegenstand eines Lernprozesses. Die Suche nach Neuem resultiert hier aus der Einsicht, dass die eingetretenen Konsequenzen nicht mehr mit dem bestehenden Werte- und Normenrepertoire in Einklang gebracht werden können.
- Das »*Deutero Learning*«, der dritte Lernprozess, umfasst die beiden vorherigen. Es ist auf der Metaebene angesiedelt und beinhaltet all die Lernprozesse, die die Fähigkeit zu Lernprozessen erster und zweiter Ordnung verbessern können. Es gibt damit einen übergeordneten Rahmen vor, innerhalb dem sich die Lernprozesse niedriger Ordnung abspielen.

Wie in diesen Ausführungen bereits anklingt, kommt der zeitlichen Dimension bei der Generierung neuen Wissens eine besondere Bedeutung zu. Jede neue Erkenntnis wirkt auf eine Organisation zurück und wird zum Ausgangspunkt für Anschlussprozesse. Wissensgenerierung ist folglich nicht von außen induziert, sondern entsteht relativ autonom und aktiv aus der Eigendynamik einer Organisation heraus. Konsequent weitergedacht ergibt sich daraus die Vorstellung von Lernzyklen, die über geschlossene Kausalschleifen verfügen.

(3) Organisationale Ressourcen (Managementsysteme)

Das Interesse an Managementsystemen intensivierte sich Anfang der 1960er-Jahre, als viele große Unternehmen ihre Aktivitäten diversifizierten und zu einer divisionalen Struktur übergingen, um mit der so entstandenen Komplexität besser umgehen zu können. Gleichzeitig wurden Abläufe und Prozeduren immer mehr standardisiert, um gezielter an ihrer Effizienz arbeiten zu können – ein Trend, der sich bis heute fortgesetzt hat.

Managementsysteme dienen der Diagnose, Planung und Kontrolle betrieblicher Aktivitäten. Sie bilden unternehmensinterne und externe Vorgänge ab und bereiten die dabei gewonnenen Daten als Informationen, d.h. als zweckbezogenes Wissen auf. Wie der Begriff »System« verdeutlicht, geschieht dies geordnet und konsistent. Indem sie sich auf führungsrelevantes Wissen spezialisieren, haben sie einen starken Einfluss auf Wahrnehmung, Erkenntnisgewinnung, Orientierung, Strukturierung und damit auf die Gestaltung betrieblicher Aktivitäten. Managementsysteme lassen sich in mehreren Dimensionen konzeptionell erfassen: Erstens determinieren sie, wie Informationen gewonnen, zweitens, wie sie aufbereitet, drittens, wie sie zur Verfügung gestellt, und viertens, wie sie vom Management verarbeitet werden. Dabei bestehen jeweils verschiedene Optionen. Der Begriff »Managementsysteme« unterstreicht, dass nur solche Systeme von Relevanz sind, die die Führung von unternehmerischen Einheiten betreffen. Mittlerweile finden sich für fast jede Wertschöpfungsaktivität eigene Managementsysteme, die weitgehend auch computergestützt zum Einsatz kommen. Im Folgenden werden wir zwei wichtige Managementsysteme näher betrachten: Anreiz- und Belohnungssysteme sowie Planungs- und Kontrollsysteme.[40]

Anreiz- und Belohnungssysteme: Das Verhalten in unternehmerischen Einheiten wird maßgeblich durch Anreiz- und Belohnungssysteme beeinflusst. Diese wirken als extrinsische Motivatoren, indem sie Geld, Macht, Prestige etc. verteilen, »konformes« Verhalten honorieren und abweichendes Verhalten sanktionieren. Langfristig ist davon auszugehen, dass sich in Unternehmen diejenigen Verhaltensweisen durchsetzen, die dort auch anerkannt und belohnt werden. Um strategische Initiativen operativ wirksam werden zu lassen, ist folglich ein Anreiz- und Belohnungssystem hilfreich, das diese konsequent unterstützt. Je mehr Systeme und Strategien aufeinander abgestimmt sind, desto höher ist die Wahrscheinlichkeit, dass eine strategische Initiative im Unternehmen auch realisiert wird. Umgekehrt kann aber auch ein zu starkes Wirken solcher Systeme die vorhandene intrinsische Motivation eindämmen, wodurch der Organisation wichtige Bottom-up-Initiativen verloren gehen.

Anreiz- und Belohnungssysteme dienen idealtypisch den folgenden Zwecken:

- Qualitative und quantitative Ausstattung der Unternehmung mit Humanressourcen,
- Effizienter und effektiver Einsatz von Humanressourcen,
- Ermittlung und Entwicklung der Humanpotenziale,
- Strategiekonforme Realisierung dieser Potenziale,
- Beitrag zur Erfüllung menschlicher Bedürfnisse,
- Förderung der Integration von Individuum und Organisation.

Blickt man in die Praxis, so klaffen hier Anspruch und Realität oft weit auseinander. Dafür gibt es mehrere Gründe: Erstens vernachlässigt man aufgrund mangelnder Konsequenz oder wegen eines als zu hoch erachteten Aufwandes schlichtweg die Abstimmung des Anreiz- und Belohnungssystems mit den Strategien bzw. dem jeweiligen Geschäftsmodell. Zweitens gelingt es nicht immer überzeugend, übergreifende Ziele in Einzelziele aufzuspalten. Sei es, weil kollektive Vorgaben sich nicht auf individuelle Vorgaben reduzieren lassen, sei es, weil eine hierarchische Zerlegung Schwierigkeiten bereitet. Drittens bestehen Messprobleme, die sich aus zeitlichen Verzögerungen zwischen Verhalten und

4.4.4 Dimension »Ressourcen«

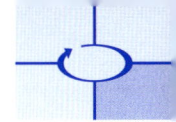

Ergebnis ergeben. Oft vergeht eine längere Zeit, bis sich Resultate zeigen, und selbst dann, wenn sie eintreten, ist nicht immer klar, ob sie auf das spezifische Verhalten oder auf andere Faktoren zurückzuführen sind. Viertens kann die Steuerungswirkung auch negative Konsequenzen nach sich ziehen. Wenn z. B. Führungskräfte nach kurzfristigen Zielvorgaben wie ROI, Cashflow etc. entlohnt werden, hat dies zur Folge, dass sie langfristige Investitionen (z. B. in F & E, Personal) reduzieren. Dies geschieht umso mehr, je kürzer ihre durchschnittliche Verweildauer in einem Unternehmen noch ist. Geht man daher auf zeitlich verzögerte Anreize über (wie z. B. Aktienoptionen, die erst nach einer bestimmten Zeitdauer ausgeübt werden können), so wird die Zurechnungsproblematik wieder aktuell, da dann nicht mehr sicher ist, ob ein bestimmter Aktienkurs auf das Verhalten der Führungskräfte oder anderer Faktoren zurückzuführen ist.

> **Fallbeispiel: Bonuszahlungen und öffentliches Interesse**
> Dass Anreizsysteme für Mitarbeiter auch zu einer ungewollten Fehlsteuerung führen können, zeigte die Eigendynamik der Investmentbanker im Zuge der Finanz- und Wirtschaftskrise 2007–2010, als Investitionsverhalten und Finanzprodukte oftmals danach ausgewählt wurden, wo der höchste variable Anteil für die Bonuszahlungen erzielt werden konnte. Diese Ereignisse entfachten eine erneute globale Debatte über Bonuszahlungen und schärfere Regulierungen. In einigen Ländern kam es so weit, dass vom Staat gerettete Banken ihre Gehaltszahlungen an Vorstände auf ca. 500.000 Euro limitieren mussten.
>
> Die US-Regierung hatte argumentiert, die Zahlungen in der Finanzkrise seien zwar nicht ungesetzlich gewesen, sie stünden aber im Widerspruch zum öffentlichen Interesse. Deshalb wurden die Banken dazu aufgefordert, in Verträgen künftig festzuschreiben, dass Vorstände Bonuszahlungen streichen oder verändern können, wenn das Geldhaus in eine Krise schlittert. So kündigte die US-Bank GOLDMAN SACHS Ende 2010 neue Bonusregeln an. Sonderzahlungen sollten nun stärker an längerfristige Kriterien geknüpft werden. Auch die Risikobereitschaft soll Berücksichtigung finden: Gehen die Banker zu große Risiken ein, können Boni und Prämien demnach auch wieder gestrichen werden. Die neuen Regeln sollten sicherstellen, dass das firmeninterne Anreizsystem im Einklang mit der langfristigen Existenzsicherung des Unternehmens steht.

Trotz der genannten Probleme versuchen viele Unternehmen, ihre Anreiz- und Belohnungssysteme möglichst direkt an ihre offiziellen Ziele und Strategien zu koppeln. Variieren können sie dabei hinsichtlich folgender Parameter:

- Monetäre und nichtmonetäre Bestandteile (Soll die Honorierung nur aus Geld bzw. geldwerten Äquivalenten oder auch aus Anreizen wie Auszeichnungen, Beförderungen etc. bestehen?),
- Fixe versus variable Entlohnung (Wie stark soll die Entlohnung leistungsabhängig sein?),
- Individuelle versus kollektive Zuordnung (Wird die Leistung des ganzen Teams berücksichtigt oder nur die individuelle?),
- Zeitpunkt der Entlohnung (Soll sie ausschließlich sofort oder auch mit zeitlicher Verzögerung erfolgen?),
- Zeitspanne der Zielsetzungen (An welchen kurz-, mittel- und langfristigen Zielen soll die Entlohnung ausgerichtet sein?),

- Organisationale Differenzierung (Sollen die einzelnen Entlohnungsarten nach Hierarchieebenen unterschiedlich eingesetzt werden?).

Planungs- und Kontrollsysteme: Diese beiden Typen von Managementsystemen sind inhaltlich eng miteinander verbunden. Planung bedingt Kontrolle, um erstens zu erkennen, ob man sich in die angestrebte Richtung bewegt, und zweitens, ob die eingesetzten Ressourcen effektiv und effizient eingesetzt werden. Kontrolle bedingt jedoch auch Planung, da eventuelle Abweichungen der Planung neue Impulse geben. Im Detail dienen diese Managementsysteme folgenden Zwecken:[41]

- Gewährleistung der Wahrnehmung und Erkenntnis der Organisation in ihrem Umfeld,
- Zukunftsbezogene Ausrichtung und Zielbestimmung,
- Allokation von Ressourcen,
- Überwachung und Lenkung,
- Erhöhung der Lernfähigkeit,
- Koordination und Orientierung der Teilsysteme.

Besondere Bedeutung erhalten diese Managementsysteme durch die Tatsache, dass zur operativen Wirksamkeit strategischer Initiativen die Allokation von Ressourcen und die Kontrolle ihres Einsatzes unabdingbar sind. Strategien greifen im betrieblichen Alltag oft erst dann, wenn sie mit Entscheidungen über die Verteilung und Nutzung von Ressourcen einhergehen. Die Absicht beispielsweise, ein neues Marktsegment zu erschließen, wird nur dann machbar, wenn für diese Aufgabe auch Ressourcen bereitgestellt werden.

Aktionsprogramme

In der Praxis behilft man sich hier mit der Erstellung von Aktionsprogrammen und Budgets. *Aktionsprogramme* sind Maßnahmenpläne, die Auskunft über die als wichtig erachteten Projekte geben. Sie enthalten:[42]

- die Verantwortliche Person und die weiteren Beteiligten,
- die Beschreibung des Vorhabens,
- die Aussage zur Priorität und zu den Auswirkungen auf die Wettbewerbsposition,
- geschätzte Erträge und Kosten,
- Meilensteine und Endtermin,
- Standards und Methoden der Erfolgskontrolle.

Um die Aktionsprogramme mit den erforderlichen Ressourcen »bestücken« zu können, bedient man sich *Budgets*. Dies sind Aufstellungen über Erträge und Kosten, die normalerweise für ein Jahr, nach Bedarf und Sinnhaftigkeit jedoch auch für mehrere Jahre erstellt werden. Die einzelnen Positionen werden hier detailliert aufgeführt. Kontrolliert wird, ob die Vorgaben eingehalten werden und, falls es zu Abweichungen kommt, warum dies der Fall ist. Da Budgets für die operative Arbeit genutzt werden, ist die Gefahr groß, dass dabei strategische Initiativen aus den Augen verloren werden. Es bietet sich daher an, auf Budgetebene eine Zweiteilung in strategische und operative Budgets vorzunehmen. Letztere sind z.B. Verkaufs- oder Produktionsbudgets; Erstere beinhalten wichtige Projekte, die für das Unternehmen von übergreifender Bedeutung sind.

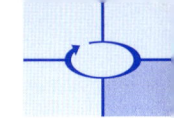

4.4.5 Dimension »Ertragsmechanik«

Schafft ein Unternehmen durch sein Nutzenversprechen – sei es ein physisches Produkt oder eine Dienstleistung – einen Mehrwert für seine Kunden, sind diese bereit, dafür einen entsprechenden Preis zu bezahlen. Dem erzielten Preis für ein Produkt oder eine Dienstleistung stehen Kosten entgegen, welche das Unternehmen tragen muss, um das Nutzenversprechen zu erbringen. Die notwendigen Ressourcen müssen beschafft und eingesetzt werden, die Aktivitäten des Unternehmens auf die Befriedigung des Kunden ausgerichtet sein. Die Differenz ist der Gewinn, welchen das Unternehmen für weiteres Wachstum verwenden oder an seine Anteilseigner zurückgeben kann. Die entscheidende Frage ist, wie nun ein Unternehmen für die Erbringung des Nutzenversprechens finanzielle Einnahmen und Überschüsse erzielen kann? Will man Produkte einfach verkaufen, mit Dienstleistungen Geld verdienen oder eine Kombination aus beidem? Je direkter der Nutzen für den Kunden ersichtlich ist, desto eher ist er auch bereit, für diesen einen angemessenen Preis zu bezahlen. Durch eine geschickte Kombination aus Ertragsmechanik und Nutzenversprechen kann ein Unternehmen neue Märkte schaffen und dadurch direktem Wettbewerb ein Stück weit ausweichen.

Kombination aus Ertragsmechanik und Nutzenversprechen

Verkauf von Produkten und Dienstleistungen

Die einfachste Ertragsmechanik ist der Verkauf der hergestellten Produkte. Wie oben beschrieben ergibt sich der Gewinn aus der Differenz zwischen Umsatz und Kosten. Der Umsatz ergibt sich aus der Anzahl der verkauften Produkte und des erzielten Preises. Die gesamten Kosten ergeben sich aus fixen Kosten wie z. B. feste Löhne, Mieten, Verwaltungskosten und variablen Kosten, die bei der Produktion einer zusätzlichen Einheit des Produkts anfallen. Die meisten Unternehmen erwirtschaften einen großen Teil ihrer Umsätze auf diese »klassische« Art. Beispiele reichen von einfachen, alltäglichen Dingen wie Nahrungsmitteln über Autos bis zu Luxusuhren. Gemein ist allen, dass der Kunde einmalig vor der Nutzung für den Gegenstand bezahlt und damit das Unternehmen für die Erstellung des Produkts belohnt. Dem Kunden entsteht der Nutzen erst nach dem Kauf des Produkts; damit ist er zeitlich losgelöst.

> **Exkurs: Gewinnformel**
> Die Ertragsmechanik setzt sich aus vier Bestandteilen zusammen:[43]
>
> (1) Das *Ertragsmodell* beschreibt wie ein Unternehmen Umsatzerlöse erzielt. Im einfachsten Fall ist dies das Produkt aus abgesetzter Menge und erzieltem Preis:
>
> Umsatz = Menge × Preis
>
> (2) Die für die Erzielung dieser Umsätze aufzubringenden Kosten für Schlüsselressourcen und die Steuerung der Aktivitäten werden in der *Kostenstruktur* zusammengefasst.
>
> (3) Im *Margenmodell* werden die pro Transaktion, d.h. Verkauf eines Produkts oder Erbringung einer Dienstleistung, angestrebten Bruttogewinne oder Deckungsbeiträge definiert. (4) Die *Ressourcengeschwindigkeit* ist als Teilmenge der Kostenstruktur zu sehen, in der Größen wie Lagerumschlag, Rüstzeiten oder Auslastung genauer beschrieben werden.

Der Unternehmensgewinn ergibt sich aus dem im Margenmodell pro Transaktion definiertem Deckungsbeitrag abzüglich der fixen Kosten.

Gewinn = Deckungsbeitrag – fixe Kosten
mit Deckungsbeitrag = (Preis pro Stück – variable Stückkosten) × Menge

Alternativ kann der Gewinn auch direkt aus den Umsatzerlösen und den Kosten, welche sich im Allgemeinen in fixe und variable Kosten unterscheiden lassen, abgeleitet werden.

Gewinn = Umsatz – Gesamtkosten = Umsatz – fixe Kosten – variable Kosten

Abbildung 4-22 soll diesen Zusammenhang nochmals verdeutlichen.

Produkte als Eintrittskarte für weiteres Geschäft

Erbringt ein Unternehmen Dienstleistungen, kann es diese, z. B. Beratungen, pro Stunde oder Tag berechnen oder wie ein Frisör für diese einen festen Betrag, der unabhängig vom tatsächlichen Zeitaufwand berechnet wird, erheben.

Beschränkt sich heutzutage ein Unternehmen nur auf eines dieser beiden Arten, dann verschenkt es oftmals ein erhebliches Erlöspotenzial. Insbesondere produzierende Unternehmen stellen zusehends ihr Geschäftsmodell und damit die Ertragsmechanik darauf um, dass der Verkauf der Produkte vor allem dazu dient, über die gesamte Nutzungsdauer des Produkts durch nachgelagerte Dienstleistungen wie Beratung oder Wartung zu verdienen bzw. einen kontinuierlichen Cashflow zu generieren. Beispielsweise erlöst SAP nur ca. 25 % mit dem Verkauf von Softwarelizenzen; knapp über die Hälfte des Umsatzes ergibt sich aus dem Supportgeschäft; die verbleibenden 23 % erzielt SAP mit Beratung und Schulung der Kunden. Die kostspielige Produktentwicklung dient damit als »Eintrittskarte« in das viel lukrativere Geschäft mit Serviceverträgen und Dienstleistungen. Attraktiv ist dies insbesondere dadurch, dass der Kunde – hat er sich einmal für die Software eines Anbieters entschieden – nicht ohne Weiteres zu einem anderen Anbieter wechseln kann.

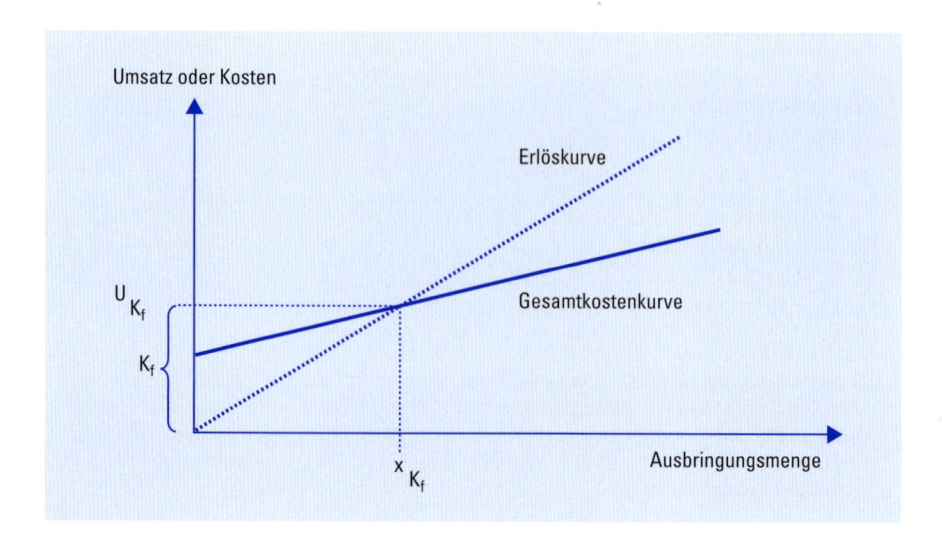

Abb. 4-22: Gewinnformel

4.4.5 Dimension »Ertragsmechanik«

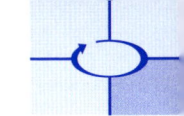

> **Fallbeispiel: Das »Power by the hour«-Geschäftsmodell von Rolls-Royce**
> »The vision for Rolls-Royce Services is to be the customers' first choice when they are looking for service support for our products« kann man auf der Homepage des britischen Triebwerkherstellers Rolls-Royce lesen. Rolls-Royce erzielt heute mehr als die Hälfte seiner Umsätze mit dem Servicegeschäft (1981: 20 %, 1991: 30 %, 2001: 40 %, 2007: 55 %). Mit Margen um die 35 % ist dieses Servicegeschäft auch für Drittanbieter sehr lukrativ. Um dieser Konkurrenzsituation zu entgehen, schließt Rolls-Royce zum einen mit den Fluggesellschaften Serviceverträge ab, die pro geleistete Flugstunde abgerechnet werden. Rolls-Royce übernimmt in diesem »Power by the hour« genannten Modell die Wartung und tauscht die Triebwerke bei Bedarf aus. D.h., die Kunden bezahlen nur dann, wenn die Triebwerke einen Mehrwert für sie erzeugen. Um den Verkauf der Wartungsverträge weiter anzukurbeln, verleast Rolls-Royce auch Triebwerke. Zum anderen verknüpft Rolls-Royce die Triebwerke eng mit Dienstleistungen, die nur sie erbringen können. So überwacht Rolls-Royce vom englischen Derby aus die aktuellen Leistungsdaten von über 3.500 Triebwerken und kann so schneller und geplanter reagieren, bevor es zu Notreparaturen, zu kostspieligen Verspätungen und zu verärgerten Kunden bei den Fluggesellschaften kommt. Auch übernimmt Rolls-Royce die Lagerverwaltung von Ersatztriebwerken, Ersatzteilen und Werkzeugen und die spätere Logistik bis zum Ort, an dem die Teile benötigt werden.
>
> Unter entsprechenden Legitimationsdruck kommt Rolls-Royce allerdings dann, wenn einem Kunden wegen seiner Triebwerke Schaden entsteht. So musste am 4.11.10 ein Airbus 380 von Qantas nach einem Triebwerksschaden notlanden. Qantas warf in einer Ende 2010 bekannt gewordenen Klageschrift – auf Schadenersatz über ca. 60 Mio. USD wegen entgangenem Geschäft, Schäden am Flugzeug und erwarteten Auslieferungsverzögerungen – Rolls-Royce Vertragsverletzung vor und die Lieferung fehlerhafter Triebwerke. Ein Ölleck in Schläuchen in einem sehr heißen Teil des A380-Triebwerks löste einen Brand aus, der letztendlich zum Bruch einer Turbinenscheibe führte. Die entstandenen Trümmerteile beschädigten einen Flügel der Qantas-Maschine.

Verkauf von »Nutzen«

Denkt man den Ansatz, Produkte zu verkaufen, um anschließend an Dienstleitungen Geld zu verdienen, konsequent weiter, müssen diese Produkte zwar hergestellt, aber nicht mehr einzeln verkauft werden. Unternehmen verkaufen dann nur noch den erbrachten »Nutzen« für den Kunden und stellen ihre Produkte den Kunden zur Nutzung zur Verfügung. Anstelle eines Produkts, wie z. B. eine Bohrmaschine, verkauft man das, was die meisten Kunden eigentlich wollen und brauchen: »Löcher in der Wand«.

> **Fallbeispiel: Salesforce.com lebt von Nutzungsgebühren**
> Das auf Customer Management Relationship spezialisierte Softwareunternehmen Salesforce.com hat ein Geschäftsmodell gewählt, das nicht auf dem Verkauf von Softwarelizenzen und dem anschließenden Servicegeschäft beruht. Alle Unternehmen, die sich eine ERP-Software kaufen, verfolgen damit ein Ziel, z. B. die Erstellung des Jahresabschlusses, die effiziente Verwaltung der Lager oder die Durchführung von Marketing-Kampagnen. Kunden schließen mit Salesforce.com einen Vertrag, der ihnen erlaubt, bestimmte von ihnen gebrauchte Funktionen, wie z. B. das Kampagnen-Management, zu nutzen. Erlöse erzielt Salesforce.com über eine monatliche Nutzungsgebühr, die pro Nutzer fällig wird. Der Kunde selbst muss sich weder um die Computerausstattung noch um die Wartung der Software kümmern. Deshalb muss er

> keine Kapazitäten bereithalten oder Funktionen kaufen, die er nicht braucht. Aber auch die dominierenden Anbieter von ERP-Software wie ORACLE oder SAP unternehmen vielerlei Versuche, ihr Geschäftsmodell um solche »Software-as-a-Service« genannten Angebote aus der »Cloud« zu erweitern, die eine Abkehr von ihrer bisherigen Ertragsmechanik bedeuten.

In mehreren Branchen setzen sich zusehends solche Geschäftsmodelle durch, bei denen möglichst direkt der Kundennutzen mit der Ertragsmechanik verknüpft ist. Beispielsweise bietet der liechtensteinische Werkzeughersteller HILTI nicht mehr seine Werkzeuge zum Kauf an, sondern gegen eine monatliche Gebühr deren Nutzung. HILTI sorgt dann dafür, dass die richtigen Werkzeuge an der richtigen Baustelle einsatzbereit sind.

4.4.6 Innovative Geschäftsmodelle

Neue Spielregeln

Immer wieder gelingt es Unternehmen, mit innovativen Geschäftsmodellen die Logik ihrer Branche zu erneuern. Das Ergebnis ist, dass im Anschluss nach »neuen Spielregeln« in einer Branche gearbeitet wird und auch etablierte Unternehmen der Branche diese nicht ignorieren können. Innovative Geschäftsmodelle basieren oft, aber nicht immer, auf technologischen Entwicklungen. Sie eröffnen den Zugang zu neuen Geschäftsfeldern oder erlauben es, Aktivitäten in einer markant verbesserten Form zu erbringen. Prägnant sieht man dies am Beispiel des Internets. Unternehmen wie AMAZON oder EBAY offerieren Handelsgeschäfte rascher, preisgünstiger und mit mehr Zusatzapplikationen versehen, als etablierte Unternehmen dazu in der Lage sind. Unternehmen wie GOOGLE und FACEBOOK bieten Such- und Informationsdienste an, die noch vor wenigen Jahrzehnten von keinem Unternehmen erbracht werden konnten. Technologische Entwicklungen sind jedoch nicht ausreichend, um das ganze Phänomen zu erklären. Meist sind hierzu eine Reihe von Kontextfaktoren in Betracht zu ziehen, die einer Technologie den Weg bereiten. Als z. B. der erste Personal Computer von APPLE an den Markt kam, wurde sein Siegeszug maßgeblich durch den in der Computerindustrie herrschenden Trend »Weg von den großen Mainframes und hin zu kleinen, dezentral operierenden Systemen« unterstützt.

Natürlich impliziert eine innovative Grundhaltung auch ein höheres *Risiko*. Wer das Suchen nach neuen Wegen zu seinem Verhaltensgrundsatz gemacht hat bzw. kulturell bzgl. eines innovativen Verhaltens konditioniert ist, der wird auch häufiger in Sackgassen gehen: Viele neue Geschäftsmodelle werden nach einer Testphase aufgegeben. Ist man zudem mit unausgereiften Produkten an den Markt getreten und ist es nicht gelungen, Standards zu setzen, drohen Imageschäden, die sich auf die weiteren Vorhaben negativ auswirken.

> **Fallbeispiel: Digitalisierung und neue Geschäftsmodelle**
> Eine Technologie wie das Internet ist eine nach wie vor nahezu unerschöpfliche Quelle für Innovationen der Geschäftsmodelle in den einzelnen Branchen. Während die Pioniere schon Anfang der 90er-Jahre in Erscheinung traten, wurden die vom Internet

4.4.6 Innovative Geschäftsmodelle

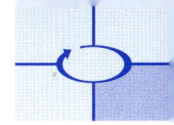

ausgehenden Innovationsmöglichkeiten zur »*Digitalisierung der Wertkette*« erst seit 2000 breitflächiger aufgegriffen. Pioniere wie AMAZON, YAHOO, MP3.COM etc. waren angetreten, um mittels so genannter »Killer-Applikationen« die traditionellen Wettbewerber aus ihren Geschäften zu verdrängen.[44] Der Begriff des *E-Business* war zu einem Zauberwort an den Weltbörsen geworden. Unternehmen versuchten, bereits durch die Ankündigung von Investitionen in diesem Bereich Kurssprünge anzuregen.

Dies lockte nun auch in Scharen die Imitatoren auf diese Fährte. Neben dem Pionier AMAZON.DE gab es im Internetbuchhandel in Deutschland schnell auch Portale wie BOL.DE, BUECHER.DE, LIBRI.DE und BUCH.DE. Es konnte sich kaum eine Bank oder Versicherung noch leisten, nicht auch ein viele Millionen schweres Investitionsprogramm zu den eigenen E-Business-Plänen den Analysten vorzustellen.

Durch die ausgebrochene Gründungseuphorie hatten die etablierten Unternehmen größte Mühe, ihre besten Mitarbeiter zu halten, denn viele von ihnen drängten in eines der Start-up-Unternehmen, den »dot.com companies« der »new economy«. Mit dieser Abwanderung hatten insbesondere auch die etablierten Beratungsunternehmen zu kämpfen. Man versuchte dagegenzuhalten, indem man selbst sich der Start-ups annahm; BAIN z. B. hatte schon sehr früh selbst in solche Start-ups investiert. MCKINSEY baute später in verschiedenen Ländern so genannte »Accelerators« auf, um dort Start-ups für den internationalen Wettbewerb fit zu machen.

Auch in einem Markt wie China spielen internetbasierte Geschäftsmodelle eine erhebliche Rolle. So verfügt das 1999 durch Jack Ma gegründete Unternehmen ALIBABA bereits 2010 über 57 Mio. Kunden und bietet eine ganze Reihe von Online-Diensten an. Damit sind Unternehmen auch wertvolle Daten über das Verbraucherverhalten der wachsenden chinesischen Mittelschicht zugänglich, die über Techniken des »Data Mining« wiederum zu recht treffgenauen weiteren Kaufempfehlungen an die einzelnen Kunden führen.

Und in unseren Tagen lancieren Unternehmen eine Reihe von internen und externen Veränderungen unter dem Begriff der »Digitalisierung«. Dabei geht es nicht nur um die IT-gestützte Veränderung einzelner Prozesse. Vielmehr gilt es das gesamte Unternehmen digital zu transformieren. So hat z. B. Angela Ahrendts, bis 2014 CEO von BURBERRY, die Vision »The vision was to be the first company who is fully digital.« So erhielt z. B. das Verkaufspersonal iPads mit einem unternehmensweiten CRM-System, man moderierte Blogs in den sozialen Medien, man twitterte live aus Modeschauen und übertrug sie auf große Bildschirme in den Läden etc. Oder bei Produktionsunternehmen kommt es zur Vernetzung der Industrieroboter untereinander und einer noch engeren Einbindung der Lieferanten (»Industrie 4.0«). Es können aber auch Objekte – z. B. über die RFID-Technologie – zur Interaktion gebracht werden (»Internet der Dinge«).

Wie man innovative Geschäftsmodelle entwickeln kann, ist ein vielbeachtetes Thema. Welche Methoden können hierzu unterstützend herangezogen werden? Wie erkennt man, welche Modelle zu Wettbewerbsvorteilen führen und welche nicht? Wie können Unternehmen ihre existierenden Fähigkeiten nutzen? Welche Rahmenbedingungen begünstigen diese Entwicklung? Welche hemmen sie? Im Folgenden werden wir ausgewählte Ansätze vorstellen, die zu diesem Thema vorgelegt wurden.[45] Im Einzelnen sind es:

- Wege zur Revolution von Industrien (Hamel 1996),
- Innovative Wertkurven und »Blue Ocean« (Kim/Mauborgne 1999),
- Migration von Wert (Slywotzky 1996),
- Das Innovator's Dilemma (Christensen 1997).

Ansätze zur Entwicklung innovativer Geschäftsmodelle

(1) Wege zur Revolution von Industrien

Hamel schlägt neun Wege vor, wie eine – in seinen Worten – »revolutionäre« Veränderung einer Branche erfolgen kann.[46] Fast jedes Unternehmen ist für ihn an einem solch radikalen Umsturz interessiert, wenn es sich dadurch neue Wettbewerbsvorteile sichern kann. Die ersten drei Wege beinhalten eine Redefinition der angebotenen Produkte und Dienstleistungen, die nächsten drei eine der bestehenden Marktgrenzen und die letzten drei eine Redefinition der Branchengrenzen.

Redefinition von Produkten und Dienstleistungen: Die erste Vorgehensweise ist die *radikale Verbesserung der Leistung eines Angebots*. Diese ist erreicht, wenn entweder für den gleichen Geldbetrag ein höherer Gegenwert oder der gleiche Gegenwert für einen geringeren Geldbetrag angeboten wird. Häufig geschieht eine solche Verbesserung in Verbindung mit einer Produktinnovation.[47] Ein Beispiel sind die Anfang der 80er-Jahre aufkommenden digitalen CD-Player, die im Vergleich zu analogen Geräten die Klangqualität verbesserten. Heute mag dies ein Dienstleister wie Spotify sein, mit seinem auf der Streaming-Technologie beruhenden extrem umfassenden Musikangebot. Gleiches geschah mit der Einführung von Investmentfonds, die privaten Kleinanlegern die Möglichkeit boten, sich erstmalig in breitem Umfang an den internationalen Kapitalmärkten zu engagieren.

Ein zweiter Weg liegt in der *Trennung von Funktion und Form* eines Produktes. Wichtig ist dabei zunächst die gedankliche Trennung der zentralen Funktionen eines Produktes von der Form. Gelingt es, die beiden Bereiche voneinander zu trennen und einen Teil neu zu konzipieren, so wird das ursprüngliche Angebot nachhaltig redefiniert. So haben Kreditkarten beispielsweise zwei Funktionen: Erstens signalisieren sie Kreditwürdigkeit und schaffen Vertrauen gegenüber dem Kartenhalter durch dessen Name, Foto und Unterschrift. Diese Funktion kann jedoch auch durch alternative Technologien erbracht werden. Systeme zur Erkennung von Sprache oder Mustern an Daumen oder Augen leisten das Gleiche. Kaum ein Anbieter von Kreditkarten (wie VISA, MASTERCARD etc.) hat allerdings in diesen Technologien Expertise aufgebaut, obwohl sie eine der zentralen Funktionen ihrer Kreditkarten substituieren könnten. Zweitens erlaubt die Kreditkarte ihre Nutzung bis zu einem vorab festgelegten Limit. Die Funktion, eine »Erlaubnis für etwas zu bieten«, ist jedoch nicht nur im Zahlungsverkehr, sondern in einer Reihe weiterer Anwendungen von Nutzen. Zu denken ist z. B. an den Einsatz von Karten in Unternehmen, Hotels oder Freizeitparks. Doch auch hier haben die traditionellen Kreditkartenanbieter das Feld anderen Unternehmen überlassen, welche die Form von der ursprünglichen Funktion trennten. Ein dritter Weg liegt in der *Erzeugung von Spaß und Freude bei der Benutzung* eines Produktes. Das eigentliche Kernprodukt wird dazu mit Attributen versehen, die informativ, ungewöhnlich oder lustig sind und damit Kunden anziehen. So geht auch beim E-Business der Trend dahin, dass man den »traffic« auf seiner Homepage durch andere Dienste erzeugt als die, die man verkauft. Es werden »domains« geschaffen, die ein prominentes Interessensfeld des Kunden umfassen (Wellness/Gesundheit, Eigenheim etc.).

Redefinition von Marktgrenzen: Das Sprengen des bisherigen Anwendungsmarktes hin zu *größerer Universalität* ist ein vierter Weg, um eine Branche zu revolutionieren. Man verlässt die bislang betreuten Zielsegmente und versucht, die Produkte und Dienstleistungen für ein breiteres Publikum zugänglich zu machen.

4.4.6 Innovative Geschäftsmodelle

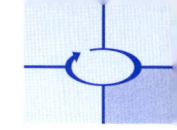

Zum Zielsegment wird der gesamte, vorstellbare Markt und nicht mehr nur ein kleiner Teil davon. Waren beispielsweise Schreibgeräte der Marke MONTBLANC lange Zeit vermögenden Kunden vorbehalten, so werden sie heute auch von Angehörigen tieferer Sozialschichten benutzt. Der fünfte Weg liegt im *Streben nach Individualität*. Ziel ist es, Produkte der Massenfertigung auf die Bedürfnisse des einzelnen Kunden anzupassen. So bietet LEVI STRAUSS Unterstützung für eine »DIY Customization« an, um die gekaufte Jeans an eigene Bedürfnisse anzupassen.

Streben nach Individualität

Die *Erhöhung der Zugangsmöglichkeiten* ist ein weiterer Weg zur Transformation bestehender Marktgrenzen. Da die meisten Märkte eine zeitliche und geografische Ausdehnung besitzen, sind sie entweder nur zu bestimmten Zeitspannen in Betrieb und/oder an einem fixen Ort verwurzelt. Durch moderne Informations- und Kommunikationssysteme wird es jedoch möglich, beide Grenzen zu durchbrechen und neu auszurichten. Telefonbanking ist ebenso ein Indiz dafür, wie Auktionen im Internet oder die Möglichkeit, dort 24 Stunden am Tag einzukaufen. Mit 15 % Marktanteil steht hier der Online-Handel mit Aktien an der Spitze.

Erhöhung der Zugangsmöglichkeiten

Redefinition von Branchengrenzen: Wie sich momentan in vielen Branchen beobachten lässt, liegt ein siebter Weg in der *höheren Skalierung von Branchen*. Diese bietet sich besonders in stark fragmentierten oder national separierten Branchen an. Auf der Suche nach Economies of Scale und Scope kommt es zu Konzentrationen, selbst in Bereichen, wo man dies nicht unbedingt erwartet hätte. Kleine Bäckereien, Restaurants, Anbieter von Reinigungsleistungen, Friseursalons etc. schließen sich zu größeren Einheiten zusammen. Der achte Weg, das »*Quetschen*« *der Wertkette*, wird meist dann eingeschlagen, wenn die Möglichkeit besteht, einzelne Wertschöpfungsstufen zu umgehen und zu substituieren. Gerade Unternehmen, die eine Intermediärsfunktion ausüben, sind davon betroffen (»Cut our the middle man«). So droht Banken die Gefahr, ihre Mittlerposition zwischen Geldangebot und Nachfrage zu verlieren, wenn z. B. einzelne Unternehmen, unter Rückgriff auf Ratingagenturen wie MOODY'S, direkt miteinander Finanzgeschäfte tätigen. Zuletzt, im neunten Weg, können revolutionäre Veränderungen auch durch das *Vorantreiben der Konvergenz von Industrien* ausgelöst werden. Traditionelle Grenzen von Industrien »weichen« oftmals immer mehr auf, verschieben sich, verschmelzen mit anderen Industrien und formieren sich in neuer Form. Besonders gut beobachten lässt sich dieses Phänomen in der sich langsam formierenden Multimedia- oder Bit-Industrie, in der sich Unternehmen aus der Medien- und Unterhaltungs-, Telekommunikations- sowie Soft- und Hardwarebranche teils allein, teils mit Partnern neu zu positionieren versuchen.

Höhere Skalierung

»Quetschen« der Wertkette

Vorantreiben der Konvergenz

(2) Innovative Wertkurven

Ein weiterer Ansatz ist von Kim/Mauborgne (1999) vorgelegt worden. Sie identifizieren sechs **elementare Verhaltensmuster**, mit denen Firmen neue Märkte erschaffen und bestehende neu beleben können. Durch diese Wertinnovationen schaffen die Firmen neuen Marktraum und entziehen sich einem direkten Konkurrenzkampf mit ihren Branchenrivalen.

- Beim ersten Weg *richtet man den Blick systematisch auf weitere Branchen*. Oft konkurrieren Unternehmen gegenüber ihren Kunden nicht nur mit den anderen Anbietern der Branche, sondern ebenso mit Firmen aus angrenzenden Branchen, die Substitute bieten. Fluggesellschaften konkurrieren beispielsweise auf Kurzstrecken nicht nur mit anderen Fluggesellschaften, sondern mit Bahn oder Auto. Wenn es nun einer Fluggesellschaft (wie z. B. SOUTHWEST AIRLINES) gelingt, die Schnelligkeit des Fluges mit dem regelmäßigen, iterativen Fahrplan der Bahn und den niedrigen Kosten des Autos zu verbinden, hat sie eine Wertkurve geschaffen, die den traditionellen Fluggesellschaften überlegen ist. Ihre Wertschöpfungsleistung ist dann so zu gestalten, dass sie diese Faktoren nachhaltig erbringen kann.

- Bei der zweiten Vorgehensweise *mustert man die strategischen Gruppen in einer Branche* und analysiert die Gründe, warum einzelne Käufersegmente sich für die Produkte der einen oder anderen Gruppe entscheiden. Darauf aufbauend wird ein hybrides Angebot entwickelt, das zwischen den beiden Anbietergruppen positioniert wird und die Vorzüge beider Gruppen enthält. So ist es POLO RALPH LAUREN gelungen, eine Marke zu verankern, die einerseits über einen Designernamen, elegante Einkaufsgeschäfte und wertvolle Materialien verfügt und an die Gruppe der Haute Couture anknüpft, andererseits jedoch durch moderate Preisgestaltung und klassischen, zeitlosen Stil die Vorzüge traditioneller Modeanbieter liefert. Durch diese Konstellation wurde neuer Marktraum geschaffen, über den Kunden aus beiden Marktsegmenten und völlig neuen Schichten gewonnen werden konnten.

- Bei der dritten Vorgehensweise geht es nun nicht um neue Kundensegmente, sondern um die Frage, wie die scheinbar »einheitliche« *Zielkundengruppe weiter nach innen aufgeteilt und besser bedient* werden kann. In aller Regel existieren bei einer Kaufentscheidung mehrere »Käufer«, die direkt oder indirekt die Kaufentscheidung beeinflussen. Da gibt es z. B. bei Investitionsgütern zunächst die eigentlichen Käufer, welche die Ware bezahlen, dann Nutzer, die die Ware verwenden und zuletzt noch wichtige Einflussnehmer auf die Kaufentscheidung. Wertinnovationen können nun dadurch entstehen, dass man *gezielt die Interessen einzelner, bislang unberücksichtigter Gruppen aufgreift* und sich auf diese einstellt. BLOOMBERG beispielsweise gelang es, den Markt für Fachinformationsdienste durch Konzentration auf die Bedürfnisse der Nutzer (wie Effektenhändler und Analysten) und nicht die der Käufer (wie die IT-Manager von Banken) nachhaltig zu verändern. Im Gegensatz zu REUTERS und TELERATE bot BLOOMBERG bei seinem Markteintritt eine Reihe von zusätzlichen Produktinformationen an, wie Online-Kursanalysen, Informationen zu historischen Kursverläufen oder mittlerweile auch interessante Lifestyle-Informationen zu Reisezielen, Wein, Blumen etc.

- Viertens sind Wertinnovationen durch die Berücksichtigung komplementärer Produkte und Dienstleistungen zu erzielen. Der *ungenutzte Wert, der in einer Gesamtlösung steckt*, ist hierbei das Entscheidende. So zieht ein Flug oft zwangsläufig die Auswahl einer Destination, die Buchung eines Tickets, den Transport zum Flughafen und den Transport nach dem Flug nach sich. Folglich ist es nahe liegend, all diese Leistungen miteinander zu kombinieren und integriert anzubieten. Als Beispiel mag hier das 1995 gegründete amerikanische Online-Reisebüro EXPEDIA dienen.

- Fünftens ist zu beobachten, dass sich viele Branchen entweder in eine überwiegend funktionale oder überwiegend emotionale Richtung entwickeln. Während die einen – wie z. B. der Maschinenbau – ihre Produkte möglichst rational

4.4.6 Innovative Geschäftsmodelle

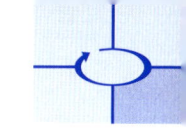

anbieten, appellieren andere (wie z. B. die Kosmetikbranche) vornehmlich an Gefühle. Werden nun wechselseitig *jeweils Elemente der anderen »Argumentationslinie« in das eigene Angebot eingebaut*, ergeben sich oft nachhaltige Wertinnovationen. Zu denken ist an die ehemals funktionell ausgerichtete Uhrenindustrie, in der die Firma SMH mit ihren Swatch-Uhren modisches Design einbrachte, oder THE BODY SHOP, wo man in der weitgehend von Verpackungs- und Werbekosten dominierten Kosmetikbranche gezielt durch den Verzicht auf üppige Flakons und die Verwendung natürlicher Stoffe eine starke Marktposition aufbaute.
- Der letzte und nach Meinung der Autoren schwerste Weg besteht darin, den Blick auf zeitliche Abläufe zu richten und *aufgrund der Analyse von Entwicklungen, die sich heute schon beobachten lassen, Marktveränderungen aktiv mit zu gestalten*. Soll ein solcher Trend für ein neues Geschäftsmodell genutzt werden, ist zunächst zu prüfen, ob er für das Geschäft des Beobachters erstens entscheidend, zweitens unumkehrbar ist und drittens in eine klare Richtung weist. Wenn diese Voraussetzungen gegeben sind, dann kann dieser Trend für die Entwicklung einer neuen Wertkurve genutzt werden. Das Unternehmen CISCO SYSTEMS schuf neuen Marktraum, als es erkannte, dass die zunehmende Nachfrage nach einem beschleunigten Datenaustausch alle drei Attribute aufwies. Da sich die Situation durch die rapide Ausbreitung des Internets eher noch verstärken würde, setzte es darauf, Router, Switches und andere Netzsteuerungsgeräte zu entwickeln, die den Kunden einen raschen, reibungslosen Datentransfer gestatteten.

Analytisch werden die sechs Vorgehensweisen mit dem Konzept der **Wertkurve** erfasst. Diese gibt bildlich wieder, auf welche Art und Weise eine Firma oder die ganze Branche ihr Angebot an die Käufer gestaltet. Sie zeigt die Marktergebnisse eines Angebots in Relation zu Alternativangeboten und bewertet die Differenz nach den jeweiligen Erfolgsfaktoren in der betreffenden Branche bzw. Produktkategorie.

> **Fallbeispiel: Der Einstieg von TESLA ins Automobilgeschäft**[48]
> In den vergangenen 10 Jahren gelang es TESLA mit einem vollständig neuen Geschäftsmodell, das weit über das Geschäftsmodell der etablierten Hersteller hinausgeht, diese nicht nur technologisch herauszufordern. In dieser kurzen Zeit war das Unternehmen in der Lage eine konkurrenzfähige, batteriegetriebene Limousine an den Markt zu bringen. Es war dem Unternehmen mit seinen Fahrzeugen möglich, eine neue Wertkurve für das PKW-Geschäft darzustellen. Man vergleiche dazu Abbildung 4-23. Auf der X-Achse findet man die Faktoren über die TESLA versucht seinen Kunden Nutzen zu stiften. Die Y-Achse zeigt das Ausmaß, des jeweiligen Nutzens – dies jeweils im Vergleich zu den klassischen PKWs (ICE Internal combustion engine) bzw. den »PEV Plug-in electric vehicles«, die nur mit Batterie angetrieben sind oder Hybrid in Kombination mit einer ICE sind.

Vertiefende Fallstudie

Prinzipiell können neue Wertkurven entwickelt werden, indem man sich vier zentrale **Fragen** stellt:

Vier zentrale Fragen

1. Welche Merkmalsausprägungen sollten geschickt unter die Branchennorm gesenkt werden *(Reduzieren)*?

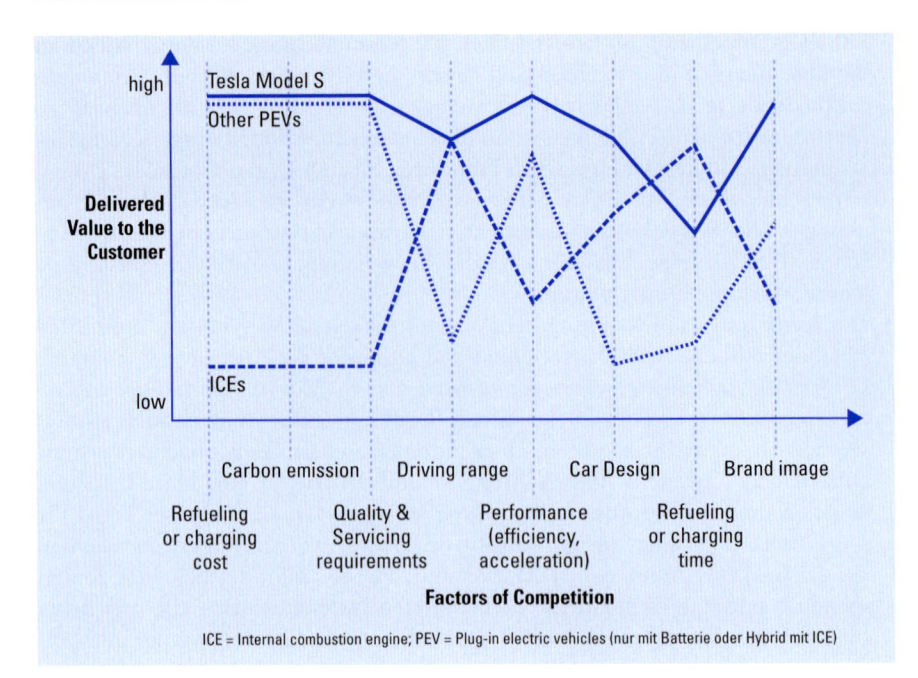

Abb. 4-23: Konkurrierende Wertkurven im PKW-Geschäft (Hettich/Müller-Stewens 2014)

2. Welche der Merkmale sollten wegfallen, die in der Branche bislang als unentbehrlich galten *(Eliminieren)*?
3. Welche Merkmale sollten entwickelt werden, die bislang in der Branche nie geboten wurden *(Kreieren)*?
4. Welche Merkmale sollten geschickt über den Branchenstandard angehoben werden *(Anheben)*?

(3) Migration von Wert

Zwischen 1984 und 1994 verloren IBM und DEC rund 80 Mrd. USD an Börsenwert, während MICROSOFT, INTEL, EDS und NOVELL rund 80 Mrd. USD zulegten.[49] Der Grund dieses Phänomens der massiven Verschiebung von Unternehmenswert zwischen Unternehmen einer Branche – als »**Value Migration**« bezeichnet – liegt laut Slywotzky in der Ablösung alter Geschäftsmodelle durch neue, die den Nutzen für die Kunden deutlich steigern.

Idealtypisch lassen sich dabei drei Phasen unterscheiden: In der ersten Phase gelingt es einem Unternehmen (oft einem Start-up), durch ein neues, überlegenes Modell Wert aus einer bestehenden Industrie auf sich zu ziehen, indem die Kunden nun seine Produkte kaufen. In der zweiten Phase, nach diesem Wertfluss, konsolidiert sich die Branche in ihrem neuen Zustand und es kehrt Stabilität ein. Fast alle Unternehmen richten sich nun an dem dominierenden Geschäftsmodell aus. In der dritten Phase jedoch verliert es seine Fähigkeit, Wert zu generieren, und wird durch einen nun wieder überlegenen Herausforderer ersetzt. Dieses Phänomen der Verschiebung von Wert ist zwar in der Wirtschaftsgeschichte an sich nichts Überraschendes, doch hat es in den letzten zwei Jahrzehnten an Dynamik gewonnen. Immer rascher entstehen und vergehen neue Geschäftsmodelle, immer rascher reduziert sich ihre zeitliche »Haltbarkeit«.

4.4.6 Innovative Geschäftsmodelle

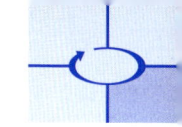

Des Weiteren folgt dieser Ein- und Ausfluss von Wert bestimmten Mustern. Insgesamt unterscheidet Slywotzky *sechs verschiedene Wege*, die er mit Zahlenmaterial unterlegt:[50]

Sechs Wege

- Bei der multidirektionalen Migration fließt Wert aus einem zentralen, integrierten Geschäftsmodell *gleichzeitig in mehrere neue Modelle*. Diese können z. B. auf einer differenzierteren Segmentierung und Ansprache von Kundengruppen oder der Substitution und dem Einsatz neuer Technologien beruhen.
- Ein zweites Muster ist die Migration von Wert in einer Branche *zu Gunsten der Kunden* und zu Lasten der Unternehmen. Diese konkurrieren so intensiv, dass die Profite in der Branche auf den Nullpunkt getrieben werden und sie folglich gerade oder kaum noch in der Lage sind, die Kapitalkosten zu erwirtschaften.
- Eine Blockbuster Migration liegt vor, wenn es Unternehmen gelingt, *immer wieder ihr Geschäftsmodell von Grund auf zu erneuern* und in ein überragendes, neues zu überführen, wodurch sie beständig einen Zufluss von Wert auf sich ziehen.
- Die multikategoriale Migration beruht auf der *Aufspaltung* von scheinbar einheitlichen Produkten *in vielfältige Produktkategorien*. So offeriert das Gourmet-Cafe STARBUCKS Kaffee nicht wie andere Shops als standardisierte Ware, sondern hat ihn in verschiedene Kategorien ausdifferenziert und zu einem hoch qualitativen Produkt entwickelt, für das relativ hohe Aufpreise bezahlt werden.
- Geschäftsmodelle, die auf der Integration ganzer Wertketten einer Branche beruhen, verlieren zunehmend an Bedeutung gegenüber Unternehmen, deren Geschäftsmodelle *wesentlich enger und spezialisierter* sind. Zu nennen sind hier Anbieter wie IBM, die anfangs vom Chip über das Betriebssystem bis hin zur Applikation alles produzierten und gegenüber spezialisiert attackierenden Angreifern wie INTEL, MICROSOFT oder NOVELL nachhaltig an Wert verloren.
- Ein weiteres Muster, Wert auf sich zu ziehen, besteht in der *Distribution von Produkten* und Leistungen. Hier stehen zwei Extrempositionen offen, die sich markant vom traditionellen Verkauf unterscheiden: Erstens wird konsequent auf *Distributionsformen mit den geringsten Kosten* gesetzt, wenn für die Kunden der Distributionsweg kaum oder nur eine geringe Rolle spielt. Lebensmitteldiscounter wie WAL-MART oder ALDI nutzen diese Entwicklung ebenso für sich wie DELL mit dem Direktverkauf von Computern per Telefon/Fax oder Internet. Zweitens fokussiert man sich im Gegenzug auf *Lösungen für anspruchsvolle Kundenbedürfnisse* und bietet hier einen klar erkennbaren Mehrwert, der dann auch honoriert wird. In beide Geschäftsmodelle fließt Wert, während Geschäftsmodelle, die auf dem traditionellen Verkauf basieren, Abflüsse hinnehmen mussten.

(4) Das Innovator's Dilemma

Eine Erklärung, warum immer wieder die Chance besteht, mit innovativen Geschäftsmodellen die etablierten Wettbewerber herauszufordern, liefert Christensen mit seinem »Innovator's Dilemma«.[51] Er argumentiert, dass in den meisten Märkten die dominanten Wettbewerber darauf ausgerichtet sind, durch permanente Innovation die Bedürfnisse der profitablen High-end-Kunden zu befriedigen. Recht bald schießt man damit aber über die Bedürfnisse der meisten Kunden hinaus (»Overshooting the market«). Wer nutzt z. B. auch nur annähernd die Möglichkeiten, die einem das Textverarbeitungsprogramm, mit dem man vielleicht nahezu jeden Tag arbeitet, bietet? Die (Mehrzahl der) Kunden können weit weniger Innovation absorbieren, als geboten wird.

Damit wird der Markt reif für neue Geschäftsmodelle/Technologien (»*Disruptive Technologies*«) für die unteren Segmente des Marktes. Weniger anspruchsvolle oder weniger befähigte Kunden erhalten billigere (Desktop-Kopierer, Staroperationen in Indien etc.), einfachere (»Internet für alle« etc.), bequemere (Online brokerages etc.), dezentraler anwendbare (PC, Self-care etc.) Produkte bzw. Dienstleistungen. Damit erhalten auch Kunden Zugang zu Märkten, denen es zuvor nicht möglich war.

Neue Unternehmen kommen durch derartige »Innovationen von unten« in den Markt. Diese neuen Unternehmen sind recht gut geschützt vor den etablierten, da Letztere in ihrem Entwicklungsmodell »gefangen« sind: Zuerst erkennen sie die Bedrohung gar nicht, dann »diskreditieren« sie die Qualität der erbrachten Leistungen und dann sind sie aufgrund ihrer Kostenstrukturen und Kultur nicht in der Lage, in diesen Segmenten zu konkurrieren. Oft können sie sich aber auch nicht anders verhalten, denn man stelle sich vor, wie wohl der Markt reagieren würde, wenn die nächste Version des Textverarbeitungsprogrammes Word weniger Leistungsmerkmale aufweisen würde als die vorangegangene.

Dieses in Abbildung 4-24 dargestellte Dilemma der ursprünglichen Innovatoren lässt sich an zwei Beispielen erläutern. Die klassischen Top Business Schools, die in ihrem Ausdifferenzierungsgrad der Ausbildung nur noch auf eine limitierte Nachfrage stoßen (Investmentbanken, Strategieberater etc.), werden durch Distance-Learning-Institutionen herausgefordert, da diese billiger, bequemer und einfacher eine weniger anspruchsvolle, aber große Klientel abzudecken vermögen. Gleiches gilt für das Gesundheitswesen, wo viele Krankenhäuser so ausgerichtet sind, dass sie im Prinzip jede Art von Notfall bearbeiten können, auch wenn er nur höchst selten auftritt. Dies wird Organisationen entstehen lassen, die sich auf weniger komplizierte Sachverhalte konzentrieren und mit Mitarbeitern auskommen, die einen geringeren Ausbildungsgrad haben. Damit können sie auch mit günstigeren Kostenstrukturen operieren.

Zusammenfassung

- Ein Geschäftsmodell ist ein Design von vernetzten Aktivitäten, welches in einer Reihe von Dimensionen erklärt und untersucht werden kann.
- Geschäftsmodelle sind entsprechend konzipiert, um für die Kunden eines Unternehmens ein gewisses Nutzenversprechen zu erfüllen und i. Allg. dabei auch einen Gewinn abzuschöpfen.
- Die Wertgenerierung beruht auf dem gewählten Design und der Steuerung der Aktivitäten, welche auf zentrale Ressourcen der Unternehmung zugreifen.
- Es bestehen mehrere Ansätze, die die Innovation von Geschäftsmodellen unterstützen können.

4.4.6 Innovative Geschäftsmodelle

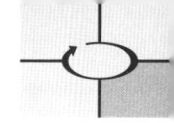

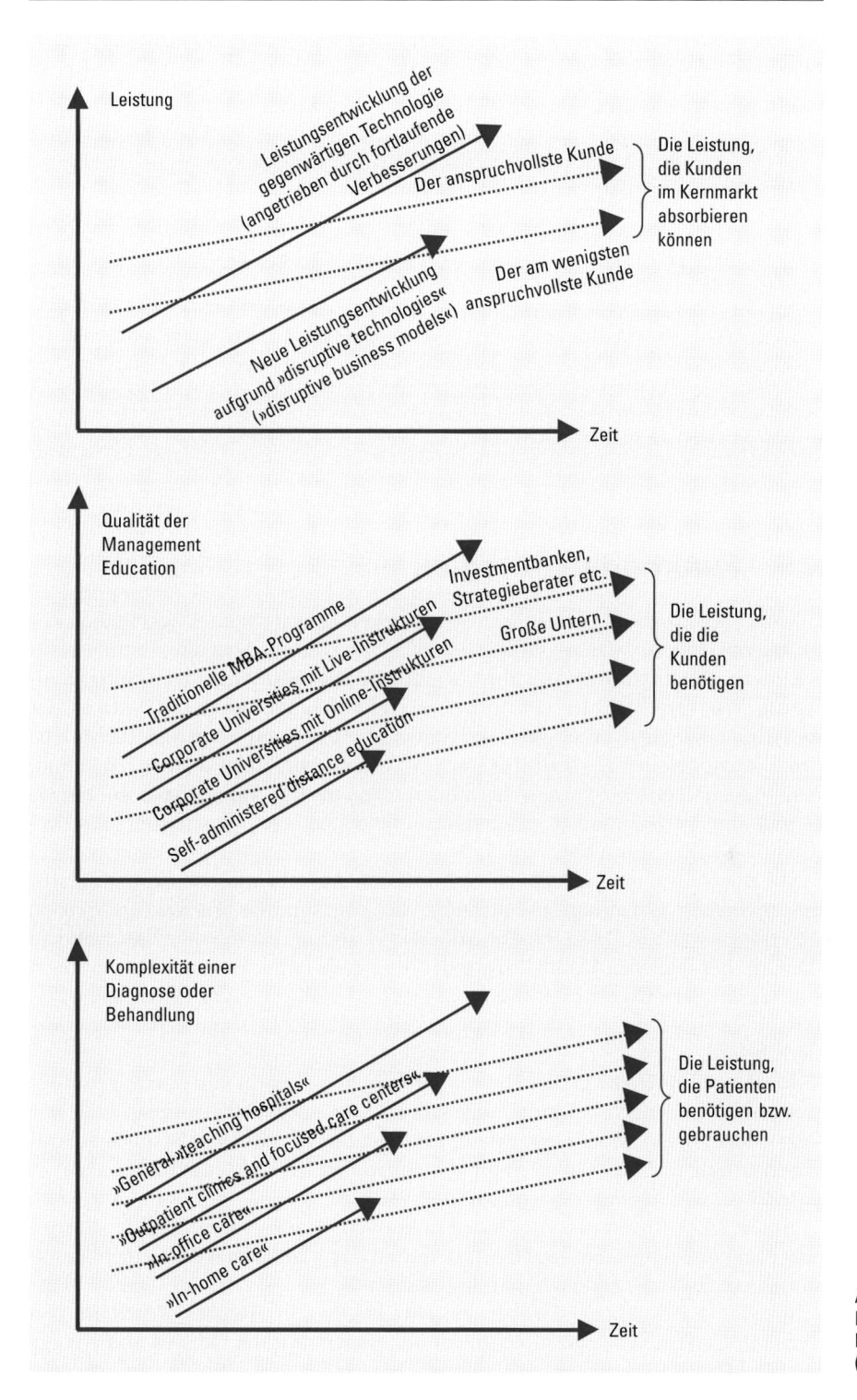

Abb. 4-24:
Das Innovator's Dilemma
(Christensen 1997)

> **Exkurs: »Frugal Innovation«**
> Man versteht unter »**Frugal Innovation**« einen Prozess, in dem die Komplexität eines Produktes, und damit seine Kosten, Schritt für Schritt reduziert werden. Oder anders formuliert, die Fähigkeit substantiell mehr wirtschaftlichen wie auch sozialen Wert zu generieren, während man gleichzeitig den Einsatz von knappen Ressourcen signifikant reduziert. Dieser Ansatz, der gerade in Indien und Südostasien auf eine hohe Aufmerksamkeit gestoßen ist, hat zwei zentrale Stoßrichtungen. Zum einen geht es darum, komplexe, und teure Produkte aus den USA und Europa so zu gestalten, dass sie in Entwicklungsländern verkaufbar werden. Ein prägnantes Beispiel ist das Elektrokardiogramm-Gerät (EKG) für 800 USD, das GENERAL MOTORS entwickelte und anschließend erfolgreich in Asien und Afrika verkaufte. Die andere Stoßrichtung besteht darin, dass der Innovationsprozess nicht durch westliche Firmen erfolgt, sondern die Entwicklungsländer selbst diesen durchführen. Die verbilligten Geräte können dann entweder in Entwicklungsländern verkauft oder in den Westen re-importiert werden. Zu denken ist hier z. B. an tragbare Herz-Defibrillatoren, wie sie mittlerweile in Stadien, Zügen etc. zur Verfügung stehen.

4.5 Funktionalstrategien

In jeder Organisation gibt es die Notwendigkeit, gleichartige Tätigkeiten zu koordinieren, um sie wirkungsvoller betreiben zu können. Dies gilt zum einen in Richtung administrativer Aufgaben, wie etwa das Controlling oder das Personalwesen. Wir sprechen hier von *unterstützenden Funktionen*. Zum anderen gilt dies aber auch hinsichtlich von Aktivitäten, die direkt im operativen Leistungsprozess (entlang der Wertkette) erbracht werden müssen. Hat man es z. B. mit einem Industriebetrieb zu tun, so trifft man in den meisten Fällen für diese *Primärfunktionen*[52] eigenständige Organisationseinheiten wie »Beschaffung«, »Produktion« oder »Marketing« an.

Funktionalbereiche als Orte des »laufenden Betriebs«

Die mit derartigen Funktionen verbundenen Aufgaben können speziell dafür eingerichteten Organisationseinheiten, die sogenannten *Funktionalbereiche*, übertragen werden. Diese Funktionalbereiche sind in den meisten Unternehmen die Orte des täglichen Handelns, wo der »laufende Betrieb« stattfindet. In ihnen sind die für den Wertschöpfungsprozess erforderlichen Kapazitäten »beheimatet«; in ihnen werden die Aktivitäten ausgelöst, die zur Leistungserstellung erforderlich sind.

Einerseits sollten die in den Funktionalbereichen in Form von operativen Routinen ablaufenden Prozesse die umgesetzten Strategien widerspiegeln. Hier obliegt es dem *operativen Management*, für diese Funktionalbereiche aus den Strategien abgeleitete Ziele und Maßnahmenkataloge (Art, Menge, Zeit, Ort) zu entwickeln und deren Umsetzung zu überwachen.

Strategische Fragestellungen

Andererseits ist mit den einzelnen Funktionen auch eine ganze Reihe strategischer Fragestellungen verknüpft. Sie betreffen das Management der einem Funktionalbereich zugerechneten Erfolgspotenziale. So ist z. B. im Bereich Forschung & Entwicklung darüber zu entscheiden, in welches Portfolio von Technologien eine Organisationseinheit investieren möchte. Oder es ist die Frage des Verhältnisses zwischen angewandter Forschung und Grundlagenforschung zu klären. Oder im Bereich der Logistik bedarf es einer Entscheidung, ob man bei der Anlieferung von Vorprodukten ein Just-in-sequence-Konzept mit den Lie-

4.5 Funktionalstrategien

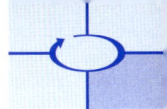

feranten vereinbaren will oder nicht. Derartige Fragen finden ihre Beantwortung bei der Entwicklung von *Funktionalstrategien*.

Die Funktionalbereiche konnten in Zeiten, als die meisten Unternehmen nur in einem Geschäftsfeld tätig waren, eine starke Machtposition entfalten. Die meisten Aufbauorganisationen waren hier direkt unterhalb der Geschäftsleitungsfunktionen nach den für das Unternehmen wichtigsten Primärfunktionen untergliedert (*Funktionalorganisation*). Die damit verbundene Machtanhäufung führte oft zu einer beträchtlichen Eigendynamik und Suboptimierung dieser Bereiche. Dysfunktionalitäten im Fertigungsprozess hatten nicht selten ihre Ursache darin, dass diese Funktionsbereiche nicht in der Lage waren, ihre Schnittstellen effizient zu gestalten. Auch fehlte es an der Bereitschaft mancher funktionaler »Stammesfürsten«, sich auf die Interessen eines benachbarten Funktionsbereiches einzulassen. Vorteil dieser Organisationsform war es jedoch, dass die Funktionen insgesamt optimiert werden konnten.

Doch in den letzten Jahrzehnten kam es schrittweise zu einer Entmachtung der Funktionsbereiche: Der erste Schritt war die Einführung von *Geschäftsbereichsorganisationen* in diversifizierten Unternehmen, d. h., die funktionale Gliederung wurde in der Aufbauorganisation meist auf die zweite oder dritte Ebene verdrängt. Der zweite Schritt war die Einführung der *Prozessorganisation*, der integrierten Betrachtung aller in einem Leistungsprozess zum Zuge kommenden Funktionsbereiche.

Machtverlust der Funktionsbereiche

Integrationsfunktion der Prozessorganisation

Damit ist das Pendel des Spannungsfeldes in das andere Extrem ausgeschlagen: Während zuvor die Funktionalbereiche optimiert werden konnten und dies zu Suboptimierungen bei den Prozessen führte, hat man nun – angesichts der Optimierung der Geschäfte und dort der Geschäftsprozesse – die Suboptimierungseffekte auf Seiten der Funktionsbereiche. Man stelle sich nur einen stark diversifizierten Pharmakonzern vor, in dem jede strategische Geschäftseinheit ihre eigene Grundlagenforschung betreibt. Es ist also durchaus denkbar, dass sich das Pendel eines Tages wieder in die Gegenrichtung bewegen wird, was dann häufig zuerst in Mischformen stattfindet. Schon heute behilft man sich damit, dass bestimmte Aktivitäten eines Funktionsbereichs zumindest teilweise zentral betrieben werden. So richteten manche Unternehmen z. B. eine zentrale Grundlagenforschung ein, haben eine zentrale Corporate IT- oder HR-Abteilung oder forcierten eine globale Beschaffung für den Einkauf von IT-Infrastrukturen, während der Rest des Einkaufs über die Geschäftseinheiten läuft. Ein solcher, mehr zentralistischer Ansatz muss allerdings nicht bedeuten, dass diese Aktivität nun durch die Zentrale selbst durchgeführt wird. Man kann eine zentrale funktionale Verantwortung z. B. auch in die Hände und an den Ort einer der Geschäftseinheiten geben.

Gefahr der Suboptimierung bei den Funktionen

Zentralisierung außerhalb der Zentrale

Diese aufbauorganisatorische »Entmachtung« der Funktionsbereiche darf nun nicht dahingehend missverstanden werden, dass die Funktionsbereiche bzw. die Funktionalstrategien weniger wichtig für den Erfolg eines Unternehmens geworden sind. Man denke z. B. an die zentrale Bedeutung, welche die Beschaffungs- und Logistikstrategie mit einer offensichtlich perfekt funktionierenden Supply-Chain für den kometenhaften Aufstieg von Cisco hatte. Die Funktionsbereiche sind und bleiben derjenige Ort, an dem sich definiert, was das tägliche Handeln einer Organisation ist, wo sich z. B. gerade jetzt entscheidet, ob man einem Kunden eine geeignete Technologie zur Lösung seines Problems anzubieten vermag oder welchem Lieferanten man die Rolle eines Systemlieferanten anbieten möchte. Auch sind besondere Kompetenzen der Mitarbeiter oft an bestimmte Berufsstände gebunden, die ihre »Zunft« wohl am ehesten in den Funktionalbereichen vertreten sehen. Damit wollen wir allerdings nicht sagen, dass im konkreten Fall jedem Funktionalbereich die gleiche Bedeutung zukommt. Auch hier zählt die Fähigkeit, die Schwerpunkte richtig zu setzen.

Zusammenfassend kann gesagt werden, dass die Funktionalbereiche zwar an Macht verloren haben, dass dadurch aber die Bedeutung der Funktionalstrategien als integraler Bestandteil eines Strategischen Managements sich nicht wesentlich verändert hat. Dies spiegelt sich auch in der Zunahme des Einflusses der meist funktionalen Zentralbereiche in diversifizierten Konzernen wider. Nach wie vor gibt es eine ganze Reihe strategischer Fragestellungen, die im Prinzip nur aus einer funktionalen Sicht adäquat zu beantworten sind. Es ist sogar so, dass durch diese aufbauorganisatorische »Zersplitterung« der Funktionalbereiche auf die Geschäftssparten die dazugehörige strategische Managementaufgabe eher anspruchsvoller geworden ist. Deshalb wollen wir im zweiten Abschnitt die Anforderungen, die heute durch Funktionalstrategien zu erfüllen sind, etwas näher betrachten. Davor soll jedoch noch exemplarisch aufgezeigt werden, welche Fragestellungen Gegenstand der Entwicklung ausgewählter Funktionalstrategien sein können.

Lernziele

- Unterscheidung in Funktionalbereiche und Funktionalstrategien sowie in unterstützende Funktionen und Primärfunktionen
- Erklärung der veränderten Bedeutung der Funktionalbereiche und der Konsequenzen für die Funktionalstrategien
- Exemplarische Gliederung von Inhalten ausgewählter Funktionalstrategien zu den Primäraktivitäten
- Darlegung fünf zentraler Aufgaben von Funktionalstrategien

4.5.1 Ausgewählte Strategien der Primärfunktionen

Um sich eine bessere Vorstellung der Inhalte von Funktionalstrategien machen zu können, soll im Folgenden kurz auf die zentralen Fragestellungen ausgewählter Primärfunktionen eingegangen werden. Grundsätzlich könnte man natürlich die gesamte Arbeitsstruktur des SMN rekursiv auch auf einen Funktionalbereich anwenden. Wir wollen hier jedoch nur kurz auf die Elemente eingehen, die man auf alle Fälle in einer Funktionalstrategie vorfinden sollte.

Dabei kann von einer Dreiteilung der Inhalte ausgegangen werden:

- *Funktionspolitik und -ziele:* Welche funktionspolitischen Fragen (z. B. Umgang mit dem demographischen Wandel durch Corporate HR) müssen aus einer umfassenden Sicht des Funktionalbereichs (entspricht der Corporate-Ebene) beantwortet werden? Welche Ziele sollen für einen Funktionalbereich angestrebt werden?
- *Portfolio funktionaler Objekte:* Welche funktionalen Objekte, die meist auch die Erfolgspotenziale eines Funktionalbereichs darstellen (z. B. Technologien),

4.5.1 Ausgewählte Strategien der Primärfunktionen

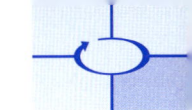

sollten wie gesteuert werden? Wie soll das zukünftige Portfolio dieser Objekte aussehen? Welche Normstrategie sollte, je nach Positionierung eines Objektes im Portfolio, verfolgt werden?
- *Vorgaben für das operative Funktionsmanagement:* Welche Aussagen müssen als Rahmenvorgaben für die konkrete Ausgestaltung des funktionspolitischen Instrumentariums im operativen Management getroffen werden?

Eine oder mehrere dieser drei Kategorien werden im Folgenden bei den einzelnen Funktionalstrategien konkretisiert. Je nach Bedarf und Ambitionen lassen sich diese drei Kategorien nach der Methodik des SMN schrittweise erweitern. Beispiele sind: Wie will man den Funktionsbereich nach außen positionieren (z. B. F & E in der Wissenschaftsgemeinschaft)? Wie sähe eine Wertkette für den Funktionalbereich aus? Welche Erfolgsfaktoren wirken dort bei welchen Aktivitäten? etc.

(1) Forschungs- und Entwicklungsstrategie

Wesentliche Quelle des Wachstums von Volkswirtschaften sind neue Technologien, die sich in neuen Produkten und Dienstleistungen niederschlagen. Dies wird in Zukunft auch nicht anders sein, denkt man an bevorstehende technologische Durchbrüche wie etwa in der Nanotechnologie. Für viele Unternehmen ist deshalb die Frage, in welche technologische Entwicklungen das Unternehmen investieren und über welche Technologien es verfügen sollte, von höchster strategischer Relevanz. Dabei ist dann auch zu klären, inwieweit man in die Forschung & Entwicklung (F & E) neuer Technologien selbst investiert und an welcher Stelle man dies gegebenenfalls tut: Will man sogar eine eigene *Grundlagenforschung* betreiben, wo es primär um die Erlangung neuer wissenschaftlicher Erkenntnisse geht und der kommerzielle Nutzen noch weitgehend unbekannt ist? Oder will man darauf aufbauend nur *eine angewandte Forschung* betreiben, die bereits auf spezifische praktische Ziele ausgerichtet ist? Oder will man sich mit einer reinen *Entwicklung* begnügen, die unter Nutzung des verfügbaren Wissens und orientiert an den Märkten nach neuen oder fortentwickelten Produkten und Verfahren sucht?[53]

Zentrale F & E-politische Themen, die es zu bearbeiten gilt, sind: Wie soll die Verteilung von Grundlagenforschung, angewandter Forschung sowie Entwicklung geregelt sein? Auf welche Gebiete soll man sich in der eigenen F & E konzentrieren? Will man bestimmte Gebiete als *Gemeinschaftsforschung* mit anderen Unternehmen weitertreiben oder sie sogar in Form einer *Vertragsforschung* an andere Institutionen delegieren? Will man eher an der Spitze der Innovation stehen oder will man sich eher imitierend verhalten? Damit hängt auch die Frage zusammen, in welcher Lebenszyklusphase man sich in einer Technologie engagieren möchte: Sollte man eher in Schrittmachertechnologien (mit einem noch unsicheren Einsatzpotenzial), Schlüsseltechnologien oder Basistechnologien (mit einem weitgehend ausgeschöpften Einsatzpotenzial) investieren?[54] Welche mittel- und langfristige Veränderung der F & E-Kapazitäten betrachtet man als notwendig? Welche Ressourcen sollen hier in welcher Höhe eingesetzt werden? Wie soll unsere Kompetenz im Management (internationaler) Forschungs- und Entwicklungsprojekte ausgebaut werden?[55] Etc.

Eine Anwendung des Portfolioansatzes auf technologische Potenziale stellt das *Technologieportfolio* dar.[56] Hier wird von der These ausgegangen, dass Technolo-

Technologieportfolio

gielebenszyklen erheblich länger dauern und andersartiger sind als die hinter den Produkt-Markt-Portfolio-Ansätzen stehenden Produktlebenszyklen. Anhand der Dimensionen Technologieattraktivität (potenzial- und bedarfsseitige Umfeldsituation im Technologiebereich) und unternehmenseigene Ressourcenstärke (hinsichtlich der Beherrschung eines Technologiegebietes relativ zur Konkurrenz) werden die hinter den Produkt-Markt-Kombinationen der strategischen Geschäftseinheiten stehenden Produkt- und Prozesstechnologien positioniert. Bei hoher Attraktivität und Ressourcenstärke wird eine Investitionsstrategie vorgeschlagen und im entgegengesetzten Fall eine Desinvestitionsstrategie. Für alle anderen Fälle wird ein selektives Vorgehen empfohlen.

> **Ressourcen**
> Forrester (www.forrester.com) untersucht als unabhängiges Forschungsinstitut die Entwicklung neuer Technologien und deren Auswirkungen auf Branchen und Unternehmen. Die Berichte gehen auch an Agenten des Kapitalmarktes wie Analysten und Ratingagenturen und beeinflussen so auch die wertmäßige Beurteilung eines Unternehmens.

(2) Beschaffungsstrategie

Der Beschaffung obliegt die Aufgabe, die für den Wertschöpfungsprozess erforderlichen Güter und Dienstleistungen einzukaufen. Klassisch handelt es sich dabei um materielle Einsatzgüter; man könnte das Funktionsverständnis aber auch auf die Beschaffung geeigneter Mitarbeiter ausdehnen, speziell wenn man z. B. an das Recruiting der »Knowledge Worker« in Professional Service Firms (z. B. Beratungsunternehmen) denkt. Die Effizienz, in der in einem Unternehmen die Beschaffungsfunktion wahrgenommen wird, ist oft kritisch bzgl. der relativen Kostenposition der Geschäfte im Wettbewerb. Angesichts der stark gewachsenen Dynamik und Komplexität der internationalen Beschaffungsmärkte ist es zu einer anspruchsvollen Aufgabe geworden, diese Effizienz immer zu gewährleisten.

Folgende beschaffungspolitischen Fragestellungen sind z. B. bei der Entwicklung einer Beschaffungsstrategie zu bearbeiten:[57] Wie kann die Beschaffungsmarktposition gesichert werden? Wie kann man die Beschaffungsflexibilität möglichst groß halten? Wie streut man am besten das Beschaffungsrisiko? Wie lässt sich die Versorgungssicherheit verbessern und was ist uns dies wert? Wie lässt sich die geforderte Qualität sicherstellen? Welche Bedeutung ist der eigenen Versorgungsautonomie beizumessen? Welche Rollen sollen dabei Partnerschaften mit externen Institutionen spielen? Wie sollen grundsätzlich die internen logistischen Beziehungen (z. B. zur Produktion) geregelt werden? etc. Bei der Beantwortung dieser Fragen sind die vorangegangenen Entscheidungen zu den Ressourcenstrategien als Rahmenvorgaben zu beachten.

Eine Möglichkeit der typspezifischen Strategiebildung bietet die Ableitung eines *Beschaffungsmarktportfolios*.[58] Darin positioniert man die Objekte bzw. deren Lieferanten entlang der Achsen »Lieferantenmacht« und »Nachfragemacht«. So wird beispielsweise im Fall einer dominanten Nachfragemacht und einer eher schwachen Lieferantenmacht wird eine Strategie des Abschöpfens empfohlen. Hier kann man versuchen, bei den Lieferanten stärker seine Interessen bzgl. Qualität, informationstechnologische Vernetzung zwischen Lieferant und Kunde, Lieferkonzept, Preise etc. durchzusetzen.

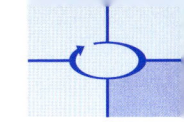

4.5.1 Ausgewählte Strategien der Primärfunktionen

Wie in jeder Funktionalstrategie müssen für eine präzise Ausgestaltung des beschaffungspolitischen Instrumentariums Rahmenvorgaben zu folgenden Bereichen bestimmt werden:

- Beschaffungsobjekte: Art, Menge, Qualität, Preis;
- Beschaffungsquellen: Art, Anzahl und räumliche Aufteilung der Lieferanten;
- Beschaffungstransaktionsbedingungen: Ausgestaltung der Lieferantenbeziehung, Kanäle, Technologien, Werbung, Organe, Kooperationen.

Beschaffungspolitische Fragen

(3) Produktionsstrategie

Klassischerweise hatte die Produktion lediglich eine Vollzugsfunktion. Doch in den letzten Jahren hat sich das Umfeld der Produktion derart geändert, dass auch diese Funktion nach einer ganzen Reihe strategischer Entscheidungen verlangt.[59] Gründe hierfür sind z. B. die zunehmende Unberechenbarkeit der Nachfrageentwicklung, die eine hohe Flexibilität in der Produktion verlangt, die in manchen Branchen immer größer werdende Variantenvielfalt oder die Konkurrenz ausländischer Fertigungsstandorte mit niedrigen Arbeitskosten.

Die produktionspolitischen Fragen betreffen i. Allg. drei Bereiche:

Produktionspolitische Fragen

- *Produktionsprogramm:* Welche Produkte sollen in welcher Menge produziert werden? Welche Produktionskapazitäten werden dafür wann und wo benötigt? Gilt es, die Produktion von Produktinnovationen vorzubereiten? Welchen Grad an Fertigungstiefe (vertikale Integration) strebt man an? Was macht man in Eigenfertigung und was in Fremdfertigung? Etc.
- *Produktionsstruktur:* Gilt es, Veränderungen bei den Fertigungsstätten (Ausstattung, Layout, Kapazitäten) und deren Infrastruktur (z. B. Informations- und Kommunikationssysteme) einzuleiten? Etc.
- *Produktionsprozess:* Welche Verfahrenstechnologien und welcher Prozesstyp sollen zum Einsatz gebracht werden? Welchen Automatisierungsgrad strebt man an? Sollen neue Verfahrenstechnologien erprobt werden? Soll auf Prozesstypinnovationen (z. B. CIM Computer Integrated Manufacturing) eingegangen werden und wenn ja, wie sollen sie eingeführt werden? Etc.

(4) Marketingstrategie

Die Entwicklung der Marketingstrategie ist bereits signifikant geprägt durch die Entscheidungen, die im Bereich der Markt- und Wettbewerbsstrategien auf Ebene der Geschäfte getroffen wurden (Abschn. 3.4). Doch dort ging es primär um grobe strategische Richtungsentscheide, die nun in der Marketingstrategie zu detaillieren sind.

In ihr geht es primär um die *Marktwahl*: Diese betrifft die Auswahl der *Kunden*, die man bearbeiten (akquirieren, binden, aufgeben) möchte, sowie die Leistungen, die man anbieten (bereitstellen, neu entwickeln, aufgeben) möchte.[60] Bei der Auswahl ist die Frage, welchen Fokus man bzgl. der angestrebten Marktabdeckung wählt, zu beantworten:[61] Will man sich mit einer sehr engen Leistungs-/Kundenauswahl auf eine spezielle Nische konzentrieren oder will man den ganzen Markt abdecken? Oder will man sich mit einem sehr breiten Sortiment auf eine spezielle Kundengruppe fokussieren oder umgekehrt mit einem sehr fokussierten Sortiment alle Kunden erreichen?

Marktwahl

Marketing-Mix

Weiter sind wiederum Rahmenaussagen zum absatzpolitischen Instrumentarium zu treffen: Neben dem bereits angesprochenen Leistungsspektrum sind dies im *Marketing-Mix* Aussagen zu Preissetzung, Kommunikation und Distribution der Leistung bezogen auf eine Kundengruppe. Hierzu wird man sich auch den Erkenntnissen aus der Marktforschung bedienen.

Vertriebsstrategie

Was heute zumeist noch als Teilthema des Marketings behandelt wird, ist das Thema der *Vertriebsstrategie*.[62] Diesem Thema wird zukünftig deutlich mehr strategisches Gewicht beigemessen werden müssen. Auch wird dieser Bereich in vielen Geschäften einen höheren Anteil der Wertschöpfung für sich beanspruchen, als dies heute noch der Fall ist. Dies deshalb, weil die Produkte (im engeren Sinne des Wortes) immer weniger voneinander unterscheidbar sein werden und deshalb vertriebsnahe Funktionen wie Pre-sales support, After-sales services, Consulting Services, Logistik Management etc. immer mehr zur Differenzierung der Dienstleistung in einer Wertschöpfungsstrategie dienen müssen. Damit wird die Konkurrenz im Vertrieb und um die effizienteste und effektivste Vertriebsform auch massiv zunehmen. Es werden Fragen zu diskutieren sein, wie z. B.: Soll man eine Multi-Vertriebskanal-Strategie verfolgen? Falls ja: In welchen Kanälen und mit welchem Mix der Kanäle soll dies erfolgen? Etc. Zusammenfassend ist zu erwarten, dass die Vertriebsstrategie mehr strategische Eigenständigkeit neben der Marketingstrategie erfahren wird.

4.5.2 Aufgaben von Funktionalstrategien

Im Folgenden sollen fünf Aufgaben von Funktionalstrategien definiert werden, Anforderungen, denen sich ein Management von Funktionalbereichen zu stellen hat.[63]

(1) Konkretisierungsaufgabe

In ihrer einfachsten Form haben die Funktionalstrategien die Aufgabe, die Schnittstelle zwischen den Geschäftsstrategien und dem operativen Management zu bilden. Dies tun sie, indem sie die Geschäftsstrategien auf ihre Konsequenzen für die Funktionsbereiche durchleuchten, um dann in den Funktionalstrategien dem operativen Management funktionsspezifische strategische Rahmenvorgaben zu geben, aus denen dann die operativen Ziele und Maßnahmen abgeleitet werden können. Funktionalstrategien haben demnach den operativen Planungsbedarf zu definieren. So wird man z. B. für den Produktionsbereich in den Produktionsstrategien den Rahmen setzen durch Aussagen zur Fertigungsaufgabe (Art und Menge der herzustellenden Produkte etc.), zum Produktionsverfahren, zur Standort- bzw. Betriebsstättenwahl etc. Im operativen Management wird man dann z. B. die konkreten Produktionsprogramme entwickeln: Welcher Produkttyp soll wann, wie oft und wo hergestellt werden? Daraus leiten sich dann wieder Materialbeschaffungs- und Logistikprozesse ab etc. Ähnlich erwartet man aus den Marketingstrategien grundsätzliche Vorgaben für den operativen Einsatz des Marketing-Mix.

4.5.2 Aufgaben von Funktionalstrategien

(2) Integrationsaufgabe

Mit der *Integrationsaufgabe* ist die Notwendigkeit zur Abstimmung der Funktionalstrategieninhalte mit den Strategien der anderen Gestaltungsobjekte angesprochen. Eine funktionenbezogene Gliederung der Aufbauorganisation ist meist unterhalb der Geschäftsebene anzutreffen. Die zentrale Aufgabe von Funktionalstrategien sieht man i. Allg. darin, die Geschäftsstrategien dadurch zu unterstützen, dass die in den Funktionsbereichen befindlichen Potenziale genutzt werden, um im Kontext einer Geschäftsstrategie wettbewerbsrelevante Kompetenzen zu benennen und systematisch auszubauen.[64] Bei dieser Sichtweise kann man einem deduktiven Ansatz folgen, d. h., die Inhalte der Funktionalstrategien werden top-down aus den Unternehmens- und Geschäftsstrategien abgeleitet, um sie an den Zielen der strategischen Geschäftseinheiten auszurichten. Man sollte hierin aber eher ein Wechselspiel sehen, in dem auch auf die Interessen der Funktionalbereiche eingegangen werden kann und in dem strategische Impulse auch von einer Funktion ausgehen können.

In Abbildung 4-25 wird anhand eines Industriebetriebes gezeigt, wie die Wahl der Wettbewerbsstrategie als Teil der Geschäftsstrategie, die Strategien ausgewählter Primärfunktionen zu beeinflussen vermag.[65] Dabei wird bei den Optionen für die Wettbewerbsstrategien auf die generischen Strategien von Porter zurückgegriffen.

Die Bedeutung, die man einer einzelnen Funktionsstrategie bezogen auf das gesamte Strategiekonzept eines Unternehmens beimisst, wird man vom strategischen Stellenwert abhängig machen, den man einer bestimmten Aktivität für das Erzielen von Wettbewerbsvorteilen gibt. So kann man sich unschwer vorstellen, dass die Bestimmung und Umsetzung der Forschungs- und Entwicklungsstrategie für ein pharmazeutisches Unternehmen absolut erfolgskritisch ist. Will ein solches Unternehmen sich z. B. als Ganzes über eine neue Innovationspolitik (z. B. Abkehr von der Grundlagenforschung) strategisch anders positionieren, dann ist die Funktionsstrategie Forschung & Entwicklung der

Abb. 4-25: Beziehungen zwischen Wettbewerbsstrategien und Funktionalstrategien (in Anlehnung an Wright/Pringle/Kroll 1994, S. 172 f.)

	Beschaffung	Produktion	F&E	Marketing
Kostenführerschaft	Einkauf von großen Mengen zu niedrigen Preisen; effizientes Lagerwesen	Fokus auf effiziente Fertigung durch Economies of Scale und Kapital-Arbeit-Substitution	Fokus auf Prozessentwicklung zur Kostenreduzierung von Fertigung und Distribution	Fokus auf kostengünstige Distribution und Werbung
Differenzierung	Einkauf von qualitativ hochwertigen Materialien; sorgfältiges Lagerwesen	Fokus auf Qualität in der Fertigung	Fokus auf Produktentwicklung	Fokus auf differenzierte Distribution und breit angelegte Werbung
Nische/Kostenführerschaft	Einkauf zu niedrigen Preisen von in- und ausländischen Zulieferern; effizientes Lagerwesen	Fokus auf niedrige Investitionen und niedrige Fertigungskosten	Fokus auf Prozessentwicklung zur Kostenreduzierung von Fertigung und Distribution	Fokus auf kostengünstige Distribution und Werbung
Nische/Differenzierung	Einkauf von qualitativ hochwertigen Materialien; Lagerwesen mit höchster Sorgfalt	Fokus auf hohe Qualität in der Fertigung, z. B. durch Handarbeit; Kosten weniger bedeutend	Fokus auf Produktentwicklung	Fokus auf spezielle Distribution und zielgerichtete Werbung

zentrale Ort, von dem aus dieser Veränderungsprozess betrieben wird und an dem sich auch die anderen strategischen Gestaltungsbereiche auszurichten haben.

Exkurs: Funktional bedingte Veränderungen der strategischen Geschäftslogik
Commodity-Geschäfte sind Geschäfte, in denen es für die Wettbewerber kaum möglich ist, sich außer über den Preis gegenüber der Konkurrenz zu differenzieren. Beispiele hierfür sind die Papier-, Stahl-, Chip-, Zement- oder Glasindustrie. Dort kommt auf Business-Ebene der Produktion eine absolut zentrale strategische Bedeutung zu, da dort die notwendigen Economies of Scale (EoS) realisiert werden müssen. Auf Corporate-Ebene kann man nach Akquisitionen von Wettbewerbern Ausschau halten, welche die eigenen Fertigungsvolumen erweitern könnten.

Meist sind in derartigen Geschäften hohe Investitionen in Anlagen und Verfahrenstechnologien gebunden (sunk costs). Sehen sich solche Branchen erheblichen Nachfragerückgängen gegenüber, dann kommt es zu Preiskriegen, da man wegen der Erhaltung der EoS die Kapazitäten ausgelastet lassen will. Nach solchen rezessiven Phasen wird dann nicht jeder Wettbewerber in der Lage sein, in die meist noch erheblich teurere nächste Technologiegeneration zu investieren, was wiederum dazu führt, dass eine neue Runde im Konzentrationsprozess einer solchen Branche eingeleitet wird. In der Chipindustrie könnte es z.B. sein, dass nur noch ganz wenige große Wettbewerber(-gruppen) übrig bleiben (MICRON, INTEL etc.). Damit drängt sich die Frage auf, ob dann irgendwann nur noch ein Unternehmen übrig bleibt? Nicht unbedingt.

In der Stahlindustrie wurde diese Logik durch eine neue Produktionstechnologie (electric arc) gebrochen. Viele neue Wettbewerber (wie z.B. NUCOR) konnten in »Minimills« zwar nicht die EoS der etablierten Wettbewerber erreichen, mit einer wesentlich höheren Flexibilität und deutlich geringeren Kapitalkosten hatten sie jedoch andere Vorteile dagegenzuhalten. Wird es etwas Ähnliches in der Chipindustrie geben? Vielleicht.

In der Chipindustrie könnte der Umbruch aus drei Quellen kommen: (1) Ebenfalls eine neue »disruptive technology«, (2) aus einer Spezialisierung und (3) einer nachhaltigen Veränderung der Charakteristika des Bedarfs. Eine neue Technologie ist derzeit wohl nicht in Sicht. Was sich aber zumindest bei den Speicherchips abzeichnet, ist eine Dekonstruktion der Wertkette der meist voll integrierten Wettbewerber in das Design von Chips und in die Produktion. So könnte es dann einerseits eine Vielzahl auch kleinerer Unternehmen geben, deren funktionale Priorität bei der Entwicklung und dem Design von Chips läge, während andere Wettbewerber sich andererseits noch mehr auf die Produktion konzentrieren und diese für die »Designer« übernehmen. Ein Beispiel in diese Richtung ist TSMC (Taiwan). Diese Entwicklung könnte noch dadurch begünstigt werden, dass die Leistungsfähigkeit der Chips heute deutlich größer ist, als es die meisten Konsumenten benötigen. Dies würde den Zeitdruck aus den Innovationsprozessen nehmen, das »Time-to-market«-Credo würde an Bedeutung verlieren und auch das Rennen nach immer neuen und noch teureren Produktionsanlagen könnte sich verlangsamen.

---

(3) Koordinationsaufgabe

Bei der *Koordinationsaufgabe* geht es um die Abstimmung der Funktionalstrategien untereinander. Dies betrifft zum einen die vertikale Koordination einer bestimmten Funktion über die einzelnen hierarchischen Ebenen einer Organisation. So muss z.B. die Markenpolitik auf der Geschäftsebene mit derjenigen auf der Unternehmensebene koordiniert werden. Zum anderen bedarf es aber auch der horizontalen Koordination der Inhalte der verschiedenen Funktionen. Dies ist

Commodity-Geschäfte

Sunk Costs

4.5.2 Aufgaben von Funktionalstrategien

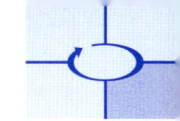

besonders bei den Primärfunktionen erforderlich, um den reibungslosen Ablauf der Wertschöpfungsprozesse zu garantieren. Dabei kann es sein, dass eine Funktion so dominant ist, dass sich die anderen Funktionen – bewusst oder unbewusst – an ihr ausrichten. So trifft man in High-Tech-Unternehmen häufig eine Dominanz von F & E zu Lasten des Marketings an.[66]

Die Notwendigkeit zur Koordination ergibt sich aus den zahlreichen Interdependenzen zwischen den Funktionen.[67] Je komplexer diese sind (z. B. aufgrund der Auslagerung von Funktionen an Partnerunternehmen), desto größer ist der Koordinationsaufwand. Ein klassisches Beispiel hierzu ist der Produktinnovationsprozess, bei dem die Gefahr besteht, dass neue Produkte am Markt vorbei entwickelt werden.[68] Oft diskutiert ist auch die Schnittstelle zwischen der Produktion und dem Marketing.[69] Die Produktion würde am liebsten eine enge Produktpalette bei hoher Kapazitätsauslastung fertigen, während das Marketing mit einer möglichst großen Produktvarietät den Kunden ansprechen will und gerne eine auftragsorientierte Fertigung hätte, um mit kurzen Lieferzeiten argumentieren zu können.

Die horizontale Koordination der Wertkette bezieht sich heute auch oft auf die durch die Geschäftsleitung ausgegebenen »strategischen Imperative«, die wie »Schlachtrufe« alle Aktivitäten auf ein bestimmtes Ziel ausrichten sollen. Ein Beispiel hierfür ist die Kundenorientierung, bei der alle Funktionen darauf durchleuchtet werden, ob ihre Abläufe zur Verbesserung des Kundennutzens insgesamt optimiert werden könnten. Ein anderes Beispiel ist die Effizienzsteigerung, wo ebenfalls alle Aktivitäten daraufhin untersucht werden, ob man die Kosten insgesamt reduzieren, die Durchlaufzeit verringern (*time to market*) oder die Qualität verbessern könnte. Weitere Themen sind die »Digitalisierung« oder »Nachhaltigkeit«, auf die die funktionalen Aktivitäten einer Wertkette ausgerichtet werden können. Dabei geht es nicht nur um den Teil der Wertschöpfungskette, den das Unternehmen selbst abdeckt. So wird zum Thema »Nachhaltigkeit« z. B. von einem Hersteller von Schokoladen erwartet, dass er auch für Teile der Wertkette Verantwortung übernimmt, die seinem Teil vor- oder nachgelagert sind. D.h., er hat z. B. darauf zu achten, mit welchen Kakao-Farmern er zusammenarbeitet, unter welchen Bedingungen diese arbeiten, dass sie fair entlohnt werden, dass es keine Kinderarbeit gibt etc. Oder ein PKW-Hersteller hat nicht nur die Nutzung eines Fahrzeugs zu bedenken (Benzinverbrauch, Abgase etc.), sondern den gesamten Lebenszyklus eines Fahrzeugs von der Produktion (auch der Vormaterialien und -produkte) über die Nutzung bis hin zur Entsorgung und dem Recycling.

Ausrichtung der Wertkette

Große Auswirkungen auf die Gesamtabstimmung der Wertketten hatten auch die neuen Informations- und Kommunikationstechnologien gebracht. Dies gilt insbesondere für die Funktionen Beschaffung (B2B) und Marketing/Vertrieb (B2C, B2B). Dabei haben sich allerdings die Akzente verschoben.

> **Exkurs: Nach dem Dotcom-Boom**
> Der Fokus des Einsatzes des Internets während des Dotcom-Booms Ende der 90er-Jahre war auf das Erzielen großen Wachstums durch einfach skalierbare Geschäftsmodelle gerichtet. Der Crash brachte zwei zentrale Erkenntnisse mit sich: Erstens passten die »Alles-oder-Nichts-Eintrittsstrategien« vieler Wettbewerber nicht zum Ausmaß der eingegangenen Investitionsrisiken. Beispiel hier ist der »*Born-global*«-Ansatz, bei dem man gleichzeitig weltweit in den Markt eintritt. Zweitens hat man die Fähigkei-

ten, die zur professionellen Beherrschung des neuen Geschäftsmodells erforderlich sind, oft signifikant unterschätzt.

Nach dem Dotcom-Boom ging man dann deutlich pragmatischer und risikobewusster an die Internetprojekte heran. Nun ging es mehr darum, das Internet zur Erhöhung der Produktivität in den Wertschöpfungsprozessen und Funktionalbereichen (z. B. e-procurement) zu nutzen. Spektakuläre, kapitalintensive Großprojekte (wie z. B. Wissensmanagement oder Customer Relations Management) wurden deutlich genauer und illusionsloser auf ihre realisierten Rentabilitäten durchleuchtet. Oft zeigten dann kleinere, funktionsbezogene Projekte eine schnellere Wirkung bei deutlich überschaubareren Investitionsrisiken.

Auch mussten viele Unternehmen erkennen, dass ihnen die Fähigkeiten fehlten, um ihre neuen Geschäftsmodelle zeitgerecht und professionell umzusetzen. Eine neue Geschäftsidee ist eben nur so lange gut, als die damit verbundenen funktionalen Ablaufprozesse auch wirklich zuverlässig funktionieren. Deshalb ist heute der Wert einer Marke nicht nur eng mit der Qualität des Produktes verbunden, sondern auch mit der Fähigkeit eines Unternehmens zur Handhabung der damit verbundenen Informationsprozesse. Was nutzt z. B. ein ausgezeichneter Online-Kurs, wenn die dazugehörige Lernplattform, über die der Kurs gesteuert und verwaltet wird, nicht funktioniert.

Bei den B2C-Projekten rechnet man heute genauer nach, ob den Investitionen, z. B. den Kosten des Aufbaus einer zu einem Geschäft gehörenden Infrastruktur, wie etwa der Aufbau von Lagerhäusern eines Online-Buchhändlers, auch ein schnell genug wachsender Markt gegenübersteht. Angesichts der Unsicherheit solcher Prognosen wendet man dann eher schrittweise Eintrittsstrategien an, die ein weniger teures Lernen im Zuge der Ausweitung des Systems zulassen.

Ähnlich ist die Situation im Bereich B2B. So ist man heute eher zurückhaltend geworden, gleich branchenweite Einkaufsplattformen mehrerer Wettbewerber zu bauen, da es doch deutlich aufwendiger und schwieriger ist, die damit verbundenen Systeme und Prozesse der einzelnen Teilnehmerorganisationen zu harmonisieren. Man hat auch gesehen, dass man dann die Systeme nicht mehr ausreichend an den eigenen Prioritäten in den Funktionalstrategien ausrichten kann.

(4) Kooperationsaufgabe

Die *Kooperationsaufgabe* setzt direkt an die *Koordinationsaufgabe* an. Damit ist gemeint, dass jede Koordination auch die Möglichkeit der Realisierung von *Synergien* durch Kooperation in Betracht zu ziehen hat. Diese Suche nach Verbundvorteilen gilt insbesondere auch vor dem Hintergrund der Zersplitterung der Primärfunktionen auf die Geschäfte. Ihnen stehen andere Suboptimierungslogiken, aber auch Ressortegoismen gegenüber.

> **Fallbeispiel: NOVARTIS zentralisiert F & E in Boston**
> NOVARTIS hatte im Mai 2002 beschlossen, die Entscheidungszentrale für die Forschung von Basel, dem Sitz der Unternehmenszentrale, nach Boston (USA) zu verlegen. Mittelfristig sollen hier über 7.000 Forscher in einem neuen Gebäude mitten auf dem MIT-Gelände arbeiten. Alles in allem will man hier etwa 4 Mrd. USD investieren.
> Mehrere Komponenten machen den Standort attraktiv: (1) Im direkten Umkreis befinden sich etwa 50 weitere Pharma- und Biotechunternehmen. (2) Man ist in direkter Nähe zu einer Vielzahl von Forschungseinrichtungen (darunter das MIT und die Harvard University), die nicht nur eine große Zahl gut ausgebildeter Forscher hervorbringen, sondern auch Jungunternehmer, die sich in dieser Branche betätigen möchten. (3) Es gibt vor Ort auch eine Reihe bedeutsamer Kliniken (darunter das Massachusetts General Hospital), was die Voraussetzungen für die Durchführung der

4.5.2 Aufgaben von Funktionalstrategien

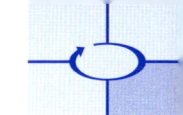

notwendigen klinischen Tests verbessert. (4) Hinzu kommt eine große Anzahl von Spezialisten (Anwälte, Lobbyisten, Risikokapitalgeber etc.), die das lokale Netzwerk vervollständigen. Neben der Kooperation treibt aber auch ein äußerst starker Konkurrenzdruck die Anstrengungen der Unternehmen voran. (5) Man ist damit auch »mitten« in dem Land des größten und wohl auch profitabelsten Pharmamarktes der Welt expliziter tätig, den man kaum optimal von der Schweiz aus bedienen kann. Auch auf staatlicher Ebene genießt das Forschungsgebiet eine hohe Beachtung, was an den ihm zugesprochenen 23 Mrd. USD Forschungsmitteln ermessen werden kann. Für die Leitung des Novartis Institutes for BioMedical Research (NIBR) konnte man den international reputierten Entwicklungsbiologen und Kardiologen Mark Fishman gewinnen. Schon 2012 stand ihm ein Budget von mehr als 9 Mrd. USD zur Verfügung. Sein Ruf und seine Beziehungen sollen auch andere talentierte Forscher zu NOVARTIS bringen. So rechtfertigte der damalige NOVARTIS-CEO Daniel Vasella dann auch wie folgt die Verlegung: »Der wichtigste Faktor ist der viel größere Forscherpool in den USA und speziell in Boston mit seinem Netzwerk von Spitzenuniversitäten und -spitälern. Für unser langfristiges Wachstum ist der Zugang zu diesen Forschern essenziell.«[70]

Mit dieser Leitungsfunktion ist für Fishman aber auch die Verantwortung für die weltweite NOVARTIS-Forschung von Boston aus verbunden. Diese Koordination und Integration der Forschung in Europa und den USA ist sicher eine herausfordernde Aufgabe, denn erfolgreiche Forschung hat viel mit direkter Zusammenarbeit zu tun: »My physical presence there (Basel) is important, so I've tried to be there more than one week a month. I meet with scientists and employees at all levels. People need to feel included. They must be part of the decision-making process. The most effective way to do this is to meet with individuals and small groups. That's how you find things out. Giving speeches doesn't help. My style is to communicate constantly, through emails, phone calls, and trips over to Basel. It's time consuming but essential. To keep people working together toward the same goal, everyone must be part of the operations. A shared sense of mission, getting people on the same page, is essential.«[71] Da die Forschung im Zentrum eines Pharmaunternehmens steht, bedeutete dieser Schritt für den Konzern nicht weniger als »*eine Verschiebung des Gravitationszentrums*«, wie es Daniel Vasella ausdrückte.

Die Kooperationsvorteile, aus deren Nutzung Wettbewerbsvorteile entstehen können, lassen sich in drei Kategorien einteilen:

- *Gemeinsame Ressourcennutzung:* Kooperationsvorteile entstehen daraus, dass mehrere Funktionalbereiche spezifische Aktivitäten zusammenlegen und gemeinsam betreiben. Beispiele sind die Zentralisierung der Beschaffung, die Nutzung von Produktionsstätten durch mehrere Geschäftseinheiten, die Steuerung einer Kernkompetenz auf Unternehmensebene oder die Entwicklung gemeinsamer Managemententwicklungsprogramme im Bereich »Personal«.
- *Ressourcentransfer:* Kooperationsvorteile entstehen hier aus der Übertragung von Ressourcen (z. B. Know-how) von einem Geschäft auf das andere. Die Entwicklung der GUCCI GROUP ist von diesem Gedanken geprägt, indem sie ihr Know-how zur Entwicklung und Führung von Luxusmarken immer wieder auf neu erworbene oder neu eingeführte Marken transferiert.
- *Externe Verflechtungen:* Beide oben genannten Formen zur internen Erzielung von Synergien kann man auch versuchen, in Form externer Kooperationen über *Verbundvorteile* zu erreichen. So kann man ebenso an eine gemeinsame Grundlagenforschung oder eine Einkaufsgemeinschaft mit Wettbewerbern

denken, wie an das Outsourcing bestimmter (Teil-)Funktionen, da man extern diese Leistung billiger oder qualitativ besser beziehen kann.

> **Fallbeispiel: Business Process Outsourcing (BPO) zur Erzielung von Scale-Effekten**
> Zu einem eigenen Geschäftszweig hat sich das BPO entwickelt. Das Phänomen, dass externe Dienstleister funktionale Routineprozesse aus Unternehmen übernehmen, ist nicht neu. So waren z. B. schon Anfang der 90er-Jahre Unternehmen wie EDS oder IBM im IT-Outsourcing tätig. ACCENTURE (damals noch ANDERSEN CONSULTING) wurde die Abwicklung des Finanz- und Rechnungswesens von BP übertragen. Inzwischen sind aber Anbieter am Markt, die sich ausschließlich auf das BPO-Geschäft konzentrieren, wie etwa XCHANGE oder LEAPSOURCE. HEWITT ASSOCIATES/ EXULT konzentriert sich auf Personalprozesse. So hat man mit INTERNATIONAL PAPER einen 600-Mio.-USD-Vertrag geschlossen, der die Versorgung der 70.000 Angestellten des Unternehmens in den USA mit HR-Services betrifft. Diese Unternehmen argumentieren, dass sie – aufgrund von Economies of Scale – in der Lage sind, Back-Office-Aktivitäten zu geringeren Kosten und mit den besseren Technologien zu übernehmen. Herausforderung ist dabei das Management der Schnittstelle zum Outsourcing-Unternehmen, so dass der Output des Gesamtprozesses sich auch tatsächlich verbessert.

(5) Selektionsaufgabe

Die Selektionsaufgabe schließt wiederum direkt an die Frage der Kooperation an, denn die Kompetenzen, die in den Funktionen über einen Selektionsprozess als strategisch besonders wichtig beurteilt werden, sind es dann auch, die eine Beantwortung der Frage nach der Rolle der Zentrale bei der Koordination einer Kernkompetenz verlangen.

Wie bereits mehrfach dargelegt, sind die Funktionsbereiche die Orte, in denen i. Allg. die Fähigkeiten einer Organisation »beheimatet« sind. Die grobe Entscheidung, in welche Fähigkeiten zu investieren ist, wird i. Allg. auf Geschäftsebene getroffen. Bei Kernkompetenzen, die in mehreren Geschäften zur Anwendung kommen, geschieht dies sogar auf Unternehmensebene. Doch die Führungsverantwortung liegt in den Funktionen. Deshalb sollten die Funktionsbereiche aufgrund ihrer Detail- und Fachkenntnisse auch an diesen Selektionsentscheidungen beteiligt sein. Auch obliegt den Funktionen nun die Präzisierung, welches Portfolio an Fähigkeiten genau benötigt wird. Die Fähigkeiten sind dann normalerweise eng mit den strategischen Erfolgspotenzialen verbunden. Im Bereich F & E implizieren sie z. B. die Auswahl der zum Einsatz kommenden Technologien.

Mit der Selektierung ist meist auch die Segmentierung verbunden: Da man allen ausgewählten Objekten nicht die gleiche Aufmerksamkeit schenken kann, wird man in Objekte höherer und geringerer strategischer Bedeutung unterscheiden. Ein Beispiel hierfür ist die Benennung von Kernkompetenzen auf der Basis zu erfüllender Kriterien. Auch wird man strategisch nicht mit allen Objekten im Portfolio gleich verfahren wollen, sondern je nach Positionierung im Portfolio andere Normstrategien anwenden.

Damit sollen die Ausführungen zu den Funktionalstrategien abgeschlossen werden. Zu funktionsspezifischen Vertiefungen verweisen wir auf die umfangreiche Fachliteratur in den einzelnen betriebswirtschaftlichen Teildisziplinen. Wir meinen aber, dass es sich lohnen könnte, das Unternehmen auch wieder einmal

4.5.2 Aufgaben von Funktionalstrategien

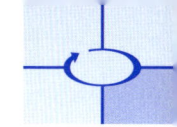

aus einer funktionalen, strategischen Perspektive zu betrachten. Die Selbsterneuerungskraft von Unternehmen nährt sich nicht unwesentlich aus der Fähigkeit des Managements, bei den klassischen Entscheidungsdilemmata dann den anderen Pol eines Dilemmas zu forcieren, wenn die Eigendynamik der Organisation das Pendel scheinbar »automatisch« in Richtung des »Trend-Pol« ausschlagen lässt.

> **Workshop: Funktionalstrategien**
> Betrachten Sie Ihre Organisation einmal durch die Brille der Funktionalstrategien und konfrontieren Sie sich mit folgenden Fragen:
> - Sind bei uns die einzelnen Gestaltungsebenen klar voneinander getrennt? Ist der Platz, den man den Funktionalstrategien dabei einräumt, ihrer Bedeutung adäquat?
> - Wie geeignet ist unsere aufbauorganisatorische Verankerung der funktionalen Aufgaben und der Verantwortlichkeiten zur Erreichung unserer strategischen Ziele?
> - Wissen die einzelnen Funktionsbereiche darüber Bescheid, welcher strategische Stellenwert ihnen im Geschäftsmodell eingeräumt ist? Sind die strategisch sehr wichtigen Funktionen in der Aufbauorganisation ausreichend einflussreich verankert?
> - Wie wirkungsvoll sind die Prozesse zur Integration der Strategien der einzelnen Gestaltungsebenen? Wie gut sind bei uns die jeweiligen Funktionalstrategien insbesondere den Geschäftsstrategien angepasst?
> - Wie wirkungsvoll sind die Prozesse zur vertikalen und horizontalen Koordination einer Funktionalstrategie?
> - Werden bei uns die Vorteile aus internen und externen Kooperationen richtig und ausreichend genutzt?
> - Wissen wir, welches unsere Kernkompetenzen sind? Wenn ja, ist klar, wer die Verantwortung für die Weiterentwicklung und den Transfer der Kernkompetenzen trägt? Und wurde dabei die Rollenverteilung zwischen Zentrale und Geschäftseinheiten zweckmäßig vorgenommen?
> - Erhält bei uns das operative Management ausreichend klare Rahmenvorgaben aus den Funktionalstrategien?
> - Besteht in den einzelnen Funktionalbereichen eine geteilte Meinung darüber, wie das Portfolio der dort angesiedelten strategischen Erfolgspotenziale aussieht und in welche Richtung man es weiter entwickeln möchte?

Zusammenfassung

- Mit zunehmender Diversifikation und Prozessorientierung der Unternehmen kam es zu einer Entmachtung der Funktionalbereiche.
- Funktionalstrategien haben insbesondere funktionalpolitische Fragen zu beantworten und den Rahmen für das operative Management zu setzen.
- Die konzeptionelle Qualität der Funktionalstrategien kann anhand von fünf Aufgaben bemessen werden, die sie zu erfüllen haben: Konkretisierungs-, Integrations-, Koordinations-, Kooperations- und Selektionsaufgabe.

Anmerkungen

1 Vgl. u.a. Barney 1986, 1991, Connor 1991, Hamel/Prahalad 1990, Peteraf 1993.
2 So definiert Wernerfelt 1984 eine Ressource als »anything that could be termed a strength or weakness of a given firm ... tangible and intangible assets which are tied semi-permanently to the firm«. Amit/Shoemaker 1993 sprechen von »stocks of available factors owned or controlled by the firm«, Sanchez/Heene/Thomas 1996 von »assets that are available and useful in detecting and responding to market opportunities and threats« und Teece/Pisano/Shuen 1997 verstehen unter Ressourcen »firm-specific assets that are difficult if not impossible to imitate«.
3 Vgl. Bain 1968.
4 Vgl. Peteraf 1993, S. 180.
5 Vgl. Reed/DeFillippi 1990.
6 Wichtige Beiträge stammen von Amit/Shoemaker 1993, Dierickx/Cool 1989, Mahoney/Pandian 1992, Nelson/Winter 1982, Teece/Pisano/Shuen 1997.
7 Vgl. Makadok 2000.
8 So meinen Amit/Shoemaker 1993: »*Capabilities*, in contrast, refer to a firm's capacity to deploy *resources*, usually in combination, using organizational processes, to effect a desired end«. Sie schließen damit an Penrose 1959 an, die verdeutlichte, dass: »A firm may achieve rents not because it has better resources, but rather the firm's distinctive competence involves making better use of its resources«.
9 Vgl. Teece/Pisano/Shuen 1997, S. 516.
10 Mit dieser Einsicht öffnet sich der CBV auch den evolutionstheoretischen Überlegungen von Nelson/Winter 1982, die die Evolution von Routinen untersuchen.
11 Durch ihren Routinecharakter können Fähigkeiten allerdings auch die organisationale Flexibilität einschränken, vgl. Leonard-Barton 1992.
12 Vgl. Amit/Shoemaker 1993.
13 Dierickx/Cool 1989 untersuchen den Akkumulationsprozess strategischer Vermögenswerte und sehen ihn durch Eigenschaften wie »time compression diseconomies, asset mass efficiencies, interconnectedness of asset stocks, asset erosion and causal ambiguity« gekennzeichnet.
14 Vgl. Hansen/Nohria (2004) oder Fjeldstad/Snow/Miles/Lettl (2012).
15 Vgl. Floyd/Wooldridge 1999.
16 Vgl. Liebeskind 1996.
17 Vgl. Spender 1996.
18 Venzin/Krogh/Roos 1998.
19 Vgl. Grant 1991, 1996, 2002.
20 Vgl. Bowman/Ambrosini 2000.
21 Vgl. hierzu z.B. Achleitner/Bassen/Pietzsch 2001.
22 Vgl. Frankenberger (2006).
23 Vgl. Bühner 1991, S. 10 ff.
24 Vgl. Porter 1985.
25 Vgl. Kaplan/Cooper 1997.
26 Vgl. Camp 1989, Kajüter 2000, Leibfried/McNair 1992, Pieske 1994.
27 https://www.erco.com/download/content/30-media/3-light_factory/de_erco_light-factory.pdf, abgerufen am 28.9.15.
28 Vgl. Siggelkow 2002.
29 Vgl. Porter 1996.
30 Vgl. Picot 1982, S. 270, Sydow 1992, S. 130 ff.
31 Vgl. zu diesem Beispiel NZZ online, 24.2.2015.
32 Vgl. zum HRM z.B. Clermont/Schmeisser/Krimphove (Hrsg.) 2001, Hilb 1994, 2000, Klimecki/Gmür 2001, Rosenstiel/Regnet/Domsch (Hrsg.) 1999, Sattelberger 1999, Scholz 2000.
33 Vgl. dazu Wunderer/Bruch 2000: »Kernidee mitunternehmerischer Ansätze ist eine Stimulierung von Innovationen in der Unternehmung durch die Nutzung der Initiative ›von unten‹, durch eine Kooperation und Unterstützung ›von oben‹ sowie durch eine Aktivierung der wertschöpfenden Innovationskraft der Mitarbeiterin in ihrem eigenen

Arbeitsbereich.« Zum ähnlich gelagerten Konzept des »internen Unternehmertum« vgl. Kuhn 2000.
34 Wunderer/Arx (1998) plädieren deshalb auch für ein Verständnis des »Personalmanagement als Wertschöpfungscenter«.
35 Vgl. Hilb 1994, 2000.
36 Kieser 1997.
37 Vgl. Wunderer 2001.
38 Vgl. zum Zusammenhang von Personalentwicklung und Strategischem Management Rother 1996.
39 Vgl. Venzin/Krogh/Roos 1998.
40 Schwaninger 1994 unterscheidet zwischen Zielfindungs-, Planungs- und Kontrollsystemen, allgemeinen Informationssystemen, Personalmanagementsystemen, Wertmanagementsystemen und – all diese als Metasystem umfassend – Unternehmungsentwicklungssystemen.
41 Vgl. Schwaninger 1994.
42 Vgl. Hax/Majluf 1991.
43 Vgl. Johnson/Christensen/Kagermann 2008.
44 Vgl. dazu z. B. Aldrich 1999, Downes/Mui 1999, Tapscott 1996, Wirtz 2000.
45 Vgl. auch den umfassenden Ansatz von Gassmann/Frankenberger/Csik (2014) dazu, der auch mit einer Typologie von Geschäftsmodellen verbunden ist.
46 Vgl. Hamel 1996.
47 Zu den einzelnen Rollen bei Produktinnovationen vgl. Gemünden/Walter 1995.
48 Vgl. Hettich/Müller-Stewens 2014.
49 Vgl. Slywotzky 1996, S. 14.
50 Vgl. Slywotzky 1996, S. 83 ff.
51 Vgl. Christensen 1997.
52 Vgl. Porter 1985.
53 Vgl. Brockhoff 1994.
54 Vgl. Sommerlatte/Deschamps 1986.
55 Vgl. Gassmann 1997. Hier geht es auch um die Frage, wo die F & E-Aktivitäten ausgeübt werden sollen. Käme z. B. auch ein Offshoring in Frage? Vgl. hierzu Ambos/Ambos 2011.
56 Vgl. Pfeiffer/Metze/Schneider 1985.
57 Vgl. ausführlich dazu Reintjes 1995.
58 Vgl. Welge/Al-Laham 2012 zu alternativen am Beschaffungsmarkt orientierten Portfoliokonzepten.
59 Vgl. Zahn/Schmid 1996.
60 Vgl. im aufgabenorientierten Ansatz von Tomczak/Reinecke 1999 die vier Tätigkeitsfelder Kundenakquisition und -bindung sowie Leistungsinnovation und -pflege.
61 Vgl. Kotler 2001.
62 Vgl. Homburg/Schäfer/Schneider 2002.
63 Welge/Al-Laham 2012 unterscheiden in drei Aufgaben von Funktionalstrategien: Detaillierung, Koordination sowie Definition des operativen Planungsbedarfs. Für Hinweise zu den fünf Aufgaben in diesem Text danke ich Philipp Starke.
64 Vgl. z. B. Bea/Haas 2015, S. 68, Thompson 2001.
65 Zum Einfluss verschiedener Geschäftsstrategien auf die Schnittstelle zwischen Marketing und F & E vgl. Ruekert/Walker 1987.
66 Vgl. hierzu Foschiani 1995.
67 Vgl. zu einer Klassifikation solcher Interdependenzen Reintjes 1995.
68 Vgl. Atuahene-Gima/Evangelista 2000.
69 Vgl. z. B. Ruyter/Wetzels 2000.
70 NZZ, 12.5.02, S. 54.
71 European Business Forum 2002, Nr. 11, S. 84.

Kapitel 5
Veränderung

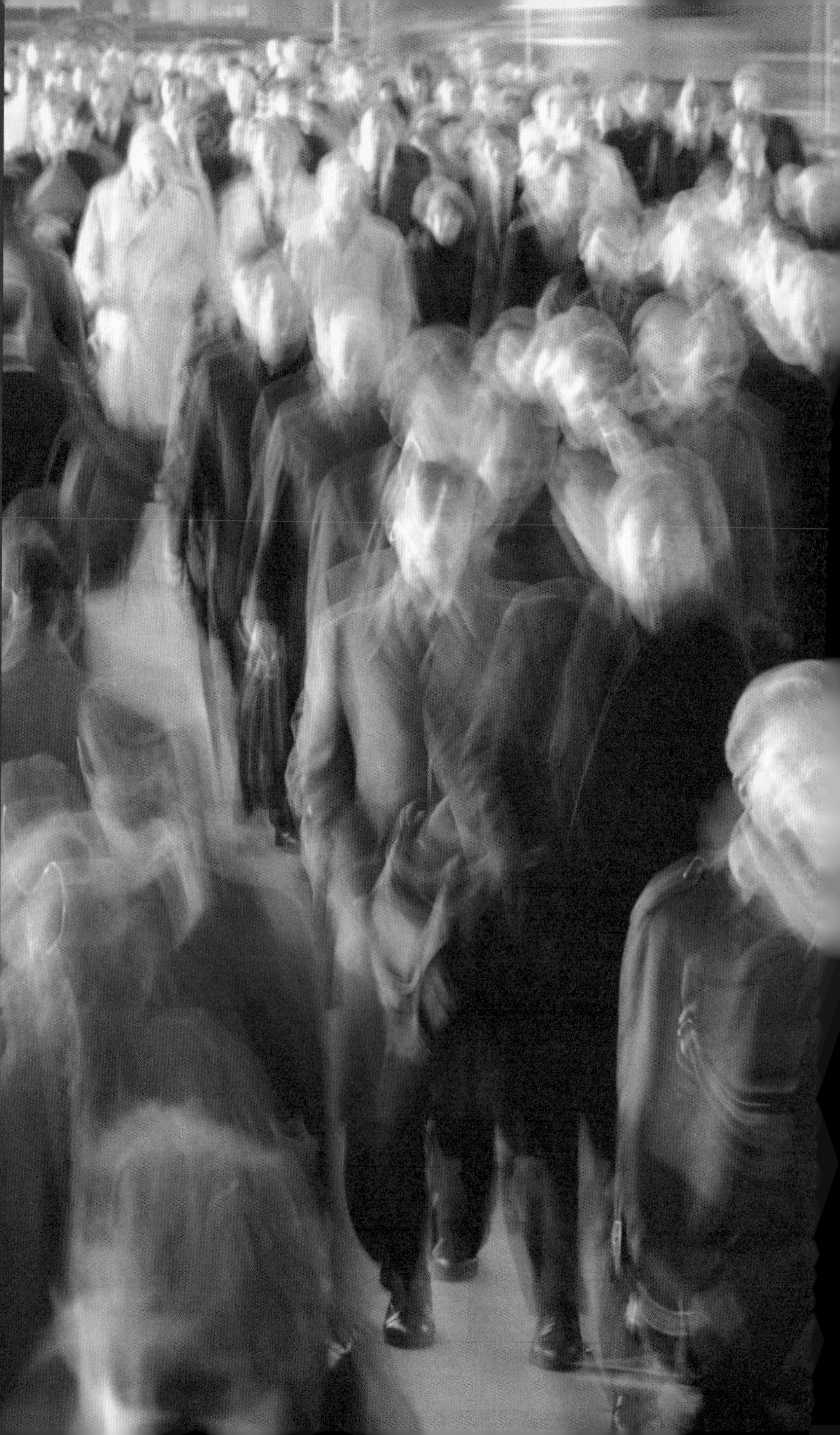

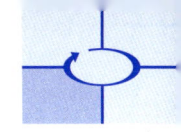

Kapitel 5
Veränderung

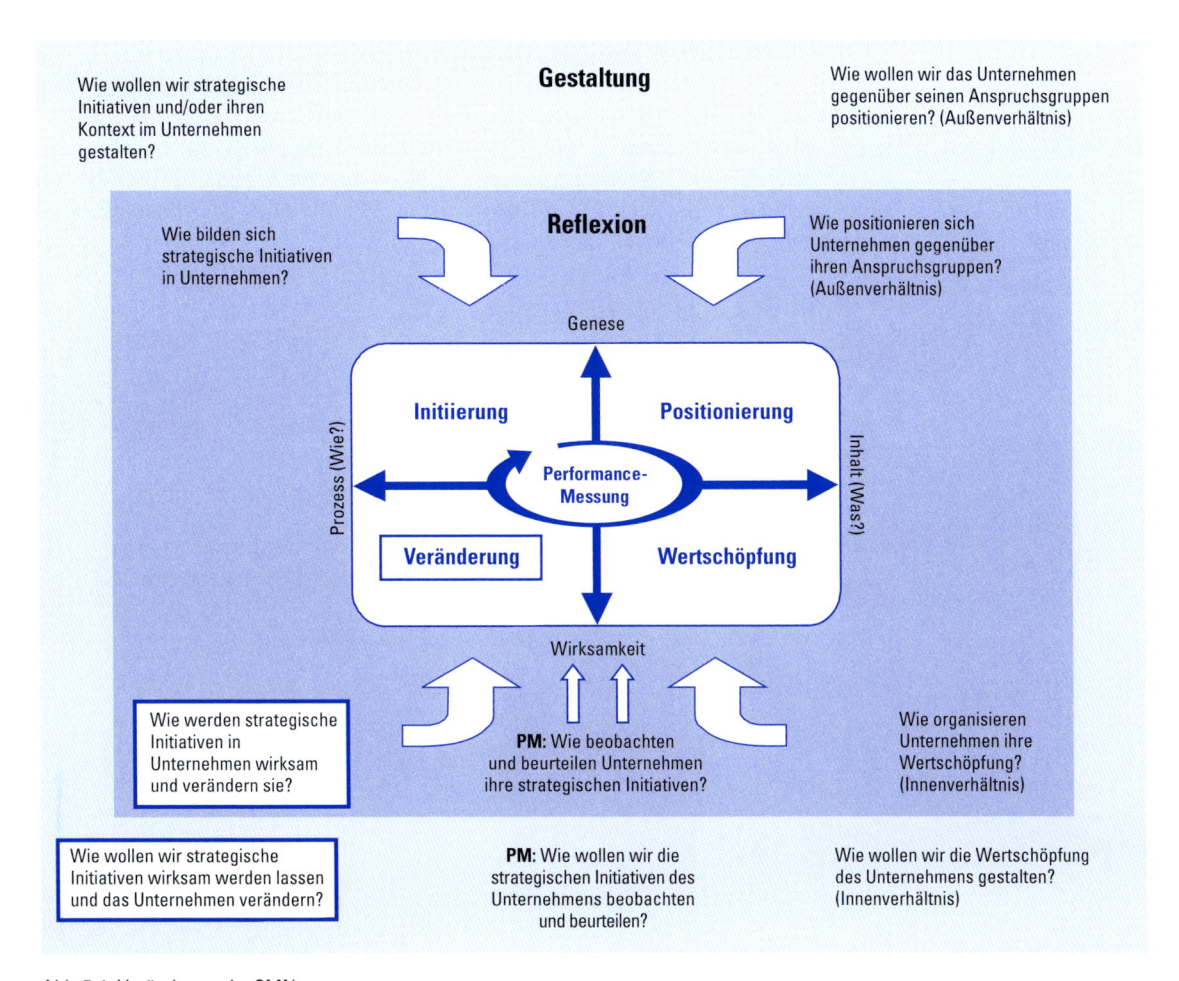

Gestaltung

Wie wollen wir strategische Initiativen und/oder ihren Kontext im Unternehmen gestalten?

Wie wollen wir das Unternehmen gegenüber seinen Anspruchsgruppen positionieren? (Außenverhältnis)

Reflexion

Wie bilden sich strategische Initiativen in Unternehmen?

Wie positionieren sich Unternehmen gegenüber ihren Anspruchsgruppen? (Außenverhältnis)

Genese

Initiierung — Positionierung

Prozess (Wie?) — Performance-Messung — Inhalt (Was?)

Veränderung — Wertschöpfung

Wirksamkeit

Wie werden strategische Initiativen in Unternehmen wirksam und verändern sie?

PM: Wie beobachten und beurteilen Unternehmen ihre strategischen Initiativen?

Wie organisieren Unternehmen ihre Wertschöpfung? (Innenverhältnis)

Wie wollen wir strategische Initiativen wirksam werden lassen und das Unternehmen verändern?

PM: Wie wollen wir die strategischen Initiativen des Unternehmens beobachten und beurteilen?

Wie wollen wir die Wertschöpfung des Unternehmens gestalten? (Innenverhältnis)

Abb. 5-1: Veränderung im SMN

Die Strategien sind entwickelt. Das Unternehmen und seine Geschäfte sind gegenüber ihren Anspruchsgruppen positioniert. Die dazugehörigen Wertschöpfungsprozesse sind überarbeitet und teilweise neu definiert. Doch wie kann nun das, was beschlossen wurde, auch in das Verhalten der Organisationsmitglieder eingebracht werden? Denn erst dann erhält eine zur strategischen Initiative gewordene Idee Leben. Erst dann wird sie operativ wirksam. Es ist zu fragen, wie denn diese notwendigen Veränderungen herbeigeführt werden sollen? Wie können sie so verfestigt werden, dass sie die Organisation nachhaltig prägen? Inwieweit ist das Verhalten in und von Organisationen überhaupt bewusst und gezielt beeinflussbar? Speziell auch dann, wenn in den Wandel Tausende von Mitarbeitern involviert sind. Und dort, wo es beeinflussbar ist, welche Gestaltungsmöglichkeiten stehen hierfür zur Auswahl?

Kapitelübersicht

- Reflexion verschiedener theoretischer Ansätze zur Implementierung von Strategien und zum strategischen Wandel in Organisationen
- Auseinandersetzung mit der Frage der Gestaltbarkeit der Veränderung sozialer Systeme
- Vergleich von Ansätzen zum Management von Veränderungsprozessen
- Herleitung eines Bezugsrahmens zur Gestaltung von Veränderungsarbeit

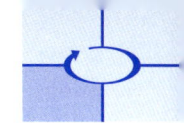

Mit diesem fünften Kapitel wird das Arbeitsfeld 4 »Veränderung« des Strategic Management Navigator angegangen. In seinem Zentrum wird der **strategisch motivierte Wandel** (*strategic change*) stehen. Neuausrichtungen in der Positionierung des Unternehmens und seiner Geschäftsprozesse und -modelle sollen hier zum Leben gebracht werden. Dies bedeutet, dass es zu substanziellen Veränderungen kommen wird, jenseits der normalen Routinen in der Organisation und jenseits der ohnehin permanent laufenden, eher kleineren Veränderungen. Neue Denkweisen, Einstellungen, Interaktionsmuster, Regeln, Verhaltensweisen etc. sollen in großem Umfang in wesentliche Teile des Unternehmens Einzug halten.

Substanzielle Veränderungen

Der strategische Wandel beginnt dabei nicht erst im Feld »Veränderung«. Der strategische Wandel treibt den ganzen SMN. Veränderungen werden in der In- oder Umwelt des Unternehmens ausgelöst und teilweise durch die Initiierung strategischer Initiativen aktiv aufgegriffen. Zwischen Umwelt und Unternehmen gilt es wieder den Fit herzustellen. Dabei sind die Prozesse der Genese von Strategien bereits im Hinblick auf das spätere Wirksamwerden auszugestalten: Eine inspirierende Vision, bei den Anspruchsgruppen sinnstiftende Nutzenversprechen etc. können hier hilfreich sein.

Natürlich muss die Gestaltung eines Veränderungsprozesses immer kontextabhängig erfolgen, was heißt, dass jeder Fall seinen eigenen Prozessansatz benötigt. Unterschiede können über die bisherige Geschichte und die daraus erwachsene Identität des Unternehmens entstehen, über die für den Wandel verfügbare Zeitspanne, über die Verteilung von Macht und Verantwortlichkeit im Unternehmen, über die vorhandenen Fähigkeiten etc. Trotzdem haben sich einige allgemeine Grundsätze herauskristallisiert, die bei einem Change Management Beachtung finden sollten.

Auch wenn wir hier einerseits die Meinung vertreten, dass strategischer Wandel nur begrenzt willentlich gestaltbar ist, so meinen wir andererseits aber auch, dass sich derartige Veränderungsprozesse zumindest insoweit gestalten lassen, dass die für eine Veränderung erforderliche Energie mobilisiert werden kann, die Mehrzahl der Mitarbeiter zum Wandel befähigt wird, Widerstände überwunden werden können etc.

Das Betreiben unternehmensübergreifender Veränderungsprozesse betrachten wir als eigene und für den Erfolg des Unternehmens äußerst bedeutsame Kompetenz – und dies nicht nur zur Sicherung seines Überlebens, sondern auch zur Steigerung seiner Performance.[1] Diese Kompetenz muss in Organisationen oft erst mühevoll entwickelt und dann gepflegt werden. Sie stellt eine beträchtliche Investition in die »weichen Faktoren« des Unternehmens dar. In Zeiten immer ähnlicherer Produkte und immer höherer Flexibilitätserfordernisse stellt Know-how zur Steuerung sozialer Prozesse jedoch ein wesentliches Differenzierungspotenzial im Wettbewerb dar.

Standpunkt

Es war auf einer Tagung, als ein erfahrener Manager die Zuhörer mit folgenden Fragen überraschte: »Warum hören wir heute immer häufiger von teilweise krassen Managementfehlleistungen, obgleich die Investitionen in die Managementenwicklung deutlich zugenommen haben, die Manager zu immer besseren Schulen geschickt werden, die teuersten ›Gurus‹ zur Begleitung der internen Projekte eingeflogen werden und die Auswahl des Führungsnachwuchses immer raffinierter vorgenommen wird?

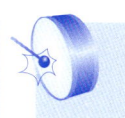

> Warum ist es sogar so, dass all diese Maßnahmen oft nicht nur wirkungslos sind, sondern explizit feststellbare Dysfunktionalitäten mit sich bringen?«
>
> Inzwischen hört man diese Fragen vielerorts in abgewandelter Form. In den USA sind aufgrund dessen die Managementschulen bereits in Bedrängnis geraten. In der Führungspraxis beginnen sich die Lager angesichts der verspürten Unsicherheit zu spalten: Die einen wollen zurück zu einer strafferen Führungspraxis (Kommandieren – Kontrollieren – Korrigieren); man will sich wieder mehr um die Details kümmern; auch trifft man das Management wieder häufiger in den Fabriken an; aus der Aufbauorganisation hat man Ebenen herausgenommen. Doch hat sich dadurch der Abstand zwischen oben und unten wirklich verringert? Das Grundproblem scheint darin zu liegen, dass man immer mehr vom Gleichen dazugibt. Ist die Zutat aber falsch bzw. unverträglich, dann wird aus »mehr« nicht »besser«.
>
> Die anderen dagegen spüren, dass neue Führungskonzepte eingeübt werden müssen, die besser zu den heutigen Zeiten passen. Organigrammkorrekturen kommen dem Problem der Dysfunktionalität von Führungsinterventionen nicht auf die Spur. Sie werden als Makulatur empfunden. Eine Führungskraft brachte dieses Unbehagen einmal auf den Punkt: »We see rapid change and great complexity around us, but caution and limited flexibility in the way we work. This often results in slow, limited or no implementation.«

Zentrales Ziel dieses Kapitels wird es sein, Wege zur Gestaltung von Veränderungsprozessen aufzuzeigen. Dies soll vor dem Hintergrund eines Grundverständnisses über das bewusste Verändern der »Funktionsweise« von Organisationen geschehen. Ein weiteres Ziel des Kapitels ist es aber auch, zu verdeutlichen, dass das Unternehmen durch das konzeptionelle Durchdenken des für eine gewünschte Außenpositionierung erforderlichen Wandels auch ein rechtzeitiges Korrektiv erfahren kann. Dadurch kann z. B. erkannt werden, ob die gewählten strategischen Programme bezogen auf die Veränderungsfähigkeit und -bereitschaft der Organisation zu ambitioniert sind. *Strategie ist die Kunst des Möglichen*. Was möglich ist, muss nun hier – trotz aller Unwägbarkeiten des tatsächlichen Verlaufs eines Wandels – ausgelotet werden, bevor es zu einer Verabschiedung (unrealistischer) Strategien kommt.

Strategie als Kunst des Möglichen

Im ersten Abschnitt (5.1) sollen zum einen verschiedene Sichtweisen zum Thema Wandel reflektiert werden. Zum anderen geht es aber auch darum, unsere eigene Auffassung zur Gestaltungsmöglichkeit von Wandel darzulegen, da diese den in Abschnitt 5.2 entwickelten Bezugsrahmen zu den Optionen der Veränderungsarbeit prägen wird. Abschließend werden Hilfestellungen bei der Evaluation der Optionen und bei der Entwicklung eines Drehbuchs des Wandels gegeben. Einen Überblick über das Kapitel 5 bietet wiederum die in Abbildung 5-2 dargebotene Wissenslandkarte.

5.1 Reflexion

Die einführende Reflexion dient der Darstellung verschiedener Theorien zum Stattfinden von durch neue Strategien ausgelösten Implementierungs- und Veränderungsprozessen in und von Organisationen. Diese Theorien unterscheiden sich insbesondere dort, wo es um das Ausmaß der möglichen Einflussnahme der Ak-

Lernziele

5.1 Reflexion

- 5.1.1 Strategieimplementierung und strategischer Wandel
  - Implementierung als Forschungsgegenstand
  - Prozesstheorien zum strategischen Wandel
- 5.1.2 Kontingenztheorie
  - Strategie und strukturelles Subsystem
  - Strategie und politisches Subsystem
  - Strategie und kulturelles Subsystem
- 5.1.3 Population Ecology und Evolutionstheorie
- 5.1.4 Selbstorganisations- und Komplexitätstheorie
  - Eigendynamik und Selbstreproduktion
  - Nichtlineares Denken: Kleine Ursache, große Wirkung

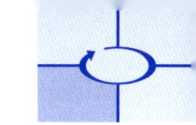

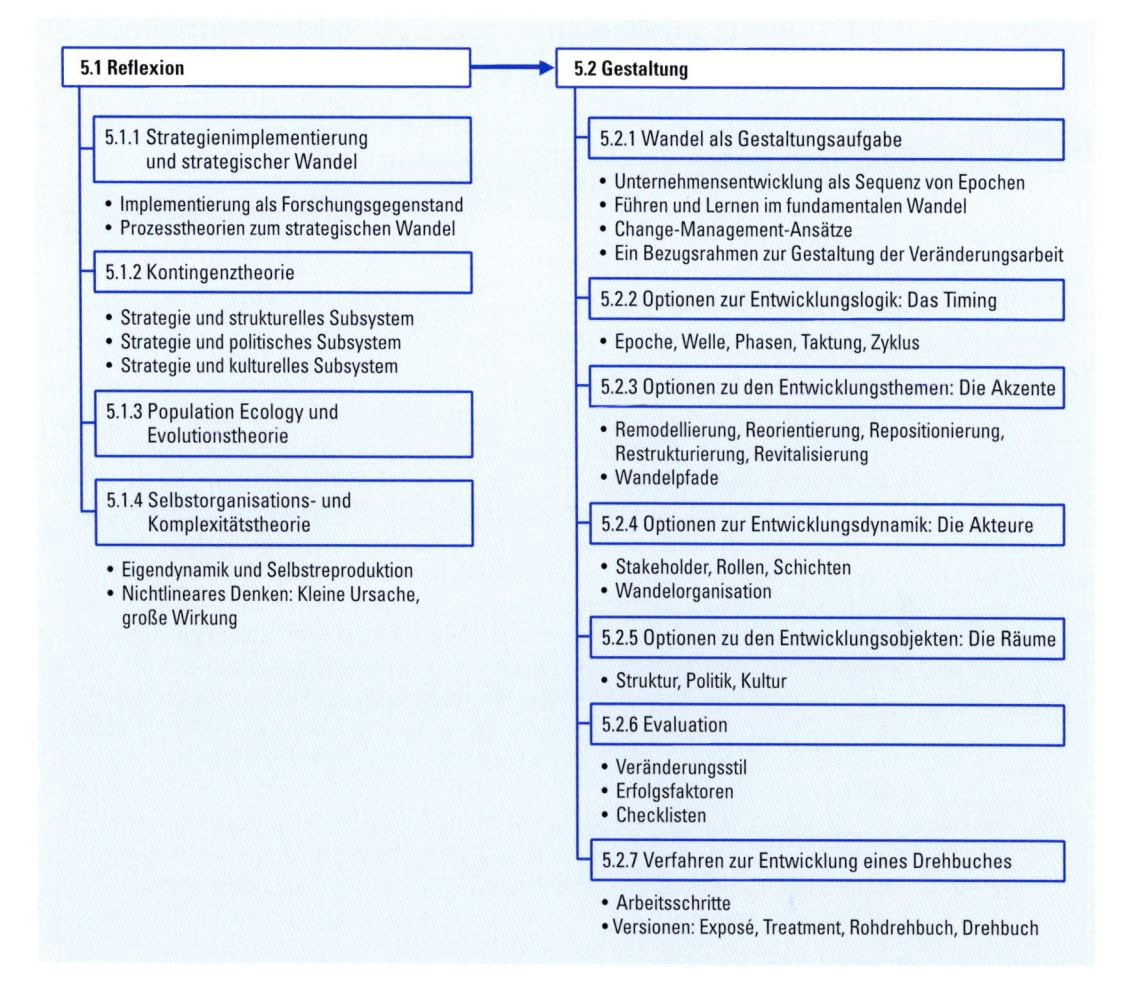

5.2 Gestaltung

- 5.2.1 Wandel als Gestaltungsaufgabe
  - Unternehmensentwicklung als Sequenz von Epochen
  - Führen und Lernen im fundamentalen Wandel
  - Change-Management-Ansätze
  - Ein Bezugsrahmen zur Gestaltung der Veränderungsarbeit
- 5.2.2 Optionen zur Entwicklungslogik: Das Timing
  - Epoche, Welle, Phasen, Taktung, Zyklus
- 5.2.3 Optionen zu den Entwicklungsthemen: Die Akzente
  - Remodellierung, Reorientierung, Repositionierung, Restrukturierung, Revitalisierung
  - Wandelpfade
- 5.2.4 Optionen zur Entwicklungsdynamik: Die Akteure
  - Stakeholder, Rollen, Schichten
  - Wandelorganisation
- 5.2.5 Optionen zu den Entwicklungsobjekten: Die Räume
  - Struktur, Politik, Kultur
- 5.2.6 Evaluation
  - Veränderungsstil
  - Erfolgsfaktoren
  - Checklisten
- 5.2.7 Verfahren zur Entwicklung eines Drehbuches
  - Arbeitsschritte
  - Versionen: Exposé, Treatment, Rohdrehbuch, Drehbuch

teure auf den Ablauf der Veränderungsprozesse geht. Je nach gewählter theoretischer Perspektive ergeben sich dabei unterschiedliche Annahmen zur willentlichen Gestaltbarkeit strategischen Wandels.

Abb. 5-2: Wissenslandkarte zum Kapitel »Veränderung«

Lernziele

- Unterscheidung in Strategieimplementierung und strategischer Wandel
- Differenzierung in direkte und indirekte Aktionen der Implementierung
- Übersicht zu gängigen Prozesstheorien zum strategischen Wandel und vertiefende Erörterung ausgewählter Theorien
- Darlegung wichtiger theoretischer Erkenntnisse zur Implementierung von Strategien

5.1.1 Strategienimplementierung und strategischer Wandel

Eine Auseinandersetzung mit Fragen strategischer Veränderung lässt sich in zwei Teilfragen gliedern, die jedoch eng ineinander greifen:[2]

1. Welche Implementierungsmaßnahmen sind zu treffen, um zu einem Alignment (Anpassung) der strategischen Absichten mit dem organisatorischen Handeln zu gelangen?[3]
2. Wie und inwieweit kann der Prozess der strategiebasierten Veränderung der Organisation willentlich gestaltet werden?

Hinsichtlich der ersten Frage kann wiederum in zwei Ebenen von Aktionen unterschieden werden: Erstens sind dies *direkte Aktionen* zur Umsetzung der verfolgten Strategien. Hier geht es um das »Herunterbrechen« der Pläne in konkrete Aufgaben, Aktionspläne und Verantwortlichkeiten für die jeweiligen operativen Einheiten. Implementierung ist der Prozess, der Pläne in Arbeitsaufträge transformiert und sicherstellt, dass diese Aufträge auch so ausgeführt werden können, dass die mit den Plänen verfolgten Ziele erreicht werden können. Mittel- und kurzfristige Maßnahmen sind zu bestimmen, ebenso wie der Umsetzung dienende Initiativen und Projekte. Operative Managementsysteme müssen hier zum Einsatz gebracht werden. Zweitens geht es aber auch um *indirekte Aktionen*: Passend zu den Strategien soll die Führungsorganisation des Unternehmens (Organisationsstrukturen, Managementsysteme etc.) so angepasst werden, dass sie einer Umsetzung der verfolgten Strategien besonders förderlich ist.

Die Forschung zum Strategischen Management hat sich insbesondere mit diesen indirekten Aktionen, also dem Alignment bzw. dem Anpassen der Führungsorganisation, beschäftigt. Dabei wurde eine primär inhaltlich-statische Sichtweise eingenommen, d. h., es wurde z. B. gefragt, was denn die passende Organisationsstruktur für eine gewählte Strategie wäre. Was hier nicht bearbeitet wurde sind die dynamischen Fragen: Wie ist der damit verbundene Prozess zu gestalten der die heutige Organisation möglichst reibungslos in die zukünftig gewünschte überführt.

Damit ist man bei der zweiten obigen Teilfrage angelangt, wo es um die Gestaltung eines die Durchsetzung förderlichen Implementierungsprozesses geht. Er ist Teil eines strategischen Wandels. Doch strategischer Wandel bezieht sich nicht nur auf die Phase des Wirksamwerdens von Strategien, sondern bereits auch auf den Prozess der Genese der Strategien, wie dies in Kapitel 2 zur Initiierung von Strategien bereits dargestellt wurde. Wie das Repertoire der Gestaltungsoptionen für einen strategischen Wandel aussieht und wo diese primär ansetzen hängt stark von der Sichtweise der Akteure ab, wie Veränderungen von und in Organisationen tatsächlich ablaufen (Adaption versus Selektion).

(1) Implementierung als Forschungsgegenstand

Der mit der Implementierung von Strategien verbundene strategische Wandel fand lange Zeit nur wenig Interesse in der Forschung zum Strategischen Management. Im Fokus standen klar die zu treffenden strategischen Entscheidungen.

5.1.1 Strategieimplementierung und strategischer Wandel

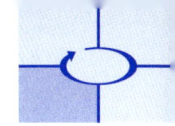

Doch die durch die Unternehmenspraxis gewonnenen Erfahrungen zeigten, dass die Implementierung von Strategien alles andere als trivial war. So entstand dann erst über die Jahre auch zu diesem sehr wichtigen Themenkreis fundiertes Wissen.

Die Implementierungsforschung beschäftigte sich dabei primär mit den vorgenommenen Interventionen bezüglich der Aktionen der handelnden Personen sowie der Anpassung der Führungsorganisation (Strukturen und Systeme), in die diese Aktionen eingebettet sind. Dabei wird die Implementierung als ein iterativer Prozess betrachtet, bei dem es über einen Lernprozess immer wieder zu Rückkopplungen zur Planung kommt, da sich bestimmte Aspekte im Detail dann oft anders darstellen oder da sich die Rahmenbedingungen verändert haben.

Die die Diskussion zur Implementierung von Strategien sehr prägende Theorie ist die in den 1960er-Jahren entwickelte *Kontingenztheorie*.[4] Sie wird in Abschnitt 5.1.2 vertiefend dargestellt. Ihr Grundanliegen ist es, Zusammenhänge zwischen bestimmten Handlungsoptionen des Managements und dem in- und externen situativen Kontext des Unternehmens herzustellen und diese in Bezug zur Performance zu setzen.[5] Bezogen auf die Implementierung von Strategien kann die Frage etwas spezifiziert werden: *Welche internen Implementierungsmaßnahmen sollte das Management zur erfolgreichen Umsetzung einer bestimmten Strategie in einem bestimmten externen Kontext ergreifen?* Z. B. welche Organisationsstruktur ist zur Umsetzung einer Diversifikationsstrategie in Japan zu wählen.

Kontingenztheorie: Der Bezug zum Kontext

Während sich die Kontingenztheorie primär mit der Frage der zur Implementierung von Strategien notwendigen Anpassung der Führungsorganisation beschäftigt, sucht die Diskussion zum *strategischen Wandel* umfassende Erklärungen zu strategischen Veränderungsprozessen. Man will zu Beschreibungen der fundamentalen Muster gelangen, wie sich Form, Qualität oder Beschaffenheit der Beziehung des Unternehmens zu seinem Umfeld in einem strategischen Wandel verändern.[6] Darüber versucht man auch eine Antwort auf die Frage zu finden, woraus sich die Fähigkeit eines Unternehmens ergibt, sich auf eine veränderte Umwelt einzustellen.

(2) Prozesstheorien zum strategischen Wandel

Organisationen sind keine phasenweise statischen Gebilde, auch wenn das, was wir auf ihrer Oberfläche sehen, den Eindruck erwecken mag: So werden z. B. Aufbau- und Ablauforganisation sporadisch – dann aber möglichst bleibend – den veränderten Gegebenheiten angepasst. Betrachtet man dagegen Organisationen genauer, dann finden ohne Unterbrechung Prozesse und Interaktionen statt, die die Organisation in ihrer Funktionsweise verändern. Teilweise geschieht dieser Wandel ohne bewusste Eingriffe in das soziale System; teilweise ist er gewolltes oder ungewolltes Ergebnis von Führungsinterventionen.

Organisationen verändern sich permanent

Durch Führungsinterventionen will und muss man die Dynamik von Organisationen beeinflussen, wenn es zu einer nachhaltigen und möglichst breiten Verankerung neuer Strategien kommen soll: Man wird z. B. versuchen, die Dynamik zu beschleunigen, umzudeuten, sie mit neuer Energie zu versorgen oder auf andere Gegenstände umzulenken. Organisatorischer Wandel heißt also, in ohnehin bestehende Interaktionsprozesse einzugreifen bzw. sie entsprechend zu nutzen.

Diese Interventionen gehen wiederum selbst aus der Dynamik von Teilen der Organisation hervor.

Dabei wird es Interventionen geben, die nur auf einen inkrementalen organisatorischen Wandel ausgerichtet sind. Andere implizieren einen fundamentalen Wandel. Aus Sicht der Betroffenen ist der inkrementale Wandel oft die wünschenswertere Form von Veränderung; mit fundamentalem Wandel gehen i. Allg. Unsicherheit, Verwirrung, Angst etc. einher, was dann auch die entsprechenden Widerstände auslöst. Dagegen stehen empirische Untersuchungen, die besagen, dass erfolgreiche Unternehmen häufiger einen fundamentalen Wandel durchlaufen.

Wer nun seine Lupe auf das soziale System »Unternehmen« richtet, wird dies – egal ob Manager oder Wissenschaftler – immer mit einer bestimmten »Brille« tun. Sie steht für den (alltags-)theoretischen Bezugsrahmen, der unsere Annahmen über das Funktionieren des Systems beinhaltet. Alles, was wir im und mit dem Unternehmen dann tun, und was wir glauben, was das Unternehmen mit uns tut, baut darauf auf. Das Handeln des Managers ist also immer nur so gut, wie gut diese »Brille« das Funktionieren des Systems wirklich zu erklären vermag. Es ist deshalb auch naheliegend, dass es unterschiedliche theoretische Bezugsrahmen (»Brillen«) gibt, wie Wandel stattfindet.

Im Folgenden sollen vier Archetypen von **Prozesstheorien** unterschieden werden:[7]

- *Teleologische Prozesstheorien:* Ausgangspunkt ist hier die Annahme, dass eine Organisation über eine klare Zielvorstellung verfügt. Sie sucht sich diese Ziele und verfolgt sie auch nachhaltig. Die mit der Führung dieses sozialen Systems betrauten Führungskräfte wählen Strategien aus, die sie zu diesen Zielen führen sollen. Im Zentrum steht die Adaption an die Umwelt. Dabei wird davon ausgegangen, dass das Unternehmen auch grundsätzlich dazu in der Lage ist. Treten Störungen aus dem Umfeld ein, dann passen sie ihre Strategien an, um auf veränderten Pfaden ihre Ziele zu erreichen. Strategien sind damit Mittel zum Zweck der Zielerreichung. Auslöser zum Wandel ist dabei häufig die Erwartung von Misserfolg bei unterlassener Anpassung. Die Dynamik des Prozesses selbst bleibt ausgeklammert. Die entscheidende Antriebskraft zum Wandel ist hier die den Wandel initiierende und gestaltende Führungselite. Sie plant rational den Wandel, den sie will. Kritisches Element dieser Ansätze ist demnach das Management. Verfahren wie die klassische Organisationsentwicklung, der Reorganisationsansatz oder die strategische Planung stehen in dieser Tradition. Doch auch neuere Lerntheorien können hier eingeordnet werden, wenn mit den Veränderungen bei den Betroffenen auch die Einsicht und das Wissen über die Zusammenhänge entstanden ist.

- *Dialektische Prozesstheorien:* Wandel ist hier das Ergebnis von Spannungen und Konflikten in einem pluralistischen, sozialen System. Erwartungen an Mitarbeiter passen nicht mehr zu deren Werten oder Interessen, die Anreize werden bezogen auf die Belastungen als nicht mehr ausreichend empfunden etc. Eine Stabilisierung kann nach Verhandlungen und Umstrukturierungen gegenwärtiger Interaktionsmuster, Machtstrukturen etc. sowohl um das alte Gleichgewicht herum erfolgen oder sich erst nach einem revolutionären Wandel wieder einstellen. In der politischen Arena der Organisation hat sich eine

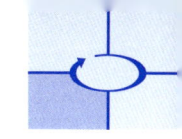

Interessenkoalition gegen andere durchgesetzt. Beispiel hierfür ist die »**punctuated equilibrium**«-Theorie[8]: Nach Phasen der Ruhe und Stabilität folgt ein oft mit Chaos verbundener revolutionärer Übergang, der in einer neuen Gesamtordnung der Organisation mündet. Wandel findet hier eher abrupt statt. Er setzt dann ein, wenn eine Unterlassung der Anpassung sich nicht mehr rechnet oder aber auch nicht mehr möglich ist.

Punctuated equilibrium

- *Lebenszyklus- und Wachstumstheorien*: Im Lebenszyklusmodell wird unterstellt, dass der Ablauf eines Entwicklungsprozesses und damit der Wandel durch einen Alterungsprozess quasi »vorprogrammiert« ist. Aufgrund vielfältiger Prädispositionen (Bedürfnisse, Restriktionen etc.) ist die zukünftige Entfaltung der Organisation gewissermaßen vorgegeben und unausweichlich. Sie entsteht aus ihrer inneren Dynamik heraus. Geburt/Entstehung, Wachstum, Reife, Niedergang/Degeneration und »Tod« folgen »automatisch« und in immer gleicher Sequenz aufeinander.[9]

»Vorprogrammierte« Alterung

- *Evolutionäre Prozesstheorien*: Wandel erklärt sich hier als Folge einer kontinuierlichen und inkrementalen Veränderung. Er ist das Ergebnis von Variation des Systems, Selektion durch die Umwelt (environmental captivity) und Retention. Variationen setzen sich gegenüber den bestehenden Formen durch, wenn sie sich als grundsätzlich überlegen erweisen (survival of the fittest). Die Retention verweist auf die Unterstützung des Verharrens (organizational inertia) in der gefundenen Form.[10]

Variation, Selektion und Retention

In der Diskussion stehen sich damit zwei unterschiedliche Grundpositionen gegenüber: *Strategischer Wandel als ein Resultat von* **Adaption** *(Strategic-Choice-Ansatz) oder von* **Selektion** *(Population-Ecology-Ansatz)*.[11] Aus Sicht des teleologischen **Strategic-Choice-Ansatzes** steht Unternehmen grundsätzlich die Möglichkeit zur Verfügung, sich erfolgreich und aktiv an Veränderungen in ihrem Umfeld anzupassen.[12] Hinsichtlich der dafür zu treffenden Maßnahmen besteht damit für die jeweiligen Entscheidungsträger Wahlfreiheit. Mit diesen Anpassungsmaßnahmen üben sie umgekehrt auch Einfluss auf ihr Umfeld aus. Eher skeptisch stehen dagegen die Vertreter des evolutionstheoretischen **Population-Ecology-Ansatzes**[13] den Möglichkeiten einer freien Wahl bei der Anpassung an Umweltveränderungen gegenüber. Dieser Ansatz wird in Abschnitt 5.1.3 vertiefend behandelt und noch durch den ebenfalls evolutionstheoretisch geprägten Ansatz der **Selbstorganisation/Komplexitätstheorie** in Abschnitt 5.1.4 ergänzt.

Adaption vs. Selektion

5.1.2 Kontingenztheorie

Kernaussage der Kontingenztheorie[14] ist das *Konzept des Fits*: D.h., dass ein Management über die Fähigkeit verfügen muss, einen Fit zwischen der Führungsorganisation und der Strategie herzustellen, um eine überdurchschnittliche Performance erzielen zu können.[15] Diese Fähigkeit zum rechtzeitigen und adäquaten Alignment der Führungsorganisation an die Strategie kann dann als eine spezifische Fähigkeit des Unternehmens gesehen werden, die wiederum Quelle nachhaltiger Wettbewerbsvorteile zu sein vermag.[16] So gehen wir z.B. davon aus, dass eine bestimmte Aufbauorganisation als Ressource kaum einen eigenständigen Wettbewerbsvorteil zu begründen vermag. Die Vorteilspotenziale, die dem Unternehmen aus dieser Aufbauorganisation erwachsen könnten, entstehen erst in komplementärer Verbindung mit den Fähigkeiten des Managements, diese Aufbauorganisation wertsteigernd zum Einsatz zu bringen.[17]

Bei dieser Herstellung des Fits zwischen Strategie und Führungsorganisation haben sich drei Subsysteme als besonders unterscheidenswert herauskristallisiert: *Das Alignment (1) der Organisationsstruktur, (2) der Organisationskultur sowie (3) des mikropolitischen Umfeldes*.[18] Dabei ist man sich einig, dass nicht nur die Strategie die Führungsorganisation beeinflusst, sondern dass diese auch umgekehrt die Strategiewahl beeinflusst.[19]

(1) Strategie und strukturelles Subsystem

In den ersten Studien zur Implementierung von Strategien dominiert das Alignment der Strukturen. Strategieumsetzung wurde primär als eine Frage der Wahl geeigneter Organisationsstrukturen und Managementsysteme erachtet: Welche Aufbauorganisation (funktionale, divisionale oder Matrixorganisation) passt am besten zu welcher Strategie[20] und welche Führungstaktik (Intervention, Partizipation, Überzeugung etc.) ist dabei am erfolgsversprechendsten?[21]

Dieser herzustellende Fit zwischen Strategie und Struktur ist seit Chandler's (1962) »*Structure follows Strategy*« schon als historisch zu betrachten,[22] und er ist empirisch auch recht gut nachweisbar.[23]

Um zu konkreten Empfehlungen zu gelangen, musste angesichts des umfassenden Charakters des strukturellen Subsystems nach den Zusammenhängen bei dessen einzelnen Komponenten gesucht werden. So wurde z. B. bei den Managementsystemen der Blick auf die Rolle der *Managemententwicklung* gerichtet. Basierend auf der Annahme, dass es zu einem Fit[24] zwischen Strategie und den Fähigkeiten derer, die die Strategie zum Leben bringen sollen, kommen müsse, werden abhängig vom Strategietyp unterschiedliche Persönlichkeitsprofile bei den Führungskräften und spezifische Inhalte bei den Managemententwicklungsprogrammen gefordert.

Auch bei der Ausgestaltung der *Berichts- und Kontrollsysteme* wird davon ausgegangen, dass es zu einem Fit zwischen Strategie und Kontrollsystem zu kommen hat, auch wenn die Performance-Implikationen noch recht unklar sind.[25] So muss z. B. sichergestellt sein, dass über ein entsprechend angepasstes Berichtssystem die Umsetzung der Strategien und das Ausmaß der damit verbundenen Zielerreichung kontinuierlich verfolgt werden kann. Dies nicht nur im Sinne einer Feed-back-Kontrolle, sondern auch in Bezug auf die getroffenen Annahmen im Sinne einer Feed-forward-Kontrolle (z. B. über die Einrichtung entsprechender Strategic-Foresight-Systeme und der Entwicklung von Szenarien). Daraus können dann eventuell erforderliche Korrekturmaßnahmen abgeleitet werden.

Formen von Kontrollen

Es wird weiter vermutet, dass bei strategischem Wandel *Output-Kontrollen* (d. h. Messung der Endresultate organisatorischer Aktivitäten) – wegen der erhöhten Flexibilität der Wahl der Verhaltensweisen – zu besseren Ergebnissen führen als *Verhaltenskontrollen* (z. B. durch Prozeduren, Vorschriften, Anreize).[26] Angesichts der Komplexität vieler Managementaufgaben hat stattdessen die eher implizite *Clan-Kontrolle* an Bedeutung gewonnen. Sie beruht auf internalisierten, gemeinsamen Werten und Verhaltensnormen, zu denen sich die Organisationsmitglieder verpflichtet haben und die Teil der Kultur sind, und soll komplementär zu den expliziten Kontrollformen zur Selbstkontrolle anleiten.

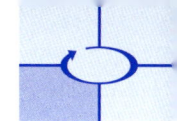

(2) Strategie und politisches Subsystem

Bei der Ausgestaltung der politischen Dimension geht es insbesondere um das Erlangen und Verteilen von Macht und um Möglichkeiten und Formen der Einflussnahme, um Entscheidungen und deren Umsetzung im Sinne eigener Interessen zu beeinflussen.[27] Dazu können sich die Akteure politischer Verhaltensweisen wie Koalitionsbildung, Verhandeln, Drohen etc. bedienen. Aufgrund unterschiedlicher Interessenlagen können Methoden der Verhandlungstechnik oder des Konfliktmanagement von Nutzen sein, um die für einen Wandel notwendige breite Unterstützung durch die Beteiligten und Betroffenen am Wandel zu erfahren.[28] Politisches Verhalten kann aber einen erforderlichen strategischen Wandel auch massiv behindern oder sogar verunmöglichen. Dies kann in einer Organisation innere Kündigungen, erhöhtes Stressempfinden, Demotivation etc. zur Folge haben.

(3) Strategie und kulturelles Subsystem

Der Unternehmenskultur, verstanden als die Gesamtheit der in einer Unternehmung vorherrschenden Wertvorstellungen, die sich in den Traditionen, Ritualen, Gebäuden, Kleiderordnungen etc. widerspiegeln, kommt eine stark verhaltenssteuernde Funktion zu.[29] Deshalb ist im Zuge des Alignment der Führungsorganisation ebenso zu überprüfen, inwieweit die Kultur auch kompatibel zur Strategie ist, die man verfolgen möchte. Ist dies nicht der Fall, so stellt sich die Frage, ob die Strategie passend gewählt wurde, denn eine Kultur lässt sich nur schwer willentlich und gezielt verändern. Damit soll nicht gesagt werden, dass es nicht möglich ist. Doch aus Erfahrung weiß man, dass kultureller Wandel oft ein schmerzlicher und langwieriger Prozess ist, der von erheblichen Widerständen mit ernsthaften Konsequenzen (Abgänge, Frustration, Krankheiten etc.) begleitet sein kann.[30] Manchmal jedoch ist genau der kulturelle Wandel der »Enabler« und Flaschenhals zu einer neuen strategischen Positionierung.

Kultureller Wandel als »Enabler«

Das Konzept des Fit verlangt aber nicht nur, dass diese drei Subsysteme der Führungsorganisation an die Strategie angepasst werden, sondern dass sie auch untereinander konsistent und widerspruchsfrei aufeinander abgestimmt sein sollten.[31]

Im Zentrum der **Kritik** am Kontingenzansatz (und dem Konzept des Fits) stehen drei Punkte: (1) Die Unternehmen-Umwelt-Zusammenhänge werden zu stark – und damit auch zu realitätsfern – auf jeweils nur wenige Variablen vereinfacht, (2) die hergestellten Zusammenhänge haben oft nur den Charakter theorieloser Klassifikationsschemata und (3) dass die Betrachtungen oft nur statisch angestellt werden, d. h., dass die Dynamik der einzelnen Komponenten zu wenig Beachtung findet.

Kritik

Den Kritikpunkt der Komplexitätsverkürzung versucht der aus der Psychologie entlehnte *Gestaltansatz* zu überwinden.[32] Hier wird angestrebt gleichzeitig all die wesentlichen in- und externen Variablen in eine Untersuchung mit einzubeziehen, die gemeinsam die Situation des Unternehmens definieren. Ziel ist es dabei, in einem solchen Beziehungsgefüge von Variablen Ausprägungsmuster empirisch zu identifizieren (sogenannte »*Konfigurationen*«), die in ihrer systemischen Ganzheit und Ausgewogenheit in sich stimmig sind (sogenannte »Archetypen« oder »Gestalten«). Auch kann auf diese Weise versucht werden, erfolgrei-

Konfigurationstheorie

che von weniger erfolgreichen Konfigurationen zu unterscheiden. Über Längsschnittstudien können Änderungen von Gestalten erforscht und insbesondere auch inhaltlich interpretiert werden.

5.1.3 Population Ecology und Evolutionstheorie

Aus Sicht der Vertreter des Population-Ecology-Ansatzes[33] sehen sich Unternehmen erheblichen institutionellen Zwängen hinsichtlich der Berechenbarkeit ihres Verhaltens gegenüber. Um diese sicherzustellen, entwickeln sie Pläne, Organisationsstrukturen, Ablaufprozesse, Managementsysteme etc. Ist diese Berechenbarkeit nicht mehr gegeben, weil sich ein Unternehmen z. B. einem tiefgreifenden Wandel unterziehen möchte, dann überleben sie häufig deshalb nicht, weil sie die Rückendeckung durch ihre wichtigsten Anspruchsgruppen verloren haben. Deshalb kaschieren auch manche Unternehmen bewusst den Grad ihres angestrebten Wandels, um nicht die Unterstützung zu verlieren.

Auch intern baut sich bei Wandel aus unterschiedlichsten Motiven oft erheblicher Widerstand auf: Mitarbeiter befürchten einen Macht- und Reputationsverlust, man sieht sich den neuen Anforderungen nicht gewachsen, die bisherige Sinnstiftung geht verloren etc. Aufgrund solcher Kräfte, die eine erfolgreiche Anpassung verhindern können, sieht man sich im Unternehmen einer sogenannten »strukturellen Trägheit« (»structural inertia«) gegenüber.

Strukturelle Trägheit von Organisationen

Wie es zu solch einem kollektiven Beharrungsvermögen kommen kann, wurde auf der Ebene ganzer Populationen von Unternehmen untersucht. Es wurde der Frage nachgegangen, warum sich viele Organisationen langsamer als ihr Umfeld ändern, was letztendlich zu ihrem Ende führen kann. Gründe dafür waren z. B., dass die Informationen des Managements so gefiltert waren, dass sie primär das Bestehende bestätigten, während abweichende Informationen negiert wurden; oder dass Machkonstellationen den Wandel behinderten, da er als Bedrohung bestehender Machtgleichgewichte wahrgenommen wurde; oder dass unverrückbar erscheinende normative Elemente (Werte, Einstellungen, Prinzipien) den Status quo zu sehr verfestigten.

> **Exkurs: Gründe für Scheitern und Erfolg**
> In der Forschung, die die vollständige Beherrschung des strategischen Wandels nicht als gegeben ansah, fragte man sich, warum denn so viele Strategien scheitern. Kann dies nur auf unpassende Strukturen und Systeme zurückgeführt werden? So entdeckte man z. B., dass die mit der Umsetzung betrauten Führungskräfte im mittleren Management die mit den Strategien verbundenen Intentionen des Topmanagements oft nur unzureichend nachvollziehen können und dass sie auch nicht mit den Mitteln ausgestattet sind, die Umsetzung voranzutreiben.[34] Auch behindern oft politische Eigeninteressen und Konflikte zwischen den Akteuren, dass Strategien wirksam werden.[35] Es entwickeln sich Widerstände, es kommt zur Starrheit in den Einstellungen, eine geringe Veränderungsbereitschaft prägt die Organisation.[36]

Umgekehrt erwuchs dann auch das Interesse, zu klären, was Unternehmen, die sich erfolgreich zu verändern vermochten, dazu in die Lage versetzt hat. In sehr detaillierten Langzeitstudien konnten z. B. fünf Faktoren herausgearbeitet werden, die es bei einem kontextsensitiven Management eines strategischen Wandels

5.1.3 Population Ecology und Evolutionstheorie

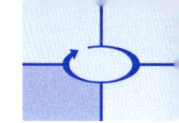

zu beachten gilt: »Environmental assessment, leading change, effective combination of strategic and operative decisions, human resource management, coherence (in terms of consistency, congruence, and feasability)«.[37]

Nimmt man die einem strategischen Wandel gegenüber eher skeptische Perspektive des Population-Ecology-Ansatzes ein, so dient die strukturelle Trägheit – zumindest vorübergehend – durchaus dem Überleben des Unternehmens, denn das bewusste Auslösen eines fundamentalen Veränderungsprozesses würde das Risiko des Scheiterns erhöhen, da die Selektionsmechanismen der externen Umwelt Berechenbarkeit bevorzugen.[38]

Durch derartige Überlegungen wuchs mehr und mehr die Erkenntnis, dass die Implementierung von Strategien und der oft damit verbundene strategische Wandel der Organisation keineswegs trivial ist.[39] Unternehmen lassen sich nicht so leicht willensgerichtet ändern, wie es das Management wohl gerne hätte.

Aus Sicht der evolutionstheoretischen Ansätze, wozu der Population-Ecology-Ansatz zählt, sind Organisationen zu komplex, um sie in berechenbarer Weise in einen gewünschten zukünftigen Zustand zu überführen. Der Erfolg oder Misserfolg manageriellen Handelns hängt von weit mehr Einflussfaktoren ab, als irgendjemand nur annähernd überschauen kann. Manager können damit immer nur mit *begrenzter Rationalität* handeln und laufen deshalb erheblich Gefahr, mit falschen und unvollständigen Annahmen Entscheidungen für die zu lösenden Herausforderungen zu fällen.

Wandel erklärt sich aus Sicht der Evolutionstheorie als Folge einer kontinuierlichen und inkrementalen Veränderung. Er ist das Ergebnis von Variation des Systems, Selektion durch die Umwelt (environmental captivity) und Retention (Beharrung, Reproduktion). Variationen setzen sich gegenüber den bestehenden Formen durch, wenn sie sich als grundsätzlich überlegen erweisen (»survival of the fittest«). Interventionen von Managern zur Herstellung von Wandel sind im Sinne der Evolutionstheorie also vorerst nur systemische Variationen. Welche davon sich durchsetzen, d. h. überleben, und dann auch reproduziert werden, wird durch die durch die Umwelt vorgenommene Selektion und die sich daran anschließende Retention (d. h. Bewahrung des Selektierten) entschieden und nicht durch die Manager.

Wählt man eine solche evolutionstheoretische Entwicklungsperspektive, stellt sich eine ganze Reihe interessanter Fragen, wie z. B.: Wie findet das Such- und Lernverhalten von Unternehmen bei neuen Variationen statt? Welche Form von Pfadabhängigkeiten gibt es aufgrund existierender Prozesse, Wissensstrukturen, Kompetenzprofilen etc.? Wie veränderlich sind solche Entwicklungspfade? Wie und wann wirkt Selektion optimierend?

Ein wesentlicher **Kritikpunkt** am evolutionstheoretischen Population-Ecology-Ansatz ist die Negierung, dass die organisationalen Evolutionsmechanismen der Variation, Selektion und Retention selbst einer Evolution unterliegen. So hat sich die Fähigkeit von Organisationen, mit zielgerichteten Variationen auf bestimmte Herausforderungen aus der Umwelt zu reagieren, über die Zeit sicher beträchtlich erhöht. D. h., auch wenn Organisationen nicht in der Lage sind, ihre Anpassung vollständig rational zu gestalten, so sind sie doch auch nicht im »Blindflug« unterwegs.

Seitenleiste:

Faktoren erfolgreichen Wandels

Grenzen willentlichen Veränderns

Interventionen als systemische Variation

Kritik

> **Exkurs: Strategic Renewal**
> Ein eher neuer und einer evolutionstheoretischen Perspektive naher Forschungsstrang läuft unter dem Begriff »Strategic Renewal«. Sein Ziel ist es, die immer breiter gewordene Forschung zum strategischen Wandel wieder etwas einzufangen und sie auch wieder mehr an Strategieinhalte anzudocken. Dabei fokussiert der Ansatz auf Veränderungen in der Wettbewerbsposition oder den Kernkompetenzen.[40]

Ein Ansatz, in dem auch davon ausgegangen wird, dass ein soziales System Wandel aus sich selbst heraus zu erzeugen vermag, ist der der Selbstorganisationstheorie.

5.1.4 Selbstorganisations- und Komplexitätstheorie

In einer Zeit, in der die Akteure die Systeme, in denen sie agieren, phasenweise als zunehmend vernetzt mit anderen Systemen, nur noch wenig berechenbar in ihrer Entwicklung und angetrieben in ihrer Veränderung durch eine unüberschaubare Vielzahl unterschiedlichster Faktoren wahrnehmen, wächst das Bedürfnis, solche komplexen Systeme besser zu verstehen. Daraus resultiert dann natürlich auch die Frage, ob überhaupt und, falls ja, inwieweit und wie derartige Systeme zu steuern sind. Was sind dann die Möglichkeiten der Einflussnahme der Entscheidungsträger auf die Systemevolution? Und falls man eine Steuerungsmöglichkeit sieht, wie viel Komplexität sollte aufgebaut werden, um derartige komplexe Systeme bestmöglich zu steuern?

Dieser Frage nahm sich u. a. die in den 1990er-Jahren sich neu formierende Komplexitätstheorie an.[41] Im »*Konzept des komplexen adaptiven Systems*« werden vielfältige und teilweise auch widersprüchliche system- und evolutionstheoretische Ansätze aufgegriffen und »gebündelt«. Hierzu werden auch Theorieelemente aus Physik und Biologie integriert, die die endogene Ordnungsbildung durch Selbstorganisation und den diskontinuierlichen Charakter dynamischer Prozesse in den Vordergrund stellen.

Die in ihren Anfängen auf die 1960er-Jahre zurückgehende Selbstorganisationstheorie stellte im Prinzip einen Paradigmenwandel im Denken über Systeme dar. Das vom Kontrollparadigma der früheren Kybernetik dominierte mechanistische Systemdenken (Steuerung durch negative Rückkopplungsprozesse im Rahmen beherrschbarer Systemdynamiken) wurde durch einen neuen Systemtyp ergänzt oder gar von ihm abgelöst. Im Zentrum der Selbstorganisationstheorie steht die *dialektische Metapher* »*Ordnung/Evolution am Rande des Chaos*«: Das Idealbild der Systementwicklung findet im Spannungsfeld einer natürlichen Selektion durch die externen Einflussfaktoren und einer Ordnungsbildung durch die endogenen Kräfte statt. Weder das Bild einer starren Ordnung noch das einer chaotischen Unordnung prägen das Verständnis. Man ist dabei auch nicht reines Opfer einer bestimmten Umweltentwicklung, sondern hat als System selbst Einfluss auf die eigene Entwicklung.

Ordnung am Rande des Chaos

In Übertragung der Erkenntnisse aus den Naturwissenschaften auf die Sozial- und Wirtschaftswissenschaften wird also argumentiert, dass sich auch soziale Systeme selbst entwickeln bzw. anpassen. D. h., dass das System durchaus in der Lage ist, sich in erheblichem Umfang seinen Zweck aus sich selbst heraus zu setzen.

5.1.4 Selbstorganisations- und Komplexitätstheorie

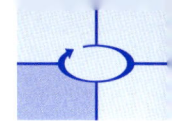

(1) Eigendynamik und Selbstreproduktion

Jedes Unternehmen verfügt über eine solche Eigendynamik. D. h. eine jedem sozialen System eigene »Rationalität« entscheidet über dessen Entwicklung. Diese Eigendynamik ist Ausfluss der vorangegangenen Entwicklung, der Unternehmensgeschichte. Das System entwickelt sich durch Selbstreproduktion weiter. Zukunft hat damit immer Herkunft. D. h. es wird angenommen, dass das Verhalten des Systems auf das System selbst zurückwirkt (*Selbstreferenz bzw. Autopoiesis sozialen Handelns*).

_{Autopoiesis}

Wesentliche Quelle dieser Selbstreproduktion ist die fortwährende Anwendung von gelebten Regelwerken über die sich die Teilnehmer in einem System koordinieren (z. B.: »Wenn man in diesem Unternehmen vorwärts kommen will, dann muss man mindestens drei Jahre im Vertrieb und im Ausland gewesen sein!« oder: »Bei uns muss man bereit sein, mindestens 80 Stunden in der Woche zu arbeiten!«). Die Ergebnisse und Erfahrungen der Anwendung einer Regel finden dabei wieder Eingang in die nächste Anwendung (Feed-back-Prozesse). Dabei kommt es in sozialen Systemen natürlich zu inhaltlichen Variationen bei der Anwendung (z. B. Leute mit Vertriebserfahrung in anderen Unternehmen können beim Quereinstieg vielleicht auf nur 1,5 Jahre statt drei Jahre im Vertrieb hoffen). Diese sind jedoch kaum zufällig; sie kreisen um den Kern der Regel. D. h., die Ordnung, die durch das Regelwerk erzeugt wird (z. B. Managementkarrieren führen bei starker zeitlicher Belastung über einen Auslandsaufenthalt und durch den Vertrieb), erweist sich trotz unterschiedlicher Ausgangsbedingungen (z. B. bisherige berufliche Erfahrungen derer, die hier Karriere machen wollen) als stabil. Dabei kann schon eine ganz einfache Regel äußerst komplexe Ordnungsmuster (sogenannte »Fraktale«) erzeugen.

Selbstreproduktion über Regelwerke

Will man also verstehen, warum die Befindlichkeit einer Organisation so und nicht anders ist, dann ist die Erforschung dieser über Kommunikation entstandenen regelgesteuerten Handlungsmuster (z. B. Wahrnehmung der Determinanten von Karrierepfaden) wahrscheinlich ergiebiger als die Frage nach den individuellen Motiven der Beteiligten. Ein soziales System ist damit aufgrund der Emergenz des Sozialen eben *mehr als nur die Summe seiner Mitglieder*. Bei der Suche nach Wandel kommt man an diesen Regelstrukturen nicht vorbei, denn sie prägen das kollektive Verhalten. Neben dem direkten, inhaltlichen Intervenieren bietet sich damit der Führung mit der Veränderung der organisatorischen Rahmenbedingungen, innerhalb derer die Inhalte entwickelt werden, ein alternatives Gestaltungsfeld an. Eine derartige »Kontextsteuerung« setzt aber die Bereitschaft des Experimentierens auf diesem Gebiet voraus, da die Wirkungen von Regelvariationen kaum prognostizierbar sind, sondern erprobt werden müssen. Ein soziales System ist im Sinne dieser Theorie also kein beliebig formbares Objekt, sondern ein »*Subjekt*« mit einer eigenen, autonomen Handlungslogik. Ihre Regeln bestimmen die Interaktionen der Systemmitglieder. Von dieser Form der **Selbstorganisation** der Systementwicklung lässt sich das System auch nicht so leicht durch Führungsinterventionen abbringen, da diese Regeln sich vom Einzelnen weg verselbständigt haben und nun fixer Bestandteil des Systems sind. Bildhaft könnte man sagen, dass das System mit hoher Penetranz eine bestimmte Melodie fortwährend vor sich hin summt. Die Handlungen des Systems sind auch deshalb sehr stark auf sich selbst bezogen, da Unternehmen ihre Umwelt naturgemäß nur selektiv wahrzunehmen vermögen. Trotz dieser »**organisatorischen Geschlossen-**

Ein soziales System ist mehr als die Summe seiner Mitglieder

Selbstorganisation der Systementwicklung

heit«[42] des Systems ist es aber genau diese Selbstorganisation, die den Garanten für eine *Höherentwicklung des Systems* darstellt. Sie repräsentiert einen permanenten Lern-, Reflektions- und Reproduktionsprozess. Wer ein soziales System grundlegend ändern will, muss diesen Prozess nutzen lernen, muss versuchen, ihn zu verstehen, um in ihn einzudringen. Zu ihm vorzudringen heißt, sich mit den Handlungsmustern und kognitiven Strukturen des Systems auseinanderzusetzen. Ein Unternehmen als soziales System kann demnach immer *nur durch sich selbst* verändert werden. Mit Interventionen können nur »Impulse« an das System gegeben werden, die einer Selektion durch das System unterliegen.

Veränderung nur durch sich selbst

Selbstorganisation darf aber nicht in der Form missverstanden werden, dass man ein System wegen seiner »Trägheit« mehr oder minder nicht ändern kann und darauf zu warten hat, bis es dieses selbst tut. Die Aussage ist nur die, dass das System über »*innere Potenziale« zur Transformation* seiner selbst verfügt und die Akteure auf diese Potenziale angewiesen sind, wenn das System sich ändern soll. Transformation ist ein durch das System selbst generierter und selbst geführter Prozess. Dass dieser Prozess allerdings stattfindet, dazu bedarf es gewisser Bedingungen. Es könnte sein, dass die Entfaltung dieser Potenziale durch die Gegebenheiten im Unternehmen behindert wird, die Bedingungen für eine Transformation also nicht gegeben sind.

Dafür, dass dieses Transformationspotenzial im System selbst vorhanden ist, muss Bewusstsein entwickelt werden. Für eine entstehende Ordnung ist nicht immer eine ordnende Instanz »Management« notwendig. Führung muss damit auch keineswegs die Quelle von Veränderung sein; sie kann diese auch stark behindern. Nachdem oben argumentiert wurde, dass nachhaltige Veränderung nur über Veränderung der Regelwerke möglich ist, könnte man sagen, dass unsere dominante Art des Organisierens genau diese Fähigkeit zur Selbsttransformation eindämmt, indem sie die Varietät (Experimente mit Regelvariationen) durch die Setzung von Standards reduziert (z. B. ISO-Normierungen). Diese »Organisiertheit« kann zwar – je nach Ausgangssituation – für eine gewisse Zeit Handlungsfähigkeit und Wirtschaftlichkeitsvorteile bringen; langfristig ist eine solche »Stabilisierung« jedoch eher als »Destabilisierung« zu betrachten, denn man reduziert dadurch die Anzahl der »Experimente«, die Abweichungen von der Norm, und gibt damit auch zufällig entstehenden Transformationschancen wenig Aufmerksamkeit. Man geht durch dieses »Festzementieren« von Standards und Ignorieren oder Untersagen von Variation das Risiko ein, wichtige Übergänge in eine neue Phase des Geschäftssystems zu verpassen.[43]

Risiko des Verpassens von Wandel

Begünstigend auf Wandel wirken sich aus Sicht der Selbstorganisationstheorie *Dezentralisierungs- und Intrapreneurship-Ansätze* aus. Durch die zusätzlich gewährte Autonomie der Teilsysteme entstehen verschiedene Ausprägungen von Führung und Zusammenarbeit. So entstehen *Redundanzen* z. B. in einer Profitcenter-Organisation, wenn in jedem dieser Center eine eigene Informatikphilosophie entsteht, die oft dann auch einen dezentralen Einkauf zur Folge hat. Natürlich beeinträchtigt dies wiederum die Koordination und direkte Handlungsfähigkeit; aber dies ist eben der Preis für eine erhöhte Wandelfähigkeit. Diese Rechnung geht dann auf, wenn die aus der Redundanz resultierenden Erfahrungsunterschiede beobachtet und über das Gesamtsystem hinweg kommuniziert und reflektiert werden. Interessante Einzelentwicklungen sollten durch das Management auch katalysiert werden. Selbstorganisation kann dann zur Problemlösung aus einer Vielfalt heterarchisch verteilter Potenziale auswählen.

5.1.4 Selbstorganisations- und Komplexitätstheorie

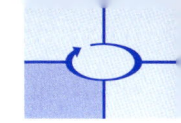

Wer Unternehmen verändern will, hat demnach *zwei Hebel*:

- Man kann über inhaltliche Interventionen *zusätzliche Variationsangebote* in das System einbringen und auf deren Akzeptanz hoffen: Was soll sich ändern?
- Man kann über *Veränderungen in den Rahmenbedingungen der Prozesse* (Ressourcenzuweisungen, Zeitvorgaben, räumliche Verortung, Autonomiegewährung etc.) dafür sorgen, dass Variationen günstigere Voraussetzungen haben, sich durchzusetzen: Wie können die Bedingungen verbessert werden, dass sich etwas ändert?

Zwei Hebel für Veränderungen

Hier setzt allerdings auch die **Kritik** an der Selbstorganisationstheorie an:[44] Sie wird teilweise als zu unspezifisch wahrgenommen, da sie wenig Aussagen dazu machen kann, z. B. *wie viel* Dezentralität denn in einer bestimmten Situation zur Erhöhung der Varietät wünschenswert wäre? Wie viel Variation braucht bzw. verträgt das System? Und *wie* sollen Führungskräfte denn die richtige Balance zwischen einer Bewahrung von Ordnung und einer den Wandel begünstigenden Unordnung finden?

Kritik

(2) Nichtlineares Denken: Kleine Ursache, große Wirkung

Greift ein Wandel nicht wie gewünscht, dann wird die Organisation meist noch stärker belastet. Man denkt, dass man die Probleme mit strafferer Führung, noch mehr »Fleiß« und noch größerem Einsatz lösen könnte. Es wird dann noch mehr geplant, die Führung beginnt den Mitarbeitern Schuld für fehlende Bereitschaft zum Wandel zuzuweisen und noch mehr Berater kommen zum Einsatz. Ergebnis ist dann häufig nur noch blinder Aktivismus; die Mitarbeiter beginnen sich in immer mehr Projekten zu verlieren; das Management kann dann aber sagen, dass man sich nach Kräften bemüht hat.

Gefahr eines blinden Aktivismus

> **Fallbeispiel: Mechanistisches Führungsverständnis behindert Wandel**
> In einem Konzern sah die Führung ihre Aufgabe in einer relativ exakten Planung und Steuerung der Veränderungen zur Bewältigung der Komplexität. Es bestand ein eher mechanistisch, hierarchisch geprägtes Verständnis von Unternehmenssteuerung; trotz relativ schwach ausgeprägter Kommunikationsinstrumente wurde der Vermittlung neuer Konzepte von oben nach unten Vorrang eingeräumt. Umsetzungsprobleme wurden vielmehr als Verständnisprobleme der Interventionsempfänger denn als Probleme der Kommunizierenden betrachtet. Als »Schuldige« der negativen Unternehmensentwicklung wurden vor allem die Mitarbeiter des Konzerns identifiziert. Mobilität, Eigeninitiative und dafür notwendige Fähigkeiten wurden ihnen ebenso abgesprochen wie die Bereitschaft, traditionelle Denk- und Verhaltensmuster abzulegen.

In solchen Fällen kommt eine Gesetzmäßigkeit unhinterfragt zur Anwendung, die so nicht gültig ist: Wo es zu großen Auswirkungen im System gekommen ist, wurde stark darauf eingewirkt. Oder: Wer viel ändern will, muss auch massiv in das System eingreifen. Es wird also unterstellt, dass immer ein linearer Zusammenhang zwischen Interventionsgrad und Wirkung besteht.

 Dass dem nicht so sein muss, wird in Abbildung 5-3 (A) am Verhalten einer Kugel in einer Hügellandschaft veranschaulicht:[45] Solange sich die Kugel in einem Tal bewegt, befindet sich das System in einem Zustand relativer Stabilität. Die Kugel, egal von welchem Ausgangszustand man sie auch startet, findet – so-

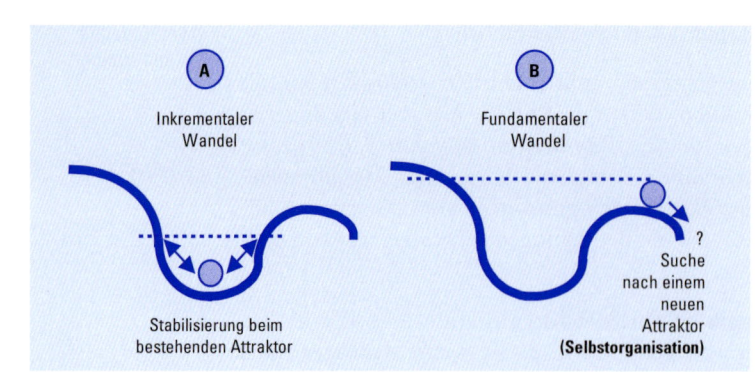

Abb. 5-3:
Das Kugelmodell

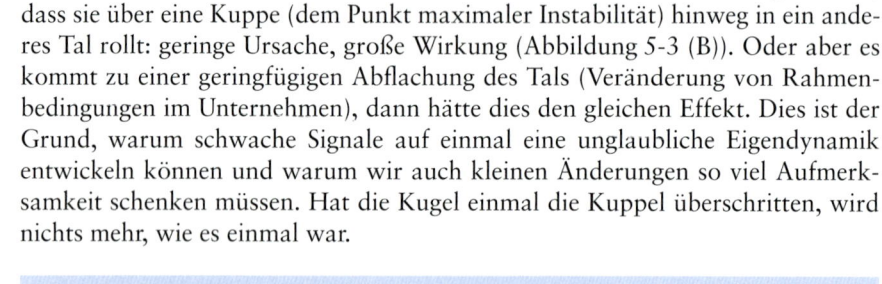

lange nur eine gewisse »Starthöhe« nicht überschritten wird – immer wieder in die gleiche Ordnung, (d.h. zum gleichen »Attraktor«) zurück. Es herrscht eine Art »Fließgleichgewicht«. Die Wirkung ist kleiner als die verursachenden Kräfte.

Startet man die Kugel aber von einer nur ganz geringfügig höheren Ausgangsposition, dann kann es sein, dass sie durch das Hinabrollen so viel Energie erhält, dass sie über eine Kuppe (dem Punkt maximaler Instabilität) hinweg in ein anderes Tal rollt: geringe Ursache, große Wirkung (Abbildung 5-3 (B)). Oder aber es kommt zu einer geringfügigen Abflachung des Tals (Veränderung von Rahmenbedingungen im Unternehmen), dann hätte dies den gleichen Effekt. Dies ist der Grund, warum schwache Signale auf einmal eine unglaubliche Eigendynamik entwickeln können und warum wir auch kleinen Änderungen so viel Aufmerksamkeit schenken müssen. Hat die Kugel einmal die Kuppel überschritten, wird nichts mehr, wie es einmal war.

Geringe Ursache, große Wirkung

> **Fallbeispiele: Elch bringt MERCEDES zum Kippen**
> Diese Erkenntnis musste MERCEDES BENZ 1997 machen, als ein Journalist beim »Elch-Test« die damals neue A-Klasse auf die Seite legte. Anfangs wollte man das Problem nicht anerkennen. Es entwickelte jedoch eine gewaltige Eigendynamik. Daraufhin stellte man sich gezielt der Thematik, erkannte das Problem an, rüstete das Fahrzeug technisch erheblich nach, nutzte die gewonnene Publizität geschickt und nahm den Elch sogar in die eigene Werbung auf.

Entscheidende Impulse aus kleinen Veränderungen

Wer Erfahrung mit Wandelprojekten hat, der wird schon festgestellt haben, dass stark hierarchisch kontrollierte Wandelansätze, wenn sie bereits ziemlich »verfahren« sind und die Ratlosigkeit schon recht groß ist, oft wesentliche Impulse aus eher kleineren Veränderungen und auch aus Zufälligkeiten bekamen, die eine Abweichung vom Normalen bzw. Standard mit sich brachten und – anfangs oft unbemerkt – eine hohe, auch diskontinuierliche Dynamik erhalten haben. Entscheidend dabei ist, dass man diesen eher weniger spektakulären Variationen eine Chance gibt, ihnen Platz zu ihrer Entfaltung einräumt, sie katalysiert und reflektiert. Wandel kann also durch eine Förderung und Akzeptanz der Abweichung vom stabilen Zustand begünstigt werden.

> **Fallbeispiel: Die Relevanz kleiner Ereignisse**
> In einem Wandelprojekt, das in mehreren parallelen Arbeitsgruppen ablief und in dem die Mitarbeiter äußerst stark auch aus dem Tagesgeschäft belastet waren, »nervte« es die Mitarbeiter, dass die Vertreter der Konzernzentrale immer zu spät zu den Sitzungen kamen. Es war ein kleines Ereignis, aber es wies auf eine größere Problematik hin. Dahinter war eine Regel verborgen, die in etwa lautete: »Wir von der Zentrale sind wichtiger«. Problem war also nicht das späte Kommen, sondern das Verhältnis Zentrale-Bereiche. Dadurch bot sich nun eine Chance, anhand kleiner Ereignisse eine

5.1.4 Selbstorganisations- und Komplexitätstheorie

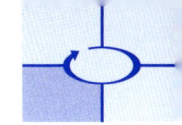

> grundsätzliche Thematik anzugehen, die immer wieder an verschiedenen Stellen im Konzern die Arbeit behinderte und Anlass für Ärger bot. Es wurde nach der Rolle und dem »Value added« des Stammhauses gefragt und darauf aufbauend wurden Prinzipien vereinbart. Nebenwirkung war es, dass die Vertreter der Zentrale nun pünktlich zu den Sitzungen kamen.

Oft sieht jedoch das Management in direkten Interventionen den einzigen Hebel zur Veränderung des Systems. Ist dies der Fall, dann werden die Mitarbeiter neben ihrer »normalen« Arbeit, bis an (und oft genug auch über) ihre physische und psychische Kapazitätsgrenze in Wandelprojekte »eingespannt«. Für die Wahrnehmung und Verstärkung zufälliger Entwicklungen wird kaum Platz gelassen. Rollt die Kugel in Abbildung 5-3 (B) dann einmal über die Kuppe, dann bleibt relativ lange unklar, in welchem Zustand das System sein Fließgleichgewicht wieder erlangen wird, denn es könnte sein, dass die Energie des Runterrollens ausreicht, um noch eine angrenzende, etwas niedrigere Kuppe zu überwinden. In einem flacheren Tal braucht die Kugel dabei länger, bis sie am Talboden wieder zur Ruhe käme, also bis die Energie ausreichend aus dem System heraus wäre. Damit ist auch angesprochen, dass das Ausmaß der Nichtlinearität eines sich verändernden Systems unterschiedlich hoch ist. *(Unklarheit über den zukünftigen Ordnungszustand)*

Man könnte nun auch die Position vertreten, dass man als Unternehmen einfach solange mit dem eigenen Wandel abwartet, bis man bereits erkennt, wo sich das System wieder stabilisieren wird. Da aber die Geschwindigkeit des Lernens relativ zur Konkurrenz heute zentrale Bestimmungsgröße einer Wettbewerbsposition sein kann, dürfte auch dies keine Lösung sein. Die Entwicklung sozialer Systeme ist jedoch nicht prognostizierbar. Weil die geringste Variation Einfluss haben kann, ist es auf der Bergkuppe in einer komplexen Hügellandschaft einfach nicht vorhersagbar, in welches der angrenzenden Täler die Kugel rollen und wo sie sich dann wieder stabilisieren wird. Man kann höchstens Szenarien für den Abgang in einem dieser angrenzenden Täler entwickeln und damit das System auf diese Eventualität gedanklich vorbereiten. Das Einzige, was wir wissen, ist, dass dies irgendwo sein wird, dass es also einen neuen Ordnungszustand als »Attraktor« für die Kugel geben wird. Die Selbstorganisationskraft des Systems ist in der Lage, eine solche Ordnung zu finden. Was die Führung in dieser Situation aber tun kann, ist, Rahmenbedingungen zu schaffen, in denen die Bildung einer neuen Ordnung begünstigt wird. Beispiele hierfür sind die Flexibilisierung der Organisation (Abbau von Ebenen, »Empowerment« etc.) oder Simulationen von aus Frühaufklärungssystemen gewonnenen »schwachen Veränderungssignalen«. *(Szenarien entwickeln / Selbstorganisationskraft des Systems / Sensibilisierung und Flexibilisierung)*

Abschließend kann also gesagt werden, dass es im Zuge einer Systementwicklung dazu kommen kann, dass aufgrund in- oder externer Veränderungsimpulse das System sich nicht mehr um den gleichen Gleichgewichtszustand herum einzupendeln vermag, als dies zuvor der Fall war. Dabei ist vorab nicht absehbar, von wo aus diese den Systemzustand ändernden Impulse herkommen werden. Das System stabilisiert sich dann wieder selbst in einem anderen Gleichgewichtszustand oder geht – falls keiner zur Verfügung steht – zu Grunde.

Zusammenfassend lassen sich die drei vorgestellten theoretischen Sichtweisen zur Erklärung von strategischem Wandel in Abbildung 5-4 vergleichen. Zentral

	Kontingenztheorie	**Population Ecology Evolutionstheorie**	**Selbstorganisations-/ Komplexitätstheorie**
Intellektuelle Wurzeln	Child 1972, Lawrence 1954, Mintzberg 1979	Hannan/Freeman 1977, McKelvey/Aldrich 1983	Jantsch 1979, Maturana/Varela 1980
Strategischer Wandel ist primär das Resultat ...	... von Adaption der Organisation an ihre Umwelt	... von Selektion durch die Umwelt	... von natürlicher Selektion durch externe Einflüsse sowie durch endogene Kräfte
Kernkonstrukte	»Konzept des Fit« zwischen Organisation (Struktur, Politik, Kultur) und Strategie	»Strukturelle Trägheit« durch institutionelle Zwänge verhindert eine erfolgreiche Anpassung	»Organisatorische Geschlossenheit« führt dazu, dass die Handlungen des Systems stark auf sich selbst bezogen sind
Kritik	Reduktion komplexer Zusammenhänge auf nur wenige Variablen; statische Betrachtung	Negierung dessen, dass die Evolutionsmechanismen (Variation, Selektion, Retention) selbst einer Evolution unterliegen	Zu unspezifisch in ihren handlungsleitenden Aussagen

Abb. 5-4: Theoretische Sichtweisen strategischen Wandels

ist dabei die Frage wie viel bewussten Einfluss die Gestalter auf den Wandel selbst haben.

Zusammenfassung

- Während sich die Kontingenztheorie primär mit der Frage der zur Implementierung von Strategien notwendigen Anpassung der Führungsorganisation beschäftigt, sucht die Diskussion zum Strategischen Wandel ganzheitliche Erklärungen zu strategischen Veränderungsprozessen.
- Es werden vier Archetypen von Prozesstheorien unterschieden: *Teleologische, dialektische, evolutionäre sowie Lebenszyklus- und Wachstumstheorien.* Es stehen sich damit zwei unterschiedliche Grundpositionen gegenüber: Strategischer Wandel als ein Resultat von *Adaption (Strategic-Choice-Ansatz)* oder von *Selektion (Population-Ecology-Ansatz).*
- Kernaussage der Kontingenztheorie ist das *Konzept des Fits:* D. h., dass ein Management über die Fähigkeit verfügen muss, einen Fit zwischen der Führungsorganisation und der Strategie herzustellen, um eine überdurchschnittliche Performance erzielen zu können. Bei dieser Herstellung des Fits haben sich drei Subsysteme als besonders unterscheidenswert herauskristallisiert: Das Alignment (1) der Organisationsstruktur, (2) der Organisationskultur sowie (3) des mikropolitischen Umfeldes. Das Konzept des Fit verlangt auch, dass diese Subsysteme untereinander konsistent und widerspruchsfrei aufeinander abgestimmt sind.
- Aus Sicht des *Population-Ecology-Ansatzes* sehen sich Unternehmen erheblichen institutionellen Zwängen hinsichtlich der Berechenbarkeit ihres Verhal-

5.1.4 Selbstorganisations- und Komplexitätstheorie

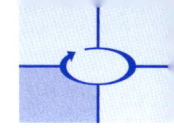

tens gegenüber. Daraus erwachsen Kräfte, die eine erfolgreiche Anpassung verhindern können (»*strukturelle Trägheit*«).
- Aus Sicht der *evolutionstheoretischen Ansätze*, wozu der Population-Ecology-Ansatz zählt, erklärt sich Wandel als Folge einer kontinuierlichen und inkrementalen Veränderung. Er ist das Ergebnis von *Variation* des Systems, *Selektion* durch die Umwelt (environmental captivity) und *Retention* (Beharrung, Reproduktion). Variationen setzen sich gegenüber den bestehenden Formen durch, wenn sie sich als grundsätzlich überlegen erweisen (»survival of the fittest«).
- Im Zentrum der zur *Komplexitätstheorie* zählenden *Selbstorganisationstheorie* steht die dialektische Metapher »*Ordnung/Evolution am Rande des Chaos*«: Das Idealbild der Systementwicklung findet im Spannungsfeld einer natürliche Selektion durch die externen Einflussfaktoren sowie einer Ordnungsbildung durch die endogenen Kräfte statt. Man ist nicht reines Opfer einer bestimmten Umweltentwicklung, sondern das System ist durchaus in der Lage, sich in erheblichem Umfang seinen Zweck aus sich selbst heraus zu setzen (»*organisatorische Geschlossenheit*«).
- Fundamentaler Wandel ist ein *nichtlinearer Vorgang*: Der großen Wirkung geht eine kleine Ursache voraus. Dabei ist nicht prognostizierbar, wo sich das System nach dem Wandel wieder stabilisiert. Aufgabe der Führung ist hier die Begünstigung der *Selbstorganisation* des Systems.

5.2 Gestaltung

Die Ausführungen in Kapitel 5.1 haben dazu gedient, theoretische Ansätze zur Implementierung von Strategien und zur Erklärung strategischen Wandels zu reflektieren. Darauf aufbauend soll nun der Frage nachgegangen werden, wie weit unsere Möglichkeiten reichen, strategischen Wandel überhaupt bewusst zu gestalten, um dann Wege aufzuzeigen, die uns für ein systematisches Gestalten des Designs eines Wandelprozesses zur Verfügung stehen.

Ziel der SMN-Veränderungsarbeit ist es, die strategischen Initiativen zum Leben zu bringen. Ausnahme ist der Fall, dass direkt mit der Veränderungsarbeit begonnen wird, also die Mobilisierung der Organisation (Werte, Einstellungen, Interessen, Kommunikation etc.) die Initiative selbst ist, und man erst dann nach einer geeigneten strategischen Ausrichtung der frei gewordenen Energie sucht (strategy follows organisation). Solche Fälle dürften allerdings eher die Ausnahme sein. Output der Veränderungsarbeit ist ein »*Drehbuch für den Wandel*«, dessen Outcome der Wandel selbst sein sollte. Ein Drehbuch ist deutlich mehr als nur eine To-do-Liste (Was? Wer? Bis wann? etc.). Das Drehbuch legt die dem Veränderungsprojekt zu Grunde liegenden Handlungen und Akteursstrukturen fest. Es beschreibt die Dramaturgie, die Inszenierung einer Transformation der Organisation, die eine verändert anzugehende Zukunft mit Gegenwart und Vergangenheit verbindet. Es benennt auch den Spannungsbogen, über den Wandel erfolgreich »in Szene« zu setzen ist.

Diese Transformation will man nicht dem Zufall überlassen, auch wenn man weiß und annimmt, dass solche Drehbücher während der Transformation angesichts des Erlebten und Beobachteten immer wieder überarbeitet werden müssen.

»Drehbuch für den Wandel«

Entsprechend der mit dem SMN verfolgten Gestaltungsabsicht bewegen wir uns damit im planerischen Bereich und da es ebenso gute wie auch schlechte Drehbücher gibt, ist bewusst initiierter Wandel immer auch ein *Planungsproblem*. Da wir uns hier aber bewusst sind, dass soziale Systeme aufgrund ihres »Eigensinns« nur begrenzt steuerbar sind und dort, wo sie sich verändern, in ihrer Richtung bei fundamentalen Veränderungsprozessen nur begrenzt prognostizierbar sind, wollen wir ein Konzept anbieten, das solche Eigendynamiken zu berücksichtigen und zu nutzen vermag. Es ist *auf schnellen Feed-back angewiesen*, damit die, die sich auf den Wandel einlassen, umgehend sehen können, wohin er sie führt, und dann aus der Bewegung heraus ihre Veränderungsdesigns (»Drehbücher«) anpassen können. Unser Ansatz unterstellt weiter, dass breitflächiger und nachhaltiger Wandel allein durch Anordnung und Zielvorgaben nicht zu erreichen ist, sondern, dass *die involvierten Menschen zum Wandel zu befähigen* sind. Es braucht einerseits zwar auch die »Macher« und »Leader« eines Wandels, andererseits geht es aber darum, eine Organisation in Bezug auf Wandel zu *kultivieren*.

Befähigung der Mitarbeiter zum Wandel

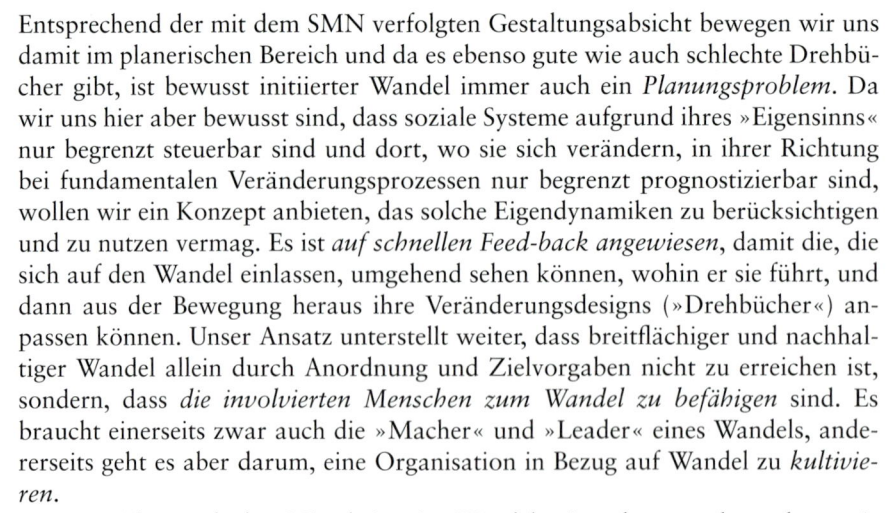

Den Widerstand, den Mitarbeiter im Wandel zeigen können, betrachten wir als eine normale Begleiterscheinung von Wandel. Dadurch, dass er sich zeigt, erhalten wir eine Chance, seine Ursachen aufzuspüren. Auch eine Krankheit lässt sich leichter diagnostizieren, wenn der Körper über Schmerz Warnsignale als Symptome von sich gibt. Diesen Schmerz wird man nicht nur aktiv betäuben wollen, da man dadurch einen Sensor für die Befindlichkeit des Organismus verliert. So sucht man nach subtileren Formen des Umgangs mit Widerständen, die befähigend auf die Mitarbeiterschaft wirken: Man informiert die Mitarbeiter besser, da Gerüchte und schlechte Informationen zu falschen Schlüssen geführt haben; man verhandelt, um empfundene Interessenverletzungen neu zu regeln etc.

Vertiefende Fallstudie

Fallbeispiel: Strategischer Wandel bei GENERAL ELECTRIC[46]
Zahlreiche Unternehmen haben sich als Zeichen ihrer dauerhaften Wettbewerbsfähigkeit die Fähigkeit zu wiederholter fundamentaler Erneuerung auf die Fahnen geschrieben. Kaum eines ist dabei so erfolgreich wie der traditionsreiche amerikanische Mischkonzern GENERAL ELECTRIC (GE) mit seinem breiten Produktspektrum von Glühbirnen und Toastern bis hin zu Kraftwerken und Flugzeugtriebwerken.
Die Geschichte von GE geht auf die 1878 durch Thomas A. Edison gegründete Edison Electric Light Company zurück, die 1892 mit der THOMAS-HOUSTON ELECTRIC COMPANY zu General Electric fusionierte. Von den zwölf Werten, mit denen der erste Dow-Jones-Index am 26. Mai 1896 startete, befindet sich heute nur noch GENERAL ELECTRIC im Index.[47]
Als Jack Welch 1981 die Nachfolge von Jones antrat, stand das stark diversifizierte Unternehmen nach immer wieder wechselnden Phasen der Zentralisation und Dezentralisation im Zeichen straffer Planung und Kontrolle sowie einer von mächtigen Finanz- und Audit-Stäben dominierten, streng hierarchisch geprägten Struktur und Kultur. So fokussierte eine *erste Welle des Wandels von 1981–1988* auf strukturelle Reformen und Neupositionierung, wozu auch eine Neuausrichtung des Portfolios der Geschäfte gehörte (fix, sell or close). Eine *zweite Welle des Wandels von 1988–1995* machte sich die Mobilisierung der kollektiven Energien aller Mitarbeitenden zum Ziel. Im Zentrum stand eine deutlich weitreichendere Delegation von Entscheidungs- oder Handlungsbefugnissen. Die technischen Voraussetzungen dafür waren durch die Reorganisationen Anfang der 80er-Jahre bereits geschaffen worden. Es mangelte aber an der Verdeutlichung dieser Möglichkeiten durch das Management sowie an der Bereit-

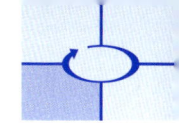

schaft zur Verantwortungsübernahme in einer von radikalen Restrukturierungen und von wenig Kooperationsbereitschaft geprägten Phase.

Mitte der 90er-Jahre drohten ein zähes Wachstum in den USA und ein unerbittlicher Preiswettbewerb auf den internationalen Märkten GEs Wachstum zu verlangsamen. Kürzere Produktlebenszyklen und eine rasche Imitation neuer Technologien egalisierten Wettbewerbsvorteile in kürzester Zeit. Strategisch reagierte der Konzern in einer *dritten Welle des Wandels von 1995–2001* in zweierlei Form: Erstens sollten durch eine Qualitätssteigerungsinitiative die Prozesse weiter verbessert werden. Zweitens sollte das Wachstum der Gruppe mittels einer Dienstleistungsinitiative gestärkt werden. Übergeordnetes Ziel war es, hier durch vertikale Vorwärtsintegration in Servicegeschäfte die Wertschöpfung in den Geschäften, in denen man tätig war, zu vergrößern.

Als Jeff Immelt am 1.9.2001 im Alter von 44 Jahren sein Amt als CEO und Chairman von GENERAL ELECTRIC übernahm, wusste er, dass es kein Leichtes sein wird, nach 20 Jahren Regentschaft von Jack Welch – in der der Wert des Unternehmens auf ein 50faches anwuchs – in die Fußstapfen dieser Managementlegende zu treten. Er hatte aber wohl kaum erahnt, wie groß diese Herausforderung tatsächlich für ihn sein wird. Bereits ein paar Tage nach seinem Amtsantritt, am 11. September 2001, sah er sich mit den Terrorattacken in New York und Washington konfrontiert, deren Folgen die Welt nachhaltig verändern sollten.

Jack Welch hatte den Konzern an eine Welt wachsender Unsicherheit und Komplexität angepasst. Strukturen und Systeme wurden auf eine Erhöhung der Flexibilität und Reaktionsfähigkeit ausgerichtet. Gleichzeitig nutze man gezielt die Größe des Konzerns. In seinem Vorgehen folgte er dabei im Kern einem recht einfachen Grundkonzept: Immer wieder lancierte er neue Effizienzsteigerungsprogramme. Den durch sie generierten Cash nutzte er dazu, um über M&A sich führende Positionen in den Geschäften aufzubauen, die man als zukunftsträchtig erachtete. Die anderen Geschäfte wurden nach und nach verkauft.

Für Jeff Immelt war es von Anfang klar, dass er diesen Kurs seines Vorgängers nicht fortsetzen konnte. Dies nicht nur wegen der Folgen der Terrorattacken, sondern zum einen weil viele der innovativen Methoden zur Effizienzsteigerung ihren Vorteil verloren hatten, da sie inzwischen auch zur Konkurrenz diffundiert waren. Zum anderen waren am Markt für Unternehmen nun auch die Private-Equity-Unternehmen als ernst zu nehmende Konkurrenten um attraktive Zielunternehmen aufgetaucht, was die Preise nach oben trieb. Er kam zu dem Schluss, dass er den Schwerpunkt einer *vierten Welle des Wandels von 2001 bis 2010* neu auf das Thema Innovation und organisches Wachstum zu richten hatte. Rückblickend reflektierte er in 2006 diesen Schwenk wie folgt: »*Als ich an die Spitze von GE kam, sah ich die Situation nach dem 11. September. Mir war klar: In den nächsten 10 bis 20 Jahren ist nicht viel Rückenwind zu erwarten. Der Markt würde globaler und stärker auf Innovation ausgerichtet sein. Unternehmen, die aus eigener Kraft wachsen, würden Erfolg haben. Um in diesem Umfeld zu bestehen, müssen wir GE verändern und Innovationen einen höheren Stellenwert einräumen.*«[48]

GE ist Ende 2014 ein Unternehmen mit 149 Mrd. USD Umsatz, über 305.000 Mitarbeitern, organisiert in fünf Divisionen, tätig in über 175 Ländern und einem F&E-Budget von 5.4 Mrd. USD.

Lernziele

- Erörterung der Frage nach der Gestaltbarkeit sozialer Systeme durch Führung
- Unterscheidung von inkrementalem und fundamentalem sowie evolutionärem und revolutionärem Wandel
- Diskussion verschiedener Change Management Ansätze

- Erläuterung des hier vertretenen Bezugsrahmens zur Entwicklung eines Prozessdesigns für strategischen Wandel
- Auseinandersetzung mit der Frage des richtigen Timings im Wandel
- Unterteilung eines Wandelzyklus in einen Phasenablauf
- Bildung thematischer Akzente bei komplexen Wandelvorhaben
- Erörterung des »role making« und »role taking« im Wandel
- Nutzung der verschiedenen Gestaltungsräume einer Organisation: Struktur, Kultur und Politik
- Aufzeigen von Möglichkeiten zur Evaluation von Wandelprogrammen

5.2.1 Wandel als Gestaltungsaufgabe

Wie in den vorangegangenen Arbeitsfeldern des SMN suchen wir an dieser Stelle nach einem Gestaltungsansatz für die Veränderungsarbeit, der im Kontext des SMN abgefasst ist. Dazu beschäftigen wir uns in einem ersten Teil mit der Frage, was den Unterschied zwischen einem inkrementalen und einem evolutionären oder revolutionären fundamentalen Wandel ausmacht (1). Von dort aus erfolgt – aufbauend auf den in Abschnitt 5.1 erörterten Theorien zur Entwicklung sozialer Systeme – eine Auseinandersetzung mit Fragen der Führung fundamentaler Wandelprozesse (2). Damit verbunden werden eine Reihe von Ansätzen zur konzeptionellen Erfassung und Gestaltung von Wandelprozessen vergleichend dargestellt (3). Danach kann dann auch ein eigener Ansatz und Bezugsrahmen zur Gestaltung der Prozesse im Feld Veränderung des SMN hergeleitet werden (4). Dabei soll die Veränderungsarbeit in Analogie zu einem Filmprojekt gebracht werden, um darüber den Begriff der Dramaturgie für das Change Management nutzbar zu machen.

(1) Unternehmensentwicklung als Sequenz von Epochen

Die Gestaltung von Veränderungsprozessen hängt u. a. davon ab, wie wir uns den Ablauf einer langfristigen Unternehmensentwicklung vorstellen. Eine Möglichkeit, dies zu tun, ist, dass wir eine solche Entwicklung als eine Sequenz von Epochen betrachten.

Inkrementaler Wandel innerhalb einer Epoche

Innerhalb einer Epoche findet dabei tendenziell nur **inkrementaler Wandel** statt; der Übergang von einer Epoche auf die andere stellt jedoch einen fundamentalen Wandel dar.

Als *Epoche* wird hier ein größerer unternehmensgeschichtlicher Zeitabschnitt bezeichnet, dessen Auslauf bzw. Ende durch einen einschneidenden Wandel der Verhältnisse gekennzeichnet ist. Jede Epoche kann mit bestimmten Grundauffassungen (*Paradigmen*) verbunden werden, die sich auch in der wahrgenommenen dominanten Logik eines Geschäfts ausdrücken. Sie stehen damit auch hinter den Anschauungen, welche Aktivitäten zu Erfolg führen und welche nicht.

Prägung einer Epoche durch ein Paradigma

Beim innerhalb einer Epoche stattfindenden inkrementalen Wandel geht es darum, das System innerhalb seiner bestehenden Logik zu optimieren. Die unternehmerische Aufgabe ist relativ klar; sie soll jedoch möglichst effizient erfüllt werden. Dies kann inkrementalen Wandel erfordern. Aber auch Irritationen des Systems (z. B. Preiskämpfe oder der Neueintritt von Wettbewerbern) können zu

5.2.1 Wandel als Gestaltungsaufgabe

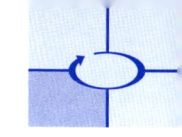

Veränderungen und Anpassungen führen. Grundsätzlich findet das System jedoch innerhalb der bestehenden Ordnungsmuster eine Lösung der Probleme, d.h., es ist stabil bezogen auf dieses Ordnungsmuster. Oft sind dazu nicht einmal Interventionen seitens der Führung erforderlich, sondern das System weiß selbst, was zu tun ist. Es kann in einer Epoche zwar auch *Episoden* von Versuchen eines fundamentalen Wandels gegeben haben, diese Versuche konnten sich jedoch nicht durchsetzen und blieben für die Unternehmensentwicklung belanglos.

Als **fundamentalen Wandel** kennzeichnen wir den Übergang von der einen Epoche zur anderen. In dieser Zeit des Übergangs besteht das alte Paradigma weiter neben dem neuen Paradigma, was oft seinen Ausdruck in *Paradigmenkämpfen* findet. Dies kann viele Jahre in Anspruch nehmen, insbesondere dann, wenn unsicher ist, ob sich das neue Paradigma durchsetzt oder nicht.

Fundamentaler Wandel als Prozess des Übergangs zwischen zwei Epochen

> **Fallbeispiel:** DAIMLER-BENZ (I)
> Bei DAIMLER-BENZ[49] begannen bereits 1971 die Überlegungen zur Diversifikation des Unternehmens. Aus einer kleinen Minderheit heraus wurden Pläne für ein neues Paradigma entwickelt. Dies geschah nicht aus der Not heraus (und auch noch vor der Ölkrise), sondern in Zeiten hoher Cashflows. Annahme war es, dass der Automobilmarkt gesättigt und der erwirtschaftete Cashflow in anderen Geschäften zu reinvestieren sei. Beginnend im Jahre 1985 wurden über ein Jahrzehnt für mehr als 12 Mrd. DM Unternehmen akquiriert. Letzte spektakuläre Akquisition in der Ära des damaligen Vorstandsvorsitzenden Edzard Reuter war 1994 der holländische Flugzeugbauer FOKKER, der kurz darauf – aber bereits unter dem neuen Vorstandsvorsitzenden Jürgen Schrempp – Konkurs ging. Die Flugzeugindustrie sah man als geeignetes Diversifikationsobjekt an, weil man Synergien zum Fahrzeuggeschäft vermutete (z.B. beim Einsatz von Elektronik und bezüglich des Baus leichter Karosserien). Doch die Vision eines »integrierten Technologiekonzerns« schien zumindest in der Umsetzung nicht zu greifen. Das Unternehmen schrieb hohe Verluste. Auch waren die Vertreter des alten Paradigmas, dass man sich auf den Fahrzeugbau konzentrieren soll, nie zum Schweigen gekommen. Als dann Jürgen Schrempp den Vorstandsvorsitz von Edzard Reuter übernahm, musste er sich zumindest nach außen hin noch auf die Vision des »integrierten Technologiekonzerns« verpflichten. Doch dies konnte nicht lange währen, denn die Probleme waren inzwischen zu groß geworden.
> Danach wurde ein straffer Sanierungskurs eingeschlagen. Man hat Randgeschäfte abgestoßen oder in kooperative Strukturen eingebracht. Das Führungssystem wurde neu ausgerichtet: Einerseits wollte der Vorstand nun die Geschäfte direkter mitsteuern; andererseits wurde mehr unternehmerische Verantwortung auf die mittleren Führungsebenen (Einrichtung von Profitcentern) übertragen. Parallel dazu wurde das Unternehmen auch mehr an den Erwartungen eines internationalen Kapitalmarktes ausgerichtet. Die Entwicklung des Aktienkurses blieb allerdings deutlich hinter den Erwartungen zurück.
> Im Jahr 1998 kam es dann – verbunden mit der Vision der »Welt AG« – zu der spektakulären Akquisition des US-amerikanischen Autobauers CHRYSLER sowie zur Einbringung der Luft-, Raumfahrt- und Verteidigungsaktivitäten in europäische Gemeinschaftsunternehmen (EADS etc.). Doch auch dieser zweite fundamentale Wandel hatte seinen Test auf Erfolg nicht bestanden. Die Rentabilität des eingesetzten Kapitals war für das Jahr 2000 auf 7,4 % (nach Steuern) gesunken; angestrebt waren 15,5 %; der Aktienkurs war dramatisch gesunken; die Marktkapitalisierung des neuen Gesamtkonzerns DAIMLERCHRYSLER war unter den Wert abgesunken, den DAIMLER-BENZ allein zum Zeitpunkt der Fusion mit CHRYSLER auszuweisen vermochte. Damit wuchs für Daimler paradoxerweise auch die Gefahr, selbst zum Gegenstand eines unfreundlichen Übernahmeversuchs zu werden. Inzwischen war auch noch eine keines-

Vision des integrierten Technologiekonzerns

wegs unproblematische 34 %ige Beteiligung an der angeschlagenen MITSUBISHI MOTORS CORPORATION hinzugekommen.

So stellte sich Anfang 2001 eine ganze Reihe von Fragen zum Wandel des Konzerns: Hatte sich das Unternehmen übernommen? Wurden die eigenen Kapazitäten (Stichwort »Managementdecke«) und Fähigkeiten zur Integration akquirierter Unternehmen überschätzt? Etc.

Modell der überlappenden S-Kurven

Man kann dieses Wechselspiel von inkrementalem und fundamentalem Wandel auch mittels des Modells der überlappenden S-Kurven wie in Abbildung 5-5 veranschaulichen. Jede S-Kurve versinnbildlicht grob die Leistungsentwicklung innerhalb des dominierenden Erfolgsmodells einer Epoche. Eine spezifische kollektive Form des Wahrnehmens führt hier zu einer immer wieder reproduzierten Art des Denkens und Handelns. Innerhalb jeder dieser Epochen versucht das System sein Leistungsniveau durch »Feinjustierung« zu verbessern. Der Zuwachs an Leistungsverbesserung wird gegen Ende einer solchen Phase jedoch immer geringer. Das System wird sogar an Leistung verlieren, wenn die Anforderungen sich zu ändern beginnen und die Anpassung noch nicht ausreichend erfolgt ist.

Eine zweite S-Kurve, basierend auf einer Gegenthese zum bestehenden Erfolgsmodell, läuft dann auf einem niedrigeren Leistungsniveau an. Dies deshalb, da das neue Paradigma noch nicht besonders weit entwickelt ist. Auf viele Fragen, auf die man im alten Muster Lösungen zu haben glaubte (auch wenn diese vielleicht schon längst nicht mehr passten), weiß man noch keine Antwort. Dies heißt auch, dass *eine erhöhte Risikobereitschaft* erforderlich ist, wenn man sich auf fundamentalen Wandel einlässt. Man weiß nicht, ob es tatsächlich zu einem fundamentalen Wandel kommt, und wenn, ob genau dieses neue Denkmodell sich durchsetzen wird. Im Erfolgsfall übertrifft dann nach einer Phase fundamentalen Wandels das Leistungsniveau der Organisation das der vorangegangenen Epoche.

Der Übergang ist demnach kein singuläres Ereignis, sondern ebenfalls eine *eigenständige Periode*. Deshalb betrachten wir fundamentalen Wandel auch als eine Episode von begrenzter Dauer mit zyklischem Charakter, allerdings mit losem Anfang und Ende.[50]

Die Übergangsphase von einer auf die andere S-Kurve kann – wie in Abbildung 5-5 geschehen – grob als *Glockenkurve* dargestellt werden, die den Umfang der Aktivitäten zur Erlangung des Wandels veranschaulichen soll. Auf ihrer Kuppe hat das System den Punkt höchster Instabilität erreicht. Die Plateaus neben der Kuppe fallen relativ breit aus, da es zum einen das Beharrungsvermögen vor dem Übergang und zum anderen die kritische Verlangsamung danach gibt. Diese Glockenkurve kann wiederum als Hüllkurve einer Vielzahl kleinerer Übergangsprozesse betrachtet werden.

Wie bereits in Abschnitt 5.1 angesprochen ist der Prozess, über den ein System – nach Überschreiten des Sattelpunktes der Glockenkurve – wieder ein stabiles Ordnungsmuster findet, ein Prozess der *Selbstorganisation*. Durch fremdorganisatorische Interventionen in die Rahmenbe-

Abb. 5-5: Fundamentaler Wandel als Übergang zwischen zwei Epochen

5.2.1 Wandel als Gestaltungsaufgabe

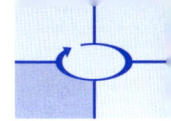

dingungen kann die Selbstorganisation begünstigt werden. Dies geschieht durch: (1) Anerkennung von *Systemkomplexität* (z. B. Verzicht auf einfache linear-kausale Entscheidungslogiken, Anregung von Netzwerkanalysen etc.), (2) Berücksichtigung der *Selbstreferenz* des Systems (z. B. durch Einsatz adäquater Verfahren zur Diagnose der Befindlichkeit, Einräumung von Diskussionszeit für Aspekte der Tiefenstruktur etc.), (3) Förderung von *Redundanzen* (z. B. durch heterarchische Strukturen) sowie (4) Gewährung von ausreichend *Autonomie*, damit die im System vorhandenen Potenziale zur Selbsttransformation zur Entfaltung kommen können.

Treiber fundamentalen Wandels: Die einen fundamentalen Wandel auslösenden Ursachen können sehr vielfältig sein:[51]

- *Umfeld:* Wirtschaftliche Einbrüche, Wettbewerbsdruck, Veränderungen in der Gesetzgebung etc.;
- *Wettbewerberstruktur:* Neue Allianzen, Akquisitionen, Kooperationen, vertikale Verknüpfungen der Wertschöpfungskette etc.;
- *Technologien & Methoden:* neue Verfahrens- oder Produkttechnologien, innovative Managementkonzepte etc.;
- *Struktur des Geschäftsportfolios:* Unterschiede in der Lebenszyklusposition verschiedener Geschäfte eines Unternehmens etc.;
- *Mitarbeiterstruktur:* Machtwechsel in der Organisation führt zu einer anderen Wirklichkeitswahrnehmung mit veränderten Prioritäten. *Generationswechsel* bringt anders ausgebildete und mit anderen Werten ausgestattete Mitarbeiter in die Unternehmen etc.

Teilweise durchlaufen ganze Branchen Phasen eines fundamentalen **Strukturwandels**, dem sich kaum ein Unternehmen zu entziehen vermag. So bringt z. B. der Trend zum autonomen und vernetzten Fahren neue Wettbewerber – wie etwa Google – auf die Landkarte der Automobilbranche. Oder in der Energiebranche setzen die Deregulierung, die Energiewende sowie der Trend zur dezentralen und autarken Energieversorgung die etablierten Wettbewerber unter Zugzwang. Auch in der Telekommunikation hinterlässt die *Liberalisierung* tiefe Spuren in der Wettbewerbslandschaft. Bei vielen klassischen Medienunternehmen (Printprodukte, lineares Fernsehen etc.) herrscht Endzeitstimmung auf Grund der Substitution durch neue digitale Angebote. Oder in der Nahrungsmittelbranche weiß man, dass die traditionelle Form der Nahrungsmittelproduktion angesichts der konstant anwachsenden Weltbevölkerung und des sehr hohen Anteils an der Schadstoffemission nach neuen Geschäftsmodellen ruft. In manchen Branchen kommt es aufgrund der *Globalisierung* zur direkten Konkurrenz von Organisationstypen, die bislang nicht miteinander im Wettbewerb standen. Beispiel ist hier der Wettbewerb zwischen den Universal- und Spezialbanken. Die *neuen Informations- und Telekommunikationstechnologien* oder auch *veränderte gesetzliche Rahmenbedingungen* können hier zu einer Neubildung der Branchengrenzen führen.

Neuformierung der Branchengrenzen

Fallbeispiel: Die »digitale Revolution« und das Geschäftsmodell der Banken
Die sogenannte »digitale Revolution« ist derzeit eine der Hauptursachen fundamentalen Wandels. Primär stehen hinter diesem Wandel vier Treiber: (1) Die Bequemlichkeit des Internet-Einkaufs wird traditionelle Vertriebskanäle zurückdrängen (Multi-Ka-

> nal). (2) Die Transparenz des Angebots wird im Commodity-Geschäft die Margen verfallen lassen. (3) Die reduzierten Transaktionskosten werden zu einer beschleunigten »Disintermediation« führen. (4) Der direkte Zugriff führt zur Umgehung von Vermittlern.
>
> Diese Treiber haben einen starken Einfluss auf verschiedene Branchen. Besonders davon betroffen sind die Finanzdienstleistungen, wo z. B. die klassische Rolle der Bank als Vermittler zwischen Geldsuchenden und Geldverleihenden obsolet zu werden droht. Das klassische Bankgeschäft baute größtenteils auf Markteffizienzen und Friktionen auf: Man verdiente sein Geld primär mittels weitgehend risikoarmer Vermittlungsgeschäfte (z. B. Brokerage-, Unternehmens- und Immobilienkreditgeschäfte). Mit den Einnahmen daraus querfinanzierte man teure und oftmals ineffiziente Vertriebs- und Geschäftsinfrastrukturen. Die Frage, die daraus erwächst, ist, in welcher Form die Institution Bank angesichts der veränderten Wahrnehmung der Funktion »Banking« eine Zukunft hat und welche Rollen sie zu einer nachhaltigen Wertschaffung dabei einnehmen kann. Vieles weist dabei in Richtung Beratung (bei komplexen finanziellen Entscheidungen wie etwa M & A), Transformation von Risiko und die Durchführung von Transaktionsprozessen.

Evolutionärer und revolutionärer Wandel: Fundamentaler Wandel kann in *evolutionärer* oder *revolutionärer* Form erfolgen. Ein eher evolutionärer Übergang geschieht dann, wenn das System durch organisatorische Lernprozesse seine Grundannahmen verändert und nun einer anderen Operationslogik zu folgen beginnt.[52] Das Eintreten in eine neue Epoche kann aber auch Ergebnis eines »Anpassungsstaus« sein, der sich nun Bahn schafft. Eine Kumulation auftretender Probleme, die bislang isoliert im alten Kontext bearbeitet wurden (z. B. Anpassung der Aufbauorganisation), macht deutlich, dass man sich in einem grundsätzlicheren Veränderungsprozess befindet, auf den man sich nun auch einlassen muss. Vielleicht befindet man sich sogar schon in einer akuten Krise. Ein Anpassen nur einzelner Stellgrößen einer ehemaligen Erfolgskonstellation würde nur zu Misfits zwischen diese Größen führen. Es bedarf nun – als Wechsel vom Momentum zum Quantum – eines kompletten Umbruchs. Ein Festhalten am alten Zustand würde auch die Anzahl der später für den Wandel zur Verfügung stehenden Ressourcenoptionen reduzieren.

Für beide Formen des fundamentalen Wandels gibt es gute Argumente: Für ein eher evolutionäres Vorgehen spricht, dass auch durch viele kleine Schritte in einer lernenden Organisation grundsätzlich Neues geschaffen werden kann. Andernfalls hat man mit erheblichen Widerständen zu rechnen.[53] Dagegen stehen Untersuchungen, die herausgefunden haben, dass erfolgreiche Unternehmen sich häufiger einem revolutionären Wandel unterziehen.[54] Dieser würde sogar die Widerstände mindern, denn die Organisation stünde aufgrund des krisenhaften »Anpassungsstaus« unter einem gewissen Leidensdruck, der sie gefügiger machen würde. Im konkreten Wandelfall stellt sich allerdings die Situation nicht ganz so schwarz-weiß dar. So kann es z. B. auf der Oberflächenstruktur zu Quantensprüngen kommen (z. B. radikale Restrukturierung des Geschäftsportfolios), während man das Nachführen der Tiefenstruktur eher im Sinne einer lernenden Organisation betreiben kann. Problem eines fundamentalen Wandels ist, dass es im konkreten Fall äußerst schwierig sein kann, seine Notwendigkeit zu erkennen. Unsere Sinnesorgane sind darauf ausgerichtet, eher das Bestehende zu bestätigen, als neue Informationen in ihrer Bedeutung zu erkennen, da wir diese vor dem Hintergrund der dominanten Denkrahmen interpretieren.

Tendenz, das Bestehende zu bestätigen

5.2.1 Wandel als Gestaltungsaufgabe

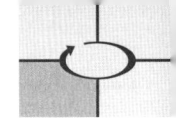

Fallbeispiel: Paradigmenwechsel in der Computerindustrie
In den 80er-Jahren war die Computerbranche weitgehend vertikal organisiert. Wettbewerber wie IBM oder DEC (DIGITAL EQUIPMENT) versuchten die gesamte Wertschöpfungskette von der Chipherstellung bis zum Vertrieb zu beherrschen. Mit zunehmender Reife des Geschäfts bildeten sich allerdings Spezialisten heraus, die auf den einzelnen Wertschöpfungsstufen den Pionieren dieses Geschäfts überlegen waren. Man vergleiche dazu die Abbildung 5-6. Die Logik des Geschäfts kippte von einer vertikalen in eine horizontale Struktur. Bei den etablierten Unternehmen hat man dies jedoch lange nicht wahrgenommen und wollte es wohl auch nicht. Aus der Sicht z.B. des Blue Chip IBM unterschätzte man notorisch die Vertreter des neuen Paradigmas, was das Unternehmen 1991 in seine bislang schwerste Krise führte, die 1993 mit einem negativen Net Income von etwa 8 Mrd. USD (bei Einnahmen von gut 60 Mrd. USD) ihren Höhepunkt hatte. Die Ursachen der Krise waren vielgestaltig: ungeeignete Produkte, zu langsame Prozesse, geringe Kundennähe, unbewegliche und bürokratische Organisation etc.

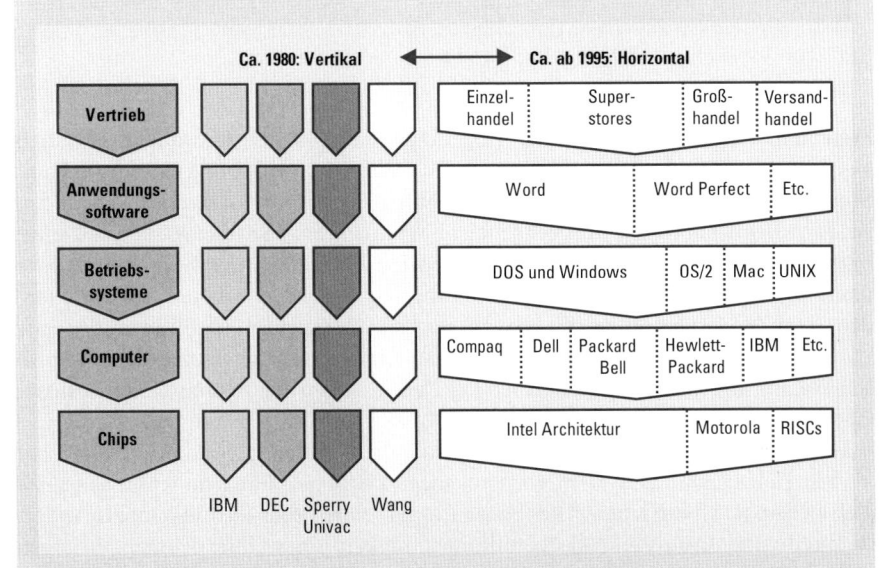

Abb. 5-6: Strukturwandel in der Computerindustrie (Quelle: Grove 1996)

Dieser Übergang wurde auch einem technisch so exzellenten Unternehmen wie DEC zum Verhängnis. Anfang 1998 erwarb der Computerhersteller COMPAQ für 9,6 Mrd. USD DEC, was einem Direktangriff auf den Branchenersten IBM, aber auch auf HEWLETT-PACKARD gleichkam. Dies war bis dato auch die größte Transaktion in der Geschichte dieser Branche. Auch DEC war eines der Pionierunternehmen der Branche, das viel zu lange an den alten Erfolgsmustern kleben blieb. Noch 1998 verfügte man z. B. über ein eigenes Chip-Unternehmen (ALPHA). Erst Ende 1997 wurde das Geschäft mit Networking-Ausrüstungen abgestoßen.

COMPAQ war dagegen ein noch relativ junges Unternehmen – gegründet im Jahr 1982 –, das sich auf die Herstellung und den Vertrieb von PCs konzentriert hatte und dort 1998 – mit einem weltweiten Marktanteil von 13,5 % – auch die Nr. 1 war. Mit der Akquisition von DEC wollte man seine Entschlossenheit demonstrieren, aus dem reinen PC-Segment auszutreten. Dass man sich in Richtung der Kernanwendungen der EDV erweitern wollte, zeigte auch der Zukauf von TANDEM (für etwa 3 Mrd. USD).

Diese Übernahme stellte in der Computerindustrie auch eine Art Generationswechsel dar. Sie vollzog und symbolisierte den Übergang der Macht auf die jungen Unternehmen. Dabei darf nicht vergessen werden, dass Kenneth Olsen, der Gründer und CEO von DIGITAL, sich noch 1977 nicht vorstellen konnte, dass Computer auch ein-

> mal eine bedeutende Rolle im privaten Bereich einnehmen würden: *»There is no reason for any individual to have a computer in his home.«*
> Die Übernahme von TANDEM, DIGITAL und einer Reihe kleinerer Unternehmen stellte eine große Chance für COMPAQ dar. So verbreitete man nicht nur die Produktbasis nach oben, sondern erhielt nun gleichzeitig ein dichtes, weltweites Servicenetz. Natürlich war damit aber auch eine große Herausforderung für das Management verbunden: Zum einen galt es, die Know-how-Träger dieser für COMPAQ neuen Technologien und Produkte motiviert im Haus zu halten; zum anderen hatte man es mit einem deutlich anspruchsvolleren Kunden als bislang zu tun, der auch bei Laune gehalten werden musste. Generell sollte es darum gehen, dass man den schon fast sprichwörtlichen »Drive« von COMPAQ auch DIGITAL einhaucht. Das dies nicht so einfach zu sein schien, lässt sich daraus ablesen, dass sich COMPAQ im April 1999 von seinem CEO Pfeiffer getrennt hat. Ende 2001 wurde COMPAQ für 25 Mrd. USD durch HEWLETT-PACKARD übernommen.
> Betrachtet man die aktuellen Entwicklungen der Computerindustrie, so weist einiges darauf hin, dass das Pendel wieder etwas zurückschwingt. Erneut stellt sich die Frage, welche der führenden Unternehmen in der Lage sein werden, erfolgreich aus diesem Wandel hervorzugehen, und welche untergehen werden.

Systementwicklung als Folge von Ordnungszuständen

Systementwicklung kann also als eine Folge von Ordnungszuständen begriffen werden, zwischen denen es eine längere Periode eines evolutionären oder revolutionären Übergangs gibt, die mit einem hohen Maß an Unsicherheit verbunden ist. Einem solchen Übergang geht meist eine kritische, selbstverstärkende Destabilisierung des Systems voraus. Dies hat seinen Grund in der Neigung des Systems, bei nur kontinuierlicher Veränderung von Systemparametern im bestehenden, stabilen Zustand verweilen zu wollen (*Hysterese*). Nachdem der alte Ordnungszustand seine »Attraktion« verloren hat, kommt es zu einem »kritischen Langsamwerden«: Es wird etwas Zeit in Anspruch nehmen, bis ein neuer Ordnungszustand entsteht.

Übergangsphasen sollten so kurz als möglich gehalten werden – aber nicht kürzer. D. h., dass das System wegen seines »kritischen Langsamwerdens« seine Zeit benötigt. Übertriebener zeitlicher Ehrgeiz wirkt hier dysfunktional. Andererseits reduziert Instabilität die Handlungsfähigkeit eines Unternehmens bezogen auf die normalen betrieblichen Abläufe. Dies ist der Preis für die erhöhte Sensibilität und Flexibilität. Die Organisation begibt sich hier gewissermaßen ins Spagat und muss diesen Trade-off immer wieder neu bestimmen. Eine Möglichkeit,

Begünstigung von Instabilität im Übergang

Wandel zu fördern, ist, in Übergangssituationen Instabilität bewusst zu begünstigen. Dies kann z. B. durch geplante Irritationen des Systems geschehen. Es kann angenommen werden, dass Menschen in Phasen der Instabilität sowohl beeinflussbarer (wegen der empfundenen Unsicherheit) als auch kreativer (wegen der Suche nach Ordnung) sind. Hat man einen positiven Zugang zum Wandel, so sieht man ihn auch als Chance, sich endlich einiger »heiliger Kühe« entledigen zu können. Dass man diese Unsicherheiten ausnutzen möchte, kann natürlich auch kritisch gesehen werden.

(2) Führen und Lernen im fundamentalen Wandel

Systemgerechte Interventionen

Es ist nun naheliegend, dass die Möglichkeiten des Intervenierens durch das Management bei inkrementalem Wandel innerhalb einer Epoche anders zu beurteilen sind als bei fundamentalem Wandel. Unser Interesse gilt den Möglichkeiten

5.2.1 Wandel als Gestaltungsaufgabe

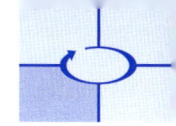

der strategischen Führung bei fundamentalen Veränderungsprozessen: Wie kann hier im Kontext des vorgetragenen Systemverständnisses das Unternehmen noch sinnvoll über Interventionen geführt werden? Wie kann der Forderung nach »*systemgerechten*« *Interventionen* entsprochen werden, also nach Führungsimpulsen, die der Logik des zu transformierenden Systems zumindest insoweit entsprechen, als dass sie durch das System nicht umfassend abgewiesen werden?

> **Exkurs: Der Segler und seine alternativen Handlungsstrategien**[55]
> Zieht man das Beispiel eines Steuermanns auf einem Segelboot heran, so sind diesem – wie in Abbildung 5-7 dargestellt – je nach *Systemzustand* (stabil versus instabil) und *Systemstruktur* (einfach versus komplex) vier unterschiedliche Handlungsstrategien zu empfehlen. *Stabil* ist ein Systemzustand dabei dann, wenn sich das System relativ regelhaft entwickelt. Mit zunehmender *Instabilität* entfaltet das System jedoch Eigendynamik, die nicht mehr vorhersagbar ist. Damit kann das System auch nicht mehr planerisch optimiert werden. Die Fähigkeit der flexiblen Anpassung ist nun gefragt, wobei in einfachen Situationen das Zufallsverhalten als Anpassungsstrategie ausreicht. *Komplex* ist die Systemstruktur, wenn sie durch eine weitgehend unüberschaubare Anzahl von Faktoren beeinflusst wird.

- *Steuerung:* Das Schiff befindet sich auf hoher und ruhiger See. Der Wind ist konstant. Die Gewässer sind bekannt. Es gibt keine Untiefen. Unser Segler kann sein Schiff leicht durch fast »automatisches« Handeln auf Kurs zum Zielhafen halten. Die Prozesse lassen sich mittels einfacher Ketten linearer Kausalabfolgen beschreiben.
- *Regelung:* Nun nähert sich das Schiff einer bekannten Küste. Unser Segler muss einer Fahrrinne folgen, da es hier Untiefen gibt. Die Situation ist für ihn komplexer geworden. Trotzdem verfügt er über ein bekanntes Regelwerk (Seezeichen, Seekarte, Tiefenmesser etc.), das ihm eine Kursbestimmung in Richtung seines Ziels ermöglicht. Dieses nicht ganz einfache und ineinander verschachtelte Regelwerk ermöglicht ihm, durch rational-logisches Handeln seinen Kurs immer wieder anzupassen, wenn es zu bestimmten Soll-Ist-Abweichungen kommt (negative Rückkopplung).
- *Reagieren:* Nun hat unser Segler das angestrebte Hafenbecken erreicht und ist auf dem Weg zu seinem Liegeplatz. Die Situation ist für ihn einfach, da der Hafen überall über eine ausreichende Tiefe für sein Schiff verfügt. Da es sich aber um einen großen Hafen mit vielen Booten an einem schönen Segeltag handelt, muss er auf plötzlich aus ihren Liegeplätzen herauskommende Schiffe achten. Damit ist sein Weg durch den Hafen nicht vorausschaubar. Durch unmittelbares Ausprobieren einfacher »Weg-Szenarien« nach dem Prinzip »Versuch und Irrtum« wird er jedoch seinen Liegeplatz sicher erreichen können.
- *Selbstorganisation:* Eines Tages aber bricht unser Segler mit Freunden zu einer abenteuerlichen Entdeckungstour auf. Er mietet ein Schiff in Gewässern, von denen es keine ordentliche Seekarte gibt. Auch die vielfäl-

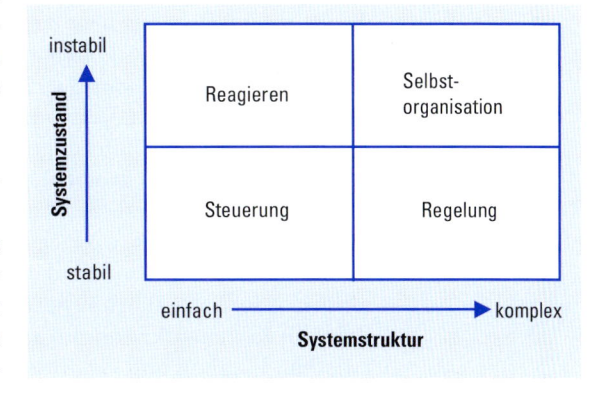

Abb. 5-7:
Vier Handlungsstrategien (Quelle: Kruse 1994)

tige Inselwelt und die Küste sind noch weitgehend unbekannt. Die ganze Mannschaft ist zum ersten Mal in dieser Gegend. Nun bleibt der Mannschaft nur noch das Vertrauen auf ihre Intuition und das Verfolgen einer Vision, an die sie alle glauben. Sie befinden sich in der Situation der großen Entdecker. Wichtig ist nun, dass sie sensibel alle Signale wahrnehmen, die sich ihnen als Anhaltspunkte anbieten, und dass sie auch allen an Bord zur Verfügung stehenden Interpretationsmustern dieser Signale Aufmerksamkeit schenken. Flexibel und bereitwillig müssen sie sich auch auf vorerst vielleicht unbedeutend erscheinende Veränderungen einlassen. Der Kurs leitet sich aus einem permanenten wechselseitigen Abgleich zwischen den bisherigen Zielvorstellungen, den angetroffenen Bedingungen sowie der Belastbarkeit von Mannschaft und Material ab. Das jeweilige Handeln der Gruppe wie auch die Aufgabenverteilung sind Resultat einer aus der Situation entstehenden *eigendynamischen Ordnungsbildung*. Das Funktionieren dieser Verhaltensmuster in der Mannschaft kann über Leben und Tod entscheiden.

Sensibilität und Flexibilität sind gefordert

Was kann nun eine »klassische Führung« in solch einer instabil-komplexen Situation tun? Klassisches Steuern, Regeln oder ein dauerhaftes Versuch-und-Irrtum-Verfahren wären nicht nur falsch, sondern verhängnisvoll. Glaubt die Führung, dass ihre Aufgabe im Steuern liegt, dann wird die notwendige Sensibilität und Flexibilität sich nicht entfalten können. Beide Fähigkeiten sind jedoch Voraussetzung für Wandel. Beides kann auch nicht per Anordnung organisiert und delegiert werden, sondern muss sich selbst entwickeln. Führung muss also auch dafür Sorge tragen, dass die Entfaltung des Neuen so wenig wie möglich behindert wird. Organisation behindert Selbstorganisation.

Selbstorganisation begünstigen

Fremdorganisation zur Intervention in Selbstorganisation: Interventionen entstammen einer eigenen Rationalität – und zwar der Rationalität, die dem System entspricht, welches sie bei der Entscheidungsfindung zur Anwendung bringt. Bei einem Großunternehmen ist anzunehmen, dass in ihm verschiedene soziale Systeme repräsentiert sind. So dürfte eine Holding entsprechend einer anderen Rationalität handeln als etwa die Geschäftsbereiche. Damit wird das intervenierende System zur »Außenwelt« des zu verändernden Systems; Interventionen verkörpern dann Fremdorganisation.

Dies bedeutet auch, dass die Rationalität des Teilsystems, aus dem die Interventionen kommen, keineswegs mit der Rationalität des durch die Interventionen zu verändernden Teilsystems übereinstimmen muss. Dies hängt entscheidend davon ab, inwieweit es über die vergangenen Jahre gelungen ist, Kommunikationsplattformen einzurichten und wirkungsvoll zu betreiben, die die Entwicklung eines »*shared understanding*« zwischen Führung und Geführten ermöglicht hätten. Dieses »shared understanding« sollte in turbulenten Zeiten kontinuierlich auf seine Gültigkeit hinterfragt werden. Dazu muss Strategiearbeit jedoch vor Ort zu den Geführten gebracht werden und Eingang in deren Alltag finden. Nur so können die erforderlichen Lernprozesse der Organisation die für ein Überleben im heutigen Wettbewerb erforderliche Geschwindigkeit erhalten. Mit zunehmender Wandelintensität werden die relativen *Kommunikationsdefizite* im Allgemeinen jedoch als zunehmend empfunden (auch wenn vielleicht absolut mehr Zeit für Kommunikation aufgebracht wird). D.h., die Verständigungsdistanz zwischen Führung und Geführten wächst, womit auch die Entwicklung der Ra-

5.2.1 Wandel als Gestaltungsaufgabe

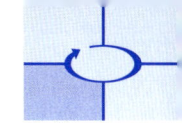

tionalitäten, nach denen sich die Handlungsmuster bilden, zwischen beiden divergiert. Damit ist nicht nur der Abstand zwischen der ersten und vielleicht siebten Ebene gemeint, sondern durchaus schon der wechselseitige Abstand zu den direkt unterstellten Führungsebenen. Ein Holding-Vorstand ist deshalb in solchen Phasen auch immer einer besonderen Gefahr der »*vereinsamten Rationalisierung*« ausgesetzt.

Divergierende Rationalitäten

> **Fallbeispiel: DAIMLER-BENZ (II)**
> Die Veränderungen bei DAIMLER-BENZ in den 90er-Jahren waren stark durch die Divergenz über die Ziele des Unternehmens und des grundlegenden Wandels geprägt. Die Auslegung der Zielvorstellungen und der notwendigen Schritte zu ihrer Umsetzung wichen zwischen den Führungskräften teilweise sehr stark voneinander ab. Nicht selten wurden die formulierten Ziele sogar als falsch oder gescheitert angesehen, während sie von der intervenierenden Führungsebene noch offiziell verfolgt wurden. Daran veränderte auch das im Oktober 1992 eingeführte Leitbild des Konzerns nichts. Auch wurden die Vision des »integrierten Technologiekonzerns« und die notwendigen Fähigkeiten zu deren Umsetzung selbst von den Mitgliedern des Topmanagements unterschiedlich gewichtet und sehr verschieden interpretiert.

Aufgabe der Führung ist es jedoch, immer dort Gestaltungsimpulse zu geben, wo Selbstorganisation dysfunktionale Entwicklungen zeigt. Mit Fremdorganisation soll also dort der bestehenden Form von Selbstorganisation entgegengewirkt werden, wo aus Sicht der verschiedenen Anspruchsgruppen die Nutzenstiftung des Systems gefährdet ist. Interventionen (und ihre Nebeneffekte) stellen dabei aber immer nur einen *Versuch* dar, die Mechanismen der Selbstreproduktion zu verändern, damit das System zu einer anderen Form der Selbstorganisation findet. Diese Versuche müssen möglichst direkt und umfassend im Hinblick auf ihre Wirkungen beobachtet werden, um frühzeitig neue und eventuell korrigierende Versuche starten zu können.

Interventionen in die Selbstorganisation

Interventionen werden also durch das System, in welches interveniert wird, immer zuerst »überprüft«: Inwieweit passt die »externe« Rationalität der Intervention (als Ausdruck von Fremdorganisation) zur »inneren« Rationalität der Selbstorganisation des Systems? Widerspricht die externe zu stark der inneren Rationalität, dann wird sie durch das System als zu ignorierend eingeordnet. Falls das System seine Identität durch die Intervention bedroht sieht, werden Abwehrmechanismen dagegen entwickelt.

Diese Überlegungen haben auch zur Konsequenz, dass Führungsinterventionen in bestehende Systeme notorisch unzureichend sind. Mit einer Intervention will man natürlich das Unternehmen genau an die Anforderungen des Geschäfts anpassen. Da diese sich jedoch laufend ändern, würde man eine beliebige Flexibilität des Systems voraussetzen, d. h., dass sich das System in seiner Entwicklung uneingeschränkt von seiner Vergangenheit lösen könnte. Da dies aufgrund der Reproduktion des Systems aus seiner eigenen Historie jedoch praktisch nie der Fall sein wird, kann eine Intervention das Unternehmen eben immer nur der Befindlichkeit entsprechend »bestmöglich« an das Umfeld anpassen. Gerade traditionsreiche Großunternehmen haben zuerst besonders viel zu »vergessen«, wenn sie sich ändern wollen.

Interventionen systemgerecht zu verfassen heißt also, die Balance zu finden zwischen einer maximal denkbaren Beeinflussung der Eigendynamik und einem tolerablen Ausmaß an Untererfüllung der Geschäftsanforderungen. In dem dadurch geöffneten Lösungsraum muss sich dann auch die vorgenommene strategische Positionierung des Geschäfts befinden.

> **Exkurs: Hybris und Humilität**
> Im Griechischen bilden die Worte Hybris und Humilität ein Gegensatzpaar. Mit der »Hybris« wird der frevelhafte Übermut des Helden beschrieben, der glaubt, dass seine vergangenen Erfolge im Kampf Grund genug für seine weiteren Erfolge seien: Er weiß wie er zu intervenieren hat, um anschließend als Sieger den Platz zu verlassen. Mit der »Humilität« ist die Demut gegenüber dem Schicksal, dem, was die Götter mit einem vorhaben, oder eben dem, wie die Dinge ihren Lauf nehmen, angesprochen.

Notwendige Akzeptanz der Eigendynamik

Auch noch so tatkräftige Manager sollten die Eigendynamik eines komplexen Systems akzeptieren (lernen) und ihr beim Design von Veränderungsprozessen ausreichend Rechnung tragen. Wenn es zu einer fortgesetzten Unterdrückung der Selbstorganisation durch nicht ausreichend systemgerechte Interventionen kommt, dann verliert das System nach und nach von seiner Varietät, die es zur Bewältigung der bestehenden Aufgabenkomplexität so dringend benötigt. Es entsteht ein *Dauerschaden*, der – wenn überhaupt – nur sehr zeitaufwendig wieder behoben werden kann.

Herstellung »vernünftiger Verhältnisse«: Die Wahrnehmung einer Führungssituation durch eine Führungskraft ist Ergebnis ihrer Erfahrungen und Erwartungen. Mit zunehmender Komplexität der Führungssituation reichen aber diese Erfahrungen und Erwartungen nicht mehr aus, um zu eindeutigen Wahrnehmungen zu gelangen.

Dies zwingt Entscheidungsträger wiederum zu subjektiven Interpretationen, was in Entscheidungsarenen – angesichts individueller Erfahrungshintergründe und Erwartungsmuster – auch zu unterschiedlichen Wahrnehmungen der Situation führt. Angesichts eines offensichtlichen Mangels an »objektiven« Interpretationsmustern sucht man in der Unsicherheit vermehrt Halt z. B. an Symbolen oder Einflusspotenzialen. So wird z. B. aus der Professionalität der »Inszenierung« eines Wandelprogramms auch auf dessen inhaltliche Richtigkeit geschlossen. Oder man definiert die Priorität der Handlungsfelder in einem Wandelprogramm so, dass man möglichst weitreichend Einfluss und Kontrolle über sie hat.

Mehrdeutigkeit der Führungssituationen

Angesichts der enormen Komplexität eines fundamentalen Wandelvorhabens in einem Unternehmen hat man also auch mit einem hohen Maß an Mehrdeutigkeit der Führungssituationen zu rechnen. Dadurch wird rationales Verhalten grundsätzlich limitiert. Phänomene wie Kultur und Macht üben dann einen großen Einfluss auf Entscheidungen in sozialen Systemen aus.

Daraus haben wir die Konsequenz gezogen und sagen, dass wir, den Bestimmungen des Vernunftinteresses folgend, uns mit den in fundamentalen Wandelprogrammen bestehenden Möglichkeiten zur *Herstellung »vernünftiger Verhältnisse«* beschäftigen wollen.[56]

Obgleich die innere Komplexität eines Projekts fundamentalen Wandels wie erwähnt sehr groß ist, wird sie in Zeiten eines strukturellen Wandels des Umfeldes trotzdem ein besonders starkes Gefälle gegenüber der Komplexität des externen Umfeldes zeigen. Eine vollständige Beherrschung des Wandels würde aber voraussetzen, dass sich die Innen- und die Außenkomplexität entsprechen. Es verbleibt also ein erheblicher Rest an Unbestimmtheit der Systementwicklung.

5.2.1 Wandel als Gestaltungsaufgabe

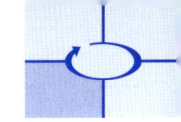

»Reframing« der wahrgenommenen Wirklichkeit: Wenn wir akzeptieren, dass unterschiedliche Rationalitäten zum gleichen Betrachtungsgegenstand bestehen können, dann liegt die (konstruktivistische) Annahme nahe, dass Wahrnehmung ein Prozess der *Wirklichkeitskonstruktion* ist. Die Art und Weise, wie jemand etwas wahrnimmt, wird durch seine »kognitive Landkarte« bestimmt. Sie definiert unseren Lernstil und unsere Lernkapazitäten. Die »Brille«, mit der wir beobachten, repräsentiert unsere Denkstrukturen, die wiederum eng verknüpft sind mit unseren Erfahrungen und Erwartungen. In diesen Denkstrukturen sind auch die – oben angesprochenen – sozialen Regelwerke abgebildet, die treibende Kraft der Eigendynamik eines sozialen Systems sind. Anschlusshandeln wird also sowohl durch das Kollektiv, in dem wir uns bewegen, als auch durch individuelle Besonderheiten geprägt (*Multikausalität*).

Wahrnehmung ein Prozess der Wirklichkeitskonstruktion

Das System erhält nun permanent aus seinem Umweltsystem Impulse. Diese werden mittels der kognitiven Landkarten interpretiert. Dadurch entsteht für den Beobachter ein Bild der »Wirklichkeit«. Eine Geschäftsleitung rekonstruiert auf diese Art und Weise z. B. die Logik eines Geschäfts und leitet daraus ihr Geschäftsmodell ab. Dabei ist es höchst unwahrscheinlich, dass irgendwo exakt dieses Modell nochmals existiert – auch nicht bei einem engen Wettbewerber und auch nicht bei den eigenen Mitarbeitern.

Aufbauend auf dem wahrgenommenen Bild der Wirklichkeit öffnen sich dem Beobachter nun die dem System zur Verfügung stehenden Verhaltensoptionen. D. h., die Selektion der Optionen geschieht durch die kognitive(n) Landkarte(n) der Beobachter. So wird auch entschieden, ob einer Führungsintervention Sinn beigemessen wird oder nicht. Daraus entwickeln sich nun viele verschiedene und sich überlagernde Handlungsstränge im System. Dieses Handeln ist immer mit Entscheidungen verbunden. Dabei können die Entscheidungen fast unbewusst und implizit gefällt werden. Teilweise versucht man aber auch durch explizite und offizielle Entscheidungen Zäsuren in diesen Prozessen zu setzen, die bestimmtes Handeln auslösen sollen. Gehandelt wird im System aber auch ohne diese offiziellen Entscheidungen. Oft ist sogar das Umgehen der offiziellen Entscheidungen (»by-pathing«) explizite Absicht des Handelns. Die Ergebnisse, die das Handeln zur Folge hat, werden wiederum auf Basis der kognitiven Landkarte(n) evaluiert, womit der Prozess wieder von vorne beginnt.

Auf einer Mikroebene wird dieser Prozess oft mehrfach in kürzester Zeit durchlaufen. Die Handlungsentscheidung eines Einzelnen kann z. B. in der Sitzung einer Entscheidungsarena im Experimentieren mit einer bestimmten Verhandlungstaktik liegen. Der »offizielle Prozess«, in dem z. B. eine Analyse des Geschäftsumfeldes verabschiedet wird, Optionen benannt und auf ihre Vor- und Nachteile durchleuchtet werden und mit explizit gemachten Begründungen dann eine Optionen ausgewählt und zur Entscheidung gebracht wird, ist nur einer von vielen simultanen Durchläufen dieser Schrittfolge. Alle diese Durchläufe konkurrieren untereinander und so wird – wie bereits ausgeführt – auch der »offizielle Prozess« durch die Selbstorganisationsmechanismen des zu verändernden Kollektivs auf Akzeptanz überprüft.

Fundamentaler Wandel, der nachhaltig wirken soll, setzt deshalb an den *kognitiven Strukturen* des sozialen Kollektivs an. D. h., man muss durch das Angebot alternativer »Brillen« versuchen, konkurrierende Wahrnehmungen der Wirklichkeit aufzuzeigen. Jede einmal gewählte und auch eingeübte Sichtweise definiert, wo und wie wir die Gestaltungsmöglichkeiten (und damit auch die

Hindernisse) im Wandel sehen. Unser Lösungsraum wird also durch die Art, wie wir auf Organisationen schauen, definiert. Mit jeder »Brille«, die wir dazu aufsetzen, selektieren wir die zur Verfügung stehenden Möglichkeiten. Jede »Brille« öffnet neue Optionen, blendet aber gleichzeitig andere aus.

Daraus soll sich eine erweiterte Auswahl an zur Verfügung stehenden Optionen ergeben. Durch systemexterne Beschreibungen (z. B. durch eine Führung mit Interventionsabsicht) soll die Innenkomplexität angereichert werden, um adäquatere Entwicklungsoptionen mit Blick auf die externe Komplexität entwickeln zu können. Das »*Reframing« der Wirklichkeit* wird damit zur Therapie eines mit Dysfunktionalitäten konfrontierten Systems. Umdeutungen sollen ein neues Verstehen ermöglichen, sollen neue Sinnzuweisungen anregen. In einem Interview hat z. B. Bill Gates erwähnt, dass er die grenzenlose Suche nach solchen konkurrierenden Beschreibungen mit als seine Hauptaufgabe bei der Führung von MICROSOFT ansieht.

Neues Verstehen, neue Sinnzuweisungen

Soll ein Unternehmen fundamental gewandelt werden, so muss das Unternehmen seine Sichtweisen ändern. Wandel findet nur dort statt, wo die Fähigkeit besteht, die Unterschiede zwischen den tatsächlich an das System gestellten Erwartungen und den Ergebnissen unseres Handelns mental zu erfassen und zu bearbeiten. Soll verändertes Verhalten dabei nicht nur kurzfristig unter Druck erzeugt werden, sondern nachhaltig wirken, dann müssen diese Widersprüche durch die zu transformierende Einheit selbst prozessiert werden, da sie sich eben nur selbst transformieren kann. In Phasen des Wandels sollte man also möglichst intensiv und auch gemeinsam die »Brillen« wechseln, um die Wahrnehmung organisatorischer Wirklichkeit dadurch anzureichern. De facto gibt es aber meist eine »automatische« Tendenz, die genau in die Gegenrichtung weist.

Sichtweisen ändern

Daraus ergeben sich auch Konsequenzen für die Art und Weise, wie Unternehmen den Fortschritt ihres eigenen Wandels analysieren. Kommen wir schnell genug voran? Geht es in die richtige Richtung? Dass hier ein klassisches Controlling nicht ausreicht, ist nahe liegend. Ein Beobachtungsmodell muss in der Lage sein, verschiedene Standpunkte, zur Anwendung gelangende theoretische Bezugsrahmen, Erfahrungen, Annahmen, Erwartungen, Einstellungen, Interessenlagen etc. aufzudecken und sie einer offenen Diskussion zugänglich zu machen. Es muss zum Perspektivenwechsel anregen.

Damit machen wir auch die Art, *wie* wir beobachten (also was für eine Art von »Brille« wir aufhaben), zum Gegenstand unserer Beobachtung. Diese »*Metakognition«* wird damit zum kritischen Erfolgsfaktor fundamentalen Wandels. Kognition kann demnach Ergebnis und Quelle von Führung sein. Es soll damit das System angeregt werden, dass neue »Attraktoren« für unsere Kugel in Abbildung 5-3 entstehen bzw. exploriert werden, wenn sie eine der Kuppen ihrer Hügellandschaft überwindet. Damit wird auch davon ausgegangen, dass die »Saat« für neue Ordnungsmuster im bestehenden Muster bereits vorhanden ist. Ein solches »Reframing« kann sich auch auf die Rahmenbedingungen beziehen, womit sich der Zeitpunkt des Übergangs zwischen zwei Ordnungsmustern beeinflussen lässt.

Oberflächen- und Tiefenstruktur: Eine andere Sichtweise, organisatorische Veränderung zu strukturieren und zu generieren, besteht in der Bildung von Strukturebenen einer Organisation.[57] Damit sollen wiederum Interventionen differenzierter ausgerichtet werden können.

5.2.1 Wandel als Gestaltungsaufgabe

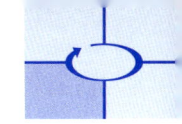

Unternehmen betrachten wir – wie bereits weiter oben ausgeführt – als organisierte soziale Systeme. Sie werden durch ihre Struktur repräsentiert. Mit **Struktur** meinen wir hier alle Phänomene in dem betrachteten System, die sich durch die Verknüpfung von Systemelementen als Struktur, Muster oder Regel(system)[58] im weitesten Sinne darstellen.

Struktur

Die Struktur gibt dem System seine Autonomie und ist Ausdruck seiner Identität. Über die Struktur kommt die eigene Rationalität zur Anwendung, anhand derer entschieden wird, welche Interventionen ignoriert werden und welche zu den intendierten Anschlusshandlungen führen. Diese Rationalität steht für den durch die Systemmitglieder zum jeweiligen Zeitpunkt geteilten normativen Hintergrundkonsens, der sich im Verlauf der Systemgeschichte aus Überzeugungen entwickelt hat. Er wird intuitiv beherrscht und befolgt. Er sagt den Systemmitgliedern, was »richtig« ist und was Sinn macht. Deshalb wurde auch die Forderung erhoben, dass Interventionen »systemgerecht«, also in Referenz zur Struktur des zu transformierenden Systems, entwickelt werden müssen.

Betrachtet man diese Struktur des Systems etwas näher, so findet man auf einer eher sichtbaren und materiellen Ebene Dinge wie Planungsdokumente, Organigramme, Prozesskettenabläufe, Groupware-Technologien, Vorschriften für die Vergabe von Dienstwagen, Parkgewohnheiten vor der Hauptverwaltung etc., die natürlich alle Gegenstand von Interventionen zur Gestaltung eines Wandels sein können. Wir sprechen hier von der **Oberflächenstruktur** der Unternehmung.

Auf der Ebene der angewandten **Tiefenstruktur** findet man dagegen alles, was zu formalisierten und nichtformalisierten Formen einer Oberflächenstruktur führt. Die Tiefenstruktur liefert das »Warum?« zur Oberflächenstruktur. So umfasst diese Tiefenstruktur schon »ausgearbeitete« und ineinander verschachtelte Regel- und Normenwerke, die als Handlungsstruktur zur Anwendung kommen, wenn Oberflächenstruktur erzeugt wird. Teilweise sind wir uns dieser ungeschriebenen, aber gelebten Regeln bewusst (»Wir haben dies schon immer so gemacht!«); teilweise sind sie schon ins Unterbewusste »abgesunken« und werden intuitiv angewandt (»Dies ist uns noch gar nicht so aufgefallen!«).

Tiefenstruktur liefert das »Warum?« zur Oberflächenstruktur

Doch auch diese Regelstrukturen haben eine Basis an Annahmen, auf der sie aufbauen und die sie erzeugen. Deren »Komponenten« sind Werte, Tugenden, Einstellungen, Interessen, Erwartungen, Erfahrungen etc. Teilweise sind die Ausprägungen dieser Komponenten so grundsätzlicher Natur, dass man sie als »Weltbilder« betrachten kann, die die Systemmitglieder als nicht mehr reflektierte Basisannahmen ins System einbringen.[59] Sie sind beim Individuum kaum änderbar; Wandel kann hier nur über die Zeit durch die Zusammensetzung der Systemmitglieder erreicht werden.

Exkurs: Betrachtungsebenen von Organisationen
Die Unterteilung von Organisationen in Betrachtungsebenen hat wissenschaftliche Tradition: Popper (1973) war es z. B., der drei ontologisch verschiedene Teilwelten abgrenzte: physikalische Erscheinungen (Welt I), psychische Phänomene und Prozesse (Gefühle, Regelungen etc.) (Welt II) und Produkte menschlichen Geistes (Ideen, Symbole, Sprachen etc.) (Welt III). Ein ähnliches Modell hat Schein (1984) für Kulturebenen entworfen: Ebene 1 sind die sichtbaren Artefakte einer Organisation, Ebene 2 die Werte (espoused values) und Ebene 3 die Basisannahmen. Letztere sind kaum »sichtbar« oder veränderbar. Chomsky (1973) unterscheidet in seinen Arbeiten zur Sprachgrammatik zwischen Oberflächen- und Tiefengrammatik, wobei er vermutlich auf

> Wittgenstein (1984) (»Philosophische Untersuchungen«) zurückgegriffen hat. Die Oberflächengrammatik wird durch die Art der Verwendung eines Wortes im Satzbau sichtbar; die Tiefengrammatik eines Wortes erschließt sich im Vergleich zu seiner Oberflächengrammatik in einem bestimmten Satz als sehr vielfältig. Unsere Kugel aus Abbildung 5-3 kann hier in verschiedenen Tälern Stabilität finden. Bei der Entscheidung, wo dies angesichts dieser »Multistabilität« richtigerweise zu geschehen hat, hilft uns unser Gehirn.

Identität: Bezugspunkt von Selbstreferenz

Im *Kern der Tiefenstruktur* stehen die kognitiven Regelwerke und Komponenten, die durch die Systemmitglieder weitgehend geteilt werden und zu den Handlungsmustern der Organisation führen. Diesen Kern kann man auch als die **Identität** des Systems bezeichnen. Auf sie bezieht sich unbewusst das System permanent selbst, wenn Impulse – z.B. in Form von Interventionen – auf das System treffen (**Selbstreferenz**). So kann das System Widersprüche erkennen und auflösen.

Dieser Kern ist es auch, der uns bei einer Organisationsdiagnose besonders interessiert, da er die Grundlage für die Reproduktion und Eigendynamik des Systems bildet. Daneben kann es aber auch ein »Außenseiterverhalten« von Individuen oder Minderheiten geben. Derartiges Verhalten kann zur Erzeugung von Varietät als Ansatz des Wandels bewusst gesucht sein.

Die Frage ist, *wie* die Veränderung der Oberflächenstruktur erreicht werden soll: So kann es durchaus gelingen, dass auf machtpolitischem oder psychologischem Weg die Oberflächenstruktur durchdrungen werden kann, gleichzeitig aber die Tiefenstruktur ungeteilt und unverändert bleibt. Es ist äußerst fraglich, ob über einen solchen Ansatz fundamentaler Wandel entsteht. Kann über eine zu lange Zeit die Tiefenstruktur nicht an die Oberflächenstruktur angeschlossen werden, so resultieren Unsicherheit und Orientierungslosigkeit.

Selbst wenn ein Unternehmen voller Konflikte und Widersprüche ist, wird es dabei immer einen Teil dieser Tiefenstruktur geben – den wir als *Kultur* bezeichnen können –, der integrierend wirkt und das menschliche Bedürfnis nach Stabilität zu befriedigen vermag. Kulturelle Manifestationen (wie z.B. eine »Kleiderordnung« oder die Architektur einer Konzernzentrale) erlauben Rückschlüsse auf die Tiefenstruktur. Hält man die Symbolik im Wandel stabil (z.B. mittels der Aufrechterhaltung bestimmter Rituale), so werden – gewollt oder ungewollt – Brücken zwischen Zukunft und Vergangenheit geschlagen. Verändert man diese Symbolik, dann werden die Brücken eingerissen. Dies kann positiv wie negativ wirken.

Symbolik im Wandel

Fallbeispiel: Post-Merger-Kommunikation
Ein Automobilhersteller hatte einen Wettbewerber aufgekauft. Man kommunizierte über Monate kaum mit dem Neuerwerb, was dort zu erheblichen Unsicherheiten führte (denn Nicht-Kommunikation ist auch Kommunikation). Offiziell ließ man nur knapp verlauten, dass man das Unternehmen in seiner Eigenständigkeit akzeptieren wolle.
In einer solchen Situation sucht man als gekauftes Unternehmen nach Anhaltspunkten, um daraus wieder eigene Erwartungen und Handlungen ableiten zu können. Das geschah, als ein paar Monate nach der Übernahme die Führungskräfte des Gesamtkonzerns auf ihrer Jahrestagung am Hauptsitz des Käufers zusammenkamen. Nach der Ta-

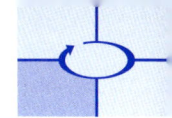

> gung stand ein gemeinsames Abendessen in der Innenstadt auf dem Programm. Auf die Vorstandsmitglieder wartete vor dem Tagungszentrum je eine Limousine. Für den Vorstand des erworbenen Unternehmens war darin allerdings kein Platz mehr; er musste mit dem »Mannschaftsbus« zum Essen fahren. Damit war für alle klar, was unter Eigenständigkeit zu verstehen war und man konnte nun sein Verhalten daran ausrichten – auch wenn es sich vielleicht nur um eine Unachtsamkeit des Protokolls handelte.

Die Tiefenstruktur stellt damit einen nachhaltig wirkenden und stabilen Kern des Unternehmens dar. Dagegen kann die Oberflächenstruktur im Prinzip beliebig viele und ständig neue Ausprägungen annehmen.

Interessiert man sich aus der Perspektive fundamentalen Wandels für Tiefenstrukturen, dann gewinnen die Teile der Tiefenstruktur an Bedeutung, die – z. B. in Form der oben angesprochenen »Metakognition« – selbst wiederum Tiefenstruktur z. B. in Form kognitiver Muster erzeugen.

Nun können wir auch unsere oben getroffene Aussage, dass Interventionen häufig ohne ausreichende Referenz zur Befindlichkeit der Organisation vorgenommen werden und damit nicht anschlussfähig sind, präzisieren: Wenn bei der Formulierung von Interventionen die Struktur von Organisationen explizit Berücksichtigung findet, dann ist es häufig nur die Oberflächenstruktur. Aspekten der Tiefenstruktur wird maximal in einer impliziten Form und bezogen auf individuelle Besonderheiten Beachtung geschenkt. <!-- Vernachlässigung der Tiefenstruktur -->

Folgt man der obigen Aussage, dass sich in der Oberflächenstruktur die Tiefenstruktur präsentiert, dann könnte man argumentieren, dass es dann bei Interventionen auch ausreicht, die Oberflächenstruktur explizit zu berücksichtigen, da sie die Tiefenstruktur mit abdeckt. Dem könnte man ansatzweise durchaus folgen, wenn es eine zwischen dem intervenierenden und dem zu transformierenden System geteilte Wirklichkeitswahrnehmung (zumindest bezüglich der Inhalte des Wandels) gäbe. In Zeiten hoher Stabilität und nur inkrementaler Veränderung hat sich über viele Jahre so etwas vielleicht auch entwickelt. In Übergangsphasen kann jedoch keineswegs davon ausgegangen werden. Dafür gibt es verschiedene Gründe:

- Das intervenierende Management weiß in diesen Phasen i. Allg. zu wenig über die Befindlichkeit der zu transferierenden Systeme und wird deshalb falsche Schlüsse ziehen. <!-- Befindlichkeit zu wenig bekannt -->
- Auf der Oberflächenstruktur spricht man begrifflich vielleicht noch über das Gleiche. Was dies allerdings für die beteiligten Systeme bedeutet, kann aufgrund unterschiedlich ausgeprägter Tiefenstrukturen höchst verschieden sein. Man nimmt als Führung also Konsens wahr, hat ihn aber nicht. Dies zeigt sich dann bei divergierenden Handlungsmustern.[60]
- Doch selbst wenn das Management über die Tiefenstrukturen des zu transferierenden Systems Bescheid weiß und man sich auch über das, was es für beide Seiten bedeutet, ausreichend ausgetauscht hat, kann wegen des hohen Anteils subjektiver Prämissen bei der Interpretation komplexer Führungssituationen keineswegs automatisch Konsens unterstellt werden. Im Allgemeinen ist es eher so, dass das intervenierende System andere Sinnzuweisungen vornimmt, als das zu transformierende System. Die mit dem Ereignis der Interventionen kommunizierten »Stichworte« lösen weitere Kommunikationen aus. Die Er-

eignisse werden dabei mit den kognitiven Mustern von Individuen und Gruppen verbunden. Diese sinnsuchenden Prozesse sind Teil des sich Organisierens eines Systems und können bei Widersprüchen natürlich auch zu emotionell ausgetragenen »Glaubenskriegen« führen.

Deshalb sollte im Management in solchen Übergangsphasen ein natürliches Interesse an den möglichen Reaktionen des zu transferierenden Systems auf bestimmte Interventionen bestehen. Die Grundfrage einer Diagnose lautet also: »Wie müsste eine Intervention beschaffen sein, dass sie durch das System nach und nach aufgenommen und als sinnhaft empfunden wird?«

Intensive Kommunikation als Voraussetzung von Wandel

Organisationales Wissen kann nur über *Kommunikation* entstehen. Intensive Kommunikation ist damit unabdingbare Voraussetzung von Wandel, da sie die Widersprüche zwischen Erwartungen und beobachteter Wirklichkeit zu thematisieren hat. Auch dass es zur Teilung von Wissen zwischen den Mitgliedern eines Kollektivs – als Aspekt der sprachlichen Formierung eines neuen Ordnungszustandes – kommt, verlangt Kommunikation in Form der Artikulation von Dissens. Dabei kann auch durch Fremdbeobachtungen des Systems (*therapeutische Diagnosen*) die Selbstbeschreibung des Systems kontrastiert werden, um über diesen Dissens mit den Systemmitgliedern ins Gespräch zu kommen und Veränderungsprozesse zu initiieren. Oft sind solche kollektiven Wissensstrukturen bereits so selbstverständlich geworden, dass sie nur noch latent vorhanden sind und durch erzeugten Dissens wieder explizit gemacht werden können.

Therapeutische Diagnosen

> **Workshop: Konfrontation von Selbst- und Fremdbeschreibung**
> Diese Überlegung leitete uns auch beim Design von Feed-back-Workshops im Verlauf unserer Erforschung des Wandels bei Unternehmen. Aus der Befindlichkeitsdiagnose leiteten wir möglichst plausible Fremdbeschreibungen ab und konfrontierten sie mit der zu verändernden Selbstbeschreibung. Beide Beschreibungen bezogen sich auf eine Antizipation des Systemverhaltens bezogen auf ein für das System wichtiges Ereignis, was in Kürze zu erwarten war (z. B. Erhalt eines ersten Auftrages zu einer neu angebotenen Leistung, die Ausdruck einer grundsätzlichen Neuausrichtung des Unternehmens ist). Ziel ist die Erweiterung des Möglichkeitenfeldes der Selbstreferenz, um dadurch für das System neue Verstehens- und Handlungsoptionen zu erreichen. Der Workshop lief normalerweise in folgenden Schritten ab:
>
> - Es wurde ein möglichst weitgehendes gemeinsames Verstehen des Ausgangsereignisses durch Diskussion entwickelt.
> - In Arbeitsgruppen wurden Selbstbeschreibungen im Sinne der Frage »Wie würden wir als System reagieren, wenn dieses Ereignis tatsächlich eintritt?« entwickelt.
> - Die Gruppen präsentieren ihr Szenario. Es soll dadurch ein Gefühl für die Bandbreite (noch) vorhandener Selbstbeschreibungen entstehen.
> - Danach lesen wir unsere vorbereitete, aus der Diagnose abgeleitete Geschichte als alternatives Szenario vor. Den Teilnehmern wird diese Geschichte ausgehändigt, damit sie erkennen können, welche der Textpassagen Originalzitate aus den Interviews darstellen. Der Rest ist von uns möglichst realitätsnah erfunden worden. Damit wurden diagnostizierte Aspekte des Systems be- oder umschrieben, die nicht verbalisiert worden waren.
> - Die Gruppe wird nun gefragt, wie gut unsere Geschichte das System beschreibt. Was findet man besonders treffend, was weniger?
> - Selbstbeschreibungen und Fremdbeschreibung werden dann diskutiert: Worin unterscheiden sich die Beschreibungen? Was wird durch den Vergleich in Frage gestellt? Wo konnten nur noch »latent« vorhandene Bestandteile der organisatori-

5.2.1 Wandel als Gestaltungsaufgabe

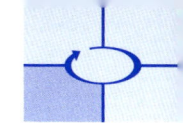

> schen Wissensbasis wieder sichtbar gemacht werden? Lassen sich auf der Basis der Fremdbeschreibung vergangene Ereignisse umdeuten? Sind zusätzliche Optionen für das System erkennbar? etc.
>
> »Hintergedanke« des Workshop-Designs war es, dass ein soziales System, da es sich ja nur selbst transformieren kann, zuerst eine möglichst wirklichkeitsnahe Diagnose seiner selbst benötigt. Darauf aufbauend können dann Verfahren entwickelt werden, sich problemgerechter zu verhalten. Das System muss sich also wie Münchhausen an den eigenen Haaren aus dem Sumpf ziehen. Da Systeme aber wegen ihrer begrenzten Fähigkeit, aus sich selbst herauszutreten, in ihren Wahrnehmungen auch gefangen sind, können Fremdbeschreibungen das Wahrnehmungsspektrum anreichern. Deshalb dürfen Fremdbeschreibungen nicht nur Ergebnis einer unmittelbaren Darstellung der Befragten sein, sondern müssen mittels der diagnostizierten Muster ihrer Wirklichkeitskonstruktion »ausgedacht« werden. Man wird dadurch also nicht die Wahrheit finden, sondern nur ihr näher kommen. Der kleine »Ausflug« in die nahe Zukunft sollte es dabei etwas leichter machen, über Problematisches zu sprechen und mögliche Systemillusionen vor Augen zu führen.
>
> Dieses Verlegen der Handlung in die nahe Zukunft führte zu einer interessanten Beobachtung, die wir aus der strategischen Planung sinngemäß bereits als »Hockeyschlägereffekt« kennen: Sobald man zukünftige Systementwicklung an ein als positiv empfundenes zukünftiges Ereignis koppelt, nimmt das System an, dass alle seine bisherigen Probleme urplötzlich verschwinden und man sich deshalb auch nicht zu ändern habe. Fremdbeschreibungen können helfen eine solche System-Fata-Morgana aufzulösen. Hier gilt es mit der Gruppe zu untersuchen, ob es sich nicht eher anders herum verhält: Ändert man sich nicht, dann wird man den Auftrag auch nicht erhalten; und selbst wenn man ihn erhält, wird er ohne Wandel nicht zufriedenstellend abgearbeitet werden können. Umdeutungsversuche sowie Fremdbeschreibungen können in festgefahrenen Situationen hilfreich sein, solche Illusionen zu erkennen und aufzulösen.
>
> Werden Lernprozesse eines Systems durch Fremdbeschreibung unterstützt, dann ist das direkte Ziel die Verbesserung seiner Selbstbeschreibung, da diese seine Reproduktion steuert.

Systeme haben für ihr Lernen allerdings nicht unbegrenzt Zeit. Dies kann z. B. in der Knappheit bestimmter Ressourcen begründet sein oder aber auch in der Existenz konkurrierender Systeme. Im Sinne einer »Metakognition« benötigen Unternehmen ein **Prozesslernen**, also die Fähigkeit, ihre eigenen Lernprozesse zu beobachten, zu reflektieren und zu verbessern.

Prozesslernen

Im konkreten Wandelfall kann man bei der Projektkonzeption bewusst die Ebene eines Prozessbeobachters einziehen. Er protokolliert die Chronologie des Wandels anhand von Interviews, Fotografien zu wichtigen Momenten, zentraler Dokumente und Zitate etc. und bereitet dies z. B. in einem »Raum der Wandelgeschichte« auf. Die Wege der Mitarbeiter sollten täglich automatisch durch diese »Ausstellung« führen und zu Gesprächen, Fortschrittsbetrachtungen, Selbstkritik etc. anregen. Es sollte ihnen auch möglich sein, mit kommentierten eigenen Ausstellungsstücken das »*Wandel-Museum*« anzureichern. Dadurch entsteht ein expliziteres Bewusstsein für Veränderung und Zeit. Darauf kann dann auch das Verfolgen bestimmter Themen (wie z. B. »Lernen zu Lernen«) aufsetzen.

Bewusstsein für Veränderung

Das »Lernen zu Lernen« kann nicht nur anhand eigener Lernerfahrungen verbessert werden, sondern sollte auch aus den Erfahrungen anderer lernen. Ein »Prozess-Benchmarking« von Wandelprojekten kann dies gezielt unterstützen, wobei bewusst auch ganz andere Arten von Organisationen verglichen werden sollten.

Prozess-Benchmarking

(3) Change-Management-Ansätze

Betrachtet man die für ein Management des Wandels zur Anwendung gebrachten Ansätze, dann lassen sich über die Jahre starke Veränderungen im Grundverständnis und in der Herangehensweise erkennen. Klassisch sind (a) die teleologisch geprägten Ansätze, bei denen ein gegebenes Veränderungsziel zu erreichen ist. Dazu werden Pläne entwickelt, die (b) auch den Abbau von Widerständen einbeziehen können. Prominent geworden, aber auch umstritten ist (c) der Organisationsentwicklungsansatz. Impulse erfahren hat das Change Management (d) durch die Ansätze zum organisationalen Lernen und damit verbunden dem Wissensmanagement.

(a) **Wandel als Planungsproblem:** Klassisch ist der Ansatz, den wir hier als »**Feldherrenansatz**« bezeichnen wollen. Er folgt in seiner Konzeption in etwa folgender Logik:

1. Fixiere das Ziel genau.
2. Prüfe die alternativen Wege dorthin und wähle einen aus.
3. Plane im Detail die ausgewählte Strategie, um auf diesem Weg das Ziel zu erreichen.

Die Führung konzentrierte sich in diesem Ansatz auf Zielbildung und Optionenauswahl. Beides ist Bestandteil einer rationalen Willensbildung und Entscheidungsfindung. Die Umsetzung ist kein eigentliches Problem. Haben die Truppen ihren Befehl einmal erhalten, dann werden sie sich als Nächstes zum Zielort hinbewegen. Es wurde damit unterstellt, dass die Truppen willens und in der Lage sind, nach Plan vorzugehen. Indirekt ging man damit auch davon aus, dass man die Befindlichkeit der Truppen kannte.

Ging dieser Vorgang nicht wie geplant vonstatten, dann sah man die Ursache in Planungsfehlern und antwortete mit angepassten und noch detaillierteren Plänen, was aber die Probleme eher verstärkte. Der Wandel der Organisation wurde in diesen Ansätzen noch nicht als ein eigenständiges Problem- und Gestaltungsfeld der Organisation anerkannt.

(b) **Wandel als Umgang mit Widerständen:** Erst die verhaltensorientierte Organisationslehre erkannte das Problem der organisatorischen Veränderung in der Form an, dass man es sich vorstellen konnte, dass es aus den eigenen Reihen zu **Widerstand** gegen den Wandel kommen kann und dieser dann die Ursache ist, warum die Pläne nicht eingehalten wurden. Nun ging es primär darum, dass das, was den Weg zum Planziel noch versperrte, zu beseitigen war:

1. Überlege, welche Widerstände zu erwarten sind und wie sie überwunden werden können.
2. Wenn der Wandel vorerst nicht wie geplant greifen sollte, dann halte trotzdem unbeirrt an den Zielen fest, erhöhe jedoch die »Schlagzahl«.

Wer Widerstände beseitigen will, muss deren Ursachen und Wege zu ihrer Beseitigung kennen. Meistens wurden die Quellen in der Angst der Beteiligten gesehen, sich im Neuen wieder zurecht zu finden, sowie in Interessenkonflikten, d. h. im Gefühl, beim Tausch alt gegen neu einen schlechten Tausch zu machen. Widerstand kann seine Berechtigung durchaus aber auch daraus beziehen, dass man die Strategie als für das Unternehmen schädlich betrachtet und sich deshalb gegen den Wandel stellt. Daraus lassen sich *zwei Ebenen des Widerstandes* ablei-

5.2.1 Wandel als Gestaltungsaufgabe

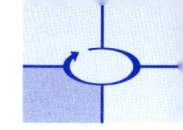

ten:[61] Zum einen sind es die Widerstände *aus der Person*. Primäre Ursache ist es hier, dass die Betroffenen des Wandels wenig Bereitschaft zeigen, ihre einmal eingeschliffenen operativen Routinen zu verlassen, da sie ihnen Sicherheit, Bedürfnisbefriedigung etc. vermitteln. Es können sogar Bequemlichkeit und Unwillen sein, sich nochmals neu bewähren zu müssen (»Bis zu meiner Pensionierung werde ich es wohl noch überleben!«). Widerstand kann aber auch daraus entstehen, dass aufgrund der aus der Vergangenheit erwachsenen mentalen Strukturen Chancen und Risiken, die Anlass zu einem Wandel geben, gar nicht wahrgenommen werden. Neue Informationen werden dann so selektiert, dass man die alten Ordnungsmuster bestätigt sieht und gar keinen Anlass zum Wandel empfindet. Widerstände können aber auch *aus der Organisation* kommen. Betrachtet man den organisatorischen Wandel auch als politischen Prozess, dann kann dies z. B. dann sein, wenn Macht in der Organisation umverteilt wird, wenn etwa die verkaufsorientierten Organisationsteile zu Lasten der »Ingenieure« an Macht gewinnen, wie es z. B. in den meisten Telekommunikationsunternehmen aufgrund des Wandels von einem Verkäufer- zu einem Käufermarkt geschah. Es kann aber auch sein, dass der Wandel gegen über Jahrzehnte in der Unternehmenskultur verfestigte Normen und Werte verstößt.

Widerstände aus der Person

Widerstände aus der Organisation

All diesen Ansätzen ist bereits die Annahme zu eigen, dass diese Widerstände nicht von Anfang an offenkundig daliegen, sondern versteckt wirksam werden (Dienst nach Vorschrift, Mobbing etc.). Sie müssen zuerst ausfindig gemacht werden, um dann nach Wegen ihrer Überwindung zu suchen.[62] Dies alles verlangt nach einem eigenen Management des organisatorischen Wandels und nach Wissen über den Umgang mit Widerständen.

> **Exkurs: Das Modell des organisatorischen Wandels von Nadler (1988)**
> Im in Abbildung 5-8 dargestellten normativen Modell wird von der Situation ausgegangen, dass eine Organisation sich in einem Ausgangszustand A befindet und gleichzeitig aber bereits einen Zielzustand B definiert hat. Die dazu erforderliche Transformation von A nach B wird als »transition state« bezeichnet; dieser ist es, der nach einem Management des organisatorischen Wandels verlangt. Dabei sieht man sich drei primären Herausforderungen gegenüber: (1) *Widerstände*, die es durch eine *Motivation zum Wandel* zu überwinden gilt, (2) »*Steuerung*«, die durch ein explizites *Management des Wandels* gewährleistet wird, und (3) *Macht*, was nach einer bewussten Gestaltung der *politischen Dynamik des Wandels* verlangt. In Abbildung 5-8 werden zu jeder Herausforderung Vorschläge unterbreitet, wie mit ihnen verfahren werden kann: (1) Bei den Widerständen wird davon ausgegangen, dass sie umso geringer sind, desto größer der Schmerz und die Unzufriedenheit beim gegenwärtigen Status sind, weshalb beides herauszuarbeiten ist. (2) Beim Management des Übergangs wird es als wichtig erachtet, an möglichst vielen Stellen den Wandel anzusetzen, um ausreichend Momentum zu erlangen. Gleichzeitig ist aber auch auf die Konsistenz der einzelnen Aktivitäten zu achten. Gesondert verwiesen wird auch auf die zu treffenden organisatorischen Vorkehrungen: Bestimmung eines »transition manager«, Bereitstellung der für die Transformation notwendigen Ressourcen, Entwicklung eines Masterplans und Einrichtung einer entsprechenden Projektstruktur. Als besonders wichtig wird es bei der Gestaltung der politischen Dynamik des Wandels erachtet, bei aller Instabilität auch für *Orte der Stabilität* Sorge zu tragen, um Wandel überhaupt erträgbar zu machen.

Ausfluss aus diesen Arbeiten zum organisatorischen Wandel ist eine Reihe von weitgehend geteilten Prinzipien, denen man bei der Gestaltung von Wandelprojekten gerecht werden sollte:

Prinzipien bei der Wandelgestaltung

Gestaltung der politischen Dynamik des Wandels:
- Stelle die Unterstützung der wichtigsten Machtgruppen sicher
- Nutze das Verhalten der Führungskräfte als Mittel, um Energie zur Unterstützung des Wandels zu generieren
- Benutze Symbole und Sprache
- Baue Stabilität ein

Der Transformationsprozess

Input: Umwelt, Ressourcen, Geschichte

Strategie → Aufgaben ↔ Informale Organisation ↔ formale Organisationsarrangements ↔ Individuum

Neudefinition der Aufgaben

Macht / **Widerstand** / **Steuerung**

Output:
(1) Organisation:
- Ziele erreichen
- Ressourcen verwerten
- Anpassung
(2) Gruppenperformance
(3) Individuum:
- Verhalten & Einfluss

Motivation zum Wandel:
- Identifiziere Unzufriedenheit mit der gegenwärtigen Situation
- Beteiligung am Wandel
- Belohnung für den Wandel begünstigendes Verhalten
- Einplanung von Zeit und Gewährung von Möglichkeiten, um sich vom gegenwärtigen Zustand zu lösen

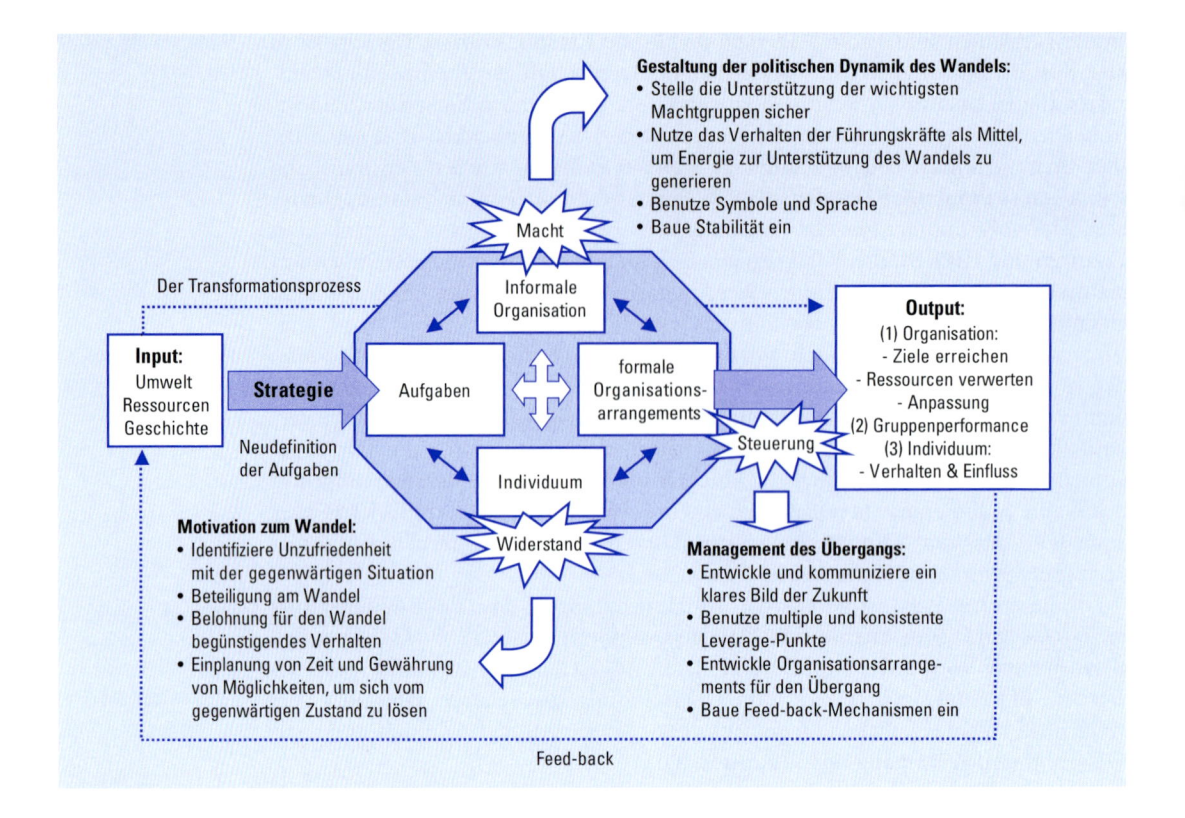

Management des Übergangs:
- Entwickle und kommuniziere ein klares Bild der Zukunft
- Benutze multiple und konsistente Leverage-Punkte
- Entwickle Organisationsarrangements für den Übergang
- Baue Feed-back-Mechanismen ein

Feed-back

Abb. 5-8: Das Modell des organisatorischen Wandels (Quelle: Nadler 1988)

- Das Wandelprojekt sollte auf einer möglichst weitreichend geteilten Auffassung aufsetzen können, dass dieser Wandel *notwendig* ist. Die Erzielung dieses Einverständnisses sollte als eigenständige Aktivität in einem Wandelprojekt betrachtet werden.
- Eine *aktive und frühzeitige Beteiligung* am Wandel fördert den notwendigen Einstellungswandel und das notwendige Verständnis für die Veränderung. Dies betrifft auch die Einbindung in die Erarbeitung des Wandelkonzeptes.
- Eine einmal aufgebaute Veränderungsmotivation muss in eine Entscheidung überführt werden, über die ein *formelles Commitment zur Anwendung der gemeinsam beschlossenen, neuen Verhaltensformen* abverlangt wird.
- Im Prozess gilt es, aktiv die *Kraft und Schutzfunktion der Gruppe zu nutzen*, indem mit den Individuen primär in ihrer Funktion als Gruppenmitglieder verfahren wird. Dadurch können Ängste eingedämmt und damit der Wandel begünstigt werden.
- Generell fördert *partnerschaftliches Verhalten* in und zwischen Gruppen den Wandel.
- *Fortschrittskontrolle und schnelles Feed-back* (meist auch mit einer Anpassung der Anreiz- und Sanktionssysteme verbunden) beschleunigen den Veränderungsprozess.
- Erfolgreiche Wandelprozesse folgen einer verallgemeinerbaren Verlaufsform, einer Art *Wandelzyklus*, die es bei der Gestaltung von Wandel zu beachten gilt.

5.2.1 Wandel als Gestaltungsaufgabe

In der Literatur zum Change Management kommt man immer wieder auf derartige *Verlaufsformenmodelle* zurück.[63] Die meisten von ihnen folgen dabei der Grundlogik, dass sie (1) den Wandelprozess in verschiedene Phasen unterscheiden, (2) davon ausgehen, dass es eines expliziten Einstiegs in einen Wandelprozess bedarf, (3) dass Wandel Widerstand erzeugt, den es zu überwinden gilt und (4) dass die erreichten Veränderungen verfestigt werden müssen, damit die Organisation nicht in den alten Trott verfällt. Die Ansätze unterscheiden sich in der Anzahl der Phasen sowie der Rigidität bezüglich des Phasenablaufs. Einige fordern einen exakt sequenziellen Ablauf, andere sehen den Ablauf eher iterativ oder sogar simultan vernetzt.

> **Exkurs: Der Wandelzyklus im 3-Phasen-Modell von Lewin (1943, 1958, 1963)**
> Das präskriptive *3-Phasen-Modell von Lewin* stellt die Grundlage der meisten zyklischen Veränderungsmodelle dar. Danach muss jede Organisation, die auf Dauer überleben will, für ein Gleichgewicht zwischen retardierenden Kräften, die die bestehende Struktur stabilisieren, und akzelerierenden Kräften, die auf Veränderung drängen, Sorge tragen. Soll ein bestehender Gleichgewichtszustand in einen neuen transformiert werden, dann muss der Status quo zuerst »aufgetaut« werden:
>
> - Auftauen (*unfreezing*) der dominanten Verhaltensmuster: Die Einstellungen, wie das Geschäft betrieben wird, passen nicht mehr und müssen deshalb durch neue Muster abgelöst werden. Zu dieser Einsicht müssen die, die sich ändern müssen, allerdings selbst kommen. Dass es dazu kommt, kann unterstützt werden. Dazu wird auf das schon aus der Antike stammende Konzept der »Katharsis« verwiesen, nach dem jeder Veränderung eine Erschütterung des Verfestigten vorausgehen muss. Es muss aber auch Motivation für Veränderung geweckt werden. Ansatzpunkt ist insbesondere also das Vermindern der retardierenden Kräfte und weniger das Verstärken der akzelerierenden Kräfte, da hierbei vielleicht zu direkt gegen bestehende Interessen verstoßen würde. Eine dritte Variante wäre eine Umkehrung der Richtung einer Kraft, in dem man z.B. eine retardierende Kraft aufgreift, analysiert und durch Umdeutung positiv nutzt. Der Anstoß zu diesem Auftauen kann sowohl von innerhalb als auch von außerhalb der Organisation kommen.
> - Veränderung (*moving*) zu einem neuen Gleichgewicht: Nun geht es darum, nach neuen, geeigneten Verhaltensformen Ausschau zu halten. Dazu werden auch Experimente mit zur Verfügung stehenden Alternativen durchgeführt und bezüglich ihrer Eignung bewertet.
> - Fixierung (*refreezing*) auf neuem Niveau: Konnte eine befriedigende neue Konstellation gefunden werden, dann muss nun alles darauf ausgerichtet werden, diese zu stabilisieren, d.h., die Änderung in den Personen und Interaktionsmustern zu integrieren. Auch müssen positive Entwicklungen, die den neu gewählten Weg bestätigen, möglichst schnell allen zugänglich gemacht werden, um ihnen die Unsicherheit zu nehmen.
>
> In Abbildung 5-9 ist dieses einfache Episodenkonzept[64] veranschaulicht. Ursprünglich waren die Mitarbeiter in diesem Konzept nur Gegenstand und nicht Mitgestalter des Wandels. Es bezog sich auch nur auf den Wandel von Individuen. Erst später wurde es dann auch auf den Wandel von Kollektiven angewandt.

(c) **Wandel als Organisationsentwicklung:** Aufbauend auf den Erkenntnissen zur Bedeutung der Gruppendynamik für Wandelprozesse entstand etwas zeitversetzt ein dritter Gestaltungsansatz – die **Organisationsentwicklung (OE)**.[65] Anfangs konzentrierte man sich mit ihr auf den Abbau von Widerständen bei Wandel. Später ging es aber auch um die Verbesserung der Zufriedenheit am Arbeitsplatz

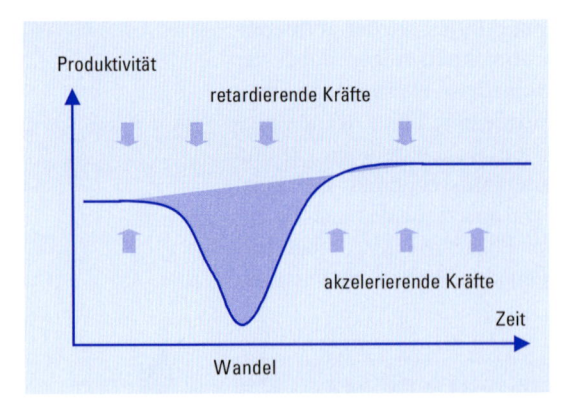

Abb. 5-9:
Verlauf eines Wandelprozesses nach Lewin (Quelle: Staehle 1999, S. 592)

oder größere Entfaltungsmöglichkeiten der Mitarbeiter. Ausgangspunkt der OE waren auch neu entwickelte Trainingsmethoden in den USA zum Abbau von Vorurteilen. Prominentes Beispiel sind hier die Connecticut-Seminare zum Umgang mit rassistischen Einstellungen. Dabei wurde auch die zentrale Bedeutung des *offenen Feed-backs* für wirkungsvolle und schnelle Verhaltensänderungen entdeckt. Daraus entwickelten sich dann die sogenannten *T-Gruppen*-Programme der National Training Laboratories zur Einübung der Feed-back-Mechanismen.[66] Speziell in den 1970er-Jahren verbreiteten sich dann weltweit diese und ähnliche Gruppentrainingstechniken zur Unterstützung betrieblicher Wandelprozesse.

Als wichtiger Vorläufer der OE muss auch die »*Survey-guided-feed-back*«-Technik betrachtet werden.[67] Bei diesem Verfahren beginnt man mit einer quantifizierbaren Organisationsdiagnose, deren Ergebnisse dann in einem zweiten Schritt an die Befragten zurückgespielt und in Gruppen reflektiert werden, um selbst Lösungsansätze für erforderliche Veränderungen abzuleiten. Dabei misst man sich am definierten Idealbild einer »gesunden Organisation«. Durch Vorher-Nachher-Befragungen verschafft man sich Aufschluss über eingetroffene Effizienzsteigerungen.

Prozessberatung

Ein anderer Ansatz der OE ist die *Prozessberatung*, bei der der Berater nur den Prozess ermöglichen und »coachen« soll, das Klientensystem aber selbst seine Probleme identifizieren und dafür Lösungen finden muss. Berühmt geworden ist auch das *Verhaltensgitter (Managerial Grid)*.[68] In diesem 9x9-Felder-Raster werden auf der einen Achse die Sachorientierung und auf der anderen Achse die Personenorientierung dargestellt. Anzustreben ist eine möglichst hohe Ausprägung beider Dimensionen (hohe Leistung von hoch motivierten Mitarbeitern). Zur Anwendung des Rasters wird ein über mehrere Jahre laufendes 6-Phasen-Entwicklungsprogramm vorgeschlagen.

Managerial Grid

> **Exkurs: Das Phasenmodell von Greiner (1967)**
> Ein Phasenmodell für einen idealtypischen Wandelprozess aus der Sicht des OE-Ansatzes hat Greiner (1967) auf der Basis von 18 Forschungsfallstudien abgeleitet. Wie in Abbildung 5-10 dargestellt, werden in diesem Modell sechs Phasen unterschieden, die einen erfolgreichen Wandel kennzeichnen. Auch bei Greiner zeichneten sich die erfolgreichen Fälle dadurch aus, dass sie partizipativ angelegt werden, was die Bereitschaft der Entscheidungsträger voraussetzte, wesentliche Elemente ihrer Macht zu teilen.
> Mit diesem Ansatz erfolgt eine Wendung gegen den klassischen, teleologischen Planungsansatz, bei dem die Problemlösung bereits gegeben ist und es »nur noch« um die Implementierung geht. Hier wird durch die betroffenen Organisationseinheiten selbst eine Lösung erarbeitet, um im Gegenzug deren Mithilfe bei der Realisierung sicherzustellen.

Ein mehr europäisch geprägter Ansatz ist die *systemische OE*, die ihre wesentlichen Impulse aus der Familientherapie erhält.[69] Dort werden Paradoxien als die zentralen Ursachen von Organisationsproblemen betrachtet und in der Gegenpa-

5.2.1 Wandel als Gestaltungsaufgabe

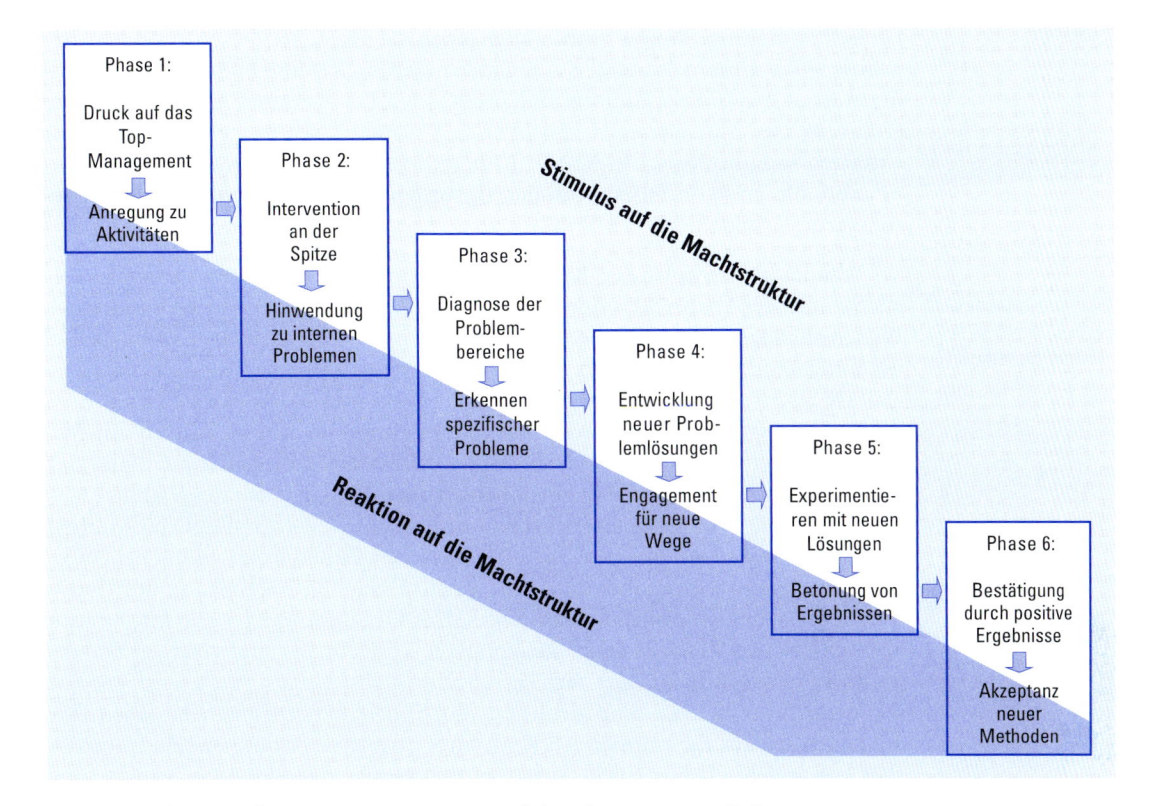

```
Phase 1:
Druck auf das
Top-
Management
  ⇩
Anregung zu      Phase 2:
Aktivitäten  ⇨   Intervention
                 an der
                 Spitze                       Stimulus auf die Machtstruktur
                   ⇩
                 Hinwendung      Phase 3:
                 zu internen ⇨   Diagnose der
                 Problemen       Problem-
                                 bereiche
                                   ⇩
                                 Erkennen         Phase 4:
                                 spezifischer ⇨   Entwicklung
                                 Probleme         neuer Prob-
                                                  lemlösungen     Phase 5:
                                                    ⇩
                                                  Engagement  ⇨   Experimentie-
                                                  für neue        ren mit neuen
                                 Reaktion auf die Machtstruktur    Lösungen       Phase 6:
                                                  Wege               ⇩
                                                                   Betonung von ⇨ Bestätigung
                                                                   Ergebnissen    durch positive
                                                                                  Ergebnisse
                                                                                    ⇩
                                                                                  Akzeptanz
                                                                                  neuer
                                                                                  Methoden
```

radoxie sieht man den Lösungsansatz. Wandel ist hier nur möglich, wenn es gelingt, die »geheimen Spielregeln« als die inoffiziellen Treiber der täglichen Interaktionsmuster einer Organisation, in der das soziale System sich verfangen hat, durch geeignete Interventionen zumindest teilweise außer Kraft zu setzen. Geeignet sind Gegenparadoxien. Eine solche *paradoxe Intervention* könnte z. B. die Aufforderung sein, die gegenwärtig eingeschliffenen Paradoxien (wie z. B. das notorische Hinausschieben von Entscheidungen) noch zu verstärken. Die Anerkennung der Pathologie soll dazu führen, dass das System selbst Widerstand gegen eine solche Empfehlung aufbaut, was es am besten tut, indem es diese Paradoxie beseitigt. Kritisiert wurde an diesem Ansatz das »Allmachtsselbstverständnis« des Therapeuten gegenüber dem System. Diese Kritik gilt insbesondere auch gegenüber dem daraus entwickelten Ansatz der »*Neurolinguistischen Programmierung*« (NLP). Sucht man nach den *Gemeinsamkeiten* der OE-Ansätze, so lassen sich folgende nennen:[70] Es geht (1) um einen wohl durchdachten, gezielten, episodenhaften Veränderungsprozess, (2) um die Veränderung ganzer, in sich geschlossener Einheiten, (3) um die Veränderung sowohl der Organisationsstruktur, als auch der Verhaltensweisen, (4) um eine Veränderung, die durch einen extra dafür geschulten – meist externen – Spezialisten (*change agent*) konzipiert und gesteuert wird, sowie (5) um eine Methode, deren Annahmen auf sozialwissenschaftlichen Theorien beruht.

Die **Kritik**, die gegenüber den OE-Ansätzen erhoben wird, zielt (1) auf den Manipulationsverdacht (Topmanagement bzw. Berater/Therapeut gegenüber dem System), (2) auf die Annahme, dass Mitarbeiter- und Unternehmensinteressen harmonisierbar wären, und (3) auf die relativ geringe theoretische und empi-

Abb. 5-10:
Phasen erfolgreicher Wandelprozesse (Quelle: Greiner 1967, S. 127; modifiziert durch Steinmann/Schreyögg 2005, S. 499)

Kritik

rische Fundierung. Weiter wurde auch kritisiert, dass bei diesen Ansätzen das Schicksal der Unternehmung in die Hände externer, fremder Spezialisten mit völlig anderen Ausbildungshintergründen gelegt würde, was auch einer Ohnmachtserklärung des Managements gleichkäme.[71] Generell wurde gefragt, ob diesen Ansätzen organisatorischen Wandels überhaupt ein adäquates Verständnis vom »Funktionieren« von Organisationen in solchen Phasen tiefgreifender Veränderungen zu Grunde liegt.

(d) Wandel als Lernprozess: Einen Impuls kann ein Management des Wandels auch durch die Theorie des **organisatorischen Lernens** und damit verbunden des **Wissensmanagements** erfahren.[72] Denkt man sich die Lernfähigkeit als einen Teil des umfassenderen Konstrukts »Veränderungsfähigkeit« und begreift man Lernen als Umstrukturierung der bestehenden Wissensbasis, so wird Lernen bzw. die Aneignung und organisatorische Verankerung von neuem Wissen zur Voraussetzung eines dauerhaft stattfindenden Wandels. In diesem Sinne kann das organisatorische Lernen sicher einen Beitrag zum Management des Wandels leisten. Es können auch Hinweise gegeben werden, wie ein lernfreundlicher Kontext beschaffen sein muss, also was die »Enabler« der Generierung von neuem Wissen sind.[73] Teilweise ist aber auch eine gewisse Naivität im Umgang mit Unternehmen festzustellen, da unterstellt wird, dass Organisationen ohne Interventionen seitens des Managements auskommen können; der notwendige Wandel geschieht gewissermaßen aus der Organisation selbst heraus. Auch wird jede Art von Strukturfreiheit zu sehr idealisiert; doch viele Unternehmen beziehen ihre Stärke gerade aus der normativen Kraft ihrer operativen Routinen. Zu fragen ist eher, von welcher Dauer solche Strukturen sein sollen. Deshalb lohnt es sich auch immer noch zu fragen, in welchem Zustand sich das System befindet, denn je nach Wandelausmaß sind andere Handlungsstrategien und damit auch andere Strukturierungskonzepte wirkungsvoll bzw. dysfunktional.

Ein Ansatz, der sich Lernmodelle zu Nutzen gemacht hat, ist der der **Organizational Transformation (OT)**.[74] OT zielt im Unterschied zu OE auf Situationen ab, in denen sich das herrschende Paradigma ändert, wir es also mit fundamentalem Wandel zu tun haben. Auftakt ist nicht die Problemdiagnose, sondern die Visionsbildung. Man legt sich auch eher auf den Zweck (Mission) als auf die Ziele des Unternehmens fest.

(4) Ein Bezugsrahmen zur Veränderungsarbeit

Aufbauend auf den bislang angestellten Überlegungen zur Gestaltung strategischer Veränderungsprozesse soll nun als Nächstes die Grundlage für das im SMN verfolgte Gestaltungskonzept vorgestellt werden. Zuvor wollen wir jedoch unsere Position darlegen, was die willentliche Gestaltbarkeit der Entwicklung eines sozialen Systems im Wandel anbelangt. Denn davon hängt wiederum das Design des Wandelkonzeptes, die Auswahl der Verfahren und Instrumente etc. ab.

»**Gemäßigter Voluntarismus**« **als Annahme:** »*Does leadership make a difference?*« Die Frage, welchen Einfluss die Führung auf organisatorischen Wandel haben kann bzw. eben nicht haben kann, wird in der Literatur zwischen den Polen »Voluntarismus« und »Determinismus« diskutiert.[75]

Beim *Determinismus* wird unterstellt, dass die Entwicklungsbahn des Unternehmens vollständig durch die Gesetze des Marktes und der Organisation gewis-

5.2.1 Wandel als Gestaltungsaufgabe

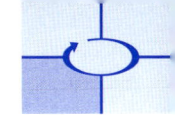

sermaßen »unsichtbar« und vorbestimmt gelenkt wird. Denkbare *Außendeterminismen* im Sinne eines gewissen »Wandelautomatismus« unterstellen z. B. die bereits oben erwähnte Populationsökologie, der Kontingenzansatz, aber auch die Industrieökonomie. *Innendeterminismen* verweisen auf die Eigendynamik einer Organisation, deren Entfaltungsmechanismen einem Management kaum zugänglich sind. Dazu zählen die auch bereits oben angeführten Lebenszyklus- und Wachstumsmodelle, aber auch die »random transformation theories«, die jeglichem absichtsvollen Gestalten keine Chance geben. Dagegen betrachtet man beim *Voluntarismus* organisatorisches Verhalten als Ergebnis des Willens und der Absichten der Führung. Dies kann sich deshalb ergeben, weil die Führung die Organisation als reines Herrschaftsinstrument betrachtet und der Unternehmer aufgrund von *Egoismen* sich als »Tyrann« und »Ausbeuter« die Mitarbeiter untertan macht oder weil Unternehmer über weit überdurchschnittliche *Persönlichkeits- und Leadership-Merkmale* verfügen (»great man theories«, »cultural hero«, »genius«). Aufgrund ihres »Charismas« und Vorbilds erreichen sie ein hohes Maß an Gefolgschaft und können deshalb das Unternehmen nahezu gänzlich nach ihrem Willen gestalten. Oder aber man sieht die Führung in ihrer *Funktion* und *Positionsmacht* (im Zusammenspiel mit ihrer Informations- und Sanktionsmacht), die ihr den Auftrag, aber auch die Möglichkeit gibt, das Unternehmen zielorientiert und geplant zu lenken.

Voluntarismus

Dazwischen liegt die auch hier eingenommene und in Abbildung 5-11 veranschaulichte Position eines »*gemäßigten Voluntarismus*«[76], die dem Management zwar Einfluss gibt, die aber diesen Einfluss mit anderen kontextuellen und situativen Faktoren vermischt sieht. Es wird davon ausgegangen, dass sich die Entwicklung eines Unternehmens in einem gewissen Maß durchaus willentlich gestalten lässt. Dem werden aber durch die Eigendynamik des Unternehmens, die sich aus der geschichtlichen Entwicklung und den Rahmenbedingungen des Systems und seiner Teilnehmer ergibt, auch deutliche und unüberwindliche Grenzen gesetzt.

Gemäßigter Voluntarismus

Determinismus
Außen:
- Kontingenzen
- Populationen

Innen:
- Zyklen/Eigendynamik
- Anarchie/Zufall

Gemäßigter Voluntarismus

Voluntarismus
- Egoismus
- Persönlichkeit
- Funktion

Selbstbegrenzung
beschränkte Informationsverarbeitung
übernommene Werte
Wirklichkeitsverständnis

Fremdbegrenzung
organisatorische Eigendynamik
Erwartungen der Anspruchsgruppen
Umwelt (z.B. Innovationsdynamik)

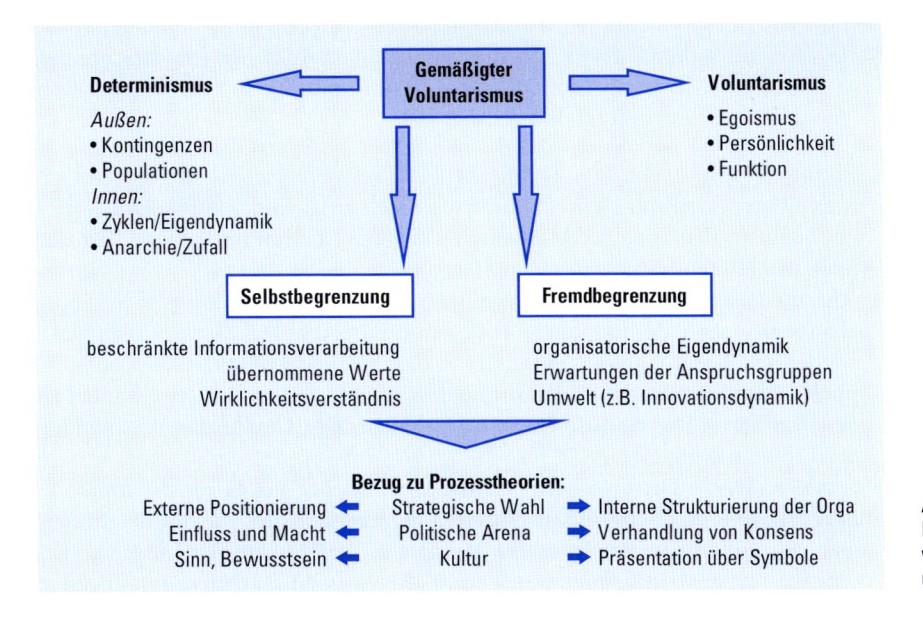

Bezug zu Prozesstheorien:

Externe Positionierung ←	Strategische Wahl	→ Interne Strukturierung der Orga
Einfluss und Macht ←	Politische Arena	→ Verhandlung von Konsens
Sinn, Bewusstsein ←	Kultur	→ Präsentation über Symbole

Abb. 5-11: Im Spannungsfeld von Determinismus und Voluntarismus

Damit ist die sich entfaltende organisatorische Komplexität nicht nur Ausdruck manageriellen Gestaltungswillens, sondern weist – aus Sicht der Führung – auch nicht intendierte »Nebenwirkungen« auf. Manager werden hier als nicht völlig frei betrachtet, sondern auch als Gefangene ihrer selbst und der komplexen Umstände. *Selbstbegrenzung* ergibt sich z. B. aus einer begrenzten Informationsverarbeitungskapazität oder im Gebundensein an übernommene Werte, Verhaltensformen und Wirklichkeitsvorstellungen. *Fremdbegrenzung* kann dagegen ein Resultat der organisatorischen Eigendynamik, der Erwartungen externer Anspruchsgruppen, der Organisationsumwelt etc. sein.

> **Workshop: Unser Wandelverständnis**
> Zur Reflektion des Wandelverständnisses Ihrer Organisation können Sie in einer Gruppe von Kollegen folgenden Aufgaben nachgehen:
> 1. Sammeln Sie Beschreibungen, wie Ihr Unternehmen aus Sicht der Gruppenmitglieder mit Wandel umgeht. Was beobachten Sie dabei, wie die Organisation darauf reagiert? Lässt sich dies mit den obigen Ausführungen erklären?
> 2. Jeder in der Gruppe fertigt als Nächstes eine kleine Zeichnung dazu an, wie er sich fundamentalen Wandel bildhaft vorstellt. Machen Sie nun eine kleine Vernissage dieser Zeichnungen. Jeder kann nun sein Bild erläutern. Kann man das Managementverhalten eines Kollegen im Wandel über sein Bild erklären? Vergleichen Sie die Bilder untereinander. Welches der Bilder erklärt Wandel wohl am plausibelsten? Welches der Bilder passt am besten zu den theoretischen Erläuterungen aus diesem Kapitel?
> 3. Anhand welcher Kriterien überprüfen Sie, ob Ihr Unternehmen einem fundamentalen Wandel ausgesetzt ist? Betrachten Sie diese Kriterien nach Lektüre des Kapitels nach wie vor als geeignet?
> 4. Ist Ihr Unternehmen einem fundamentalen Wandel ausgesetzt? Falls ja, wurde der Einsatz von Managementinstrumenten entsprechend angepasst? Wo sehen Sie Handlungsbedarf?

Gestaltungsdimensionen

Vier Gestaltungsdimensionen: Ähnlich wie bei der Gestaltung der Initiierungsarbeit in Feld 1 des SMN suchen wir nun nach den zentralen Fragestellungen (bzw. Dimensionen), anhand derer sich die Entwicklung eines Systems beschreiben lässt bzw. die es zu beantworten gilt, wenn die zukünftige Entwicklung so weit als möglich und sinnvoll gestaltet werden soll:[77]

Entwicklungslogik

- *Timing (Wann?):* Mit dem Timing ist die *Entwicklungslogik* des Systems repräsentiert. Gestaltung heißt hier die inhaltlich aufeinander aufbauende zeitliche Sequenzialisierung der Maßnahmen in zugleich ambitionierten, aber lokal auch machbaren Einheiten.

Entwicklungsfokus

- *Akzente (Was?):* Der Ansatz basiert hier auf der Annahme, dass es in Veränderungsprozessen eine dominante Diskussion gibt, die den *Entwicklungsfokus* wiedergibt. Nutzt man dies aktiv, so soll durch das Setzen inhaltlicher Schwerpunkte eine Konzentration der Kräfte ermöglicht werden, um dem Wandel zu einer größeren Durchschlagskraft zu verhelfen. Der Gefahr der Verzettelung wird so entgegengetreten.

Entwicklungsdynamik

- *Akteure (Wer?):* Die im System handelnden Akteure stehen für die *Entwicklungsdynamik* des Systems. Sie betreffen die Energiefelder, die mit den Strategien zusammenkommen müssen, damit die gewünschte Veränderung geschieht. Dabei wird angenommen, dass die von den Akteuren ausgehenden

5.2.1 Wandel als Gestaltungsaufgabe

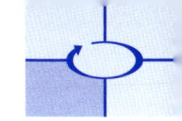

Kräfte in einem sozialen System ein kollektives Phänomen sind. Auch eine noch so tatkräftige Einzelperson ist als Akteur ohne das dazugehörige Interaktionsmuster relativ kraftlos.

- *Gestaltungsräume (Wo?):* Die Räume repräsentieren für uns das *Entwicklungsobjekt*. Direktes Objekt der Veränderung sind zwar die Fähigkeiten, auf Grund ihrer äußerst komplexen, multikausalen Verwurzelung in der Tiefenstruktur bzw. der Identität der Organisation lassen sie sich jedoch nicht direkt gestalten. Man kann lediglich versuchen, über die Gestaltung des organisatorischen Kontextes die geeigneten Rahmenbedingungen bereitzustellen, innerhalb derer sich die gewünschten Fähigkeiten entfalten. Deshalb sind der strukturelle, kulturelle und politische Raum unsere Objekte, über die wir indirekt die Fähigkeitentransformation erreichen wollen.

Entwicklungsobjekt

In Abbildung 5-12 wird das Gesamtmodell eines Wandeldesigns zusammenfassend dargestellt. Jede seiner vier Komponenten wird im Folgenden ausführliche Erläuterung finden und über die zur Verfügung stehenden Dimensionen operationalisiert.

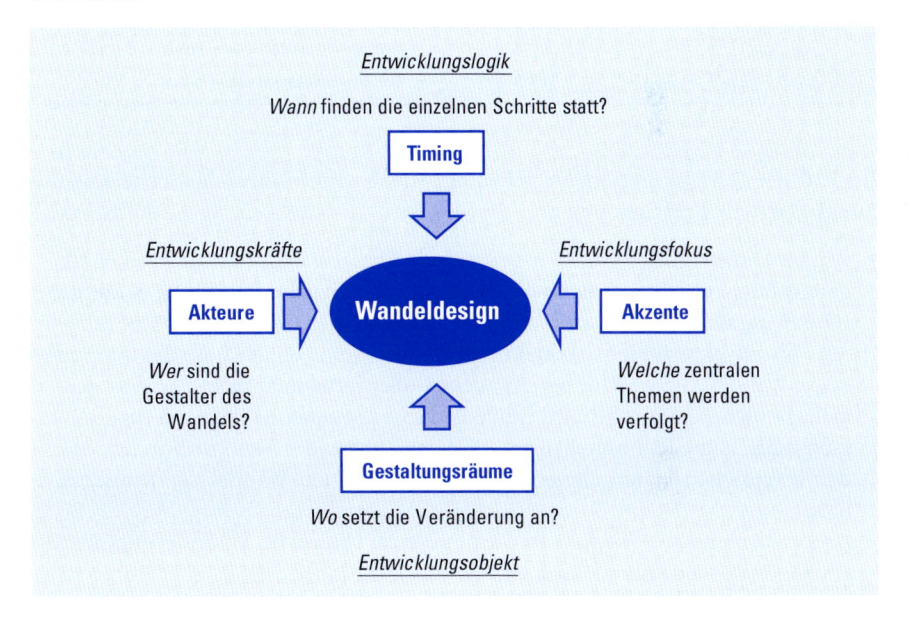

Abb. 5-12:
Die vier Komponenten des Wandeldesigns

Zur Erstellung eines Wandeldesigns müssen diese vier Komponenten zueinander in Bezug gesetzt werden: So können z. B. einzelne Sequenzen im Timing unterschiedliche thematische Akzente haben. Die Akzente können wiederum matrixartig in Beziehung zu den involvierten Kräften gebracht werden etc.

Die vier Komponenten werden über 16 Dimensionen operationalisiert. Dies ergibt den Bezugsrahmen in Abbildung 5-13. Bei diesen 16 »Stellhebeln« für die Gestaltung eines Wandeldesigns wird festgelegt, wo man sich zwischen den beiden Polen positioniert sieht. Das daraus entstehende Profil beschreibt dann letztendlich auch den *Veränderungsstil*, mit dem das Unternehmen seinen strategischen Wandel bestreiten möchte. Jede der 16 Dimensionen kann verschiedene Ausprägungen innerhalb eines Ausprägungspaares annehmen, über die das Wandelkonzept dann seine konkrete Gestalt erhält. Sie werden im Folgenden kurz und ab Abschnitt 5.2.2 detailliert erläutert.

Komponenten:	Dimensionen:	einfacher ◁ Ausprägungen ▷ komplexer weniger aufwendig aufwendiger
Timing **Wann?**	Epoche	inkremental ◁□□□□□□▷ fundamental
	Zyklus	kurz ◁□□□□□□▷ lang
	Welle	eine ◁□□□□□□▷ viele
	Phasen	eine ◁□□□□□□▷ viele
	Taktung	lang ◁□□□□□□▷ kurz
Akzente **Was?**	Remodellierung	bestätigend ◁□□□□□□▷ erneuernd
	Reorientierung	bestätigend ◁□□□□□□▷ erneuernd
	Repositionierung	bestätigend ◁□□□□□□▷ erneuernd
	Restrukturierung	bestätigend ◁□□□□□□▷ erneuernd
	Revitalisierung	bestätigend ◁□□□□□□▷ erneuernd
Akteure **Wer?**	Stakeholder	ausgeblendet ◁□□□□□□▷ eingebunden
	Rollen	wenige ◁□□□□□□▷ viele
	Schichten	entkoppelt ◁□□□□□□▷ verkoppelt
Räume **Wo?**	Struktur	gering ◁□□□□□□▷ hoch
	Politik	gering ◁□□□□□□▷ hoch
	Kultur	gering ◁□□□□□□▷ hoch

Abb. 5-13:
Bezugsrahmen zur Gestaltung der Veränderungsarbeit

Im Fall der Designkomponente »**Timing**« stehen fünf unterschiedliche Ausprägungspaare zur Entscheidung an.

Epoche
- Bei der Dimension »*Epoche*« ist zu entscheiden, ob man sich als in einer Übergangsphase zwischen zwei Epochen befindlich betrachtet und man es dann mit fundamentalem Wandel zu tun hat (was Konsequenzen bezüglich der relevanten Führungskonzepte hat) oder ob man sich eher in einer Phase des inkrementalen Wandels sieht. Wie bereits weiter oben erwähnt, befinden sich derzeit viele Branchen aufgrund unterschiedlichster Ursachen (Liberalisierung, Deregulierung, neue Technologien etc.) in einer Phase des Strukturbruchs, was in den betroffenen Unternehmen meist fundamentalen Wandel zur Konsequenz hat.

Zyklus
- Bei der Dimension »*Zyklus*« ist die angesetzte Dauer des Veränderungsprozesses angesprochen. Eine Dauer von ein bis zwei Jahren ist als eher kurz zu betrachten. »Lang« ist dagegen alles jenseits von fünf bis sechs Jahren.

Welle
- Bei der Dimension »*Welle*« muss über die Anzahl der Wellen, in die das zeitliche Konzept zu untergliedern ist, entschieden werden. Oft ist heute mit den Wellen die sequenzielle Abarbeitung von zwei bis drei thematischen Akzenten verbunden: Z.B. zuerst das Portfolio der Geschäfte neu strukturieren und dann die Kerngeschäfte in ihren Prozessen optimieren. Minimum ist dabei eine Welle, denn sonst würde ja die Initiative nicht wirksam werden. »Viel« wären wohl schon mehr als vier Wellen.

Phasen
- Bei der Dimension »*Phasen*« wird nach der Anzahl der Zeitabschnitte gefragt, in die ein Wandelzyklus eingeteilt wird. Auch hier ist das Minimum eine Phase, wenn überhaupt keine Phaseneinteilung erfolgt. Viel sind sechs Phasen und mehr. Die meisten Konzepte gehen von drei Phasen aus. Häufig folgen sie dieser Logik: das Aufbrechen der alten Strukturen, das Transformieren des Systems in seinen neuen Zustand und das »Vertäuen« des neuen Zustands.

5.2.1 Wandel als Gestaltungsaufgabe

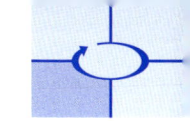

- Bei der Dimension »*Taktung*« wird entschieden, in wie viele zeitliche Feinabschnitte am jeweiligen Ort des Wandels nochmals ganz situationsspezifisch untergliedert wird. Misst man der dortigen Mannschaft eine hohe Wandelfähigkeit bei, dann wird man die Takte eher lang wählen; denkt man, zeitlich eher sehr eng führen zu müssen, dann wird man eher kurze Taktlängen wählen, also viele zeitliche Zäsuren einbringen. Hier ist einerseits an die allgemein anerkannte Faustregel zu erinnern, über viele »small wins« die Mannschaft in »verdaubaren« Schritten zum Ziel zu führen. Andererseits sollte man eine Mannschaft aber auch nicht in ein zu enges zeitliches Korsett stecken, wenn man ihre Kraft zur Selbstorganisation durch zu viel Fremdorganisation nicht behindern oder gar lähmen will.

Taktung

»Small wins«

Im Fall der Designkomponente »**Akzente**« wird über fünf Dimensionen thematisiert, ob die bisherige Vorgehensweise bei der Wahl des Entwicklungsfokus bestätigt werden soll oder ob sie zu erneuern ist.

- Im Fall der Dimension »*Remodellierung*« war bereits in den Feldern 2 und 3 des SMN zu entscheiden, ob das der Geschäftslogik bislang zu Grunde liegende Paradigma eher erhalten bleiben soll oder ob das Geschäft an neuen Spielregeln und Erfolgsfaktoren auszurichten ist. In Feld 4 ist nun zu beschließen, welche Konsequenzen die getroffene Entscheidung auf die Transformation des Gesamtsystems haben sollte.
- Die Remodellierung ist in vielen Branchen relevant, da die Umfelddynamik zu neuen Rahmenbedingungen der Geschäfte führt, innerhalb derer dann neue Erfolgsfaktoren zu erfüllen sind. Die Notwendigkeit zur »*Reorientierung*« der Geschäftsportfolios und die »*Repositionierung*« der Geschäfte gegenüber ihrem Umfeld (Kunden etc.) sind teilweise direkte Konsequenzen daraus.
- »*Restrukturierungen*« sind ebenso aktuell, da im Feld des neuen, häufig internationalen Wettbewerbs Kosten, Zeit und Qualität der eigenen Wertschöpfungsprozesse zu hinterfragen sind. Hier besteht die Gefahr darin, dass bei einer zu einseitigen Konzentration auf Kostenfragen, die Organisation das Thema Innovation, das letztendlich wettbewerbsentscheidend sein wird, »entlernt«.
- Mit der »*Revitalisierung*« sollen Werte und Einstellungen den Anforderungen nachgezogen werden, um die Sinnorientierung des eigenen Schaffens nicht zu verlieren.

Remodellierung

Reorientierung
Repositionierung

Restrukturierung

Revitalisierung

Im Fall der Designkomponente »**Akteure**« haben wir es mit drei unterschiedlichen Ausprägungspaaren zu tun, die sich auf die Bedeutung relevanter Akteure sowie deren Zusammenspiel beziehen.

- Bei der Dimension »*Stakeholder*« muss entschieden werden, inwieweit die wichtigsten Interessen- und Anspruchsgruppen am Wandel des Unternehmens (Kunden, Mitarbeiter, Eigentümer etc.) im Wandeldesign Berücksichtigung erfahren sollen oder inwieweit man sie eher ausblenden will.
- Bei der Dimension »*Rollen*« ist die Frage zu klären, wie ausdifferenziert das Rollen-Setting sein soll.
- Bei der Dimension »*Schichten*« ist das Problem der adäquaten Kopplung der einzelnen Wandelkollektive aneinander zu überprüfen.

Stakeholder

Rollen

Schichten

Im Fall der Designkomponente »**Gestaltungsräume**« geht es um die verschiedenen organisatorischen Rahmenbedingungen, die es zu verändern gilt, wenn ein verändertes Verhalten das Ziel ist. Es wird hier unterschieden in die Dimensionen:

- *Struktur* (Aufbau- und Ablauforganisation etc.),
- *Politik* (Machtbasen, Formen der Einflussnahme etc.),
- *Kultur* (Symbole, Werte etc.).

Ihre Ausprägungspaare gering versus hoch beziehen sich auf die Bedeutung, die der jeweilige Gestaltungsraum explizit im Wandel erfährt. Man kann diese Bedeutung teilweise an den zum Einsatz kommenden Instrumenten ablesen. In der Unternehmenspraxis besteht immer noch eine klare Dominanz struktureller Instrumente. Inzwischen ist man aber deutlich mehr sensibilisiert bezüglich der Erfolgsrelevanz der Unternehmenskultur und den politischen Aspekten eines Wandels. Problem ist hier allerdings die immer noch geringe Anzahl zur Verfügung stehender Instrumente.

Ähnlich wie beim Optionenrahmen im Arbeitsfeld »Initiierung« wird auch hier die Liste der 16 Dimensionen nicht als generisch betrachtet, sondern kann im Anwendungsfall ergänzt oder verändert werden. Dieser Katalog der Dimensionen hat lediglich eine heuristische Funktion, nimmt aber für sich in Anspruch, in den meisten Anwendungsfällen auch weitgehend die relevanten Aspekte abdecken zu können. Gleiches gilt für die vorgeschlagenen Ausprägungspaare der Dimensionen.

Natürlich simplifiziert ein solcher Bezugsrahmen die Gestaltung eines komplexen Wandeldesigns in erheblicher Weise, da er nur ein paar Grundfragen anreißt. Deshalb sollte er auch nur als eine Art Checkliste Verwendung finden, über die man eine gestalterische Diskussion zu öffnen vermag. Danach muss in die Details der nachfolgenden Ausführungen eingestiegen werden, über die nun auch die einzelnen Dimensionen detailliert beschrieben werden sollen.

Dramaturgie und Inszenierung des Wandels: Wandel bedarf einer eigenen Dramaturgie, auf die sich Beteiligte und Betroffene einlassen, die sie akzeptieren und die ihnen einen Pfad zeigt. Wandel muss dazu auch inszeniert werden. Die Inszenierung ermöglicht die Wandeleffekte, sie beinhaltet die Mittel zum Zweck, wird aber durch die Betroffenen i. Allg. kaum wahrgenommen.

Man kann die Arbeiten im SMN auch mit den Arbeiten zu einem *Spielfilm* vergleichen, an dem das ganze Unternehmen (und eventuell auch seine Partner), aber auch Zuschauer beteiligt sind. In beiden Fällen geht es um ein Konzept zur Veränderung im sozialen System. Ausgangspunkt eines Filmprojekts ist eine gute Geschichte, die es in Szene zu setzen gilt. Sie ist so zu inszenieren, dass Beteiligte und Publikum bereit sind, sich auf sie einzulassen und gegebenenfalls auch mitzuspielen. Dazu gibt es Spezialisten, wie etwa den *Drehbuchautor*, der aus der Geschichte heraus ein Konzept für den gesamten Film entwirft. Dieses Konzept steht analog zum Design des Wandelprozesses. Es ist chronologisch angelegt und muss nicht nur tragfähig sein, die Beteiligten und die Zuschauer durch diese Geschichte zu führen, es muss auch bestimmte Erkenntnisprozesse und Verhaltensänderungen auslösen können. Der *Produzent* wird dann noch die Fragen nach der strategischen Positionierung des Produktes stellen: Gibt es hierfür einen Markt? Wie trifft man ihn am genauesten? Was ist das günstigste Zeitfenster hierfür? usw. Auch ist er es, der sich am intensivsten um das sogenannte »Casting« kümmert, d. h. um die Zusammenstellung eines geeigneten Teams.

5.2.1 Wandel als Gestaltungsaufgabe

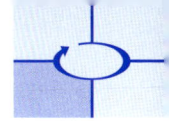

Neben dem Produzenten und dem Drehbuchautor ist in einem solchen Filmprojekt noch ein drittes Handwerk gefragt: Das Know-how eines *Regisseurs*. Er ist es, der den Film »macht«; d. h., er hat das Drehbuch zu einem Film umzusetzen und damit die Geschichte zum Leben zu bringen. Er ist unverzichtbares Element im Autorenteam eines Films. Mit ihm sprechen Produzent und Drehbuchautor den Film so lange durch, bis ein gemeinsames »Bild« davon entstanden ist. Insbesondere in der Planungsrunde gibt er Feed-back, ob etwas »machbar« ist oder nicht und welche Effekte dadurch ausgelöst werden. Manchmal zieht man noch besonders wichtige *Hauptdarsteller* zu diesen »Designgesprächen« hinzu; aber ohne das Votum des Regisseurs würde man ein Drehbuch wohl kaum zur Verfilmung freigeben, da das Risiko eines Fehlschlags zu groß eingeschätzt würde.[78]

Entscheidend ist in der Filmindustrie – meist im Gegensatz zur bisherigen Unternehmenspraxis – die Anerkennung der konzeptionellen Umsetzungskompetenz (in der Person des Drehbuchautors) als eigenes, äußerst relevantes »Handwerk«, die bei einer Produktion von Anfang an mit hinzugezogen wird. Dies resultiert aus der einfachen Erfahrung, dass eine gute Geschichte noch lange keinen erfolgreichen Film ausmacht. Doch wie viele Strategien scheitern aufgrund eines mangelnden oder mangelhaften Drehbuchs? Durch eine professionelle Zusammenarbeit des Drehbuchautors mit dem Regisseur (operative Umsetzungskompetenz) und einiger ausgewählter Schauspieler in Schlüsselrollen (im Sinne von change agents) könnte oft schon sehr früh erkannt werden, dass eine bestimmte Strategie nie das Tageslicht erblicken wird.

In diesem Sinne betrachten wir den Output aus Feld 4 des SMN als eine Art »*Drehbuch für den Wandel*«. Es beinhaltet das Konzept zur Inszenierung des operativen Wirksamwerdens einer strategischen Initiative durch die Transformation der Organisation. Wir wollen damit dazu ermuntern, dem *Vierergespann Produzent-Drehbuchautor-Regisseur-Hauptrollen* entsprechende Bedeutung beizumessen, da mit jeder Funktion unverzichtbare Perspektiven, Kompetenzen und notwendiges Handwerkszeug verbunden sind. In der Unternehmenspraxis wird noch viel zu sehr davon ausgegangen, dass Transformationen entweder »von alleine« erfolgen (man bezahlt ja die Leute dafür) oder dass jede Führungskraft (mit den dazugehörigen Experten) über diese Fähigkeiten verfügt. Speziell in Zeiten fundamentaler Wandelvorgänge ist daran jedoch eher zu zweifeln.

(5) Schlussfolgerungen

Organisatorischen Wandel betrachten wir als ein eigenständiges Problem der Unternehmensführung. Um Menschen und Organisationen zum Wandel zu befähigen, bedarf es spezieller Voraussetzungen und Fähigkeiten.

Viele Charakteristika der Übergangsphase bei fundamentalem Wandel sind grundsätzlich verschieden von denen der eher stabilen Perioden. Eine solche Übergangsphase verlangt deshalb nach anderen Formen der Problemhandhabung und Führung. Die Anwendung der Methoden und Verfahren aus den stabilen Perioden vergrößert i. Allg. eher die Probleme, als dass sie diese verringert.

Mit dem Begriff der »Veränderung« konnotieren wir die aktive Gestaltung des Wandels. Wandel ist für uns jedoch nur *begrenzt steuer- und gestaltbar*. Ein Design für den Wandel muss demnach auch immer Platz für Überraschungen, für das Ungeplante, für unerwartete Nebenwirkungen einer Intervention lassen,

Begrenzt steuer- und gestaltbar

denn dies ist natürlicher Bestandteil komplexer Veränderungsvorgänge. Damit ist organisatorischer Wandel aber auch deutlich mehr als nur Umsetzung oder Implementierung.

Auch wenn die Systementwicklung im fundamentalen Wandel nicht prognostizierbar ist, wird hier die Gestaltung von Wandel *geplant*. Auch wird mit Zielen gearbeitet. Allerdings wird nicht davon ausgegangen, dass die Pläne über lange Zeit aufrechterhalten werden können; trotzdem benötigen wir sie zur Ausrichtung unseres Lernprozesses. Auch die mit den Plänen verbundenen Ziele werden nicht von langer Dauer sein, sondern aus der Bewegung heraus immer wieder neu formuliert werden. Doch was sie ausrichtet, ist die Vision.

Da Wandel etwas Stetiges in Organisationen ist (»chronically unfrozen«[79]), sollte auch dauerhaft die *Fähigkeit zur Bewältigung und Gestaltung von Wandel systematisch aufgebaut, erweitert und gepflegt* werden. Diese Fähigkeit sollte breit verteilt, aber auch zentral geführt werden, da die Wandelinitiativen überall in der Organisation entstehen können und man dann in der Lage sein muss, diese Fähigkeit abzurufen und einzusetzen. Diese Fähigkeit sollte damit auch klar im Besitz und unter Herrschaft der Unternehmung sein. Sie sollte die Organisation in die Lage versetzen, selbst ihre Herausforderungen zu erkennen und Lösungen dafür zu entwickeln.

Damit das operative Wirksamwerden strategischer Initiativen über fundamentale Wandelprozesse eine ausreichende Verfestigung erfährt, sollte ein solcher Wandel in Form eines formellen Wandelprojektes mit einer Vielzahl unterschiedlichster und sich auch überlappender Unterprojekte koordiniert und – so weit als möglich – gesteuert werden. Damit *werden die Projekte zumindest vorübergehend zu den wichtigsten Arenen der Zusammenarbeit* im Unternehmen. Teilweise nehmen sie Strukturen schon vorweg, die erst später für die Gesamtorganisation angedacht sind. Damit wird das Projektmanagement aber auch zu einer wichtigen Kompetenz im Wandel.

Projekte: Vorübergehend die wichtigsten Arenen der Zusammenarbeit

5.2.2 Optionen zur Entwicklungslogik: Das Timing

*Mit dem **Timing** wird die zeitliche Strukturierung des Veränderungsprozesses definiert.* Die für den Wandel vorgesehenen Maßnahmen müssen hier auf eine Zeitachse gebracht werden. Dabei darf es sich nicht um eine reine Aneinanderreihung der Maßnahmen handeln. Vielmehr muss der zeitliche Ablauf des Projektes einen Spannungsbogen ergeben. Es gilt dabei wegzukommen vom Bild eines »Projektes zur Beseitigung lästiger Widerstände« und hinzukommen zu einem Prozess der gemeinsamen Zukunftsgestaltung, zu dem die Mitarbeiter eingeladen und befähigt werden sollen. Dabei wird es immer welche geben, die daraus Vorteile ziehen können und andere, die dabei eher das Nachsehen haben. Dies stellt aber nicht das eigentliche Problem dar. Entscheidend ist, ob die Spielregeln, wie dies geschieht, prozedural fair und allgemein nachvollziehbar sind.

Wandel als Prozess der gemeinschaftlichen Zukunftsgestaltung

(1) Umgang mit dem Faktor Zeit

Veränderung sollte aus Sicht der Veränderer immer möglichst sofort geschehen. Zeit wird i. Allg. keine positive Bedeutung im Management beigemessen. Dabei

5.2.2 Optionen zur Entwicklungslogik: Das Timing

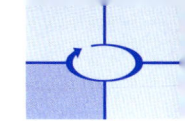

ist es gerade die Zeit, die die Veränderung ermöglicht. Wandel benötigt deshalb einen sehr bewussten Umgang mit dem Faktor Zeit: Einerseits braucht Wandel auch seine »schnellen Erfolge«, da dadurch Entschlossenheit demonstriert wird und damit die Zweifelnden sehen können, dass es vorwärts geht. Andererseits besteht die Gefahr, dass man durch ein zu hohes Tempo die Mannschaft hinter sich verliert und es nur zu oberflächlichen Veränderungen kommt. Um eine bestimmte Wandelqualität zu erreichen, bedarf es eben des richtigen Timings: nicht zu schnell und nicht zu langsam.

Es ist die Zeit, die Wandel ermöglicht

Die *Dauer* von Wandel wird in der Unternehmenspraxis nicht selten erheblich unterschätzt. Eine realistische Einschätzung der Dauer des Wandels beugt jedoch der Gefahr vor, dass man den Wandel nicht in genügend kleine Sequenzen untergliedert, die für die Betroffenen überschaubar und erreichbar erscheinen. So gliedert man z. B. einen Vier-Jahres-Prozess in mehr Phasen als einen Ein-Jahres-Prozess.

Hinsichtlich der Wahl des richtigen *Zeitpunktes für den Start eines Wandels* wird immer wieder die Frage diskutiert, ob Wandel eine Krise benötige. Sicher ist eine krisengeschüttelte Organisation »gefügiger« als eine erfolgsverwöhnte. Warum sollte die Letztere sich überhaupt auf solch ein abenteuerliches Vorhaben einlassen? Trotzdem hat die Krise den Nachteil, dass der noch zur Verfügung stehende Manövrierspielraum meist deutlich eingeengt ist. Am extremsten ist dies in einer Turnaround-Situation. Deshalb sollte die Krise als Auslöser von Wandel, wenn immer möglich, vermieden werden. Das Warten auf die Krise entspricht einem reaktiven Ansatz. Unternehmerischer ist der proaktiv eingeleitete Wandel, da die Antizipation notwendiger Veränderungen mit Kernaufgabe einer Führungskraft ist.

Eine zu ehrgeizige Einschätzung der Dauer eines Wandels kann dazu führen, dass die zeitliche Belastung der zur Verfügung stehenden Mitarbeiter so groß ist, dass kein Raum mehr für **Überraschungen** besteht. Solche Überraschungen sind jedoch keineswegs die Ausnahme, z. B. in Form nicht erwarteter Nebenwirkungen der ergriffenen Aktionen.

Bei der zeitlichen Achse im Wandeldesign stellt sich auch die Frage des *Diffusionspfades*: Soll man eher von einer Piloteinheit zum Ganzen gehen oder eher vom Ganzen zu den einzelnen Organisationseinheiten? Da es keinen primär überlegenen Ansatz für die Gestaltung des Wandels gibt, kann man beim »Rollout« des Wandels an den verschiedenen »Orten des Wandels« auch verschiedene Konzepte und Instrumente in Konkurrenz zueinander starten lassen und beobachten, welches sich wo durchsetzt. Man kann dies auch als »*Buschfeuer-Prinzip*« bezeichnen: Dezentral wird nach unterschiedlichen Methoden versucht, Feuer zu legen; man hofft dann, dass die Feuer, die entfacht werden können, sich möglichst bald an den Rändern berühren und wechselseitig verstärken.

»Buschfeuer-Prinzip«

Wichtig ist in diesem Zusammenhang, dass organisationsübergreifende Arenen angelegt werden, in denen die Prozesse an den verschiedenen Orten des Wandels untereinander verglichen werden. Erfahrungsaustausch zu Themen wie »richtige Geschwindigkeit«, »Belastbarkeit«, »Eignung bestimmter Instrumente« etc. bestimmt ganz entscheidend den Erfolg des Wandels. Es geht darum, einen *kontinuierlichen Dialog zur Performance der Strategieimplementierung und zum Wandelfortschritt* unternehmensübergreifend einzurichten.

(2) Dimensionen beim Timing

Die Zeitachse eines Wandelprozesses kann – je nach Komplexitätsgrad – für die Prozessplanung unterschiedlich fein untergliedert werden. Natürlich wird dann jeder Wandelprozess seine eigene Verlaufsform nehmen. Durch die Planung soll jedoch die Lerngeschwindigkeit im Umgang mit dem Prozess erhöht werden. Einer der Faktoren, nach denen der Erfolg eines Wandels zu beurteilen ist, ist seine zeitliche Effizienz: Konnte in möglichst geringer Zeit das Ziel des Wandels erreicht werden? Die Zeit steht dabei in einer Trade-off-Beziehung zu anderen Ressourcen wie Kosten und Qualität, die für den Wandel benötigt werden.

Bei der Untersuchung von Wandelprozessen können verschiedene zeitliche Kategorien beobachtet werden, in denen gedacht und gehandelt wird.[80] Diese Kategorien können auch in der konzeptionellen Gestaltung der zeitlichen Dimension Verwendung finden:

Epoche: Stabiles Erfolgsmuster

Epoche: *Eine Epoche ist ein zeitlicher Entwicklungsabschnitt in der Geschichte einer Organisation, in dem ein zentrales Paradigma oder Erfolgsmuster relativ stabil Gültigkeit besitzt.* Auch wenn das System ab und zu Störungen ausgesetzt ist, baut sich Ordnung doch immer wieder um denselben »Attraktor« herum auf.

Während früher die Erfolgsmodelle teilweise noch für mehrere Generationen im Familienunternehmen tragfähig waren, scheint heute der Zeitrahmen, der einer Epoche zu Grunde liegt, enger zu werden. Auch erfolgreiche Unternehmer wie Max Grundig oder Heinz Nixdorf mussten selbst noch miterleben, wie die von ihnen entwickelten »Erfolgsrezepte« auf einmal nicht mehr »funktionierten«. Deshalb ist es auch riskant, das Lernen zur Anpassung des Geschäftskonzepts auf wenige Köpfe an der Spitze des Unternehmens zu konzentrieren. Auch wenn es sich hier um ausgewiesene Experten handelt, wächst damit die Wahrscheinlichkeit, dass eine relevante Entwicklung verpasst oder zu spät erkannt wird.

Entwicklungsmodelle erfassen die einzelnen Schritte in der Entwicklung eines Unternehmens aus der Sicht der *internen Organisationsdynamik*.[81] Sie beschreiben das Wachstum des Unternehmens. Diese Schritte der internen Entwicklung können durchaus innerhalb der gleichen Epoche geschehen, in der ein bestimmtes Erfolgsmuster einer Branche reift. Dies kann z. B. anhand von Lebenszyklusphasen geschehen, wie in Abbildung 5-14 am Beispiel von IBM dargestellt. In der Phase Gerstner ging es um das Überleben des Unternehmens. Ein Erfolgsmuster, das man sehr gut beherrschte, hatte an Gültigkeit verloren.

Zyklus: Management des Übergangs

Zyklus: *Ein Zyklus beschreibt das Niveau der Aktivitäten zum Management des Übergangs von einer Epoche auf die andere.* Während dieser Übergangsphase stehen die Paradigmen beider Epochen in Konkurrenz zueinander. Im Wandel löst demnach nicht die eine Epoche die andere schlagartig ab. Vielmehr überlappen die Epochen einander im Übergang. In Abbildung 5-5 wurde dies bereits dargestellt.

Die Betrachtung des Wandels als Zyklus birgt in sich die Gefahr, dass Wandel durch die Betroffenen als etwas mit einem definierten Anfang und Ende betrachtet wird: Es gibt ein Problem; man greift es auf und löst es; danach kehrt man wieder zum »normalen betrieblichen Alltag« zurück. Doch wer heute in die Betriebe schaut, sieht, dass es diese Rückkehr kaum noch gibt; immer neue »Sonderprojekte« werden in diesen Alltag »hineingedrückt«, sodass mancherorts

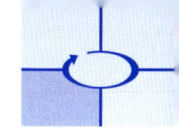

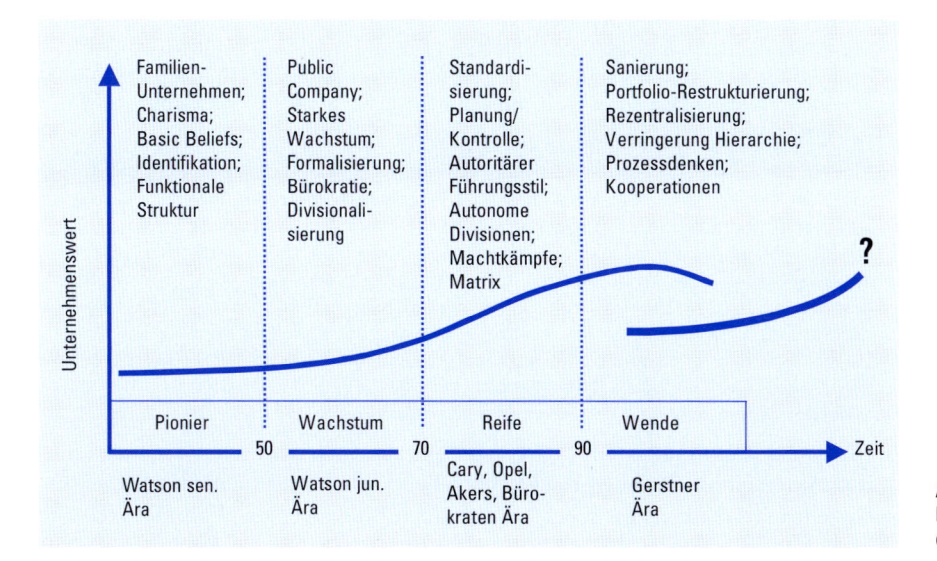

5.2.2 Optionen zur Entwicklungslogik: Das Timing

Abb. 5-14: Entwicklungsphasen der IBM

Phase	Pionier	Wachstum	Reife	Wende
Zeit	50	70	90	
Ära	Watson sen. Ära	Watson jun. Ära	Cary, Opel, Akers, Bürokraten Ära	Gerstner Ära
Merkmale	Familien-Unternehmen; Charisma; Basic Beliefs; Identifikation; Funktionale Struktur	Public Company; Starkes Wachstum; Formalisierung; Bürokratie; Divisionalisierung	Standardisierung; Planung/Kontrolle; Autoritärer Führungsstil; Autonome Divisionen; Machtkämpfe; Matrix	Sanierung; Portfolio-Restrukturierung; Rezentralisierung; Verringerung Hierarchie; Prozessdenken; Kooperationen

schon fast der Alltag zum Sonderfall wird. Lieber wäre uns deshalb das Bild einer niemals endenden organisatorischen Dynamik, die allerdings in bestimmten Zeiträumen z. B. durch eine überlagernde Projektstruktur mehr Aufmerksamkeit und damit eine Verstärkung erfährt. Das Problem bleibt dabei auch selten das gleiche, am Anfang definierte Problem, sondern verändert sich kontinuierlich im Strom der Ereignisse und Interaktionen.

Wellen: Bei sehr komplexen und langwierigen Wandelvorhaben bietet sich *die Aufteilung eines Zyklus in einzelne Sub-Zyklen an, die wir als Wellen bezeichnen*. Dadurch wird die Möglichkeit einer thematischen Priorisierung über einen bestimmten Zeitraum geboten. Ein besonders wichtiger Aspekt – wie etwa »Restrukturierung«, »Null-Fehler-Qualität« oder »Internationalisierung« wird an die Spitze der Wandelagenda gesetzt.

Wellen: Sequenzialisierung thematischer Prioritäten

> **Fallbeispiel: Kontinuierliche Veränderung bei LAFARGE**
> Der Wandel des Baumaterialienkonzerns LAFARGE (COPPÉE) war sehr stark durch den CEO Olivier Lecerf (1974–89) als Initiator, treibendem Visionär und Prozessarchitekten eines kontinuierlichen Veränderungsprozesses getrieben. Er aktivierte den Kreis der 120 Topmanager als Diskussionsplattform und Ausgangspunkt für anschließende organisatorische Lernprozesse. Die Transformation war explizit in fünf Wellen unterteilt:
>
> 1. The Guiding Principles (1984): Anliegen war es, gemeinsam den Konzern als Ganzes in seiner Entwicklung zu betrachten. Dazu sollte eine integrierende Kultur entwickelt werden.
> 2. Saphir (1985–86): Ziel war die Umsetzung der Guiding Principles über strukturelle Ansatzpunkte (Anreizsysteme, Leistungsmessung etc.). Alle Hierarchiestufen sollten durch das Topmanagement mobilisiert werden.
> 3. The Four Challenges (1987–88): Weitere Strukturänderungen folgen als Ergebnis aus den Saphir-Analysen.
> 4. Ambition 2000 (1989–90): Nach den vielen Strukturinterventionen stand die Revitalisierung im Mittelpunkt dieser Welle. Es sollte unter dem neuen CEO Bertrand Collomb eine gemeinsame Langfriststrategie ausgearbeitet werden. Auch ging es darum, die Nachfolger im Topmanagement frühzeitig zu bestimmen.

> 5. Developing Human Resources (1990–92): Hier sollte nun noch expliziter unternehmensweit die Kultur als Gestaltungsraum betrachtet werden. Es ging um Rekrutierung der Köpfe, die man zu brauchen glaubte, um Mitarbeiterentwicklung, um Motivation, um Job Rotation etc.
>
> Ergebnis war, dass ein kontinuierlicher Veränderungsprozess aufgebaut und stufenweise weiterentwickelt werden konnte. 120 Topmanager kommunizierten die Geschäftspolitik mit ca. 3.000 Angestellten in ca. 50 Workshops über mehrere Jahre und mittels verschiedenster Medien. Es handelte sich um eine Art »partizipativer Top-down-Ansatz«, getrieben durch den CEO. Sein Anliegen war es, dass ein gemeinsames Bewusstsein für Veränderung geschaffen werden müsse. Während die Welle 1 noch stark auf die Unternehmensspitze konzentriert war, gingen die nächsten Wellen 2 und 3 immer mehr in die Breite und Tiefe der Organisation. Erst mit der 4. Welle wurde wieder insbesondere auf die Spitze gezielt.

Wellen entstehen in ungeplanter Form oft einfach auch dadurch, dass ein zu illusorisch konzipiertes Wandelprojekt weitgehend scheitert. In einem zweiten Versuch geht man dann realistischer und oft auch radikaler vor. Während z. B. alte Seilschaften in der ersten Welle noch geschützt blieben, wird in der zweiten Welle mit einer nahezu vollständig erneuerten Führungsmannschaft gestartet, da das alte Team zu viel an Glaubwürdigkeit verloren hat. Man könnte sich fragen, ob eine solche erste Welle in einem gewissen Sinne »notwendig« war, damit es überhaupt zur zweiten Welle kommen konnte. Es sollte jedoch nicht in diesem Sinne geplant werden, da auf diesem Weg auch enorm viel positive Energie und Zeit verloren gehen.

> **Fallbeispiel: Wellen des Wandels bei ALCATEL**
> ALCATEL war Ende der 1980er-Jahre einer starken Dynamik insbesondere im Telekommunikationsumfeld ausgesetzt. Es gab neue technologische Entwicklungen, veränderte gesetzliche Rahmenbedingungen, verschärften Wettbewerb, andersartige Kundenbedürfnisse etc. Alles verlangte nach einer schnellen Anpassung. Das Wandelprojekt wurde in drei Wellen gegliedert:
> Ausgangspunkt der ersten Welle (4/89–1/90) war die Vision des CEO Pierre Suard, die in 11 Workshops mit 300 Topmanagern diskutiert wurde. Diese erste Welle lief unter dem Label »The Alcatel Way« (»Network of people working together in trust to achieve success«). Ziel war die Entwicklung einer gemeinsamen intellektuellen Agenda und der Entwurf einer Art Masterplan für den Wandel. In einer zweiten Phase wurden die Ergebnisse durch eine Vielzahl weiterer Seminare unter Anwesenheit des Topmanagements in der gesamten Unternehmung (120.000 Mitarbeiter) verbreitet und divisional implementiert. Die lokalen Orte des Wandels hatten Freiheit in der Wahl der Implementierungsmethoden.
> Im Oktober 1990 wurde dann eine zweite Welle mit zwölf Seminaren für die 300 Topmanager aufgelegt (»Alcatel Way II«). Hier ging es insbesondere um Fragen der Kundenorientierung, um die Stärkung eines unternehmensübergreifenden Teamgeistes und um die Verbesserung der Kommunikation.
> 1992 gab es nach der Fusion mit GEC ALSTOM eine dritte Welle (»The Alcatel Alstom Way«). In ihrem Mittelpunkt stand die Schaffung einer gemeinsamen Identität und Kultur sowie die Suche nach Synergien. Auch hierfür wurde wiederum eine Sequenz von Workshops durchgeführt.

Pacing

Bei der Gestaltung der aufeinanderfolgenden Wellen ist auch an die begrenzte Belastbarkeit der Organisation zu denken. Das richtige Tempo der Veränderung (*pacing*) zu bestimmen, ist ein zentraler Erfolgsfaktor in der langfristigen Ent-

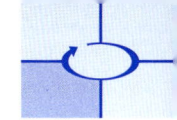

5.2.2 Optionen zur Entwicklungslogik: Das Timing

wicklung eines Unternehmens.[82] Nach einer sehr tief in das Organisationsgefüge eingreifenden Wandelwelle sollten die Mitarbeiter zuerst wieder einmal »abbremsen« dürfen, sonst erhält man eine ausgebrannte und wandelmüde Belegschaft, in die nach und nach ein aggressiver Zynismus Einzug hält (»*permafrost organizations*«).[83] Ein gutes Topmanagement muss also nicht nur wissen, wann es Zeit ist, über groß angelegte Wandelinitiativen mittels »kreativer Zerstörung« möglichst rasch und radikal nach neuen Wachstums- und Rentabilitätsverbesserungen zu suchen, es muss auch wissen, wann es an der Zeit ist, *Tempo herauszunehmen*. Teilweise kann dies schon dadurch geschehen, dass man beim Start neuer Initiativen vermehrt auf bereits irgendwo im Unternehmen Vorhandenem aufbaut, das aber in Vergessenheit geraten ist.

Phasen: *Für das feinere Design des Wandels entlang der Zeitachse und um den unterschiedlichen Befindlichkeiten während eines Veränderungsprozesses besser Rechnung zu tragen, wird ein Zyklus in Phasen unterteilt, die phasenspezifische Funktionen zu erfüllen haben*: Von der Vorbereitung der Veränderung bis zur Rückkehr in einen eingeschwungenen Zustand. In den meisten Fällen baut die Phasenbildung auf der Idee auf, dass – mehr oder minder partizipativ – zuerst das Grobkonzept (Vision, Konzernstrategie etc.) auf Topmanagementebene entwickelt werden muss, um es dann kaskadenförmig zu verfeinern und in die Organisation hineinzutragen. In erfolgreichen Fällen war es zusätzlich gelungen, mit der Sequenz der Phasen den Spannungsbogen eines Wandels aus der Sicht der meisten Betroffenen abzubilden.

Phasen mit unterschiedlichen Funktionen

> **Fallbeispiel: Fünf Phasen der Transformation von CIBA[84]**
> Die CIBA, ein Schweizer Pharma- und Chemieunternehmen, startete Ende der 80er-Jahre – basierend auf einer neuen Vision – ein Projekt zu ihrem fundamentalen Wandel. Teilweise wurde dieses Projekt durch den neuen Verwaltungsratspräsidenten Alex Krauer und durch die öffentlichen Reaktionen auf den Brand in der »Schweizerhalle« im Jahr 1986, die der Führung neue gesellschaftliche Anforderungen an ein Unternehmen bewusst machten, ausgelöst. Das Projekt wurde in fünf Phasen eingeteilt: (1) Entwicklung der Gruppenstrategien (9/89–1/90); (2) Umsetzungskonzeptentwicklung auf strategischer Ebene (1/90–6/90); (3) Implementierung auf strategischer Ebene (7/90–12/90); (4) Konzeptentwicklung auf der operativen Ebene (1/91–12/91); (5) die Hebel in Gang setzen (1/92–12/92). Wichtige Maßnahmen z. B. in Phase 5 waren: Beginn der Restrukturierung des Konzernportfolios, 10 %ige Reduktion der Personalkosten und Abschaffung der automatischen Anpassung der Löhne an das Preisniveau, neues Leadership- und Teamworkkonzept, dezentralisierte Organisation in 14 autonomen Divisionen, neue Rechnungslegung nach IASC, neues Logo »CIBA« zur Stärkung der Corporate Identity.
> Heute ist das Pharmageschäft der CIBA Teil der NOVARTIS AG, die 1996 aus der Fusion von CIBA-GEIGY mit dem Basler Konkurrenten SANDOZ hervorging. Das Chemiegeschäft von CIBA wurde 2009 durch die BASF gekauft.

Zeit ist in den meisten Veränderungsprozessen eine äußerst knappe Ressource. So entsteht z. B. aufgrund der Unsicherheit schnell Konkurrenz um die Aufmerksamkeit des Managements. Oder die Führung macht zeitlichen Druck, da sie schnelle Erfolge sehen will. Dadurch können Konflikte entstehen: Das Management hat nicht ausreichend Zeit für Kommunikation; die kurzfristigen Erfolge können die Nachhaltigkeit des Wandels gefährden etc.

Taktung: Viele durch den Faktor Zeit bedingte Konflikte lassen sich durch eine entsprechende *Differenzierung in Teilentwicklungsprozesse und deren Harmonisierung* glätten. Innerhalb jedes Teilprozesses bestehen Optionen bezüglich Takt und Rhythmus des Teilprozesses. »Large-Scale-Change« ist immer dadurch charakterisiert, dass er in vielen formalen und informalen Teileinheiten gleichzeitig stattfindet. Dabei wird häufig der Fehler begangen, dass im Design des gesamten Wandelprojektes unterstellt wird, dass die einzelnen Teilgruppen mit der gleichen Geschwindigkeit voranschreiten. De facto wird dies jedoch nie der Fall sein. Schon allein unterschiedliche Kulturen führen hier zu einer hohen Varietät. Dabei müssen z. B. die Langsamen nicht unbedingt die Schlechten sein. Wichtig ist hier, dass Lernarenen geschaffen werden, in denen Erfahrungen zum Umgang mit Takt und Rhythmus in den einzelnen Prozesssträngen ausgetauscht werden können.

Ausgehend von der unterschiedlichen Belastbarkeit und den verschiedenen Ausgangssituationen in den organisatorischen Teileinheiten wird an den lokalen Orten des Wandels jede Phase in eine »verdaubare« Schrittfolge (Takt) eingeteilt: Wie viele Schritte will man zur Bearbeitung der Phase definieren? Und – direkt damit verbunden – wie viele Aktivitäten fallen dann pro Takt an? Verfügt man über eine hohe Wandelfähigkeit und -bereitschaft, so wird man sich pro Schritt eine relativ hohe Anzahl an Aktivitäten vornehmen. Ziel ist es, taktfest zu sein, d. h., dass mit einer gewissen Sicherheit auch das geleistet werden kann, was man sich pro Takt vorgenommen hat. Der Takt ist damit auch die feinste geplante zeitliche Zäsur im Veränderungsprozess.

Die Bedeutung der »*small wins*« für den Wandel wird immer wieder herausgestellt. Da Wirklichkeit durch den Empfänger und nicht durch den Absender definiert wird, müssen die Wandelaktivitäten so »portioniert« werden, dass die gewählte Taktlänge als eine erhebliche, aber machbare Veränderungsleistung betrachtet wird. Sie bedarf einer entsprechenden symbolischen Wertung, um einerseits das Geleistete zu würdigen und andererseits sich für den nächsten Schritt Mut zu machen.

Im Mittelpunkt der Gestaltung des Wandels stehen normalerweise der Zyklus und seine Phasen. Darauf wollen wir uns im Folgenden auch konzentrieren.

(3) Übergänge als Zyklen

Wie bereits oben erwähnt, betrachten wir die *Periode des Übergangs* zwischen zwei Paradigmen als einen **Zyklus**, der grob einem bestimmten Ablaufmuster folgt. Betrachtet man dabei das Ausmaß der unternommenen Wandelaktivitäten, dann kann man sich diesen Zyklus in Form einer Glockenkurve – wie bereits in Abbildung 5-5 gezeigt – vorstellen.

Anfänglich geht es darum, die bestehenden Ordnungsmuster zu destabilisieren, um das System in eine instabile Situation zu bringen, aus der heraus es dann ein neues Ordnungsmuster finden kann. Dabei muss diese Glockenkurve nicht symmetrisch verlaufen. Links-schief ist sie z. B. im Fall eines notwendigen Turnarounds, da das Unternehmen kurz vor dem Konkurs steht, oder im Fall einer überraschend angekündigten Unternehmensübernahme, bei der auch gleich die Integration beider Unternehmen umfassend in Angriff genommen wird.

Eine Destabilisierung kann durch Maßnahmen zur **Flexibilisierung** von Organisationen erreicht werden. Ziel ist eine gezielte Entkopplung vom Bestehenden, bevor es zur Neukopplung kommt. Die Reaktionsgeschwindigkeit der Organisa-

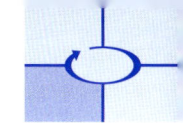

5.2.2 Optionen zur Entwicklungslogik: Das Timing

tion auf Veränderungen soll dadurch auch erhöht werden. Über Instrumente wie Abflachung der Hierarchien, Center-Konzepte, Dezentralisierung der Verantwortung, Empowerment etc. kann eine solche Flexibilisierung vorangetrieben werden.

Die zweite Hälfte des Wandelzyklus ist auf die Stabilisierung ausgerichtet. Stabilisierung ist hier im Sinne von Konsolidierung um ein neu gefundenes Fließgleichgewicht herum zu verstehen.

> **Fallbeispiel: Das top-Projekt bei SIEMENS**
> Es gibt auch Unterschiede hinsichtlich des Niveaus der Wandelaktivitäten. So zog sich z.B. der Wandel der SIEMENS AG vom Elektrotechnik- hin zum Elektronikkonzern über viele Jahre relativ »lautlos« dahin, ohne dass explizit von einem Wandel gesprochen wurde. Es änderte sich zwar die Struktur der Geschäfte, das Verhalten in den meisten Geschäften war aber eher inkrementalem Wandel unterworfen. Anfang der 90er-Jahre sah man aber auch bei SIEMENS Anlass, den unternehmensweiten Wandel zu proklamieren. Viel Prominenz erlangte dabei das Projekt »top«, über welches SIEMENS-übergreifend Wandel in den Geschäften angestoßen werden sollte und auch konzeptionelle Unterstützung bei der Prozessgestaltung geboten wurde.
> Oberstes Ziel des Projektes »top« war nach den Worten des Vorstandvorsitzenden von Pierer die Steigerung des Unternehmenswertes und Kundennutzens. Diese Ziele wurden getragen durch Produktivität, Innovation und Wachstum. Ermöglicht wurde dies durch kulturellen Wandel und ein den Wandel ausrichtendes Unternehmensleitbild. Mehrwert sah man auch im »Best Practice Sharing« zwischen den Geschäftsfeldern.
> Ende der 90er-Jahre ist dann »top« unter dem Namen »top plus« in eine zweite Runde gegangen. Die Abbildung 5-15 zeigt zusammenfassend wie dort die Akzente gesetzt wurden. Noch heute wird »top plus« als Programm zur Transformation des Unternehmens eingesetzt.[85]

Ziele	Maßnahmen	Konsequenzen
Geschäftswert steigern, Kundennutzen optimieren, Individuelle Ziele ableiten, Systematische Benchmarking	Kenntnis der Geschäftssituation, Portfoliooptimierung, Umsatzsteigerung, Kostensenkung, Asset Management, Prozessverbesserung, Innovation, Best Practice Sharing, Personalführung/ -entwicklung	Erfolgsmessung, Incentives, Persönliche Entwicklung

Abb. 5-15: Akzente bei »top plus«

(4) Wandelereignisse als Auslöser von Emotionen

Wandel manifestiert sich für die Mitarbeiter meist in Form von Ereignissen (Fusionsankündigung, Mandatierung eines Beratungsunternehmens, Einrichtung einer Projektorganisation etc.). Für diese Ereignisse werden den Mitarbeitern durch die Führungskräfte rationale Begründungszusammenhänge geliefert. Gleichzeitig emotionalisieren sie aber auch die Mitarbeiter. Sie verändern damit die Befindlichkeit einer Organisation und deren Mitglieder meist erheblich.

Das Management betrachtet die entstandenen Emotionen oft als »nicht zur Sache gehörig«. Man argumentiert, dass man den Wandel gut »im Griff« hätte, wenn es diese »lästigen Emotionen« nicht gäbe. Dabei wird allerdings vergessen, dass Emotionen wichtiger und notwendiger Bestandteil eines Wandels sind. Sie sind Indikator dafür, dass die Mitarbeiter den Ereignissen überhaupt Bedeutung beimessen.

Eine dominante emotionelle Reaktion im Wandel ist das Aufkommen von Angst. Die meisten Menschen fürchten Wandel. Durch die Notwendigkeit zur Neuprofilierung werden Zukunftsängste ausgelöst: »Was bedeutet der Wandel für mich? Werde ich in der Lage sein, mich auch in der veränderten Situation zu bewähren?« Angst entsteht aber auch aus den Ungewissheiten heraus, die der Wandel mit sich bringt. So dauert es oft Monate bis alle Stellenbesetzungen auf den Führungsebenen entschieden sind. Misstrauen kann auch von in spätere Phasen verschobenen kritischen Projekten, wie etwa Rationalisierungsprogrammen (»head counts«), ausgehen.

Durch diese Angst geraten die Teilnehmer am Wandel unter Stress, der allerdings primär auf subjektiven Einschätzungen basiert und weitgehend unabhängig von der objektiv gegebenen Realität sein kann. Es kommt zu einer vereinfachenden Einordnung der Informationen und Ereignisse in »Schwarz-Weiß-Raster«. Entweder sieht man die Lösung aller Probleme in dem Wandel oder: »Man hat es schon immer erahnt, dass es einmal so weit kommen wird«. D. h., dass sich die Emotionen mehr polarisieren als in normalen Zeiten. Schlechte Nachrichten erhalten schnelle Akzeptanz. Eine sehr aktive Gerüchteküche führt zu einer gewissen paralysierenden Wirkung der Ereignisse.

Da der Mensch – bei aller Neugier gegenüber dem Neuen – i. Allg. risikoavers ist, müssen die durch den Wandel gebotenen Vorteile deutlich die eventuellen Risiken überwiegen, damit man sich überhaupt auf Wandel einlässt. Dabei ist es nicht nur das Individuum, welches sich vor Wandel fürchtet, sondern auch das Kollektiv, denn welche Interessengruppen verteidigen schon die Zukunft. Beide, das Individuum wie auch das Kollektiv, wägen das, was die Zukunft für sie bietet, gegenüber dem, was die Gegenwart bietet, ab. Da die Zukunft äußerst ungewiss ist, hält man lieber am Bewährten fest; und Zukunftspläne in Form einer Beibehaltung des Bisherigen werden nur selten professionell bewertet.

Natürlich kann man auch im Wandel Anreize schaffen, die die Veränderungsbereitschaft unterstützen. Beispielsweise können die Freiheiten, die aus einer Flexibilisierung des Unternehmens entstehen, Mitarbeiter zum Wandel motivieren. Allerdings bedeuten diese Freiheiten nicht nur eine größere Optionenvielfalt. Der größere Handlungsspielraum erfordert auch, sich von Bestehendem zu lösen und Freiräume für Neues zu schaffen. Auch kann eine Vision emotionellen Anschluss schaffen. Sie kann die Egoismen des Einzelnen für den Wandel instrumentalisieren: Wer mitmacht, dem winken Karriere und Wohlstand!

Über Drohungen oder das Aufzeigen von Worst-Case-Szenarien kann auch versucht werden, Ängste bewusst zu erzeugen, in der Annahme, die Mitarbeiterschaft dadurch einsichtiger zu machen. Die Steuerung des Angstpegels soll also für den Wandel nutzbar gemacht werden. Doch hier kann man sich fragen, ob Angst wirklich steuerbar ist und ob Angst der richtige Hebel für den Wandel ist? Warum sollte dies bei Erwachsenen besser funktionieren als bei Kindern?

Neben der Angst wird man im Wandel aber noch eine Vielzahl weiterer Gefühle antreffen: Ärger und Frustration ebenso wie Begeisterung und Neugier; Unsicherheit und Orientierungslosigkeit ebenso wie Stolz und Vorfreude; Einsamkeit und Ernüchterung ebenso wie Dankbarkeit und Freude; Misstrauen,

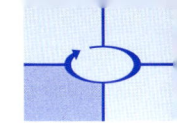

5.2.2 Optionen zur Entwicklungslogik: Das Timing

Wut, Enttäuschung, Scham, Heimweh und Fassungslosigkeit ebenso wie Hoffnung und Zuversicht. Wer Wandel führen will, muss sein Konzept auf diesem »*Wechselbad der Gefühle*«, auf dieser sich verändernden Verfasstheit der Organisation aufbauen. Mit der durch Wandel erzeugten Enttraditionalisierung gegenüber dem Bewährten ist ein Gefühl von Orientierungslosigkeit und Überforderung verbunden. Auch die Profiteure des Wandels sind emotionalisiert, da sie vielleicht Schuldgefühle haben, dass sie »übrig« geblieben sind (»*survivor syndrom/sickness*«). Dies kann dazu führen, dass sich ihr impliziter psychologischer Vertrag mit dem Unternehmen verändert, was insbesondere dann verheerende Auswirkungen haben kann, wenn der Selektionsprozess als unfair und nicht nachvollziehbar betrachtet wird.

Diese Emotionen lassen sich kaum steuern. Das Management kann sie aber anerkennen, was den Mitarbeitern zeigt, dass es sie ernst nimmt. Es darf keine falsche Sicherheit vorgespiegelt werden, sondern es muss klar und penetrant aufgezeigt werden, worum es geht und was auf dem Spiel steht. Ein Führungsteam sollte in der Lage sein, die Betrachtung von den Symptomen der Schmerzen des Wandels zu deren Ursachen zu lenken. Daraus erwächst geteilte Einsicht und – bei entsprechender Unterstützung – auch Bereitschaft für Veränderung.

Man kann die einzelnen Emotionen nun nicht bestimmten Phasen im Wandel zuordnen, da sie im Zusammenhang mit Ereignissen erlebt werden. Trotzdem kann versucht werden, in einem Wandelzyklus eine Art kollektives Stimmungsbild zu zeichnen. Ein hier beispielsweise einzuordnendes Phasenmodell baut auf einer Verlustmetapher auf und geht auf eine Studie mit Sterbenden zurück:[86] »Disbelief & denial«, »anger«, »emotional bargaining & depression« und »acceptance«.

> **Fallbeispiel: Das Wechselbad der Gefühle im Wandel der IBM**
> Abbildung 5-16 zeigt eine solche Phasendarstellung für den Wandel der IBM Schweiz, wie er vom damaligen CEO Ernst Koller gesehen wurde. Wandel ist immer dort besonders schwierig, wo viel vergessen werden muss, wo die Erfolgsmuster der Vergangenheit auf einmal und für immer nicht mehr greifen sollen. In einer solchen Situation befand sich IBM Anfang der 90er-Jahre (Abb. 5-14). Man kam aus einer einzigartigen Erfolgsära, die gekennzeichnet war durch eine hohe Prognostizierbarkeit, monolithische und hierarchische Organisationen (command & control), Abteilungsdenken etc. Aufgrund der extrem hohen Nachfrage wurde teilweise ausgelost, welcher Kunde als Nächster das System bekommt. Gefragt war nun aber ein Unternehmen, das in der Lage war, mit Unsicherheit umzugehen, Flexibilität und Reaktionsschnelligkeit zu zeigen und Kundenbeziehungen kompetent auszugestalten.
>
> Als Louis Gerstner 1993 neuer CEO des Unternehmens wurde, hatte er zuerst einmal das Unternehmen strategisch neu zu positionieren. Weltweit wurde IBM sowohl produktorientiert (möglichst viele Anwendungen sollten auf möglichst wenigen Chips basieren) als auch lösungsorientiert (anfangs konzentriert auf 11 Anwenderbranchen) ausgerichtet. Mit der Lösungsorientierung wollte man besser die Probleme der Kunden verstehen lernen. Es wurde nun enormer Druck auf die einzelnen Landesgesellschaften ausgeübt, lokale Ansätze zur Bewältigung dieses Wandels zu entwickeln. Dies war ein Schock für die gesamte Organisation. Die Motivation der Mitarbeiter und deren Vertrauen in die Führung waren auf einen Tiefpunkt gesunken. Dies wurde auch noch durch das Ergebnis einer Umfrage klar dokumentiert. Um den erforderlichen Wandel einzuleiten, musste zuerst einmal von der Vergangenheit Abschied genommen werden.
>
> Bei der IBM Schweiz geschah dies auf eine symbolisch drastische Art und Weise. Man musste aus dem Gebäude in der repräsentativen Innenstadtlage in Zürich in ein

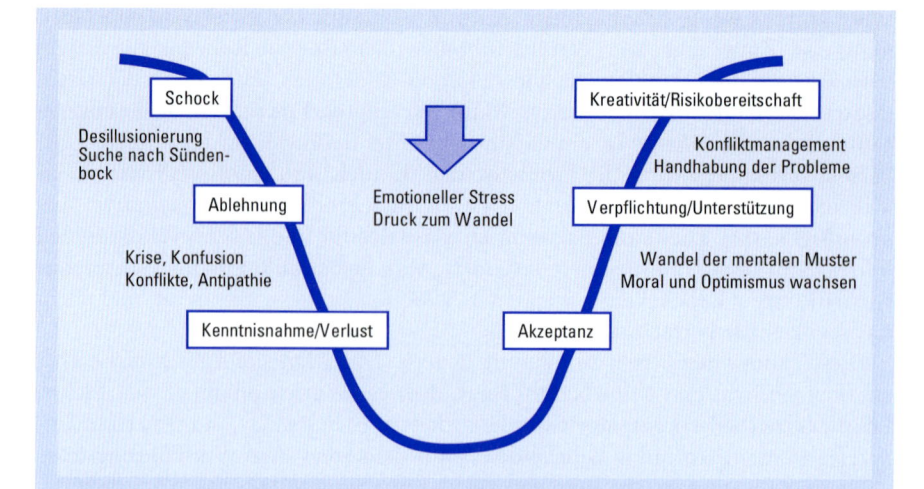

Abb. 5-16:
Dominante Gefühle und Einstellungen zum Wandel der IBM Schweiz

Phasen im Wandelkurvendiagramm:
- Schock
- Desillusionierung, Suche nach Sündenbock
- Ablehnung
- Krise, Konfusion, Konflikte, Antipathie
- Kenntnisnahme/Verlust
- Emotioneller Stress, Druck zum Wandel
- Akzeptanz
- Verpflichtung/Unterstützung
- Wandel der mentalen Muster, Moral und Optimismus wachsen
- Konfliktmanagement, Handhabung der Probleme
- Kreativität/Risikobereitschaft

deutlich weniger attraktives Gebäude im Industriegebiet umziehen. Dieser Auszug machte allen die schwierige Situation, in der sich IBM befand, deutlich bewusst. Es war ein äußerst trauriger Anlass. Diese Trauerarbeit wurde aber auch bewusst vollzogen. Nur so entstand die Möglichkeit für einen neuen Anfang. Saturiertheit machte einem neu erwachten Pioniergeist Platz. Um den Wandel zu beschleunigen, wurde den Mitarbeitern ein begleitendes Coaching angeboten. So erlernten sie z.B. Arbeitstechniken zur Gesprächsführung, die ihnen halfen, in schwierigen Situationen mit Mitarbeitern direkt auf den Punkt zu kommen. Um in turbulenten Zeiten auch etwas zu haben, an dem man sich festhalten konnte, entwickelte die Geschäftsleitung für sich einen »Kompass für schwierige Zeiten«. Dies waren 12 Prinzipien, an die man sich gemeinsam halten wollte: (1) Kleine Erfolge feiern; (2) mir meinen Zielen treu bleiben; (3) sich den Kunden statt intern verkaufen; (4) Prozesse als Weg zum Ziel nutzen; (5) mich auf hier und jetzt konzentrieren; (6) anderen helfen; (7) Widersprüche zulassen; (8) mir meinen Traum nicht nehmen lassen; (9) lachen; (10) nein sagen; (11) mit Stolz Ideen von anderen übernehmen; (12) Wut und Freude zeigen. Als die Mitarbeiter davon erfuhren, übernahmen viele sehr schnell auch diese Prinzipien für sich.

Auf Ebene des Konzerns traf sich Gerstner regelmäßig mit seinem 200er-Team, um der Organisation »den Puls zu fühlen«. Bei diesen Treffen wurden auch besonders erfolgreiche lokale Wandelansätze vorgestellt und auf ihre Übertragbarkeit überprüft. So stellte z.B. die IBM Schweiz ihr Programm »Coaching in permanent change« vor. Es erwies sich aber nur in der Schweiz als hilfreich.

Destabilisierung braucht auch Stabilität

Der Fall IBM weist auf einen wichtigen Gestaltungsaspekt des Wandelzyklus hin: Je mehr durch Destabilisierung Unsicherheit produziert wird, desto mehr besteht auch die Notwendigkeit, etwas Stabilisierendes zu bieten, an dem man sich zur Verarbeitung der Ungewissheit noch fest halten kann. Es muss auch Kontinuität im Wandel geben. Kinder verarbeiten z.B. mittels regelmäßiger Gute-Nacht-Geschichten das ihnen noch weitgehend unbekannte Abenteuer Leben. Im Unternehmenswandel kann es sich um das bewusste Beibehalten bestimmter traditionsreicher Rituale handeln, wie z.B. das Zelebrieren von Firmenjubiläen. Schafft man im Wandel z.B. das Begehen der Jubiläen aus Kostengründen ab, dann kann dies von Mitarbeitern teilweise als Zeichen dafür interpretiert werden, dass die Führung selbst nicht mehr an eine Zukunft für das Unternehmen glaubt. Stabilisierend können aber auch Grundsätze wirken, an die man sich gemeinsam hält,

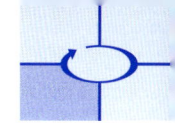

5.2.2 Optionen zur Entwicklungslogik: Das Timing

egal wie hoch die Wogen schlagen. So ist auch der oben erwähnte »Kompass für schwierige Zeiten« der IBM Schweiz zu verstehen.

In diesem Sinne können gemeinsam geteilte bzw. wechselseitig respektierte Werte, die auch tatsächlich gelebt werden, eine stabilisierende Wirkung in turbulenten Zeiten haben.

Nach diesen Erläuterungen zu Verlaufsformen der organisatorischen Befindlichkeit während eines Wandels, wird nun der Blick wieder auf die planerische Gestaltung von Veränderungsprozessen geworfen. Es geht um die Frage, in welche Phasen ein Wandelzyklus zu unterteilen ist und wie die einzelnen Phasen auszugestalten sind.

(5) Konzeptionelle Klammer und Kernprozesse

Bei komplexen Wandelprojekten besteht die Gefahr, dass aufgrund der Vielzahl an Teilprojekten der Fokus des Wandels verloren geht und es auch keine eigentliche Dramaturgie gibt. Deshalb bietet es sich an, einen Wandelzyklus mit einer Art »**konzeptionellen Klammer**« zu versehen. Darunter sind einige wenige Zielgrößen (z.B. die Eckpunkte der Mission gegenüber den wichtigsten Anspruchsgruppen) zu verstehen, auf deren Erreichen alle Teilprozesse ausgerichtet sind. Wichtig ist dabei, dass man in der Lage ist, den laufend erzielten Fortschritt beim Erreichen dieser Zielgrößen sichtbar zu machen. Die Prozesse, die zum Erreichen dieser Zielgrößen führen sollen, bezeichnen wir hier als »*Kernprozesse des Wandels*«. Auf dem »Bündel« dieser wenigen Kernprozesse baut auch die Dramaturgie des Wandels auf. Dieses Bündel muss den Spannungsbogen ergeben, der zu einem nachhaltigen Wandel führt.

Fallbeispiel: Kernprozesse des Wandels bei BRITISH AEROSPACE
BRITISH AEROSPACE (heute: BAE SYSTEMS) begann seinen Wandel im Jahre 1994. Wie Abbildung 5-17 zeigt, wurden in diesen Wandel in einem Top-down-Ansatz sukzessive mehr und mehr Mitarbeiter einbezogen, bis schließlich 1998 alle 39.000 Mitarbeiter angesprochen waren. Die konzeptionelle Klammer bildete ein Mission Statement (»The Values«), das auch die fünf Kernprozesse definierte. Zur Beobachtung des Prozessfortschritts wurden Indikatoren (»Value Scorecard«) für die Kernprozesse benannt, wobei man teilweise auf bereits bestehende Indikatoren des Qualitätsmanagements (EFQM) zurückgriff.

The Values:
- Customers
- People
- Performance
- Innovation & Technology
- Partnerships

→ Value Score Card

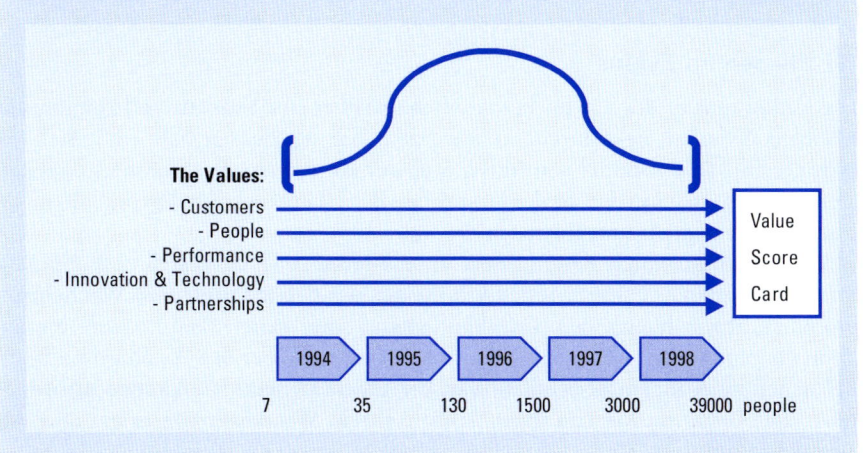

1994 → 1995 → 1996 → 1997 → 1998
7   35   130   1500   3000   39000 people

Abb. 5-17: Wandel bei BRITISH AEROSPACE

The Values

Customers
Delighting all our customers, both internal and external by understanding and exceeding their expectations

People
Commitment to enabling all our people to realise their full potential as a valued member of the BA team

Performance
Setting targets to be the best and continually measuring, challenging and improving the way we do things as individuals and as members of our teams

Innovation & Technology
Encouraging a hunger for new ideas – new technologies and new ways of working to secure sustained competitive advantage for our company

Partnerships
Striving to be our customers preferred supplier, our suppliers preferred customer, a respected partner in our industrial alliances and a source of pride to our government and the local communities

The Value Sorecard

People:
– How we develop our people
– % PDP deployment
– % Involvement vs. planned
– Key opinion survey indicator

Innovation & Technology:
– % Employees nominated for Chairman's Award
– Growth in value/no. of patents held vs. plan
– No. of best practice case studies available on Process for Innovation model
– % sales delivered from products launched in the past 5 years
– % employee on Link BAe vs. plan

Customers:
– Customer satisfaction
– CSI growth planned
– Conversion Sales prospects

Partnerships:
– Supplier relations
– Growth in supplier assessment rating vs. plan
– % sales delivered through partnerships/JV
– % internal bids won

Performance:
– Value growth vs. plan
– Business results
– Order book value/ growth

Abb. 5-17: (Forts.)

(6) Phasen im Zyklus

Das Ablaufmuster des Zyklus beschreiben wir über eine Sequenz von Phasen, die in einem Wandelprojekt durchlaufen werden. Jede der Phasen stellt ein in sich relativ geschlossenes Bündel von Aktivitäten dar, die auf eine bestimmte Aufgabenstellung ausgerichtet sind. In der Gestaltung des Übergangs werden deshalb diese Phasen auch explizit unterschieden.

5-Phasen-Schema

Wir wollen im Folgenden mit dem in Abbildung 5-18 dargestellten **5-Phasen-Schema** arbeiten.[87] Dieses Modell konnte aus der Beobachtung von Wandelprogrammen abgeleitet werden. Die Abgrenzung einer neuen Phase wurde immer dann vorgenommen, wenn erkennbar war, dass gegenüber der Vorphase ein Bündel neuer Funktionen zu erfüllen war, die oft auch neue Fähigkeiten erforderten.[88] Die Organisation emergiert dann in ihrem Wandelprozess in ein anderes Wandelstadium.

5.2.2 Optionen zur Entwicklungslogik: Das Timing

In diesem 5-Phasen-Modell wird zuerst davon ausgegangen, dass die Organisation – bevor das Wandelprogramm offiziell und breitflächig gestartet wird – sich auf den Wandel vorbereiten muss, da sie ihn gleichzeitig ermöglicht, aber auch begrenzt. Es geht darum, sich bewusst zu machen, auf welchen Kontext man mit welchen Entwicklungsanforderungen und -plänen aufsetzen will. Danach geht es um den Einstieg in das Wandelprogramm: Wie erhält man möglichst wirkungsvoll das notwendige Ausmaß an Aufmerksamkeit und Spannung? Wie kommt man zu einer gemeinsamen Ausgangsplattform? Nach der konzeptionellen Klärung geht es dann darum, das gesamte zu verändernde System zu erreichen und zu einer aktiven Mitwirkung zu motivieren. Vorhandene Energiefelder müssen neu auf das Wandelprogramm allokiert werden. Läuft das Programm einmal eine gewisse Zeit, dann werden unweigerlich Probleme und Rückschläge auftreten; auch entstehen neue Projekte, die wiederum um die Besten und die Mächtigen im Unternehmen werben werden. Die Frage ist dann, wie trotzdem die Energie im System gehalten werden kann. In einer letzten Phase geht es dann darum, das Neue in die Alltagsorganisation zu integrieren, wobei es sein kann, dass die im Wandel praktizierten Strukturen zu den Alltagsstrukturen werden. Grundsätzlich geht es in diesem Modell also um die Kanalisierung, Weckung und Nutzung von Energiefeldern.

Der gesamte Zyklus beschreibt einen mehrjährigen Prozess (ca. drei bis fünf Jahre). Während die ersten drei Phasen in relativ kurzer Sequenz aufeinander folgen, zieht sich die Phase 4 über einen längeren Zeitraum hin.

Mehrjähriger Prozess

Natürlich ereignen sich die einer Phase zugeordneten Aktivitäten nicht nur in dieser Phase. Sie bilden lediglich Schwerpunkte ab. So werden z.B. Sensibilisie-

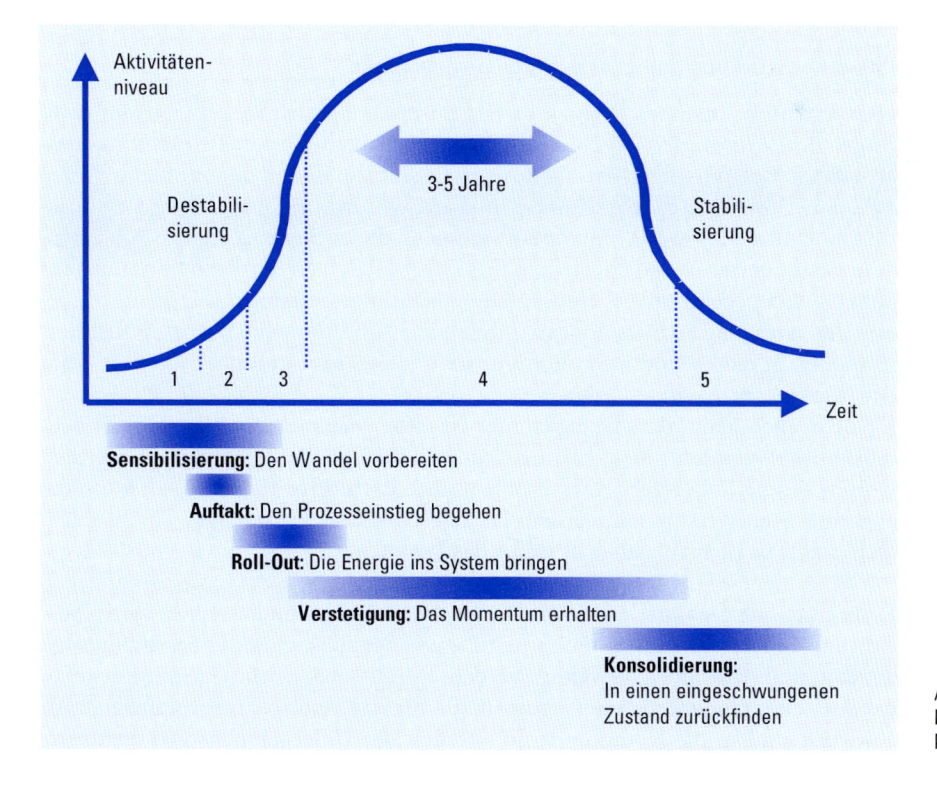

Sensibilisierung: Den Wandel vorbereiten
Auftakt: Den Prozesseinstieg begehen
Roll-Out: Die Energie ins System bringen
Verstetigung: Das Momentum erhalten
Konsolidierung: In einen eingeschwungenen Zustand zurückfinden

Abb. 5-18: Das 5-Phasen-Modell

rungsaktivitäten immer wieder auch noch in der zweiten Hälfte des Zyklus erforderlich sein. Auch werden die Phasen nicht übergangsfrei aufeinanderfolgen, sondern sich eher überlappen. Trotzdem sollte die Phaseneinteilung nicht als zu beliebig begriffen werden. Sie stellt auch einen Rhythmus dar, der die Organisation antreibt.

Ist das Ablaufmodell geklärt, dann sind zwei weitere Fragen noch offen, die für die einzelnen Phasen zu beantworten sind:

1. Was muss bzw. kann durch das Management *eingebracht* werden? Hier geht es um Fragen der Bereitstellung der geeigneten organisatorischen Rahmenbedingungen sowie der erforderlichen Ressourcen, Fähigkeiten und Instrumente.
2. Was muss bzw. kann durch das Management *ermöglicht* werden? Hier geht es um das Sicherstellen der Ausübung bestimmter Funktionen. Funktionen sind Aufgaben innerhalb des Prozesses, die notwendig sind, um das Prozessziel »Wandel« zu erreichen. Sie haben einen generellen Charakter (und sind damit auch unternehmensunabhängig). Zur Ausübung einer Funktion müssen bestimmte Fähigkeiten vorhanden sein.

In den nun folgenden Erläuterungen zu den einzelnen Phasen wird eine Vielzahl an Empfehlungen gegeben, wie ein solcher Wandelzyklus – auch hinsichtlich der auszuübenden Funktionen – erfolgreich gestaltet werden kann. Dabei hängt der Erfolg bzw. Misserfolg nicht von Einzelnen dieser Faktoren ab, sondern es kommen dann meist eine ganze Reihe von Aspekten zusammen, sodass man auch von einem »Muster des Gelingens bzw. Misslingens« sprechen kann.

Muster des Gelingens

Phase 1 – Sensibilisierung: Den Wandel vorbereiten

Dass Initiative für einen Wandel in Organisationen entsteht, geht oft mit *einer frühen Kulturveränderung bei einer Minderheit* einher. Man betrachtet die eigene Form des Wirtschaftens nicht mehr als zeitgemäß und der Problemstellung adäquat. Dieses neu gewonnene Bewusstsein will man in die gesamte Organisation hineintragen. Doch kommt es oft schon an dieser Stelle zu ersten Problemen.

Frühe Kulturveränderung bei einer Minderheit

In gescheiterten Wandelprojekten ließ sich beobachten, dass die Initiativen oft auf eine weitgehend unvorbereitete Organisation getroffen sind. Diejenigen, deren Unterstützung man benötigte, fühlten sich überrumpelt. Bevor es zu Interventionen in die Organisation kommt, sollte diese – wenn immer möglich – auf den Wandel vorbereitet werden.

Vorbereiten heißt, dass bezüglich der Gründe, warum man einen Wandel will, sensibilisiert werden muss. Es muss ein Bewusstsein dafür entwickelt werden, worum es überhaupt geht. Das Problem und die Motive für den Wandel sollen anerkannt und verstanden werden. Ist man dabei der Einzige, der das Problem nicht sieht, so ist man vielleicht selbst das Problem.

Frühzeitig eine Debatte initiieren. Damit Wandel für die, die sich in ihrer Ausrichtung ändern sollen, vorstellbar wird, muss deren akzeptiertes Spektrum, was möglich und relevant ist, erweitert werden. Es muss in solchen Phasen alles getan werden, dass möglichst viele Optionen, die für das Unternehmen bestehen, aufgewirbelt und in die Kommunikationsarenen des Unternehmens getragen wer-

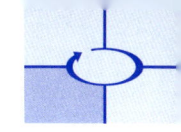

5.2.2 Optionen zur Entwicklungslogik: Das Timing

den. Dafür können bereits in einer Vorphase informelle Arenen eingerichtet und genutzt werden, um zu erkennen, wo man steht. Dabei geht es auch um das Einholen von Feed-back durch die Führung, um die eigene Meinung und Begründung zum Wandel weiterzuentwickeln.

Das Schreiben von Szenarien und das Durchführen von Simulationen können mentale Repräsentationen solcher denkbarer zukünftiger Realitäten bei den Beteiligten unterstützt werden. Durch exemplarisches Denken werden Anschauungsmodelle entwickelt. Aus »Schwarz-weiß-Bildern« zur Zukunft des Unternehmens entstehen langsam wieder Grauwerte. Es bildet sich eine gemeinsame Sprache zu denkbaren Realitäten; die Zukunft beginnt sich zu vergegenwärtigen. Es erhöht sich die reflektive Kapazität der Organisation auch hinsichtlich der Anschlussfähigkeit dieser »Zukünfte« an Identität, Kompetenzen, Intentionen etc. Bei solchen Debatten erhalten die für den Wandel verantwortlichen Führungskräfte auch reichhaltigen Input durch die Teilnehmer; man lernt deren Träume und Ängste kennen.

Szenarien und Simulationen

Diese Debatten bilden auch einen Reflexions- und Interpretationshintergrund (»*Resonanzboden*«), der für Entscheidungen in hoch komplexen Situationen erforderlich ist. Komplexität bedeutet für Führungskräfte, noch nicht Entscheidbares entscheiden zu müssen. Sie können die Konkretisierung der Datenlage nicht abwarten, sondern müssen einen Weg wählen. Wo in Unternehmen ein solcher »Resonanzboden« fehlt, werden notwendige Entscheidungen entweder immer wieder auf die lange Bank geschoben oder es werden sehr »einsame« Entscheidungen gefällt, die nicht genügend breit reflektiert und damit auch risikobehafteter sind.

Resonanzboden

Einschätzung der Stakeholder: Wandel ist ein politischer Lernprozess, den die, die in Verantwortung stehen, zu kontrollieren versuchen. Sie binden ihre Interessen an diesen Wandel. In ihrer Vorstellung ist der Wandel ein Gewinn. Das Vorhaben motiviert sie. Wandel schafft neben Gewinnern aber immer auch Verlierer. Wer am Ende wozu gehört, ist lange unklar. Man darf sich aber sicher sein, dass viele in der Organisation – im Unterschied zu den Initiatoren – ein ganz anderes Bild der entstehenden Wandelwirklichkeit haben, das dem Bild des Verlierers nahe ist. Von Anfang an sollte man deshalb versuchen, sich eine Vorstellung der Inhalte und der Verteilung dieser unterschiedlichen Wirklichkeitskonstruktionen zu verschaffen, um an diesen Bildern arbeiten zu können.

Gewinner und Verlierer

Die Konzipierung eines Wandelprojektes verlangt auch nach einer möglichst realistischen Einschätzung der materiellen, insbesondere aber auch politischen Unterstützung, die es seitens der Betroffenen und Beteiligten erfahren wird. Oft kommt es jedoch zu krassen Fehleinschätzungen hinsichtlich der gewährten Unterstützung und Kooperation. Dies gilt sowohl für den Zeitpunkt, zu dem sie gewährt wird, als auch für den Umfang. Meist ist dann auch der Enthusiasmus für das Projekt deutlich geringer als erwartet.

Bereits in der Vorbereitungsphase sollte die Diagnose der Anspruchsgruppen ein hohes Gewicht haben. Aufbauend auf der Positionierungsarbeit muss herausgefunden werden, wie sich die Stakeholder wohl im Fall der konkreten Transformation verhalten werden. Diese Diagnose sollte nicht nur vom grünen Tisch aus gemacht werden. Wer besseres Wissen über die Orte der Unterstützung, der Neutralität und der Ablehnung haben möchte, muss auch hier diese Orte für explorative Gespräche aufsuchen. Nur so wird er sich ein realistisches Bild von der politischen Landschaft zu seinem Projekt machen können. Gerade die Gründe, warum manche Stakeholder Zurückhaltung zeigen, sind oft nicht leicht ergründbar. Ziel sollte eine differenzierte Aufstellung der Sichtweisen jeder Anspruchsgruppe zum Wandelprojekt sein.

Kernmannschaft bestimmen

Teilweise versucht man, sich schon vor dem Projektstart der Unterstützung wichtiger Stakeholder zu vergewissern. Auch kann es sinnvoll sein, die *Kernmannschaft*, mit der man nach dem Wandel das Unternehmen führen will, bereits im Vorfeld zu bestimmen. Voraussetzung ist, dass die Auswahl – was deren Kompetenzen anbelangt – später nachvollziehbar ist und nicht der Eindruck einer reinen Interessenabsicherung der bestehenden Herrschaftselite entsteht. Die Auswahl müsste vor dem Hintergrund zukünftig benötigter Fähigkeiten und bislang gezeigter Leistungen geschehen. Unklug ist es, über bestehende »Seilschaften« zu operieren. Bei fundamentalen Veränderungsprozessen finden die Überlebenskämpfe i. Allg. zwar zuerst zwischen den Seilschaften statt; da es dadurch aber meist nicht zu ausreichend gravierendem Wandel kommt, sind später unweigerlich die Individuen die Ebene der Auseinandersetzung.

Thematisierung der Konfliktpotenziale

Speziell schwierig ist die Situation, wenn eine Wandelbotschaft bei den Adressaten zu der Interpretation führt, dass sie den Inhalt der Botschaft aus Unternehmenssicht zwar als richtig empfinden, sie aber gleichzeitig beim Verfolgen der Inhalte die Gefahr sehen, dass dies massiv gegen ihr Eigeninteresse ginge. Beispiel hierfür ist die Befürchtung eines Arbeitsplatzverlustes. Soll man einen Prozess unterstützen, den man zwar aus Unternehmenssicht als vernünftig empfindet, der aber für einen selbst große Nachteile haben könnte? Auch hier muss das *Konfliktpotenzial* in möglichst frühen Debatten thematisiert werden, um eine differenzierte Vorstellung davon zu entwickeln, was man als fairen Prozess betrachtet.

Regelsysteme

Die Rhythmusgruppe orten: In dieser Vorphase kann man sich auch bereits ein Bild davon verschaffen, *wo* ein Veränderungsprozess anzusetzen hätte. Da soziale Systeme durch formelle und informelle Regeln getrieben werden, muss man sich die Frage stellen, von wem diese Regeln erzeugt oder zumindest »gepflegt« werden. Welche Gruppe in der Organisation produziert und überwacht die das kollektive Verhalten generierenden Regelsysteme? Diese »Rhythmusgruppe« einer Organisation muss keineswegs identisch mit der hierarchischen Spitze einer Organisation sein. Betrachtet man z. B. ein Krankenhaus, dann geben i. Allg. weniger die Chefärzte den Rhythmus vor, sondern die Pflege bzw. die Oberschwestern bestimmen die alltäglichen Interaktionsmuster. Will man Verhalten in Organisationen verändern, so muss dieser Rhythmus in seinem Kern destabilisiert werden. Selbstorganisierende Prozesse werden dazu führen, dass das System zu einem neuen Rhythmus findet.

Wandeldesign

Grobkonzept entwickeln: Vor dem offiziellen Projektstart sollte ein Grobkonzept für das Wandeldesign entwickelt werden. Aufgrund der Dynamik komplexer Veränderungsprozesse ist eine Feinplanung kaum sinnvoll. Lediglich die Phasen 2 und 3 wird man an dieser Stelle bereits etwas detaillierter betrachten müssen. Dazu ist es zweckmäßig, einen Masterplan mit Meilensteinen, Projektstrukturen etc. zu entwickeln. Man kann diesen Plan verbunden mit der entsprechenden Projektmanagementsoftware z. B. auf dem Intranet allen bereits Involvierten zur Diskussion zur Verfügung stellen. Dies erleichtert die Koordination und zudem erhält man eine elektronische Plattform für Feed-back.

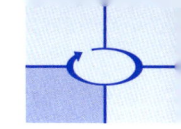

Wurde eine Kernführungsmannschaft bereits ausgewählt, dann können – gewissermaßen in einer »Laborsituation« – zentrale Sequenzen des Wandels vor dem Hintergrund bestimmter Szenarien bereits durchsimuliert werden. Gefahr eines solchen Vorgehens ist natürlich die Ausblendung vieler anderer Meinungen und Ideen. Dies kann auch symbolisch demotivierend wirken. Vorteil ist, dass das Führungsteam bereits mit einem gewissen »shared understanding« an den Start geht.

Phase 2 – Auftakt: Den Prozesseinstieg gemeinsam begehen

In dieser Phase geht es darum, den Prozess offiziell anzuschieben. Dort, wo Führung für den Wandel entstanden ist, sollte nun »enthüllt« werden, was man vorhat. Dieser »Startschuss« soll zum einen die Aufmerksamkeit derer, die man für den Wandel benötigt, sicherstellen. Zum anderen soll er aber auch bereits eine Handlungsbasis unter den Führungskräften schaffen.

Die »Enthüllung« und die Frage »Wem nutzt der Wandel?« Gehen wir davon aus, dass ein Projekt fundamentalen Wandels entsprechend sorgfältig vorbereitet wurde, dann trifft man in einer Unternehmung bereits eine gewisse erwartungsvolle Stimmung an, wenn die »Stunde der Wahrheit« kommt, in der erstens bekannt gegeben wird, dass man nun das Unternehmen einem Wandelprojekt unterziehen wird und zweitens was Inhalt des Wandelprogramms sein wird. Das Unternehmen sollte sich dann schon etwas in »geistiger Aufruhr« befinden, die dann auch die entsprechende Aufmerksamkeit für das »Opening« liefert.

Erwartungsvolle Stimmung

Man kann in Wandelsituationen sehr unterschiedliche Ausgangssituationen antreffen: Manchmal kommt der Druck von unten, wo die Mitarbeiterschaft schon seit geraumer Zeit darauf wartet, dass die Führung den Weg für einen Wandel freigibt. Umgekehrt wird z. B. der in den meisten Banken derzeit stattfindende Zentralisierungsprozess von Kompetenzen empfunden. In den Niederlassungen wird dieser kaum willkommen geheißen, da diese strukturelle Maßnahme politisch als Entmachtung (wenn bestimmte Zuständigkeiten in die Hauptniederlassungen abgezogen werden) und kulturell als Abbau von Status (wenn z. B. der Filialleiter keinen Dienstwagen mehr erhält) interpretiert werden kann.

Sehr unterschiedliche Ausgangssituationen

> **Exkurs: Der Akt der Enthüllung**
> Der Wandelauftakt lässt sich mit der Enthüllung einer Skulptur vergleichen. Erwartungsvoll stehen die Beobachter der Szenerie um das in Tuch gehüllte Objekt herum. Man ist aufgrund der gegebenen Unsicherheit angespannt. Jeder trägt bestimmte Erwartungen in sich, die sich z. B. aus früheren Arbeiten der Künstlergruppe oder aus aktuellen Gesprächen mit den Künstlern ableiten. Das Objekt verleitet auch aufgrund des trotz der Verhüllung Erkennbaren zu gewissen Vermutungen. Ist es dann so weit und die Verhüllung fällt, dann ist man meist gleichzeitig überrascht und nicht überrascht. Man fühlt sich zu Interpretationen aufgefordert, ob das Ganze gerade jetzt und an dieser Stelle kommen sollte und warum gerade so. Das Objekt und seine Künstler haben hier für einen Moment die Aufmerksamkeit aller, ob zustimmend oder weniger zustimmend. Dieser Moment wird nur kurz sein. Er wird aber entscheidend sein, mit welchen Eindrücken und Vorsätzen die Betrachter danach wieder in ihren gewohnten Gang der Dinge zurückkehren (oder eben nicht). Dabei wird die Inszenierung der Enthüllung zu einem erheblichen Anteil die Eindrücke zum Objekt mitbestimmen.

> Ziel dieses Schrittes muss es sein, dass im und durch den »Akt der Enthüllung« jeder sich angesprochen fühlt und eine klar erkennbare Spur von der Vision des Wandels zu sich selbst findet. Das Ereignis muss rational und auch emotional in Bezug zu den Ergebnissen der vorangegangenen Debatten gebracht werden. Man muss sich ausmalen können, was es für einen bedeutet und welche Rolle man darin einnehmen könnte.

Spur von der Vision zu sich selbst

Mangel vieler Wandelprojekte ist es, dass man den Betroffenen zwar erklärt, dass sich alles ändern wird, sie erfahren aber wenig davon, was dies sein wird, warum dies erforderlich ist und was davon erwartet werden kann. Die getroffenen Aussagen sind oft äußerst abstrakt, werden als »blutleer« empfunden und sind wenig anschaulich für den Einzelnen. Aus Sicht derer, um deren Unterstützung man wirbt, sollen wichtige und für alle sehr konkrete Traditionen, die bislang als gemeinsamer Orientierungsrahmen dienten, zu Gunsten hoher Beliebigkeit aufgegeben werden. Der sorgfältige Umgang mit Sprache ist in dieser Phase ein zentrales Element, da sich eine Veränderungsorganisation durch Sprache manifestiert.

Sorgfältiger Umgang mit Sprache

Dieses kurze Zeitfenster, in dem man die Aufmerksamkeit aller hat, muss aber auch dazu genutzt werden, mit den wichtigsten Adressaten einer Wandelbotschaft zumindest »virtuell« einen Verhandlungsprozess aufzusetzen. Sie müssen erste Hinweise erhalten, wie ihre Interessen direkt davon betroffen sind. Besonders gut geeignet hierfür sind Metaphern, da sie ein Gesamtbild zu erzeugen vermögen, Platz für eigene Auslegungen lassen und noch keine Details erfordern. Später können diese Verhandlungen dann explizit und präziser aufgenommen werden.

Nutzung von Metaphern

Der aufgrund des Wandels zu erwartende Nutzen, auf den als Anreiz verwiesen wird, ist meist langfristiger Natur. Oft wird er auch nur für das Unternehmen (und seine Investoren) formuliert. Was jedoch die wohl wichtigsten Stakeholder eines Unternehmens, die Mitarbeiter und die Kunden, kurz- und mittelfristig konkret davon haben werden, falls sie sich auf den Wandel einlassen sollten, ist eher selten zu erfahren.

Legitimation: Der Einstieg in ein solches Wandelvorhaben bedarf in vielerlei Hinsicht seiner Legitimierung: So entsteht z. B. die Frage, welche Umstände eigentlich dazu berechtigen, die Organisation in dieser Form zu belasten. Werden die Auslöser und Ursachen dieser Initiative überhaupt als relevante »Issues« anerkannt? Hier zeigen sich dann die Früchte einer seriösen Vorarbeit in der Sensibilisierungsphase, denn dann kann profund und mit großer lokaler Nähe argumentiert werden und die Führung verfügt bereits – nicht nur oberflächlich – über eine gemeinsame Sprache. Legitimieren sollten sich aber auch die Personen und Gruppen, die die Wandelinitiative ergreifen. Was und wer gibt ihnen das Recht dazu?

Vertiefende Fallstudie

Fallstudie: Starke Erschütterungen im Volkswagen Konzern:[89]
»Die Testmanipulationen bedeuten für Volkswagen ein moralisches und politisches Desaster. ... Wir können uns nur entschuldigen und Kunden, Öffentlichkeit, Behörden und Anleger darum bitten, dass wir die Chance zur Wiedergutmachung erhalten.«[90] So lautete die offizielle Stellungnahme von Berthold Huber, Stellvertretender Aufsichtsratsvorsitzenden von VW, am 25.9.15. Jedem war klar, dass das Unterneh-

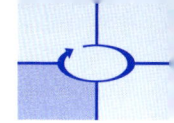

5.2.2 Optionen zur Entwicklungslogik: Das Timing

men, das in kurzer Zeit nahezu die Hälfte seiner Börsenkapitalisierung eingebüßt hatte, einen Neuanfang benötigte. Tiefgreifende Reformen waren durch den vorsätzlichen Betrug auf einmal dringlich geworden. Doch nicht eine Verschärfung des »Code of Conduct« und des »Compliance«-Regelwerks waren gefragt, sondern eine Neujustierung des Verhältnisses von Zentralität und Dezentralität sowie eine fundamentale Hinterfragung der Firmenkultur. So fordert der Konzernbetriebsratschef Bernd Osterloh, der auch Mitglied des Konzernvorstands ist, einen »grundlegenden Kulturwandel«.

Doch wer sollte nun diesen Wandel führen? Wer ist dazu aus der Sicht der Beteiligten und Betroffenen legitimiert? Und wie radikal muss und will man sich von den Verantwortungsträgern der Vergangenheit lösen, um Platz für einen glaubwürdigen Neuanfang zu schaffen? Im Prinzip trägt jedes Mitglied des Vorstands auch Gesamtverantwortung. So entschied man sich z. B., den CEO Martin Winterkorn durch Matthias Müller, der CEO der VW-Tochter Porsche war, zu ersetzen. Auf dem Wolfsburger Werksgelände versprach er vor 20.000 Mitarbeitern auf der Betriebsversammlung am 6.10.15 der Belegschaft eine »schnelle und schonungslose Aufklärung« des Abgasskandals: »Neben dem riesigen finanziellen Schaden, der heute noch gar nicht abzusehen ist, ist diese Krise vor allem eine Vertrauenskrise. Weil es hier um den Kern unseres Unternehmens und unseres Selbstverständnisses geht: um unsere Autos.«[91] Mit der zweiten Spitzenposition, der des Aufsichtsratsvorsitzenden, wurde am 8.10.15 Hans Dieter Pötsch betraut, der bis zu diesem Zeitpunkt Finanzchef des Konzerns war.

Auch wenn es offenbar nur eine kleine Gruppe von Entwicklern aus der Konzernzentrale in Wolfsburg war, die in die Steuerung des Dieselmotors EA 189 von etwa 11 Mio. Fahrzeugen verschiedener VW-Marken eingriffen, muss man sich nun grundsätzlich fragen, warum es dazu kommen konnte, und warum deutlich vor der Krise dazu eingegangene Hinweise unbeachtet blieben? Michael Horn, US-Chef von VW, sagte bei seiner Kongress-Anhörung am 9.10.15, dass der Betrug ein Ergebnis von »…pressure in the system to get resolutions and cost pressure« sei.[92] Oder Bernd Osterloh meinte dazu: »Wir brauchen für die Zukunft ein Klima, in dem Probleme nicht versteckt, sondern offen an Vorgesetzte kommuniziert werden. Wir brauchen eine Kultur, in der man mit seinem Vorgesetzten um den besten Weg streiten kann und darf. Wir brauchen eine Kultur, in der alle Abteilungen – über Bereiche hinweg – zusammenarbeiten, um Probleme zu lösen.«[93]

Die Gefahr ist hier, dass es zu gar keinem grundlegenden Wandel kommt, dass in einer dominanten Ingenieur-Kultur das Problem auf seine technische Dimension reduziert wird, und man mit der »technischen Lösung« und einer Verschärfung der Compliance-Regeln das Führungsproblem als erledigt ansieht.

Mit der Funktion der Legitimierung ist also deutlich mehr gemeint, als nur die sachliche Begründung einer strategischen Initiative. Da sich Menschen ohne gute Gründe kaum ändern, bedarf Wandel einer breit abgestützten Auseinandersetzung mit den lokalen Kontexten an den vielen verschiedenen »Baustellen des Wandels« in einem Unternehmen. So kann – vor dem Hintergrund der dortigen Alltagsherausforderungen – mehr über die empfundene Sinnhaftigkeit und Überzeugungskraft einer Initiative in Erfahrung gebracht werden. Auch ist die Angemessenheit der einzelnen Aktivitäten für die Betroffenen immer wieder zu begründen. Umgekehrt müssen Vorteilhaftigkeit und Machbarkeit des Wandels auch für die Mitarbeiter erfahrbar (spürbar, sichtbar, hörbar etc.) gemacht werden.

Begründung der Angemessenheit

Natürlich darf die Funktion des Legitimierens nicht auf diese Phase beschränkt bleiben; sie besitzt hier nur einen besonders hohen Stellenwert.

Großgruppen-konferenz

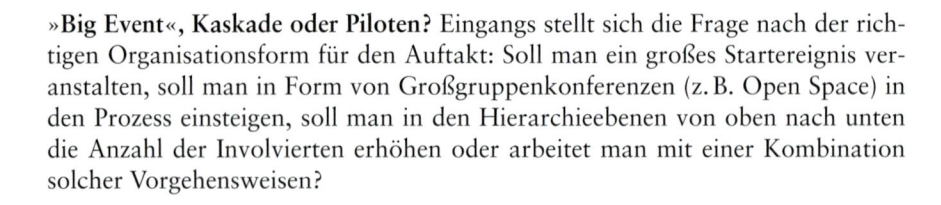

»Big Event«, Kaskade oder Piloten? Eingangs stellt sich die Frage nach der richtigen Organisationsform für den Auftakt: Soll man ein großes Startereignis veranstalten, soll man in Form von Großgruppenkonferenzen (z. B. Open Space) in den Prozess einsteigen, soll man in den Hierarchieebenen von oben nach unten die Anzahl der Involvierten erhöhen oder arbeitet man mit einer Kombination solcher Vorgehensweisen?

> **Fallbeispiel: Kundenfokus bei PHILIPS**
> Der Auftakt zum Centurion-Projekt von PHILIPS bildete der »Customer Day«: Weltweit wurden die Landesgesellschaften per Videokonferenz online zur Zentrale nach Eindhoven geschaltet. Das Ereignis begann mit einer Ansprache des CEO, der die verstärkte Ausrichtung des Unternehmens auf den Kunden erläuterte. Danach arbeiteten lokal Tausende von Arbeitsgruppen nach dem gleichen Muster vorgegebene Fragestellungen aus. Am Ende des Tages ging man dann wieder online und konnte Fragen an den CEO richten.

Vorteil solcher Großereignisse ist ihr momentaner Impuls: Wandel erhält so in der Organisation sehr schnell große Aufmerksamkeit und man erreicht innerhalb kürzester Zeit sehr viele Menschen. Gut inszeniert kann man aufgrund der Masseneffekte nicht nur sachlichen, sondern auch emotionalen Anschluss herstellen. Man muss sich dabei aber auch bewusst sein, dass eine derartige Veranstaltung enorme Erwartungshaltungen bei den Teilnehmern aufbaut. Ist man nicht in der Lage, danach diese Erwartungen auch professionell und zügig abzuarbeiten, sollte man lieber auf ein solches Ereignis verzichten, da damit ein großer Glaubwürdigkeitsverlust verbunden wäre.

Eine andere Möglichkeit für den Start stellt die Arbeit mit *Piloteinheiten* dar. Diese Variante hat den Vorteil, dass dadurch – im positiv verlaufenen Fall – eine »Vorzeigeeinheit« aus dem eigenen Haus geschaffen werden kann, die demonstriert, dass der Wandel machbar ist, denn häufig wird Wandel mit dem Argument abgeblockt, dass dieser zwar für andere Unternehmen möglich und notwendig sei, man selbst sich aber in völlig anderen Situationen befindet. Ein Pilot bietet auch die Chance für Experimente und Revidierbarkeit.

Nachteil der Vorgehensweise ist, dass man dadurch die Organisation formell zweiteilt: In die, die sich im Wandel befinden, und in die anderen. Schließt man nicht von Anfang an alle mit ein, entsteht die Frage: »Warum wir nicht?«. Damit verliert der Gesamtprozess auch an Dynamik. »Ausgeschlossen sein« hat eine andere Bedeutung als »nicht mitmachen wollen«. Nachteil des Starts über eine Piloteinheit ist auch, dass im Falle eines Misslingens unterstellt wird, dass deshalb ein Wandel für das Ganze auch nicht funktionieren kann.

> **Fallbeispiel: Konkurrierende Pilotprojekte bei SIEMENS**
> Beim Wandelprojekt »top« von SIEMENS wurde in der Form gestartet, dass man im Zentralvorstand das Projekt präsentierte und danach fragte, welche Bereiche sich als Piloteinheiten zur Verfügung stellen würden. Es meldeten sich vier. In jedem der vier Pilotbereiche wurden dann andere Wandelverfahren erprobt, um herauszufinden, welche für SIEMENS geeignet sind. Dazu wurden zuvor auch Besuche bei HP, GENERAL ELECTRIC etc. abgestattet, um deren Wandelansätze und -erfahrungen als Benchmarks zu erforschen. Zwei dieser vier Pilotprojekte mussten bereits nach kurzer Zeit wegen mangelnder Realisierbarkeit abgebrochen werden. Mit den Erfahrungen aus diesen Pi-

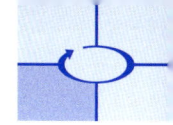

5.2.2 Optionen zur Entwicklungslogik: Das Timing   503

> loten wurde dann das Wandelprojekt auf SIEMENS insgesamt ausgeweitet. Jeder der Geschäftsbereiche hatte ein (nebenamtliches) Topteam einzurichten, welches vom zentralen (vollamtlichen) Topteam geschult und betreut wurde.

Die Ausgangssituation realitätsgerecht benennen und nach einer neuen Sinngrundlage suchen: Alle die, die in den Wandel einbezogen sind, sollten über ein solides Verständnis darüber verfügen, warum sich nun vieles zu ändern hat und in welche Richtung dies führen soll (*shared understanding*). Es geht hier darum, den bisherigen Arbeitskontext gemeinsam neu zu interpretieren. Bislang geteilte Selbstverständlichkeiten müssen hinterfragt und mit einer neuen Sichtweise versehen werden. Eingeschwungene Interaktionsstrukturen mit den einzelnen Anspruchsgruppen bedürfen einer neuen Basis, die einer nun zunehmend wachsenden, neuen Sinngrundlage entspricht (*sensemaking*). Erst danach kann über gezielte Aktionsbündel zur Vermittlung der neuen Sinngrundlage (*sensegiving*) übergegangen werden.[94]

Wird der Wandel aus einer Krise heraus gestartet, dann ist es an dieser Stelle wichtig, zuerst einmal zuzugeben und allen, die es immer noch nicht wahrhaben wollen, klar zu machen, dass sich das Unternehmen in einer Krise befindet und dass Fehler begangen wurden. Dies ist speziell dann nicht selbstverständlich, wenn es zu keinen Veränderungen im Topmanagement gekommen ist. Häufig wird dann viel zu spät die Situation, in der sich das Unternehmen inzwischen befindet, anerkannt. Angeblich um Panik unter den Mitarbeitern zu vermeiden, redet man sich die Situation schön. Dies kann dazu führen, dass die erste Welle des Wandels schnell wieder versandet, da die Mitarbeiterschaft die Führung dafür als nicht legitimiert betrachtet und ihre Verweigerungsmacht nutzt, jede Veränderung zu blockieren.

Krisen zugeben

Wird die Dringlichkeit zum Wandel nicht breitflächig erkannt, bedarf dies einer methodischen Unterstützung. Hilfreich kann hier z. B. die Durchführung eines Benchmarking sein, da es die eigene Rückständigkeit offensichtlich zu machen vermag, aber gleichzeitig auch konkret aufzeigt, dass es machbare Wege zu einer Verbesserung gibt. Oder man führt Simulationen durch, bei denen bestehende Entwicklungen etwas übertrieben extrapoliert werden. Das Aufzeigen der daraus erwachsenden Konsequenzen soll zukünftige Krisen vorwegnehmen und so künstlich Schmerz erzeugen.

Klima der Dringlichkeit schaffen

Irritieren: Wenn bestimmte Interaktions- und Erfolgsmuster bereits sehr lange betrieben werden, dann ist es oft sehr schwierig, überhaupt das Neue im Wandel zu erkennen, da es zu sehr vor dem Hintergrund bestehender Annahmen und Weltsichten interpretiert wird. Um überhaupt die Bereitschaft zu wecken, kann versucht werden, bewusst mit Irritationen zu arbeiten. Sie sollen einem die Anwendung der eigenen Verengungen bewusst machen. Dies kann man z. B. durch eklatante und provozierende Regelbrüche bewerkstelligen oder indem man bestehende Entwicklungstrends in die Zukunft projiziert und dann radikal überzeichnet.

Regelbrüche

> **Fallbeispiel: Simulation bei der ALLIANZ**
> Die ALLIANZ AG startete 1997 ihr Veränderungsprojekt zur Verbesserung der Servicequalität mit einer Großveranstaltung für Hunderte von Führungskräften im Kongress-

> zentrum in Berlin. Zur Irritation der Teilnehmer wurde ihnen die heutige Situation in die Zukunft extrapoliert so vor Augen geführt, als ob sie Gegenwart wäre. In einem extra für diesen Anlass produzierten Video zur »Servicewüste Deutschland« wurde eine Nachrichtensendung simuliert, in der darüber berichtet wurde, wie die Leute angesichts der Servicequalität massenhaft das Land verlassen. Hinzu kam ein Sketch, in dem eine über den Computer geführte Beratung simuliert wurde.

Die Wandelorganisation einrichten: Mit diesem Auftakt muss das Management auch eine Projektorganisation für den Wandel einrichten. Dabei sind Fragen zu klären wie: Wird eine vollzeitliche Projektleitung benötigt? Sollte das Projekt ein Steuerungsgremium aus dem Topmanagement haben? Welche organisatorischen Teileinheiten sollten in der Projektstruktur vertreten sein? Wie sollen die verschiedenen Interessengruppen eingebunden werden? Wie lässt sich das Projekt arbeitsteilig organisieren (z. B. innerhalb der Struktur der Aufbauorganisation)? Soll eine eigenständige Taskforce zur Projektkommunikation eingerichtet werden? Das Management muss auch dafür Sorge tragen, dass klar ist, welche Fähigkeiten erforderlich sind und wie notwendige Expertisen in- oder extern bereitgestellt oder entwickelt werden.

Mit der Einrichtung einer Projektstruktur ist auch sicherzustellen, dass die wichtigsten Rollen im Wandel entsprechend kompetent besetzt werden können: Verfügt man in den einzelnen Arbeitsgruppen über ausreichend Expertise? Sind genügend Moderatoren vorhanden zur Unterstützung und Förderung der verschiedenen Veränderungsarenen (*facilitating*)? Auch ist besondere Aufmerksamkeit auf die Auswahl der Projektleitung zu lenken. Da sie gegen so viele bestehende Interessen anzugehen hat, kann sie hinterher kaum noch in eine normale Linienfunktion reintegriert werden.

Mit der Einrichtung eines Projektmanagements ist auch die Absicht verbunden, den Mitarbeitern Klarheit über den Fortgang des Prozesses zu verschaffen. In einer Phase geringer inhaltlicher Prognostizierbarkeit muss zumindest der zeitliche Prozess als relativ stabiles Element in der Veränderung genutzt werden. Zentral ist z. B. immer die Frage, wann die Besetzungsentscheidungen auf den einzelnen Ebenen getroffen werden.

Der Prozess als stabiles Element

Das Projekt kommunizieren: Nun muss das Wandelprojekt auch kommuniziert, bekannt und sichtbar gemacht werden. Man sollte es überall hören, sehen und »riechen« können. So kann man darauf drängen, dass konsequent in jeder Ansprache und jedem Interview eines Mitglieds der Geschäftsleitung auf das Projekt Bezug genommen wird. Sichtbar wird es durch Plakate, Firmenfernsehen, Ausstellungen, Broschüren etc. Man kann automatisch jede Sitzung mit einem kurzen Blick auf das Projekt starten, auch wenn es nicht Gegenstand der Sitzung ist. Auch sollte man versuchen die Auswirkungen des Wandels möglichst schnell unübersehbar zu machen.

Werden z. B. neue Werte propagiert, so sollte dies nicht nur abstrakt auf dem Papier geschehen, sondern möglichst offensichtlich erlebbar sein. Will man z. B. den Begriff der Hierarchie neu belegen (flach, partnerschaftlich etc.), dann kann dies durch die Abschaffung von Vorstandscasinos und -aufzügen, persönlicher Chauffeure sowie anderer Statussymbole direkt operativ wirksam und für jeden sichtbar gemacht werden.

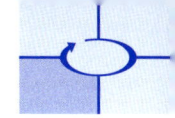

5.2.2 Optionen zur Entwicklungslogik: Das Timing

Geschützte Wandelarenen. Es kann auch sinnvoll sein, bereits in dieser oder erst in der nächsten Phase, bestimmte Orte des Wandels vom restlichen organisatorischen Umfeld abzuschotten. Dies kann z.B. dann der Fall sein, wenn man der Auffassung ist, dass die dominante Organisationskultur und die täglichen Routinen einer Erneuerung zu stark im Weg stünden. In einem derartigen Umfeld soll dann auch eine gewisse Neugier zum Experiment stimuliert werden.

> **Fallbeispiel: Innovation bei COMPAQ**
> Als bei COMPAQ in den 90er-Jahren etwa ein Drittel des Umsatzes verloren ging, wurde eine Gruppe junger Leute zusammengestellt, die eine neue Computergeneration zu entwickeln hatte. Sie wurde aus dem Gesamtunternehmen organisatorisch herausgenommen und hatte sich nicht an die allgemein im Unternehmen üblichen Verhaltensformen zu halten. Auch verbarg man die Gruppe vor den Analysten, um die Gruppe nicht unnötig unter zusätzlichen Druck zu setzen. Wichtigstes Auswahlkriterium der Mitglieder dieser Gruppe war nicht deren Expertise, sondern deren unbedingter Glaube, dass sie es schaffen werden. Das Experiment gelang mit der Entwicklung einer neuen Laptop-Serie.

Phase 3 – Roll-Out: Die Energie ins System bringen

Nach dem Projektauftakt trifft man i. Allg. gespaltene Lager an. Bei den einen ist es zu einer Art Anfangseuphorie gekommen. Man ist z.B. froh, dass nun endlich etwas geschieht. Man rechnet sich auch Chancen für sich selbst aus. Andere sind geschockt, nachdem sie sich klar gemacht hatten, was ihnen der Wandel selbst abverlangen wird. Man sucht nach Sündenböcken dafür, warum einem so etwas passiert und warum es so weit kommen musste. Enttäuschung über das Unternehmen und eine Art »Weltschmerz« machen sich breit. Das Unternehmen verliert in den Augen vieler Betroffener an Sympathie.

Sobald die ersten größeren Widerstände auftreten, wird klar, dass die Energie nicht von allein ins System kommt, sondern dass hierfür spezielle Aktivitäten angelegt werden müssen. Dazu gehört auch die aktive Auseinandersetzung mit offener Ablehnung und auftretenden Konflikten. Gleichzeitig sollte nach Wegen gesucht werden, Vertrauen zu erhalten und dort Zuversicht zu zeigen, wo sie angebracht ist. *(Aktive Auseinandersetzung mit Ablehnung)*

Typisch für diese Phase ist also das Spannungsfeld zwischen Widerstand und Unterstützung. Dort, wo der Wandel geführt wird, sollte entlang der Zeitachse ein Mapping zu beiden Seiten dieses Spannungsfeldes betrieben werden. Auch kann es sich zur Verdeutlichung des Prozesses lohnen, typische Dokumente, Symbole, Zitate etc. zu den einzelnen Ereignissen zu sammeln und sie »auszustellen«. Mittels eines solchen »Wandelmuseums« kann Bewusstsein für die Wegstrecke der Veränderung geschaffen werden. Oft vergisst man sehr schnell, auf welchem Stand man sich noch zu Anfang des Projektes befand.

Besonders kritisch wird in dieser Phase auch die Glaubwürdigkeit der Führung hinterfragt. Welche Rolle spielen ihre Eigeninteressen? Inwieweit ist man dort bereit, sich auch selbst dem Wandel zu unterziehen bzw. als Vorbild voranzugehen? *(Vorbildfunktion der Führung)*

In dieser Phase geht es viel um Destabilisierung: Bestehende Strukturierungen und Orientierungsrahmen sollen aufgebrochen und durch neue ersetzt werden; *Entkopplung geht als notwendiger Schritt der Neukopplung voraus.* Diese Entkopplung kann manchmal auch zerstörerischen Charakter haben, indem z. B. eine Diskreditierung der alten Kultur vor einer ersten Welle des Wiederaufbaus geschieht.

Betrachtet man z. B. die Organisationsstrukturen, so findet man dort eine Vielzahl solcher Aktivitäten: Zentrale Strukturen werden durch dezentrale Verantwortlichkeiten ersetzt; zur Flexibilisierung und Beschleunigung der Abläufe werden organisatorische Ebenen gestrichen (delayering); der Gedanke der Risikostreuung und geschäftsfeldübergreifenden Synergien wird durch eine Konzentration auf Kerngeschäfte abgelöst (downscoping); den Wunsch nach einer vollen Beherrschung der Wertschöpfungskette gibt man zugunsten einer höheren Beschaffungsflexibilität auf (outsourcing); vertikale Berichtsprozesse werden durch horizontale Netzwerke ergänzt etc. Mit der Erhöhung ihrer Flexibilität signalisiert die Organisation auch ihre Bereitschaft zur Revision als Tribut an die entstandene Dynamik.

Bündelung der Energien

Ziel dieser Phase muss es aber auch sein, die Aktivitäten so zu fokussieren, dass der Wandel machbar wird. Es muss eine gemeinsame Orientierung entstehen, die die Energien bündelt. Damit soll jedoch nicht ausgesagt werden, dass die einzelnen Aktivitäten sequenziell abzuarbeiten sind, denn Momentum entsteht auch durch eine hohe Gleichzeitigkeit komplementärer Aktionen.

Alignment und Massenkommunikation: Es muss nun auch die eingangs initiierte Debatte vor dem Hintergrund des gestarteten Projektes weiter fortgesetzt, vertieft und verbreitert werden. Aufgabe ist es, für Einsicht in den Wandel zu sorgen, um dann die notwendige Unterstützung seitens der Mitarbeiterschaft zu erfahren. In der Sprache der Betroffenen muss auf allen Ebenen erklärt werden, warum dieser Wandel notwendig ist. Es muss – so weit als möglich – geklärt werden, was neu sein wird, was aufhören wird, aber auch, was erhalten bleibt. Dabei sollten einfache Botschaften verwendet werden, die immer und immer wieder wiederholt werden.

Einfache Botschaften verwenden

Kommunikation hat hier auch die Aufgabe, die Vision nicht nur verständlich zu machen, sondern Anleitung zu geben, sie auf jeden Einzelnen herunterzubrechen. Jeder sollte die substanzielle Relevanz des Wandels für sich (also vor dem Hintergrund seines lokalen Kontextes) erkennen. Ziel ist es, die gemeinsame Ausrichtung (alignment) voranzutreiben. Auch sollte die Führung des Wandels aus dem Feed-back erkennen können, ob ihre Vision tatsächlich als relevant eingestuft wird.

Zwang zur Massenkommunikation

Aufgrund der großen Zahl involvierter Menschen ist eine direkte Verständigungsorientierung nur noch sehr begrenzt möglich. Es besteht ein Zwang zur Massenkommunikation. Wegen der notwendigen Geschwindigkeit kann diese nicht nur über die Kaskade der Hierarchie erfolgen, sondern es müssen zusätzliche Medien (z. B. Firmenfernsehen) und Rollenmodelle (z. B. Einsatz vorher trainierter change agents als Multiplikatoren) zum Einsatz gebracht werden.

Einer der Erfolgsfaktoren von Massenkommunikation ist ihre Repetitivität, das fortwährende Wiederholen der zentralen Botschaften des Wandels. In einer schon fast rituellen Form (»Mönchsgesänge«) werden die Grundzüge der Veränderungsinitiative vorgetragen und auf der Basis des empfangenen Feed-back verfeinert und anschlussfähiger gemacht. Dabei reicht es auch hier nicht aus, dass die Argumentationen die rein materiell-formelle Ebene ansprechen und eine vollständige Rationalität vortäuschen. Veränderungsereignisse sollten kognitiv, af-

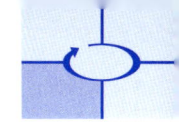

5.2.2 Optionen zur Entwicklungslogik: Das Timing

fektiv und verhaltensmäßig verarbeitet werden können. Symbole, Riten, dahinter stehende Werthaltungen etc. erlangen eine hohe Bedeutung. Auch existierende Handlungsprogramme und Austauschbeziehungen (Seilschaften, Ressourcenabhängigkeiten etc.) werden als politische Dimension automatisch mit wirksam.

Beim Thema »Massenkommunikation« kommen jedermann natürlich auch sofort berechtigte Bedenken in Richtung der demagogischen Verwendung eines solchen Instrumentariums. Sollen hier z. B. Mitarbeiter im Sinne der »kalten Interessen des Kapitals« nur besonders professionell ausgenutzt und programmiert werden? Oder geht es nur darum, dass die Eigeninteressen des Vorstands besser bedient werden können (z. B. Verkündigung eines Effizienzsteigerungsprogrammes und gleichzeitige Erhöhung der eigenen Bezüge)? Abstraktes Ziel ist es, das Unternehmen »weiterzuentwickeln«. Was dies inhaltlich konkret heißt (ökonomisch, ethisch, technisch etc.), präzisiert sich im Einzelfall. In unserem Ansatz des SMN geschieht dies über Verhandlungsprozesse mit den einzelnen Anspruchsgruppen auf der Basis der eigenen Werthaltungen.[95]

Eine der Grundfragen zum Thema Kommunikation ist die Frage, mit wem man kommuniziert. Wenn es um die Gestaltung eines Wandelkonzeptes geht, dann kann dadurch darüber entschieden werden, wie revolutionär der neue Entwurf aussehen wird. Ist man an Innovationen zu den sozialen Prozessen interessiert, dann sollte ein offener Ansatz gewählt werden. Darunter ist der Einbezug von Querdenkern zu verstehen, die ungewöhnliche, zusätzliche Sichtweisen in die bestehenden Diskussionsarenen einzubringen vermögen. Um »blinde Flecken« zu entdecken, sollen die bestehenden Ansichten hinterfragt werden.

Einbezug von Querdenkern

Eine Bewegung in Gang bringen: Ein umfassendes Wandelprogramm sollte als Bewegung begriffen werden, zu der jeden Tag mehr dazustoßen. Jeder sollte Teil des Prozesses sein und sich darin auch wieder finden. Damit die Bewegung wahrgenommen wird, muss sie beworben werden; damit Kettenreaktionen entstehen, muss schnell das Greifen der Bewegung als Referenz gezeigt werden können.

> **Fallbeispiel: Entfachung einer Bewegung bei SIEMENS**
> Bei »top«, dem Wandelprogramm von SIEMENS, wurde das Ziel, eine Bewegung zu initiieren, besonders nachhaltig verfolgt, zumal es darum ging, über 400.000 Menschen in mehr als 170 Ländern zu mobilisieren. Wie bei der Entwicklung eines erfolgreichen Konsumproduktes wurde alles aufeinander abgestimmt. Ein Aspekt daraus war das Marketing des Programmes: So erhielt das Programm mit »top« ein eigenes Logo, wobei weltweit der Schriftzug gleich war, während das »o« jedoch projekt- und landesspezifisch genutzt werden konnte. In Australien schaute z. B. ein Känguru durch das »o«, während es in den USA die Flagge war. Auch wurde »top« als Warenzeichen eingetragen. Zu »top« wurde selbstbewusst die Sprechblase »Wir machen's einfach besser!« dazugesetzt. Das Kürzel wurde unterschiedlich genutzt: »time optimized process«, »trust our people« etc. Ein Pin zeugte von der Zugehörigkeit zu »top«. Weiter wurde regelmäßig ein »top champion« gekürt, eine eigene Zeitschrift berichtete über die Aktivitäten, spezielle Seminarreihen wurden ausgerichtet, Mitarbeiterumfragen zu »top« wurden durchgeführt, über 400 interne Prozessberater wurden nach und nach ausgebildet etc. Auch hat man das eigene Programm gegen andere in Benchmarks verglichen. Den Fortschritt des top-Projektes hat man mit dem Modell der European Foundation for Quality Management gemessen (Abb. 6-8).

Offenheit gegenüber kritischen Punkten: Durch den mit Wandel verbundenen Aufbruch etablierter Traditionen entsteht ein hohes Maß an Unsicherheit bei allen Beteiligten. Bislang bewährte Deutungsmuster und Handlungsroutinen werden in Frage gestellt.

Unsere Beobachtungen zeigen, dass die Führung anfangs im Allgemeinen keine detaillierten Vorstellungen hat (und wahrscheinlich auch nicht haben kann), über welche Wege der angestrebte Wandel erreicht werden soll. Ein solche »Landkarte« wird erst nach und nach erstellt und präzisiert, indem neues Wissen aufgenommen und verarbeitet wird.

Die Tauglichkeit der Landkarte wird entscheidend davon abhängen, inwieweit es gelingt, die Intelligenz der gesamten Organisation zur Bearbeitung der Implementierungsprobleme heranzuziehen. Wir konnten beobachten, dass solche »lokalen Theorien« über Implementierungsprobleme naheliegenderweise auf unteren Ebenen i. Allg. deutlich reichhaltiger sind als bei der Führung. Nicht alles, was bei der Führung als Problem betrachtet wird, wird »vor Ort« auch als Problem empfunden; anderer zu erwartender Probleme mag sich die Führung aber gar nicht bewusst sein.

Gemeinsame Bearbeitung kritischer Punkte

Die Offenheit gegenüber der gemeinsamen Bearbeitung kritischer Punkte muss deshalb besonders gesucht und unterstützt werden. Zeitliche Verzögerungen haben oft in einer mangelnden Nutzung vorhandenen Wissens ihre Ursache. Natürlich macht diese Offenheit nur Sinn, wenn sie auf eine wechselseitige Lernbereitschaft aufbauen kann.

Vergangenheit, Gegenwart und Zukunft verbinden: Greift man den obigen Kommunikationsauftrag konkret auf, dann heißt fundamentaler Wandel, äußerst zügig eine kritische Masse an Menschen mit der Vision und den Grundsätzen des Wandelvorhabens vertraut zu machen, sie an der Gestaltung der Veränderung konkret zu beteiligen und sie die Unternehmens- und Führungskultur weiterentwickeln zu lassen. Der *Impuls*, der in dieser Phase von dem Projekt auf das System ausgeht, ergibt sich als Funktion aus **Masse und Geschwindigkeit**.

Masse und Geschwindigkeit

Betrachtet man das Thema »Corporate-Transformation in großen Unternehmen«, dann entsteht an dieser Stelle die Notwendigkeit, nach dem Auftakt die vollständige ober(st)e Führungsmannschaft in einen Dialog einzubeziehen, um (1) das Vorhaben gemeinsam zu präzisieren und auszugestalten und (2) die Führungskräfte als »change agents« zur Kommunikation des Wandels in den unteren Ebenen des Unternehmens auszubilden.

Eine Möglichkeit zur Umsetzung dieses Vorhabens besteht darin, dass man die Führungsmannschaft in (meist geschäftsspezifische) Kleingruppen unterteilt und dann alle nach dem gleichen Muster einen umfassenderen Workshop durchlaufen. Ein dafür denkbares Design ist in Abbildung 5-19 wiedergegeben.[96] Es wird dabei davon ausgegangen, dass Wandel heißt, Vergangenheit, Gegenwart und Zukunft miteinander zu verbinden. Nur mit einem tiefen Verständnis der Geschichte und der vorhandenen Sehnsüchte kann es gelingen, den Wandel mit möglichst wenig Energieverlust zu durchlaufen. *Zukunft hat Herkunft.*

Würdigung der Vergangenheit

Es ist immer wieder zu beobachten, dass wir uns im Wandel – zumindest in Führungssprache und -aktionen – zu ausschließlich mit der Zukunft beschäftigen, während die Wahrnehmung noch fast ausschließlich mit der Vergangenheit und Gegenwart beschäftigt ist. Es sollte offiziell gewürdigt werden, was in der Vergangenheit war und was davon vielleicht auch erhalten bleibt. Auch sollte man sprachlich und im Handeln Bezug zu den Ängsten der Gegenwart nehmen. Das Bewusstsein sollte dafür wachsen, dass bereits akzeptierte Schritte in die Zu-

5.2.2 Optionen zur Entwicklungslogik: Das Timing

	Vergangenheit	**Gegenwart**	**Zukunft**
1. Tag: **Umfeld/ Kontext**	Wie stellt sich das geschäftliche Umfeld in der Vergangenheit für uns dar (Dynamik, Erfolgsfaktoren)? (1 Std.)	Wie stellt sich das geschäftliche Umfeld heute für uns dar? (1 Std.)	Wie erwarten wir das geschäftliche Umfeld in den nächsten zwei bis drei Jahren? (2 Std.) Am Nachmittag nehmen noch externe Experten dazu Stellung.
2. Tag: **Unternehmen**	Was hat uns in der Vergangenheit erfolgreich gemacht? (2 Std.)	Wie erfüllen wir heute die uns gestellten Anforderungen? (1 Std.)	Welche Art von Unternehmen wird zukünftig erfolgreich überleben können? (6 Std.)
3. Tag: **Rolle/ Beitrag**	Was war mein Beitrag zu dieser Vergangenheit und wie beurteile ich diesen? (2 Std.)	In welcher Rolle sehe ich mich heute und inwieweit kann ich dabei erfüllen, was von mir erwartet wird? (1 Std.)	Was kann ich in den nächsten drei Monaten bzw. drei Jahren dazu beitragen, damit wir von A nach B kommen? Welche Optionen gibt es hierfür? Wie kann das garantiert werden? (6 Std.)
4. Tag	Diskussion der Ergebnisse mit der ersten Ebene		

Abb. 5-19: Design für einen Transformations-Workshop

kunft nur gegangen werden können, wenn man auch in der Lage ist, bestimmte Dinge der Vergangenheit und Gegenwart zurückzulassen.

Ergebnis des Feldes Rolle/Zukunft in Abbildung 5-19 ist eine Liste möglicher Handlungsfelder. Es werden Aktivitäten benannt, die durch die Führungsmannschaft als notwendig eingestuft werden. Man weiß aber an dieser Stelle noch nichts darüber, ob (1.) diese Aktivitäten allgemein als strategisch prioritär eingestuft werden und ob (2.) im gesamten Betroffenensystem Energie für diese Aktivitäten vorhanden ist. Es gilt nun also die Führungsmannschaft und ihre Multiplikatoren mit der breiten Menge zu verkoppeln. Man könnte dazu den nächsten Schritt so moderieren, dass die Aktivitäten in eine Matrix mit den beiden Dimensionen »Beitrag der Aktivität zu den strategischen Absichten« und »Vorhandene Energie im Betroffenensystem zu dieser Aktivität« eingeordnet werden. Am besten ist es, wenn – z.B. mit einem Großgruppenprozess – das Betroffenensystem daran beteiligt wird.

Solidarität aufbauen und Entschlossenheit zum Vorhaben demonstrieren: Die gemeinsame Auseinandersetzung mit den Problemen und Möglichkeiten der Implementierung hat auch einen solidarisierenden Effekt zwischen Sendern und Empfängern von Wandelinterventionen. Bei der Präsentation vieler Wandelvorhaben konnten wir sehen, dass die den Wandel verkündende Führung sich selbst implizit aus dem Wandelprojekt ausschloss. Man wollte sich nicht selbst zum Gegenstand notwendiger Verhaltensänderungen machen. Dabei wird dann etwa folgender Wortlaut verwendet: »Wir haben festgestellt, dass unser Unternehmen nicht ausreichend kundenorientiert ist. Dies wollen wir ändern, da es der Wettbewerb von uns fordert. Deshalb haben wir dieses Projekt für Sie konzipiert, das Ihnen helfen soll, mehr kundenorientiertes Verhalten einzuüben.« Eventuell wird dann hinzugefügt: »Um Sie dabei zu unterstützen, haben wir noch ein Beratungsunternehmen beauftragt.« Die Adressaten dieser Botschaft hören dies in der Form, dass die Absender offenbar der Meinung sind, dass sie sich schon ausreichend kundenorientiert verhalten. Die Mitarbeiter empfinden dies auch als unfaire Schuldzuweisung: Kann die Ursache eines solchen Defizits wirklich so einseitig verortet werden? Anscheinend empfand ja auch die Führung das Thema bislang nicht als so relevant, dass man seine Aufmerksamkeit darauf richtete. Potenzialsteuerung ist nun einmal Führungsaufgabe. Der beauftragte Berater wird dann als Indiz dafür verstanden, dass die Führung auch meint, dass der Wandel nicht selbst bewerkstelligt werden kann.

Für den fundamentalen Wandel ganzer Unternehmen ist es erfolgskritisch, dass die Führung sich selbst zum Bestandteil und mit zum Gegenstand des Wandels macht. Dies ist nicht nur eine Geste der Solidarität, sondern unterstreicht auch die Entschlossenheit, das Vorhaben nun ernsthaft anzugehen. Lippenbekenntnisse werden sehr schnell als solche erkannt und führen zu hohen Energieverlusten und zu Zynismus im Transformationsprozess.

> **Exkurs: Cortés lässt die Schiffe verbrennen**
> 1519 landete eine Gruppe spanischer Eroberer unter dem Kommando von Hernán Cortés an der Küste des Golfs von Mexiko. Es waren 600 Soldaten, die 17 Pferde und 10 Kanonen mit sich führten. Man war aufgebrochen, das sagenumwobene Aztekenreich zu erobern, an dessen Spitze Montezuma stand. Cortés erste Handlung nach der Landung war, sämtliche Schiffe verbrennen zu lassen. Damit war jedem klar, dass es auch für Cortés kein »Rettungsboot« gab und er dazu gehörte.

»Issue Ownership« sicherstellen: Damit Veränderungen geschehen, müssen sich Mitarbeiter an den jeweiligen Orten des Wandels als Betroffene dem Problem auch tatsächlich annehmen und sich für die Suche nach einem Weg zu seiner Lösung verpflichten (»*issue ownership*«). Damit dies eintritt, sollten bestimmte Voraussetzungen erfüllt sein.[97]

Sie müssen zuerst einmal das Problem für sich selbst als relevant und dringlich wahrnehmen und sich auch Wege zu seiner Bearbeitung vorstellen können. Ob man sich dann gleich des Problems annimmt, wird auch davon abhängen, ob eine ausgeprägte Zuständigkeitsregelung in der Organisation eventuell dagegensteht. Auch wird man überlegen, wie es anderen davor erging, die sich eines solchen Problems angenommen hatten.

Je früher eine Einbeziehung der Mitarbeiter in den Wandelprozess möglich ist, desto größer ist auch die Wahrscheinlichkeit, dass ein »issue ownership« entsteht. Dies hängt zum einen damit zusammen, dass dann der Kontext zur Handhabung des Problems bereits gemeinsam entwickelt werden konnte. Zum anderen ist jeder anders motiviert, wenn er das, was er ändern will, auch »mitbesitzt«. Dabei sollte jedem Mitarbeiter möglichst klar sein, worin seine Freiräume bestehen und in welchen Grenzen er sich zu bewegen hat.

Dort, wo »issue ownership« entsteht, sollten schnell Prozesse installiert werden, die die Identifikation mit der übernommenen Rolle und deren Ausdifferenzierung vorantreibt. Es sollte dazu eine regelmäßige Diskussion aufgebaut werden, deren Basis wechselseitige Akzeptanz und Wertschätzung sind.

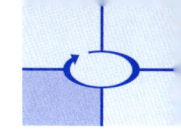

5.2.2 Optionen zur Entwicklungslogik: Das Timing

»Issue ownership« kann stabilisiert werden, indem Plattformen zum internen Benchmarking mit anderen Veränderungsprozessen aufgebaut werden, um nach Best-practice-Fällen Ausschau zu halten. Auch hier bestehen Auslöser für Lernprozesse.

Dort, wo »issue ownership« übernommen wird, lässt man sich bewusst auf besondere Herausforderungen ein. Dabei sollte allerdings seitens der Führung nicht die Frage vergessen werden, welche Form der Unterstützung erwartet wird. Der wichtigste Mangel ist meistens nicht Geld, sondern ist die in den mentalen Strukturen repräsentierte beschränkte Anzahl von Optionen. Alles was hilft, die zur Verfügung stehenden Optionen anzureichern, ist zweckmäßig. Dies kann auch durch Hinzuziehen Externer geschehen.

Anreicherung der Optionsauswahl

Orientierung durch gemeinsame Aktivitäten mehrerer Beteiligtensysteme: Erfahrungen mit dem Neuen macht die Organisation in höchst fragmentierter Form: Jedes Kollektiv (Bereiche, Managementebenen usw.) erlebt es auf seine Art und Weise. Daraus entstehen sehr unterschiedliche Bedeutungszuweisungen zu den einzelnen Aspekten des Wandels. Je länger man die Organisation in dieser Phase unbegleitet lässt, desto größer ist die Streuung der Dynamiken der einzelnen Teilsysteme um den Kern der Initiative herum. Natürlich wird die Varianz dieser Auslegungsordnungen auch noch durch die Präzision, mit der eine Initiative in die Unternehmung gebracht wird, und die Qualität der die Intervention vorbereitenden Debatten mit beeinflusst.

Da Nichtkommunikation aber auch Kommunikation ist, legt sich jedes Teilsystem darauf aufbauend seine Interpretation dessen, was mit der Intervention wohl gemeint war, zurecht. Dies geschieht in unterschiedlich intensiver Art und Weise. Daraus könnte man eine Matrix ableiten, in der man die Systeme nach dem Ausmaß ihrer Auseinandersetzung mit der Intervention und nach der Nähe (bzw. Entfernung) der erarbeiteten Auslegungsordnung zur intendierten Ausrichtung positioniert.

Häufig hält die Führung ihre Intervention vorerst für erklärend genug und lässt danach die Organisation relativ lange »alleine«. Es entsteht keine wirkliche Auslegungsdebatte. Man rechtfertigt dies dadurch, dass doch genau gesagt wurde, was zu diesem Zeitpunkt zu sagen ist und dass doch nun zuerst einmal die Inhalte über die verschiedenen Ebenen und innerhalb der Strukturen der Aufbauorganisation nach unten getragen werden müssten.

Auslegungsdebatte

Damit es nicht zu frühzeitigen und nur schwer wieder aufzubrechenden Verfestigungen und Eigendynamiken ungewollter Auslegungsordnungen der Initiativen kommt, sollte man jedoch möglichst schnell nach Wegen suchen, dass die Organisation nach und nach wieder einen gemeinsam geteilten Orientierungsrahmen, eine tragfähige soziale Ordnung entwickelt. Wo dies nicht geschieht, nimmt die politische Paralyse der Organisation zu und das Interesse am Wandelvorhaben ab, denn man benötigt seine Kraft nun ja für die politischen Grabenkämpfe.

Ein Weg, dies zu tun, ist die Förderung von Aktivitäten, die die Teilsysteme wieder aneinander koppeln. Hier kann man z. B. auf gemeinsamen Erfahrungen oder Anliegen aufsetzen. Ziel ist die Entwicklung und Diffusion geteilter Bedeutungszuweisungen, um daraus wieder Orientierung abzuleiten. Bei der Auswahl der zu stimulierenden Kopplungsaktivitäten kann man einen doppelten Weg wählen: Einerseits kann man induktiv vorgehen und die Felder verstärken, bei

Stimulierung von Kopplungsaktivitäten

denen bereits bedeutsame Interaktionsmuster auszumachen sind. Andererseits sollte man aber auch den normativen Weg gehen und Teilsysteme miteinander in Bezug bringen, die für die Implementierung der Initiativen als besonders relevant erachtet werden. Auf diese Weise können auch die Themen, die man neu in der Organisation platzieren möchte, ihre notwendige Konkretisierung erfahren. Auch können dadurch Strukturen, die in der zukünftigen Organisation zu verfestigen sind, vorbereitet werden.

Der induktive Weg hat den Vorteil, dass er auf bestehenden Interaktionsmustern aufsetzen kann. Schwierig kann es werden, wenn die bereits implementierten Auslegeordnungen sehr tief greifen, jedoch weit von der intendierten Ausrichtung abweichen. Der normative Weg hat seine Schwierigkeiten darin, dass er etwas »aufgesetzt« wirken kann. Deshalb ist hier besonders darauf zu achten, dass die Erfahrungen oder Anliegen, auf die man bei der Systemkopplung aufbaut, auch bei näherer Betrachtung als geteilt empfunden werden. Dabei zählt nur die Sichtweise der Betroffenen.

Zwischen gemeinsamen Aktivitäten und gemeinsamen Bedeutungszuweisungen besteht eine gewisse Komplementarität. Gemeinsame Aktivitäten entwickeln sich nur dann konstruktiv, wenn die Auffassungen der einzelnen Systemgruppen über die zu gehenden Wege in ihrer Sinnhaftigkeit konvergieren bzw. ganz neue gemeinsame Sinnangebote entstehen. Umgekehrt darf man an Orten, an denen eine solche Sinnkonvergenz festzustellen ist, nicht zu lange mit Anschlussaktivitäten auf sich warten lassen.

Diese frühzeitige Kopplung ist aber nicht nur wichtig, um aus Sicht der Führung das »Auseinanderdriften« der Interventionsauslegungen zu verhindern, vielmehr geht es auch darum, dass sich die Führung ein Feld schafft, auf dem sie ihre Interventionen empirisch zu testen vermag. Diese Orte gemeinsamer Aktivitäten stellen für die Führung extrem wichtige Feed-back- und Lernarenen dar, aus denen sie Hinweise für die Verfeinerung ihrer Wandelarbeit erfahren kann. Ergebnis können Präzisierungen sein, aus denen dann auch sequenziell die Entwicklung eines tragfähigen Sinnangebots hervorgehen sollte; aber auch frühe und damit weniger schmerzhafte Korrekturen der vorgenommenen Intervention werden dadurch begünstigt.

Das Einbringen in diese Maßnahmen zur Systemkopplung ist für die Führungsmannschaft sehr zeitintensiv. Ob man bereit und in der Lage ist, diese Zeit aufzubringen, gehört zur Machbarkeitsprüfung eines fundamentalen Wandelvorhabens.

Lernen als Einüben: Weiter oben hatten wir auf die zentrale Bedeutung des organisatorischen Lernens hingewiesen. Auch wurde darauf aufmerksam gemacht, dass es ohne die Fähigkeit zu einem kritischen Hinterfragen der Prämissen bisher angewandter Orientierungsrahmen zu keinem fundamentalen Wandel kommen kann. Diese Form des Lernens geschieht natürlich seltener und ist auch anspruchsvoller als das »normale« Lernen in bestehenden »Wissensgebäuden«. Damit soll aber nicht zum Ausdruck gebracht werden, dass das »normale« Lernen in Phasen des Wandels von untergeordneter Bedeutung ist.

Aufgrund der strukturellen Veränderung der Aufgabenfelder nach Veränderungsinitiativen entstehen oft plötzliche und erhebliche Wissenslücken. Statt diese Lücken zuerst einmal zu schließen, lenkt man die ganze Transformationsenergie auf die viel schwierigeren grundsätzlichen Verhaltensänderungen. Ein

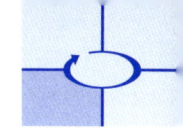

5.2.2 Optionen zur Entwicklungslogik: Das Timing

Teil dieses Wissens ist durchaus vorhanden und kann »klassisch« geschult werden. Darauf kann sich eine Organisation vorbereiten und die entsprechenden finanziellen und zeitlichen Rückstellungen bilden. Dabei sollte auch Beachtung finden, dass etwas, was einmal geschult wurde, noch lange nicht eingeübt ist. Um dieses vielleicht etwas stupid wirkende Einüben wird man aber nicht umhinkommen, wenn man gewisse professionelle Ansprüche hat. Auch bringt das Einüben durch den Umbruch verloren gegangene Sicherheit zurück. *Dort, wo man bei Wandel die Chance hat, den Mitarbeitern wieder professionelle Sicherheit zu geben, sollte man dies umgehend und ohne Rücksicht auf den Aufwand tun.* Man sollte dabei in der Gestaltung der Rahmenbedingungen dieser Maßnahmen berücksichtigen, dass viele Teilnehmer ein solches »Einüben« nicht mehr gewohnt sind und vielleicht sogar damit Statusprobleme haben.

Professionelle Sicherheit geben

> **Fallbeispiel: MERCEDES-BENZ schult Center-Leiter**
> Als zur Beschleunigung der organisatorischen Prozesse bei MERCEDES-BENZ 1993 das Center-Konzept eingeführt wurde, fanden sich viele technische Experten als neu ernannte und ergebnisverantwortliche Center-Leiter auf einmal in kaufmännischen Führungsfunktionen wieder. Daraus entstand abrupt ein hoher Schulungsbedarf zu Fragen, wie man ein Profitcenter kaufmännisch führt oder wie man Geschäftspläne entwickelt.

Die Qualität täglicher Interaktion: Wandelprogramme werden oft äußerst detailliert geplant. Nach ihrer »Verkündigung« lässt man sie dann wie eine Maschinerie abrollen. Es besteht dann kaum noch Raum für ein schnelles und umfassendes Rückkoppeln.

Aufgrund der hohen Unsicherheit sind Feinplanungen des Ablaufs von Wandelvorhaben oft mehr hinderlich als förderlich. Sie absorbieren sehr viel Zeit und verstellen – wegen der empfundenen Verpflichtung zur Planerfüllung – den Blick für das, was wirklich passiert. Auch professionell geführte Wandelprojekte haben mit Verzögerungen, Modifikationen, unerwarteten Widerständen, Kostenüberschreitungen usw. zu kämpfen. Die Auseinandersetzung mit ihnen sollte allerdings auf einer direkten und unverzögerten Basis geschehen. Nützlicher ist es deshalb, wenn man sich szenarienartige Grobpläne schreibt, sich auf eine Reihe von Prozessgestaltungsgrundsätzen einigt und dann sich viel Zeit für das Beobachten der Geschehnisse in zu integrierenden Strukturen (Oberflächen- und Tiefenstruktur, Absender und Adressaten des Wandels, Schnittstellen zwischen Organisationsbereichen, Zusammenführen von Fähigkeiten zu Kernkompetenzen usw.) nimmt.

Einigung auf Prozessgestaltungsgrundsätze

Den Blick nach außen bewahren: Im Wandel trifft man häufig das *Paradoxon* an, dass man sich in einer solchen Situation eigentlich besonders intensiv mit seinem Umfeld auseinandersetzen sollte, aber aufgrund der enormen außerordentlichen Projektbelastungen primär mit sich selbst beschäftigt ist. Damit öffnet das Unternehmen seine Achilles-Ferse gegenüber dem Wettbewerb. Es wird leichter, wichtige Mitarbeiter abzuwerben; aber auch Abschmelzverluste auf Seiten der Kundschaft treten schnell ein. Dessen muss man sich bewusst sein und präventiv handeln.

Gefahr von Abschmelzungsverlusten

> **Fallbeispiel: DEUTSCHE BANK verliert Kunden nach Akquisition**
> 1998 wurde die US-amerikanische Investmentbank BANKERS TRUST durch die DEUTSCHE BANK übernommen und in die DEUTSCHE BANK Gruppe integriert wurde. Am 9.3.00 konnte man in der Süddeutschen Zeitung folgende Meldung zu Abschmelzverlusten bei der DEUTSCHEN BANK als Folge der Integration lesen: »Die Fonds- und Vermögensverwaltung der DEUTSCHEN BANK AG in den USA verliert mit dem New York City Retirement System ihren größten Kunden. Der Pensionsfonds der Stadt New York zieht den größten Teil seines Anlagekapitals von 44 Milliarden Dollar von der DEUTSCHEN BANK ab und wechselt zu BARCLAYS GLOBAL INVESTORS und MERRILL LYNCH & CO. Damit hat die DEUTSCHE BANK jetzt rund 60 Milliarden Dollar Anlagekapital verloren, ein Drittel der Index-Investments, die sie durch die Übernahme von BANKERS TRUST Corp. im letzten Jahr gewonnen hatte. Als Grund für den Abzug seiner Gelder nannte der Pensionsfonds, dass Top-Fondsmanager im Juli von der DEUTSCHEN BANK zu MERRILL gewechselt hätten. Seither gingen der DEUTSCHEN BANK nach und nach Kunden an ALLIANCE CAPITAL MANAGEMENT HOLDING LP, BARCLAYS GLOBAL, MELLON BANK CORP. und STATE STREET CORP. und an die AMALGAMATED BANK, die der Gewerkschaft der Textilindustrie in New York gehört, verloren.«

Einen konstruktiven, fairen und verbindlichen Dialog zur Performance etablieren: Hochkomplexe Wandelprogramme bringen das Problem der Überschaubarkeit ihres Fortschritts mit sich: Wo steht man eigentlich im Prozess? Dies gilt zum einen räumlich: Wo stehen die einzelnen lokalen Orte des Wandels im Verhältnis zum gesamten Wandelvorhaben? Aber dies gilt auch zeitlich: Inwieweit kommt man den im Wandelprojekt gesetzten Zielen näher?

Befähigung zum Selbst-Audit

Grundsätzlich sollte bedacht werden, dass jede Fremdkontrolle die Gefahr zur Fehlervertuschung in sich birgt. Die Organisation entwickelt spezielle Raffinessen in der Verschleierung. Deshalb sollte versucht werden, die Mitarbeiter so weit als möglich zum Selbst-Audit zu befähigen.

Die Frage nach dem zeitlichen Standort will man natürlich so früh wie möglich beantwortet sehen, um schnell Rückkopplungen zu erhalten und darauf aufbauend direkt die nächsten Aktivitäten entsprechend anpassen zu können. Aufgrund der hohen Ungewissheit kann man also z.B. nicht auf die Zahlen des Controlling warten, da diese viel zu spät die Entwicklung melden würden. Controllingsysteme sind auch an den Interessen der Hierarchie ausgerichtet und haben oft nur geringen Informationsgehalt für diejenigen, die sich im Veränderungsprozess befinden. Insbesondere geht es dabei um das Aufgreifen von Beobachtungsgrößen, die nicht nur Ergebnisse melden, sondern auch die Entwicklung der – meist qualitativen – Vorläufer der Ergebnisse.

> **Exkurs: Outcome- versus Output-Kontrolle**
> Das Bildungssystem im Gymnasium ist sicher ein äußerst detailliert geregeltes System (Lehrpläne, Lehrerausbildung, Kontrollgremien usw.). Lenkt man einmal den Blick nicht auf den Output des Systems (Abitur), sondern auf dessen Outcome (Aufnahme eines Universitätsstudiums, da das Ziel des Gymnasiums ja die Universitätsreife ist), dann wird man extreme Unterschiede trotz hoher Regulierung antreffen. So reicht im Kanton Zürich die Bandbreite der Übertritte in die Universität pro Schule z.B. von 0% bis 50%.

Benennung von Messgrößen

Es ergibt sich also daraus die Aufgabe der **Benennung geeigneter Mess- und Beobachtungsgrößen von Veränderung.** Im Kapitel zur Performance-Messung wer-

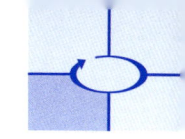

5.2.2 Optionen zur Entwicklungslogik: Das Timing

den Vorschläge dazu unterbreitet. Da es sich dabei um Leit- und Evaluationsgrößen für den Wandel handelt, geht von ihnen ein gewisser Pull-Effekt aus, der durchaus auch unsinnige Formen annehmen kann: So kann es sein, dass die Leute ihr Handeln nur noch an der Erreichung bzw. Erfüllung der Kriterien ausrichten (um Belobigung zu erfahren) und damit ihre Verantwortung für das »richtige« Handeln an das System delegieren. Auch denken oft die, die diese Systeme konzipieren, dass die Garantie eines gewissen Leistungsniveaus durch möglichst detaillierte Vorgabesysteme erreicht werden kann. Konkret kann dies jedoch auch zu Übersteuerungseffekten und zu einem Defizit an Leadership führen.

Gibt es allerdings keine Performance-Messung, dann besteht die Gefahr der Unverbindlichkeit. Man hat zwar eine Vision und umfassende Strategien, mangels Konsequenzen kommt es aber zu keiner Implementierung.

Gefahr der Unverbindlichkeit

Eine Performance-Messung hat demnach auch die Funktion, dass zwischen der Vision und der täglichen Arbeit des Einzelnen eine konkrete Brücke geschlagen wird. Wir konnten feststellen, dass es oft nicht gelungen war, abstrakt empfundene Topmanagementinitiativen zusammen mit denen, die sie umzusetzen hatten, zu konkretisieren. Es blieb häufig weitgehend unklar, was man eigentlich täglich beobachten wollte, ob man den mit den Interventionen verbundenen Erwartungen und Sehnsüchten nun näher kommt oder nicht. Man blieb auf ebenso abstrakte Selbstbeurteilungen der Absender der Interventionen angewiesen, die oft nur in zeitlich großen Abständen stattfanden.

Das Entwickeln von Wandelprogrammen kann deshalb als fortwährender organisatorischer Lernprozess begriffen werden, in dem der Performance-Messung die Feed-back-Funktion zukommt, um diesen Prozess zu speisen. Es ist dabei wichtig, dass dieses System zur Performance-Messung gemeinsam entwickelt wird. So kann weitgehend Gewähr geleistet werden, dass die Kriterien sowohl als fair, als auch als ambitioniert aufgefasst werden. Peer-Reviews könnten den Stellenwert von Fairness noch unterstreichen. Jeder sollte mittels dieser Performance-Messung auch erkennen können, was sein individueller Beitrag zum Fortgang des Wandels ist. Dabei kann daran gedacht werden, dass Auszeichnungen jeder Art und das Verteilen von Aufmerksamkeit im Unternehmen mit diesen Kriterien verknüpft werden.

Peer-Reviews

Individueller Beitrag

Durch die hier vorgeschlagene Performance-Messung wird in das Wandelprojekt also eine *Selbstbeobachtungsebene* eingezogen: Das Projekt schaut sich selbst zu, wie es das Veränderungsvorhaben konzeptionalisiert und bewältigt.

Die räumliche Übersicht über ein Wandelprojekt kann über die Einrichtung entsprechender Kommunikationsplattformen verbessert werden. Die Führung demonstriert damit ihr Interesse und ihre Offenheit auch an lokalen Theorien und Praxen des Wandels. Diese wiederum erhalten damit eine Chance zum Benchmarking ihrer eigenen Prozesse. Man macht sich gemeinsam ein Bild davon, wo sich die *»Inseln des Fortschritts«*[98] befinden und was man von ihnen vielleicht lernen kann.

Einrichtung von Kommunikationsplattformen

Die »späten Mitmacher« für sich gewinnen: In der »Belegschaft des Wandels« wird man immer »Pioniere«, »frühe Aufspringer« und »späte Mitmacher« haben. Die Fraktion der »späten Mitmacher« wird zu Anfang meist die weitaus größte Gruppe darstellen. Sie klinken sich, falls überhaupt, erst in der nächsten Phase in das Projekt ein. Um jedoch eine ausreichend kritische Masse an Mitmachenden möglichst schnell zu erreichen, sollte man bereits in dieser Phase versuchen, sich speziell an die ansonsten »späten Mitmacher« zu wenden. Dies kann i. Allg. am besten über die Anpassung der Führungsinstrumente geschehen. Sie repräsentieren und zementieren die bestehende Ordnung. Finden die mit einem Wandel verfolgten Ziele schnell und klar erkennbar Eingang in Anreizsysteme, Zielvereinbarungsprozesse etc., so dürfte sich darüber auch das Verhalten der »späten Mitmacher« beeinflussen lassen, zumindest so weit sie extrinsisch motivierbar sind.

Anpassung der Anreizsysteme

Es sollte dabei jedoch auch immer darauf geachtet werden, dass den Mitarbeitern nicht die Grundlagen ihrer intrinsischen Motivation entzogen werden. Dazu gilt es (1) den Schwierigkeitsgrad der Aufgabe mit dem Grad der vorhandenen Fähigkeiten in Balance zu halten, (2) beides kontinuierlich zu erweitern (Aufgaben anspruchsvoller gestalten, Fähigkeiten weiterentwickeln), (3) schnell und konstruktiv Feed-back zu geben und (4) den Mitarbeitern auch ausreichend Gelegenheit zu geben, konstant an ihrer Aufgabe zu arbeiten.

Phase 4 – Verstetigung: Das Momentum erhalten

Inzwischen beginnt man – im Fall eines positiven Verlaufs – den Wandel in der Organisation breitflächig zu akzeptieren. In den Denkmustern erkennt man die Notwendigkeit grundlegender Veränderungen an. Man hat in einer würdigenden Form Abschied genommen von der Vergangenheit und verpflichtet sich nun auf die Erschließung einer neuen gemeinsamen Zukunft. Langsam wächst eine Vorstellung, wie das eigene Geschäft zukünftig aussehen und funktionieren könnte. Moral und Optimismus, dass man es schaffen wird, nehmen wieder zu. Immer mehr unterstützen nun aktiv den Veränderungsprozess. Langsam darf auch dort, wo man Konturen der Zukunft zu erkennen glaubt, wieder an eine Stabilisierung des Systems gedacht werden.

Problem dieser Phase ist also nicht die fehlende Einsicht zum Wandel. Vielmehr besteht die Gefahr, dass der Prozess aufgrund seines jetzt eher geregelten Fortgangs an Energie verliert, da sich z. B. wichtige Promotoren bereits wieder neuen »Abenteuern« zuwenden. Auch wurden die niedrig hängenden Trauben bereits geerntet, das Ziel des Wandels ist aber weder annähernd erreicht noch ist das bislang Erreichte nachhaltig gesichert. Insbesondere liegt die schwierige kulturelle Verankerung größtenteils noch vor einem.

Kulturelle Verankerung vorantreiben

Hinderlich wirkt sich hier auch aus, dass es heute kaum noch möglich ist, die in einem Unternehmen notwendigen Veränderungsvorhaben sequenziell abzuarbeiten, so groß ist der zeitliche Druck. Dies führt dazu, dass immer mehrere wichtige Projekte parallel laufen und um die Aufmerksamkeit und Unterstützung der Mitarbeiter und des Managements ringen. Neue Wandelvorhaben konkurrieren dann um die Schlüsselpersonen, wodurch die Aufgabe entsteht, diese am eigenen Projekt motiviert zu halten.

Um nun die Energie im System zu halten, sollte auf einige Punkte ganz besonders geachtet werden:

- Risiko des Prozesses in der Anfangsphase ist es, dass der Prozess von nur wenigen Schlüsselpersonen getragen wird. Der Fortgang muss nun auf deutlich mehr Schultern verteilt sein.
- Über Rotationen von Mitarbeitern können verschiedene Orte des Wandels auch verkoppelt werden. Diese Mitarbeiter können wiederum vernetzt werden und bilden dann eine Art »Resonanzboden« stabiler Beziehungen im Wandel.

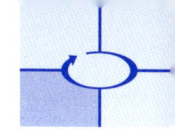

5.2.2 Optionen zur Entwicklungslogik: Das Timing

- Es sollte allen möglichst klar sein, wo das Projekt erfolgreich läuft und wo nicht und warum dies so ist. Besonders gute Beispiele sollen nach wie vor gewürdigt und ausgezeichnet werden. Dort, wo Schwierigkeiten bestehen, muss anders oder mehr unterstützt werden. Um das Neue möglichst schnell zu teilen, werden eine ganze Reihe unternehmensübergreifender Wandelarenen mit großer Nachhaltigkeit betrieben. Dort müssen nach wie vor Vision und Werte des Unternehmens kommuniziert, reflektiert und ausgedeutet werden.
- Die Beurteilung des Erfolgs kann nun bereits auch an den Geschäftsergebnissen erfolgen. Man weiß inzwischen auch wieder, wo man im Vergleich zum Wettbewerb steht. Erste Benchmarkings beginnen Sinn zu machen.
- Teilweise kann man beginnen, sich herauskristallisierende neue Aufgaben zu standardisieren. Neu erworbene operative Routinen können eingeübt werden.

Standardisierung neuer Aufgaben

Ansonsten gelten viele der in Phase 3 genannten Punkte auch in dieser Phase. Wichtig ist, dass diese Phase nicht unterschätzt wird. Mühsam errungene Anfangserfolge können hier schnell wieder verspielt werden.

Phase 5 – Konsolidierung: In den eingeschwungenen Zustand zurückfinden

In der letzten Phase geht es darum, den Prozess »sauber« zu schließen. Verändertes muss festgehalten und gesichert werden. Aus dem Sonderprogramm muss wieder normales Alltagsgeschäft werden. Das Geleistete ist zu würdigen. Der Verlierer und Opfer des Prozesses muss gedacht werden. Es muss aber auch über die nachgedacht werden, die es – trotz aller Programme zur Mitarbeiterbindung – vorgezogen haben, das Unternehmen zu verlassen. Und wie geht es denen, die übrig geblieben sind? Man kann den »Sack« eben nur schließen, wenn es möglich ist, sich mit diesem Teil seiner eigenen Geschichte auseinanderzusetzen.

Auch müssen die Erfahrungen aus dem jahrelangen Veränderungsprozess spätestens jetzt systematisch zusammengetragen und für den organisatorischen Lernprozess nutzbar gemacht werden. Die Qualität, in der Wandel in einem Unternehmen stattfindet, wird zukünftig nicht unwesentlich mit der Qualität, die man generell einem Unternehmen beimisst, korrelieren.

Erfahrungen auswerten

Es kann nun die Auflösung der die bestehende Organisation überlappenden Strukturen des Wandelprogrammes vollzogen werden. Dabei stehen grundsätzlich drei Alternativen zur Verfügung: Entweder werden die verbleibenden Arbeiten in die bestehenden Linienstrukturen übernommen (und man beauftragt eventuell noch jemanden damit, die Auslaufaktivitäten des Programms zu koordinieren) oder die Programm- bzw. Projektstrukturen werden für die Gesamtorganisation übernommen, d.h., sie waren eine Vorwegnahme der zukünftigen Organisation. Variante drei ist, dass die Organisation mit Abschluss des Projektes in eine völlig neue dritte Form überführt wird.

Auflösung der Projektorganisation

Damit wird nicht davon ausgegangen, dass die Organisation keinem Wandel mehr ausgesetzt ist. Sie bewegt sich nun jedoch wieder auf einen eingeschwungenen Zustand zu, in dem Veränderungen innerhalb einer dominanten Logik stattfinden, um die herum sich das System immer wieder stabilisiert. Diese Veränderungen können dann innerhalb der laufenden Organisation abgearbeitet werden.

Mit der Auflösung des Projektes entsteht auch die Aufgabe für das Management, die Projektverantwortlichen in die Organisation zu reintegrieren. Dieser Vorgang sollte wohl überlegt erfolgen, denn er wird durch die Mitarbeiter sehr ge-

Reintegration der Projektverantwortlichen

nau beobachtet werden. Man will wissen, ob es sich für die betreffenden Personen gelohnt hat. Einerseits sind die Projektverantwortlichen ein gewisses Risiko eingegangen, da sie sich über mehrere Jahre teilweise voll aus ihrer normalen Tätigkeit ausgeklinkt hatten. Gleichzeitig hatten sie aber auch die Chance erhalten, sich über ein solches Projekt zu profilieren. Wurden mit der Übernahme solcher Positionen seitens des Managements Erwartungen aufgebaut oder gar Versprechungen verbunden, dann darf man nun gespannt sein, ob sie eingelöst werden.

(7) Handlungsoptionen

Zusammenfassend stehen bei der Komponente »Timing« also fünf **Dimensionen** als Optionen zur Auswahl, die das Wandeldesign bestimmen:

- *Epoche:* Zuerst muss festgestellt werden, ob man sich bei dem verfolgten Wandel eher innerhalb einer Epoche bewegt (inkrementaler Wandel) oder ob man meint, dass es nun darum geht, den Übergang zu einem neuen Erfolgsmuster zu gestalten (fundamentaler Wandel). Je nachdem, wie man sich entscheidet, kommen ganz unterschiedliche Konzepte zum Management des Wandels zum Einsatz.
- *Zyklus:* Das Niveau der für einen Wandel erforderlichen Aktivitäten lässt sich als Glockenkurve beschreiben. Wählt man eine solche Betrachtungsweise, dann ist zu entscheiden, welchen Zeitraum dieser Zyklus abdecken soll. Vorteil eines kurzen Zyklus ist die Möglichkeit, ungeduldige Anspruchsgruppen in ihren Erwartungen schnell befriedigen zu können. Dabei geht man allerdings das Risiko ein, dass man den Zeitbedarf signifikant unterschätzt, die Organisation überfordert und damit den ganzen Veränderungsprozess gefährdet.
- *Wellen:* Je nach Komplexität des Wandelvorhabens kann noch eine Untergliederung in zeitlich aufeinander aufbauende Wellen erfolgen. Der damit verbundene Vorteil kann sich dadurch zeigen, dass mit einer Welle ein thematischer Fokus gesetzt werden kann, d. h., dass man sich nicht in der Vielfalt relevant erscheinender Wandelthemen verliert. Nachteilig kann es sein, dass dann Abhängigkeiten zwischen den einzelnen Themen zu stark vernachlässigt werden, d. h., dass sich die Bearbeitung der Themen zeitlich nicht so hintereinanderschalten lässt.
- *Phasen:* Aufgrund der unterschiedlichen Funktionen, die in einem Wandelprogramm zu erfüllen sind, bietet sich auch eine Unterteilung eines Zyklus in Phasen an. Ein damit verbundener Vorteil besteht darin, dass man den unterschiedlichen Befindlichkeiten der Betroffenen und Beteiligten über einen Zyklus besser gerecht wird. Von Nachteil kann es sein, dass man sich damit zu sehr an »Durchschnittsbefindlichkeiten« ausrichtet, also zu stark pauschalisiert. Hier wurde ein 5-Phasen-Modell vorgestellt.
- *Taktung:* Da ein unternehmensweiter Wandel an den einzelnen Orten des Wandels auf sehr unterschiedliche Kontexte trifft, kann die Taktung des Wandels nun noch den örtlichen Verhältnissen angepasst werden.

Auch hier besteht die Kunstfertigkeit der Führung darin, die Ausprägungen der Dimensionen so festzulegen, dass man mit der Differenziertheit des Wandeldesigns einerseits der Komplexität des Wandels gerecht wird, es andererseits aber zu keinem »Over-Engineering« kommt, bei dem der Aufwand den Nutzen übersteigt.

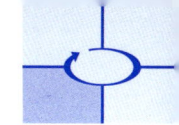

5.2.3 Optionen zu den Entwicklungsthemen: Die Akzente

Organisatorischen Wandel haben wir als hoch komplexes und ambitioniertes Vorhaben kennengelernt. Um diese Komplexität zu reduzieren und dadurch ein fokussiertes Vorgehen zu ermöglichen, können Schwerpunktthemen eines Wandels herausgearbeitet werden. Fehlt dieser Fokus, dann kann ein Wandelprojekt eventuell nicht die erforderliche Durchschlagskraft aufbringen (»Big changes are single-minded«). *Unter einem **Akzent** wird hier also eine thematische Priorisierung eines strategischen Wandels für eine bestimmte Zeiteinheit verstanden.*

Fokussierung auf ein prioritäres Thema

Günstig wirkt sich das Setzen von Akzenten dann aus, wenn damit eine *dominante Diskussion* in der Organisation aufgegriffen werden kann, denn dann ist der Prozess der kollektiven Sinnproduktion als Voraussetzung von Verhaltensänderungen bereits im vollen Gang. Solche Akzente kann man i. Allg. in zwei unterschiedlichen Varianten antreffen:

- Man fasst die dominante Diskussion oder den *inhaltlichen Kern* der Interventionsabsicht in einem passenden Oberbegriff zusammen. Beispiele hierfür sind: »Internationalisierung«, »Total Quality« oder »Kundenorientierung«.
- Man verweist mit dem Akzent auf die *konzeptionelle Absicht* der Veränderung. Beispiel hier wäre der Akzent »Revitalisierung«, womit auf notwendige Erneuerungsprozesse (Mobilisierung, Motivation, Innovation etc.) verwiesen werden soll.

(1) Dimensionen bei den Akzenten

In Literatur und Wandelpraxis sind folgende Typen solcher thematischen Akzente anzutreffen:[99]

Remodellierung: Die grundsätzliche *Erneuerung des zentralen Paradigmas* der Organisation oder des Geschäfts steht im Mittelpunkt dieses Themas. Fundamentaler Wandel ist das Ziel. Durch Veränderungen in den (geteilten) Einstellungen, Werthaltungen, Weltanschauungen etc. oder aber auch durch einen revolutionär neuartigen Umgang mit (neuen) Technologien soll es gewissermaßen zu einer Neuerfindung der Organisation kommen. Grundannahmen und zentrale Interpretationsmuster werden durch neue kognitive Strukturen ersetzt, die ein verändertes Selbstverständnis des Unternehmens zur Folge haben. Mehr oder minder alle Aspekte der Organisation sind von dieser umfassenden Gestaltwandlung, dieser Identitätsänderung berührt. Konkret kann eine solche Remodellierung ihren Ausdruck in einem völlig veränderten Wertschöpfungssystem eines Geschäfts finden, d.h., das Geschäft wurde neu erfunden, es wird nun nach neuen Spielregeln gespielt.

Erneuerung des zentralen Paradigmas

> **Fallbeispiel: NETFLIX – Meister der Geschäftsmodelltransformation**
> Es war im Jahr 1997 als sich Reed Hastings darüber ärgerte, dass er 40 USD Strafe zahlen musste, da er ein bei Blockbuster ausgeliehenes Video zu spät zurückgegeben hatte. Er gründete daraufhin NETFLIX. Unter dem Motto »Wait for it to arrive via mail« startete er einen Video-Versand. D.h. der Kunde musste nicht in einen Laden gehen, um sein Video zu erhalten. Im Jahr 1999 richtete er das Geschäft neu auf ein Flatrate-Modell aus (»All-you-can-eat«). 2007 nutzte er die neue Video-Streaming-Technologie für eine weitere Remodellierung seines Geschäftsmodells (»Watch immediately«). So kam er seiner Mission an den Kunden – »Give people what they want,

when they want it, in the form they want it« – immer näher. Inzwischen produziert das Unternehmen auch eigene Inhalte für eine Basis von über 60 Millionen Kunden.

Neuausrichtung des Portfolios

Reorientierung: Hiermit wird in diversifizierten Strukturen die *strategische Neuausrichtung des Unternehmensportfolios* angesprochen: Bestehende Geschäfte werden abgestoßen oder in Kooperationen eingebracht, neue Geschäfte werden erschlossen.[100] Dies kann zu einer grundsätzlichen Veränderung der Identität des Unternehmens führen.

> **Fallbeispiele: Der Umbau der PREUSSAG**
> Die PREUSSAG AG wurde von einem Unternehmen der Schwerindustrie zu TUI, einem Reiseveranstalter und Logistikunternehmen, transformiert. Ausgangslage war, dass man sich in den Kerngeschäften Stahl, Nichteisenmetalle und Kohle in einer wenig aussichtsreichen Lage sah: keine dominierende Marktstellung und hohe Abhängigkeit von Konjunkturzyklen und Dollarkurs. Ab 1993 wurde eine Strategie zur Neuausrichtung des Unternehmens entwickelt. Nachdem eine Reihe von Wachstumsfeldern überprüft wurde, hatte man sich dann für Tourismus und Logistik entschieden. Um diese Manöver zu vollziehen, wurde eine Holding gegründet. Heute sieht man sich als weltweit führender Touristikkonzern. Zu ihm gehören Hotels, Kreuzfahrtlinien und Fluggesellschaften. Als Ganzes will man ein durchgängiges Kundenerlebnis über alle touristischen Wertschöpfungsstufen hinweg bieten. Das Logistik-Geschäft wurde inzwischen veräußert.

Neuausrichtung gegenüber Stakeholdern

Repositionierung: Dieser Begriff bezieht sich i. Allg. auf die strategische Position des Unternehmens und seiner Geschäftsfelder in ihrem Stakeholder-Umfeld. Man will sich gegenüber einem oder mehreren *Stakeholdern neu ausrichten* (z. B. durch Besetzung anderer Marktsegmente oder durch eine veränderte Lieferantenpolitik).

> **Fallbeispiel: Vermögensverwaltung durch Versicherungen**
> Eine der Kernkompetenzen von Versicherungsunternehmen ist das »Asset Management«: die Anlage des verwalteten Kapitals der Versicherungsnehmer. Manche Versicherer versuchen sich bei externen Kunden aber auch im Bereich der Vermögensverwaltung zu profilieren: die Verwaltung von Aktien, Obligationen und Geldmarktanlagen insbesondere für institutionelle Kunden. Dass dies generell neuer Kompetenzen bedarf, ist naheliegend, denn das eigene Asset Management hat nur wenig mit einer wirklichen Servicefähigkeit gegenüber externen Kunden bei der Vermögensanlage zu tun – auch wenn in beiden Fällen Kapital möglichst profitabel anzulegen ist. Teilweise besorgten sich die Versicherer diese Kompetenzen über die Akquisition von Vermögensverwaltungen.

Alignment der Führungsorganisation

Restrukturierung: Ihr Gegenstand ist die *Veränderung von Prozessen, Systemen und Strukturen mit dem Ziel eines besseren Alignments der Führungsorganisation an die Strategie*. Meist ist damit die Neugestaltung der Ablaufprozesse in einem Geschäftssystem gemeint. Hauptsächliches Ziel ist dabei die Verbesserung der Effizienz (Zeit, Kosten, Qualität). Instrument kann z. B. ein Business Process Reengineering oder eine »Kontinuierliche Verbesserung« sein. Hilfsmittel kann ein Benchmarking sein, wenn es z. B. darum geht, die eigenen Prozesse an ein gewisses Weltniveau heranzuführen. Eine Restrukturierung kann aber auch die Aufbauorganisation betreffen, wenn es z. B. um die Virtualisierung des Unternehmens und die Einrichtung von Netzwerkorganisationen geht.[101]

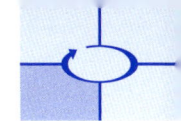

5.2.3 Optionen zu den Entwicklungsthemen: Die Akzente

> **Fallbeispiel: Verbesserte Prozesse bei GATE GOURMET**
> Kunde des Catering-Unternehmens GATE GOURMET sind primär Fluggesellschaften. Sie stehen – aufgrund von Überkapazitäten und Deregulierung – unter hohem Wettbewerbsdruck. Dieser wird als Kostendruck auch an GATE GOURMET weitergegeben, was sich dort bei den Margen bemerkbar macht. Da der Geschäftsauftrag als solches feststeht (Ver- und Entsorgung des Flugzeuges mit Verpflegung und Ausrüstung), kann nur daran etwas geändert werden, *wie* man das Geschäft betreibt. Dazu wurde der Ablauf »hinter den Kulissen« radikal verändert, indem drei Kernprozesse (Customer Service, Equipment Handling, Executive Flights) und ein Supportprozess (Goods Supply & Preparation) abgegrenzt und neugestaltet wurden.[102]

Revitalisierung: Hier zielt man auf grundlegende *Veränderungen in den Fähigkeiten und Verhaltensweisen der Mitarbeiter bezogen auf ihre Interaktionen mit ihrem Umfeld* ab. Das Thema »Kundenorientierung« würde z. B. ebenso hierunter fallen wie die Ermächtigung von Mitarbeitern im Zuge der Flexibilisierung von Unternehmen. Auch das »Unternehmertum im Unternehmen« (Intrapreneurship) wäre ein hier einzuordnendes Konzept. Ziel ist es, mit Änderungen in Hierarchie, Verantwortung, Führungsstil etc. Kreativität, Pioniergeist, Unternehmertum etc. auf der Basis von Fähigkeiten wie Wandelfähigkeit, Innovationsfähigkeit, Lernfähigkeit etc. zu wecken. *Kultureller Wandel*

Der direkte Bezug dieser Akzente zum Feld Positionierung im SMN ist offensichtlich. So hat der Akzent Reorientierung seinen Ursprung natürlich auf Ebene der Unternehmensstrategie, wo über das Muster und den Fluss der Zusammensetzung des Portfolios der Geschäftsfelder entschieden wird. Durch die Bildung des Schwerpunktes werden nun aber organisatorische Maßnahmen zur Umsetzung des Umbaus des Portfolios gebündelt, auf Konsistenz abgestimmt und priorisiert.

Jeder der Akzente verfolgt andere Absichten. Konsequenterweise muss eine Performance-Messung dann auch entsprechend angepasst werden, um das Erreichen der Ziele zu unterstützen. Mit einer Reorientierung wird vielleicht auf eine Verbesserung der Kapitalrendite gezielt, während es bei der Revitalisierung eher um die Realisierung vorhandener Ambitionen geht, wo zu verfolgen wäre, ob es gelingt, diese Erwartungen zu erfüllen.

Gefahr eines zu ausschließlichen und zu langen Verfolgens eines Akzents ist immer die, dass die zu den anderen Akzenten notwendigen Fähigkeiten in der Organisation (z. B. durch Abwanderung) verloren gehen. Wurden z. B. über mehrere Jahre alle Energien in radikale Kostensenkungsprogramme gelenkt (Restrukturierung), dann ist es nahezu unmöglich, direkt wieder auf Themen wie Innovation »umzuschalten«. Es ist kaum noch jemand dafür da bzw. dazu in der Lage.

Spezialfall einer Ausgangssituation für einen Wandel ist die *Turnaround*-Situation. Hier kann am Anfang nur die operative Sanierung als oberstes Ziel stehen. Man wird die Restrukturierung als Akzent wählen, eventuell noch verbunden mit einer Reorientierung. *Turnaround*

(2) Sequenzen von Akzenten

Auch wenn die fünf thematischen Akzente einer Transformation als allein stehende Aufgabenfelder betrachtet werden können, so sind sie doch nicht unabhängig voneinander. Heute ist z. B. das Thema Restrukturierung wohl immer noch häufigster Bezugspunkt eines Change Management. Zunehmend werden die Projekte in den Unternehmen jedoch wieder strategischer und auch verhaltensorientierter. Dies erklärt sich zum einen daraus, dass Effizienz zwar notwendig, für ein Überleben aber nicht ausreichend ist und deshalb wieder die Frage nach der richtigen Ausrichtung der Geschäfte (Repositionierung) bzw. noch grundsätzlicher die unternehmerische Frage, ob man überhaupt die richtigen Dinge tut (Reorientierung), zu stellen sind. Zum anderen kann die Nachhaltigkeit des Wandels nur über eine entsprechende Verhaltensänderung gesichert werden. Dann reden wir auch über die »Erneuerung« der Organisation, was in Projekten zur Revitalisierung stattfindet. Neue Technologien bieten heute auch Ansatzpunkte für eine Remodellierung des Geschäfts.

Deshalb ist in der Praxis oft zu beobachten, dass über eine Restrukturierung in den Wandel eingestiegen wird und dann aber – geplant oder ungeplant – die anderen Themen noch »nachgearbeitet« werden müssen, damit der Wandel von Dauer ist. Es ergibt sich also eine bestimmte *Sequenz der Akzente*. Dies erklärt sich auch dadurch, dass mit der Revitalisierung und Remodellierung in die Tiefenstruktur der Organisation eingegriffen werden soll, denn dort ist das grundsätzliche Verhalten verankert. Hier muss meist in Kategorien langfristiger Entwicklungsprozesse gedacht werden. »Schnelle Veränderungen« lassen sich eher mit einer Restrukturierung oder Reorientierung erzielen.

> **Fallbeispiel: Die LUFTHANSA im Wandel**[103]
> Fluggesellschaften befinden sich in einem sehr kapital- und personalintensiven Geschäft, das sich seit der Deregulierung und Liberalisierung der Luftverkehrsmärkte Ende der 80er- und zu Anfang der 90er-Jahre in einen immer intensiveren Wettbewerb bewegte. Mit dem Golfkrieg 1991 brach dann auch die zuvor schon schwelende Krise aus. Auch die Existenz der LUFTHANSA war in dieser Phase ernsthaft bedroht. Allein 1991 machte sie 444 Mio. DM Verlust. Nach erfolglosen Wandelversuchen im Vorfeld des Golfkrieges wurde dann ab 1992 das Unternehmen einem umfassenden Veränderungsprozess unterzogen. Der neue Vorstandsvorsitzende unternahm gleich zu Anfang den symbolisch wichtigen Schritt, dass er von der LUFTHANSA als »Sanierungsfall« sprach, denn viele Mitarbeiter wollten den Ernst der Situation nicht wahrnehmen. Zu-

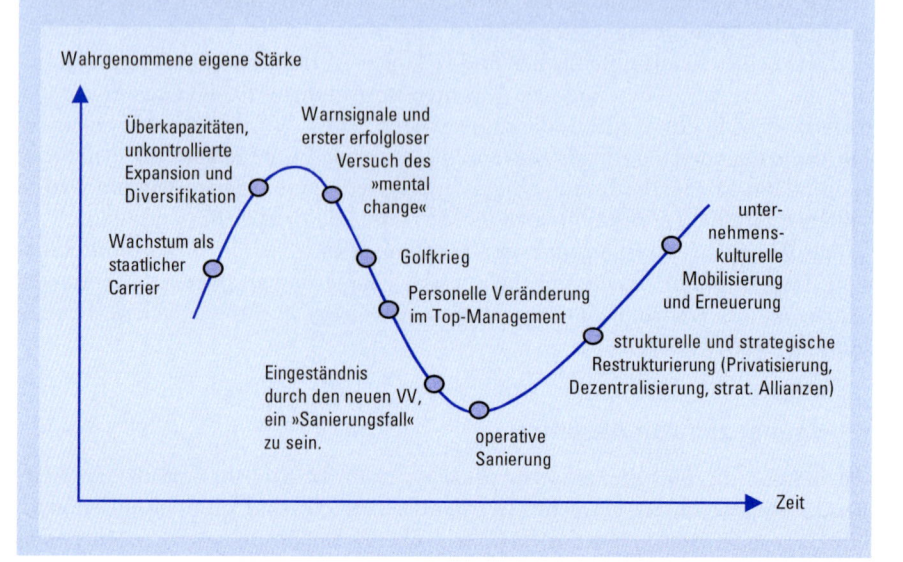

Abb. 5-20: LUFTHANSA: Von der Sanierung zur Erneuerung (Quelle: Sattelberger 1999, S. 185)

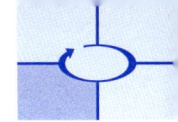

5.2.3 Optionen zu den Entwicklungsthemen: Die Akzente 523

> erst wurde dann auch operativ saniert, um das Unternehmen strukturell und strategisch neu auszurichten. Die Sachkosten wurden bis 1994 um 15 % gesenkt. Der Stellenabbau betrug 17 %. Danach wurden die Tätigkeiten in den Kerngeschäftsfeldern neu geordnet, in dem sie rechtlich verselbstständigt wurden. Dieser Dezentralisierungsprozess machte nicht einmal vor der 1997 ausgegliederten »Passage« der Airline Halt. In diesem Jahr wurde auch die STAR ALLIANCE gegründet, das Größte der vier den Weltmarkt beherrschenden Unternehmensnetzwerke. Danach sollte der Schwerpunkt auf einen Prozess der kulturellen Erneuerung und Mobilisierung verlagert werden. Abbildung 5-20 versucht dies zu veranschaulichen. Doch die Terroranschläge vom 11.9.01 zwangen das Unternehmen dazu, einen massiven und plötzlich aufgetretenen Rückgang der Nachfrage zu verarbeiten. Vorteil war es nun, dass man auf den in der Sanierungsphase gewonnenen Erfahrungen aufsetzen konnte. Das Unternehmen hatte insgesamt seine Wandelfähigkeit gesteigert, was auch in den Folgejahren sichtbar wurde.

Die Sequenzialisierung der einzelnen Akzente muss natürlich auch vor dem Hintergrund der Belastbarkeit der Organisation betrachtet werden: Beschäftigt man sich einerseits zu lange Zeit mit der strukturellen Anpassung, so verschiebt man die Phasen des Lernens und der Integration in eine spätere Zukunft. Andererseits sagt uns das Konzept der »*begrenzten Rationalität*«, dass Systeme und Menschen nur eine begrenzte Absorptionsfähigkeit besitzen. Eine Überlastung führt auf Dauer nur zu schlechtem Gewissen und Missmut.

Begrenzte Belastbarkeit der Organisation

Sequenzialisiert man die thematischen Akzente systematisch (z. B. durch Vorgabe einer bestimmten Reihenfolge und durch Abgrenzung voneinander), so geschieht eine Verknüpfung mit der zeitlichen Dimension. D. h., dass bei der Gestaltung des Wandels über eine bestimmte Zeitstrecke insbesondere die mit dem thematischen Akzent verbundene Zielsetzung verfolgt wird. Die anderen Themen haben dann nur noch eine untergeordnete Bedeutung. Sie werden nur insoweit mitbearbeitet, als ihre Gleichzeitigkeit konzeptionell erforderlich ist. In der nächsten »Welle« ändert sich die Verteilung der Schwerpunkte dann wieder.

Eine andere Form der Sequenzialisierung ist in *zyklischen Geschäften* gegeben, wenn aufgrund der Nachfragezyklen in regelmäßiger Sequenz die Akzente verschoben werden müssen.

> **Fallbeispiel: Branchenzyklen beim Chiphersteller INFINEON**
> Für die INFINEON TECHNOLOGIES AG ist es z. B. wichtig, dass sie ihre Strategien und Organisation jeweils bezogen auf die Phase, in der sich die Halbleiterindustrie gerade befindet, harmonisiert. In der Phase des Nachfragerückgangs bzw. Überangebots geht es insbesondere darum, die Effizienz der Prozesse zu verbessern, insgesamt zu »schrumpfen«, cash aus den F&E-Lizenzen zu generieren und den Marktanteil zu halten. Erholt sich der Markt, so muss in das aufkommende Wachstum gezielt investiert werden, es müssen die F&E-Programme weiter fortgesetzt werden, auch sollten Partnerschaften mit den wichtigsten Kunden im nächsten Geschäftszyklus eingegangen werden. Beginnt dann in einer dritten Phase das Wachstum wieder abzuflachen, so sollte man sich eventuell auf die noch besonders schnell wachsenden Segmente konzentrieren, den Sprung auf die nächste Technologiegeneration einleiten sowie die vorhandenen Kapazitäten flexibilisieren.

(3) Handlungsoptionen

Zusammenfassend stellt sich bei der Komponente »Akzente« also die Frage, welche Akzente sollen (in welchen Phasen des zeitlichen Prozesses) in welchem Mischungsverhältnis verfolgt werden? Ein Nichtverfolgen würde auf die Bestätigung des bisherigen Ansatzes hinauslaufen. Ein Verfolgen würde seine Erneuerung bedeuten. Diese Frage konnte wiederum anhand von fünf Dimensionen beantwortet werden, die als Optionen zur Auswahl stehen und damit das Wandeldesign bestimmen:

- *Remodellierung:* Soll es zu einer grundsätzlichen Erneuerung des zentralen Paradigmas der Organisation oder des Geschäfts kommen oder nicht?
- *Reorientierung:* Soll es zu einer strategischen Neuausrichtung des Unternehmensportfolios kommen oder nicht?
- *Repositionierung:* Soll es zu einer strategischen Neuausrichtung des Unternehmens gegenüber einem oder mehreren Stakeholdern kommen oder nicht?
- *Restrukturierung:* Soll es zu einer Veränderung von Prozessen, Systemen und Strukturen mit dem Ziel eines besseren Alignments der Führungsorganisation kommen oder nicht?
- *Revitalisierung:* Soll es zu Veränderungen in den Fähigkeiten und Verhaltensweisen der Mitarbeiter bezogen auf ihre Interaktionen mit ihrem Umfeld kommen oder nicht?

Die thematischen Akzente kann man auch wieder mit den anderen Gestaltungskomponenten des Wandelmodells verknüpfen. So ist z. B. offensichtlich, dass die Gestaltungsräume und deren Instrumente eine unterschiedliche Nähe zu den verschiedenen Akzenten aufweisen. Z. B. ist eine Revitalisierung eher mit einer kulturellen Gestaltung zu verbinden. Auch ist es nahe liegend, dass beim Timing, wenn in verschiedene Wellen untergliedert wird, eine Orientierung der Wellen an den Akzenten erfolgen kann.

5.2.4 Optionen zur Entwicklungsdynamik: Die Akteure

Wie die Entwicklungsdynamik eines Unternehmens sich dann letztendlich entfaltet, wird durch die Kräfte bestimmt, die – z. B. über Entscheidungen – im und auf das System wirken. Dabei sind individuelle und kollektive Kräfte zu unterscheiden. Individuelle Kräfte entspringen dem Aktionsraum von Einzelpersonen, die als Akteure des Wandels auftreten. Kollektive Kräfte emergieren aus den Interaktionen in einem sozialen System und sind an dieses Kollektiv gebunden. Sie wirken eigenständig und zusätzlich zu den individuellen Kräften. Wichtigste Kollektivkraft ist die Eigendynamik einer Organisation, die aufgrund ihrer Selbstbezüglichkeit das, was als Entwicklung möglich und nicht möglich ist, erheblich einschränkt. *Die **Akteure** des Wandels sind demnach die individuellen Kräfte, die im Kontext der kollektiv wirkenden Kräfte die Entwicklungsdynamik des Unternehmens wesentlich mitbestimmen.*

(1) Dimensionen bei den Akteuren

Wir unterscheiden hier drei in einem Wandeldesign als Dimensionen zu bestimmende bzw. zu beachtende Akteure:

- *Die **Stakeholder** repräsentieren das politische und legitimierte Kräftefeld eines Veränderungsprozesses. Ihre auf den Wandelinhalt bezogenen Ansprüche, Er-*

5.2.4 Optionen zur Entwicklungsdynamik: Die Akteure

wartungen, *Einschränkungen, Ambitionen, Interessen, Sehnsüchte etc.* »kanalisieren« den möglichen Veränderungskurs. Sie fanden bereits Eingang in die Strategienentwicklung und müssen nun auf ihre Rolle in der Veränderungsdramaturgie des gesamten Systems hinterfragt werden.
- *Mit den* **Rollen** *bezeichnen wir einerseits die Einstellungen, die durch die Beteiligten und Betroffen im Veränderungsprozess bewusst oder unbewusst eingenommen werden (role taking), und andererseits die Aufgaben, die ihnen als Wandelgestalter formell übertragen werden (role making).* Eine Veränderungsdramaturgie verlangt ein bewusstes Auseinandersetzen mit den zur Anwendung gelangenden Rollen: Es gilt, sich einen Eindruck von den zum Tragen kommenden Rollen zu machen (z. B. »Farmer« versus »Hunter«) und bestimmte Rollen auch bewusst zu definieren und einzusetzen (z. B. change agents).
- *Die* **Schichten** *sind die formalen und informalen Kollektive, in die eine Organisation segmentiert ist und die im Wandel unterschiedlichen Eigendynamiken folgen.* Diese Eigendynamiken müssen in einem konstruktiven Bezug zueinander gesetzt werden, da sonst die Entwicklung ihre Kohärenz verliert.

Typisch für den Wandel ganzer Organisationen ist demnach die Vielzahl der miteinander und gegeneinander wirkenden individuellen und kollektiven Akteure. Wie dieses Wirken per Saldo das Kräftefeld bestimmt ist schwer prognostizierbar, was dazu führt, dass jedem Wandelprozess eine *natürliche Instabilität* innewohnt, die nicht nur in der externen, sondern auch in der internen Dynamik ihre Ursachen hat. Change-Pläne haben deshalb nur eine äußerst geringe Wahrscheinlichkeit, so implementiert zu werden, wie sie einmal entworfen wurden. Dies ist allerdings kein Argument gegen solche Pläne. Im Gegenteil impliziert dies sogar die Notwendigkeit solcher Pläne, da sie das für solche Prozesse unbedingt erforderliche Vehikel eines organisatorischen Lernprozesses darstellen, der die Reflektivität zum eigenen Veränderungsprozess erhöht.

Instabilität von Wandelprozessen erfordert wirkungsvolle Lernprozesse

(2) Zentrale Rollen

Die unterschiedlichen Rollen, die die Beteiligten und Betroffenen in einem strategischen Wandel einnehmen, versucht man über Typologien fassbar zu machen. So lassen sich z. B. die »Change Strategists«, die »Change Implementors« und die »Change Recipients« (Betroffene) unterscheiden:[104]

Typologie

- *»Strategists«:* Sie führen den Wandel strategisch an (Leadership-Funktion), legen die Grundlage des Wandelprogramms, forcieren die Ausarbeitung der Vision und müssen die Herzen und den Verstand mobilisieren. Sie sollen mit ihrer Übersicht über das Unternehmen das »big picture« des Wandels und auch die Beziehung zwischen Unternehmen und Umfeld im Auge behalten. Sie bringen sich anfangs auch stark in das Design und die Konzeption des Wandelprogrammes ein (sicher auch mit dem Ziel, Kontrolle ausüben zu können). Basis ist die zu treffende Entscheidung über Ausmaß und Dringlichkeit des Wandels, aber auch die Entscheidungen zu den anderen hier dargestellten Dimensionen eines Wandeldesigns (Akzente, Timing, Gestaltungsräume). Auch müssen sie sich in die Möglichkeiten hineindenken können, ihre Wandelideen in der Organisation zum Leben zu bringen, und sich dabei bewusst sein, dass sie zwar erheblichen Einfluss auf die Oberflächenstruktur der Organisation auszuüben vermögen, dass aber die Synchronisierung der Tiefstruktur weit weniger

steuerbar ist, also sich in großen Teilen dem direkten Einfluss des Topmanagements zu entziehen vermag.
- »*Implementors*«: Sie haben die direkte Verantwortung für die Programme und Prozesse zur Umsetzung des Wandels. Sie gestalten und koordinieren die tagtäglichen Aktionen im Veränderungsprozess. Meist haben sie im Wandelprojekt auch eine offizielle Funktion (vielleicht sogar in einer extra dafür geschaffenen Wandeleinheit) übernommen. Ihre Aufgabe ist die Differenzierung des gesamten Vorhabens in Teilaufgaben sowie die Integration der Teilaktivitäten. Dabei darf sich diese Phase der internen Unternehmensentwicklung nicht nur auf strukturelle Aktivitäten begrenzen, sondern muss sich auch die Transformation der Identität des Unternehmens und die Suche nach Interessensausgleich zur Aufgabe machen. Die Implementors haben aber auch die wichtige Funktion des Mittlers, der Schnittstelle zwischen den Strategen und der »Belegschaft des Wandels«. Gleichzeitig sind sie aber oft in einer Art »Sandwich-Position« gefangen: Einerseits drückt das Management mit aller Macht seine – nicht immer realistischen – Veränderungsvorhaben in die Organisation; andererseits versucht die Organisation in ihrem Status quo zu verharren, fühlt sich unverstanden und widersetzt sich dem Veränderungsvorhaben.
- »*Recipients*«: Als »Belegschaft des Wandels« entscheiden sie über ihr Verhalten, ob Wandel greift oder nicht. Dabei ist entscheidend, inwieweit es gelingt, sie glaubhaft zum Bestandteil des Wandels zu machen und sie dies auch selbst erkennen. Sie müssen eine eindeutige Spur von der Vision der Strategen zu sich selbst erkennen. Die Implementierer können dabei als Übersetzer behilflich sein. Dass die Betroffenen des Wandels auch häufig Widerstand gegen den Wandel ausüben, geschieht nicht immer ohne Grund: Man sagt ihnen nicht, wie es weiter gehen soll; man gibt ihnen keine Möglichkeit, selbst wieder die Lage unter Kontrolle zu bekommen; man würdigt nicht ihr bisheriges Verhalten; man unterstützt sie nicht bei ihrem Bemühen, zukünftig zu erwartende Fähigkeitslücken zu erkennen und zu schließen; man verlangt zu vieles gleichzeitig von ihnen etc. So verfügen sie über keine ausreichende Vertrauensbasis und sehen sich existenziell bedroht.

Rollenspezifische Ein- und Ausstiege

Jede der drei Rollen ist mit einem anderen Einstieg und einem anderen Ausstieg verbunden – nicht zuletzt deshalb, da sie oft eng mit unterschiedlichen hierarchischen Ebenen verbunden sind. Den Strategen kann es nicht schnell genug gehen und ihr Bedürfnis, die ganze »Übung« als Erfolg zu erklären, ist groß. Die Betroffenen bevorzugen dagegen meist eine gemächlichere Gangart und am Ende fühlen sie sich nahezu immer als zu wenig gehört. Die Implementierer übernehmen die Aufgabe mit bestimmten Nutzenerwartungen, die ihre eingegangenen Risiken letztendlich zumindest ausgleichen. Nicht selten werden die Implementierer durch die Strategen umgangen. Grund ist ihre Ungeduld, die sie dazu veranlasst, sich direkt an die zu wenden, die dem Wandel aus ihrer Sicht »im Wege stehen«, was diese natürlich wieder diskreditiert.

> **Exkurs: Die Siedler-Treck-Metapher**
> Um die Vielfalt der Rollen in einem fundamentalen Wandel zu illustrieren, kann auf die auf Pettigrew (1998) zurückgehende Metapher eines Treck von Siedlern in der Pionierzeit Amerikas zurückgegriffen werden: Ein bunter Haufen begeisterter Abenteurer macht sich auf den Weg gegen Westen ins gelobte Land. Niemand kann sagen, wo

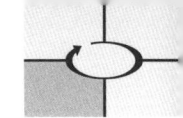

5.2.4 Optionen zur Entwicklungsdynamik: Die Akteure

man schließlich ankommen wird. Man hat nur eine vage Vorstellung davon. Auf diesem Weg kommt es gelegentlich zu kleinen Scharmützeln. Indianerüberfälle und unwirtliches Land erschweren die Reise. Immer wieder gerät man auf Irrwege und an Hindernisse. Es kommt zu einer Berg- und Talfahrt der Energien. Für manche endet die Reise bereits vor dem Erreichen des ersehnten Zieles. Den Glücklichen winkt ein neues Leben auf der eigenen Scholle Land.

Wer sind die Darsteller in diesem Drama?
- Die *Enthusiasten*: Sie sind wild entschlossen, dabei zu sein. Es zählen zu ihnen die ewigen Tagträumer, die Idealisten auf der Suche nach dem besseren Leben; dann natürlich die Abenteurer, die etwas Aufregendes erleben wollen; aber auch Missionare und Eiferer gehören zum Zug. Sie werben andere Mitfahrer an, indem sie auf das »Gute/Richtige« dieses Vorhabens hinweisen und indem sie die gemeinsam erreichbaren Qualitäten des gelobten Landes anpreisen. Hinzu kommen die (Karriere-) Opportunisten, die (mit Blick auf die hinter dem Treck stehenden Machtpromotoren) durch das Aufspringen auf den Treck einen schnelleren Weg zu ersehnten Zielen sehen, wobei sie meist die Qualität im System verbessern; aber auch die Missvergnügten zählen dazu, die nur deshalb dabei sind, weil es ihr einziger Weg zum Überleben ist. Aller Anfangskonsens deckt dabei den unterschiedlichen Antrieb zu.
- Die *Machtpromotoren*: Sie stellen die eigentliche Machtbasis dar, da sie das Unternehmen mit den notwendigen Ressourcen ausstatten, denn so ein Vorhaben ist teuer. Mit einer Vision stellen sie sich hinter den Pionier. Oft sind sie immer dort, wo es etwas Neues zu erschließen gibt. Doch da sie nicht nur in diesem Projekt engagiert haben, haben sie langfristig nur begrenzt Aufmerksamkeit für diesen Fall. Das Dringende verdrängt die Vision. Man sucht schnell nach neuen lukrativen Abenteuern, wenn das Projekt einmal angelaufen ist. Auch ist ihre Geduld begrenzt, da sie in Projektkategorien denken: Etwas, was anfängt, das endet auch.
- Die *Scouts*: Sie führen (als Berater) den Treck auf der langen Reise an. Den verunsicherten Greenhorns machen sie klar, dass sie so etwas schon mehrmals erfolgreich bewältigt haben und einfach wissen, wie man es macht. Und heutzutage geben sie dazu nicht nur ihr Wissen preis, sondern begleiten den Treck auf seinem Weg zum Ziel. Diese Erfahrung hat allerdings ihren Preis. Glaubt man, sie dann einmal entbehren zu können, so machen sie einen geschickt auf neue drohende Gefahren aufmerksam.
- Die *Zuschauer*: Sie beobachten aufmerksam das Geschehen, obgleich sie eigentlich auch mitmachen könnten. Unter ihnen gibt es die Zyniker, die darauf verweisen, dass sie nicht mitmachen, da sie oft solche Moden hätten kommen sehen, diese seien aber ebenso schnell wieder verschwunden gewesen, so oder so würde dies alles »in Tränen enden«. Oder die Skeptiker, die einen darauf hinweisen, dass noch einige erfolgskritische Punkte offen sind. Sie kommentieren »schlau« die Pläne, sehen Fehler und Mängel, halten sich sonst aber raus. Oder aber – sie haben in ihrem Zweifel Recht!

Teilweise müssen diese Rollen bewusst besetzt werden (*casting*). Teilweise entfalten sich diese Rollen allerdings auch, ob wir es wollen oder nicht. So stellen z.B. die Zuschauer eine eher unerwünschte Gruppierung in einem Wandelprozess dar. Besonders kritisch sind dabei die »abwartenden Taktiker«. Getreu dem Motto »Die Revolution frisst ihre eigenen Kinder« lassen sie andere vorangehen, um in der zweiten Reihe abzuwarten, bis ihre Stunde gekommen ist. In einem Wandel soll möglichst schnell klar werden, wo jemand steht. Dies gilt auch für obere Führungskräfte, wenn Wandelinitiativen aus der Mitte der Organisation kommen.

Rolemaking and -taking

In Abbildung 5-21 wird ein Rollen-Setting gezeigt, das im Hinblick auf den fortschreitenden Wandel in der Organisation so strukturiert ist: Die Ideenträger (was nicht unbedingt heißen muss, dass sie auch die Quelle der Ideen sind) sind dort die Strategen des Wandels. Aus der Gruppe der Stakeholder benötigen sie Promotoren, um ihren Ideen den notwendigen politischen Rückhalt, die notwendige Ressourcenausstattung und den fachlichen Rückhalt (Expertise) zu geben. Danach geht es darum, möglichst schnell Multiplikatoren des Wandels (*change agents*) auszubilden und zum Einsatz zu bringen. Diese drei Gruppen stoßen dann auf die »Belegschaft des Wandels«. Letztere bildet den *kulturellen Nährboden des Wandels*, den es zu schaffen gilt: Um ihre Unterstützung muss geworben werden; sie muss zum Wandel befähigt werden.

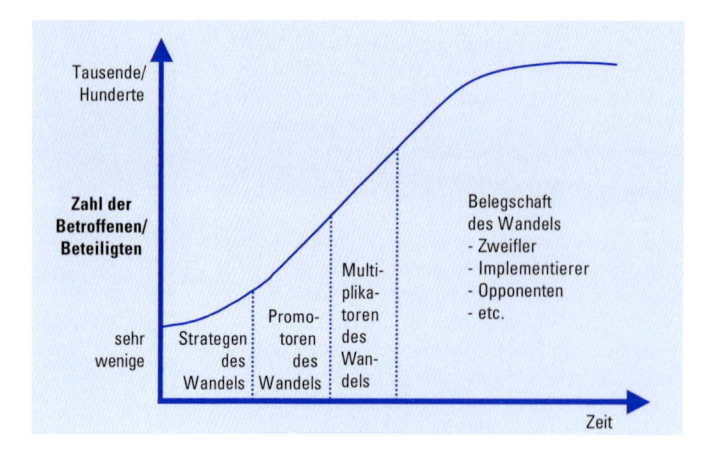

Abb. 5-21: Diffusion von Wandelprozessen (in Anlehnung an Sattelberger 1999, S. 213)

Die Dynamik des Wandels wird aber ganz wesentlich durch die Auswahl der »change agents« beeinflusst. Die persönlichen Daten dieser Agenten des Wandels, ihre dominierenden Werthaltungen, die durch sie zu Grunde gelegten theoretischen Bezugsrahmen über das Funktionieren von Organisationen, ihre darauf aufbauenden präferierten Interventionsverfahren und dann natürlich auch ihr tatsächliches Verhalten im Wandelprozess prägen entscheidend die Herangehensweise an ein Wandelvorhaben. Vor diesem Hintergrund lassen sich vier Arten von »agents of planned social change« unterscheiden:[105]

Typen von change agents

- »*Outside pressure type*«: Dort geht man davon aus, dass es nur über externen Druck und einer Umverteilung von Macht zum Wandel kommt. Beispiele sind Bürgerinitiativen, Shareholder-Aktivisten etc.
- »*Analysis for the top type*«: Dort bedient sich das Topmanagement einer externen Expertise, um durch Interventionen von oben den Wandel zu induzieren. Beispiele sind Unternehmensberatungen, Wirtschaftswissenschaftler etc.
- »*Organization development type*«: Dort versucht man die Problemlösungsfähigkeit der Organisation durch Erhöhung ihrer Lern- und Wandelfähigkeit sowie durch Veränderung menschlichen Verhaltens und dessen organisatorische Rahmenbedingungen zu verbessern. Beispiele sind Organisationsentwickler, Sozialwissenschaftler etc.
- »*People change technology type*«: Dort ist der Ansatzpunkt des Wandels der Mensch. Motivation, Einstellungen, Arbeitsbedingungen etc. sind die Hebel für die Arbeitszufriedenheit und damit für die Wandelbereitschaft. Beispiele sind Psychologen, Therapeuten etc.

Jeder dieser Typen blendet in seiner Perspektive offensichtlich Aspekte der Wandelrealität aus. Wie soll z. B. ein komplexer Wandel funktionieren können, wenn er das Thema »Umverteilung von Macht« ignoriert? Wichtig wird es deshalb auch hier sein, dass Wandel nicht zu sehr »ideologisiert« wird, sondern dass multi-perspektivisch gearbeitet wird.

Wichtig ist auch die Frage, welchen Stellenwert man Einzelpersonen und welchen man Teams beimisst? Oft ist zu beobachten, dass ein Wandel, der zu sehr auf »Helden« setzt, schnell in seiner Nachhaltigkeit verliert.[106]

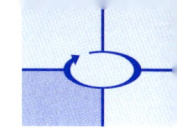

5.2.4 Optionen zur Entwicklungsdynamik: Die Akteure

Natürlich sind solche Rolleneinteilungen nur ein vereinfachender Ansatz zu einer differenzierteren Betrachtung der internen Dynamik auf der Basis ihrer Akteure. In konkreten Prozessen wird man diese Typen kaum in Reinkultur antreffen, sondern es kommt zu immer neuen Ausprägungen. Auch agieren diese Typen nicht nebeneinander, sondern überlappen sich häufig sogar in einzelnen Personen.

(3) Einrichtung einer Wandelorganisation

Beim Change Management stellt sich auch die Frage nach dem Management des Wandelprojektes.[107] Je nach Komplexitätsgrad und Dauer kommen unterschiedliche Lösungen in Frage, die aber alle darauf hinauslaufen, dass eine Taskforce einzurichten ist, die das Projektmanagement betreibt. Dabei kann es sich ebenso um ein kleines Team handeln, wie auch um eine großzahlige und dauerhaft eingerichtete Gruppe von Wandelspezialisten, wie es etwa bei GENERAL ELECTRIC die »Black Belts« sind, die auf Vollzeitbasis als Verbesserungsexperten tätig sind.

Eine Wandelorganisation eines komplexen Veränderungsprojekts kann z.B. wie in Abbildung 5-22 dargestellt aufgebaut sein und folgende Einheiten umfassen:

- *Change Steering Committee:* Dieses Gremium besteht aus Topmanagern des Unternehmens. Es kann auch um externe Experten ergänzt werden. Natürlich sollten bei wichtigen Initiativen in diesem Gremium der Vorsitzende der Geschäftsleitung und auch das für das Projekt zuständige Mitglied der Geschäftsleitung (*Change Executive*) vertreten sein. Hierfür kann durchaus ein außerordentliches Vorstandsmitglied ernannt werden. Auch kann in diesem Committee ein »*Ombudsmann*« sitzen, der aus einer externen Perspektive interessensfrei über seine Beobachtungen zum Wandelprozess berichtet und der auch als Vertrauensperson fungiert, an die man sich – z.B. im Fall von empfundener Willkür – wenden kann.

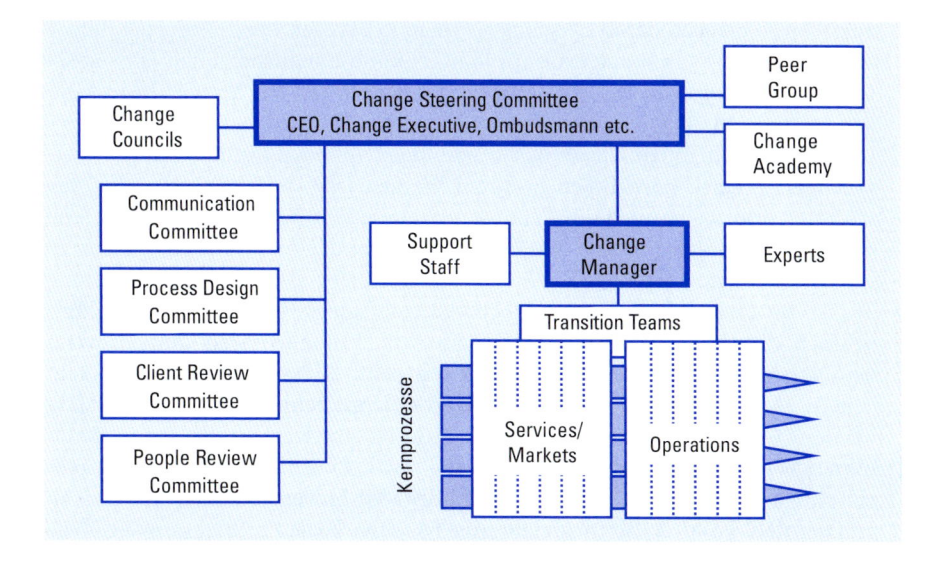

Abb. 5-22: Wandelprojektorganisation

- *Change Manager:* Er ist verantwortlich für das Projektmanagement und steht dem Projektteam vor. Er ist meist vollamtlich in dieser Funktion tätig und steuert die einzelnen Arbeitsgruppen und beobachtet den Projektfortschritt. Er ist Bindeglied zur Geschäftsleitung, aber auch Ansprechpartner für die Betroffenen und Beteiligten im Wandel. Er hat auch eine Mittlerfunktion zwischen den vielen Schichtungen in einem Wandelprojekt (Gewinner/Verlierer, Schnelle/Langsame, Starke/Schwache, Zentrale/Divisionen etc.). Wichtig ist, dass diese Person mit genügend Entscheidungskompetenz ausgestattet ist. Sie sollte ausreichend Erfahrung zum Unternehmen, Durchsetzungskraft (ohne Verfolgung persönlicher Interessen), diplomatisches Geschick und genügend Methodenkompetenz mitbringen. Sie sollte auch wissen, was mit ihr geschieht, wenn das Projekt zu Ende ist, da sie nur schwer wieder in die Linie eingliederbar ist, aus der sie kommt.
- *Peer Group:* Hier handelt es sich um eine Gruppe von (in- oder externen) Fachleuten, die das Projekt beurteilt. Sie sind keine Controller und vergeben auch keine »Noten«. Vielmehr sollen sie ihren Kollegen im Projekt Anstöße geben, das eigene Projekt zu reflektieren und es auch im Kontext anderer derzeit laufender Wandelprojekte zu sehen.
- *Change Project Team:* Dem Projektteam können sehr unterschiedliche Gruppierungen angehören, deren Mitglieder vollamtlich oder nebenamtlich dazugehören: (1) Zuerst ist das *Support Staff* für den Change Manager zu nennen, das ihn direkt bei seiner Arbeit unterstützt. (2) Zur Unterstützung der vielen dezentralen Wandelprojekte kann man eine *Expertengruppe* (als eine Art In-house Consultants) bilden, die einerseits den dezentralen Taskforces Methoden- und Moderationsunterstützung zu liefern vermag, anderseits aber auch die Einhaltung gewisser Prozessstandards zu verfolgen hat, mit denen man die Qualität des Wandels sicherzustellen versucht. Hat der Wandel hohe Priorität und ist sein Ende kaum absehbar, dann kann an die Einrichtung einer *Change Academy* gedacht werden, in der die für ein Management des Wandels erforderlichen Fähigkeiten entwickelt werden. Hier ist insbesondere an die Ausbildung von *change agents* als Multiplikatoren der Inhalte des Wandels und an *Moderatoren* als Prozesshelfer (facilitators) zu denken. Das Projektteam kann auch durch externe Berater ergänzt werden. (3) Wegen der außerordentlichen Bedeutung der Kommunikation im Wandel könnte man sich auch ein eigenes *Communication Committee* vorstellen, das ebenso mit der notwendigen Marketing- und Medienexpertise ausgestattet ist. (4) Auch ein *Process Design Committee* ist denkbar, das immer wieder das Drehbuch für den Wandel überarbeitet. (5) Da Unternehmen in ihrem Wandel sehr stark mit sich selbst beschäftigt sind, kann auch ein *People-* und ein *Client-Review-Committee* Sinn machen, um die wichtigsten Mitarbeiter und Kunden nicht aus den Augen zu verlieren.
- *Transition Teams:* Dann gibt es noch ein große Zahl (bei sehr großen Unternehmen können es mehrere Hundert sein) von Wandelteams an den dezentralen Orten des Wandels. Besetzt sind sie mit den Schlüsselpersonen dieser Einheiten. Auch sie können durch externe Unternehmensberater verstärkt werden. Argumente hierfür können sein: zusätzliche Kapazitäten, neutrale Instanz, Alibifunktion, Know-how etc. Im »Mikrokosmos« dieser Taskforces entscheidet sich letztendlich, ob der Wandel zum Erfolg wird oder nicht, denn nun werden die Ideen auf ihre operative Machbarkeit und Wirksamkeit über-

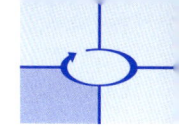

prüft. Als Kriterien ihrer Bildung dienen oft die Dimensionen der Aufbauorganisation (Geschäftsbereiche, Funktionsbereiche, Regionen etc.). Integrierendes und ausrichtendes Element zwischen den Transition Teams sind die zu definierenden *Kernprozesse* (z. B. einheitlicher Brand- und Marktauftritt oder kundenzentrierte Vertriebsorganisation), an deren Zielen sich alle Teams auch auszurichten haben.
- *Change Council:* Die Leiter der Transition Teams, der Kernprozesse, aber auch Abgeordnete der Committees nutzen das Change Council als Plattform für den regelmäßigen Erfahrungsaustausch zum Fortgang des Projektes und zum Finetuning kommender Maßnahmen.

Natürlich müssen die Struktur und der Umfang dieser Wandelorganisation im Zyklus eines Wandelprojektes immer wieder den Anforderungen angepasst werden. Sie sollte generell nicht von zu langem Bestand sein, da es sich ansonsten in der Organisation etablieren könnte, dass alle etwas unbequemeren Entscheidungen in die Transition Teams gegeben werden. Wichtig ist hier auch, dass keine neue Stabsbürokratie entsteht, deren Mehrwert von den dezentralen Einheiten nicht erkennbar ist.

(4) Zur Kohärenz interdependenter Wandelkollektive

Wandel spaltet bestehende Ordnungen organisierter sozialer Systeme und führt zu neuen horizontalen, vertikalen und lateralen »**Schichtungen**«. Bestehende formale und informale Kollektive werden aufgebrochen, neue Strukturen mit veränderten Regelwerken entstehen. Über Jahrzehnte funktionierende Seilschaften fallen – nach teilweise verzweifelten Versuchen ihres Erhalts – abrupt auseinander und nach einer Phase individueller Überlebenskämpfe bilden sich neue Netzwerke informaler Macht – nun aber auf einer anderen Bezugsbasis. Waren es vorher vielleicht militärische Ränge (in manchen Branchen in der Schweiz) oder Zugehörigkeit zu Schulen (z. B. die »grandes écoles« in Frankreich), so sind es nun andere dominante Kriterien, nach denen sich Kollektive strukturieren. Auch wenn man sagt, dass Wandel immer Gewinner und Verlierer schafft, so heißt dies genauer, dass es zu einer Umschichtung der Gewinner und Verlierer kommt, denn diese beiden Kollektive gab es auch zuvor – aber eben aufgrund anderer Trennlinien.

Aber auch auf einer formalen Ebene werden explizite Schichtungen in Wandelprozessen vollzogen. Zuerst ist dies die Trennung in die prozentual meist sehr kleine Population derer, die die Führungsinitiative zum Wandel ergreift und in die Gesamtorganisation interveniert. Oft unterscheiden sich beide Kollektive durch eine völlig unterschiedliche Stimmungslage: Bei den einen herrscht eine kaum zu bremsende Euphorie vor, während die meisten anderen zurückhaltend bis geschockt reagieren. Gefahr solcher Schichtungen ist es, dass es aufgrund der unterschiedlichen Befindlichkeiten und Vorstellungen über Veränderungsgeschwindigkeiten zu einem wachsenden Abstand der Wandelrealitäten zwischen diesen Schichten kommt. Bei einer Überdehnung verlieren diese Schichten einander und die Energien verpuffen in unterschiedliche Richtungen.

Fallbeispiel: Schichten beim Wandel der SWISSCOM
In der ersten Welle des Wandelprojekts der Schweizer SWISSCOM Mitte der 90er-Jahre gab es eine mit weit über hundert Mitarbeitern besetzte strategische Stabsabteilung

> »Swisscom« International zur konzeptionellen Ausarbeitung des Wandels im Umfeld der liberalisierten Telekommunikationsmärkte. Dort wurden z. B. die Pläne ausgearbeitet, um erwartete Umsatzverluste im Heimmarkt über Beteiligungen an ausländischen Privatisierungen der Telekommunikationsindustrie aufzufangen. Auch das Engagement bei der internationalen Telekom-Allianz Unisource ist dort einzuordnen. Eine zweite Schicht bildete das Projekt »Change PTT«, dem primär die Leitungen der verschiedenen regionalen Generaldirektionen in der Schweiz angehörten. Und eine dritte Schicht bildete die »Restorganisation«, die teilweise wiederum über Schulungsgruppierungen auf den Wandel vorbereitet wurde. Jede dieser Schichten operierte mit sehr unterschiedlichen Prozessgeschwindigkeiten: Die Swisscom International legte ein gewaltiges Tempo vor, was auch gut möglich war, da sie ja nur auf der Oberflächenstruktur der Organisation zu arbeiten hatte. Beim Projekt »Change PTT« hatte man sich einen ebenso ehrgeizigen wie unrealistischen Zeitrahmen gesetzt. Da es dort auch um die Tiefenstrukturen der Organisation ging, zeigte die Realität dann bald, über welches Beharrungsvermögen eine Kultur verfügt, die über so viele Jahrzehnte auf einem Verkäufermarkt basierte. Prompt kam es dann auch zu einer Überdehnung des wachsenden Veränderungsabstandes zwischen diesen drei Schichten. Man hatte einander verloren. So ist denn auch die erste Welle des Wandels schmerzvoll versandet. Von den Internationalisierungsaktivitäten war dann nicht mehr viel übrig geblieben. Mit einer fast völlig veränderten Führungsmannschaft wurde ein zweiter Anlauf für den Wandel des Unternehmens unternommen.

Verzahnung des strategischen und operativen Wandels

Entscheidend für den Erfolg von Wandelprojekten ist demnach, dass die Ausrichtung der Aktivitäten der einzelnen Schichten zusammenpassen. Die Interferenz der sich überlagernden, zusammenhängenden Energieströme muss zu einer Gesamtverstärkung des Wandels führen. Voraussetzung dazu ist insbesondere auch die sorgsame Verzahnung des strategischen und operativen Wandels, von »policy« und »politics«. So wird z. B. genau beobachtet, was mit den Überbringern schlechter Nachrichten geschieht, wenn man z. B. den Strategen zu verstehen geben möchte, dass ihre zeitlichen Vorstellungen sich als unrealistisch zu erweisen scheinen. Zu Entkopplungen der Schichten kommt es auch, wenn das, was für die operativen Einheiten von kurzfristiger Relevanz ist, gegen den durch die Führung als langfristig kritisch definierten Pfad des Unternehmens läuft.

Das Zusammenwirken der Schichten darf natürlich nicht dem Zufall überlassen bleiben. Die Interferenz zwischen dem Steuerungszentrum des Wandels, den dezentralen lokalen Orten des Wandels und den Orten des Wandels untereinander bedarf einer konzeptionellen Vorstellung (»*Leadership is also about followership*«[108]).

Wandel benötigt Druck

Was Wandel in den meisten Fällen benötigt, ist *Druck*, der aus dem Zentrum des Wandels auf die Peripherie aufgesetzt wird. Beispielsweise kann die Leitung eines diversifizierten Konzerns die Geschäftseinheiten des Unternehmens durch Vorgabe ehrgeiziger Rendite- und Wachstumsziele unter Druck setzen. Die Steuerung der Geschäftseinheiten auf der Basis derartiger Kennzahlen durch die Konzernleitung ist kurzfristig meist sehr wirkungsvoll, führt aber aufgrund der Eindimensionalität des Drucks oft zu systemischen Überreaktionen. Meist erweist sich ein Mix an Druckmitteln, die die kurz- und langfristigen Ziele des Unternehmens kombinieren, als geeigneter. So sollte z. B. auch der Beitrag einer Führungskraft zur Implementierung der das Unternehmen integrierenden Werte in eine Bewertung gewichtigen Eingang finden. Voraussetzung ist hier allerdings, dass es diese Werte gibt, dass sie bekannt sind und dass man sich ihnen verpflichtet hat. Ist z. B. das Gehalt eines Topmanagers zu einem sehr hohen Anteil an die jährli-

5.2.4 Optionen zur Entwicklungsdynamik: Die Akteure

che Entwicklung des Aktienkurses gebunden, so kann dies zu eigennützigem Handeln in Richtung einer kurzfristigen Kurspflege führen. Und dies macht man bekanntlich am besten dadurch, indem man sich primär auf die Renditeerwartungen der Analysten einlässt. Diese Gefahr muss auch vor dem Hintergrund der immer kürzeren Verweildauern und damit höheren persönlichen Risiken in solchen Positionen gesehen werden.

Wird seitens der Mitarbeiter eine entsprechende, auch persönliche Konsequenz bezüglich des Verfolgens dieser Vorgaben durch das Topmanagement unterstellt, so kann der aufgesetzte Druck zu künstlich erzeugten Krisensituationen in den Bereichen führen: Man weiß, dass der Bereich verkauft wird, man selbst an Karrierechancen verliert oder gar entlassen wird, wenn diese Ziele in der vereinbarten Zeit und bei der ausgehandelten Unterstützung nicht realisiert werden. Wandel braucht also nicht die Krise selbst, sondern ein *Klima der Dringlichkeit*[109]. Eine abgeschwächte Form, um Krisen künstlich zu erzeugen, ist eine möglichst realitätsnahe und auch emotionale Simulation erwarteter Entwicklungen: »Was wäre, wenn ...? Was würde dies für mich selbst zur Konsequenz haben?«.

Klima der Dringlichkeit

Dieser aus dem Zentrum des Wandels erzeugte Druck sollte allerdings immer gepaart sein mit einem hohen Maß an *Kontextsensitivität*, d.h. mit der Berücksichtigung der besonderen Umstände, auch der Eigendynamik der jeweiligen Organisationseinheit. Dies kann z.B. in Form umfassender Freiheiten bei der Ausgestaltung lokaler Implementierungsdesigns geschehen. Damit trägt man auch dem Umstand Rechnung, dass erfolgreiche lokale Designs – eben wegen ihrer Kontextbezogenheit – nur selten ebenso erfolgreich an andere Orte übertragbar sind. Nur so besteht die Chance, dass Wandelprogramme auf einer lokalen Befindlichkeit aufsetzen können und auch ein Druck von unten entsteht. Führung, ohne dass jemand folgt, ist nun einmal keine Führung.

Kontextsensitivität

Da Führung nun immer auch etwas mit dem »Stretching« einer Organisation zu tun hat, aber man nicht genau sagen kann, wie viel »Stretching« eine Organisation verträgt, bevor es zu einer Überdehnung kommt und der Faden reißt, benötigt man einen »Sensor«. Um als Führung auch die Bodenhaftung zu behalten und um das Feed-back der Organisation zur persönlichen Relevanz der Intervention als Input für Lernprozesse zu erhalten, sollte das Ausüben des Drucks mit einem regelmäßigen »*Fühlen des Pulses*« der Organisation verbunden sein. Führung sollte eine Chance haben, zu merken, ob sie überhaupt noch führt. Nicht selten vermittelt sich einem im Wandel das Bild eines Kapitäns, auf den das Ruder nicht mehr reagiert. Konkret kann dies in der Vereinbarung von Indikatoren für eine Performance-Messung oder in regelmäßigen, vorstrukturierten Dialogplattformen geschehen. Auf diese Weise kann man auch erfahren, wo es zu neuen Problemen kommt. Z.B. mussten in einem Wandelprojekt die mittleren Führungskräfte einen erheblichen Schulungsaufwand auf sich nehmen, um sich auf die späteren Aufgaben in einer dezentralen Führungsstruktur vorzubereiten. Doch es kam zu großen Frustrationen, da die Oberflächenstruktur nicht rechtzeitig nachgezogen werden konnte: D.h., die obere Führung war nicht bereit, diesen Teil ihrer Macht wirklich abzugeben. Das »Empowerment« blieb aus, sodass das Erlernte nicht zur Anwendung gebracht werden konnte.

Regelmäßiges »Fühlen des Pulses«

Um der Kohärenzanforderung gerecht zu werden, sollten aber auch die einzelnen Segmente des Wandels koordiniert werden. Sie produzieren z.B. in ihrem lokalen Veränderungsprozess Fragmente einer zukünftigen Unternehmensidentität, die zumindest eine Verkopplung erfahren sollten. Auch sollten Lerndrehscheiben (»Change Councils«) eingerichtet werden, in denen die lokalen Wandelgeschichten und -erfahrungen ausgetauscht und interpretiert werden können. Damit entsteht auch die Chance, dass lokales Wissen auf Unternehmensebene kollektiviert wird. Zur Führung einer großen Gruppe unterschiedlicher Orte des Wandels passt also weniger das Bild einer geordneten Armee, die auf Befehle wartet. Geeigneter ist vielleicht das Bild eines orientalischen Iman, der sich ab und zu gegen den hohen Geräuschpegel in einem brodelnden Bazar durchzusetzen versucht, um die mit völlig unterschiedlichen Dingen beschäftigten Leute zum gemeinsamen Gebet zu gewinnen.

(5) Handlungsoptionen

Auch bei den drei Dimensionen der Akteure eines Wandels bestehen nun wieder verschiedene Handlungsoptionen hinsichtlich deren Ausprägungen.

- *Stakeholder:* In Bezug auf die Stakeholder sollte darüber entschieden werden, inwieweit sie explizit zum Bestandteil des Wandeldesigns gemacht werden sollen. Bindet man sehr viele Stakeholder explizit ein, hat dies den Vorteil, dass man sich weitgehend der vollen Komplexität der an das Unternehmen im Wandel gerichteten Erwartungshaltungen bewusst ist. Der Nachteil ist natürlich die nur begrenzte Handhabbarkeit einer solchen Komplexität. Blendet man dagegen wichtige Stakeholder aus, geht man das Risiko ein, ihre Unterstützung dann nicht zu erhalten, wenn man sie benötigt. Da Wandel primär auch ein politischer Prozess ist, sollten zumindest die zukünftig relevanten Stakeholder ausreichend in die Gestaltung des Wandeldesigns einbezogen werden.
- *Rollen:* Beim Rollen-Setting ist zu klären, wie ausdifferenziert es sein soll und wie die einzelnen Rollen dann konkret auszugestalten sind. Werden nur sehr wenige Rollen bewusst vergeben oder im Design berücksichtigt, so geht man Gefahr, dass man der Komplexität eines sich entfaltenden Veränderungsprozesses nicht gerecht wird. Wird das Rollen-Setting jedoch sehr ausdifferenziert definiert, so kann es zu einem »Over Engineering« des Prozesses kommen, das mehr verwirrt, als hilft. Auch hier gilt es, mit Feingefühl am Einzelfall herauszuspüren wie ausdifferenziert das Setting zu sein hat. Dies gilt es in den einzelnen Phasen jeweils zu hinterfragen und anzupassen.
- *Schichten:* Auch hier geht es um die Frage, inwieweit bewusst in einzelne »Organisationsschichten« differenziert werden sollte und in welchem zeitlichen und räumlichen Zusammenhang sie zueinander stehen. Ziel muss die Kopplung dieser Schichten sein, damit deren Eigendynamik sich nicht wechselseitig behindert. Grenzt man zu wenige dieser Schichten ab, kann es sein, dass man ein zu grobschlächtiges Wandeldesign entwirft.

Bei allen drei Dimensionen geht es also um das »richtige« Ausmaß an Differenzierung. Was »richtig« ist, kann nur am Fall entschieden werden. Gegen zu viel Ausdifferenzierung spricht die Mach- und Führbarkeit des Veränderungsprozesses. Dagegen steht die Anforderung, dass die Ausdifferenzierung so groß zu sein hat, dass sie der Komplexität des Phänomens gerecht zu werden hat.

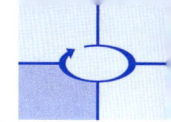

5.2.5 Optionen zu den Entwicklungsobjekten: Die Räume

Wandel ist ein relationales Phänomen, d. h., er muss auf ein Referenzobjekt bezogen werden: Wo soll man ansetzen, damit sich was ändert? Wie bereits mehrfach angesprochen, gehen wir davon aus, dass neue Strategien immer die Fähigkeiten einer Organisation betreffen. Im Arbeitsfeld zur Wertschöpfung haben wir bereits definiert, welche Fähigkeiten zukünftig strategisch erforderlich sind. Diese Fähigkeiten können wir jedoch nicht direkt beeinflussen; wir können lediglich versuchen die organisatorischen Rahmenbedingungen so zu entwickeln, dass sich innerhalb von ihnen die gewünschten Fähigkeiten und Verhaltensweisen entfalten. Dabei wird es wiederum wichtig sein, die Gestaltung dieser organisatorischen Rahmenbedingungen möglichst maßgeschneidert bezogen auf den Kontext (Strategie, Ressourcen etc.) der jeweiligen »Baustelle des Wandels« zu betreiben.[110]

Gestaltung der organisatorischen Rahmenbedingungen

Die organisatorischen Rahmenbedingungen sind also das, was aktiv zur Erzeugung des Wandels geändert werden kann. Deshalb sprechen wir hier auch von den **Gestaltungsräumen** *als den Entwicklungsobjekten beim Design eines Veränderungsprozesses.* So kann z. B. eine größere Kundenorientierung aus der Einführung einer Prozessorganisation erhofft werden. Die organisatorischen Rahmenbedingungen sind damit einerseits Gegenstand bzw. Objekt des Wandels; andererseits limitieren bzw. behindern sie auch die Möglichkeiten für einen Wandel. Sie sind zugleich »enabler« und Restriktion für jede Veränderung. Sie bilden unseren Gestaltungsraum.

(1) Dimensionen bei den Gestaltungsräumen

Sucht man nun nach den Dimensionen, die uns die Optionen für die Gestaltungsräume liefern, so kommt man über die Frage weiter, wie das, was in Organisationen geschieht, erklärt werden kann? Dies wird sich aufgrund ihrer Komplexität jedoch nicht eindeutig beantworten lassen. Was man tun kann, ist, dass man unterschiedliche Annahmen dazu trifft, was eine Organisation ist. Dadurch setzt man sich jeweils eine andere »Brille« auf, sieht mit ihr nur die Dinge, die man eben mit dieser Brille sehen kann und wird dann auch entsprechende Gestaltungsmaßnahmen bevorzugen. Je mehr solcher Betrachtungsperspektiven man wählt, desto vollständiger wird dann auch das Bild sein, das man sich von einer Organisation zu zeichnen vermag. Wir werden hier – in Analogie zu den kontingenztheoretischen Ausführungen in Abschnitt 5.1.2 – drei Betrachtungsperspektiven unterscheiden: (a) die strukturelle, (b) die politische und (c) die kulturelle.[111]

Drei Betrachtungsperspektiven

Nimmt man die Globalisierung als Auslöser von Wandel in Unternehmen, dann kann man sie z. B. mit einer »*strukturellen Brille*« betrachten: Fragen der kritischen Größe treten neu auf, Kommunikationsstrukturen müssen angepasst werden etc.; mit einer »*politischen Brille*« gesehen werden vielleicht Konflikte zwischen Landesgesellschaften und Zentrale sichtbar; mit einer »*kulturellen Brille*« betrachtet treffen nun noch mehr verschiedene Werthaltungen und Einstellungen aufeinander. Die Frage entsteht, wie es noch gelingen kann, dass sich die Mitarbeiter mit einer globalen Organisation identifizieren etc. Mit diesen drei Perspektiven können wir große Teile des Organisationsgeschehens erfassen, womit sie uns auch zu den wesentlichen Gestaltungsräumen führen. Man vergleiche dazu auch die Abbildung 5-23.

Indikatoren der Struktur
- Status der Strukturdeterminanten (Größe, Technologie, Umfeld, Strategien, Mitarbeiter)
- Konfiguration der Strukturelemente (Leitung, operativer Kern, mittleres Management, Stäbe, Technostruktur)
- Vertikale Koordination durch Regelmechanismen, Planungs-, Informations- und Kontrollsysteme
- Laterale Koordination (Gremien, Task Forces, informelle Netze)

Handlungsebenen
- Differenzierung/Integration
- Zuordnung v. Personen und Aufgaben in der Stelle
- Auslastung mit Routinetätigkeit
- Grad der Aufgabenstandardisierung
- Autonomie der Stelle
- Vertikale/horizontale Einbindung
- Ausstattung mit Kompetenzen und Verantwortung
- Einbindung in die Zielsysteme
- Strukturelle Konfiguration (einfache Struktur, Bürokratie, Divisionalisierung, Expertokratie, Adhocratie)
- Kommunikations- und Weisungssysteme

Struktureller Ansatz »Maschine«

Organisation

Politischer Ansatz »Arena«

Kultureller Ansatz »Theater«

Indikatoren der mikropolitischen Situation
- Koalitionen
- Ausgestaltung der Machtbasen (z.B. Autorität, Information, Sanktionspotenzial, Ressourcenzugang, Zugang zu Netzwerken, legislative Macht, Kontrolle über Symbole, charismatische Macht)
- Konflikthandhabungsmechanismen
- Stellenwert von Macht in der Organisation
- Ethische Standards

Handlungsebenen
- Verständnis für mikropolitische Vorgänge
- Bildung von Koalitionen und Netzwerken
- Verfügung über Machtbasen
- Verhandlungsstrategien
- Führungsmethoden

Indikatoren der Unternehmenskultur
- Symbole (z.B. Parkplatzordnung, Kleidung)
- Rituale, Zeremonien, »Spiele« (z.B. Konferenzen, Feiern, Ehrungen)
- Mythen (z.B. des Gründers, anderer »Helden«)
- Geschichten und Legenden (z.B. über Erfolge bzw. Misserfolge)
- Witze, Metaphern, Sprachspiele
- Motivation, Persönlichkeitsstruktur
- Dynamik interpersoneller Beziehungen
- Führungsverhalten
- Gruppenverhalten (informelle Normen, Gruppenführung)

Handlungsebenen
- Symbolische Gestaltung von Strukturen
- Symbolische Gestaltung von Prozessen (z.B. Treffen, Verhandlungen)
- Symbolik in Gruppenprozessen (z.B. Aufnahmezeremonie, Umgang mit Humor, Gruppencodes, Einsatz von Ritualen)
- Partizipative Führung
- Job enrichment
- Teilautonome Arbeitsgruppen
- Demokratische Organisationsformen (Quality-of-worklife)
- Individuelles Training
- Andere OE-Maßnahmen

Abb. 5-23: Diagnose-Raster einer Organisation

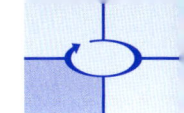

5.2.5 Optionen zu den Entwicklungsobjekten: Die Räume

(a) **Der strukturelle Gestaltungsraum:** Hier wird die *Organisation als eine Art »Maschine« betrachtet*, in deren Mittelpunkt die vom Markt vorgegebene Aufgabe steht. Die Organisation ist ein Instrument, mit dem man rational bestimmte Ziele, die mit dieser Aufgabenstellung verbunden sind, möglichst effektiv und effizient erreichen will. Auf einer systematischen Informationsaufnahme und -verarbeitung aufbauend werden Pläne zur Lenkung aller auf den Leistungserstellungsprozess ausgerichteten kollektiven Tätigkeiten erstellt.

Die formalen Strukturen einer Organisation erzeugen eine gewisse Klarheit, Berechenbarkeit und Sicherheit. Man weiß z. B. wer für was verantwortlich ist. Wandel ändert die Eindeutigkeit und Stabilität der in dieser formalen Organisation definierten Rollen und Beziehungen. Er erzeugt Verwirrung, Unsicherheit und manchmal auch Chaos. Das Politisieren nimmt zu. Dadurch bedarf es der Neuausrichtung und Neuverhandlung der Rollen und formalen Beziehungsmuster.

Dieser strukturellen Perspektive liegt die Annahme zu Grunde, dass der erwünschte Wandel durch die Schaffung formaler Regeln (Abteilungsbildung, Stellenbeschreibung, Dienstanweisung etc.), die das Verhalten der Organisationsmitglieder entsprechend beeinflussen, erreicht werden kann.

Im deutschsprachigen Raum wurden Fragen zum organisationalen Design eines Unternehmens primär im Rahmen der Aufbau- und Ablauforganisation diskutiert[112]. Die *Aufbauorganisation* zeigt, wie die aus der unternehmerischen Zielsetzung abgeleitete Aufgabe nach Verrichtung (Was ist geistig oder körperlich zu tun?) und Objekt (Woran ist etwas zu tun?) strukturiert wird.[113] Sie bestimmt die Zuordnung von Sachaufgaben auf Stellen und regelt die Gestaltung der Beziehungen zwischen diesen Stellen durch Kompetenz-, Verantwortungs- und Informationsregelungen[114]. Hingegen beschreibt die *Ablauforganisation* den Ablaufprozess der betrieblichen Aktivitäten, deren Vollzug sowie die Ausübung und Erfüllung bestimmter Funktionen. Die Ablauforganisation gliedert die jeweilige Aufgabe nach Merkmalen der Zeit (Wann ist etwas zu tun?) und des Raumes (Wo ist etwas zu tun?)[115].

Wie Abbildung 5-24 zeigt, sind zwei Dimensionen bei der Strukturgestaltung zu berücksichtigen: Die *Differenzierung* (oder Arbeitsteilung) legt fest, wie die unternehmerische Gesamtaufgabe in einzelne »Pakete« zerteilt und Arbeits- und Entscheidungsstellen zugeteilt wird. Als horizontale Differenzierung führt sie zu verschiedenen Strukturformen, die nach Funktionen, Objekten, Regionen etc. gegliedert sind; als vertikale Differenzierung regelt sie die hierarchische Ausgestaltung der Entscheidungs- und Weisungsbefugnisse anhand von Kriterien wie optimale Gliederungstiefe, Leitungsspanne und Stellenrelationen. Was differenziert wird, ist im Gegenzug auch wieder durch Hierarchie, Managementsysteme, Selbstabstimmungsregeln etc. zu integrieren, da Interdependenzen zwischen den einzelnen Stellen bestehen. *Integration* impliziert daher, die einzelnen Arbeitspakete wieder zielgerecht zusammenzufassen und die Zusammenarbeit zwischen den betroffenen Stellen zu regeln. Auch hier ist eine horizontale und vertikale Komponente zu berücksichtigen. Die vertikale Integration bezieht sich auf Leitungsbeziehungen sowie das Ausmaß an Standardisierung und Delegation, während die horizontale Integration das Ausmaß an Partizipation sowie Selbstabstimmung bestimmt.

Aufbau- und Ablauforganisation

```
Organisatorische        ┌ Differenzierung   ┌ Horizontale      ┌ Funktionalorganisation
Strukturgestaltung      │ (Arbeitsteilung)  │ Differenzierung  │ Objektorientierte Organisation
                        │                   │                  │ Regionalorganisation
                        │                   │                  │ Projektorganisation
                        │                   │                  └ etc.
                        │                   │
                        │                   │ Vertikale        ┌ Gliederungstiefe
                        │                   └ Differenzierung  │ Leitungsspanne
                        │                                      └ Stellenrelation
                        │
                        │ Integration       ┌ Vertikale        ┌ Leitungsbeziehungen ┌ Einliniensystem
                        │ (Arbeitsver-      │ Integration      │ Standardisierung    └ Mehrliniensystem
                        └ knüpfung)         │                  └ Delegation
                                            │
                                            │ Horizontale      ┌ Partizipation
                                            └ Integration      │ Selbstabstimmung
                                                               └ in Gruppen
```

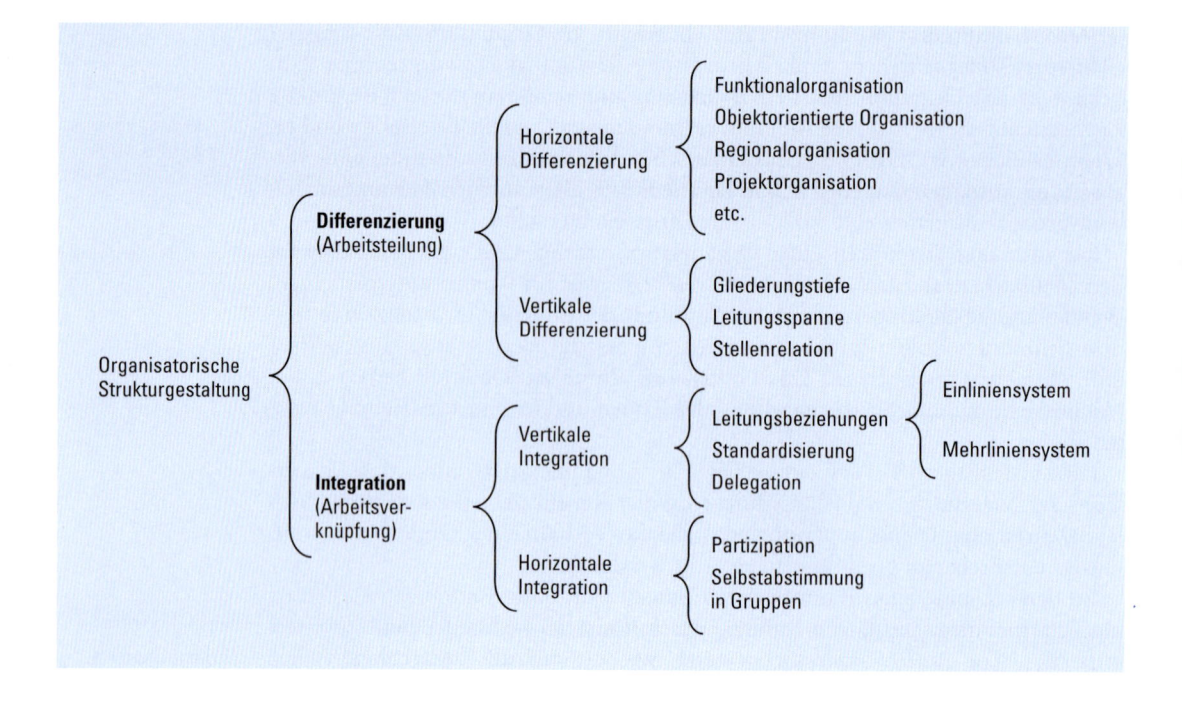

Abb. 5-24: Differenzierung und Integration als Grundprinzipien der Koordination (Quelle: Osterloh/Frost 1998, S. 194)

Aufbauorganisation: Im Rahmen der horizontalen Differenzierung stehen mehrere Grundformen zur Auswahl.[116] Sie werden jeweils nach der zweiten Hierarchieebene unterhalb der Geschäftsleitung bestimmt. Dies gilt auch, wenn auf tiefer gelegenen Gliederungsebenen alternative Strukturformen verwendet werden.

Einfache Organisationsstruktur: Genau genommen handelt es sich bei der einfachen Struktur noch gar nicht um eine Aufbauorganisation, die diesen Namen auch verdient. Zumeist findet man sie bei kleinen Handwerks- oder Dienstleistungsunternehmen, in denen der Eigentümer die zentrale Rolle einnimmt. Dieser gibt direkte Anweisungen, was wann wie getan wird und steht dabei in engem, unmittelbarem Kontakt zu seinen Mitarbeitern. Führungsverantwortung und Kontrolle liegen bei ihm, sind also nicht auf mehrere Stellen verteilt. Eine formelle, stabile Definition und Zuteilung einzelner Aufgabenbereiche ist in aller Regel nicht existent. Damit ist diese Form zwar flexibel und einfach im Aufbau, stößt jedoch rasch an ihre Grenzen, wenn z. B. die Geschäftsaktivitäten anwachsen und ein höherer Koordinationsbedarf entsteht. Der Eigentümer ist dann meist nicht mehr in der Lage, alle betrieblichen Entscheidungen alleine zu treffen und ihre Umsetzung zu überwachen.

Funktionale Organisation: Die funktionale Organisation geht – analog zu den primären Aktivitäten der Wertkette – von den zentralen Funktionen einer unternehmerischen Einheit aus. Beschaffung, Produktion, Marketing, Rechnungswesen etc. werden gemäß dem Verrichtungsprinzip sequenziell aneinander gereiht. Beginnend mit dem Beschaffungsmarkt ist die Leistungserstellung bis hin zum Absatzmarkt in einzelne Funktionsbereiche strukturiert. Die Leitung erfolgt nach dem Einliniensystem, d. h., die Funktionsbereiche sind der Unternehmensleitung direkt verantwortlich unterstellt. Die funktionale Organisation findet man oft in

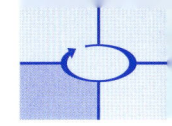

5.2.5 Optionen zu den Entwicklungsobjekten: Die Räume

kleineren Unternehmen, die mit einer kleinen Produktpalette ein Geschäftsfeld bearbeiten, oder aber in Subsystemen größerer Unternehmen, wie z. B. in den Geschäftseinheiten diversifizierter Konzerne.

Die funktionale Organisation weist mehrere Vorteile auf: Erstens ermöglicht sie Spezialisierung und damit den Aufbau funktionsspezifischer Fähigkeiten. Die einzelnen Bereiche können sich ausschließlich auf die ihnen gestellte Teilaufgabe konzentrieren und ihr Wissen dort ständig auf dem aktuellsten Stand halten. Zweitens führt sie zu Lern- und Erfahrungskurveneffekten. Je mehr Aufgaben routinemäßig und repetitiv zu erbringen sind, desto mehr spielen sich Abläufe ein, können Verbesserungspotenziale aufgebaut und genutzt werden. Die operative Effizienz wird gesteigert. Drittens sind die Verantwortlichkeiten klar geregelt. Es ist unmittelbar ersichtlich, wer für welche Funktion zuständig und wer verantwortlich ist, wenn Schwierigkeiten auftreten. Die einzelnen Funktionsbereiche berichten daher auch meist direkt an die Geschäftsleitung. Viertens ist es aufgrund der direkten Unterstellung der einzelnen Funktionen an die Geschäftsleitung auch möglich, die Kontrollaktivitäten im Unternehmen zu zentralisieren. Die Geschäftsleitung hat unmittelbaren Zugriff auf die Umsetzung strategischer Initiativen in den jeweiligen Funktionen.

Vorteile der funktionalen Organisation

Nachteilig an der funktionalen Organisation sind mehrere Punkte: Erstens ist der Koordinationsaufwand zwischen den einzelnen Funktionen relativ hoch und muss bei allen übergreifenden Entscheidungen von der Geschäftsleitung geleistet werden. Gerade wenn das Leistungsprogramm einer unternehmerischen Einheit sich auszuweiten beginnt und relativ heterogene Produkte und Dienstleistungen gleichzeitig produziert werden, werden die Vorteile der Spezialisierung durch den erhöhten Koordinationsaufwand rasch aufgehoben. Zweitens kommt es zu »lähmenden« Rivalitäten und Auseinandersetzungen zwischen den einzelnen Funktionsbereichen, wenn diese ihre Eigeninteressen zu Lasten anderer Funktionen wie auch des Ganzen vorantreiben. Wie sich immer wieder zeigt, sind die Interessen einer Produktion (wie z.B. stabile, regelmäßige Fertigungslose) oft andere als die eines Vertriebs (wie z.B. variable, auf die Nachfrage reagierende Produktionsmengen). Daher können drittens funktionale Strukturen den Blickwinkel von Führungskräften auf ihren eigenen Funktionsbereich verengen und einer übergreifenden Ausrichtung des Ganzen im Wege stehen. Verschärft wird dies oft durch Anreizsysteme, die strikt auf die Ergebnisse der einzelnen Funktion ausgerichtet sind. Zudem ist ein Transfer von Führungskräften zwischen den einzelnen Funktionen aufgrund des gegebenen Spezialisierungsgrades nur schwer machbar. Viertens wird bei funktionalen Strukturen die Ergebnisverantwortung für das gesamte Geschäft nach »oben«, zur Geschäftsleitung hin, verschoben. Diese hat zwischen den Interessen der einzelnen Funktionen den »Schiedsrichter« zu spielen und muss als oberste Instanz das Wohl der gesamten Einheit im Auge behalten. Dementsprechend ist ihre Leitungsspanne relativ hoch, Abstimmungsprobleme zwischen den Funktionen werden unmittelbar nach oben »eskaliert«. Die Gefahr der Überlastung und damit langwierige Entscheidungsprozesse sind die Folge.

Nachteile

Objektorganisation: Von einer Objektorganisation wird gesprochen, wenn ein Unternehmen auf seiner Hauptgliederungsebene (also der zweiten Ebene) nach Objekten strukturiert ist. Als Objekte dienen dabei Produktgruppen, Kundengruppen oder Regionen (alternativ spricht man von Sparten, Divisionen oder Unternehmensbereichen). Im Zuge der Entwicklung von Unternehmen ist die

5 Veränderung

5.2 Gestaltung

Objektorganisation meist eine Antwort auf die Nachteile, die mit einer funktionalen Struktur verbunden sind.

Folgende, in Abbildung 5-25 dargestellte Typen lassen sich unterscheiden:

Typen von Objektorganisationen

- Bei der *Produktgruppenorganisation*, die am häufigsten anzutreffen ist, wird wie der Name schon andeutet, nach Produktgruppen organisiert. Sie wird eingesetzt, wenn die einzelnen Produkte eines Unternehmens so heterogen sind, dass es wenig sinnvoll ist, sie einheitlich zusammenzufassen.
- Die *Kundengruppenorganisation* stellt die verschiedenen Ansprüche der Kunden in den Vordergrund.[117] Selbst wenn das Leistungsangebot weitgehend gleich ist, können sich die Bedürfnisse der Kundengruppen so stark unterscheiden, dass eine getrennte Aufstellung erforderlich wird.
- Im Zuge der Internationalisierung von Unternehmen gewinnt die geografische Komponente an Bedeutung und schlägt sich folglich auch in der Organisationsstruktur nieder. So wird die *Regionalorganisation* verwendet, wenn es die jeweiligen landesspezifischen Gegebenheiten besonders zu berücksichtigen gilt.

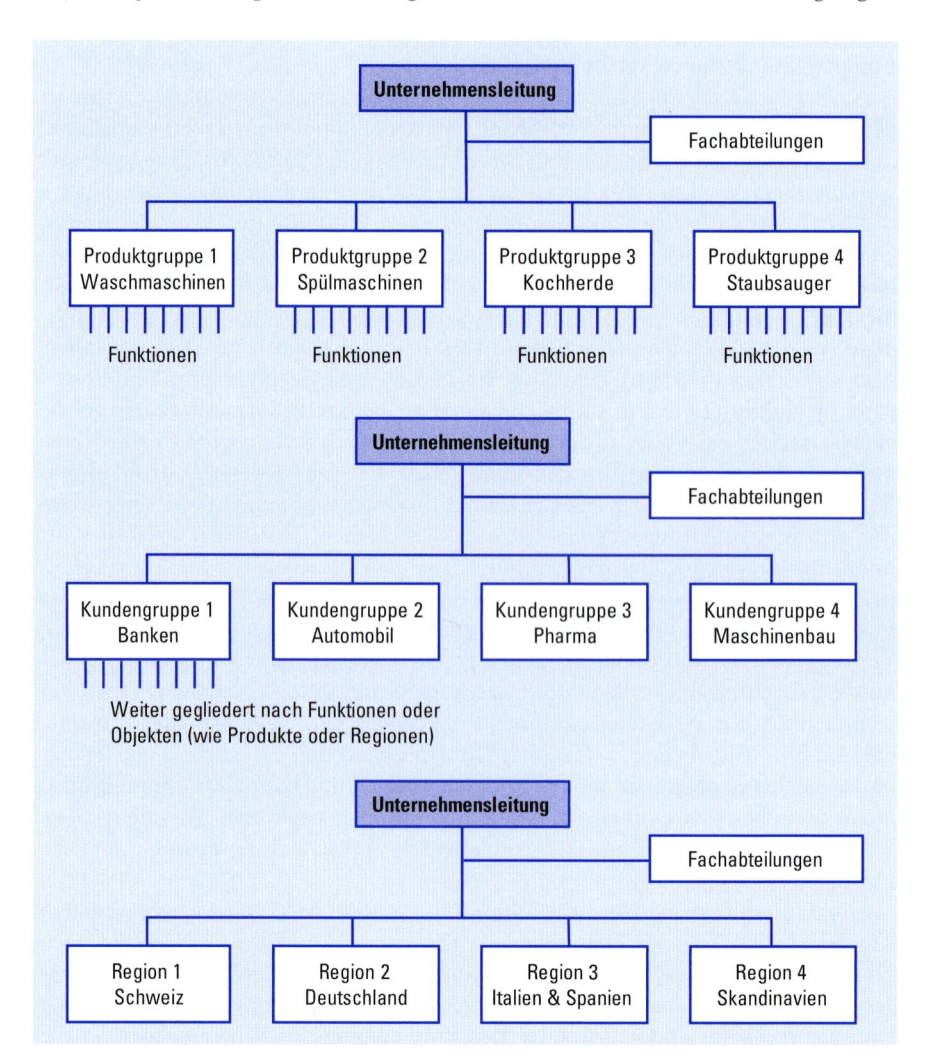

Abb. 5-25: Objektorganisation nach Produktgruppen, Kundengruppen und Regionen (mit Fachabteilungen)

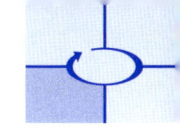

5.2.5 Optionen zu den Entwicklungsobjekten: Die Räume

Vorteilhaft an den drei dargestellten Objektorganisationen sind die folgenden Punkte: Erstens sind sie besser als eine funktionale Organisation dazu geeignet, den Besonderheiten und der Heterogenität von Produkten, Kunden oder Regionen Rechnung zu tragen. Zweitens wird durch die Objektorganisation eine relativ hohe Autonomie der einzelnen Objektbereiche gewährleistet. Deshalb wird diese Organisationform auch meist von Unternehmen gewählt, die in verschiedene Geschäfte diversifiziert sind. Dies schafft Raum für unternehmerische Initiativen, erhöht die Motivation der Führungskräfte und ermöglicht eine gezielte Bearbeitung der jeweiligen Aufgaben. Drittens wird die Unternehmensleitung wesentlich entlastet, da sie sich nun nicht mehr um die operative Abstimmung zwischen den Funktionen kümmern muss. Die Ergebnisverantwortung liegt jetzt bei den Objektbereichen, während sich die Unternehmensleitung der übergreifenden, strategischen Ausrichtung zuwendet. Viertens wird durch die Zerlegung in Objekte die Flexibilität des Unternehmens deutlich erhöht. Die einzelnen Teile sind viel rascher in der Lage, sich auf wechselnde Umweltbedingungen einzustellen, als dies für das Ganze möglich ist. Entscheidungen können rascher getroffen und realisiert werden.

Vorteile

Nachteilig an der Objektorganisation sind ebenfalls potenzielle Bereichsegoismen, nun allerdings nicht solche zwischen den Funktionen, sondern zwischen den jeweiligen Objektgruppen. Was für die gesamte Unternehmung von Vorteil ist, hat nun noch weniger Relevanz für die einzelnen Objektbereiche, als dies bei der funktionalen Organisation der Fall ist. Die Nutzung von Synergien tritt damit in den Hintergrund, sie wird zur expliziten Aufgabe der Gesamtleitung. Doch auch bei Überschneidungen zwischen den Objektbereichen tauchen Probleme auf. Werden z.B. Fachabteilungen (wie Rechnungswesen, Personal) oder Produktionsanlagen aus Wirtschaftlichkeitsüberlegungen gemeinsam genutzt, dann ist zu klären, wie insbesondere bei Engpässen welcher Bereich in welcher Reihenfolge auf diese zugreifen kann. Ebenso kann es zu Überschneidungen auf der Kundenseite kommen. Hier ist dann zu bestimmen, ob die Kunden von jedem Produktbereich einzeln oder durch einen gemeinsamen Vertrieb (eventuell mit Key-Account Managern) betreut werden. Ein letzter Nachteil besteht darin, dass es durch die Zersplitterung von Funktionen auf die einzelnen Objektbereiche viel schwieriger wird, nun wieder die Spezialisierungsvorteile zu erreichen, wie sie die funktionale Organisation bietet.

Nachteile der Objektorganisation

Ein bei großen Konzernen häufig zu beobachtender Spezialfall einer objektorientierten Struktur stellt die *Management Holding* dar[118]. Sie ist eine Spartenorganisation, bei der die Sparten rechtlich selbstständig sind und von der Holding meist als Vertragskonzern geführt werden. Die Holdingleitung bestimmt die Rechtsform, legt die Gesamtstrategie fest, trifft Entscheidungen zur Ressourcenallokation, besetzt wichtige Führungspositionen und überwacht die einzelnen Bereiche. Diese Organisationsform realisiert damit organisatorisch die strategische Zweiteilung in Geschäftseinheiten und Gesamtunternehmen. Sie stellt derzeit eine bevorzugte Organisationsform dar, da sie dem Unternehmen – z.B. beim Portfoliomanagement – ein hohes Maß an Manövrierfähigkeit lässt. Auch können die Sparten gezielt in Kooperationen mit Kapitalverflechtung eingebracht werden, ohne dass dadurch die Holding selbst direkt tangiert wird.

Management Holding

Matrixorganisation: Dieser Organisationsstruktur liegt ursprünglich die Idee einer Kombination von funktionaler und objektbezogener Organisation zu Grunde. Doch prinzipiell kann von einer Matrixorganisation immer dann gesprochen werden, wenn eine unternehmerische Einheit nicht nur nach einem, sondern nach zwei oder mehreren Strukturprinzipien gleichzeitig gegliedert ist. In Frage kommen dabei neben der Kombination aus Funktionen und Objekten auch Kombinationen zwischen mehreren Objektbereichen (z. B. Regionen und Produktgruppen). So sind z. B. die meisten großen Wirtschaftsprüfungsgesellschaften sowohl nach Regionen (Amerika, Europa, Asien), Klientengruppen (Energie, Telekom, Maschinenbau etc.) als auch Dienstleistungen (Auditing, Consulting, Taxation etc.) aufgestellt. In diesem multidimensionalen Fall spricht man auch von einer *Tensororganisation*.

Überkreuzende Zuständigkeiten

Charakteristisch für die Matrixorganisation ist die bewusste Überkreuzung von Zuständigkeiten: Zwei Matrixstellen, die je nach Gliederung mit Funktions- oder Objektaufgaben betraut sind, haben sich für die eigentliche Aufgabenerfüllung, die in der Schnittstelle zwischen ihnen erbracht wird, miteinander abzustimmen. Die Schnittstelle wird nicht nach dem Einliniensystem geführt, sondern nach dem Mehrliniensystem. In das dadurch geschaffene Spannungsfeld sollen beide Matrixstellen ihr Wissen einbringen und kooperativ zu möglichst optimalen Lösungen gelangen.

Bedingungen für eine Matrixorganisation

Die Matrixstruktur bringt hohe Anforderungen für die beteiligten Stellen mit sich. Daher ist sie nur zu empfehlen, wenn mehrere Bedingungen erfüllt sind:[119] Erstens sollte die Erfüllung der unternehmerischen Aufgabe von zwei oder mehr Gliederungskriterien abhängig sein. Wenn dies nicht der Fall ist, sollte man besser darauf verzichten, da der hohe Abstimmungsaufwand ansonsten nicht gerechtfertigt ist. Die zweite Bedingung besteht in der Fähigkeit der beteiligten Stellen, die durch ihr Aufeinandertreffen entstehende Komplexität zu verarbeiten. Durch eine Matrixstruktur kommt es zwangsläufig zur Analyse von Problemen aus unterschiedlichen Blickwinkeln. Drittens sollte zur bestmöglichen Erfüllung der unternehmerischen Aufgabe die gemeinsame Nutzung von Ressourcen durch Funktionen und Objekte wesentlich sein. Dies ist oft dann der Fall, wenn gleichzeitig mehrere Ziele als kritisch erachtet werden.

Vorteile

Sind diese Bedingungen erfüllt, so weist die Matrixstruktur folgende Vorteile auf: Erstens ist sie in der Lage ein Höchstmaß an Umwelt- und Binnenkomplexität zu verarbeiten. Nicht nur eine strategische Ausrichtung, sondern zwei oder mehrere werden formell in der Organisation verankert und mit Priorität versehen. Zweitens wird durch sie ein System der »Checks and Balances« institutionalisiert, das divergierende Sichtweisen zusammenführt und einer Bearbeitung zugänglich macht. Drittens erlaubt sie bei wichtigen Entscheidungen, die das Gesamtunternehmen betreffen, eine explizite Abwägung vorzunehmen, was denn das Beste für das Ganze sei. Viertens kann sie im günstigsten Fall Kooperation und den Aufbau von Konsens unterstützen, was gerade zur Koordination komplexer Aufgabenstellungen wichtig ist.

Nachteile

Diese Vorteile können jedoch – quasi spiegelbildlich – zu Nachteilen werden, wenn das Verhalten mit und in der Matrixstruktur negativ eskaliert. Was positiv beabsichtigt war, schlägt dann in sein Gegenteil um. So ist erstens das Konfliktpotenzial zwischen den einzelnen Stellen relativ hoch. Unterschiedliche Interessen prallen aufeinander und stets muss eine für alle Seiten akzeptable Lösung gefunden werden. Dies führt zu langwierigen Verhandlungsrunden, in denen viel Energie und Zeit verbraucht wird, oder mündet in Kompromisse, die eher zum kleinsten gemeinsamen Nenner als zur besten Lösung führen. Zweitens besteht auch bei einer Matrixorganisation die Gefahr, dass es zu einer Überlastung der

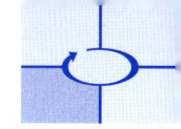

5.2.5 Optionen zu den Entwicklungsobjekten: Die Räume

Matrixleitung kommt. Können sich die beiden Matrixstellen nämlich nicht einigen, so hat die Matrixleitung eine Entscheidung zu treffen. Je mehr Konflikte auftreten und je gespannter der Umgang miteinander ist, desto mehr hat sie folglich zu tun. Von daher sind reine Matrixstrukturen heutzutage in nur wenigen Unternehmen zu finden. Meist dominiert eine Dimension über die andere und kann Entscheidungen letztendlich in ihrem Sinne fällen.

Ablauf- bzw. Prozessorganisation: Ging es bei der Diskussion um geeignete Organisationsstrukturen lange Zeit schwerpunktmäßig um Fragen der Aufbauorganisation, ist – im Zuge des Business Process Reengineering – die in Abbildung 5-26 exemplarisch dargestellte Ablauforganisation verstärkt in den Vordergrund gerückt. Traditionell war diese der Aufbauorganisation nachgelagert. Sie hatte den Auftrag, die durch die Aufbauorganisation geschaffenen Potenziale zu nutzen. Die Prozessorganisation kehrt nun dieses Verhältnis um:[120] Die betrieblichen Prozesse werden zum organisatorischen Strukturierungsmerkmal. An ihnen hat sich die Aufbauorganisation auszurichten. Die Wertschöpfung wird so gestaltet, dass eigenständige, am Kunden orientierte Prozesse dominieren, die ohne Schnittstellen zwischen den einzelnen Bereichen das Unternehmen durchlaufen. Ziel ist es, die Schnittstellen weitgehend zu eliminieren, da sie zu Abstimmungsproblemen führen, Informationsverluste verursachen und die Zuordnung von Verantwortlichkeiten erschweren. Gelingt dies, so können durch eine Prozessorganisation hohe horizontale Synergien realisiert werden.

Ausrichtung der Aufbauorganisation an betrieblichen Prozessen

Wichtig ist daher die Identifikation der sogenannten Kernprozesse. Dies sind funktionsübergreifende, strategisch relevante Wertschöpfungsprozesse, durch die der Kundennutzen optimiert werden soll. Sie werden direkt aus diesem abgeleitet und erhalten Unterstützung durch Supportprozesse, die meist keinen direkten Marktkontakt haben. Um die Kernprozesse im Unternehmen zu verankern, richtet man Prozessteams ein, die von einem Prozessverantwortlichen (process owner) geführt werden.

Identifikation funktionsübergreifender Kernprozesse

»Fluide« Organisationsstrukturen[121]: Der Wunsch noch rascher agieren und reagieren und sich dazu möglichst flexibel nach innen und – mit Partnern – nach außen organisieren zu können, ist charakteristisch für eine Reihe alternativer Or-

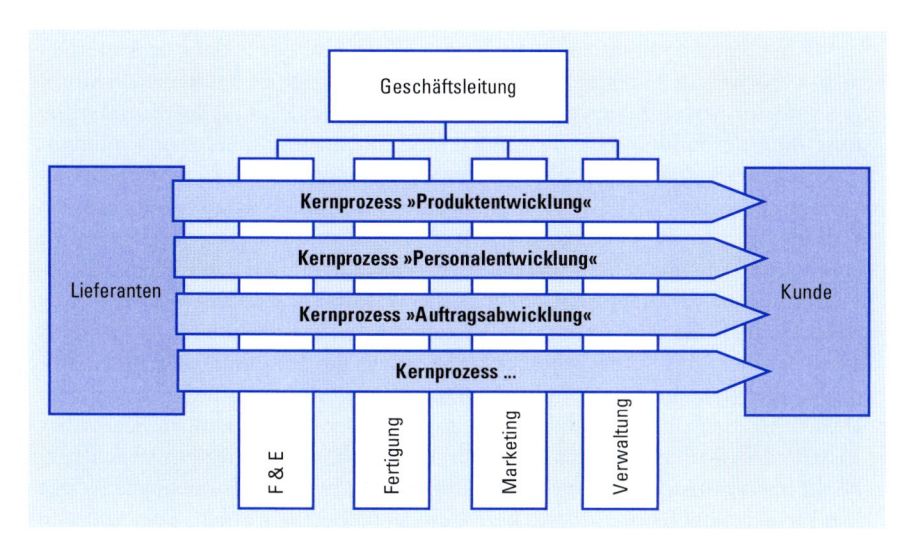

Abb. 5-26: Prozessorganisation

ganisationsstrukturen. Gleichzeitig will man die Vorteile »traditioneller« Strukturformen nicht verlieren und ist daher gezwungen, hybride Konstellationen zu schaffen. Betrachten wir einige intra- und interorganisatorische Formen:

Clusterorganisation
- *Clusterorganisationen* werden innerhalb von Unternehmen, d.h. intraorganisatorisch, eingesetzt. Der Begriff »Cluster« steht dabei für eine semi-permanente, multidisziplinär zusammengesetzte Gruppe ohne interne Hierarchie.[122] Jedes Cluster besteht aus ca. 30 bis 50 Personen. Die Stellung der Mitglieder bemisst sich nach ihrer Fachkompetenz, ihrer Erfahrung und ihren Führungsfähigkeiten. Da die Cluster multidisziplinär zusammengesetzt sind, wechseln die Führungsaufgaben von Projekt zu Projekt. Unterstützung erhalten die Cluster durch sogenannte Support Groups. Diese sind ebenfalls informell – stellen also keine zusätzliche Hierarchieebene dar – und haben die Aufgabe, erstens die Cluster bei ihrer Arbeit zu unterstützen und zweitens den Außenkontakt sicherzustellen. Die Mitglieder der Cluster können sich jeweils direkt an die Support Groups wenden. Da auch bei Clusterorganisationen eine Koordination zwischen den einzelnen Clustern erfolgen muss, setzt man entweder auf direkte, bi- oder multidirektionale Abstimmung oder bedient sich Managementeinheiten, die als Clearing-Stellen fungieren. Im Verhältnis zur Größe des ganzen Unternehmens versucht man jedoch, die notwendigen Managementebenen stark zu begrenzen.

Projektorganisation
- *Projektorganisationen* bestehen schwerpunktmäßig aus zeitlich befristeten Formen der Zusammenarbeit, den Projekten. Sie werden eingesetzt, um besonders komplexe, einzigartige oder neuartige Aufgaben zu bewältigen. Ist dies geleistet, lösen sich die Projekte auf. Projektorganisationen bieten damit ein hohes Maß an Flexibilität. Sie ermöglichen die unmittelbare Zusammenarbeit verschiedener Funktionen, führen jedoch durch ihre fortwährende Bildung, Auflösung und Neukonfiguration eine Instabilität in die Organisation ein, die hohe Koordinationsleistungen verlangt.

Virtuelle Unternehmen
- *Virtuelle Unternehmen*[123] stellen interorganisatorische Arrangements dar. Sie bezeichnen Netzwerke von Kooperationspartnern, die sich bei Erhalt ihrer rechtlichen Selbstständigkeit für kurze Zeit zusammenschließen, um kurzfristig Marktchancen zu nutzen.[124] Der Kunde eines Produktes soll dabei den Eindruck bekommen, dieses aus einer Hand zu erhalten. Die beteiligten Unternehmen werden nach Maßgabe der spezifischen Kernkompetenzen, die einzubringen sind, ausgewählt. Sie verzichten dabei weitgehend auf die Institutionalisierung zentraler Funktionen, verwenden moderne Informations- und Kommunikationstechnologien zur Integration ihrer Aktivitäten und setzen Vertrauen als verbindenden und stabilisierenden Mechanismus ein. Virtuelle Unternehmen sind also künstliche Gebilde, die sich problem- und kompetenzorientiert für eine kurze Zeitspanne zusammensetzen. Von der Einführung einer virtuellen Organisation verspricht man sich u.a. die Verkürzung des Zeitbedarfs für den Markteintritt, die Reduktion und Verteilung des unternehmerischen Risikos, einen Wissen- und Fähigkeitenzuwachs sowie die Erhöhung der Flexibilität durch eine dynamische Re- und Neukonfiguration der Partnerunternehmen.

Kritik
Diesen positiven Erwartungen sind einige kritische Bemerkungen gegenüberzustellen[125]. So bieten erstens virtuelle Unternehmen nur wenig Absicherung bei kooperationsspezifischen Investitionen, d.h. bei Investitionen, die weitgehend irreversibel in eine solche Beziehung eingebracht werden. Dies will man

ja gerade vermeiden. Andererseits ist dann fraglich, was ein virtuelles Unternehmen noch von einer Ansammlung reiner Markttransaktionen unterscheidet. Ist hier doch mehr gegeben, so ist fraglich, warum die beteiligten Partner sich auf ein solches Risiko einlassen sollten, wenn sie im Gegenzug nicht vertraglich abgesichert sind. Verweist man hier auf die besondere Bedeutung des Faktors »Vertrauen«, so steht dem zweitens entgegen, dass ja gerade die kurzfristige Zusammenarbeit und die bewusst gewollte Rekonfiguration der Partnerunternehmen nicht gerade hilfreich sind, um Vertrauen aufzubauen. Denn dieses hängt u. a. von der Zeitdauer und den positiven Erfahrungen während einer Beziehung ab. Eine gewisse Stabilität scheinen daher auch virtuelle Unternehmen zur Ausschöpfung ihrer Kooperationspotenziale zu benötigen.

Exkurs: Fünf Organisationskonfigurationen nach Mintzberg (1979)
Für Mintzberg (1979) ist eine Konzentration auf die aufbaustrukturelle Dimension nicht ausreichend. Er schlägt vor, Organisationen als komplexe *Konfigurationen* von zentralen Bausteinen (building blocks) und den zwischen ihnen koordinierenden Mechanismen zu verstehen. Er unterscheidet fünf solcher Bausteine:
- »Operating core«: Ort, wo die grundlegenden Wertschöpfungsarbeiten erledigt werden (z. B. in der Fabrik oder in einem Verkaufsladen),
- »Strategische Spitze«: das oberste Management der Organisation,
- »Mittlere Linie«: all die Manager, die zwischen dem obersten Management und den operativen Bereichen stehen,
- »Technostruktur«: Analysten, die die Managementsysteme entwickeln und die Arbeitsprozesse der operativen Bereiche kontrollieren (wie z. B. Ingenieure, Finanz- oder Computerspezialisten),
- »Hilfsstäbe«: Mitarbeiter, die die Arbeit der operativen Bereiche unterstützen (wie z. B. Sekretärinnen, Hilfskräfte, Kantine).

Die Bedeutung und Größe dieser Bausteine kann je nach Situation der Organisation und ihrer Umweltbedingungen variieren. Gleiches gilt für die Koordinationsmechanismen zwischen den einzelnen Bausteinen. Die wichtigsten sind:
- Gegenseitige Abstimmung durch informelle Gespräche,
- direkte Beaufsichtigung durch die Managementbereiche (dies umfasst auch die Überwachung des mittleren durch das oberste Management),
- Standardisierung von Arbeitsprozessen durch Systeme und Prozeduren (dies wird im Regelfall von der Technostruktur durchgeführt),
- Standardisierung des Outputs durch Produkt- und Dienstleistungsspezifikationen (die einzelnen Einheiten dokumentieren Umfang/Qualität der gegenseitig zu erbringenden Leistungen),
- Standardisierung von Fähigkeiten (besonders wichtig bei Unternehmen, deren Erfolg von der Entwicklung und dem Transfer von Wissen abhängt, wie z. B. Beratungsunternehmen),
- Standardisierung durch Normen (besonders wichtig bei polyzentrisch strukturieren Unternehmen, deren Teile über ein hohes Ausmaß an Autonomie verfügen).

Die organisatorischen Bausteine und Koordinationsmechanismen können nun auf vielfältige Art und Weise miteinander kombiniert werden. In ihrer Gesamtheit bilden sie *Konfigurationen*, die ein Unternehmen bei der Umsetzung seiner Strategien bestmöglich unterstützen sollen. Normalerweise entwickelt sich eine solche Konfiguration über die Zeit, ist also Ausdruck emergent verlaufender Entwicklungsprozesse. Idealtypisch lassen sich nach Mintzberg die sechs in Abbildung 5-27 dargestellten Konfigurationen unterscheiden, die jeweils durch die unterschiedliche Größe und Bedeutung ihrer Bausteine sowie der dabei eingesetzten Koordinationsmechanismen gekennzeichnet sind:

```
                    ┌──────────────┐
                    │ Strategische │
                    │    Spitze    │
                    └──────────────┘
              ╭───────╮      ╭──────────╮
              │Techno-│      │Hilfsstäbe│
              │struktur│     │          │
              ╰───────╯      ╰──────────╯
                    Mittlere Linie
          ┌─────────────────────────────────┐
          │        Operativer Kern          │
          └─────────────────────────────────┘
```

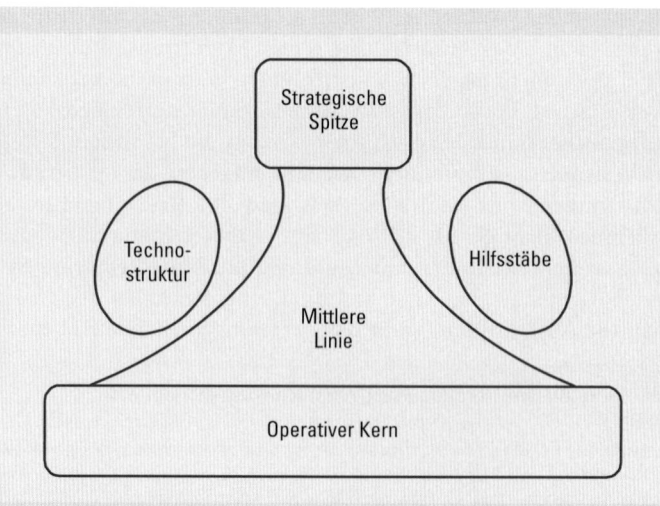

- **Einfache Struktur:** Die Organisation besteht aus einem oder wenigen Topmanagern und einer Gruppe von Ausführenden (klassisches Einzelunternehmen). Die Koordination erfolgt seitens der strategischen Führungsspitze, man bedient sich einer direkten Überwachungsform, die rasche Steuerungseingriffe erlaubt. Flexibilität ist die Folge.
- **Maschinelle Bürokratie:** Eine ausgeprägte Technostruktur und starke Standardisierungstendenzen herrschen. Der dezentralen Struktur wird mit starker Koordination durch standardisierte Prozeduren entgegengewirkt.
- **Professionelle Bürokratie:** Viele Professionelle arbeiten im operativen Kern. Die Befugnis, betriebliche und strategische Entscheidungen zu fällen, wird durch die ganze Hierarchie hindurch direkt zu den Experten vor Ort delegiert. Die Technostruktur ist verkümmert, da kaum Standardisierung gegeben ist.
- **Divisionalisierung:** Ansammlung von relativ unabhängigen Organisationseinheiten, die durch ein lockeres, administratives Netz verbunden sind. Die Gliederung entspricht den diversifizierten Produktgruppen. Eine Kontrolle der Führungsspitze erfolgt durch die Divisionen.
- **Adhokratie:** »Projektstruktur«, die Experten verschiedener Disziplinen in kreativen Teams zusammenfasst. Experten sind über die ganze Organisation verstreut. Entscheidungen werden primär basierend auf Fachwissen und lateraler Abstimmungsprozeduren getroffen, hierarchische Positionen zählen wenig.
- **Missionarische Konfiguration:** Bestimmend ist hier kein eigentlicher Baustein, sondern die alle Bausteine »umhüllende« Ideologie. Die Koordination der Teile erfolgt daher durch gemeinsame Normen und Weltbilder. Zudem besteht ein missionarischer Impetus der Organisation.

Wandel – mehr als ein »Ingenieurproblem«

Wandel wurde in dieser strukturellen Perspektive primär als ein »Ingenieurproblem« gesehen: Willentlich beeinflussbare Produktionsfaktoren müssen nur in das richtige »Mischungsverhältnis« gebracht werden. Zu bedenken ist hier allerdings, dass in Organisationen über Jahre gewachsene menschliche Beziehungsmuster sich nicht zwanghaft verändern lassen, da sie über ein gewisses Beharrungsvermögen (im Sinne von Eigendynamik) verfügen; sie können somit den strukturellen Wandel überdauern. Auch kann nicht davon ausgegangen werden, dass der Mensch sein Verhalten allein an wirtschaftlichen Größen ausrichtet.

5.2.5 Optionen zu den Entwicklungsobjekten: Die Räume

> **Fallbeispiel Lufthansa Group: Struktur folgt der Strategie**
> Im September 2015 hatte man bei der Lufthansa im Rahmen des Wandelprogramms »7 to 1 – Our Way Forward« beschlossen, die veränderte Strategie noch konsequenter auch in der Struktur abzubilden. Strategisch ist das Unternehmen mit zwei konkurrierenden Geschäftsmodellen im Passagiergeschäft tätig: Einem Premiumangebot, erbracht durch die Marken Lufthansa, Swiss Airlines und Austrian Airlines, sowie einem Low-Cost-Carrier-Angebot durch Eurowings und Germanwings. Bislang hatte der Konzernbereich »Passage« das gesamte Angebot unter sich vereint. Neu wurden daraus zwei Bereiche gemacht: Das »Hub Management«, das die Premium-Marken und die Drehkreuze der Gruppe steuert, sowie »Eurowings«. Germanwings wird auf Eurowings verschmolzen. Als dritte Säule kommen hinzu die »Aviation Services«, wozu Technik, Wartung, Cargo und Catering gehören. Neben dem CEO gibt es im Vorstand dann nach wie vor noch die Ressorts Finanzen sowie Personal & Recht. Im Zuge dessen werden Konzernfunktionen stärker in den Hubs für den gesamten Konzern dezentral zentralisiert. So erhält der Hub Wien die konzernweite Produktentwicklung, Zürich die Distribution und das Umsatzmanagement, Frankfurt den Vertrieb und München das Marketing. Neben dem besseren Alignment zu einer mehr kundenzentrierten Strategie verspricht man sich durch diese Reorganisation auch eine Effizienzsteigerung, denn es soll damit eine der vier Führungsstufen unterhalb des Vorstands wegfallen.

(b) Der politische Gestaltungsraum: Wer Wandel gestalten will, muss versuchen seinen politischen Kontext zu verstehen, d. h., das Management des Wandels auch aus einer politischen Perspektive heraus zu betrachten: Welche Anspruchsgruppen verfügen über welche Formen von Macht in welchem Ausmaß? Dies ist zum einen bedeutsam, weil Politik und Macht die Entwicklungsdynamik wesentlich mitbeeinflussen können; zum anderen weil man sich bei der Gestaltung des Wandels selbst politischer Instrumente (Konfliktmanagement, Verhandlungstaktiken etc.) und des Einsatzes von Macht bedienen möchte. Dies kann etwa hilfreich sein beim Aufbau einer Machtbasis (z. B. bei der Beschaffung von Ressourcen), bei der Suche nach Unterstützung einflussreicher Anspruchsgruppen z. B. durch Zugeständnisse zur Überwindung bestimmter Widerstände, bei der Bildung wichtiger Kooperationen und Netzwerke oder bei der Nutzung der symbolischen Kraft, die mit Macht verbunden ist.

Aus einer politischen Perspektive wird die *Organisation als Ort teilweise konfligierender, politischer Interessen gesehen*, wo es um die Ausspielung von Macht, Erlangung von Prestige, Ausübung von Einfluss, Erzwingung von Gefolgschaft etc. geht. So will z. B. die Führungselite ihre Herrschaft über das Besetzen bestimmter Machtbasen (Allokation organisatorischer Ressourcen auf die Subsysteme, Macht über wichtige Symbole, Expertenmacht etc.) mikropolitisch absichern. Damit einhergehende Auseinandersetzungen um Machtbasen lassen in den Organisationen Arenen politischer Interessen entstehen, die Einzelpersonen bzw. Koalitionen in diese Arenen einbringen. Die Art, wie sich eine Organisation in ihrem Geschehen und in ihren Zielen darstellt, ist damit ein nur temporär gültiges Ergebnis von Verhandlungsprozessen und Konfliktlösungen.

Organisation als Ort konfligierender Interessen

Wandel hat immer etwas mit dem Durchsetzen von mit der Intervention verbundenen Interessen auch durch die Ausübung von Macht zu tun. Dabei kann es um die Besetzung wichtiger Positionen gehen, um die Nutzung von Expertenmacht, um das Verhängen von Sanktionen, um das Ausnutzen persönlicher Abhängigkeiten, um die Ausstattung mit Positionsmacht, das Festsetzen von Agenden (Tagesordnungen etc.), das Bilden in- und externer Koalitionen und Kooperationen, die Strukturierung des Informationsflusses etc. Dadurch werden bei Wandel Interessenkonflikte und Dissens erzeugt. Über Jahre nach und nach in Ausgewogenheit gebrachte Interessengleichgewichte brechen auf einmal wieder auf. Unweigerlich entsteht eine neue Verteilung von Gewinnern und Verlierern. Ein Ausweichen dieser Konflikte würde zu ihrer Verlagerung in den Untergrund führen, was nicht wünschenswert ist. Deshalb benötigt man im Wandel Arenen, in denen die sich formierenden Interessenpositionen neu ausgehandelt werden können. Aus gegensätzlichen Standpunkten muss möglichst weitgehend ein gemeinsames geteiltes Übereinkommen entstehen (»Win-win-Situation«). Dieser politischen Perspektive liegt die Annahme zu Grunde, dass Organisationen *komplexe Koalitionsgebilde* sind: Die Ziele von Organisationen und ihren Mitgliedern sind i. Allg. keineswegs deckungsgleich; aufgrund von Ressourcenknappheit und im Wandel veränderten Verteilungsmechanismen ist das Auftreten von Konflikten etwas Normales. Gefahr einer solchen Betrachtungsweise ist eine zynische Betrachtung von Unternehmen, die zu einer zusätzlichen »Politisierung« führen könnte.

Organisation als komplexe Koalitionsgebilde

(c) **Der kulturelle Gestaltungsraum:** Veränderungsprozesse haben oft auch einen symbolischen Kern. Organisationen sind für ihre Mitglieder unsicher, mehrdeutig und paradox. Trotzdem müssen sie, um handeln zu können, Wege finden, sich das organisatorische Geschehen zu erklären. Viele Ereignisse sind nicht rein rational erklärbar. Um sich aber trotzdem ihre Bedeutung zu erschließen, werden Interpretationen des Ereignisses angefertigt, die auf den Werten und Wirklichkeitsauffassungen der Interpreten aufbauen. Durch die Zuordnung von *Symbolen* – in Form bestimmter Objekte (z. B. Auszeichnungen), Ereignisse (z. B. das Feiern des Erreichens von Zwischenzielen) oder Personen (z. B. Einbindung einer respektierten externen Persönlichkeit als Katalysator) – entsteht »Ordnung«, aus der Handlungen abgeleitet und mit Sinn versehen werden. Da diese Deutungsmuster sich »geschichtlich« aus der Dynamik der Vergangenheit entwickelt haben, verbinden sie in der Interpretation die Zukunft mit der Vergangenheit. Dies erklärt auch den »Eigensinn« von Organisationen bezogen auf zu ambitionierte Wandelinterventionen. Interventionen sind nur umsetzbar, wenn sie an die Befindlichkeit der Organisation anschlussfähig sind; Führung muss sich dieser Tiefenstruktur vergegenwärtigen, wenn sie nachhaltig erfolgreich sein will. Um Wandel zu erreichen, bedarf es in dieser Perspektive zuerst einmal eines breiten Bewusstseins für den notwendigen Veränderungsbedarf. Neue Konzepte der Wirklichkeit müssen in den kognitiven Strukturen der Handelnden verankert werden. Ein Ansatzpunkt für Wandel sind demnach die *Werte*: Über Jahrzehnte gewünschte Einstellungen scheinen auf einmal nicht mehr gefragt zu sein. Neue Werthaltungen sollen eingenommen und in Verhaltensweisen überführt werden.

Symbole als »Sinnproduktzentren«

Neue Konzepte der Wirklichkeit

Ein anderer Ansatzpunkt ist das *symbolische Management*: Wandel erzeugt bei den Beteiligten und Betroffenen einen Verlust an Sinn und Zweck. Gewachsene Bindungen an Symbole, die in hoch verdichteter Form komplexe Sachverhalte repräsentieren, verlieren auf einmal an Bedeutung und werden durch neue ersetzt. Dadurch entstehen existenzielle »Wunden«, die der »Trauerarbeit« und einer symbolischen »Heilung« bedürfen. *Die Organisation wird hier wie ein »Theater« gesehen.* Dabei können Aspekte wie Rollenspiel, Drehbuch und Maskerade als Bestandteil der sozialen Interaktion und zur Erzeugung gewünschter

Symbolisches Management

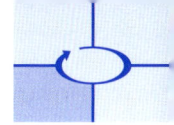

Interpretationen in den Vordergrund treten. Gegenstand der Gestaltung können Dinge wie Sprache, Visionen, Mythen, Riten etc. sein. In irgendeiner Form bedarf der Übergang eines symbolischen Ausdrucks. In einem Familienunternehmen wird z. B. häufig mit der formellen Übergabe des Geschäfts an die Kinder ein Gemälde der abtretenden Person an einer Wand angebracht, an der schon alle Vorgänger hängen.

Ansatzpunkte können neben den Werten und dem symbolischen Management aber auch Maßnahmen der Personalentwicklung und Wahl eines anderen Führungsstils sein. Unter der kulturellen Perspektive wird die *Organisation also als ein System von Werten betrachtet, das durch Regeln und Normen gewissermaßen zusammengehalten wird*. In der Sprache, den Handlungen und den Artefakten (Gebäude, Kleiderordnung, Erscheinungsbild etc.) gelangen die zentralen Werte und die darunter liegenden Grundannahmen an die Oberfläche. Sie spiegeln die gemeinsam gestaltete soziale Wirklichkeit der Beteiligten (»The way we do things around here«).

Organisation als ein System von Werten

Bei der Gestaltung der kulturellen Dimension sollte Beachtung finden, dass eine zu ausgeprägte gemeinsame Kultur eventuell auch Vielfalt hemmt und damit auch Wandel behindern kann. Dies gilt natürlich auch dann, wenn das Thema Kultur zur Ideologiekontrolle missbraucht wird.

Zur Veranschaulichung dieses dreidimensionalen Bezugsrahmens zur Betrachtung von Organisationen zeigt die Abbildung 5-28 die zusammengefasste Beschreibung der Organisation eines mittelständischen Familienbetriebes.

Mit diesen drei Gestaltungsräumen von Organisationen im Wandel betrachten wir also einerseits die »formale« Organisation, die sich in »offiziellen« strukturellen Regelungen niederschlägt (Aufbau- und Ablauforganisation etc.); andererseits werden Organisationen aber auch als durch »informale« Phänomene wie Mikropolitik, weltanschauliche Grundhaltungen, Rituale, Stimmungen, Kognitionen etc. beeinflusst betrachtet. Diese stellen dabei keine nur sporadisch auftretende »Störgröße« dar, sondern sind systematischer und permanenter Bestandteil der Dynamik von Organisationen. In dieser Tiefenstruktur ist der weitaus größere Teil des organisatorischen Geschehens zu verorten. Sie ist damit die primär verhaltensprägende Dimension, auf der die Oberflächenstruktur aufbaut. Wer demnach Organisationen nachhaltig verändern will, muss in der Lage sein, jede der Organisationsdimensionen in ihrer Wirkungsweise zu verstehen und zu beeinflussen.

(2) Handlungsoptionen

Ausgehend von der diagnostizierten Ist-Situation spielen sich nun die Handlungsoptionen zur Ausgestaltung des Wandeldesigns bei den Gestaltungsräumen in den drei aufgezeigten **Dimensionen** Struktur, Politik und Kultur ab:

- *Struktur*: Welche strukturellen Maßnahmen sind zu treffen, damit Ziele, die mit dem Wandel verbunden sind, möglichst effektiv und effizient erreicht werden können?
- *Politik*: Welche politischen Maßnahmen sind zu treffen, um die teilweise konfligierenden politischen Interessen auf den strategischen Wandel auszurichten?
- *Kultur*: Welche kulturellen Maßnahmen sind zu treffen, damit die Werte, Regeln und Normen förderlich auf den strategischen Wandel wirken?

Ablauforganisation
- Geringer Formalisierungsgrad
- Feed-back in jeder Phase des Prozesses (informelle Kommunikation, periodische Status-Sitzungen)
- Grobe Zieldefinition durch das PPC (Project Planning Committee); regelmäßige Abstimmung und Anpassung

Aufbauorganisation
- Zweidimensionale Matrixstruktur: Projekte und Fachgruppen
- Zentrale Bedeutung des PPC als Steuerungsgremium und Entscheidungsinstanz in Konfliktfällen
- Einbeziehung aller Betroffener (Akzeptanz)
- Interdisziplinäre Aufgabenverteilung
- Ad-hoc-Zusammensetzung der Teams

Strukturmerkmale Konzern
- Grundsätzlich hohe Autonomie
- Viele informelle Kontakte
- Zentrales Archiv- und Kommunikationssystem

Struktureller Ansatz »Maschine«

Organisation

Politischer Ansatz »Arena«

Kultureller Ansatz »Theater«

- Familiärer Charakter prägt den Umgang mit Macht: Eltern-Kinder-Beziehung zwischen Geschäftsleitung und Mitarbeitern
- Kritik trifft nicht alle in gleichem Maße: Die charismatische Führung und die als etwas Besonderes wahrgenommene Organisationsform genießen Vorrangstatus
- Hierarchie ist durchaus noch vorhanden, aber sublimer (Diskrepanz zwischen Wunsch und Wirklichkeit)
- Konfliktort »Matrix«: Ressourcenkampf zwischen Projekten und Fachgruppen
- Ursache für Dissens wird vor allem in Informationsdefiziten gesehen; entsprechend offene Infrastruktur (Ausnahme: Finanzdaten)
- Spielraum für Eigeninitiative ist da, wird jedoch noch zu wenig genutzt

Sprache
- »Nicht einschlafen«, »zwanglos«, »keine Tabus«: Aktionsorientierung und Offenheit als Werte
- »Spaghetti«-Metapher für die Struktur

Symbolische Handlungen
- Rituale, z.B. »Gipfeli-Pause«, »interner Umzug«, »Telefondienst« (über die Mittagspause: geht reihum ohne Ausnahme, auch Geschäftsführung)
- Legenden: die »schlechten alten Zeiten« der XY-Ära

Artefakte
- Einheitliche Ausstattung (Möbel, DV-Geräte, ...): das Individuum wird selbst zum Symbol (lässige, sportliche Kleidung)
- Modernes Design, offene Atmosphäre, kaum Ecken und Kanten

Einstellungen, Entwicklung, Führung
- Hohe Motivation und Identifikation
- Schwierige Karriereplanung aufgrund der flachen Hierarchie
- Aus- und Weiterbildung wird stark gefördert
- Produktivitätssteigerung durch informelle Kommunikation
- Gruppenarbeit überwiegt (Projektteams) und prägt das Handlungsumfeld
- Rotation vor allem in räumlicher Hinsicht
- Relativ offener, demokratischer Führungsstil

Abb. 5-28: Fallbeispiel zum Diagnose-Raster

5.2.5 Optionen zu den Entwicklungsobjekten: Die Räume

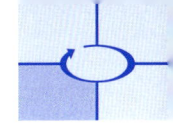

Bei jeder Gestaltungsdimension gilt es also genau zu klären, was überhaupt in welchem Umfang geändert werden soll und welche Instrumente dabei zum Einsatz kommen sollen. So kann z. B. ein Business Process Reengineering zur Neugestaltung der Ablauforganisation eingesetzt werden. Werden die organisatorischen Rahmenbedingungen in großem Umfang geändert, so erzeugt dies einerseits eine erhebliche Unruhe in der Organisation mit teilweise ungewissem Ausgang. Diese Unruhe hält die Mitarbeiter von ihren normalen Tätigkeiten ab. Andererseits werden neue Strategien kaum ohne ein entsprechendes organisatorisches Alignment zum Leben gebracht werden können.

Auch muss man sich über den richtigen Mix und die geeignete Sequenz der Veränderungen in den drei Gestaltungsräumen Gedanken machen. Sollen z. B. zuerst nur die Strukturen verändert werden und nachgelagert erst die Kultur? Oder soll zuerst der politische Verhandlungsprozess in den Mittelpunkt des Wandelprogramms gestellt werden? Betrachtet man gescheiterte Wandelprozesse, dann wird man immer wieder feststellen, dass ihre Gestalter eine zu eindimensionale Betrachtungsweise des sozialen Systems hatten. Oft dominierte in solchen Fällen die strukturelle Perspektive. Verfügt man nur über diese »Brille«, dann wird den Gestaltern des Wandels kaum bewusst, dass der Wandel sich nicht wie gewünscht entwickelt; mit anderen »Brillen« bereits sichtbare Probleme können gar nicht gesehen werden, da der Wandel in seinem Fortschritt aus einer anderen Sicht betrachtet wird. Man beobachtet z. B. die Einführung einer neuen Aufbauorganisation, sieht aber erst relativ spät, dass sich das Verhalten nicht entsprechend ändert, obgleich die neue Organisationsstruktur bereits implementiert ist. Die Organisation lässt die rein strukturelle Intervention »abklatschen« und befindet sich bald wieder im Strom der alten Rollen und Interaktionsmuster. Die einzelnen Gestaltungsräume lassen sich auch sequenziell abarbeiten, da sie nur begrenzt einer zeitlichen und inhaltlichen Verzahnung bedürfen.[126] Findet dies keine Beachtung, so greift der Wandel nicht nur nicht, sondern die isolierten und suboptimierenden Eingriffe können ein bislang weitgehend funktionierendes Ganzes zunehmend funktionsunfähig werden lassen.

Gefahr einer dominant strukturellen Betrachtungsweise

Eine der häufigsten Ursachen, warum es zu Projekten fundamentalen Wandels kommt, ist die Erstarrung eines Unternehmens in dem, was ihm in der Phase zuvor seinen Erfolg beschert hat. Erfolg verführt oft zu der Annahme, dass man eine »ideale Rezeptur« gefunden hat. Innerhalb dieses Denkmodells wird nun alles fein-säuberlich aufeinander abgestimmt: die Ausdifferenzierung der Strategie, die Ausgestaltung der inner- und interorganisatorischen Beziehungen sowie die Verfestigung der Kultur. Auch werden immer mehr Routinen entwickelt und perfektioniert. All dies ist wiederum der Performance zuträglich. Alle werden auch dazu ermuntert, dieses System immer noch weiter zu verbessern.

Wandelt sich nun das Umfeld, dann kann genau dies zur Falle werden: Die strategischen Denkrahmen, d. h., die Art und Weise, wie Führungskräfte ihr Geschäft sehen, wird zu »Scheuklappen«. Man sieht nicht mehr, dass das eigene Geschäftsverständnis aufgehört hat, zu greifen. Die zentralen Werte der Unternehmenskultur sind zum unanfechtbaren Dogma geworden und zwängen jede Entwicklung in ein »Korsett« ein. Die den Ablaufprozessen zu Grunde liegenden Routinen bleiben unhinterfragt (»Das haben wir schon immer so gemacht!«). Aufgrund der Rigidität dieses Führungssystems wird es fast unmöglich, dieses zu durchbrechen. Selbst in dramatischen Situationen folgt man weiter den etablier-

Unternehmen als Opfer des Erfolges

ten Prozessen; dies aber nun noch intensiver als zuvor. So kann das Unternehmen jetzt Opfer seines vorangegangenen Erfolgs werden.[127]

Entsteht nun irgendwo und irgendwie im Unternehmen eine Initiative zum strategischen Wandel, dann reicht es nicht aus, wenn nur an der Strategie selbst, also den mentalen Denkstrukturen der Entscheidungsträger, angesetzt wird, da die Strategie selbst – im obigen Bezugsrahmen neben der Kultur, den Prozessen und den Beziehungsstrukturen – eben nur ein Stein in diesem scheinbar perfekt aufeinander abgestimmten Puzzle ist. Will man die für einen Wandel notwendige Energie in das System bringen, dann müssen alle Elemente eines Führungssystems hinterfragt und meist auch aufgebrochen und verändert werden, um zu einem neuen Alignment zu kommen.

Mobilisierung zum Wandel

Zusammenfassend geht es hier also um eine *kognitive Mobilisierung*, um zu einem adäquateren Geschäftsverständnis zu gelangen, um eine *emotionale Mobilisierung*, um Werte und Einstellungen weiterzuentwickeln, um eine *relationale Mobilisierung*, um die inter- und innerorganisatorischen Beziehungsstrukturen neu aufzugleisen, und um eine *prozessuale Mobilisierung*, um zu neuen Abläufen und Routinen zu gelangen. Wandel muss also immer mehrschichtig betrieben werden.

Bevor es jedoch zu einer solchen Mobilisierung kommen kann, müssen sich alle Beteiligten und Betroffenen schonungslos ihre Ausgangssituation vor Augen führen. Wandelaktivitäten müssen auf einem gut fundierten Bewusstsein zum Wandel (in allen relevanten Dimensionen des Führungssystems) aufsetzen können.

> **Fallbeispiel: J. P. MORGAN**
>
> Hilfreich zur Einnahme einer solchen ganzheitlichen Betrachtungsweise sind Konzepte, in denen bereits die verschiedenen Gestaltungskomponenten thematisiert sind. Als Beispiel kann hier das bereits im Feld »Positionierung« angesprochene 7S-Konzept genannt werden. In Abbildung 5-29 wird es exemplarisch auf den Wandel der U.S.-Bank J. P. MORGAN Anfang der 90er-Jahre angewandt. Das Erfolgskonzept bezüglich der Ausrichtung des Unternehmens auf den Markt wird über die Faktoren Selbstverständnis, Strategie und Spezialfähigkeiten abgebildet. Die Faktoren Struktur, Systeme, Stammpersonal und Stil repräsentieren das Führungssystem des Unternehmens und sind damit Ausdruck seiner inneren Beschaffenheit. Anzumerken ist zu diesem Fall, dass J. P. MORGAN aufgrund des amerikanischen Trennbankensystems zunächst nicht möglich war, in das Investmentbanking einzutreten.
>
> | 7S | Anfang der 80er-Jahre | Anfang der 90er-Jahre |
> |---|---|---|
> | **Selbst-Verständnis** | • Führende *amerikanische Geschäftsbank* für Topunternehmen | • Führende *globale Wholesale-Bank* für Topunternehmen |
> | **Strategie** | • Aufbau einer Investmentbank in London
• Aufbau erforderlicher Fähigkeiten in den USA
• Lobbying in den USA für eine liberale Interpretation des Trennbankensystems | • Massiver Aufbau von US-Underwriting und Handel
• Expansion nach Asien |

Abb. 5-29: Wandel bei J. P. MORGAN auf Basis des 7S-Konzepts (Quelle: McKinsey)

5.2.5 Optionen zu den Entwicklungsobjekten: Die Räume

7S	Anfang der 80er-Jahre	Anfang der 90er-Jahre
Spezial-Fähigkeiten	• Exzellentes Relationship-Management mit großen US-Unternehmen • Hervorragende Kreditbeurteilung und AAA-Rating	• Zusätzlich Spezialfähigkeiten in fast allen Bereichen des Investmentbanking • Integration der Geschäftsbank- und Investmentbank-Kulturen
Struktur	• Traditionelle, regional orientierte Geschäftsbankenorganisation • Hierarchisch, viele Führungsebenen	• Globale Divisions • Relationship-Manager als Koordinator für Geschäftsbank- und Investmentbankspezialisten • Flache Hierarchien, Teamstrukturen
Systeme	• Positionsgebundene, weitgehend fixe Vergütung • Intensive Job-Rotation	• Stark ergebnisorientierte Vergütung • Intensive Job-Rotation
Stamm-Personal	• »Wasp«; elitäre, weisse Ostküstenkultur	• »Buntes Völkergemisch« auf allen Ebenen • Drei von fünf Vorständen Nichtamerikaner
Stil	• Elitär • Bürokratisch • Statusorientiert	• Offene Kommunikation • Leistungsorientiert • Starke Betonung von Teamwork

Partizipation, direkte Feed-back-Prozesse und ein begleitendes Coaching bzw. Mentoring oder auch psychologische und therapeutische Hilfe beschleunigen das Lernen und die Veränderung. Es wird hier davon ausgegangen, dass der Wandel häufig nicht allein durch die Mitarbeiter bewältigt werden kann, sondern dass sie einer Unterstützung bedürfen. Dafür muss ein erheblicher zeitlicher und finanzieller Aufwand in die Kalkulation eines Wandels einbezogen werden. Diese Annahme steht teilweise in krassem Widerspruch zur Praxis, wo nicht selten unterstellt wird, dass das Beschäftigungsverhältnis ausreicht, um einen Mitarbeiter zum Wandel zu veranlassen.

Das unterstützende Training ist Teil der Dramaturgie eines Wandelprojektes. Seine zeitliche Sequenz muss einen Spannungsbogen darstellen, der menschlichen Lernprozessen in solchen Situationen gerecht wird. Wo Neues verlangt wird, verliert Altes meist an Bedeutung. Die Mitarbeiter, die ihr Selbstvertrauen aus den über Jahren angeeigneten Kompetenzen und Erfahrungen beziehen, fühlen sich auf einmal inkompetent, nutzlos, machtlos, überflüssig und bedroht. Bevor Neues erlernt werden kann, bevor neues Selbstvertrauen aufgebaut wird, muss Abschied vom Alten genommen werden, muss »entlernt« werden.

Unterstützendes Training

Die Gestaltung eines solchen Programms erfordert die entsprechenden Kompetenzen und Ressourcen. Es bietet sich an, z. B. eine Trainings-Taskforce zu bilden, die mit entsprechendem Vorlauf und Pilot- und Feed-back-Möglichkeiten ein leistungsfähiges Programmpaket konzipiert und den »Roll-out« auf die Gesamtorganisation vorbereitet. Dazu zählt auch die Verpflichtung und Einweisung geeigneter Trainer.

> **Fallbeispiel: KPMG**
> Colin Sharman war 1992 für die Neuausrichtung von KPMG in der Region Südosten verantwortlich. Es ging darum, von einer nach Fachrichtungen strukturierten Aufbauorganisation (Wirtschaftsprüfung, Unternehmensberatung, Rechtsberatung etc.) auf nach Branchen strukturierten Kundengruppen überzugehen. Er kam dabei zu folgender Erkenntnis zum Zusammenhang von Verhalten, Fähigkeiten und Strukturen: »The key was to get client focus into our organisation. Initially I thought that I could operate successfully by changing only the behavior and skill sets of our people, in particular our partners. But I came to the conclusion that was not going to work. If I have changed the behaviour of partners and staff to become more client focused, more market sector focused, more knowledgeable about the market place, that would rapidly fall apart. We would need to reinforce it by measurement systems to ensure that our people were measured by these new ways of doing things; and by a structure which aligned with what people were beeing asked to do. If people, accountable in one direction, were told to focus their efforts in another, it was likely that one or other would lose out, probably the new focus. And if measurement systems and reward systems measure something other than the new behaviour we are asking for, it is fairly clear what would happen. So I concluded that we needed what I call a virtuous circle of change consisting of three interlinking elements – structure, measurement and behaviour, all needing to operate on each other. But of course, changing all three elements was a much bigger task taking much more time.«[128]
>
> Ziel der Maßnahmen war das veränderte Verhalten. Verhalten baut auf Einsicht und Fähigkeiten auf. Deshalb hatten intensive und vielgestaltige Kommunikation sowie die Einrichtung entsprechender Arenen die Gewinnung neuer Einsichten zu fördern. Umfassende *Trainingsmaßnahmen* sollten zusammen mit den veränderten organisatorischen Rahmenbedingungen das Einüben der neuen Fähigkeiten ermöglichen.
>
> Zur Ausrichtung der Mitarbeiterentwicklung und -beurteilung wurde auch ein *competency framework* entwickelt, in dem beschrieben wurde, über welche Fähigkeiten das Unternehmen zukünftig verfügen sollte: »Client responsiveness, Business skills, Management, Personal effectiveness, Social skills, Thinking skills«. Jede dieser sechs Fähigkeiten wurde noch präzisiert, z. B. »Business Skills: Commerciality – relates all aspects of KPMG's service to client's business perspective and commercial drivers; Business development – is seen by existing clients to market effectively and appropriately.«[129]

Abschließend stellt sich nun die Frage nach den *Ansatzpunkten* für organisatorische Veränderungen in den drei Dimensionen Struktur, Politik und Kultur sowie den dort einsetzbaren *Instrumenten*. Hier steht im Prinzip alles zur Verfügung, was zur Organisationsgestaltung beiträgt. So kann man z. B. eine Flexibilisierung der Organisation über eine Abflachung der Aufbauorganisation (z. B. durch den Abbau von Hierarchieebenen) erreichen.[130] Teilweise gibt es für die einzelnen Ansatzpunkte »vorgefertigte Werkzeugkästen« mit verschiedenen Instrumenten. Eine Abflachung der Organisation gehört z. B. in den »Werkzeugkasten« der »Lean Organization«. Solche *vorgefertigten, programmatischen Change-Werkzeuge* sind Output einer globalen Dienstleistungsindustrie, die aus geschäftlichem Interesse versucht, einen möglichst allgemein gültigen Lösungsansatz für ein besonders drängendes Problem vieler Unternehmen zu entwickeln. Manche dieser Ansätze sind reine Modeerscheinungen und verschwinden sehr schnell wieder. Andere – wie etwa TQM (Total Quality Management), KVP (Kontinuierliche Verbesserungsprozesse) oder BPR (Business Process Reengineering) – prägen das Handeln in einer bestimmten Epoche. Oft ist dann ein Change Programm sehr eng an einen solchen Ansatz gebunden. Damit wird der Erfolg des Wandels stark an den Erfolg einer speziellen Methode gekoppelt, was riskant ist.

Wandel auf mehrere Instrumente abstützen

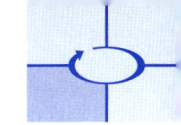

5.2.5 Optionen zu den Entwicklungsobjekten: Die Räume

Solche Ansätze sollten zur methodischen Unterstützung des Wandels herangezogen werden können; sie sollten aber niemals den Wandel selbst ausmachen.

Gefahr solcher Ansätze ist es auch, dass ihnen die strategische »Unterfütterung« und der Bezug zum lokalen Kontext fehlt: Man macht ein BPR, weil es Mode ist und man viel versprochen bekommt (Quantensprünge bei der Kostenreduktion); gleichzeitig sägt man sich mangels strategischer Vorgaben und unzureichender Kenntnis der damit verbundenen Interessen vielleicht aber den Ast ab, auf dem man sitzt. Dies kann dann noch dadurch verstärkt werden, dass zu puristisch an ihrem Konzept »klebende« Berater den notwendigen Kontextbezug verhindern. Interesse des Beraters – und vielleicht sogar der Unternehmenszentrale, von der der Wandel ausgeht – ist die Standardisierung, um die Komplexität zu reduzieren; an einem spezifischen Ort des Wandels kann dies allerdings genau den gegenteiligen Effekt haben. Probleme mit solchen programmatischen Ansätzen können auch dadurch entstehen, weil es kein geteiltes Verständnis zu ihren Inhalten gibt. Jeder verbindet damit etwas anderes. Dies führt dann zu einem »political labeling«: Man klebt auf irgendeine eigene Initiative die von oben gewünschte Etikette des Programms darauf, was dort wiederum gerne gesehen wird, da man nun einen weiteren »Beweis« dafür hat, dass das Programm in Schwung gekommen ist.

Gefahr des «political labeling«

Teilweise kann die Kultivierung einer Organisation in Richtung mehr Wandelfähigkeit auch mit bestimmten Schlüsselbegriffen versehen werden, unter deren »Regenschirm« dann eine Vielzahl von strukturellen, kulturellen und politischen Methoden und Ansätzen zur Anwendung kommt. Ein Beispiel hierfür ist die »Virtualisierung der Organisation«[131]: Grundsätzlich geht es dabei um das Erlangen von mehr Flexibilität sowohl auf der Angebotsseite als auch beim Aufbau und Ablauf der internen Leistungsprozesse. Dazu zählen Strukturmaßnahmen wie Reduktion der Wertschöpfungstiefe oder Abbau von Hierarchieebenen ebenso wie die Förderung dazugehöriger Einstellungen (Offenheit, Risikobereitschaft etc.) oder der Übergang zu mehr polyzentrischen Machtstrukturen.

Zur exemplarischen Verdeutlichung wurde in Abbildung 5-30 einmal versucht, einige Ansatzpunkte und Instrumente, die in einem Management des Wandels zum Tragen kommen können, den drei Gestaltungsräumen zuzuordnen.[132] Dies kann nur von ihrem Schwerpunkt her geschehen, da die meisten von ihnen in letzter Konsequenz in alle drei Räume hineinragen.

Abb. 5-30: Ansatzpunkte und Instrumente zur Veränderung der organisatorischen Rahmenbedingungen

Gestaltungsräume:	Struktur	Politik	Kultur
Ansatzpunkte	Aufbauorganisation; Ablauforganisation; Regeln; Anreiz- und Sanktionssysteme; Performance Messung; etc.	Machtbasen; Koalitionen; Interessen; etc.	Werte und Einstellungen; Normen; Symbole; etc.
Instrumente/ Managementkonzepte	Reorganisation; Business Process Reengineering; Benchmarking; Outsourcing; Lean Management; Virtuelle Organisation; Kaizen/TQM/KVP Trainingsmaßnahmen; etc.	Konfliktmanagement; Verhandlungstechnik; Political Mapping; etc.	Symbolisches Management; Lernende Organisation; Kultureller Wandel; »Cultural Web« etc.

Es besteht hier nicht der Raum, um diese Instrumente darzustellen. Dazu sei auf die entsprechende Literatur verwiesen.[133] Lediglich ein Instrument, das für die Gestaltung der kulturellen Dimension einer Organisation eingesetzt werden kann, sei hier exemplarisch im folgenden Exkurs erläutert.

Exkurs: Cultural-Web-Analyse

Die von Johnson/Scholes/Whittington (2008) vorgeschlagene Analyse des Cultural Web ist ein Instrument zur Untersuchung der Bedeutung der Unternehmenskultur in einem organisatorischen Veränderungsprozess. Es kann dazu genutzt werden, die Kräfte, die einen Wandel fördern und ermöglichen oder sich aber auch einem Wandel widersetzen, zu analysieren. Das Cultural Web soll eine Repräsentation der Organisationskultur darstellen, die ihren Kern im zentralen Paradigma des Unternehmens hat. Dieses steht für die kaum noch hinterfragten Grundannahmen des täglichen Handelns. Oft lässt es sich auch über die zentrale Erfolgsformel ausdrücken. Wie Abbildung 5-31 zeigt, werden um das Paradigma herum sechs weitere Elemente der Kultur aufgespannt: Geschichten, Rituale und Routinen, Symbole, Organisationsstrukturen, Steuerungssysteme und Machtstrukturen. Eine Annahme, die hinter der Analyse des Cultural Web steht, ist, dass die 1 plus 6 Elemente des Cultural Web eine gewisse Kohärenz aufweisen sollten, um als Organisation auch zu »funktionieren«. Damit verbunden ist auch die Annahme, dass die Kultur immer wieder in Einklang mit der Strategie gebracht werden sollte. In einer solchen kohärenten Kultur sieht man auch die Basis als einen nachhaltigen Wettbewerbsvorteil, da sie kaum imitierbar ist. Sie kann aber auch zum »Bremsklotz« für Wandel werden, da man sie nur schwer zu verändern vermag. Man ist in ihr irgendwo auch gefangen.

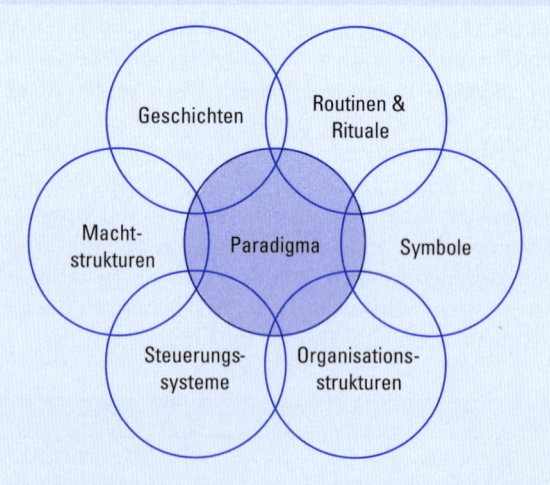

Abb. 5-31: Das Cultural Web (Quelle: Johnson/Scholes/Whittington 2008, S. 198)

Die einzelnen Elemente lassen sich am besten anhand einfacher Fragestellungen diagnostizieren:

- *Geschichten:* Erzählungen aus dem Unternehmen betten in der Art und Weise, wie und wann sie berichtet werden, die Gegenwart des Unternehmens in seine Geschichte ein. Sie handeln von Helden, Tragödien, Erfolgserlebnissen etc. im Unternehmen und lassen uns wissen, was im Unternehmen als möglich und unmöglich erachtet wird (oder wie man es gerne sehen würde).
    - Welche Glaubenssätze verbergen sich hinter den Geschichten?
    - Wer sind die »Guten«, wer die »Bösen«?
    - Welche Normen werden daraus abgeleitet?

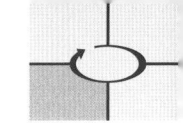

- *Routinen und Rituale:* Routinen lenken das Verhalten der Mitarbeiter untereinander und auch, wie sie mit den externen Anspruchsgruppen interagieren. Dieser »way we do things around here« wird noch verstärkt durch die Rituale einer Organisation. Durch besondere Ereignisse wird betont, was einem wichtig ist (z. B. bewusst eingeübte Verhaltensformen wie »training drills«, Durchführung von Beförderungen, Vergabe von Auszeichnungen, Begehen von Geburtstagen etc.).
  - Welche Routinen haben eine besondere Bedeutung? Welches Verhalten ermuntern sie?
  - Welches sind die wichtigsten Rituale? Welche Annahmen spiegeln sie wider?
  - Was wird besonders intensiv eintrainiert?
  - Wie tief sind die Rituale und Routinen verankert? Wie leicht sind sie änderbar?
- *Symbole:* Gebäude, Logos, Kleidung, Titel, Sprache etc. sind sichtbarer Ausdruck der gelebten Kultur. Sie wirken symbolisch und geben oft dahinterliegende Annahmen preis, die weit über ihre funktionale Form hinausgehen. Wenn z. B. in einem Krankenhaus primär vom »reparieren« gesprochen wird, dann sagt dies etwas zum Arzt-Patienten-Verhältnis und den dort realisierten Strategien aus. Auch ein Wechsel der Firmensprache impliziert immer einen Wandel, da Sprache an einen kulturellen Kontext gebunden ist. Was charakterisiert die im Unternehmen verwendete Sprache? Wie verständlich ist sie für Dritte?
  - Welche Aspekte der Strategie werden in der Öffentlichkeit hervorgehoben?
  - Welche Statussymbole trifft man im Unternehmen an? Auf was verweisen sie?
- *Organisationsstrukturen:* Die Wahl einer Aufbau- und Ablauforganisation verweist auf kulturelle Aspekte einer Organisation. So werden Aufbauorganisationen oft »um Personen herum« konzipiert und sind damit auch Abbild von Machtstrukturen und dominanten Koalitionen. Sie zeigen, wer und was als wichtig empfunden wird.
  - Wie mechanistisch/organisch, formal/informal und flach/hierarchisch sind die Strukturen?
  - Fördern die Strukturen mehr die Kooperation oder mehr den Wettbewerb zwischen Mitarbeitern?
  - Welche Formen von Macht werden über die Strukturen zum Ausdruck gebracht?
- *Steuerungssysteme:* Hierzu zählen das Berichtswesen, die Form der Performance-Messung, das Setzen von Anreizen etc. Auch hier erfahren wir, was in dieser Organisation wichtig ist und worauf die Aktivitäten gerichtet sind. Die Anreiz- und Sanktionssysteme sollen das Verhalten lenken und zeigen implizit, ob man mehr auf ex- oder intrinsische Motivation setzt.
  - Was wird am genauesten kontrolliert? Wird viel oder wenig kontrolliert? Wird mehr belohnt oder bestraft?
  - Zu was nimmt das Controlling am stärksten Bezug? Vergangenheit? Gegenwärtige Strategie?
- *Machtstrukturen:* Macht hat ihre Begründungen. So sind mit dominierenden Koalitionen in Organisationen auch oft stark wirkende Werthaltungen verbunden. Hier ist z. B. an die »Zunft« der Anwälte zu denken, die über viele berufsständische Gepflogenheiten verfügt, welche auch das alltägliche Verhalten prägen. Man kann als Beispiel auch die großen Wirtschaftsprüfungsgesellschaften (»big four«) anführen, die zwar alle inzwischen auch in andere Servicefelder diversifiziert haben (multidisciplinary practice), aber ob nach wie vor noch durch das Denken der Accountants dominiert werden, was denn auch zu entsprechenden Spannungen und Zerwürfnissen führen kann, wie man im Falle ANDERSEN Worldwide gesehen hat. Interessant zu sehen ist auch, welche Form von Macht einen hohen Stellenwert hat (z. B. Expertenmacht oder Positionsmacht) und ob dies die Strategie unterstützt oder nicht.
  - Was sind die Grundprinzipien und -glaubenssätze der Führung? Wie streng werden sie eingehalten?
  - Wie ist die Macht in der Organisation verteilt? Wo besteht der stärkste Widerstand gegen den Wandel? Warum?

> **Workshop**
> Angenommen, Sie befinden sich in einem strategischen Wandel oder bereiten gerade einen vor. Analysieren Sie dazu die Ist- und die Ideal-Kultur Ihrer Organisation mittels des Cultural Web in ganz wenigen Stichworten.
>
> 1. Was sind die fundamentalen Annahmen des täglichen Handelns (Paradigma)?
> 2. Wie würden Sie die dominante Ist-Kultur charakterisieren? Wie gut unterstützt diese die Strategie? Was muss sich in welche Richtung ändern? Wird dies einfach sein?
> 3. Welche Kräfte begünstigen eher den Wandel? Welche Chancen sehen Sie dabei?
> 4. Welche Kräfte wirken eher gegen den Wandel? Welche Probleme erwarten Sie in diesem Wandelprozess?
> 5. Welche Prioritäten sollten im Management des Wandels gesetzt werden?

5.2.6 Evaluation

Auf der Basis der erfolgten Ausführungen kann nun davon ausgegangen werden, dass verschiedene Alternativen zur Auswahl stehen, mittels derer man glaubt den angestrebten Veränderungsprozess bewältigen zu können. Die Frage ist nun, wie diese Auswahl vorgenommen wird und wie die Zusammenführung in einem Drehbuch des Wandels geschehen kann, das ja Output dieses Arbeitsfeldes »Veränderung« sein soll. Dieses Drehbuch beschreibt das ausgestaltete Design des Veränderungsprozesses in chronologischer Form und sollte auch Hinweise zu seiner Inszenierung geben.

Im Prinzip wurde in den vorangegangenen Ausführungen zweistufig gearbeitet: Erstens wurden mittels des Bezugsrahmens in Abbildung 5-13 Dimensionen angeboten, die Grundsatzentscheidungen bezüglich des zu entwickelnden Veränderungsdesigns aufwerfen. Man könnte nun so vorgehen, dass man hier pro Dimension beschließt, wie das Design grundsätzlich beschaffen sein sollte (Soll-Profil). Ganzheitlich betrachtet ergibt sich daraus der fallspezifisch zu bestimmende **Veränderungsstil**.

Veränderungsstil

Beziehen wir uns auf den Bezugsrahmen in Abbildung 5-13, so ist natürlich zu fragen, welche der Ausprägungen der 16 Dimensionen jeweils zu bevorzugen bzw. wie die Eignung einzelner Ausprägungen zu beurteilen ist. Die beiden Pole jedes Ausprägungspaares sind jedoch nicht vor dem Hintergrund falsch oder richtig interpretierbar, auch wenn die rechten Ausprägungen der Dimensionen auf das ausdifferenziertere Design verweisen. Da mit den rechts eingetragenen Ausprägungen i. Allg. auch ein höherer Aufwand und mehr Komplexität verbunden sind, muss die Entscheidung jedoch vor dem Hintergrund entsprechender Aufwand-Nutzen-Relationen getroffen werden. Ein Design, das bezogen auf das Wandelproblem und den relevanten Kontext zu komplex angelegt ist, kann auch viele Dysfunktionalitäten verursachen, die Mitarbeiter mit unnötigen Aufgaben belasten, vermeidbare Kosten entstehen und Zweifel an der Prozesskompetenz des Managements aufkommen lassen. Gleichzeitig würden solche Professionalitätszweifel aber auch entstehen, wenn bestehende Konzeptionalisierungsmöglichkeiten dort nicht genutzt würden, wo sie zielführend sein können.

Aussagen, welche Ausprägungen in welcher Situation bei den einzelnen Dimensionen gewählt werden sollen, können also nicht in allgemeiner Form getroffen werden. Vielmehr muss man sich der vielen Einzelempfehlungen bedienen, die bei der Besprechung der Dimensionen gegeben wurden.

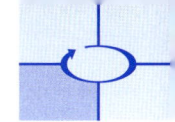

Zweitens wurden aber auch zu der inhaltlichen Ausgestaltung der einzelnen Dimensionen eine Vielzahl von Hinweisen und Gestaltungsempfehlungen gegeben, die aus Studien abgeleitet waren. Sie repräsentieren also bereits Erkenntnisse zu erfolgreichen Wandelkonzepten und sind auf ihre Eignung vor dem Hintergrund des jeweiligen Kontextes zu prüfen.

Wie aus den zur Verfügung stehenden Möglichkeiten eine Auswahl vorgenommen wird, kann wiederum auf der Basis einer Reihe jeweils zu bestimmender Kriterien vollzogen werden. Folgende Liste soll nur eine Reihe von Anregungen dazu geben. Sie kann auch vor dem Hintergrund gewonnener Erfahrungen zu einer Liste von Prinzipien der Auswahl vertieft werden.

Wie gut passt das Konzept zur *Situation*?

- Aufwand-Nutzen-Verhältnis
- Anschlussfähigkeit an den Kontext der betroffenen Einheit
- Phasengerechtigkeit

Wie gut ist das vorgeschlagene Konzept *ausgewiesen*?

- Referenzen erfolgreicher Fälle
- Prominenz der Empfehlungen und Stellungnahmen
- Beurteilung relativ zum State of the Art

Wie *machbar* ist das vorgeschlagene Konzept?

- Vorhandene Erfahrungen und Expertise
- Verfügbare Kapazitäten
- Zu erwartende Unterstützung
- Berücksichtigung relevanter Interessen

5.2.7 Verfahren zur Entwicklung eines Drehbuchs

Sind die verschiedenen Auswahlentscheidungen für eine bestimmte Vorgehensweise getroffen worden, so kann nun der Schritt zum Schreiben des Drehbuchs gegangen werden. Ein mögliches stufenweises Vorgehen könnte wie folgt aussehen:

- Zuerst legt man das *Timing* fest und berücksichtigt dabei getroffene Entscheidungen für die Anzahl der Wellen und Phasen pro Welle.
- Dann ordnet man die zu verfolgenden *Akzente* der zeitlichen Struktur zu. Wird beim Timing in verschiedene Wellen unterschieden, dann meist deshalb, weil man – um eine Konzentration der Kräfte zu erreichen – eine gewisse Sequenz in die Verfolgung bestimmter Schwerpunktthemen bekommen möchte.
- Nun sollte ein Regiekonzept zum Zusammenspiel der selbsttätig und geplant zum Einsatz kommenden *Akteure* unter Berücksichtigung der zeitlichen Struktur entworfen werden.
- Im letzten Schritt sollten die *Transformationsinstrumente* zur Veränderung der organisatorischen Rahmenbedingungen und Fähigkeiten den einzelnen Phasen zugeteilt werden.

Arbeitsschritte

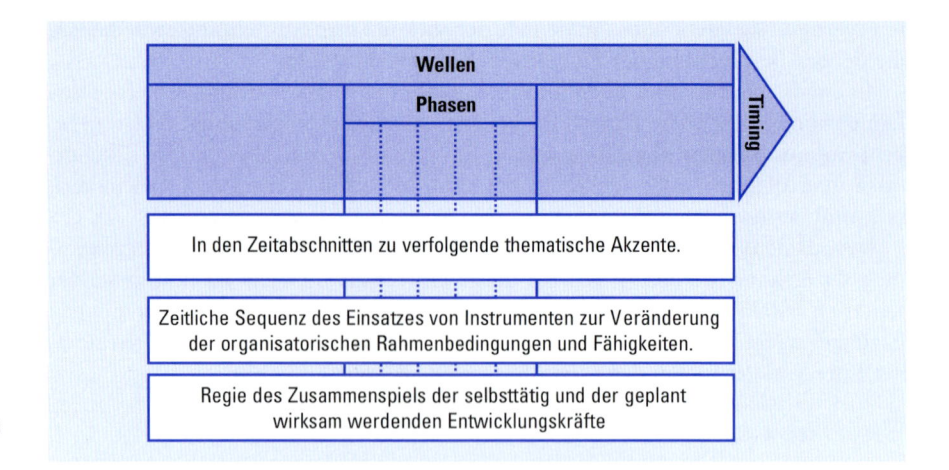

Abb. 5-32:
Grundstruktur eines Drehbuchs

[Diagramm: Wellen / Phasen / Timing; In den Zeitabschnitten zu verfolgende thematische Akzente. Zeitliche Sequenz des Einsatzes von Instrumenten zur Veränderung der organisatorischen Rahmenbedingungen und Fähigkeiten. Regie des Zusammenspiels der selbsttätig und der geplant wirksam werdenden Entwicklungskräfte]

Nun kann auch überprüft werden, ob die innerhalb der einzelnen Designkomponenten getroffenen Auswahlentscheidungen zu einer in sich stimmigen Gesamtdramaturgie zusammengefügt werden konnten. Man vergleiche dazu Abbildung 5-32.

Angesichts der Komplexität und Ungewissheit, die mit einem Wandelprojekt verbunden ist, bietet es sich an, dass man sich schrittweise an das Drehbuch herantastet: Zuerst schreibt man vielleicht nur ein *Exposee* von maximal zehn Seiten, das die Handlung des Veränderungsprozesses skizziert. Auf einer nächsten Stufe kann ein ausführlicheres *Treatment* verfasst werden, in das die Akteure und verschiedenen Schauplätze des Wandels eingearbeitet werden. Nun kann ein *Rohdrehbuch* geschrieben werden, das schon die wesentlichen Angaben für die Projektdurchführung enthält. Nächster Schritt ist dann bereits die Fertigstellung des *Drehbuchs*, was spätestens hier unter Einbezug derer geschehen sollte, die die Transformation zu verantworten und durchzuführen haben. Danach gilt es möglichst zügig die Schlüsselpositionen geeignet zu besetzen, möglichst qualifizierte Professionals für die »handwerklichen Tätigkeiten«, die man nur für das Projekt benötigt, zu engagieren, die Budgets für das Wandelprojekt auszuarbeiten und bereitzustellen sowie die geeigneten Projektmanagementsysteme zu installieren.

Workshop: Entwicklung eines Drehbuchs
Entwickeln Sie ein Drehbuch für den Veränderungsprozess einer strategischen Initiative in Ihrer Organisation. Greifen Sie dabei auf die Grundstruktur in Abbildung 5-32 zurück. Legen Sie dabei ein Schwergewicht auf die Ausgestaltung der Phasen des nächsten Wandelzyklus (vgl. Abb. 5-17 und 5-18).

Zusammenfassung

- Mit dem *gemäßigten Voluntarismus* wird eine Position zwischen dem *Determinismus* und dem *Voluntarismus* bezüglich der Gestaltung sozialer Systeme durch Führung eingenommen.

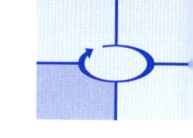

- Die Gestaltung der Veränderungsarbeit baut hier auf vier zentralen Dimensionen auf: Timing (Wann?), Akzente (Was?), Akteure (Wer?) und Gestaltungsräume (Wo?). Daraus leiten sich 16 Dimensionen ab, welche die Optionen für die Bestimmung des eigenen Veränderungsstils darstellen.
- Output der konzeptionellen Wandelgestaltung ist ein »Drehbuch für den Wandel«, das – in Analogie zu einem Filmprojekt – über eine eigene Dramaturgie verfügen muss und einer Inszenierung entspricht.
- Beim Timing werden die Dimensionen Epoche, Zyklus, Wellen, Phasen und Taktung unterschieden. Ein Zyklus wird in fünf Phasen unterteilt, in denen – bezogen auf die jeweilige Befindlichkeit der Organisation – unterschiedliche Funktionen zu erfüllen sind.
- Es ist zu entscheiden, ob – zur Fokussierung der Veränderungsaktivitäten – der Wandel auf bestimmte thematische Akzente auszurichten ist und es zu einer Sequenz solcher Akzente kommen soll.
- Die in einem Wandelprojekt einzunehmenden Rollen und darauf aufbauenden Projektstrukturen sind auf die in einer Organisation anzutreffende »Belegschaft des Wandels« auszurichten.
- Um die Mitarbeiter zum Wandel zu befähigen, werden über die Gestaltungsräume Struktur, Kultur und Politik die entsprechenden organisatorischen Rahmenbedingungen geschaffen.

Anmerkungen

1 Vgl. Zajac/Kraatz/Bresser 1995.
2 Welge/Al-Laham 2012, S. 793 unterscheiden in sachbezogene Aufgaben (Umsetzung durch Alignment der Führungsorganisation) und verhaltensbezogene Aufgaben (Gestaltung eines die Durchsetzung förderlichen Implementierungsprozesses).
3 Vgl. auch Floyd/Woolridge 1992.
4 Vgl. Galbraith/Kazanjian 1986.
5 Mit dem Kontingenzansatz wollte man auch den zentralen Nachteil des Systemansatzes überwinden, der aufgrund seiner Umfassendheit nur zu sehr allgemeinen Aussagen kommt. Barnard 1938 und Bertalanffy 1972 waren es insbesondere, die beginnend bereits in den 20er-Jahren unter Anlehnung an Erkenntnisse aus der Biologie die Allgemeine Systemtheorie entwickelten. Ulrich 1970 war es dann gelungen, darauf aufbauend mit dem St. Galler Managementmodell einen umfassenden und integrierten Bezugsrahmen für Führungshandeln zu entwickeln.
6 Vgl. Rajagopalan/Spreitzer 1997 und Van de Ven/Poole 1995.
7 Vgl. zu dieser Typologie Van de Ven/Poole 1995. Vgl. hierzu auch die Übersicht bei Gersick 1991, zu Knyphausen-Aufseß 1995, S. 169 ff. oder Mintzberg/Westley 1992. Letztere beenden ihren Beitrag mit der Aufforderung an die Wissenschaft: »As researchers and readers of organizational change, we should be spending less of our time trying to interpret its vague traces and more of our time trying to understand its rich practice.« Einen ausführlichen Überblick zum Thema »geplanter Wandel« findet man bei Kirsch/Esser/Gabele 1979, Perich 1992 und Steinle 1985.
8 Vgl. Miller/Friesen 1982.
9 Hier ist z. B. das Krisenmodell von Greiner 1972 einzuordnen, wo unterschiedliche Wachstumsphasen einander ablösen: Pioniertum, direkte Führung, Dezentralisation und Delegation, Koordination und Zusammenarbeit.
10 Zu diesem Theorietyp zählt z. B. der populationsökologische Ansatz von Hannan/Freeman 1989.
11 Vgl Nickerson/Silverman 2009.

12 Vgl. Child 1972 und Child/Kieser 1981.
13 Vg. Hannan/Freemann 1977, 1984. Mit diesem in den 70er-Jahren begründeten Ansatz wollte man eine radikale Alternative zu dem damals vorherrschenden kontingenztheoretischen Ansatz aufzeigen. Die empirische Validierung des Ansatzes ist bislang nicht überzeugend gelungen.
14 Nahezu alternativ wird hier auch vom »situativen Ansatz« gesprochen.
15 Vgl. Zajac/Kraatz/Bresser 2000.
16 Vgl. Teece/Pisano/Shuen 1997. Eine solche Fähigkeit erfüllt damit eine Doppelfunktion: Erstens stellt sie ein Implementierungserfordernis dar, zweitens kann sie eine eigenständige Quelle von Wettbewerbsvorteilen sein. Vgl. dazu Powell 1992, Henderson/Cockburn 1994, Pisano 1994, Castanias/Helfat 1991.
17 Vgl. Amit/Shoemaker 1993, S. 39 und Barney 2007, S. 148 f.
18 Vgl. zu ähnlichen Klassifikationen Bolman/Deal 2008, Bresser 2010 oder Wheelen/Hunger 2008. Thompson/Strickland 1992 kategorisieren in Organisationsstruktur, Unternehmenskultur, Managementsystem sowie Personal/Führungskräfte. Welge/Al-Laham 2012, S. 903 klassifizieren in drei Subsysteme als »Hebel des Wandels«: Das technische Subsystem »Organisationsstrukturen und Kontrollsysteme«, das politische Subsystem »formale und informale Machtstrukturen« sowie das kulturelle Subsystem »Symbole, Geschichten, Routinen, Rituale«.
19 So zeigen z. B. Fouraker/Stopford 1968, dass eine M-Form häufiger zu Internationalisierungsstrategien führt.
20 Vgl. z. B. Hoskisson 1987.
21 Nach Nutt 1984 gibt es vier Taktiken: Intervention durch direkte Einführung neuer Normen und Praktiken, Partizipation durch Vorgabe von Zielen; die Maßnahmen zu deren Erreichung überlässt man den Ausführenden, Überzeugung der Beteiligten, Verordnung Erlass von Anordnungen. Oder vgl. die fünf von Bourgeois/Brodwin 1984 identifizierten Implementierungsansätze.
22 Vgl. Amburgey/Dacin 1994.
23 Vgl. Markides/Williamson 1996.
24 Dieser Zusammenhang gilt als weitgehend gesichert. Vgl. Beer/Eisenstat 2000; die Erkenntnisse bzgl. der Performance-Implikationen sind jedoch noch nicht so eindeutig.
25 Vgl. Wheelen/Hunger 2008, S. 273 ff.
26 Vgl. Ford/Greer 2005.
27 Vgl. Pfeffer 1981.
28 Vgl. Fedor/Maslyn/Farmer/Bettenhausen 2008.
29 Vgl. Bresser 2000, S. 142.
30 Vgl. Hrebiniak 2006.
31 Vgl. Shaw/Gupta/Delery 2001.
32 Vgl. Wolf 2000.
33 Vgl. Hannan/Freeman 1977, 1984.
34 Vgl. Floyd/Woolridge 2000.
35 Vgl. z. B. Eisenhardt/Bourgeois 1988.
36 Vgl. Leonard-Barton 1992 zum Konstrukt der »core rigidities«.
37 Vgl. Pettigrew/Whipp 1991.
38 Vgl. Barnett/Freeman 2001.
39 Vgl. dazu z. B. Barr/Stimpert/Huff 1992, Mintzberg/Westley 1992 und Tushman/Romanelli 1985.
40 Floyd/Lane 2000 bringen dies wie folgt zum Ausdruck: »Strategic renewal is an evolutionary process associated with promoting, accommodating, and utilizing new knowledge and innovative behavior in order to bring about change in an organization's core competencies and/or a change in its product market domain.«
41 Vgl. Anderson 1999.
42 Maturana/Varela 1980 haben diesen Begriff der »organizational closure« des Systems eingeführt.
43 Mit dem Zusammenhang zwischen Stabilität und Veränderung in Wandelprozessen befassen sich u. a. Baden-Fuller/Volberda 1997.

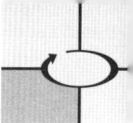

44 Vgl. Wolf 1997.
45 Vgl. Haken 1991.
46 Vgl. Müller-Stewens/Glatzel (2015).
47 Allerdings mit einer Unterbrechung von 1898 bis 1907.
48 »Wer kleine Brötchen backt, gehört nicht hierher«, in: Harvard Business Manager 2006, Juni, S. 116–125.
49 Eine detaillierte Auseinandersetzung mit dem Wandel von DAIMLER-BENZ findet man bei Fischer 1997 und Töpfer 1998. Vgl. zum Wandel von DAIMLER-BENZ auch Müller-Stewens 1995b, 1997a und Müller-Stewens/Gocke 1997.
50 Auch Tushman/Newman/Romanelli 1986 sehen Unternehmensentwicklung ähnlich einem Abwechseln von konvergierenden Phasen »convergence« und umwälzenden Phasen »upheaval«. Dabei ist es relativ wahrscheinlich, dass es währenddessen zusätzlich zu Überlagerungen aus anderen Veränderungsprozessen kommt.
51 Vgl. Kanter/Stein/Jick 1992 und Tichy 1983.
52 Hier ist im Sinne von Argyris/Schön 1978 ein »double-loop-learning«-Lernprozess der 2. Art angesprochen, im Unterschied zum »single-loop-learning«, bei dem die Annahmen unhinterfragt bleiben, und dem »deutero-learning«, wo es um die generelle Fähigkeit zum Lernen geht.
53 Vgl. Quinn 1980 und Pettigrew 1988, S. 471.
54 Vgl. Miller/Friesen 1984.
55 Diese Darstellung erfolgt in Anlehnung an Kruse 1994.
56 Kirsch 1990 spricht hier von »okkasioneller Rationalität«.
57 Vgl. ausführlich Gomez/Müller-Stewens 1994.
58 Hierbei sind die Regeln, die das System konstituieren, gemeint und nicht die Regeln, die bestehende Abläufe steuern.
59 Die Abgrenzung zwischen diesen Segmenten der Tiefenstruktur ist fließend. Auch könnte man ewig fortfahren, für die Ebene der Annahmen nun auch wieder eine diese Ebene erzeugende Ebene analytisch abzugrenzen: Warum kommt es zu diesen Weltbildern? Auch könnte man argumentieren, dass Fähigkeiten wiederum nur auf der Basis bestimmter Sinnzuweisungen etc. aufgebaut werden. Für unsere konzeptionellen Zwecke reicht aber die vorgenommene Unterteilung.
60 Am Beispiel der Entwicklung zum Systemanbieter als Intervention in die Oberflächenstruktur zeigt Heinz 1996 die Konsequenzen für die Tiefenstrukturankopplung auf.
61 Vgl. z. B. schon Watson 1975.
62 Vgl. dazu schon Lawrence 1954.
63 Folgende Beispiele a bis h zeigen verschiedene Möglichkeiten der Phasenbildung: a Beckhard/Harris 1977: 1 present-, 2 transition-, 3 future-state; b Kanter 1983: 1 departures from tradition and crisis, 2 strategic decisions and prime movers, 3 action vehicles and institutionalization; c Tichy/Devanna 1986: 1 awakening, 2 mobilizing, 3 reinforcing; d Nadler/Tushman 1989: 1 energizing, 2 envisioning, 3 enabling; e Jick 1993: 1 Die Organisation und ihr Bedürfnis nach Wandel analysieren, 2 eine gemeinsame Vision und Marschrichtung kreieren, 3 die Vergangenheit hinter sich lassen, 4 die Sinne für die Notwendigkeit schärfen, 5 eine starke Führungsrolle unterstützen, 6 Patenschaften einführen, 7 einen Implementationsplan entwickeln, 8 unterstützende Strukturen schaffen, 9 kommunizieren/Leute einbeziehen, 10 den Wandel forcieren und institutionalisieren; f Doppler/Lauterburg 2008: 1 Die ersten Überlegungen, 2 gezielte Sondierungen, 3 Schaffen der Projektgrundlagen, 4 Kommunikationskonzept, 5 Datenerhebung, 6 Datenfeedback, 7 Diagnose und Kraftfeldanalyse, 8 Konzeptentwicklung und Maßnahmenplanung, 9 Vorentscheidung, 10 Experimente und Praxistests, 11 Entscheidung, 12 Praxiseinführung und Umsetzungsbegleitung; g Kotter 1996: 1 Ein Gefühl der Dringlichkeit erzeugen, 2 die Führungskoalition aufbauen, 3 Vision und Strategien entwickeln, 4 die Vision des Wandels kommunizieren, 5 Empowerment auf breiter Basis, 6 kurzfristige Ziele ins Auge fassen, 7 Erfolge konsolidieren und weitere Veränderungen ableiten, 8 neue Ansätze in der Kultur verankern; h Krüger 2000: 1 Initialisierung, 2 Konzipierung, 3 Mobilisierung, 4 Umsetzung, 5 Verstetigung.

64 Kirsch/Esser/Gabele 1979, S. 234 ff. sprechen hier auch von der »Episodenbetrachtung des geplanten Wandels«.
65 Vgl. zur Organisationsentwicklung Cummings/Worley 1993, Rothwell/Sullivan/McLean 1995, Thom 1992 und Sievers 1977. Im Leitbild der deutschen Gesellschaft für Organisationsentwicklung GOE aus dem Jahr 1980 versteht man »Organisationsentwicklung als einen längerfristig angelegten, organisationsumfassenden Entwicklungs- und Veränderungsprozess von Organisationen und der in ihr tätigen Menschen. Der Prozess beruht auf Lernen aller Betroffenen durch direkte Mitwirkung und praktische Erfahrungen. Sein Ziel besteht in einer gleichzeitigen Verbesserung der Leistungsfähigkeit der Organisation und der Qualität des Arbeitslebens Humanität.«
66 Oder ähnlich die Seminare des britischen Tavistock Institute of Human Relations.
67 Sie geht ebenfalls auf Lewin und insbesondere auch auf Likert 1961, Institute for Social Research in Ann Arbor zurück.
68 Vgl. Blake/Mouton 1964.
69 Hier ist insbesondere auf die Mailänder Schule unter der Leitung der Psychotherapeutin Selvini Palazzoli hinzuweisen. Vgl. Palazzoli/Anolli/Di Blasio/Giossi/Pisano/Ricci/Sacchi/Ugazio 1988 und Palazzoli/Bosolo/Cecchin/Prata 1985.
70 Vgl. dazu Schreyögg 1999, S. 484, der auch auf den bis heute etwas schillernden Charakter der Organisationsentwicklung hinweist, in Anlehnung an Cummings/Worley 1993.
71 Vgl. hierzu Pettigrew 1985, 1988 von der University of Warwick, der mit seinem Team daraufhin einen grundsätzlich veränderten Zugang zum Thema Wandel suchte. In sehr detaillierten, mehrjährigen, primär beschreibenden Einzelfallstudien versuchte er, zuerst noch einmal besser zu verstehen, was in solchen Veränderungsprozessen in großen Organisationen eigentlich geschieht. Dabei interessierte ihn der »Strategic Change«, also der Wandel, der strategisch motiviert und über die Gesamtorganisation zu verwirklichen ist.
72 Vgl. zum organisatorischen Lernen Müller-Stewens/Pautzke 1991, Pautzke 1989, Probst/Büchel 1994, Senge 1990 und Wiegand 1996 sowie zum Wissensmanagement Nonaka/Takeuchi 1995.
73 Vgl. dazu z. B. von Krogh/Ichijo/Nonaka 2000.
74 Vgl. Levy/Merry 1986.
75 Die Antwort auf diese Frage bestimmt erheblich auch das Ausmaß, in welchem man Führungskräften den Erfolg oder Misserfolg des Wandels ihrer Unternehmen überhaupt zurechnen kann. Lieberson/O'Connor 1972 sind erstmals dieser Frage in einer groß angelegten empirischen Studie nachgegangen. Sie kamen zu dem zurückhaltenden Ergebnis, dass »emphasizing the effect of leadership, we may be overlooking far more powerful environmental influences.« Es gibt aber auch eine Vielzahl von Studien, die genau zu dem gegenteiligen Resultat kommen. Zu einer differenzierten Behandlung dieser Dualität vgl. Van de Ven/Astley 1981. Siehe dazu auch die Übersicht bei Perich 1992 S. 189.
76 Vgl. Kirsch 1990.
77 Entwicklungstheoretische Bezugsrahmen gibt es in verschiedenster Art. Meist findet man in ihnen eine Bewegungs-, Kraft- und Objektkomponente. Vgl. z. B. Levy/Merry 1986, Van de Ven/Poole 1988 oder Durkheim 1977.
78 Im sogenannten Autorenfilm übernimmt eine Person in Personalunion beide Rollen: Drehbuch und Regie. Ingmar Bergmann ist hier z. B. zu nennen.
79 Vgl. Weick 1977.
80 Vgl. zu solchen zeitlichen Kategorien auch Kutschker 1997.
81 Vgl. das Entwicklungsmodell von Greiner 1972 in Abschnitt 5.2.1(3). In der Variante von Krüger 1994 endet die Pionierphase in einer Überlastungskrise, die als Entwicklungskrise überwunden werden muss, die Marktschließungsphase endet in der Differenzierungskrise, die Programmerweiterung in der Steuerungs- und Koordinationskrise, die Internationalisierung in der Bürokratiekrise, die Globalisierung in der Synergiekrise. Und was kommt danach?
82 Vgl. Abrahamson 2000.

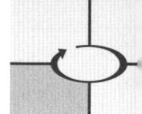

83 In den Dilbert Cartoons von Scott Adams werden solche Situationen trefflich beschrieben.
84 Vgl. zu einer sehr detaillierten Darstellung des Wandels von CIBA-GEIGY aus einer konstruktivistischen Sicht Rüegg-Stürm 2002.
85 Vgl. dazu die Fallstudie von Menz/Müller-Stewens 2010 zu Managementinnovationen bei SIEMENS.
86 Vgl. Kübler-Ross 1980.
87 Vgl. zu anderen Verlaufsformen bzw. Phasenmodellen Kapitel 5.2.1(3).
88 Rüegg-Stürm 2000, S. 211 ff. kommt in seinen Untersuchungen des Wandels bei der früheren CIBA-GEIGY in den Jahren 1993–96 zu dem Ergebnis, dass in einer Unternehmung folgende vier, sich wechselseitig bedingende Systemfunktionen erbracht werden müssen, damit tiefgreifende Veränderungsinitiativen Aussicht auf Erfolg haben: 1 Rekonstruktion der auslösenden Ursachen des Wandels und der Ausgangssituation, 2 Legitimierung, 3 Ermöglichung sowie 4 Mobilisierung einer »kritischen Masse«. Damit diese Funktionen erfüllt werden können, müssen wiederum vier Führungsaufgaben möglichst vollständig wahrgenommen werden: Kontextgestaltung, Expertisennutzung, Moderation/Facilitating und Integration einzelner Wandelvorgänge zu einem Gesamtbild.
89 Vgl. hierzu Müller-Stewens/Stonig (2015b).
90 http://www.volkswagenag.com/content/vwcorp/content/de/human_resources/basic_principles.html, abgerufen am 8.10.15.
91 http://www.volkswagenag.com/content/vwcorp/content/de/homepage.html, abgerufen am 8.10.15.
92 http://blogs.ft.com/the-world/liveblogs/2015-10-08/
93 http://www.t-online.de/wirtschaft/unternehmen/id_75547622/wirtschaft-vw-betriebsratschef-fordert-kulturwandel-fuer-den-konzern.html, abgerufen am 8.10.15.
94 Gioia/Chittipeddi 1991 beobachteten in ihren Forschungen zur Initiierung strategischen Wandels, dass dieser Wandelabschnitt durch vier Prozessphasen gekennzeichnet ist, in denen sich Sensemaking (= Verstehen, zielt auf die Kognition) und Sensegiving (= Beeinflussen, zielt auf Aktion) abwechseln: 1 Envisioning Sensemaking, 2 Signaling Sensegiving, 3 Re-Visioning Sensemaking sowie 4 Energizing Sensegiving. Phase 3 und 4 können iterativ mehrfach durchlaufen werden.
95 Dabei kann es natürlich auch geschehen, dass Massenkommunikation für negativ zu bewertende Veränderungsvorhaben instrumentalisiert wird. So kann eben ein Messer sowohl durch einen Mörder als auch durch einen Chirurgen Verwendung finden.
96 Das Design lehnt sich etwas an die Struktur an, wie sie von Roy Williams für die Workshops der 230 Führungskräfte im Wandelprojekt von BRITISH PETROLEUM entwickelt wurde.
97 Vgl. dazu auch Dutton/Duncan 1987.
98 Pettigrew 1998, S. 283.
99 Vgl. ähnlich Kimberly/Quinn 1984, S. 5 ff., Krüger 1994, S. 210 ff., oder Perich 1992, S. 154 f. Es ist zu beachten, dass die Begriffe in konkreten Wandelprojekten der Unternehmenspraxis unterschiedlich verwendet verwenden.
100 Theisen 2000, S. 647 ff. spricht in diesem Zusammenhang von »Konzernumbau«.
101 Vgl. zur Bedeutung neuer Organisationsformen Ruigrok/Pettigrew/Peck/Whittington 1999.
102 Vgl. dazu ausführlich Osterloh/Frost 1998.
103 Vgl. dazu ausführlicher Sattelberger 1999, S. 185 ff., sowie Lufthansa-Fallstudie von Bruch 2000.
104 Vgl. Kanter/Stein/Jick 1992.
105 Vgl. Tichy 1974.
106 Vgl. zum Thema Mitarbeiterführung im Wandel auch Wunderer 1994.
107 Vgl. zur Organisation eines Wandelprojektes auch Brehm/Jantzen-Homp 2000.
108 Pettigrew 1998, S. 285.
109 Oder ein »sense of urgency« wie Kanter/Stein/Jick 1992, S. 383, es formulieren.

110 Picot/Freudenberg/Gassner 1999 betonen ebenso die Bedeutung des »Maßschneiderns als Konzept des Wandels«. Sie verweisen darauf, dass jede Reorganisation in einem Spannungsfeld zwischen den personellen Kontextfaktoren Wissensverteilung, Machtverteilung, Präferenzstruktur und den strukturellen Kontextfaktoren Zeit- und Budgetrestriktion stattfindet. Zur Gestaltung der Reorganisation stehen dem Manager sieben Stellschrauben zur Verfügung: Zuordnung der Entscheidungs- und Handlungsrechte, Anreize, Controlling, Kommunikation, Aktivierung von Normen, Training und Timing.

111 Die hier getroffene Klassifizierung in die drei Organisationsdimensionen lehnt sich an Bolman/Deal 2008 an: Sie betrachten Organisationen aus vier Perspektiven: »structural frame«, »human resource frame«, »political frame«, »symbolic frame«. Eine andere Klassifikation stammt von Tichy 1983: Er unterscheidet ähnlich in eine technische, politische und kulturelle Sphäre. Aus der technischen Perspektive betrachtet ist die Organisation ein zweckrationales Gebilde. In ihrem Zentrum steht deshalb auch der Leistungsprozess, dessen Output es zu maximieren gilt. Morgan 2006 schlägt sogar acht Metaphern zur Betrachtung von Organisationen vor. Vgl. auch Perich 1992, S. 133 ff.

112 Vgl. zum Thema Organisation die Nachschlagewerke Bea/Göbel 1999, Daft 1998, Frese 1995, Kieser/Kubicek 1992, Krüger 1994, Picot/Freudenberg/Gassner 1999, Probst 1992, Schreyögg 1999.

113 Bühner 1991.
114 Vgl. Geldern 1997.
115 Vgl. Bühner 1991 S. 11.
116 Vgl. Bühner 1991, Geldern 1997, Frese 1995, Gomez/Zimmermann 1993.
117 Vgl. die Untersuchung von Homburg/Workman/Jensen 2000 zur Einrichtung einer kundenfokussierten Organisation.
118 Vgl. Bühner 1987b.
119 Vgl. Bühner 1991, S. 150 f.
120 Vgl. Gaitanides/Scholz/Vrohlings/Raster 1994, Österle 1995, Osterloh/Frost 1998, 2001, Osterloh/Wübker 1999.
121 Vgl. zum Begriff der fluiden Organisation Weber 1996.
122 Vgl. Mills 1991
123 Vgl. Krystek/Redel/Reppegather 1997, Littmann/Jansen 2000, Müller-Stewens 1997, Scholz 1997, Schuh/Friedli 1999, Wüthrich/Philipp/Frentz 1997.
124 Der Begriff »virtuell«, der aus der Informationstechnologie stammt, stand ursprünglich für die scheinbare Vergrößerung von Arbeitsspeichern durch die Auslagerung und Einbeziehung von Daten in periphere Speicher. Für den Anwender war dieser Vorgang allerdings nicht offenkundig. Er hatte den Eindruck, mit einem großen, einheitlichen Speicher zu arbeiten. Dieser existiert jedoch nur scheinbar, nicht in Wirklichkeit. Er ist eben »virtuell«.
125 Vgl. Büschken 1999.
126 Empirische Untersuchungen verweisen hier auf die »Evidenz von Komplementaritäten«: Die Struktur kann nicht nur als die abhängige Variable der Strategie betrachtet werden, sondern es geht um die ganzheitlich und gleichberechtigte Neuabstimmung von Strategie und Organisation im Sinne von Aufbau- und Ablaufstruktur, Kultur und Politik. Vgl. dazu Milgrom/Roberts 1992 und Ruigrok/Pettigrew/Peck/Whittington 1999.
127 Sull 1999 spricht hier vom Phänomen der »aktiven Lähmung« (»active inertia«).
128 Johnson 1997, S. 823.
129 Johnson 1997, S. 833.
130 Vgl. Bechmann-Malioukova 1998 zur Flexibilisierung als Projekt fundamentalen Wandels.
131 Vgl. Müller-Stewens 1997b sowie die Sammelrezension von Kortzfleisch 1999.
132 Da es sich auch hier um Veränderungen der Organisation handelt, soll nochmals auf die Möglichkeit der Nutzung der Profile des St. Galler Managementkonzepts von Bleicher 1999 als Diagnose- und Gestaltungsraster verwiesen werden. Auf der strate-

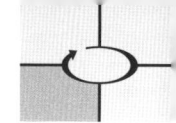

gischen Ebene sind dies das Organisationsprofil von Gomez/Zimmermann 1993 zum Thema »Struktur«, sowie das Profil zum strategisch intendierten Problemverhalten von Simon 2000 zum Thema »Kultur«.
133 Vgl. z. B. Doppler/Lauterburg 2008, Martin 1995 oder Rothwell/ Sullivan/McLean, 1995.

Kapitel 6
Performance-Messung

SAFE
DANGER

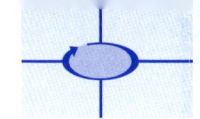

Kapitel 6
Performance-Messung

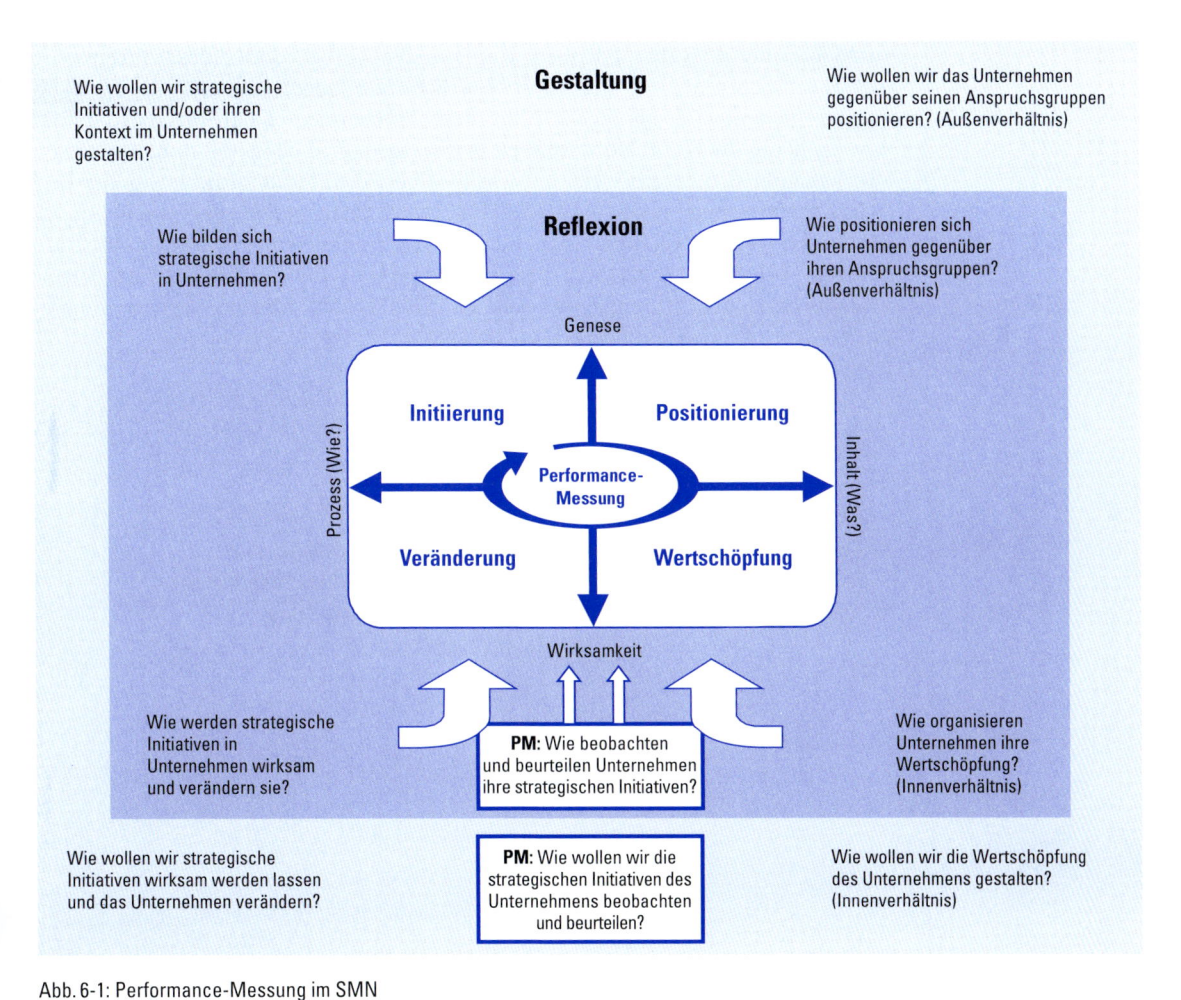

Gestaltung

Wie wollen wir strategische Initiativen und/oder ihren Kontext im Unternehmen gestalten?

Wie wollen wir das Unternehmen gegenüber seinen Anspruchsgruppen positionieren? (Außenverhältnis)

Reflexion

Wie bilden sich strategische Initiativen in Unternehmen?

Wie positionieren sich Unternehmen gegenüber ihren Anspruchsgruppen? (Außenverhältnis)

Genese — Initiierung — Positionierung — Prozess (Wie?) — Performance-Messung — Inhalt (Was?) — Veränderung — Wertschöpfung — Wirksamkeit

PM: Wie beobachten und beurteilen Unternehmen ihre strategischen Initiativen?

Wie werden strategische Initiativen in Unternehmen wirksam und verändern sie?

Wie organisieren Unternehmen ihre Wertschöpfung? (Innenverhältnis)

Wie wollen wir strategische Initiativen wirksam werden lassen und das Unternehmen verändern?

PM: Wie wollen wir die strategischen Initiativen des Unternehmens beobachten und beurteilen?

Wie wollen wir die Wertschöpfung des Unternehmens gestalten? (Innenverhältnis)

Abb. 6-1: Performance-Messung im SMN

Bereits 1954 weist Peter Drucker auf die zentrale Bedeutung der Leistungsmessung im Management hin: »The real difficulty lies indeed not in determining what objectives we need, but in deciding how to set them. There is only one fruitful way to make this decision: by determining what shall be measured in each area and what the yardstick of measurement should be … The things measured become relevant«[1]. Robert Kaplan, der Mitbegründer des Konzept der »Balanced Scorecard«, bringt es noch prägnanter zum Ausdruck: »If you can't measure it, you can't manage it«[2]. In diesen Sätzen deutet sich bereits vieles an, was bis heute die Herausforderungen der Performance-Messung prägt. In diesen Sätzen deutet sich bereits vieles an, was bis heute die Herausforderungen der Performance-Messung prägt. Andererseits wird man sich aber auch immer bewusster, welche Nachteile man sich mit einer allzu »target-driven company« einkauft, bei der man versucht jegliches Verhalten über ausdifferenzierte Kennzahlensysteme (»KPI-Bäume«) zu steuern. Die Herausforderung liegt hier einmal mehr darin, die richtige Balance zu finden.

Kapitelübersicht

- Theoretische Grundlagen
- Zielsysteme und Funktionen der Performance-Messung
- Ansätze von Systemen zur Messung der strategischen Performance
- Ausgewählte finanzielle und nichtfinanzielle Kennzahlen

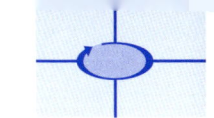

Mit dem Kapitel zur Performance-Messung beenden wir unsere Expedition durch das Strategische Management. *Ziel einer »Performance-Messung« ist es, umfassend und rechtzeitig zu informieren, wie sich Strategien (und strategische Initiativen) auf unternehmerische Einheiten auswirken.* Die Performance-Messung wird – als simultanes und nicht nachgelagertes Arbeitsfeld – in ein zirkuläres Verhältnis zur Entstehung und Wirksamkeit strategischer Initiativen gesetzt. Informationen zur Performance-Messung sind meist nicht nur für das Management eines Unternehmens, sondern auch für Investoren, Regulatoren und Aufsichtsgremien sowie Mitarbeiter, Lieferanten und die allgemeine Öffentlichkeit von Interesse, da es um die Bemessung des an diese Anspruchsgruppen geleisteten Wertbeitrags geht.

Unternehmen haben in aller Regel spezifische Managementsysteme installiert, um ihre Performance-Messung durchzuführen. *Derartige Performance-Measurement-Systeme unterstützen Entscheidungen, indem sie systematisch Informationen über die Leistungskraft eines Unternehmens sammeln, analysieren und Interessierten zur Verfügung stellen.* Sie bestehen in aller Regel aus einer Reihe von finanziellen und nichtfinanziellen Kennzahlen. Sie sollen Entscheidungen unterstützen und Auskunft über das Erreichen von Zielen geben.

Performance-Measurement-Systeme

Workshop: Performance-Messung

Blicken Sie einmal auf das explizite oder implizite Performance-Measurement-System Ihres Unternehmens. Fragen Sie sich dann, welche Bereiche dieses umfasst.

Stellen Sie sich nun folgende Fragen:
1. Wie ist Performance in Ihrem Unternehmen definiert? Gegenüber wem, in welchen Bereichen und wie wird sie gemessen?
2. Welche Bedeutung hat die Performance-Messung für Ihr Unternehmen und Ihre eigene Arbeit? Wie stark werden Aktivitäten nach bestimmten Kennzahlen und Zielgrößen ausgerichtet? Ist das für Sie ein positiver oder negativer Faktor? Können Sie sich an Beispiele erinnern, in denen es zu »Fehlentscheidungen« oder »Fehlsteuerungen« aufgrund unpassender Zielgrößen und Kennzahlen kam?
3. Ist das Performance-Measurement-System mit der Strategie Ihres Unternehmens im Einklang? Unterstützt oder behindert es diese eher?
4. Wird in Ihrem Unternehmen die Strategie aufgrund gewonnener Erkenntnisse frühzeitig angepasst? Wenn ja, wie?
5. Konnten Sie bei dieser Analyse Bereiche oder Initiativen entdecken, die noch viel effektiver sein könnten, wenn dort das Performance-Measurement-System angepasst würde?

Das vorliegende Kapitel ist wie folgt aufgebaut: Zunächst werden die wichtigsten Theorien dargelegt, welche fundamentale Eigenschaften der Performance-Messung beschreiben. Anschließend wird auf Ziele, Funktionen und Herausforderungen an die Performance-Messung eingegangen. Darauf aufbauend werden die in der Unternehmenspraxis häufig anzutreffenden Ansätze zur Performance-Messung diskutiert und mit einfach nachvollziehbaren Beispielen verdeutlicht. Da nicht alle Ansätze originär für die Zwecke eines Strategischen Managements entwickelt wurden, werden wir ein besonderes Augenmerk auf die Verbindung zu Fragestellungen des Strategischen Managements legen. Diese Ansätze sind multi-dimensional und beinhalten oftmals neben quantitativen auch qualitative Kenngrößen, um einer reinen Vergangenheitsorientierung vorzubeugen. Die

Wahl der geeigneten Kenngrößen ist dabei von Unternehmen zu Unternehmen unterschiedlich. Die gebräuchlichsten finanziellen und nichtfinanziellen Kennzahlen werden am Ende des Kapitels beschrieben. Insgesamt ist beim Aufbau eines strategischen Performance-Measurement-Systems zu berücksichtigen, dass Methoden, Instrumente sowie die Auswahl der Kennzahlen eng aufeinander abgestimmt sind.

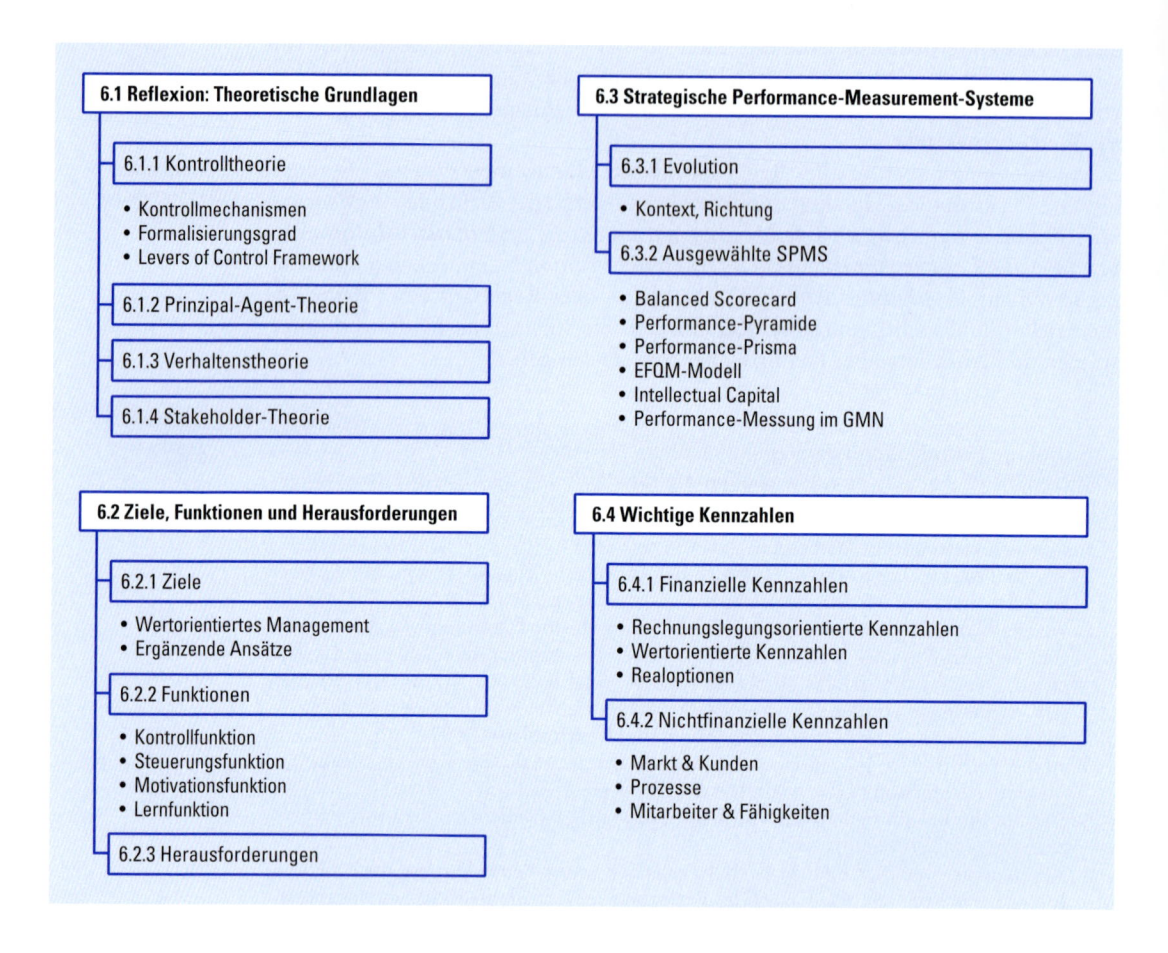

Abb. 6-2: Überblick über das Kapitel »Performance-Messung«

6.1 Reflexion: Theoretische Grundlagen

- **6.1.1 Kontrolltheorie**
  - Kontrollmechanismen
  - Formalisierungsgrad
  - Levers of Control Framework
- **6.1.2 Prinzipal-Agent-Theorie**
- **6.1.3 Verhaltenstheorie**
- **6.1.4 Stakeholder-Theorie**

6.2 Ziele, Funktionen und Herausforderungen

- **6.2.1 Ziele**
  - Wertorientiertes Management
  - Ergänzende Ansätze
- **6.2.2 Funktionen**
  - Kontrollfunktion
  - Steuerungsfunktion
  - Motivationsfunktion
  - Lernfunktion
- **6.2.3 Herausforderungen**

6.3 Strategische Performance-Measurement-Systeme

- **6.3.1 Evolution**
  - Kontext, Richtung
- **6.3.2 Ausgewählte SPMS**
  - Balanced Scorecard
  - Performance-Pyramide
  - Performance-Prisma
  - EFQM-Modell
  - Intellectual Capital
  - Performance-Messung im GMN

6.4 Wichtige Kennzahlen

- **6.4.1 Finanzielle Kennzahlen**
  - Rechnungslegungsorientierte Kennzahlen
  - Wertorientierte Kennzahlen
  - Realoptionen
- **6.4.2 Nichtfinanzielle Kennzahlen**
  - Markt & Kunden
  - Prozesse
  - Mitarbeiter & Fähigkeiten

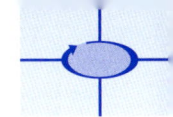

6.1 Reflexion: Theoretische Grundlagen

Vier Theorien der Managementforschung eignen sich besonders gut, um Problemstellungen, welche sich im Zuge der Leistungsmessung ergeben, zu beschreiben und Rückschlüsse auf die Ausgestaltung von *Performance-Measurement-Systemen* zu ziehen. Diese sollen im Folgenden kurz vorgestellt werden.

Lernziele

- Vorstellung der wesentlichen Kontrollmechanismen und Formen der Kontrolle
- Performance-Messung als Grundlage für Anreiz- und Belohnungssysteme
- Einfluss der Performance auf Verhaltensweisen im Unternehmen und auf die Definition der Ziele
- Vorstellung der wichtigsten Anspruchsgruppen eines Unternehmens, welche in einem Zusammenhang mit der Performance-Messung stehen

6.1.1 Kontrolltheorie

Ausgehend von Ansätzen zur (strategischen) Planung befassen sich Wissenschaftler gleichermaßen wie Manager mit dem Thema der *Kontrolle*.[3] Zunächst wurde Kontrolle sehr eng im Sinne eines kybernetischen Regelkreislaufs gesehen, welcher im Wesentlichen aus drei Elementen besteht: Eine Einheit misst eine Aktivität oder einen Output. Eine andere Einheit vergleicht und beurteilt das Gemessene mit einem vorher definierten Standard. Eine dritte Einheit nimmt die Informationen über diese ungewollten Abweichungen auf und ergreift Maßnahmen, um diese zu beseitigen, ehe der Kreislauf erneut durchlaufen wird. Diese Sichtweise ist eng verbunden mit der Literatur zur strategischen Planung. Eine Kontrolle erfolgt am Ende des Managementprozesses, um sicherzustellen, dass der Plan eingehalten und umgesetzt wird. Die Fragen, ob die Strategie wie geplant umgesetzt worden ist und die Ergebnisse der Strategie den beabsichtigten entsprechen, sind der Hauptfokus. Nachfolgend zur Planungsphase folgen die drei Schritte »Prüfen«, »Bewerten« und »Belohnen«.

Kontrolle als Regelkreislauf

Diese frühe Sicht beinhaltet eine klare Trennung von Kontrolle und Struktur. Im Gegensatz dazu begreift aktuelle wissenschaftliche Forschung Kontrolle als einen integralen Bestandteil des gesamten Organisationsdesigns. Insbesondere die Annahme, dass gewünschte Ergebnisse, Standards und Maßnahmen zur Korrektur bekannt sind, wird kritisiert. Diese Annahmen werden abgeschwächt und Kontrolle wird nicht lediglich als gemessene Performance und als rein reaktiv gesehen. Stattdessen wird jeder Prozess mit der Absicht, das Verhalten anderer zu beeinflussen, als Kontrolle angesehen. Diese verhaltensorientierte Definition von Kontrolle spiegelt sich auch in Ansätzen zum *strategischen Performance-Measurement* wider, welche Kontrolle nicht als rein rückwärtsgewandt betrachten, sondern auch als Instrument, um proaktiv Einfluss auf eine Organisation auszuüben.

In der Kontrolltheorie werden verschiedene Mechanismen unterschieden, um das Verhaltenen anderer zu beeinflussen und zu steuern.[4] Diese Kontrollmecha-

Kontrollmechanismen

nismen haben unterschiedliche Kontrollziele und Formalisierungsgrade. Darüber hinaus spielt die Art der Kontrolle eine entscheidende Rolle. Ein *strategisches Performance-Measurement-System* umfasst in aller Regel die folgenden drei Kontrollmechanismen:

- *Verhaltens-* oder *Prozesskontrolle* stellt sicher, dass die gewählten und durchgeführten Aktivitäten geeignet sind, um das gewünschte Ziel zu erreichen. Dies geschieht vor allem dadurch, dass ein Unternehmen den Mitarbeitern die durchzuführenden Aktivitäten definiert und vorgibt, wie diese auszuführen sind.
- Die *Outputkontrolle* bezieht sich auf die Leistung der organisatorischen Einheit als unmittelbares Ergebnis der unternehmerischen Aktivitäten. Durch das Setzen von Zielen und Standards und dem späteren Prüfen, inwieweit die erzielte Leistung davon abweicht, spiegelt Outputkontrolle im Wesentlichen das klassische Kontrollverständnis wider. Insbesondere ist auch das Belohnen durch das Setzen von Anreizen ein integraler Bestandteil.
- Vom Output ist der *Outcome* zu unterscheiden, der auf die gewünschte Wirkung einer durchgeführten Handlung ausgerichtet ist. Sind die Folgen aus dem realisierten Output die, die man sich auch erwünscht hat?

> **Fallbeispiel: Verbesserung des Commitments zur Strategie als Ziel**
> In einem Unternehmen wird bemängelt, dass es in der Belegschaft am gewünschten Commitment zur Strategie und deren Umsetzung fehlt. Was ist zu tun? Man weiß nun aus der Forschung, dass i. Allg. mit einer Erhöhung des Beteiligungsgrades bei der Strategieentwicklung auch das Commitment zur Strategie wächst. Deshalb beschließt man nun, als Teil der Initiierungsarbeit im SMN, den Beteiligungsgrad zu erhöhen, indem man alle Führungskräfte zur Strategieentwicklung hinzuzieht. Über die Output-Kontrolle wird dann später überprüft, ob es auch tatsächlich zu dieser Erweiterung des Beteiligtenkreises gekommen ist. Doch wurde dadurch auch wie erhofft das Ziel, das Commitment zur Strategie signifikant zu verbessern, erreicht? Dies ist dann Gegenstand der Outcome-Kontrolle.

- Neuerdings wird auch die *Inputkontrolle* als eigenständiger Kontrollmechanismus aufgefasst. Sie umfasst messbare Aktivitäten eines Unternehmens vor der Durchführung der eigentlich beabsichtigten Aktivität. Die Suche und die Auswahl nach geeignetem Personal oder Training sind Beispiele.

Zunächst herrschte die Auffassung vor, dass es ausreicht für jede Aufgabe einen Kontrollmechanismus auszuwählen. Aktuelle Forschung bezweifelt diesen Gegensatz der einzelnen Kontrollmechanismen. Kontrollmechanismen stehen sich nicht widersprüchlich gegenüber, sie koexistieren oder ergänzen sich sogar und sind zeitgleich aktiv.

Die vier Kontrollmechanismen können weiter nach ihrem Formalisierungsgrad eingeteilt werden. Mit *formaler Kontrolle* ist gemeint, dass mit formalen Regeln, Verfahrensanweisungen und Richtlinien die Erreichung eines gewünschtes Ergebnisses überwacht und belohnt wird. *Informale Kontrolle* dagegen beinhaltet Kontrollmechanismen, die auf Normen, Werten, Kultur und auf der Verinnerlichung von Zielen beruhen. Informale Kontrolle kann durch Selbstkontrolle auf der Individualebene, durch »Clan-Kontrolle« über gemeinsame Werte auf Gruppenebene oder durch kulturelle Kontrolle auf Organisationsebne erfolgen.

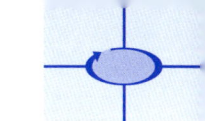

6.1.1 Kontrolltheorie

Ein weiterer in der Managementforschung oftmals verwendeter Ansatz ist das »*levers of control framework*« von Robert Simons.[5] Formale Kontrollmechanismen sind nach diesem Ansatz die zentralen Stellhebel, um drei inhärente Spannungsfelder innerhalb von Organisationen zu steuern: (1) Die Spannung zwischen unlimitierten Handlungsoptionen und eingeschränkter organisationaler Aufmerksamkeit; (2) die Spannung zwischen individuellem Eigennutz und dem Bedürfnis, einen wertvollen Beitrag für die Organisation zu leisten, und (3) die Spannung zwischen beabsichtigter und tatsächlich durchgeführter Strategie. Dieser Ansatz baut auf der Kritik auf, dass sich die Wissenschaft lange Zeit auf die Kontrolle nur als Instrument zur Strategieimplementierung fokussierte, obwohl formale Kontrollmechanismen in der Praxis auch als Hilfsmittel für die Formulierung von Zielen verwendet wurden.

Levers of Control Framework

Es werden in diesem Ansatz zwei Arten von Kontrollsystemen beschrieben, die sich vor allem durch den Grad der Einbeziehung wesentlicher Entscheidungsträger unterscheiden.

- *Diagnostische Kontrollsysteme:* Diese werden durch das Management genutzt, um das Erreichen von gesetzten Zielen zu überprüfen. Solche Feedback-Systeme, Rückgrat jedes traditionellen Kontrollsystems, sind darauf ausgerichtet, Abweichungen von vorher definierten Performance-Standards zu korrigieren. Die Abweichungen sind Motivation und Orientierung für Mitarbeiter, ihr Verhalten an den Unternehmenszielen auszurichten. Da diagnostische Kontrollsysteme sich auf Fehler und Abweichungen konzentrieren, sind sie Systeme, die das Verhalten von Mitarbeitern einschränken und eine korrigierende Kraft darstellen.
- *Interaktive Kontrollsysteme:* Sie dienen Managern als Plattform, sich selbst regelmäßig in die Entscheidungen ihrer Mitarbeiter einzubringen. Sie sind formale Informationssysteme mit dem Zweck, Führungskräften Informationen bereitzustellen und regelmäßige Interaktionen zwischen diesen zu fördern, da die bereitgestellten Informationen und die daraus resultierenden Konsequenzen in Meetings diskutiert werden müssen. Führungskräfte nutzen interaktive Kontrollsysteme, um die Aufmerksamkeit auf ein bestimmtes Thema zu lenken, Dialog im Unternehmen zu fördern und um die Suche aufgrund sich ergebender strategischer Unsicherheiten auszulösen. Dadurch sind sie ein Mittel, um die Informationsbeschaffung außerhalb der gewohnten Routinen zu fördern. Auch beschleunigen sie kontinuierlichen Wandel und das Hinterfragen von Informationen und Annahmen.

Das *Wertesystem* (belief system) sowie das *Abgrenzungssystem* (boundary system) ergänzen das diagnostische und interaktive Kontrollsystem. Beide sind sehr eng miteinander verzahnt. Das Wertesystem wird im hiesigen Ansatz bereits über den normativen Rahmen in Kapitel 3 adressiert.[6] Im Hinblick auf die Strategieumsetzung gibt es eine Orientierung, welche Probleme Mitarbeiter angehen und nach welchen Lösungen sie suchen sollten. Firmen nutzen diese Systeme darüber hinaus, um Mitarbeiter zu inspirieren, nach neuen Wegen zu suchen und Mehrwert für das Unternehmen zu schaffen. Sie geben also ein positives Ideal vor. Im Gegensatz dazu definiert das Abgrenzungssystem die erlaubten bzw. nichterlaubten Aktivitäten der Mitarbeiter. Ziel ist es, Mitarbeiter davon abzuhalten, zu hohe Risiken einzugehen.

6.1.2 Prinzipal-Agent-Theorie

Da die Informationsbereitstellung für Entscheidungsträger eine wichtige Funktion der Performance-Messung ist, ist auch die Prinzipal-Agent-Theorie (Agency Theory) eine ihrer wesentlichen Grundlagen.

Prinzipal-Agent-Problem

Die Prinzipal-Agent-Theorie beschäftigt sich mit zwei Problemen:[7] Das erste Prinzipal-Agent-Problem entsteht, wenn ein Prinzipal oder Auftraggeber einen Agenten oder Auftragnehmer bei unterschiedlichen Interessen und Zielen beauftragt, eine Aufgabe für ihn in seinem Interesse zu erledigen, und die Überwachung für den Prinzipal unmöglich oder sehr kostspielig ist. Das zweite Problem resultiert aus unterschiedlichen Risikoneigungen des Prinzipals und des Agenten, so dass diese unterschiedliche Handlungen bevorzugen.

Ziel der Prinzipal-Agent-Theorie ist eine optimale Vertragsgestaltung und Verteilung von Entscheidungsbefugnissen zwischen dem Prinzipal und den Agenten. Sie geht von eigennützig handelnden Individuen, unterschiedlichen Risikoneigungen und einer asymmetrischen Informationsverteilung zwischen diesen beiden Parteien aus, d.h., die Leistung der Agenten kann durch den Prinzipal nur unter unvollständiger Information beurteilt werden. Unbekannte oder verborgene Eigenschaften vor Vertragsabschluss, verstecktes Handeln oder nichtoffengelegte Absichten sind die Ursachen der Informationssymmetrien, welche letztendlich zum Prinzipal-Agent-Problem führen. Viele unterschiedliche Phänomene auf unterschiedlichen Ebenen können mit der Prinzipal-Agent-Theorie betrachtet werden, wenn sie die oben beschriebene Struktur aufweisen. Im wirtschaftswissenschaftlichen Kontext werden Fragen zur Ausgestaltung der Beziehungen zwischen Eignern und Topmanagement, zwischen Unternehmen und Mitarbeitern, zwischen Käufern und Lieferanten mit dieser theoretischen Perspektive betrachtet. Die Prinzipal-Agent-Theorie leistet aber auch einen Beitrag, Gründe bestimmter Diversifikationsstrategien, von Unternehmenskäufen oder -verkäufen, von vertikaler Integration oder der Finanzierungsstruktur zu erklären.

Will der Prinzipal seinen Informationsnachteil beseitigen oder wenigstens verkleinern, entstehen Agenturkosten (agency costs). Bürokratische Kontrolle mittels Hierarchie, Controlling-, Informations- und Anreizsystemen, aber auch einer entsprechenden Unternehmenskultur sind Beispiele für Maßnahmen, die solche Kosten hervorrufen. Neben der Verkleinerung der Informationsasymmetrie ist insbesondere das Setzen von Anreizen ein wirkungsvoller Mechanismus, um eine Interessengleichheit zwischen Prinzipal und Agent herzustellen. Eine Performance-Messung stellt damit die Grundlage für solche Informations- und Anreizsysteme dar, da für eine erfolgsabhängige Entlohnung zum einen Ziele definiert werden und zum anderen die Handlungen und die Performance der Agenten beurteilt werden müssen.

6.1.3 Verhaltenstheorie

Behavioral Theory

Mit Wurzeln in der Politikwissenschaft ist die Verhaltenstheorie (Behavioral Theory) eine der grundlegenden Managementtheorien und wird vorwiegend dazu verwendet, Entscheidungsprozesse zu erklären.[8] Im Kontext des Managements werden Unternehmensentscheidungen als begrenzt rational angesehen. So wird argumentiert, dass eine Firma nicht als eine Einheit gesehen werden kann,

6.1.4 Stakeholder-Theorie

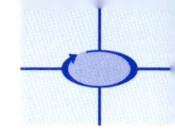

da unterschiedliche Individuen und Gruppen innerhalb dieser Einheit eigene Ansprüche und oft gegensätzliche Interessen haben.[9] Neben einer begrenzten Rationalität (bounded rationality) sind vor allem das organisationale Lernen, die Risikoneigung, ein problemorientiertes Suchverhalten, Anspruchsniveaus und Feed-back-Mechanismen Hauptbestandteile dieser Theorie.

Gemäß dieser werden Unternehmen als zielorientierte Einheit mit Entscheidungsprozessen angesehen, die auf Feed-back reagieren, um Probleme zu lösen. Anspruchsniveaus sind der Ausdruck der Zielorientierung der Unternehmen und haben zwei Charakteristika:[10] Dimension und Referenzpunkt. Für jedes Ziel der Organisation (Dimension) existiert ein Referenzpunkt (level). Die tatsächliche Performance wird mit dem Referenzpunkt verglichen. Referenzpunkte können vorher vereinbarte Zielgrößen sein, wie z. B. die Erreichung einer bestimmten Rendite, oder sich aus Vergleichen mit Wettbewerbern oder der Branche ergeben. Der Großteil der Forschung bezieht sich auf Anspruchsniveaus mit finanziellen Kenngrößen, aber auch andere Dimensionen werden mit dem Konstrukt verwendet. Weiter starten Firmen dann eine problemorientierte Suche, wenn sie den eigenen Performance-Standards nicht genügen; oder bei positivem Feed-back und ungebrauchten Ressourcen (»organizational slack«) erfolgt eine Suche nach Innovationen.[11] Weiter ist die Risikoneigung abhängig von der Differenz zwischen Anspruchsniveau und erreichter Performance. Unternehmen sind bereit, höhere Risiken einzugehen, wenn die tatsächliche Performance unter dem definierten Ziel ist; umgekehrt sinkt sie bei Erreichung der Ziele. Die Performance im Vergleich zum ursprünglich gesetzten Ziel hat nicht nur Einfluss auf das Suchverhalten und die Risikoneigung eines Unternehmens, sondern auch auf die Entwicklung der Anspruchsniveaus selbst. Die Performance-Messung hat demnach aufgrund der enthaltenen Zielvorgaben und Feed-back-Mechanismen einen sehr großen Einfluss auf die Entscheidungen und Aktivitäten im Unternehmen. Die Verhaltenstheorie liefert einen Ansatz, Auswirkungen der Performance-Messung zu untersuchen.

Anspruchsniveau und Feed-back

6.1.4 Stakeholder-Theorie

Bereits in Kapitel 3 wurde ausführlich auf die *Stakeholder-Theorie* eingegangen. Ausgangspunkt war die Kritik, dass die im Strategischen Management verwendeten Theorien nicht darauf ausgerichtet sind, die wesentlichen Herausforderungen eines Unternehmens zu adressieren.[12] Unternehmen hätten jedoch Fürsorgepflichten für alle Anspruchsgruppen, nicht nur für die Anteilseigner. Die meisten Anspruchsgruppen haben ein Interesse, ausreichend Informationen über ein Unternehmen zu erhalten und in ihren Anliegen und Interessen ernst genommen zu werden. Die gewünschten Informationen reichen dabei von lediglich finanziellen Kennzahlen zur Beurteilung der aktuellen Wirtschaftskraft bis hin zu Informationen, die Rückschlüsse über die zukünftige Entwicklung von Unternehmen geben können. Ein Großteil der von ihnen geforderten Informationen sollte über die Systeme zur Performance-Messung generiert werden können. Deshalb müssen Unternehmen so ausgerichtet sein, dass sie in der Lage sind, die notwendigen Informationen bereitzustellen.

Wesentliche Anspruchsgruppen

Eine ganz wesentliche Anspruchsgruppe ist dabei das *Management*. Es hat die größten Anforderungen; es kann dafür aber auch entscheiden, wie ein Performance-Measurement-System aufgebaut ist und welche Informationen es letztendlich zu liefern vermag. Die Grundfragen, die sich dem Management stellen und die es mit Hilfe der Performance-Messung zu beantworten versucht, sind, welche strategischen Initiativen durchgeführt werden und was ihr Wertbeitrag für das Unternehmen sein soll. Die Ziele und Handlungen der *Mitarbeiter* als weitere wichtige Anspruchsgruppe werden mit Hilfe der Performance-Messung definiert und gemessen. Darüber hinaus haben die Mitarbeiter ein Interesse daran, Informationen über den Zustand des Unternehmens, bspw. für Tarifverhandlungen, zu erfahren. Für *Investoren* steht die Frage nach den Zukunftsaussichten eines Unternehmens und wie sich diese in der finanziellen Performance niederschlagen werden im Vordergrund. Damit geht die Frage nach der Performance des Managements einher. Hat das Unternehmen aus Sicht der Investoren das richtige Management, um deren Ziele zu verfolgen und zu erreichen? Aber auch *Kreditgeber*, *Lieferanten* und *Kunden* haben Erwartungen und Informationsanforderungen an ein Unternehmen, welche mit der Performance-Messung in Zusammenhang stehen. Kreditgeber fordern Informationen, um ihr Ausfallrisiko besser einschätzen zu können. Daraus werden die Kreditkonditionen und vertraglichen Einschränkungen zuerst abgeleitet und später auf ihre Einhaltung überwacht. Lieferanten und Kunden sind ebenfalls an finanzieller Stärke und Stabilität interessiert. Aber Anspruchsgruppen wie Regierungen, Behörden, Non-Profit-Organisationen und allgemein die interessierte Öffentlichkeit wollen mit Informationen zur Performance-Entwicklung des Unternehmens versorgt sein.

Überblick der Theorien

Abbildung 6-3 gibt nun nochmals einen zusammenfassenden Überblick über die vier besprochenen Theorien.

Abb. 6-3:
Die theoretischen Ansätze im Vergleich

	Kontrolltheorie	**Prinzipal-Agent-Theorie**	**Verhaltenstheorie**	**Stakeholder-Theorie**
Intellektuelle Wurzeln	Simons 1994, Sitkin et al. 2010	Jensen/Meckling 1976	Cyert/March 1963	Freeman 1984
Kernaussagen	Input-, Output-, Outcome und Verhaltenskontrolle sind wesentliche Kontrollmechanismen. Diagnostische und interaktive Kontrollsysteme werden durch das Werte-und Abgrenzungssystem ergänzt.	Informationsasymmetrien und unterschiedliche Interessen führen zum Prinzipal-Agent-Problem. Kontrolle und Anreize sollen Interessengleichheit herstellen.	Entscheidungen sind begrenzt rational. Unternehmen sind zielorientierte Einheiten mit Entscheidungsprozessen, die auf Feedback reagieren, um Probleme zu lösen.	Unternehmen haben Fürsorgepflichten für alle relevanten Anspruchsgruppen, nicht nur für die Anteilseigner.
Kritik	Ursprünglicher Schwerpunkt auf Vergangenheitsorientierung	Fokussierung auf Vertragsgestaltung; Vernachlässigung von Problemen bei der Vertragsumsetzung; Geht von einer einseitigen Beziehung und unterschiedlichen Interessen aus.	Organisationales Lernen ist mehr als das reine Anpassen nach Feed-back. Keine Performance-Orientierung	Gleichbehandlung aller Stakeholder; Förderung von Opportunismus

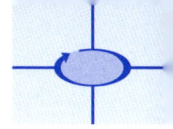

Zusammenfassung

- Kontroll-, Prinzipal-Agent-, Verhaltens- und Stakeholder-Theorie bilden die theoretische Grundlage moderner Performance-Messsysteme.
- Input-, Output-, Outcome und Verhaltenskontrolle sind vier wesentliche Kontrollmechanismen zur Steuerung eines Unternehmens.
- Diagnostische und interaktive Kontrollsysteme werden durch das Werte- und Abgrenzungssystem ergänzt.
- Performance-Messsysteme dienen dazu, das Prinzipal-Agent-Problem zu verkleinern bzw. zu beseitigen.
- Die Performance im Vergleich zum ursprünglich gesetzten Ziel hat nach der Verhaltenstheorie nicht nur Einfluss auf das Suchverhalten und die Risikoneigung eines Unternehmens, sondern auch auf die Entwicklung der Anspruchsniveaus.
- Die Informationsbedürfnisse der wichtigsten Anspruchsgruppen eines Unternehmens werden aus Performance-Messsystemen bedient.

6.2 Ziele, Funktionen und Herausforderungen

In diesem Abschnitt werden wir die wichtigsten Ziele, Funktionen und Herausforderungen der Performance-Messung betrachten.

Lernziele

- Wertorientiertes Management als Ausgangspunkt für die Performance-Messung
- Ergänzung der Wertorientierung durch Berücksichtigung weiterer Anspruchsgruppen
- Darlegung unterschiedlicher Funktionen eines Performance-Measurement-Systems
- Herausforderungen an die Gestaltung moderner Systeme zur Performance-Messung

6.2.1 Ziele der Performance-Messung

Die Ziele eines Unternehmens sind oft aus den Interessen der relevanten Anspruchsgruppen eines Unternehmens ableitbar. Im Idealfall ist die langfristige Zukunfts- und Existenzsicherung eines Unternehmens im Interesse aller Anspruchsgruppen. Ein marktwirtschaftliches System verlangt jedoch zwangsläufig auch eine Orientierung von Unternehmen an ihren finanziellen Ergebnissen. Zu diesem Zweck entstand die Entwicklung eines wertorientierten Ansatzes, der primär die finanzielle Erfolgsmaximierung der Anteilseigner in den Mittelpunkt stellt und Shareholder-Value-Ansatz genannt wird.

Orientierung an unterschiedlichen Anspruchsgruppen

Kritik Shareholder-Value-Ansatz

Zunehmend jedoch wird die eine reine Fokussierung auf den Shareholder-Value-Ansatz kritisiert. Einerseits, weil dieser zu einer zu kurzfristigen Erfolgsmaximierung mit vernachlässigten Investitionen auf Kosten der langfristigen Zukunftsaussichten führen kann. Andererseits wird verstärkt eine Berücksichtigung sozialer und umweltorientierter Faktoren sowie eine Orientierung an weiteren Anspruchsgruppen gefordert.

(1) Wertorientiertes Management

Grundlage des wertorientierten Managements (Value-based Management) ist der Shareholder-Value-Gedanke, also die Steigerung des ökonomischen Unternehmenswerts für die Anteilseigner. Der ökonomische Wert eines Unternehmens für die Anteilseigner steigt, wenn ein Unternehmen in der Lage ist, dauerhaft zusätzlichen Wert über den Kapitalkosten zu generieren. Zwar existieren neben dem Streben nach Erfolg in Form von finanziellen Überschüssen noch andere finanzielle Wertziele wie Sicherung der Liquidität, Gewährleistung eines angemessenen Eigenkapitals und Risikoausgleichs, jedoch lassen sich diese als Unterziele unter dem Begriff eines langfristigen wirtschaftlichen Erfolges subsumieren.[13] Damit kann das wertorientierte Management als Konkretisierung und letztlich als ökonomische Zielüberprüfung des Strategischen Managements verstanden werden.

Shareholder Value

Mit einem wertorientierten Management kann folglich der Beitrag zum *Shareholder Value* für alternative Strategien auf Geschäftseinheits- und Unternehmensebene geschätzt werden. In diesem Sinne werden bei der Erläuterung der folgenden Konzepte in diesem Kapitel das wertorientierte Management und der Shareholder-Value-Ansatz auch noch häufiger zitiert. Wobei mit dem Ansatz, so wie er hier diskutiert wird, nicht das Postulat der Maximierung des Shareholder Value verbunden sein muss; diese stellt nur eine Spielart dieses Ansatzes dar.[14]

Hinsichtlich des wertorientierten Managements und der hier vorgestellten Ansätze aus Finance und Controlling könnte zurecht eingewendet werden, dass sie eigentlich zu anderen eigenständigen Disziplinen aus der Managementliteratur gehören und daher ein Verweis auf die Klassiker der Corporate Finance und Controlling-Literatur ausgereicht hätte. Eine klare Abgrenzung zwischen strategischem Aufgabenfeld, Finanzierung und Controlling hätte in diesem Sinne gefordert werden können. Doch auch wenn wir hier nicht vertieft in diese Thematik einsteigen wollen, so sollen doch die wesentlichen Zusammenhänge aufgezeigt werden, die auch zu dem hier vorgetragenen Strategieansatz passen. Die enge Verkopplung der Strategiearbeit mit der Performance-Messung und -Steuerung ist ein ganz wesentlicher Schritt auf dem Weg zu einer erfolgreichen Strategieimplementierung.

(2) Weitere Ziele als Ergänzung der Wertorientierung

In den letzten zwei Jahrzehnten hat zunehmend der Begriff des nachhaltigen Wirtschaftens an Bedeutung gewonnen. Mit Ursprung in der Forstwirtschaft hat sich – vorangetrieben durch einige Berater, durch politische Institutionen und NGOs – ein auf drei Säulen basiertes Modell der Nachhaltigkeit entwickelt, welches die Gesamtperformance eines Unternehmens nicht allein in ökonomischen Dimensionen, sondern auch in sozialen und ökologischen misst. Die Gesamtper-

6.2.1 Ziele der Performance-Messung

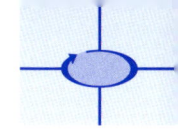

formance eines Unternehmens ergibt sich demnach in dem Beitrag eines Unternehmens zum wirtschaftlichen Wohlstand, zur Umweltqualität und zum Sozialkapital.

Da im Englischen mit »*Bottom Line*« der Schlussstrich in der Erfolgsrechnung eines Unternehmens und damit letztendlich das Ergebnis eines Jahres gemeint ist, wird diese Form der Ergebnisbeurteilung oftmals auch unter dem Begriff »*Triple Bottom Line*« diskutiert.[15] So hat z. B. die EU-Kommission in ihrem Grünbuch »Europäische Rahmenbedingungen für die soziale Verantwortung von Unternehmen« bereits im Jahr 2001 börsennotierte Unternehmen aufgefordert, eine »*Triple Bottom Line*« in ihren Geschäftsberichten zu veröffentlichen[16]. Und viele Firmen greifen diese Gedanken auf und veröffentlichen Nachhaltigkeitsberichte oder ergänzen ihre Geschäftsberichte um Kennzahlen zur Nachhaltigkeit, welche in der Regel die Zielerreichung gegenüber einem selbst definierten Ziel widergeben. Unter dem Begriff der »Triple Bottom Line« wird damit ein Zielbündel verstanden, wo ökologische, ökonomische und soziale Ziele nicht gegeneinander ausgespielt, sondern gleichrangig angestrebt werden.

Triple Bottom Line

> **Fallbeispiel: Mehrdimensionale Performance-Messung bei BASF**
> Viele Unternehmen veröffentlichen separate Nachhaltigkeitsberichte. Um auszudrücken, dass Nachhaltigkeit ein fester Bestandteil der Unternehmensstrategie und für den langfristigen wirtschaftlichen Erfolg von entscheidender Bedeutung ist, gehen mehr und mehr Unternehmen dazu über, die ökonomische, ökologische und gesellschaftliche Unternehmensleistung gesamthaft im Jahresbericht zu kommunizieren. So geschieht dies auch beim deutschen Chemieunternehmen BASF seit 2007. Im Jahresbericht 2014 wurden deshalb Kennzahlen zur (1) wirtschaftlichen Lage um Kennzahlen zu (2) Innovation, (3) Mitarbeiter und gesellschaftliches Engagement, (4) Management der Lieferkette und Responsible-Care-Management, (5) Sicherheit und Gesundheit sowie (6) Umwelt ergänzt. Die konkreten Ausprägungen der Kennzahlen können abgerufen werden unter http:/bericht.basf.com/2014/de/. Die spannende Frage dabei ist, wie die Entscheidungsträger bei BASF mit Zielkonflikten umgehen und welche Konsequenzen gezogen werden, wenn ökologische und gesellschaftliche Ziele verfehlt werden.

Gerade das Beispiel BP und die Ölkatastrophe im Golf von Mexiko im Jahr 2010 verdeutlichen die Problematik. Firmen können die selbst gesteckten Ziele jahrelang relativ leicht erreichen und positiv aussehen lassen. Auch wenn der Begriff der »*Triple Bottom Line*« eine Gleichberechtigung der drei Dimensionen suggeriert, ist dies im Unternehmensalltag keineswegs selbstverständlich der Fall.[17] Darüber hinaus ist eine Vergleichbarkeit der sozialen und der ökologischen Dimension oftmals nicht gegeben und die Konsequenzen aus einer schlechten Performance in diesen Bereichen sind nur mittelbar.

Kritik

Trotzdem sprechen viele Beispiele dafür, dass es sich langfristig auch aus rein wirtschaftlicher Logik auszahlt, auf eine nachhaltige wirtschaftliche Entwicklung zu setzen und Ziele nicht nur rein finanziell zu definieren. Der mittlerweile zum UNILEVER-Konzern gehörende Eishersteller BEN & JERRY'S ist ein solches Beispiel. Von der Gründung 1978 als Eisdiele in Burlington im Bundesstaat Vermont war die Zielsetzung, neben einem Premiumprodukt auch ein sozial- und umweltverantwortliches Unternehmen zu schaffen. 7,5 % des Vorsteuergewinns gehen an eine gemeinnützige Stiftung und auf eine Initiative der Mitarbeiter in den 1980er hin versucht BEN & JERRY'S auch möglichst ressourcenschonend zu wirtschaften. Seit 2005 kauft BEN & JERRY'S Fairtrade-Produkte. Diese Unternehmensphilosophie ist sicher nicht der einzige, aber ein durchaus wichtiger Grund für den herausragenden weltweiten Erfolg des Unternehmens in den letzten Jahrzehnten.

Eine Einbeziehung nicht ökonomischer Kenngrößen ist auch nicht neu. So hat das amerikanische Healthcare-Unternehmen JOHNSON & JOHNSON schon vor 60 Jahren verkündet, dass seine primären Anspruchsgruppen die Kunden, Mitarbeiter, die Gemeinschaft und letztendlich die Anteilseigner sind. Trotzdem oder gerade deswegen ist die Entwicklung von JOHNSON & JOHNSON über die Jahrzehnte im Vergleich zu direkten Mitbewerbern als äußerst positiv zu beurteilen. Insbesondere der letzte Satz aus dem in Abschnitt 3.3.1 bereits dargestellten Credo zeigt, dass eine langfristig positive ökonomische Entwicklung nur unter Einbeziehung vielfältiger anderer nichtökonomischer Faktoren möglich ist: »When we operate according to these principles, the stockholders should realize a fair return.« In diesem Sinne wollen wir auch Performance-Messung im Strategic Management Navigator verstanden wissen.

Damit bildet das Zielsystem, bestehend aus ökonomischen und nichtökonomischen Dimensionen, die Grundlage für die unterschiedlichen Funktionen der Performance-Messung, welche im folgenden Abschnitt kurz dargelegt werden sollen.

6.2.2 Funktionen der Performance-Messung

Die Performance-Messung dient dazu, Strategien und ihre Umsetzung anhand der abgeleiteten Aktionen zu überprüfen. Es wird so möglich, die Treiber der Strategie und die Frühindikatoren späterer Ergebnisgrößen messbar zu machen. Die vier folgenden Funktionen spielen eine große Rolle:

Steuerungsfunktion

1. Steuerungsfunktion: Ziele setzen

Durch das Setzen von Zielen wird versucht, Geschäftsaktivitäten in erwünschte Bahnen zu leiten. Für diese Steuerung sind – je nach Komplexität des Geschäfts – eine Vielzahl von Informationen notwendig, die im Rahmen der Performance-Messung ermittelt werden.

> **Fallbeispiel: Dell's Ausrichtung am Cash-Conversion-Cycle**
> Zu Beginn der 1990er-Jahre stand der Computerhersteller unter starkem Druck von Investoren, da DELL trotz enormer Wachstumsraten nicht in der Lage war, Profite zu generieren. Gründer Michael Dell begegnete dieser zeitweise existenzbedrohenden Situation nicht nur mit Kostensenkungsmaßnahmen, sondern mit der Ausrichtung der gesamten Organisation auf eine Steuerungsgröße, den Cash-Conversion-Cycle (CCC). Diese Größe misst die Zeitspanne von der Bezahlung der notwendigen Materialien bis zur Bezahlung der Endprodukte durch den Kunden. Diese Steuerungsidee, die operationale Exzellenz in den Mittelpunkt stellte, half DELL, die Organisation auf das damalig einzigartige Geschäftsmodell, den direkten Vertrieb ohne Zwischenhändler, auszurichten. In aller Regel müssen Unternehmen die Materialien und die Produktion vorfinanzieren. Da im Geschäftsmodell von DELL die Kunden direkt nach der Bestellung und vor der Produktion bezahlen, war DELL in der Lage, einen negativen CCC zu erreichen – ein außerordentlicher Wert, der DELL im folgenden Jahrzehnt den Aufstieg zum weltweit größten Computerhersteller ermöglichte.

6.2.2 Funktionen der Performance-Messung

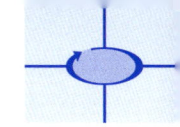

2. Kontrollfunktion: Abweichungen von der beabsichtigten Strategie feststellen

Kontrollfunktion

Durch die Performance-Messung werden die internen und externen Auswirkungen von Geschäftsaktivitäten sichtbar. Ansonsten würde sich ein Management in einem Blindflug ohne Instrumente befinden und wüsste nicht, wie sich das Unternehmen entwickelt. Kontrolle wird in diesem Sinne zu einem nachgelagerten Feed-back-Prozess, der Abweichungen vom ursprünglichen Plan aufzeigt.

3. Motivationsfunktion: Anreiz- und Entlohnungssysteme

Nicht zu vernachlässigen ist, dass durch eine Performance-Messung die Handlungen von Managern und Mitarbeitern stark beeinflusst werden. Dabei ist jedoch zu beachten, dass dies sowohl zu einer Verstärkung als auch Reduktion der Motivation von Individuen und Teams führen kann. So ist keineswegs garantiert, dass Menschen und Teams am besten operieren, wenn man die Erreichung ihrer Ziele direkt mit finanziellen Anreizen kombiniert. Wie die Forschung gezeigt hat, funktioniert dies manchmal sehr gut, manchmal jedoch kommt es dadurch zu einem Crowding-Out-Effekt der intrinsischen Motivation.

Motivationsfunktion

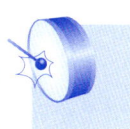

> **Fallbeispiel: UBS verordnet die Normalverteilung**
> Die Schweizer Großbank UBS verteilte 2010 bei den alljährlichen Mitarbeitergesprächen ähnlich wie viele angelsächsische Firmen Leistungsnoten (Forced Ranking) und wollte damit den »konstruktiven Wettbewerb« und die Schaffung einer »Leistungskultur« innerhalb des Unternehmens fördern. Diese Beurteilungen waren Entscheidungsgrundlage für Beförderungen und die Höhe der jährlichen Boni. Damit hatte das System erhebliche Auswirkungen auf die Befindlichkeit der 65.000 Angestellten der Großbank.
> Damit das System die gewünschte Wirkung entfaltet, wurden fünf Leistungskategorien unterschieden, in welche die Mitarbeiter einer Abteilung durch den Leiter nach ihrer relativen Leistung eingeordnet wurden. Die Note 1 für eine »hervorragende Leistung« sollte an 5 bis 10 % der UBS-Angestellten vergeben werden können. Die Note 2 für »außergewöhnliche Leistungen« ging an 15 bis 25 % der Mitarbeiter. 35 bis 45 % erhielten die Note 3 für eine »gute Leistung«. 15 bis 25 % wurden mit der Note 4 für »verbesserungsbedürftig« eingestuft. Die Note 5, die für eine »ungenügende Leistung« stand, ging an 5 bis 10 % der Mitarbeiter. Damit unterstellte man, dass die Leistung in einer Abteilung der Normalverteilung folgt. Mit einer solchen »Soll-Verteilung« wollte man der Tendenz der »Einmittung« der Beurteilungen entgegentreten, d.h., dass Vorgesetzte i. Allg. in den Mitarbeitergesprächen die nicht erfüllten Ziele und den persönlichen Verbesserungsbedarf nur sehr ungern aufzeigen. Die Kritik von innerhalb und außerhalb der UBS an diesem System war sehr intensiv und führte dazu, dass es 2014 wieder abgeschafft wurde.

> **Standpunkt**
> (1) Welche Vor- und Nachteile sehen Sie bei dieser Form der Leistungsbeurteilung?
> (2) Denken Sie, dass die Annahme der Normalverteilung hinsichtlich einer objektiven Leistungserfüllung zutreffen kann? Kann man nicht davon ausgehen, dass die Mitarbeiter so rekrutiert wurden, dass sie im Großen und Ganzen die ihnen gestellten Aufgaben zu bewältigen vermögen? Vergleicht man aber die Mitarbeiter relativ zueinander, könnten dann unerwünschte Nebeneffekte auftreten? Könnte es z. B. zu Diskriminierungen derart kommen, dass besonders vielen Mitarbeitern, die kurz vor der

> Pensionierung stehen, schwangeren Frauen oder Teilzeitkräften die schlechteren Notenkategorien zugewiesen werden? Dies könnte z.B. in den USA zu Sammelklagen führen. Wie würden Sie mit dieser Problematik umgehen?
> (3) Denken Sie, dass die Bank über das Forced Ranking ein wirklichkeitsgetreueres Bild von der Leistung der Mitarbeiter erhielt?
> (4) Welche Form von (Führungs-)Verhalten fördert aus Ihrer Sicht eine derartige Standardisierung der Evaluation? Meinen Sie z.B., dass diese Maßnahme im Großen und Ganzen motivierend wirkt oder nicht?

4. Lernfunktion: Strategien frühzeitig anpassen

Lernfunktion

Eine weitere wichtige Funktion der Performance-Messung ist die Lernfunktion.[18] Während eine Kontrolle darauf abzielt, Abweichungen von einem Ziel oder Plan festzustellen und eine »fehlerhafte« Umsetzung zu korrigieren, ermöglichen moderne Performance-Messsysteme Managern, grundlegende Annahmen der zuvor festgelegten Strategie zu hinterfragen. Nicht Fehler in der Umsetzung, sondern Probleme mit der eigentlichen Strategie werden im Sinne eines *»Feed-Forward«* frühzeitig erkannt und behoben.

6.2.3 Herausforderungen der Performance-Messung

Aufgrund der unterschiedlichen Funktionen ist die Frage nach der richtigen Ausgestaltung der Performance-Messung in einem Unternehmen von entscheidender Bedeutung. Mehrere Herausforderungen sind dabei zu beachten:

»Over-engineering«

In vielen Unternehmen wird heutzutage eine breite Palette an Messkriterien erhoben. Das Problem ist dabei oft die nicht mehr überschaubare Anzahl der Messkritierien. Dieses »Over-Engineering« führt dann dazu, dass die Zusammenhänge verloren gehen und Manager in der Datenflut – bildlich gesprochen – »ertrinken«. Darüber hinaus ist auch immer das ökonomische Prinzip anzuwenden, dass der Aufwand dem Nutzen der Maßnahmen entsprechen sollte.

Vernachlässigung wichtiger Faktoren

Im Gegenzug tritt jedoch bei Unternehmen, die sich auf wenige Messkriterien konzentrieren, die Gefahr auf, dass sie im Weiteren all diejenigen Faktoren vernachlässigen, die in ihrem Messsystem eben nicht abgebildet sind. Dies kann schwerwiegende Folgen haben, wenn wichtige Kriterien vorab nicht erkannt werden. Man sollte sich immer vor Augen halten, dass ein Performance-Messsystem zwar bewusst reduktionistisch angelegt ist, es jedoch gerade dadurch eventuell wichtige Faktoren ausblendet.

Vergangenheitsorientierung und Vernachlässigung des Feed-Forward

Kein Mensch kann in die Zukunft blicken. Trotzdem soll ein Performance-Messsystem einem Unternehmen dabei helfen, Entwicklungen möglichst frühzeitig zu

6.2.3 Herausforderungen der Performance-Messung

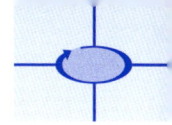

erkennen und Strategien dahingehend anzupassen. Die Erhebung solcher in die Zukunft gerichteter Kennzahlen ist mühsam. Ein Lerneffekt und Erkenntnisgewinn ergibt sich nicht direkt, sondern oftmals dadurch, dass man miteinander diskutiert, Annahmen bewusst und verschiedene Sichtweisen offensichtlich werden. Aus diesem Grund fokussieren sich viele Firmen nach wie vor vornehmlich auf vergangenheitsorientierte Kennzahlen und vernachlässigen so Chancen, die sich aufgrund eines Feed-Forwards ergeben.

Mikropolitischer Umgang mit Performance-Messung

Die meisten Messkriterien lassen ein mehr oder weniger hohes Maß an Interpretationsspielraum offen. Zudem sind Messansätze per se neutrale Instrumente, die jedoch dann im Unternehmen je nach Interessen von Individuen und Teams eingesetzt werden. Die mikropolitische Instrumentalisierung von Messkriterien ist kein ungewöhnlicher Vorgang, sondern genau damit ist in Unternehmen zu rechnen. Je mehr Unternehmen ihre Energie in Messsysteme stecken, desto mehr ist zu erwarten, dass mikropolitische Aktivitäten verstärkt werden. Es ist damit zu rechnen, dass viel Energie in die Suche nach Wegen gesteckt wird, um das bestehende Messsystem auszutricksen bzw. zum eigenen Vorteil zu manipulieren.

Illusion, alles objektivieren zu können

Eine weitere Gefahr besteht in der Illusion der Führung, alles objektiv messen zu können, bzw. in der Ansicht, dass jede Art von Leistungsbeurteilung sich nur noch aus den Kriterien ableiten sollte. Für bestimmte Faktoren gibt es bislang kaum gute Messkritieren. Auch hier ist zu bedenken, dass die Erhebung manchmal so aufwendig und damit wenig sinnvoll ist, wenn der Aufwand den Nutzen übersteigen würde.

Unterschätzung der Vernetzung von Messkriterien

Letztendlich sollte auch nicht vergessen werden, dass die meisten Messkriterien nicht isoliert voneinander stehen, sondern durch eine Reihe von Kausalitäten miteinander vernetzt sind. Diese Verbindungen sind jedoch oft nicht richtig erkannt bzw. werden in ihrer Vernetzung nicht adäquat behandelt. In ihrer Eigendynamik lösen sie allerdings immer wieder Effekte aus, die vorab unterschätzt wurden.

Zusammenfassung

- Moderne Performance-Messsysteme beinhalten neben einer Ausrichtung auf eine Steigerung des Unternehmenswerts für die Anteilseigner auch weitere Zielgrößen.
- Performance-Messsysteme sind multi-dimensional und nicht rein vergangenheitsorientiert.
- Steuerungs-, Kontroll-, Motivations- und Lernfunktion sind die wesentlichen Funktionen der Performance-Messung.

6.3 Strategische Performance-Measurement-Systeme

Definition strategischer Performance-Measurement-Systeme

Als eine Teilmenge von Performance-Measurement-Systemen zeichnen sich »*strategische Performance-Measurement-Systeme*« vor allem durch folgende Charakteristika aus:[19] (1) Sie integrieren langfristig strategische und operative Ziele, (2) sie haben mehrere unterschiedliche Dimensionen, (3) sie bilden Ursache-Wirkungs-Beziehungen ab und (4) sind eine Abfolge aus Zielen, Messkriterien und Handlungsplänen. Mit diesen Eigenschaften ermöglichen sie Unternehmen frühzeitiger und umfassender als rein quantitativ ausgerichtete Performance-Measurement-Systeme die Entwicklung des Unternehmens zu begleiten.

Oft verfügen Unternehmen auch über Reportingsysteme, die zwar eine Vielzahl an Informationen liefern, jedoch vergangenheitsorientiert sind, sich auf finanzielle Kennzahlen beschränken und wenig Unterstützung und Feed-back während laufender Prozesse bieten. Durch ein strategisches Performance-Messsystem wird versucht, diesen Herausforderungen zu begegnen.

Lernziele

- Kennenlernen der wichtigsten Ansätze zum *strategischen Performance Measurement*
- Verstehen, wie unterschiedliche Dimensionen zu einem umfassenden *strategischen Performance-Measurement-System* beitragen

6.3.1 Evolution zu strategischen Performance-Measurement-Systemen

Betrachtet man die Evolution des *Performance Measurement*, dann ist festzuhalten, dass sich hier gerade in den letzten Jahren markante Entwicklungen ergeben haben. Diese lassen sich wie folgt zusammenfassen:

(1) Fokussierung auf Strategieimplementierung

Fehlende Unterstützung bei der Strategieimplementierung durch traditionelle Kennzahlen

Kaum ein Unternehmen kann es sich heute noch leisten, abzuwarten, bis seine Strategien am Ende des Jahres im finanziellen Berichtswesen erkennbar werden. Doch aufgrund ihrer unterschiedlichen Zielsetzung sind viele der bestehenden Werkzeuge, wie etwa das traditionelle Finanz- und Rechnungswesen für diese

6.3.1 Evolution zu strategischen Performance-Measurement-Systemen

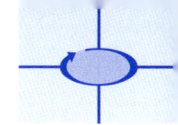

Zwecke nur unzureichend gerüstet. Sie bieten kaum Unterstützung bei der Implementierung von Strategien. Gerade hieran wird Kritik geübt und gefordert, das Augenmerk weniger auf die Entwicklung neuer Pläne, sondern mehr auf deren tatsächliche Durchführung zu legen.

(2) Gesteigerte Informationsanforderungen externer Anspruchsgruppen

Das neu erwachte Interesse, über die Performance transparent Auskunft geben zu können, tritt unter verschiedensten Bezeichnungen auf (Auditing, Evaluation, Reporting, Due Diligence, Nachhaltigkeit, Compliance etc.), hat aber einen gemeinsamen Kern. Richtet man zuerst einmal den Blick auf die betriebliche Berichterstattung, dann wird man schnell feststellen, dass der Bedarf nach adäquaten Leistungsbeurteilungen, Leistungsvergleichen und Wertmessungen aus vielen Richtungen an Organisationen herangetragen wird. Meist sind unterschiedliche Zielsetzungen damit verbunden; sie weisen aber auch immer eine große Schnittmenge auf (z. B. beim Datenbedarf), was dazu führt, dass häufig »das Rad neu erfunden wird«. Zahlreiche Beispiele unterstreichen den wachsenden Bedarf nach einer aussagefähigen Leistungsbeurteilung des Managements.

Natürlich sind unterschiedliche Informationsinteressen wie Interessensschutz, Risikoreduktion, Investitionssteuerung oder Qualitätssteigerung mit den einzelnen Anspruchsgruppen verbunden. Trotzdem lassen sich einige Gemeinsamkeiten in ihren Ansprüchen erkennen. Diese Beispiele zeigen aber auch, dass eine Konsolidierung der verschiedensten Beurteilungsbemühungen und -notwendigkeiten erforderlich ist.

Konsolidierung Informationsanforderungen

(3) Erweiterung des Umfangs von Measurement-Systemen

Parallel dazu haben sich auch die Dimensionen der Performance-Messsysteme in den meisten Unternehmen deutlich erweitert. Drei Themen sind hier zu nennen: Erstens wurden die traditionell finanziellen Messgrößen durch Messgrößen nichtfinanzieller Natur ergänzt. Man denke z. B. an Faktoren wie die Innovationsrate eines Pharmaunternehmens, die für seinen Erfolg von hoher Bedeutung ist. Kennzahlen wie die Dichte der R & D-Pipeline oder die Einführungsrate neuer Pillen geben hier früher Auskunft, als dies finanzielle Maßgrößen können. Zweitens hat sich auch das Format verschoben. Neben quantitative Ansätze sind auch qualitative Beschreibungen getreten. Gerade bei anfänglich schlecht strukturierbaren Phänomenen lassen sich die daraus abgeleiteten »schwachen Signale« noch nicht in harte Zahlen übersetzen. Drittens berichten viele Kennzahlen über einen zurückliegenden Zeitraum in der Vergangenheit. Jedoch will man verstärkt frühzeitige Hinweise auf gegenwärtige und zukünftige Entwicklungen erhalten. Dies führt dazu, dass Messgrößen immer stärker real-time erfasst werden. Man möchte – deutlich bevor es das betriebliche Ergebnis ausweist – wissen, wie z. B. eine neue Marketingkampagne auf die Kundenbindung wirkt. Ziel ist es, schneller zu lernen bzw. sich anzupassen.

Nichtfinanzielle Kennzahlen

Qualitative Beschreibungen

6.3.2 Ausgewählte Ansätze von strategischen Performance-Measurement-Systemen

Die Herausforderung für ein strategisches Performance-Messsystem besteht darin, die langfristigen Ziele eines Unternehmens mit kurzfristigen Handlungen in Einklang zu bringen. Im Laufe der letzten Jahre wurde eine ganze Reihe von »Ausbruchversuchen« aus dem klassischen Rechnungswesen und Controlling hin zu strategischen Performance-Messsystemen unternommen[20].

Mit der Balanced Scorecard, der Performance-Pyramide und dem EFQM-Modell werden die wichtigsten Konzepte kurz vorgestellt. Hinsichtlich strategischer Performance-Messsysteme ist nicht nur die Wissenschaft im Rahmen ihrer angewandten Forschung aktiv, sondern auch die Unternehmenspraxis selbst wartet mit Eigenentwicklungen auf. Das Performance-Prisma ist ein herausragendes Beispiel. Eine konsequente Weiterentwicklung dieser Ansätze stellen der Ansatz des *Intellectual Capitals* und der Ansatz der *Performance-Messung im SMN* dar, auf die ebenfalls kurz eingegangen wird. Allen vorgestellten Ansätzen ist gemein, dass es sich um sogenannte **Scorecard-Ansätze** handelt, bei denen das Geschäft auf der Basis eines vordefinierten Kriterienrasters möglichst integriert und aus verschiedenen Perspektiven beurteilt wird. Der Begriff »*Scorecard*« geht auf Punktezettel zurück, wie sie z. B. im Golfsport verwendet werden. Die Dimensionen repräsentieren die strategischen Ziele, welche durch strategische Initiativen umgesetzt werden sollen. D. h., strategische Initiativen adressieren ein oder mehrere strategische Ziele.

(1) Balanced Scorecard

Die Entwicklung und Verbreitung der *Balanced Scorecard* wurde durch Robert Kaplan und David Norton Anfang der 90er-Jahre entscheidend vorangetrieben.[21] Zielsetzung des Ansatzes ist es, die Strategie einer Geschäftseinheit in materielle Ziele und dazugehörige Messgrößen zu übersetzen.[22] Neue Strategien implizieren damit immer auch eine Anpassung der Kriterien, über die Leistung gemessen wird. Der Anspruch der Ausgewogenheit bezieht sich auf (1) die gleichzeitige Berücksichtigung sowohl der Interessen unternehmensexterner Anspruchsgruppen als auch der internen Erfordernisse für Geschäftsprozesse, Innovationen, Lernfähigkeit und Wachstum, (2) die Berücksichtigung kurz- und langfristig ausgerichteter strategischer Ziele und (3) die Verwendung objektiver und subjektiver (auch nichtmonetärer) Indikatoren.

Der Aufbau der *Balanced Scorecard* ist relativ einfach. Jedes Geschäft ist aus vier Perspektiven – Finanzen, Kunden, Prozess, Lernen & Wachstum – zu evaluieren, wobei im Bedarfsfall diese Perspektiven auch verändert bzw. ergänzt werden können. Dabei liegt eine einfache Kausallogik zu Grunde, die eng an den Wertsteigerungsansatz angelehnt ist: Um eine hohe Gesamtkapitalproduktivität zu erreichen (finanzielle Perspektive), bedarf es der entsprechenden Mitarbeiterfähigkeiten (Lernen und Wachstum). Diese finden ihren Ausdruck in einer hohen Prozessqualität und in geringen Prozessdurchlaufzeiten (Prozessperspektive), was wiederum zu einer zeitgerechten Versorgung des Kunden mit den geschaffenen und nachgefragten Leistungen führt und deshalb den Kunden auch bindet (Kundenperspektive). In den vier Perspektiven sind auch die drei zentralen und durch das Management beeinflussbaren Haupttreiber des Wertsteigerungsansatzes er-

6.3.2 Ausgewählte Ansätze von SPMS

kennbar: (1) Umsatzwachstum und -zusammensetzung, (2) Kostenreduktion und Produktivitätsverbesserung und (3) Nutzung der Vermögenswerte. Diese sind je nach Portfoliostrategie (ernten, halten, wachsen) unterschiedlich zu bedienen.

> **Fallbeispiele: Die Wahl der Dimensionen in verschiedenen Unternehmen**
> Viele Unternehmen passen die Perspektiven ihren Bedürfnissen an: FEDERAL EXPRESS hat die drei Perspektiven Mitarbeiter, Service und Wachstum; bei WHIRLPOOL sind es Finanzen, Kunden und Mitarbeiter; bei MOTOROLA findet man Zeit, Qualität, Wachstum, Produktion und Führung. Bei NOVARTIS konzentriert man sich auf die mit den Perspektiven verbundenen Kernfähigkeiten. Es werden dazu vier Perspektiven unterschieden: Performance (Finanzen, Operations), Externer Fokus (Markt/Kunde, Wettbewerb, Kooperationspartner), Innovation (Produkte, Prozesse) sowie Mitarbeiter (Kompetenzen, Werte/Ambitionen, Entwicklung, Führung). Dabei werden pro Kriterium die Ziele, Messgrößen, Verantwortlichkeiten und Anreize erarbeitet.

Wie Abbildung 6-4 verdeutlicht, zielt die Arbeitslogik der *Balanced Scorecard* auf die Übersetzung der Vision in konkrete Aktivitäten ab, die zum einen nach

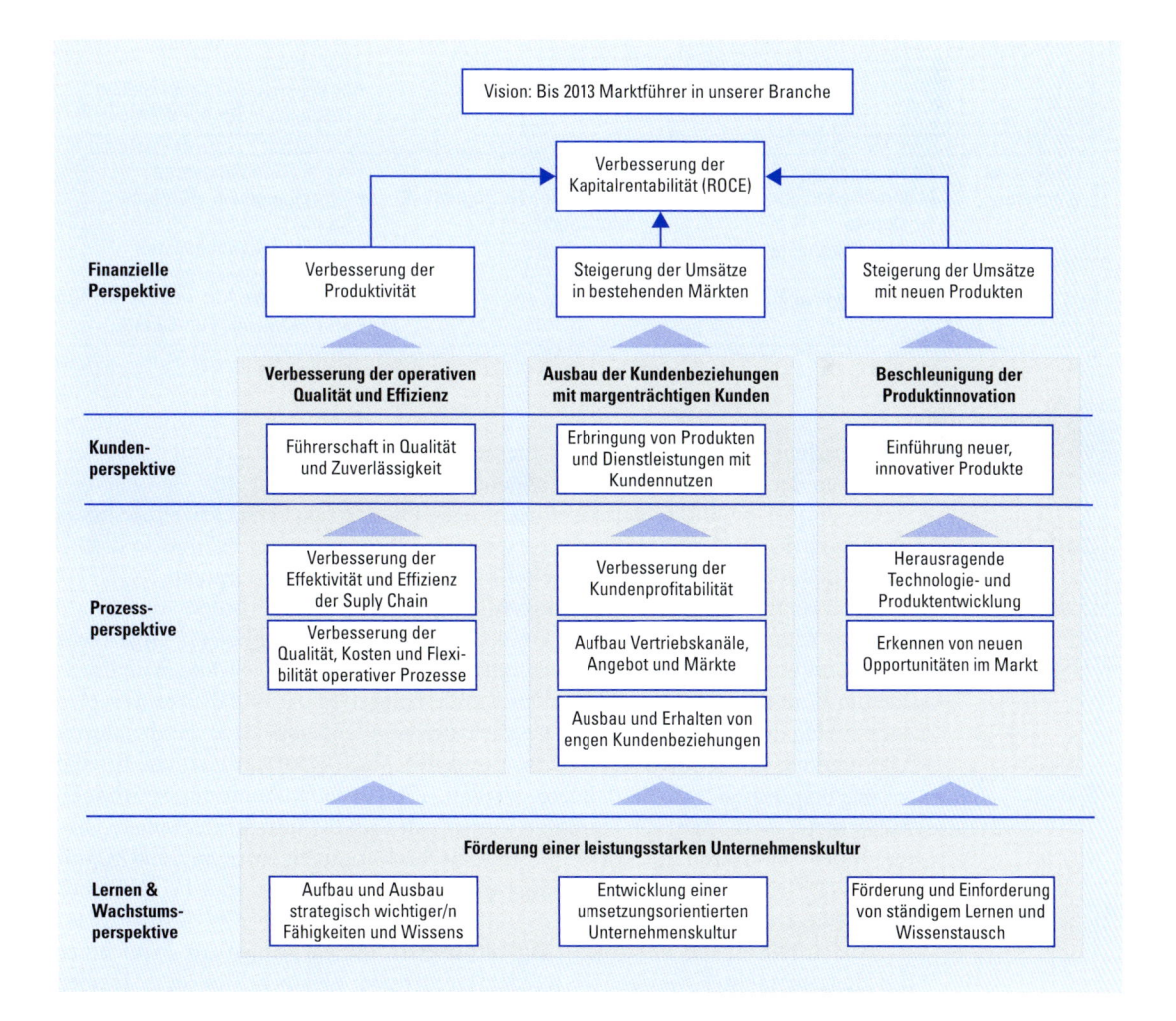

Abb. 6-4: Generische Strategy Maps inkl. der vier Perspektiven der Balanced Scorecard[23]

	Ziele/Strategien	Performance-Treiber	Messgrößen
Finanzielle Perspektive	1. Steigerung des Ertrags 2. Umsatzwachstum 3. Risikodiversifikation	• Mix der Erträge • Nutzung kostengünstiger Absatzwege • Verteilung der Geschäftsrisiken	• EBIT • % Wachstumsrate im Festnetz zum Gesamtumsatz • Risk share per service line
Kunden-Perspektive	4. Verringerung des Alt-Kundenbestandes aufhalten 5. Akquisition von privaten Festnetzkunden 6. Marktpräsenz steigern	• Qualität der Kundenbeziehung • Diensteigenschaften • Image	• Anzahl Neukunden zu Altkunden • Umfrageindex
Prozess-Perspektive	7. Verbesserter Reklamationsprozess durch Call-Center 8. Cross-Selling von Diensten 9. Werbeaktionen (Events, TV)	• Qualität • Kosten • Zeit	• Anzahl angesprochener Kunden • % Dauer von Störungsbehebungen • % Volumen des Cross Selling • Responseindex auf Werbung
Lernen und Wachstum	10. Training der Call-Centers 11. Integrierte Funk/Festnetzdienste 12. Wissenstransfer von Partnern 13. Motivation sichern	• Qualifikation • Informationsverfügbarkeit • Motivation • Innovation	• Anzahl Schulungstage • Eintragungen in »Wissensbank« • MA-Zufriedenheitsindex • Anzahl Verbesserungsvorschläge • »Hit-Prämien«, Fun-Events

Abb. 6-5: Treiber und Messgrößen eines Unternehmens aus der Telekommunikationsindustrie (Beispiel) (Kaplan/Norton 1997)

Strategy Maps zur Visualisierung der Ziele

strategischen Prioritäten (strategic themes) und zum anderen nach den vier Perspektiven der *Balanced Scorecard* angeordnet werden[24].

Aus der Vision und Unternehmensstrategie müssen pro Perspektive die strategischen Ziele abgeleitet, schlüssig zueinander in Beziehung gesetzt und so gestaltet werden, dass sie an die Mitarbeiter kommuniziert werden können.

Zur Visualisierung der Beziehungen der einzelnen Ziele werden sogenannte *Strategy Maps* – wie in Abbildung 6-4 dargestellt – vorgeschlagen.[25] Auf Basis der strategischen Ziele werden die langfristigen finanziellen Ziele abgeleitet, welche die Grundlage für die Zielgrößen Kundenzufriedenheit und Nutzenversprechen (value propositions) sind. Diese Ziele der Kundenperspektive werden durch Maßnahmen hinsichtlich der Prozesse und der Mitarbeiter unterstützt, für die selbst entsprechende Ziele definiert werden. Zur Vereinfachung dieser *Strategy Maps* bietet es sich an, die einzelnen Ziele nach drei bis fünf strategischen Themen oder Prioritäten zu sortieren. Strategische Initiativen werden genutzt, um die strategischen Themen und die dazugehörigen Maßnahmen aller Perspektiven umzusetzen.

Danach gilt es, die Variablen zu identifizieren, die als kausal zur Erreichung der Ziele betrachtet werden. Sie werden hier Treiber genannt. Um diese Treiber

6.3.2 Ausgewählte Ansätze von SPMS

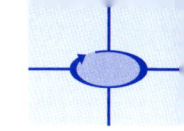

in ihrer Entwicklung beurteilen zu können, bedarf es Messgrößen. Die einzelnen Strategieelemente der vier Perspektiven greifen dabei ineinander, weshalb man auch sagt, dass mit der *Balanced Scorecard* ein integrativer Strategieansatz verfolgt wird. Die *Balanced Scorecard* ist heute ein Konzept, das ein enormes Anwenderinteresse erfahren hat. Unternehmen nutzen es in den verschiedensten Variationen. In Abbildung 6-5 wird die *Balanced Scorecard* eines Telekommunikationsunternehmens gezeigt.

Treiber

Aufgrund ihrer Flexibilität hat die *Balanced Scorecard* weltweit eine so hohe Popularität erlangt, dass der Ansatz heute fast synonym mit dem Begriff der strategischen Performance-Messung verwendet wird.

(2) Performance-Pyramide

Die Performance-Pyramide wurde Ende der 1980er-Jahre in den Wang Laboratories unter dem Namen »*Strategic Measurement Analysis and Reporting Technique (SMART)*« entwickelt.[26]

Ziel dieses in Abbildung 6-6 dargestellten Ansatzes ist es, die Ziele und Aktivitäten, die zum gewünschten Unternehmensziel beitragen, zu bestimmen. Grundlage sind die fünf Organisationsebenen Geschäftseinheit, Hauptprozesse, Abteilungen und Teams sowie Individuen. Auf der obersten Ebene definiert das Management die Geschäftsfelder und stellt die notwendigen Ressourcen zur Verfügung. Ausgehend von der Unternehmensstrategie und -vision werden marktorientierte und finanzielle Ziele der Geschäftseinheiten definiert, welche wie-

Bestimmung Aktivitäten

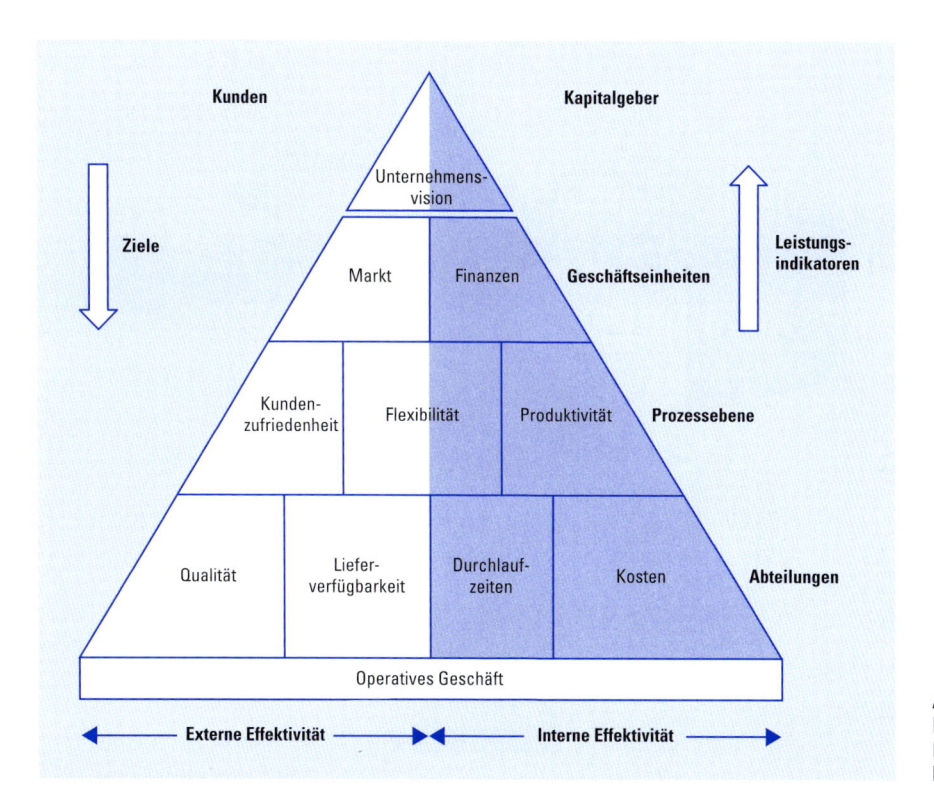

Abb. 6-6: Performance-Pyramide nach Lynch/Cross (1995)

derum auf der Prozessebene in operative Zielvorgaben für Kundenzufriedenheit, Flexibilität und Produktivität heruntergebrochen werden. Auf der Abteilungsebene werden diese Ziele durch operative Kriterien wie Qualität, Lieferverfügbarkeit, Durchlaufzeiten und Kosten repräsentiert. Als Basis der Pyramide sind diese operativen Ziele der Schlüssel dafür, die Ziele der höheren Ebenen zu erreichen. Während die Ziele in einem Top-down-Prozess vorgegeben werden, werden die Leistungsindikatoren bottom-up gebildet und über die verschiedenen Ebenen aggregiert.

Fokussierung auf Kunden und Eigentümer

Im Gegensatz zu anderen strategischen Performance-Messsystemen fokussiert dieses lediglich auf zwei Anspruchsgruppen: Die Kunden und die Kapitalgeber. Dafür werden die Ziele in zwei Kategorien geteilt: Marktbezogene Ziele sind vornehmlich auf eine effektive Kundenbetreuung ausgerichtet, während anteilseignerbezogene Ziele die interne Effizienz in den Vordergrund stellen.

(3) Performance-Prisma

Während die bereits vorgestellten Ansätze die Interessen der Anspruchsgruppen zumeist indirekt berücksichtigen, stellt das in Abbildung 6-7 dargestellte *Performance-Prisma* die Befriedigung der Anspruchsgruppen eines Unternehmens gezielt in den Mittelpunkt.[27]

Anspruchsgruppen im Mittelpunkt

Obwohl in der Literatur kontrovers diskutiert wird, ob alle Interessen der unterschiedlichen Anspruchsgruppen gleichzeitig befriedigt werden können, findet dieser Ansatz in den letzten Jahren zunehmend Unterstützung. Grundlage der Definition eines strategischen Performance-Messsystems nach dem Performance-Prisma-Ansatz bilden fünf miteinander verbundene Perspektiven und Fragen:

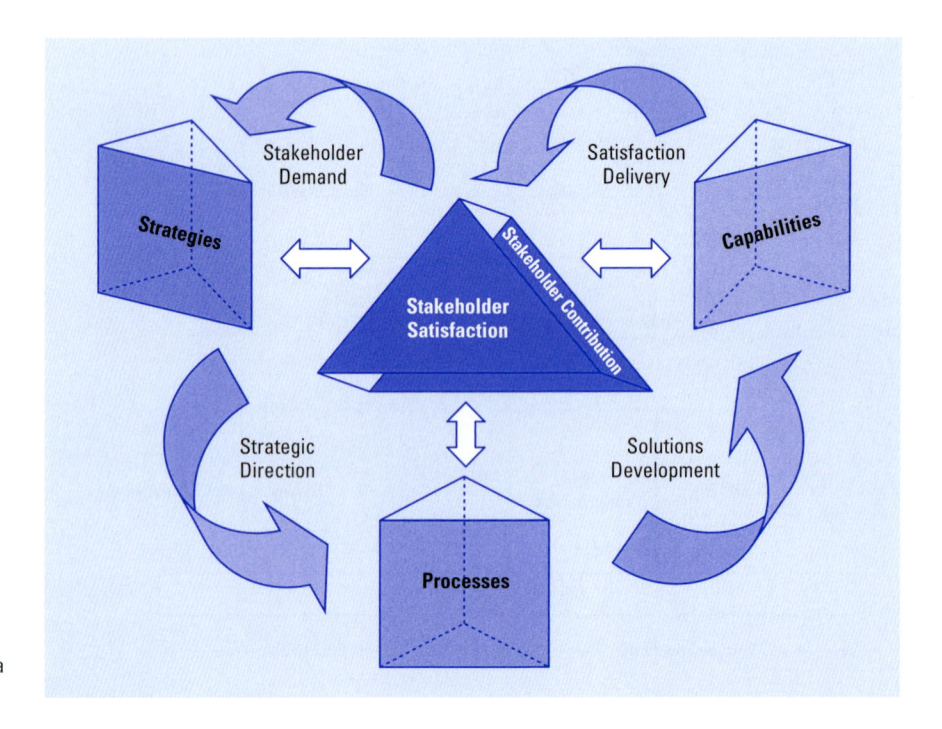

Abb. 6-7:
Performance-Prisma
nach Neely (2002)

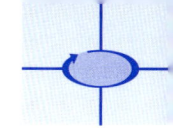

1. *Zufriedenheit der Anspruchsgruppen:* Was sind die Anspruchsgruppen eines Unternehmens und was wollen und brauchen sie?
2. *Strategien:* Welche Strategien sind erforderlich, um die Interessen der Anspruchsgruppen zu befriedigen?
3. *Prozesse:* Welche kritischen Prozesse sind notwendig, um die Strategien umzusetzen?
4. *Fähigkeiten:* Welcher Fähigkeiten bedarf es, um die Prozesse durchzuführen und zu verbessern?
5. *Beiträge der Anspruchsgruppen:* Welche Beiträge muss ein Unternehmen von seinen Anspruchsgruppen erhalten, um die Fähigkeiten zu erhalten und weiter auszubauen?

Geeignete Leistungsindikatoren können mit Hilfe dieses Modells bestimmt werden, um den Erwartungen der Anspruchsgruppen gerecht zu werden. Die Strategie selbst dient in diesem Ansatz der Erreichung der übergeordneten Interessen der Anspruchsgruppen.

Mit der Einbeziehung aller wesentlichen Anspruchsgruppen und der Betonung des reziproken Verhältnisses von Unternehmen und Anspruchsgruppen ergänzt das *Performance-Prisma* andere Ansätze um wesentliche Punkte.

(4) Das EFQM-Modell

Ursprünglich stark auf die Bereiche Produktion und Distribution zugeschnitten, hatte sich in den 1990er-Jahren unter dem Schlagwort »Qualitätsmanagement« eine breite Bewegung etabliert, die unternehmensübergreifend nach Kriterien und Erfolgsfaktoren für Qualität in allen Aktivitäten eines Unternehmens suchte und deren Anwendung vorantrieb. Man wollte neben die finanzielle Dimension einer Leistungsbeurteilung eine weitere Dimension stellen, die zudem eine Vorsteuergröße zum betrieblichen Ergebnis ist.

Qualitätsmanagement

Exemplarisch sei an dieser Stelle auf den EFQM-Ansatz verwiesen, der sich als Unternehmensmodell mit einer ganzheitlichen Sicht auf ein Unternehmen sieht und Unternehmen einen Leitfaden zum Aufbau und zur Weiterentwicklung von Performance-Management-Systemen bieten soll. Kern des überarbeiteten EFQM-Modells sind acht Grundprinzipien:[28] (1) Ausgewogene Ergebnisse erzielen, (2) Kundennutzen mehren, (3) mit Vision, Inspiration und Integrität führen, (4) mittels Prozessen lenken, (5) durch Menschen erfolgreich sein, (6) Innovation und Kreativität fördern, (7) Partnerschaften aufbauen, (8) Verantwortung für eine nachhaltige Zukunft übernehmen.

Auf diesen Grundprinzipien aufbauend soll das in Abbildung 6-8 dargestellte EFQM-Modell Unternehmen dabei unterstützen, ihre Leistung zu verbessern. Neben auf vergangenen Ereignissen beruhenden finanziellen Kennzahlen werden auch nichtfinanzielle Kennzahlen als Frühindikatoren für zukünftige finanzielle Ergebnisse einbezogen. Das aktuelle Modell beruht auf neun Gestaltungsbereichen eines Unternehmens, welche mit detaillierten Katalogen von Einzelkriterien hinterlegt sind. Fünf der Kriterien sind »Befähiger« und vier sind »Ergebnisse«. Als Aktionsradius einer Organisation sind die »Befähiger« zu verstehen, wohingegen die »Ergebnisse« die zu erreichenden Ziele beschreiben.

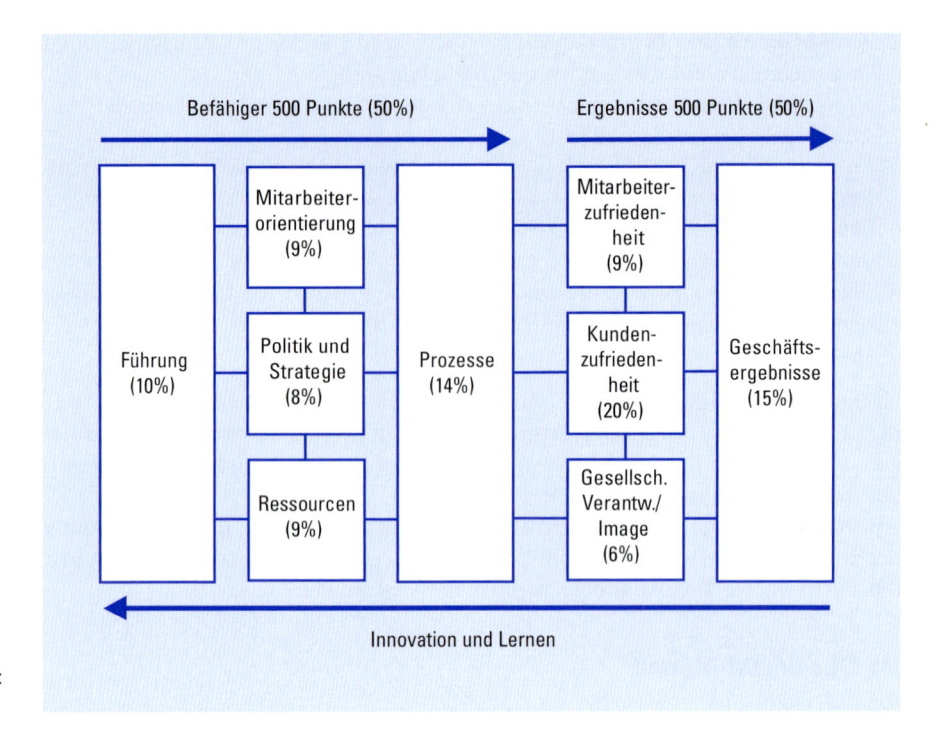

Abb. 6-8:
Das EFQM Excellence Model (Quelle: EFQM 1997)

[Diagramm: EFQM Excellence Model mit Befähiger 500 Punkte (50%) und Ergebnisse 500 Punkte (50%); Führung (10%), Mitarbeiterorientierung (9%), Politik und Strategie (8%), Ressourcen (9%), Prozesse (14%), Mitarbeiterzufriedenheit (9%), Kundenzufriedenheit (20%), Gesellsch. Verantw./Image (6%), Geschäftsergebnisse (15%); Innovation und Lernen]

(5) Intellectual Capital

Auch in den 1990er-Jahren hatten Ansätze an Gewicht gewonnen, die sich mit der Messung des *Intellectual Capitals (IC)* eines Unternehmens beschäftigten.[29] Ausgangspunkt war die Frage, warum Unternehmen mit vergleichbarer Kapitalausstattung über stark divergierende Marktkapitalisierungen an den Börsen verfügten? Gerade bei wissensintensiven Firmen wie High Tech Firmen oder Professional Service Firms war dieses Problem besonders markant. Als Erklärungsgrund werden unsichtbare, nicht in der Bilanz ausweisbare Vermögensbestandteile, die sogenannten *intangible Assets*, genannt. Diese umfassen beispielsweise Positionen wie Beziehungen zu Kunden, Innovationskraft, Leistungsfähigkeit der Prozesse etc. Mit diesem Erklärungsansatz kann daher auch die Differenz von Buch- und Marktwert (MV) als *Intellectual Capital* und damit der Unternehmenswert (EV) wie folgt definiert werden:

> **Intangible Assets entscheidend für Unternehmenswert**

$$\text{Enterprise Value EV} = \text{Buchwert} + \text{Intellectual Capital}$$
$$= \text{Marktwert} + \text{Schulden}$$

Daraufhin waren mehrere Klassifizierungen entstanden, mit denen versucht wurde, das *Intellectual Capital* eines Unternehmens zu erfassen und dann bestmöglich zu managen. Exemplarisch zeigen wir den »SKANDIA Navigator«.

Seit 1994 wurde bei dem schwedischen Versicherungsunternehmen SKANDIA in Ergänzung zum Geschäftsbericht ein Bericht über die Entwicklung der *intangible Assets* des Unternehmens angefertigt. Abbildung 6-9 zeigt den »SKANDIA Navigator«, wobei die Messgrößen in jedem Unternehmensbereich von SKANDIA etwas unterschiedlich sind. Auch wurden diese über die Zeit immer wieder angepasst.

6.3.2 Ausgewählte Ansätze von SPMS

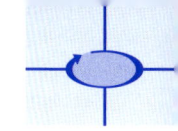

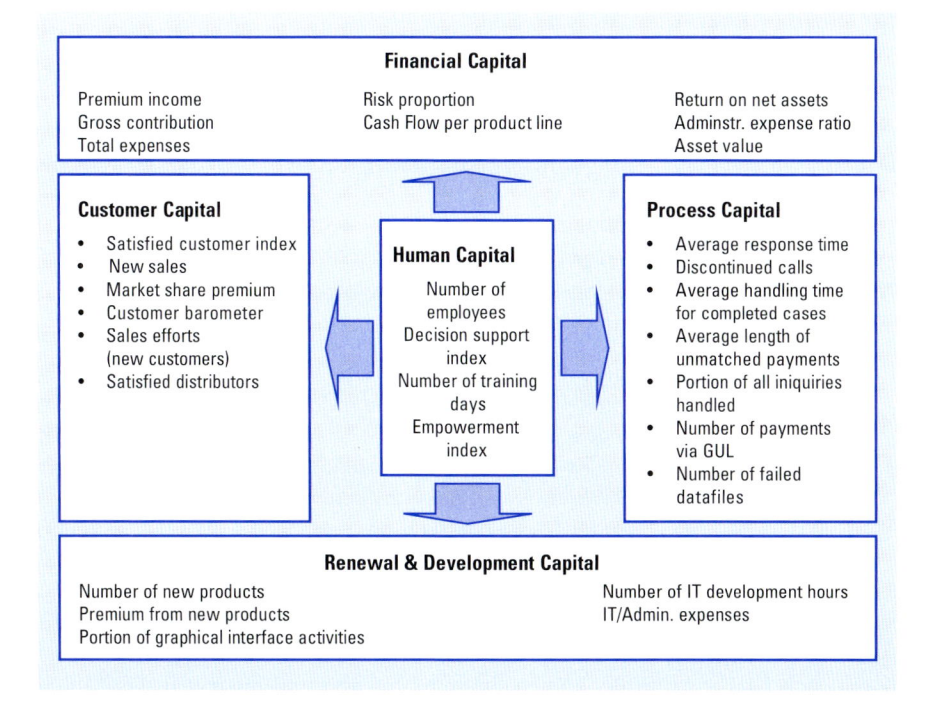

Financial Capital
- Premium income
- Gross contribution
- Total expenses
- Risk proportion
- Cash Flow per product line
- Return on net assets
- Adminstr. expense ratio
- Asset value

Customer Capital
- Satisfied customer index
- New sales
- Market share premium
- Customer barometer
- Sales efforts (new customers)
- Satisfied distributors

Human Capital
- Number of employees
- Decision support index
- Number of training days
- Empowerment index

Process Capital
- Average response time
- Discontinued calls
- Average handling time for completed cases
- Average length of unmatched payments
- Portion of all iniquiries handled
- Number of payments via GUL
- Number of failed datafiles

Renewal & Development Capital
- Number of new products
- Premium from new products
- Portion of graphical interface activities
- Number of IT development hours
- IT/Admin. expenses

Abb. 6-9: SKANDIA Navigator (Quelle: SKANDIA Report 1997)

Andere Ansätze zerlegen das *Intellectual Capital* zunächst in die beiden Bereiche Human- und Strukturkapital.[30] Zusammen mit dem Finanzkapital eines Unternehmens wird damit die gesamte Ressourcenausstattung abgedeckt. Die Zweiteilung in Human- und Strukturkapital wird damit begründet, dass das Humankapital durch gänzlich andere Managementmethoden zu entwickeln ist, als dies für das Strukturkapital gilt. Während ersteres durch die Fähigkeiten der Beschäftigten (competence), ihre Einstellung (attitude) und ihre intellektuelle »Wendigkeit« (agility) erfasst wird, misst das Strukturkapital auf kollektiver Ebene den Wert der externen Beziehungen eines Unternehmens (relationships), seine strukturellen und kulturellen Eigenschaften (organization) sowie das immanente Potenzial zur Erneuerung und Weiterentwicklung (renewal & development). Für die praktische Anwendung werden eine Vielzahl an Kennzahlen dargelegt, mit deren Hilfe sich ein Unternehmen ein Bild über die einzelnen Konstrukte seines intellektuellen Kapitals verschaffen kann.

Der Intellectual-Capital-Ansatz betont die Mitarbeiter bzw. genauer das Wissen der Mitarbeiter als Quelle des Erfolgs. Daher ist er auch im Wesentlichen nur auf wissensintensive Unternehmen anzuwenden. Da Wissen aber ein sehr unbestimmter und weitläufiger Begriff ist und das Messen und Managen von Wissen im Vordergrund des Intellectual-Capital-Ansatzes steht, ist der Ansatz quantitativ noch wenig ausgereift. Trotz dieser kritischen Anmerkungen, bildet er dennoch einen vielversprechenden Ansatz. Hinzuzufügen ist, dass zwar aufgrund der Kontextbezogenheit jeglicher Beobachtung eine »objektiv richtige« Messung immaterieller Ressourcen prinzipiell auszuschließen ist, eine unternehmerische Einheit jedoch gerade durch eine intensive Auseinandersetzung mit dieser Thematik wichtige Impulse für ihre weiteren Aktivitäten gewinnen kann.

(6) Performance-Messung im SMN

Im Folgenden und zum Abschluss des Kapitels wird ein Ansatz zur Performance-Messung vorgestellt, der auf der Systematik des SMN aufbaut und anstrebt, den Anforderungen an eine umfassende Performance-Messung zu entsprechen. Im konzeptionellen Sinne wird damit zur Abrundung des SMN bewusst »Neuland« betreten.

Bausteine Performance-Messung im SMN

Die Performance-Messung anhand des SMN besteht aus drei Bausteinen. Ziel ist es, strategische Initiativen und ihre Auswirkungen von Anfang an zu beobachten und zu beurteilen. Den Bausteinen liegen folgende **Annahmen** zu Grunde:

- Am Anfang stehen *Konzepte* bezüglich wichtiger, strategischer Initiativen. Wer also in der Lage ist, professionell Konzepte für eine strategische Positionierung und die zu ihrer Wirksamkeit notwendigen Veränderungsprozesse zu generieren, hat die erste Hürde genommen.
- Die zweite Hürde ist die *Umsetzung* dieser Konzepte bzw. die Wirksamkeit der lancierten Initiativen. Dabei interessieren vor allem die Stellen im Prozess, wo Ausmaß und Auswirkungen der Umsetzung beobachtet werden können: Wurde das auch getan, was man vorhatte, zu tun (Kontrolle)? Welche Auswirkungen hatte dies auf die Beobachtungsgrößen?
- Zuletzt geht es um die Auswirkungen der eingeleiteten Initiativen auf das *finanzielle Ergebnis*, also darum, ob eine Wertsteigerung erzielt wurde. Dabei gilt, sich Klarheit darüber zu verschaffen, ab wann und inwieweit die Zahlen aus dem Controlling Ausdruck des finanziellen Ergebnisses der eingeleiteten Initiativen sind.

Die Bewertung der konzeptionellen Qualität nennen wir *Konzept-Audit* (SMN-Audit), die Bewertung der Implementierung *Umsetzungs-Scorecard* (SMN-Scorecard) und die Auswirkungen auf das Betriebsergebnis *Financial Controlling*.[31] Dies sind die drei **Bausteine**. Zusammenfassend ergibt sich aus ihnen eine Kausalkette entlang des in Abbildung 6-10 dargestellten Zeitstrahls, durch die erstens so früh als möglich Feedback eingeholt wird und die zweitens anhand verschiedener Perspektiven und Indikatoren misst.

Eine Performance-Messung kann nun mithilfe dieser drei Bausteine durchgeführt werden. Behält man dabei die Struktur des SMN bei, so sind Bewertungen in jedem seiner fünf Felder vorzunehmen. Eine grafische Aufbereitung, wie sie einem praktischen Anwendungsfall in der Bankenindustrie entnommen ist, zeigt Abbildung 6-11.

Um zu dem Gesamtergebnis von 3,1 zu gelangen, wurde eine Gewichtung der Ergebnisse der drei Bausteine nach dem Schlüssel 2:3:5 vorgenommen. Es stellt sich im vorliegenden Beispiel die Frage, ob das finanzielle Ergebnis schon Ausdruck der gegenwärtigen Führungsarbeit ist oder ob sich diese dort erst noch durchschlagen wird. Es ist von Letzterem auszugehen, wenn man die schlechte Beurteilung der Umsetzung heranzieht. Be-

Abb. 6-10: Beurteilung der Führungsarbeit

6.3.2 Ausgewählte Ansätze von SPMS

Audit der Konzepte

- Initiierung 4.0
- Positionierung 5.25
- PM 4.25
- Veränderung 2.25
- Wertschöpfung 5.25
- 3.8 (20%)

Scorecard der Umsetzung

- Initiierung 2.0
- Positionierung 2.8
- PM 1.0
- Veränderung 1.8
- Wertschöpfung 2.7
- 2.1 (30%)

Controlling der Finanzergebnisse

- RONA: 14,0 % (Soll: 15,5%) — 3,4
- Umsatzwachstum: 6,1% (Soll: 8%) — 3,0
- 3.2 (50%)

Ampel-Legende:
Skala: 1-6 (6=beste Bewertung)
»rot« Bewertung 1.0 - 2.4
»gelb« Bewertung 2.5 - 4.4
»grün« Bewertung 4.5 - 6.0

Ampel: 3.1
Soll für laufendes Jahr: 3.5
Vorjahr: 2.3

Abb. 6-11: Gesamtergebnis einer Performance-Messung nach dem SMN

SMN-Audit

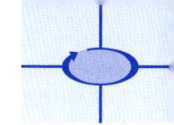

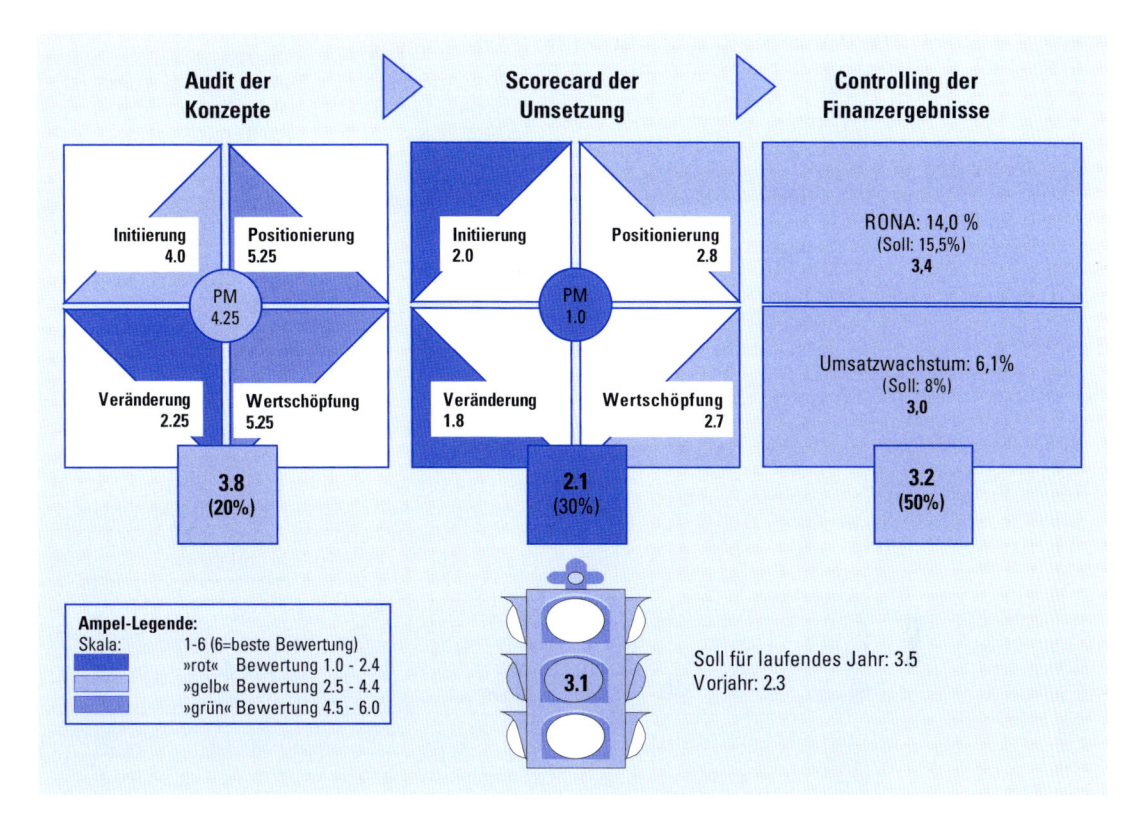

trachten wir nun im Folgenden die drei Bausteine genauer. Über das Audit wird die Qualität der durch das Management geleisteten konzeptionellen Arbeit bewertet. Es wird dabei davon ausgegangen, dass sich in der Führungspraxis zu jedem Feld des SMN ein State of the Art hinsichtlich der Konzepterstellung ausgeprägt hat, wie er auch in den vorangegangenen Kapiteln dargestellt wurde. Mit Hilfe einer einfachen Scorecard wird der Inhalt und Prozess bewertet. Zur Unterstützung kann eine 6er-Skala für das Audit zur Anwendung gebracht werden, wie sie in Abbildung 6-12 dargestellt ist. Um das Audit-Ergebnis einer einfachen Darstellung nach dem Ampelprinzip zugänglich zu machen, wurden die Ausprägungen 1 und 2 »rot« unterlegt, 3 und 4 »gelb« sowie 5 und 6 »grün«.

In einem nächsten Schritt muss es nun darum gehen, für jedes der SMN-Felder **Kriterien** abzuleiten, anhand derer eine Qualitätsbeurteilung durchgeführt werden kann. Wir werden dabei inhaltliche und prozessuale Kriterien unterscheiden. Die Beurteilung der Inhalte erfolgt nach deren *Logik* (Wie bauen die Inhalte aufeinander auf?), nach den beteiligten *Kräften* (Von wem kommen die Inhalte?) und nach den damit verbundenen *Interaktionen* (Wie wurden die relevanten Interaktionen ausgestaltet?).

Bei der Prozessqualität wird jeweils die zur Entwicklung der Inhalte angewandte *Systematik* unter die Lupe genommen: (1) Wurden alle relevanten Schritte vollzogen (Vollständigkeit)? Bei der Systematik ist insbesondere darauf zu achten, dass die in jedem Arbeitsfeld verfolgten strategischen Ziele auch kompetent erarbeitet wurden: Wurden diese Ziele systematisch abgeleitet? Konnten dabei die unterstellten Ursache-Wirkung-Beziehungen transparent gemacht wer-

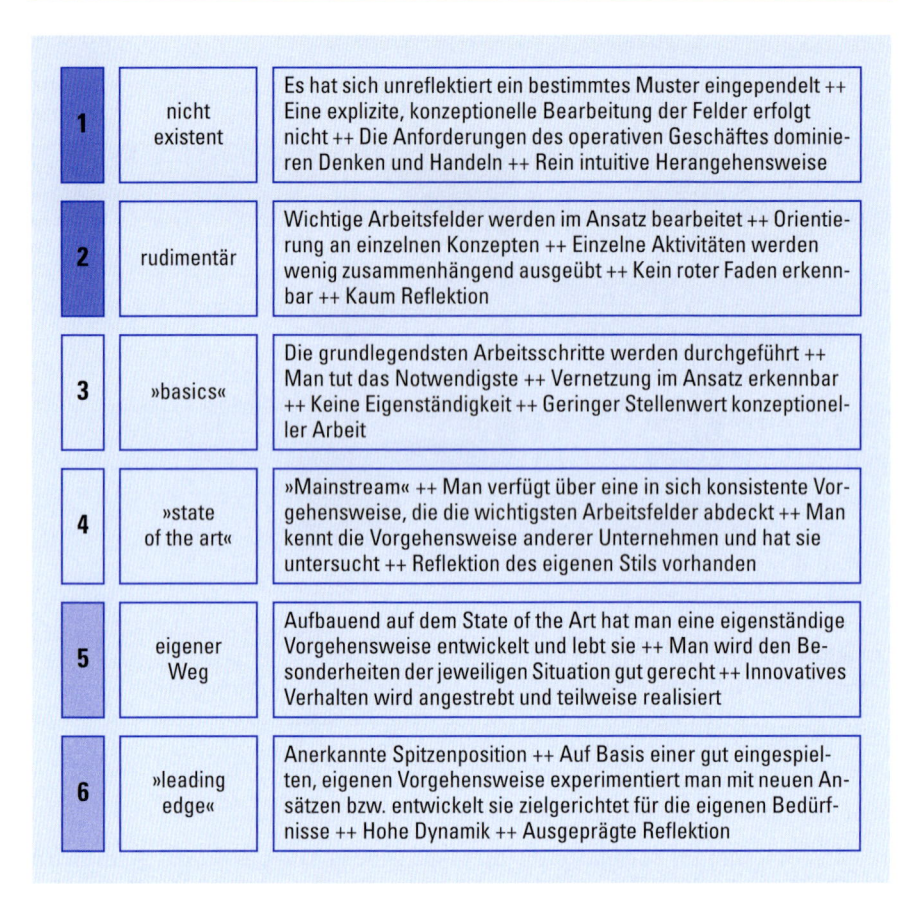

6.3 Strategische Performance-Measurement-Systeme

1	nicht existent	Es hat sich unreflektiert ein bestimmtes Muster eingependelt ++ Eine explizite, konzeptionelle Bearbeitung der Felder erfolgt nicht ++ Die Anforderungen des operativen Geschäftes dominieren Denken und Handeln ++ Rein intuitive Herangehensweise
2	rudimentär	Wichtige Arbeitsfelder werden im Ansatz bearbeitet ++ Orientierung an einzelnen Konzepten ++ Einzelne Aktivitäten werden wenig zusammenhängend ausgeübt ++ Kein roter Faden erkennbar ++ Kaum Reflektion
3	»basics«	Die grundlegendsten Arbeitsschritte werden durchgeführt ++ Man tut das Notwendigste ++ Vernetzung im Ansatz erkennbar ++ Keine Eigenständigkeit ++ Geringer Stellenwert konzeptioneller Arbeit
4	»state of the art«	»Mainstream« ++ Man verfügt über eine in sich konsistente Vorgehensweise, die die wichtigsten Arbeitsfelder abdeckt ++ Man kennt die Vorgehensweise anderer Unternehmen und hat sie untersucht ++ Reflektion des eigenen Stils vorhanden
5	eigener Weg	Aufbauend auf dem State of the Art hat man eine eigenständige Vorgehensweise entwickelt und lebt sie ++ Man wird den Besonderheiten der jeweiligen Situation gut gerecht ++ Innovatives Verhalten wird angestrebt und teilweise realisiert
6	»leading edge«	Anerkannte Spitzenposition ++ Auf Basis einer gut eingespielten, eigenen Vorgehensweise experimentiert man mit neuen Ansätzen bzw. entwickelt sie zielgerichtet für die eigenen Bedürfnisse ++ Hohe Dynamik ++ Ausgeprägte Reflektion

Abb. 6-12: Audit-Skala

den? (2) Passt die Durchführung der Prozessschritte zueinander (Konsistenz)? (3) Wurde den jeweiligen Schritten eine angemessene Bedeutung eingeräumt (Gewichtung)? (4) Wurden die einzelnen Prozessschritte auf einen klar erkennbaren Zweck ausgerichtet (Zweckgebundenheit)? Diese allgemeine Kriterieneinteilung muss dann noch bezogen auf das jeweilige SMN-Feld konkretisiert werden, wie es in Abbildung 6-13 geschehen ist. Natürlich kann und muss diese Kriterienliste einem konkreten Fall angepasst werden.

Die nächste in Abbildung 6-10 gezeigte Möglichkeit, um frühzeitig Hinweise auf das »Greifen« der Strategien im Unternehmen und in dessen Umfeld (Markt, Branche etc.) zu erhalten, ist die **Beobachtung der Umsetzung** und der bei den Anspruchsgruppen wahrgenommenen Auswirkungen. In jedem der vier plus eins Arbeitsfelder des SMN fragen wir uns, an was wir zu erkennen glauben, ob die

Abb. 6-13: Audit-Kriterienstruktur

	Initiierung	Positionierung	Wertschöpfung	Veränderung	Performance
Logik	Kopplung	Kohärenz	Konfiguration	Timing	Ausgewogenheit
Kräfte	Beteiligte	Robustheit	Ressourcenallokation	Rollenverteilung	Verortung
Interaktion	Verhalten	Fit	Vernetzung	Reorganisation	Impact
Systematik	Systematik	Systematik	Systematik	Systematik	Systematik

6.3.2 Ausgewählte Ansätze von SPMS

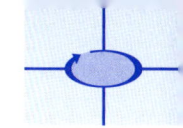

Umsetzung in der gewünschten Form stattfindet oder nicht. Diese Aufgabe hat zwei Aspekte:

- Zum einen geht es um *Kontrolle als Ausdruck der Willenssicherung*: Wurden die beschlossenen Umsetzungsmaßnahmen auch tatsächlich ergriffen? Geschah dies auch zu den vorgesehenen Zeitpunkten? Hier geht es im Prinzip um die Überwachung der Umsetzung des Masterplans.
- Zum anderen versucht man entlang der Zeitachse zu messen, ob diese Umsetzungsmaßnahmen auch zu den Konsequenzen und *Auswirkungen* führten, die wir uns vorgestellt haben. Ziel der Messung ist auch hier, Feed-back zu erhalten zur frühzeitigen Einleitung von Lern- und Korrekturprozessen. Dieser zweiten Variante ist die SMN-Scorecard gewidmet.

In jedem Arbeitsfeld sind dabei drei **Fragen** zu bearbeiten:[32]

1. *Ziele-Frage:* Was sind die mit der Arbeit in diesem Feld verfolgten zentralen strategischen Ziele/Vorhaben? Die Antwort darauf übernehmen wir gewissermaßen als Übertrag aus der bereits weiter oben in den Feldern geleisteten konzeptionellen Arbeit. Statt der Ziele können hier auch die zentralen strategischen Aussagen stehen, zumal es im konkreten Fall oft schwierig ist, zu entscheiden, ob nun z.B. »TOP-3-Marktposition in Europa« ein Ziel oder eine Strategie ist.
2. *Performance-Treiber-Frage:* Welche Faktoren sind für das Erreichen der obigen Ziele ausschlaggebend? Es geht also um die Suche nach »Stellhebeln« zu den Zielgrößen. Dahinter müssen sauber herausgearbeitete Thesen zu unterstellten Zusammenhängen zwischen Zielen und Treibern stehen.
3. *Messgrößen-Frage:* Mittels welcher Indikatoren kann die Entwicklung der Treiber geeignet beobachtet werden? Ziel ist es, den Fortschritt messbar zu machen. Wichtig sind hier natürlich eine möglichst zweifelsfreie Messung der Indikatoren und zeitlich ausreichende Gelegenheiten zur Messung.

Ähnlich wie beim SMN-Audit, wo jeweils Audit-Kriterien pro Arbeitsfeld definiert werden müssen, werden für die SMN-Scorecard **Messgrößen** benötigt. Die Auswahl der Messgrößen ist in jedem Anwendungsfall als äußerst wichtiger Schritt im Arbeitsprozess zu betrachten, der aufwändig ist und der – zu seiner Nachvollziehbarkeit – auch einer gewissen Standardisierung unterzogen werden sollte. Diese kann sich auf den Ablauf der Auswahl richten oder auch auf die Anforderungen, die die ausgewählten Messgrößen erfüllen sollten, die allerdings selten durchgängig erfüllt werden können. Letzte Sequenz in der zeitlichen Abfolge der Performance-Messung ist das klassische finanzielle Controlling. Zu den vorangegangen Beobachtungsstufen wird eine Korrelation unterstellt. Ein Beispiel wäre, dass die Kundenzufriedenheit aus der Scorecard »Positionierung« positiv korreliert ist mit dem erst später eintretenden finanziellen Ergebnis.

Es wird hier kein spezieller Ansatz eines »SMN-Controlling« vorgeschlagen, sondern wir gehen davon aus, dass ein Unternehmen über ein modernes Controlling verfügt, aus dem heraus wertorientierte Spitzenkennzahlen generiert werden können, auf die der Wertschöpfungsprozess des Unternehmens mit ausgerichtet ist:[33] Die Performance-Messung steht also neben dem Controlling und bedient sich seiner.

SMN-Controlling

Zusammenfassung

- Strategische Performance-Measurement-Systeme zeichnen sich vor allem durch die Integration langfristig strategischer und operativer Ziele, die Berücksichtigung unterschiedlicher Dimensionen, Einbeziehung von Ursache-Wirkung-Beziehungen zwischen Zielen und den Performance-Maßen und durch eine Abfolge aus Zielen, Messkritierien und Handlungsplänen aus.
- Im Laufe der Jahre hat sich eine Reihe von Scorecard-basierten Ansätzen zum strategischen Performance Measurement entwickelt. Alle Ansätze stellen ein Framework dar, das auf einer ausgewogenen Zusammenstellung von finanziellen und nichtfinanziellen Kennzahlen beruht.
- Die Ausgestaltung eines strategischen Performance-Measurement-Systems hat großen Einfluss auf den Erfolg der strategischen Initiativen eines Unternehmens. Dabei gilt, dass das Unternehmen ein ausgewogenes Maß an Kennzahlen zur Steuerung finden muss, welche den strategischen Zielen entsprechen.

6.4 Wichtige Kennzahlen

Alle vorgestellten strategischen Performance-Messsysteme basieren auf einer geeigneten Zusammenstellung unterschiedlicher Kennzahlen. Welche Kennzahlen ein Unternehmen auswählen muss, um die notwendige Transparenz und die richtigen Anreize zu setzen, kann nicht allgemein beantwortet werden. Im folgenden Abschnitt werden in der Unternehmenspraxis oft anzutreffende finanzielle und nichtfinanzielle Kennzahlen vorgestellt und kurz hinsichtlich ihres Beitrags zu einem strategischen Performance Measurement diskutiert.

Lernziele

- Aufzeigen wichtiger und häufig in der Unternehmenspraxis anzutreffender finanzieller Kennzahlen
- Kennenlernen der Vor- und Nachteile von wert- und rechnungslegungsorientierten Kennzahlen
- Aufzeigen möglicher nichtfinanzieller Kenngrößen

6.4.1 Finanzielle Kennzahlen

Notwendigkeit

Finanzielle Kennzahlen sind notwendig, um Auskunft über den aktuellen Zustand eines Unternehmens und über den Fortschritt seiner strategischen Initiativen zu geben. Auch wenn finanzielle Kennzahlen nicht die einzigen Kennzahlen bleiben können, bilden sie nach wie vor den Kern vieler Ansätze. Mit einer gewissen Zeitverzögerung spiegeln sich alle Aktivitäten eines Unternehmens in den Finanzen wider und geben Aufschluss über die Hauptziele eines Unternehmens, die Wertsteigerung für die wichtigsten Anspruchsgruppen und die langfristige Überlebensfähigkeit eines Unternehmens. Traditionelle finanzielle Kennzahlen des Finanz- und Rechnungswesens werden aufgrund ihrer Beeinflussbarkeit, ih-

6.4.1 Finanzielle Kennzahlen

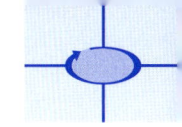

rer reinen Vergangenheitsorientierung kritisiert und werden normalerweise für eine strategische Performance-Messung durch wertorientierte Kennzahlen ergänzt. Die wichtigsten Vertreter beider Typen werden kurz erläutert. Realoptionen erweitern wertorientierte Kennzahlen um die Möglichkeit, den Wert unterschiedlicher Handlungsoptionen in Verbindung mit einem aktiven Management zu berücksichtigen.

(1) Rechnungslegungsorientierte Finanzkennzahlen

Als Beginn der ersten systematischen Erfassung von Geschäftstransaktionen wird die Innovation der doppelten Buchführung vor ca. 200 Jahren in Italien erachtet. Hierbei wurden Geschäftsvorfälle nicht nur aufgezeichnet, sondern in ein miteinander verbundenes System von Konten integriert. Aus diesen Anfängen hat sich die heutige Praxis des Finanz- und Rechnungswesens entwickelt. Diese basiert auf den drei Säulen Bilanz, Gewinn- und Verlustrechnung (GuV) und Kapitalflussrechnung. Neben den direkt ablesbaren Kennzahlen wie Jahresüberschuss oder EBIT können auf Basis dieser drei Säulen weitere Finanzkennzahlen errechnet werden, die eine Aussage über einen bestimmten finanziellen Zusammenhang oder eine Management-Perspektive ermöglichen.

Für das Strategische Management sind diese Ansätze insofern relevant, als sich in ihnen der Erfolg oder Misserfolg von Aktivitäten wie strategischen Initiativen eines Unternehmens niederschlägt. Wird z. B. eine neue Produktreihe eingeführt, dann kann man an den Umsatzzahlen der GuV erkennen, ob dies gelungen ist. Ebenso wichtig ist ihre Nutzung für die Abschätzung neuer Strategien. So ist es üblich, im Zusammenhang mit einer neuen Strategie deren Auswirkungen auf Bilanz, GuV sowie Cashflow abzuschätzen und in verschiedenen Szenarien darzustellen. Was sind z. B. die Auswirkungen einer Akquisition auf das Eigenkapital eines Unternehmens? Wie wird die Erhöhung der F&E-Ausgaben den Profit im nächsten Jahr reduzieren? Kurzum, es geht darum die Auswirkungen einer Strategie in ihren Finanzwerten planerisch abzuschätzen. Die für die Beurteilung von strategischen Initiativen wichtigsten Kennzahlen werden im Folgenden kurz vorgestellt und erläutert.

Bedeutung fürs Strategische Management

> **Exkurs: Integrierte Finanzplanung**
> Beim Planen ihrer strategischen Initiativen betrachten immer noch viele Unternehmen lediglich den Gewinn als Planungs- und Steuerungskriterium, vernachlässigen aber die Auswirkung der Initiativen auf den Kapitalbedarf eines Unternehmens.
> Um »böse Überraschungen«, d. h. Liquiditätsengpässe oder gar die Zahlungsunfähigkeit zu vermeiden, müssen Unternehmen die Gewinn- und Verlustrechnung, die Bilanz und die Kapitalflussrechnung kombiniert planen. Beispielsweise kann ein Unternehmen durch die Gewährung langer Zahlungsziele den Umsatz erhöhen. Der Cashflow steigt nicht im selben Umfang, da sich der Forderungsbestand aufbaut. Müssen die Verbindlichkeiten, die für die Erzielung des Umsatzes notwendig sind, z. B. der Materialeinkauf, zügig bezahlt werden, kann sich der Cashflow sogar verschlechtern. Die Auswirkungen unternehmerischer Entscheidungen müssen also zeitgleich in allen drei Säulen der Finanzbuchhaltung abgebildet werden. Abbildung 6-14 zeigt ein vereinfachtes Beispiel einer solchen integrierten Finanzplanung.
> Da alle drei Säulen miteinander verknüpft sind und sich diese gegenseitig beeinflussen, müssen integrierte Finanzplanungen iterativ mit computergestützten Modellen berechnet werden.

Plan-GuV

	Periode 1	Periode 2
Erlöse	+2.000	
Aufwand	−1.600	
Ergebnis	+400	

Plan-Bilanz: Aktiva

	Periode 1	Periode 2
Zugang Forderung	+2.000	
Abgang Forderung		−2.000
Forderungen	+2.000	0

Plan-Bilanz: Passiva

	Periode 1	Periode 2
Zugang Verbindlichkeit	+1.600	
Abgang Verbindlichkeit		−1.600
Verbindlichkeiten	0	0

Plan-Kapitalflussrechnung

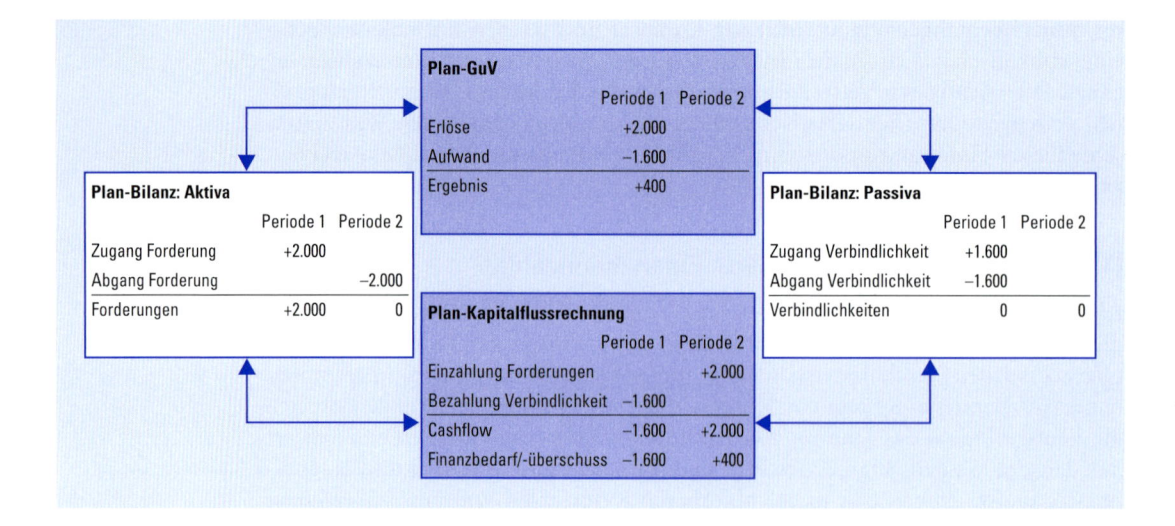

	Periode 1	Periode 2
Einzahlung Forderungen		+2.000
Bezahlung Verbindlichkeit	−1.600	
Cashflow	−1.600	+2.000
Finanzbedarf/-überschuss	−1.600	+400

Abb. 6-14: Vereinfachtes Beispiel einer integrierten Finanzplanung

Eigenkapitalrentabilität

Eigenkapitalrentabilität: Die *Eigenkapitalrentabilität* oder der *Return on Equity (ROE)* setzt den Jahresüberschuss in Beziehung zum Eigenkapital und bringt somit die Verzinsung des von den Anteilseignern investierten Kapitals zum Ausdruck. Sie stellt die wichtigste Kennzahl für bestehende und potenzielle Investoren und Risikokapitalgeber dar und beeinflusst dementsprechend die Eigenkapitalbeschaffung des Unternehmens. Im Sinne des Shareholder-Value-Konzepts wird eine Maximierung der Eigenkapitalrentabilität angestrebt.

$$\text{Eigenkapitalrentabilität} = \frac{\text{Jahresüberschuss}}{\text{Eigenkapital}} \times 100$$

Gesamtkapitalrentabilität

Gesamtkapitalrentabilität: Die *Gesamtkapitalrentabilität* oder der Return on Assets (ROA) setzt den Jahresüberschuss und den Zinsaufwand in Bezug zum gesamten eingesetzten Kapital. Durch diese Kennzahl wird die Fähigkeit eines Unternehmens ausgedrückt, Gewinne zu erzielen, ohne eine Unterscheidung zwischen Fremd- und Eigenkapital vorzunehmen. Es wird somit eine Verzinsung des gesamten im Unternehmen eingesetzten Kapitals gemessen und ist damit besser als die Eigenkapitalrentabilität für Unternehmensvergleiche geeignet. Oftmals wird die Gesamtkapitalrentabilität auch unter dem Begriff Return on Investment (ROI) eines Unternehmens zusammengefasst.

$$\text{Gesamtkapitalrentabilität} = \frac{\text{Jahresüberschuss} + \text{Fremdkapitalzinsen}}{\text{Gesamtkapital}} \times 100$$

Umsatzrendite

Umsatzrendite: Setzt man den Jahresüberschuss oder das operative Ergebnis mit dem Umsatz in Beziehung, erhält man die *Umsatzrentabilität* oder den *Return on Sales (ROS)*. Die Umsatzrentabilität sagt aus, welcher Anteil vom Umsatz als Gewinn im Unternehmen verbleibt. Obwohl die Umsatzrentabilität keine Kapitalrentabilität ist und somit nicht als eine Maßgröße für die Beurteilung der Zieler-

6.4.1 Finanzielle Kennzahlen

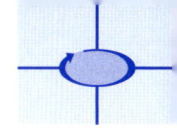

reichung im Sinne eines Shareholder Value geeignet ist, ist sie eine wichtige Kennzahl, da sich positive wie negative Änderungen sofort in ihr niederschlagen. Darüber hinaus ist sie von Größen abhängig, die sowohl vom Markt, wie z. B. Absatzmengen und Preis, als auch von intern beeinflussbaren Faktoren bestimmt sind.

$$\text{Umsatzrendite} = \frac{\text{operatives Ergebnis}}{\text{Umsatz}} \times 100$$

Eine weitere Kennziffer zur Beschreibung der Umsatzrentabilität ist die *EBIT-Marge*, die anstelle des operativen Ergebnisses den EBIT als Gewinngröße verwendet. Auch sie kann man dann in Bezug zum Umsatz setzen, um eine relative Größe zu erhalten.

Betriebsrentabilität: Die *Betriebsrentabilität* oder der *Return on Investment (ROI)* spiegeln die Verzinsung des tatsächlich im betrieblichen Bereich der Unternehmung investierten Kapitals wider. Sie ergibt sich aus dem Quotient vom operativen Ergebnis und dem betriebsnotwendigen Vermögen.

$$\text{ROI} = \frac{\text{operatives Ergebnis}}{\text{betriebsnotwendiges Vermögen}} \times 100$$

Ist eine direkte Ermittlung nicht möglich, zeigt das nachfolgende Schema einen Weg zur indirekten Berechnung des betriebsnotwendigen Vermögens anhand von Informationen aus einer Bilanz.

	Gesamtvermögen
−	Finanzanlagen
−	Wertpapiere des Umlaufvermögens
−	eigenen Anteile
−	sonstige Vermögensgegenstände
=	**betriebsnotwendiges Vermögen**

Weiter lässt sich der *Return on Investment* auch als Produkt von Umsatzrendite und Umschlagshäufigkeit des Vermögens definieren:

$$\text{ROI} = \frac{\text{operatives Ergebnis}}{\text{Umsatz}} \times \frac{\text{operatives Ergebnis}}{\text{betriebsnotwendiges Vermögen}} \times 100$$

In dieser Form bildet der *Return on Investment* die Spitze eines Kennzahlensystems, welches sowohl in der internen Steuerung als auch in der externen Bilanzanalyse eingesetzt wird. Dieses Kennzahlensystem ist in Abbildung 6-15 dargestellt.

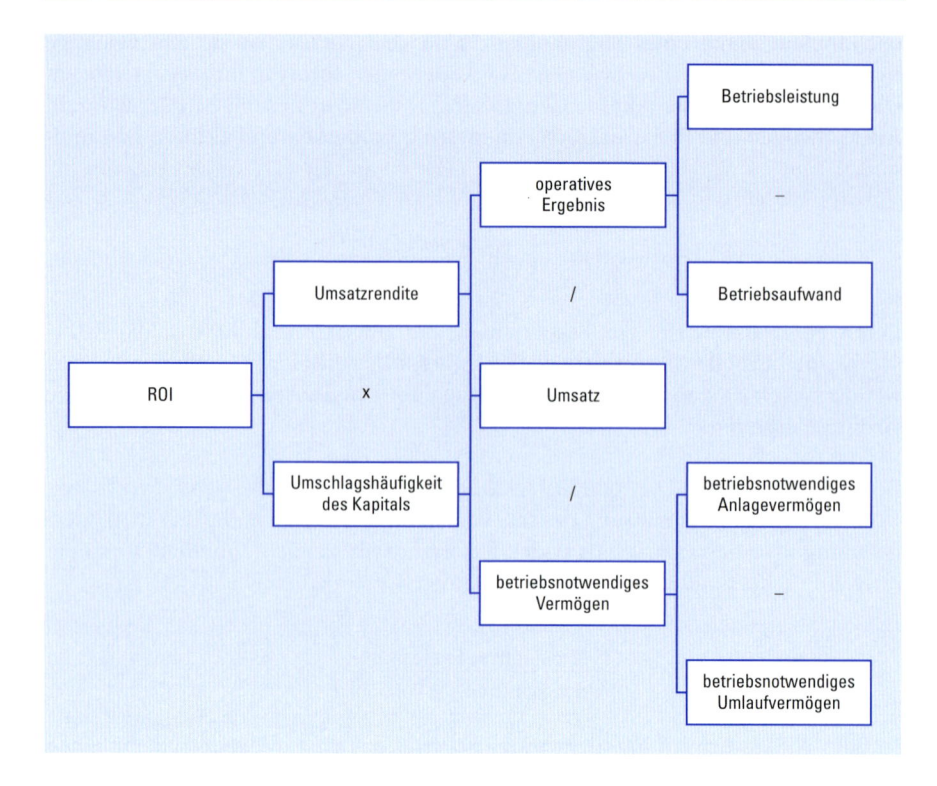

Abb. 6-15:
Du Pont-Kennzahlensystem

(2) Wertorientierte Kennzahlen

Mängel traditioneller Kennzahlen

Kritikpunkte an den vorgestellten traditionellen rechnungslegungsorientierten Kennzahlen sind ihre Vergangenheitsorientierung, die Beschränkung der Betrachtung auf eine einzige Periode, Bewertungsspielräume bei der Gewinnermittlung, Vernachlässigung des Zeitwertes des Geldes und insbesondere keine Abbildung des Kapitalbedarfs für das Wachstum.[34] Vor allem zur Minimierung des Einflusses von Bewertungsspielräumen haben im Laufe der Jahre als Ausdruck der zunehmenden Shareholder-Value-Orientierung wert- und zahlungsorientierte Erfolgskennzahlen Einzug in die Unternehmenssteuerung und -analyse gehalten. Die *Discounted-Cashflow-Methode (Barwertmethode)*, der *Return on Capital Employed (ROCE)*, der *Economic Value Added (EVA)* und der *Cashflow Return on Investment (CFRoI)* werden als wichtigste Vertreter vorgestellt.

Barwertmethode

Barwertmethode

Ausgangspunkt der *Barwertmethode* bzw. der *Discounted-Cashflow-Methode* war das von Alfred Rappaport 1986 vorgelegte Buch «*Creating Shareholder Value*». In diesem kritisierte er mit investitionstheoretischen Argumenten die Steuerung und Kontrolle von Unternehmen auf Basis von rechnungslegungsorientierten Steuerungsgrößen. So zog er beispielsweise dagegen zu Felde, dass bilanzielle Steuerungsgrößen nicht die Kapitalkosten berücksichtigten, die für die Ausübung eines Geschäfts notwendig sind. Ebenso kritisierte er, dass dadurch kein

6.4.1 Finanzielle Kennzahlen

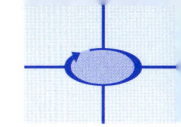

stichhaltiger Vergleich zwischen rentablen und weniger rentablen Investitionen möglich sei. Stattdessen legte er sein Hauptaugenmerk auf die Abzinsung der erwarteten Zahlungsströme, den sogenannten *Discounted Cashflow*. Eine Steigerung des Unternehmenswerts wird durch seine Erhöhung gemessen.

Abbildung 6-16 zeigt dieses Modell, in dessen Zentrum fünf Wertgeneratoren stehen: Umsatzwachstumsrate, Betriebsgewinnmarge, Ertragssteuerrate, Investitionen ins Nettoumlauf-/Anlagevermögen und Kapitalkosten. Was dabei auffällt ist, dass nur das Umsatzwachstum, die Marge und die Investitionen im klassischen Gestaltungsbereich der Strategen liegen und sich der Finanzbereich um die anderen Größen kümmert. Wer strategisch den Wert seines Unternehmens steigern will, muss aber alle Chancen nutzen, um dies zu tun; alle Nutzenpotenziale einer Organisation, die eine Verbindung zu den Wertgeneratoren aufweisen, müssen ausgeschöpft werden. Damit wird auch klar, dass der Gewinn in seiner herkömmlichen Verwendung keine geeignete Größe darstellt.

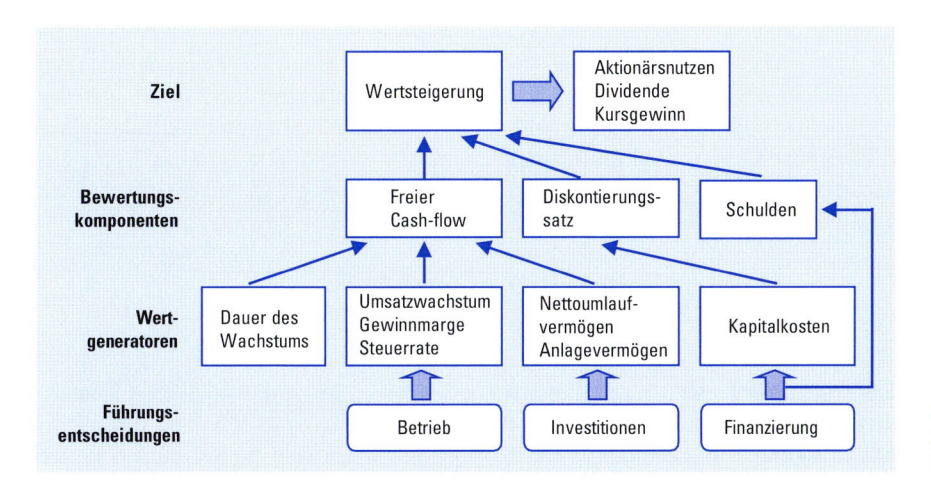

Abb. 6-16: Das Shareholder-Value-Konzept

Die Grundlage für dieses Konzept liegt in der Errechnung des sogenannten *Barwerts* oder des *Net Present Values (NPV)* nach der Discounted-Cashflow-Methode. Nach den grundlegenden Säulen Finanzierungstheorie, Wertadditivität und Wertdiskontierung setzt sich der Barwert aus der Summe aller auf den jetzigen Zeitpunkt (t) zum Zinssatz (i) abdiskontierten freien Cashflows (CF) zusammen:[35]

$$NPV = \frac{CF_1}{1+i} + \frac{CF_2}{(1+i)^2} + \ldots + \frac{CF_T}{(1+i)^t} = \sum_{t=1}^{T} \frac{CF_t}{(1+i)^t}$$

Wie das Beispiel in Abbildung 6-17 verdeutlicht, werden durch diese Methode zukünftige Cashflows abdiskontiert und damit vergleichbar gemacht. Dadurch kann ermittelt werden, ob sich eine bestimmte Investition rechnet oder nicht. Positiv ist sie nur dann zu bewerten, wenn sie mindestens ihre risikoangepassten Kapitalkosten deckt, d. h., wenn sie einen Barwert erzeugt, der größer als Null ist.

Darüber hinaus wird in der Praxis oft die Summe der *Discounted Cashflows* von Projekten und Geschäftseinheiten berechnet. In der Ergänzung zur Summe der einzelnen geschätzten Cashflows für die ersten Perioden wird ein sogenann-

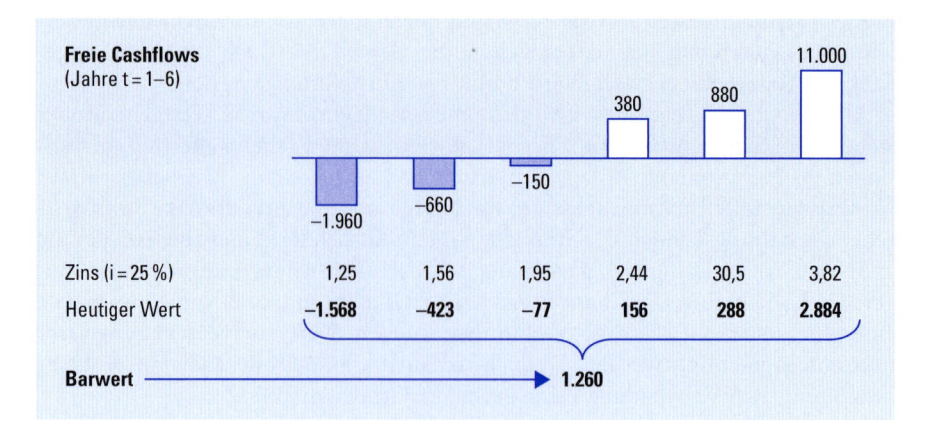

Abb. 6-17:
Beispiel für die Berechnung eines Barwerts

Freie Cashflows (Jahre t = 1–6)						
	−1.960	−660	−150	380	880	11.000
Zins (i = 25 %)	1,25	1,56	1,95	2,44	30,5	3,82
Heutiger Wert	−1.568	−423	−77	156	288	2.884
Barwert			1.260			

ter Residualwert oder *Terminal Value* berechnet. Dieser Wert basiert auf dem Ansatz der ewig wachsenden Rendite. Der Barwert setzt sich somit aus der Summe der mehr oder weniger eindeutig bis zu einer bestimmten Periode (z) abdiskontierten freien Cashflows sowie einem abdiskontierten *Terminal Value* zusammen, welcher der Akkumulation der zukünftig (g) wachsenden Free Cashflows entspricht:

$$NPV = \sum_{t=1}^{\infty} \frac{CF_t}{(1+i)^t} = \frac{CF_1}{1+i} + \ldots + \frac{CF_z}{(1+i)^z} + \frac{CF_z \times (1+g)}{(1+i)^{z+1} \times (i-g)}$$

Die risikoangepassten Kapitalkosten ergeben sich aus dem gewichteten Kostensatz (*Weighted Average Costs of Capital*) des Fremdkapitals (FK) und des Eigenkapitals (EK). Die Fremdkapitalkosten (c_{FK}) sind einfach zu bestimmen, da sie sich direkt aus den Zinsen ergeben, welche ein Unternehmen z.B. für Kredite oder Anleihen bezahlen muss. Die Eigenkapitalkosten (c_{EK}) können nicht direkt bestimmt werden, da sie auf der erwarteten Verteilung der Gewinne an die Anteilseigner basieren. Die Anteilseigner erwarten als Gegenleistung für die Bereitstellung von Eigenkapital eine Kapitalrendite, welche in der Regel aufgrund schwankender Gewinne im Vergleich zu alternativen Investments um eine Risikoprämie erhöht ist. Da der Gewinn im Voraus nicht vorhergesagt werden kann, verwenden Unternehmen einen kalkulatorischen Zinssatz, der oft mit Hilfe des *Capital Asset Pricing Models (CAPM)* bestimmt wird.

$$WACC = \frac{EK}{GK} \times c_{EK} + \frac{FK}{GK} \times c_{FK} \text{ mit Gesamtkapital (GK) = EK + FK}$$

> **Fallbeispiel: Die WACC-Berechnung bei der CREDIT SUISSE (CS)**
> Die CREDIT SUISSE (CS) als eine der weltweit größten Investmentbanken benutzt in der Bewertungspraxis ihrer M&A-Abteilung einen weitaus genaueren und differenzierteren Ansatz zur Bestimmung des gewichteten Kapitalkostensatzes WACC. Erstens wird dabei noch die Unterscheidung von Eigenkapital in Form des Buchwerts und des

6.4.1 Finanzielle Kennzahlen

Marktwerts, welcher in diesem Fall maßgeblich ist, berücksichtigt. Zweitens wird die Steuerrate, die erst nach den Zinszahlungen den Gewinn schmälert, integriert. Drittens werden die Kapitalkostensätze genauer nach den Marktwerten berechnet. Die WACC-Formel der CS lautet somit:

$$WACC = \frac{ND}{EV} \times (r_f \times CRP) \times (1-t) + \frac{MV}{EV} \times (r_f + \beta) \times ERP)$$

Mit ND = Nettofinanzverbindlichkeiten
MV = Marktwert des Eigenkapitals = Marktkapitalisierung
EV = Unternehmensmarktwert (Enterprise Value) = ND + MV
r_f = risikofreier Zins (z. B. T-Bond oder nationale SWAP)
CRP = Kreditrisikozuschlag (z. B. Credit Default Swaps)
t = Steuersatz
β = Beta ist ein statistisches Maß der Variabilität des Aktienkurses eines Unternehmens im Vergleich zu einem Vergleichsindex
ERP = Eigenkapital-Risikoaufschlag = $r_M - r_f$
r_M = Durchschnittliche Marktentwicklung (z. B. S & P 500)
CAPM = Capital Asset Pricing Model: $r_i = r_f + \beta \times (r_M - r_f)$
r_i = Estimated return of company i

Return on Capital Employed (ROCE)

Zusammen mit dem *Economic Value Added* stellt der *Return on Capital Employed* eine Hauptkennzahl in der wertorientierten Unternehmensführung dar, die im Gegensatz zu gängigen, rechnungslegungsorientierten Finanzkennzahlen auch den Mindestverzinsungsanspruch der Kapitalgeber, also die Kapitalkosten, berücksichtigt. Der ROCE stellt eine Kapitalrentabilität dar, die sich aus dem Verhältnis einer Gewinngröße mit dem eingesetzten Kapital (*Capital Employed*) ergibt. EBIT, EBITDA und der NOPAT (*net operating profit after tax*) sind gebräuchliche Gewinngrößen. Der NOPAT ist aus Sicht der Kapitalgeber der versteuerte Gewinn, der ausgeschüttet werden kann. Er ergibt sich aus dem Jahresüberschuss und dem Zinsaufwand bzw. aus dem EBIT abzüglich des (fiktiven) Steueraufwands. Steuerliche Einflüsse sind also enthalten. Das eingesetzte Kapital errechnet sich aus dem Eigenkapital inklusive stiller Reserven und Goodwill und dem verzinslichen Fremdkapital (Kredite, Anleihen etc.).

$$ROCE = \frac{EBIT \text{ od. } EBITDA}{Capital\ Employed} \times 100$$

Durch das *Capital Employed* wird das langfristig investierte Kapital bzw. Vermögen in die Betrachtung einbezogen, weshalb diese Kennzahl frei von kurzfristigen Schwankungen im Umlaufvermögen bzw. im kurzfristigen Kapitalbereich ist. Je nach Möglichkeit kann dabei das investierte Kapital aus der Bilanzsumme oder aus den Vermögenswerten der Bilanz ermittelt werden. Man vergleiche dazu die Herleitung in Abbildung 6-18.

Der ROCE sollte höher als der Mindestverzinsungsanspruch der Kapitalgeber sein, da ansonsten das Unternehmen oder die Geschäftseinheit Wert vernichtet. Denn bezogen auf das eingesetzte Eigen- und Fremdkapital haben Anleger einen Mindestverzinsungsanspruch, den das Management durch die Art seiner Res-

Capital Employed (Beispiel; US-GAAP)	
Aus den Vermögenspositionen der Bilanz ermittelt: **Summe betrieblicher Aktiva** Forderungen, Roh-, Hilfs-, Betriebsstoffe, Erzeugnisse, Vorräte, Grundstücke, Gebäude, Anlagen, immaterielle Vermögensgegenstände, sonstige Vermögensgegenstände **minus: Abzugskapital** Verbindlichkeiten, erhaltene Anzahlungen, passivierte Verpflichtungen aus laufendem Geschäft, Wertberichtigungen zu betrieblichen Aktiva	Aus der Bilanzsumme ermittelt: **Total Assets (Bilanzsumme)** minus: Zahlungsmittel, Wertpapiere, Finanzforderungen, Finanzanlagen = Financial Assets **minus:** »deferred tax assets« (latente Steuern), Forderungen aus Absatzfinanzierung, vermietete Gegenstände, Verbindlichkeiten aus Lieferungen u. Leistungen, erhaltene Anzahlungen, passivierte Verpflichtungen laufendes Geschäft Wertberichtigungen zu betrieblichen Aktiva

Abb. 6-18: Berechnung des Capital Employed

sourcenbewirtschaftung übertreffen sollte. Es sollte eine Art »Übergewinn« über die Kapitalkosten erzielen. Üblicherweise werden die gewichteten, durchschnittlichen Kapitalkosten (WACC) in diesem Vergleich verwendet. Der ROCE kann auch – wie in Abbildung 6-19 geschehen – als Spitzenkennzahl eines Kennzahlensystems zur Analyse finanzieller Zusammenhänge oder zur Synthese verschiedener Kennzahlen dargestellt werden.

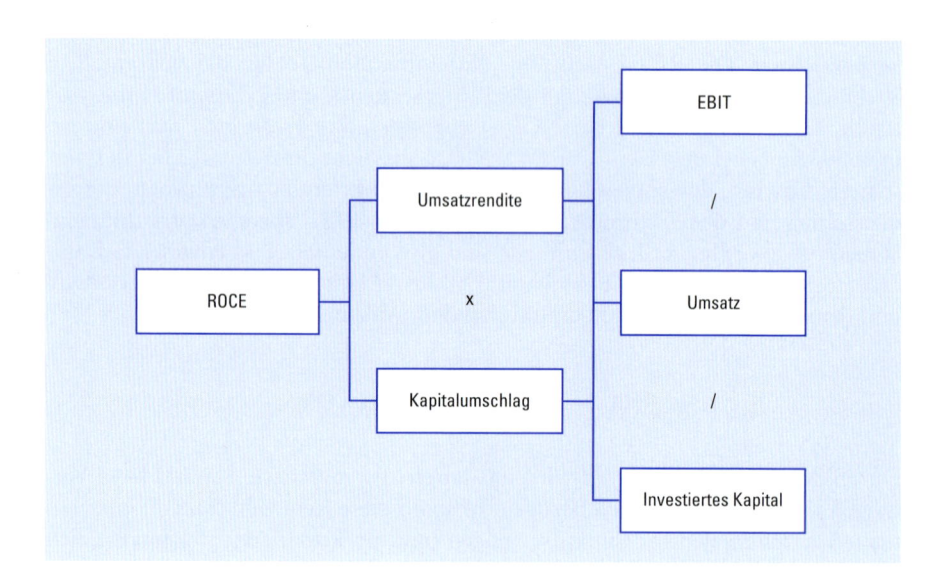

Abb. 6-19: Berechnungsschema ROCE

Economic Value Added (EVA)

Eng verbunden mit dem ROCE ist der Geschäftsbeitrag oder *Economic Value Added*, entwickelt vom Beratungsunternehmen STERN STEWART & CO.[36] Er ist eine absolute Kennzahl, die den zusätzlichen Wert angibt, den ein Unternehmen

6.4.1 Finanzielle Kennzahlen

in einem bestimmten Zeitraum für seine Anteilseigner erwirtschaftet hat. Das Unternehmen hat einen Mehrwert geschaffen, wenn der ROCE größer als der Verzinsungsanspruch der Kapitalgeber ist. Bezogen auf das investierte Kapital ergibt sich der absolute Geschäftsbeitrag durch folgende Formel:

$$EVA = (ROCE - WACC) \times Capital\ Employed$$

Der EVA kann auch direkt von einer absoluten Gewinngröße, wie dem NOPAT oder dem EBIT, abzüglich der absoluten Kapitalkosten berechnet werden.

$$EVA = NOPAT - WACC \times Capital\ Employed$$

Man vergleiche dazu die Darstellung in Abbildung 6-20.

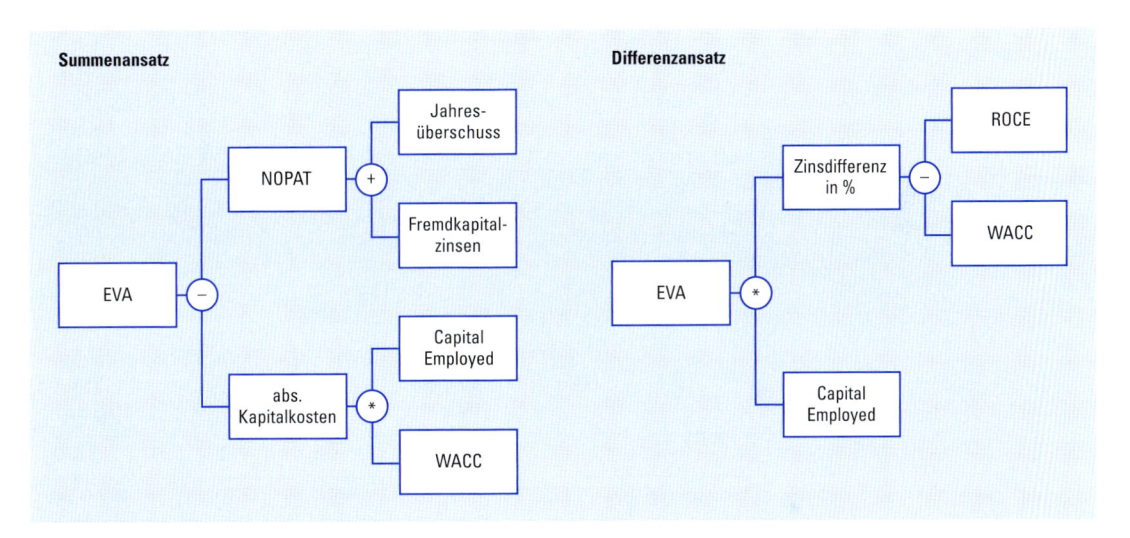

Abb. 6-20: Berechnung des EVA

Das EVA-Konzept wird aber nicht nur zur Investitionsabschätzung und Erfolgsmessung eingesetzt, sondern es leistet auch seinen Dienst zur Planung von Projekten, als Zielsetzungsmaßstab, als Optimierungsrichtwert und zur Vergütungsberechnung von Führungskräften.

Fallbeispiel: Der Wertsteigerungsansatz bei THYSSENKRUPP
Als ein sehr diversifizierter, in kapitalintensiven Industrien operierender Konzern ist THYSSENKRUPP auf die Zufriedenheit langfristiger Kapitalgeber angewiesen. Um den Unternehmenswert für die Anteilseigner nachhaltig zu steigern und so zur finanziellen Stabilität beizutragen, hatte THYSSENKRUPP unter der Bezeichnung »*ThyssenKrupp Value Added (TKVA)*« den Ansatz des wertorientierten Managements in alle Entscheidungsprozesse auf allen Konzernebenen einbezogen und das Performance-Messsystem mit entsprechenden Kennzahlen darauf ausgerichtet. Man vergleiche dazu Abbildung 6-21.
Zentral für die Berechnung des TKVA sind die beiden Kennzahlen EVA und ROCE, die nach einem geläufigen Schema berechnet werden. Um eine angemessene Kapitalverzinsung zu erreichen, hat THYSSENKRUPP seine strategischen Prioritäten auf die Stellhebel »operationale Effizienz«, »profitables Wachstum« und »Kapitalrentabilität«

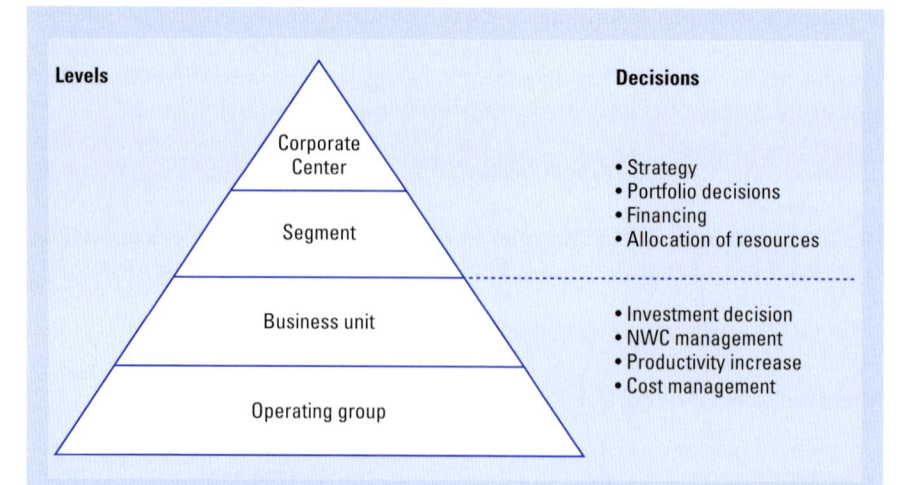

Abb. 6-21: Entscheidungsebenen beim ThyssenKrupp-Wertmanagement[37]

```
Levels                                  Decisions

         Corporate
          Center                         • Strategy
                                         • Portfolio decisions
                                         • Financing
          Segment                        • Allocation of resources

                                         • Investment decision
        Business unit                    • NWC management
                                         • Productivity increase
                                         • Cost management
       Operating group
```

ausgerichtet. Mit der Zielsetzung nachhaltiger Kosteneinsparungen in den bestehenden Geschäften hat dabei das Konzernprogramm »best« die erste Priorität. Mit den TKVA-Kennzahlen stellt THYSSENKRUPP sicher, dass Investitionen zu einem Gewinn größer den Kapitalkosten und somit zu einem profitablen Wachstum führen. Darüber bestimmt THYSSENKRUPP für alle seine Segmente die individuellen Kapitalkosten und will sich so langfristig auf wertschaffende Geschäfte konzentrieren. Man vergleiche dazu Abbildung 6-22.

Abb. 6-22: Komponenten des ThyssenKrupp-Value-Added[38]

	EBIT* (Mio €)	Capital Employed (Mio €)	2013/2014 WACC (%)	TKVA (Mio €)	Veränderung TKVA (Mio €)
Gruppe	1,151	12,727	9,0	5	1,870
Components Technology	235	2,900	9,0	–26	74
Elevator Technology	556	2,231	8,0	378	–45
Industrial Solutions	740	1,399	9,0	614	89
Material Services	100	3,305	9,0	–198	60
Steel Europe	192	4,594	9,5	–245	187
Steel Americas	72	2,456	10,0	–174	1,326

Market Value Added (MVA)

Der *Market Value Added* erweitert den EVA-Ansatz, indem er die Entwicklung der Geschäftsbeiträge im Zeitverlauf berücksichtigt. In einer rückblickenden Perspektive wird der MVA aus Sicht des Kapitalmarkts als Differenz zwischen dem heutigen Gesamtwert einer Unternehmung (Marktwert von Eigenkapital und Fremdkapital, also Enterprise Value) und den insgesamt im Verlauf der Zeit von allen Investoren zur Verfügung gestellten und eingezahlten Geldbeträgen definiert. Bezogen auf zukünftige Investitionen wird er analog zur Barwertmethode als Summe aller abdiskontierten EVAs berechnet.

6.4.1 Finanzielle Kennzahlen

$$MVA = \frac{EVA_1}{1+i} + \frac{EVA_2}{(1+i)^2} + \ldots = \sum_{t=1}^{\infty} \frac{EVA_t}{(1+i)^t}$$

Der MVA ist damit ebenso ein Konzept des Übergewinns, das die gesamte Lebensdauer eines Projekts oder einer Unternehmung einbezieht. Ein hoher MVA zeigt, dass ein Unternehmen substantiell Wert für seine Anteilseigner geschaffen hat. Im Gegensatz zur Entwicklung der Marktkapitalisierung als Performance-Messgröße berücksichtigt der MVA zusätzlich das Ausmaß des investierten Kapitals bzw. die Deckung der Kapitalkosten.[39] Einschränkend bleibt anzumerken, dass der MVA jedoch weder Opportunitätskosten des investierten Kapitals noch Dividendenzahlungen an die Anteilseigner berücksichtigt.

Cashflow Return on Investment (CFROI)

Der CFROI stellt eine Renditekennziffer dar, die eine Beziehung zwischen dem eingesetzten Vermögen bzw. Kapital zu Marktwerten und dem daraus resultierenden von Bewertungsmaßnahmen freien Cashflow herstellt. Der CFROI basiert nicht auf Erträgen, Aufwendungen und Buchwerten, sondern auf Zahlungsgrößen und dem zeitnahen Wert des Kapitaleinsatzes. Neben der Analyse von Ergebnissen ist insbesondere diese Kennzahl geeignet als Zielvorgabe zur Beurteilung von Investitionsvorhaben und zu deren Steuerung.

Cashflow Return on Investment (CFROI)

$$CFROI = \frac{\text{Brutto-Cashflow}}{\text{Bruttoinvestitionsbasis}} \times 100$$

Der Brutto-Cashflow gibt die tatsächlich zur Verzinsung des eingesetzten Kapitals und zur Verfügung stehenden Mittel an. Vereinfachend kann der EBITDA anstelle des Brutto-Cashflows in der Berechnung verwendet werden, da der EBITDA größtenteils nur noch aus zahlungswirksamen Größen besteht.

$$CFROI = \frac{\text{EBITDA}}{\text{Bruttoinvestitionsbasis}} \times 100$$

Die Bruttoinvestitionsbasis repräsentiert ein Maß für das geschäftsfeldbezogen gebundene Gesamtkapital in heutigen Geldeinheiten. Es bildet über die Nutzungsdauer die Basis für den Mindestverzinsungsanspruch der Kapitalgeber. Zur Berechnung werden aus der buchhalterischen Bewertung der Aktiva das unverzinsliche Fremdkapital sowie der Goodwill herausgerechnet und die kumulierten Abschreibungen hinzugerechnet. Eine Bereinigung um die Inflation soll die heutigen Wiederbeschaffungskosten annähern. Da der CFROI die interne Verzinsung eines Unternehmens oder einer Geschäftseinheit angibt, ergibt ein Vergleich mit den Kapitalkosten, ob Wert geschaffen bzw. vernichtet wurde.

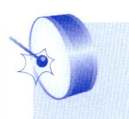

> **Standpunkt: Sündenbock Shareholder Value?**
> Nur wenige betriebswirtschaftliche Ansätze haben das Wirtschaften in Unternehmen so verändert wie der 1986 von Alfred Rappaport vorgestellte Shareholder-Value-Ansatz. Kernaussage des Ansatzes ist es, dass nicht die Vermögenswerte in der Bilanz den

> Wert eines Unternehmens bestimmen sollten, sondern die Summe aller zukünftigen Barmittelüberschüsse (Cashflows). Diesen Unternehmenswert gilt es kontinuierlich zu steigern. Aber kaum ein Ansatz hat auch so viele kritische Diskussionen ausgelöst wie dieser. In der öffentlichen Wahrnehmung ist er Mitverursacher der Finanz- und Wirtschaftskrise und gilt als Synonym für einen »eiskalten Turbokapitalismus«[40] verbunden mit kurzfristiger Gewinnmaximierung (short termism) und Profitgier, einem sinnlosen, von der Börse getriebenen Ankündigungsmanagement von Quartal zu Quartal, einem Vernachlässigen wichtiger Investitionen, einem kurzfristigen Treiben des Aktienkurses durch das Topmanagement, um das eigene Gehalt zu maximieren etc. Alfred Rappaport fühlt sich mit seinem Ansatz missverstanden: »Es ist sogar mehr als nur ein Missverständnis. Die ursprüngliche Bedeutung von Shareholder Value wurde regelrecht beiseite gestoßen und der Begriff von jenen gekapert, die keinerlei Interesse an der langfristigen Entwicklung von Unternehmen haben. Nämlich von Fondsmanagern und Vorständen, deren Entlohnung vor allem an der kurzfristigen Entwicklung der Aktienkurse hängt.«[41]
>
> Was ist Ihre Meinung dazu? Inwieweit kann man die Ursache von Fehlentwicklungen tatsächlich mit diesem Ansatz verbinden? Wo sehen Sie seine Vor- und Nachteile?

(3) Realoptionen

Mit der Strategie beschreibt das Management den Weg, den es in der Zukunft gehen, und wo das Unternehmen in einigen Jahren sein will. In dynamischen, von Wettbewerb geprägten Märkten erwartet keiner, dass man starr an langfristigen strategischen Plänen festhalten kann. Sobald man mit der Umsetzung strategischer Initiativen beginnt, lernt man fortwährend über Markbedingungen, das Verhalten der Wettbewerber oder andere vormals unsichere Entwicklungen. Viele Unsicherheiten lösen sich deshalb im Zeitverlauf auf oder lassen sich wenigstens besser abschätzen. Den bisher vorgestellten Ansätzen liegt die Annahme zu Grunde, dass man den Plan, auf dessen Basis die zukünftigen Cashflows prognostiziert wurden, einhält. D. h., es wird von einer statischen Umwelt ausgegangen. In der Realität besteht jedoch die Möglichkeit, dass aufgrund unvorhergesehener Entwicklungen Investitionen an Wert verlieren. Sie können aber auch an Wert gewinnen bzw. nicht betrachtete Investitionsmöglichkeiten können werthaltig werden. Der Wert, der sich durch die Möglichkeit ergibt, flexibel auf neue Gegebenheiten und Erkenntnisse zu reagieren, wird vernachlässigt. Der Realoptionen-Ansatz liefert hierfür eine Lösungsmöglichkeit, indem er den Unternehmenswert (EV), welcher in der Regel durch den Barwert der zukünftigen Cashflows bestimmt wird, durch die im Geschäftsplan vorhandene Flexibilität in Form von finanziell bestimmten (Real-)Optionen ergänzt[42]:

Wert Handlungsflexibilität

$$EV = \text{Barwert der Cashflows} + \text{Wert der Realoptionen}$$

Dadurch wird der Wert abgebildet, der sich durch ein aktives Management der sich bietenden Handlungsflexibilität ergeben kann. Die Ermittlung dieses Werts beim Realoptionen-Ansatz beruht auf der Optionspreistheorie[43]. Dabei wird eine unternehmerische Investitionsmöglichkeit als Option mit analogen Eigenschaften zu einer Finanzmarktoption gesehen.[44] Das Anfangsinvestment in ein Projekt stellt den Optionspreis (X) dar. Der Barwert der erwarteten Cashflows ist vergleichbar mit dem Wert einer Aktie, die man nach Ausführung der Option er-

6.4.1 Finanzielle Kennzahlen

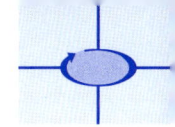

halten würde. Die verbleibende Zeit, über die Investition endgültig zu entscheiden, ist bei einer Option die Zeit bis zum Fälligkeitsdatum (T). Der Grad der Unsicherheit hinsichtlich des zukünftigen Werts einer Investition drückt sich in der Streuung der erwarteten Einzahlungsüberschüsse aus (σ). Der risikofreie Zins (r) ergibt sich sowohl bei einer Finanzmarktoption als auch bei einer Realoption aus einer risikofreien Alternativanlage.

Realoptionen beinhalten, dass Unternehmen Entscheidungen hinauszögern, um neue Informationen abzuwarten, ohne die Möglichkeit aufzugeben, in ein Projekt zu investieren. Sie sind deshalb grundsätzlich Warteoptionen, die sich wiederum nach Investitions- und Desinvestitionsoptionen unterscheiden lassen. Investitionen sind mit Call-Optionen auf dem Finanzmarkt vergleichbar, Desinvestitionsoptionen mit Put-Optionen. Investitionsoptionen können nach Einstiegs-, Fortsetzungs- und Erweiterungsoptionen unterschieden werden. *Einstiegsoptionen* ermöglichen Unternehmen zu einem späteren Zeitpunkt eine bestimmte Aktivität, z. B. den Kauf eines Unternehmens oder die Entwicklung eines Produkts auf Basis einer neuen Technologie durchzuführen. Um diese Flexibilität zu erhalten, bedarf es zunächst anderer Investitionen, z. B. einer Allianz, den Kauf von Lizenzen oder Grundlagenforschung in einem Bereich. *Fortsetzungsoptionen* ermöglichen Unternehmen ein Investitionsprojekt, das über mehrere Jahre geplant ist, an bestimmten Zeitpunkten darüber zu entscheiden, ob das Projekt fortgeführt oder abgebrochen wird. Beispiele sind die Fortführung von Produktentwicklungen aufgrund von Marktstudien oder Genehmigungsverfahren. Entwickeln sich Projekte erfolgreicher als angenommen und es besteht die Möglichkeiten, sie zu erweitern, spricht man von *Erweiterungsoptionen*. Bei einer *Ausstiegsoption* kann ein Unternehmen vor Ablauf der vorgesehenen Projektdauer eine Investition beenden.

Optionstypen

Call Option	Variable	Investitionsmöglichkeit
Aktienkurs	S	Barwert der erwarteten Cashflows
Optionspreis	X	Anfangsinvestition
Laufzeit bis zum Fälligkeitsdatum	T	Verbleibende Zeit für Investitionsentscheidung
Risikofreier Zinssatz	r	Risikofreier Zinssatz
Volatilität der Aktie	?	Volatilität der Cashflows

Abb. 6-23: Gegenüberstellung von Finanzmarkt- und Realoptionen[45]

Aufgrund der Analogie von Finanzmarkt- und Realoptionen können auch die Ansätze der Optionspreistheorie auf die Bewertung der Realoptionen übertragen werden. Etablierte Ansätze sind das Binomialmodell und das Black-Scholes-Modell.

Fallbeispiel: Wie MERCK den Realoptionen-Ansatz nutzt

Das amerikanische Pharmaunternehmen MERCK nutzt den Realoptionen-Ansatz, um Investitionen in neue Technologien und Produkte zu evaluieren.[46] Bspw. wurde der Wert einer möglichen Partnerschaft mit einem kleinen Biotech-Unternehmen (Project Gamma) in unterschiedlichen Szenarien betrachtet, ehe man sich entschloss, diese Partnerschaft einzugehen. MERCK wollte in einen neuen Markt eintreten, welche die von Gamma entwickelte Technologie verlangte. Gamma hat diese Technologie patentieren lassen, hatte aber noch keine kommerziell verwertbaren Produkte entwickeln können. MERCK schätzte, dass es noch ca. zwei Jahre bis zur Kommerzialisierung der Technologie dauern würde und hat mit Gamma zunächst diese Vereinbarung ausgehandelt. MERCK bezahlt 2 Mio. USD Lizenzgebühr für die ersten drei Jahre und weitere Lizenzgebühren, wenn es das Produkt verkaufen sollte. Zunächst hat man den Barwert der zukünftigen Cashflows für fünf Szenarien unter der Annahme, dass die Entwicklung der Technologie erfolgreich ist und MERCK eine Fabrik für die Kommerzialierung baut, berechnet. Der Ausführungspreis der Option entsprach den Kosten für den Bau der Fabrik und wurde mit 25,4 Mio. USD angesetzt. Die Dauer bis zum Fälligkeitsdatum hat man für die nächsten vier Jahre berechnet, da damit zu rechnen war, dass spätestens in fünf Jahren andere Produkte mit ähnlichen Eigenschaften angeboten würden. Für die Volatilität des Investments wurde die Volatilität von Biotech-Aktien und für den risikofreien Zins Bondanleihen mit einer Laufzeit von vier Jahren herangezogen und mit 50 % bzw. 4,5 % angegeben. Nach der Black-Scholes-Formel ergeben sich folgende in Abbildung 6-24 dargestellte Werte.

Parameter	Basis-Szenario	#1	#2	#3	#4
			Sensitivitätsanalyse		
Barwert der zukünftigen Cash Flows (in $ Mio.)	28,5	22,5	18,0	15,8	15,0
Ausführungspreis (in $ Mio.)	25,4	25,4	25,4	25,4	25,4
Risikofreier Zins	4,5%	4,5%	4,5%	4,5%	4,5%
Volatilität	50%	50%	50%	50%	50%
Betrachtungszeitraum: 2 Jahre					
Optionswert (in $ Mio.)	10,1	5,9	3,4	2,4	2,1
Entscheidung	Investieren	Investieren	Investieren	Nicht investieren	Nicht investieren
Betrachtungszeitraum: 3 Jahre					
Optionswert (in $ Mio.)	11,9	7,6	4,8	3,6	3,2
Entscheidung	Investieren	Investieren	Investieren	Investieren	Investieren
Betrachtungszeitraum: 4 Jahre					
Optionswert (in $ Mio.)	13,5	9	6	4,6	4,2
Entscheidung	Investieren	Investieren	Investieren	Investieren	Investieren

Abb. 6-24: Beispiel einer Investitionsrechnung mit Realoptionen[47]

Diese Werte wurden verglichen mit den Kosten von 2,8 Mio. USD, diese Option zu kaufen, d.h. die Technologie zu lizenzieren und weiterzuentwickeln. MERCK entschloss sich, diese Partnerschaft einzugehen und die Technologie zu lizenzieren, da mit der Ausnahme von zwei Fällen der Besitz dieser Option vorteilhaft war.

Zusammenfassend lässt sich feststellen, dass neben den Risiken eines Geschäftsplans, der durch die Vergleichsrendite in Form der gewichteten Kapitalkosten berücksichtigt wird, nun durch den Realoptionen-Ansatz auch bestimmte positive Entscheidungsoptionen einberechnet werden. Dieser Optionswert steht somit für den Wert der Flexibilität, den Geschäftsplan, die Operationen, Finanzen und Strategien zu ändern. Da Optionen Wahlrechte sind und keine Verpflichtungen beinhalten, ist es grundsätzlich nie schädlich, eine Option zu halten. Dennoch ist es in den meisten Fällen schwierig, einen Optionswert genau zu bestimmen, da die Volatilität der zu erwarteten Cashflows einerseits sehr schwierig einzuschätzen ist und andererseits ein Hauptreiber in der Bewertung der Option ist.

In pragmatischer Hinsicht sollte der Realoptionen-Ansatz als Ergänzung und nicht als Ersatz für die klassische Bewertungsmethode eingesetzt werden. Die zusätzliche Erkenntnis aus der Optionsbewertung könnte Grund genug sein, die Entscheidung, welche auf einer DCF-Analyse beruht, zu ändern oder wenigstens kritisch zu hinterfragen. Als Implikation ist aber dennoch im Vergleich von zwei Unternehmen mit dem gleichen Cashflow diejenige wertvoller, deren Realoptionen einen höheren Wert hat.

Firmen schaffen Wert für die Anteilseigner, wenn sie Realoptionen identifizieren und aktiv managen.

6.4.2 Nichtfinanzielle Performance-Kennzahlen

Alle vorgestellten strategischen Performance-Measurement-Ansätze betonen die Bedeutung nichtfinanzieller Performance-Kennzahlen als unverzichtbare Vorsteuergrößen oder als gleichberechtigte Ergebnisgrößen und integrieren diese in irgendeiner Form.[48] Mitarbeiter, Führung, Kunden, Prozesse sowie Innovation und Wandel sind die wichtigsten genannten Bereiche, aus denen Kennzahlen für eine strategische Performance-Messung abgeleitet werden sollten. Die Zusammenstellung nichtfinanzieller Kennzahlen ist noch individueller als die Zusammenstellung finanzieller Kennzahlen. Unterschiedliche Unternehmenskulturen, -philosophien, Märkte etc. spielen dabei eine wesentliche Rolle.

Unverzichtbare Vorsteuergrößen

(1) Markt und Kunden

Der *Marktanteil* ist eine wesentliche Kennzahl, um den Markterfolg eines gesamten Unternehmens, einer Geschäftseinheit in einem bestimmten Marktsegment oder eines Produkts festzustellen. Meistens wird er schlicht als prozentualer Umsatzanteil eines Unternehmens am gesamten Umsatz eines Markts definiert. In bestimmten Branchen werden auch das zahlenmäßige Absatzvolumen oder der Kundenanteil – z.B. aufgrund stark schwankender Rohstoffpreise oder einer schwierigen Abschätzung des gesamten Umsatzvolumens – herangezogen. Generell ist natürlich ein hoher Marktanteil für ein Unternehmen erstrebenswert. Dabei muss sich ein Unternehmen stets die Frage stellen, ob zusätzliche Marktanteile den Gewinn und vor allem die Profitabilität steigern und somit für ein Unternehmen sinnvoll sind. Dadurch wird zum einen deutlich, dass eine isolierte Betrachtung einer Kennzahl schnell zu unerwünschten Ergebnissen führen kann, und zum anderen die Bedeutung einer ausgewogenen Zusammenstellung der Kennzahlen. Neben dem absoluten Marktanteil wird oftmals auch der relative Marktanteil zur Performance-Messung herangezogen, gemessen als Umsatz des betrachtenden Unternehmens geteilt durch den Umsatz des größten Wettbewerbers. Marktführer ist dann der, dessen relativer Marktanteil größer 1 ist.

Markterfolg

> **Fallbeispiel: Erwartungen zur Marktposition bei GE**
> Viele Konzerne verlangen von ihren Divisionen eine bestimmte Marktposition. GENERAL ELECTRIC verlangt von seinen Geschäftsbereichen, dass diese langfristig in ihrem jeweiligen Segment Marktführer sind, den höchsten Wert generieren und die höchste Profitabilität aufweisen. CEO Jeffrey Immelt hat die Strategie von GENERAL ELECTRIC so beschrieben: »We expect them (the businesses) to be industry leaders in market share, value and profitability. [...] When we find that a business cannot meet our financial goals and or could be better run outside GE, we will exit that business rather than erode shareholder value. Our ›average hold‹ of a business is measured in decades. We do not ›flip‹ assets. We are builders of businesses«.
> Konsequent wurde und wird das Geschäftsportfolio langfristig danach ausgerichtet, wie die Vielzahl von Akquisitionen und Desinvestitionen zeigen. Die Verkäufe der Computer- und Aerospace-Sparten sowie des Outsourcing-Geschäfts sind Ausdruck davon.

Wichtig ist auch die *Kundenprofitabilität*, mit der die Attraktivität eines Kunden gemessen wird und die als Vorsteuergröße für ein profitables Wachstum des Umsatzes und des Marktanteils dienen kann. Da die Akquise von neuen Kunden sehr kostspielig ist, ist der eigene *Anteil am Kundenumsatz* (»*Share of Wallet*«) oftmals auch eine geeignete Zielgröße, um profitables Wachstum zu generieren.

Kundenverhalten

Den meisten Unternehmen fehlen gute, verwertbare Informationen über ihre Kunden. Zum Beispiel haben die wenigsten Kundendatenbanken, welche Informationen zur Kundenzufriedenheit mit Informationen zum Kaufverhalten verbinden. Von daher ist es nicht verwunderlich, dass das Wachstum bzw. der Erfolg eines Produkts kaum vorherzusagen ist. Im Sinne einer umfassenden Performance-Messung haben sich in den letzten Jahren unterschiedliche Ansätze entwickelt, um die Verbindung von Kundenverhalten und Unternehmenserfolg oder -wachstum zu messen. Viele Unternehmen vergleichen dazu ihre Produkte mit den Produkten ihrer direkten Wettbewerber und probieren zu erheben, ob und warum Kunden ihre Produkten denen der Konkurrenz vorzuziehen. Basierend auf der Erkenntnis, dass das Produkt selbst nur ein Teil des Kundenerlebnisses ist, haben sich weitere Kennzahlen zur *Kundenzufriedenheit* etabliert. Die Kundenzufriedenheit wird daran gemessen, inwieweit die Erwartungen der Kunden erfüllt wurden. Beispielsweise werden Fragen zur Zufriedenheit mit dem Produkt (Produktqualität, Produktdesign und Produktpalette), zur Zufriedenheit mit den Mitarbeitern des Unternehmens (Freundlichkeit, professionelles Auftreten, Kompetenz, Serviceorientierung, Beratungsqualität, Beschwerdehandhabung etc.) und zur Zufriedenheit beim Ablauf (Lieferzeiten, Liefertreue etc.) abgefragt. Die Servicequalität ist aufwendig zu messen und Rückschlüsse für konkrete Verbesserungen sind schwer zu ziehen. Insbesondere haben Studien[49] gezeigt, dass auch kein eindeutiger Zusammenhang zwischen der Erfüllung der Erwartungen und einer dauerhaften Kundenloyalität und daraus resultierenden positiven finanziellen Ergebnissen besteht. Trotz zum Teil widersprüchlicher wissenschaftlicher Ergebnisse und Kritik[50] hat sich in den letzten Jahren eine sehr einfache Kennzahl in der Unternehmenspraxis etabliert, der *Net Promoter Score*®.[51] Dieser wurde von der von der Unternehmensberatung BAIN entwickelt und stark vorangetrieben. Dabei wird mit einer Frage gemessen, ob ein Kunde bereit ist, das Unternehmen oder das Produkt an einen Freund oder Kollegen weiterzuempfehlen. Hintergedanke ist, dass Kunden damit nicht nur besonders

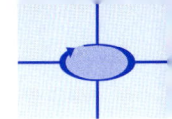

6.4.2 Nichtfinanzielle Performance-Kennzahlen

zufrieden mit einem Produkt oder einer Dienstleistung waren, sondern auch ihre eigene Reputation aufs Spiel setzen. Insbesondere in gesättigten Märkten, in denen neue Kunden nur durch einen sehr hohen Marketingaufwand auf Kosten der Kundenprofitabilität gewonnen werden können, ist ein hoher Anteil von Kunden, die aktiv ein Unternehmen weiterempfehlen, besonders wertvoll. Damit kann die von Unternehmen angestrebte Kundenorientierung in eine einfache Kennzahl transformiert werden, die relativ leicht zu ermitteln und zu analysieren ist. Vorteil ist weiter, dass mit dieser Kennzahl nicht nur bestehende Kunden, wie bei der Messung der Kundenbindung, sondern auch potenzielle neue Kunden einbezogen werden.

Exkurs: Der Net Promoter Score®
Kunden wird lediglich eine einfache Frage gestellt: »Wie wahrscheinlich ist es, dass Sie dieses Unternehmen einem Freund oder Kollegen weiterempfehlen?«. Kunden, die die Wahrscheinlichkeit sehr hoch einschätzen, d.h., einen Wert von 9 oder 10 auf der 10-Punkte-Skala aufweisen, werden als Promotoren eingestuft, Kunden, die einen Wert von 6 oder weniger aufweisen, als Kritiker. Man vergleiche dazu Abbildung 6-25. Der Net Promoter Score® (NPS) errechnet sich aus der Differenz dieser beiden Kundengruppen.

NPS = Promotoren (%) − Kritiker (%)

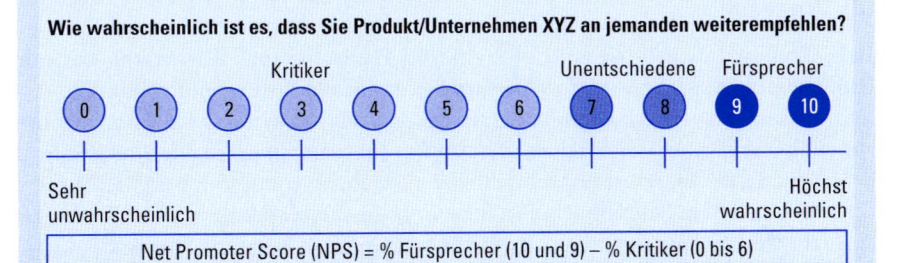

Wie wahrscheinlich ist es, dass Sie Produkt/Unternehmen XYZ an jemanden weiterempfehlen?

Kritiker: 0, 1, 2, 3, 4, 5, 6
Unentschiedene: 7, 8
Fürsprecher: 9, 10

Sehr unwahrscheinlich — Höchst wahrscheinlich

Net Promoter Score (NPS) = % Fürsprecher (10 und 9) − % Kritiker (0 bis 6)

Abb. 6-25: Die Antwortskala des Net Promoter Score® [52]

Die ALLIANZ SE nutzte z.B. den Net Promotor Score® als Hauptkennzahl, um den Erfolg ihrer Customer-Focus-Initiative zu messen. Diese Initiative wurde 2006 mit dem Ziel gestartet, langfristiges, nachhaltiges Wachstum und damit Shareholder Value durch eine stärkere Kundenorientierung zu erzeugen. Als Erfolgsgröße und Zielvorgabe für das Topmanagement nutzt die ALLIANZ den Net Promoter Score® einerseits, um sich als Ganzes bzw. einzelne Divisionen mit den jeweiligen Wettbewerbern zu vergleichen. Dies geschieht jährlich für die relevanten Märkte. Aber auch die Divisionen und einzelne Ländergesellschaften werden untereinander verglichen, um Best-practice-Ansätze zu identifizieren und in andere Divisionen zu übernehmen. Anderseits nutzt die ALLIANZ den Net Promoter Score® als Steuerungsinstrument für die Vertriebs- und Schadensabwicklungsmannschaft. So wird direkt nach einem Schadenfall eines Kunden oder bei Beschwerden telefonisch nachgefragt, ob er die ALLIANZ weiterempfehlen würde. Über 90 % der Kunden beantworten diese Frage. Wenn ein Kunde besonders enttäuscht oder enthusiastisch ist, fragt der Call-Center-Agent nach, ob die ALLIANZ für ausführlicheres Feed-back ein weiteres Mal anrufen dürfe. Über 80 % der Kunden stimmen dem zu. Erkenntnisse aus diesen Befragungen haben bereits zu vielen Prozessverbesserungen geführt. Abbildung 6-26 zeigt den Ablauf.

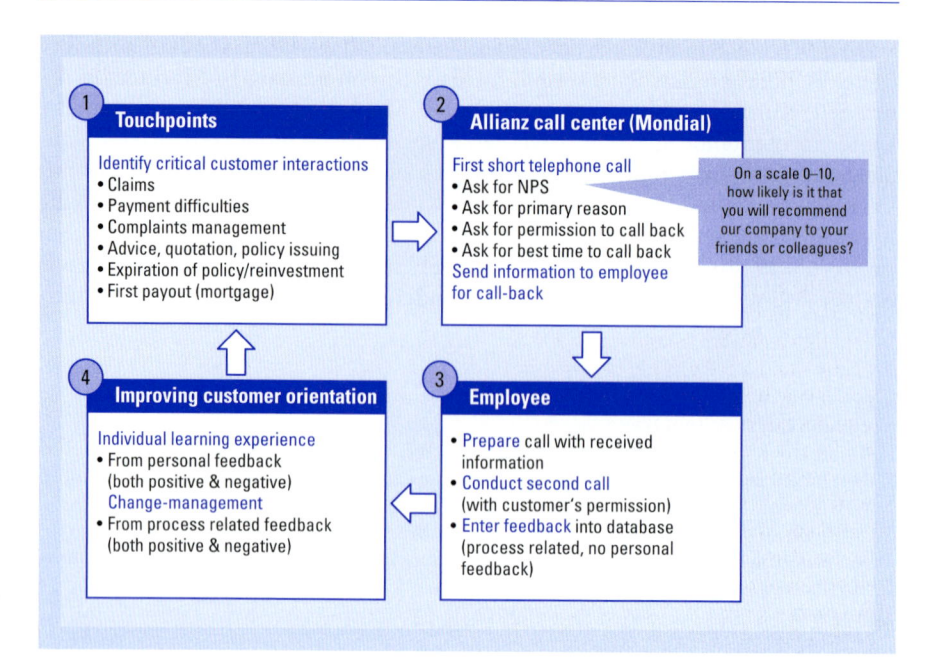

Abb. 6-26:
Der Bottom-up-NPS-Prozess[53]

① Touchpoints
Identify critical customer interactions
- Claims
- Payment difficulties
- Complaints management
- Advice, quotation, policy issuing
- Expiration of policy/reinvestment
- First payout (mortgage)

② Allianz call center (Mondial)
First short telephone call
- Ask for NPS
- Ask for primary reason
- Ask for permission to call back
- Ask for best time to call back
Send information to employee for call-back

On a scale 0–10, how likely is it that you will recommend our company to your friends or colleagues?

③ Employee
- **Prepare** call with received information
- **Conduct** second call (with customer's permission)
- **Enter feedback** into database (process related, no personal feedback)

④ Improving customer orientation
Individual learning experience
- From personal feedback (both positive & negative)
Change-management
- From process related feedback (both positive & negative)

(2) Prozesse

Jedes Unternehmen führt eine Vielzahl von Prozessen und Aktivitäten aus mit dem Ziel, einen Mehrwert für den Kunden – sei es in Form von Produkten oder Dienstleitungen – und dadurch auch einen eigenen finanziellen Gewinn zu generieren. Diese Aktivitäten reichen von der Produktentwicklung, über die Produktion oder Leistungserbringung bis hin zum nachgelagerten Support und unterscheiden sich sehr stark nach Branche und gewählter Unternehmensstrategie. Aufgabe des Managements ist es, die erfolgskritischen Kernprozesse und -aktivitäten zu identifizieren, die in einem direkten Zusammenhang mit der Kundenzufriedenheit stehen, und möglichst effizient hinsichtlich Kosten und Zeit zu gestalten. Unternehmen starten deshalb oftmals strategische Initiativen oder Programme mit dem Ziel, die operativen Prozesse nachhaltig zu verbessern. Der Six-Sigma-Ansatz, das Total Quality Management (TQM) und das Lean Management bieten passende Konzepte für solche Prozessverbesserungsprogramme.[54] Kennzahlen, die über den Fortschritt und Erfolg solcher Initiativen, aber auch der operativen Tätigkeit berichten, geben Aufschluss über die Zeit, welche das Unternehmen für bestimmte Aktivitäten benötigt, aber auch über die Qualität des Outputs und der Leistungserbringung. Die Zeit von der Idee bis zur Produktionsreife (*time-to-market*) ist insbesondere in dynamischen Branchen wie der Telekommunikations- oder Computerindustrie, aber auch in kapitalintensiven und forschungsorientierten Branchen wie der Pharmaindustrie ein wichtiger Indikator. Die Anzahl neuer Patente, die »*Payback time*« von Innovationen und der Umsatzanteil neuer Produkte, z. B. jünger als ein Jahr, sind weitere Kennzahlen. In weniger dynamischen Branchen stehen mehr *Durchlaufzeiten, Auslastungen* und weitere Produktivitätskennzahlen im Vordergrund. Eng in Verbindung mit finanziellen Kennziffern stehen Indikatoren zum Working Capital wie Lagerumschlag, Forderungs- oder Verbindlichkeitenlaufzeiten. Die Qualität der Pro-

Kernprozesse und Kundenzufriedenheit

dukte oder Dienstleistungen drückt sich z. B. im Ausschuss, in der Anzahl der Reklamationen oder in Servicewartezeiten aus. Die Erfolgsquote bei Angeboten und Projekten werden häufig als Kriterien herangezogen.

> **Fallbeispiel: Das Effizienzsteigerungsprogramm der AXA**
>
> Unter dem Namen »AXA Way« hatte der französische Versicherungskonzern AXA im Jahr 2002 ein neues Effizienzsteigerungsprogramm gestartet, das auf der Six-Sigma-Methode beruhte. Bereits in der größten Krise der Versicherungsbrache im Jahr 2001 hatte die Konzernleitung ein Kostensenkungsprogramm gestartet. Zunehmend wurde ihr aber bewusst, dass AXA weiterreichende Veränderungen in allen Prozessabläufen benötigte, um für zukünftige Herausforderungen gewappnet zu sein. Im Lauf der 1980er- und 1990er-Jahre ist das ehemals nur in Frankreich operierende Unternehmen durch eine Reihe von Akquisitionen zum weltgrößten Versicherungskonzern aufgestiegen, operierte aber immer noch unter dem Motto des Firmengründers »Think global, act local!«. Ausgehend von der Erkenntnis, dass die Finanzdienstleistungsbranche in den letzten Jahren hinsichtlich Effizienzsteigerungen deutlich hinter andere Branchen zurückgefallen ist, entschied man sich, die Six-Sigma-Methode einzuführen und heuerte dazu Manager aus der Automobilindustrie an. Ziel war es, aus AXA ein auf den Kunden ausgerichtetes Unternehmen zu machen und ein Effizienzniveau ähnlich dem eines Automobilherstellers zu erreichen. In vierteljährlichen Business Review Meetings des Executive Boards wurden die Konzern-Performance und die der Veränderungsprogramme wie »AXA Way« anhand folgender Kriterien beurteilt:
>
> (1) Ausrichtung der AXA-Way-Projekte auf die Konzernstrategie und die Strategien der jeweiligen Geschäftseinheit oder Landesgesellschaft.
> (2) *Generierter Gewinn:* Dazu wurde für jedes Projekt die entwickelte Kennzahl »AXA Way Project Net Income (AWPNI)« errechnet. Sie ist definiert als Differenz zwischen den Kosteneinsparungen und den zusätzlichen Umsätzen sowie den Implementierungskosten.
> (3) *Einbezogene Mitarbeiter:* Ziel war bis zum Jahr 2006, 1 % der gesamten Belegschaft als »Black belts« (eine Six-Sigma-Ausbildungsstufe) zu qualifizieren, welche die auf AXA-Verhältnisse angepasste Methode in die einzelnen Gesellschaften weiterzuverbreiten hatten. Diese Mitarbeiter arbeiten Vollzeit auf dem AXA-Way-Programm.
> (4) *Anzahl der abgeschlossenen und laufenden Projekte.*
>
> Durch eine Vielzahl von Prozessverbesserungen konnte AXA mit dieser strategischen Initiative große Erfolge erzielen. Auf Konzernebene hatte sich die Kundenzufriedenheit von 68 % auf 76 % im Jahr 2005 erhöht. In der deutschen Landesgesellschaft konnte innerhalb eines Jahres die Wiederabschlussquote bei Kfz-Versicherungspolicen um fast 70 % von 16 % auf 27 % erhöht werden. Während vor der Six-Sigma-Einführung lediglich 36 % aller Anfragen innerhalb der nächsten drei Tage beantwortet wurden (dies ist ein für die Kunden noch akzeptabler Zeitraum), war AXA danach in der Lage, bei 100 % der Anfragen Angebote innerhalb dieser Frist rauszuschicken.

(3) Mitarbeiter und Fähigkeiten

Neben den Ressourcen sind die Fähigkeiten eines Unternehmens die Grundlage für den Erfolg in den bereits vorgestellten Dimensionen. Diese Fähigkeiten zu erhalten und auszubauen ist eine Hauptaufgabe des Managements. Insbesondere die Mitarbeiter eines Unternehmens mit ihren Fähigkeiten stehen dabei – und dies nicht nur in wissensbasierten Branchen – im Mittelpunkt. Die besten bzw. die passenden Mitarbeiter müssen auf dem Arbeitsmarkt rekrutiert und diese für das Unternehmen erhalten werden. Zufriedene Mitarbeiter sind Voraussetzung

Mitarbeiter-zufriedenheit

für Innovationen, eine steigende Produktivität und Qualität sowie die Bereitschaft, auf Kunden und ihre Wünsche einzugehen, um nur einige Beispiele zu nennen. Unternehmen bedienen sich daher regelmäßiger Mitarbeiterumfragen, um Aufschluss über die *Mitarbeiterzufriedenheit* als wichtige Zielgröße und Steuerungsinstrument für das Management zu erhalten. Die Umfragen decken Bereiche wie die Einbeziehung in Entscheidungen, Anerkennung von Leistungen, Zugriff auf die für die Arbeit notwendigen Informationen, die aktive Ermunterung für eigene Ideen und generell die Mitarbeitermotivation ab. Bspw. ist die *Identifikation* mit dem Unternehmen ein einfacher Indikator dafür. Diese Elemente spielen zumeist bei der Entwicklung und dem Ausbau der Fähigkeiten eines Unternehmens eine wichtige Rolle und sollten deshalb in ein umfassendes Performance-Messsystem einbezogen werden. Neben Mitarbeiterzufriedenheit werden die relativ leicht zu erhebenden Kennzahlen der *Mitarbeiterfluktuation*, des *Krankenstandes* und der *Fehltage* oft zur Performance-Messung herangezogen. Auch gut ausgebildete Mitarbeiter mit allen Ressourcen tragen wenig zum Erfolg eines Unternehmens bei, wenn sie nicht motiviert sind, im Interesse des Unternehmens zu handeln, und die Freiheiten zu Entscheidungen haben. *Verbesserungsvorschläge pro Mitarbeiter* ist ebenfalls ein einfacher Indikator für die Motivation, der um weitere wie tatsächlich implementiere Vorschläge ergänzt werden kann. In diesem Zusammenhang muss erwähnt werden, dass es insbesondere sehr wichtig ist, diesen Prozess sehr transparent zu gestalten und die Mitarbeiter über Erfolge zu unterrichten. Die *Mitarbeiterproduktivität* ist eine

Mitarbeiter-produktivität

Kennzahl, welche den aggregierten Erfolg von Maßnahmen zur Verbesserung der Mitarbeiterfähigkeiten, der Motivation und Moral, aber auch von Prozessverbesserungen darstellt. Der produzierte Output bzw. die erbrachte Leistung müssen daher in ein Verhältnis zur Anzahl der Mitarbeiter gesetzt werden, so dass sehr viele unterschiedliche Kennzahlen herangezogen werden können. Die einfachste und auf alle Branchen anwendbare Kennzahl ist der *Umsatz pro Mitarbeiter*. Nachteil dieser ist, dass die mit dem Umsatz zusammenhängenden Kosten nicht berücksichtigt werden, sodass der Wertbeitrag pro Mitarbeiter ein besseres Kriterium darstellt.

Zusammenfassung

- Wertorientierte Kennzahlen berücksichtigen Kapitalkosten und drücken somit eine Shareholder-Value-Orientierung aus und sollten ein wesentlicher Bestandteil eines strategischen Performance-Measurement-Systems sein. Trotz ihrer Vergangenheitsorientierung sind rechnungslegungsorientiere Kennzahlen weiterhin wichtiger Bestandteil eines jeden Performance-Measurement-Systems.
- Durch nichtfinanzielle Kennzahlen fließen wichtige Vorsteuergrößen hinsichtlich Markt, Kunden, Prozessen und Fähigkeiten in die Entscheidungsfindung von Topmanagern ein. Gerade qualitative Kennzahlen ermöglichen Führungskräften durch die notwendigen Diskussionen, um diese zu bestimmen und zu interpretieren, frühzeitig ein Gespür für Entwicklungen im Markt und Unternehmen zu erhalten, aus diesen zu lernen und darauf zu reagieren.

Anmerkungen

1. Vgl. Drucker 1954, S. 56.
2. Vgl. Kaplan/Norton 1996, S. 26.
3. Vgl. Kreutzer 2008 und Kreutzer/Lechner 2010.
4. Vgl. Sitkin/Cardinal/Bijlsema-Frankema 2010.
5. Vgl. Simons 1994, 1995a/b, Marginson 2002.
6. Simons 1995a, S. 34 definiert ein Wertesystem als »the explicit set of organizational definitions that senior managers communicate formally and reinforce systematically to provide basic values, purpose, and direction for the organization«.
7. Vgl. Eisenhardt 1989.
8. Vgl. Bromiley 2005.
9. Vgl. Cyert/March 1963.
10. Vgl. Bromiley/Miller/Rau 2001.
11. Vgl. Cyert/March 1963.
12. Vgl. Freeman 1984.
13. Auch Rappaport 1997 versteht unter dem Begriff der wertorientierten Unternehmensführung die Strategie zur Schaffung von »Shareholder Value«, also die direkte ökonomische Wertgenerierung. Vgl. dazu auch Schmeisser/Höhne (2015).
14. So kann z. B. auch eine Genossenschaft auf Basis dieses Ansatzes geführt werden und sie kann sich z. B. zum Ziel setzen, zumindest keinen Wert zu vernichten.
15. Vgl. Elkington 1998, 2004.
16. Vgl. EU-Kommission 2001.
17. Vgl. Norman/MacDonald 2004.
18. Vgl. Dossi/Patelli 2010.
19. Vgl. Gimbert/Bisbe/Mendoza 2010 und Micheli/Manzoni 2010.
20. Vgl. Garengo/Biazzo/Bititci 2005 und Pun/White 2005.
21. Die erste Balance Scorecard wurde von Art Schneiderman, einem unabhängigen Unternehmensberater, bei Analog Devices eingeführt. Kaplan/Norton griffen diese Idee auf und verbreiteten sie weiter.
22. Vgl. Kaplan/Norton 1992.
23. Vgl. Kaplan/Norton 2008b.
24. Vgl. Kaplan/Norton 2008b.
25. Vgl. Kaplan/Norton 2008a.
26. Vgl. Cross/Lynch 1988 und Lynch/Cross 1995.
27. Vgl. Neely 2002 und Neely/Adams/Kennerley 2002.
28. Vgl. European Foundation for Quality Management 2010.
29. Vgl. Edvinsson/Malone 1997.
30. Vgl. Roos/Roos/Dragonetti/Edvinsson 1997. Sie sehen das »Intellectual Capital« als »a language for thinking, talking and doing something about the drivers of companies‹ future earnings«. Interessant ist auch das »Invisible Balance Sheet« von Karl-Erik Sveiby (http://www.sveiby.com/).
31. Vgl. zu dieser Argumentation Müller-Stewens/Fontin 1998.
32. Die SMN-Scorecard wurde in ihrer Methodologie an die Balanced Scorecard angelehnt.
33. Vgl. Rüegg-Stürm/Sander 2009.
34. Vgl. Ballwieser 2000, Börsig 2000.
35. Vgl. Brealey/Myers 2003.
36. Vgl. Stern 1994.
37. Vgl. Berlien/Kirsten/Oelert/Schutt 2006.
38. Vgl. Berlien/Kirsten/Oelert/Schutt 2006.
39. Joel Stern sagt dazu: »the corporate mission is not to maximize market value – this can be accomplishhed, as the case of General Motors illustrates, simply by retaining a large fraction of your earnings and raising more capital from outsiders – but rather to maximize the difference between a firm's market value and outside capital contributors« Stern 1994.
40. Vgl. Manager Magazin, 5.2.2009.

41 Vgl. Manager Magazin, 5.2.2009.
42 Vgl. Copeland/Antikarov 2002.
43 Vgl. Black/Scholes 1973.
44 Vgl. Luehrmann 1997/1998a/b und Bowman/Moskowitz 2001.
45 Vgl. Luehrmann 1998b.
46 Vgl. Bowman/Moskowitz 2001.
47 Vgl. Bowman/Moskowitz 2001.
48 Vgl. Kaplan/Norton 2008a/b
49 Vgl. Dixon/Freeman/Toman 2010.
50 Vgl. Keiningham/Aksoy/Cooil/Andreassen 2008.
51 Vgl. Reichheld 2003.
52 Vgl. Reichheld 2003.
53 Allianz 2006.
54 Vgl. Seghezzi/Fahrni/Herrmann 2007.

Anhang

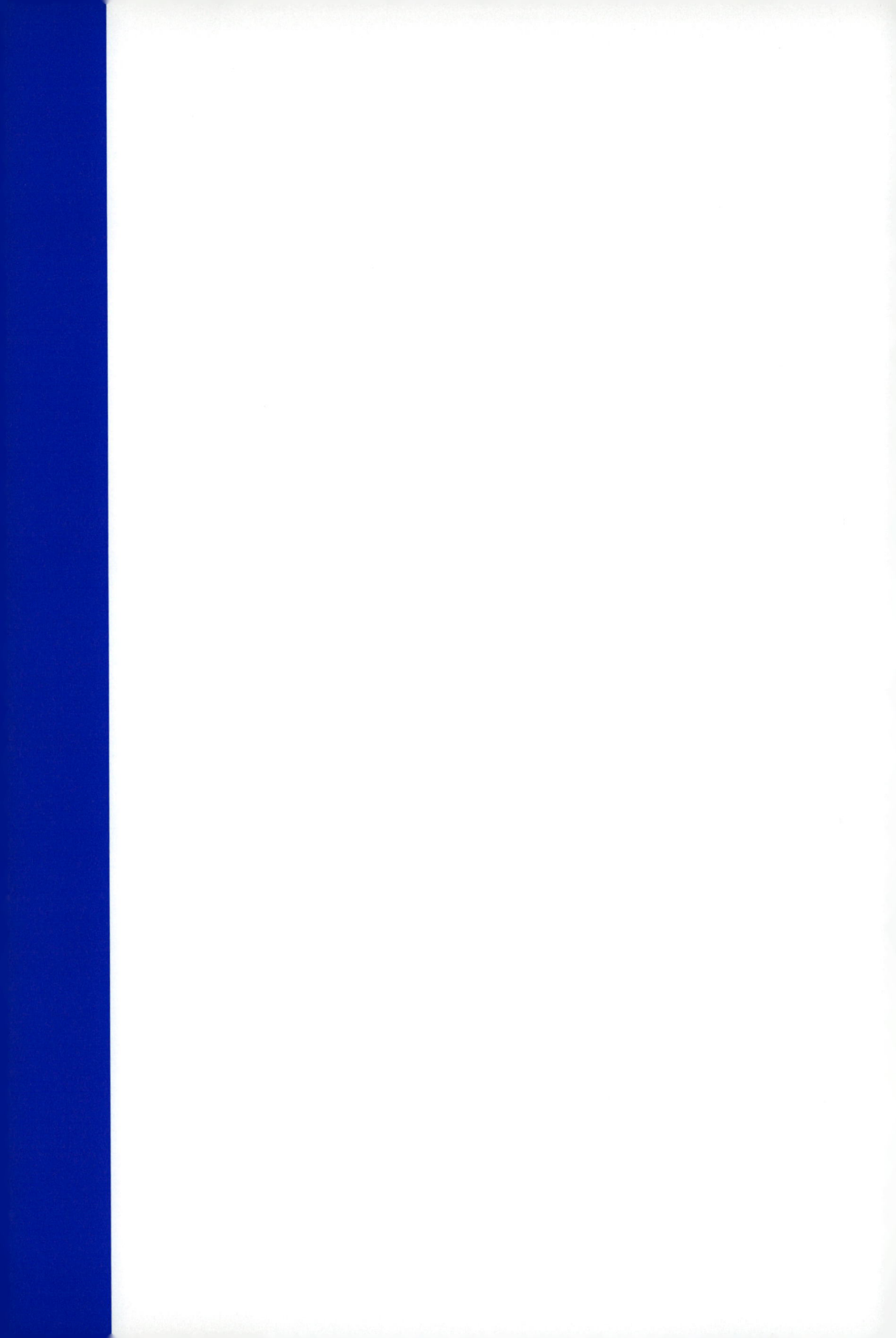

Definitionen

Akteure: Die Akteure des Wandels sind Individuen oder Gruppen, die auf die Entwicklungsdynamik des Unternehmens einwirken und sie zu beeinflussen suchen.

Akzent: Akzent ist ein bestimmtes Thema, das für eine Zeiteinheit prioritär gesetzt wird, um einem strategischen Wandel Fokus und Durchschlagskraft zu geben (z. B. Kostensenkung).

Benchmarking: Benchmarking ist ein systematischer Prozess, bei dem die eigenen Produkte, Dienstleistungen und Geschäftsprozesse gegen die stärksten Wettbewerber oder diejenigen Unternehmen verglichen werden, die in bestimmten Segmenten als herausragend wahrgenommen werden.

Branche: Unter einer Branche wird eine Gruppe von Unternehmen verstanden, die gleiche oder ähnliche Produkte und Dienstleistungen anbieten.

Corporate Governance: Corporate Governance ist die Gesamtheit der organisatorischen und inhaltlichen Ausgestaltung der Führung und Überwachung von Unternehmen.

Corporate Strategy: Mit ihr zeigt das Corporate Management den Weg auf, wie es durch die Entwicklung eines strategischen Konzepts für das Gesamtunternehmen, durch eine entsprechende Konfiguration des Portfolios seiner Geschäfte sowie durch die Koordination dieser Geschäfte zur Realisierung von Synergien einen Mehrwert für ein Mehrgeschäftsunternehmen erzielen will.

Epoche: Eine Epoche ist ein zeitlicher Entwicklungsabschnitt in der Geschichte einer Organisation, in dem ein zentrales Paradigma oder Erfolgsmuster relativ stabil Gültigkeit besitzt.

Geschäftsmodell: Ein Geschäftsmodell ist ein Design von vernetzten Aktivitäten, das ein bestimmtes Nutzenversprechen realisieren will, um eine Wertschöpfung (Profit) zu erzielen.

Kernkompetenz: Sie erwächst aus einem komplexen organisatorischen Lernprozess und kombiniert in einzigartiger Art und Weise Ressourcen und Fähigkeiten der Organisation zu einem höherwertigen Ganzen, das in verschiedenen Anwendungsfeldern zur Nutzung gelangt und dem Unternehmen zu einem nachhaltigen Wettbewerbsvorteil verhilft.

Marktsegmentierung: Ein heterogener Gesamtmarkt wird mittels zu bestimmender Merkmale der Käufergruppe in relativ homogene Teilmärkte aufgeteilt mit dem Ziel einer differenzierten Ansprache dieser Gruppe.

Mergers & Acquisitions: Unter M & A versteht man den Handel (Kauf/Verkauf) von Unternehmen, Vermögenswerten oder Anteilen von Unternehmen. Dabei werden Kontrollrechte am so genannten »Markt für Unternehmenskontrolle« gehandelt, durch Käufer erworben und infolgedessen ausgeübt.

Mission: Mit der Mission (Mission Statement, Leitbild, Credo) definiert ein Unternehmen den Zweck seines Tuns, d. h., sie begründet seine Existenz. Sie erklärt, welchen Auftrag das Unternehmen und seine Mitarbeiter verfolgen und was dabei der Beitrag bzw. sein Nutzenversprechen (value proposition) an seine Anspruchsgruppen sein soll.

Mobilitätsbarrieren: Mobilitätsfaktoren sind die Faktoren, die den Wechsel von Unternehmen von einer strategischen Gruppe in die andere behindern, also sowohl Ein- als auch Austrittsbarrieren.

Normativer Rahmen: Er schränkt einerseits durch seine Kanalisierungsfunktion in Form von Mission und Werten den Raum für die Entwicklung der strategischen Optionen sinnvoll ein; andererseits richtet er durch seine Orientierungsfunktion die Strategie eines Unternehmens langfristig auf die Vision und kurz- und mittelfristig auf die Ziele aus.

Nutzenversprechen: Ein Nutzenversprechen ist ein Angebot für den Kunden, einen bestimmten Auftrag zu erledigen.

Organisationale Fähigkeiten: Sie sind als komplexe Interaktions-, Koordinations- und Problemlösungsmuster zu verstehen, die – oftmals mit spezifischen Gruppierungen und ihrer jeweiligen Wissensbasis verbunden – in einem langwierigen Entwicklungsprozess aufgebaut und zu organisationalen Routinen werden.

Phasen: Um den unterschiedlichen Befindlichkeiten während eines Veränderungsprozesses besser Rechnung zu tragen, wird ein Zyklus in Phasen unterteilt, die phasenspezifische Funktionen zu erfüllen haben.

Politische Arena: Beim politischen Gestaltungsraum wird die Organisation als Ort teilweise konfligierender, politischer Interessen gesehen, wo es um die Ausspielung von Macht, Erlangung von Prestige, Ausübung von Einfluss, Erzwingung von Gefolgschaft etc. geht.

Positionierung: Bei der Positionierung stellt sich einem Unternehmen und seinen Subeinheiten die Aufgabe, eine vorteilhafte Stellung gegenüber seinen als relevant erachteten Anspruchsgruppen (= Stakeholder) zu bestimmen und die vorhandenen Ressourcen und Fähigkeiten so einzusetzen, dass diese Stellung erreicht werden kann.

Räume: Die Gestaltungsräume sind die Entwicklungsobjekte beim Design eines Veränderungsprozesses. Mit diesen Räumen werden die organisatorischen Rahmenbedingungen bezeichnet, die aktiv zur Erzeugung des Wandels geändert werden können.

Remodellierung: Die grundsätzliche Erneuerung des zentralen Paradigmas der Organisation oder des Geschäfts steht im Mittelpunkt des thematischen Akzents »Remodellierung«.

Reorientierung: Die strategische Neuausrichtung des Unternehmensportfolios steht im Mittelpunkt des thematischen Akzents »Reorientierung«.

Repositionierung: Die strategische Neuausrichtung des Unternehmens gegenüber einem oder mehreren Stakeholdern steht im Mittelpunkt des thematischen Akzents »Repositionierung«.

Restrukturierung: Die Veränderung von Prozessen, Systemen und Strukturen mit dem Ziel eines besseren Alignments der Führungsorganisation an die Strategie steht im Mittelpunkt des thematischen Akzents »Restrukturierung«.

Revitalisierung: Veränderungen in den Fähigkeiten und Verhaltensweisen der Mitarbeiter bezogen auf ihre Interaktionen mit ihrem Umfeld stehen im Mittelpunkt des thematischen Akzents »Revitalisierung«.

Rollen: Mit den Rollen bezeichnen wir einerseits die Einstellungen, die durch die Beteiligten und Betroffen im Veränderungsprozess bewusst oder unbewusst eingenommen werden (role taking), und andererseits die Aufgaben, die ihnen als Wandelgestalter formell übertragen werden (role making).

Schichten: Die Schichten sind die formalen und informalen Kollektive, in die eine Organisation segmentiert ist und die im Wandel unterschiedlichen Eigendynamiken folgen.

Stakeholder: Dies sind Anspruchsgruppen, die das Unternehmen in seiner Entwicklung beeinflussen, da sie einen materiellen oder immateriellen Anspruch (stake) an das Unternehmen bei sich wahrnehmen; umgekehrt werden sie aber auch durch das Handeln des Unternehmens beeinflusst.

Strategic Renewal: Der einer evolutionstheoretischen Perspektive nahe Ansatz zum strategischen Wandel von Organisationen fokussiert auf Veränderungen in der Wettbewerbsposition oder den Kernkompetenzen.

Strategieprozesse: Unter Strategieprozessen versteht man alle in einer unternehmerischen Einheit stattfindenden Entscheidungen und Handlungen, durch die sich die Strategien dieser Einheit bilden.

Strategische Allianzen: Sie stellen eine institutionalisierte, freiwillige und längerfristige Kooperation zwischen zwei oder mehr Unternehmen dar, die dem gemeinsamen Ziel dient, sich zusammen Wettbewerbsvorteile zu sichern bzw. sie zu verbessern.

Strategische Frühaufklärung/Vorausschau: Aufgabe des Prozesses der strategischen Frühaufklärung/Vorausschau ist die frühzeitige Identifikation neuer Entwicklungen im Umfeld des Unternehmens und die firmenweite Auseinandersetzung mit den wichtigsten dieser Trends und Szenarien.

Strategische Geschäftseinheiten (SGE): Dies sind möglichst unabhängig operierende Unternehmenseinheiten, die – im Kontext des Gesamtunternehmens – selbständige Ziele in den von ihr anvisierten Geschäftsfeldern eigenverantwortlich verfolgen.

Strategische Geschäftsfelder (SGF): Sie repräsentieren einen möglichst isoliert »funktionierenden« Ausschnitt aus dem gesamten Betätigungsfeld des Unternehmens, der eigene Ertragsaussichten, Chancen und Risiken aufweist und für den relativ unabhängig eigenständige Strategien entwickelt und realisiert werden können.

Strategische Gruppe: Damit bezeichnet man eine Menge von Unternehmen, die innerhalb einer Branche die gleiche oder zumindest eine ähnliche Strategie verfolgen.

Strategische Initiativen: Strategische Initiativen sind wichtige, koordinierte Vorhaben innerhalb eines Unternehmens, die seine Entwicklung signifikant beeinflussen.

Strategisches Management: In der Disziplin des Strategischen Managements geht es um (1) Ressourcenallokationsentscheidungen sowie um (2) geplante und emergente strategische Initiativen (3) mit dem Ziel einer einzigartigen Positionierung des Unternehmens in seiner gewählten Umwelt, die ihm (4) zu nachhaltigen Wettbewerbsvorteilen verhelfen soll und (5) dadurch ermöglicht, eine angestrebte Performance für seine Anspruchsgruppen zu realisieren.

Strategischer Konsens: Strategischer Konsens ist ein geteiltes Verständnis strategischer Prioritäten zwischen Managern der obersten, mittleren und unteren Ebenen einer Organisation.

Struktur: Beim strukturellen Gestaltungsraum wird die Organisation als eine Art »Maschine« betrachtet, in deren Mittelpunkt die vom Markt vorgegebene Aufgabe steht. Die Organisation ist dann ein Instrument, mit dem man rational bestimmte Ziele, die mit dieser Aufgabenstellung verbunden sind, möglichst effektiv und effizient erreichen will.

Taktung: Die Taktung ist die Strukturierung einer Phase in eine »verdaubare« Schrittfolge an den lokalen Orten des Wandels, ausgehend von der unterschiedlichen Belastbarkeit und den verschiedenen Ausgangssituationen in den organisatorischen Teileinheiten.

Timing: Mit dem Timing wird die zeitliche Strukturierung des Veränderungsprozesses in seiner Entwicklungslogik definiert.

Unternehmenskultur: Beim kulturellen Gestaltungsraum wird die Organisation als ein System von Werten betrachtet, das durch Regeln und Normen gewissermaßen zusammengehalten wird. In der Sprache, den Handlungen und den Artefakten (Gebäude, »Kleiderordnung«, Erscheinungsbild etc.) gelangen die zentralen Werte und die darunter liegenden Grundannahmen an die Oberfläche.

Vision: Sie ist ein Abbild einer zukünftigen Wirklichkeit, die durch ein Unternehmen angestrebt wird. Sie definiert dadurch die »Höhe einer Latte, über die ein Unternehmen eines Tages springen möchte« (ambition level).

Welle: Eine Welle entspricht einem Subzyklus im Zyklus eines komplexen strategischen Wandels mit dem Ziel einer thematischen Priorisierung über diesen Zeitraum.

Werte: Werte sind Normen für das soziale Handeln im Unternehmen, die seitens des Managements als Orientierungsmaßstäbe an das Verhalten aller Mitarbeiter gerichtet werden.

Wertkette: Die Wertkette ist ein konzeptioneller Ansatz, durch den ein Unternehmen als aneinandergereihte Abfolge von wertschöpfenden Aktivitäten verstanden wird. Man unterscheidet zwischen Primär- und Sekundäraktivitäten.

Wertschöpfung: Wertschöpfung entsteht, wenn Inputfaktoren so miteinander kombiniert werden, dass ein Output entsteht, dessen Wert höher ist, als der der eingekauften oder zur Verfügung stehenden Inputfaktoren.

Ziele: Sie stellen das angestrebte Ende eines Plans dar. Sie sagen uns, was, in welchem Ausmaß, bis wann, wo und durch wen erreicht sein soll. An ihnen soll das Entscheiden und Handeln in einer Organisation ausgerichtet werden, um eine gewisse Wertschaffung des Unternehmens sicherzustellen.

Zyklus: Ein Zyklus beschreibt das Niveau der Aktivitäten zum Management des Übergangs von einer Epoche auf die andere.

Literaturverzeichnis

Abell, D. F. (1980): Defining the business. The starting point of strategic planning, Englewood Cliffs, NJ.
Abell, D. F./Hammond, I. S. (1979): Strategic market planning, Englewood Cliffs, NJ.
Abrahamson, E. (2000): Change without pain. In: Harvard Business Review, Vol. 78, Nr. 4, S. 75–79.
Achleitner, A.-K./Bassen, A./Pietzsch, L. (2001): Kapitalmarktkommunikation von Wachstumsunternehmen. Kriterien zur effizienten Ansprache von Finanzanalysten, Stuttgart.
Adler, N. J. (1991): International dimensions of organizational behavior, the Wadsworth international dimensions of business series, 2. Aufl., Boston etc.
Albers, S. (2010): Configurations of alliance governance systems. In: Schmalenbach Business Review, Vol. 62, July, S. 204–233.
Albert, H. (1980): Traktat über kritische Vernunft, 4. Aufl., Tübingen.
Aldrich, D. (1999): Mastering the digital market place, New York.
Allaire, Y./Firsirotu, M. E. (1989): Coping with strategic uncertainty. In: Sloan Management Review, Vol. 30, Nr. 3, S. 7–16.
Amburgey, T./Dacin, T. (1994): As the left foot follows the right? The dynamics of strategic and structural change. In: Academy of Management Journal, Vol. 37, S. 1427–1452.
Ambos, B./Ambos, T. (2011): Meeting the challenge of offshoring R & D: an examination of firm- and location-specific factors. In: R & D Management, Vol. 41, Nr. 2, S. 107–119.
Amit, R./Shoemaker; P. (1993): Strategic assets and organizational rent. In: Strategic Management Journal, Vol. 14, S. 22–46.
Anderson, P. (1999): Complexity theory and organization science. In: Organization Science, Vol. 10, Nr. 3, S. 216–232.
Andrews, K. R. (1971): The concept of corporate strategy, Homewood, IL.
Ansoff, H. I. (1965): Corporate strategy. An analytical approach to business policy for growth and expansion, New York.
Ansoff, H. I. (1976): Managing surprise and discontinuity. Strategic response to weak signals. In: Zeitschrift für betriebswirtschaftliche Forschung, Vol. 28, S. 129–152.
Antoni, M./Riekhof, H. C. (1994): Die Portfolio-Analyse als Instrument der Strategieentwicklung. In: Riekhof, H. C. (Hrsg.): Praxis der Strategieentwicklung. Konzepte – Erfahrungen – Fallstudien, 2. Aufl., Stuttgart, S. 109–128.
Argyris, C./Schön, C. (1978): Organizational learning. A theory of action perspective, Reading.
Armstrong, J. S. (1982): The value of formal planning for strategic decisions. Review of empirical research. In: Strategic Management Journal, Vol. 3, Nr. 3, S. 197–211.
Arthur, W. B. (1989): Competing technologies, increasing returns and lock-in by historical events. In: Economic Journal, Vol. 99, Nr. 394, S. 245–273.
Atuahene-Gima, K./Evangelista F. (2000): Cross-functional influence in new product development. An exploratory study of marketing and R & D perspective. In: Management Science, Vol. 46, Nr. 10, 1269–1284.

Baden-Fuller, C./Volberda, H. W. (1997): Strategic renewal. In: International Studies of Management & Organization, Vol. 27, Nr. 2, S. 95 ff.
Bain, J. S. (1956): Barriers to new competition, Cambridge.
Bain, J. S. (1968): Industrial Organization, New York.
Baker, G./Gibbons, R./Murphy, K. J. (1997): Implicit contracts and the theory of the firm, NBER WP 6177.
Ballwieser, W. (2000): Wertorientierte Unternehmensführung. Grundlagen. In: Zeitschrift für betriebswirtschaftliche Forschung, März, S. 160–166.
Bamberg, G./Coenenberg, A. G. (1991): Betriebswirtschaftliche Entscheidungslehre, 6. Aufl., München.
Barnard, C. I. (1938): The functions of the executive, Cambridge.

Barnett, W./Freeman, J. (2001): Too much of a good thing? Product proliferation and organizational failure. In: Organization Science, Vol. 12, S. 539–558.
Barney, J. B. (1986): Strategic factor market expectations, luck and business strategy. In: Management Science, Vol. 32, Nr. 10, 1231–1241.
Barney, J. B. (1991): Firm resources and sustained competitive advantage. In: Journal of Management, Vol. 17, Nr. 1, 99–120.
Barney, J. B. (2007): Gaining and sustaining competitive advantage, 3. Aufl., Upper Saddle River, NJ.
Barney, J. B./Hesterly, W. S. (2006): Strategic management and competitive advantage. Pearson Prentice-Hall, Upper Saddle, NJ.
Barney, J. B./Hoskisson, R. E (1990): Strategic groups, untested assertions, and research proposals. In: Managerial and Decision Economics, Vol. 11, Nr. 3, S. 198–208.
Barr, P./Stimpert, L./Huff, A. (1992): Cognitive change, strategic action, and organizational renewal. In: Strategic Management Journal, Vol. 13 Summer Special Issue, S. 15–36.
Barringer, B. R./Bluedorn, A. C. (1999): The relationship between corporate entrepreneurship and strategic management. In: Strategic Management Journal, Vol. 20, Nr. 5, S. 421–444.
Bart, C. K. (1997): Sex, lies and mission statements. In: Business Horizons, Vol. 40, Nr. 6, S. 9–18.
Bartlett, C. A./Goshal, S. (1998): Managing across borders. The transnational solution, 2. Aufl., Boston, MA.
Baumol, W. J. (1959): Business behaviour, value and growth, Houndmills.
Bea, F. X./Göbel, E. (1999): Organisation, Stuttgart.
Bea, F. X./Haas, J. (2015): Strategisches Management, 7. Aufl., Stuttgart.
Beatty, R. P./Zajac, E. J. (1994): Managerial incentives, monitoring, and risk bearing. A study of executive compensation, ownership, and board structure in initial public offerings. In: Administrative Science Quarterly, Vol. 39, Nr. 2, S. 313–335.
Bechmann-Malioukova, I. (1998): Flexibilisierung von Organisationen als Projekt des fundamentalen Wandels, Bern etc.
Beckhard, R./Harris, R. (1977): Organizational transitions, Reading.
Beer, M./Eisenstat, R. (2000): The silent killers of strategy implementation and learning. In: Sloan Management Review, Vol. 41, Summer, S. 29–40.
Berghai, M./Coley, S./White, D. (1999): The alchemy of growth, Boulder, CO.
Berle, A./Means, G. (1932): The modern corporation and private property, New York.
Berlien O./Kirsten A. S./Oelert J./Schutt R. (2006): Wertsteigerungen durch das Konzernprogramm Best bei Thyssen Krupp. In: Schweickart, N./Töpfer, A. (Hrsg.): Wertorientiertes Management. Werterhaltung – Wertsteuerung – Wertsteigerung ganzheitlich gestalten, Berlin, etc. S. 597–608.
Bertalanffy, L. von: (1972): The history of status of general systems theory. In: Academy of Management Journal, Vol. 15, Nr. 4, S. 407–426
Beschorner, T./Ulrich, P./Wettstein, F. (Hrsg.) (2015): St. Galler Wirtschaftsethik. Programmatik, Positionen, Perspektiven, Marburg 2015.
Bester, H. (2004) Theorie der Industrieökonomik, 3. Aufl., Berlin etc.
Black, B. S. (1989): Bidder overpayment in takeovers. In: Stanford Law Review, Vol. 41, S. 597–660.
Black, F./Scholes, M. (1973): The pricing of options and corporate liabilities. In: Journal of Political Economy, Vol. 81, Nr. 3, S. 637–654.
Blake, R. R./Mouton, J. S. (1964): The managerial grid, Houston.
Bleeke, J./Bull-Larsen, T./Ernst, D. (1992): Wertsteigerung durch Allianzen. In: Bronder, C./Pritzl R. (Hrsg.): Wegweiser für strategische Allianzen. Meilen- und Stolpersteine bei Kooperationen, Frankfurt etc., S. 103–125.
Bleicher, K. (1992): Das Konzept Integriertes Management, 4. Aufl., Frankfurt/New York.
Bleicher, K. (1994): Normatives Management. Politik, Verfassung und Philosophie des Unternehmens, Frankfurt etc.
Bleicher, K. (1999): Das Konzept Integriertes Management, Frankfurt etc.

Bleicher, K./Leberl, D./Paul, H. (1989): Unternehmensverfassung und Spitzenorganisation, Wiesbaden.
Böckli, P. (1999): Corporate Governance nach dem Hampel Report und Rapport Viénot. In: Leadership, Vol. 1, S. 6–16.
Bolman, L. G./Deal, T. E. (2008): Reframing organizations, San Francisco.
Bood, R./Postma, T. (1997): Strategic learning with scenarios. In: European Management Journal, Vol. 15, Nr. 6, S. 633–647.
Boot, A. (1992): Why hang on losers? Divestitures and takeovers. In: Journal of Finance, Vol. 47, Nr. 4, S. 1401–1423.
Börsig, C. (2000) Wertorientierte Unternehmensführung bei RWE. In: Zeitschrift für betriebswirtschaftliche Forschung, März, S. 167–75.
Bourgeois, L. J./Brodwin, D. R. (1984): Strategic implementation. Five approaches to an elusive phenomenon. In: Strategic Management Journal, Vol. 5, S. 241–264.
Bower, J. L. (1970): Managing the resource allocation process, Boston.
Bowman, C./Ambrosini, V. (2000): Value creation versus value capture. Towards a coherent definition of value in strategy. In: British Journal of Management, Vol. 11, 1–15.
Bowman, E. H./Helfat, C. (2001): Does corporate strategy matter? In: Strategic Management Journal, Vol. 22, Nr. 3, S. 1–23.
Bowman, E. H./Moskowitz, G. T. (2001): Real options analysis and strategic decision making. In: Organization Science, Vol. 12, Nr. 6. S. 772–777.
Brauer, M. (2006): What have we acquired and what should we acquire in divestiture research? A review and research agenda. In: Journal of Management, Vol. 36, Nr. 12, S. 1–35.
Brealey, R. A./Myers, S. C. (2003): Principles of corporate finance. 7th ed., New York,
Brehm, C./Jantzen-Homp, D. (2000): Organisation des Wandels. In: Krüger, W. (Hrsg.): Excellence in Change, Wiesbaden, S. 177–220.
Bresser, R. K. (2010): Strategische Managementtheorie, 2. Aufl., Stuttgart.
Brockhoff, K. (1994): Forschung und Entwicklung. Planung und Kontrolle, 4. Aufl., München etc.
Bromiley, P. (2005): The behavioral foundations of strategic management, Malden, MA.
Bromiley, P./Miller, K. D./Rau, D. (2001): Risk in strategic management research, In: Blackwell Handbook of Strategic Management Research, Malden, MA. S. 259–288
Bruch, H. (2000): Lufthansa 2000, Maintaining the Change Momentum, Fallstudie der London Business School, Januar.
Buaron, R. (1981): New-game strategies. In: McKinsey Quarterly, Nr. 1, S. 24–40.
Bühner, R. (1983): Portfolio-Risikoanalyse der Unternehmensdiversifikation von Industrieaktiengesellschaften. In: Zeitschrift für Betriebswirtschaft, Vol. 53, S. 1023–1041.
Bühner, R. (1987a): Assessing international diversification of West German corporations. In: Strategic Management Journal, Vol. 8, Nr. 1, S. 25–37.
Bühner, R. (1987b): Management-Holding. In: Die Betriebswirtschaft, Vol. 47, Nr. 1, S. 40–49.
Bühner, R. (1991): Betriebswirtschaftliche Organisationslehre, 5. Aufl., München etc.
Burgelman, R. A. (1983): A process model of internal corporate venturing in the diversified major firm. In: Administrative Science Quarterly, Vol. 28, Nr. 2, S. 223–244.
Burgelman, R. A. (1991): Interorganizational ecology of strategy making and organizational adaptation. Theory and field research. In: Organization Science, Vol. 2, Nr. 3, S. 239–262.
Burgelman, R. A. (1994): Fading Memories: A Process Theory of Strategic Business Exit in Dynamic. In: Administrative Science Quarterly, Vol. 39, Nr. 1, S. 24–56.
Büschken, J. (1999): Virtuelle Unternehmen – die Zukunft. In: Die Betriebswirtschaft, Vol. 59, Nr. 6, S. 778–791.
Buzell, R. D./Gale, B. T (1989): Das PIMS-Programm – Strategien und Unternehmenserfolg, Wiesbaden.

Cadbury, A. (2001): Why standards may be converging. In: European Business Forum, Nr. 5, Spring, S. 16–17.

Camp, R.C. (1989): Benchmarking: the search for industry best practices that lead to superior performance, New York
Campbell, A./Alexander, M. (1997): What's wrong with strategy?. In: Harvard Business Review, Vol. 75, Nr. 6, S. 42–51.
Campbell, A./Devine, M./Young, D. (1990): A sense of mission, London.
Carlton, D.W./Perloff, J.M. (2005): Modern industrial organization, 4. Aufl., Boston etc.
Castanias, R./Helfat, C. (1991): Managerial resources and rents. In: Journal of Management, Vol. 17, (1991, S. 155–171.
Chandler, A.D. (1962): Strategy and structure. Chapters in the history of American industrial enterprise, Cambridge.
Child, J. (1972): Organizational structure, environment and performance. The role of strategic choice. In: Sociology, Vol. 6, S. 1–22.
Child, J./Kieser, A. (1981): Development of organizations over time. In: Nystrom, P./Starbuck, W. (Hrsg.): Handbook of Organizational Design, Band 1. Adapting organizations to their environments, New York, S. 28–64.
Chomsky, N. (1973): Sprache und Geist, Frankfurt a.M.
Christensen, C.M. (1997): The innovator's dilemma. When new technologies cause great firms to fail, Boston.
Clermont, A./Schmeisser, W./Krimphove, D. (Hrsg.) (2001): Strategisches Personalmanagement in globalen Unternehmen, München.
Coase, R. (1937): The nature of the firm. In: Economica, Vol. 4, Nr. 16, S. 386–405.
Coenenberg, A.G. (1992): Kostenrechnung und Analyse, Landsberg a. Lech.
Coenenberg, A.G./Salfeld, R. (2003): Wertorientierte Unternehmensführung. Vom Strategieentwurf zur Implementierung, Stuttgart.
Coleman, J.S. (1979): Macht und Gesellschaftsstruktur, Tübingen.
Coleman, J.S. (1992): Grundlagen der Sozialtheorie, Band 2. Körperschaften und moderne Gesellschaft, München etc.
Collins, J./Porras, J (1997): Built to last. Successful habits of visionary companies, New York.
Collis, D.J./Ghemawat, P. (2001): Mapping the business landscape. In: Fahey, L./Randall, R.M. (Hrsg.): The portable MBA in strategy, New York etc., S. 171–188.
Connor, K. (1991): A historical comparison of resource-based theory and five schools of thought within industrial organization economics. Do we have a new theory of the firm? In: Journal of Management, Vol. 17, Nr. 1, 121–154.
Cooper, R./Burell, G. (1988): Modernism, postmodernism and organizational analysis – an introduction. In: Organization Studies, Vol. 9, Nr. 1, S. 91–112.
Copeland, T./Antikarov, V. (2002): Realoptionen. das Handbuch für Finanz-Praktiker, Weinheim.
Copeland, T./Keenan, P.T. (1998): How much is flexibility worth?. In: McKinsey Quarterly, Nr. 2, S. 38–49.
Costanzo, L.A./MacKay, R.B. (Hrsg.) (2009): Handbook of research on strategy and foresight, Cheltenham etc.
Cox, J.C. (1985): Options markets, Englewood Cliffs, NJ.
Cross, K.F./Lynch, R L. (1988): The »Smart« way to define and sustain success. In: National Productivity Review, 81. 23–33.
Cummings, T.G./Worley, C.G. (1993): Organization development and change, St. Paul.
Cusumano, M.A./Selby, R.W. (1996.): Die Microsoft-Methode. Sieben Prinzipien, wie man ein Unternehmen an die Weltspitze bringt, Freiburg i. Br.
Cyert, R.M./March, J.G. (1963): A behavioral theory of the firm, Prentice Hall, Englewoods Cliffs, N.J.

D'Aveni, R.A. (1994): Hypercompetition. Managing the dynamics of strategic maneuvering, New York.
Daft, R.L. (1998): Organization theory and design, 6. Aufl., Cincinnati.
De Geus, A.P. (1988): Planning as learning. In: Harvard Business Review, Vol. 66, Nr. 2, S. 70–74.

Dierickx, I./Cool, K. (1989): Asset stock accumulation and sustainability of competitive advantage. In: Management Science, Vol. 35, Nr. 12, 1504–1513.

Dixon, M./Freeman, K./Toman, N. (2010): Stop trying to delight your customers, In: Harvard Business Review, Vol. 88, Nr. 7–8. S. 116–123

Dombret, A. R./Kern, H. K. (2003): European retail banks. An endangered species?, Weinheim

Doppler, K./Lauterburg, C. (2008): Change management, Frankfurt a. M.

Dossi, A./Patelli, L. (2010): You learn from what you measure. Financial and non-financial performance measures in multinational companies. In: Long Range Planning, Vol. 43, Nr. 4. S. 498–526.

Downes, L./Mui, C. (1999): Auf der Suche nach der Killer-Applikation, Frankfurt a. M. etc.

Doz, Y. (1996): The evolution of cooperation in strategic alliances. Initial conditions or learning processes?. In: Strategic Management Journal, Vol. 17, Nr. 7, S. 55–83.

Dranove, D./Peteraf, M./Shanley, M. (1998): Do strategic groups exist? An economic framework for analysis. In: Strategic Management Journal, Vol. 19, Nr. 11, S. 1029–1044.

Drucker, P (1954): The practice of management, New York.

Dunst, K.H. (1983): Portfolio management, 2. Aufl., Berlin etc.

Durkheim, E. (1977): Über die Teilung der sozialen Arbeit, Frankfurt a. M.

Dutton, J. E./Duncan, R. B. (1987): The creation of momentum for change through the process of strategic issue diagnosis. In: Strategic Management Journal, Vol. 8, Nr. 3, S. 279–295.

Dyllick, T./Belz, F./Schneidewind, U. (1997): Ökologie und Wettbewerbsfähigkeit, Zürich.

Ebers, M./Gotsch, W. (1995) Industrieökonomische Theorien der Organisation. In: Kieser, A. (Hrsg.): Organisationstheorien, Stuttgart etc., S. 185–235.

Edvinsson, L./Malone, M. S. (1997): Intellectual capital. Realizing your company's true value by finding its hidden roots, New York.

Eisenhardt K. M. (1989): Agency Theory. An assessment and review. Academy of Management Review 141. 57–74.

Eisenhardt, K. M. (1999): Strategy as strategic decision making. In: Sloan Management Review, Vol. 40, Nr. 3, S. 65–72.

Eisenhardt, K. M./Bourgeois, L. J. (1988) Politics of strategic decision making in high velocity environments. Toward a midrange theory. In: Academy of Management Journal, Vol. 31, S. 737–770.

Eisenhardt, K. M./Brown, S. (1999): Wie sie ihr Geschäftsportfolio flexibel gestalten. In: Harvard Business Manager, Nr. 6, S. 72–85.

Elkington, J. (1998): Cannibals with forks. The triple bottom line of 21st Century Business, Stony Creek, CT.

Emans, H. (1988): Konzepte zur strategischen Planung. In: Henzler, H. A. (Hrsg.): Handbuch Strategische Führung, Wiesbaden, S. 109–131.

Esser, W. M./Ringlstetter, M. (1991): Die Rolle der Wertschöpfungskette in der strategischen Planung. In: Kirsch, W. (Hrsg.): Beiträge zum Management strategischer Programme, München, S. 511–539.

EU-Kommission (2001) Grünbuch – Europäische Rahmenbedingungen für die soziale Verantwortung der Unternehmen, Brüssel.

European Foundation for Quality Management EFQM (2010): EFQM Excellence Model 2010, Brüssel.

Fedor, D./Maslyn, J./Farmer, S./Bettenhausen, K. (2008): Perceptions of positive organizational politics and their impact on organizational outcomes. In: Journal of Applied Social Psychology, Vol. 38, S. 76–96.

Fink, D. (2003): A life cycle approach to management fashion. An investigation of management concepts in the context of competitive strategy. In: Schmalenbach Business Review, Vol. 55, S. 46–59.

Fischer, H.-P. (Hrsg.) (1997): Die Kultur der schwarzen Zahlen, Stuttgart.
Fjeldstad, O/Snow, C./Miles, R./Lettl, C. (2012): The architecture of collaboration. In: Strategic Management Journal, Vol. 33, S. 734–750.
Floyd, S. W./Lane, P. (2000): Strategizing throughout the organization. Managing role conflict in strategic renewal. In: Academy of Management Review, Vol. 25, S. 154–177.
Floyd, S. W./Wooldridge, B. (1992): Managing strategic consensus. The foundation of effective implementation. In: Academy of Management Executive, Vol. 6, Nr. 4, S. 27–39,
Floyd, S. W./Wooldridge, B. (1999): Knowledge Creation and Social Networks in Corporate Entrepreneurship: The Renewal of Organizational Capability. In: Entrepreneurship: Theory and Practice, Vol. 23, S. 123–144.
Floyd, S. W./Wooldridge, B. (2000): Building strategy from the middle, Thousands Oaks etc.
Ford, M./Greer, B. (2005): The Relationship between Management Control System Usage and Planned Change Achievement. An Exploratory Study. In: Journal of Change Management, Vol. 5, Nr. 1, 2005, S. 29–46.
Foschiani, S. (1995): Strategisches Produktionsmanagement. Ein Modellsystem zur Unterstützung produktionsstrategischer Entscheidungen, Frankfurt a. M.
Foss, N. J./Knudsen, C./Montgomery, C. A. (1994): An exploration of common ground. integrating evolutionary and strategic theories of the firm. In: Montgomery, C. A. (Hrsg.): Resource-based and evolutionary theories of the firm. towards a synthesis, S. 1–17.
Fouraker, L./Stopford, J. (1968): Organizational structure and the multinational strategy. In: Administrative Science Quarterly, Vol. 13, S. 47–64.
Frankenberger, S. (2006): Management regulatory involvement in corporate strategy and structure, Dissertation Universität St. Gallen.
Freeman, R. E. (1984): Strategic management. A stakeholder approach, Boston.
Freeman, R. E./Harrison, J. S./Wicks, A. C./Parmar, B. L./Colle, S. (2010): Stakeholder theory. The state of the art, Cambridge.
Freeman, R. E./McVea, J. F. (2001): A stakeholder approach to strategic management. In: Hitt, M. A./Freeman, R. E./Harrison, J. S. (Hrsg.): The Blackwell Handbook of Strategic Management, Oxford, S. 189–207.
Frese, E. (1995): Grundlagen der Organisation. Konzept – Prinzipien – Strukturen, 6. Aufl., Wiesbaden.
Friedman, M. (1970): New York Times Magazine vom 13. Sept. 1970, S. 32 ff.
Friga, P. (2001): The McKinsey Mind, Boston.
Frooman, J. (1999): Stakeholder influence strategies. In: Academy of Management Review, Vol. 24, Nr. 2, S. 191–205.

Gaitanides, M./Scholz, R./Vrohlings, A./Raster, M. (1994): Prozessmanagement, München etc.
Galbraith, J./Kazanjian, R. (1986): Strategy implementation. Structure, systems, and process, 2. Aufl., Minneapolis-St. Paul, MN.
Galtung, J. (1978): Methodologie und Ideologie, Band I, Frankfurt a. M.
Garengo, P./Biazzo, S./Bititci, U. S. (2005): Performance Measurement Systems in SMEs. A Review for a Research Agenda. International Journal of Management Reviews, 71. S. 25–47.
Gassmann, O. (1997): Internationales F & E-Management. Potentiale und Gestaltungskonzepte transnationaler F & E-Projekte, München etc.
Gassmann, O./Frankenberger, K./Csik, M. (2014): The Business Model Navigator, Harlow etc.
Gelb, B. (1982): Strategic planning for the underdog. In: Business Horizons, Vol. 25, Nr. 6, S. 8–11.
Geldern, M. van (1997): Organisation, Frankfurt etc.

Gemünden, H.-G./Walter, A. (1995): Der Beziehungspromotor. Schlüsselperson für interorganisationale Innovationsprozesse, Zeitschrift für Betriebswirtschaft, Vol. 65, Nr. 9, 971–986.

Gersick, C. J. G. (1991): Revolutionary change theories. A multilevel exploration of the punctuated equilibrium paradigm. In: Academy of Management Review, Vol. 16, Nr. 1, S. 10–36.

Geschka, H./Hammer, R. (1990): Die Szenario-Technik in der strategischen Unternehmensplanung. In: Hahn, D./Taylor, B. (Hrsg.): Strategische Unternehmensplanung, Heidelberg, S. 311–337.

Gilbert, X./Strebel, P. (1987): Strategies to outpace the competition. In: Journal of Business Strategy, Vol. 8, Nr. 1, S. 28–36.

Gimbert, X./Bisbe, J./Mendoza, X.(2010): The role of performance measurement systems in strategy formulation processes. Long Range Planning, Vol 43, Nr. 4. S. 477–497.

Gioia, D. A. (1999): Response. Practicality, paradigms, and problems in stakeholder theorizing. In: Academy of Management Review, Vol. 24, Nr. 2, S. 228–232.

Gioia, D./Chittipeddi, K. (1991): Sensemaking and sensegiving in strategic change initiation. In: Strategic Management Journal, Vol. 12, Nr. 6, S. 433–448.

Glasl, F./de la Houssaye L. (Hrsg.) (1975): Organisationsentwicklung, Bern etc.

Gneisenau, A. von/Koth, H. (1997): Strategische Allianzen – Liebesehen, Zweckbeziehungen oder Modetrend? In: Booz, Allen & Hamilton (Hrsg.): Telekommunikation in der Welt von morgen, Frankfurt a. M., S. 227–245.

Goddard, J. A./Molyneux, P./Wilson, J. O. S. (2001): European banking. Efficiency, technology, and growth, Chicester.

Gomez, P. (1993): Wertmanagement. Vernetzte Strategien im Wandel, Düsseldorf.

Gomez, P. (1999): Integrated value management, London.

Gomez, P./Müller-Stewens, G. (1994): Corporate Transformation. Zum Management fundamentalen Wandels großer Unternehmen. In: Müller-Stewens, G./Gomez, P./Hahn, D./Wunderer, R (Hrsg.): Unternehmerischer Wandel, Wiesbaden, S. 135–198.

Gomez, P./Probst, G. (2007): Die Praxis des ganzheitlichen Problemlösens, 3. Aufl., Bern etc.

Gomez, P./Zimmermann, T. (1993): Unternehmensorganisation, Frankfurt etc.

Gomez-Casseres, B. (1996): The alliance revolution, Cambridge etc.

Goold, M./Campbell, A./Alexander, M. (1994): Corporate-level strategy. Creating value in the multi-business company, New York.

Grant, R. (1991): The resource-based theory of competitive advantage. Implications for strategy formulation. In: California Management Review, Vol. 33, Nr. 3, S. 114–135.

Grant, R. (1996): Toward a knowledge-based theory of the firm. In: Strategic Management Journal, Vol. 17, Nr. 10, 109–122.

Grant, R. (2001): Corporate strategy. Managing scope and strategy content. In: Pettigrew, A./Thomas, H./Whittington, R. (Hrsg.): Handbook of strategy and management, London, S. 72–97.

Grant, R. (2002): Contemporary strategy analysis: Concepts, techniques, applications, 4. Aufl., Malden.

Greiner, L. E. (1967): Patterns of organization change. In: Harvard Business Review, Vol. 45, Nr. 3, S. 119–130.

Greiner, L. E. (1972): Evolution and revolution as organizations grow. In: Harvard Business Review, Vol. 50, Nr. 4, S. 35–46.

Grossman, S./Hart, O. (1986): The costs and benefit of ownership. a theory of vertical and lateral integration. In: Journal of Political Economy, Vol. 94, Nr. 4, S. 691–719.

Grove, A. (1996): Only the paranoid survive, New York etc.

Gutenberg, E. (1951, 1955, 1968): Grundlagen der Betriebswirtschaftslehre, Band 1 bis 3, Berlin etc.

Habermas, J. (1981) Theorie des kommunikativen Handelns, Band 1 und 2, Frankfurt a. M.

Haken, H. (1991): Erfolgsgeheimnisse der Natur, Synergetik. Die Lehre vom Zusammenwirken, Frankfurt a. M.
Hall, R. (1992): The strategic analysis of intangible resources. In: Strategic Management Journal, Vol. 13, Nr. 2, S. 135–144.
Hall, R. (1993): A framework linking intangible resources and capabilities to sustainable competitive advantage. In: Strategic Management Journal, Vol. 14, Nr. 8, S. 607–618.
Hambrick, D. (1983): High profit strategies in mature capital goods industries. A contingency approach. In: Academy of Management Journal, Vol. 26, Nr. 4, S. 687–707.
Hamel, G. (1996): Strategy as revolution. In: Harvard Business Review, Vol. 74, Nr. 4, S. 69–82.
Hamel, G./Heene, A. (Hrsg.) (1994): Competence-based competition, Chichester etc.
Hamel, G./Prahalad, C. K. (1990): The core competence and the corporation. In: Harvard Business Review, Vol. 68, Nr. 3, S. 79–91.
Hannan, M. T./Freeman, J. (1977): The population ecology of organizations. In: American Journal of Sociology, Vol. 82, S. 929–964.
Hannan, M. T./Freeman, J. (1984): Structural inertia and organizational change. In: American Sociological Review, Vol. 49, S. 149–164.
Hannan, M. T./Freeman, J. H. (1989): Organizational ecology, Cambridge.
Hansen, G./Wernerfelt, B. (1989): Determinants of firm performance. The relative importance of economic and organizational factors. In: Strategic Management Journal, Vol. 10, Nr. 5, S. 399–411.
Hansen, M. T./Nohria, N. (2004): How to build collaborative advantage. In: MIT Sloan Management Review, Fall.
Harrigan, K. R. (1986): Guerilla strategies of underdog competitors. In: Planning Review, Vol. 14, S. 4–11.
Harrison, J./Caron, H. (1993): Strategic management of organizations and stakeholders. Concepts and cases, Stamford, CT.
Harrison, J. S./John, C. H. (1996): Managing and partnering with external stakeholders. In: Academy of Management Executive, Vol. 10, Nr. 2, S. 46–60.
Hart, O. (1995): Firms, contracts and financial Structure, Oxford.
Hart, S./Banbury, C. (1994): How strategy-making processes can make a difference. In: Strategic Management Journal, Vol. 15, Nr. 4, S. 251–269.
Haspeslagh, P. C./Jemison, D. B. (1992): Akquistionsmanagement. Wertschöpfung durch strategische Neuausrichtung des Unternehmens, Frankfurt a. M.
Hax, A. C./Majluf, N. S. (1991): Strategisches Management – ein integratives Konzept aus dem MIT, Frankfurt a. M. etc.
Hedley, B. (1977): Strategy and the business portfolio. In: Long Range Planning, Vol. 10, Nr. 1, S. 9–15.
Heijden, K. van der (1996): Scenarios. The art of strategic conversation, New York.
Heinemann, B./Gröniger, B. (2005): Shareholder Value – Warum es auf den Unternehmenswert ankommt. In: Hungenberg, H./Meffert, J. (Hrsg.): Handbuch Strategisches Management, Wiesbaden, S. 231–253.
Heinen, E. (1966): Grundlagen betriebswirtschaftlicher Entscheidungen. Das Zielsystem der Unternehmung, Wiesbaden.
Heinz, I. (1996): Die Entwicklung zum Systemanbieter auf neuen Märkten, Bern etc.
Henderson, B. D. (1971): Construction of a business strategy. The Boston Consulting Group, Series on Corporate Strategy, Boston.
Henderson, R./Cockburn, I. (1994): Measuring competence? Exploring firm effects in pharmaceutical research. In: Strategic Management Journal, Vol. 15, Winter, Special Issue, S. 63–84.
Henderson, R./Mitchell, W. (1997): The interactions of organizational and competitive influences on strategy and performance. In: Strategic Management Journal, Vol. 18, Nr. 6, S. 5–14.
Hettich, E./Müller-Stewens, G. (2014): Tesla Motors. Business Model Configuration, Case Study und Teaching Note, Universität St. Gallen, publiziert im Case Centre.
Heuskel, D. (1999): Wettbewerb jenseits von Industriegrenzen, Frankfurt a. M. etc.

Heuskel, D./Fechtel, A./Beckmann, P. (2006): Managing for Value. The Boston Consulting Group, www.bcg.com.
Hilb, M. (1994): Integriertes Personal-Management, Berlin.
Hilb, M. (2000): Transnationales Management der Human Ressourcen. Das 4P-Modell, Neuwied.
Hill, C./Jones, G. (1992): Strategic management – an integrated approach, 2. Aufl., Boston etc.
Hill, W. (1982): Marketing, 5. Aufl., Band 1, Bern etc.
Hinterhuber, H. (1992): Strategische Unternehmensführung, Band 1, Berlin etc.
Hitt, M./Ireland, R. D./Hoskisson, R. E. (2010): Strategic management. Competitiveness and globalization, 9. Aufl., Cincinnati etc.
Homburg, C./Krohmer, H. (2009): Marketingmanagement. Strategie – Instrumente – Umsetzung – Unternehmensführung, 3. Aufl., Wiesbaden.
Homburg, C./Krohmer, H./Workman, J. P. (1999): Strategic consensus and performance. the role of strategy type and market-related dynamism. In: Strategic Management Journal, Vol. 20, Nr. 4, S. 339–357.
Homburg, C./Schäfer, H./Schneider, J. (2002): Sales Excellence. Vertriebsmanagement mit System, 2. Aufl., Wiesbaden.
Homburg, C./Workman, J. P./Jensen, O. (2000): Fundamental changes in marketing organization. The movement toward a customer-focused organizational structure. In: Journal of the Academy of Marketing Science, Vol. 28, Nr. 4, S. 459–478.
Hommelhoff, P./Hopt, K./Werder, A. (Hrsg.) (2009): Handbuch Corporate Governance, Stuttgart.
Honegger, J. (2008): Vernetztes Denken und Handeln in der Praxis, Zürich.
Hoskisson, R. E. (1987): Multidivisional structure and performance. The contingency of diversification strategy. In: Academy of Management Journal, Vol. 12, S. 271–279.
Hoskisson, R. E./Hitt, M. A./Wan, W. P./Yiu, D. (1999): Theory and research in strategic management. swings of a pendulum. In: Journal of Management, Vol. 25, Nr. 3, S. 417–456.
Hrebiniak, L. (2006): Obstacles to effective strategy implementation. In: Organizational Dynamics, Vol. 35, Nr. 1, S. 12–31.
Hunger, D./Wheelen, T. L. (1998): Strategic Management, 6. Aufl., New York.
Hunt, M. S. (1972): Competition in the major home appliance industry 1960–1970. Doctoral dissertation, Harvard University.

Itami, H. (1987): Mobilizing invisible assets, Boston.

Jacobs, R. W. (1995): Real time strategic change – how to involve an entire organization in fast and far-reaching change, San Francisco.
Jacobs, S. (1992): Strategische Erfolgsfaktoren der Diversifikation, Wiesbaden.
Jantsch, E. (1979): Die Selbstorganisation des Universums, München und Wien.
Jarzabkowski, P./Kaplan, S. (2015): Strategy tools-in-use: A framework for understanding »technologies of rationality« in practice. In: Strategic Management Journal, Vol. 36, Nr. 4, S. 537–558.
Jenkins, M./Ambrosini, V./Collier, N. (Hrsg.) (2016) : Advanced Strategic Management : A multi-perspective approach, 3. Aufl., New York.
Jensen, M. C./Meckling, W. (1976): Theory of the firm. Managerial behaviour, agency costs, and ownership structure. In: Journal of Financial Economics, Vol. 3, Nr. 4, S. 305–360.
Jensen, M. C./Ruback, R. (1983): The Market for Corporate Control – the Scientific Evidence. In: Journal of Financial Economics, Vol. 11, Nr. 1–4, S. 5–50.
Jick, T. (1993): Managing change: Cases and concepts, Boston.
Johnson, G. (1997): A strategy for change at KPMG. In: Johnson, G./Scholes, K. (Hrsg.): Exploring corporate strategy, Herfordshire, S. 820–839.
Johnson, G./Scholes, K./Whittington, R. (2008): Exploring corporate strategy, 8. Aufl., Harlow etc.

Johnson, M. W./Christensen, C. M/Kagermann, H. (2008): Reinventing your business model. In: Harvard Business Review, Vol. 86, Nr. 12, S. 51–59.

Jones, T. M./Wicks, C. (1999): Convergent stakeholder theory. In: Academy of Management Review, Vol. 24, Nr. 2, S. 206–221.

Kajüter, P. (2000): Strategieunterstützung durch Benchmarking. In: Welge, M. K./Al-Laham, A./Kajüter, P. (Hrsg.): Praxis des Strategischen Managements, Wiesbaden, 113–131.

Kale, P./Singh, H./Perlmutter, H. (2000): Learning and protection of proprietary assets in strategic alliances. Building relational capital. In: Strategic Management Journal, Vol. 21, Nr. 3, S. 217–238.

Kanter, R. M. (1983): The change masters, New York.

Kanter, R. M. (1994): Collaborative advantage. The art of alliances. In: Harvard Business Review, Vol. 72, Nr. 4, S. 96–108.

Kanter, R. M./Stein, B./Jick, T. (1992): The challenge of organizational change. How companies experience it and leaders guide it, New York.

Kaplan, R. /Cooper, R. (1997): Cost and effect. Using integrated cost systems to drive profitability and performance, Boston.

Kaplan, R. S./Norton, D. P. (1992): The balanced scorecard – Measures that drive performance. In: Harvard Business Review, Vol. 70, Nr. 1, S. 71–79.

Kaplan, R./Norton, D. P. (1996): Balanced scorecard. Translating strategies into action, Harvard Business School Press,

Kaplan, R. S./Norton, D. P. (2008a): Execution Premium, Harvard Business School Press, Cambridge, MA.

Kaplan, R. S./Norton, D. P. (2008b): Mastering the management system. In: Harvard Business Review, Vol. 8, Nr. 61. S. 62–77.

Keen, T. (1996): An investigation of the role intuition plays in the managerial decision-making process, Dissertation, Walden University

Keiningham, T. L./ Aksoy, L./ Cooil, B./ Andreassen, T. W. (2008): Linking customer loyalty to growth. In: MIT Sloan Management Review, Vol. 49, Nr. 4. S. 51–57.

Kieser, A. (1997): Disziplinierung durch Selektion. Ein kurzer Abriss der langen Geschichte der Personalauswahl. In: Klimecki, R./Remer, A. (Hrsg.): Personal als Strategie, S. 85–118.

Kieser, A./Kubicek, H. (1992): Organisation, Berlin etc. KKNeuauflage: Walgenbach/Kieser, Organisation, Stuttgart 2010K

Kieser, A./Woywode, M. (1999): Evolutionstheoretische Ansätze. In: Kieser, A. (Hrsg.): Organisationstheorien, 3. Aufl., Stuttgart etc.

Kim, W. C./Mauborgne, R. (1999): Branchengrenzen sprengen und das Geschäft neu erfinden. In: Harvard Business Manager, Nr. 4, S. 49–60.

Kimberly, J. R./Quinn, R. E. (Hrsg.) (1984): New Futures: The challenge of managing corporate transitions, Homewood.

Kirchgässner, G. (1992): Towards a theory of low-cost decisions. In: European Journal of Political Economy, Vol. 8, S. 305–320.

Kirsch, W. (1971): Entscheidungsprozesse, 3 Bände, Wiesbaden.

Kirsch, W. (1977): Die Betriebswirtschaftslehre als Führungslehre. Erkenntnisperspektiven, Aussagensysteme, wissenschaftlicher Standort, München.

Kirsch, W. (1990): Unternehmenspolitik und strategische Unternehmensführung, München.

Kirsch, W. (1997): Wegweiser zur Konstruktion einer evolutionären Theorie der strategischen Führung, 2. überarbeitete und erweiterte Fassung, München.

Kirsch, W./Esser, W. M./Gabele, E. (1979): Das Management des geplanten Wandels von Organisationen, Stuttgart.

Klein, J. A./Hickocks, P. G. (1994): Competence-based competition. a practical toolkit. In: Hamel, G./Heene, A. (Hrsg.): Competence based competition, Chichester etc., S. 183–212.

Kleine, D. (1999): Adding value to strategic management. The role of strategic planners, Dissertation, Universität St. Gallen.

Klimecki, R. G./Gmür, M. (2001): Personalmanagement. Strategien, Erfolgsbeiträge, Entwicklungsperspektiven, 2. Aufl., Stuttgart.

Knoll, S. (2008): Cross-business synergies. A typology of cross-business synergies and midrange theory of continuous growth synergy realization. Dissertation an der Universität St. Gallen, St. Gallen.

Knüfermann, M./Kapl, J. (2005): Ethische Grundsätze für das Privatkundengeschäft. In: Banken und Partner, Vol. 2, Nr. 2, S. 23–25.

Knyphausen-Aufseß, D. zu (1995): Theorie der strategischen Unternehmensführung, Wiesbaden.

Kohler, H. P. (1992): Grundlagen der Bewertung von Optionen und Optionsscheinen. Darstellung und Anwendung der Modelle von Boness, Black-Scholes, Galai-Scheller und Schulz-Trautmann-Fischer, Wiesbaden.

Kortzfleisch, H. von (1999): Virtuelle Unternehmen. In: Die Betriebswirtschaft, Vol. 59, Nr. 5, S. 664–685.

Kotler, P. (2001): Marketing-Management, 10. Aufl., Stuttgart.

Kotler, P./Singh, R. (1981): Marketing warfare in the 1980s. In: Journal of Business Strategy, Vol. 1, Nr. 3, S. 30–41.

Kotter, J. P. (1996): Leading change, Boston.

Krafft, A. (1998): Organisationale Differenz – Einheit von Vielfalt und Differenz. Dissertation Universität St. Gallen, Bamberg.

Kreilkamp, E. (1987): Strategisches Management und Marketing, Berlin.

Kreutzer, M. (2008): Controlling strategic initiatives. A contribution to corporate entrepreneuership, Universität St. Gallen, Bamberg.

Kreutzer, M./Lechner, C. (2010): Control configurations and strategic initiatives. In: Sitkin, S./Cardinal, L/Bijlsma-Frankema, K. (Hrsg.): Control in organizations: New Directions in Theory and Research, Cambridge, S. 808–853.

Krogh, G. von/Ichijo, K./Nonaka, I. (2000): Enabling knowledge creation, Oxford.

Krüger, W. (1994): Transformations-Management. Grundlagen, Strategien, Anforderungen. In: Gomez, P./Hahn, D./Müller-Stewens, G./Wunderer, R. (Hrsg.): Unternehmerischer Wandel. Konzepte zur organisatorischen Erneuerung, Wiesbaden, S. 199–228.

Krüger, W. (2000): Strategische Erneuerung. Probleme, Programme und Prozesse. In: Krüger, W. (Hrsg.): Excellence in Change, Wiesbaden, S. 31–98.

Kruse, P. (1994): Interventionen am Rande des Normalzustands. In: Gdi Impuls, Nr. 2, S. 29–41.

Krystek, U./Müller-Stewens, G. (1993): Frühaufklärung für Unternehmen. Identifikation und Handhabung zukünftiger Chancen und Bedrohungen, Stuttgart.

Krystek, U./Redel, W./Reppegather, S. (1997): Grundzüge virtueller Organisationen, Wiesbaden.

Kübler-Ross, E. (1980): Interviews mit Sterbenden, Stuttgart.

Kuhn, T. (2000): Internes Unternehmertum. Begründungen und Bedingungen einer kollektiven Kehrtwendung, München.

Kuppel, E. (1993): Systematische Generierung und Evaluierung von Geschäftsfeldern. Dissertation Universität St. Gallen, Bamberg.

Kutschker, M. (1997): Evolution, Episoden und Epochen. Die Führung von Internationalisierungsprozessen. In: Engelhard, J. (Hrsg.): Strategische Führung internationaler Unternehmen, Wiesbaden, S. 1–37.

Laamanen, T. (2007): On the Role of Acquisition Premium in Acquisition Research. In: Strategic Management Journal, Vol. 28. Nr. 13, S. 1359–1369.

Lawrence, P. R. (1954): How to deal with resistance to change. In: Harvard Business Review, Vol. 32, Nr. 3, S. 49–57.

Lazzari, V. (2001): Is corporate governance delivering value. In: European Business Forum, Nr. 5, Spring, S. 5–13.

Learned, E.P./Christensen, R.C./Andrews, K.R./Guth, W. (1965): Business policy. text and cases, Homewood, IL.

Lechner, C. (1999): Die Entwicklung von Allianzsystemen – Überlegungen an einem Beispiel aus der Telekommunikationsindustrie, Bern/Stuttgart/Wien.

Lechner, C./Müller-Stewens, G. (1998): Die Entwicklung der Allianz um AT & T Unisource, Fallstudie Nr. 1/99 des Instituts für Betriebswirtschaft, Universität St. Gallen.

Lechner, C./Marx, C./Müller-Stewens, G. (2002): Der Wettlauf um neue E-Business Modelle (englische Fassung: The race for new business models), Case Study und Teaching Note, Universität St. Gallen, publiziert bei The Case Centre.

Leibfried, K./McNair, C.J. (1992): Benchmarking. A tool for continuous improvement, New York.

Leonard-Barton, D. (1992): Core capabilities and core rigidities: A paradox in managing new product development. In: Strategic Management Journal, 13 Summer Special Issue. 111–125.

Levy, A./Merry, U. (1986): Organizational transformation, New York.

Lewin, K. (1943): Forces behind food habits and methods of change. In: Bulletin of the National Research Council 1943, Nr. 108, S. 35–65.

Lewin, K. (1958): Group decision and social change. In: Maccoby, E.E./Newcomb, T.M./Hartley, E.L. (Hrsg.): Readings in social psychology, New York, S. 197–211.

Lewin, K. (1963): Feldtheorie in der Sozialwissenschaft, Bern etc.

Lieberson, S./O'Connor J.F. (1972): Leadership and organizational performance. a study of large corporations. In: American Sociological Review, Vol. 37, Nr. 2, April, S. 117–130.

Liebeskind, J.P. (1996): Knowledge, strategy, and the theory of the firm. In: Strategic Management Journal, Vol. 17, Special Issue, 93–107.

Likert, R. (1961): New patterns of management, New York.

Link, J. (1985): Organisation der strategischen Planung, Heidelberg etc.

Lins, K./Servaes, H. (1999): International evidence on the value of corporate diversification. In: Journal of Finance, Vol. 54, Nr. 6, S. 2215–2239.

Littmann, P./Jansen, S.A. (2000): Oszillodox. Virtualisierung – die permanente Neuerfindung der Organisation, Stuttgart.

Löbler, H. (1988): Diversifikation und Unternehmenserfolg, Wiesbaden.

Lombriser. R./Abplanalp, P.A. (2010): Strategisches Management, 5. Aufl., Zürich.

Luehrman, T.A. (1997): What's it worth? A general manager's guide to valuation. In: Harvard Business Review, May/Jun 97, Vol. 75 Nr. 3, S. 132–142.

Luehrman, T.A. (1998a): Investment opportunities as real options. Getting started on the numbers. In: Harvard Business Review, Vol. 76, Nr. 4, S. 51–67.

Luehrman, T.A. (1998b): Strategy as a portfolio of real options. In: Harvard Business Review, Vol. 76, Nr. 5, S. 89–99.

Luhmann, N. (1984): Soziale Systeme. Grundriss einer allgemeinen Theorie, Frankfurt am Main.

Lynch, R/Cross, K. (1995): Measure up! Yardsticks for continuous improvement, Blackwell Publishers, Malden, MA.

Macharzina, K. (1993): Unternehmensführung, Wiesbaden.

MacMillan, J. (1983): Preemptive Strategies. In: Journal of Business Strategy, Vol. 4, Nr. 2, S. 16–6.

Mahoney, J./Pandian, J.R. (1992): The resource-based view within the conversation of strategic management. In: Strategic Management Journal, Vol. 13, Nr. 5, S. 363–380.

Makadok, R. (2000): Synthesizing resource-based and dynamic-capability views, working paper, Emory University, Atlanta.

Malaska, P. (1985): Multiple scenario approach and strategic behaviour in European companies. In: Strategic Management Journal, Vol. 6, Nr. 4, S. 339–355.

Malik, F. (1987): Messbare Erfolgspotenziale. PIMS-Profit Impact of Market Strategies, GDI-Impuls, Vol. 3, S. 53–60.

Marginson, D. E. W. (2002): Management control systems and their effects on strategy formation at middle-management levels. Evidence from a UK organization. In: Strategic Management Journal, Vol. 23, Nr. 11. S. 1019–1031.

Markides, C. C./Singh, H. (1997): Corporate restructuring. A symptom of poor governance or a solution to past managerial mistakes? In: European Management Journal, Vol. 15, Nr. 3, S. 213–219.

Markides, C./Williamson, P. (1996): Corporate diversification and organizational structure. A resource-based view. In: Academy of Management Journal, Vol. 39, 1996, S. 340–367.

Markowitz, H. M. (1959): Portfolio selection. efficient diversification of investments, New York.

Martin, J. (1995): The great transition, New York etc.

Martin, J. (2002): Cross-business synergies. Recombination, modularity, and the multi-business team. Dissertation an der Stanford University, Stanford.

Mason, E. S. (1957): Economic Concentration and the Monopoly Problem. Cambridge.

Maturana, H./Varela, F. (1980): Autopoiesis and cognition. The realization of the living. Boston.

Mauri, A. J./Michaels, M. P. (1998): Firm and industry effects within strategic management. an empirical examination. In: Strategic Management Journal, Vol. 19, Nr. 3, S. 211–220.

Mauthe, K. D./Roventa, P. (1982): Versionen der Portfolio-Analyse auf dem Prüfstand. In: Kirsch, W./Roventa, P. (Hrsg.): Bausteine eines strategischen Managements. Dialoge zwischen Wissenschaft und Praxis, Berlin etc., S. 109–139.

McGahan, A. M./Porter, M. E. (1997): How much does industry matter, really?. In: Strategic Management Journal, Vol. 18, Nr. 6, Summer Special Issue, S. 15–30.

McGee, J./Thomas, H. (1986): Strategic groups. theory, research and taxonomy. In: Strategic Management Journal, Vol. 7, Nr. 2, S. 141–160.

McKelvey, B./Aldrich, H. (1983): Populations, natural selection, and applied organizational science. In: Administrative Science Quarterly, Vol. 28, Nr. 1, S. 101–128.

McKinsey & Company/Koller, T./Goedhart, M./Wessels, D. (2010): Valuation. measuring and managing the value of companies, 5. Aufl., New York etc.

Meffert, H./Burmann, C. (2014): Marketing – Grundlagen marktorientierter Unternehmensführung, 12. Aufl., Wiesbaden.

Menz M./Kunisch S./Collis D. J. (2015): The corporate headquarters in the contemporary corporation: Advancing a multimarket firm perspective. In: The Academy of Management Annals, Vol. 9, Nr. 1, S. 633–714.

Menz, M./Müller-Stewens, G. (2010): Management innovation at the corporate level, ECCH, Case study, Reference no 310–114–1.

Menz, M./Müller-Stewens, G./Zimmermann, T./Uhr, J. (2016): Revealing the chief strategist's hidden value. How can CEOs measure their CSOs‹ performance. Chief strategy officer survey 2016. Key findings. St. Gallen/Munich: University of St. Gallen/Roland Berger Strategy Consultants.

Micheli, P./Manzoni, J.-F (2010): Strategic performance measurement. Benefits, limitations and paradoxes. In: Long Range Planning, Vol. 43., Nr. 4, S. 465–476.

Milgrom, P./Roberts, J. (1982): Predation, reputation, and entry deterrence. In: Journal of Economic Theory, Vol. 27, Nr. 2, S. 280–312.

Milgrom, P./Roberts, J. (1992): Economics, organization and management, Englewood Cliffs, NJ.

Miller, A./Dess, G.G. (1993): Assessing Porter‹s 1980 model in terms of its generalizability, accuracy and simplicity. In: Journal of Management Studies, Vol. 30, Nr. 4, S. 553–585.

Miller, C. C./Burke, L. M./Glick, W. H. (1998): Cognitive diversity among upper-echelon executives. implications for strategic decision processes. In: Strategic Management Journal, Vol. 19, Nr. 1, S. 39–58.

Miller, D./Friesen, P. (1982): Structural change and performance. quantum vs. piecemeal-incremental approaches. In: Academy of Management Journal, Vol. 25, Nr. 4, S. 867–892.

Miller, D./Friesen, P. (1984): Organizations. A quantum view, Englewood Cliffs, NJ.
Mills, D. Q. (1991): Rebirth of the corporation, New York etc.
Mintzberg, H. (1979): The structuring of organizations, Englewood Cliffs, NJ.
Mintzberg, H. (1989): Mintzberg on management. inside our strange world of organizations, New York etc.
Mintzberg, H./Ahlstrand, B./Lampel, J. (1998): Strategy safari, Hertfordshire.
Mintzberg, H./Waters, J. A. (1985): Of strategies, deliberate and emergent. In: Strategic Management Journal, Vol. 6, Nr. 3, S. 257–272.
Mintzberg, H./Westley, F. (1992): Cycles of organizational change. In: Strategic Management Journal, Vol. 13, Special Issue Winter, 1992, S. 39–59.
Mitchell, R. K./Agle, B. R./Wood, D. J. (1997): Toward a theory of stakeholder identification and salience. Defining the principle of who and what really count. In: Academy of Management Review, Vol. 22, Nr. 4, S. 853–886.
Mitroff, I. I. (1983): Stakeholder of the organizational mind, San Francisco.
Montgomery, C. A./Wernerfelt, B. (1991): Sources of superior performance. market share versus industry effects in the U. S. brewing industry. In: Management Science, Vol. 37, Nr. 8, S. 954–959.
Montgomery, C.A. (1985): Product-market diversification and market power. In: Academy of Management Journal, Vol. 28, Nr. 4, S. 789–798.
Morgan, G. (2006): Images of organization, London etc.
Müller, A./Müller-Stewens, G. (2009): Strategic Foresight, Stuttgart.
Müller-Stewens, G. (1989): Vorstoß in neue Märkte. Identifikation und Eintrittsstrategien. In: Riekhof, H. C. (Hrsg.): Strategieentwicklung. Konzepte und Erfahrungen, Stuttgart, S. 313–332.
Müller-Stewens, G. (1990): Strategische Suchfeldanalyse, 2. Aufl., Wiesbaden.
Müller-Stewens, G. (1995a): Bausteine zu einem Management strategischer Allianzen. In: Thommen, J. P. (Hrsg.): Management Kompetenz, S. 339–357.
Müller-Stewens, G. (1995b): Fundamentaler Wandel hochkomplexer Organisationen. Zur Anschlussfähigkeit von Führungsinterventionen am Beispiel Daimler-Benz. In: Müller-Stewens, G./Spickers, J. (Hrsg.): Unternehmerischen Wandel erfolgreich bewältigen, Wiesbaden, S. 139–180.
Müller-Stewens, G. (1997a): Fundamental change in highly complex organizations. The connectivity of leadership interventions as illustrated by the example of Daimler-Benz AG. In: Sinatra, A. (Hrsg.): Corporate transformation, Dordrecht etc. S. 132–152.
Müller-Stewens, G. (1997b): Grundzüge einer Virtualisierung. In: Müller-Stewens, G. (Hrsg.): Virtualisierung von Organisationen, Entwicklungstendenzen im Management, Band 16, Stuttgart etc.
Müller-Stewens, G. (Hrsg.) (1997): Virtualisierung von Organisationen, Stuttgart etc.
Müller-Stewens, G./Brauer, M. (2009): Corporate strategy & governance, Stuttgart.
Müller-Stewens, G./Fontin, M. (1998): Die Messung der Management-Qualität als künftige Stufe des strategischen Performance-Measurement. In: Handlbauer, G./Matzler, K./Sauerwein, E./Stumpf, M. (Hrsg.): Perspektiven im Strategischen Management, Berlin/New York, S. 203–217.
Müller-Stewens, G./Fontin, M. (2002): Die Innovation des Geschäftsmodells – der unterschätzte vierte Weg. Arbeitspapier, Institut für Betriebswirtschaft, Universität St. Gallen.
Müller-Stewens, G./Glatzel, J. (2015): General Electric 1981–2001 (Teil A): Wellen strategischen Wandels in der Ära Jack Welch, General Electric 2001–2012 (Teil B): Jeff Immelt forciert organisches Wachstum. Case Study und Teaching Note, Universität St. Gallen, in Vorbereitung zur Publikation im Case Centre.
Müller-Stewens, G./Gocke, A. (1997): Case Study Daimler-Benz. In: Sinatra, A. (Hrsg.): Corporate Transformation, Kluwer Academic Publishers, Dordrecht etc., S. 153–-75.
Müller-Stewens, G./Hillig, A. (1992): Motive Strategischer Allianzen. die aktivsten Branchen im Vergleich. In: Bronder, C./Pritzl, R. (Hrsg.): Wegweiser für Strategische Allianzen. Meilen- und Stolpersteine bei Kooperationen, Wiesbaden, S. 65–101.
Müller-Stewens, G./Kunisch, S./Binder, A. (Hrsg.) (2016): Mergers & Acquisitions. Analysen, Trends und Best Practices, 2. Aufl., Stuttgart.

Müller-Stewens, G./Lechner, C./Stahl, H. (2001): Die Gestaltung von Stakeholder-Beziehungen als Grundlage jedes Grenzmanagements. In: Hinterhuber, H./Stahl, H. (Hrsg.): Fallen die Unternehmensgrenzen? Beiträge zur Außenorientierung der Unternehmensführung, Renningen-Malmsheim, S. 270–291.

Müller-Stewens, G./Pautzke, G. (1991): Führungskräfteentwicklung und organisationales Lernen. In: Sattelberger, T. (Hrsg.): Die lernende Organisation, Wiesbaden, S. 183–205.

Müller-Stewens, G./Radel, T. (1997): Allianzsysteme als Spieler auf dem globalen Telekommunikationsmarkt. Kampf der Giganten oder emperors without empires. Diskussionsbeiträge des Instituts für Betriebswirtschaft, 25, St. Gallen.

Müller-Stewens, G./Stonig, J. (2015a): Der Volkswagen Konzern, Teil A: 2002-Aug 2015, Der Griff nach der Weltspitze« Case Study und Teaching Note, Universität St. Gallen, in Vorbereitung zur Publikation bei The Case Centre.

Müller-Stewens, G./Stonig, J. (2015b): Der Volkswagen Konzern, Teil B: Sept-Okt 2015, Supergau im integrierten Konzern, Case Study und Teaching Note, Universität St. Gallen, in Vorbereitung zur Publikation bei The Case Centre.

Murray, A. (1988): A contingency view of Porter's generic strategies. In: Academy of Management Review, Vol. 13, Nr. 3, S. 390–400.

Nadler, D. A. (1988): Concepts for the management of organizational change. In: Tushman, M. J./Moore, W. L. (Hrsg.): Readings in management of innovation, New York, S. 718–731.

Nadler, D. A./Tushman, M. J. (1989): Organizational framebending: Principles for managing reorientation. In: Academy of Management Executive, Vol. 3, Nr. 3, S. 194–202.

Nalebuff, B./Brandenburger, A. (1996): Coopetition – kooperativ konkurrieren. mit der Spieltheorie zum Unternehmenserfolg, Frankfurt etc.

Neely, A. (2002): Business performance measurement. Theory and practice, Cambridge.

Neely, A./Adams, C./ Kennerley, M. (2002): The performance prism. The scorecard for measuring and managing business success, London.

Nelson, R. R. (1995): Recent evolutionary theorizing about economic change. In: Journal of Economic Literature, Vol. 33, Nr. 1, S. 48–90.

Nelson, R. R./Winter, G. (1982): An evolutionary theory of economic change, Cambridge.

Neumann, J. von/Morgenstern, O. (1944): Theory of games and economic behaviour, Princeton.

Nickerson, J./Silverman, B. (2009): New frontiers in strategic management of organizational change. In: Nickerson, J. und Silverman, B. (Hrsg.): Advances in strategic management, Howard House. S. 525–542.

Noda, T./Bower, J. L. (1996): Strategy making as iterated processes of resource allocation. In: Strategic Management Journal, Vol. 17, Nr. 7, S. 159–192.

Nonaka, I. (1994): A dynamic theory of organizational knowledge creation. In: Organization Science, Vol. 5, Nr. 1, S. 14–37.

Nonaka, I./Takeuchi, H. (1995): The knowledge-creating company, New York.

Norman, W./MacDonald, C. (2004): Getting to the bottom of »Triple Bottom Line«. In: Business Ethics Quarterly, 14, S. 243–262.

Nutt, P. C. (1984): Types of organizational decision processes. In: Administrative Science Quarterly, Vol. 29, S. 414–450.

Oliver, C./Holzinger, I. (2008): The effectiveness of strategic political management: A dynamic capabilities framework. In: Academy of Management Review, Vol. 33, Nr. 2, S. 496–520.

Ordelheide, D. (1993): Institutionelle Theorie und Organisation. In: Wittmann, W./Kern, W./Köhler, R./Küpper, H.-U./Wysocki, K. von (Hrsg.): Handwörterbuch der Betriebswirtschaft, Band 3, Stuttgart, Sp. 1838–1855.

Ortmann, G./Zimmer, M. (1998): Strategisches Management, Recht und Politik. In: Die Betriebswirtschaft, Vol. 58, Nr. 6, S. 747–769.

Ortmann,G./Sydow, J./Türk, K. (Hrsg.) (1997): Theorien der Organisation. Die Rückkehr der Gesellschaft, Opladen.

Österle, H. (1995): Business Engineering. Prozess- und Systementwicklung, Berlin etc.
Osterloh, M./Frost, J. (1998): Organisation. In: Berndt, R./Fantapie Altobelli, C./Schuster, P. (Hrsg.): Springers Handbuch der Betriebswirtschaftslehre 1, Heidelberg, S. 185–235.
Osterloh, M./Frost, J. (2001): Prozessmanagement als Kernkompetenz, Wiesbaden.
Osterloh, M./Wübker, S. (1999): Wettbewerbsfähiger durch Prozess- und Wissensmanagement. Mit Chancengleichheit auf Erfolgskurs, Wiesbaden.
Owen, H. (1997): Open space technology – a user's guide, 2. Aufl., San Francisco.

Paine, L. S. (1994): Managing for organizational integrity. In: Harvard Business Review, Vol. 72, Nr. 2, S. 106–117.
Paine, L. S. (1997): Leadership, ethics, and organizational integrity, Chicago.
Paine, L. S. (2003): Value shift, New York.
Palazzoli, M. S. /Anolli, L./Di Blasio, P./Giossi, L./Pisano, J./Ricci, C./Sacchi, M./Ugazio, V. (1988): Hinter den Kulissen der Organisation, Stuttgart.
Palazzoli, M. S./Boscolo, L./Cecchin, G./Prata, G. (1985): Paradox und Gegenparadox, Stuttgart.
Parikh, J./Neubauer, F./Lank, A. (1994): Intuition. The new frontier of management, Santa Cruz.
Pascale, R./Athos, A. (1982): The art of Japanese management, London.
Paul, S./Horsch, A. (2005): Evolutorische Ökonomik und Lehre von den Unternehmerfunktionen. In: Horsch, H./Meinhövel. H./Paul, S. (Hrsg.): Institutionenökonomie und Betriebswirtschaftslehre, München, S. 137–156.
Pautzke, G. (1989): Die Evolution der organisatorischen Wissensbasis, München.
Pearce, J. A./Dibble, R./Klein, K. (2009): The effects of governments on management and organization. In: The Academy of Management Annals, Vol. 3, Nr. 1, S. 503–541.
Pearce, J. A./Freeman, E. B./Robinson, R. B. (1987): The tenuous link between formal strategic planning and financial performance. In: Academy of Management Review, Vol. 12, 658–675.
Penrose, E. (1959): The theory of the growth of the firm, Oxford.
Perich, R. (1992): Unternehmungsdynamik, Bern.
Peteraf, M. (1993): The cornerstones of competitive advantage. a resource-based view. In: Strategic Management Journal, Vol. 14, Nr. 3, S. 179–191.
Peters, T./Waterman, R. (1982): In search of excellence, New York.
Pettigrew, A. M. (1985): The awakening giant. Continuity and change in ICI, Oxford etc.
Pettigrew, A. M. (1988): The management of strategic change, Oxford etc.
Pettigrew, A. M. (1998): Success and failure in corporate transformation initiatives. In: Galliers, R. D./Baets, W. R. J. (Hrsg.): Information echnology and Organizational Transformation, Chichester, S. 271–289.
Pettigrew, A. M./Whipp, R. (1991): Managing change for competitive success, Oxford etc.
Pfeffer, J. (1981): Power in organizations, Marshfield, MA.
Pfeffer, J. (1992): Managing with power. Politics and influence in organisations, Boston.
Pfeifer, W./Metze, G./Schneider, W. (1985): Technologie-Portfolio zum Management strategischer Zukunftsgeschäftsfelder, Göttingen.
Phillips, R. A./Freeman, R. E. (Hrsg.) (2010): Stakeholders, Cheltenham etc.
Picot, A. (1982): Transaktionskostenansatz in der Organisationstheorie. Stand der Diskussion und Aussagewert. In: Die Betriebswirtschaft, Vol. 42, Nr. 2, 267–284.
Picot, A. (1993a): Transaktionskostenansatz. In: Wittmann, W./Kern, W./Köhler, R./Küpper, H.-U./Wysocki, K. von (Hrsg.): Handwörterbuch der Betriebswirtschaft, Band 3, Stuttgart, Sp. 4194–4204.
Picot, A. (1993b): Marktorientierte Gestaltung der Leistungstiefe. In: Steger, U. (Hrsg.): Der Niedergang des US-Management-Paradigmas, Düsseldorf. S. 167–201.
Picot, A./Dietl, H./Franck, E. (2008): Organisation. Eine ökonomische Perspektive, 5. Aufl., Stuttgart.
Picot, A./Freudenberg, H./Gassner, W. (1999): Management von Reorganisationen, Wiesbaden.

Pieske, R. (1994): Benchmarking. das Lernen von anderen und seine Begrenzungen. In: IO Management, Nr. 6, 19–23.

Pillkahn, U. (2007): Trends und Szenarien als Werkzeuge zur Strategieentwicklung. Wie Sie die unternehmerische und gesellschaftliche Zukunft planen und gestalten, Erlangen.

Pisano, G. (1994): Knowledge, Integration, and the Locus of Learning. An Empirical Analysis of Process Development. In: Strategic Management Journal, Vol. 15, Winter, Special Issue, S. 85–100.

Polanyi, M. (1966): The tacit dimension, London.

Popper, K. R. (1973): Objektive Erkenntnis. Ein evolutionärer Entwurf, Hamburg.

Porter, M. E. (1980): Competitive strategy. Techniques for analyzing industries and competitors, New York.

Porter, M. E. (1981): The contributions of industrial organization to strategic management. In: Academy of Management Review, Vol. 6, Nr. 4, S. 609–620.

Porter, M. E. (1985): Competitive advantage. Creating and sustaining superior performance, New York.

Porter, M. E. (1987): Diversifikation – Konzerne ohne Konzept. In: Harvard Business Manager, Nr. 4, S. 30–49.

Porter, M. E. (1996): What is strategy? In: Harvard Business Review, Vol. 74, Nr. 6, S. 61–78.

Porter, M. E. (1997): Nur Strategie sichert auf Dauer hohe Erträge. In: Harvard Business Manager, Nr. 3, 42–58.

Powell, T. (1992): Organizational alignment as competitive advantage. In: Strategic Management Journal, Vol. 13, S. 119–134.

PricewaterhouseCoopers (1998): Shareholder value and corporate governance, Frankfurt a. M.

Probst, G. J. B. (1992): Organisation, Landsberg a. Lech

Probst, G. J. B./Büchel, B. S. T. (1994): Organisationales Lernen, Wiesbaden.

Pümpin, C. (1980): Strategische Führung in der Unternehmenspraxis, Bern.

Pümpin, C. (1986): Management strategischer Erfolgspositionen, Bern etc.

Pun, K. F./White, A. S. (2005): A performance measurement paradigm for integrating strategy formulation. A review of systems and frameworks. In: International Journal of Management Reviews, 71. S. 49–71.

Quinn, J. B. (1980): Strategies for change. Logical incrementalism, Homewood, IL.

Rajagopalan, N./Spreitzer, G. (1997): Toward a theory of strategic change. A Multilens perspective and integrative framework. In: Academy of Management Review, Vol. 22, S. 48–79.

Rappaport, A. (1997): Creating Shareholder Value, New York.

Rappaport, A. (1981): Selecting strategies that create shareholder value. In: Harvard Business Review, Vol. 59, Nr. 3, S. 139–149.

Rappaport, A. (1986): Creating shareholder value. The new standard for business performance, New York.

Reed, R./DeFillippi, R. J. (1990): Causal ambiguity, barriers to imitation and sustainable competitive advantage. In: Academy of Management Review, Vol. 15, Nr. 1, 88–102.

Reibnitz, U. von (1992): Szenarien-Technik, 2. Aufl., Hamburg.

Reichheld, F. F. (2003): The one number you need to grow. In: Harvard Business Review Vol. 81, Nr. 12. S. 46–54

Reidenbach, R. E./Robin, D. P. (1989): Business ethics. Where profits meet value systems, Upper Saddle River, NJ.

Reintjes, F. (1995): Strategische Koordination von Beschaffung und Absatz, Frankfurt a. M.

Reissner, S. (1992): Synergiemanagement und Akquisitionserfolg, Wiesbaden.

Rigby, D. K. (1994): Managing the management tools. In: Planning Review, Vol. 22, Nr. 5, S. 20–24.

Rigby, D. K./Bilodeau, B. (2013): Management tools and trends 2013, Bain & Company.

Roberts, E. B./Berry, C. A. (1985): Entering new business. selecting strategies for success. In: Sloan Management Review, Vol. 26, Nr. 3, S. 3–17.

Robins, J./Wiersema, M. F. (1995): A resource-based approach to the multi-business firm. Empirical analysis of portfolio interrelationships and corporate financial performance. In: Strategic Management Journal, Vol. 16, Nr. 4, S. 277–299.

Roos, J./Roos, G./Dragonetti, N. C./Edvinsson, L. (1997): Intellectual capital. Navigating the new business landscape, London.

Roos, J./Victor, B. (1998a): Imagination in strategic management. In search for the original. In: IMD Working Paper Series, 98-1.

Roos, J./Victor, B. (1998b): In search of original strategies. how about some serious play? In: Perspectives for Managers, Vol. 56, Nr. 15.

Rosenstiel, L. von/Regnet, E./Domsch, M. (Hrsg.) (1999): Führung von Mitarbeitern. Handbuch für ein erfolgreiches Personalmanagement, 4. Aufl., Stuttgart.

Roth, K./O'Donnell, S. (1996): Foreign subsidiary compensation. An agency theory perspective. In: Academy of Management Journal, Vol. 39, Nr. 3, S. 678–703.

Rother, G. (1996): Personalentwicklung und Strategisches Management. Eine systemtheoretische Analyse, Wiesbaden.

Rothwell, W./Sullivan, R./McLean, G. (1995): Practicing organization development, San Diego etc.

Rubin, P. H. (1990): Managing business transactions, New York.

Rüegg-Stürm, J. (2000): Jenseits der Machbarkeit – Idealtypische Herausforderungen tiefgreifender unternehmerischer Wandelprozesse aus einer systemisch-relational-konstruktivistischen Perspektive. In: Schreyögg, G./Conrad, P. (Hrsg.): Organisatorischer Wandel und Transformation, Wiesbaden, S. 195–237.

Rüegg-Stürm, J. (2002): Dynamisierung von Führung und Organisation. Eine Einzelfallstudie zur Unternehmensentwicklung von Ciba-Geigy 1987–1996, Bern etc.

Rüegg-Stürm, J./Sander, S. (2009): Controlling für Manager. Grundlagen, Methoden, Anwendungen. 8. Aufl., Zürich.

Ruekert, R. W./Walker, O. C. (1987): Interactions between marketing and R & D departments in implementing different business strategies. In: Strategic Management Journal, Vol. 8, Nr. 3, 233–248.

Rühli, E. (1994): Die Resource-based View of Strategy. In: Müller-Stewens, G./Gomez, P./Hahn, D./Wunderer, R. (Hrsg.): Unternehmerischer Wandel, Wiesbaden, S. 31–58.

Ruigrok, W./Pettigrew, A./Peck, S./Whittington, R. (1999): Corporate restructuring and new forms of organizing. Evidence from Europe. In: Management International Review, Vol. 39, Nr. 2, S. 4–64.

Rumelt, R. P. (1974): Strategy, structure, and economic performance, Cambridge.

Rumelt, R. P. (1991): How much does industry matter?. In: Strategic Management Journal, Vol. 12, Nr. 3, S. 167–185.

Ruyter, K. de/Wetzels, M. (2000): Determinants of a relational exchange orientation in the marketing-manufacturing interface. An empirical investigation. In: Journal of Management Studies, Vol. 37, Nr. 2, 257–276.

Sachs, S./Rühli, E. (2011): Stakeholders matter: A new paradigm for strategy in society, Cambridge.

Saloner, G. (1991): Modelling, game theory and strategic management. In: Strategic Management Journal, Special Issue, Vol. 12, Nr. 8, S. 119–136.

Sanchez, R./Heene, A./Thomas, H. (Hrsg.) (1996): Dynamics in competence-based competition, London.

Sattelberger, T. (1999): Wissenskapitalisten oder Söldner? Personalarbeit in Unternehmensnetzwerken des 21. Jahrhunderts, Wiesbaden.

Schaltegger, S. (1999): Bildung und Durchsetzung von Interessen zwischen Stakeholdern der Unternehmung. In: Die Unternehmung, Vol. 53, Nr. 1, S. 3–20.

Schein, E. H. (1984): Coming to a new awareness of organizational culture. In: Sloan Management Review, Vol. 25, Nr. 2, S. 3–16.

Scherer, F. M. (1980): Industrial market structure and economic performance, Chicago.

Schimmer, M./Müller-Stewens, G./Sponland, P. (2011): The Battle Between Apple, Microsoft and Google: Strategic Lessons from a Converging Internet Industry 2000–2010, Case Study und Teaching Note, University St. Gallen, publiziert bei The Case Centre.

Schmalensee, R. (1985): Do markets differ much? In: American Economic Review, Vol. 75, Nr. 3, S. 341–351.

Schmeisser, W./Höhne, D. (2015): Von der »Traditionellen Finanzierungslehre« zum »Wertorientierten Finanzmanagement«. In: Schmeisser, W./Eckstein, P./Hafner, R./Hannemann, G./Stengel, J. (Hrsg.): Wertorientiertes Finanzmanagement, Konstanz und München, S. 15–26.

Schoeffler, S. (1984): Nine basic findings on business strategy. In: The PIMSletter on Business Strategy, 1, Cambridge, S. 3–5.

Scholz, C. (1987): Strategisches Management – ein integrativer Ansatz, Berlin etc.

Scholz, C. (1997): Strategische Organisation – Prinzipien zur Vitalisierung und Virtualisierung, Landsberg.

Scholz, C. (2000): Personalmanagement, München.

Schreyögg, G. (1993): Unternehmensstrategie, Berlin/New York.

Schreyögg, G. (1999): Organisation, 3. Aufl., Wiesbaden.

Schreyögg, G. (1999): Strategisches Management – Entwicklungstendenzen und Zukunftsperspektiven. In: Die Unternehmung, Vol. 53, Nr. 6, S. 387–407.

Schuchardt, L./Hoffjan, A./Finger, H. (2015): Strategisches Regulierungsmanagement in der anreizregulierten Netzwirtschaft. In: Zeitschrift für betriebswirtschaftliche Forschung, Vol. 67, Nr. 2, S. 70–101.

Schuh, G./Friedli, T. (1999): Die virtuelle Fabrik. Konzepte, Erfahrungen, Grenzen, Produktionswirtschaft 2000.

Schüle, F. M. (1992): Diversifikation und Unternehmenserfolg. Eine Analyse empirischer Forschungsergebnisse. Dissertation Universität München, Wiesbaden.

Schwalbach, J. (1985): Diversifizierung von Unternehmen und Betrieben im verarbeitenden Gewerbe. In: Zeitschrift für betriebswirtschaftliche Forschung, Vol. 37, S. 567–578.

Schwaninger, M. (1994): Managementsysteme, Frankfurt a. M. etc.

Schwartz, P. (1991): The art of long view. Planning for the future in an uncertain world, New York.

Seghezzi ,H. D./Fahrni, F./Herrmann F. (2007):. Integriertes Qualitätsmanagement. Der St. Galler Ansatz, Carl Hanser , München.

Senge, P. M. (1990): The fifth discipline, New York etc.

Shaw, J./Gupta, N./Delery, J. (2001): Congruence between technology and compensation systems. Implications for strategy implementation. In: Strategic Management Journal, Vol. 22, S. 379–386.

Shleifer, A./Summers, L. (1988): Breach of trust in hostile takeovers. In: Auerbach, A. (Hrsg.): Corporate takeovers. Causes and consequences, Chicago, S. 33–56.

Shoemaker, P. J. (1992): How to link strategic vision to core capabilities. In: Sloan Management Review, Vol. 34, Nr. 1, S. 67–81.

Shoemaker, P. J. (1993): Multiple scenario development. its conceptual and behavioral foundation. In: Strategic Management Journal, Vol. 14, Nr. 3, S. 193–213.

Shoemaker, P. J. (1995): Scenario planning. A tool for strategic thinking. In: Sloan Management Review, Vol. 36, Nr. 2, S. 25–40.

Shrader, C./Taylor, L./Dalton, D. (1984): Strategic planning and organizational performance. a critical appraisal. In: Journal of Management, Vol. 10, Nr. 2, S. 149–171.

Siegert, T. (2000): Entwicklungstendenzen der wertorientierten Geschäftsfeld-Steuerung. In: Hinterhuber, H./Friedrich, S./Matzler, K. (Hrsg.): Die Zukunft der diversifizierten Unternehmung, München, S. 248–275.

Sievers, B. (Hrsg.) (1977): Organisationsentwicklung als Problem, Stuttgart.

Siggelkow, N. (2002): Evolution toward fit. In: Administrative Science Quarterly, Vol. 47, Nr. 1, 125–159.

Simon, H. A. (1964): On the concept of organizational goal. In: Administrative Science Quarterly, Vol. 9, Nr. 1, S. 1–22.

Simon, H.A. (1978): Die Architektur der Komplexität. In: Türk, K. (Hrsg.): Handlungssysteme, Opladen, S. 94–112.
Simon, V. (2000): Management, Unternehmenskultur und Problemverhalten, Wiesbaden.
Simons, R. (1994): How new top managers use control-systems as levers of strategic renewal. In: Strategic Management Journal, Vol. 15, Nr. 3. S. 169–189.
Simons, R. (1995a): Levers of Control. How managers use innovative control systems to drive strategic renewal, Boston.
Simons, R. (1995b): Control in an age of empowerment. In: Harvard Business Review, Vol. 73, Nr. 2. S. 80–88.
Sitkin, S.B./Cardinal, L.B./Bijlsema-Frankema, K. (2010): Control in organizations: New directions in theory and research, Cambridge.
Slywotzky, A.J. (1996): Value migration, Boston.
Sommerlatte, T./Deschamps, J.P. (1986): Der strategische Einsatz von Technologien. In: A.D. Little International (Hrsg.): Management im Zeitalter der strategischen Führung, Wiesbaden, 39–76.
Speckbacher, G. (1997): Shareholder Value und Stakeholder Ansatz. In: Die Betriebswirtschaft, Vol. 57, Nr. 5, S. 630–639.
Spender, J.-C. (1996): Making knowledge the basis of a dynamic theory of the firm. In: Strategic Management Journal, Special Issue, Vol. 17, Nr. 10, 45–62.
Spindler, H.-J. (1988): Risiko- und Renditeeffekte der Diversifikation in Konjunkturkrisen. In: Zeitschrift für Betriebswirtschaft, Vol. 58, S. 858–875.
Staehle, W.H. (1999): Management. Eine verhaltenswissenschaftliche Perspektive, 8. Aufl., München.
Stahl, H.K. (1998): Zum Aufbau und Erhalt von Reputationskapital in Stakeholder-Beziehungen. In: Handlbauer, G./Matzler, K./Sauerwein, E./Stumpf, M. (Hrsg.): Perspektiven im Strategischen Management, Berlin/New York, S. 351–368.
Steinle, C. (1985): Organisation und Wandel, Berlin etc.
Steinmann, H./Löhr, A. (1992): Grundlagen der Unternehmensethik, Stuttgart.
Steinmann, H./Schreyögg, G. (2005): Management. Grundlagen der Unternehmensführung, 6. Aufl., Wiesbaden.
Stern, J. (1994): EVA Roundtable. In: Journal of Applied Corporate Finance, Vol. 7, Nr. 2 (Summer), S. 46–70.
Stuart, T.E./Podolny, J.M. (1996): Local search and the evolution of technological capabilities. In: Strategic Management Journal, Vol. 17, Nr. 7, S. 21–38.
Stüdlein, Y. (1997): Kulturelle Perspektive internationaler strategischer Allianzen – Phasenkonzept zum Management von Kulturunterschieden, Wiesbaden.
Sull, D.N. (1999): Why good companies go bad. In: Harvard Business Review, Vol. 77, Nr. 4, S. 42–52.
Süssmuth-Dyckerhoff, C. (1995): Intrapreneuring. Ein Ansatz zur Vitalisierung reifer Gross-Unternehmen, Bern etc.
Sydow, J. (1992): Strategische Netzwerke. Evolution und Organisation, Wiesbaden.
Szeless, G./Müller-Stewens, G./Wiersema, M. (2002): Diversifikation, Verbundenheit und Unternehmenserfolg deutscher, schweizerischer und österreichischer Unternehmen. In: Betriebswirtschaftliche Forschung und Praxis, Vol. 54, Nr. 5, S. 524–543.
Szulanski, G./Amin, K. (2001): Learning to make strategy. Balancing discipline and imagination. In: Long Range Planning, Vol. 34, Nr. 5, S. 537–556.

Tapscott, D. (1996): Die digitale Revolution, Wiesbaden.
Teece, D.J. (1986.):Firm boundaries, technological innovation, and strategic management. In: Thomas, L. (Hrsg.): The economics of strategic planning, Lexington etc., S. 187–199.
Teece, D.J./Pisano, G./Shuen, A. (1997): Dynamic capabilities and strategic management. In: Strategic Management Journal, Vol. 18, Nr. 7, S. 509–533.
Theisen, M. (2000): Der Konzern, Stuttgart.
Thom, N. (1992): Organisationsentwicklung. In: Frese, E. (Hrsg.): Handwörterbuch der Organisation, Stuttgart, Sp. 1477–1491.
Thommen, J.P. (1993): Betriebswirtschaftslehre – Band 2, 3. Aufl., Winterthur.

Thompson, A. T. (2001): Strategic Management. 4. Aufl., Australia etc.
Thompson, A. T./Strickland, A. J. (1992): Strategy formulation and implementation, 5. Aufl., Homewood etc.
Tichy, N. M. (1974): Agents of planned social change. congruence of values, cognitions and actions. In: Administrative Science Quarterly, Vol. 19, Nr. 2, S. 164–182.
Tichy, N. M. (1983): Managing strategic change. Technical, political, and cultural dynamics, New York.
Tichy, N. M./Devanna, M. A. (1986): The transformational leader, New York.
Tiemann, K. (1997): Investor Relations, Wiesbaden.
Tomczak, T./Reinecke, (1999): Der aufgabenorientierte Ansatz als Basis eines marktorientierten Wertmanagement. In: Grünig, R./Pasquier, M. (Hrsg.): Strategisches Management und Marketing. Festschrift für Richard Kühn, Bern etc., 293–327.
Tomczak, T./Kuss, A./ /Reinecke, S. (2014): Marketingplanung, 7. Aufl., Wiesbaden.
Töpfer, A. (1998): Die Restrukturierung des Daimler-Benz Konzerns 1995–1997, Neuwied.
Trigeorgis, L. (1996): Real options, managerial flexibility and strategy in resource allocation, Cambridge.
Tschan, F./Semmer N. K. (2001): Wenn alle dasselbe denken: Geteilte mentale Modelle und Leistung in der Teamarbeit. In: Fisch, H./Beck, D./Englich, B. (Hrsg.): Projektgruppen in Organisationen. Praktische Erfahrungen und Erträge der Forschung, Göttingen, S. 217–235.
Tushman, M. J./Newman, W. H./Romanelli, E. (1986): Convergence and upheaval. Managing the unsteady pace of organizational evolution. In: California Management Review 1986, Vol. 29, Nr. 1, S. 29–44.
Tushman, M. J./Romanelli, E. (1985): Organizational evolution. A metamorphosis model of convergence and reorientation. In: Cummings, L. L./Staw, B. M. (Hrsg.): Research in organizational behavior, Vol. 7, S. 171–222. Greenwich, CT.

Ulrich, H. (1970): Die Unternehmung als produktives soziales System, 2. Aufl., Bern etc.
Ulrich, P. (2002): Der entzauberte Markt. Eine wirtschaftsethische Orientierung, Freiburg i. Br. etc.
Ulrich, P. (2007): Integrative Wirtschaftsethik. Grundlagen einer lebensdienlichen Ökonomie, 4. Aufl., Bern etc.
Ulrich, P. (2008): Integrity on board? Integritätskultur als Essenz von Corporate Governance. In: Wunderer, R. (Hrsg.): Corporate Governance – zur personalen und sozialen Dimension. 44 Statements aus Wissenschaft und Praxis, München. S. 38–42.
Unzeitig, E./Köthner, D. (1995): Shareholder Value Analyse, Stuttgart.

Van de Ven, A. H./Astley, G. W. (1981): Mapping the field to create a dynamic perspective on organization design and behavior. In: Van de Ven, A. H./Joyce, W. F. (Hrsg.): Perspectives on organizational designs and behavior, New York, S. 427–468.
Van de Ven A. H./Poole, M. S. (1988): Paradoxical requirements for a theory of organizational change. In: Quinn, R. E./Cameron, K. S. (Hrsg.): Paradox and transformation, Cambridge, S. 19–63.
Van de Ven, A. H./Poole, M. S. (1995): Explaining development and change in organizations. In: Academy of Management Review, Vol. 20, Nr. 3, S. 510–540.
Velten, T. v. d./Ansoff, H. I. (1998): Managing Business Portfolios in German Companies. In: Long Range Planning, Vol. 31 (6), S. 879–885.
Venzin, M./Krogh, G. von/Roos, J. (1998): Future research in knowledge management. In: Krogh, G. von/Roos, J./Kleine, D. (Hrsg.): Knowing in Firms, London etc. S. 26–66.
Vester, F. (1999): Die Kunst vernetzt zu denken. Ideen und Werkzeuge für einen neuen Umgang mit Komplexität, Frankfurt a. M.

Wack, P. (1986): Szenarien. Unbekannte Gewässer voraus. In: Harvard Business Manager, Nr. 2, S. 60–77.
Waddock, S. A. (2002): Leading corporate citizens. Vision, values, value added. Boston.

Waterman, R. (1994): The frontiers of excellence. Learning from companies that put people first, London.
Watson, G. (1975): Widerstand gegen Veränderungen. In: Bennis, W. G./Benne, K. D./Chin, R. (Hrsg.): Änderung des Sozialverhaltens, Stuttgart, S. 415–429.
Weber, B. (1996): Die fluide Organisation, Bern etc.
Weick, K.E. (1977): Organization design. organizations as self-designing systems. In: Organizational Dynamics, 2, S. 31–46.
Weisbord, M.R./Janoff, S. (1995): Future search – an action guide to finding common ground in organizations and communities, San Francisco.
Welge, M. K./Al-Laham, A. (1992): Strategisches Management, Organisation. In: Frese, E (Hrsg.): Handwörterbuch der Organisation, 3. Aufl., Stuttgart, Sp. 2355–2374.
Welge, M./Al-Laham, A. (2012): Strategisches Management. Grundlagen, Prozess, Implementierung, 6. Aufl., Wiesbaden.
Wernerfelt, B. (1984): A resource based view of the firm. In: Strategic Management Journal, Vol. 5, Nr. 2, S. 171–180.
Wheelen, T./Hunger, D. (2008): Strategic management and business policy, 11. Aufl., Reading.
Wiegand, M. (1996): Prozesse organisationalen Lernens, Wiesbaden.
Wilkinson, A./Kupers, R. (2013): Die Zukunft im Blick. In: Harvard Business Manager, Juli, S. 68–82.
Williamson, O.E. (1975): Markets and hierarchies. analysis and antitrust implications, New York.
Williamson, O.E. (1985): The economic institutions of capitalism, New York.
Williamson, O.E. (1999): Strategy research. governance and competence perspectives. In: Strategic Management Journal, Vol. 20, Nr. 12, S. 1087–1108.
Willke, H. (1993): Systemtheorie I. eine Einführung in die Grundprobleme der Theorie sozialer Systeme, 4. Aufl., Stuttgart.
Wirtz, B.W. (2000): Electronic Business, Wiesbaden.
Wittgenstein, L. (1984): Tractatus logico-philosophicus, Werkausgabe, Band 1, Frankfurt a.M.
Wolf, J. (1997): Selbstorganisationstheorie – Denkstruktur und Erklärungswert bei betriebswirtschaftlichen Fragestellungen. In: Zeitschrift für Wirtschafts- und Sozialwissenschaften, Vol. 117, Nr. 4, S. 623–662.
Wolf, J. (2000): Der Gestaltansatz in der Management- und Organisationslehre, Wiesbaden.
Wright, P./Pringle, C.D./Kroll, M.J. (1994): Strategic management. Text and cases, 2. Aufl., Boston.
Wunderer, R. (1994): Der Beitrag der Mitarbeiterführung für unternehmerischen Wandel. In: Gomez, P./Hahn, D./Müller-Stewens, G./Wunderer, R. (Hrsg.): Unternehmerischer Wandel. Konzepte zur organisatorischen Erneuerung, Wiesbaden, S. 229–271.
Wunderer, R. (2001): Führung und Zusammenarbeit, 4. Aufl., Neuwied etc.
Wunderer, R./Bruch, H. (2000): Umsetzungskompetenz. Diagnose und Förderung in Theorie und Unternehmenspraxis, München.
Wunderer, R./von Arx, (1998): Personalmanagement als Wertschöpfungs-Center. Integriertes Organisations- und Personalentwicklungskonzept, Wiesbaden.
Wunderer, R./Jaritz, A. (1999): Personalcontrolling – Evaluation der Wertschöpfung im unternehmerischen Personalmanagement, Neuwied etc.
Wüthrich, H.A./Philipp, A.F./Frentz, M.H. (1997): Vorsprung durch Virtualisierung. Lernen von virtuellen Pionierunternehmen, Wiesbaden.

Zadek, S./Pruzan, P./Evans, R. (Hrsg.): (1997): Building corporate accountability. Emerging practices in social and ethical accounting, auditing and reporting, London.
Zahn, E./Schmid, U. (1996): Produktionswirtschaft. Grundlagen und operatives Produktionsmanagement, Stuttgart.
Zajac, E./Kraatz, M./Bresser, R. (1995): Toward a normative theory of organizational change and performance. A dynamic, multivariate, contingency approach. In: Diskussi-

onsbeiträge des Instituts für Management, Neue Folge, Nr. 2, Freie Universität Berlin, Berlin.

Zajac, E./Kraatz, M./Bresser, R. (2000): Modeling the dynamics of strategic fit. A normative approach to strategic change. In: Strategic Management Journal, Vol. 21, Nr. 4, S. 429–543.

Zollo, M./Winter, S.G. (2000): From organizational routines to dynamic capabilities. Working Paper, unveröffentlicht.

Abbildungsverzeichnis

Abb. 1-1	Das Unternehmen-Umwelt-Verhältnis	23
Abb. 1-2	Der Strategic Management Navigator (SMN)	24
Abb. 1-3	Die zentralen Fragestellungen des SMN	29
Abb. 1-4	Wichtige Gestaltungsebenen eines Strategischen Managements	35
Abb. 1-5	Pfade durch den SMN	36
Abb. 2-1	Initiierung im SMN	43
Abb. 2-2	Überblick über das Kapitel »Initiierung«	46
Abb. 2-3	Strategiebildung nach Learned/Christensen/Andrews/Guth (1965)	48
Abb. 2-4	Strategiebildung nach Bower (1970)	50
Abb. 2-5	Strategiebildung nach Burgelman (1983)	52
Abb. 2-6	Strategiebildung nach Mintzberg/Waters (1985)	53
Abb. 2-7	Strategiebildung nach Kirsch (1997)	56
Abb. 2-8	Denkschulen der Strategiebildung (Mintzberg/Ahlstrand/Lampel 1998)	57
Abb. 2-9	Wichtige Dimensionen von Strategieprozessen	60
Abb. 2-10	Modelle der Einflussrichtung nach Glas/de la Houssaye (1975)	63
Abb. 2-11	Interaktionsverhalten zwischen Konzernzentrale und Geschäftseinheiten (in Anlehnung an Goold/Campbell/Alexander 1994)	64
Abb. 2-12	Großgruppenkonzepte im Vergleich	68
Abb. 2-13	Strategischer Planungsprozess der ALLIANZ Gruppe	73
Abb. 2-14	Strategische Initiativen bei THYSSENKRUPP (Berlien/Kirsten/Oelert/Schutt 2006)	76
Abb. 2–15	Nutzung und Zufriedenheit mit Management Tools 2013 (Rigby/Bilodeau 2013)	77
Abb. 2-16	Bearbeitungsschema eines Beratungsfalls	81
Abb. 2-17	Strategische Planung bei der CLARIANT GRUPPE	89
Abb. 2-18	Der Idealtyp der »Gelenkten Evolution«	90
Abb. 2-19	Modelle der Corporate Governance im Vergleich (Bleicher/Leberl/Paul 1989)	110
Abb. 3-1	Positionierung im SMN	121
Abb. 3-2	Wissenslandkarte zum Kapitel »Positionierung«	124
Abb. 3-3	Arbeitsschritte der Positionierung	126
Abb. 3-4	Entwicklung von Struktur und Verhalten im Lebenszyklus einer Branche	129
Abb. 3-5	Zuordnung von Transaktionen zu Koordinationsformen (Ordelheide 1993, Sp. 1843)	134
Abb. 3-6	Theoretische Ansätze im Vergleich	138
Abb. 3-7	Von Produkt-Markt-Kombinationen zu strategischen Geschäftsfeldern	143
Abb. 3-8	Geschäftsfeldsegmentierung im IT-Dienstleistungsmarkt Schweiz	144
Abb. 3-9	Bezugsrahmen zur Abgrenzung von Geschäftsfeldern in der Röntgendiagnostik	145
Abb. 3-10	Checkliste für die Ermittlung der Anspruchsgruppen	157
Abb. 3-11	Relevanzmatrix der Stakeholder	158
Abb. 3-12	Erwartungen ausgewählter Anspruchsgruppen	160
Abb. 3-13	Positionierung und Bearbeitung von Großkunden eines staatlichen Postbetriebes	161
Abb. 3-14	Kultivierung von Vertrauen (Quelle: Müller-Stewens/Lechner/Stahl 2001)	162
Abb. 3-15	Analyse der allgemeinen Umwelt und der Aufgabenumwelt	165
Abb. 3-16	Kriterien für die Kunden- und Marktsegmentierung	167
Abb. 3-17	Sinus Milieus	168
Abb. 3-18	Die fünf Wettbewerbskräfte im Schweizer Lebensmitteleinzelhandel 2010	173

Abb. 3-19	Strategische Gruppen in der Automobilindustrie.	176
Abb. 3-20	Die Analyse eines einzelnen Konkurrenten	177
Abb. 3-21	Der »Value-Net«-Bezugsrahmen (Nalebuff/Brandenburger 1996)	177
Abb. 3-22	Raster zur Analyse der langfristigen Dynamik der Branchenstruktur (Collis/Ghemawat 2001, S. 188)	180
Abb. 3-23	Kriterien zur Analyse von Lieferanten (Thommen 1993, Band 2, S. 39)	182
Abb. 3-24	Basisaktivitäten einer strategischen Frühaufklärung	190
Abb. 3-25	Modell der Szenariotechnik (in Anlehnung an Reibnitz 1992)	193
Abb. 3-26	Phasen der Szenarioanalyse (in Anlehnung an Reibnitz 1992)	194
Abb. 3-27	Die Ressourcenpyramide eines Unternehmens.	196
Abb. 3-28	Ressourcentypologie nach Hall (1992, S. 14)	197
Abb. 3-29	Skill-Cluster-Indizes (Klein/Hickocks 1994, S. 207)	198
Abb. 3-30	Konzept der Wertkette (Porter 1985).	199
Abb. 3-31	Stärken und Schwächen der Strategischen Geschäftseinheit Personenfahrzeuge von GENERAL MOTORS Venezuela relativ zur FORD MOTOR COMPANY (Ausprägung »Mitte«) 1982 (Profillinie) und 1987 (Pfeilspitzen) (Quelle: Hax/Majluf 1991, S. 342 f.)	201
Abb. 3-32	Das 7-S-Modell (mit Beispiel einer SGE eines Konzerns)	201
Abb. 3-33	Kernkompetenzen bei CANON (Hamel/Prahalad 1990).	203
Abb. 3-34	Strategische Geschäftseinheiten (SGE) und Kernkompetenzen (Hamel/Prahalad 1990)	204
Abb. 3-35	Eskalationstreppe zur Prüfung von Fähigkeiten (WSIT-Analyse)	207
Abb. 3-36	SWOT-Analyse	208
Abb. 3-37	SWOT-Analyse eines europäischen Satellitenbauunternehmens	209
Abb. 3-38	Fähigkeiten-Szenarien-Matrix nach Amit/Shoemaker (1993, S. 77)	210
Abb. 3-39	Spieltheoretische Ansätze (nach Nalebuff/Brandenburger 1996)	214
Abb. 3-40	Geschäftslogik eines Verlagsunternehmens	215
Abb. 3-41	Mission Statements	225
Abb. 3-42	Stufenweises Gegenstromverfahren bei der Entwicklung einer Mission	229
Abb. 3-43	Idealtypische Darstellung des Produktlebenszyklus.	249
Abb. 3-44	Produkt-Markt-Matrix	252
Abb. 3-45	Die Erfahrungskurve.	257
Abb. 3-46	Hybride Wettbewerbsstrategien (in Anlehnung an Gilbert/Strebel 1987)	261
Abb. 3-47	Branchenweite und segmentspezifische Strategie	262
Abb. 3-48	Zusammenhang zwischen Marktanteil und Rentabilität nach Porter (1985)	262
Abb. 3-49	Generische Strategietypen nach Porter (1985).	262
Abb. 3-50	Heuristik zur Auswahl einer offensiven Taktik	264
Abb. 3-51	Spielregeln im traditionellen und Online-Buchgeschäft.	267
Abb. 3-52	Optionenrahmen der Positionierungsarbeit auf der Ebene eines strategischen Geschäftsfeldes	268
Abb. 3-53	Steuerungsformen internationaler Unternehmen (Bartlett/Goshal 1998)	275
Abb. 3-54	Fokussierung vs. Diversifikation.	276
Abb. 3-55	Synergiepotenziale nach Reissner (1992)	279
Abb. 3-56	Optionenrahmen der Positionierungsarbeit auf der Ebene des Gesamtunternehmens	280
Abb. 3-57	Die Marktanteil-Marktwachstum-Matrix (in Anlehnung an Hedley 1977)	282
Abb. 3-58	Bereichsportfolio der MERKUR AG (Quelle: BANK JULIUS BÄR, 8/1993).	283
Abb. 3-59	Wettbewerbsposition-Marktattraktivität-Matrix (in Anlehnung an Hinterhuber 1992, Hax/Majluf 1991)	284
Abb. 3-60	Theoretische Grundlagen der Marktanteil-Marktwachstum-Matrix	287
Abb. 3-61	Bezugsrahmen zur Restrukturierung von Unternehmensportfolien (Quelle: McKinsey & Company et al. 2010, S. 26)	288

Abbildungsverzeichnis

Abb. 3-62	Die Wahl der Diversifikationsform (in Anlehnung an Roberts/Berry 1985)	304
Abb. 3-63	Strategische Prinzipien	314
Abb. 3-64	Die wichtigsten Erfolgsfaktoren des PIMS-Projektes	316
Abb. 4-1	Wertschöpfung im SMN	339
Abb. 4-2	Wissenslandkarte zum Kapitel »Wertschöpfung«	341
Abb. 4-3	Der RBV, CBV und KBV im Vergleich	349
Abb. 4-4	Branchenwertschöpfung	351
Abb. 4-5	Wertschöpfungsarten (Wunderer/Jaritz 1999, S. 8)	352
Abb. 4-6	Wertschöpfung gegenüber exemplarischen Anspruchsgruppen	355
Abb. 4-7	Das Konzept der Wertkette (in Anlehnung an Porter 1985)	357
Abb. 4-8	Wertkette der Versicherungsindustrie	358
Abb. 4-9	Kostenanalyse eines Automobilherstellers (in Anlehnung an Grant 2002, S. 270)	361
Abb. 4-10	Unterschiedliche Wertschöpfungstiefen in der Textilindustrie	362
Abb. 4-11	Benchmarking (Pieske 1994, S. 20)	363
Abb. 4-12	Kosten-Benchmarking in der Versicherungsindustrie (McKinsey 2009)	365
Abb. 4-13	Wertkettenarchitekturen (nach Heuskel, 1999)	366
Abb. 4-14	Optionen zur Veränderung von Wertketten (Müller-Stewens/Fontin 2002)	368
Abb. 4-15	Wertschöpfungsmodell von KVADRAT	371
Abb. 4-16	Das Aktivitätensystem von IKEA (Porter 1997, S. 49)	378
Abb. 4-17	Einfacher vs. komplexer Aufbau	379
Abb. 4-18	Wertschöpfungstiefe: Autarkie vs. Verbund	383
Abb. 4-19	Auslöser: Push vs. Pull	384
Abb. 4-20	Isoliert vs. vernetzt	385
Abb. 4-21	Formen der Wissensübertragung (Nonaka/Takeuchi 1995, S. 71)	390
Abb. 4-22	Gewinnformel	396
Abb. 4-23	Konkurrierende Wertkurven im PKW-Geschäft (Hettich/Müller-Stewens 2014)	404
Abb. 4-24	Das Innovator's Dilemma (Christensen 1997)	407
Abb. 4-25	Beziehungen zwischen Wettbewerbsstrategien und Funktionalstrategien (in Anlehnung an Wright/Pringle/Kroll 1994, S. 172 f.)	415
Abb. 5-1	Veränderung im SMN	427
Abb. 5-2	Wissenslandkarte zum Kapitel »Veränderung«	431
Abb. 5-3	Das Kugelmodell	444
Abb. 5-4	Theoretische Sichtweisen strategischen Wandels	446
Abb. 5-5	Fundamentaler Wandel als Übergang zwischen zwei Epochen	452
Abb. 5-6	Strukturwandel in der Computerindustrie (Quelle: Grove 1996)	455
Abb. 5-7	Vier Handlungsstrategien (Quelle: Kruse 1994)	457
Abb. 5-8	Das Modell des organisatorischen Wandels (Quelle: Nadler 1988)	470
Abb. 5-9	Verlauf eines Wandelprozesses nach Lewin (Quelle: Staehle 1999, S. 592)	472
Abb. 5-10	Phasen erfolgreicher Wandelprozesse (Quelle: Greiner 1967, S. 127; modifiziert durch Steinmann/Schreyögg 2005, S. 499)	473
Abb. 5-11	Im Spannungsfeld von Determinismus und Voluntarismus	475
Abb. 5-12	Die vier Komponenten des Wandeldesigns	477
Abb. 5-13	Bezugsrahmen zur Gestaltung der Veränderungsarbeit	478
Abb. 5-14	Entwicklungsphasen der IBM	485
Abb. 5-15	Akzente bei »top plus«	489
Abb. 5-16	Dominante Gefühle und Einstellungen zum Wandel der IBM Schweiz	492
Abb. 5-17	Wandel bei BRITISH AEROSPACE	493
Abb. 5-18	Das 5-Phasen-Modell	495
Abb. 5-19	Design für einen Transformations-Workshop	509
Abb. 5-20	LUFTHANSA: Von der Sanierung zur Erneuerung (Quelle: Sattelberger 1999, S. 185)	522

Abb. 5-21	Diffusion von Wandelprozessen (in Anlehnung an Sattelberger 1999, S. 213)	528
Abb. 5-22	Wandelprojektorganisation	529
Abb. 5-23	Diagnose-Raster einer Organisation	536
Abb. 5-24	Differenzierung und Integration als Grundprinzipien der Koordination (Quelle: Osterloh/Frost 1998, S. 194	538
Abb. 5-25	Objektorganisation nach Produktgruppen, Kundengruppen und Regionen (mit Fachabteilungen)	540
Abb. 5-26	Prozessorganisation	543
Abb. 5-27	Bausteine von Organisationen (Mintzberg 1979)	545
Abb. 5-28	Fallbeispiel zum Diagnose-Raster	550
Abb. 5-29	Wandel bei J. P. MORGAN auf Basis des 7S-Konzepts (Quelle: McKinsey)	552
Abb. 5-30	Ansatzpunkte und Instrumente zur Veränderung der organisatorischen Rahmenbedingungen	555
Abb. 5-31	Das Cultural Web (Quelle: Johnson/Scholes/Whittington 2008, S. 198)	556
Abb. 5-32	Grundstruktur eines Drehbuchs	560
Abb. 6-1	Performance-Messung im SMN	571
Abb. 6-2	Überblick über das Kapitel »Performance-Messung«	574
Abb. 6-3	Die theoretischen Ansätze im Vergleich	580
Abb. 6-4	Generische Strategy Maps inkl. der vier Perspektiven der Balanced Scorecard	591
Abb. 6-5	Treiber und Messgrößen eines Unternehmens aus der Telekommunikationsindustrie (Beispiel) (Kaplan/Norton 1997)	592
Abb. 6-6	Performance-Pyramide nach Lynch/Cross (1995)	593
Abb. 6-7	Performance-Prisma nach Neely (2002)	594
Abb. 6-8	Das EFQM Excellence Model (Quelle: EFQM 1997)	596
Abb. 6-9	SKANDIA Navigator (Quelle: SKANDIA Report 1997)	597
Abb. 6-10	Beurteilung der Führungsarbeit	598
Abb. 6-11	Gesamtergebnis einer Performance-Messung nach dem SMN	599
Abb. 6-12	Audit-Skala	600
Abb. 6-13	Audit-Kriterienstruktur	600
Abb. 6-14	Vereinfachtes Beispiel einer integrierten Finanzplanung	604
Abb. 6-15	Du Pont-Kennzahlensystem	606
Abb. 6-16	Das Shareholder-Value-Konzept	607
Abb. 6-17	Beispiel für die Berechnung eines Barwerts	608
Abb. 6-18	Berechnung des Capital Employed	610
Abb. 6-19	Berechnungsschema ROCE	610
Abb. 6-20	Berechnung des EVA	611
Abb. 6-21	Entscheidungsebenen beim THYSSENKRUPP-Wertmanagement	612
Abb. 6-22	Komponenten des THYSSENKRUPP-Value-Added	612
Abb. 6-23	Gegenüberstellung von Finanzmarkt- und Realoptionen	615
Abb. 6-24	Beispiel einer Investitionsrechnung mit Realoptionen	616
Abb. 6-25	Die Antwortskala des Net Promoter Score®	619
Abb. 6-26	Der Bottom-up-NPS-Prozess	620

Firmenverzeichnis

A
A.D. Little 285
ABB 152
Accenture 116, 258, 292, 420
Acer 260
Adidas 111, 182, 367, 379
Advanced Micro Devices 188
Aérospatiale 319, 320
Airbus 176, 218, 265
Alcatel 486
Alcom 277
Aldi 353, 354, 361, 405
Alibaba 399
Alliance Capital Management Holding LP 514
Allianz 38, 73, 173, 292, 503, 619
Allianz Capital Partners 284
Alpha 86, 88, 92, 93, 455
Amalgamated Bank 514
Amazon 206, 266, 398, 399
American Express 363
American Federation of Labor-Congress of Industrial Organizations 105
Andersen Consulting 116, 242, 420, 557
AOL 66
Apple 4, 210, 211, 260, 379, 398
Arthur Andersen 115, 242
AT & T 19, 225
AT & T Unisource 303
Audi 176
AXA 621

B
BAE Systems 493
Bag Borrow 375
Bain & Company 11, 399, 618
Bank Julius Bär 283
Bankers Trust 514
Barclays Bank 116
Barclays Global Investors 514
BASF 69, 107, 583
Bayer 106, 107
BBC 225
BBDO 149
Bell South 50
Ben & Jerry's 583
Benetton 360, 362
Bentley 174, 176
Berkshire Hathaway 272
Bloomberg 402
BMW 123, 167, 176, 258, 266
BMW Financial Services 369
BOC 289
Boeing 176, 265

BOL.de 399
Bosch 159, 190, 233, 235, 292
Boston Consulting Group 257, 286
BP 231, 420
British Aerospace 319, 320, 493
British Airways 234
British Petroleum 565
British Telecom 380
Buch.de 399
Buecher.de 399

C
Cadillac 176
CalPERS 102, 118
Canon 203, 223
Cap Gemini 116
Cargolux 268
CASA 218
Casa (Construcciones Aeronauticas) 320
Chrysler 176, 451
Ciba 487
Ciba-Geigy 565
Cisco 150, 241, 403, 409
Citigroup 116
Clariant 88
Clearstream International 368
Coca-Cola 212, 250, 264
Compaq 455, 456, 505
Compass Group 284
Compuserve 66
Computer Associates 369
Concert 303
CouchSurfing 375
Crédit Lyonnais 123
Credit Suisse 105, 274, 608
CWS 212
C & A 362

D
Daimler 4, 302
Daimler-Benz 451, 459, 563
DaimlerChrysler 451
DaimlerChrysler Aerospace (DASA) 218, 319, 320
DEC (Digital Equipment) 404, 455
Deere & Company 363
Dell 212, 260, 379, 405, 584
Deloitte 116, 328
Design Insights 319
Deutsche Bank 104, 105, 263, 514
Digital 455, 456
DocMorris 370
Dodge 176
Dresdner Bank 292

DuPont 10

E

EADS (European Aeronautic, Defense and Space Company) 218, 220, 320, 451
Earthlease 380
Easy-Gruppe 206
Easyjet 376
Ebay 398
EDAC 319
EDS 404, 420
EMI 145
Enron 115, 135, 152, 154, 242
Erco 374
Ergo 291
Ermenegildo Zegna 360
Ernst & Young 116
European Corporate Governance Forum 114
European Corporate Governance Institute (ECGI) 114
Expedia 402
Exult 420

F

Facebook 4, 375, 398
FC Barcelona 4
Federal Express 258, 591
Fendt 252
Ferrari 176
Fiat 176, 241
Fokker 451
Ford 176, 201, 254
Forrester 412
Fuji-Xerox 363

G

Gate Gourmet 521
GEC Alstom 486
General Electric (GE) 145, 265, 284, 319, 335, 448, 449, 502, 529, 618
General Motors 10, 201
Gerry Weber 362
GlaxoSmithKline 297
Goldman Sachs 105, 289, 393
Google 23, 223, 398
Greenpeace 23, 151
Grundig 484
Gucci Group 419

H

Hapag-Lloyd 309
Helvetia 25, 26, 27, 28
Henkel 234
Hermes 258
Heuskel 365

Hewitt Associates 420
Hewlett-Packard (HP) 116, 223, 240, 260, 328, 363, 455, 456, 502
Hitachi 260
Honda 176, 259
Horten 362
HypoVereinsbank 292
Hyundai 176
H & M 362

I

IBM 39, 71, 72, 82, 116, 223, 404, 405, 420, 455, 484, 485, 491, 492, 493
IBM Global Services 116
Ikea 85, 378
Immunex 296
Infineon 523
ING direkt 367
Initiativen 30
Inreon 292
Institutional Shareholder Services 105
Intel 52, 177, 188, 404, 405, 416
International Paper 420
Internet Capital Group 292
IVF Hartmann 187

J

J.P. Morgan 552
Jaguar 176
Johnson & Johnson 227, 251, 296, 584

K

k kiosk 284
Kia 176
Klassikreisen 263
KMPG 116
Kohlberg Kravis Roberts 289
Komatsu 223
KPMG 554
Kvadrat 370, 371

L

L.L. Bean 363
Lafarge 485
Lamborghini 174
Lanxess 107
LeapSource 420
Lego 171, 226
Lenovo 39
Levi Strauss 253, 401
LG Electronics 260
Libri.de 399
Lincoln 176
Linde 289
Lindt 258
Lufthansa 522, 547, 565

Lufthansa Cargo 268

M
MAN 252
Marconi 319, 320
Marks & Spencer 225
Maserati 176
Mastercard 400
Maxx Bikes 213
McDonalds 85, 253
McKinsey & Company 11, 80, 200, 284, 285, 288, 365, 399, 552
Mellon Bank Corp. 514
Mercedes-Benz 171, 176, 444, 513
Mercer 11
Merck 225, 616
Merkur 283
Merrill Lynch & Co. 514
Micron 416
Microsoft 66, 70, 118, 149, 171, 177, 178, 404, 405, 462
Mini 168
Mitsubishi Motors Corporation 176, 377, 452
Monsanto 297
Montblanc 401
Moody's 401
Motorola 591
MP3.com 399
MTU 266
Münchener Rück 291, 292

N
Nespresso 171, 250
Nestlé 141, 277, 379
Netflix 519
Netscape 118
Network Shipping 225
Nextpractice 69
Nike 223, 225, 251, 369, 379
Nintendo 178, 375
Nissan 176, 301, 302
Nissan Diesel 301
Nissan Motor 301
Nixdorf 484
Nokia 293
Novartis 113, 277, 418, 487, 591
Novell 404, 405
NovoNordisk 82
Nucor 416

O
Ohio Nuclear 145
One World 212
Opel 176
Opera 213

Oracle 398
Orange 184
Orpheus 263
Osram 353
Otto Versand 360, 362

P
Panasonic 260
Pepsi-Cola 212, 264
Peugeot 176
Pfizer 145, 296, 297
Pharmacia 297
Philip Morris 223
Philips 146, 239, 260, 502
Pioneer 260
Polo Ralph Lauren 402
Porsche 36, 174, 176
Pratt & Whitney 265
Preussag 520
PricewaterhouseCoopers (PwC) 39, 116, 328, 335
Procter & Gamble 363, 366, 379
Puma 36, 248

R
Rand Corporation 191
Reebok 367
Renault 176, 301
Renault-Nissan 301, 302
Reuters 387, 402
Roche 107
Roland Berger 11
Rolls-Royce 176, 265, 266, 397
Rover 123, 176
Royal Dutch 151, 191

S
Sabre 367
Salesforce.com 397
Salzburger Privatinvest Bank 298
Samsung 260
Sandoz 487
SAP 396, 398
SAS Scandinavian Airlines 303
Schering 107, 296
Schott 205
Schweizer Rück 291, 292
Sears 10
SEC 115, 116
Selecta AG 284
Sharp 260
Shell 21, 23, 151, 191
Siemens 68, 69, 107, 489, 502, 503, 507, 565
Singapore Airlines 258
Sixt 308

Skandia 596
Skoda 174, 176
SMH 403
Snecma 266
Sony 260, 387
Southwest Airlines 376, 402
Sparco 36
Standard Oil 10
Star Alliance 212, 303, 523
Starbucks 405
State Street 368, 514
Steilmann 362
Stein 563
Sterling Software 369
Stern Stewart & Co. 610
Sun Microsystems 149
Sunrise 184
Swisscom 184, 531, 532

T

Tandem 455, 456
Techshop 375
Telecare 225
Telerate 402
Teva 84
Texas Instruments 363, 368
Thai Airways 303
The Body Shop 225, 242, 403
The Boston Consulting Group 11, 257, 258, 282, 286, 336
Thinktools 328
Thomas-Houston Electric Company 448
Thompson Travel 308
Thomson 260
thredUP 375
ThyssenKrupp 76, 611
Toshiba 260
Toyota 363, 387
Trigema 361
TSMC 416
TUI 252, 308, 520
TWA 118
Tyco 152

U

U.S. Securities and Exchange Commission (SEC) 152
UBS 96, 585
Unilever 583
Unisource 532
US Federal Reserve 115
US West 50

V

Valora 283
Valora Holding AG 283
Valora Retail 284
Valora Services 284
Valora Trade 284
Vapiano 373
Visa 400
Volkswagen (VW) 174, 176, 278, 308
Volvo 176
Vorwerk 205

W

Wal-Mart 222, 225, 405
Walt Disney 225
Wang Laboratories 593
Warner-Lambert 296
Watkins-Johnson 223
Welthandelsorganisation (WHO) 387
Westend Clothing 252
WestLB 380
Whirlpool 591
World Future Society 194
WorldCom 135, 152, 154

X

Xchange 420
Xerox 363
Xing 375

Y

Yahoo 399

Z

Zara 360
Zipcar 375
Zürcher Kantonalbank (ZKB) 298

Personenverzeichnis

A

Abell, D. F. 327
Abplanalp, P. A. 327
Abrahamson, E. 564
Achleitner, A.-K. 422
Adams, S. 565
Adler, N. J. 118
Agle, B. R. 328
Ahlstrand, B. 57
Aksoy, L. 624
Albert, H. 333
Aldrich, D. 423
Aldrich, H. 327
Alexander, M. 63–64, 333–334
Al-Laham, A. 328, 330, 423, 561–562
Allaire, Y. 330
Allen, R. 19
Ambrosini, V. 422
Amburgey, T. 562
Amin, K. 118
Amit, R. 210, 330, 422, 562
Anderson, C. 255
Anderson, P. 562
Andreassen, T. W. 624
Andrews, K. R. 10, 21, 48, 59, 335, 349
Ansoff, H. I. 189, 330, 332, 334
Ansoff, I. 11, 21
Antikarov, V. 624
Antoni, M. 334
Argyris, C. 391, 563
Armstrong, J. S. 89
Arnold, D. 329
Arrow, K. J. 327
Arthur, W. B. 334
Arx, S. von 423
Astley, G. W. 564
Athos, A. 331
Athos, T. 331
Atuahene-Gima, K. 423

B

Baden-Fuller, C. 562
Bain, J. S. 127, 138, 326–327, 343, 422
Baker, G. 118
Ballwieser, W. 623
Bamberg, G. 336
Banbury, C. 118
Barnard, C. 561
Barnett, W. 562
Barney, J. B. 329–331, 349, 422, 562
Barr, P. 562
Barringer, B. R. 335
Bart, C. K. 332
Bartlett, C. A. 275, 333–334

Bassen, A. 422
Baumol, W. J. 328
Bea, F. X. 423, 566
Beatty, R. B. 118
Bechmann-Malioukova, I. 566
Beckhard, R. 563
Beckmann, P. 334
Beer, M. 562
Belz, F. 332
Berghai, M. 328
Bergmann, I. 564
Berle, A. 98
Berlien, O. 76, 118, 623
Berry, C. A. 304
Bertalanffy, L. von 561
Bettenhausen, K. 562
Biazzo, S. 623
Bijlsema-Frankema, K. M. 623
Bisbe, J. 623
Bititci, U. 623
Black, B. S. 335
Black, F. 324, 624
Blake, R. R. 564
Bleeke, J. 335
Bleicher, K. 110, 331–332, 566
Bluedorn, A. C. 335
Böckli, P. 335
Bolman, L. G. 562, 566
Bood, R. 330
Borch, F. 335
Börsig, C. 623
Bourgeois, L. J. 118, 562
Bower, J. L. 49–51, 59
Bowman, C. 334, 422
Bowman, E. H. 624
Brandenburger, A. 177, 211, 214, 329–330
Brauer, M. 328, 330–331, 334–335
Brealey, R. A. 336, 623
Brehm, C. 565
Bresser, R. 561–562
Brockhoff, K. 423
Bromiley, P. 623
Brown, S. 328
Bruch, H. 422, 565
Buaron, R. 334
Büchel, B. S. T. 564
Bühner, R. 335, 422, 566
Bull-Larsen, T. 335
Burell, G. 329
Burgelman, R. A. 51–52, 62, 117, 138, 327
Burgelmann, R. A. 59
Burke, L. M. 118
Büschken, J. 566

Buzell, R. D. 326, 335

C

Cadbury, A. 118
Camp, R. C. 422
Campbell, A. 15, 63–64, 243, 332–334
Cardinal L. B. 623
Caron, H. 328
Castanias, R. 562
Chamberlin, E. H. 127
Chandler, A. 10, 21, 349, 436
Child, J. 562
Chittipeddi, K. 565
Chomsky, N. 463
Christensen, C. M. 399, 405, 407, 423
Christensen, E. P. 48, 59
Clausewitz, C. von 8
Coase, R. 99, 131, 138, 327
Cockburn, I. 562
Coenenberg, A. G. 330, 336
Coleman, J. S. 333
Coley, S. 328
Collins, D. J. 328
Collins, J. 332
Collis, D. J. 180, 330
Connor, K. 422
Cooil, B. 624
Cool, K. 422
Cooper, R. 329, 422
Copeland, T. 336, 624
Costanzo, L. A. 329
Cox, J. C. 336
Cross, K. F. 623
Cummings, T. G. 564
Cusumano, M. A. 118
Cyert, R. M. 332, 623

D

D'Aveni, R. A. 246
Dacin, T. 562
Dalton, D. 89
De Geus, A. P. 21, 330
Deal, T. E. 562, 566
DeFillippi, R. J. 422
Delery, J. 562
Deschamps, J. P. 423
Dess, G. G. 333
Devanna, M. A. 563
Devine, M. 333
Dierickx, I. 422
Dietl, H. 327
Dixon, M. 624
Dombret, A. R. 367
Doppler, K. 563, 567
Dossi, A. 623
Downes, L. 423

Doz, Y. 327
Dragonetti, N. C. 623
Dranove, D. 329
Drucker, P. 572, 623
Duncan, R. B. 565
Dunst, K. H. 328
Durkheim, E. 564
Dutton, J. E. 565
Dyllick, T. 332

E

Ebers, M. 327
Edvinsson, L. 623
Eisenhardt, K. M. 118, 328, 562, 623
Eisenstat, R. 562
Elkington, J. 623
Emans, H. 333
Ernst, D. 335
Esser, W. M. 330, 561, 564
Evangelista, F. 423
Evans, R. 319, 332

F

Fahrni, F. 624
Farmer, S. 562
Faulkner, D. O. 15
Fechtel, A. 334
Fedor, D. 562
Fink, D. 118
Fiorina, C. 328
Firsirotu, M. E. 187, 330
Fischer, H.-P. 563
Floyd, S. W. 67, 117, 422, 561–562
Fontin, M. 368, 623
Ford, H. 223
Ford, M. W. 562
Foschiani, S. 423
Foss, N. J. 327
Fouraker, L. 562
Franck, E. 327
Freeman, D. K. 90
Freeman, F. J. 328
Freeman, J. 562
Freeman, J. H. 138, 327, 561–562
Freeman, K. 623–624
Freeman, R. E. 15, 326, 328
Frentz, M. H. 566
Frese, E. 327, 566
Freudenberg, H. 566
Friedli, T. 566
Friedman, M. 238, 332
Friesen, P. 561, 563
Friga, P. 118
Frooman, J. 328
Frost, J. 538, 565–566

G

Gabele, E. 561, 564
Gaitanides, M. 566
Galbraith, J. R. 561
Gale, B. T. 326, 335
Garengo, P. 623
Gassmann, O. 423
Gassner, W. 566
Gates, B. 66, 462
Geer, B. M. 562
Gelb, B. 334
Geldern, M. van 328, 566
Gemünden, H.-G. 423
Gersick, C. J. G. 561
Gerstner, L. V. 484, 491–492
Geschka, H. 330
Ghemawat, P. 180, 330
Ghosn, C. 301
Gibbons, R. 118
Gilbert, X. 261, 333
Gimbert, X. 623
Gioia, D. 565
Gioia, D. A. 328
Glasl, F. 63
Glatzel, J. 563
Glick, W. H. 118
Gmür, M. 422
Gneisenau, A. von 335
Göbel, E. 566
Gocke, A. 563
Goddard, J. A. 317
Gomez, P. 330–331, 336, 563, 566–567
Gomez-Casseres, B. 335
Goold, M. 63–64, 334
Goshal, S. 275, 333–334
Gotsch, W. 327
Grant, R. 330–331, 334, 349, 361, 422
Greiner, L. E. 472–473, 561
Gröniger, B. 334
Grossman, S. 100, 118
Grove, A. 188, 455
Gupta, N. 562
Gutenberg, E. 327, 330

H

Haas, J. 423
Habermas, J. 333
Haken, H. 563
Hall, R. 197, 330
Hambrick, D. 327
Hamel, G. 94, 202–204, 331, 334, 399–400, 422
Hammer, R. 330
Hammond, I. S. 327
Hanawa, Y. 301
Hannan, M. T. 138, 327, 561–562

Hansen, G. 329
Harrigan, K. R. 334
Harris, R. 563
Harrison, J. S. 15, 326, 328
Hart, O. 118, 327
Hart, S. 118
Haspeslagh, P. C. 335
Hax, A. C. 201, 284, 330, 333, 423
Hedley, B. 282
Heene, A. 331, 422
Heijden, K. van der 330
Heinemann, B. 334
Heinen, E. 332
Heinz, I. 563
Helfat, C. 334, 562
Henderson, B. D. 333–334
Henderson, R. 326, 562
Herrmann, F. 624
Hesterly, W. S. 331
Heuskel, D. 334, 365–366
Hickocks, P. G. 198, 330
Hilb, M. 332, 422–423
Hill, C. 327
Hill, W. 329
Hillig, A. 335
Hinterhuber, H. 284, 330
Hitt, M. A. 15, 118, 326
Homburg, C. 118, 423
Horsch, A. 327
Hoskisson, R. E. 118, 326, 329, 562
Hrebiniak, L. 562
Huff, A. 562
Hungenberg, H. 15
Hunger, D. 333, 562
Hunt, M. S. 329

I

Ichijo, K. 564
Ireland, R. D. 118, 326
Itami, H. 330

J

Jacobs, R. 68
Jacobs, S. 335
Janoff, S. 68
Jansen, S. A. 566
Jantzen-Homp, D. 565
Jaritz, A. 352
Jemison, D. B. 335
Jensen, M. C. 99
Jensen, O. 566
Jick, T. 563, 565
John, C. H. 326
Johnson, G. 556, 566
Johnson, M. W. 423
Jones, G. 327

Jones, T. M. 328

K
Kagermann, H. 423
Kahn, H. 191
Kajüter, P. 422
Kale, P. 335
Kanter, R. M. 335, 563, 565
Kapl, J. 332
Kaplan, R. S. 422, 572, 590, 592, 623–624
Kazanjian, R. K. 561
Keen, T. 118
Keenan, P. T. 336
Keiningham, T. L. 624
Kern, H. K. 367
Kieser, A. 327, 423, 562, 566
Kim, W. C. 399, 401
Kimberly, J. R. 565
Kirchgässner, G. 329
Kirsch, W. 20, 30, 55–56, 59, 332, 335, 561, 563–564
Kirsten, A. 76, 118, 623
Klein, J. A. 198, 330
Klimecki, R. G. 422
Knudsen, C. 327
Knüfermann, M. 332
Knyphausen-Aufseß, D. zu 326–327, 330–331, 561
Kohler, H. P. 336
Köhler, R. 15
Kortzfleisch, H. von 566
Koth, H. 335
Köthner, D. 332
Kotler, P. 329, 334, 423
Kotter, J. P. 563
Kraatz, M. 561–562
Krafft, A. 329
Kraljic, P. 412
Krapek, K. 265
Kreilkamp, E. 327
Kreutzer, M. 623
Kristiansen, O. K. 226
Krogh, G. von 422–423, 564
Krohmer, H. 118
Krüger, W. 563–566
Kruse, P. 457, 563
Krystek, U. 330, 566
Kubicek, H. 566
Kübler-Ross, E. 565
Kuppel, E. 328
Kuss, A. 329
Kutschker, M. 564

L
Lampel, J. 57
Lane, P. 562

Lank, A. 118
Lauterburg, C. 563, 567
Lawrence, P. R. 563
Lazzari, V. 118
Learned, E. P. 48, 59
Leberl, D. 110
Lecerf, O. 485
Lechner, C. 162, 335, 623
Leibfried, K. 422
Leonard-Barton, D. 422, 562
Levy, A. 564
Lewin, K. 471, 564
Lieberson, S. 564
Liebeskind, J. P. 349, 422
Likert, R. 564
Link, J. 328
Lins, K. 335
Littmann, P. 566
Löbler, H. 335
Löhr, A. 332
Lombriser, R. 327
Luehrman, T. A. 330, 336
Luehrmann, T. A. 624
Luhmann, N. 243, 332–333
Lynch, R. 623

M
MacDonald, C. 623
Macharzina, K. 334
MacKay, R. B. 329
MacMillan, J. 334
Mahoney, J. 422
Majluf, N. S. 201, 284, 330, 333, 423
Makadok, R. 422
Malaska, P. 330
Malik, F. 335
Malone, M. S. 623
Manzoni, J.-F. 623
March, J. G. 332, 623
Marginson, D. E. W. 623
Markides, C. C. 562
Markowitz, J. von 334
Martin, J. 567
Maslyn, J. 562
Mason, E. S. 127, 138
Maturana, H. 562
Mauborgne, R. 399, 401
Mauri, A. J. 329
Mauthe, K. D. 334
McGahan, A. M. 326
McGee, J. 329
McKelvey, B. 327
McLean, G. 564, 567
McNair, C. J. 422
Means, G. 98
Meckling, W. 99

Meffert, H. 329, 333
Meffert, J. 15
Mendoza, X. 623
Menz, M. 565
Merry, U. 564
Metze, G. 334, 423
Michaels, M. P. 329
Micheli, P. 623
Milgrom, P. 327, 566
Miller, A. 333
Miller, C. C. 118
Miller, D. 561, 563
Miller, K. D. 623
Mills, D. Q. 566
Mintzberg, H. 30, 52–54, 57, 59, 118, 545, 561–562
Mitchell, R. K. 328
Mitchell, W. 326
Mitroff, I. I. 328
Molyneux, P. 317
Montgomery, C. A. 326–327, 335
Morgan, G. 566
Morgenstern, O. 327
Moskovitz, G. T. 624
Mouton, J. S. 564
Mühlemann, L. 291
Mui, C. 423
Müller, A. 329
Müller, A. W. 330
Müller-Stewens, G. 162, 328–331, 334–335, 368, 563–566, 623
Murphy, K. 118
Murray, A. 327
Myers, S. C. 336, 623

N

Nadler, D. A. 469–470, 563
Nalebuff, B. 176–177, 211, 214, 330
Neely, A. 623
Nelson, R. R. 138, 327, 330, 349, 422
Neubauer, F. 118
Neumann, J. von 327
Newman, W. H. 563
Nickerson, J. 561
Noda, T. 50
Nonaka, I. 330, 349, 390, 564
Norman, W. 623
Norton, D. 590, 592, 623–624
Nutt, P. C. 562

O

O'Donnell, S. 118
O'Connor, J. F. 564
Oelert, J. 76, 118, 623
Ollila, J. 293
Olsen, K. 455

Ordelheide, D. 134, 327
Ortmann, G. 333, 335
Österle, H. 566
Osterloh, M. 538, 565–566
Owen, H. 68

P

Paine, L. S. 332
Pandian, J. R. 422
Parikh, J. 118
Pascale, R. 331
Patelli, L. 623
Paul, H. 110, 327
Pautzke, G. 564
Pearce, J. 90
Peck, S. 565–566
Penrose, E. 10, 12, 21, 331, 342, 349, 422
Perich, R. 561, 564–566
Perlmutter, H. 335
Peteraf, M. 329, 331, 422
Peters, T. 331
Pettigrew, A. 15
Pettigrew, A. M. 526, 562–566
Pfeffer, J. 328, 562
Pfeiffer, W. 334, 423
Phillips, R. A. 328
Picot, A. 327, 335, 422, 566
Pierer, H. von 489
Pieske, R. 363, 422
Pietzsch, L. 422
Pillkahn, U. 330
Pisano, G. 331, 345–346, 422, 562
Podolny, J. M. 327
Polanyi, M. 330
Poole, M. S. 561, 564
Popper, K. R. 463
Porras, J. 328, 332
Porter, M. E. 12, 128, 130, 169, 199, 262, 294, 326, 329–330, 333–334, 357, 378, 415, 422
Postma, T. 330
Powell, T. 562
Prahalad, C. K. 202–204, 331, 422
Probst, G. J. B. 331, 564, 566
Pruzan, P. 332
Pümpin, C. 314, 331
Pun, K. F. 623

Q

Quinn, J. B. 54–55, 59, 563
Quinn, R. E. 565

R

Radel, T. 335
Rajagopalan, N. 561

Rappaport, A. 330, 332, 336, 606, 613, 623
Rau, D. 623
Reed, R. 422
Reibnitz, U. von 193–194, 330
Reichheld, F. F. 624
Reidenbach, R. E. 333
Reinecke, S. 333, 423
Reintjes, F. 423
Reissner, S. 279, 334
Reuter, E. 451
Riekhof, H. C. 334
Rigby, D. K. 118
Ringlstetter, M. 330
Roberts, E. B. 304
Roberts, J. 327, 566
Robin, D. P. 333
Robins, J. 294
Robinson, R. 90
Romanelli, E. 562–563
Roos, G. 422–423, 623
Roos, J. 118, 330, 623
Rosenstiel, L. von 422
Roth, K. 118
Rother, G. 423
Rothwell, W. 564, 567
Roundell, H. 319
Roventa, P. 334
Rubin, P. H. 327
Rudolph, T. 329
Rüegg-Stürm, J. 565, 623
Ruekert, R. W. 423
Rühli, E. 331
Ruigrok, W. 565–566
Rumelt, R. P. 14, 294, 329, 343
Ruyter, K. de 423

S

Saloner, G. 331
Sanchez, R. 422
Sander, S. 623
Sattelberger, T. 422, 522, 528, 565
Schaltegger S. 328
Schein, E. H. 463
Scherer, F. M. 326
Schmalensee, R. 326, 329
Schmid, U. 423
Schneider, W. 334, 423
Schneidewind, U. 332
Schoeffler, S. 335
Scholes, K. 329, 556
Scholes, M. 324, 624
Scholz, C. 336, 422, 566
Schön, C. 563
Schön, D. A. 391
Schrempp, J. 451

Schreyögg, G. 54, 326, 332–333, 336, 473, 564, 566
Schuh, G. 566
Schüle, F. M. 335
Schutt, R. 76, 118, 623
Schwalbach, J. 335
Schweitzer, L. 301
Seghezzi, D. 624
Selby, R. W. 118
Semmer, N. K. 118
Senge, P. M. 564
Servaes, H. 335
Shanley, M. 329
Sharman, C. 554
Shaw, J. 562
Shleifer, A. 118
Shoemaker, P. J. H. 210, 330–331, 422, 562
Shrader, C. 89
Shuen, A. 331, 345–346, 422, 562
Siegert, T. 336
Sievers, B. 564
Siggelkow, N. 422
Silverman, B. 561
Simon, H. A. 328, 332
Simon, V. 567
Simons, R. 577, 623
Singh, H. 335
Singh, R. 334
Sitkin, S. B. 623
Slywotzky, A. J. 399, 404–405
Sommerlatte, T. 423
Speckbacher, G. 328
Spender, J.-C. 347, 349, 422
Spindler, H.-J. 335
Spreitzer, G. 561
Staehle, W. H. 326–327, 332, 472
Stahl, H. K. 162, 329
Stein, B. 565
Steinle, C. 561
Steinmann, H. 332–333, 336, 473
Stern, J. 623
Stimpert, L. 562
Stopford, J. 562
Strebel, P. 261, 333
Strickland, A. J. 333–335, 562
Stuart, T. E. 327
Stüdlein, Y. 335
Suard, P. 486
Sullivan, R. 564, 567
Summers, L. 118
Süssmuth-Dyckerhoff, C. 335
Sydow, J. 327, 333, 335, 422
Szeless, G. 335
Szulanski, G. 82, 118

T

Takeuchi, H. 390, 564
Tapscott, D. 423
Taylor, L. 89
Teece, D. J. 327, 331, 345–346, 349, 422, 562
Theisen, M. 565
Thom, N. 564
Thomas, H. 15, 329, 422
Thommen, J. P. 182
Thompson, A. T. 333–335, 423, 562
Tichy, N. M. 563, 565–566
Tiemann, K. 330
Toman, N. 624
Tomczak, T. 329, 333, 423
Töpfer, A. 563
Trigeorgis, L. 330, 336
Tschan, F. 118
Türk, K. 333
Tushman, M. J. 562–563

U

Ulrich, H. 561
Ulrich, P. 332
Unzeitig, E. 332

V

Van de Ven, A. H. 561, 564
Varela, F. 562
Velten, T. 334
Venzin, M. 422–423
Vester, F. 331
Victor, B. 118
Volberda, H. W. 562
Vrohlings, A. 566

W

Wack, P. 330
Waddock, S. A. 332
Walker, O. C. 423
Walter, A. 423
Waterman, B. 328, 331
Waters, J. A. 53, 59
Watson, G. 563
Weber, B. 566
Weick, K. E. 564
Weisbord, M. 68
Welge, M. K. 328, 330, 423, 561–562
Wernerfelt, B. 326, 329, 331, 342, 349, 422
Westley, F. 561–562
Wetzels, M. 423
Wheelen, T. L. 333, 562
Whipp, R. 562
White, D. 328
Whittington, R. 15, 556, 565
Wicks, A. C. 328
Wiegand, M. 564
Wiersema, M. F. 294, 335
Williams, R. 565
Williamson, O. E. 131, 138, 327, 562
Willke, H. 332–333
Wilson, J. O. 317
Winter, S. G. 138, 326–327, 330, 349, 422
Wirtz, B. W. 423
Wittgenstein, L. 464
Wolf, J. 562–563
Wood, D. J. 328
Wooldridge, B. 117, 422
Woolridge, B. 561–562
Workman, J. P. 118
Worley, C. G. 564
Woywode, M. 327
Wright, P. 415
Wübker, S. 566
Wunderer, R. 352, 388, 422–423, 565
Wüthrich, H. A. 566

Y

Young, D. 333

Z

Zadek, S. 332
Zahn, E. 423
Zajac, E. J. 118, 561–562
Zimmer, M. 335
Zimmermann, R. 149
Zimmermann, T. 566–567
Zollo, M. 326

Stichwortverzeichnis

A

Ablauforganisation 356, 537, 543
– Definition 537
– und Wertschöpfung 356
Abnehmer 170
Absatzmarkt
– Definition 165
– Segmentierung, s. Markttypen 165
Abschmelzverluste 299
Abstraktionsebene 138
Abwehrtaktiken 108
Activity-based costing 359
Adaption 435
Agency-Kosten 99, 134
Agency-Problem 98
Akquisition 108, 296
– s. Mergers & Acquisitions (M & A) 296, 627
Akteure 133, 476, 479
Aktienoptionen 135
Aktionäre 101
– als Anspruchsgruppe 151
Aktionsprogramme 394
Aktivitätsstrategien
– zur Wertschöpfungstiefe 376, 379
Aktivitätssystem 371
Akzente 476, 479
Alignment 506
Alignment der Organisationsstruktur 436
Alleinstellungsmerkmale 18, 258
Allokation von Ressourcen 50
Anreiz- und Belohnungssysteme 306, 392, 516
– Definition 392
– Parameter 393
Anspruchsgruppen 101, 121, 150, 156–157, 161, 164, 181, 227, 243, 245, 579, 594
– Aktionäre 151
– Behörden 184
– Definition 123
– Ermittlung 156
– Erwartungs- und Nutzenanalyse 160
– ethisch relevante 239
– externe 164
– interne 164
– Macht 153
– Performance-Messung 155
– Priorisierung 157
– Relevanzmatrix 158
– Shareholder Value 154
– und Wertschöpfung 355
Arbeitsstruktur 31
Asymmetrische Information 132

Audit Committee 112
Aufbauorganisation 106, 134, 356, 537–538
– Definition 537
– und Corporate Governance 106
– und Wertschöpfung 356
Aufbaustruktur 148
Aufgabenumwelt 22
Aufsichtsrat 100, 103, 110
Aufsichtsratsverfassung 109
Außenverhältnis 123
Außenwelt 126
Austrittsbarrieren 172
Autarkie 381
Automobilindustrie 292
Autonomes strategisches Verhalten 51

B

Balanced Scorecard 155, 590
Barwertmethode 606–607
BCG-Matrix
– s. Marktanteil-Marktwachstum-Matrix 282
Begrenzte Rationalität (bounded rationality) 332, 523, 579
Benchmarking 362–363
– Definition 362
– Vorgehen 363
Bereichspositionierungsmatrix 285
Berichts- und Kontrollsysteme 436
Beschaffungsmarktportfolio 412
Beschaffungsstrategie 412
Best Practices 363
– s. Benchmarking 363
Betriebsgröße 134
Betriebsrentabilität 605
Bewertung von Strategien 318
Board of Directors 100, 103
Board-Verfassung 109, 112
Boni 99, 105
Bounded rationality
– s. begrenzte Rationalität 332, 523
Branche 169, 304
– Analyse 128, 169, 173–174, 180
– Definition 169
– Konvergenz von 401
– Lebenszyklus und Struktur 129
– Redefinition der Grenzen 401
– revolutionäre Veränderung 400
– Struktur 131, 173
– Struktur und Profitabilität 127
– und strategische Gruppen 174
Business Ethics 241
Business Process Outsourcing (BPO) 420

Business Process Reengineering 200

C
Capability-based View (CBV) 344
Capital Asset Pricing Models (CAPM) 336, 608
Cash Management 219
Cashflow Return on Investment (CFROI) 613
Chancenmatrix 198
Change Agents 473, 528
Change Council 531, 534
Change Implementors 525
Change Management Ansätze 468
Change Manager 530
Change Project Team 530
Change Recipients 525
Change Steering Committee 529
Change Strategists 525
Clan-Kontrolle 436
Clusterorganisationen 544
Cognitive School 57
Configurational School 58
Conglomerate Discount 35, 270
Coopetition
– s. Komplementäre 176
Core Competences
– s. Kernkompetenzen 202
Corporate Governance 16, 98, 309
– Best Practice 114
– in der Schweiz 112
– in Deutschland 110
– in USA 112
– Leitbild 103
– Mechanismen 101
– nach Cadbury Code (UK) 114
– nach deutschem Ansatz 114
– nach OECD Definition 114
– nach Prada Code (Italien) 114
– nach Viénot-Report (Frankreich) 114
– nationale Unterschiede 109
– Reformbestrebungen 113
– Systeme 109
– und Aufbauorganisation 106
– und Diversifikation 98
– und Entlohnung der Führungskräfte 104
– und Konzentration des Eigentums 102
– und Rolle des Witschaftsprüfers 115
– wissenschaftliche Grundlagen 97
Corporate Strategy 10, 269, 335
– s. Gesamtunternehmensstrategie 269
Corporate Surplus 269
Corporate-Governance- Grundsätze 104
Corporate-Governance-Systeme 109
Creative Imagination 81
Cross Shareholding 301
Cultural Clash 299
Cultural School 58
Cultural Web 556
Customer Relations Management (CRM) 355

D
DCF-Methode
– s. Discounted-Cashflow-Methode 321
Defensive Strategien 264
Delisting 107
Denkfigur 255
Denkschulen der Strategiebildung 57
Design der Aktivitäten 375
Design School 57
Deskriptive Schulen 57
Determinismus 474
Dezentralisierung 34
Dezentralisierungs- und Intrapreneurship-Ansätze 442
Dialektische Prozesstheorien 434
Differenzierung 537
Differenzierungsfokus 262
Differenzierungsstrategie 130, 258
Differenzierungsvorteile 130
Diffusionspfades 483
Digitalisierung der Wertkette 399
Discounted-Cashflow-Methode 195, 321, 606
Disruptive Technologies 406
Diversifikation 98, 253, 276
– Definition 290
– durch interne Entwicklung 294
– durch Kooperation 299
– Empirie 293
– Formen, Auswahlmix 304
– horizontale 290
– konzentrische 292
– laterale 293
– Richtungen 290, 294
– und Corporate Governance 98
– und Interessen des Topmanagements 98
– und Kernfähigkeiten 290, 295
– vertikale, s. a. Vorwärtsintegration 291
Diversifikationsanalyse
– s. a. Chancenmatrix 198
Diversifikationsgrad 272
Diversifikationstyp 293
Diversität 104
Dotcom-Boom 417
Double-loop-Learning 391
Dynamic Capability View 12
Dynamische Investitionsrechnung 320

E
E-Business 38

Economic Value Added (EVA) 323, 610
Economies of Scale 171, 257
– in der Finanzbranche 317
Effizienzgewinne 296
Effizienzperspektive 132
EFQM-Modell 595
Eigendynamik 441, 444
Eigendynamische Ordnungsbildung 458
Eigeninteressen 20
Eigenkapitalanteil 330
Eigenkapitalrentabilität 604
Einfache Organisationsstruktur 538
Einliniensystem 538
Eintrittsbarrieren 129, 327
Emergente Strategie
– s. Strategie, emergente 30
Emergenz 53, 197
Emotionen, beim Wandel 489
Empire Building 99
Entlohnung 104–105
Entrepreneurial School 57
Entscheidungsbäume 319
Entscheidungsverhalten 237
Entwicklungsdynamik 476
Entwicklungsfokus 476
Entwicklungslogik 476
Entwicklungsmodelle 484
Entwicklungsobjekt 477
Environmental School 58
Episodenkonzept 471
Epoche 478, 484, 518
Erfahrungskurve 257
– Kritik 258
– strategische Implikationen 257
Erfolgsposition 331
Erfolgsunterschiede 126
Ertragsmechanik 395
Ethik
– Business- 241
– relevante Anspruchsgruppen 239
– Unternehmensethik 238
– Wirtschaftsethik 238
EVA 611
Evolutionäre Prozesstheorien 435
Evolutionäre Theorie der Strategieformierung 52
Evolutionärer Wandel 454
Evolutionstheoretische Ansätze 447
Evolutionstheorie 135, 438
– Charakateristika 135

F

Fähigkeiten 345
Feldherrenansatz 468
Financial Controlling 598
Financial Engineering 99

Firmenwerte 232
First-Mover-Adventage 266
Fluide Organisationsstrukturen
– s. a. Clusterorganisation 543
Fokusstrategie 261
– Differenzierungsfokus 262
– Kostenfokus 263
Forschungs- und Entwicklungsstrategie 411
Free Cashflow
– s. Freier Cashflow 321
Free Rider Effekte 267
– s. Trittbrettfahrer-Effekte 267
Freier Cashflow 321
Fremdbeobachtungen 466
Frühaufklärung 187, 189–190, 216
– strategische, s. Strategische Frühaufklärung 190
– Systeme, historische Entwicklung 189
Früherkennungssysteme 189
Frühwarnsysteme 189
Fundamentaler Wandel 451, 474
– in evolutionärer Form 454
– in revolutionärer Form 454
– Strukturperspektive, s. a. Oberflächenstruktur 462
– und Mehrdeutigkeit der Führungssituation 460
– zentrale Rollen 525
Funktionalbereiche 408
– s. a. Funktionalstrategien 408
Funktionale Organisation 409, 538–539
Funktionalstrategien 34, 408–409
– Aufgaben 414
– und Beziehung zu Wettbewerbsstrategien 415
– von Primärfunktionen 410

G

Gebrauchswert 352
Gegenstromverfahren 63, 229
Gelenkte Evolution 90
Gemäßigter Voluntarismus 475
Generalversammlung 112
Generische Wettbewerbsstrategien
– s. Wettbewerbsstrategien, generische 256
Geplante Evolution 20
Gesamtkapitalrentabilität 604
Gesamtunternehmensebene
– und strategische Geschäftseinheiten 148
Gesamtunternehmensstrategie 269, 280
– gegenüber dem Kapitalmarkt, s. a. Corporate Governance 309
– gegenüber Gewerkschaften 312
– Prüfkriterien 280

- und Konfiguration der Geschäftsfelder, s. a. Diversifikation 276
- Ziele 33
Geschäftsbereichsorganisationen 409
Geschäftsbereichsstrategien 245
- s. a. Marktstrategien 245
Geschäftseinheiten 15
Geschäftsfelder 147
Geschäftslogiken 173
Geschäftsmodell 371–372
Geschäftsstrategie 16, 33
- s. Geschäftsbereichsstrategien 245
Geschäftsverständnis 271
Gestaltansatz 437
Gestaltungsebenen 33
- eines strategischen Managements 34–35
Gestaltungsräume 477, 479
Gewerkschaften 312
Gewichteter Kapitalkostensatz
- s. WACC (Weighted Average Costs of Capital) 608
Gewinnmaximierung 236
Gleichgewichtsmodelle 137
Global Sourcing 254
Goldener Fallschirm 102
Governance-Struktur 132
Graswurzel-Modell 53
Größendegressionseffekte 257
- s. Economies of Scale 171
Großgruppenkonzepte 68
- Vergleich 68, 76
Gruppen, strategische
- s. Strategische Gruppe 174

H
Hauptversammlung 110
Heterogenität 15
Hexagon 287
Hierarchie 304
Human Resource Management 387
Hybride Wettbewerbsstrategien 130, 259
- s. Wettbewerbsstrategie, hybride 259
Hyperwettbewerb 246

I
Identität 464
Imitation 205
Implizites Wissen 196
Industrial Economics
- s. Industrieökonomik 127
Industrial Organization 130
- s. Industrieökonomik 127
Industrien
- Konvergenz von, s. Branche, Konvergenz von 401

- revolutionäre Veränderung, s. Branche, revolutionäre Veränderung 400
Industrieökonomie
- s. a. Transaktionskostentheorie 131
Industrieökonomik 127
- s. a. Branchenanalyse 127
Induziertes strategisches Verhalten 51
Initiierung 5, 25
- Arbeitsweise, analytisch 80
- Arbeitsweise, intuitiv 80
- Auslöser 73
- Beteiligungsgrad, s. a. Großgruppenkonzepte 66
- Dauer 71
- Entwicklungsrichtung 63
- Gestaltungsempfehlungen nach Hamel 94
- Methodeneinsatz, s. Managementkonzepte 76
- Optionen
  - zu den Beteiligten 63
  - zu den Mitteln 75
  - zum Timing 71
  - zum Vorgehen 79
- Perspektivenmix 69
- Ressourceneinsatz 75
- und Entscheidungsform 84
- und kognitive Diversität 70
- und Konfliktintensität 83
- und Rolle der Strategen 65
- und Rolle des mittleren Managements 67
- und Stabstellen der Planung 62
- und struktureller Kontext 62
- und Transparenzgrad 85
Inkrementaler Wandel 450
Innovation 122, 180
Innovative Geschäftsmodelle 398
Innovative Wertkurve
- s. Wertkurve 401
Innovator's Dilemma 405
Inputkontrolle 576
Inside-Out-Segmentierung 142
- Definition 142
- Nachteile 144
- Vorteile 143
Institutionelle Investoren 102, 183
- als Anspruchsgruppe 183
Institutionen-Ökonomie
- Kritik 135
Institutionenökonomik 131
Intangible Assets 596
Integration 537
Integrierte Finanzplanung 603
Intellectual Capital 596
Interdependenzen 17, 34, 268

Interessenskonflikte 154
Internationalisierung 16, 253
Intrapreneurship 295
Investor Relations 183, 355
Issue Ownership 510

K

Kapitalbedarf 171
Kapitalgeber
– als Anspruchsgruppe 183
Kapitalmarkt 108, 309
Kapitalwertmethode 320
Kausale Ambiguität 344, 385
Kernfähigkeit
– Definition 205
– Kriterien zur Ermittlung 205
Kernfähigkeiten 202
– und Diversifikation 290
Kernfähigkeiten-Szenario-Analyse 210
Kernfähigkeiten-Szenario-Matrix 210
– und Strategiebewertung 320
Kernkompetenzen 202
– und Innovationspotenzial 203
– und Resource-based View 204
– und strategische Geschäftseinheiten 204
Kernprozesse 493, 543
Killer-Applikationen 399
Knappe Ressourcen 75
Knowledge-based View (KBV) 347
Kognition 461
– Meta- 462
Kognitive Diversität 70
Kognitive Landkarte 461
Kognitive Strukturen 461
Kollektive Intuition 80
Kommandoansatz 86
Kompetenzmanagement 221
Komplementäre 176
– Verhandlungsmacht 178
Komplexe Probleme 214
– s. a. vernetztes Denken 214
Komplexes Geschäftsmodell 377
Komplexität 19, 148
Komplexitätstheorie 440, 447
Konfiguration 270, 437
Konglomerate Diversifikation
– s. Diversifikation, laterale 293
Konkurrenzanalyse 176
Konsolidierung 517
Kontextsensitivität 533
Kontingenztheorie 435, 446
Kontrollfunktion 585
Kontrollstelle 112
Kontrolltheorie 575
Konzentration 276
Konzentrationsgrad 127, 170, 178

7S-Konzept 552
Konzept der fünf Wettbewerbskräfte
– s. Branchenanalyse 128
Konzept-Audit 598
Konzeptionsgrad 128
Kooperation 300
Kooperationsvorteile 419
Kooperative Strategien 16
Koordination 270
Koordinationsform 133
– und Transaktionseigenschaften 134
Kostenfokus 263
Kostenführerschaft 256
Kostenführerschaftsstrategie
– s. Strategie der Kostenführerschaft 130
Kostenminimierung 353
Kostennachteile 171
Kostenstruktur 127
Kostentreiber 360
Kultur 464
Kultureller Gestaltungsraum 548
Kulturelles Subsystem 437
Kundenbedürfnisse 223
Kundengruppenorganisation 540
Kundennutzen 248
Kundenprofitabilität 618
Kundenzufriedenheit 618

L

Länderportfolio 285
Lean Management 620
Lean Organization 554
Learning School 57
Lebenszyklus- und Wachstumstheorien 435
Lebenszykluskonzept 128
Legitimation 500
Legitimationsfunktion 226
Leistungsprogramm 276
Leitbild
– Empirische Ergebnisse 228
– Vorgehen bei Erstellung 229
Leitidee
– s. Vison 221
Lernen, organisatorisches
– s. Organisatorisches Lernen 67
Lernfunktion 586
Lernkurve 257
Lernprozess 21, 235, 474
Lieferanten 169
– als Anspruchsgruppe 182
– Segmentierung 183
– Verhandlungsmacht 169
Lock-In 267
Logischer Inkrementalismus 54

M

Machtverhältnisse 228
Machtverteilung 152
Management Holding 541
Managemententwicklung 436
Managementkonzepte 76
– Praxiseinsatz 77
– Typologie von Anwendern 79
Managementsysteme
– Definition 391
– s. a. Anreiz- und Belohnungssysteme 392
Managerial Grid 472
Market Value Added (MVA) 612
Market-based View 12
Marketing-Mix 255
Marketingstrategie 333, 413
– s. a. Präferenzstrategie 249
Markt
– -abdeckung 251
– -austrittsbarrieren 172
– Definition der Grenzen 400
– -eintrittsbarrieren 129, 170
– Investitionsgüter- 165
– Konsumgüter- 165
– Segmentierung 142, 166, 250, 627
  – Ebenen 166
  – Kriterien 167
  – Voraussetzungen 166
Markt für Unternehmenskontrolle 107
Marktanteil 617
Marktanteil-Marktwachstum-Matrix 282
– Beispiel 283
– Theoretische Grundlagen 287
Marktattraktivität 284
Marktdurchdringung 252
Marktentwicklung 252
Marktpositionierung 247
– Optionen 247
Marktsegmentierung 166, 250
Marktstadien-Wettbewerbsposition-Matrix 285
Marktstrategien 255
– geografisches Feld 253
– Optionen 246
  – zu Variation 247
  – zum Feld 250
  – zum Stil 255
  – zur Substanz 248
– und Kundennutzen 248
– und Marketing-Mix 255
– und Marktsegmente 250
– und Produkte 251
– und Verhalten von Geschäftseinheiten 255
Markttypen 165
Massenkommunikation 506

Matrixorganisation
– Definition 541
– Nachteile 542
– Vorteile 542
McKinsey-Matrix
– s. Wettbewerbsposition-Marktattraktivität-Matrix 284
Megatrends 164
Mehrgeschäftsunternehmen 125
Mehrwert 293
Mentale Modelle, geteilte 75
Mergers & Acquisitions (M & A) 296, 627
– Motive 296
Mess- und Beobachtungsgrößen 514
Metakognition 462
Methodischer Individualismus 135
M-Form 106
Migration von Wert
– s. Value Migration 404
Mikropolitik 135
Mikropolitisches Umfeld 436
Mission 224
Mitarbeiterfluktuation 622
Mitarbeiterproduktivität 622
Mitarbeiterzufriedenheit 622
Mittelflussrechnung 324
Mobilisierung 552
Mobilitätsbarrieren 175, 628
Monte-Carlo-Simulation 322
Moral 240
Moral Hazard 135
Motivationsfunktion 226, 585
Muddling Through 20, 237
Mutterkonzern 307
MVA 613

N

Neoklassische Markttheorie 132
Net Present Value 607
Net Promoter Score® 618–619
Netzwerke 214, 302
Neue institutionelle Ökonomie 131
Neupositionierung 248
Neurolinguistische Programmierung (NLP) 473
Nichtlineares Denken 443
Nischenstrategie
– s. Fokusstrategie 261
Normativer Rahmen 125
Normatives Management
– s. Unternehmenspolitik 331
Normen 240
Normstrategie 281
NPV 607
Nutzenoptimierung 14
Nutzenversprechen 160, 372

Nutzwertanalyse 319

O

Oberflächenstruktur 463–464
Objektorganisation 539–540
– nach Kundengruppen, s. Kundengruppenorganisation 540
– Nachteile 541
– Vorteile 541
Offensive Strategien 263
– Auswahlmatrix 264
Ökonomische Rente
– Bedingungen 343
– Definition 342
Ontogenetische Theorie 137
Opportunitätskostenvorteile 130
Organisation 16
Organisationale Fähigkeiten
– Ansätze zur Identifikation 197
– Capability-based View 345
– Charakteristika 345
– Definition 197
– dynamische 345
– und Pfadabhängigkeit 346
Organisationale Ressourcen 391
Organisationale Routinen 197, 345, 628
Organisationaler Kontext 61
Organisationales Lernen 67
Organisationsentwicklungsansatz
– Kritik 473
Organisationskultur 100, 436, 556
Organisationsstruktur
– alternative, s. Fluide Organisationsstrukturen 543
– einfache 538
– Gestaltungsdimension 537
– Gliederung
  – nach Funktion, s. Funktionale Organisation 538
  – nach Objekt 539
  – nach Prozessen, s. Prozessorganisation 543
– Konfigurationen nach Mintzberg 545
Organisatorische Lernprozesse 391
Organisatorischer Wandel 469
Organisatorisches Lernen 391, 474, 512
– und Transparenz 85
– und Wandel 474
Organisches Wachstum 295
Organizational Inertia 435
Organizational Transformation (OT) 474
Orientierungsfunktion 225
Outpacing 259
– s. Überholstrategien 259
Outputkontrolle 576
Outside-In-Segmentierung 145

– Definition 145
Outsourcing
– s. a. Wertschöpfungstiefe 420
– von Geschäftsprozessen, s. Bussiness Process Outsourcing 420
– von IT 382

P

Paradigma 14
Parodic Imagination 81
Patching 149–150
Peer Group 530
Performance-Messung 28, 155, 163, 515, 573
Performance-Prisma 594
Performance-Pyramide 593
Personalverwaltung 387
PESTEL-Analyse 186
Pfadabhängigkeit 136, 346
Phasen 478, 487, 518
Phasenmodell 472
Physische Ressourcen 386
Piloteinheiten 502
PIMS Projekt 314–315
– Kritik 317
– zentrale Einflussfaktoren 315
PIMS Studie 128
Planning School 57
Planungs- und Kontrollsysteme 394
Political School 57
Politischer Gestaltungsraum 547
Politischer Lernprozess 497
Politisches Subsystem 437
Population-Ecology-Ansatz 435, 446
Populationsökologie 136
Portfolio Selection Theory 334
Portfolioansatz 281
– Nachteile 286
– Vorteile 286
Portfoliokonfiguration 277
Portfoliokonzepte
– s. Portfolioansatz 281
Portfoliomanagement 271, 273
Portfoliooptimierer 272
Positionierung 5, 26
– Aufgabe 123, 628
– Evaluation 313
  – Kriterien 318
– gegenüber Geschäftsfeldern, s. Gesamtunternehmensstrategie 269
– gegenüber Konkurrenten, s. Wettbewerbsstrategien 246
– gegenüber Kunden, s. Marktstrategien 246
– Markt, s. Marktpositionierung 247
– Schnittstelle zur Wertschöpfung 353

– theoretische Ansätze 126
Positioning School 57
Positivistische Erkenntnistheorie 347
Präskriptive Schulen 57
Preismechanismus 236
Preis-Mengen-Strategie 249
Preisprämien 260
Premium 297
Primäraktivitäten 357
Prinzipal-Agent-Theorie 134, 328, 578
– und Corporate Governance 98
Produktdifferenzierung 127, 171
Produktentwicklung 253
Produktgruppenorganisation 540
Produktionsstrategie 413
Produktlebenszyklus-Modell 249, 286
– Anwendung 250
– Phasen 249
Produkt-Markt-Matrix 252
Produkt-Marktstrategien 251
Projektmanagements 504
Projektorganisation 544
Prozessberatung 472
Prozesseinstieg 499
Prozessgestaltungsgrundsätze 513
Prozesskontrolle 576
Prozesslernen 467
Prozessmodelle 49, 54, 117, 135
Prozessorganisation
– s. Ablauforganisation 543
Prozesstheorien 434, 446
– s. Wandel, Prozesstheorien 434
Prozesstypen 31
Public Relations 355
Pull-Prinzip 383
Punctuated Equilibrium 435
Push-Prinzip 383

R

Rational-Choice-Theorie 333
Realoptionen 323, 614
Real-Time-Strategie 71
Reframing 461–462
Regeln 266, 334
Regionalorganisation 540
Reifephase 249
Remodellierung 479, 519, 524, 628
Rente 342
Reorientierung 520, 524, 628
Repositionierung 479, 520, 524, 628
Representational Imagination 81
Reproduktion 136
Residual Rights of Control 118
Resource-based View (RBV) 12, 204, 342
Ressourcen 18, 148, 196, 342, 385
– Definition nach Amit/Shoemaker 422
– Definition nach Sanchez/Heene/Thomas 422
– Definition nach Teece/Pisano/Shuen 422
– Definition nach Wernerfelt 422
– immaterielle 196
– Kern-
    – Managementsysteme, s. Managementsysteme 391
    – Wissen, s. Wissen 388
– -pyramide 196
– -typologie 197
Ressourcenabhängigkeit 153, 386
Ressourceneinsatz 75
Ressourcenstrategien
– zum Auslöser 383
Restrukturierung 287, 479, 520, 524, 628
– Bezugsrahmen 287
– wertorientierter Ansatz, s. Hexagon-Konzept 287
Retention 90, 136, 439
Return on Capital Employed (ROCE) 609
Return on Investment 605
Return on Sales (ROS) 350
Return on Value Adding (ROVA) 351
Revisionsgesellschaft 109
Revitalisierung 479, 521, 524, 629
Revolution von Industrien
– s. Branche, revolutionäre Veränderung 400
Rhein-Modell
– s. Aufsichtsrats-Modell 109
Ricardorente 343
Rivalitätsgrad 172
– s. a. Branchenanalyse 172
ROCE 609
ROI 317, 605
Rollen 479
– von strategischen Planern 65
Roll-Out 505
Routinen 136, 345
Rückwärtsintegration 291

S

Sättigung 249
Schichten 479
Schwache Signale 69, 74, 189
– und strategische Führung 74
Scorecard-Ansätze
– s. a. General Electric Trotter 590
Segmentierung 140–141, 146, 161, 175, 183
– der Umwelt
    – s. Umwelt, Segmentierung der 141
– des Marktes, s. Marktsegmentierung 166

– des Unternehmens, s. a. Strategische Geschäftseinheit 146
– von Lieferanten 183
– von strategischen Gruppen 175
Segmentierungsebenen 166
Sekundärorganisation 148
Selbstorganisation 92, 441
– und Topmanagement-Intervention 459
Selbstorganisationstheorie 440, 446–447
Selbstorganisierender Strategieprozess 92
Selbstreferenz 464
Selbstreproduktion 441
Selektion 90, 136, 435, 439
Selektionsmechanismen 137
Sensitivitätsanalyse 322
Serious Play 81
SGE, s. Strategische Geschäftseinheit 146
SGF, s. Strategisches Geschäftsfeld 141, 629
Shareholder Meeting 112
Shareholder Value 582
Shareholder-Ansatz 237
– s. a. Unternehmensziele 237
Shareholder-Value-Analyse 237
Shareholder-Value-Ansatz 582
Sieben-S-Modell 200
– Anwendung beim Wandelmanagement 552
– Beispiel 201
– Workshop 202
Single-Loop-Learning 391
Six-Sigma-Ansatz 620
Skaleneffekte 129
– s. Economies of Scale 171
Skill-Cluster 198
Skill-Mapping 197
Skills 197
SMN-Audit 598–599
SMN-Scorecard 598
Social Accounting and Auditing 239
Soziales System 441
Spielregeln 267
Spieltheorie 130, 211, 327
– Begriff 130
– und integrierte Analyse von Umwelt/ Unternehmen 211
Spin-offs 107
Squeeze-out 107
Staat 311
Stakeholder 122, 155, 158, 216, 479, 524, 534
– s. Anspruchsgruppen 22
Stakeholder Relations Management 355
Stakeholder-Ansatz 237
– s. a. Unternehmensziele 237
Stakeholder-Theorie 579

Stärken- und Schwächeprofile
– Checklisten 200
Start-up-Unternehmen 37
Steuerungsfunktion 584
Stimmrechtsbegrenzungen 108
Stock-Option-Pläne 99
Strategic Change 12
Strategic Issue Analysis 189
Strategic Management Navigator (SMN) 5, 22
– Achsen und ihre Bedeutung 29
– Aufbau 24
– Funktionen und Besonderheiten 31
– Performance-Messung 600
  – Audit der Konzepte 599
– Prozesspfade 35
– zentrale Fragestellungen 28
Strategic Renewal 12, 440
Strategic-Choice-Ansatz 435
Strategie 10
– als Wissenschaft 9
– Angemessenheit, s. a. Nutzwertanalyse 318
– Arten von (nach Mintzberg) 53
– auf Gesamtunternehmensebene, s. Gesamtunternehmensstrategie(n) 269
– Auswahlprinzipien, s. a. PIMS Projekt 314
– Beschaffungs- 412
– Bewertungskriterien 318
– branchenweit 262
– deffensive, s. Defensive Strategien 264
– deliberate 53
– der Differenzierung 130, 258
– der Kostenführerschaft 130, 256
  – und Erfahrungskurve 257
– der Marktdurchdringung 252
– der Marktentwicklung 252
– der Primärfunktionen, s. Funktionalstrategien 410
– der Produktentwicklung 253
– des Unternehmens, Anforderungen 55
– Durchführbarkeit 324
– emergente, s. a. Graswurzel-Modell 30, 53
– Evaluation 313
– Fokusstrategie 261
– -formierung
  – als erklärungsbedürftiges Phänomen 55
  – als iterative Prozesse der Ressourcenallokation 50
  – als logischer Inkrementalismus, s. Prozessmodell von Quinn 54
  – als Phasenprozess, s. Strategiemodell der Harvard Business School 47

- als Prozess der Ressourcenallokation, s. Prozessmodell von Bower 49
- Basisprozess 56
- Denkschulen 56
  - Kritik 58
- Prozesskategorien 56
- Prozesskategorien (nach Kirsch) 56
- zwischen induziertem und autonomen Verhalten
  - s. Prozessmodell von Burgelman 51
- Forschung
  - deduktive Ansätze 12
  - Inhalts- 12
  - Prozess- 12
- funktionale, s. Funktionalstrategien 408
- gegenüber dem Kapitalmarkt, s. a. Corporate Governance 309
- gegenüber dem Staat 311
- gegenüber Gewerkschaften 312
- intended 53
- internationale
  - globale 253
  - multilokale 253
  - transnationale 253
- Konsistenz 325
- Marketing- 413
- Markt, s. Marktstrategien 246
- offensive, s. offensive Strategien 263
- Präferenz 249
- Preis-Mengen- 249
- Produktions- 413
- Produkt-Markt- 251
- profile 319
- realized 53
- Überhol-, s. Überholstrategien 259
- und (Organisations-)struktur 10
- und strategische Initiative 30
- unrealized 53
- von Geschäftseinheiten, s. Geschäftsbereichsstrategien 245
- Wettbewerbs-, s. Wettbewerbsstrategien 255
- Zielerreichung, s. a. Wertanalyse 320
Strategie der Kostenführerschaft 256
Strategiebegriff 8
Strategiebildung 48, 53
- Annahmen 48
- Kritik 49
Strategieforschung 11
Strategien der Primärfunktionen 410
Strategieprofile 319
Strategieprozess 45, 60, 86, 94
- Definition 45
Strategie-Workshops 63
Strategische Allianzen 301
Strategische Frühaufklärung

- Aktivitäten 189
- Definition 189
- Instrumente, s. a. Szenariotechnik 191
- Probleme 191
Strategische Führung
- Ausbaustufen 74
Strategische Geschäftseinheit (SGE) 146, 148, 201, 216
- Anforderungen 146
- Definition 146, 629
- Nachteile 148
- und Aufbauorganisation 148
- und Gesamtunternehmensebene 148
- und Interaktion mit der Zentrale 64
- und Kernkompetenzen 204
- Vorteile 147
Strategische Gruppe 174
- Abgrenzungskriterien 175
- Beispiel 176
- Kritik 175
- Segmentierungsmatrix 175
- und Markterweiterung 402
Strategische Initiative(n) 31
- Gestaltungsebenen 31
- Ressourceneinsatz 75
- und Imagination 82
Strategische Kontrolle 575
Strategische Netzwerke 302
Strategische Performance-Measurement-Systeme (SPMS) 588
Strategische Planung 87
- s. a. Planung, strategische 11
Strategische Prozessforschung 12
- Definition 30
- s. a. Strategieprozessmodelle 12
Strategische Verträge 100
Strategischer Konsens 83
Strategischer Kontext 51, 62
Strategischer Wandel 433, 448
Strategisches Denken 17
Strategisches Dreieck 255
Strategisches Geschäftsfeld (SGF) 140
- Abgrenzungskriterien 142
- Abgrenzungstechniken, s. a. Inside-Out-Segmentierung 142
- Definition 141, 629
Strategisches Management 4
- als spezifische Denkhaltung 21
- Charakteristika 14
- Gestaltungsebenen 33
  - Überblick 34–35
- grundlegende Fragestellungen 15
- Handbücher 15
- Herausforderungen 14, 30
- Historie 8
- Kernideen 9

- Konferenzen 13
- theoretische Entwicklung 9
- und Einfluss der Beratungsunternehmen 11
- und Unternehmensziele 237
- Verbände 13
- Zeitschriften 9

Strategisches Personalmanagement 387
- als Wertschöpfungscenter 423
- Funktionen 388

Strategy as Practice Community 13
Structure follows Strategy 436
Structure-Conduct-Performance Paradigma 127
- Grundannahmen 127

Strukturebenen 462
Strukturelle Trägheit 438
Struktureller Gestaltungsraum 537
Struktureller Kontext 50–51, 62
- bei Initiierung 62

Strukturelles Subsystem 436
Strukturierung des Veränderungsprozesses 482
Strukturwandel 453
Stuck in the middle 130, 258
Stückkostendegression 257
Subsidiaritätsprinzip 326
Substitutionsanbieter 172
Suchfeldanalyse 305
Supply Chain Management 355
Survey-guided-feed-back-Technik 472
SWOT-Analyse 207–208, 216
- Beispiel 208–209

Symbolischer Ansatz 91
Symbolisches Management 548
Synergien 35, 273, 296
- durch Kooperation 418
- und Realisierungskosten 279

Synergiepotenziale 273, 279, 334
Systemgerechte Interventionen 457–458
Szenariotechnik 191, 193
- Grundgedanke 192
- Phasen 194

T

Tacit Knowledge, s. implizites Wissen 196
Taktung 479, 488, 518
Tauschwert (Exchange Value) 352
Technologieportfolio 285, 411
Teleologische Prozesstheorien 434
Tensororganisation 542
Textilbranche 360
Theoretische Strategie-Ansätze
- mit Außenwelt-Fokus, s. a. Industrieökonomik 126
- mit Innenwelt-Fokus

- s. a. Resource-based View 341
- Vergleich 349

Theorie der Verfügungsrechte 134
Theory of the Firm 342
- s. a. Resource-based View 342

Tiefenstruktur 463, 465
Timing 476, 478, 482
Tochtergesellschaft 307
Topmanagement
- als Katalysator 54
- als Stratege 65
- Entlohnung 104
- und Diversifikation 98
- und Wandel 474

Total Quality Management 620
Transaktion
- Kosten
  - Definition 132
- Spezifität 133
- Veränderlichkeit 133
- zentrale Eigenschaften 133
  - und Koordinationsform 133

Transaktionskostentheorie 131, 380
- und vertikale Integration 134
- und Wahl der Aufbauorganisation 134
- und Wertschöpfungstiefe 380

Transformations-Workshop 509
Transition Teams 530
Treiber fundamentalen Wandels 453
Triple Bottom Line 155, 583
Trittbrettfahrer-Effekt 267
Turnaround 521

U

Umsatz pro Mitarbeiter 622
Umsatzrendite 604
Umsetzungs-Scorecard 598
Umwelt 164
- Allgemeine 186
- Einflusskräfte 150
- Prognose, s. Frühaufklärung 187
- relevante 23
- Segmentierung der, s. a. strategische Geschäftsfelder 141
- Segmentierungskriterien 141
- Wettbewerbs-, s. Wettbewerb, Umwelt 169

Umweltanalyse 155, 186, 194
Ungebrauchte Ressourcen (»organizational slack«) 579
Unique Selling Proposition 258
Unsicherheit 19
Unternehmen(s)
- als Bündel von Ressourcen, s. Resource-based View 342

- als Nexus von Verträgen, s. Institutionen-Ökonomie 132
- als pfadabhängige Wissensbasen 136
- als System von Stakeholdern 150
- Eigendynamik 441
- Einflusskräfte 194
- Ethik 238
  - und Stakeholder-Ansatz 238
- Oberflächenstruktur 463
- Ressourcen, s. Ressourcen 195
- Segmentierung, s. Strategische Geschäftseinheit 146
- Tiefenstruktur 463
- Zentrale 245
  - als Portfoliomanager 271
  - als Restrukturierer 273
  - Interaktion mit Geschäftseinheiten 64
  - und Synergien 279
- Ziele
  - Inhalte 237
  - und strategisches Management 237
  - Zielforschung 236
  - Zielsystem 236
- Zweck
  - s. a. Mission 224
Unternehmensanalyse 93, 213, 216
Unternehmensebenen 326
Unternehmensethik 238
Unternehmenskultur 437, 464
Unternehmenspolitik 245
Unternehmensstrategie 16
Unternehmenumwelt, s. Umwelt 22
Unternehmertum 17
Unterstützungsaktivitäten 357
Unvollständige Vertragsituation 100

V

Value Chain, s. Wertkette 199
Value Migration 404
Value Proposition 161
Value-Net 176
Variation 90, 135, 439
Veränderung 5, 27
- s. a. Wandel 443
Veränderungsprozesse 135
Veränderungsstil 558
Verhaltenskontrolle 576
Verhaltensregeln 233
Verhaltenstheorie 578
Verlaufsformenmodelle 471
Vernetztes Denken 213
- Beispiel 215
Vernünftige Verhältnisse 460
Verstetigung 516
Vertikale Integration 134
Verträge 99

Vertragsparteien 133
Vertriebskanäle 171
Vertriebsstrategie 414
Verwaltungs-Modell 112
Verwaltungsrat 112
Verwaltungsratsmodell 109, 112
Virtualisierung 555
Virtuelle Unternehmen 544
Vision 220–221
Vitalisierung 38
- (Re-)Vitalisierung 38
Voluntarismus 475
Vorstand 100, 103, 110
Vorwärtsintegration 291

W

WACC (Weighted Average Costs of Capital) 608
Wachstumsphase 249
Wachstumsstrategie 276, 290
Wahrnehmung, s. Kognition 461
Wandel
- Akteure 524
- als Lernprozess 474
- als Planungsproblem 468
- als Umgang mit Widerständen 468
- Auftakt 502
- Design 477, 498
- Diffusionspfad 483
- Drehbuch 559
- Dynamik 524
- Epoche 484
- Evaluation 558
- Feldherrenansatz 468
- fundamentaler 451
- Gestaltung
  - Ansätze, s. Change Management Ansätze 468
  - Bezugsrahmen 474
  - Optionen zu den Objekten 535
  - Optionen zu den Themen 519
  - Optionen zum Timing 482, 630
  - Optionen zur Dynamik 524
- Gestaltungsraum 535
  - politischer 547, 628, 630
  - struktureller 537, 630
- inkrementeller 450
- Instrumente 554
- Kernprozesse 493
- kulturelle Verankerung 516
- Modell(e)
  - 3-Phasen- 471
  - 5-Phasen- 495
  - Phasen- 471
  - Verlaufs- 471
  - zyklische 471

- -objekte 535
- -organisation
  - s. Wandel, Projektorganisation 529
- organisatorische Rahmenbedingungen 535, 628
- Phasen 487, 628
- Projektorganisation 504, 529
- Prozesseinstieg 499
- Prozesstheorien 432–433
  - dialektische 434
  - evolutionäre 435
  - Lebenszyklus 435, 446
  - teleologische 434
- Roll-Out 505
- Stellhebel 443
- Themen 519
- Timing 482
  - Dimensionen 484
- und Anwendung des 7S-Modells 552
- und Einfluss der Führung 474
- und Emotionen 489
- und organisatorisches Lernen 474
- und Performance-Messung 514
- und Sprache 500
- und Symbolik 464
- und Wissensmanagent 474
- Vorbereitung 496
- Wellen 485
- Widerstände
  - aus der Organisation 469
  - aus der Person 468
- zeitliche Kategorien 484
- Zyklus 484

Wandelgestaltung 469
Wechselwirkungen 125, 207, 318, 325
Wellen 478, 485, 518
Weltbild 463
Wertanalyse 320
Werte 39, 125, 225, 230
Wertinnovation 401
Wertkette 199–200, 356
- Analyse auf Branchenebene 357, 359
- Definition 357
- der Versicherungsbranche 358
- und Strategiebewertung 320
Wertketten
- Architekturen 365
Wertkurve 401, 403
Wertorientierte Kennzahlen 606
Wertorientierter Ansatz 288
Wertorientiertes Management 582
Wertschöpfung 5, 26, 220, 350
- auf Branchenebene 356
- Definition 350
- konzeptionelle Erfassung, s. Wertschöpfungsmodell 356

- Schnittstelle zur Positionierung 353
- und Ablauforganisation 356
- und Aufbauorganisation 356
Wertschöpfungsanalyse
- auf Branchenebene 357
- und Benchmarking 362
Wertschöpfungsarchitekturen
- s. Wertschöpfungsmodelle 365
Wertschöpfungsarten 352
Wertschöpfungskette 296
Wertschöpfungsmanöver 368
Wertschöpfungsmodelle
- einfache 376
- komplexe 377
Wertschöpfungstiefe 360, 376, 379
- und Transaktionskostentheorie 380
Wertsteigerungshebel 271
Wettbewerb
- -profil 200
- Umwelt 169, 175
  - Aufteilung 169
- Vorteile und Kernfähigkeiten 202
Wettbewerbsanalyse 169, 216
- Fünf-Stufen-Verfahren 178
- s. a. Branchenanalyse 169
- s. a. Konkurrenzanalyse 175
- s. a. Strategische Gruppe 174
Wettbewerbskräfte 169, 173, 178, 216
- s. a. Branchenanalyse 169
Wettbewerbsposition-Marktattraktivität-Matrix 284
Wettbewerbsstrategie 245, 255
- generische 130, 256
  - Fokus 261
  - s. a. Strategie der Differenzierung 130
  - Überblick 262
- hybride 259
- Optionen
  - zu den Regeln 266
  - zum Ort 261
  - zum Schwerpunkt 256
  - zur Taktik 263
- und Beziehung zu Funktionalstrategien 415
Wettbewerbsumfeld 15
Wettbewerbsverhalten 172
Wettbewerbsvorteile 199
Widerstand 468
Wirtschaftsethik 238, 332
Wirtschaftsprüfer 115
Wissen 196, 347, 388
- Ereignis- 390
- explizites 389
- Generierungsprozess 391
- implizites 196, 389
- konzeptionelles 389

– s. organisatorisches Lernen 391
– sozialkonstruiertes 389
– Übertragungsformen 390
– verinnerlichtes 389
Wissensarten 389
Wissensmanagement 16, 474
– und Wandel 474
Wissensprozesse 390

Z
Zeitschriften 9
Zentralisierung 279
Zielbildung 243
Ziele 219, 234
Zielerreichung 318
Zielgruppen 250
Zielsystem 236
Zirkelschluss 137
Zyklus 478, 488, 518

Erfolgreiches Management von MGUs

Auf der Grundlage des St.Galler Corporate Management Modells identifizieren die Autoren die zentralen Instrumente, die in Mehr-Geschäfts-Unternehmen (MGU) zur nachhaltigen Wertsteigerung eingesetzt werden können. Der integrierte und umfassende Ansatz wurde über viele Jahre in Forschung und Praxis entwickelt und erprobt. Dabei werden zehn Wertsteigerungshebel aktiviert, die zusammen den normativen Rahmen, die Corporate Strategy und die internen Corporate Governance-Mechanismen eines Unternehmens bilden. Zahlreiche Fallbeispiele illustrieren die optimale Umsetzung und vermitteln mögliche Lösungsansätze.

MIT VORSCHLÄGEN ZUR UMSETZUNG

Müller-Stewens / Brauer
CORPORATE STRATEGY & GOVERNANCE
Wege zur nachhaltigen Wertsteigerung im diversifizierten Unternehmen
2009. 759 S. Geb. 2-farbig. € 49,95
ISBN 978-3-7910-2854-5
eBook 978-3-7992-6427-3

Bequem online bestellen:
www.schaeffer-poeschel.de/shop

SCHÄFFER POESCHEL